HANDBUCH DER
GESCHICHTE DER EVANGELISCHEN KIRCHE IN BAYERN

HANDBUCH DER GESCHICHTE DER EVANGELISCHEN KIRCHE IN BAYERN

Erster Band
Von den Anfängen des Christentums
bis zum Ende des 18. Jahrhunderts

Herausgegeben von

GERHARD MÜLLER, HORST WEIGELT
UND WOLFGANG ZORN

EOS VERLAG ERZABTEI ST. OTTILIEN

Redaktion: Nora Andrea Schulze

Titelbild: Albrecht Dürer, Vier Apostel, 1526
München, Alte Pinakothek; vgl. S. 156 u. 325 f.
© ARTOTHEK

Die Deutsche Bibliothek – CIP-Einheitsaufnahme

Handbuch der Geschichte der evangelischen Kirche in Bayern /
hrsg. von Gerhard Müller, Horst Weigelt, Wolfgang Zorn. –
St. Ottilien : EOS-Verl.

  Bd. 1. Von den Anfängen des Christentums bis zum Ende
  des 18. Jahrhunderts. - (2002)
  ISBN 3-8306-7141-5

© by EOS Verlag Erzabtei St. Ottilien – 2002
Gesamtherstellung: EOS Druckerei, D-86941 St. Ottilien

INHALTSVERZEICHNIS

Vorwort		IX
Abkürzungen		XI
Literatur		XXIX
I.	**Kirche in Bayern bis zum Beginn des 16. Jahrhunderts**	1
I.1	Anfänge des Christentums in Bayern, Franken und Schwaben bis Bonifatius *Von Kurt Reindel*	1
I.2	Grundlegung und Ausbau der Kirche im frühen Mittelalter *Von Kurt Reindel*	19
I.3	Die ottonisch-salische Reichskirche und der Investiturstreit *Von Kurt Reindel*	31
I.4	Kirche, Gesellschaft und religiöse Bewegungen von der Stauferzeit bis zum Vorabend der Reformation *Von Alfred Wendehorst*	53
I.5	Stifte, Klöster und religiöse Gemeinschaften im späten Mittelalter *Von Alfred Wendehorst*	101
I.6.1	Humanismus *Von Johannes Merz*	125
I.6.2	Kirche und Kunst im Spätmittelalter *Von Kurt Löcher*	141
I.7	Theologie und Frömmigkeit im ausgehenden Mittelalter *Von Berndt Hamm*	159
II.	**Anfänge evangelischer Kirche in Bayern bis zum Augsburger Religionsfrieden**	213
II.1	Franken	213
II.1.1	Markgraftümer *Von Rudolf Endres*	213
II.1.2	Reichsstädte *Von Gottfried Seebaß*	233

II.1.3	Ritterschaftlicher Adel und reichsgräfliche Geschlechter in Franken *Von Rudolf Endres*	253
II.1.4	Das Maizer Oberstift. Die Hochstifte Würzburg, Bamberg und Eichstätt. Das Deutschmeistertum und die Ballei Franken des Deutschen Ordens. Der Süden des Fürststifts Fulda *Von Franz Machilek*	259
II.1.5	Fürstentum Coburg *Von Rainer Axmann*	273
II.2	Schwaben *Von Reinhard Schwarz*	279
II.3	Herzogtum Bayern *Von Reinhard Schwarz*	305
II.4	Oberpfalz, Pfalz-Neuburg, Regensburg *Von Wilhelm Volkert*	313
II.5	Kirche und Kunst *Von Peter Poscharsky*	325
II.6	Kirche und Musik *Von Klaus-Jürgen Sachs*	333

III. Vom Augsburger Religionsfrieden zum Westfälischen Frieden 343

III.1	Konfessionalisierung und Territorialstaat *Von Helmut Neuhaus*	343
III.2	Konsolidierung des evangelischen Kirchenwesens	363
III.2.1	Franken *Von Hans-Martin Weiss*	363
III.2.2	Schwaben *Von Rolf Kießling*	383
III.2.3	Oberpfalz, Pfalz-Neuburg, Regensburg *Von Wilhelm Volkert*	399
III.2.4	Fürstentum Coburg *Von Rainer Axmann*	415
III.3	Theologie und Frömmigkeit *Von Wolfgang Sommer*	419

III.4	Kirche und Kunst *Von Peter Poscharsky*	457
III.5	Kirche und Musik *Von Klaus-Jürgen Sachs*	465

IV. Vom Westfälischen Frieden bis zum Ende des Alten Reiches 475

IV.1	Staat und Kirche *Von Rudolf Endres*	475
IV.2	Lutherische Orthodoxie und der Spiritualismus *Von Wolfgang Sommer*	491
IV.3	Pietismus *Von Horst Weigelt*	511
IV.4	Aufklärung *Von Wolfgang Sommer*	545
IV.5	Kirche und Kunst *Von Peter Poscharsky*	575
IV.6	Kirche und Musik *Von Klaus-Jürgen Sachs*	583

Farbabbildungen	591
Nachweis für die Farbabbildungen	607
Nachweis für die Karten und Bilder	607
Personen- und Ortsregister sowie Sach- und Stichwortverzeichnis	609
Verzeichnis der Mitarbeiter	653
Corrigendum zu Band 2	654

VORWORT

Vor zwei Jahren erschien Band 2 des »Handbuchs der Geschichte der evangelischen Kirche in Bayern« (HGEKB). In ihm wurde die Zeit zwischen 1800 und 2000 behandelt. Herausgeber und Verlag sind dankbar, daß bereits jetzt das Gesamtwerk mit dieser Publikation abgeschlossen werden kann. In ihr wird die Geschichte der Kirche in Bayern von ihren Anfängen an dargestellt, bevor vom 16. Jahrhundert an sich dann das Augenmerk auf die reformatorischen Ereignisse und die sich daraus ergebenden kirchlichen Folgen richtet. Die Darstellung reicht bis zum Ende des 18. Jahrhunderts, womit der Anschluß an Band 2 des HGEKB hergestellt wird.

Was hat die Geschichte vor der Reformation in einem Handbuch der Geschichte einer evangelischen Kirche zu suchen? Sie gehört hierher, weil sich die evangelische Kirche nie als eine neue, sondern als die alte, allerdings nach Gottes Wort reformierte Kirche verstand. Die intendierte Erneuerung der gesamten Kirche an »Haupt und Gliedern«, wie man im 15. und 16. Jahrhundert sagte, kam bekanntlich nicht zustande. Die Einheit der abendländischen Kirche, die im Mittelalter trotz aller Unterschiede und Spannungen angenommen worden war, ist im 16. Jahrhundert zerbrochen; statt dessen kam es zur Ausbildung von Konfessionskirchen, die sich in Theologie und Frömmigkeit erheblich unterschieden und sich voneinander abgrenzten.

Weil sich die evangelische Kirche aber stets auf die Tradition der vorhergegangenen Kirche bezog, an sie in Pfarreiorganisation, Theologie und Frömmigkeit anknüpfte und diese veränderte, ist die Geschichte des Christentums von seinen Anfängen an in einer evangelischen Kirchengeschichte darzustellen. Denn die Entscheidungen in den Konfessionskirchen des 16. Jahrhunderts können nicht ohne Kenntnis der vorherigen Situationen und Konstellationen verstanden werden. Anknüpfung und Abgrenzung werden nur deutlich, wenn der Ablauf der geschichtlichen Entwicklung kontinuierlich verfolgt wird.

Auch in diesem Band ist der heutige Freistaat Bayern der geographische Bezugsrahmen. Was vor 1800 nicht zu Bayern gehörte, wird trotzdem berücksichtigt, soweit diese Territorien und Reichsstädte Frankens und Schwabens im 19. und 20. Jahrhundert in den bayerischen Staat eingegliedert worden sind. Was dagegen nicht bis heute bayerisch geblieben ist, wird diesem Grundsatz gemäß nicht behandelt.

In diesem Band wurden wiederum Kunst- und Musikgeschichte berücksichtigt. Es ging uns darum, sie als Ausdruck von Glaube und Frömmigkeit gesondert hervorzuheben. Allerdings liegt das Schwergewicht hier auf der Zeit seit dem Spätmittelalter beziehungsweise der Reformation, weil dies an dieser Stelle im Hinblick auf die evangelische Kirche nahelag. Verschiedene Autoren und die Herausgeber haben Abbildungen hinzugefügt, die Anschauung vermitteln wollen. Aber natürlich sind sie nur Beispiele ohne jeden Anspruch auf Vollständigkeit.

Der Begriff »Handbuch« macht deutlich, daß nicht über alle Vorgänge erschöpfend Auskunft gegeben werden kann. Jedoch soll ein kirchengeschichtlicher Einstieg in die reiche territorialgeschichtliche Erforschung Bayerns gegeben werden. Wir denken, daß die heute für wesentlich gehaltenen Strukturen und Ereignisse festgehalten worden sind. Insofern spiegelt – natürlich – unser Handbuch heutige Forschung. Für genauere Informationen und Details sei auf die Literaturangaben verwiesen.

Wir danken den Autoren für ihre Mitarbeit. In einem Werk, in dem ein so langer Zeitabschnitt behandelt wird, kommt es auf eine gute Zusammenarbeit kompetenter Autoren an. Dank ihrer Kooperationsbereitschaft konnte eine nahezu lückenlose Darstellung vorgelegt werden.

In diesem Band ist die Literatur wieder aufgeteilt worden: Die Bandliteratur erfaßt alle Quellen, Monographien und Aufsätze, die in mehr als einem Kapitel zitiert werden. Die Abkürzung »(B)« verweist auf dieses Verzeichnis. Es folgt diesem Vorwort und den Abkürzungen (vgl. »Literatur«). Hat ein einzelner Autor ein Werk mehrmals zitiert oder es für besonders wichtig gehalten, so finden Benutzerinnen und Benutzer dies am Anfang des betreffenden Kapitels. In den Anmerkungen wird darauf mit der Abkürzung »(K)« verwiesen. Wenn Teile von Kapiteln an ihrem Beginn gesonderte Bibliographien aufweisen, dann wird in den Fußnoten dieses Teilkapitels darauf mit der Abkürzung »(T)« hingewiesen. Einmalig zitierte Literatur ist in den Anmerkungen bibliographisch genau verzeichnet.

Auch dieser Band wurde vom Landeskirchenrat der Evangelisch-Lutherischen Kirche in Bayern tatkräftig gefördert. Wir danken ihm und vor allem Herrn Oberkirchenrat Helmut Hofmann für diese Hilfe. Die redaktionelle Bearbeitung aller Beiträge hat wieder Frau Nora Andrea Schulze durchgeführt, wissenschaftliche Mitarbeiterin der Evangelisch-Lutherischen Kirche in Bayern. Ohne ihre Hilfe hätte dieser Band nicht so rasch und präzise erscheinen können. Dem Verlag und besonders seinem Leiter, Pater Walter Sedlmeier OSB, danken wir herzlich für die gute Zusammenarbeit, den wiederum behilflichen staatlichen und städtischen Bibliotheken für ihre Unterstützung. Herrn Professor Dr. Wolfgang Poschwatta, Institut für Sozial- und Wirtschaftsgeographie der Universität Augsburg, sind wir für kartographische Hilfestellung verbunden.

Erlangen, Bamberg und Augsburg, 11. Februar 2002

Gerhard Müller – Horst Weigelt – Wolfgang Zorn

ABKÜRZUNGEN

AaO/aaO	am angegebenen Ort
AAWG	Abhandlungen der Akademie der Wissenschaften in Göttingen, Göttingen
– AAWG.PH	Philologisch-historische Klasse, 3. Serie 27ff (1942ff)
Abb.	Abbildung(en)
ABB	Archives et bibliothèques de Belgique, Bruxelles 1 (1923) – 4 (1927). 34ff (1963ff)
– ABB.S	Numéro spécial, 1ff (1968ff)
Abh.	Abhandlung(en)
Abt.	Abteilung(en)
ACar	Analecta Cartusiana, Berlin u.a. 1 (1970) – 129 (1988). NS 1 (1989) – 6 (1994)
ACi	Analecta Cisterciensia, Roma 21ff (1965ff)
a.d.	an der
ADB	Allgemeine Deutsche Biographie, herausgegeben durch die Historische Commission bei der Königlichen Akademie der Wissenschaften, Leipzig 1 (1875) – 56 (1912)
AELKZ	Allgemeine Evangelisch-Lutherische Kirchenzeitung, Leipzig [1] (1868) – 74 (1941)
AfMw	Archiv für Musikwissenschaft, Leipzig u.a. 1 (1918) – 8 (1926/27). 9ff (1952ff)
AFranc	Analecta Franciscana, Quaracchi u.a. 1ff (1885ff)
AFSt Halle	Archiv der Franckeschen Stiftungen zu Halle
AGHA	Archiv für die Geschichte des Hochstifts Augsburg, Dillingen 1 (1909/11) – 6 (1921/29)
AGP	Arbeiten zur Geschichte des Pietismus, Göttingen 1ff (1967ff)
AHAW.PH	Abhandlungen der Heidelberger Akademie der Wissenschaften, Philosophisch-Historische Klasse, Heidelberg 1 (1913) – 10 (1935). 1950ff
AHCarm	Archivum historicum Carmelitanum, Roma 1ff (1961ff)
AHE	Acta historico-ecclesiastica oder Gesammelte Nachrichten von den neuesten Kirchen-Geschichten, Leipzig u.a. 1/1 (1734) – 24/129 (1766)
AHP	Archivum historiae pontificiae, Romae 1ff (1963ff)
AHVU	Archiv des historischen Vereins von Unterfranken und Aschaffenburg, Würzburg [1 (1832/33) – 4,2 (1837/38): Archiv des Historischen Vereins für den Untermainkreis] 4,3 (1837/38) – 70 (1935/36). [71 (1937/38: Archiv des Historischen Vereins von Mainfranken]
AJG	Aschaffenburger Jahrbuch für Geschichte, Landeskunde und Kunst des Untermaingebietes, Aschaffenburg 1ff (1945/51 [1952]ff)
AKat.	Ausstellungskatalog(e)
AKG	Arbeiten zur Kirchengeschichte, Berlin u.a. 1ff (1915ff)
AKGB	Archiv für Kirchengeschichte von Böhmen, Mähren, Schlesien, Königstein/Taunus 1ff (1967ff)
AKGRW	Arbeiten zur Kirchengeschichte und Religionswissenschaft, Halle/Saale 1ff (1969ff)
AKuG	Archiv für Kulturgeschichte, Berlin u.a. 1 (1903) – 32 (1944). 33ff (1950/51ff)

Abkürzungen

ALBK	Allgemeines Lexikon der bildenden Künstler von der Antike bis zur Gegenwart, herausgegeben von Ulrich Thieme u.a., Leipzig 1 (1907) – 37 (1950)
Allg./allg.	allgemein/e/er/es/en
AMRhKG	Archiv für mittelrheinische Kirchengeschichte, Speyer u.a. 1ff (1949ff)
Amtl./amtl.	amtlich/e/er/es/en
Anm.	Anmerkung(en)
AÖG	Archiv für österreichische Geschichte, Wien 34ff (1865ff)
AOfr.	Archiv für Geschichte [1 (1838/41) – 33 (1936/38): und Altertumskunde] von Oberfranken, Bayreuth 34 (1939/41). 35ff (1949/51ff)
APraem	Analecta Praemonstratensia, Tangerloo u.a. 1ff (1925ff)
APW	Acta pacis Westphalicae, Münster
AQDGNZ	Ausgewählte Quellen zur deutschen Geschichte der Neuzeit, Darmstadt 1ff (1960ff)
ARCEG	Acta reformationis catholicae ecclesiam Germaniae concernentia saeculi XVI. Die Reformationsverhandlungen des deutschen Episkopats von 1520 bis 1570, Regensburg 1 (1959) – 6 (1974)
Archäol./archäol.	archäologisch/e/er/es/en
ARG	Archiv für Reformationsgeschichte [seit 59ff (1968ff): Archive for reformation history], Berlin u.a. 1 (1903/04) – 40 (1943). 41 (1948). 42ff (1951ff)
Art.	Artikel
ArZs	Archivalische Zeitschrift, München u.a. 1 (1876) – 13 (1888). NS 1 (1890) – 20 (1914). 3. Serie 1 (1915). 35 [= 3. Serie 2] (1925) – 45 [= 3. Serie 12] (1939). 46 (1950) – 76 (1980). 77 (1992) – 78 (1993). 79ff (1996ff)
– ArZs.B	Beiheft 1 (1925) – 4 (1932)
ASOC	Analecta Sacri Ordinis Cisterciensis. Romae 1 (1945) – 20 (1964)
AT	Altes Testament
Aufl.	Auflage(n)
Ausg./-ausg.	Ausgabe(n)
AzTh	Arbeiten zur Theologie, Stuttgart Reihe I: 1ff (1960ff) Reihe II: 1 (1962) – 15 (1969)
(B)	Titel vollständig aufgeführt im Literaturverzeichnis des Bandes
BABKG	Beiträge zur altbayerischen Kirchengeschichte, München 14 [= 3. Folge 1] (1929/33) – 24 (1965). 25ff (1967ff)
Baier./baier.	baierisch/e/er/es/en
Bair./bair.	bairisch/e/er/es/en
BAKG	Beihefte zum Archiv für Kulturgeschichte, Marburg u.a. 1ff (1951ff)
BaSa	Bavaria Sancta. Zeugnisse christlichen Glaubens in Bayern, herausgegeben von Georg Schwaiger, Regensburg, Bd. 1, 1970, Bd. 2, 1971, Bd. 3, 1973
Bayer./bayer.	bayerisch/e/er/es/en
BayHF	Bayerische Heimatforschung, München 1ff (1950ff)
Bayr./bayr.	bayrisch/e/er/es/en
BBKG	Beiträge zur bayerischen Kirchengeschichte, Erlangen 1 (1894/95) – 32 (1925)
BBKL	Biographisch-Bibliographisches Kirchenlexikon, begründet und herausgegeben von Friedrich Wilhelm Bautz, fortgeführt von Traugott Bautz, Hamm u.a. 1 (ca. 1976) – 19 (2001)
Bd./-bd.	Band
Bde./-bde.	Bände
BDHIR	Bibliothek des Deutschen Historischen Instituts in Rom, Roma 18ff (1939ff)
BDLG	Blätter für deutsche Landesgeschichte, Wiesbaden 83 (1936/37) – 87 (1942 [1943]). 88ff (1951ff)

Abkürzungen

bearb.	bearbeitet/e/er/es/en
Bearb.	Bearbeiter(in/nen)
Beih.	Beiheft(e)
Beitr.	Beitrag, Beiträge
Ber./-ber.	Bericht(e)
bes.	besonders/e/er/es/en
betr.	betreff, betreffend/e/er/es/en
BEvTh	Beiträge zur evangelischen Theologie, München 1ff (1940ff)
BFrA	Bavaria Franciscana antiqua, München 1 (1955) – 5 (1961)
BGBR	Beiträge zur Geschichte des Bistums Regensburg, Regensburg 1ff (1967ff)
BGEM	Beiträge [1–6: Beyträge] zur Geschichte, Topographie und Statistik des Erzbisthums München und Freysing, München 1 (1850) – 6 (1854). 7 [= NS 1] (1901) – 13 [= NS 7] (1921)
BGP	Bibliographie zur Geschichte des Pietismus, Berlin u.a. 1ff (1972ff)
BGPhMA	Beiträge zur Geschichte der Philosophie [27ff (1928/30ff):] und Theologie des Mittelalters. Texte und Untersuchungen, Münster 1 (1891) – 43 (1969/72). NF 1ff (1969ff)
BGQMA	Beiträge zur Geschichte und Quellenkunde des Mittelalters, Berlin u.a. 1ff (1975ff)
BHF	Bonner historische Forschungen, Bonn 1ff (1952ff)
BHSt	Berliner historische Studien, Berlin 1ff (1980ff)
BHTh	Beiträge zur historischen Theologie, Tübingen 1 (1929) – 11 (1936). 12ff (1950ff)
BHVB	Bericht [1 (1834) – 79 (1925/26): über Bestand und Wirken des Historischen Vereins zu Bamberg] des Historischen Vereins für die Pflege der Geschichte des ehemaligen Fürstbistums Bamberg, Bamberg 1 (1834) – 80 (1928). 88ff (1941/47 [1948]ff])
	Beihefte, 1ff (1953ff)
Bibl./bibl.	biblisch/e/er/es/en
BIHSJ	Bibliotheca Instituti Historici S(ocietatis) J(esu), Roma 1ff (1941ff)
BMKG	Beiträge zur Mainzer Kirchengeschichte, Frankfurt/Main 1ff (1986ff)
BoA	Martin Luther, Luthers Werke in Auswahl, herausgegeben von Otto Clemen [»Bonner Ausgabe«], Bonn 1–3 (1912–1913). Berlin 1–8 (1930–1935) [etc.]
BoBKG	Bonner Beiträge zur Kirchengeschichte, Köln u.a. 1ff (1972ff)
BoBKW	Bonner Beiträge zur Kunstwissenschaft, Bonn u.a. 1ff (1950ff)
BoJ	Bonner Jahrbücher [140ff (1936ff):] des Rheinischen Landesmuseums in Bonn und des Vereins von Altertumsfreunden im Rheinlande, Bonn u.a. 96/97 (1895) – 139 (1934). 140/141 (1936) – 147 (1943). 148ff (1948ff)
– BoJ.B	Beihefte, 1ff (1950ff)
BPfKG	Blätter für Pfälzische Kirchengeschichte [1 (1925) – 16 (1940)] und religiöse Volkskunde, Grünstadt 17ff (1950ff)
BRHE	Bibliothèque de la Revue d'histoire ecclésiastique, Louvain u.a. 1ff (1927ff)
BSHT	Breslauer Studien zur historischen Theologie, Breslau 1 (1922) – 24 (1933). NS 1 (1936) – 9 (1941)
BSLK	Bekenntnisschriften der evangelisch-lutherischen Kirche, herausgegeben im Gedenkjahr der Augsburgischen Konfession 1930 vom Deutschen Evangelischen Kirchenausschuß, Göttingen 1930 [Wiederabdruck in verschiedenen Neuauflagen]
BSVAR	Beiträge zur Sozial- und Verfassungsgeschichte des Alten Reiches, Wiesbaden 1ff (1977ff)
Bürgerl./bürgerl.	bürgerlich/e/er/es/en
BVBl	Bayerische Vorgeschichtsblätter, München 10ff (1931/32ff)

BWKG	Blätter für württembergische Kirchengeschichte, Stuttgart 1 (1886) – 10 (1895). NS 1 (1897) – 47 (1943). 48ff [= 3. Serie] (1948ff)
BWV	Bachwerkeverzeichnis
bzw.	beziehungsweise
ca.	circa
CA/C.A.	Confessio Augustana
Carin.	Carinthia. Klagenfurt
	1: Mitteilungen des Geschichtsvereins für Kärnten, 81 (1891) – 133 (1943). 134/135ff (1944/45 [1947]ff)
Cass.	Cassiciacum. Eine Sammlung wissenschaftlicher Forschungen über den heiligen Augustinus und den Augustinerorden, sowie wissenschaftlicher Arbeiten von Augustinern aus andern Wissensgebieten, Würzburg 1ff (1936ff)
– Cass.S	Supplementband, 1ff (1968ff)
CCath	Corpus Catholicorum, Münster 1ff (1919ff)
CChr	Corpus Christianorum, Turnhout
– CChr.CM	Continuatio mediaevalis, 1ff (1971ff) [4 (1966)]
CCMon	Corpus consuetudinum monasticarum, Siegburg 1ff (1963ff)
CDtS	Die Chroniken der deutschen Städte vom 14. bis ins 16. Jahrhundert, Leipzig 1ff (1862ff), 2. Auflage Göttingen 1ff (1961ff)
Christl./christl.	christlich/e/er/es/en
CistC	Cistercienser-Chronik, Bregenz 1/1 (1889) – 53/625 (1941). 54ff [= NF 1] 1947ff
CR	Corpus reformatorum, Berlin u.a. 1ff (1834ff)
CSA	Corpus scriptorum Augustinianorum, Romae 2ff (1970ff)
CSch	Corpus Schwenckfeldianorum, Leipzig u.a. 1ff (1907ff)
d.	der, die, das, des, den, dem
DA	Deutsches Archiv für Erforschung [Weimar 1 (1937) – 7 (1944): für Geschichte] des Mittelalters, Marburg u.a. 8ff (1950/51ff)
d.Ä.	der Ältere, des/dem Älteren
DDC	Dictionnaire de droit canonique, 7 Bde., Paris 1935–1965
d.d.Rh.	diesseits des Rheins
DDT	Denkmäler deutscher Tonkunst [eine der maßgebenden Editionsreihen musikalischer Werke, genannt nur mit Bandzahl, aufgeschlüsselt in: MGG² S 2, 1136]
Ders./ders.	derselbe
dgl.	dergleichen
D.h./d.h.	das heißt
DHGE	Dictionnaire d'histoire et de géographie ecclésiastiques, Paris 1ff (1912ff)
Dies./dies.	dieselbe(n)
DIP	Dizionario degli istituti di perfezione, Roma 1ff (1974ff)
Diss.	Dissertation(en)
d.J.	der Jüngere, des/dem Jüngeren
DÖAW.PH	Denkschriften, Österreichische Akademie der Wissenschaften, Philosophisch-Historische Klasse, Wien 73,2ff (1947ff)
Dreißigjähr./dreißigjähr.	dreißigjährig/e/er/es/en
DRTA	Deutsche Reichstagsakten, München u.a. 1ff (1867ff)
DS	Deutsche Schriften
DSp	Dictionnaire de spiritualité ascétique et mystique, doctrine et histoire, fondé par Marcel Viller, Paris 1 (1937) – 16 (1994), Tables générales, 1995
DTB	Denkmäler der Tonkunst in Bayern [eine der maßgebenden Editionsreihen musikalischer Werke, genannt nur mit Bandzahl, aufgeschlüsselt in: MGG² S 2, 1136]

Abkürzungen

DTÖ	Denkmäler der Tonkunst in Österreich [eine der maßgebenden Editionsreihen musikalischer Werke, genannt nur mit Bandzahl, aufgeschlüsselt in: MGG² S 2, 1135f]
durchges.	durchgesehen/e/er/es/en
DVB	Deutsche Vierteljahresschrift für Literaturwissenschaft und Geistesgeschichte. Buchreihe, Halle u.a. 1 (1925) – 29 (1945) [?]
DWb	Deutsches Wörterbuch, begründet von Jacob und Wilhelm Grimm, Leipzig 1 (1854) – 16 (1954), Quellenverzeichnis 1971 [= Nachdruck der Ausgabe 1910]
Ebd/ebd	ebenda
ed.	edidit/ediderunt
EDG	Enzyklopädie deutscher Geschichte, München 1988ff
EdHd	Editiones Heidelbergenses. Heidelberger Ausgaben zur Geistes- und Kulturgeschichte des Abendlandes, Heidelberg 1 (1946) – 17 (1950). 18ff (1976ff)
EdK	[gängige Abkürzung für Edition deutsches Kirchenlied, gedruckter Titel jedoch:] Das deutsche Kirchenlied. Kritische Gesamtausgabe der Melodien, Kassel Abt. 3/1: Die Melodien bis 1570, Teil 1: Melodien aus Autorendrucken und Liedblättern, 1993 [Notenband und Textband], Teil 2: Melodien aus mehrstimmigen Sammeldrucken, Agenden und Gesangbüchern, 1997 [Notenband und Textband]
EdM	Das Erbe deutscher Musik [eine der maßgebenden Editionsreihen musikalischer Werke, vgl. MGG² S 2, 1134f; nur mit Bandzahl genannt]
EG	Evangelisches Gesangbuch. Für Gottesdienst, Gebet, Glaube, Leben. Ausgabe für die Evangelisch-Lutherischen Kirchen in Bayern und Thüringen, München u.a. [1995]
EHKB	Einzelveröffentlichungen der Historischen Kommission zu Berlin, Berlin u.a. 1ff (1960ff)
EHS	Europäische Hochschulschriften, Frankfurt/Main u.a.
– EHS.DS	Reihe 1: Deutsche Sprache und Literatur, 1ff (1967ff)
– EHS.G	Reihe 3: Geschichte und ihre Hilfswissenschaften, 1ff (1967ff)
– EHS.T	Reihe 23: Theologie, 1ff (1970ff)
EichB	Eichstätter Beiträge, Regensburg 1ff (1981ff)
EJ	Encyclopaedia Judaica, Jerusalem 1 (1972). 2–16 (1971)
EKD	Evangelische Kirche in Deutschland
EKG	Evangelisches Kirchengesangbuch. Ausgabe für die Evangelisch-Lutherische Kirche in Bayern, München [1958]
EKGB	Einzelarbeiten aus der Kirchengeschichte Bayerns, Nürnberg u.a. 1ff (1925ff)
EKL³	Evangelisches Kirchenlexikon. Internationale theologische Enzyklopädie, herausgegeben von Erwin Fahlbusch, Jan Milič Lochmann, John Mbiti, Jaroslav Pelikan und Lukas Fischer, 3. Auflage (Neufassung) Göttingen 1 (1986) – 5 (1997)
erg.	ergänzt/e/er/es/en
Erg.-Bd.	Ergänzungsband
Erg.-H.	Ergänzungsheft
Erg.-R.	Ergänzungsreihe
erw.	erweitert/e/er/es/en
ESt	Eichstätter Studien, Kevelaer u.a. 1 (1937) – 8 (1962). NF 1ff (1968ff)
etc.	et cetera
Europ./europ.	europäisch/e/er/es/en
Ev./ev.	evangelisch/e/er/es/en
e.V.	eingetragener Verein
EvEnz	Evangelische Enzyklopädie, Gütersloh 1ff (1964ff)
Ev.-Luth./ev.-luth.	Evangelisch-Lutherisch/e/er/es/en/evangelisch-lutherisch/e/er/es/en

Ev.-Ref./ev.-ref.	Evangelisch-Reformiert/e/er/es/en/evangelisch-reformiert/e/er/es/en
evtl.	eventuell
f.	für
f	folgende (Seite)
FC	Formula Concordiae
FDA	Freiburger Diözesan-Archiv, Freiburg/Breisgau 1 (1865) – 27 (1899). NF 1=28 (1900) – 41=68 (1941). 3. Folge 1=69ff (1949 [1950]ff)
ff	folgende (zwei Seiten)
FFKT	Forschungen zur fränkischen Kirchen- und Theologiegeschichte, Würzburg 1ff (1978ff)
FGOÖ	Forschungen zur Geschichte Oberösterreichs, Graz u.a. 1ff (1952ff)
FKDG	Forschungen zur Kirchen- und Dogmengeschichte, Göttingen 1ff (1952ff)
FKGG	Forschungen zur Kirchen- und Geistesgeschichte, Stuttgart 1 (1932) – 21 (1941). NS 1 (1956) – 8 (1959)
FKPG	Forschungen zur Kaiser- und Papstgeschichte des Mittelalters, Köln u.a. 1ff (1978ff)
FMSt	Frühmittelalterliche Studien. Jahrbuch des Instituts für Frühmittelalterforschung der Universität Münster, Berlin 1ff (1967ff)
fol.	Folio
Forsch./-forsch.	Forschung(en)
FRA	Fontes rerum Austriacarum, Wien
– FRA.S	1. Abteilung: Scriptores, 1ff (1855ff)
– FRA.D	2. Abteilung: Diplomataria et acta, 1ff (1894ff)
– FRA.F	3. Abteilung: Fontes iuris, 1ff (1953ff)
Fränk./fränk./-fränk.	fränkisch/e/er/es/en
FrFor	Franziskanische Forschungen, Werl 1ff (1935ff)
Frhr.	Freiherr
FS	Festschrift
FThSt	Freiburger theologische Studien, Freiburg/Breisgau u.a. 1ff (1910ff)
Fürstl./fürstl.	fürstlich/e/er/es/en
FVK	Forschungen zur Volkskunde, Düsseldorf u.a. 1 (1930) – 32 (1938). 33ff (1950ff)
GA	Gesamtausgabe [in Kapitel II.6, III.5 und IV.6 pauschaler Hinweis auf eine unter »Gesamtausgaben« in MGG² S 2, 1116ff verzeichnete Ausgabe der musikalischen Werke eines bestimmten Komponisten, die nur mit Bandzahl genannt wird]
geb.	geboren/e/er
gedr.	gedruckt/e/er/es/en
GeGe	Geschichte und Gesellschaft. Zeitschrift für historische Sozialwissenschaft, Göttingen 1ff (1975ff)
Geistl./geistl.	geistlich/e/er/es/en
GeJu	Germania Judaica, 3 Bde., Tübingen 1963–1995
gen.	genannt/e/er/es/en
GermBen	Germania Benedictina, Ottobeuren u.a. 2ff (1970ff)
GermSac	Germania Sacra, Berlin. Abt. 2: Die Bistümer der Kirchenprovinz Mainz, 1,1–2 (1937–1966). NF 1ff (1962ff)
Ges./ges.	gesammelt/e/er/es/en
Gesch./-gesch.	Geschichte
geschichtl./-geschichtl.	geschichtlich/e/er/es/en
gesellschaftl.	gesellschaftlich/e/er/es/en

Abkürzungen

Gest./gest.	gestorben
GK	Gestalten der Kirchengeschichte, herausgegeben von Martin Greschat, Stuttgart u.a. 1–12 (1984/1985)
GTA	Göttinger theologische Arbeiten, Göttingen 1ff (1975ff)
H.	Heft(e)
HAB	Historischer Atlas von Bayern, München
– HAB.A	Teil Altbayern, 1950ff
– HAB.F	Teil Franken, 1951ff
– HAB.S	Teil Schwaben, 1952ff
HAMNG	Heidelberger Abhandlungen zur mittleren und neueren Geschichte, Heidelberg 1ff (1902ff)
Hb.	Handbuch, Handbücher
HBG	Handbuch der Bayerischen Geschichte, begründet von Max Spindler, herausgegeben von Andreas Kraus, München
	Bd. 1: Das alte Bayern. Das Stammesherzogtum bis zum Ausgang des 12. Jahrhunderts, 1967, verbesserter Nachdruck 1968, unveränderter Nachdruck 1971 [der Ausgabe 1968], 3., verbesserter Nachdruck 1975, 2., überarbeitete Auflage 1981,
	Bd. 2: Das alte Bayern. Der Territorialstaat vom Ausgang des 12. Jahrhunderts bis zum Ausgang des 18. Jahrhunderts, 1969, verbesserter Nachdruck 1974 [der Ausgabe 1969], 2., verbesserter Nachdruck 1977, 2., überarbeitete Auflage 1988,
	Bd. 3/1: Franken, Schwaben, Oberpfalz bis zum Anfang des 18. Jahrhunderts, 1971, 2., verbesserte Auflage 1979,
	Bd. 3/1: Geschichte Frankens bis zum Ausgang des 18. Jahrhunderts, München, 3., neu bearbeitete Auflage 1997,
	Bd. 3/2: Franken, Schwaben, Oberpfalz bis zum Ausgang des 18. Jahrhunderts, 1971, 2., verbesserte Auflage 1979,
	Bd. 3/2: Geschichte Schwabens bis zum Ausgang des 18. Jahrhunderts, 3., neu bearbeitete Auflage 2001,
	Bd. 3/3: Geschichte der Oberpfalz und des bayerischen Reichskreises bis zum Ausgang des 18. Jahrhunderts, 3., neu bearbeitete Auflage 1995,
	Bd. 4/1: Das neue Bayern 1800–1970, 1974, verbesserter Nachdruck 1979
	Bd. 4/2: Das neue Bayern 1800–1970, 1975, verbesserter Nachdruck 1979
HBKG	Handbuch der bayerischen Kirchengeschichte, herausgegeben von Walter Brandmüller, St. Ottilien
	Bd. 1/1: Von den Anfängen bis zur Schwelle der Neuzeit. Kirche, Staat und Gesellschaft, 1999
	Bd. 1/2: Von den Anfängen bis zur Schwelle der Neuzeit. Das kirchliche Leben, 1999
	Bd. 2: Von der Glaubensspaltung bis zur Säkularisation, 1993
	Bd. 3: Vom Reichsdeputationshauptschluss bis zum Zweiten Vatikanischen Konzil, 1991
HDRG	Handwörterbuch zur deutschen Rechtsgeschichte, herausgegeben von Adalbert Erler, Berlin 1 (1971) – 5 (1998)
HEK	Handbuch der deutschen evangelischen Kirchenmusik, herausgegeben von Konrad Ameln, Christhard Mahrenholz und Wilhelm Thomas unter Mitarbeit von Carl Gerhardt, Göttingen
	Bd. 1/1: Der Altargesang. Die einstimmigen Weisen, 1941
	Bd. 1/2: Der Altargesang. Die mehrstimmigen Sätze, 1942
	Bd. 2/1: Das gesungene Bibelwort. Die a-capella-Werke, 1935

HEKG	Handbuch zum evangelischen Kirchengesangbuch, herausgegeben von Christhard Mahrenholz und Oskar Söhngen, Göttingen 1ff (1953ff)
HerBü	Herder-Bücherei, Freiburg/Breisgau u.a. 1ff (1960ff)
HerChr	Herbergen der Christenheit, Leipzig u.a. 1957ff
hg.	herausgegeben
Hg.	Herausgeber/in(nen)
HGBB	Handbuch der Geschichte des bayerischen Bildungswesens, herausgegeben von Max Liedtke, Bad Heilbrunn
	Bd. 1: Geschichte der Schule in Bayern von den Anfängen bis 1800, 1991
	Bd. 2: Geschichte der Schule in Bayern von 1800 bis 1918, 1993
HGEKB	Handbuch der Geschichte der evangelischen Kirche in Bayern, herausgegeben von Gerhard Müller, Horst Weigelt und Wolfgang Zorn, Bd. 1: Von den Anfängen des Christentums bis zum Ende des 18. Jahrhunderts, Bd. 2: 1800–2000, St. Ottilien 2002 und 2000
Hist./hist./-hist.	historisch/e/er/es/en
HJ	Historisches Jahrbuch der Görresgesellschaft, München u.a. 1 (1880) – 61 (1941). 62–69 (1949). 70ff (1951ff)
HJLG	Hessisches Jahrbuch für Landesgeschichte, Marburg 1ff (1951ff)
HKG(J)	Handbuch der Kirchengeschichte, herausgegeben von Hubert Jedin [Bd. 7:] und Konrad Repgen, 7 Bde. in 10 Teilbänden, Freiburg u.a. 1962–1979
Hl./hl.	heilig/e/er/es/en
hs.	handschriftlich/e/er/es/en
Hs.	Handschrift(en)
HS	Historische Studien, Berlin u.a. 1ff (1896ff)
humanist.	humanistisch/e/er/es/en
HWDA	Handwörterbuch des deutschen Aberglaubens, herausgegeben von Hanns Bächtold-Stäubli, Berlin 1 (1927) – 10 (1942)
HWP	Historisches Wörterbuch der Philosophie, herausgegeben von Joachim Ritter† und Karlfried Gründer, Basel u.a. 1ff (1971ff)
HZ	Historische Zeitschrift, München u.a. 1 (1859) – 168 (1943). 169ff (1949ff)
– HZ.B	Beiheft, 1 (1924) – 32 (1934). NF 1ff (1971ff)
– HZ.S	Sonderheft, 1ff (1962ff)
i.	in, im
IPM	Instrumentum Pacis Monasteriense
IPO	Instrumentum Pacis Osnabrugense
Inv.-Nr.	Inventar-Nummer
I.V./i.V.	in Verbindung
JABKG	Jahrbuch für altbayerische Kirchengeschichte, München 1962–1966 [= BABKG 22,2 u.a.]
-jähr.	-jährigen
Jb.	Jahrbuch, Jahrbücher
JbCL	Jahrbuch der Coburger Landesstiftung, Coburg 1956ff
Jber.	Jahresbericht(e)
JBTh	Jahrbuch für biblische Theologie, Neukirchen-Vluyn 1ff (1986ff)
JFLF	Jahrbuch für fränkische Landesforschung, Neustadt/Aisch u.a. 1 (1935) – 8/9 (1942/43 [1943]). 10ff (1943/50 [1950]ff)
Jg.	Jahrgang, Jahrgänge
JGGPÖ	Jahrbuch der Gesellschaft für die Geschichte des Protestantismus [im ehemaligen und im neuen: 45/46 (1925) – 58 (1937); im ehemaligen: 42/44 (1923). 59 (1938) – 63/64 (1942/43)] in Österreich, Wien 1 (1880) – 40/41 (1921). 65/66 (1944/45) – 95 (1979)

Jh./.-jh.	Jahrhundert(e)
JHVM	Jahrbuch [Jahresbericht: 8 (1837 [1838]) – 75 (1955)] des Historischen Vereins für Mittelfranken, Ansbach 76ff (1956ff)
JLH	Jahrbuch für Liturgik und Hymnologie, Kassel u.a. 1ff (1955ff)
JSKG	Jahrbuch für schlesische (32 [1953] – 38 [1959]: Kirche und) Kirchengeschichte, Ulm u.a. NF 39 (1960ff)
jun.	junior
JusEcc	Jus Ecclesiasticum. Beiträge zum evangelischen Kirchenrecht und zum Staatskirchenrecht, München [ab 23 (1976): Tübingen] 1ff (1965ff)
JVABG	Jahrbuch des Vereins für Augsburger Bistumsgeschichte, Augsburg 1ff (1967ff)
(K)	Titel vollständig aufgeführt im Literaturverzeichnis des Kapitels
Kap.	Kapitel
KASP	Kleine allgemeine Schriften zur Philosophie, Theologie und Geschichte, Bamberg
– KASP.G	Geschichtliche Reihe, 1ff (1947ff)
Kat.	Katalog(e)
Kath./kath.	katholisch/e/er/es/en
KDBay	Die Kunstdenkmäler von Bayern [Nebentitel: Die Kunstdenkmäler des Königreiches Bayern], München
KDGB	Die Kunstdenkmäler des Großherzogtums Baden, Freiburg/Breisgau u.a. 1ff (1887ff)
KDMF	Die Kunstdenkmäler von Mittelfranken [= KDBay 5], München 1ff (1924ff)
KDNB	Die Kunstdenkmäler von Niederbayern [= KDBay 4], München 1ff (1912ff)
KDOF	Die Kunstdenkmäler von Oberfranken [= KDBay 8], München 1ff (1954ff)
KDSch	Die Kunstdenkmäler von Schwaben [= KDBay 7], München 1–8 (1938–1964)
KDUF	Die Kunstdenkmäler von Unterfranken und Aschaffenburg [= KDBay 3], München 1 (1911) – 24 (1927)
KG	Kirchengeschichte
KGE	Kirchengeschichte in Einzeldarstellungen, Berlin 1: Alte Kirche und frühes Mittelalter, 1 (1985ff) [6 (1980)] 2: [Spätes Mittelalter und Reformation,] 3/4ff (1983ff) 3: [Neuzeit,] 3,2ff (1989ff)
Kgl./kgl.	königlich/e/er/es/en
Kgr.	Königreich/e/es
KHAb	Kölner historische Abhandlungen, Köln u.a. 1ff (1959ff)
KIG	Die Kirche in ihrer Geschichte. Ein Handbuch, begründet von Kurt Dietrich Schmidt und Ernst Wolf, herausgegeben von Bernd Moeller, Göttingen 1961ff
KiHiSt	Kieler Historische Studien, Stuttgart 1ff (1966ff)
Kirchl./kirchl./-kirchl.	kirchlich/e/er/es/en
KlProt	Klassiker des Protestantismus, Bremen 1 (1967). 2 (1964). 3 (1963). 4 (1962). 5 (1962). 6 (1965). 7 (1963). 8 (1965) [= Sammlung Dieterich 266–273]
KLK	Katholisches Leben und Kämpfen [ab 25/26 (1967):] Kirchenreform im Zeitalter der Glaubensspaltung, Münster 1ff (1927ff)
KlT	Kleine Texte für (theologische und philologische) Vorlesungen und Übungen, Bonn u.a. 1ff (1902ff)
KMJ	Kirchenmusikalisches Jahrbuch, Köln u.a. NF 1=11 (1886) – 20=30 (1907). 21 (1908) – 31/33 (1936/38 [1939]). 34ff (1950ff)
KO	Kirche im Osten, Stuttgart u.a. 1ff (1958ff)
– KO.M	Monographienreihe, 4ff (1962ff)
KonGe	Konziliengeschichte, Paderborn u.a.

Abkürzungen

– KonGe.D	Reihe A: Darstellungen, 1980ff
– KonGe.U	Reihe B: Untersuchungen, 1979ff
KRA	Kirchenrechtliche Abhandlungen, Stuttgart 1 (1902) – 117/118 (1938)
KSDMR	Kataloge und Schriften. Kunstsammlungen des Bistums Regensburg. Diözesanmuseum Regensburg, München u.a. 1ff (1983ff)
KTA	Kröners Taschenausgabe, Stuttgart u.a. 1915ff
KTGQ	Kirchen- und Theologiegeschichte in Quellen. Ein Arbeitsbuch, Neukirchen-Vluyn 1 (1977) – 5 (1999) [verschiedene Neuauflagen]
KuG(K)	Kirche und Gesellschaft, Köln 1ff (1973ff)
KuK	Kirche und Kunst, Nürnberg u.a. 1 (1909/10) – 11 (1920). 12 (1927) – 27 (1942). 28ff (1949ff)
KuWR	Kulturwissenschaftliche Reihe, Marburg 1ff (1982ff)
KVR	Kleine Vandenhoeck-Reihe, Göttingen 1ff (1958ff)
Lat./lat.	lateinisch
LCI	Lexikon der christlichen Ikonographie, herausgegeben von Engelbert Kirschbaum, Rom u.a. 1 (1968) – 8 (1976) [unveränderter Nachdruck Rom 1990]
Leb.	Lebensbild(er)
LebBaySchwaben	Lebensbilder aus dem bayerischen Schwaben, München u.a. 1 (1952) – 15 (1997)
LebFranken	Lebensläufe aus Franken, München u.a. 1 (1919) – 6 (1960)
LebFranken NF	Fränkische Lebensbilder. Neue Folge der Lebensläufe aus Franken, Würzburg u.a. 1ff (1967ff) – 18 (2000)
[Lit.]	Hinweis auf weiterführende Literatur im angegebenen Titel
Liturg./liturg.	liturgisch/e/er/es/en
LKAN	Landeskirchliches Archiv Nürnberg
LMA	Lexikon des Mittelalters, München u.a. 1 (1980) – 9 (1998), Registerband 1999
LoPr	Loccumer Protokolle, Rehburg-Loccum 1966ff
LThK²	Lexikon für Theologie und Kirche, begründet von Dr. Michael Buchberger. Zweite, völlig neu bearbeitete Auflage, herausgegeben von Josef Höfer und Karl Rahner, Freiburg 1 (1957) – 10 (1966), Registerband 1967
LThK³	Lexikon für Theologie und Kirche, begründet von Michael Buchberger. Dritte, völlig neu bearbeitete Auflage, herausgegeben von Walter Kasper u.a., Freiburg u.a. 1 (1993) – 10 (2001)
LuJ	Luther-Jahrbuch. Jahrbuch der Luther-Gesellschaft, Leipzig u.a. 1 (1919 [1920]) – 23 (1941 [1942]). 24ff (1957ff)
Luth./luth.	lutherisch/e/er/es/en
LuthQ	Lutheran quarterly, Gettysburg u.a. NS 8 (1878) – 57 (1927). [3. Serie] 1 (1949) – 29 (1977). NS [= 4. Serie] 1ff (1987ff)
MA	Mittelalter/s
Männl./männl.	männlich/e/er/es/en
Mag.	Magister, Magisterarbeit
Masch./masch.	maschinenschriftlich/e/er/es/en
MBMo	Miscellanea Bavarica Monacensia. Dissertationen zur bayerischen Landes- und Münchner Stadtgeschichte, München 1ff (1967ff) [= Neue Schriftenreihe des Stadtarchivs München]
MBW	Melanchthons Briefwechsel, herausgegeben von Heinz Scheible, Stuttgart-Bad Canstatt 1ff (1977ff)
MCSM	Miscellanea del centro di studi medioevali 3, Milano 1ff (1956ff)
MDF	Mitteldeutsche Forschungen. Köln u.a. 1ff (1954ff)
m.E.	meines Erachtens
MEKGR	Monatshefte für evangelische Kirchengeschichte des Rheinlandes, Düsseldorf u.a. 1ff (1952ff)

meth.	methodistisch/e/er/es/en
MFJG	Mainfränkisches Jahrbuch für Geschichte und Kunst, Würzburg 1=72ff (1949ff)
Mfr.	Mittelfranken
MFSt	Mainfränkische Studien, Schweinfurt u.a. 1ff (1971ff)
MGG¹	Die Musik in Geschichte und Gegenwart. Allgemeine Enzyklopädie der Musik. Unter Mitarbeit zahlreicher Musikforscher des In- und Auslandes herausgegeben von Friedrich Blume, Bd. 1–17, Kassel 1949–1986
MGG²	Die Musik in Geschichte und Gegenwart. Allgemeine Enzyklopädie der Musik, begründet von Friedrich Blume, zweite, neubearbeitete Auflage, herausgegeben von Ludwig Finscher, Kassel u.a.
– MGG² S	Sachteil: 9 Bde., 1994–1998, Registerband 1999
– MGG² P	Personenteil: 12 Bde., 1999ff, Gesamtregister [in Vorbereitung]
MGH	Monumenta Germaniae historica inde ab a. C. 500 usque ad a. 1500, Hannover u.a.
– MGH.Conc	Concilia, 1ff (1893ff)
– MGH.Const	Constitutiones et acta publica imperatorum et regum, 1ff (1893ff)
– MGH.DK	Diplomata Karolinorum, 1ff (1906ff)
– MGH.DR	Diplomata regum et imperatorum Germaniae, 1ff (1879/84ff)
– MGH.DRG	Diplomata regum germaniae ex stirpe Karolinorum, 1 (1932/34) – 4 (1960)
– MGH.Ep	Epistolae, 1ff (1887/91ff)
– MGH.ES	Epistolae selectae, 1ff (1916ff)
– MGH.F	Fontes iuris Germanici antiqui, 1869ff. NS 1933ff
– MGH.L	Leges in folio, 1 (1835) – 5 (1875/89)
– MGH.LL	Libelli de lite imperatorum et pontificum saeculis XI et XII conscripti, 1 (1891) – 3 (1897)
– MGH.PL	Poetae Latini medii aevi, 1ff (1881ff)
– MGH.SRG	Scriptores rerum Germanicarum, 1 (1826) – 32 (1913). NS 1ff (1922ff)
– MGH.SRM	Scriptores rerum Merovingicarum, 1 (1884) – 7 (1920)
– MGH.SS	Scriptores, 1ff (1826ff)
MGMA	Monographien zur Geschichte des Mittelalters, Stuttgart 1ff (1970ff)
MGSL	Mitteilungen der Gesellschaft für Salzburger Landeskunde, Salzburg 1ff (1860/61ff)
MHP	Miscellanea historiae pontificiae, Roma 1,1ff (1939ff)
MHStud.	Münchener Historische Studien. Abteilung Bayerische Geschichte, Kallmünz 1ff (1955ff)
MHVP	Mitteilungen des Historischen Vereins der Pfalz, Speyer 1 (1870) – 50 (1930/32 [1932]). 51ff (1953ff)
MIÖG	Mitteilungen des Instituts für österreichische Geschichtsforschung, Innsbruck u.a. 1 (1880) – 39,2 (1922/23). 56ff (1948ff) [Mitteilungen des österreichischen Instituts für Geschichtsforschung: 39,3 (1922/23) – 54 (1942); Mitteilungen des Instituts für Geschichtsforschung und Archivwissenschaft in Wien: 55 (1944)]
– MIÖG.E	Ergänzungsband, 1 (1885) – 10,1 (1916/28). 15ff (1947ff)
Mitt.	Mitteilung(en)
MKHS	Münchener kirchenhistorische Studien, Stuttgart u.a. 1ff (1989ff)
MonBoica	Monumenta Boica, München 1 (1763) – 28 [= Coll. nova 1] (1829) – 47 [= NF 1] (1902) – 60 [= NF 14] (1916) [Bde. 51–52 und 55–59 nicht erschienen; Bandzählung teilweise fingiert]
MSHTh	Münchener Studien zur historischen Theologie, Kempten u.a. 1 (1921) – 14 (1937)
MThA	Münsteraner theologische Abhandlungen, Altenberge 1ff (1988ff)
MThS	Münchener theologische Studien, München u.a.

– MThS.H	1: Historische Abteilung, 1ff (1950ff)	
– MThS.S	2. Systematische Abteilung, 1ff (1950ff)	
– MThS.K	3: Kanonistische Abteilung, 1ff (1951ff)	
MThSt	Marburger Theologische Studien, Marburg [NS] 1ff (1963ff)	
MThZ	Münchener theologische Zeitschrift, München u.a. 1ff (1950ff)	
MTUDL	Münchner Texte und Untersuchungen zur deutschen Literatur des Mittelalters, München 1ff (1961ff)	
MüSt	Münsterschwarzacher Studien, herausgegeben von Missionsbenediktinern der Abtei Münsterschwarzach, Münsterschwarzach 1ff (1964ff)	
MUS	Münchener Universitätsschriften, Kallmünz u.a.	
MVGN	Mitteilungen des Vereins für Geschichte der Stadt Nürnberg, Nürnberg 1 (1879) – 39 (1944). 40ff (1949ff)	
MWF	Missionswissenschaftliche Forschungen, Gütersloh u.a. 1ff (1962ff)	
m.w.N.	mit weiteren Nachweisen	
Nachdr.	Nachdruck(e)	
NCE	New catholic encyclopedia, New York u.a. 1–15 (1967), Supplement 16–17 (1974–1978)	
n. Chr.	nach Christus	
NDB	Neue Deutsche Biographie, herausgegeben von der Historischen Kommission bei der Bayerischen Akademie der Wissenschaften, Berlin 1ff (1953ff)	
neubearb.	neubearbeitet/e/er/es/en	
neuzeitl.	neuzeitlich/e/er/es/en	
NF	Neue Folge	
NLZ	Nikolaus Ludwig von Zinzendorf. Materialien und Dokumente, Hildesheim u.a.	
– NLZ.L	Reihe 2: Leben und Werk in Quellen und Darstellungen, 1ff (1971ff)	
Nr.	Nummer	
NR	Neue Reihe	
NS	Neue Serie	
NVIOBH	Neue Veröffentlichungen des Instituts für Ostbairische Heimatforschung, Passau 1ff (1951ff)	
NWSLG	Nürnberger Werkstücke zur Stadt- und Landesgeschichte. Schriftenreihe des Stadtarchivs Nürnberg, Nürnberg 1ff (1970ff)	
NZSTh	Neue Zeitschrift für Systematische Theologie [ab 5 (1963):] und Religionsphilosophie, Berlin 1ff (1959ff)	
OA	Orbis academicus. Problemgeschichte der Wissenschaft in Dokumenten und Darstellungen, München 1: Geisteswissenschaftliche Reihe, 1ff (1951ff)	
o.ä.	oder ähnlich/e/er/es/en	
OBA	Oberbayerisches Archiv [1 (1839) – 83 (1958): für vaterländische Geschichte], München 1 (1839) – 74 (1940 [1941]). 75 (1948/49) – 83 (1958). 84ff (1961ff)	
Ökum./ökum.	ökumenisch/e/er/es/en	
ÖTS	Ökumenische Texte und Studien, Marburg u.a. 1ff (1952ff)	
o.g.	oben genannt/e/er/es/en	
OGM	Ostbairische Grenzmarken. Passauer Jahrbuch für Geschichte, Kunst und Volkskunde, Passau 1ff (1957ff)	
o.J.	ohne Jahreszahl	
o.O.	ohne Ort	
op.	opus	
Opf.	Oberpfalz	
Orth./orth.	orthodox/e/er/es/en	
pag.	pagina	

Phil./phil.	philosophisch/e/er/es/en
Polit./polit.	politisch/e/er/es/en
PPSA	Publikationen aus den (k.) preußischen Staatsarchiven, Leipzig 1 (1878) – 94 (1938)
Prakt./prakt.	praktisch/e/er/es/en
Prof.	Professor/in
ProOr	Pro Oriente, Innsbruck u.a. 1ff (1975ff)
Prot./prot./-prot.	protestantisch/e/er/es/en
PuN	Pietismus und Neuzeit. Ein Jahrbuch zur Geschichte des neueren Protestantismus, Bielefeld [ab 4 (1977/78): Göttingen] 1ff (1974ff)
QASRG	Quellen und Abhandlungen zur schweizerischen Reformationsgeschichte, Basel 4 [= 2. Serie 1] (1912) – 13 [= 2. Serie 10] (1942)
QEBG	Quellen und Erörterungen zur bayerischen Geschichte, München NF 6 (1930ff)
QFBKG	Quellen und Forschungen zur bayerischen Kirchengeschichte, Leipzig 1 (1917) – 7 (1922)
QFG	Quellen und Forschungen aus dem Gebiet der Geschichte, Paderborn u.a. 1 (1892) – 25 (1940). NF 1ff (1979ff)
QFGBW	Quellen und Forschungen zur Geschichte des Bistums und Hochstifts Würzburg, Würzburg 1ff (1948ff)
QFIAB	Quellen und Forschungen aus italienischen Archiven und Bibliotheken, Tübingen u.a. 1 (1897/98) – 33 (1944). 34ff (1954ff)
QFRG	Quellen und Forschungen zur Reformationsgeschichte, Gütersloh u.a. 3ff (1921ff)
QFRMA	Quellen und Forschungen zum Recht im Mittelalter, Sigmaringen 1ff (1982ff)
QGDOD	Quellen und Forschungen zur Geschichte des Dominikanerordens [in Deutschland], Leipzig u.a. 1 (1907) – 39 (1941). 40ff (1952ff). NF 1ff (1992ff)
QSGDO	Quellen und Studien zur Geschichte des Deutschen Ordens, Bonn u.a. 1ff (1967ff)
QVGDR	Quellen und Studien zur Verfassungsgeschichte des deutschen Reiches in Mittelalter und Neuzeit, Weimar 1 (1905) – 7 (1939). 8ff (1950ff)
rd.	rund
RDK	Reallexikon zur deutschen Kunstgeschichte, begonnen von Otto Schmitt, herausgegeben vom Zentralinstitut für Kunstgeschichte München, Stuttgart u.a. 1ff (1937ff)
r. d. Rh.	rechts des Rheins
RE	Real-Encyklopädie für protestantische Theologie und Kirche. In Verbindung mit vielen protestantischen Theologen und Gelehrten herausgegeben von Dr. Herzog, Bd. 1–21, Hamburg u.a. 1854–1868
RE²	Real-Encyklopädie für protestantische Theologie und Kirche. Unter Mitwirkung vieler protestantischer Theologen und Gelehrten in zweiter durchgängig verbesserter und vermehrter Auflage begonnen von D. Johann Jakob Herzog und D. Gustav Leopold Plitt, fortgeführt von D. Albert Hauck, Bd. 1–18, Leipzig 1877–1888
RE³	Realencyklopädie für protestantische Theologie und Kirche. Begründet von Johann Jakob Herzog. In dritter verbesserter und vermehrter Auflage unter Mitwirkung vieler Theologen und Gelehrten herausgegeben von D. Albert Hauck, Bd. 1–24, Leipzig 1896–1913
ReB	Regesta sive rerum Boicarum autographa [...], herausgegeben von Karl H. von Lang u.a., München 1 (1822) – 13 (1854). Registerband 1927
rec.	recognovit
Red.	Redaktion, Redaktor, Redakteur/in

XXIV *Abkürzungen*

Ref./ref.	reformiert/e/er/es/en
RegBl.	Königlich-Baierisches Regierungsblatt, München 1806–1817
Reprogr./reprogr.	reprographisch/e/er/es/en
RGG³	Die Religion in Geschichte und Gegenwart. Handwörterbuch für Theologie und Religionswissenschaft. Dritte, völlig neu bearbeitete Auflage, in Gemeinschaft mit Hans Freiherr von Campenhausen, Erich Dinkler, Gerhard Gloege und Knud E. Løgstrup herausgegeben von Kurt Galling, Bd. 1–6, Tübingen 1957–1962, Registerband 1965
RGG⁴	Religion in Geschichte und Gegenwart. Handwörterbuch für Theologie und Religionswissenschaft. Vierte, völlig neu bearbeitete Auflage, herausgegeben von Hans Dieter Betz, Don S. Browning, Bernd Janowski, Eberhard Jüngel, Tübingen 1ff (1998ff)
RGST	Reformationsgeschichtliche Studien und Texte, Münster 1ff (1906ff)
Röm./röm.	römisch/e/er/es/en
Röm.-kath./ röm.-kath.	römisch-katholisch/e/er/es/en
RoJKG	Rottenburger Jahrbuch für Kirchengeschichte, Sigmaringen 1ff (1982ff)
RQ	Römische Quartalschrift für christliche Altertumskunde und Kirchengeschichte, Freiburg/Breisgau u.a. 1 (1887) – 29 (1915). 30 (1922) – 47 (1939 [1942]). 48ff (1953ff)
S.	Seite(n)
SABKG	Studien zur altbayerischen Kirchengeschichte, München 1ff (1969ff)
Saec.	Saeculum. Jahrbuch für Universalgeschichte, München u.a. 1ff (1950ff)
SaeSp	Saecula spiritalia, Baden-Baden 1ff (1979ff)
SAGM	Sudhoffs Archiv [21 (1929) – 26 (1933): für Geschichte der Medizin; 27 (1934) – 36,1–2 (1943). 36,3 (1952) – 49 (1965): und der Naturwissenschaften]. Zeitschrift für Wissenschaftsgeschichte, Wiesbaden u.a. 50ff (1966ff)
– SAGM.B	Beiheft, 1ff (1961ff)
SBHVE	Sammelblatt des Historischen Vereins Eichstätt, Eichstätt 1 (1886 [1887]) – 56/57 (1941/42 [1944]). 58ff (1943/60 [1961]ff)
SBLG	Schriftenreihe zur bayerischen Landesgeschichte, herausgegeben von der Kommission für Bayerische Landesgeschichte bei der Bayerischen Akademie der Wissenschaften, München 1ff (1929ff)
SBWA	Sammlung bibliothekswissenschaftlicher Arbeiten, Leipzig 1 (1887) – 50 (1941)
Schr./-schr.	Schrift(en)
SchR.	Schriftenreihe(n)
Schriftl./schriftl.	schriftlich/e/er/es/en
Schwäb./schwäb./ -schwäb.	schwäbisch/e/er/es/en
SCD	Studien über christliche Denkmäler, Leipzig 1ff (1902ff)
sen.	senior
SG	Sammlung Göschen, Berlin u.a. 1ff (1899ff)
SGSG	Studi gregoriani per la storia di Gregorio VII e della riforma gregoriana, Roma 1 (1947) – 7 (1960)
SHCT	Studies in the history of Christian thought, Leiden 1ff (1966ff)
SHKBA	Schriftenreihe der Historischen Kommission bei der Bayerischen Akademie der Wissenschaften, Göttingen 1ff (1957ff)
SIJB	Schriften des Institutum Judaicum in Berlin, Berlin 1 (1886) – 45 (1915)
sittl.	sittlich/e/er/es/en
S.J.	Societas Jesu
SKGNS	Studien zur Kirchengeschichte Niedersachsens, Göttingen 1ff (1919ff)

Abkürzungen XXV

SKGSW	Studien und Mitteilungen aus dem Kirchengeschichtlichen Seminar der Theologischen Fakultät der K.K. Universität in Wien, Wien 1 (1908) – 15 (1914)
SKRG	Schriften zur Kirchen- und Rechtsgeschichte, Tübingen 1ff (1956ff)
SMAFN	Spätmittelalter und frühe Neuzeit. Tübinger Beiträge zur Geschichtsforschung, Stuttgart 1ff (1978ff)
SMRT	Studies in medieval and reformation thought, Leiden 1ff (1966ff)
SODA	Südostdeutsches Archiv, München 1ff (1958ff)
SÖAW.PH	Sitzungsberichte der Österreichischen Akademie der Wissenschaften in Wien, Philosophisch-Historische Klasse, Wien 225,1ff (1947ff)
sog.	sogenannt/e/er/es/en
SPLi	Studia patristica et liturgica, Regensburg 1ff (1967ff)
SQGR	Studien und Quellen zur Geschichte Regensburgs, Regensburg 1ff (1970ff)
SSAM	Settimane di Studio del Centro Italiano di Studi sull'Alto Medioevo, Spoleto 1ff (1953 [1954]ff)
St.	Sankt
StACO	Staatsarchiv Coburg
StadtA	Stadtarchiv
StadtACO	Stadtarchiv Coburg
Städt./städt./-städt.	städtisch/e/er/es/en
StAns	Studia Anselmiana[.] Philosophica [et] theologica, Roma 1ff (1933ff)
STG	Studien zur Theologie und Geschichte, St. Ottilien 1ff (1989ff)
STGMA	Studien und Texte zur Geistesgeschichte des Mittelalters, Leiden u.a. 1ff (1950ff)
StGS	Studien zur Germania sacra, Göttingen 1ff (1967ff) [= VMPIG]
SThGG	Studien zur Theologie und Geistesgeschichte des neunzehnten Jahrhunderts, Göttingen 1ff (1972ff)
STKG.G	Studien und Texte zur Kirchengeschichte und Geschichte, Wien u.a. Reihe 3: Geschichte des Christentums in Österreich und Südmitteleuropa, 1ff (1973/74ff)
StMBO	Studien und Mitteilungen zur Geschichte des Benediktiner-Ordens und seiner Zweige, St. Ottilien NF 1=32 (1911) – 18=49 (1931). 50 (1932) – 59 (1941/42 [1942]). 60ff (1946ff)
StMed	Studi medievali, Torino u.a. 1 (1904/05) – 4 (1912/13). NS 1 (1928) – 15 (1942). 16 (1943/50 [1950]) – 18 (1952). 3. Serie 1ff (1960ff)
Stud./-stud.	Studie(n)
SUBE	Schriften der Universitätsbibliothek Eichstätt, Eichstätt u.a. 1ff (1983ff)
Suppl.	Supplement
Suppl.-Bd.	Supplementband
SuR	Spätmittelalter und Reformation. Texte und Untersuchungen, Berlin u.a. 1ff (1977ff). NR Tübingen 1ff (1990ff)
SVGP	Studien und Vorarbeiten zur Germania pontificia, Köln u.a. 1 (1912). 3 (1937). 4ff (1972ff)
SVRG	Schriften des Vereins für Reformationsgeschichte, Gütersloh u.a. 1/1 (1883) – 57/167 (1939). 58/168 (1951) – 82,2/83/189 (1975). 190ff (1978ff)
SZG	Schweizerische Zeitschrift für Geschichte. Revue Suisse d'histoire. Rivista storica svizzera, Zürich u.a. 1ff (1951ff)
(T)	Titel vollständig aufgeführt im Literaturverzeichnis des Teilkapitels
Taf.	Tafel
TAPhS	Transactions of the American Philosophical Society, Philadelphia 1 (1769) – 6 (1809). NS 1ff (1818ff)
TAzB	Texte und Arbeiten zur Bibel, Bielefeld 1ff (1984ff)

Abkürzungen

Tb.	Taschenbuch, Taschenbücher
TGET	Texte zur Geschichte der evangelischen Theologie, Neukirchen-Vluyn 1ff (1965ff)
Theol./theol.	theologisch/e/er/es/en
ThÖ	Theologie der Ökumene, Göttingen 1ff (1955ff)
ThW	Theologische Wissenschaft. Sammelwerk für Studium und Beruf, Stuttgart u.a. 1 (1978). 2ff (1972ff)
TRE	Theologische Realenzyklopädie, herausgegeben von Gerhard Krause [bis Bd. 12] und Gerhard Müller, Berlin u.a. 1ff (1977ff)
TSHC	Textus et studia historica Carmelitana, Roma 1ff (1954ff)
TuscBü	Tusculum-Bücher, [ab 1947:]-Bücherei, München 1ff (1923ff)
TuSt	tuduv-Studien, München
– TuSt.K	Reihe Kunstgeschichte, 1 (1976ff)
– TuSt.P	Reihe Politikwissenschaften, 1ff (1983ff)
TVGMS	TVG-Monographien und Studienbücher, Wuppertal 232ff (1984ff)
u.	und
u.a.	und andere(s), unter anderem
UA Herrnhut	Unitätsarchiv in Herrnhut
u.a.m.	und andere(s) mehr
u.ä.	und ähnlich/e/er/es/en/em
UB	Universitätsbibliothek
Übers./-übers.	Übersetzer/in, Übersetzung(en)
übers.	übersetzt
Ufr.	Unterfranken
UnFr	Unitas Fratrum. Zeitschrift für Geschichte und Gegenwartsfragen der Brüdergemeine, Hamburg 1ff (1977ff)
ungedr.	ungedruckt/e/er/es/en
Unters.	Untersuchung(en)
u.ö.	und öfter
UrB	Urkundenbuch, Urkundenbücher
UrTB	Urban-(Taschen-)Bücher, Stuttgart u.a. [1ff] 1953ff
UTB	Universitäts-Taschenbücher
usw.	und so weiter
v.	von, vom, vor
v.a.	vor allem
VBGK	Veröffentlichungen zur bayerischen Geschichte und Kultur, München u.a. 1ff (1983ff)
VCC	Veröffentlichungen des Collegium Carolinum, München u.a. 1ff (1958ff)
VEGL	Veröffentlichungen der Evangelischen Gesellschaft für Liturgieforschung, Göttingen 1ff (1947ff)
Verh.	Verhandlungen
VerLex	Deutsche Literatur des Mittelalters. Verfasserlexikon, herausgegeben von Wolfgang Stammler und Karl Langosch, Berlin 1 (1933) – 5 (1955)
VerLex²	Deutsche Literatur des Mittelalters. Verfasserlexikon, begründet von Wolfgang Stammler, fortgeführt von Karl Langosch. Zweite, völlig neu bearbeitete Auflage, herausgegeben von Kurt Ruh u.a. Berlin u.a. 1 (1978) – 10 (1999)
verm.	vermehrt/e/er/es/en
Veröff.	Veröffentlichung(en)
VGFG	Veröffentlichungen der Gesellschaft für Fränkische Geschichte, Würzburg u.a. [diverse Reihen]

VGG.R	Veröffentlichungen der Görres-Gesellschaft zur Pflege der Wissenschaft(en) [1908–1928/29:] im katholischen Deutschland. Sektion für Rechts- und Sozialwissenschaft [51 (1929ff): Staatswissenschaft], Bonn u.a. 1 (1908) – 79 (1939) [?]. NS 1 (1950) – 8 (1971)
VGI	Veröffentlichungen des Grabmann-Institutes zur Erforschung der mittelalterlichen Theologie und Philosophie, München u.a. NF 1ff (1967ff)
vgl.	vergleiche
VHIS	Veröffentlichungen des Historischen Instituts der Universität Salzburg, Wien u.a. 1ff (1971ff)
VHN	Verhandlungen des Historischen Vereins für Niederbayern, Landshut 1 (1846/47 [1847]) – 74 (1941). 75ff (1949ff)
VHVOPf	Verhandlungen des Historischen Vereins von/für Oberpfalz und Regensburg, Regensburg 1 (1831) – 9 [= NF 1] (1845) – 68 [= NF 60] 1918. 69 (1919) – 90 (1940). 91ff (1950ff)
VIB	Veröffentlichungen des Institutum Bohemicum, München 1ff (1974ff)
VIEG	Veröffentlichungen des Instituts für Europäische Geschichte Mainz, Wiesbaden u.a. 1ff (1952ff)
VIOBH	Veröffentlichungen des Instituts für Ostbairische Heimatforschung, Passau
VIÖG	Veröffentlichungen des Instituts für Österreichische Geschichtsforschung, Wien u.a. 3 (1947). 4ff (1946ff)
VKAMAG	Vorträge und Forschungen. Konstanzer Arbeitskreis für Mittelalterliche Geschichte, Konstanz u.a. 1ff (1955ff)
VKEGR	Veröffentlichungen der Kommission für Erforschung der Geschichte der Reformation und Gegenreformation, München 1ff (1923ff)
VKHUT	Veröffentlichungen der Kommission für die Herausgabe ungedruckter Texte aus der Mittelalterlichen Geisteswelt, München 1ff (1965ff)
VMPIG	Veröffentlichungen des Max-Planck-Instituts für Geschichte, Göttingen 1ff (1972ff)
VSchwäbFG	Veröffentlichungen der Schwäbischen Forschungsgemeinschaft, Augsburg u.a. 1950ff [diverse Reihen]
VSWG	Vierteljahreshefte für Sozial- und Wirtschaftsgeschichte, Wiesbaden u.a. 1 (1903) – 37 (1944). 38ff (1949/50ff)
– VSWG.B	Beiheft, 1ff (1923ff)
VVKGB	Veröffentlichungen des Vereins für Kirchengeschichte in der Evangelischen Landeskirche Badens, Karlsruhe 1ff (1928ff)
WA	Martin Luther, Werke. Kritische Gesamtausgabe [»Weimarer Ausgabe«], Weimar 1ff (1883ff)
– WA.B	Briefwechsel, 1ff (1930ff)
WARF	Wolfenbütteler Abhandlungen zur Renaissanceforschung, Wiesbaden u.a. 1ff (1981ff)
WdF	Wege der Forschung, Darmstadt 1ff (1956ff)
WDGB	Würzburger Diözesangeschichtsblätter, Würzburg 1 (1933) – 8/9 (1940/41). 10ff (1948ff)
Weibl./weibl.	weiblich/e/er/es/en
Westfäl./westfäl.	westfälisch/e/er/es/en
Wirtschaftl./ wirtschaftl.	wirtschaftlich/e/er/es/en
Wissenschaftl./ wissenschaftl.	wissenschaftlich/e/er/es/en
WiWei	Wissenschaft und Weisheit. Franziskanische Studien zu Theologie, Philosophie und Geschichte, Freiburg/Breisgau u.a. 1 (1934) – 11 (1944). 12ff (1949ff)

WLB Stuttgart	Württembergische Landesbibliothek, Stuttgart
WRGA	Wiener rechtsgeschichtliche Arbeiten, Wien u.a. 1ff (1952ff)
WVLG	Württembergische Vierteljahreshefte für Landesgeschichte, Stuttgart 1 (1878) – 13 (1890 [1891]). NS 1 (1892) – 42 (1936).
z.	zu/zum/zur
Z.	Zeile(n)
z.B.	zum Beispiel
ZBG	Zeitschrift für Brüdergeschichte, Herrnhut 1 (1907) – 14 (1920)
ZBKG	Zeitschrift für bayerische Kirchengeschichte, München u.a. 1 (1926) – 17 (1942/47 [1949]). 18ff (1948/49ff)
ZBLG	Zeitschrift für bayerische Landesgeschichte, München 1 (1928) – 14 (1943/44). 15ff (1946/48 [1949]ff)
ZBRG	Zürcher Beiträge zur Reformationsgeschichte, Zürich u.a. 1ff (1970ff)
ZGO	Zeitschrift für die Geschichte des Oberrheins, Karlsruhe u.a. 1 (1850) – 40 [= NF 1] (1886) – 95 [= NF 56] (1943). 96ff [= NF 57] (1948ff)
ZHF	Zeitschrift für historische Forschung, Berlin 1ff (1974ff)
ZHVS	Zeitschrift des Historischen Vereins für Schwaben [bis 54 (1941): und Neuburg], Augsburg 1 (1874) – 55/56 (1942/43). 57 (1950) – 58 (1951). 59/60 (1969). 61ff (1955ff)
ZistSt	Zisterzienser-Studien, Berlin 1ff (1975ff)
Zit.	Zitat
Zit./zit.	zitiert
ZKG	Zeitschrift für Kirchengeschichte, Stuttgart u.a. 1 (1877) – 37 (1918). 38 [= NF 1] (1920) – 50 [= 3. Folge 1] (1931) – 62 [= 3. Folge 13] (1943/44). 63ff [= 4. Folge 1] (1950/51ff)
ZKTh	Zeitschrift für katholische Theologie, Wien 1 (1877) – 67,1–2 (1943). 69ff (1947ff)
ZLThK	Zeitschrift für die (gesammte) lutherische Theologie und Kirche, Leipzig 1 (1840) – 39 (1878)
ZSKG	Zeitschrift für schweizerische Kirchengeschichte. Revue d'histoire ecclésiastique suisse, Fribourg u.a. 1ff (1907ff)
ZSRG	Zeitschrift der Savigny-Stiftung für Rechtsgeschichte, Weimar u.a.
– ZSRG.K	Kanonistische Abteilung, 1=32=45 (1911) – 33=64=77 (1944). 34=65=78ff (1947ff)
– ZSRG.G	Germanistische Abteilung, 1=14 (1880) – 64=77 (1944). 65=78ff (1947ff)
z.T.	zum Teil
ZThK	Zeitschrift für Theologie und Kirche, Tübingen u.a. 1 (1891) – 27 (1917). 28 [= NF 1] (1920) – 46 [= NF 19] (1938). 47ff (1950ff)
ZWLG	Zeitschrift für württembergische Landesgeschichte, Stuttgart 1 (1937) – 7 (1943). 8 (1944/48 [1949]). 9ff (1949/50ff)
z.Zt.	zur Zeit

LITERATUR

Titel, die in den Literaturverzeichnissen und Anmerkungen dieses Bandes nur mit einer Abkürzung zitiert sind (z.B. Handbücher und Lexika), sind vollständig im Abkürzungsverzeichnis aufgeführt.

Die Abtei Amorbach i. Odenwald. Neue Beitr. z. Gesch. u. Kultur d. Klosters u. seines Herrschaftsgebietes, hg. v. FRIEDRICH OSWALD u. WILHELM STÖRMER, Sigmaringen 1984.

Acta d. Karmeliterprovinzials Andreas Stoss (1534–1538), bearb. v. ADALBERT DECKERT u. MATTHÄUS HÖSLER, Rom 1995 (AHCarm 5).

DIETER ALBRECHT, Maximilian I. v. Bayern 1573–1651, München 1998.

DIETER ALBRECHT (Hg.), Regensburg – Stadt d. Reichstage. Vom MA z. Neuzeit, Regensburg 1994 (SchR. d. Universität Regensburg 21).

DIETER ALBRECHT, Das konfessionelle Zeitalter. Zweiter Teil: Die Herzöge Wilhelm V. u. Maximilian I.: HBG² 2, 393–457.

KARL ALT, Reformation u. Gegenreformation i. d. freien Reichsstadt Kaufbeuren, München 1932 (EKGB 15).

Amberg 1034–1984. Aus tausend Jahren Stadtgesch. Ausstellung d. Staatsarchivs Amberg u. d. Stadt Amberg i. d. Rathaussälen z. Amberg aus Anlaß d. 950-Jahrfeier d. Stadt Amberg. Amberg 7.–29. Juli 1984, Amberg 1984 (AKat. d. Staatlichen Archive Bayerns 18).

Das ev. Amberg i. 16. Jh. Ausstellung i. Stadtarchiv Amberg 9. Juli – 29. August 1983, hg. v. STADTARCHIV AMBERG, Amberg 1983 (Aus d. Stadtarchiv Amberg 1).

MARTIN ARNOLD, Handwerker als theol. Schriftsteller. Stud. z. Flugschr. d. frühen Neuzeit (1523–1525), Göttingen 1990 (GTA 42).

Atlas z. KG. Die christl. Kirchen i. Gesch. u. Gegenwart, hg. v. HUBERT JEDIN u.a., bearb. v. JOCHEN MARTIN, Freiburg u.a. ³1988.

Aus Bayerns Gesch. Forsch. als Festgabe z. 70. Geburtstag v. Andreas Kraus, hg. v. EGON JOHANNES GREIPL u.a., St. Ottilien 1992.

NORBERT BACKMUND, Die Chorherrenorden u. ihre Stifte i. Bayern. Augustinerchorherren, Prämonstratenser, Chorherren v. Hl. Geist, Antoniter, Passau 1966.

NORBERT BACKMUND, Die Kollegiat- u. Kanonissenstifte i. Bayern, Kloster Windberg 1973.

Die Bajuwaren. Von Severin bis Tassilo 488–788, hg. v. HERMANN DANNHEIMER u. HEINZ DOPSCH, AKat. München u.a. 1988.

BARBARA BAUER, Das Regensburger Kolloquium 1601: Wittelsbach u. Bayern, hg. v. HUBERT GLASER, Bd. 2/1: Um Glauben u. Reich, Kurfürst Maximilian I. Beitr. z. bayer. Gesch. u. Kunst 1573–1657, München u.a. 1980, 90–99.

GÜNTHER BAUER, Anfänge täuferischer Gemeindebildungen i. Franken, Nürnberg 1966 (EKGB 43).

ROMUALD BAUERREISS, KG Bayerns, Bd. 1, St. Ottilien ²1958, Bd. 2: Von d. Ungarneinfällen bis z. Beilegung d. Investiturstreits, St. Ottilien 1950, Bd. 3: Das XII. Jh., St. Ottilien 1951, Bd. 4: Das XIII. u. XIV. Jh., St. Ottilien 1953, Bd. 5: Das XV. Jh., St. Ottilien 1955, Bd. 6: Das sechzehnte Jh., St. Ottilien 1965.

Die fränk. Bekenntnisse. Eine Vorstufe d. Augsburgischen Konfession, bearb. v. WILHELM F. SCHMIDT u. KARL SCHORNBAUM, München 1930.

GEORG CARL BERNHARD BERBIG, D. Johann Gerhards Visitationswerk i. Thüringen u. Franken, Gotha 1896.

HEINRICH BERG, Zur Organisation d. bayer. Kirche u. z. d. bayer. Synoden d. 8. Jh.: Typen d. Ethnogenese unter bes. Berücksichtigung d. Bayern, Teil 1, hg. v. HERWIG WOLFRAM u. WALTER POHL, Wien 1990, 181–197 (DÖAW.PH 201).

JOHANNES BERGDOLT, Die freie Reichsstadt Windsheim i. Zeitalter d. Reformation (1520–1580), Leipzig u.a. 1921 (QFBKG 5).

ERICH BEYREUTHER, Die Erweckungsbewegung, Göttingen ²1977 (KIG 4/R/1).

KATHRIN BIERTHER, Bayer. Absichten auf d. Reichsstadt Regensburg u. d. Regensburger Akkord v. Juli 1634: Staat, Kultur, Politik. Beitr. z. Gesch. Bayerns u. d. Katholizismus. FS z. 65. Geburtstag v. Dieter Albrecht, hg. v. WINFRIED BECKER u.a., Kallmünz 1992, 107–118.

Das Bistum Augsburg, Bd. 1: Die Benediktinerabtei Benediktbeuren, bearb. v. JOSEF HEMMERLE, Berlin u.a. 1991 (GermSac NF 28/1).

Das [ab Bd. 3: exemte] Bistum Bamberg, Bd. 1: Das Hochstift Bamberg, bearb. v. ERICH FRHR. V. GUTTENBERG, Berlin 1937 (GermSac 2/1), Bd. 2: Die Pfarreiorganisation, bearb. v. ERICH FRHR. V. GUTTENBERG u. ALFRED WENDEHORST, Berlin 1966 (GermSac 2/2), Bd. 3: Die Bischofsreihe v. 1522 bis 1693, bearb. v. DIETER J. WEISS, Berlin u.a. 2000 (GermSac NF 38/1).

Das Bistum Würzburg, Teil 1: Die Bischofsreihe bis 1254, bearb. v. ALFRED WENDEHORST, Berlin 1962 (GermSac NF 1/1), Teil 2: Die Bischofsreihe v. 1254 bis 1455, bearb. v. ALFRED WENDEHORST, Berlin 1969 (GermSac NF 4/2), Teil 3: Die Bischofsreihe v. 1455 bis 1617, bearb. v. ALFRED WENDEHORST, Berlin u.a. 1978 (GermSac NF 13/3), Teil 4: Das Stift Neumünster i. Würzburg, bearb. v. ALFRED WENDEHORST, Berlin u.a. 1989 (GermSac NF 26), Teil 5: Die Stifte i. Schmalkalden u. Römhild, bearb. v. ALFRED WENDEHORST, Berlin u.a. 1996 (GermSac NF 36).

DIETRICH BLAUFUSS, Pietismus u. Reichsstadt – Beziehungen Philipp Jacob Speners nach Süddeutschland: ZBKG 45 (1976), 54–68.

DIETRICH BLAUFUSS, Reichsstadt u. Pietismus – Philipp Jacob Spener u. Gottlieb Spizel aus Augsburg, Neustadt/Aisch 1977 (EKGB 53).

DIETRICH BLAUFUSS, Johannes Saubert (1592–1646): LebFranken NF 14 (1991), 123–140.

FRIEDRICH BLUME, Gesch. d. ev. Kirchenmusik, Kassel u.a. ²1965.

KARL BORCHARDT, Die geistl. Institutionen i. d. Reichsstadt Rothenburg ob d. Tauber u. d. zugehörigen Landgebiet v. d. Anfängen bis z. Reformation, Bd. 1, Neustadt/Aisch 1988 (VGFG 9/37/1).

ANNE CLIFT BORIS, Communities of religious women i. the diocese of Bamberg i. the later Middle Ages (Diss.), [Washington] 1992.

KARL BRAUN, Nürnberg u. d. Versuche z. Wiederherstellung d. alten Kirche i. Zeitalter d. Gegenreformation (1555–1648), Nürnberg 1925 (EKGB 1).

MARTIN BRECHT, Das Aufkommen d. neuen Frömmigkeitsbewegung i. Deutschland. Die konfessionelle Situation: Gesch. d. Pietismus, Bd. 1: Der Pietismus v. siebzehnten bis z. frühen achtzehnten Jh., hg. v. MARTIN BRECHT, Göttingen 1993, 113–203.

MARTIN BRECHT, Der theol. Hintergrund d. Zwölf Artikel d. Bauernschaft i. Schwaben v. 1525. Christoph Schappelers u. Sebastian Lotzers Beitr. z. Bauernkrieg: ZKG 85 (1974), 30–64 [174–208].

MARTIN BRECHT/HERMANN EHMER, Südwestdeutsche Reformationsgesch. Zur Einführung d. Reformation i. Herzogtum Württemberg 1534, Stuttgart 1984.

RICHARD BREITLING, Der Streit um Donauwörth 1605–1611. Eine Ergänzung: ZBLG 2 (1929), 275–298.

MARTIN BUCERs Deutsche Schr., hg. v. ROBERT STUPPERICH, Gütersloh 1ff (1960ff) [= Martini Buceri Opera omnia, Series 1].

»Bürgerfleiß u. Fürstenglanz«. Reichsstadt u. Fürstabtei Kempten. Kat. z. Ausstellung i. d. Kemptener Residenz 16. Juni bis 8. November 1998, hg. v. WOLFGANG JAHN u.a., Augsburg 1998 (VBGK 38/98).

JOHANNES BURKHARDT/STEPHANIE HABERER (Hg.), Das Augsburger Friedensfest. Augsburg u. d. Entwicklung einer neuzeitl. europ. Toleranz-, Friedens- u. Festkultur, Berlin 2000 (Colloquia Augustana 13).

ENGELBERT MAXIMILIAN BUXBAUM, Petrus Canisius u. d. kirchl. Erneuerung d. Herzogtums Bayern 1549–1556, Rom 1973 (BIHSJ 35).

GÜNTER CHRIST, Bamberg: Die Territorien d. Reichs i. Zeitalter d. Reformation u. Konfessionalisierung. Land u. Konfession 1500–1560, hg. v. ANTON SCHINDLING u. WALTER ZIEGLER, Bd. 4: Mittleres Deutschland, Münster 1992, 146–165 (KLK 52).

Das Christentum i. bair. Raum. Von d. Anfängen bis ins 11. Jh., hg. v. EGON BOSHOF u. HARTMUT WOLFF, Köln u.a. 1994 (Passauer hist. Forsch. 8).

MICHAEL CRAMER-FÜRTIG, Landesherr u. Landstände i. Fürstentum Pfalz-Neuburg. Staatsbildung u. Ständeorganisation i. d. ersten Hälfte d. 16. Jh., München 1995 (SBLG 100).

MICHAEL CRAMER-FÜRTIG, Andreas Osianders Entwurf d. Pfalz-Neuburger Kirchenordnung von 1543. Zur Einführung d. Reformation i. Fürstentum Pfalz-Neuburg vor 450 Jahren: Forsch. z. bayer. Gesch. FS f. Wilhelm Volkert z. 65. Geburtstag, hg. v. DIETER ALBRECHT u.a., Frankfurt/Main u.a. 1993, 57–98.

ADALBERT DECKERT, Das ehemalige Karmelitenkloster z. Bamberg i. d. Au: BHVB 91 (1951) [erschienen 1952], 1*–7*. 1–370.

FRITZ DICKMANN, Der Westfäl. Frieden, Münster ¹1959, ²1965, ⁷1998.

STEFAN DIETER, Die Reichsstadt Kaufbeuren i. d. frühen Neuzeit. Stud. z. Wirtschafts-, Sozial-, Kirchen- u. Bevölkerungsgesch., Thalhofen 2000 (Kaufbeurer SchR. 2).

IRENE DINGEL, Religionsgespräche. IV. Altgläubig – prot. u. innerprot.: TRE 28, 654–681.

GÜNTER DIPPOLD, Konfessionalisierung am Obermain. Reformation u. Gegenreformation i. d. Pfarrsprengeln v. Baunach bis Marktgraitz, Staffelstein 1996 (EKGB 71).

GÜNTER DIPPOLD, Täufer am Obermain: BHVB 119 (1983), 77–89.

GÜNTER DIPPOLD, Das Zisterzienserkloster Langheim i. Zeitalter v. Reformation u. Gegenreformation: ZBKG 58 (1989), 89–140.

Dokumente z. Gesch. v. Staat u. Gesellschaft i. Bayern, Abt. 1: Altbayern v. Frühmittelalter bis 1800, Bd. 3: Altbayern v. 1550–1651, bearb. v. WALTER ZIEGLER, 2 Teile, München 1992, Abt. 2: Franken u. Schwaben v. Frühmittelalter bis 1800, Bd. 4: Schwaben v. 1268 bis 1803, bearb. v. PETER BLICKLE u. RENATE BLICKLE, München 1979.

ROBERT DOLLINGER, Das Evangelium i. d. Opf., Neuendettelsau 1952.

ROBERT DOLLINGER, Das Evangelium i. Regensburg. Eine ev. KG, Regensburg 1959.

HEINZ DOPSCH, Der bayer. Adel u. d. Besetzung d. Erzbistums Salzburg i. 10. u. 11. Jh.: MGSL 110/111 (1970/71), 125–151.

HEINZ DOPSCH, Die Zeit d. Karolinger u. Ottonen: Gesch. Salzburgs. Stadt u. Land, Bd. 1: Vorgesch., Altertum, MA, hg. v. HEINZ DOPSCH, 1. Teil, Salzburg 1981, 157–228.

VOLKER HENNING DRECOLL, Der Passauer Vertrag (1552). Einleitung u. Edition, Berlin u.a. 2000 (AKG 79).

HEINZ DUCHHARDT (Hg.), Der Westfäl. Friede. Diplomatie – polit. Zäsur – kulturelles Umfeld – Rezeptionsgesch., München 1998 [= HZ.B NF 26 (1998)].

RICHARD VAN DÜLMEN, Orthodoxie u. Kirchenreform. Der Nürnberger Prediger Johannes Saubert (1592–1646): ZBLG 33 (1970), 636–786.

Albrecht Dürer 1471–1971, Ausstellung d. Germanischen Nationalmuseums Nürnberg 21. Mai – 1. August 1971, Red. LEONIE V. WILCKENS, AKat. München 1971.

Ecclesia Militans. Stud. z. Konzilien- und Reformationsgesch. Remigius Bäumer z. 70. Geburtstag gewidmet, Bd. 2: Zur Reformationsgesch., hg. v. WALTER BRANDMÜLLER u.a., Paderborn u.a. 1988.

Johannes Eck (1486–1543) i. Streit d. Jh. Internationales Symposion d. Gesellschaft z. Herausgabe d. Corpus Catholicorum aus Anlaß d. 500. Geburtstages d. Johannes Eck v. 13. bis 16. November 1986 i. Ingolstadt u. Eichstätt, hg. v. ERWIN ISERLOH, Münster 1988 (RGST 127).

ALFRED ECKERT, Martin Schalling 1532–1608: ZBKG 38 (1969), 204–242.

Eisenerz u. Morgenglanz. Gesch. d. Stadt Sulzbach-Rosenberg, Hg. STADT SULZBACH-ROSENBERG, 2 Bde., Amberg 1999 (SchrR. d. Stadtmuseums u. Stadtarchivs Sulzbach-Rosenberg 12).

WILFRIED ENDERLE, Ulm u. d. ev. Reichsstädte i. Südwesten: Die Territorien d. Reichs i. Zeitalter d. Reformation u. Konfessionalisierung. Land u. Konfession 1500–1560, hg. v. ANTON SCHINDLING u. WALTER ZIEGLER, Bd. 5: Der Südwesten, Münster 1993, 194–212 (KLK 53).

RUDOLF ENDRES, Staat u. Gesellschaft. Zweiter Teil: 1500–1800: HBG³ 3/1, 702–782.

RUDOLF ENDRES, Vom Augsburger Religionsfrieden bis z. Dreißigjähr. Krieg: HBG³ 3/1, 473–495.

RUDOLF ENDRES, Von d. Bildung d. fränk. Reichskreises u. d. Beginn d. Reformation bis z. Augsburger Religionsfrieden 1555: HBG³ 3/1, 451–472.

Erlangen. Gesch. d. Stadt i. Darstellung u. Bilddokumenten, hg. v. ALFRED WENDEHORST, München 1984.

EKKEHART FABIAN, Die Entstehung d. Schmalkaldischen Bundes u. seiner Verfassung 1524/29–1531/35. Brück, Philipp v. Hessen u. Jakob Sturm. Darstellung u. Quellen mit einer Brück-Biographie, Tübingen ²1962 (SKRG 1).

HANS CONSTANTIN FAUSSNER, Die ersten zwölf Jh. d. Regio Boioarica aus rechtshist. Sicht, Sigmaringen 1997 (Stud. z. Rechts-, Wirtschafts- u. Kulturgesch. 17).

MONIKA FINK-LANG, Unters. z. Eichstätter Geistesleben i. Zeitalter d. Humanismus, Regensburg 1985 (EichB 14).

MANFRED FINKE, Sulzbach i. 17. Jh. Zur Kulturgesch. einer süddeutschen Residenz, Regensburg 1998.

MANFRED FINKE, Toleranz u. »discrete« Frömmigkeit nach 1650. Pfalzgraf Christian August v. Sulzbach u. Ernst v. Hessen-Rheinfels: Frömmigkeit i. d. frühen Neuzeit. Stud. z. religiösen Literatur d. 17. Jh. i. Deutschland, hg. v. DIETER BREUER, Amsterdam 1984, 193–212 (Chloe 2).

ALBERT FISCHER/WILHELM TÜMPEL, Das deutsche ev. Kirchenlied d. 17. Jh., 6 Bde., Hildesheim 1964 [= Nachdr. d. Ausg. Gütersloh 1904–1916].

JOSEPH ANTON FISCHER, Die Freisinger Bischöfe v. 906–957, München 1980 (SABKG 6).

JOSEF FLECKENSTEIN, Die Hofkapelle d. deutschen Könige, Bd. 1: Grundlegung. Die karolingische Hofkapelle, Stuttgart 1959 (Schr. d. MGH 16/1), Bd. 2: Die Hofkapelle i. Rahmen d. ottonisch-salischen Reichskirche, Stuttgart 1966 (Schr. d. MGH 16/2).

Das illustrierte Flugblatt i. d. Kultur d. Frühen Neuzeit. Wolfenbütteler Arbeitsgespräch 1997, hg. v. WOLFGANG HARMS u. MICHAEL SCHILLING, Frankfurt/Main 1998 (Mikrokosmos 50).

Forsch. z. bayer. Gesch. FS f. Wilhelm Volkert z. 65. Geburtstag, hg. v. DIETER ALBRECHT u.a., Frankfurt/Main u.a. 1993.

ADOLPH FRANZ, Die Messe i. deutschen MA. Beitr. z. Gesch. d. Liturgie u. d. religiösen Volkslebens, Darmstadt 1963 [= Nachdr. d. Ausg. Freiburg/Breisgau 1902].

Der Westfäl. Frieden 1648 u. d. deutsche Protestantismus, hg. v. BERND HEY, Bielefeld 1998 (Religion i. d. Gesch. 6/Stud. z. deutschen Landeskirchengesch. 3).

CHRISTOPH FRIEDERICH (Hg.), Die Friedrich-Alexander-Universität Erlangen-Nürnberg 1743–1993. Gesch. einer deutschen Hochschule. Ausstellung i. Stadtmuseum Erlangen 24.10.1993–27.2.1994, Erlangen 1993 (Veröff. d. Stadtmuseums 43).

BARBARA FRIES-KURZE, Kurfürst Ottheinrich. Politik u. Religion i. d. Pfalz 1556–1559, Gütersloh 1956 (SVRG 174).

BARBARA FRIES-KURZE, Pfalzgraf Wolfgang Wilhelm v. Neuburg: LebBaySchwaben 8 (1961), 198–227.

Bayer. Frömmigkeit. 1400 Jahre christl. Bayern. Ausstellung anläßlich d. Eucharistischen Weltkongresses München 1960, verantwortlich f. d. Kat. HUGO SCHNELL, AKat. München 1960.

»Geld u. Glaube«. Leben i. ev. Reichsstädten. Kat. z. Ausstellung i. Antoniterhaus Memmingen 12. Mai bis 4. Oktober 1998, hg. v. WOLFGANG JAHN u.a., Memmingen 1998 (VBGK 37/98).

Liturg. Gerät aus Nürnberger Kirchen. Eine Ausstellung d. Spar- u. Kreditbank i. d. ev. Kirche i. Bayern eG i. d. Räumen ihrer Abt. Kirchengerät + Paramentik 7. Dezember 1990 bis 11. Januar 1991, Nürnberg 1990.

Gesch. d. Pietismus, Bd. 1: Der Pietismus v. siebzehnten bis z. frühen achtzehnten Jh., hg. v. MARTIN BRECHT, Göttingen 1993, Bd. 2: Der Pietismus i. 18. Jh., hg. v. MARTIN BRECHT u. KLAUS DEPPERMANN, Göttingen 1995, Bd. 3: Der Pietismus i. neunzehnten u. zwanzigsten Jh., hg. v. ULRICH GÄBLER, Göttingen 2000.

Gesch. Salzburgs. Stadt u. Land, Bd. 1: Vorgesch., Altertum, MA, hg. v. HEINZ DOPSCH, 1. Teil, Salzburg 1981, 2. Teil, Salzburg 1983, 3. Teil: Literatur, Anm., Register, Salzburg 1984.

Gesch. d. Stadt Augsburg v. d. Römerzeit bis z. Gegenwart, hg. v. GUNTHER GOTTLIEB u.a., Stuttgart 1984.

Gesch. d. Stadt Kempten. Im Auftrag d. Stadt Kempten (Allgäu) hg. v. VOLKER DOTTERWEICH u.a., Kempten 1989.

Gesch. d. Stadt Regensburg, hg. v. PETER SCHMID, 2 Bde., Regensburg 2000.

Unterfränk. Gesch., hg. v. PETER KOLB u. ERNST-GÜNTER KRENIG, Bd. 1: Von d. germanischen Landnahme bis z. hohen MA, Würzburg ^{4}1993, Bd. 2: Vom hohen MA bis z. Beginn d. konfessionellen Zeitalters, Würzburg ^{2}1993, Bd. 3: Vom Beginn d. konfessionellen Zeitalters bis z. Ende d. Dreißigjähr. Krieges, Würzburg 1995, Bd. 4/1: Vom Ende d. Dreißigjähr. Krieges bis z. Eingliederung i. d. Kgr. Bayern, Würzburg 1998, Bd. 4/2: Vom Ende d. Dreißigjähr. Krieges bis z. Eingliederung i. d. Kgr. Bayern, Würzburg 1999.

Bayer. Geschichtsatlas, hg. v. MAX SPINDLER, München 1969.

ANDREAS GÖSSNER, Weltliche Kirchenhoheit u. reichsstädt. Reformation. Die Augsburger Ratspolitik d. »milten u. mitleren weges« 1520–1534, Berlin 1999 (Colloquia Augustana 11).

JOHANN FRIEDRICH GERHARD GOETERS, Spiritualisten, religiöse: RGG³ 6, 255ff.

JOHANN BAPTIST GÖTZ, Die religiösen Bewegungen i. d. Opf. v. 1520 bis 1560, Freiburg 1914.

JOHANN BAPTIST GÖTZ, Die erste Einführung d. Kalvinismus i. d. Opf. 1559–1576, auf Grund urkundlicher Forsch., Münster 1933 (RGST 60).

JOHANN BAPTIST GÖTZ, Die religiösen Wirren i. d. Opf. v. 1576–1620, Münster 1937 (RGST 66).

»Gott z. Lob u. Ehren«. Kostbares Altargerät d. Barfüßerkirche Augsburg. Kat. z. Ausstellung i. Schaezlerpalais i. Kooperation mit d. Städt. Kunstsammlungen Augsburg 17. April bis 27. Juni 1999 aus Anlaß d. Barfüßerjubiläums »Tradition u. Aufbruch«, DOROTHEA BAND/MARKUS JOHANNS, Augsburg 1999.

PAUL GRAFF, Gesch. d. Auflösung d. alten gottesdienstlichen Formen i. d. ev. Kirche Deutschlands, Bd. 1: Bis z. Eintritt d. Aufklärung u. d. Rationalismus, Göttingen 1937, Bd. 2: Die Zeit d. Aufklärung u. d. Rationalismus, Göttingen 1939.

FRANTIŠEK GRAUS, Pest – Geissler – Judenmorde. Das 14. Jh. als Krisenzeit, Göttingen ¹1987, ²1988, ³1994 (VMPIG 86).

KLAUS GUTH, Die Würzburger Kirche i. d. Begegnung u. Auseinandersetzung mit d. Lehre Luthers: Unterfränk. Gesch., hg. v. PETER KOLB u. ERNST-GÜNTER KRENIG, Bd. 3: Vom Beginn d. konfessionellen Zeitalters bis z. Ende d. Dreißigjähr. Krieges, Würzburg 1995, 17–61.

KLAUS GUTH, Konfessionsgesch. i. Franken 1555–1955. Politik, Religion, Kultur, Bamberg 1990.

ERICH FRHR. V. GUTTENBERG, Die Regesten d. Bischöfe u. d. Domkapitels v. Bamberg, Würzburg 1962/63 (VGFG 6/2).

KARL EDUARD HAAS, Die ev.-ref. Kirche i. Bayern. Ihr Wesen u. ihre Gesch., Neustadt/Aisch ²1982.

WALTER HAAS, Kirchenbau u. Kirchenausstattung: HBKG 1/2, 1121–1197.

BERNDT HAMM, Bürgertum u. Glaube. Konturen d. städt. Reformation, Göttingen 1996.

BERNDT HAMM, Humanist. Ethik u. reichsstädtische Ehrbarkeit i. Nürnberg: MVGN 76 (1989), 65–147.

BERNDT HAMM, Hieronymus-Begeisterung u. Augustinismus vor d. Reformation. Beobachtungen z. Beziehung zwischen Humanismus u. Frömmigkeitstheologie (am Beispiel Nürnbergs): Augustine, the Harvest and Theology (1300–1650). FS Heiko A. Oberman, hg. v. KENNETH HAGEN, Leiden u.a. 1990, 127–235.

HERMANN HARRASSOWITZ, Gesch. d. Kirchenmusik an St. Lorenz i. Nürnberg, Nürnberg ²1987.

ALBERT HAUCK, KG Deutschlands, Bd. 1, Leipzig ⁷1952, Bd. 2, Berlin u.a. ⁶1952, Bd. 3, Berlin u.a. ⁶1952, Bd. 4, Berlin u.a. ⁹1958, Bd. 5/1, Berlin u.a. ⁹1958, Bd. 5/2, Berlin u.a. ⁹1958.

GABRIELE HAUG-MORITZ/GEORG SCHMIDT, Schmalkaldischer Bund: TRE 30, 221–228.

KARL HAUSBERGER, Gesch. d. Bistums Regensburg, Bd. 1: MA u. frühe Neuzeit, Bd. 2: Vom Barock bis z. Gegenwart, Regensburg 1989.

KARL HAUSBERGER, Zum Verhältnis d. Konfessionen i. d. Reichsstadt Regensburg: Reformation u. Reichsstadt. Prot. Leben i. Regensburg, Hg. HANS SCHWARZ, Regensburg 1994, 134–146 (SchR. d. Universität Regensburg NF 20).

KARL HAUSBERGER/BENNO HUBENSTEINER, Bayer. KG, München ¹1985, ²1987.

WILHELM HAUSER, Pfalzgraf Philipp Ludwig v. Neuburg 1547–1614: LebBaySchwaben 13 (1986), 61–89.

GERHARD HAUSMANN, Laurentius Laelius. Stadtpfarrer v. Ansbach u. Generalsuperintendent d. Fürstentums Brandenburg-Ansbach (1572–1634) [Masch. Diss], Erlangen 1989.

Martin Heckel, Deutschland i. konfessionellen Zeitalter, Göttingen 1983 (Deutsche Gesch. 5).

Josef Hemmerle, Die Benediktinerklöster i. Bayern, Augsburg 1970 (GermBen 2).

Reinhold Herold, Gesch. d. Reformation i. d. Grafschaft Oettingen 1522–1569, Halle 1902 (SVRG 75/20/2).

Rudolf Herrmann, Thüringische KG, Bd. 1, Jena 1937, Bd. 2, Jena 1947.

Ein Herzogtum u. viele Kronen. Coburg i. Bayern u. Europa. Aufsätze z. Landesausstellung 1997 d. Hauses d. Bayer. Gesch. u. d. Kunstsammlungen d. Veste Coburg i. Zusammenarbeit mit d. Stiftung d. Herzog-Sachsen-Coburg u. Gotha'schen Familie u. d. Stadt Coburg, hg. v. Michael Henker u. Evamaria Brockhoff, Augsburg 1997 (VBGK 35/97), Kat. z. Landesausstellung 1997 d. Hauses d. Bayer. Gesch. u. d. Kunstsammlungen d. Veste Coburg i. Zusammenarbeit mit d. Stiftung d. Herzog-Sachsen-Coburg u. Gotha'schen Familie u. d. Stadt Coburg, hg. v. Michael Henker u.a., Augsburg 1997 (VBGK 36/97).

Max Heuwieser, Gesch. d. Bistums Passau, Bd. 1: Die Frühgesch. Von d. Gründung bis z. Ende d. Karolingerzeit, Passau 1939 (VIOBH A 20).

Elmar Hochholzer, Das Kloster Banz i. d. Reformationszeit: WDGB 45 (1983), 75–91.

Ludwig Holzfurtner, Destructio monasteriorum. Unters. z. Niedergang d. bayer. Klöster i. zehnten Jh.: StMBO 96 (1985), 65–86.

Ludwig Holzfurtner, Gründung u. Gründungsüberlieferung. Quellenkritische Stud. z. Gründungsgesch. d. Bayer. Klöster d. Agilolfinger-Zeit u. ihrer hochmittelalterlichen Überlieferung, Kallmünz 1984 (MHStud. 11).

Herbert Immenkötter, Kirche zwischen Reformation u. Parität: Gesch. d. Stadt Augsburg v. d. Römerzeit bis z. Gegenwart, hg. v. Gunther Gottlieb u.a., Stuttgart 1984, 391–412.

Herbert Immenkötter/Wolfgang Wüst, Augsburg. Freie Reichsstadt u. Hochstift: Die Territorien d. Reichs i. Zeitalter d. Reformation u. Konfessionalisierung. Land u. Konfession 1500–1560, hg. v. Anton Schindling u. Walter Ziegler, Bd. 6: Nachträge, Münster 1996, 8–35 (KLK 56).

Das Augsburger Interim, nach d. Reichstagsakten deutsch u. lat. hg. v. Joachim Mehlhausen, Neukirchen-Vluyn ²1996 (TGET 3).

Erwin Iserloh, Johannes Eck (1486–1543). Scholastiker, Humanist, Kontroverstheologe, Münster ¹1981, ²1985 (KLK 41).

350 Jahre Augsburger Hohes Friedensfest. Ausstellung d. Staats- u. Stadtbibliothek Augsburg, 22. Juli bis 22. Oktober 2000, Kat. hg. v. Helmut Gier, Augsburg 2000.

450 Jahre ev. Kirche i. Regensburg 1542–1992. Eine Ausstellung d. Museen d. Stadt Regensburg i. Zusammenarbeit mit d. Ev.-Luth. Kirche i. Regensburg. Museum d. Stadt Regensburg 15. Oktober 1992 bis 19. Januar 1993, AKat. Regensburg 1992.

450 Jahre Reformation i. Fürstentum Sulzbach, Red. Johannes Hartmann u.a., Amberg 1992 (SchR. d. Stadtmuseums u. Stadtarchivs Sulzbach-Rosenberg 1).

450 Jahre Reformation i. Lindau. Ausstellung d. Landeskirchl. Archivs i. Städt. Museum Lindau Haus z. Carazzen 6. August – 17. September 1978, Ausstellung u. Kat. Dr. Svetozar Sprusansky, Lindau 1978.

475 Jahre Fürstentum Pfalz-Neuburg. Ausstellung i. Schloß Grünau bei Neuburg a. d. Donau, Red. Horst Stierhof u. Max Oppel, AKat. München 1980.

1250 Jahre Kunst u. Kultur i. Bistum Regensburg. Ber. u. Forsch., Schriftleitung Peter Morsbach, München u.a. 1989 (KSDMR 7).

Zwei Jahrtausende Regensburg. Vortragsreihe d. Universität Regensburg z. Stadtjubiläum 1979, hg. v. DIETER ALBRECHT, Regensburg 1979 (SchR. d. Universität Regensburg 1).

HORST JESSE, Die Gesch. d. Ev. Kirche i. Augsburg, Pfaffenhofen 1983.

FRIEDHELM JÜRGENSMEIER, Das Bistum Mainz. Von d. Römerzeit bis z. II. Vatikanischen Konzil, Frankfurt/Main ²1989 (BMKG 2).

WILLI KAHL, Das Nürnberger hist. Konzert v. 1643 u. sein Geschichtsbild: Archiv f. Musikwissenschaft 14 (1957), 281–303.

FRIEDRICH WILHELM KANTZENBACH, Die Erweckungsbewegung. Stud. z. Gesch. ihrer Entstehung u. ersten Ausbreitung i. Deutschland, Neuendettelsau 1957.

FRIEDRICH WILHELM KANTZENBACH, Ev. Geist u. Glaube i. neuzeitl. Bayern, München 1980 (SBLG 70).

FRIEDRICH WILHELM KANTZENBACH, Theologie i. Franken. Der Beitr. einer Region z. europ. Theologiegesch., Saarbrücken 1988.

THOMAS KAUFMANN, Dreißigjähr. Krieg u. Westfäl. Friede. Kirchengeschichtl. Stud. z. Konfessionskultur, Tübingen 1998 (BHTh 104).

RUDOLF KELLER, Von d. Spätaufklärung u. d. Erweckungsbewegung z. Neuluthertum (bis 1870): HGEKB 2, 31–68.

ROLF KIESSLING, Bürgerl. Gesellschaft u. Kirche i. Augsburg i. Spätmittelalter. Ein Beitr. z. Strukturanalyse d. oberdeutschen Reichsstadt, Augsburg 1971 (Abh. z. Gesch. d. Stadt Augsburg 19).

ROLF KIESSLING, Wolfgang Musculus u. d. Reformation i. schwäb. Einzugsgebiet d. Stadt Augsburg: Wolfgang Musculus (1497–1563) u. d. oberdeutsche Reformation, hg. v. RUDOLF DELLSPERGER u.a., Berlin 1997, 130–156 (Colloquia Augustana 6).

ROLF KIESSLING, Die Stadt u. ihr Land. Umlandpolitik, Bürgerbesitz u. Wirtschaftsgefüge i. Ostschwaben v. 14. bis ins 16. Jh., Köln u.a. 1989 (Städteforsch. A 29).

Kilian, Mönch aus Irland, aller Franken Patron. Aufsätze, hg. v. JOHANNES ERICHSEN unter Mitarbeit v. EVAMARIA BROCKHOFF, München 1989 (VBGK 19).

Bayer. Kirchenfürsten, hg. v. LUDWIG SCHROTT, München 1964.

Die ev. Kirchenordnungen d. 16. Jh., hg. v. Dr. jur. ERNST SEHLING, weiland Prof. i. Erlangen, fortgeführt v. INSTITUT F. KIRCHENRECHT D. EKD z. Göttingen, Bd. 1: Sachsen u. Thüringen, nebst angrenzenden Gebieten, 1. Hälfte: Die Ordnungen Luthers. Die Ernestinischen u. Albertinischen Gebiete, Leipzig 1902, Bd. 11: Bayern, 1. Teil: Franken. Markgrafschaft Brandenburg-Ansbach-Kulmbach – Reichsstädte Nürnberg, Rothenburg, Schweinfurt, Weißenburg, Windsheim – Grafschaften Castell, Rieneck u. Wertheim – Herrschaft Thüngen, Tübingen 1961, Bd. 12: Bayern, 2. Teil: Schwaben. Reichsstädte Augsburg, Dinkelsbühl, Donauwörth, Kaufbeuren, Kempten, Lindau, Memmingen, Nördlingen – Grafschaft Oettingen-Oettingen, Tübingen 1963, Bd. 13: Bayern, 3. Teil: Altbayern. Herzogtum Pfalz-Neuburg – Kurfürstentum Pfalz (Landesteil Oberpfalz) – Reichsstadt Regensburg – Grafschaft Ortenburg – Herrschaft Rothenburg – Herrschaft Wolfstein, Tübingen 1966, Bd. 14: Kurpfalz, Tübingen 1969.

JOHANNES KIST, Fürst- u. Erzbistum Bamberg. Leitfaden durch ihre Gesch. v. 1007 bis 1960, hg. v. FRIDOLIN DRESSLER, Bamberg ³1962 (BHVB 92 Beih. 1).

BERNHARD KLAUS, Veit Dietrich. Leben u. Werk, Nürnberg 1958 (EKGB 32).

GERHARD KLECHA, Albrecht v. Eyb: VerLex² 1, 180–186.

Christian Knorr v. Rosenroth. Dichter u. Gelehrter am Sulzbacher Musenhof. FS z. 300. Wiederkehr d. Todestages, hg. v. LITERATURARCHIV u. d. STADT SULZBACH-ROSENBERG, Sulzbach-Rosenberg 1989.

Die kath. Konfessionalisierung. Wissenschaftl. Symposion z. Herausgabe d. Corpus Catholicorum u. d. Vereins f. Reformationsgesch. 1993, hg. v. WOLFGANG REINHARD u. HEINZ SCHILLING, Gütersloh 1995 (SVRG 198).

Die luth. Konfessionalisierung i. Deutschland. Wissenschaftl. Symposion d. Vereins f. Reformationsgesch. 1988, hg. v. HANS-CHRISTOPH RUBLACK, Gütersloh 1992 (SVRG 197).

Die ref. Konfessionalisierung i. Deutschland – Das Problem d. »Zweiten Reformation«. Wissenschaftl. Symposion d. Vereins für Reformationsgesch. 1985, hg. v. HEINZ SCHILLING, Gütersloh 1986 (SVRG 195).

Die Konzilien Deutschlands u. Reichsitaliens 916–1001, Teil 1: 916–961, hg. v. ERNST-DIETER HEHL, Hannover 1987 (MGH.Conc 6/1).

ANDREAS KRAUS, Das Bild Ludwigs d. Bayern i. d. bayer. Geschichtsschreibung d. frühen Neuzeit: ZBLG 60 (1997), 5–69.

ANDREAS KRAUS, Gestalten u. Bildungskräfte d. fränk. Humanismus: HBG³ 3/1, 995–1053.

MALCOLM D. LAMBERT, Franciscan poverty. The doctrine of the absolute poverty of Christ and the apostles i. the Franciscan Order 1210–1323, London 1961.

Land u. Reich. Stamm u. Nation. Probleme u. Perspektiven bayer. Gesch. Festgabe f. Max Spindler z. 90. Geburtstag, hg. v. ANDREAS KRAUS, Bd. 1: Forschungsber. Antike u. MA, München 1984 (SBLG 78), Bd. 2: Frühe Neuzeit, München 1984 (SBLG 79), Bd. 3: Vom Vormärz bis z. Gegenwart, München 1984 (SBLG 80).

Gustl Lang. Leben f. d. Heimat, hg. v. KONRAD ACKERMANN u. GEORG GIRISCH, Weiden 1989.

FRITZ LAUBACH, Justinian v. Welz u. sein Plan einer Missionsgesellschaft innerhalb d. deutschen u. englischen Sozietäts- u. Missionsbestrebungen d. 17. Jh. (Masch. Diss.), Tübingen 1955.

Leb. Salzburger Erzbischöfe aus zwölf Jh. 1200 Jahre Erzbistum Salzburg, hg. v. PETER F. KREMML u.a., Salzburg 1998 (Salzburg Archiv 24).

Leb. aus d. Gesch. d. Bistums Regensburg, hg. v. GEORG SCHWAIGER, Bd. 1, Regensburg 1989 (BGBR 23/24,1 [1989/90]).

KLAUS LEDER, Kirche u. Jugend i. Nürnberg u. seinem Landgebiet 1400 bis 1800, Neustadt/Aisch 1973 (EKGB 52).

KLAUS LEDER, Universität Altdorf. Zur Theologie d. Aufklärung i. Franken. Die Theol. Fakultät i. Altdorf 1750–1809, Nürnberg 1965 (SchR. d. Altnürnberger Landschaft 14).

Leiturgia. Hb. d. ev. Gottesdienstes, hg. v. KARL FERDINAND MÜLLER u. WALTER BLANKENBURG, Bd. 4: Die Musik d. ev. Gottesdienstes, Kassel 1961.

Biographisches Lexikon d. Ludwig-Maximilians-Universität München, hg. v. LAETITIA BOEHM u.a., Bd. 1: Ingolstadt-Landshut 1472–1826, Berlin 1998 (Ludovico Maximilianea. Forsch. 18).

WILHELM LIEBHART, Die Reichsabtei St. Ulrich u. Afra z. Augsburg. Stud. z. Besitz u. Herrschaft (1006–1803), München 1981 (HAB.S 2/2).

KLAUS LINDNER, Unters. z. Frühgesch. d. Bistums Würzburg u. d. Würzburger Raumes, Göttingen 1972 (VMPIG 35).

FRIEDRICH LIPPERT, Die Reformation i. Kirche, Sitte u. Schule d. Opf. (Kurpfalz) 1520–1620, Rothenburg/Tauber 1897.

Martin Luther u. d. Reformation i. Deutschland. Ausstellung z. 500. Geburtstag Martin Luthers, veranstaltet v. Germanischen Nationalmuseum Nürnberg i. Zusammenarbeit mit d. Verein f. Reformationsgesch., Hg. GERHARD BOTT, Fankfurt/Main 1983.

FRANZ MACHILEK, Klosterhumanismus i. Nürnberg um 1500: MVGN 64 (1977), 10–45.

MICHAEL MAHR, Bildungs- u. Sozialstruktur d. Reichsstadt Schweinfurt, Würzburg 1978 (MFSt 20).

JOSEF MASS, Das Bistum Freising i. MA, München 1986 (Gesch. d. Erzbistums München u. Freising 1).

MARTIN GERNOT MEIER, Systembruch u. Neuordnung. Reformations- u. Konfessionsbildung i. d. Markgraftümern Brandenburg-Ansbach-Kulmbach 1520–1594, Frankfurt/Main 1999 (EHS.T 657).

HELMUTH MEISSNER, Bau- u. Ausstattungsmaßnahmen bei ev. Kirchen i. Markgraftum Brandenburg-Kulmbach/Bayreuth während d. Reformationsjh.: ZBKG 63 (1994), 46–107.

HELMUTH MEISSNER, Kirchenbau u. -ausstattung i. Markgraftum Brandenburg-Kulmbach/Bayreuth i. 17. Jh.: ZBKG 69 (2000), 121–210.

DIETER MERTENS, Iacobus Carthusiensis. Unters. z. Rezeption d. Werke d. Kartäusers Jakob v. Paradies (1381–1465), Göttingen 1976 (VMPIG 50/StGS 13).

JOHANNES MERZ, Die Landstadt i. geistl. Territorium. Ein methodischer Beitrag z. Thema »Stadt u. Reformation« am Beispiel Frankens: AMRhKG 46 (1994), 55–82.

FRIEDRICH MERZBACHER, Johann Frhr. z. Schwarzenberg: LebFranken NF 4 (1971), 173–185.

BERND MOELLER, Die Reformation u. d. MA. Kirchenhist. Aufsätze, hg. v. JOHANNES SCHILLING, Göttingen 1991.

HANS JOACHIM MOSER, Die ev. Kirchenmusik i. Deutschland, Berlin u.a. 1954 (Edition Merseburger 1109).

GERHARD MÜLLER, Die Reformation i. Fürstentum Brandenburg-Ansbach/Kulmbach: ZBKG 48 (1979), 1–18.

Wolfgang Musculus (1497–1563) u. d. oberdeutsche Reformation, hg. v. RUDOLF DELLSPERGER u.a., Berlin 1997 (Colloquia Augustana 6).

FRANZISKA NADWORNICEK, Pfalz-Neuburg: Die Territorien d. Reichs i. Zeitalter d. Reformation u. Konfessionalisierung. Land u. Konfession 1500–1560, hg. v. ANTON SCHINDLING u. WALTER ZIEGLER, Bd. 1: Der Südosten, Münster 1989, 44–55 (KLK 49).

GERHARD NEBINGER, Das Fürstentum Neuburg u. sein Territorium: 475 Jahre Fürstentum Pfalz-Neuburg. Ausstellung i. Schloß Grünau bei Neuburg a. d. Donau, Red. HORST STIERHOF u. MAX OPPEL, AKat. München 1980, 9–42.

Neuburg, die Junge Pfalz u. ihre Fürsten. FS z. 450-Jahr-Feier d. Gründung d. Fürstentums Neuburg, hg. v. JOSEF HEIDER, Neuburg/Donau 1955.

HELMUT NEUHAUS, Der Westfäl. Frieden u. Franken: Der Westfäl. Frieden 1648 u. d. deutsche Protestantismus, hg. v. BERND HEY, Bielefeld 1998, 147–171 (Religion i. d. Gesch. 6/Stud. z. deutschen Landeskirchengesch. 3).

Nürnberg – Gesch. einer europ. Stadt, hg. v. GERHARD PFEIFFER, München 1971.

GERHARD OESTREICH, Geist u. Gestalt d. frühmodernen Staates. Ausgewählte Aufsätze, Berlin 1969.

ANTJE OSCHMANN, Der Nürnberger Exekutionstag 1649–1650. Das Ende d. Dreißigjähr. Krieges i. Deutschland, Münster 1991 (SchrR. d. Vereinigung z. Erforschung d. neueren Gesch. e.V. 17).

ANDREAS OSIANDER d.Ä., Gesamtausgabe, hg. v. GERHARD MÜLLER u. GOTTFRIED SEEBASS, Bd. 1: Schr. u. Briefe 1522 bis März 1525, Gütersloh 1975, Bd. 2: Schr. u. Briefe April 1525 bis Ende 1527, Gütersloh 1977, Bd. 3: Schr. u. Briefe 1528 bis April 1530, Gütersloh 1979, Bd. 4: Schr. u. Briefe Mai 1530 bis Ende 1532, Gütersloh 1981, Bd. 5: Schr. u. Briefe 1533 bis 1534, Gütersloh 1983, Bd. 6: Schr. u. Briefe 1535 bis 1538, Gütersloh 1985, Bd. 7: Schr. u. Briefe 1539 bis März 1543, Gütersloh 1988, Bd. 8: Schr. u. Briefe April 1543 bis Ende 1548, Gütersloh 1990,

Bd. 9: Schr. u. Briefe 1549 bis August 1551, Gütersloh 1994, Bd. 10: Schr. u. Briefe September 1551 bis Oktober 1552 sowie Posthumes u. Nachträge, Gütersloh 1997.

MANFRED OTT, Lindau, München 1968 (HAB.S 1/5).

WERNER O. PACKULL, Denck, Hans (ca. 1500–1527): TRE 8, 488ff.

ALEXANDER PATSCHOVSKY, Häresien: HBKG 1/2, 755–771.

NIKOLAUS PAULUS, Die deutschen Dominikaner i. Kampfe gegen Luther 1518–1563, Freiburg/Breisgau 1903.

Pfarrerbuch d. Reichsstädte Dinkelsbühl, Schweinfurt, Weißenburg i. Bay. u. Windsheim sowie d. Reichsdörfer Gochsheim u. Sennfeld. Die ev. Geistlichen i. Alten Reich, bearb. v. Hanns Bauer, Friedrich Blendinger, Wilhelm Dannheimer, Johann Hopfengärtner, Matthias Simon, Wilhelm Zahn, hg. v. MATTHIAS SIMON, Nürnberg 1962 (EKGB 39).

GERHARD PFEIFFER, Brandenburg-Ansbach/Bayreuth: TRE 7, 131–136.

GERHARD PFEIFFER, Der Augsburger Religionsfrieden u. d. Reichsstädte: ZHVS 61 (1955), 211–321.

Caritas Pirckheimer 1467–1532. Eine Ausstellung d. Kath. Stadtkirche Nürnberg, Kaiserburg Nürnberg 26. Juni – 8. August 1982, Kat. LOTTE KURRAS/FRANZ MACHILEK, München 1982.

SIGMUND FRHR. V. PÖLNITZ, Die bischöfliche Reformarbeit i. Hochstift Würzburg während d. 15. Jh. unter bes. Berücksichtigung d. übrigen fränk. Diözesen, Würzburg 1941 (WDGB 8/9).

PETER POSCHARSKY (Hg.), Die Bilder i. d. luth. Kirchen. Ikonographische Stud., München 1998.

PETER POSCHARSKY, Die Kanzel. Erscheinungsform i. Protestantismus bis z. Ende d. Barocks, Gütersloh 1963 (SchR. d. Instituts f. Kirchenbau u. Kirchl. Kunst d. Gegenwart 1).

PETER POSCHARSKY, Die Kirchen d. Fränk. Schweiz, Erlangen ³1993 (Die Fränk. Schweiz – Landschaft u. Kultur 6).

Poverty i. the middle ages, ed. by DAVID FLOOD, Werl 1975 (FrFor 27).

VOLKER PRESS, Das ev. Amberg zwischen Reformation u. Gegenreformation: Amberg 1034–1984. Aus tausend Jahren Stadtgesch., Ausstellung d. Staatsarchivs Amberg u. d. Stadt Amberg i. d. Rathaussälen z. Amberg aus Anlaß d. 950-Jahrfeier d. Stadt Amberg. Amberg 7.–29. Juli 1984, Amberg 1984, 119–136 (AKat. d. Staatlichen Archive Bayerns 18).

VOLKER PRESS, Calvinismus u. Territorialstaat. Regierung u. Zentralbehörden d. Kurpfalz 1559–1619, Stuttgart 1970 (KiHiSt 7).

VOLKER PRESS, Kriege u. Krisen. Deutschland 1600–1715, München 1991 (Neue Deutsche Gesch. 5).

VOLKER PRESS, Die ev. Opf. zwischen Land u. Herrschaft. Bestimmende Faktoren d. Konfessionsentwicklung 1520–1621: Das ev. Amberg i. 16. Jh., Ausstellung i. Stadtarchiv Amberg 9. Juli bis 29. August 1983, Amberg 1983, 6–28 (Aus d. Stadtarchiv Amberg 1).

VOLKER PRESS, Die »Zweite Reformation« i. d. Kurpfalz: Die ref. Konfessionalisierung i. Deutschland – Das Problem d. »Zweiten Reformation«. Wissenschaftl. Symposion d. Vereins für Reformationsgesch. 1985, hg. v. HEINZ SCHILLING, Gütersloh 1986, 104–129 (SVRG 195).

FRIEDRICH PRINZ, Bayern v. Zeitalter d. Karolinger bis z. Ende d. Welfenherrschaft (788–1180). II. Die innere Entwicklung. Staat, Gesellschaft, Kirche, Wirtschaft: HBG² 1, 350–518.

Quellen z. Gesch. d. Täufer, Bd. 5: Bayern, 2. Abt., Reichsstädte: Regensburg, Kaufbeuren, Rothenburg, Nördlingen, Schweinfurt, Weißenburg, hg. v. KARL SCHORNBAUM, New York 1971 [= Nachdr. d. Ausg. Gütersloh 1951] (QFRG 23).

Quellen z. Gesch. d. Wallfahrt u. d. Augustinerchorherrenstiftes Birklingen bei Iphofen (Mfr.) 1457–1546, hg. u. eingeleitet v. THEOBALD FREUDENBERGER, Würzburg 1937 [= WDGB 5].

Quellen z. Gesch. d. Wiedertäufer, Bd. 2: Markgraftum Brandenburg (Bayern 1. Abt.), hg. v. KARL SCHORNBAUM, New York u.a. 1971 [= Nachdr. d. Ausg. Leipzig 1934] (QFRG 16).

HORST RABE, Deutsche Gesch. 1500–1600. Das Jh. d. Glaubensspaltung, München 1991.

KLAUS RASCHZOK, Für Christus i. d. Dienst genommen …: Liturg. Gerät aus Nürnberger Kirchen. Eine Ausstellung d. Spar- u. Kreditbank i. d. ev. Kirche i. Bayern eG i. d. Räumen ihrer Abt. Kirchengerät + Paramentik 7. Dezember 1990 bis 11. Januar 1991, Nürnberg 1990, 7–14.

KLAUS RASCHZOK/REINER SÖRRIES (Hg.), Gesch. d. prot. Kirchenbaues. FS f. Peter Poscharsky z. 60. Geburtstag, Erlangen 1994.

Ratisbona sacra. Das Bistum Regensburg i. MA, Red. PETER MORSBACH, AKat. München u.a. 1989 (KSDMR 6).

RICHARD RAUBENHEIMER, Dorothea v. Dänemark, Kurfürstin v. d. Pfalz. Ein Leb. aus d. Zeit d. Reformation: MHVP 55 (1957), 89–116.

GERHARD RECHTER, Stud. z. Gesch. d. Reichsstadt Windsheim. Das Kloster d. Augustinereremiten 1291–1525: JFLF 42 (1982), 67–143.

VIRGIL REDLICH, Tegernsee u. d. deutsche Geistesgesch. i. 15. Jh., München 1931 (SBLG 9).

Reformation u. Reichsstadt. Prot. Leben i. Regensburg, Hg. HANS SCHWARZ, Regensburg 1994 (SchR. d. Universität Regensburg NF 20).

Reformation u. Reichsstadt – Luther i. Augsburg. Ausstellung d. Staats- u. Stadtbibliothek Augsburg i. Zusammenarbeit mit d. Ev.-Luth. Gesamtkirchengemeinde Augsburg i. 450. Gedenkjahr v. Luthers Tod, 28. April bis 11. August 1996. AKat., hg. v. HELMUT GIER u. REINHARD SCHWARZ, Augsburg 1996.

Regensburg i. MA, Bd. 1: Beitr. z. Stadtgesch. v. frühen MA bis z. Beginn d. Neuzeit, hg. v. MARTIN ANGERER u. HEINRICH WANDERWITZ, Regensburg 1995.

Regensburg, Bayern u. Europa. FS f. Kurt Reindel z. 70. Geburtstag, hg. v. LOTHAR KOLMER u. PETER SEGL, Regensburg 1995.

Regensburg u. Bayern i. MA. Kurt Reindel gewidmet v. seinen Schülern, Regensburg 1987 (SQGR 4).

Regensburg u. Böhmen. FS z. Tausendjahrfeier d. Regierungsantrittes Bischof Wolfgangs v. Regensburg u. d. Errichtung d. Bistums Prag, hg. v. GEORG SCHWAIGER u. JOSEF STABER, Regensburg 1972 (BGBR 6).

Berühmte Regensburger. Leb. aus zwei Jahrtausenden, hg. v. KARLHEINZ DIETZ u. GERHARD H. WALDHERR, Regensburg 1997.

Die Regesten d. Bischöfe u. d. Domkapitels v. Augsburg, bearb. v. WILHELM VOLKERT. Mit einer Einleitung v. FRIEDRICH ZOEPFL, Bd. 1: Von d. Anfängen bis 1152, Augsburg 1985 (VSchwäbFG 2/2/1).

Die Regesten d. Bischöfe v. Eichstätt, bearb. v. FRANZ HEIDINGSFELDER, 7 Bde., Innsbruck 1915–1938.

Die Regesten d. Bischöfe v. Passau, Bd. 1: 731–1206, bearb. v. EGON BOSHOF, München 1992 (Regesten z. bayer. Gesch. 1).

Reichsstädte i. Franken, Aufsätze 1: Verfassung u. Verwaltung, hg. v. RAINER A. MÜLLER, München 1987 (VBGK 15/1), Aufsätze 2: Wirtschaft, Gesellschaft u. Kultur, hg. v. RAINER A. MÜLLER, München 1987 (VBGK 15/2).

KURT REINDEL, Bayern v. Zeitalter d. Karolinger bis z. Ende d. Welfenherrschaft (788–1180). I.: Die polit. Entwicklung: HBG^2 1, 249–349.

Kurt Reindel, Die bayer. Luitpoldinger 893–989. Sammlung u. Erläuterung d. Quellen, München 1953 (QEBG NF 11).

Johann Michael Reu, Quellen z. Gesch. d. kirchl. Unterrichts i. d. ev. Kirche Deutschlands zwischen 1530 u. 1600, 9 Bde., Hildesheim u.a. 1976 [= Nachdr. d. Ausg. Gütersloh 1904–1935].

Rudolf Riedinger, Der typologische Gehalt d. Fresken i. d. Schloßkapelle z. Neuburg an d. Donau (1543): ZBLG 38 (1975), 900–944.

Tilman Riemenschneider – Frühe Werke, Ausstellung i. Mainfränk. Museum Würzburg, AKat. Berlin 1981.

Rainhard Riepertinger, Aschheim u. Dornach. Eine Mikroanalyse zweier altbayer. Dörfer bis z. Jahr 1800, München 2000 (Stud. z. bayer. Verfassungs- u. Sozialgesch. 18).

Georg Rietschel, Die Aufgabe d. Orgel i. Gottesdienste bis i. d. 18. Jh., Buren 1979 [= Nachdr. d. Ausg. Leipzig 1892] (Bibliotheca organologica 533).

Ingeborg Röbbelen, Theologie u. Frömmigkeit i. deutschen ev.-luth. Gesangbuch d. 17. u. frühen 18. Jh., Göttingen 1957 (FKDG 6).

Bernd Roeck, Eine Stadt i. Krieg u. Frieden. Stud. z. Gesch. d. Reichsstadt Augsburg zwischen Kalenderstreit u. Parität, 2 Bde., Göttingen 1989 (SHKBA 37).

Friedrich Roth, Augsburgs Reformationsgesch., 4 Bde., München 1974 [= Nachdr. d. Ausg. München ²1901–1911].

Hans Rott, Friedrich II. v. d. Pfalz u. d. Reformation, Heidelberg 1904 (HAMNG 4).

Hans-Christoph Rublack, Eine bürgerl. Reformation – Nördlingen, Gütersloh 1982 (QFRG 51).

Georg Rusam, Österreichische Exulanten i. Franken u. Schwaben, Neustadt/Aisch ²1989 (EKGB 63).

Meinrad Schaab, Gesch. d. Kurpfalz, Bd. 2: Neuzeit, Stuttgart u.a. 1992.

Paul Schattenmann, Dr. Johann Ludwig Hartmann, Superintendent v. Rothenburg (1640–1680). Ein Beitr. z. KG d. 17. Jh.: Verein Alt-Rothenburg, Jber. 1920/21, Rothenburg/Tauber 1921, 13–79.

Paul Schattenmann, Johann Ludwig Hartmann: LebFranken NF 1 (1967), 210–220.

Rudolf Schieffer, Die Entstehung v. Domkapiteln i. Deutschland, Bonn 1976 (BHF 43).

Theodor Schieffer, Winfrid-Bonifatius u. d. christl. Grundlegung Europas, Darmstadt 1980 [= Nachdr. d. Ausg. Freiburg 1954].

Anton Schindling, Nürnberg: Die Territorien d. Reichs i. Zeitalter d. Reformation u. Konfessionalisierung. Land u. Konfession 1500–1560, hg. v. Anton Schindling u. Walter Ziegler, Bd. 1: Der Südosten, Münster 1989, 33–42 (KLK 49).

Anton Schindling/Walter Ziegler, Kurpfalz, Rheinische Pfalz u. Opf.: Die Territorien d. Reichs i. Zeitalter d. Reformation u. Konfessionalisierung. Land u. Konfession 1500–1560, hg. v. Anton Schindling u. Walter Ziegler, Bd. 5: Der Südwesten, Münster 1993, 8–49 (KLK 53).

Franz-Josef Schmale, Franken v. Zeitalter d. Karolinger bis z. Interregnum. I. Die polit. Entwicklung, II. Staat, Gesellschaft, Wirtschaft, Kirche, III. Das geistige Leben: HBG[1] 3/1, 29–92. 93–112. 113–158.

Alois Schmid, Die Anfänge d. Domprädikaturen i. d. deutschsprachigen Diözesen: RQ 89 (1994), 78–110.

ALOIS SCHMID, Das Bild d. Bayernherzogs Arnulf (907–937) i. d. deutschen Geschichtsschreibung v. seinen Zeitgenossen bis z. Wilhelm v. Giesebrecht, Kallmünz 1976 (Regensburger Hist. Forsch. 5).

ALOIS SCHMID, Eichstätt: Die Territorien d. Reichs i. Zeitalter d. Reformation u. Konfessionalisierung. Land u. Konfession 1500–1560, hg. v. ANTON SCHINDLING u. WALTER ZIEGLER, Bd. 4: Mittleres Deutschland, Münster 1992, 166–181 (KLK 52).

ALOIS SCHMID, Humanistenbischöfe. Unters. z. vortridentinischen Episkopat i. Deutschland: RQ 87 (1992), 159–192.

ALOIS SCHMID, Regensburg. Reichsstadt – Fürstbischof – Reichsstifte – Herzogshof, München 1995 (HAB.A 60).

ALOIS SCHMID, Sulzbach i. Konfessionellen Zeitalter: Eisenerz u. Morgenglanz. Gesch. d. Stadt Sulzbach-Rosenberg, Hg. STADT SULZBACH-ROSENBERG, Bd. 2, Amberg 1999, 537–553 (SchR. d. Stadtmuseums u. Stadtarchivs Sulzbach-Rosenberg 12).

ALOIS SCHMID, Vom Westfäl. Frieden bis z. Reichsdeputationshauptschluß. Altbayern 1648–1803: HBKG 2, 293–356.

PETER SCHMID, Civitas regia. Die Königsstadt Regensburg: Gesch. d. Stadt Regensburg, hg. v. PETER SCHMID, Bd. 1, Regensburg 2000, 102–147.

PETER SCHMID, Ratispona metropolis Baioariae. Die bayer. Herzöge u. Regensburg: Gesch. d. Stadt Regensburg, hg. v. PETER SCHMID, Bd. 1, Regensburg 2000, 51–101.

PETER SCHMID, Die Reformation i. d. Opf.: Der Pfälzer Löwe i. Bayern. Zur Gesch. d. Opf. i. d. kurpfälzischen Epoche, Hg. HANS-JÜRGEN BECKER, Regensburg 1997, 102–129 (SchR. d. Universität Regensburg 24).

PETER SCHMID, Regensburg, Freie Reichsstadt, Hochstift u. Reichsklöster: Die Territorien d. Reichs i. Zeitalter d. Reformation u. Konfessionalisierung. Land u. Konfession 1500–1560, hg. v. ANTON SCHINDLING u. WALTER ZIEGLER, Bd. 6: Nachträge, Münster 1996, 36–57 (KLK 56).

PETER SCHMID, Der bayer. Reichskreis. 4. Die Reichsstadt Regensburg: HBG³ 3/3, 302–326.

ERNST SCHMIDT, Die Gesch. d. ev. Gesangbuches d. ehemaligen freien Reichsstadt Rothenburg ob d. Tauber, Rothenburg/Tauber 1928.

GEORG SCHMIDT/SIEGRID WESTPHAL, Schmalkaldischer Krieg (1546–1547): TRE 30, 228–231.

HEINRICH RICHARD SCHMIDT, Reichsstädte, Reich u. Reformation. Korporative Religionspolitik 1521–1529/30, Stuttgart 1986 (VIEG 122).

WERNER WILHELM SCHNABEL, Österreichische Exulanten i. oberdeutschen Reichsstädten. Zur Migration v. Führungsschichten i. 17. Jh., München 1992 (SBLG 101).

KARL SCHORNBAUM, Aktenstücke z. ersten Brandenburgischen Kirchenvisitation 1528, München 1928 (EKGB 10).

KARL SCHORNBAUM, Die Einführung d. Konkordienformel i. d. Markgrafschaft Brandenburg: ZBKG 5 (1930), 176–208.

KARL SCHORNBAUM, Das Interim i. Markgraftum Brandenburg-Ansbach: BBKG 14 (1908), 1–27. 49–79. 101–126.

KARL SCHORNBAUM, Die brandenburgisch-nürnbergische Norma doctrinae 1573: ARG 19 (1922), 161–193; ARG 20 (1923), 5–37. 102–126.

KARL SCHORNBAUM, Die Stellung d. Markgrafen Kasimir v. Brandenburg z. reformatorischen Bewegung i. d. Jahren 1524–1527, Nürnberg 1900.

KARL SCHORNBAUM, Die 2. Unterschreibung d. Formulae Concordiae i. d. Markgrafschaft Brandenburg: ZBKG 4 (1929), 240–255.

KARL SCHORNBAUM, Zur Einführung d. Reformation i. d. Herrschaft Schwarzenberg: JHVM 58 (1911), 136f.

Die Schr. d. Pfalzgrafen Ottheinrich, hg. v. HANS ROTT, Heidelberg 1912.

DETLEV SCHRÖDER, Stadt Augsburg, München 1975 (HAB.S 10).

GERHARD SCHRÖTTEL, Johann Michael Dilherr u. d. vorpietistische Kirchenreform i. Nürnberg, Nürnberg 1962 (EKGB 34).

GÜNTHER SCHUHMANN, Die Markgrafen v. Brandenburg-Ansbach. Eine Bilddokumentation z. Gesch. d. Hohenzollern i. Franken, Ansbach 1980 [= JHVM 90].

GOTTFRIED SEEBASS, Artikelbrief, Bundesordnung u. Verfassungsentwurf. Stud. z. drei zentralen Dokumenten d. südwestdeutschen Bauernkrieges, Heidelberg 1988 (AHAW.PH 1988/1).

GOTTFRIED SEEBASS, Hut, Hans (ca. 1490–1527): TRE 15, 741–747.

GOTTFRIED SEEBASS, Osiander, Andreas (1496–1552): TRE 25, 507–515.

GOTTFRIED SEEBASS, Das reformatorische Werk d. Andreas Osiander, Nürnberg 1967 (EKGB 44).

GEORG SEIDERER, Formen d. Aufklärung i. fränk. Städten. Ansbach, Bamberg und Nürnberg i. Vergleich, München 1997 (SBLG 114).

REINHARD H. SEITZ, Reformation u. Gegenreformation i. Fürstentum Pfalz-Neuburg: 475 Jahre Fürstentum Pfalz-Neuburg. Ausstellung i. Schloß Grünau bei Neuburg a. d. Donau, Red. HORST STIERHOF u. MAX OPPEL, AKat. München 1980, 13–66.

BERNHARD SICKEN, Franken 1517–1648: HBKG 2, 123–291.

Silber u. Zinn aus Windsheim. Kirchl. Zinn- u. Goldschmiedearbeiten v. 16. bis z. 19. Jh., DAGMAR THORMANN, AKat. Bad Windsheim 1991.

MATTHIAS SIMON, Georg Christoph Brendel u. d. Kirche i. Thurnau. Ein künstlerisches Denkmal d. Pietismus: ZBKG 25 (1956), 1–39.

MATTHIAS SIMON, Die Ev. Kirche, Bd. 1: Textband, München 1960 (HAB Kirchl. Organisation 1/1), Bd. 2: Kartenband, München 1960 (HAB Kirchl. Organisation 1/2).

MATTHIAS SIMON, Ev. Kirchengesch. Bayerns, 2 Bde., München 1942, Nürnberg ²1952.

MATTHIAS SIMON, Ansbachisches Pfarrerbuch. Die ev.-luth. Geistlichkeit d. Fürstentums Brandenburg-Ansbach 1528–1806, Nürnberg 1957 (EKGB 28).

MATTHIAS SIMON, Bayreuthisches Pfarrerbuch. Die Ev.-Luth. Geistlichkeit d. Fürstentums Kulmbach-Bayreuth (1528/29–1810), München 1930 (EKGB 12).

MATTHIAS SIMON, Nürnbergisches Pfarrerbuch. Die ev.-luth. Geistlichkeit d. Reichsstadt Nürnberg u. ihres Gebietes 1524–1806, Nürnberg 1965 (EKGB 41).

MANFRED SITZMANN, Mönchtum u. Reformation. Zur Gesch. monastischer Institutionen i. prot. Territorien (Brandenburg-Ansbach/Kulmbach, Magdeburg), Neustadt/Aisch 1999 (EKGB 75).

JULIUS SMEND, Die ev. deutschen Messen bis z. Luthers Deutscher Messe, Göttingen 1896.

WOLFGANG SOMMER, Politik, Theologie u. Frömmigkeit i. Luthertum d. Frühen Neuzeit. Ausgewählte Aufsätze, Göttingen 1999 (FKDG 74).

LAZARUS SPENGLER, Schriften, Bd. 1: Schr. d. Jahre 1509 bis Juni 1525, hg. u. bearb. v. BERNDT HAMM u. WOLFGANG HUBER, Gütersloh 1995 (QFRG 61), Bd. 2: Schr. d. Jahre September 1525 bis April 1529, hg. u. bearb. v. BERNDT HAMM, WOLFGANG HUBER u. GUDRUN LIZ, Gütersloh 1999 (QFRG 70).

Augsburger Stadtlexikon, hg. v. GÜNTHER GRÜNSTEUDEL u.a., Augsburg ²1998.

GERLINDE STAHL, Die Wallfahrt z. Schönen Maria i. Regensburg: BGBR 2 (1968), 35–282.

Stammtafeln. Die pfälzischen Linien d. Hauses Wittelsbach: HBG³ 3/3.

FELIX STIEVE, Der Ursprung d. dreißigjähr. Krieges 1607–1619. 1. Buch: Der Kampf um Donauwörth, München 1875.

Streiflichter auf d. KG i. Schweinfurt, hg. v. JOHANNES STRAUSS u. KATHI PETERSEN, Schweinfurt 1992.

Tabula formarum curie episcopi. Das Formularbuch d. Würzburger Bischofskanzlei v. ca. 1324, hg. v. ALFRED WENDEHORST, Würzburg 1957 (QFGBW 13).

Die Territorien d. Reichs i. Zeitalter d. Reformation u. Konfessionalisierung. Land u. Konfession 1500–1560, hg. v. ANTON SCHINDLING u. WALTER ZIEGLER, Bd. 1: Der Südosten, Münster 1989 (KLK 49), Bd. 2: Der Nordosten, Münster 1990 (KLK 50), Bd. 3: Der Nordwesten, Münster 1991 (KLK 51), Bd. 4: Mittleres Deutschland, Münster 1992 (KLK 52), Bd. 5: Der Südwesten, Münster 1993 (KLK 53), Bd. 6: Nachträge, Münster 1996 (KLK 56), Bd. 7: Bilanz, Forschungsperspektiven, Register, Münster 1997 (KLK 57).

LEONHARD THEOBALD, Joachim v. Ortenburg u. d. Durchführung d. Reformation i. seiner Grafschaft, o.O. 1927 (EKGB 6).

LEONHARD THEOBALD, Die Reformationsgesch. der Reichsstadt Regensburg, Bd. 1, München 1936, Bd. 2, Nürnberg 1951 (EKGB 19/1 u. 2).

GOTTFRIED THOMASIUS, Das Wiedererwachen d. ev. Lebens i. d. Luth. Kirche Bayerns. Ein Stück süddeutscher KG (1800–1840), Erlangen 1867.

Das Totenbuch d. Franziskanerklosters i. Coburg ca. 1257–1525 (1600), bearb. v. KLAUS FRHR. V. ANDRIAN-WERBURG, Neustadt/Aisch 1990 (VGFG 4/10).

EUGEN TRAPP, Das ev. Regensburg: Gesch. d. Stadt Regensburg, hg. v. PETER SCHMID, Bd. 2, Regensburg 2000, 845–862.

ERICH TRUNZ, Johann Matthäus Meyfart. Theologe u. Schriftsteller i. d. Zeit d. Dreißigjähr. Krieges, München 1987.

Typen d. Ethnogenese unter bes. Berücksichtigung d. Bayern, Teil 1, hg. v. HERWIG WOLFRAM u. WALTER POHL, Wien 1990 (DÖAW.PH 201).

Unters. z. Kloster u. Stift, hg. v. MAX-PLANCK-INSTITUT F. GESCH., Göttingen 1980 (VMPIG 68/StGS 14).

DIETMAR-HENNING VOGES, Nördlingen seit d. Reformation. Aus d. Leben einer Stadt, München 1998.

DIETMAR-HENNING VOGES, Die Reichsstadt Nördlingen. 12 Kapitel aus ihrer Gesch., München 1988.

HARTMUT VOIT, Nikolaus Gallus. Ein Beitr. z. Reformationsgesch. d. nachlutherischen Zeit, Neustadt/Aisch 1977 (EKGB 54).

WILHELM VOLKERT, Die Entstehung d. reichsstädtischen Kirchenregiments i. Regensburg: Reformation u. Reichsstadt. Prot. Leben i. Regensburg, Hg. HANS SCHWARZ, Regensburg 1994, 29–53 (SchR. d. Universität Regensburg NF 20).

WILHELM VOLKERT, Die innere Entwicklung. 1. Staat u. Kirche: HBG³ 3/3, 145–162.

WILHELM VOLKERT, Die polit. Entwicklung d. Pfalz, d. Opf. u. d. Fürstentums Pfalz-Neuburg bis z. 18. Jh.: HBG³ 3/3, 3–141.

WILHELM VOLKERT, Luthers Reformation i. d. Reichsstädten Nürnberg u. Regensburg: Martin Luther. Eine Spiritualität u. ihre Folgen, hg. v. HANS BUNGERT, Regensburg 1983, 107–122 (SchR. d. Universität Regensburg 9).

WILHELM VOLKERT, Der bayer. Reichskreis. 1. Rechtsform u. Aufgaben: HBG³ 3/3, 225–235.

WILHELM VOLKERT, Der bayer. Reichskreis. 5. Die kleinen weltlichen Reichsstände: HBG³ 3/3, 327–337.

PHILIPP WACKERNAGEL, Das deutsche Kirchenlied v. d. ältesten Zeit bis z. Anfang d. 17. Jh., 5 Bde., Hildesheim 1964 [= Nachdr. d. Ausg. Leipzig 1864–1877].

JOHANNES WALLMANN, Herzog August d.J. z. Braunschweig u. Lüneburg als Gestalt d. KG. Unter bes. Berücksichtigung seines Verhältnisses z. Johann Arndt: JOHANNES WALLMANN, Theologie u. Frömmigkeit i. Zeitalter d. Barock. Ges. Aufsätze, Tübingen 1995, 20–45.

JOHANNES WALLMANN, Die luth. Orthodoxie z. Zt. Ernst Salomon Cyprians. Stand d. Forsch.: Ernst Salomon Cyprian (1673–1745) zwischen Orthodoxie, Pietismus u. Frühaufklärung. Vorträge d. Internationalen Kolloquiums vom 14.–16. September 1995 i. d. Forschungs- u. Landesbibliothek Gotha Schloß Friedenstein, hg. v. ERNST KOCH u. JOHANNES WALLMANN, Gotha 1996, 9–21 (Veröff. d. Forschungs- u. Landesbibliothek Gotha H. 34).

JOHANNES WALLMANN, Theologie u. Frömmigkeit i. Zeitalter d. Barock. Ges. Aufsätze, Tübingen 1995.

VOLKER WAPPMANN, Durchbruch z. Toleranz. Die Religionspolitik d. Pfalzgrafen Christian August v. Sulzbach 1622–1708, Neustadt/Aisch ¹1995, ²1998 (EKGB 69).

VOLKER WAPPMANN, Die ev. Kirche zwischen Gegenreformation u. Religionsedikt (1627–1803): Eisenerz u. Morgenglanz. Gesch. d. Stadt Sulzbach-Rosenberg, Hg. STADT SULZBACH-ROSENBERG, Bd. 2, Amberg 1999, 555–569 (Schr. d. Stadtmuseums u. Stadtarchivs Sulzbach-Rosenberg 12).

VOLKER WAPPMANN, Sulzbach u. d. Anfänge d. Pietismus. Ein Werkstattber. aus einem Modell geistig-kultureller Toleranzpolitik d. 17. Jh.: Christian Knorr v. Rosenroth. Dichter u. Gelehrter am Sulzbacher Musenhof. FS z. 300. Wiederkehr d. Todestages, hg. v. LITERATURARCHIV u. d. STADT SULZBACH-ROSENBERG, Sulzbach-Rosenberg 1989, 96–110.

PAUL WARMBRUNN, Zwei Konfessionen i. einer Stadt. Das Zusammenleben v. Katholiken u. Protestanten i. d. paritätischen Reichsstädten Augsburg, Biberach, Ravensburg u. Dinkelsbühl v. 1548 bis 1648, Wiesbaden 1983 (VIEG. Abt. f. abendländische Religionsgesch. 111).

AMBROS WEBER/JOSEF HEIDER, Die Reformation i. Fürstentum Pfalz-Neuburg unter Pfalzgraf u. Kurfürst Ottheinrich 1542–1559: Neuburger Kollektaneenblatt 110 (1957), 5–95.

MAXIMILIAN WEIGEL u.a., Ambergisches Pfarrerbuch, Kallmünz 1967.

MAXIMILIAN WEIGEL u.a., Neuburgisches Pfarrerbuch, Kallmünz 1967.

HORST WEIGELT, Die Beziehungen zwischen Ludwig Friedrich z. Castell-Remlingen u. Zinzendorf sowie ihr Briefwechsel. Ein Beitr. z. Gesch. d. Herrnhuter Pietismus i. Franken, Neustadt/Aisch 1984 (EKGB 59).

HORST WEIGELT, Georg Gellmann u. d. Schwenckfeldertum. Zum Problem d. Weigelianismus: ZBKG 61 (1992), 103–112.

HORST WEIGELT, Gesch. d. Pietismus i. Bayern. Anfänge – Entwicklung – Bedeutung, Göttingen 2001 (AGP 40).

HORST WEIGELT, Der Pietismus i. Bayern: Gesch. d. Pietismus, Bd. 2: Der Pietismus i. 18. Jh., hg. v. MARTIN BRECHT u. KLAUS DEPPERMANN, Göttingen 1995, 296–318.

DIETER J. WEISS, Die Gesch. d. Deutsch-Ordens-Ballei Franken i. MA, Neustadt/Aisch 1991 (VGFG 9/39).

HANS-MARTIN WEISS, Vom notwendigen Verstand d. Lehre. Kirchenleitung i. d. Zeit nach d. Tode Luthers am Beispiel v. Georg Karg, Neustadt/Aisch 1991 (EKGB 64).

ALFRED WENDEHORST, Gesch. d. Friedrich-Alexander-Universität Erlangen-Nürnberg 1743–1993, München 1993.

ALFRED WENDEHORST, Der Kartäuser Georg Koberer. Ein Beitr. z. Gesch. d. Reformation i. Würzburg u. Nürnberg: Ecclesia militans. Stud. z. Konzilien- u. Reformationsgesch. Remigius Bäumer z. 70. Geburtstag gewidmet, hg. v. WALTER BRANDMÜLLER u.a., Bd. 2: Zur Reformationsgesch., Paderborn u.a. 1988, 395–406.

ALFRED WENDEHORST, Das Würzburger Landkapitel Coburg z. Zt. d. Reformation, Göttingen 1964 (VMPIG 13/StGS 3).

ALFRED WENDEHORST, Das benediktinische Mönchtum i. mittelalterlichen Franken: Unters. z. Kloster u. Stift, hg. v. MAX-PLANCK-INSTITUT F. GESCH., Göttingen 1980, 38–60 (VMPIG 68/StGS 14).

ALFRED WENDEHORST, Orden u. religiöse Gemeinschaften: Unterfränk. Gesch., hg. v. PETER KOLB u. ERNST-GÜNTER KRENIG, Bd. 2: Vom hohen MA bis z. Beginn d. konfessionellen Zeitalters, Würzburg ²1993, 233–287.

ALFRED WENDEHORST, Strukturelemente d. Bistums Würzburg i. frühen u. hohen MA. Klöster, Stifte, Pfarreien: FDA 111 (1991), 5–29.

REINHOLD WEX, Ordnung u. Unfriede. Raumprobleme d. prot. Kirchenbaus i. 17. u. 18. Jh. i. Deutschland, Marburg 1984 (KuWR 2).

»… wider Laster u. Sünde«. Augsburgs Weg i. d. Reformation. Kat. z. Ausstellung i. St. Anna, Augsburg 26. April bis 10. August 1997, hg. v. JOSEF KIRMEIER u.a., Köln 1997 (VBGK 33).

HANS WIEDEMANN, Augsburger Pfarrerbuch. Die ev. Geistlichen d. Reichsstadt Augsburg 1524–1806, Nürnberg 1962 (EKGB 38).

GEORG ANDREAS WILL, Nürnbergisches Gelehrten-Lexicon oder Beschreibung aller Nürnbergischen Gelehrten beyderley Geschlechtes nach Ihrem Leben, Verdiensten u. Schrifften, 8 Bde., Nürnberg/Altdorf 1755–1808.

Wittelsbach u. Bayern, hg. v. HUBERT GLASER, Bd. 1/1: Die Zeit d. frühen Herzöge. Von Otto I. z. Ludwig d. Bayern, Bd. 2/1: Um Glauben u. Reich, Kurfürst Maximilian I. Beitr. z. bayer. Gesch. u. Kunst 1573–1657, München u.a. 1980, Bd. 2/2: Um Glauben u. Reich, Kurfürst Maximilian I. Kat d. Ausstellung i. d. Residenz i. München 12. Juni – 5. Oktober 1980, München u.a. 1980.

DIETER WÖLFEL, Die kirchl.-religiöse Entwicklung v. d. Mitte d. 16. bis z. Ende d. 18. Jh. Die Ev. Kirche: HBG³ 3/1, 783–844.

DIETER WÖLFEL, Nürnberger Gesangbuchgesch. (1524–1791), Nürnberg 1971 (NWSLG 5).

DIETER WÖLFEL, Salomon Lentz 1584–1647. Ein Beitr. z. Gesch. d. orth. Luthertums i. Dreißigjähr. Krieg, Gunzenhausen u.a. 1991 (EKGB 65).

KARL WOLFART, Gesch. d. Stadt Lindau i. Bodensee, Bd. 1/1, Bd. 1/2, Lindau 1909.

MARKUS WRIEDT, Seelsorgerliche Theologie am Vorabend d. Reformation. Johann v. Staupitz als Fastenprediger i. Nürnberg: ZBKG 63 (1994), 1–12.

WOLFGANG WÜST, Reformation u. Konfessionalisierung i. d. fränk. Reichsritterschaft: ZBLG 64/3 (2001).

WOLFGANG WÜST, Schwaben 1517–1648: HBKG 2, 65–121.

JOHANNES ZAHN, Die Melodien d. deutschen ev. Kirchenlieder, 6 Bde., Hildesheim 1963 [= Nachdr. d. Ausg. Gütersloh 1889–1893].

KRISTIN ELDYSS SORENSEN ZAPALAC, »In his image and likeness«. Political iconography and religious change i. Regensburg 1500–1600, Ithaca u.a. 1990.

WERNER ZEISSNER, Altkirchl. Kräfte i. Bamberg unter Bischof Weigand v. Redwitz (1522–1556), Bamberg 1975 (BHVB Beih. 6).

WERNER ZEISSNER, Andreas Stoss (ca. 1480–1540): LebFranken NF 17 (1998), 23–41.

WALTER ZIEGLER, Die Rekatholisierung d. Opf.: Wittelsbach u. Bayern, hg. v. HUBERT GLASER, Bd. 2/1: Um Glauben u. Reich, Kurfürst Maximilian I. Beitr. z. bayer. Gesch. u. Kunst 1573–1657, München u.a. 1980, 436–447.

WALTER ZIEGLER, Würzburg: Die Territorien d. Reichs i. Zeitalter d. Reformation u. Konfessionalisierung. Land u. Konfession 1500–1560, hg. v. ANTON SCHINDLING u. WALTER ZIEGLER, Bd. 4: Mittleres Deutschland, Münster 1992, 98–126 (KLK 52).

FRIEDRICH ZOEPFL, Das Bistum Augsburg u. seine Bischöfe i. MA, München u.a. 1955 (Gesch. d. Bistums Augsburg u. seiner Bischöfe 1).

HELLMUT ZSCHOCH, Klosterreform u. monastische Spiritualität i. 15. Jh. Conrad v. Zenn OESA (†1460) u. sein Liber de vita monastica, Tübingen 1988 (BHTh 75).

Zugänge z. bäuerlichen Reformation, hg. v. PETER BLICKLE, Zürich 1987 (Bauer u. Reformation 1).

I. KIRCHE IN BAYERN BIS ZUM BEGINN DES 16. JAHRHUNDERTS

I.1 ANFÄNGE DES CHRISTENTUMS IN BAYERN, FRANKEN UND SCHWABEN BIS BONIFATIUS

Von Kurt Reindel

Arbeonis Episcopi Frisingensis Vitae sanctorum Haimhrammi et Corbiniani, rec. BRUNO KRUSCH, Hannover 1920 (MGH.SRG 13).– Bajuwaren (B).– PETER F. BARTON, Frühes Christentum i. Österreich u. Südmitteleuropa bis z. Reichsteilung 395, Wien 1992 (STKG.G 1).– DERS., Von d. Gotennot zum Slovenensturm. Zwischen Alarich u. Columbanus. Vom späten 4. bis z. frühen 7. Jh., Wien 1992 (STKG.G 2).– DERS., Von Columbanus z. Karl d. Großen 615–788, Wien 1995 (STKG.G 3/1).– DERS., Im Karolingerreich 788–911. Von d. Avarenkriegen z. Ungarnsturm, Wien u.a. 1997 (STKG.G 3/2).– BaSa 1–3.– BAUERREISS² 1 (B).– HEINRICH BERG, Christentum i. bayer. Raum um 700: Willibald – Klosterbischof (K) 69–113.– BERNHARD BISCHOFF, Leben u. Leiden d. hl. Emmeram, München 1953 (TuscBü).– Bistum Würzburg 1 (B).– Bayer. Bistumspatrone, hg. v. WILHELM SANDFUCHS, [Würzburg] 1966 (Arena-Tb. 116).– S. Bonifatii et Lullii epistolae, hg. v. MICHAEL TANGL, Berlin 1916 (MGH.ES 1).– St. Bonifatius. Gedenkgabe z. zwölfhundertsten Todestag, hg. v. d. Stadt Fulda, Red. CUNO RAABE u.a., Fulda 1954.– EGON BOSHOF, Agilolfingisches Herzogtum u. angelsächsische Mission. Bonifatius u. d. bayer. Bistumsorganisation v. 739: OGM 31 (1989), 11–26.– Christentum (B).– EBERHARD DÜNNINGER, Die christl. Frühzeit Bayerns, München 1966.– HERIBERT ERBERTSEDER, Archäol. Zeugnisse d. Christentums d. Raetia II, St. Ottilien 1992 (STG 8).– FS f. Walter Schlesinger, hg. v. HELMUT BEUMANN, Bd. 2, Köln u.a. 1974 (MDF 74/2).– FRANZ GLASER, Frühes Christentum i. Alpenraum. Eine archäol. Entdeckungsreise, Regensburg u.a. 1997.– HBKG 1/1 u. 1/2.– HAUCK ⁷1 (B).– HAUSBERGER/HUBENSTEINER (B).– HEMMERLE, Benediktinerklöster (B).– HEUWIESER (B).– HOLZFURTNER, Gründung (B).– Ionas, Vitae Columbani Liber II: Ionae Vitae Sanctorum Columbani, Vedastis, Iohannis, rec. BRUNO KRUSCH, Hannover u.a. 1905, 228–294 (MGH.SRG 37).– Die Iren u. Europa i. früheren MA, hg. v. HEINZ LÖWE, Bd. 1, Stuttgart 1982 (Veröff. d. Europa Zentrums Tübingen).– JOACHIM JAHN, Augsburg Land, München 1984 (HAB.S 11).– DERS., Ducatus Baiuvariorum. Das bair. Herzogtum d. Agilolfinger, Stuttgart 1991 (MGMA 35).– JÖRG JARNUT, Agilolfingerstud. Unters. z. Gesch. einer adligen Familie i. 6. u. 7. Jh., Stuttgart 1986 (MGMA 32).– Kilian (B).– HEINRICH KOLLER, Die bair. Kirchenorganisation d. 8. Jh. Ansätze, Konzepte, Verwirklichung: Christentum (B) 273–289.– LOTHAR KOLMER, Machtspiele. Bayern i. frühen MA, Regensburg 1990.– DERS., Zur Frühgesch. d. Bistums Regensburg: 1250 Jahre Bistum Regensburg. Vortragsreihe d. Universität Regensburg, hg. v. HANS BUNGERT, Regensburg 1989, 9–35 (SchR. d. Universität Regensburg 16).– ANDREAS KRAUS, Gesch. Bayerns. Von d. Anfängen bis z. Gegenwart, München 1983, ²1988.– LINDNER (B).– SIGISBERT MITTERER, Die bischöflichen Eigenklöster i. d. vom hl. Bonifazius 739 gegründeten bayer. Diözesen, München 1929 (StMBO Erg.-Bd. 2).– Frühes Mönchtum i. Salzburg, hg. v. EBERHARD ZWINK, Salzburg 1983 (Salzburg-Diskussionen 4).– HERMANN NOTTARP, Die Bistumserrichtung i. Deutschland i. 8. Jh., Amsterdam 1964 (KRA 96) [= Nachdr. d. Ausg. Stuttgart 1920].– Passiones vitaeque sanctorum aevi merovingici, ed. BRUNO KRUSCH et WILHELM LEVISON, Hannover u.a. 1913 (MGH.SRM 6).– St. Peter i. Salzburg. Das älteste Kloster i. deutschen Sprachraum, hg. v. HEINZ DOPSCH u. ROSWITHA JUFFINGER, AKat. Salzburg 1982 (Sonderschau d. Dommuseums z. Salzburg 7).– FRIEDRICH PRINZ, Frühes Mönchtum i. Frankenreich. Kultur u. Gesellschaft i. Gallien, den Rheinlanden u. Bayern am Beispiel d. monastischen Entwicklung (4. bis 8. Jh.), München u.a. 1965, ²1988.– Ratisbona sacra (B).– Regesten Augsburg 1 (B).– KURT REINDEL, Die Bistumsorganisation i. Alpen-Donau-Raum i. d. Spätantike u. i. Frühmittelalter: MIÖG 72 (1964), 270–302.– DERS., Grundlegung. Das Zeitalter d. Agilolfinger (bis 788), I. Die polit. Entwicklung, II. Christentum u. Kirche: HBG² 1, 99–176. 178–233.– SIGMUND V. RIEZLER, Gesch. Baierns, Bd. 1: Bis 1180, Gotha u.a. ²1927 (Allg. Staatengesch. 1, 20/1).– Hl. Rupert v. Salzburg 696–1996, hg. v. PETRUS EDER u. JOHANN KRONBICHLER, Salzburg 1996.– R. SCHIEFFER, Entstehung v. Domkapiteln (B).– T. SCHIEFFER (B).– JOSEF SEMMLER, Benediktinisches Mönchtum i. Bayern i. späten 8. u. frühen 9. Jh.: Mönchtum (K) 119–218.– WILHELM STÖRMER, Früher Adel. Stud. z. polit. Führungsschicht i. fränk.-deutschen Reich v. 8. bis 11. Jh., 2 Bde., Stuttgart 1973 (MGMA 6/1–2).– DERS., Frühes Christentum i. Altbayern, Schwaben u. Franken. Römerzeit u. Frühmittelalter bis 798: HBKG 1/1, 1–93.– Die Traditionen d. Hochstifts Passau, hg. v. MAX HEUWIESER, München 1930 (QEBG NF 6).– Virgil v. Salzburg. Missionar u. Gelehrter, hg. v. HEINZ DOPSCH u. ROSWITHA JUFFINGER, Salzburg 1985.– Vita vel passio Haimhrammi episcopi et martyris Ratisbonensis: Arbeonis Episcopi Frisingensis Vitae sanctorum Haimhrammi et Corbiniani (K) 1–99.– Vita Bonifatii auctore Willibaldo: Vitae sancti Bonifatii archiepiscopi Moguntini, hg. v. WILHELM LEVISON, Hannover u.a. 1905, 1–58 (MGH.SRG 57).– Der hl. Willibald – Klosterbischof oder Bistumsgründer? Hg. v. HARALD DICKERHOF u.a., Regensburg 1990 (ESt NF 30).– HERWIG WOLFRAM, Die Geburt Mitteleuropas. Gesch. Österreichs vor seiner Entstehung 378–907, Wien 1987.– DERS., Der hl. Rupert u. d. antikarolingische Adelsopposition: MIÖG 80 (1972), 4–34.– ZOEPFL (B).– *Zur kirchlichen Kunstgeschichte vgl.* W. HAAS, Kirchenbau (B) 1121–1158.

1. Kontinuität und Neubeginn.
Römische Antike und neue Missionsversuche aus Luxeuil und Irland

Ganz sicher war das Christentum bereits während der Römerzeit auf das Gebiet des späteren Bayern gedrungen. Darauf können etwa die Heiligen Afra in Augsburg, Florian in Wels und der in Noricum wirkende Severin hinweisen; davon zeugen auch steinerne Reste von Kirchenbauten. Organisatorisch ist das Christentum hier jedoch offenbar nicht sehr verfestigt gewesen, und mit dem Erlöschen der römischen Herrschaft am Ende des 5. Jahrhunderts dürften die meisten

Organisationsformen verloren gegangen sein.¹ Christliche Glaubensformen scheinen – wenn überhaupt – nur rudimentär überlebt zu haben.²

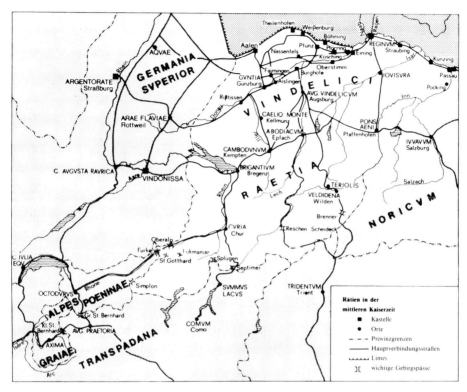

Provinzen Raetien und Noricum (Limesgrenze nach 260: Donau)

Mit der Landnahme und Stammesbildung der Bajuwaren seit der Wende vom 5. zum 6. Jahrhundert, die wohl unter gotischem Einfluß erfolgte³ und durch das von den Franken eingesetzte Herrschergeschlecht der Agilolfinger eine politische Verfestigung erfuhr,⁴ kam wieder eine christliche Mission ins Land, die jetzt im

---

¹ REINDEL, Bistumsorganisation (K); PETER STOCKMEIER, Die spätantike Kirchenorganisation d. Alpen-Donauraumes i. Licht d. literarischen u. archäol. Zeugnisse: BABKG 23/1 (1963), 40–76; HEINRICH BERG, Bischöfe u. Bischofssitze i. Ostalpen- u. Donauraum v. 4. bis z. 8. Jh.: Die Bayern u. ihre Nachbarn, hg. v. HERWIG WOLFRAM, Bd. 1, Wien 1985, 61–108 (DÖAW.PH 179); OTHMAR HAGENEDER, Die kirchl. Organisation i. Zentralalpenraum: Frühmittelalterliche Ethnogenese i. Alpenraum, hg. v. HELMUT BEUMANN, Sigmaringen 1985, 201–235 (Nationes 5); HARTMUT WOLFF, Die Kontinuität d. Kirchenorganisation i. Raetien u. Noricum bis an d. Schwelle d. 7. Jh.: Christentum (B) 1–25.
² PETER SCHWENK, Frühes Christentum i. Bayern. Bemerkungen z. christl. Kultkontinuität v. d. Antike z. Frühmittelalter: ZBLG 59 (1996), 15–37; BERG, Christentum (K).
³ Überblick über den Forschungsstand in: Bajuwaren (B).
⁴ JARNUT (K); JAHN, Ducatus (K).

Wesentlichen von Glaubensboten aus dem Westen, dem gallisch-fränkischen und dem irischen Bereich getragen wurde.[5] Diese fränkisch-irische Komponente wird bereits bei den ersten bekannten Namen deutlich. So kam am Anfang des 7. Jahrhunderts Eustasius von Luxeuil, ein Schüler Kolumbans, zu den »Boiern, die jetzt Bayern heißen«.[6] Er habe selber dort missioniert, diese Mission aber nach seiner Rückkehr nach Luxeuil durch von ihm beauftragte Glaubensboten fortgesetzt.[7] Man kann dazu wohl den vielleicht mit den Agilolfingern verwandten Agilus von Luxeuil rechnen, ebenso Amandus aus dem gleichen Kloster, von denen Missionsversuche bei den Bayern erwähnt werden, sowie Agrestius, von dem es allerdings heißt, daß er bei den Bayern keinen Erfolg hatte.[8] Daß diese von Luxeuil ausgehende Mission auch politisch vom Frankenreich gestützt wurde, ist vermutet worden.[9] Eine Gründung des Klosters Weltenburg durch diese Luxeuil-Mission ist wenig wahrscheinlich.[10]

2. Glaubensboten an den Höfen der Agilolfinger und erste kirchliche Zentren in Regensburg, Salzburg, Freising, Passau und Augsburg

Dauerhafte Missionserfolge erzielten jedoch erst die Glaubensboten seit dem ausgehenden 7. Jahrhundert, wobei es ganz entscheidend war, daß sie an den, wie schon die Gestalt der Prinzessin Theodelinde zeigt,[11] wohl von Anfang an katholischen Agilolfingern und den neuen politischen Zentren des Landes, den Herzogshöfen, Rückhalt suchten und fanden. Nicht immer ist der zeitliche Rahmen eindeutig; so kam Emmeram entweder noch am Ende des 7. oder am Anfang des 8. Jahrhunderts an den herzoglichen Hof nach Regensburg,[12] wo zu dieser Zeit Herzog Theodo regierte. Seinem ursprünglichen Plan, bei den Awaren zu missionieren, widersprach der Herzog mit dem Hinweis auf kriegerische

---

[5] HEINRICH KOLLER, Die Iren u. d. Christianisierung d. Baiern: Iren 1 (K) 342–374; JOSEPH RAFTERY, Die irische Mission u. Bayern: Mönchtum (K) 47–53.

[6] Ionas, Vitae Columbani II (K) c. 8, S. 243f.

[7] Allgemein zur Luxeuil-Mission: PRINZ² (K) 355f.

[8] Ionas, Vitae Columbani II (K) c. 9, 246f, vgl. BARTON, Christentum (K) 195ff.

[9] Vgl. PRINZ² (K) 355f.

[10] WALTER TORBRÜGGE, Die Legende v. d. Weltenburger Klostergründung: Regensburg – Kelheim – Straubing, Teil 2: Archäol. u. hist. Denkmäler. Exkursionen I bis III, bearb. v. SABINE RIECKHOFF-PAULI u. WALTER TORBRÜGGE, Stuttgart 1984, 143–149 (Führer z. archäol. Denkmälern i. Deutschland 6); CHRISTIAN LOHMER, Die Anfänge d. Klosters Weltenburg: Ratisbona sacra (B) 35f.

[11] PETER STOCKMEIER, Theodelinde, Königin d. Langobarden (gest. am 22. Januar 628): BaSa 3, 9–20; GUNTER WOLF, Königin Theodelinde als Heils- u. Legitimitätsträgerin u. d. langobardisch-bayer.-fränk. Beziehungen um 600: ZSRG.G 106 (1989), 284–290.

[12] Die Spätdatierung auf das Jahr 715 durch GOTTFRIED MAYR, Zur Todeszeit d. hl. Emmeram u. z. frühen Gesch. d. Klosters Herrenchiemsee. Bemerkungen z. Schenkung d. Ortlaip i. Helfendorf: ZBLG 34 (1971), 358–373; DERS., Neuerliche Anm. z. Todeszeit d. hl. Emmeram u. z. Kirchenpolitik Herzog Theodos: Typen (B) 199–215 suchte GERTRUD DIEPOLDER, Arbeos Emmeramsleben u. d. Schenkung Ortlaips aus Helfendorf. Eine Quellenrevision i. Lichte archäol. Befunde: Land u. Reich 1 (B) 269–285 wieder auf die frühere Datierung in die Zeit von etwa 680/690 zu korrigieren; vgl. auch BOSHOF (K) bes. 13f und BERG, Christentum (K) 98ff.

Auseinandersetzungen mit diesem Volk; er suchte Emmeram als Bischof oder als »Abt der Klöster dieses Landes«[13] festzuhalten. Was sich an historischen Fakten hinter den von Arbeo in seiner Vita Haimhrammi[14] berichteten dramatischen Umständen seines Martyriums in Helfendorf[15] und seiner ersten Beisetzung in Aschheim[16] verbirgt, ist schwer zu sagen. Auf jeden Fall ist sein Leichnam auf Veranlassung Herzog Theodos nach Regensburg überführt und bei der alten Georgskirche beigesetzt und verehrt worden.[17] Nach Emmeram wird Erhard als »Wanderbischof« in Regensburg genannt.[18] Er war wohl aquitanischer Herkunft, und sein Name steht immerhin im Verbrüderungsbuch von St. Peter in Salzburg.[19] Er ist um 700 gestorben und wurde in Niedermünster, auf dem Gebiet der herzoglichen Pfalz bestattet.[20] Wikterp wurde fälschlich mit Regensburg in Verbindung gebracht; von Rathar ist praktisch nur der Name bekannt. Reguläre Diözesanbischöfe waren freilich alle nicht, eher wohl Vorsteher einer kleinen Mönchs- oder Klerikergemeinde am Herzogshof.[21]

Zu Salzburg wird der Name Ruperts genannt, doch ist bei allen von ihm überlieferten Daten bzw. der Darstellung in seiner Vita[22] immer zu bedenken, daß hier bereits das Bestreben vorherrscht, die spätere Vorrangstellung Salzburgs zu motivieren. Die Überlieferung nennt ihn Bischof von Worms; man hat erwogen, daß die Aufgabe des dortigen Bischofsamtes und sein Rückzug nach Bayern mit seiner Verstrickung in eine antikarolingische Adelsopposition im Frankenreich zusammenhängen könnte.[23] Er folgte einer Einladung Herzog Theodos nach Re-

13 Vita vel passio Haimhrammi (K) c. 9; BISCHOFF (K) 13.
14 Neben der Ausgabe von Bruno Krusch (Vita vel passio Haimhrammi [K]) existiert noch die Edition mit deutscher Übersetzung von BISCHOFF (K); vgl. LOTHAR KOLMER, Arbeo v. Freising u. d. Vita Haimhrammi: St. Emmeram i. Regensburg. Gesch. – Kunst – Denkmalpflege. Beitr. d. Regensburger Herbstsymposiums v. 15.–24. November 1991, Kallmünz 1992, 25–32 (Thurn u. Taxis Stud. 18).
15 LOTHAR KOLMER, Die Hinrichtung d. hl. Emmeram: Regensburg u. Bayern i. MA (B) 9–31; DERS., Ehemoral u. Herrschaftslegitimation i. 8. Jh.: Regensburg, Bayern u. Europa (B) 71–89.
16 Vgl. Aschheim i. frühen MA, Bd. 1: Archäol. Funde u. Befunde, v. HERMANN DANNHEIMER, München 1988 (Münchner Beitr. z. Vor- u. Frühgesch. 32/1), Bd. 2: Ortsgeschichtl., siedlungs- u. flurgenetische Beobachtungen i. Raum Aschheim, v. GERTRUD DIEPOLDER, München 1988 (Münchner Beitr. z. Vor- u. Frühgesch. 32/2); RIEPERTINGER (B) 19ff.
17 KARL BABL, Emmeram v. Regensburg. Legende u. Kult, Kallmünz 1973 (Thurn u. Taxis Stud. 8).
18 Vita Erhardi episcopi bavarici auctore Paulo, ed. WILHELM LEVISON: Passiones (K) 1–21.
19 Vgl. PAUL MAI, Der hl. Bischof Erhard: BaSa 2, 32–51; DERS., Der hl. Erhard. Bischof v. Regensburg (Erste Hälfte d. 8. Jh.): Leb. aus d. Gesch. (B) 38–52; GISELA KOSCHWITZ, Der hl. Bischof Erhard v. Regensburg. Legende – Kult – Ikonographie: StMBO 86 (1975), 481–644.
20 KLAUS SCHWARZ, Das spätmerowingerzeitliche Grab d. hl. Bischofs Erhard i. Niedermünster z. Regensburg: Ausgrabungen i. Deutschland. Gefördert v. d. Deutschen Forschungsgemeinschaft 1950–1975, Teil 2: Römische Kaiserzeit i. Freien Germanien. Frühmittelalter I, Mainz ²1975, 129–164 (Monographien d. Römisch-Germanischen Zentralmuseums 1/2).
21 Allgemein zur frühen Geschichte des Bistums: HAUSBERGER, Gesch. 1 (B) 11–15; JOSEF STABER, KG d. Bistums Regensburg, Regensburg 1966, 2ff; Ratisbona sacra (B); KOLMER, Frühgesch. (K); STEPHAN FREUND, Vom hl. Erhard bis z. Konrad II. Die Regensburger Bischöfe bis 1180/85: Regensburg i. MA 1 (B) 71–88.
22 Vita Hrodberti episcopi Salisburgensis, ed. WILHELM LEVISON: Passiones (K) 140–162 [Gesta sancti Hrodberti confessoris: aaO, 157–162].
23 WOLFRAM, Rupert (K).

gensburg. Dieser behielt ihn jedoch nicht in der Hauptstadt, sondern erteilte ihm den Auftrag, sich einen Ort zu suchen, wo Kirchen zu erneuern bzw. zu erbauen seien. Dabei gelangte Rupert schließlich nach Salzburg, dem antiken Iuvavum, das ihm möglicherweise wegen seines städtischen Charakters die kirchenrechtlichen Voraussetzungen für eine eventuell geplante Bistumsgründung bieten konnte.[24] Jedenfalls blieb Rupert in Salzburg,[25] wo ihn reiche Schenkungen Herzog Theodos von oppidum und castrum superius in Stand setzten, mit der Gründung des Petersklosters hier die Grundlage für das spätere Bistum zu schaffen.[26] Bei den ebenfalls noch vor der Bistumsorganisation durch den Angelsachsen Winfried-Bonifatius genannten Bischöfen Flobrigis und Vitalis dürfte es sich eher um Vorsteher der Mönchsgemeinde mit bischöflichem Rang als um eigentliche Diözesanbischöfe handeln. Eine Schenkung Theotperts, des Sohnes Theodos, der als Herzog in Salzburg residierte, ermöglichte es Rupert, auf dem Nonnberg ein Nonnenkloster zu gründen, in dem er seine Nichte Erintrud als erste Äbtissin einsetzte.

Arbeo von Freising verdanken wir außer seiner Emmeram-Vita auch eine Lebensbeschreibung des hl. Korbinian,[27] der zum Gründungspatron von Freising wurde.[28] Sein Wirken in Bayern ist wesentlich bestimmt durch die politischen Verhältnisse der Zeit, insbesondere die spannungsgeladenen bayerisch-fränkischen Beziehungen.[29] Korbinian kam im Jahre 716 nach Bayern und wurde von Herzog Theodo, der eben damals das Herzogtum unter sich und seinen drei Söhnen aufgeteilt hatte, nach Freising geschickt, wo Herzog Grimoald mit seiner Frau Pilitrud herrschte. Er hat hier an eine Marienkirche auf dem Burgberg anknüpfen können und selber gegenüber Weihenstephan eine dem hl. Martin, später Benedikt, geweihte Kirche gebaut.[30] Es war die Zeit, in der Herzog Theodo in engem Kontakt mit Rom einen ersten Versuch unternommen hat, in Bayern eine kirchliche Organisation einzurichten, und durchaus denkbar ist es, daß auch

---

[24] KURT REINDEL, Die Organisation d. Salzburger Kirche i. Zeitalter d. hl. Rupert: MGSL 115 (1975), 83–98.

[25] Vgl. HERWIG WOLFRAM, Die Zeit d. Agilolfinger. Rupert u. Virgil: Gesch. Salzburgs 1/1 (B) 121–156 [121ff]; DERS., Der Hl. Rupert i. Salzburg: Mönchtum (K) 81–92; HEINZ DOPSCH, Schriftl. Quellen z. Gesch. d. hl. Rupert: Rupert (K) 39–65; DERS., Der hl. Rupert i. Salzburg: Rupert (K) 66–88; KARL FORSTNER, Neue quellenkritische Erkenntnisse z. Rupertfrage: MIÖG 99 (1991), 317–346.

[26] St. Peter (K).

[27] Vita Corbiniani episcopi Baiuvariorum auctore Arbeone, ed. BRUNO KRUSCH: Passiones (K) 560–593 und Arbeonis Episcopi Frisingensis Vitae sanctorum Haimhrammi et Corbiniani (K) 100–234 sowie Bischof Arbeo v. Freising. Das Leben d. hl. Korbinian, hg. u. übers. v. FRANZ BRUNHÖLZL: HUBERT GLASER u.a., Vita Corbiniani. Bischof Arbeo v. Freising u. d. Lebensgesch. d. hl. Korbinian, München u.a. 1983, 77–159 (30. Sammelblatt d. Hist. Vereins Freising).

[28] PETER STOCKMEIER, Bischof Korbinian v. Freising, Patron d. Erzbistums München-Freising: Bistumspatrone (K) 38–51; DERS., Der hl. Bischof Korbinian (gest. um 725): BaSa 1, 121–135 [121–129]; MASS (B) 32ff.

[29] Vgl. WOLFRAM, Geburt (K) 118ff; JAHN, Ducatus (K) 98ff.

[30] Zur topographischen Situation vgl. GERTRUD DIEPOLDER, Freising. Aus d. Frühzeit v. Bischofsstadt u. Bischofsherrschaft: Hochstift Freising. Beitr. z. Besitzgesch., hg. v. HUBERT GLASER, München 1990, 417–468 (32. Sammelblatt d. Hist. Vereins Freising).

Korbinians zweite Romreise in diesem Zusammenhang zu sehen ist. Korbinians schroffes Auftreten, insbesondere seine Forderung, die Ehe des Herzogspaares zu trennen (Grimoald hatte die Witwe seines Bruders geheiratet, was nach den kanonischen Bestimmungen verboten war), waren der Anlaß, daß er nach Mais fliehen mußte. Erst als der Einfall Karl Martells im Jahre 725 den Untergang der Familie Grimoalds herbeigeführt hatte, wurde Korbinian durch Herzog Hucbert nach Bayern zurückgeholt.[31] Eine neuere Untersuchung von Lothar Vogel[32] zieht manches aus dem durch Arbeo vertrauten Bild in Zweifel, so Korbinians Herkunft aus Gallien, seinen Aufenthalt in Rom und in Freising, auch seinen bischöflichen Rang. Er sucht nachzuweisen, daß Korbinian ein Alpenromane aus einer adligen Familie war und daß der Schwerpunkt seines (eher bescheidenen) Wirkens nicht in Bayern, sondern im Langobardenreich und hier insbesondere in der Gegend um Meran gelegen habe. Erst Arbeo habe ihn zum Freisinger Mönchsbischof hochstilisiert. Jedoch sind die auf einer sehr einseitigen Quelleninterpretation beruhenden Thesen wenig überzeugend und von der Kritik abgelehnt worden.

Im Gegensatz zu Salzburg, Regensburg und Freising hat Passau keinen eigentlichen »Gründungsheiligen«. Der erste bekannte Name ist der des Vivilo, der sogar noch in die Zeit vor Bonifatius zurückreicht.[33] In einem Brief Gregors III. an Bonifatius über die Zustände in Bayern schreibt der Papst, daß sie »in der Provinz keine Bischöfe hatten außer einem namens Vivilo, den wir selbst vor Zeiten ordiniert hatten«.[34] Diese Erhebung muß nach 731, dem Beginn des Pontifikats Gregors III. und vor 737/38, dem Eingreifen des Bonifatius erfolgt sein.[35] Es ist erwogen worden, daß diese Ernennung auf den Plan einer Organisation der bayerischen Kirche zurückgeht, den Theodo bei seinem Rombesuch im Jahre 715/16 zu verwirklichen suchte, und daß Vivilo der für Bayern vorgesehene Metropolit gewesen sei.[36] Doch spricht dagegen der erwähnte Papstbrief, nach dem die Ernennung Vivilos auf Gregor III. zurückgeht und nach dem Bonifatius Bayern ohne kirchliche Ordnung vorgefunden habe.[37] Auch in Passau knüpfte die Kirche an ein weltliches Herrschaftszentrum an, das auf die Teilung Bayerns in vier Herrschaftsbereiche zurückgeht, die Herzog Theodo eingerichtet hatte.[38] Es muß zur Zeit Vivilos bereits eine Stephanskirche in Passau bestanden haben, da

---

[31] »Hucpertus [...] cum omne dulcedine et summe honoris culmine virum Dei revocitans [...]« (Arbeonis Episcopi Frisingensis Vitae sanctorum Haimhrammi et Corbiniani [K] c. 32, S. 224).
[32] LOTHAR VOGEL, Vom Werden eines Heiligen. Eine Unters. d. Vita Corbiniani d. Bischofs Arbeo v. Freising, Berlin u.a. 2000 (AKG 77); vgl. dazu die Rezensionen von ROMAN DEUTINGER (DA 56 [2000], 662f) und STEPHAN FREUND (HJLG 51 [2001], 324ff; OGM 43 [2001]).
[33] Mit ihm beginnen auch die Passauer Bischofsregesten: Regesten Passau 1 (B) 1ff.
[34] Vita Bonifatii (K) 38.
[35] Vgl. HEUWIESER (B) 97ff.
[36] ERNST KLEBEL, Kirchl. u. weltliche Grenzen i. Bayern: ZSRG.K 28 (1939), 153–270 [bes. 164ff].
[37] Vgl. NOTTARP (K) 35ff; HEUWIESER (B) 97ff; REINDEL, Bistumsorganisation (K) 306ff.
[38] Vgl. WOLFRAM, Geburt (K) 6f und JAHN, Ducatus (K) 72; KURT REINDEL, Salzburg u. d. Agilolfinger: Virgil (K) 66–74 [bes. 67].

Herzog Hucbert an diese Schenkungen machen kann,[39] während auf Vivilo selbst die Weihe einer Marienkirche zurückgeht.[40]

Augsburg gehörte damals nicht zu Bayern, sondern zum alamannischen Herzogtum.[41] Daß die Stadt bereits zur Römerzeit eine christliche Vergangenheit hatte, zeigt allein schon der Name der hl. Afra,[42] wenn auch ein römerzeitliches Bistum nicht mit Sicherheit nachzuweisen ist.[43] Das alamannische Herzogtum gehörte seit 536/37 zum fränkischen Reich,[44] und in diese geschichtliche Entwicklung fügte sich auch Augsburg ein.[45] Auch die Christianisierung erfolgte von Franken aus, und man nimmt an, daß sie um 700 abgeschlossen war.[46] In einer Urkunde Friedrichs I. vom 27.11.1155 heißt es, daß von Merowingerkönig Dagobert die Grenze zwischen den Bistümern Konstanz und Augsburg an der Iller festgelegt worden sei.[47] Um diese mögliche Errichtung eines Augsburger Bistums, etwa zwischen 632 und 639, hat sich eine lebhafte wissenschaftliche Diskussion entsponnen.[48] Im Osten erlitt es später Einbußen durch das Bistum Neuburg, das von Bauerreiss wohl zu Unrecht auf die Staffelseeinsel verlegt wurde.[49] Das Bistum Neuburg wurde offenbar unter Odilo aus den östlich des Lechs gelegenen Teilen der Augsburger Diözese gebildet und wohl um 800 an Augsburg zurückgegliedert.[50] Die Identifizierung der in der Frühzeit genannten Augsburger Bischöfe ist umstritten.[51] Gesicherten Boden betritt man erst mit Bischof Wikterp.[52]

---

[39] Traditionen (K) Nr. 3.
[40] Traditionen (K) Nr. 2.
[41] Vgl. JAHN, Augsburg Land (K) 7ff.
[42] ANDREAS BIGELMAIR, Die hl. Afra (3. Jh.): LebBaySchwaben 1 (1952), 1–29; FRIEDRICH PRINZ, Die hl. Afra: BVBl 46 (1981), 211–215.
[43] Vgl. REINDEL, Bistumsorganisation (K) 307ff.
[44] Vgl. ADOLF LAYER, Schwaben, I. Die polit. Entwicklung: HBG² 3/2, 803–815 [811ff].
[45] Vgl. FRIEDRICH PRINZ, Augsburg i. Frankenreich: Die Ausgrabungen i. St. Ulrich u. Afra i. Augsburg 1961–1968, hg. v. JOACHIM WERNER, Bd. 1: Text, München 1977, 375–398 (Münchner Beitr. z. Vor- u. Frühgesch. 23/1).
[46] PETER PAULSEN, Die Anfänge d. Christentums bei d. Alemannen: ZWLG 15 (1956), 1–24.
[47] Die Urkunden Friedrichs I. 1152–1157, bearb. v. HEINRICH APPELT, Berlin u.a. 1975 (MGH.DR 10/1), Nr. 128, S. 213: »... sicut Hillara fluvius cadit in Danubium usque Ulmam«.
[48] HEINRICH BÜTTNER, Christentum u. fränk. Staat i. Alemannien u. Raetien während d. 8. Jh.: ZSKG 43 (1949), 132–150; DERS., Die Entstehung d. Konstanzer Diözesangrenzen: ZSKG 48 (1954), 225–274; THEODOR MAYER, Konstanz u. St. Gallen i. d. Frühzeit: SZG 2 (1952), 473–524 [bes. 510f]; ERNST KLEBEL, Zur Gesch. d. christl. Mission i. schwäb. Stammesgebiet: ZWLG 17 (1958), 145–218.
[49] BAUERREISS² 1 (B) 4ff.
[50] Regesten Augsburg 1 (B) Nr. 1–3. 6. 14–17.
[51] Vgl. aaO, 11ff.
[52] Mit ihm beginnen die Augsburger Bischofsregesten: Regesten Augsburg 1 (B) 1ff; vgl. auch ZOEPFL (B) 35ff; SCHRÖDER (B); JAHN, Augsburg Land (K) 10f; KARL SCHMID, Bischof Wikterp i. Epfach. Eine Stud. über Bischof u. Bischofssitz i. 8. Jh.: Stud. z. Abodiacum-Epfach, hg. v. JOACHIM WERNER, München 1964, 99–139 (Münchner Beitr. z. Vor- u. Frühgesch. 7).

3. Herzog Theodos Romreise: Anlaß und Ziel

Der erste Versuch, diese frühen Kristallisationspunkte eines neuen christlichen Lebens in Bayern durch eine organisatorische Form zu verfestigen, ist von Herzog Theodo wohl 715/16 unternommen worden.[53] Theodo kam, wie es heißt, »als der erste seines Stammes mit dem Wunsch zu beten nach Rom«.[54] Aber darüber hinaus scheinen auch Verhandlungen über eine Kirchenorganisation in Bayern geführt worden zu sein, denn vom 15.5.716 existiert eine Anweisung des Papstes Gregor II. an drei Geistliche, die nach Bayern gesandt wurden, um dort die Rechtgläubigkeit der Priester zu überprüfen und in Anlehnung an die damals erfolgte Einteilung des Landes in verschiedene »Unterherzogtümer« drei oder vier Diözesen einzurichten.[55] Diese Schaffung einer bayerischen Landeskirche in enger Anlehnung an Rom hatte zweifellos auch einen politischen Hintergrund, der auf eine Lösung Bayerns aus fränkischem Einfluß ausgerichtet war. Mit dem Tod des fränkischen Hausmeiers Pippin des Mittleren im Jahre 714 war hier zudem ein gewisser Einschnitt erfolgt, und eine antikarolingische Opposition konnte hoffen, in Bayern einen gewissen Rückhalt zu finden.[56] Andererseits war auch das Papsttum, das sich in dieser Zeit aus byzantinischer Abhängigkeit zu lösen begann, noch nicht auf die Franken als Schutzmacht nördlich der Alpen festgelegt. Wieweit diese Pläne verwirklicht wurden, ist nicht sicher; daß aber die Verbindung Bayerns mit Rom nicht wieder abgerissen ist, zeigt die Tatsache, daß Bonifatius hier bereits einen von Papst Gregor III. geweihten Bischof, den schon erwähnten Vivilo von Passau, vorfand.[57]

4. Bonifatius und die kirchliche Organisation Bayerns

Erst durch Bonifatius[58] erhielt Bayern seine endgültige kirchliche Ordnung. Der etwa 672/75 in Wessex geborene Angelsachse Winfried suchte wie viele seiner Landsleute auf dem Festland zu missionieren, scheiterte aber 716 bei einem er-

---

[53] Vgl. KOLMER, Frühgesch. (K); WOLFRAM, Geburt (K) 125ff; BERG, Zur Organisation (B) bes. 212ff; JAHN, Ducatus (K) 73f; HEINRICH SCHMIDINGER, Das Papsttum u. d. bayer. Kirche – Bonifatius als Gegenspieler Virgils: Virgil (K) 92–101; KOLLER (K).
[54] Gregorius II: Le liber pontificalis. Texte, introduction et commentaire par LOUIS DUCHESNE, Bd. 1, Paris 1886, 396–414 [c. 4, S. 398].
[55] Litterae Gregorii II Papae decretales, ed. IOHANNES MERKEL: MGH.L 3, 451–454; die Echtheit dieses Dokuments wird jedoch von LOTHAR VOGEL, Bayern u. Rom i. frühen 8. Jh. Über d. röm. Synodalakten v. 721 u. d. päpstliche Kapitular v. 716 z. Einrichtung einer bayer. Kirchenprovinz: ZBLG 63 (2000), 357–414 in Zweifel gezogen; dazu aber KURT REINDEL, Die bayer. Kirche u. Rom am Anfang d. 8. Jh.: FS f. Hans-Jörg Kellner z. 80. Geburtstag, hg. v. HERMANN DANNHEIMER u.a., München 2000, 219–226 (BVBl 65).
[56] WOLFRAM, Rupert (K).
[57] Vgl. I.1, Anm. 33.
[58] Vgl. T. SCHIEFFER (B) 180ff; BOSHOF (K); RAINER BACH, Die Bistumsgründungen d. Bonifatius: WDGB 54 (1992), 37–53; FAUSSNER (B) 120ff äußert Zweifel an der Tätigkeit des Bonifatius; vgl. dazu aber die Rezension von RUDOLF SCHIEFFER: DA 53 (1997), 772f.

sten Versuch in Friesland. Er suchte nun Rückhalt in Rom, wo er 719 von Papst Gregor II. mit der Heidenmission betraut wurde und den Namen Bonifatius erhielt. 722 leistete er dem Papst einen Treueid, 732 erhielt er das Pallium, 737/38 wurde er päpstlicher Legat. Er strebte auch die Verbindung mit der weltlichen Gewalt an und bekam von Karl Martell einen Schutzbrief. Seine Mission erstreckte sich auf Friesland, Hessen und Thüringen, wichtiger aber wurde der Rückhalt, den er in Bayern von den agilolfingischen Herzögen erhielt. Zur Zeit Herzog Hucberts hatte Bonifatius Bayern bereits besucht[59] und hatte hier mancherlei Mißstände entdeckt.[60] Offenbar war ursprünglich geplant, die kirchliche Organisation in Bayern und Alamannien durchzuführen. Das ergibt sich aus einem Brief Papst Gregors III., der wohl in das Jahr 738 gehört und der sich an fünf namentlich genannte Bischöfe in der Provinz Bayern und in Alamannien richtet mit der Aufforderung, Bonifatius in allen Stücken gehorsam zu sein und ein von ihm einzuberufendes Konzil zu besuchen.[61] In der Deutung der hier genannten Namen gehen die Meinungen weit auseinander, je nachdem ob man sie in Bayern oder aber in Bayern und Alamannien unterbringen muß.[62] Jedoch kam die Organisation nur in Bayern zur Durchführung, da in Alamannien offenbar der Einfluß fränkischer Kräfte zu stark war. So ist dann Augsburg schließlich auch zur Mainzer Kirchenprovinz gekommen. Auf ausdrückliche Einladung Herzog Odilos und mit seiner Zustimmung hat Bonifatius Bayern eine kirchliche Ordnung gegeben, die in ihren Grundzügen bis heute Bestand hat.[63] Freilich ist nicht ganz sicher, wieweit er doch wohl in stärkerem Maße auf schon vorhandenen Institutionen aufbauen konnte; insbesondere der schon in Passau wirkende Bischof Vivilo könnte in diese Richtung deuten. Bonifatius hat das Land in vier Bistümer eingeteilt[64] und zu dem Passauer Vivilo in den anderen Diözesen Bischöfe eingesetzt, deren Namen wir aus der Bonifatius-Vita des Willibald erfahren: Johannes in Salzburg, Erembert in Freising und Gaubald in Regensburg.[65] Die Institution der nur an die einzelnen Herrschaftssitze angelehnten Kloster- bzw. Wanderbischöfe wurde damit durch eine feste kirchliche Organisation ersetzt.

---

[59] Vita Bonifatii (K) c. 6, S. 35.
[60] WILHELM FINK, Die religiös-kirchl. Lage i. Herzogtum Baiern vor 739: OGM 6 (1962/63), 152–160.
[61] Brief Gregors III. von ca. 738: S. Bonifatii et Lullii epistolae (K) Nr. 44, S. 70f.
[62] Vgl. REINDEL, Grundlegung (K) 227f.
[63] BOSHOF (K); KOLLER (K) 281f; HEINRICH KOLLER, Bischof, Wanderbischof, Chorbischof i. frühmittelalterlichen Bayern: Festgabe f. Kurt Holter z. 80. Geburtstag, Linz 1991, 59–71 [= Jb. d. Oberösterreichischen Musealvereins 136/1 (1991)].
[64] Vita Bonifatii (K) c. 6, S. 37; vgl. den Brief Gregors III. vom 29.10.739: S. Bonifatii et Lullii epistolae (K) Nr. 45, S. 71ff: »Igitur quia indicasti perrexisse te ad gentem Baioariorum et invenisse eos extra ordinem ecclesiasticum viventes, dum episcopos non habebant in provincia nisi unum nomine Vivilo [...] et quia cum assensu Otile, ducis eorumdem Baioariorum, seu optimatum provinciae illius tres alios ordinasses episcopos, et in quattuor partes provinciam illam divisistis, id est quattuor parrochiae ...«.
[65] Vita Bonifatii (K) c. 7, S. 38.

5. Kilian und Würzburg

Die Christianisierung im mainfränkischen Raum, die zweifellos schon vor Kilian einsetzt,[66] knüpft dennoch gleichsam symbolisch an seinen Namen an.[67] Auch wenn seine überwiegend erbaulichen Viten wenig an gesicherten historischen Daten bieten,[68] dürfte doch soviel sicher sein, daß er am Ende des 7. Jahrhunderts im Würzburger Raum predigte, mit dem dortigen Herzog Gozbert und seiner Frau Geilana in Kontakt kam[69] und vielleicht 689 ermordet wurde. Der irisch-angelsächsische Einfluß bei der dortigen Mission blieb aber auch in der Folgezeit bestehen.[70] Zu Beginn des 8. Jahrhunderts ist kurzfristig die Tätigkeit des Northumbriers Willibrord nachzuweisen,[71] der 704 und 716 von Herzog Hetan Schenkungen erhielt.[72] Eine organisatorische Verfestigung des Bistums Würzburg[73] brachte aber erst Bonifatius. Am 1.4.743 bestätigte Papst Zacharias einen Brief des Bonifatius,[74] in welchem ihm dieser mitteilte, daß er in Würzburg, Büraburg und Erfurt Bischöfe eingesetzt habe. Wann diese Einsetzung und damit die Errichtung eines Bistums Würzburg genau erfolgte, ist zwischen den Jahren 741–743 umstritten.[75] Diese drei Sitze sind vielleicht im Hinblick auf die drei Stämme

---

[66] MATTHIAS WERNER, Iren u. Angelsachsen i. Mitteldeutschland. Zur vorbonifatianischen Mission i. Hessen u. Thüringen: Iren 1 (K) 239–318.

[67] THEODOR KRAMER, St. Kilian, d. Missionar aus Irland, Patron d. Bistums Würzburg: Bistumspatrone (K) 22–32; ALFRED WENDEHORST, Kilian (7. Jh.): LebFranken NF 3 (1969), 1–19; DERS., Die hl. Kilian, Kolonat u. Totnan (um 690): BaSa 1, 89–106; Kilian (B); St. Kilian. 1300 Jahre Martyrium d. Frankenapostel, Würzburg 1989 [= WDGB 51 (1989)]; St. Kilian. Schrifttumsverzeichnis z. Martyrium u. Kult d. Frankenapostel u. z. Gründung d. Bistums Würzburg. Zusammengestellt v. LUDWIG K. WALTER, Würzburg 1989 [= WDGB 51 Erg.-Bd. (1989)]; WENDEHORST, Strukturelemente (B); ROLF SPRANDEL, Kilian u. d. Anfänge d. Bistums Würzburg: WDGB 54 (1992), 5–17; KLAUS WITTSTADT, Die Gründung d. Bistums Würzburg vor 1250 Jahren: WDGB 54 (1992), 19–35; JÜRGEN LENSSEN/LUDWIG WAMSER (Hg.), 1250 Jahre Bistum Würzburg. Archäol.-hist. Zeugnisse d. Frühzeit, Würzburg 1992.

[68] Vita I, Passio Kiliani martyris Wirziburgensis, ed. WILHELM LEVISON: Passiones vitaeque sanctorum aevi Merovingici, ed. BRUNO KRUSCH et WILHELM LEVISON, Hannover u.a. 1910, 711–728 (MGH.SRM 5); Vita II, hg. v. FRANZ EMMERICH, Der Hl. Kilian, Regionarbischof u. Martyrer, Würzburg 1896, 11–25.

[69] Zu der nicht leicht zu durchschauenden genealogischen Abfolge des dortigen Herzoggeschlechts vgl. REINER BUTZEN, Mainfranken i. Reich d. Merowinger u. frühen Karolinger: Kilian (B) 247–256; WILHELM STÖRMER, Die Herzöge i. Franken u. die Mission: Kilian (B) 257–267.

[70] ALFRED WENDEHORST, Die Iren u. d. Christianisierung Mainfrankens: Iren 1 (K) 319–329; ERIK SODER V. GÜLDENSTUBBE, Christl. Mission u. kirchl. Organisation: Unterfränk. Gesch. 1 (B) 91–144 [98ff.].

[71] FRANZ FLASKAMP, Willibrord-Clemens u. Wynfrith-Bonifatius: St. Bonifatius (K) 157–172; CAMILLE WAMPACH, St. Willibrord. Sein Leben u. Lebenswerk, Luxemburg 1953.

[72] Regesta diplomatica necnon epistolaria historiae Thuringiae, bearb. u. hg. v. OTTO DOBENECKER, Bd. 1: c. 500–1152, Jena 1894, 3ff.

[73] Bistum Würzburg 1 (B) 9ff; LINDNER (B).

[74] S. Bonifatii et Lullii epistolae (K) Nr. 50, S. 80–86.

[75] Vgl. Bistum Würzburg 1 (B) 9ff; KARL ULRICH JÄSCHKE, Die Gründungszeit d. mitteldeutschen Bistümer u. d. Jahr d. Concilium Germanicum: FS Schlesinger 2 (K) 71–136; ANDREAS BIGELMAIR, Die Gründung d. mitteldeutschen Bistümer: St. Bonifatius (K) 247–287; HELMUT MICHELS, Das Gründungsjahr d. Bistümer Erfurt, Büraburg u. Würzburg: AMRhKG 39 (1987), 11–42; FRANZ

des ehemaligen Thüringerreiches ausgewählt worden,[76] doch hatte als einziges Würzburg Bestand. Mit Burchard[77] wurde ein Angelsachse erster Bischof,[78] unter dem die schon bestehende Marienkirche erste Kathedralkirche wurde und der zu deren Füßen das Andreaskloster gründete. Im Auftrag Pippins war er einer der Gesandten, die 750/51 in Rom von Papst Zacharias den Staatsstreich der Karolinger legitimieren ließen. Auf ihn geht auch die Translation der Gebeine des hl. Kilian in die Kathedralkirche zurück, ein für die Geschichte des Würzburger Bistums wichtiger Vorgang.[79]

6. Willibald und Eichstätt

Die Gründung des Bistums Eichstätt[80] ging aus einer klösterlichen Niederlassung hervor, die auf einer Schenkung Suidgers aus dem Jahre 740 beruhte[81] und ist auch im Rahmen ihrer späteren Geschichte, vor dem Hintergrund der bayerisch-fränkischen Auseinandersetzungen in dieser Zeit zu sehen.[82] Willibald arbeitete zunächst eng mit dem auf antifränkischen Kurs geschwenkten Herzog Odilo zusammen, so daß die mit der Niederlage Odilos geänderte politische Situation auch Einfluß auf die Errichtung des Eichstätter Bistums hatte. Der erste Bischof wurde Willibald,[83] der vielleicht ursprünglich für Erfurt bestimmt und geweiht

---

STAAB, Die Gründung d. Bistümer Erfurt, Büraburg u. Würzburg durch Bonifatius i. Rahmen d. fränk. u. päpstlichen Politik: AMRhKG 40 (1988), 13–41.

[76] Vgl. SCHMALE (B) 34ff.

[77] ALFRED WENDEHORST, Burghard, Bischof v. Würzburg (†753): LebFranken NF 1 (1967), 1–9; DERS., Der hl. Burghard, erster Bischof v. Würzburg: BaSa 2, 22–31. KONRAD SCHÄFER/HEINRICH SCHIESSER, Leben u. Wirken d. hl. Burkhard, Bad Neustadt/Saale 1986 (Bad Neustädter Beitr. z. Gesch. u. Heimatkunde Frankens 4).

[78] Vitae Burchardi episcopi Wirziburgensis, ed. OSWALD HOLDER-EGGER: MGH.SS 15/1, 47–62 [47–56]; Vita sancti Burchardi. Die jüngere Lebensbeschreibung d. hl. Burkhard, ersten Bischofs z. Würzburg, hg. v. FRANZ JOSEF BENDEL, Paderborn 1912.

[79] Vgl. HEINRICH WAGNER, Bistumsgründung u. Kilians-Translation: Kilian (B) 269–280.

[80] Regesten Eichstätt (B); SIEGFRIED HOFMANN, Eichstätt – Ingolstadt – Neuburg i. 8. u. 9. Jh. Ein Beitr. z. Jubiläum d. Bistums Eichstätt 745–1995: Sammelblatt d. Hist. Vereins Ingolstadt 102/103 (1993/94), 9–94.

[81] Zu Suidger vgl. STÖRMER, Adel 2 (K) 338ff; GOTTFRIED MAYR, Stud. z. Adel i. frühmittelalterlichen Bayern, München 1984, 4ff (Stud. z. bayer. Verfassungs- u. Sozialgesch. 5). Zum Zusammenhang Bistum-Kloster vgl. R. SCHIEFFER, Entstehung v. Domkapiteln (B) 187ff; ARNOLD ANGENENDT, Willibald zwischen Mönchtum u. Bischofsamt: Willibald – Klosterbischof (K) 143–169; vgl. auch HARALD DICKERHOF, Zum monastischen Gepräge d. Bonifatius-Kreises: SBHVR 71/72 (1978/79), 61–80. Die Schenkung der regio Eihstat wird erwähnt in der Vita Willibaldi Episcopi Eichstetensis, ed. OSWALD HOLDER-EGGER, MGH.SS 15/1, 86–106 [c. 5, S. 104f]; ANDREAS BAUCH, Das Leben d. hl. Willibald: DERS., Quellen z. Gesch. d. Diözese Eichstätt, Bd. 1: Biographien d. Gründerzeit, Regensburg ²1984, 13–122 [22ff] (ESt NF 19).

[82] Vgl. T. SCHIEFFER (B) 199ff und HEINZ LÖWE, Bonifatius u. d. bayer.-fränk. Spannung. Ein Beitr. z. Gesch. d. Beziehungen zwischen d. Papsttum u. d. Karolingern: JFLF 15 (1955), 85–127 [bes. 97ff].

[83] Vgl. ANDREAS BAUCH, Willibald, der erste Bischof v. Eichstätt: LebFranken NF 1 (1967), 10–32 [18–26]; DERS., Der hl. Willibald, Bischof v. Eichstätt (700–7. Juli 787?): BaSa 1, 148–167; DERS., St. Willibald, Mönch, Pilger u. Missionar. Patron d. Bistums Eichstätt: Bistumspatrone (K) 88–106;

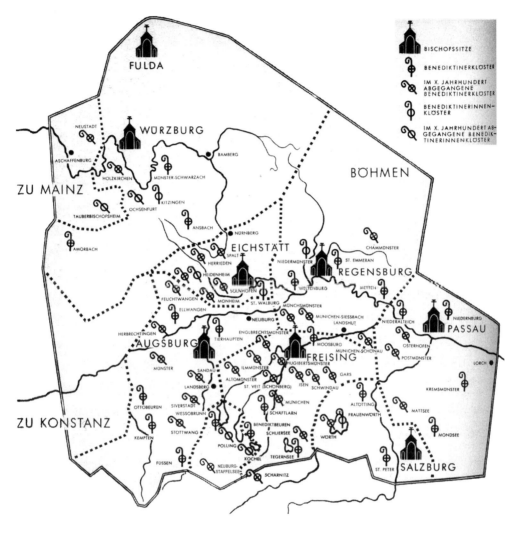

Bayern 800–1000: Bischofssitze, Reichs-, Königs- und Bischofsklöster bis in die Ottonenzeit

Willibald – Klosterbischof (K); ERNST REITER, Sankt Willibald, Pilger, Mönch, Bischof: StMBO 98 (1987), 13–30; Hl. Willibald (787–1987). Künder d. Glaubens, Pilger, Mönch, Bischof, hg. v. BRUN APPEL u.a., AKat. Eichstätt 1987; STEFAN WEINFURTER, Der hl. Willibald u. d. Gründung d. Bistums Eichstätt: Schönere Heimat 76 (1987), 77–82; HEINRICH WAGNER, Zum Todesjahr d. hl. Willibald: SBHVE 83 (1990), 13–20.

gewesen war.⁸⁴ Um diesen fränkischen Stützpunkt im ehemals bayerischen Nordgau zu sichern, erhielt sein Eichstätter Bistum von Augsburg den Sualafaldgau,⁸⁵ Würzburg trat vielleicht einen Teil des Rangaues ab,⁸⁶ und auch Regensburg verlor einen Teil seiner Diözese. Hier findet bereits der politische Wandel einen Niederschlag, der in Bayern mit der Niederlage Odilos im Jahre 743 eingetreten war,⁸⁷ denn diese territorialen Umschichtungen waren wohl erst nach 743 möglich. Jedenfalls ist ein fester Termin für die Gründung eines Bistums in Eichstätt nicht auszumachen. Es scheint hier ein »jahrzehntelanger Schwebezustand« geherrscht zu haben; noch beim Totenbund von Attigny (762) erscheint Willibald als episcopus de monasterio Achistadi. So ergab es sich auch, daß Würzburg und Eichstätt ebenso wie Augsburg nicht zur Salzburger, sondern zur Mainzer Kirchenprovinz kamen.

7. Klöster in Bayern

Neben dieser strukturellen Verfestigung des Landes durch Diözesen ist das kirchliche Leben in Bayern ganz wesentlich durch die Klöster geprägt worden, wie überhaupt die Mission weitgehend von Mönchen getragen worden ist.⁸⁸ Auch in den Zentren an den Herzogshöfen scheinen die Glaubensboten anfangs eine Art Doppelfunktion als »Klosterbischof« innegehabt zu haben. Auf Rupert von Salzburg, der bereits episcopus et abbas heißt, geht dann das Peterskloster zurück,⁸⁹ dessen anfängliche Identität mit dem Bistum nicht zu übersehen ist.⁹⁰ In Regensburg wird Emmeram bei seiner Ankunft sogar mit der Aufsicht über die klösterlichen Niederlassungen in Bayern betraut. Entscheidend wurde dann, daß die in Regensburg existierende Georgskirche durch die von Bischof Gaubald veranlaßte Erhebung der Gebeine Emmerams zu einem Emmeramskloster wurde, das zugleich der Sitz des Bischofs war, eine Einheit, die bis 975 bestand.⁹¹ In Freising geht das Kloster St. Stephan auf Korbinian zurück. Die Kommunität

---

⁸⁴ Vgl. GERHARD PFEIFFER, Erfurt oder Eichstätt. Zur Biographie d. Bischofs Willibald: FS Schlesinger 2 (K) 137–161; DERS., Das Problem d. Konsolidierung d. Bistums Eichstätt: Willibald – Klosterbischof (K) 237–244.
⁸⁵ Vgl. Regesten Augsburg 1 (B) Nr. 6.
⁸⁶ Vgl. Bistum Würzburg 1 (B) 15ff.
⁸⁷ STEFAN WEINFURTER, Das Bistum Willibalds i. Dienste d. Königs. Eichstätt i. frühen MA: ZBLG 50 (1987), 3–40; ANDREAS KRAUS, Marginalien z. ältesten Gesch. d. bayer. Nordgaus: JFLF 34/35 (1974/75), 163–184 [= FS Gerhard Pfeiffer]; DERS., Der hl. Willibald v. Eichstätt. Person, Zeit, Werk: Willibald – Klosterbischof (K) 9–28; R. SCHIEFFER, Entstehung v. Domkapiteln (B) 187ff; RUDOLF SCHIEFFER, Über Bischofssitz u. Fiskalgut i. 8. Jh.: HJ 95 (1975), 18–32.
⁸⁸ PRINZ² (K) 263f; SEMMLER (K); JOSEF SEMMLER, Das Klosterwesen i. bayer. Raum v. 8. bis z. 10. Jh.: Christentum (B) 291–324; WILHELM STÖRMER, Beobachtungen z. hist.-geographischen Lage d. ältesten bayer. Klöster u. ihres Besitzes: Mönchtum (K) 109–123; STÖRMER, Christentum (K) 52ff; FRANZISKUS BÜLL, Die Klöster Frankens bis z. 9. Jh.: StMBO 104 (1993), 9–40.
⁸⁹ St. Peter (K).
⁹⁰ Vgl. R. SCHIEFFER, Entstehung v. Domkapiteln (B) 193.
⁹¹ HEMMERLE, Benediktinerklöster (B) 238ff.

nahm ihren Sitz dann im Domkloster St. Marien, das der Bischof leitete und wo er seinen Sitz hatte.[92] Passau hatte hingegen offenbar keine klösterlichen Anfänge. Zuerst im Jahre 796 wird ein monasterium bei der Domkirche St. Stephan genannt.[93] In Eichstätt hingegen ist das Bistum aus einer ursprünglich klösterlichen Institution hervorgegangen.[94] Ob in Augsburg die Anfänge des Bistums an einen Konvent der hl. Afra anknüpfen konnten, ist nicht sicher;[95] auch hier waren die Bischöfe und Äbte bis an den Anfang des 11. Jahrhunderts in Personalunion verbunden.[96] Würzburg hatte ebenfalls klösterliche Anfänge. Hier hatte bereits Herzog Heden für seine Tochter Immina auf dem Marienberg ein Kloster eingerichtet,[97] und Bischof Burchard gründete etwa 748 das Andreaskloster.[98]

Aber auch außerhalb dieser Zentren herzoglicher Gewalt wurden bald im ganzen Land Klöster errichtet, wobei neben dem Herzog auch die großen Adelsfamilien als Stifter hervortraten.[99] Mit über 50 Klostergründungen ist gerade das 8. Jahrhundert das »erste monastische Jahrhundert« in Bayern geworden,[100] das durch diese – sei es vom Herzog, sei es vom Adel – gestifteten »Eigenkirchen« sein besonderes Gepräge erhielt. Man wird festhalten müssen, daß der Begriff »Eigenkirche« im Mittelalter gar nicht vorkommt, sondern erst von Ulrich Stutz in die Diskussion eingeführt wurde, die Art dieser Kirchengründungen freilich sehr präzise erfaßt.[101] Es war eine Praxis, die aus den privaten Kirchengründungen in der Spätantike hervorging, daß solche Kirchen in der Grundherrschaft des Stifters blieben, also nicht der Verfügungsgewalt der Bischöfe unterstanden. Der Eigenkirchenherr setzte die Priester ein, zu deren Unterhalt er verpflichtet war, wie ihm andererseits auch die Einkünfte aus diesen Kirchen zustanden. Dieses System war natürlich mit mancherlei Mängeln behaftet. Häufig wurden Unfreie als Priester eingesetzt und die eigentlich notwendige Freilassung wie auch die Weihe durch den Bischof unterblieben bisweilen. Eine unzureichende Ausstattung brachte Eigenkirchen und die dort tätigen Priester oft in Bedrängnis, wie auch deren Ausbildung manchmal zu wünschen übrigließ. So traf Bonifatius auf einen Priester, der »im Namen des Vaterlandes, der Tochter und des Heiligen Geistes« taufte.[102] Bereits in der Karolingerzeit gab es Versuche, gegen solche

---

[92] R. SCHIEFFER, Entstehung v. Domkapiteln (B) 196ff.
[93] AaO, 202ff.
[94] Vgl. I.1, Anm. 81.
[95] Vgl. ZOEPFL (B) 41ff; PRINZ² (K) 334f. 360; Regesten Augsburg 1 (B) Nr. 10, S. 23.
[96] Vgl. R. SCHIEFFER, Entstehung v. Domkapiteln (B) 167f.
[97] Vgl. Bistum Würzburg 1 (B) 16; LINDNER (B) 113; R. SCHIEFFER, Entstehung v. Domkapiteln (B) 184.
[98] Vgl. Bistum Würzburg 1 (B) 19; LINDNER (B) 182ff.
[99] REINDEL, Grundlegung (K) 220f; SEMMLER (K) 199; WILHELM STÖRMER, Die bair. Klöster d. Agilolfingerzeit. Liste d. Klöster: Bajuwaren (B) 453–457; DERS., Die bayer. Herzogskirche: Willibald – Klosterbischof (K) 115–142; HOLZFURTNER, Gründung (B) 175ff.
[100] Vgl. STÖRMER, Adel 2 (K) 305.
[101] RUDOLF SCHIEFFER, Eigenkirche, -nwesen I. Allgemein: LMA 3, 1705–1708; PETER LANDAU, Eigenkirche: RGG⁴ 2, 1133f.
[102] S. Bonifatii et Lullii epistolae (K) Nr. 68, S. 140ff [141]; daß man bei Klerikern nicht unbedingt mit Lateinkenntnissen rechnen konnte, zeigt auch ein wohl um 800 in Freising in althochdeutscher

Mißstände vorzugehen, zumindest die bischöflichen Kompetenzen gegenüber der Gewalt des Eigenkirchenherrn zu behaupten. Neben den adligen gab es auch bischöfliche Eigenkirchen, die unter der Bezeichnung ecclesiae parrochiales erscheinen, und es ist immer wieder das Bestreben zu spüren, adlige Eigenkirchen in ecclesiae parrochiales umzuwandeln.

Auch wenn man die zahlreichen später entstandenen Legenden in Abzug bringt, die die agilolfingischen Herzöge und besonders Tassilo als Klostergründer hinstellten, geht doch sicher eine große Zahl von Gründungen auf die Herzogsfamilie zurück.[103] Klostergründungen in Zell am See, Kufstein, Chammünster, Mondsee und Niederaltaich gehen noch auf Odilo zurück. Bei Gars am Inn und Au am Inn stand wohl Tassilo Pate, auch bei Weltenburg, Kremsmünster und Wessobrunn.[104] Ilmmünster wurde durch eine große Landschenkung des Herzogs erst auf eine solide wirtschaftliche Grundlage gestellt. Auch auf den Inseln im Chiemsee entstanden klösterliche Zentren, und auf der Fraueninsel haben sich noch bauliche Überreste aus der Karolingerzeit erhalten.

Torhalle Klosterkirche Frauenchiemsee

Sprache niedergeschriebener Treu- und Gehorsamseid, den der Kleriker seinem Bischof zu leisten hatte (STEFAN ESDERS/HEIKE JOHANNA MIERAU, Der althochdeutsche Klerikereid. Bischöfliche Diözesangewalt, kirchl. Benefizialwesen u. volkssprachliche Rechtspraxis i. frühmittelalterlichen Baiern, Hannover 2000 [MGH. Stud. u. Texte 28]).

[103] Zum Folgenden vgl. REINDEL, Grundlegung (K) 204ff.

[104] Der sog. Wessobrunner Hymnus, ein althochdeutsches Gedicht zur Schöpfungsgeschichte aus dem 8. Jahrhundert, nur in Bruchstücken in einer Wessobrunner Handschrift (clm 22053) erhalten, stammt allerdings nicht aus diesem Kloster, sondern ist wohl in Augsburg oder im Augsburger Raum

Staffelsee, eine agilolfingische Gründung, soll eine Filiale von Benediktbeuern sein. Unter den Adelsfamilien ragten insbesondere die Huosi und Fagana als Klostergünder hervor, die Familien werden mit dem St. Castuluskloster in Moosburg in Verbindung gebracht. Es kam auch vor, wie etwa in Niederaltaich, daß sich Herzog und Adel an der Ausstattung eines Klosters beteiligten. Adelsklöster sind Benediktbeuern, Tegernsee und Ilmmünster, ebenso Schäftlarn, Scharnitz-Schlehdorf und Schliersee, wobei die adligen Stifter im einzelnen nicht festzulegen sind. Eine Einteilung Bayerns in einen westlichen, fränkisch orientierten, »Adelsraum« und in ein östliches »Herzogsbayern«, die man auch aus den Klostergründungen hat ableiten wollen, läßt sich in dieser Form jedoch nicht halten.[105] In Alamannien ist der Einfluß aus dem Bodenseegebiet deutlich. Etwa 725 kamen Magnus und Theodor aus St. Gallen nach Kempten, wo Theodor eine Kirche errichtete, die 742 von Bischof Wikterp von Augsburg geweiht und 752 zum Kloster erweitert wurde. Magnus wirkte in Füssen, auch hier ist die Zusammenarbeit mit dem Augsburger Bistum deutlich. Ottobeuren ist eine Adelsgründung, das Gründungsjahr 764 ist allerdings nicht gesichert.[106]

---

niedergeschrieben worden, vgl. BERNHARD BISCHOFF, Die südostdeutschen Schreibschulen u. Bibliotheken i. d. Karolingerzeit, Bd. 1, Leipzig u.a. ²1960, 18ff.
[105] Vgl. FRIEDRICH PRINZ, Herzog u. Adel i. agilulfingischen Bayern. Herzogsgut u. Konsensschenkungen vor 788: ZBLG 25 (1962), 283–311; ANDREAS KRAUS, Zweiteilung d. Herzogtums d. Agilolfinger? Die Probe aufs Exempel: BDLG 112 (1976), 16–29; FRIEDRICH PRINZ, Nochmals z. »Zweiteilung d. Herzogtums d. Agilolfinger«. Eine Replik: BDLG 113 (1977), 19–32.
[106] Vgl. STÖRMER, Christentum (K) 68ff.

I.2 GRUNDLEGUNG UND AUSBAU DER KIRCHE IM FRÜHEN MITTELALTER

Von Kurt Reindel

BAUERREISS ²1 u. 2 (B).– EGON BOSHOF, Die Kirche i. Bayern u. Schwaben unter d. Herrschaft d. Karolinger: HBKG 1/1, 95–132.– GENEVIÈVE BÜHRER-THIERRY, Évêques et pouvoir dans le royaume de Germanie. Les églises de Bavière et de Souabe 876–973, Paris 1997.– Concilia Aevi Karolini, Pars 1: 742–817, ed. ALBERT WERMINGHOFF, Hannover u.a. 1906 (MGH.Conc 2/1).– DOPSCH, Zeit (B).– ERNST DÜMMLER, Gesch. d. Ostfränk. Reiches, Bd. 1/1: Ludwig d. Deutsche. Bis z. Frieden v. Koblenz 860, Bd. 1/2: Ludwig d. Deutsche. Vom Koblenzer Frieden bis z. seinem Tode 860–876, Berlin u.a. ²1887 (Jb. d. deutschen Gesch. 7/1, 1 u. 2), Bd. 2: Die letzten Karolinger. Konrad I., Berlin u.a. ²1888 (Jb. d. deutschen Gesch. 7/2).– Epistolae Karolini aevi III, ed. ERNST DÜMMLER, KARL HAMPE: MGH.Ep 5 (1898/99).– FRANZ-REINER ERKENS, Die Salzburger Kirchenprovinz u. d. Bistum Augsburg i. Zeitalter d. Ottonen u. frühen Salier (907–1046): HBKG 1/1, 133–186.– MAX FASTLINGER, Die wirtschaftl. Bedeutung d. bayer. Klöster i. d. Zeit d. Agilulfinger, Freiburg/Breisgau 1903 (Stud. u. Darstellungen aus d. Gebiet d. Gesch. 2, 2/3).– FLECKENSTEIN, Hofkapelle 1 u. 2 (B).– Gesch. Salzburgs 1/1 (B).– MICHAEL HARTIG, Die niederbayer. Stifte. Mächtige Förderer deutscher Kunst, München 1939.– DERS., Die oberbayer. Stifte. Die großen Heimstätten deutscher Kirchenkunst, 2 Bde., München 1935.– WILFRIED HARTMANN, Die Synoden d. Karolingerzeit i. Frankenreich u. i. Italien, Paderborn u.a. 1989 (KonGe.D 7).– HAUCK⁶ 2 u. 3 (B).– Konzilien 1 (B).– FRITZ LOSEK, Die Conversio Bagoariorum et Carantanorum u. d. Brief d. Erzbischofs Theotmar v. Salzburg, Hannover 1997 (MGH Stud. u. Texte 15).– PRINZ (B).– Regesten Augsburg 1 (B).– Regesten Passau 1 (B).– REINDEL, Bayern (B).– RUDOLF SCHIEFFER, Die Karolinger, Stuttgart u.a. ²1997 (UrTB 411).– SCHMALE (B).– HERWIG WOLFRAM, Conversio Bagoariorum et Carantanorum. Das Weißbuch d. Salzburger Kirche über d. erfolgreiche Mission i. Karantanien u. Pannonien, Wien u.a. 1979.– DERS., Salzburg, Bayern, Österreich. Die Conversio Bagoariorum et Carantanorum u. d. Quellen ihrer Zeit, Wien u.a. 1995 (MIÖG.E 31).

1. Die Entwicklung der Kirchenprovinz

Die Entwicklung zu einer bayerischen Kirchenprovinz kann man gut an der Geschichte der Synoden im 8. Jahrhundert ablesen.[1] An dem auf 742 oder 743 zu datierenden Concilium Germanicum[2] nahmen von den bayerischen Bischöfen nur Burchard von Würzburg und Willibald von Eichstätt teil, damals noch für

---

[1] Vgl. HARTMANN (K) 50ff. 88ff; BERG, Zur Organisation (B); KURT REINDEL, Die bayer. Synoden i. 8. Jh.: FS Andreas Kraus z. 80. Geburtstag [erscheint voraussichtlich 2002 in der SBLG]; RIEPERTINGER (B) 28ff.

[2] THEODOR SCHIEFFER, Concilium Germanicum: LMA 3, 114f; T. SCHIEFFER (B) 205–214; JÖRG JARNUT, Bonifatius u. d. fränk. Reformkonzilien 743–748: ZSRG.K 65 (1979), 1–26.

Erfurt geweiht. Mit der selbständigen Regierung Herzog Tassilos verstärkt sich die Tendenz zur Ausbildung einer bayerischen Landeskirche, als deren Herr Tassilo erscheint. Das zeigt sich bereits bei der Aschheimer Synode, die man mit einigem Recht zu 756 oder 757 setzt.[3] In der Interpretation gehen die Meinungen auseinander, ob man hier eine direkte Einflußnahme der Bischöfe auf das Regierungsprogramm des Herzogs sieht oder ob man die herzogliche Kirchenherrschaft stärker betont.[4] Auch die zweite Synode aus der Tassilozeit, die in der herzoglichen Pfalz Dingolfing stattfand,[5] ist nur mit einigem Vorbehalt um das Jahr 770 zu datieren.[6] Hier wurde nach dem Vorbild von Attigny eine Gebetsverbrüderung der bayerischen Bischöfe geschlossen. Es zeigt sich auch bereits die stärkere Stellung Tassilos. Wohl in das Jahr 771 gehört schließlich die Synode von Neuching.[7] Schon die Überlieferung der Synoden in Handschriften der Lex Baiuvariorum zeigt deren engen Zusammenhang mit der weltlichen Gesetzgebung auf, die sie vielfach ergänzt und genauer ausführt.[8]

Die Ausbildung der Kirchenprovinz Bayern fand einen vorläufigen Abschluß mit der Erhebung Arns von Salzburg zum Erzbischof im Jahre 798.[9] Sie ist vor dem Hintergrund des inzwischen erfolgten politischen Wandels in Bayern zu sehen. Die Erhebung erfolgte auf Befehl Karls des Großen. Daß die Wahl gerade auf Arn fiel, mag einmal mit dessen persönlichen Beziehungen zu Karl dem Großen zusammenhängen, könnte vielleicht aber auch gegen die »Agilolfingerstadt« Regensburg gerichtet gewesen sein.

Bayern war im Jahre 788 eine Provinz des Frankenreiches geworden, doch blieb die Einheit des Landes erhalten, die noch dadurch gestärkt wurde, daß ein karolingischer König als Herrscher ins Land kam. Auch die Organisation der bayerischen Kirche überlebte den Umbruch von 788, die zudem durch die Erhebung Salzburgs zum Erzbistum eine organisatorische Verfestigung erhielt, diese aber auch zugleich in einen größeren Rahmen einfügte. Bayern war ein Teil der fränkischen Reichskirche geworden: fränkische Kirchenverfassung und römische Gottesdienstordnung galten im Land. Im Jahre 792 fanden in Regensburg und

---

[3] Concilium Ascheimense: Concilia Aevi Karolini (K) 56ff, vgl. dazu HARTMANN (K) 90ff; ferner GERTRUD DIEPOLDER, Aschheim i. d. Gesch.: 1200 Jahrfeier d. 1. Landessynode u. d. 1. Bayer. Landtags unter Herzog Tassilo III. i. Jahre 756 i. Aschheim v. 7.–9. Juli 1956 (756–1956). FS, hg. v. FESTAUSSCHUSS D. 1200 JAHRFEIER I. ASCHHEIM, Aschheim 1956, 7–22.

[4] HARTMANN (K) 91 und WILFRIED HARTMANN/HEINZ DOPSCH, Bistümer, Synoden u. Metropolitanverfassung: Bajuwaren (B) 318–326 [bes. 320] betonen den Einfluß der Bischöfe.

[5] Concilium Dingolfingense: Concilia Aevi Karolini (K) 93–96; vgl. HARTMANN (K) 92.

[6] Vgl. WILHELM STÖRMER, Dingolfing, Synoden v.: LMA 3, 1063f.

[7] Concilium Neuchingense: Concilia Aevi Karolini (K) 98–103; vgl. HANS SCHLOSSER, Decreta Tassilonis: HDRG 1, 665f; JOSEF MASS, Die Synode v. Neuching: 1200 Jahre Synode v. Neuching. Festwoche 11.7.–20.7.1975, Neuching 1975, 9–18; HARTMANN (K) 93ff.

[8] Vgl. RAYMUND KOTTJE, Die Lex Baiuvariorum – das Recht d. Bayern: HUBERT MORDEK (Hg.), Überlieferung u. Geltung normativer Texte d. frühen u. hohen MA. 4 Vorträge, gehalten auf d. 35. Deutschen Historikertag 1984 i. Berlin, Sigmaringen 1986, 9–23 (QFRMA 4).

[9] Vgl. RÜDIGER MOLDENHAUER, Arno v. Salzburg (785–821) [Masch. Diss.], Berlin 1955; DOPSCH, Zeit (B) 157ff; HERWIG WOLFRAM, Arn v. Salzburg (785/798–821). Salzburgs erster Erzbischof: Leb. Salzburger Erzbischöfe (B) 9–22; BOSHOF (K) 98ff.

796 am Donauufer Reichssynoden statt, bayerische Belange standen wieder im Vordergrund in Reisbach-Freising-Salzburg 799/800, dann folgten Synoden 804 in Tegernsee, wohl 805 in Freising, 806 in Regensburg, 807 in Salzburg und 806–811 in Freising.[10]

Allerdings ergaben sich jetzt Verschiebungen in der politischen bzw. kirchlichen Zugehörigkeit der Diözesen. Das Schreiben, mit dem Papst Leo III. im Jahre 798 die Erhebung Arns von Salzburg zum Erzbischof mitteilt, ging an die Bischöfe von Regensburg, Passau, Freising, Neuburg und Säben,[11] also an die Diözesen, die bis 788 zum bayerischen Stammesherzogtum gehört hatten. Wir erfahren daraus, daß dieses letztere schon länger existierende Bistum[12] 798 Salzburg unterstellt worden war. Die Bindung Säbens, das später nach Brixen verlegt wurde, an Bayern, lockerte sich erst seit dem Ende des 10. Jahrhunderts.

Auch mit Neuburg ist ein schon länger existierendes Bistum genannt, das wohl schon Odilo aus den bayerischen Teilen der Augsburger Diözese geschaffen hatte und das erst zwischen 801 und 807, als der Neuburger Bischof Sintpert Bischof von Augsburg wurde, wieder mit diesem vereinigt, die parochia ambarum partium Lici fluminis wiederhergestellt worden ist, dann allerdings Mainz unterstellt wurde.[13] Die Bischöfe nahmen an den Mainzer Synoden von 829, 847 und 852 teil,[14] Bischof Witger von Augsburg war Erzkaplan Karls III.[15] In dem Papstschreiben des Jahres 798 ebenfalls nicht genannt werden die Bistümer Augsburg,[16] Eichstätt[17] und Würzburg,[18] die zu Mainz gehörten. Das Bistum Eichstätt lag teils in Bayern, teils in Franken, und zumindest politisch waren die Eichstätter Bischöfe jedoch am Anfang des 10. Jahrhunderts auf Bayern ausgerichtet und nahmen an den bayerischen Synoden teil.[19] Erst unter Otto I. wurde es wieder aus dieser Bindung an Bayern gelöst, vielleicht wegen der Übertragung des

---

[10] Concilia Aevi Karolini (K) 196–201. 205–219. 231–234; HAUCK ⁶2 (B) 462ff; ALBERT WERMINGHOFF, Zu d. bair. Synoden am Ausgang d. 8. Jh.: FS Heinrich Brunner z. siebzigsten Geburtstag. Dargebracht v. Schülern u. Verehrern, Weimar 1910, 48ff; HEINRICH BARION, Die Verfassung d. bayer. Synoden d. 8. Jh.: RQ 38 (1930), 90–94; BAUERREISS ²1 (B) 139ff; HARTMANN (K) 141ff.

[11] Salzburger UrB, ges. u. bearb. v. WILLIBALD HAUTHALER u. FRANZ MARTIN, Bd. 2: Urkunden v. 790–1199, Salzburg 1916, Nr. 2 a.b.c; Epistolae Karolini aevi (K) S. 59, Nr. 4, S. 58, Nr. 3.

[12] ANSELM SPARBER, Das Bistum Sabiona i. seiner geschichtl. Entwicklung, Bressanone 1942; FAUSSNER (B) 109ff.

[13] FRIEDRICH ZOEPFL, Der hl. Sintpert, Bischof v. Augsburg (um 750–13. Oktober 807?): BaSa 2, 93–97; PETER RUMMEL, St. Simpert, Bischof v. Augsburg 778–807: JVABG 12 (1978), 9–14; DERS., Gedr. Quellen u. Schrifttum z. Bischof Simpert v. Augsburg: JVABG 12 (1978), 186–195; JOSEF HEIDER, Bischof Simpert u. d. Problem Neuburg. Ein weiterführender Beitr. z. Sitz u. Begriff d. frühmittelalterlichen baier. Bistums Neuburg: JVABG 12 (1978), 168–180; PANKRAZ FRIED, Bischof Simpert u. d. Bistum Neuburg-Staffelsee: JVABG 12 (1978), 181–185.

[14] Regesten Augsburg 1 (B) Nr. 30. 35. 36.

[15] FLECKENSTEIN, Hofkapelle 1 (B) 178.

[16] SCHMALE (B) 118ff.

[17] AaO, 34ff.

[18] AaO, 33ff.

[19] Vgl. I.2, Anm. 56 u. 57.

Nordgaues an die Babenberger. Bei Würzburg[20] war die Einbindung in die karolingische »Königsprovinz« Franken deutlicher. Es ist bereits früh durch die karolingischen Könige mit Schenkungen bedacht worden, die wohl dem Ausbau einer »karolingischen Königsprovinz Franken« mit dem Zentrum Würzburg dienen sollten. Besonders die lange Regierungszeit Arns hat hier stabilisierend gewirkt.[21] Er unterstützte auch die sich hier ausbildende Herrschaft der Popponen. Sein Tod im Jahre 892 brachte insofern eine Änderung, als Arnulf von Kärnten, mit den Konradinern verschwägert, auf diese setzte, und das Bistum dem Konradiner Rudolf übertrug.[22]

Bei den Reichsteilungen der Karolinger[23] war es für Bayern insofern von Vorteil, daß das Land in seinem territorialen Bestand im Wesentlichen erhalten blieb. Bereits bei der Teilung von 806 kam das Land, »so wie es Tassilo in Besitz hatte«, an den Königssohn Pippin, allerdings mit Ausnahme des westlichen Nordgaues. Als Ludwig der Fromme bei der nächsten Teilung 814 Bayern als »Unterkönigtum« bzw. Teilregnum seinem Sohn Lothar zuwies, erhielt das Land mit dem Königstitel, auch wenn dieser an der Person und nicht am Land haftete, wieder eine Aufwertung. Schließlich wurde das Jahr 827 von Bedeutung, denn jetzt erhielt Ludwig der Deutsche »Bayern, die Karantanen, Böhmen, Awaren und Slawen, die im Osten Bayerns wohnen«. Bayern, das allein mit dem Ländernamen genannt ist, erscheint als das Zentrum eines eigenen kleinen Imperiums. Auch die sehr lange, bis 876 reichende Regierungszeit Ludwigs des Deutschen wirkte sich auf die Geschichte des Landes sicher positiv aus. Ludwig hat sich von Bayern aus eine größere Herrschaft erkämpft, die mit der Reichsteilung 843 im Ostfränkischen Reich einen ersten Niederschlag fand. Für Ludwig den Deutschen blieb auch später das Zentrum Bayern mit seiner Hauptstadt Regensburg. Daß zu der kirchlichen Trennung des Landes unter die Erzbistümer Mainz und Salzburg nun auch noch eine politische hinzukam, war ein Prozeß, der mit dem Tode Ludwigs des Deutschen einsetzte und schließlich zur Ausbildung der Herzogtümer führte.

2. Die von Bayern ausgehende Mission

Man wird in Erwägung ziehen können, ob nicht bei der Erhebung Salzburgs zum Erzbistum und dessen reicher Dotierung eine Rolle gespielt haben könnte, daß sich im Osten Bayerns ein weites Missionsgebiet eröffnete, daß hier große Gebiete mit einer vom Christentum noch nicht erfaßten Bevölkerung lagen. Schon Emmeram hatte ja, als er an den bayerischen Herzogshof kam, zunächst

---

[20] Vgl. LINDNER (B) 74ff; WILHELM STÖRMER, Im Karolingerreich: Unterfränk. Gesch. 1 (B) 153–204 [153ff].
[21] Bistum Würzburg 1 (B) 46–51.
[22] AaO, 51–55.
[23] REINDEL, Bayern (B) 258ff.

vor, zur Mission bei den Awaren weiterzuziehen, womit bereits eines der hier noch zu missionierenden Völker genannt ist. Insbesondere aber waren es dann die zunächst in Abhängigkeit von den Awaren stehenden karantanischen Alpenslawen, die in diese Gebiete eindrangen. Hier hat eine Mission bereits zur Zeit Herzog Odilos eingesetzt, eine Mission, die weitgehend von Salzburg getragen wurde. Zwei bedeutende Quellen geben uns darüber genauere Auskunft, die Conversio Bagoariorum et Carantanorum und die Epistola Theotmari,[24] wenn auch beide Quellen erst später und auch vor einem geänderten politischen Hintergrund entstanden sind, die Conversio, wohl 870 von Erzbischof Adalwin verfaßt und die Epistola Theotmari von Adalwins Nachfolger im Jahre 900 geschrieben. Wir erhalten hier jedoch wesentliche Aufschlüsse über die schon zur Zeit Odilos einsetzende Mission in diesen Gebieten. Sehr wichtig wurde hier in jedem Fall der Sieg Herzog Tassilos im Jahre 772 über die Karantanen, der im Gefolge die Gründung Kremsmünsters als eines Missionszentrums hatte,[25] wenn auch die Gründungsurkunde in ihrer Echtheit umstritten ist.[26]

Nach der Absetzung Tassilos im Jahre 788 und der Eingliederung Bayerns in das Karolingerreich[27] verlor auch Karl der Große diese Gebiete im Osten nicht aus den Augen. Den Awaren gegenüber kam es jedoch zu einer Kursänderung: Hatte Tassilo gerade im Hinblick auf die karolingische Bedrohung noch ein Zusammengehen mit ihnen versucht, so ging Karl der Große in mehreren Feldzügen offensiv gegen das Volk vor, das dann am Anfang des 9. Jahrhunderts aus der Geschichte verschwindet.[28] Im slowenischen Herzogtum Karantanien, das bereits von Tassilo für Bayern erworben war, brachte das Eingreifen Karls eine kirchenpolitische Neuordnung: Die bereits 796 erfolgte Festsetzung der Draugrenze als Abgrenzung zwischen Salzburg und Aquileja wurde 811 in einer Urkunde Karls bestätigt.[29] Das Awarenland und Karantanien standen jedenfalls dem missionarischen Ausgreifen Salzburgs offen.[30] Auch unter diesem Aspekt ist sicher die Wahl Salzburgs als Sitz eines Erzbischofs zu sehen.[31] Mit der Erhebung Salzburgs zum Erzbistum war auch die Gründung einer bayerischen Kirchenprovinz erreicht, die Bonifatius nicht gelungen war. Daß Karl hier durchaus im Sinne des

---

[24] WOLFRAM, Conversio (K); WOLFRAM, Salzburg (K); LOSEK (K).

[25] Vgl. Die Anfänge d. Klosters Kremsmünsters, redigiert v. SIEGFRIED HAIDER, Linz 1978 (Mitt. d. Oberösterreichischen Landesarchivs. Erg.-Bd. 2).

[26] Vgl. HOLZFURTNER, Gründung (B) 146ff; HERWIG WOLFRAM, Die Gründungsurkunde v. Kremsmünster: WOLFRAM, Salzburg (K) 356–379.

[27] Vgl. REINDEL, Bayern (B) 249ff.

[28] WALTER POHL, Die Awaren. Ein Steppenvolk i. Mitteleuropa 567–822 n. Chr., München 1988, 308ff.

[29] Die Urkunden d. Karolinger, Bd. 1: Die Urkunden Pippins, Karlmanns u. Karls d. Großen, bearb. v. ENGELBERT MÜHLBACHER, Hannover 1906, 282f (MGH.DK 1); REINDEL, Bayern (B) 257.

[30] Vgl. DOPSCH, Zeit (B) 161ff; HEINZ DOPSCH, Rupert, Virgil u. d. Salzburger Slawenmission: 1000 Jahre Ostarrîchi – Seine christl. Vorgesch. Mission u. Glaube i. Austausch zwischen Orient u. Okzident, hg. v. ALFRED STIRNEMANN u.a., Innsbruck u.a. 1997, 88–139 (ProOr 19); HEINRICH KOLLER, Wo lebte u. missionierte Bischof Theoderich?: Regensburg, Bayern u. Europa (B) 91–102.

[31] BRIGITTE WAVRA, Salzburg u. Hamburg. Erzbistumsgründung u. Missionspolitik i. karolingischer Zeit, Berlin 1991 (Osteuropastud. d. Hochschulen d. Landes Hessen 1/179).

Papstes handelte, zeigen die Worte Leos III. in seinem Brief vom 20.4.798, der die Übersendung des Palliums an Arn begleitet: Karl habe die Provinz wunderbar (mirifice) geordnet.[32]

Auch in Böhmen griff noch Karl auf zwei Feldzügen in den Jahren 805 und 806 militärisch ein.[33] Hier hat vor allem das Bistum Regensburg missioniert, und hier haben sich im Jahre 845 vierzehn böhmische duces (»Häuptlinge«) taufen lassen.[34] Schwieriger wurden die Auseinandersetzungen mit den Mährern, die erst unter den Nachfolgern Karls begannen. Das Land ist seit 822 in das Blickfeld des karolingischen Reiches getreten. Mit der Einsetzung Herzog Rastizlavs schien hier ein gewisser Abschluß erreicht, der nun vor allem dem Bistum Passau das Tor zur Mission im Land öffnete. Ganz offensichtlich hat aber Rastizlav versucht, sich von der fränkischen Reichskirche zu emanzipieren und eine eigene Kirchenprovinz einzurichten. Er wandte sich zunächst an Byzanz, doch hier taktierte man vorsichtig und sandte 863 mit Konstantin (Kyrill) und Methodius nur einfache Priester und keinen Bischof. Daraufhin fragte Rastizlav in Rom an und dabei kreuzte sich sein Wunsch mit dem Bemühen Roms, hier an die alte Kirchenprovinz Illyricum anzuknüpfen. So kam der von Rom gesandte Methodius als Erzbischof von Pannonien ins Land,[35] zum Verdruß Salzburgs und Passaus, die hier ihre eigenen Missionserfolge gefährdet sahen. Als im Jahre 870 Rastizlav von seinem Neffen Swatopluk gestürzt wurde, geriet Methodius in die Hände der bayerischen Bischöfe, die ihn auf einer Synode in Regensburg 870 verurteilten,[36] gefangensetzten, angeblich sogar mißhandelten. Methodius ver-

---

[32] Epistolae Karolini aevi (K) Nr. 4, S. 59f.

[33] ERWIN HERRMANN, Slawisch-germanische Beziehungen i. südostdeutschen Raum v. d. Spätantike bis z. Ungarnsturm. Ein Quellenbuch mit Erläuterungen, München 1965, 80ff (VCC 17).

[34] Annalium Fuldensium pars secunda (Fuldensis) auctore Ruodolfo: Annales Fuldenses sive annales regni Francorum orientalis, rec. FRIEDRICH KURZE, Hannover 1891, 29–61 [35: A. 845] (MGH.SRG 7); vgl. JOSEPH STABER, Die Missionierung Böhmens durch d. Bischöfe u. d. Domkloster v. Regensburg i. 10. Jh.: Regensburg u. Böhmen (B) 29–37; PAUL MAI, Bemerkungen z. Taufe d. 14 böhmischen duces i. Jahre 845: BGBR 29 (1995), 11–18; DERS., Regensburg als Ausgangspunkt d. Christianisierung Böhmens. Bistum Regensburg u. Bistum Prag. Kooperation u. Konfrontation i. Laufe d. Jh.: ZBKG 65 (1996), 1–13.

[35] GÜNTHER STÖKL, Kyrill u. Method, Slawenlehrer oder Slawenapostel. Wirklichkeit u. Legende: KO 23 (1980), 13–21; HEINZ LÖWE, Cyrill u. Methodius zwischen Byzanz u. Rom: Gli slavi occidentali e meridionali nell'alto medioevo. 15.–21. aprile 1982, Spoleto 1983, 631–699 (SSAM 30/2); Der hl. Method, Salzburg u. d. Slawenmission, hg. v. THEODOR PIFFL-PERCEVIC u. ALFRED STIRNEMANN, Innsbruck u.a. 1987 (ProOr 11); Symposium Methodianum. Beitr. d. Internationalen Tagung i. Regensburg (17.–24. April 1985) z. Gedenken an d. 1100. Todestag d. Hl. Method, hg. v. KLAUS TROST u.a., Neuried 1988 (Selecta Slavica 13); OTTO KRONSTEINER, Das Leben d. hl. Method, d. Erzbischofs v. Sirmium, Salzburg 1989 (Die slawischen Sprachen 18); MARTIN EGGERS, Das Erzbistum d. Method. Lage, Wirkung u. Nachleben d. kyrillo-methodianischen Mission, München 1996 (Slavistische Beitr. 339); DERS., Das »Großmährische Reich«. Realität oder Fiktion? Eine Neuinterpretation d. Quellen z. Gesch. d. mittleren Donauraumes i. 9. Jh., Stuttgart 1995 (MGMA 40), lokalisiert abweichend von der bisherigen Interpretation Moravia in die ungarische Tiefebene, vgl. dazu zuletzt BOSHOF (K) 126f.

[36] KLAUS GAMBER, Der Erzbischof Methodius v. Mähren vor d. Reichsversammlung i. Regensburg d. Jahres 870: DERS., Ecclesia Reginensis. Stud. z. Gesch. u. Liturgie d. Regensburger Kirche i. MA, Regensburg 1979, 154–164 (SPLi 8).

schwand für einige Jahre in einem Kloster, wahrscheinlich auf die Reichenau. In diesem Zusammenhang entstand wohl im Jahre 870 auf Veranlassung Adalwins von Salzburg die Denkschrift De conversione Bagoariorum et Carantanorum, die für Ludwig den Deutschen den Anspruch Salzburgs auf Pannonien nördlich der Drau und östlich der Raab als mährisches Missionsgebiet herausarbeitet.[37] Unter Adalwins Nachfolger Theotmar wurde Wiching auf Bitten Swatopluks 880 vom Papst zum Bischof von Neutra ernannt, wo er im bayerischen Interesse gegen Methodius zu wirken versuchte. Durch Arnulf von Kärnten wurde Wiching 899 Bischof von Passau, auf Betreiben Theotmars von Salzburg aber Ende 899 wieder abgesetzt.[38] Auf Theotmars Veranlassung entstand nun die Epistola Theotmari, ein Brief des Erzbischofs und der bayerischen Bischöfe an Papst Johannes IX., der auf Bitten Herzog Moimirs von Mähren Bischöfe nach Mähren geschickt hatte, die hier nach Wichings Weggang tätig wurden. Dagegen betont die Epistola Theotmari den Anspruch Salzburgs bzw. Passaus auf dieses Missionsgebiet.[39] Auch in dem zwischen Drau und Plattensee gelegenen Fürstentum Privinas und Kozels hat man von Salzburg und Passau aus missioniert.[40] Erzbischof Adalram, der offenbar selber slawisch sprach, hat hier gewirkt, ebenso sein Nachfolger Erzbischof Liupram, der hier 17 Kirchen errichten ließ.[41] Ludwig der Deutsche hatte angeblich 828/829 das Gebiet östlich und südlich der Raab Salzburg, das westlich der Raab Passau zur Mission zugewiesen, doch ist die entsprechende Urkunde eine Fälschung.[42] Die Einfälle der Ungarn, die an der Wende vom 9. zum 10. Jahrhundert begannen, brachten dann für diese Gebiete wieder wesentliche Änderungen auf kirchlichem Gebiet.

Von Würzburg aus gingen Ströme der Mission nach Norden und Osten. Im Zusammenhang mit den Versuchen Karls des Großen zur Niederwerfung Sachsens muß die Mission gesehen werden, die die politische Durchdringung des Landes unterstützen sollte. Ausgangspunkt für diese Mission war das Bistum Würzburg,[43] das wesentliche Unterstützung von den Klöstern Amorbach und Neustadt erhielt.[44] Auch unter den östlich siedelnden Slawen wirkte Würzburg

---

[37] LOSEK (K); WOLFRAM, Conversio (K); WOLFRAM, Salzburg (K).
[38] Regesten Passau 1 (B) Nr. 170–173; zur Passauer Mission auch EGON BOSHOF, Das ostfränk. Reich u. d. Slawenmission i. 9. Jh. Die Rolle Passaus: Mönchtum – Kirche – Herrschaft 750–1000, hg. v. DIETER R. BAUER u.a., Sigmaringen 1998, 72ff.
[39] EGON BOSHOF, Das Schreiben d. bayer. Bischöfe an einen Papst Johannes – eine Fälschung Pilgrims?: Papstgesch. u. Landesgesch. FS f. Hermann Jakobs z. 65. Geburtstag, hg. v. JOACHIM DAHLHAUS u.a., Köln u.a. 1995, 37–67 (BAKG 39); LOSEK (K) 55ff.
[40] PETER ŠTIH, Priwina – slawischer Fürst oder fränk. Graf?: Ethnogenese u. Überlieferung. Angewandte Methoden d. Frühmittelalterforsch., hg. v. KARL BRUNNER u. BRIGITTE MERTA, Wien u.a. 1994, 209–222 (VIÖG 31).
[41] DOPSCH, Zeit (B) 175ff.
[42] Regesten Passau 1 (B) Nr. 110.
[43] Bistum Würzburg 1 (B) 32f; ALFRED WENDEHORST, Ostfränk. Mission i. Sachsen: Kilian (B) 281–285; SCHMALE (B) 41; KARL BOSL, Franken um 800. Strukturanalyse einer fränk. Königsprovinz, München ²1969, 136ff.
[44] PAUL SCHÖFFEL, Amorbach, Neustadt am Main u. d. Bistum Verden: ZBKG 16 (1941), 131–143; RAINER KENGEL, Die Benediktiner-Abtei Amorbach: Amorbach. Beitr. z. Kultur u. Gesch. v.

Slawentaufe durch Johannes den Täufer, Kirche Großbirkach bei Ebrach, vor 1046.

Abtei, Stadt u. Herrschaft, Würzburg 1953, 47–66 [= Neujahrsblätter d. Gesellschaft f. fränk. Gesch. 25 (1953)]; MARTIN LAST, Die Bedeutung d. Klosters Amorbach f. Mission u. Kirchenorganisation i. sächsischen Stammesgebiet: Abtei Amorbach (B) 33–53.

missionarisch, Karl der Große hat vierzehn Kirchen im Land an Würzburg übertragen.[45]

Bereits unter Tassilo wurde begonnen, missionarisch auch in den Süden auszugreifen, so sollte unter den Slawen des Pustertales das Kloster Innichen wirken,[46] das bei Freising verblieb,[47] und das durch Tassilos große Landschenkung erst lebensfähig wurde. Schließlich wird man auch die von Augsburg ausgehende Mission im Alpenvorland mit Stützpunkten in Kempten, Epfach und Füssen nennen müssen, die insbesondere an den Namen der Mönche Theodor und des hl. Magnus knüpft, die mit Bischof Wikterp von Augsburg in Kontakt waren.[48]

3. Vom karolingischen Regnum zum Herzogtum Bayern

Nach dem Tode Ludwigs des Deutschen im Jahre 876 fiel Bayern an seinen Sohn Karlmann, der seinen unehelichen Sohn Arnulf mit der Verwaltung des Ostlandes betraute, Karantanien und Pannonien. Von hier aus unternahm Arnulf 887 einen geglückten Putschversuch gegen seinen Onkel Karl III. Unter Arnulf kam in Bayern das Geschlecht der Luitpoldinger hoch, unter denen nun die politische Selbständigkeit Bayerns feste Formen anzunehmen begann.[49] Das große Problem für Bayern waren die fast jährlich sich wiederholenden Einfälle der Ungarn, unter denen besonders die Kirchen und Klöster, aber nicht nur diese zu leiden hatten.[50] Der noch von Kaiser Arnulf eingesetzte Markgraf Luitpold fiel im Jahre 907 bei Preßburg im Kampf gegen die Ungarn, zusammen mit vielen anderen weltlichen und geistlichen Großen, unter ihnen der Erzbischof Theotmar von Salzburg und die Bischöfe Zacharias von Säben und Udo von Freising. Luitpolds Sohn Arnulf folgte ihm nun schon als Herzog von Bayern. Arnulf mußte mit der Ungarnabwehr die Politik seines Vaters fortsetzen. Er hat dabei zur Finanzierung eines Heeres auf Kirchen-, vor allem Klosterbesitz zurückgegriffen und sich dadurch viele Feinde gemacht. Durch diese Säkularisationen, die Arnulf in der späteren Geschichtsschreibung den Namen des »Bösen« eintrugen,[51] wurden eher die Klöster als die Bischöfe getroffen, die sich bisweilen selber an diesen Enteignungen klösterlichen Besitzes beteiligten, wie wir im Falle Bischof Dra-

---

[45] ERICH FRHR. V. GUTTENBERG, Kirchenzehnten als Siedlungszeugnisse i. oberen Maingebiet: JFLF 6/7 (1941), 40–129.
[46] PRINZ (B) 355, FRITZ MOOSLEITNER, Die Merowingerzeit: Gesch. Salzburgs I/1 (B) 105–120 [115]; JOSEF GELMI, Die Christianisierung Tirols: Der Schlern 70 (1996), 579–593.
[47] ANTON SCHARNAGL, Freising u. Innichen: Sammelblatt d. Hist. Vereins Freising 17 (1931), 5–32; JOSEF MASS, Das Bistum Freising i. d. späten Karolingerzeit. Die Bischöfe Anno (854–875), Arnold (875–883) u. Waldo (884–906), München 1969, 107ff (SABKG 2).
[48] Regesten Augsburg 1 (B) Nr. 4. 5. 7, ferner S. 315f.
[49] REINDEL, Luitpoldinger (B).
[50] Bayern u. Ungarn. Tausend Jahre enge Beziehungen, hg. v. EKKEHARD VÖLKL, Regensburg 1988 (Südosteuropa-Stud. 39/SchR. d. Osteuropainstituts Regensburg-Passau 12).
[51] A. SCHMID, Bild (B); HOLZFURTNER, Destructio (B) 65ff.

kolfs von Freising sicher wissen.⁵² Eine neue Situation ergab sich, als mit dem Tode Ludwigs des Kindes im Jahre 911 die Linie der ostfränkischen Karolinger ausstarb. Mit dessen Nachfolger, dem Konradiner Konrad I., ist Arnulf von Bayern nach einigen Jahren der Ruhe seit 914 in Konflikt geraten, und in dieser Gegnerschaft gegen Konrad I. fand er sich zusammen mit den schwäbischen Grafen Erchanger und Berthold, die ebenfalls die Eigenständigkeit Schwabens dem ostfränkischen Reich gegenüber stärker herauszuarbeiten versuchten. Die Kirche stand in diesem Konflikt eher auf Seiten des Königs; anscheinend konnte Arnulf weder den Erzbischof von Salzburg noch den Bischof seiner Hauptstadt Regensburg auf seine Seite bringen. Auch eine im September 916 in Hohenaltheim zusammentretende Synode⁵³ ist zwar im Hinblick auf das für Konrad gebrauchte christus domini, Gesalbter des Herrn, zu einseitig interpretiert worden, zeigt aber doch, daß die Kirche deutlich für Konrad I. Stellung nahm. Die schwäbischen Grafen werden in ein Kloster verbannt, aber kurz darauf hingerichtet, während Arnulf von Bayern und sein Bruder Berthold auf eine neue Synode nach Regensburg vorgeladen werden. Zu dieser Synode ist es nicht mehr gekommen, und die militärische Auseinandersetzung hat nach manchem Hin und Her schließlich das Ergebnis gehabt, daß Arnulf beim Tode Konrads 918 im unangefochtenen Besitz seines Herzogtums war. Die Befürchtung, von der reichskirchlichen Stellung in eine landeskirchliche abzusinken, mag bei der Stellungnahme der Kirche wohl eine Rolle gespielt haben.

Nachfolger Konrads I. wurde im Mai 919 der Sachsenherzog Heinrich, aber auch Arnulf von Bayern strebte die Königswürde an, sei es im ostfränkischen oder – was wohl wahrscheinlicher ist – im bayerischen Reich.⁵⁴ Heinrich I. hat jedenfalls eine Auseinandersetzung gesucht und, da er militärisch nicht zum Erfolg kam, durch Verhandlungen vor Regensburg im Jahre 921 eine Übereinkunft erreicht. Diese ließ dem Bayernherzog innen- wie außenpolitisch im wesentlichen freie Hand, gab ihm vor allem die Herrschaft über die bayerische Kirche, also auch das Recht der Bischofsernennung. Wir sehen das wohl schon bei Odalbert von Salzburg, dessen Erhebung 923 vielleicht ohne Zustimmung des Herzogs erfolgt war, und der daraufhin in den Jahren 924 und 927 zu für ihn sehr ungünstigen Gütertauschgeschäften mit dem Bayernherzog genötigt wurde.⁵⁵ Im Januar 932 trat in Regensburg regnante Arnulfo venerabili duce eine Synode zu-

---

⁵² JOSEPH ANTON FISCHER, Bischof Dracholf v. Freising (907–926): ZBKG 30 (1961), 1–32; FISCHER (B); zur möglichen Beteiligung auch anderer Bischöfe an den Saekularisationen vgl. ERKENS (K) 147ff.

⁵³ Konzilien 1 (B) 1ff; HORST FUHRMANN, Die Synode v. Hohenaltheim (916) – quellenkundlich betrachtet: DA 43 (1987), 440–468; HEINZ WOLTER, Die Synoden i. Reichsgebiet u. i. Reichsitalien v. 916 bis 1056, Paderborn u.a. 1988, 11–20 (KonGe.D 8).

⁵⁴ KURT REINDEL, Herzog Arnulf u. d. Regnum Bavariae: ZBLG 17 (1953/54), 187–252; zuletzt ERKENS (K) 141ff mit Anführung der neueren Literatur.

⁵⁵ DOPSCH, Zeit (B) 201; ERKENS (K) 143f sieht darin eher eine Sicherstellung Rihnis durch Odalbert.

sammen.⁵⁶ Hier sind die Beschlüsse nicht so wichtig wie der Teilnehmerkreis, der die Bischöfe von Salzburg, Eichstätt, Freising, Regensburg und Passau umfaßte. Dabei zeigt die Teilnahme des Eichstätter Bischofs Odalfrid,⁵⁷ der zur Erzdiözese Mainz gehörte, daß hier die politische Situation, nicht die kirchliche Einteilung entscheidend war. Die Bischöfe von Würzburg und Augsburg nahmen hingegen nicht teil. Eine zweite Synode tagte im Juli 932 in Dingolfing mit dem gleichen Teilnehmerkreis, diesmal auch mit dem Bischof von Säben; der Eichstätter war lediglich durch Boten vertreten.⁵⁸

Diese herzogliche Kirchenherrschaft konnte nach dem Tod Arnulfs von Bayern jedoch nicht gehalten werden. Arnulfs Sohn Eberhard unterlag bei seiner Rebellion gegen Otto I. im Jahre 938 und der ihm folgende Bruder Arnulfs, Berthold, blieb dem König treu. Daß er freilich die Kirchenhoheit in Bayern einbüßte, sehen wir an der Notiz der Salzburger Annalen zum Jahre 938 (= 939), daß »Herold zum Erzbischof gemacht wurde durch König Otto«.⁵⁹ Im Jahre 945 erscheint er auch als Erzkaplan Ottos I.⁶⁰ Abermals eine neue Situation ergab sich nach Bertholds Tod im Jahre 947. Ihm folgte jetzt Ottos Bruder Heinrich nach, der zwar mit Judith, der Tochter Herzog Arnulfs, verheiratet war, unter dessen Herrschaft sich aber noch einmal ein luitpoldingischer Aufstand erhob. Der Initiator war Ottos Sohn Liudolf, an den sich verschiedene Luitpoldinger anschlossen, vor allem der Pfalzgraf Arnulf, schließlich auch der Salzburger Erzbischof Herold. In diesen Aufstand mischte sich ein Einfall der Ungarn, die offenbar auch mit den Luitpoldingern Kontakt hatten. Die Wende brachte einmal der Tod des Pfalzgrafen Arnulf beim Kampf um Regensburg im Juli 954 und zum andern eine Niederlage der Aufständischen bei Mühldorf 955, wobei Herold in die Hände des bayerischen Herzogs fiel, der den Erzbischof blenden ließ.⁶¹ Dazu kam, daß der Ungarnsieg im August 955 auf dem Lechfeld bei Augsburg die Kriegszüge der Ungarn in den Westen ein für allemal beendete.

---

56 Konzilien 1 (B) 93ff; vgl. HAUCK ⁶³ (B) 18.
57 Regesten Eichstätt (B) Nr. 113, S. 43.
58 Konzilien 1 (B) 115ff.
59 Annales ex annalibus Iuvavensibus antiquis excerpti, ed. HARRY BRESSLAU: MGH.SS 30/2 (1934), 727–744 [744].
60 FLECKENSTEIN, Hofkapelle 2 (B) 23f.
61 DOPSCH, Zeit (B) 205ff; DOPSCH, Adel (B) bes. 132f; REINDEL, Bayern (B) 294; FRANZ-REINER ERKENS, Fürstl. Opposition i. ottonisch-salischer Zeit. Überlegungen z. Problem d. Krise d. frühmittelalterlichen deutschen Reiches: AKuG 64 (1982), 307–370 [bes. 317ff].

I.3 DIE OTTONISCH-SALISCHE REICHSKIRCHE UND DER INVESTITURSTREIT

Von Kurt Reindel

Der hl. Altmann Bischof v. Passau. Sein Leben u. sein Werk. FS z. 900-Jahr-Feier 1965, Hg. ABTEI GÖTTWEIG, Göttweig 1965.– BACKMUND, Chorherrenorden (B).– BACKMUND, Kollegiat- u. Kanonissenstifte (B).– KARL JOSEF BENZ, Regensburg i. d. geistigen Strömungen d. 10. u. 11. Jh.: Zwei Jahrtausende Regensburg (B) 75–95.– Bistum Bamberg 1 (B).– Bistum Würzburg 1 (B).– UTA-RENATE BLUMENTHAL, Der Investiturstreit, Stuttgart u.a. 1982 (UrTB 335).– EGON BOSHOF, Bischof Altmann, St. Nikola u. d. Kanonikerreform. Das Bistum Passau i. Investiturstreit: Tradition u. Entwicklung. Gedenkschr. f. Johann Riederer, hg. v. KARL-HEINZ POLLOK, Passau 1981, 317–345 (Schr. d. Universität Passau 1).– DERS, Die Salier, Stuttgart u.a. 1982, ²1992 (UrTB 387).– DOPSCH, Adel (B).– ODILO ENGELS, Der Reichsbischof i. ottonischer u. frühsalischer Zeit: Beitr. z. Gesch. u. Struktur d. mittelalterlichen Germania Sacra, hg. v. IRENE CRUSIUS, Göttingen 1989, 135–175 (VMPIG 93/StGS 17).– ALBRECHT GRAF FINCK V. FINCKENSTEIN, Bischof u. Reich. Unters. z. Integrationsprozeß d. ottonisch-frühsalischen Reiches (919–1056), Sigmaringen 1989 (Stud. z. Mediaevistik 1).– FISCHER (B).– FLECKENSTEIN, Hofkapelle 2 (B).– JOSEF FLECKENSTEIN, Zum Begriff d. ottonisch-salischen Reichskirche: Gesch., Wirtschaft, Gesellschaft. FS f. Clemens Bauer z. 75. Geburtstag, hg. v. ERICH HASSINGER, Berlin 1974, 62–71.– WERNER GOEZ, Papa qui et episcopus: AHP 8 (1970), 27–59.– GUTTENBERG (B).– KASSIUS HALLINGER, Gorze – Kluny. Stud. z. d. monastischen Lebensformen u. Gegensätzen i. Hochmittelalter, 2 Bde., Rom 1950/51 (StAns 22/23. 24/25).– DERS., Junggorzer Reformbräuche aus St. Stephan i. Würzburg, Studia Swarzacensia: WDGB 25 (1963), 93–112.– WILFRIED HARTMANN, Der Investiturstreit, München 1993 (EDG 21).– HAUCK ⁶3 (B).– HAUSBERGER, Gesch. 1 (B).– ROBERT HOLTZMANN, Gesch. d. sächsischen Kaiserzeit 900–1024, München ⁴1961.– Jb. d. deutschen Reichs unter Otto II. u. Otto III., Bd. 1: Otto II. 973–983, v. KARL UHLIRZ, Berlin u.a. 1902 (Jb. d. deutschen Gesch. 10/1), Bd. 2: Otto III. 983–1002, v. MATHILDE UHLIRZ, Berlin u.a. 1954 (Jb. d. deutschen Gesch. 10/2).– 900 Jahre Augustiner-Chorherrenstift Reichersberg, Linz 1983.– HERMANN JAKOBS, Die Hirsauer. Ihre Ausbreitung u. Rechtsstellung i. Zeitalter d. Investiturstreites, Köln u.a. 1961 (KHAb 4).– OSKAR KÖHLER, Die ottonische Reichskirche. Ein Forschungsber.: Adel u. Kirche. Gerd Tellenbach z. 65. Geburtstag dargebracht v. Freunden u. Schülern, hg. v. JOSEF FLECKENSTEIN u. KARL SCHMID, Freiburg/Breisgau u.a. 1968, 141–204.– Leb. Salzburger Erzbischöfe (B).– Leb. aus d. Gesch. (B).– CHRISTIAN LOHMER, Kanoniker i. Weltenburg. Ein Beitr. z. Erforschung d. »vita canonica« i. d. Diözese Regensburg: Regensburg u. Bayern i. MA (B) 79–97.– DERS., Kanonikerstifte i. Bistum Regensburg i. MA: 1250 Jahre Kunst u. Kultur (B) 195–207.– MASS (B).– GEROLD MEYER V. KNONAU, Jb. d. deutschen Reiches unter Heinrich IV. u. Heinrich V., Bd. 1: 1056 bis 1069, Bd. 2: 1070 bis 1077, Bd. 3: 1077 (Schluß) bis 1084, Bd. 4: 1085 bis 1096, Bd. 5: 1097 bis 1106, Bd. 6: 1106 bis 1116, Bd. 7: 1116 (Schluß) bis 1125, Leipzig u.a. 1890–1909 (Jb. d. deutschen Gesch. 14/1–7).– MONIKA MINNINGER, Von Clermont z. Wormser Konkordat. Die Auseinandersetzungen um d. Lehnsnexus zwischen König u. Episkopat, Köln 1978 (FKPG 2).– JAKOB MOIS, Das Stift Rottenbuch

i. d. Kirchenreform d. XI.–XII. Jh. Ein Beitr. z. Ordens-Gesch. d. Augustiner-Chorherren, München 1953 (BABKG 19=3.F.6).– Papsturkunden 896–1046, bearb. v. HARALD ZIMMERMANN, Bd. 2: 996–1046, Wien 1985 (DÖAW.PH 177).– PRINZ (B).– CHRISTINE RÄDLINGER-PRÖMPER, St. Emmeram i. Regensburg. Struktur- u. Funktionswandel eines bayer. Klosters i. frühen MA, Kallmünz 1987 (Thurn u. Taxis-Stud. 16).– Ratisbona sacra (B).– Regensburg u. Bayern i. MA (B).– Regesten Augsburg 1 (B).– Regesten Eichstätt (B).– Regesten Passau 1 (B).– REINDEL, Luitpoldinger (B).– Die Salier u. d. Reich, Bd. 1: Salier, Adel u. Reichsverfassung, hg. v. STEFAN WEINFURTER unter Mitarbeit v. HELMUTH KLUGER, Bd. 2: Die Reichskirche i. d. Salierzeit, hg. v. STEFAN WEINFURTER unter Mitarbeit v. FRANK MARTIN SIEFARTH, Bd. 3: Gesellschaftl. u. ideengeschichtl. Wandel i. Reich d. Salier, hg. v. STEFAN WEINFURTER unter Mitarbeit v. HUBERTUS SEIBERT, Sigmaringen 1991.– LEO SANTIFALLER, Zur Gesch. d. ottonisch-salischen Reichskirchensystems, Wien u.a. ²1964 (SÖAW.PH 229/1).– R. SCHIEFFER, Entstehung v. Domkapiteln (B).– RUDOLF SCHIEFFER, Die Entstehung d. päpstlichen Investiturverbots f. d. deutschen König, Stuttgart 1981 (Schr. d. MGH 28).– DERS., Der geschichtl. Ort d. ottonisch-salischen Reichskirchenpolitik, Opladen u.a. 1998 (Nordrhein-Westfälische Akademie d. Wissenschaften. Vorträge Geisteswissenschaften 352).– SCHMALE (B) 113–144.– BERNHARD SCHMEIDLER, Abt Ellinger v. Tegernsee 1017–1026 u. 1031–1042. Unters. z. seinen Briefen u. Gedichten i. clm 19412 u. z. d. v. ihm geschriebenen Hs., München 1938 (SBLG 32).– PETER SCHMID, Regensburg. Stadt d. Könige u. Herzöge i. Mittelalter, Kallmünz 1977 (Regensburger Hist. Forsch. 6).– GERD TELLENBACH, Die westliche Kirche v. 10. bis z. frühen 12. Jh., Göttingen 1988 (KIG F.1).– DERS., Libertas. Kirche u. Weltordnung i. Zeitalter d. Investiturstreits, Stuttgart 1936 (FKGG 7).– REINHARD TIMMEL/GERHARD ZIMMERMANN, Bischof Suidger v. Bamberg – Papst Clemens II. († 1047): LebFranken NF 10 (1982), 1–19.– ERNST TOMEK, Stud. z. Reform d. deutschen Klöster i. 11. Jh., Bd. 1: Die Frühreform, Wien 1910 (SKGSW 4).– HEINRICH WAGNER, Die Äbte v. Amorbach i. Mittelalter: WDGB 54 (1992), 69–107.– STEFAN WEINFURTER, Salzburger Bistumsreform u. Bischofspolitik i. 12. Jh. Der Erzbischof Konrad I. v. Salzburg (1106–1147) u. d. Regularkanoniker, Köln u.a. 1975 (KHAb 24).– DERS., Herrschaft u. Reich d. Salier. Grundlinien einer Umbruchzeit, Sigmaringen 1991.– HERBERT ZIELINSKI, Der Reichsepiskopat i. spätottonischer u. salischer Zeit (1002–1125), Bd. 1, Stuttgart 1984.

1. Von der Landeskirche zur Reichskirche

Seit der Zeit Ottos I. war der bayerische Sonderweg beendet, Bayern war in das ostfränkisch-deutsche Reich eingefügt, und auch die Sonderstellung der Salzburger Kirchenprovinz war insoweit vorüber, als es hinfort der deutsche König war, auf dessen Geheiß auch in Bayern die Bischöfe eingesetzt wurden. Man ist zwar heute mit der Verwendung der Begriffe »Reichskirche« oder »Reichskirchensystem« vorsichtiger geworden, doch wird man wohl sagen können, daß hinfort auch die bayerische Kirche im Dienste des Reiches tätig war.

Die Umstellung auf die neuen politischen Verhältnisse ging in den einzelnen Diözesen unterschiedlich vor sich. In Salzburg[1] wurde Pilgrim, der dem 907 bei Preßburg gefallenen Theotmar folgte, Erzkaplan Ludwigs des Kindes und Konrads I., blieb auch bei dessen Kampf gegen Arnulf auf Seiten Konrads.[2] Nach seinem Tod wurde 923 der zur Sippe der Aribonen gehörige Odalbert offenbar ohne Zustimmung Arnulfs Erzbischof[3] und mußte später dafür durch ein ungünstiges Tauschgeschäft bezahlen.[4] Später müssen aber gute Beziehungen geherrscht haben, denn als Arnulfs Sohn Eberhard 935 in Reichenhall zum Nachfolger seines Vaters Arnulf gewählt wurde, war Odalbert anwesend.[5] Der politische Wandel der Jahre 937/938 zeigt sich besonders deutlich daran, daß nach dem Tod Odalberts 935 Egilolf von Herzog Arnulf, nach dessen Tod 939 Herold von König Otto eingesetzt wurde. Beim Aufstand des Königssohnes Liudolf 953, dem sich die Luitpoldinger anschlossen, blieb Herold zunächst königstreu, ging aber später zu den Aufständischen über und endete nach Niederlage und Blendung in der Verbannung in Säben. Sein Nachfolger wurde 958 der Sighardinger Friedrich,[6] der beim Aufstand Heinrichs des Zänkers 973/974 auf der Seite Ottos II. blieb.

Regensburg stand zwar kirchlich unter Salzburg,[7] spielte aber als politische Hauptstadt Bayerns eine besondere Rolle.[8] Bischof Tuto[9] stand politisch Herzog Arnulf wohl reserviert gegenüber, hat sich mit ihm aber arrangiert. In Regensburg ergaben sich unter dem wohl auf Vorschlag Pilgrims von Passau erhobenen Bischof Wolfgang (972–994)[10] dadurch bedeutende Änderungen, daß die zwischen dem Bistum und St. Emmeram bestehende Union von Domstift und Domkloster durch die Abtrennung St. Emmerams aufgelöst wurde; hier wurde 975 Ramwold Abt.[11] Herzog Arnulfs Tochter Judith wurde Äbtissin von Niedermünster, wo später sie und auch ihr Mann, der Bruder Ottos I., als bayerischer Herzog Heinrich I. bestattet wurden. Durch den bayerischen Herzog

---

[1] Zu den einzelnen Bischöfen vgl. DOPSCH, Adel (B) 125ff.
[2] CHRISTIAN ROHR, Pilgrim I. v. Salzburg (907–923). Zwischen Bayern u. Ungarn: Leb. Salzburger Erzbischöfe (B) 23–40.
[3] DOPSCH, Zeit (B) 201f.
[4] REINDEL, Luitpoldinger (B) Nr. 65.
[5] AaO, Nr. 57.
[6] DOPSCH, Adel (B) 134f.
[7] Vgl. allgemein HAUSBERGER, Gesch. 1 (B) 64ff.
[8] P. SCHMID, Regensburg (K) 74ff; A. SCHMID, Regensburg (B) 29ff.
[9] ERWIN HERRMANN, Bischof Tuto v. Regensburg (894–930): BGBR 6 (1972), 17–28; JOSEF KLOSE, Tuto Bischof v. Regensburg u. Abt v. St. Emmeram (894–930): Leb. aus d. Gesch. (B) 81–92.
[10] GEORG SCHWAIGER, Der hl. Bischof Wolfgang v. Regensburg (972–994). Gesch., Legende u. Verehrung: BGBR 6 (1972), 39–60; DERS., Bischof Wolfgang v. Regensburg (ca. 924–994). Gesch., Legende u. Verehrung: Wallfahrten i. Bistum Regensburg, hg. v. GEORG SCHWAIGER, Regensburg 1994, 7–36 (BGBR 28); DERS., Der hl. Bischof Wolfgang v. Regensburg (972–994): Regensburger Bistumspatrone, hg. v. GEORG SCHWAIGER, München u. Zürich 1988, 85–105; DERS., Der hl. Wolfgang. Bischof v. Regensburg (972–994): Leb. aus d. Gesch. (B) 93–107; RUDOLF ZINNHOBLER, Der hl. Wolfgang. Leben, Legende, Kult, Linz 1975; Der hl. Wolfgang i. Gesch., Kunst u. Kult. Schriftleitung MANFRED MOHR, AKat. Linz 1976, ²1993; HAUSBERGER, Gesch. 1 (B) 55f.
[11] HEMMERLE, Benediktinerklöster (B) 238–247; RÄDLINGER-PRÖMPER (K).

Heinrich IV., den späteren Kaiser Heinrich II., wurde Niedermünster Reichsstift.[12] Einen Verlust bedeutete es zweifellos, daß das bisher zu Regensburg gehörende Böhmen 973 in Prag ein eigenes Bistum erhielt, das jedoch nicht Salzburg, sondern Mainz unterstellt wurde.[13]

In Passau war Bischof Gerhard (931–946) wohl durch Herzog Arnulf erhoben worden.[14] Er war Teilnehmer an den Synoden des Herzogs im Jahre 932. Sein Nachfolger Adalbert (946–970) hatte vielfache Kontakte mit Herzog Heinrich I., dem sein Bruder Otto I. 947 Bayern übertragen hatte und der die Tochter Herzog Arnulfs heiratete.[15] Pilgrim (971–991) ist durch eine große Fälschungsaktion hervorgetreten.[16] Er versuchte dadurch in Anknüpfung an einen angeblichen Metropolitansitz Lorch Passau zur Metropole einer eigenen Kirchenprovinz zu machen. Seine letztlich erfolglosen Fälschungen haben als Lorcher Fabel jedoch erst im hohen Mittelalter das Bild der frühen Passauer Kirchengeschichte bestimmt.[17]

Im Zusammenhang mit der Niederlage von 955, die die ungarischen Einfälle beendete, setzte bei den Ungarn eine staatliche Konsolidierung ein, die unter Fürst Géza auch zu einer Christianisierung des Landes führte. Die sehr erfolgreiche Mission, die hier vor allem von Bischof Pilgrim von Passau betrieben wurde, trug sicher auch zu dem durch Fälschungen unterstützten Versuch bei, im Hinblick auf diese Möglichkeiten im Osten Passau gegenüber Salzburg aufzuwerten. Diese Pläne erfüllten sich jedoch nicht, da Stephan von Ungarn im direkten Zusammenwirken mit Rom in Gran eine eigene ungarische Metropole gründete, in der Stephan auch zum König gekrönt wurde.[18] Im sogenannten »Aufstand der drei Heinriche« (977–978), der Heinrich II. von Bayern, Heinrich von Kärnten und Bischof Heinrich von Augsburg im Kampf gegen Otto II. sah, blieb Pilgrim auf der Seite Ottos II., obwohl Passau 977 von den Aufständischen erobert wor-

---

[12] ALFRED SCHÖNBERGER, Die Rechtsstellung d. Reichsstiftes Niedermünster z. Papst u. Reich, Bischof, Land u. Reichsstadt Regensburg (Masch. Diss.), Würzburg 1953; PETER SCHMID, Von d. Herzogskirche z. kaiserlichen Reichsstift. Das Stift Niedermünster i. Regensburg: Ratisbona sacra (B) 143f; HEINRICH WANDERWITZ, Die Reichsstifte Nieder- u. Obermünster bis ins 11. Jh. Quellenkritische Stud. insbesondere z. ältesten Nekrolog am Niedermünster: Aus Bayerns Gesch. (B) 51–88.

[13] Regensburg u. Böhmen (B); Tausend Jahre Bistum Prag 973–1973. Beitr. z. Millennium. Für d. Inhalt verantwortlich ERNST NITTNER u.a., München 1974 (VIB 1).

[14] Regesten Passau 1 (B) Nr. 196–204.

[15] REINDEL, Luitpoldinger (B) Nr. 89; Regesten Passau 1 (B) Nr. 205–217.

[16] HEINRICH FICHTENAU, Zu d. Urkundenfälschungen Pilgrims v. Passau: DERS., Beitr. z. Mediaevistik. Ausgewählte Aufsätze, Bd. 2: Urkundenforsch., Stuttgart 1977, 157–179; Regesten Passau 1 (B) Nr. 196–204; die angebliche Urkunde Papst Benedikts VI.: Papsturkunden (K) 436ff; FRANZ-REINER ERKENS, Pilgrim Bischof v. Passau 971–991. Versuch einer Würdigung: OGM 34 (1992), 25–37.

[17] FRANZ-REINER ERKENS, Die Ursprünge d. Lorcher Tradition i. Lichte archäol., historiographischer u. urkundlicher Zeugnisse: Christentum (B) 423–459; DERS., Die Rezeption d. Lorcher Tradition i. hohen MA: OGM 28 (1986), 195–206.

[18] Jb. d. deutschen Reichs 1 (K) 226ff; THOMAS V. BOGYAY, Stephanus Rex. Versuch einer Biographie, Wien u.a. 1975; GYÖRGY GYÖRFFY, Zu d. Anfängen d. ungarischen Kirchenorganisation auf Grund neuer quellenkritischer Ergebnisse: AHP 7 (1969), 79–113.

den war. Die enge Bindung an die Reichsgewalt blieb auch unter seinem Nachfolger Christian (991–1013) bestehen, der mit Otto II. nach Rom zog und von diesem Markt- und Münzrecht, Bann und Zoll für Passau erhielt.[19]

In Freising hat Bischof Drakolf (907–926) sich wohl an den sogenannten Säkularisationen Arnulfs beteiligt; sein Tod in einem Donaustrudel wurde als Strafe Gottes angesehen.[20] Sein Nachfolger Wolfram (926–937) nahm zwar auch an den Synoden Herzog Arnulfs teil, wird aber auch ausdrücklich »Getreuer des Königs« (fidelis regis) Heinrichs I. genannt. Er erhielt auf seine Bitte von Heinrich I. entfremdete Güter im Vintschgau, in der Grafschaft Bertholds, des Bruders Arnulfs von Bayern, zurück, was von Berthold selbst in einer Urkunde bestätigt wird.[21] Sein Nachfolger Lantbert (937–957),[22] im Todesjahr Herzog Arnulfs ernannt, stand stets auf Seiten Ottos I. Dessen Nachfolger Abraham (957–993) arbeitete zunächst mit der Herzogin Judith, die nach dem Tode ihres Mannes Heinrich im Jahre 955 in Bayern die Regentschaft für ihren unmündigen Sohn führte, zusammen, beteiligte sich aber 974 an der Erhebung Herzog Heinrichs des Zänkers gegen Otto II.[23]

Für Eichstätt[24] ergab sich insofern eine Sonderstellung, als es politisch zu Bayern, kirchlich zu Mainz gehörte. Bischof Odalfrid (912–933)[25] stand auf der Seite Konrads I. gegen Arnulf von Bayern, nahm aber dann an dessen Synoden 932 teil. Sein Nachfolger Starchand (933–966) wurde 933 wohl von Herzog Arnulf ernannt, stand dann aber eindeutig auf der Seite der ottonischen Herrscher. Unter Reginold (966–991) gründete Biletrud, die Witwe Herzog Bertholds von Bayern, 976 das Nonnenkloster Bergen bei Neuburg. Sie verwendete dafür ihren ihr von Otto II. zurückerstatteten Besitz, den sie wegen ihrer Teilnahme am Aufstand 953/54 verloren hatte.[26]

Augsburg gehörte damals zum Herzogtum Schwaben. Seine Geschichte wurde im 10. Jahrhundert im Wesentlichen geprägt durch die lange Regierungszeit von Bischof Ulrich (923–973),[27] der von Heinrich I. eingesetzt worden war. Er war

---

[19] Regesten Passau 1 (B) Nr. 259 u. 260.
[20] Vgl. I.2, Anm. 52; vgl. ferner FISCHER (B) 25–58.
[21] REINDEL, Luitpoldinger (B) Nr. 82a u. 82b; JOSEPH ANTON FISCHER, Bischof Wolfram v. Freising (926–937): Sammelblatt d. Hist. Vereins Freising 24 (1961), 36–53; FISCHER (B) 59–77.
[22] Lantbert v. Freising, 937–957, d. Bischof u. d. Heilige. Erinnerungsgabe an d. Jahrtausendfeier 1957, hg. v. JOSEPH ANTON FISCHER, München 1959, 9–80 (BABKG 21/1); FISCHER (B) 79–156; MASS (B) 106ff.
[23] REINDEL, Bayern (B) 297f.
[24] STEFAN WEINFURTER, Sancta Aureatensis Ecclesia. Zur Gesch. Eichstätts i. ottonisch-salischer Zeit: ZBLG 49 (1986), 3–40.
[25] Regesten Eichstätt (B) Nr. 112.
[26] REINDEL, Luitpoldinger (B) Nr. 104; Regesten Eichstätt (B) Nr. 136.
[27] FRIEDRICH ZOEPFL, Udalrich Bischof v. Augsburg: LebBaySchwaben 1 (1952), 30–56; DERS., Der hl. Ulrich, Bischof v. Augsburg (890–4. Juli 973): BaSa 1, 199–211; Regesten Augsburg 1 (B) Nr. 102–159; PETER RUMMEL, Ulrich v. Augsburg. Bischof, Reichsfürst, Heiliger, Augsburg 1992; Bischof Ulrich v. Augsburg 890–973. Seine Zeit, sein Leben, seine Verehrung. FS aus Anlaß d. tausendjähr. Jubiläums seiner Kanonisation i. Jahre 993, hg. v. MANFRED WEITLAUFF, Weissenhorn 1993 (JVABG 26/27). In Augsburg besteht bis heute eine evangelische Kirche und Pfarrei St. Ulrich.

immer königstreu. Bezeichnend ist in diesem Zusammenhang auch, daß in den gegen Ende des 10. Jahrhunderts verfaßten Ulrichsviten[28] zum ersten Mal das Bild des »bösen« Arnulf von Bayern Konturen erhält, wo berichtet wird, daß Ulrich den Herzog wegen seiner Säkularisationen getadelt habe und dieser von St. Peter selbst deshalb verurteilt worden sei.[29] Ulrich hatte auch zweimal eine Belagerung der Stadt durch die Ungarn, 926 und 954/955, zu bestehen. Sein Nachfolger Heinrich (973–982) war der Sohn einer mit Namen nicht bekannten Tochter Herzog Arnulfs,[30] vielleicht war seine Erhebung eine Rücksichtnahme auf das Geschlecht der Luitpoldinger. Dadurch hatte der Augsburger Bischof auch verwandtschaftliche Beziehungen zum Bayernherzog Heinrich dem Zänker, dem Sohn Judiths. Als 976 Otto von Schwaben das Heinrich II. abgesprochene Herzogtum Bayern zu seinem schwäbischen Herzogtum hinzuerhielt, brach 977 der »Aufstand der drei Heinriche« los.[31] Als dieser Aufstand zusammenbrach, wurde der Bischof 978 zu Klosterhaft verurteilt, später jedoch wieder in Gnaden von Otto II. aufgenommen. Jedenfalls war er auf mehreren Romreisen für Otto II. tätig.[32]

In Würzburg[33] war Thioto (908–931) wohl unter konradinischem Einfluß erhoben worden, er ist auch sogleich in der Umgebung Konrads I., dann auch Heinrichs I. nachzuweisen. Sein Nachfolger Burchard II. (932–941)[34] nimmt noch im Jahre seiner Erhebung an der Erfurter Synode teil, die auf Befehl König Heinrichs I. zusammengetreten war und bei der die bayerischen Bischöfe fehlten.[35] Das Bistum war von Otto I. an Poppo I. (941–961) aus der Familie der Popponen übertragen worden, vielleicht auch eine Entschädigung dafür, daß er 940 das Kanzleramt an Ottos Bruder Brun verloren hatte.[36] Er hat jedoch auch zu den Luitpoldingern gute Beziehungen gehabt, denn auf seine Intervention hin erhielt die Luitpoldingerin Judith 961 von Otto I. eine Schenkung.[37] Das Geschlecht blieb auch hinfort königstreu; beim Aufstand der drei Heinriche stand sein Nachfolger Poppo II. (961–983) auf seiten der Reichsgewalt.[38] Das Bistum war gerade im 10. und 11. Jahrhundert sehr stark in den Dienst des Reiches eingespannt.

---

[28] Gerhard v. Augsburg, Vita sancti Uodalrici. Die älteste Lebensbeschreibung d. hl. Ulrich. Einleitung, kritische Edition u. Übers. besorgt v. WALTER BERSCHIN u. ANGELIKA HÄSE, Heidelberg 1993 (EdHd 24).
[29] Vgl. A. SCHMID, Bild (B) 38ff.
[30] REINDEL, Luitpoldinger (B) Nr. 103; vgl. zum folgenden auch ZOEPFL (B) 77ff.
[31] REINDEL, Luitpoldinger (B) Nr. 123.
[32] Regesten Augsburg 1 (B) Nr. 170 u. 173.
[33] Bistum Würzburg 1 (B) 55ff.
[34] AaO, 58f.
[35] Konzilien 1 (B) Nr. 8, S. 97–114.
[36] Bistum Würzburg 1 (B) 61; FLECKENSTEIN, Hofkapelle 2 (B) 8ff.
[37] REINDEL, Luitpoldinger (B) Nr. 109.
[38] Bistum Würzburg 1 (B) 63ff.

Eine Veränderung auf kirchlichem Gebiet erfolgte in Bayern um die Jahrhundertwende mit der Einrichtung des Bistums Bamberg[39] im Jahre 1007. Nach dem frühen Tod Ottos III. kam der bayerische Herzog Heinrich IV., ottonischer wie luitpoldingischer Herkunft, als Heinrich II. zur Regierung. Anlaß zur Gründung Bambergs dürfte der fehlgeschlagene Versuch einer Rebellion des Babenbergers Heinrich von Schweinfurt gewesen sein. Heinrich II. hat offenbar versucht, hier mit der auf Kosten der Würzburger und Eichstätter Diözese erfolgten Gründung des Reichsbistums Bamberg ein Gegengewicht zu schaffen. Zudem bestand die Möglichkeit, von hier aus missionarisch nach Osten zu wirken. Doch sollte man nicht übersehen, daß bei allen praktischen Gründen auch die religiöse Motivierung des kinderlosen Königs, der »Gott zum Erben einsetzen wollte«,[40] eine Rolle gespielt haben mag.[41] Das Bistum, zunächst in die Kirchenprovinz Mainz (und nicht Würzburg) eingegliedert, später exemt und direkt dem Papst unterstellt,[42] wurde mit einer reichen Ausstattung bis nach Österreich und Kärnten hinein auf eine wirtschaftlich tragfähige Grundlage gestellt.[43] Die Ausstattung erfolgte auf Kosten und gegen den anfänglichen Widerstand der Bistümer Würzburg und Eichstätt.[44] Der Coburger Raum verblieb bei Würzburg. Bamberg blieb eine wichtige Stütze der Reichsgewalt, der erste Bischof Eberhard (1007–1040) war Heinrichs Kanzler und wurde 1013 auch Erzkanzler für Italien.[45] Der Bamberger Bischof Suidger aus sächsischem Adel wurde 1046 als Clemens II. Papst,[46] behielt aber sein Bistum bei und wurde auch in Bamberg bestattet. Auch Gebhard I., ein Graf von Dollnstein-Hirschberg, als Papst Viktor II. (1055–1057),[47] behielt sein Eichstätter Bistum.

---

[39] Bistum Bamberg 1 (B) 29ff; GUTTENBERG (B) Nr. 15ff; PRINZ (B) 451ff; HEINRICH BÜTTNER, Bamberg: MARCEL BECK/HEINRICH BÜTTNER, Die Bistümer Würzburg u. Bamberg i. ihrer polit. u. wirtschaftl. Bedeutung f. d. Gesch. d. deutschen Ostens, Berlin 1937, 182–343 [189ff] (SVGP 3); HARALD ZIMMERMANN, Gründung u. Bedeutung d. Bistums Bamberg f. d. Osten: SODA 10 (1967), 35–49; die Urkunde Papst Johannes' XVIII.: Papsturkunden (K) Nr. 435, S. 830ff.

[40] Benedikt VIII. am 21.1.1013 an Heinrich II.: »[...] illum tibi fecisti heredem«: Papsturkunden (K) Nr. 478, S. 908.

[41] HEINRICH GÜNTER, Kaiser Heinrich II. u. Bamberg: HJ 59 (1939), 273–290; LUDWIG FISCHER, Stud. um Bamberg u. Kaiser Heinrich II., Bd. 1, Bamberg 1954 (KASP.G 9); BERND SCHNEIDMÜLLER, Neues über einen alten Kaiser? Heinrich II. i. d. Perspektive d. modernen Forsch.: BHVB 133 (1997), 13–41 [bes. 30ff].

[42] DIETMAR WILLOWEIT, Die Entstehung exemter Bistümer i. deutschen Reichsverband unter rechtsvergleichender Berücksichtigung ausländischer Parallelen: ZSRG.K 52 (1966), 176–298 [bes. 184ff].

[43] Vgl. PRINZ (B) 450ff; WILHELM STÖRMER, Heinrichs II. Schenkungen an Bamberg. Zur Topographie u. Typologie d. Königs- u. bayer. Herzogsgutes um d. Jahrtausendwende i. Franken u. Bayern: Deutsche Königspfalzen. Beitr. z. ihrer hist. u. archäol. Erforschung, Bd. 4: Pfalzen, Reichsgut, Königshöfe, hg. v. LUTZ FENSKE, Göttingen 1996, 377–408 (VMPIG 11/4).

[44] WILHELM G. NEUKAM, Das Hochstift Würzburg u. d. Errichtung d. Bistums Bamberg: WDGB 14/15 (1952/53), 147–172; Bistum Würzburg 1 (B) 79ff.

[45] FLECKENSTEIN, Hofkapelle 2 (B) 167ff.

[46] TIMMEL/ZIMMERMANN (K).

[47] WERNER GOEZ, Gebhard I., Bischof v. Eichstätt, als Papst Viktor II. (ca. 1020–1057): LebFranken NF 9 (1980), 11–21; GOEZ (K).

2. Anlaß und Ausprägungen der Klosterreform

In Bayern war das Christentum zu Beginn ganz wesentlich durch das Mönchtum benediktinischer Prägung grundgelegt worden. Nun sind zweifellos im Laufe der Jahrhunderte Abweichungen von den ursprünglichen Normen und Regeln aufgetreten, wohl auch eine Lockerung der Disziplin. Äußere Einwirkungen wie die zahlreichen Kriege, aber auch menschliche Schwächen mögen dabei eine Rolle gespielt haben. Seit dem 10. Jahrhundert ist das Bestreben spürbar, solche Verfallserscheinungen zu bekämpfen, zu einer Reform der Klöster und im weiteren Verlauf auch zu einer Reform der Kirche zu kommen. Was man unter »Klosterreform« verstand, konnte von Fall zu Fall verschieden sein. Sie konnte einfach in der wirtschaftlichen Sanierung eines heruntergekommenen Konvents bestehen. Auch eine unbeeinflußte Wahl des Abtes durch den Konvent mochte zu den Forderungen gehören. Die Regel, nach der man lebte, zumeist die St. Benedikts, konnte und mußte natürlich nicht reformiert werden, ihre korrekte Einhaltung jedoch war ebenfalls eine Reformforderung. Freilich wird man bedenken müssen, ob manche Berichte über schlimme Zustände in den Klöstern, die es natürlich gab,[48] nicht auch im Hinblick auf die dann einsetzenden Reformen eher negativ stilisiert worden sind. In jedem Fall aber fand bei den Reformen die Interpretation der Regel Benedikts in der unterschiedlichen Gestaltung der Consuetudines ihre Ausprägung.[49]

Diese im 10. Jahrhundert anlaufenden Reformen knüpften an die Namen Cluny und Gorze an.[50] In Bayern war es besonders die vom Kloster Gorze ausgehende Reform, die über die Abtei St. Maximin in Trier hier zur Wirkung kam. Die Eingangspforte war das Bistum Regensburg[51] und sein Bischof Wolfgang (972–994), der bei seinem Aufenthalt in Trier wohl in Berührung mit den dortigen Mönchen aus dem Reformkloster Gorze gekommen war. Auch sein Aufenthalt in Einsiedeln deutet in diese Richtung.[52] Von größter Bedeutung wurde die von ihm durchgeführte Trennung von Bistum und Kloster St. Emmeram.[53] 975 holte er den ihm befreundeten Ramwold von St. Maximin in Trier als Abt nach St. Emmeram, der hier sogleich mit energischen Reformen begann, die sich nicht

---

[48] HOLZFURTNER, Destructio (B).
[49] TELLENBACH, Kirche (K) 82ff.
[50] Die grundlegenden Erkenntnisse von HALLINGER, Gorze (K) sind zwar teilweise modifiziert worden (vgl. etwa Neue Forsch. über Cluny u. d. Cluniacenser, hg. v. GERD TELLENBACH, Freiburg 1959; Cluny. Beitr. z. Gestalt u. Wirkung der Cluniazensischen Reform, hg. v. HELMUT RICHTER, Darmstadt 1975 [WdF 241]; Die Cluniazenser i. ihrem polit.-sozialen Umfeld, hg. v. GILES CONSTABLE u.a., Münster 1998 [Vita Regularis 7]), sind aber grundsätzlich doch akzeptiert.
[51] GEORG SCHWAIGER, Die Benediktiner i. Bistum Regensburg: BGBR 12 (1978), 7–60; HAUSBERGER, Gesch. 1 (B) 55ff; BENZ (K); CLAUDIA MÄRTL, Regensburg i. d. geistigen Auseinandersetzungen d. Investiturstreits: DA 42 (1986), 145–191.
[52] JOSEF KLOSE, St. Wolfgang als Mönch u. d. Einführung d. Gorzer Reform i. Bayern: BGBR 6 (1972), 61–88.
[53] HAUSBERGER, Gesch. 1 (B) 58ff; R. SCHIEFFER, Entstehung v. Domkapiteln (B) 202f; vgl. auch I.3, Anm. 11.

zuletzt auch gegen den Privatbesitz der Mönche richteten. Die diesbezüglichen negativen Berichte vor allem Arnolds von St. Emmeram[54] sind jedoch vielleicht auch als »kontrastreiche Schilderung« zu verstehen und müssen nicht unbedingt den tatsächlichen Zuständen entsprochen haben.[55] Ramwold hat sich auch darum bemüht, die wirtschaftlichen Verhältnisse des Klosters in Ordnung zu bringen, hat ebenso für Unterricht und Wissenschaft im Kloster gesorgt. Er ließ bald nach seiner Berufung 975 einen Katalog der Bibliothek aufzeichnen, der 513 Codices umfaßt;[56] 993 verzeichnet er mehr als 80 unter seiner Regierung angeschaffte Handschriften.[57] Möglicherweise sind auch im Äußerlichen Modifikationen etwa an der Tracht vorgenommen worden.[58] Eine Reform der Regensburger Frauenklöster konnte erst nach dem Tod der Herzogin Judith, die in Niedermünster Äbtissin war, in Angriff genommen werden.[59] Die Reformansätze in St. Emmeram aber hatten eine weite Wirkung ins Land hinein; zur Regensburger Reformgruppe Ramwolds gehörten schließlich 19 Klöster.[60] In Salzburg[61] ging man ähnlich wie in Regensburg vor. Hier hat Erzbischof Friedrich im Jahre 987 die Abtei St. Peter vom Erzstift gelöst und den Mönch Tito aus St. Emmeram als Abt berufen, durch den die Regensburger Reformen nun auch in Salzburg Eingang fanden.[62] Ebenfalls aus St. Emmeram kam am Ende des 10. Jahrhunderts Adalbert zur Reform in das Kloster Seeon,[63] von wo aus dann ihrerseits wieder 1021 die Reform nach Weihenstephan getragen wurde. Hier wurden die Kanoniker nach St. Veit transferiert, und Weihenstephan wurde wieder mit Benediktinern besetzt. Der erste Abt Gerhard schloß sich an die Gorzer Reform an.[64] Problematisch sind die Verhältnisse in Weltenburg. Die Vermutung, Wolfgang habe mit Mönchen aus St. Emmeram hier eine Reform durchgeführt,[65] dürfte sich nicht beweisen lassen, doch jedenfalls wurde es im Jahre 1123 von Bischof Hartwig I. von Regensburg mit Regularkanonikern besetzt.[66] Prüll, von Bischof Gebhard I. (995–1023), dem Nachfolger Wolfgangs gegründet, wurde mit Reformern aus

---

[54] Ex Arnoldi libris de S. Emmerammo, hg. v. GEORG WAITZ: MGH.SS 4, 543–574 [559].
[55] RÄDLINGER-PRÖMPER (K) 144; zu Ramwold vgl. HALLINGER, Gorze 1 (K) 129ff.
[56] Mittelalterliche Bibliothekskataloge Deutschlands u. d. Schweiz, hg. v. d. BAYER. AKADEMIE D. WISSENSCHAFTEN I. MÜNCHEN, Bd. 4/1: Bistümer Passau u. Regensburg, bearb. v. CHRISTINE ELISABETH INEICHEN-EDER, München 1977, 143ff.
[57] BENZ (K) 75–95.
[58] HALLINGER, Gorze 1 (K) 69ff; vgl. dazu MARIE-LUISE BULST-THIELE, »Trachtenwechsel« i. Kloster Berge u. i. St. Emmeram: DA 24 (1968), 504–509.
[59] Vgl. I.3, Anm. 12.
[60] HALLINGER, Gorze 1 (K) 133ff.
[61] WEINFURTER, Bistumsreform (K) [insbesondere zur Reform der Regularkanoniker: 111ff].
[62] FRIEDRICH HERMANN, 987. Trennung d. Abtei v. Bistum: FS St. Peter z. Salzburg 582–1982, St. Ottilien 1982, 26–55 (StMBO 93/1/2); R. SCHIEFFER, Entstehung v. Domkapiteln (B) 195ff.
[63] HALLINGER, Gorze 1 (K) 142f.
[64] HALLINGER, Gorze 1 (K) 158ff; BODO UHL, Einleitung zu: Die Traditionen d. Klosters Weihenstephan, bearb. v. BODO UHL, München 1972, 13ff (QEBG NF 27/1); DERS., Das Benediktinerkloster Weihenstephan: Freising. 1250 Jahre geistl. Stadt. Katalogred. SIGMUND BENKER u.a., München 1989, 145–151 (Kat. u. Schr. d. Diözesanmuseums Freising 9).
[65] GEORG SCHWAIGER, Das Kloster Weltenburg i. d. Gesch.: BGBR 11 (1977), 51–59 [bes. 55].
[66] Zum ganzen Komplex vgl. LOHMER, Kanoniker (K).

St. Emmeram besetzt.[67] Der Mönch Wilhelm brachte die Emmeramer Consuetudines sogar nach Hirsau, doch wurden sie hier später durch die von Cluny ersetzt.[68]

Ein anderer Strom der Reform ging von Tegernsee aus, wo zunächst Hartwig aus St. Maximin in Trier im Jahre 978 Abt wurde, und ihm folgend Gozbert (982–1002) aus St. Emmeram, ein Schüler Ramwolds.[69] Von Tegernsee aus griff die Reform nach Benediktbeuern, wo auf Veranlassung Bischof Egilberts von Freising 1031 Abt Ellinger mit zwölf Mönchen erschien. Ellinger war 1026 von den Mönchen in Tegernsee zur Abdankung gezwungen worden, ging dann 1031/32 zur Reform nach Benediktbeuern, wo er die dortigen Kanoniker ablöste, und kehrte 1032 nach Tegernsee zurück.[70] Auch nach St. Ulrich und Afra in Augsburg kamen auf Veranlassung des Bischofs Bruno 1013 (?) zwölf Mönche wohl aus Tegernsee mit Abt Reginbald und lösten die Kanoniker von St. Afra ab.[71] Reginbald, der entweder aus Augsburg oder St. Gallen kam,[72] wurde anschließend 1015 nach Ebersberg berufen, wo ein reformiertes Kloster aus einem Chorherrenstift entstand, in das Bischof Gebhard II. (1023–1036) von Regensburg 1028 Mönche aus St. Emmeram schickte.[73] Im Jahre 1028 hielt die Reform auch in Thierhaupten Einzug, wohl ebenfalls durch das Eingreifen des Regensburger Bischofs Gebhard, der Mönche aus St. Emmeram hierher sandte.[74] Ein erster Ansatz zur Reform in Niederaltaich, das zu einem Kanonikerstift geworden war, unter Abt Erchanbert (988–996) brachte keinen rechten Erfolg, erst mit Godehard (996–1022) faßte die Reform der sogenannten junggorzischen Richtung hier richtig Fuß.[75] An Godehard wurde auch Tegernsee übertragen, wo die

---

[67] 950 Jahre Karthaus-Prüll i. Regensburg, hg. v. GALLUS ZIRNGIBL, Regensburg 1947; HALLINGER, Gorze 1 (K) 140ff; OTTO-KARL TRÖGER, Kloster Prüll. Die Benediktineräbte (997–1484) u. ihre Siegel: Regensburg u. Ostbayern. Max Piendl z. Gedächtnis, hg. v. FRANZ KARG, Kallmünz 1991, 21–52.
[68] REINER BRAUN, Wilhelm v. Hirsau († 1091): Leb. aus d. Gesch. (B) 132–138; ARMIN GERL, Wilhelm v. Hirsau. Mönch u. Astronom (ca. 1030–1091): Berühmte Regensburger (B) 43–53.
[69] HALLINGER, Gorze 1 (K) 133ff; BENZ (K) 79f.
[70] HALLINGER, Gorze 1 (K) 138ff; Das Bistum Augsburg, Bd. 1: Die Benediktinerabtei Benediktbeuern, bearb. v. JOSEF HEMMERLE, Berlin u.a. 1991, 93. 165 (GermSac NF 28/1); SCHMEIDLER (K).
[71] HERMANN ENDRÖS, Reichsunmittelbarkeit u. Schutzverhältnisse d. Benediktinerstifts St. Ulrich u. Afra i. Augsburg v. 11. bis z. 17. Jh. (Masch. Diss.), München 1934; Regesten Augsburg 1 (B) Nr. 225; NORBERT HÖRBERG, Libri sanctae Afrae. St. Ulrich u. Afra i. Augsburg i. 11. u. 12. Jh. nach Zeugnissen d. Klosterbibliothek, Göttingen 1983, 185ff (VMPIG 74/StGS 15); LIEBHART, Reichsabtei (B) 15ff.
[72] HALLINGER, Gorze 1 (K) 278f [St. Gallen]; SCHMEIDLER (K) 206ff [Augsburg].
[73] MARTIN GUGGETZER, Elfhundert Jahre Ebersberg, hg. v. HEINRICH KASTNER, Ebersberg ²1957.
[74] NIKOLAUS DEBLER, Gesch. d. Klosters Thierhaupten, hg. v. JOHANNES TRABER, Augsburg 1980 [= Nachdr. d. Ausg. Donauwörth 1912]; TOMEK (K) 118; HALLINGER, Gorze 1 (K) 157; BAUERREISS 2 (B) 162.
[75] HALLINGER, Gorze 1 (K) 163ff; SIGMUND HERZBERG-FRÄNKEL, Wirtschaftsgesch. d. Stiftes Niederaltaich: MIÖG.E 10 (1928), 81–235; MAX HEUWIESER, Niederaltaich: Alte Klöster i. Passau u. Umgebung. Geschichtl. u. Kunstgeschichtl. Aufsätze, hg. v. JOSEF OSWALD, Passau ²1954, 69ff; GEORG STADTMÜLLER/BONIFAZ PFISTER, Gesch. d. Abtei Niederaltaich (741–1971), Augsburg

Reformansätze steckengeblieben waren. Aber auch Godehard, der von 1001–1002 das Kloster leitete, konnte sich hier nicht halten. 1022 wurde er Bischof von Hildesheim.[76] Aus Niederaltaich kam auch der dem höchsten Adel angehörende Mönch Gunther, der mit seinen Versuchen, als Einsiedler in der kleinen Zelle Rinchnach zu leben, fast an den Witterungsverhältnissen gescheitert wäre.[77]

Ein weiteres Reformzentrum lag in der Diözese Würzburg,[78] dessen Wirkungen sich schließlich an den Namen (Münster)Schwarzach knüpften.[79] Bereits Bischof Hugo (983–990) hat hier mit ersten Reformansätzen begonnen. Er hat das Andreaskloster wiederbelebt, das nach der Übertragung der Reliquien des hl. Burchard dessen Namen annahm.[80] Hugos Nachfolger Bernward (990–995) erhielt von Otto III. dem Kloster angeblich entfremdete Abteien wie Amorbach und Münsterschwarzach zurück.[81] Bernward schloß Amorbach[82] an die gorzische Reform an; auch sein Nachfolger Heinrich (995/96–1018) förderte die Abtei, die unter ihrem Abt Richard (1011–1039) ihrerseits wieder reformerisch ausgreifen konnte.[83] Bischof Heinrich hat auch in das 816 gegründete Münsterschwarzach[84] eingegriffen. Er wandte sich an St. Emmeram und erhielt von dort Alapold (1001–1012) als Abt.[85] Einen neuen Auftrieb empfing die Reform durch den von Bischof Adalbero (1045–1090) berufenen Abt Ekkebert (1046–1076), der direkt aus Gorze kam.[86] Ekkebert war auch sonst vielfach reformatorisch tätig. Er kam mit Mönchen aus Münsterschwarzach in das 1056 aus einem Kollegi-

---

1971; BONIFAZ PFISTER, 1250 Jahre Benediktinerkloster Niederaltaich: Jber. d. Schulheims St. Gotthard 1981, 60–96; HOLZFURTNER, Gründung (B) 225ff.

[76] OTTO J. BLECHER, Das Leben d. hl. Godehard, Hildesheim 1957; JOSEF OSWALD, St. Gotthart v. Niederaltaich, Abt u. Bischof: Bayer. Kirchenfürsten (B) 69–79; GEORG SCHWAIGER, Der hl. Gotthard, Abt v. Niederaltaich u. Bischof v. Hildesheim (960–5.5.1038): BaSa 3, 111–124.

[77] GOTTHARD LANG, Gunther d. Eremit i. Gesch., Sage u. Kult: StMBO 59 (1941), 3–80; 1000 Jahre St. Gunther. FS z. Jahre 1955, hg. v. EMMANUEL M. HEUFELDER, Köln 1955; KLAUS PFEFFER, Der hl. Gunther v. Niederaltaich (gest. am 9.10.1043): BaSa 2, 98–112.

[78] HALLINGER, Reformbräuche (K).

[79] CARL WOLFF, Zur Gründung u. Gesch. d. Abtei Schwarzach am Main i. Zeitalter d. Karolinger: Abtei Münsterschwarzach. Arbeiten aus ihrer Gesch., Festgabe z. Weihe d. Kirche 1938, Münsterschwarzach 1938, 187–231; RAINER KENGEL, Die Benediktinerabtei Münsterschwarzach, Münsterschwarzach 1952; ALFRED WENDEHORST, Die Anfänge d. Klosters Münsterschwarzach: ZBLG 24 (1961), 163–173; Die Benediktinerabtei Münsterschwarzach, Münsterschwarzach 1965; Magna Gratia. FS z. 50jähr. Weihejubilaeum d. Abteikirche Münsterschwarzach 1938-1988, Münsterschwarzach 1992 (MüSt 41).

[80] Bistum Würzburg 1 (B) 68f.

[81] GERD ZIMMERMANN, Die Klosterrestitutionen Ottos III. an d. Bistum Würzburg, ihre Voraussetzungen u. Auswirkungen: WDGB 25 (1963), 1–28.

[82] Abtei Amorbach (B).

[83] WAGNER (K).

[84] ELMAR HOCHHOLZER, Münsterschwarzach i. Reformmönchtum d. 11. Jh.: Forsch. z. bayer. u. fränk. Gesch. Peter Herde z. 65. Geburtstag v. Freunden, Schülern u. Kollegen dargebracht, hg. v. KARL BORCHARDT u.a., Würzburg 1992, 25–51 (QFGBW 52).

[85] SCHMALE (B) 122f; Bistum Würzburg 1 (B) 73ff.

[86] HALLINGER, Gorze 1 (K) 320ff; WENDEHORST, Mönchtum (B) 49ff.

atstift in eine Benediktinerabtei umgewandelte Lambach[87] und hat auch in St. Stephan in Würzburg eingegriffen.[88] Im Jahre 1015 war die Abtei Michelsberg gegründet worden, wobei in der Forschung strittig ist, ob eine Besetzung mit Mönchen von Amorbach[89] oder Münsterschwarzach[90] erfolgte. Ekkebert wurde 1071 auch Abt des 1015 auf dem Michelsberg bei Bamberg gegründeten Klosters, mußte das Amt jedoch bald wieder aufgeben. Auf jeden Fall führte die von Münsterschwarzach ausstrahlende Jung-Gorzer Reform zur Gründung von mehr als 20 Klöstern.[91]

Die gemeinsam lebenden Kleriker, als ordo canonicus bezeichnet, orientierten sich zunächst an dem von Augustinus und seinen Klerikern in Hippo praktizierten Vorgehen, das ihnen das Privateigentum gestattete. Chrodegang von Metz hat zuerst Regeln für diese religiösen Gemeinschaften formuliert, auch die Lateransynode von 1059 griff hier ein und schließlich war es Urban II., der durch die Zusammenfassung der Rechte und Pflichten der Canonici secundum regulam sancti Augustini dem Orden der Regularkanoniker eine feste Richtschnur gegeben hat, der sie von den Säkularkanonikern einerseits und den Mönchen andererseits abgrenzte. Der Orden war auch in Bayern weit verbreitet, und so wurden Reformen auch bei den Kanonikern in Angriff[92] genommen. Das gemeinsame Leben des Klerus in den Domkapiteln hatte starke Einbußen erlitten. Den Forderungen der Kirchenreform, die bei den Mönchen so starken Widerhall gefunden hatten, wollten sich zumindest Teile des Klerus anschließen, jedoch wurden die Vorschriften gemeinsames Leben und gemeinsamen Besitz betreffend nicht überall erfüllt.[93] Auf der Lateransynode von 1059 war ausdrücklich die Institutio canonica zu Gunsten der Chorherrenregel des Augustinus geändert worden, die die Vita communis und den Verzicht auf Privatbesitz forderte. Bei den Reformen stand am Anfang Bischof Altmann von Passau mit der Gründung des Chorherrenstiftes St. Nikola, unterstützt durch Konrad I. von Salzburg.[94]

---

[87] Bistum Würzburg 1 (B) 113; ALFRED WENDEHORST, Adalbero, Bischof v. Würzburg u. Gründer Lambachs. Seine Stellung i. Investiturstreit: 900 Jahre Klosterkirche Lambach. Oberösterreichische Landesausstellung 1989, hist. Teil, Schriftleitung HELGA LITSCHEL, Linz 1989, 17–24.

[88] Bistum Würzburg 2 (B) 114.

[89] So WALTER BRANDMÜLLER, Stud. z. Frühgesch. d. Abtei Michelsberg: BHVB 100 (1964), 95–135 und WAGNER (K) 86f. Ursprünglich dachte auch HALLINGER, Gorze 1 (K) 345f an Amorbach, doch HALLINGER, Reformbräuche (K) zog dann Münsterschwarzach in Erwägung.

[90] SCHMALE (B) 123, Anm. 7.

[91] CARL WOLFF, Die Abtei Münsterschwarzach i. ihren Beziehungen z. anderen Benediktinerklöstern i. Laufe d. Gesch.: Lumen caecis. FS z. silbernen Abts-Jubiläum d. Hochwürdigsten Herrn Dr. Norbert Weeber O.S.B. Erzabtes v. St. Ottilien 1903, St. Ottilien 1928, 280–311.

[92] BACKMUND, Kollegiat- u. Kanonissenstifte (B); BACKMUND, Chorherrenorden (B); ALFRED WENDEHORST/STEFAN BENZ, Verzeichnis d. Säkularkanonikerstifte d. Reichskirche: JFLF 54 (1994), 1–174.

[93] STEFAN WEINFURTER, Neuere Forsch. z. d. Regularkanonikern i. deutschen Reich d. 11. u. 12. Jh.: HZ 224 (1977), 379–397; DERS., Reformkanoniker u. Reichsepiskopat i. Hochmittelalter: HJ 97/98 (1978), 157–193; DERS., Die Kanonikerreform d. 11. u. 12. Jh.: 900 Jahre (K) 23–32.

[94] JOSEF OSWALD, Beitr. z. Gesch. Altmanns v. Passau (1070–1091) u. d. Chorherrenstiftes St. Nikola: OGM 4 (1960), 202–226; BOSHOF, Bischof (K); KARL REHBERGER, Altmann u. d. Chorherren: Altmann (K) 23–33; BACKMUND, Chorherrenorden (B) 109ff.

Die Gründung erfolgte wohl im Jahre 1071, auch wenn die Aussagen etwas schwierig sind, da die einschlägigen Urkunden alle Fälschungen aus späterer Zeit sind.[95] Der erste Propst wurde Hartmann,[96] doch hier spielte nun der Investiturstreit herein. Hartmann, der Kaplan von König Rudolf von Rheinfelden wurde, konnte sich in St. Nikola nicht halten. Er ging nach St. Blasien, später nach Göttweig und war auch in St. Ulrich und Afra in Augsburg tätig. Erst unter Ulrich besserten sich die Verhältnisse.[97] Aber Altmanns Wirken griff weit darüber hinaus.[98] Der Reformstrom ging einerseits nach Österreich (St. Florian, St. Pölten, Göttweig, Kremsmünster),[99] andererseits entfaltete er eine besondere Wirkung durch die von Altmann 1073 zusammen mit den Welfen in Angriff genommene Gründung von Rottenbuch,[100] mit Manegold von Lautenbach als Stiftsdekan. Die ersten Chorherren kamen vermutlich aus St. Nikola in Passau. Während des Investiturstreites spielte das Stift durch seine papsttreue Haltung eine bedeutende Rolle. Auch weitere Gründungen erfolgten von hier aus, so richtete 1102/05 Berengar von Sulzbach mit dem Rottenbucher Eberwin eine Kanonie in Berchtesgaden ein; auch in Baumburg und Gars am Inn war Eberwin tätig.[101] Ansätze zu einer Kanonikerreform in Regensburg, die an Weltenburg anknüpften, brachten keinen durchgreifenden Erfolg.[102] Ein anderer Ausgangspunkt wurde Reichersberg,[103] das nach 1080 von Werner, der mit einer Schwester Erzbischof Gebhards von Salzburg verheiratet war, gegründet worden war.[104] Es wurde vielleicht mit Priestern und Kanonikern besetzt, die sich in Salzburg gegen Erzbischof Berthold von Moosburg nicht halten konnten.[105] Aber auch das Wirken Gerhochs[106] brachte keinen durchschlagenden Erfolg. In Augsburg wurde von Bischof Brun 1021 das Chorherrnstift St. Moritz ins Leben gerufen.

---

[95] Regesten Passau 1 (B) Nr. 360 u. 361.
[96] Zu vgl. HERMANN JAKOBS, Der Adel i. d. Klosterreform v. St. Blasien, Köln u.a. 1968, 113ff (KHAb 26).
[97] PETER CLASSEN, Gerhoch v. Reichersberg u. d. Regularkanoniker i. Bayern u. Österreich: La vita comune del clero nei secoli XI e XII. Atti della settimana di studio. Mendola, settembre 1959, Bd. 1: Relazioni e questionario, Milano 1962, 304–340 (MCSM 3).
[98] Vgl. dazu WILLIBRORD NEUMÜLLER, Zur Benediktinerreform d. hl. Altmann: Altmann (K) 16–22.
[99] JOSEF WODKA, Altmann u. d. Ausbau d. Passauer Bistums i. Österreich: Altmann (K) 48–57.
[100] Rottenbuch. Das Augustinerchorherrenstift i. Ammergau. Beitr. z. Gesch., Kunst u. Kultur, hg. v. HANS PÖRNBACHER, Weißenburg ²1980, MOIS (K).
[101] Vgl. aaO, 161ff.
[102] LOHMER, Kanonikerstifte (K); LOHMER, Kanoniker (K) 79ff.
[103] LOHMER, Kanonikerstifte (K) 202ff.
[104] WILHELM STÖRMER, Gründung u. Frühgesch. d. Stiftes Reichersberg am Inn: 900 Jahre (K) 23–42.
[105] Vgl. WEINFURTER, Bistumsreform (K) 37ff.
[106] KARL REHBERGER, Die Gründung d. Stiftes Reichersberg u. Propst Gerhoch: Neunhundert Jahre Stift Reichersberg. Augustiner Chorherren zwischen Passau u. Salzburg, Schriftleitung DIETMAR STRAUB, AKat. Linz 1984, 81–91.

3. Kirchenreform und Investiturstreit

Um das Problem des Investiturstreites zu verstehen, wird man die verfassungsrechtliche Entwicklung des Bischofsamtes seit dem Frühmittelalter in Betracht ziehen müssen. Reichsbischöfe und auch Reichsäbte wurden vom weltlichen Herrscher in ihr Amt eingesetzt. Zeremoniell erfolgte das durch die Überreichung des Bischofsstabes und (allerdings erst seit Heinrich III. belegt[107]) des Bischofsringes. Der Bischof mußte dem Herrscher dafür Handgang und Treueid leisten. Beim Handgang, einem im Lehenswesen üblichen Brauch, legte der Lehensmann seine gefalteten Hände in die des Lehnsherrn und es wurden Geschenke ausgetauscht. Erst seit dem Investiturstreit wurde dieses Vorgehen in Frage gestellt.[108] Diese Zeremonien waren nur der äußere Ausdruck der Abhängigkeit der Kirche von einem Schutz gewährenden weltlichen Herrscher, wie andererseits auch das Machtpotential der Kirche in den Dienst des Reiches trat.[109] Eine solche Einwirkung des Herrschers machte auch vor dem Bischofssitz in Rom nicht Halt. So machte Heinrich III. den heillosen Zuständen in Rom um die Mitte des 11. Jahrhunderts ein Ende, indem er auf der Synode von Sutri 1046 drei miteinander konkurrierende Päpste absetzen[110] und durch Suidger von Bamberg als Papst Clemens II. ersetzen ließ.[111] Ähnlich verfuhr man bei den folgenden Papsterhebungen: Damasus II. (Poppo von Brixen), Leo IX. (Bruno von Toul) und Viktor II. (Gebhard von Eichstätt). Sie alle behielten ihre heimischen Bistümer auch als Päpste bei.[112] »Bayern triumphiert« heißt es bei einem italienischen Dichter der Zeit.[113] Diese auch von der Kirche durchweg als selbstverständlich angesehene Praxis wurde von dieser seit dem 11. Jahrhundert in Frage gestellt. Die Wahl des Bischofs durch Klerus und Volk, die formell immer gegolten hatte, sollte mehr Gewicht erhalten. Man hat verschiedene Etappen auf dem Weg, der nach Canossa führte, aufzuzeigen versucht.

Ein ganz entscheidender Ansatzpunkt war dabei der Kampf gegen die Simonie.[114] Diese Praxis knüpfte an den Namen des aus der Apostelgeschichte (Apg

---

[107] Zuerst belegt 1042 bei der Erhebung Gebhards von Eichstätt, vgl. Anonymus Haserensis, De gestis episcoporum Eistetensium: STEFAN WEINFURTER, Die Gesch. d. Eichstätter Bischöfe d. Anonymus Haserensis. Edition, Übers., Kommentar, Regensburg 1987, c. 34, S. 62 (ESt NF 24); vgl. R. SCHIEFFER, Enstehung d. Investiturverbots (K) 10ff.
[108] MINNINGER (K) 19ff [mit zahlreichen Beispielen].
[109] Vgl. etwa HAUCK ⁶³ (B) 52ff; ANTON SCHARNAGL, Der Begriff d. Investitur i. d. Quellen u. d. Literatur d. Investiturstreites, Stuttgart 1908 (KRA 56); HARTMANN (K) 45ff.
[110] Zur Frage der Absetzung bzw. Selbstabsetzung vgl. die kontroverse Literatur bei HARTMANN (K) 83f.
[111] Vgl. TIMMEL/ZIMMERMANN (K).
[112] Vgl. GOEZ (K); HELMUT BEUMANN, Reformpäpste als Reichsbischöfe i. d. Zeit Heinrichs III.: FS Friedrich Hausmann, hg. v. HERWIG EBNER, Graz 1977, 21–37; GUSTL FRECH, Die deutschen Päpste – Kontinuität u. Wandel: Salier 2 (K) 303–332.
[113] Versus de Gregorio papa et Ottone augusto: Die Lat. Dichter d. deutschen MA, Bd. 5: Die Ottonenzeit, 1. u. 2. Teil, hg. v. KARL STRECKER, München 1978 [= Nachdr. d. Ausg. Teil 1, Leipzig 1937, Teil 2, Berlin 1939], 477–483 [482: »Triumphat Baioaria«] (MGH.PL V 1-2).
[114] Vgl. RUDOLF SCHIEFFER, Simonie: LMA 7, 1922–1925.

8, 18ff) bekannten Simon Magus, der von den Aposteln die Kraft des Heiligen Geistes kaufen wollte. Zwar wurde dieses Ansinnen von Petrus zurückgewiesen, doch die Tatsache des Kaufs und Verkaufs geistlicher Weihen blieb bestehen. Auf dem Konzil von Chalkedon 451 wurde das Verbot auch auf Kauf und Verkauf kirchlicher Ämter ausgedehnt, die nicht an eine Weihe gebunden waren. Für Gregor den Großen ist die Simonie bereits eine Haeresie.[115] Neben der durch Geldzahlungen getätigten Simonie kennt er auch die durch Schmeicheleien, durch Dienstleistungen oder durch Unterwürfigkeit erlangten Ämter oder Weihen. Es gab immer wieder Synodalbeschlüsse dagegen, dennoch war in den Landeskirchen die Vergabe von Kirchenämtern gegen Geld weit verbreitet, nicht zuletzt dadurch, daß es zumeist Laien waren, die Bischofssitze wie auch Niederkirchen vergaben. Erst durch die Reformideen des 11. Jahrhunderts wurde das Problem grundsätzlicher angepackt, und zwar von weltlicher wie von geistlicher Seite. Kaiser Heinrich III. hat gegen die Simonie gekämpft, und auch die Päpste, insbesondere Leo IX., gingen theoretisch und praktisch durch die Absetzung simonistischer Bischöfe dagegen vor. Die etwas unklare Definition des Begriffes Simonie konnte auch dazu führen, daß dieser Vorwurf im Kampf gegen mißliebige Personen eingesetzt wurde, wie etwa im Falle des Bischofs Hermann von Bamberg, der sich bei den Klerikern des Kollegiatstiftes St. Jakob unbeliebt gemacht hatte, weil er das Stift in ein Mönchskloster umwandelte.[116] Strittig war auch die Frage, wie es mit den von Simonisten gratis gespendeten Weihen zu halten sei. Während Humbert von Silva Candida in seinen Libri tres adversus Simoniacos aus dem Jahre 1057[117] auch deren Gültigkeit ablehnte, hat Petrus Damiani in seinem Liber Gratissimus die objektive Kraft der Sakramente in den Mittelpunkt gestellt und von Simonisten gratis gespendete Weihen anerkannt.[118] Wenn auch noch nicht einmal der rigorosere Humbert förmlich die Laieninvestitur mit Simonie gleichsetzte, so führten doch diese Diskussionen mehr und mehr zur Ablehnung aller Eingriffe von Laien in die Vergabe kirchlicher Ämter. Eine praktische Auswirkung sah man auf der Lateransynode des Jahres 1059,[119] deren 6. Kanon ausdrücklich die Laieninvestitur verbot. Eine Zuspitzung erhielt alles mit dem Regierungsantritt Papst Gregors VII. 1073, der ja, wie schon sein Dictatus papae zeigt, durchaus kein Mann der Kompromisse war. Auf der Fastensynode vom Februar 1075 wurden vier nicht erschienene Bischöfe wegen

---

[115] Gregorii I papae Registrum epistolarum, ed. PAUL EWALD et LUDO M. HARTMANN, 2 Teile, Berlin 1891, IV 13 [247: simoniaca heresis und zahlreiche andere, im Register von Bd. 2, S. 551 unter heresis angeführte Stellen] (MGH.Ep 1).
[116] Vgl RUDOLF SCHIEFFER, Spirituales Latrones. Zu d. Hintergründen d. Simonieprozesse i. Deutschland zwischen 1069 u. 1075: HJ 92 (1972), 19–60.
[117] Hg. v. FRIEDRICH THANER: MGH.LL 1, 95–253; Adversus simoniacos. A critical edition with an introductory essay and notes, hg. v. ELAINE G. ROBISON (Masch. Diss.), Princeton 1972.
[118] Petrus Damiani, Brief 40: Die Briefe d. Petrus Damiani, hg. v. KURT REINDEL, Teil 1: Nr. 1–40, München 1983, 384–509 (MGH.Ep 2/4/1).
[119] Nr. 382: Decretum electionis pontificiae. Nr. 384: Nicolai synodica generalis, ed. LUDWIG WEILAND: MGH.Const. 1 (1893), 538–541. 546ff; DETLEV JASPER, Das Papstwahldekret v. 1059. Überlieferung u. Textgestalt, Sigmaringen 1986, 91–127 (BGQMA 12).

Simonie abgesetzt, darunter auch Hermann von Bamberg, gegen den nun nach achtjähriger bischöflicher Tätigkeit anscheinend begründete Vorwürfe lange zurückliegender simonistischer Praktiken vorgebracht wurden. Nach dem Bericht Arnulfs von Mailand habe Gregor VII. auf der Fastensynode von 1075 auch den Laien grundsätzlich die Investitur verboten. Es folgte die Absetzung Gregors auf der Reichsversammlung in Worms im Januar 1076 und im Februar des gleichen Jahres auf der römischen Fastensynode die Absetzung Heinrichs IV., aus der sich der Herrscher schließlich nur durch den Gang nach Canossa befreien konnte. An der Gewichtung dieser Ereignisse ist jedoch von Rudolf Schieffer gezweifelt worden, der ein Investiturverbot für Laien weder in die Jahre 1059 oder 1075, sondern erst in den November 1078 legt, wo es zum ersten Mal grundsätzlich ausgesprochen worden sei.[120]

Aber auch mit dem Tode Gregors VII. (1085) waren die Auseinandersetzungen nicht beendet. Sein eher um Ausgleich bemühter Nachfolger Viktor III. starb bereits 1087, dessen Nachfolger Urban II. (1088–1099) und Paschalis II. (1099–1118) setzten hingegen die harte Linie Gregors fort. Erst mit Calixt II. wurde 1122 das Wormser Konkordat geschlossen. Auch Heinrich IV. ist nie zu einem vollen Erfolg gekommen. Er mußte sich mit den Gegenkönigen Rudolf von Rheinfelden (1077–1080) und Hermann von Salm (1081–1088) auseinandersetzen und ebenso mit dem Abfall der Söhne Konrad (1093) und Heinrich V. (1104).

Wie kann man diese Entwicklung vor dem Hintergrund der Geschehnisse in Bayern beurteilen? Hier war die Stellungnahme für Gregor VII. bzw. Heinrich IV. ganz offensichtlich zwiespältig. Das führte mehrfach zur Aufstellung von Gegenbischöfen, und die darauf folgenden Kämpfe haben zweifellos das Streben nach Selbständigkeit der Städte wie auch der Klöster gegenüber den Bischöfen gefördert. Nach der Absetzung des Bischofs Hermann von Bamberg wegen des Vorwurfs der Simonie[121] hat Papst Gregor VII. selbst Heinrich IV. aufgefordert, für eine ordnungsgemäße Neubesetzung Bambergs zu sorgen. Dieser ernannte den Goslaer Propst Rupert und ließ ihn (ohne Wahl) durch Siegfried von Mainz weihen.[122] Anders war es mit dem grundsätzlichen Kampf um die Laieninvestitur. Hier gab es zu Beginn des Kampfes in Bayern eine Gruppe von drei papsttreuen Bischöfen, Gebhard von Salzburg, Altmann von Passau und Adalbero von Würzburg. In Worms 1076, wo die Absetzung Gregors VII. erfolgte, blieben 13 deutsche Bischöfe fern, darunter Gebhard und Altmann. Adalbero war zwar anwesend, hat aber nur auf den Druck der anderen Bischöfe hin das Absetzungsdekret unterschrieben. Gebhard, Altmann und Adalbero waren am 15.3.1077 auch in Forchheim unter den Wählern Rudolfs von Rheinfelden.

---

[120] R. SCHIEFFER, Entstehung d. Investiturverbots (K); STEFAN BEULERTZ, Das Verbot d. Laieninvestitur i. Investiturstreit, Hannover 1991 (MGH Stud. u. Texte 2); vgl. TELLENBACH, Kirche (K) 147ff.
[121] RUDOLF SCHIEFFER, Hermann I., Bischof v. Bamberg: LebFranken NF 6 (1975), 55–76.
[122] GUTTENBERG (B) Nr. 485.

Besonders betroffen wurde die Metropole Salzburg,[123] die in der Folgezeit durch die papsttreue Haltung des Erzbischofs Gebhard (1060–1088)[124] empfindliche Einbußen erlitt. Gebhard selbst mußte aus der Stadt weichen, in der jahrelang sein Gegenspieler Berthold aus der Familie der Grafen von Moosburg residierte.[125] In der zur Salzburger Kirchenprovinz gehörenden Bischofsstadt Brixen trat im Juni 1080 die Synode zusammen, die Gregor absetzte und Wibert von Ravenna zum Papst erhob. Erst im Sommer 1086 konnte Gebhard in seine Residenz zurückkehren, doch nach seinem Tod im Jahre 1088 dominierte wieder Berthold von Moosburg. Erst 1090 wurde mit Thiemo (1090–1098) wieder ein papsttreuer Bischof erhoben, der jedoch 1097 Berthold militärisch unterlag und 1101 auf einem Kreuzzug starb. Berthold herrschte nun allein; erst seine Parteinahme für Heinrich V. gegen Heinrich IV. führte zu seinem Sturz. Ihm folgte Konrad aus der Familie der Grafen von Abensberg oder Abenberg (1106–1147),[126] der zwar aus der Hofkapelle Heinrichs IV. kam, der aber seinen Aufstieg dem Anschluß an Heinrich V. verdankte. Er konnte sich allerdings jahrelang nicht in Salzburg aufhalten und kehrte erst 1121 zurück. In Passau[127] blieb Altmann (1065–1091)[128] ein treuer Anhänger Gregors VII. und ein unerbittlicher Gegner Heinrichs IV. Er hatte bereits an der Versammlung in Tribur 1076, die die Absetzung Gregors verkündete, nicht teilgenommen. Von Gregor VII. im gleichen Jahr formell zum päpstlichen Legaten bestellt,[129] war er in Deutschland unermüdlich in seinem Sinne tätig, beteiligte sich auch an der Erhebung Rudolfs von Rheinfelden. Im April 1085 traf ihn in Mainz die Absetzung durch eine Synode kaisertreuer Bischöfe. An seiner Stelle wurde der Eppensteiner Hermann (1085–1087) zum Passauer Bischof erhoben, der aber ebenso wie dessen Nachfolger Thiemo (1087–ca. 1105) kaum eine Rolle spielen konnte. Mit dem aus Augsburg kommenden Ulrich (1092–1121) wird wieder ein papsttreuer Bischof erhoben, der freilich wie-

---

[123] HEINZ DOPSCH, Salzburg i. Hochmittelalter. 1. Die äußere Entwicklung: Gesch. Salzburgs 1/1 (B) 229–336 [232ff].
[124] WALTER STEINBÖCK, Erzbischof Gebhard v. Salzburg (1060–1088). Ein Beitr. z. Gesch. Salzburgs i. Investiturstreit, Wien u.a. 1972 (VHIS 4); JOSEF FLECKENSTEIN, Erzbischof Gebhard v. Salzburg als Repräsentant d. Reichskirche u. Gegner d. Königs d. Investiturstreit: EBERHARD ZWINK (Hg.), Salzburg i. d. europ. Gesch., Salzburg 1977, 11–28 (Salzburg Dokumentationen 19); HEINZ DOPSCH, Gebhard (1060–1088). Weder Gregorianer noch Reformer: Leb. Salzburger Erzbischöfe (B) 41–62.
[125] KAMILLO TROTTER, Die Grafen v. Moosburg: VHN 53 (1917), 133–214; 54 (1918), 1–31.
[126] KURT ZEILLINGER, Erzbischof Konrad I. v. Salzburg (1106–1147), Wien 1968 (Wiener Diss. aus d. Gebiet d. Gesch. 10); BIRGIT WIEDL, Konrad I. v. Abenberg (1106–1147). Reformer i. Erzstift: Leb. Salzburger Erzbischöfe (B) 63–82.
[127] WILFRIED HARTMANN, Das Bistum Passau i. Investiturstreit: OGM 31 (1989), 46–60; Regesten Passau 1 (B) Nr. 346–441, S. 101ff.
[128] AUGUST LEIDL, Der hl. Altmann, ein Bischof i. Widerstreit. Anm. z. 900. Todestag: OGM 33 (1991), 9–17; BOSHOF, Bischof (K); JOSEF OSWALD, Der hl. Altmann, Bischof v. Passau (um 1015–8. August 1091): BaSa 3, 182–196.
[129] OTTO SCHUMANN, Die päpstlichen Legaten i. Deutschland z. Zt. Heinrichs IV. u. Heinrichs V. (1056–1125) [Diss.], Marburg 1912, 30ff.

der in manche Kämpfe verwickelt wird.[130] Auch in Würzburg[131] stand am Anfang der Auseinandersetzungen mit Adalbero (1045–1090) ein papsttreuer Bischof.[132] Er nahm an der römischen Fastensynode des Jahres 1075 teil und unterschrieb im folgenden Jahre 1076 in Worms nur auf den Druck seiner Mitbischöfe das Absetzungsdekret für Gregor VII. Von da an schwenkte er auf die Gegenseite über, war auch an der Wahl Rudolfs von Rheinfelden beteiligt, was für ihn dann freilich den Verlust seiner Bischofsstadt bedeutete, die er außer während einiger Monate im Sommer 1086 nicht mehr betreten konnte. 1085 wurde der Bamberger Scholaster Meinhard als Meginhard II. Gegenbischof in Würzburg,[133] dem dann Emehard (1089–1105) folgte.[134] Im Jahre 1105 wurde von Heinrich V. Rupert (1105–1106) als Bischof eingesetzt,[135] und im gleichen Jahr 1105 ernannte Heinrich IV. seinen Kanzler Erlung (1105–1121).[136] Erlung, der nach Ruperts Tod allein herrschte, hat sich schließlich Heinrich V. angeschlossen; im Jahre 1116 löste er sich aber von ihm und ging auf die päpstliche Seite über. Nach dem Tode Erlungs 1121 wurde Gebhard von Henneberg im Februar 1121 von Heinrich V. investiert, gegen den Rugger erhoben wurde. Die Auseinandersetzungen endeten schließlich mit dem Tode Ruggers am 26.8.1125.[137]

In den anderen bayerischen Bistümern dominierte überwiegend der königliche Einfluß.[138] Der Augsburger[139] Bischof Embriko[140] (1063–1077) war als Exkommunizierter mit in Canossa, entfernte sich aber von dort ohne Versöhnung mit dem Papst und starb noch im gleichen Jahr. Es fand sodann eine Doppelwahl statt: Das Domkapitel erhob Wigolt (1077–1088), der sich an Rudolf von Rheinfelden anschloß; Heinrich hingegen setzte seinen Kapellan als Siegfried II. (1077–1096)[141] ein. Das Bistum wurde von Kämpfen erschüttert, auch Augsburg mehrfach erobert und verwüstet. Wigolt, der im südlichen Teil der Diözese dominierte, starb 1088. Siegfried, der vorübergehend von Welf IV. gefangengesetzt wurde, lebte bis 1096. Ihm folgte der von Heinrich IV. eingesetzte Bischof Her-

---

[130] ANNETTE ZURSTRASSEN, Die Passauer Bischöfe d. 12. Jh. Stud. z. ihrer Klosterpolitik u. z. Administration d. Bistums, Passau 1989, 17ff; Regesten Passau 1 (B) 132ff.
[131] ALFRED WENDEHORST, Im Ringen zwischen Kaiser u. Papst: Unterfränk. Gesch. 1 (B) 295–332 [295ff]; Bistum Würzburg 1 (B) 100ff.
[132] WERNER GOEZ, Adalbero v. Würzburg: LebFranken NF 6 (1975), 30–54; DERS., Adalbero v. Würzburg: DERS., Gestalten d. Hochmittelalters. Personengeschichtl. Essays i. allgemeinhist. Kontext, Darmstadt 1983, 164–174; ALFRED WENDEHORST, Adalbero v. Würzburg (1045–1090) zwischen Papst u. Kaiser: SGSG 6 (1959), 148–164; DERS., Der hl. Adalbero, Bischof v. Würzburg (gest. am 6. Oktober 1090): BaSa 3, 170–181; DERS., Eine neue Quelle z. Gesch. Bischof Adalberos v. Würzburg (1045–1090): ZBLG 60 (1997), 433ff.
[133] Bistum Würzburg 1 (B) 107f.
[134] AaO, 119ff.
[135] AaO, 126ff.
[136] STEFAN BEULERTZ, Bischof Erlung v. Würzburg († 1121): LebFranken NF 16 (1996), 13–26.
[137] Bistum Würzburg 1 (B) 137ff.
[138] RAYMUND KOTTJE, Zur Bedeutung d. Bischofsstädte f. Heinrich IV.: HJ 97/98 (1978), 131–157.
[139] FRIEDRICH ZOEPFL, Die Augsburger Bischöfe i. Investiturstreit: HJ 71 (1952), 305–333; MICHAEL HORN, Zur Gesch. d. Bischöfe u. Bischofskirche v. Augsburg: Salier 2 (K) 251–266.
[140] Regesten Augsburg 1 (B) Nr. 335.
[141] AaO, Nr. 356.

Bronzetür des Augsburger Domes um 1070, Ausschnitt von vier Tafeln rechts unten

mann (1096–1133).¹⁴² Freising¹⁴³ war überwiegend königstreu. Ellenhard (1052–1078) unterschrieb die Beschlüsse von Tribur, sein Nachfolger Meginward (1078–1098), der noch 1080 bei der Wahl Clemens' III. in Brixen anwesend war, ist jedoch 1086 auf die päpstliche Seite geschwenkt, worauf gegen ihn ein Gegenbischof Hermann aufgestellt wurde. Sein Nachfolger Heinrich von Tengling wurde von Heinrich IV. eingesetzt, doch trat der später zu Heinrich V. über.¹⁴⁴ In Regensburg¹⁴⁵ stand Otto von Riedenburg (1061–1089) durchweg auf der Seite des Königs. Er wurde 1075 von Gregor exkommuniziert, war an der Absetzung Gregors 1076 in Worms beteiligt und beteiligte sich 1095 an der Exkommunizierung der »gregorianischen« Bischöfe in Mainz. Sein Nachfolger Gebhard IV. (1089–1105) hat offenbar niemals die Bischofsweihe erhalten, auch er blieb aber immer auf der Seite des Königs, ebenso der Nachfolger Hartwig I. (1105–1125),¹⁴⁶ der Heinrich V. anhing. In Eichstätt wurden die Bischöfe Udalrich (1075–1099) und Eberhard I. (1099–1112) vom König eingesetzt, dessen Sache sie immer vertraten. Es gab hier auch nie einen päpstlichen »Gegenbischof«.¹⁴⁷ In Bamberg folgte auf den 1075 abgesetzten Hermann Bischof Rupert (1075–1102),¹⁴⁸ von Heinrich IV. eingesetzt, vorher Propst in Goslar. Er ist an der Versammlung von Worms (Januar 1076) beteiligt, auf der Fastensynode im Februar 1076 trifft ihn die Exkommunikation. Auf der Reise nach Canossa wird er von Herzog Welf gefangengesetzt und ist bis zum August 1077 in Haft.¹⁴⁹ Als königlicher Gesandter trat er auf der Fastensynode in Rom 1080 auf, jedoch ohne Erfolg. Er ist dann wieder in Brixen im Juni 1080 an der Erhebung Clemens' III. beteiligt. Sein Nachfolger Otto, von Heinrich IV. ernannt, ist eine Zeitlang dessen Kanzler gewesen. Er ist dann insbesondere als Apostel der Pommern tätig geworden.¹⁵⁰

Ein Abschluß der Auseinandersetzungen kam erst unter dem Pontifikat des 1119 gewählten Calixt II. zustande, der auf dem Mainzer Fürstentag vom Juni 1119 auch von den Fürsten anerkannt wurde. Nach neuen Verwicklungen folgte

---

¹⁴² WILHELM VOLKERT, Hermann Bischof v. Augsburg: LebBaySchwaben 6 (1958), 1–25; Regesten Augsburg 1 (B) Nr. 366–477; KLAUS ZECHIEL-ECKES, Neue Aspekte z. Gesch. Bischof Hermanns v. Augsburg (1096–1133). Die Collectio Augustana, eine Rechtssammlung aus d. Spätzeit d. Investiturstreits: ZBLG 57 (1994), 21–43.
¹⁴³ MASS (B) 140ff.
¹⁴⁴ AaO, 148ff.
¹⁴⁵ HAUSBERGER, Gesch. 1 (B) 74ff; P. SCHMID, Regensburg (K) 169f; LOTHAR KOLMER, Regensburg i. d. Salierzeit: Salier 3 (K) 191–213; EGON BOSHOF, Bischöfe u. Bischofskirchen v. Passau u. Regensburg: Salier 2 (K) 113–154 [130–133].
¹⁴⁶ HANS ROSANOWSKI, Bischof Hartwig I. v. Regensburg (1105–1126): Ratisbona sacra (B) 127–130; DERS., Bischof Hartwig I. v. Regensburg: Regensburg u. Bayern i. MA (B) 57–78.
¹⁴⁷ Bistum Bamberg 1 (B) 248ff.
¹⁴⁸ Regesten Eichstätt (B).
¹⁴⁹ GUTTENBERG (B) Nr. 503.
¹⁵⁰ Bischof Otto I. v. Bamberg. Reformer, Apostel d. Pommern, Heiliger (1139 gest., 1189 heiliggesprochen), hg. v. LOTHAR BAUER u.a., Bamberg 1989 (BHVB 125).

dann schließlich am 23.9.1122 das sogenannte Wormser Konkordat.[151] Von der Seite des Königs erfolgte im sogenannten Heinricianum der Verzicht auf Investitur mit Stab und Ring und die Gewährung der freien Wahl. Das Calixtinum gewährt Heinrich V. Anwesenheit bei der Wahl, bei strittigen Wahlen Entscheid gemäß dem Urteil der sanior pars und Investitur mit dem Szepter, zum Zeichen der Einweisung in seine weltlichen Herrschaftsrechte; diese sollte in Deutschland vor, in Italien und Burgund nach der Weihe erfolgen. Die kaiserliche Fassung, das sogenannte Heinricianum, wurde unterschrieben von den bayerischen Bischöfen Hartwig von Regensburg, Otto von Bamberg und Hermann von Augsburg.

Ein Einfluß des Königs auf die Besetzung geistlicher Ämter blieb also auch weiterhin bestehen, wenn auch die Praxis in der folgenden Zeit zu einer eher pragmatischen Entwicklung führte, zumal die Zugeständnisse zunächst nur Heinrich V. gemacht worden waren. Die Unabhängigkeit des geistlichen vom weltlichen Bereich in der Reichskirche war aber nicht mehr aufzuhalten.

---

[151] Pax Wormatiensis cum Calixto II., ed. LUDWIG WEILAND: MGH.Const 1 (1893), 159ff; ADOLF HOFMEISTER, Das Wormser Konkordat. Zum Streit um seine Bedeutung: Forsch. u. Versuche z. Gesch. d. MA u. d. Neuzeit. FS Dietrich Schäfer z. 70. Geburtstag dargebracht v. seinen Schülern, Jena 1915, 64–148, als erweiterter Nachdr. hg. v. RODERICH SCHMIDT, Darmstadt 1962 (Libelli 89); PETER CLASSEN, Das Wormser Konkordat i. d. deutschen Verfassungsgesch.: Investiturstreit u. Reichsverfassung, hg. v. JOSEF FLECKENSTEIN, Sigmaringen 1973, 411–431 (VKAMAG 17); MINNINGER (K) 181–209.

I.4. KIRCHE, GESELLSCHAFT UND RELIGIÖSE BEWEGUNGEN VON DER STAUFERZEIT BIS ZUM VORABEND DER REFORMATION

Von Alfred Wendehorst

WILLY ANDREAS, Deutschland vor d. Reformation. Eine Zeitenwende, Berlin ⁷1972.– HARTMUT BOOCKMANN, Stauferzeit u. spätes MA. Deutschland 1125–1517, Berlin 1987.– BORIS (B).– FRANZ XAVER BUCHNER, Die vorreformatorischen Benefizien d. Bistums Eichstätt: BUCHNER, Klerus (K) 253–307.– DERS., Klerus, Kirche u. Frömmigkeit i. spätmittelalterlichen Bistum Eichstätt. Ausgewählte Aufsätze, hg. v. ENNO BÜNZ u. KLAUS WALTER LITTGER, St. Ottilien 1997 (SUBE 36).– Bayer. Geschichtsatlas (B).– GRAUS¹ (B).– HAUCK 4 u. 5/1–2 (B).– HERMANN HEIMPEL, Das deutsche fünfzehnte Jh. i. Krise u. Beharrung: Welt z. Zt. d. Konstanzer Konzils (K) 9–29.– KARL FRIEDRICH HERMANN, Die Salzburger Kirche. 1. Kirchl. Leben: Gesch. Salzburgs 1/2 (B) 983–1001.– FRANZ XAVER HIMMELSTEIN, Synodicon Herbipolense. Gesch. u. Statuten d. i. Bisthum Würzburg gehaltenen Concilien u. Diöcesansynoden, Würzburg 1855.– PAUL HINSCHIUS, System d. kath. Kirchenrechts mit bes. Rücksicht auf Deutschland, 6 Bde., Berlin 1869–1897.– KIESSLING, Gesellschaft (B).– JOSEF KRAUS, Die Stadt Nürnberg i. ihren Beziehungen z. Röm. Kurie während d. MA: MVGN 41 (1950), 1–154.– JOACHIM LEUSCHNER, Deutschland i. späten MA, Göttingen ²1983 (KVR 1410).– ALFONS LHOTSKY, Die Zeitenwende um d. Jahr 1400: DERS., Aufsätze u. Vorträge. Ausgewählt u. hg. v. HANS WAGNER u. HEINRICH KOLLER, Bd. 1: Europ. MA. Das Land Österreich, München 1970, 194–217.– JOHANN LOOSHORN, Die Gesch. d. Bisthums Bamberg, Bd. 1–4, Bamberg 1967–1980 [= Nachdr. d. Ausg. München 1886–1900].– FRANZ MACHILEK, Hus u. d. Hussiten i. Franken: JFLF 51 (1991), 15–37.– MASS (B).– Die älteren Matrikeln d. Bisthums Freysing, hg. v. MARTIN V. DEUTINGER, Bd. 3, München 1850.– ANTON L. MAYER, Die Liturgie u. d. Geist d. Gotik: DERS., Die Liturgie i. d. europ. Geistesgesch. Ges. Aufsätze, hg. u. eingeleitet v. EMMANUEL V. SEVERUS OSB, Darmstadt 1971, 18–47.– ERICH MEUTHEN, Das 15. Jh., München u.a. 1980 (Oldenbourg-Grundriß d. Gesch. 9).– MOELLER (B).– PETER MORAW, Von offener Verfassung z. gestalteter Verdichtung. Das Reich i. späten MA. 1250–1490, Berlin 1985 (Propyläen-Gesch. Deutschlands 3).– Repertorium Germanicum. Verzeichnis d. i. d. päpstlichen Registern u. Kameralakten vorkommenden Personen, Kirchen u. Orte d. Deutschen Reiches, seiner Diözesen u. Territorien v. Beginn d. Schismas bis z. Reformation, hg. v. PREUSSISCHEN HIST. INSTITUT I. ROM, Bd. 1: Verzeichnis d. i. d. Registern u. Kameralakten Clemens' VII. v. Avignon vorkommenden Personen, Kirchen u. Orte d. Deutschen Reiches, seiner Diözesen u. Territorien, Berlin u.a. 1991 [= Nachdr. d. Ausg. Berlin 1916], Bd. 3: Verzeichnis d. i. d. Registern u. Kameralakten Alexanders V., Johann's XXIII. u. d. Konstanzer Konzils vorkommenden Personen, Kirchen u. Orte d. Deutschen Reiches, seiner Diözesen u. Territorien 1409–1417, Berlin u.a. 1991 [= Nachdr. d. Ausg. Berlin 1935].– LEONHARD CLEMENS SCHMITT, Die Bamberger Synoden: BHVB 14 (1851), I–IV. 5–245.– RUDOLF STADELMANN, Vom Geist d. ausgehenden MA, Stuttgart 1966 [= Nachdr. d. Ausg. Halle 1929] (DVB 15).– Tabula formarum curie episcopi (B).– Die Welt z. Zt. d. Konstanzer Konzils. Reichenau-Vorträge i. Herbst 1964, Konstanz u.a. 1965 (VKAMAG 9).– Würzburg.

Gesch. i. Bilddokumenten, hg. v. ALFRED WENDEHORST, München 1981.– Die Zeit d. Staufer. Gesch. – Kunst – Kultur. Kat. d. Ausstellung Stuttgart 1977, hg. v. REINER HAUSSHERR, 5 Bde., Stuttgart 1977.– ZOEPFL (B).

1. Die Staufer und die Kirche

EKKEHARD EICKHOFF, Friedrich Barbarossa i. Orient. Kreuzzug u. Tod Friedrichs I., Tübingen 1977 (Istanbuler Mitt. Beih. 17).– ODILO ENGELS, Die Staufer, Stuttgart u.a. ⁶1994 (UrTB 154).– Friedrich Barbarossa. Handlungsspielräume u. Wirkungsweisen d. staufischen Kaisers, hg. v. ALFRED HAVERKAMP, Sigmaringen 1992 (VKAMAG 40).– Heinrich d. Löwe u. seine Zeit. Herrschaft u. Repräsentation d. Welfen. Kat. d. Ausstellung Braunschweig 1995, hg. v. JOCHEN LUCKHARDT u. FRANZ NIEHOFF, Bd. 1–3, München 1995.– JÜRGEN MIETHKE/ARNOLD BÜHLER, Kaiser u. Papst i. Konflikt. Zum Verhältnis v. Staat u. Kirche i. späten MA, Düsseldorf 1988 (Hist. Seminar 8).– FERDINAND OPLL, Friedrich Barbarossa, Darmstadt ³1998.– PETER RASSOW, Honor Imperii. Die neue Politik Friedrich Barbarossas 1152–1159. Durch d. Text d. Konstanzer Vertrages ergänzte Neuausg. Darmstadt 1974 [= Nachdr. d. Ausg. München 1961].– RUDOLF SCHIEFFER, Altbayern, Franken u. Schwaben. Die Zeit v. 1046–1215: HBKG 1/1, 229–269.– BERNHARD SCHIMMELPFENNIG, Könige u. Fürsten, Kaiser u. Papst nach d. Wormser Konkordat, München 1996 (EDG 37).– WILHELM STÖRMER, Die kirchl. Ordnung i. Franken: HBKG 1/1, 329–348.– STEFAN WEINFURTER, Die kirchl. Ordnung i. d. Kirchenprovinz Salzburg u. i. Bistum Augsburg 1046–1215: HBKG 1/1, 271–328.– Zeit d. Staufer 1–5 (K).

Schon wenige Tage nach Konrads III. Tod am 20.2.1152 wurde sein Neffe Friedrich (Barbarossa) von den Fürsten zum König gewählt (9.3.). Der politische Preis für die rasche und einhellige Wahl war hoch, aber die Konsequenzen der Kompromisse waren offenkundig wohlbedacht. Mit der Wahl begann der Wiederanstieg der Geltung des Reiches. Hauptratgeber Barbarossas war der geistig bedeutende Bischof von Bamberg, Eberhard II. aus dem edelfreien bayerischen Geschlecht von Ettling, der auch später als Wahrer staufischer Interessen hervortrat.[1] Durch ihn ließ Barbarossa seine Wahl Papst Eugen III. anzeigen, ohne um Bestätigung nachzusuchen, die dieser jedoch – eher wohlberechnet als spontan – aussprach. Denn er ahnte wohl, daß Barbarossa das durch das Wormser Konkordat veränderte Verhältnis zum Papsttum und zum Reichsepiskopat wieder in die Zeit vor dem Investiturstreit zurückführen wollte.

Der Babenberger Otto, Bischof von Freising,[2] Gründer und Reformer von Stiften und Klöstern, genialer Deuter der Weltgeschichte, deren Darstellung er

---

[1] Bistum Bamberg 1 (B) 141–154; OTTO MEYER, Bischof Eberhard II. v. Bamberg 1146–1170. Mittler i. Wandel seiner Zeit, Würzburg 1964 (Neujahrsblätter d. Gesellschaft f. fränk. Gesch. 29); OPLL (T) 217.

[2] Otto v. Freising. Gedenkgabe z. seinem 800. Todestag, hg. v. JOSEPH A. FISCHER, Freising 1958 (Sammelblatt d. Hist. Vereins Freising 23); MASS (B) 157–175; HANS-WERNER GOETZ, Otto v. Freising: NDB 19, 684ff.

1157 seinem Neffen Friedrich Barbarossa widmete,[3] hatte seine Erhebung noch Konrad III. zu verdanken. Im Auftrag Barbarossas und unter Verwendung amtlichen Materials verfaßte er auch eine Chronik der Taten des Kaisers, welche sein Kaplan Rahewin bis zum Jahre 1160 fortführte.[4]

Todesfälle im Episkopat und mit Unterstützung päpstlicher Legaten veranlaßte Resignationen, durch welche mehrere Bischofssitze etwa gleichzeitig vakant wurden, gaben ihm Gelegenheit, diese mit Geistlichen seines Vertrauens zu besetzen. Noch im Jahre 1152 griff er in Augsburg, in dessen Umgebung er Güter und Rechte für sein Haus sammelte, in den nach Bischofs Walters Resignation entstandenen Streit um den Bischofsstuhl ein und sicherte Konrad von Hirscheck die Anerkennung, der dann auf der Reichssynode zu Pavia (1160) eine offensichtlich unter Druck zustande gekommene Mehrheit des Episkopates für den vom Kaiser begünstigten Gegenpapst Viktor IV. zustande brachte.[5] 1153 betrieb er die Absetzung Bischof Burchards von Eichstätt, nicht nur seiner Gebrechlichkeit wegen, und ließ mit Konrad I. einen bewährten staufischen Parteigänger zum Bischof wählen.[6] Die Probleme der von Papst Hadrian IV. geforderten und von Barbarossa schließlich auch geleisteten Ehrendienste im Vorfeld der Kaiserkrönung vom 18.6.1155 kündigten Spannungen an.[7]

Seit der schismatischen Papstwahl vom 7.9.1159 waren die Besetzungen der Bischofsstühle politisch folgenreicher. Im Reich stand nur die Kirchenprovinz Salzburg hinter Alexander III., der das Kaisertum als ein vom Papst verliehenes Amt definierte, und mit dem Barbarossa bereits auf dem Reichstag zu Besançon 1157, als der spätere Papst noch Legat war, in einen grundsätzlichen und lauten Streit geraten war.[8] In Salzburg selbst war es Otto von Freisings Bruder Konrad (1148–1164 Bischof von Passau), der als Erzbischof von Salzburg (1164–1168) die Linie seines Vorgängers Eberhard I., der Hauptstütze der Alexandriner in Deutschland, fortführte und deshalb schließlich der Reichsacht verfiel.[9] Auch Otto von Freisings Nachfolger in Freising selbst, Bischof Albert I., stand lange Zeit fest an der Seite Alexanders III.[10] Von den Salzburger Suffraganen konnte Barbarossa das Bistum Regensburg aus der Obödienz Alexanders heraushalten,

---

[3] Ottonis episcopi Frisingensis Chronica sive historia de duabus civitatibus, rec. ADOLF HOFMEISTER, Hannover u.a. ²1912 (MGH.SRG 45).
[4] Ottonis et Rahewini Gesta Friderici I. imperatoris, recensuit GEORG WAITZ, Hannover u.a. ³1912 (MGH.SRG 46).
[5] ZOEPFL (B) 132–141; MARLENE MEYER-GEBEL, Bischofsabsetzungen i. d. deutschen Reichskirche v. Wormser Konkordat (1122) bis z. Ausbruch d. Alexandrinischen Schismas (1159), Siegburg 1992, 203–213 (BHF 55).
[6] STEFAN WEINFURTER, Friedrich Barbarossa u. Eichstätt. Zur Absetzung Bischof Burchards 1153: JFLF 52 (1992), 73–84 [= FS f. Alfred Wendehorst 1].
[7] OPLL (T) 204.
[8] JOACHIM EHLERS, Alexander III.: TRE 2, 237–241.
[9] KURT ZEILLINGER, Konrad II.: NDB 12, 525.
[10] MASS (B) 175–189.

ja mit Konrad II. von Raitenbuch einen entschiedenen Gesinnungsgenossen zum Bischof wählen lassen.[11]

Die zur Mainzer Kirchenprovinz gehörenden Bischöfe sicherten Barbarossas Herrschaft im oberdeutschen Raum. Engere Beziehungen entwickelten sich zu Würzburg, dem bevorzugten Aufenthaltsort Barbarossas,[12] wo er am 23.5.1165 sich eidlich auf den Gegenpapst Paschalis III. verpflichtete und diesen Eid auch von den Reichsfürsten einforderte.[13] Wohl auf sein Verwenden hin wurde der Dompropst Herold unmittelbar danach Bischof von Würzburg. Ihm übertrug Barbarossa 1168 die volle Gewalt, im Bistum (»episcopium«) und Herzogtum Würzburg (nicht im Herzogtum Ostfranken, wie vorgelegte Falsifikate sagten) und in allen darin gelegenen Grafschaften über Raub und Brand, Eigen, Lehen und Leute zu richten, die Blutgerichtsbarkeit auszuüben. In dieser, seit dem Chronisten Lorenz Fries »gülden freyheit« genannten Urkunde wird die Entwicklung der weltlichen Herrschaft des Bischofs von Würzburg dahin präzisiert, daß der ostfränkische Dukat, der eine Quelle des Streites mit Bamberg gewesen war, als »ducatus Wirceburgensis« rechtlich, vor allem aber flächenmäßig auch gegen ein Konglomerat staufischer Rechte im Süden begrenzt wurde, auf jeden Fall aber hinter den Ansprüchen Würzburgs zurückblieb.[14]

Vier Gegenpäpsten hatte Alexander III. getrotzt, als Barbarossa im Frieden von Venedig (1177) einlenkte, sich zu Kompromissen bereitfand und damit seine Position vor allem in Salzburg stärken konnte. Hier wurde 1183 sein alter Gegner Konrad von Wittelsbach Erzbischof, der sich nun an seine Seite stellte. Dessen älterer Bruder Otto wurde 1180 nach dem Sturz Heinrichs des Löwen Herzog von Bayern.

Der Würzburger Bischof Gottfried I. von Spitzenberg-Helfenstein, der bei der Vorbereitung und Durchführung des 3. Kreuzzuges Führungsaufgaben wahrnahm, schrieb den Bericht über den Tod des Kaisers im Saleph am 10.6.1190.[15] Nachdem er selbst keine vier Wochen später (8.7.) im kleinasiatischen Antiochia (Antakya) gestorben war,[16] machte Kaiser Heinrich VI. seinen ganzen Einfluß in Würzburg zugunsten seines Bruders Philipp von Schwaben geltend, der zwar Propst von Aachen war, aber noch keine Weihen empfangen hatte. Tatsächlich erscheint Philipp von Schwaben im April 1191 als »erwählter Bischof von Würzburg.« Doch trat er noch im gleichen Jahre zurück, sei es, daß der Tod seines

---

[11] HAUSBERGER, Gesch. 1 (B) 111–115.

[12] Bayer. Geschichtsatlas (B) Karte 17 c.

[13] Curia Wirzburgensis: MGH.Const 1, 314–321, Nr. 223–226; GERHARD RILL, Zur Gesch. d. Würzburger Eide v. 1165: WDGB 22 (1960), 7–19.

[14] Bistum Würzburg 1 (B) 166f; GERD ZIMMERMANN, Vergebliche Ansätze z. Stammes- u. Territorialherzogtum i. Franken: JFLF 23 (1963), 379–408; GERHARD LUBICH, Auf d. Weg z. »Güldenen Freiheit«. Herrschaft u. Raum i. d. Francia orientalis v. d. Karolinger- z. Stauferzeit, Husum 1996 (HS 449).

[15] Quellen z. Gesch. d. Kreuzzuges Kaiser Friedrichs I., hg. v. ANTON CHROUST, Berlin 1928, 173–178 (MGH.SRG NS 5).

[16] Bistum Würzburg 1 (B) 177f.

Bruders Friedrich V. von Schwaben ihn dazu veranlaßte, sei es, daß der Papst gegen die Wahl des noch nicht zwanzigjährigen Philipp Einspruch erhob.[17] Philipp von Schwaben wurde am 8.3.1198 als Nachfolger seines Bruders Heinrich VI. von den oberdeutschen Fürsten mehrheitlich zum König gewählt, dem aber am 9.7. von der welfischen Partei mit Herzog Otto von Braunschweig, einem Sohn Heinrichs des Löwen, ein Gegenkönig entgegengestellt wurde, den auch Papst Innocenz III. favorisierte.[18] Doch konnte König Philipp seine Position stärken,

Bamberg, Dom Außenfront, Ostchor, 1215

[17] AaO, 179.
[18] Regestum Innocentii III papae super negotio Romani imperii, hg. v. FRIEDRICH KEMPF, Roma 1947 (MHP 12).

so daß seine allgemeine Anerkennung bevorzustehen schien. Am 21.6.1208 fand er sich zur Hochzeit seiner Nichte Beatrix mit Otto VI. von Andechs-Meranien, einem Bruder des Bamberger Bischofs Ekbert, in Bamberg ein und wurde von Pfalzgraf Otto von Wittelsbach, dem er 1203 die Hand der Beatrix versprochen hatte, ermordet. Ob persönliche Rache der einzige Grund für die Bluttat war, welche die politische Situation im Deutschen Thronstreit völlig veränderte und den Rückzug der Königsherrschaft in Franken einleitete, wird neuerdings auch in Zweifel gezogen.[19]

Als Papst Innocenz III. sich von der imperialen Politik Ottos IV. genauso bedroht sah wie vorher von den staufischen Herrschern, kam es zum Bruch. Seit Ende des Jahres 1210 betrieb der Papst die Königswahl Friedrichs, des damals sechzehnjährigen Sohnes Kaiser Heinrichs VI. Als er nach Deutschland kam, wurde seine Anhängerschaft größer und größer. Aber die neuerliche staufische Umklammerung des Kirchenstaates hat die Eintracht bald zerstört. Nach der förmlichen Absetzung Friedrichs II. durch das zweite Konzil von Lyon (1245) schlug die Stimmung im Reichsepiskopat um. Die Wahl eines neuen (päpstlichen Gegen-)Königs, die am Himmelfahrtstag 1246 in Würzburg stattfinden sollte, mußte wegen der unentwegten Staufertreue der Stadt verschoben und verlegt werden. In dem ein wenig mainabwärts gelegenen Veitshöchheim wurde der zunächst widerstrebende thüringische Landgraf Heinrich Raspe gewählt, der, da an seiner Wahl kein weltlicher Fürst beteiligt war, der Paffen König (»rex clericorum«) genannt wurde.[20]

2. Kreuzzugsbewegung

KASPAR ELM, Die Kreuzzüge. Kriege i. Namen Gottes? Köln 1996 (KuG[K] 231).– CARL ERDMANN, Die Entstehung d. Kreuzzugsgedankens, Stuttgart 1955 [= Nachdr. d. Ausg. 1935] (FKGG 6).– ERNST-DIETER HEHL, Kirche u. Krieg i. 12. Jh. Stud. z. kanonischem Recht u. polit. Wirklichkeit, Stuttgart 1980 (MGMA 19).– HANS EBERHARD MAYER, Bibliographie z. Gesch. d. Kreuzzüge, Hannover 1960.– DERS., Gesch. d. Kreuzzüge, Stuttgart u.a. [7]1989 (UrTB 86).– DERS., Literaturber. über d. Gesch. d. Kreuzzüge. Veröff. 1958–1967: HZ.S 3 (1969), 641–731.– REINHOLD RÖHRICHT, Die Deutschen i. Hl. Lande. Chronologisches Verzeichnis derjenigen Deutschen, welche als Jerusalempilger u. Kreuzfahrer sicher nachzuweisen oder wahrscheinlich anzusehen sind (ca. 650–1291), Aalen 1968 [= Nachdr. d. Ausg. Innsbruck 1894].– STEVEN RUNCIMAN, Gesch. d. Kreuzzüge, 3 Bde., München 1957–1960.

---

[19] BERND ULRICH HUCKER, Der Königsmord v. 1208 – Privatrache oder Staatsstreich?: Die Andechs-Meranier i. Franken. Europ. Fürstentum i. Hochmittelalter. Ausstellung i. Bamberg v. 19.6. bis 30.9.1998, AKat. Mainz 1998, 111–128.
[20] ERNST KANTOROWICZ, Kaiser Friedrich d. Zweite, Düsseldorf u.a. [4]1936, 582; Erg.-Bd.: Quellennachweise u. Exkurse, Berlin 1931, 238f.

Schon seit dem 4. Jahrhundert bildete das Heilige Land ein bevorzugtes Ziel der Wallfahrtsfrömmigkeit.[21]

Bischof Gunther von Bamberg gehörte zu den letzten, welche die biblischen Stätten im Heiligen Land ohne große Behinderungen hatten besuchen können.[22] 1071 entrissen türkische Stämme dem Kalifen von Kairo die Stadt Jerusalem mit einschneidenden Konsequenzen auch für die christlichen Pilger. Die Situation im Heiligen Land war es, welche zur Ausbildung der Lehre vom heiligen Krieg mit beitrug. Dem Aufruf Papst Urbans II. zur Befreiung der heiligen Stätten (»Gott will es!«) folgten Kreuzfahrer, die vorwiegend aus Frankreich kamen, eroberten 1099 Jerusalem zurück und errichteten christliche Königreiche. Damals (1101/02) zog der Mönch Ekkehard, der später Abt von Aura wurde, ins Heilige Land und hinterließ über seine Erlebnisse eine eingehende Schilderung.[23] Nachdem die »Sarazenen« 1144 Edessa erobert, Christen massakriert hatten und die christliche Herrschaft im Heiligen Land bedrohten, rief Bernhard von Clairvaux zum zweiten Kreuzzug aus. Nach dessen Wunsch und Vorbild hat Adam, erster Abt des Zisterzienserklosters Ebrach im Steigerwald, in Franken und Bayern das Kreuz gepredigt und Adelige für das Unternehmen von 1147 gewonnen.[24] Dem wenig erfolgreichen Zug, der jedoch den Bestand der christlichen Staaten im Heiligen Land zunächst sicherte, schlossen sich die Bischöfe Otto von Freising und Heinrich I. von Regensburg an sowie Reginbert von Passau, der bei dem Unternehmen den Tod fand.[25]

Die Rückeroberung Jerusalems durch Sultan Saladin im Jahre 1187 wurde Anlaß für den dritten Kreuzzug. Auf dem »Hoftag Jesu Christi« in Mainz 1180 nahm der Kaiser mit einigen Fürsten und hunderten Rittern das Kreuz. Ein päpstlicher Kreuzzugsaufruf sicherte die Mitwirkung der Könige von England und Frankreich. So wurde das Unternehmen eine gemeinsame Aktion der westlichen Christenheit unter Führung Barbarossas, der damit die kaiserliche Autorität unangefochten und eindrucksvoll demonstrierte, bevor der Zug mit seinem Tod im Saleph (10.6.1190) und hohen Verlusten, mit der Rückeroberung Akkons, nicht aber Jerusalems, endete.

Im Frühjahr 1198, etwa um die Zeit, als Philipp von Schwaben zum König gewählt wurde, traten im Templerhause zu Akkon elf deutsche Bischöfe, darunter der von Hildesheim, Konrad von Querfurt, der gerade auch zum Bischof von Würzburg gewählt worden war, und weltliche Reichsfürsten zusammen, um die deutsche Spitalbruderschaft, deren Wirken der Priester Johannes von Würzburg um 1170 beschrieben hatte,[26] auf die Templerregel zu verpflichten und sie damit

---

[21] BERNHARD KÖTTING, Peregrinatio religiosa. Wallfahrten i. d. Antike u. d. Pilgerwesen i. d. alten Kirche, Münster 1950 (FVK 33/35).
[22] Bistum Bamberg 1 (B) 105.
[23] MGH.SS 6, 265ff.
[24] FERDINAND GELDNER, Abt Adam v. Ebrach: LebFranken NF 2 (1968), 8–25.
[25] HUBERT GLASER, Das Scheitern d. zweiten Kreuzzugs als heilsgeschichtl. Ereignis: FS Max Spindler z. 75. Geburtstag, hg. v. DIETER ALBRECHT u.a., München 1969, 115–142.
[26] ALFRED WENDEHORST, Johannes v. Würzburg I: VerLex² 4, 822ff.

zu einem den älteren Templern und Johannitern gleichrangigen Ritterorden zu erheben. Hatte der Deutsche Orden nach dem Fall Akkons (1291) im Heiligen Land keine Lebensmöglichkeiten mehr, und lag sein Hauptwirkungsfeld in den beiden folgenden Jahrhunderten auch in Preußen, so ist seine Bedeutung für den oberdeutschen Raum, wo er zahlreiche, fast alle mit Spitälern verbundene Kommenden gründete, nicht zu unterschätzen.[27]

Aus der Zeit der Kreuzzüge blieb auf Dauer die »großartige geistige Öffnung zum Mittelmeer und zum Orient«.[28] Zu diesem Erbe gehört auch, daß die Erinnerungen an Christi irdischen Wandel und sein Erlösungswerk in historisierendem Realismus auch in die bayerische, schwäbische und fränkische Sakrallandschaft gesetzt wurden. Der Eichstätter Dompropst Walbrun, vielleicht selbst Teilnehmer des Kreuzzuges von 1147, stiftete eine bis heute hervorragend erhaltene Nachbildung des Heiligen Grabes in Eichstätt (heute Kapuzinerkirche), die als originalgetreueste gilt.[29] Hervorhebung verdient eine vielleicht noch ältere, jedoch nicht mehr erhaltene Nachahmung des Heiligen Grabes, welche sich in Augsburg befand, wo bei St. Anna noch eine weitere aus dem Jahre 1508 erhalten ist.[30]

Die Pilgerfahrten zu den primären Wallfahrtsstätten erreichten im 15. Jahrhundert einen Höhepunkt. Besonders zahlreich unter den Jerusalempilgern waren das Nürnberger Patriziat und die Ehrbaren der Reichsstadt vertreten und von letzteren wieder die Familie Ketzel, welche fromme Pilgerschaft mit Gewürzhandel, der ihnen zu Reichtum verhalf, zu verbinden wußten.[31] Jörg Ketzel d.Ä., der Kurfürst Friedrich II. von Brandenburg ins Heilige Land begleitet hatte, ließ 1459/60 auf dem Spitalfriedhof auf der Insel Schütt eine Heilig-Grab-Kapelle erbauen. Martin Ketzel d.J. hatte 1468 in Jerusalem die Entfernung von dem Haus, welches als das Richthaus des Pilatus angesehen wurde, bis nach Golgatha genau abgeschritten in der Absicht, in Nürnberg ein genaues Abbild des Kreuzweges errichten zu lassen. Da ihm die Maße abhanden kamen, kehrte er 1472 ins Heilige Land zurück, wo er nochmals »das wahre Maß« nahm und dann von seinem Haus am Neuen Tor bis herauf zum Johannisfriedhof die Stationen der via dolorosa 1490/93 durch Adam Krafft herstellen ließ, die auf dem Friedhof selbst in einer Heiliggrabkapelle ihren Abschluß fanden.[32] Die Inschrift auf einem von Tilman Riemenschneider geschaffenen Grabdenkmal in der Würzburger Marienkapelle gibt Kunde davon, daß der Ritter Konrad von Schaumberg am

---

[27] Vgl. dazu I.5.3.
[28] EKKEHARD EICKHOFF, Die Bedeutung d. Kreuzzüge f. d. deutschen Raum: Zeit d. Staufer 3 (K) 239–247 [247].
[29] Stadt Eichstätt, bearb. v. FELIX MADER, München 1924, 353–357 (KDBay 5/KDMF 1).
[30] GUSTAF DALMAN, Das Grab Christi i. Deutschland, Leipzig 1922, 44–56. 96–102 u. Tafel VI (SCD 14).
[31] THEODOR AIGN, Die Ketzel. Ein Nürnberger Handelsherren- u. Jerusalempilgergeschlecht, Neustadt/Aisch 1961 (Freie Schriftenfolge d. Gesellschaft f. Familienforsch. i. Franken 12).
[32] REINER ZITTLAU, Heiliggrabkapelle u. Kreuzweg. Eine Bauaufgabe i. Nürnberg um 1500, Nürnberg 1992 (NWSLG 49).

30.11.1499 bei der Rückkehr vom Heiligen Grab auf dem Meere verstorben sei.[33] Zahlreich waren die Reliquien, welche die Pilger mit in ihre Heimat brachten, damit sie durch Visualisierung des irdischen Lebens und Sterbens Jesu von allen, wie es einem Trend der Zeit entsprach,[34] verehrt werden konnten. Reliquien Jesu und seiner Mutter (allerdings keine Körperreliquien im engeren Sinne) finden sich in fast allen spätmittelalterlichen Reliquienverzeichnissen: Partikel von der Krippe, von der Geißelsäule, von der Dornenkrone, vom Kreuz und andere.[35]

In Bamberg, dessen Lage um 1012/1014 von Abt Gerhard von Seeon mit der von Rom in Beziehung gesetzt worden war,[36] wurde um das Jahr 1500 die via dolorosa maßstabgetreu als Jerusalemstraße erbaut,[37] später die Lage Creußens mit der von Jerusalem verglichen.[38]

3. Christen und Juden

GeJu 1–3.– Gesch. d. jüdischen Volkes. Von d. Anfängen bis z. Gegenwart, hg. v. HAIM HILLEL BEN-SASSON, München ³1995.– GRAUS¹ (B) 155–389.– Juden u. Christen z. Zt. d. Kreuzzüge, hg. v. ALFRED HAVERKAMP, Sigmaringen 1999 (VKAMAG 4/).– Kirche u. Synagoge. Hb. z. Gesch. v. Christen u. Juden. Darstellungen mit Quellen, hg. v. KARL HEINRICH RENGSTORF u. SIEGFRIED V. KORTZFLEISCH, Bd. 1, Stuttgart 1968.– WOLFGANG SEIFERTH, Synagoge u. Kirche i. MA, München 1964.– Würzburg (K) 50–54.

Die frühmittelalterliche Gesellschaft gewährte den Juden bei aller, von beiden Seiten abgelehnter Integration relativ große Handlungsspielräume, nicht nur wirtschaftliche. Die Juden standen zwar außerhalb der christlichen Gesellschaft, aber lange blieb das später verschwundene Bewußtsein davon lebendig, heilsgeschichtlich aufeinander bezogen zu sein, weshalb sie nicht einfach als Ungläubige angesehen werden konnten. In der Karfreitagsliturgie galt den Juden eine eigene Fürbitte (anknüpfend an 2 Kor 3, 12–18):[39] »... ut Deus et Dominus noster auferat velamen de cordibus eorum, ut et ipsi agnoscant Jesum Christum, Dominum

---

[33] Die Würzburger Inschriften bis 1525. Auf d. Grundlage d. Nachlasses v. Theodor Kramer bearb. v. KARL BORCHARDT, Wiesbaden 1988, 171, Nr. 363 (DI 27. Münchner Reihe 7).

[34] MAYER, Liturgie (K).

[35] ARNOLD ANGENENDT, Heilige u. Reliquien. Die Gesch. ihres Kultes v. frühen Christentum bis z. Gegenwart, München ²1997, 214–225; Einzelbeispiele: LEONHARD THEOBALD, Die Regensburger Heiltumsweisung u. d. Regensburger Heiltumverzeichnis v. 1496: ZBKG 7 (1932), 17–27; Quellen z. Gesch. d. Wallfahrt (B) 39–53.– NINA GOCKERELL, Pilgerandenken aus Jerusalem: Dona Ethnologica Monacensia. Leopold Kretzenbacher z. 70. Geburtstag, hg. v. HELGE GERNDT u.a., München 1983, 163–179 (Münchner Beitr. z. Volkskunde 1) [mit Schwerpunkt auf der Neuzeit und auch auf protestantische Jerusalempilger eingehend].

[36] OTTO MEYER, Kaiser Heinrichs Bamberg-Idee i. Preislied d. Gerhard v. Seeon: Fränk. Blätter f. Geschichtsforsch. u. Heimatpflege 3 (1951), 75–78.

[37] LEOPOLD KRETZENBACHER, Heimat i. Volksbarock. Kulturhist. Wanderungen i. d. Südostalpenländern, Klagenfurt 1961, 39 (Buchreihe d. Landesmuseums f. Kärnten 8).

[38] JOACHIM KRÖLL, Creußen u. Jerusalem: AOfr. 37/3 (1957), 156–168.

[39] SEIFERTH (T) 49ff.

nostrum [Gott unser Herr möge den Schleier von ihren Herzen wegnehmen, auf daß auch sie unseren Herrn Jesus Christus erkennen].« Die Juden sind also nur durch einen Schleier (der fallen kann) von der Erkenntnis Christi getrennt. Für die Heiden lautet die Fürbitte dagegen: »... ut Deus omnipotens auferat iniquitatem a cordibus eorum, ut, relictis idolis suis, convertantur ad Deum vivum verum et unicum filium eius Jesum Christum, Deum et Dominum nostrum [Gott der Allmächtige möge das Sündenelend von ihren Herzen nehmen, damit sie ihre Götzen verlassen und sich bekehren zum lebendigen und wahren Gott und zu dessen eingeborenem Sohn Jesus Christus, unserem Gott und Herrn]«.[40]

Mit dem einigermaßen einvernehmlichen Nebeneinander war es zu Ende, als durch die Kreuzzüge die Lebensumstände der Juden grundlegend verschlechtert wurden. Erzählungen heimkehrender Kreuzfahrer rückten das Heilige Land, wo Jesus lebte, litt und starb, in den Mittelpunkt der Frömmigkeit und trugen dadurch zum mittelalterlichen Antijudaismus bei. Nach den neutestamentlichen Berichten waren es Juden gewesen, welche die Passion und den Tod Jesu betrieben hatten. Wo Kreuzfahrer sich sammelten, kam es häufig zu Ausschreitungen gegen die Juden. Beim Aufbruch zum zweiten Kreuzzug 1147 war Würzburg ein wichtiger Sammelplatz. Nach einem vermuteten Ritualmord zogen die Juden die Wut der Kreuzzügler und des Volkes auf sich, es kam zu einem Massaker an den Juden. Bischof Siegfried, der dem Einhalt gebieten wollte, konnte sich nur durch Flucht retten.[41]

Seit der von Röttingen bei Ochsenfurt ausgehenden sogenannten Rintfleischverfolgung (1298)[42] kam es immer wieder zu Pogromen. Die schrecklichste 1348/49, bevor Pest und Geißlerzüge über das Land kamen. Man suchte ihre Ursache in Brunnenvergiftungen durch die Juden, obwohl Papst Clemens VI. auf die Absurdität dieses Vorwurfes hinwies.[43]

Die Marienkapellen, welche seit der Mitte des 14. Jahrhunderts an der Stelle zerstörter Synagogen erbaut wurden, waren entgegen einer noch immer verbreiteten Meinung keine Denkmäler der Sühne, im Gegenteil. An die Stelle der heilsgeschichtlich überholten Synagoge wurde nun die Ecclesia (Kirche) gesetzt, welche man in Maria symbolisiert sah. So entstanden in Nürnberg, Würzburg, Bamberg, Rothenburg o.T., Wertheim und Weißenburg i.B. und in anderen Städten Marienkapellen.[44] Nach der Vertreibung der Juden aus Regensburg 1519 wurde

---

[40] Missale Romanum (vorkonziliare Ausgaben); JOHN HENNIG, Die Stellung d. Juden i. d. Liturgie: WILLEHAD PAUL ECKERT/ERNST LUDWIG EHRLICH (Hg.), Judenhaß – Schuld d. Christen?! Versuch eines Gesprächs, Essen 1964, 173–190 [geht besonders auf die Schizophrenie des Verhältnisses der Christen zu den Juden ein].
[41] GeJu 1, 475; Bistum Würzburg 1 (B) 153f.
[42] GRAUS[1] (B) 290ff.
[43] HERMANN HOFFMANN, Die Würzburger Judenverfolgung v. 1349: MFJG 5 (1953), 91–114; Gesch. d. jüdischen Volkes (T) 596f.
[44] GÜNTER P. FEHRING/ANTON RESS, Die Stadt Nürnberg, 2. Aufl. bearb. v. WILHELM SCHWEMMER, München 1977, 44 (Bayer. Kunstdenkmale 10); Stadt Würzburg, bearb. v. FELIX MADER, München 1915, 249f (KDUF 12); HEINRICH MAYER, Bamberg als Kunststadt, Bamberg u.a. 1955, 265f; Bistum Bamberg 2 (B) 83f; Stadt Rothenburg o.d.T., bearb. v. ANTON RESS, Mün-

an der Stätte der abgetragenen Synagoge eine Marienkirche errichtet, wo eine Nachbildung der sogenannten Lukasmadonna sich bald zum Ziel einer Wallfahrt (zur »Schönen Maria«) mit sehr großem Zustrom entwickelte.[45] Schon unter dem Eindruck reformatorischer Predigt wurden die Juden 1519/20 nochmals aus Rothenburg vertrieben; zu einem Marienbild, das in die verlassene Synagoge verbracht wurde, entwickelte sich eine Wallfahrt, die sich jedoch nicht mehr voll entfalten konnte.[46]

Die Pogrome waren meist, besonders in der Zeit König Wenzels, verbunden mit Judenschuldentilgungen. Die städtische Wirtschaft, vornehmlich der Groß- und Exporthandel, funktionierte nicht ohne Darlehen. Diese aber waren teuer und ihre Gewährung gegen Zinsen war Christen verboten. So lag das Kreditwesen in den Städten in jüdischer Hand. Die Kapitalakkumulationen machten begierig, und so kam es, legitimiert vom Herrscher, deren »Kammerknechte« die Juden waren, zu Steuererpressungen, welche meist Totalenteignungen waren.[47] Im Laufe des 15. Jahrhunderts wurden die Juden schließlich in Bayern, Schwaben und Franken aus nahezu allen Städten vertrieben.[48]

Es gab seitens der Kirche keine systematische Judenmission. Gelegentlich wurden Juden zur Anhörung von Predigten gezwungen, gegen Zwangstaufen jedoch haben sich Päpste, Bischöfe und Synoden stets und nachdrücklich ausgesprochen.[49] Trat aber einer von ihnen – in der Regel aus wirtschaftlicher Not – zur Kirche über, wurde die christliche Umwelt aufgefordert, ihn zu integrieren. Die Würzburger Bischofskanzlei hielt Anfang des 14. Jahrhunderts ein Formular bereit, in welchem den Christen, welche einen konvertierten Juden unterstützten, unter den üblichen Bedingungen ein Ablaß gewährt wurde.[50]

4. Geißlerzüge

PAUL BAILLY, Flagellants: DSp 5, 392–408.– NEITHARD BULST, Flagellanten II. Gebiete nördlich d. Alpen: LMA 4, 510ff.– GRAUS[1] (B) 38–59.– PETER SEGL, Geißler: TRE 12, 162–169.

---

chen 1959, 532 (KDMF 8); ADOLF V. OECHELHÄUSER, Die Kunstdenkmäler d. Amtsbezirks Wertheim (Kreis Mosbach), Freiburg/Breisgau 1896, 269 (KDGB 4/1); Die kleinen Annalen d. Kilian Leib, Priors v. Rebdorf, hg. v. JOSEPH SCHLECHT: SBHVE 2 (1887), 39–68 [54].

[45] STAHL (B).

[46] LUDWIG SCHNURRER, Die Wallfahrt z. Reinen Maria i. Rothenburg (1520–1525): DERS., Rothenburg i. MA. Stud. z. Gesch. einer fränk. Reichsstadt, Rothenburg 1997, 401–454.

[47] WOLFGANG V. STROMER, Oberdeutsche Hochfinanz 1350–1450, Bd. 1, Wiesbaden 1970, 165–177 (VSWG.B 55); STEWART JENKS, Judenverschuldung u. Judenverfolgung i. 14. Jh.: Franken bis 1349: VSWG 65 (1978), 309–358; GRAUS[1] (B) 371.

[48] Vgl. die Ortsartikel in GeJu 3.

[49] PETER BROWE, Die Judenmission i. MA u. d. Päpste, Roma 1942 (MHP 6); GRAUS[1] (B) 258–271.

[50] Tabula formarum curie episcopi (B) 1, Nr. 1.

Die Geißler (Flagellanten) waren keine Häretiker, aber sie gingen Sonderwege, die im allgemeinen und lange systemimmanent blieben.

Aus allgemeinem Sündenbewußtsein, um Unglücke abzuwenden oder zu beenden, aber auch um sich vor den Folgen eines jähen Todes und des als bevorstehend gedachten Jüngsten Gerichtes zu schützen, als Antwort auf einen zur Buße auffordernden »Himmelsbrief«, schließlich als Reaktion auf die Kunde vom drohenden Ausbruch der Pest, welche die Menschen massenhaft mit dem Tod konfrontierte, sammelten sich von der zweiten Hälfte des 13. Jahrhunderts bis zum beginnenden 15. in ganz Europa Laien und einzelne Kleriker, welche gruppenweise, manchmal angeblich zu tausenden, Stadt und Land durchzogen und ihre entblößten Oberkörper blutig geißelten. Die Züge und Bußübungen der Geißler folgten genauen Ritualen, ihre Lieder standen literarisch in der Tradition der Pilgerlieder. Soziale Forderungen fehlten. Der Gedanke an einen durch Christus bereits überwundenen Tod, der als Übergang in ein himmlisches Jenseits mit beseligenden Freuden gedacht werden kann, war bei ihnen ins Abseits geraten.

Eine frühe und realistische Darstellung der aus Italien kommenden Geißlerzüge wird Abt Hermann von Niederaltaich verdankt.[51] Die vom Südosten des Reiches ausgehenden Geißlerzüge erreichten 1348/49 ihren Höhepunkt. Ein starker von Norden kommender Zug gelangte Anfang Mai 1349 ins Maindreieck, um von dort nach Schwaben und an den Rhein weiterzuziehen; Nürnberg und das Herzogtum Bayern wurden von den Zügen nicht oder kaum berührt.[52] Da von den Geißlern eher indirekt als direkt die Meinung ausging, daß die Geißelung sowohl den Empfang der Sakramente als auch alle Bußleistungen ersetze und in ihren Ritualen Verachtung des Klerus demonstriert wurde,[53] sind die Geißlerzüge von kirchlichen Instanzen und weltlichen Obrigkeiten bis ins beginnende 15. Jahrhundert mehrfach verboten worden. Doch war die Bewegung um diese Zeit längst abgeflaut.

5. Ludwig der Bayer, Karl IV. und die Kirche

Bayer. Chroniken d. XIV. Jh., hg. v. GEORG LEIDINGER, Hannover u.a. 1918 (MGH.SRG 19).– HAUCK 5/2 (B) 654–658. 665–671.– Kaiser Karl IV. 1316–1378. Forsch. über Kaiser u. Reich, hg. v. HANS PATZE, Neustadt/Aisch 1978 [= Sonderdruck aus BDLG 114].– Kaiser Karl IV. Staatsmann u. Mäzen, hg. v. FERDINAND SEIBT, München 1978.– GERHARD LOSHER, Königtum u. Kirche z. Zt. Karls IV. Ein Beitr. z. Kirchenpolitik i. Spätmittelalter, München 1985 (VCC 56).– JÜRGEN MIETHKE, Kaiser u. Papst i. Spätmittelalter. Zu d. Ausgleichsbemühungen zwischen Ludwig d. Bayern u. d. Kurie i. Avignon: ZHF 10 (1983), 421–446.– DERS., Ludwig IV., der Bayer, röm. Kaiser (1281/86–1347):

---

[51] Hermanni Altahensis Annales: MGH.SS 17, 381–407 [402].
[52] Atlas z. KG (B) 48*, Karte 65.
[53] ARTHUR HÜBNER, Die deutschen Geißlerlieder. Stud. z. geistl. Volksliede d. MA, Berlin u.a. 1931; GEORG STEER, Geißlerlieder: VerLex² 2, 1153–1156.

TRE 2, 482–487.– Regesten Kaiser Ludwigs d. Bayern (1314–1347). Nach Archiven u. Bibliotheken geordnet, hg. v. PETER ACHT, H. 3, bearb. v. MICHAEL MENZEL, Köln u.a. 1996, H. 5, bearb. v. MICHAEL MENZEL, Köln u.a. 1998.– KURT REINDEL, Bayern i. MA, München 1970, 134–144.– SIGMUND V. RIEZLER (Bearb.), Vatikanische Akten z. deutschen Gesch. i. d. Zeit Kaiser Ludwigs d. Bayern, Aalen 1973 [= Nachdr. d. Ausg. Innsbruck 1891].– ALOIS SCHMID, Die Bistumspolitik Ludwigs d. Bayern: RQ 94 (1999), 55–81.– ALOIS SCHÜTZ, Der Kampf Ludwigs d. Bayern gegen Papst Johannes XXII. u. d. Rolle d. Gelehrten am Münchner Hof: Wittelsbach 1/1 (B) 388–397.– DERS., Ludwig d. Bayer: NDB 15, 334–347.– HERMANN OTTO SCHWÖBEL, Der diplomatische Kampf zwischen Ludwig d. Bayern u. d. röm. Kurie i. Rahmen d. kanonischen Absolutionsprozesses 1330–1346, Weimar 1968 (QVGDR 10).– FERDINAND SEIBT, Karl IV.: NDB 11, 188–191.– DERS., Karl IV. Ein Kaiser i. Europa 1346–1378, München 1978.– JIŘI SPEVÁČEK, Karl IV. Sein Leben u. seine staatsmännische Leistung, Praha u.a. 1978.– JOSEF ŠUSTA, Karel IV., 2 Bde., Praha 1946/48 [das Werk endet mit dem Jahre 1356; der Verfasser starb 1945].– HEINZ THOMAS, Ludwig d. Bayer (1282–1347). Kaiser u. Ketzer, Regensburg 1993.

Nach dem Tode Kaiser Heinrichs VII. († 24.8.1313) aus dem luxemburgischen Hause konnten die Kurfürsten sich nicht auf einen Nachfolger einigen. Als sie sich am 19./20.10.1314, als der päpstliche Stuhl vakant war, schließlich in Frankfurt zur Wahl versammelten, führte diese zu einem zwiespältigen Ergebnis: Die habsburgisch-luxemburgische Partei wählte Herzog Friedrich den Schönen von Österreich, am Tage darauf wurde in Sachsenhausen auf dem südlichen Mainufer Friedrichs Vetter, Herzog Ludwig von Bayern-Ingolstadt, der in dem Gefecht bei Gammelsdorf am 9.11.1313 Niederbayern vor dem Zugriff Österreichs gerettet hatte, mit Stimmenmehrheit gewählt. Am 25.11. wurden die beiden Gewählten gekrönt: Ludwig am Krönungsort Aachen vom Erzbischof von Mainz, Friedrich in Bonn vom Erzbischof von Köln, der herkömmlicherweise den gewählten König krönte.[54] Erst nach acht Jahren kam es zur entscheidenden Schlacht zwischen den Gewählten. Die letzte große Ritterschlacht[55] bei Mühldorf am Inn am 28.9.1322 endete mit einem triumphalen Sieg Ludwigs des Bayern.

Die Doppelwahl von 1314 ließ wie jedes Doppelkönigtum Wasser auf die Mühlen der Kurie fließen. Bald nach seinem Sieg bei Mühldorf beging Ludwig politische Fehler, die ihn in tiefgreifende Konflikte mit dem Papst stürzten, Konflikte, welche für die ganze Kirche in Deutschland schwerwiegende Folgen hatten. In Johannes XXII., der am 7.8.1316 zum Papst gewählt worden war, traf er auf einen Gegner, der ihm politisch weit überlegen war. Während Friedrich den Papst um Approbation von Person und Wahl bat, hat Ludwig sein Wahldekret mit der Bitte um Kaiserkrönung vorlegen lassen. Doch der Papst schob die

---

[54] JÜRGEN PETERSOHN, »Echte« u. »falsche« Insignien i. deutschen Krönungsbrauch d. MA? Kritik eines Forschungsstereotyps, Stuttgart 1993 (Sitzungsber. d. Wissenschaftl. Gesellschaft an d. Johann-Wolfgang-Goethe-Universität Frankfurt/Main 30/3).
[55] Es wurden noch keine Feuerwaffen verwendet.

Entscheidung hinaus, obwohl er grundsätzlich die Entscheidung einer zwiespältigen Wahl für den apostolischen Stuhl und für sich beanspruchte.[56]

Die mit der ersten Vorladung Ludwigs nach Avignon (8.10.1323) beginnenden Prozesse wurden von Streitschriften begleitet, bei denen es letztlich um die grundsätzliche Frage des Verhältnisses von Kaisertum und Papsttum ging. Ein Zentrum der Publizistik wurde München, wo Ludwig der Bayer bedeutende Gelehrte als politische Berater an seinem Hof versammeln konnte. Der seit 1326 in München weilende Marsilius von Padua[57] bestimmte in seinem in weitem Umkreis provozierenden »Defensor Pacis« (1324),[58] den der Papst 1327 als häretisch verurteilte, das Verhältnis Kirche und weltliche Macht grundsätzlich neu: Die Kirche, deren politische Macht die Wurzel allen Übels sei, wird dem Staat zugeordnet, der allerdings christlich gedacht ist. Im Münchner Kloster am Anger trafen sich die Verteidiger Ludwigs gegen die Päpste in Avignon mit den Wortführern der von Johannes XXII. verurteilten strengen Richtung im Armutsstreit.[59] Anders als Marsilius hat der Franziskaner William von Ockham[60] kein geschlossenes System entwickelt, zweifelte aber die Berechtigung der weltlichen Machtstellung der Kirche an. Diese Macht, die ebenfalls unmittelbar von Gott stamme, könne nicht mit der geistlichen vereinigt werden. Christus habe Pilatus als Richter anerkannt.[61] 1330 floh Ockham mit dem Ordensgeneral der Franziskaner Michael von Cesena, Bonagratia von Bergamo, Franciscus de Marchia und anderen Brüdern, bei denen es über den Armutsstreit zum Bruch mit Johannes XXII. gekommen war, zu Ludwig dem Bayern, der sie 1330 in München aufnahm.

Die oberdeutschen Bischöfe standen, da Johannes XXII. seine Kandidaten nicht durchsetzen konnte, mit Ausnahme Salzburgs, Passaus und zeitweise Regensburgs und Bambergs zunächst auf seiten Ludwigs, wenn auch die Kirchenstrafen, besonders das Interdikt, welches der Papst über ihn und seine Anhänger immer wieder verhängte, nach der Kaiserkrönung durch zwei italienische Bischöfe (17.1.1328) zu Distanzierungen führte, die er bis zur Thronbesteigung Papst Clemens' VI., der sich mit den Luxemburgern verbündete, zumal in seinen Stammländern meist wieder auflösen konnte.[62]

---

[56] DAGMAR UNVERHAU, Approbatio-Reprobatio. Stud. z. päpstlichen Mitspracherecht bei Kaiserkrönung u. Königswahl v. Investiturstreit bis z. 1. Prozeß Johanns XXII. gegen Ludwig IV., Lübeck 1973, 22f (HS 424).
[57] MANFRED WEITLAUFF, Marsilius v. Padua: NDB 16, 261–266; JÜRGEN MIETHKE, Marsilius (de' Mainardini) v. Padua: LMA 6, 332ff; DERS., Marsilius v. Padua: TRE 22, 183–190.
[58] MARSILIUS DE PADUA, Defensor pacis, ed. C[HARLES] W[ILLIAM] PREVITÉ-ORTON, Cambridge 1928; MARSILIUS V. PADUA, Defensor pacis, hg. v. RICHARD SCHOLZ, Hannover 1932 (MGH.F 7).
[59] LAMBERT (B) 208–246; Poverty (B); ULRICH HORST, Ev. Armut u. päpstliches Lehramt. Minoritentheologen i. Konflikt mit Papst Johannes XXII. (1316–34), Stuttgart u.a. 1996 (MKHS 8).
[60] GORDON LEFF/VOLKER LEPPIN, Ockham/Ockhamismus: TRE 25, 6–18.
[61] Guillelmi de Ockham Opera Philosophica et Theologica, cura Instituti Franciscani Universitatis S. Bonaventurae, 7 bzw. 10 Bde., New York 1974–1988 bzw. 1967–1986.
[62] A. SCHMID, Bistumspolitik (T); Bistum Bamberg 1 (B) 203–206.

In Würzburg wählte, während Ludwig der Bayer in der Stadt weilte, die Mehrheit des Domkapitels dessen Kanzler Hermann Hummel von Lichtenberg zum Bischof. Die Stimmen der Minderheit fielen auf Otto von Wolfskeel, den der Papst nach Annullierung der Wahl ernannte. Dieser suchte nach dem Tod seines Gegenkandidaten nach beiden Seiten gute Beziehungen zu unterhalten.[63] Zu den Wählern des kaiserlichen Kandidaten zählte der Domherr Lupold von Bebenburg,[64] dem es wohl zu verdanken war, daß allen päpstlichen Strafsentenzen zum Trotz in Würzburg weiterhin Gottesdienste gehalten wurden.[65] Weil die Kirchenstrafen so oft verhängt wurden, daß man sie als allgemeines Exekutionsmittel einschätzte, verloren sie ihre Wirkung um so mehr, als die Auswirkungen des Interdiktes in bestimmten Fällen durch Interdiktschutzprivilegien der kirchlichen Autoritäten selbst suspendiert werden konnten.[66] Lupold griff dann auch theoretisch in den kirchenpolitischen Kampf ein, vor allem durch seinen »Tractatus de iuribus regni et imperii Romanorum« (1340), den er dem Trierer Erzbischof Balduin von Luxemburg widmete, dem einflußreichen Verfechter der Politik Ludwigs des Bayern: Der von den Kurfürsten gewählte römische König könne allein auf Grund der Wahl die königlichen und kaiserlichen Rechte im Reich und in Reichsitalien beanspruchen, ohne dafür der Bestätigung durch den Papst zu bedürfen.[67] Die Meinung ging ein in die Deklaration des Kurvereins von Rhens vom 16.7.1338[68] und später in die am 25.12.1356 promulgierte Goldene Bulle,[69] welche die Modalitäten der deutschen Königswahl regelte, ohne päpstliche Ansprüche zu erwähnen.

Lupolds kirchenpolitischer Gegner war der Augustinermagister Hermann von Schildesche, erster Generalvikar des Bistums Würzburg, der die Lehre von der potesta directa der Kirche auch in weltlichen Dingen vertrat.[70] Trotz kirchenpolitisch konträrer Ansichten widmete der Augustinermagister seinen Traktat über

---

63 Bistum Würzburg 2 (B) 57–65.
64 SABINE KRÜGER, Lupold v. Bebenburg: LebFranken NF 4 (1971), 49–86; KATHARINA COLBERG, Lupold v. Bebenburg: VerLex[2] 5, 1071–1078; ALFRED WENDEHORST, Lupold III. v. Bebenburg: LMA 6, 14.
65 Bistum Würzburg 2 (B) 63ff.
66 Tabula formarum curie episcopi (B) 27f, Nr. 45.
67 ROLF MOST, Der Reichsgedanke d. Lupold v. Bebenburg: DA 4 (1941), 444–485.
68 ERNST SCHUBERT, Die Stellung d. Kurfürsten i. d. spätmittelalterlichen Reichsverfassung: Jb. f. westdeutsche Landesgesch. 1 (1975), 97–128 [111–119].
69 Die Goldene Bulle Kaiser Karls IV. v. Jahre 1356, bearb. v. WOLFGANG D. FRITZ, Weimar 1972 (MGH.F 11).
70 ADOLAR ZUMKELLER, Hermann v. Schildesche O.E.S.A. Gest. am 8. Juli 1357. Zur 600. Wiederkehr seines Todestages, Würzburg 1957 (Cass. 14); DERS., Schrifttum u. Lehre d. Hermann v. Schildesche, Würzburg 1959 (Cass. 15); DERS., Hermann de Schildesche: DSp 7/1 (1969), 302–308; DERS., Der Augustinermagister Hermann v. Schildesche: LebFranken NF 7 (1977), 12–32; DERS., Hermann v. Schildesche: VerLex[2] 3, 1107–1112; DERS., Hermann v. Schildesche: LThK[3] 4, 1446.

die Unbefleckte Empfängnis Mariens Lupold von Bebenburg,[71] der später Bischof von Bamberg wurde.[72]

Die Rätselhaftigkeit Ludwigs des Bayern wurde bereits von Zeitgenossen empfunden.[73] Daß er versuchte, aus der gescheiterten Ehe der Margarethe Maultasch,[74] Erbin der Grafschaft Tirol, zugunsten des Herzogtums Bayern politisches Kapital zu schlagen, indem er sie mit seinem frühverwitweten Sohn Ludwig, Kurfürst von Brandenburg, verheiratete, war die letzte seiner in den Konsequenzen nicht bedachten Unternehmungen. »Vor dieser Art von Tatkraft und Hausmachtpolitik [...] bekamen die deutschen Fürsten Angst. Jetzt fiel die Forderung des Papstes nach einem Gegenkönig auf fruchtbaren Boden«.[75] Mit dem von Clemens VI. empfohlenen, am 11.7.1346 von der Mehrheit der Kurfürsten gewählten Luxemburger Karl IV. kam es nicht mehr zur Auseinandersetzung. Ludwig starb plötzlich am 11.10.1347 nahe dem Kloster Fürstenfeld auf einer Bärenjagd. Nachdem die Päpste seine Bestattung in der Münchner Frauenkirche stillschweigend hingenommen hatten, verzichtete Kurfürst Maximilian I. im Jahre 1626 auf eine förmliche Aufhebung der Kirchenstrafen, um die er sich zunächst bemüht hatte.[76]

»Aus einer Nebenfigur der päpstlichen Politik, aus einem Geschöpf der Kurfürsten« entwickelte sich Karl IV. (Firmname; Taufname: Wenzel) zu einem Meister der Politik.[77] Das Einvernehmen mit den Päpsten, die seine Regierungszeit begleiteten, hat er wahren können, ohne daß er hinter die Bestimmungen des Kurvereins von Rhens zurückgegangen wäre. Den Beginn des Großen Schismas hat Karl IV. um einige Monate überlebt. Politische Gründe legten es dem bereits erkrankten Kaiser nahe, für den römischen Papst Urban VI. Stellung zu nehmen. Doch hat der dann von Zweifeln Geplagte in das Schisma selbst nicht mehr eingreifen können.[78]

---

[71] Hermanni de Scildis O.S.A. Tractatus contra haereticos negantes immunitatem et iurisdictionem sanctae Ecclesiae et Tractatus de conceptione gloriosae virginis Mariae, quos ed. cur. ADOLAR ZUMKELLER, Romae 1970 (CSA 2).

[72] Bistum Bamberg 1 (B) 216–223.

[73] Matthias von Neuenburg, der den Kaiser ohne Zweifel gekannt hat, schreibt in seiner Chronik (in Übersetzung): »Jetzt, Schreiber, schärfe deinen Geist, denn ein schweres Stück Arbeit harrt deiner, willst du schildern den langen und langsamen Flug eines gewaltigen Adlers, der töricht zugleich und klug, achtlos und sorgenvoll, träge und ungestüm, niedergeschlagen und heiter, kleinmütig und tapfer, bei allem Unglück doch glücklich, noch aufstieg, während ihm schon die Flügel versengt waren« (Die Chronik d. Mathias v. Neuenburg, hg. v. ADOLF HOFMEISTER, Berlin 1924–1940, 95 [MGH.SRG NS 4]). Zwiespältig auch Die Chronik Heinrichs Taube v. Selbach mit d. v. ihm verfaßten Biographien Eichstätter Bischöfe, hg. v. HARRY BRESLAU, Berlin 1922, 31 (MGH.SRG NS 1). Zur Beurteilung insgesamt vgl. KRAUS, Bild (B).

[74] SPEVÁČEK (T) 57f.

[75] REINDEL (T) 143.

[76] GERHARD PFEIFFER, Um d. Lösung Ludwigs d. Bayern aus d. Kirchenbann: ZBKG 32 (1963), 11–30 [= Festgabe Matthias Simon].

[77] HERMANN HEIMPEL, Deutschland i. späteren MA: Hb. d. Deutschen Gesch., neu hg. v. LEO JUST, Bd. 1: Deutsche Gesch. bis z. Ausgang d. MA, Konstanz 1957, 5. Abschnitt, 55.

[78] S[AMUEL] STEINHERZ, Das Schisma v. 1378 u. d. Haltung Karl's IV.: MIÖG 21 (1900), 599–639.

Noch im Schatten der Prozesse gegen Ludwig den Bayern hatte der damalige Markgraf von Mähren und spätere Kaiser Karl IV. 1344 seinen ersten großen politischen Erfolg errungen, die Erhebung Prags zu einem von Mainz unabhängigen Erzbistum mit einer eigenen Kirchenprovinz. Damit hatte er ein von den Premysliden schon lange verfolgtes Ziel erreicht.[79] Die Eingliederung deutscher Bistümer erreichte er jedoch nicht, und die kirchlichen Verhältnisse in Bayern und Franken wurden durch den neuen Metropolitansitz nicht berührt, denn das Egerland blieb beim Bistum Regensburg und Karls territoriale Erwerbungen (»Neuböhmen«) haben ihre Diözesanzugehörigkeit nicht gewechselt. Allerdings hat der Prager Erzbischof seine Legatengewalt in den Bistümern Bamberg und Regensburg durchsetzen können.[80]

Im Reich versuchte Karl IV. meist mit Erfolg, den ausschlaggebenden Einfluß auf die Besetzung der Bischofssitze zu gewinnen, die ihm als Instrumente und Stützen seiner Herrschaft galten. Päpstliche Ansprüche hat er weder bestritten noch anerkannt. Karls IV. Ausgriff auf die geistlichen Kurfürstentümer sollte die Kontinuität seiner eigenen Dynastie im Reich sichern; doch wurden gerade hier die Grenzen seiner Macht sichtbar.[81]

Den Kult der böhmischen Landesheiligen Wenzel und Ludmilla förderte er auch im Reich überall dort, wo er politischen Einfluß hatte.[82] Seine persönliche Frömmigkeit ist unbestritten, und seine Förderung von Stiften und Klöstern, auch seine Sammlung von Reliquien entsprang nicht nur politischem oder wirtschaftlichem Kalkül.[83]

6. Die Auswirkungen des Großen Schismas und der Konzilien von Konstanz und Basel

Acta Concilii Constanciensis, hg. v. HEINRICH FINKE, 4 Bde., Münster 1976–1982 [= Nachdr. d. Ausg. Münster 1896–1928].– HEINZ ANGERMEIER, Das Reich u. d. Konziliarismus: HZ 192 (1961), 529–583.– BAUERREISS 5 (B).– WALTER BRANDMÜLLER, Das Konzil v. Konstanz 1414–1418, Bd. 1: Bis z. Abreise Sigismunds nach Narbonne, Paderborn u.a. 1991 (KonGe.D 11/1), Bd. 2: Bis z. Konzilsende, Paderborn u.a. 1997 (KonGe.D 11/2).– Concilium Basiliense. Stud. u. Quellen z. Gesch. d. Concils v. Basel, hg. v. JOHANNES HALLER u.a., 8 Bde., Basel 1896–1936.– HERMANNUS V. D. HARDT [Ed.], Magnum oecumenicum Constantiense Concilium de universali Ecclesiae reformatione, unione et fide, 3 Bde., Frankfurt u.a. 1697–1700.– HAUCK 5/2 (B).– Das Konstanzer Konzil, hg. v.

---

[79] ZDEŇKA HLEDÍKOVÁ, Kirche u. König z. Zt. d. Luxemburger: Bohemia Sacra. Das Christentum i. Böhmen 973–1973, hg. v. FERDINAND SEIBT, Düsseldorf 1974, 307–314.
[80] LOSHER (T) 68–73.
[81] AaO, 99–199.
[82] HAUCK 5/2 (B) 658; LOSHER (T) 69–72; Bistum Bamberg 2 (B) 348 [Register der Patrozinien].
[83] So die Meinung des von einer marxistischen Position ausgehenden SPEVÁČEK [T] 99. 139–142. 157f.

REMIGIUS BÄUMER, Darmstadt 1977 (WdF 415).– Repertorium Germanicum 1 u. 3 (K).– Welt z. Zt. d. Konstanzer Konzils (K).

Das Große Schisma, das 1378 mit der Wahl eines zweiten Papstes seinen Anfang nahm, teilte die Christenheit in zwei, seit dem Konzil von Pisa 1409, das die Einheit wiederherstellen sollte, in drei Gefolgschaftsbereiche, sogenannte Obödienzen, und dauerte 37 Jahre.

Die Mehrheit der deutschen Bischöfe trat dem am 17.9.1379 von König Wenzel und den vier rheinischen Kurfürsten geschlossenen Bund zugunsten des römischen Papstes bei. Nichtsdestoweniger hatte auch der avignonesische Papst Clemens VII. in Oberdeutschland, auch wenn man von den Machtbereichen Herzog Leopolds III. von Österreich und Erzbischof Pilgrims II. von Salzburg absieht, anfänglich eine gar nicht so kleine Anhängerschaft. Es gibt 86 Urkunden dieses Papstes allein für Empfänger im Bistum Würzburg, mit welchen er Rechte und Benefizien verlieh,[84] über welche der römische Papst in anderer Weise verfügte. In Eichstätt ernannte Clemens VII. seinen Parteigänger Albrecht Hofwart von Kirchheim, Domherrn in Speyer, zum Bischof, der sich jedoch gegen den gewählten Friedrich von Oettingen nicht durchsetzen konnte.[85] Nur in Mainz bestand die Gefahr, daß das päpstliche Schisma sich als bischöfliches fortsetzen könne, insofern der avignonesische Papst den Streit um den Mainzer Erzstuhl am 18.4.1379 zugunsten Adolfs (I.) von Nassau entschied, ohne ihn freilich in der avignonesischen Oboedienz halten zu können.[86] Nach dem Pisaner Konzil, das an der Wiederherstellung der Einheit scheiterte und einen dritten Papst wählte, einigten sich die Bischöfe von Würzburg, Bamberg und Eichstätt mit ihren Domkapiteln im Gegensatz zu den Erzbischöfen von Mainz und Salzburg, der überwiegenden Mehrheit der Bischöfe und zu Herzog Heinrich dem Reichen von Bayern am 16.4.1410 zum Verbleib in der römischen Oboedienz,[87] zu der sich auch die kurzlebige, 1402 gegründete erste Würzburger Universität bekannte[88]. Doch gingen nach König Ruprechts Tod nach den bayerischen auch die fränkischen Bischöfe zu dem Pisaner Papst Johannes XXIII. über. Durch ihre die Kirche zum Handeln zwingende Duplizität beziehungsweise Triplizität schwächten die Päpste die Kraft der identitätsverbürgenden Tradition und damit auch die Autorität ihres Amtes.

Das Konstanzer Konzilsdekret »Frequens« vom 9.10.1417 ordnete zur Sicherstellung der Reformen und zur Verhinderung neuer Schismen an, daß das Konzil als ständige Einrichtung die Kirche begleiten sollte. Der leitende Gedanke des Konziliarismus, daß nämlich das allgemeine Konzil dem Papste übergeordnet

---

[84] Bistum Würzburg 2 (B) 103f.
[85] Repertorium Germanicum 1 (K) 136*.
[86] ALOIS GERLICH, Die Anfänge d. großen abendländischen Schismas u. d. Mainzer Bistumsstreit: HJLG 6 (1956), 25–76.
[87] DRTA 6 (1888), 740f, Nr. 408.
[88] ERNST SCHUBERT, Die Universität: Würzburg (K) 77–80 [77].

und zur Reform der Kirche befugt sei, wies einen Weg zur Beendigung der Spaltung. Doch zeigte sich bald, daß nach Beseitigung des konziliaren Ausnahmezustandes die Durchsetzung des Dekretes scheitern mußte, nicht nur weil das Papsttum nach Wiederherstellung der Kircheneinheit erstarkte, sondern auch weil administrative Reformen einen religiösen Aufbruch, wie er bis dahin stets vom Mönchtum ausgegangen war, nicht ersetzen konnten.[89]

In Franken, Schwaben und Bayern war die allgemeine Stimmung dem Konziliarismus lange günstig, konnte aber nicht durchgehalten werden. Als Kardinal Nikolaus Cusanus, der sich wie viele vom Basler Konzil getrennt hatte, im Januar 1441 zum ersten Male nach Würzburg kam, mußte er in der Franziskanerkirche predigen. Zwei Tage später stellte das Domkapitel, welches sich nun nicht mehr an die »kurfürstliche Neutralität« gebunden fühlte, den Abgesandten des Basler Konzils, Kardinal Johann von Segovia und dem Franziskaner Franz von Fusche, die Domkanzel zur Verfügung.[90] In Bayern hatte die Parteinahme für das Basler Konzil dank der Aktivitäten des Johann Grünwalder, eines natürlichen Sohnes Herzog Johanns II. von Bayern-München und späteren Bischofs von Freising, eine breitere Basis.[91]

Pfarrer, Mönch und Bürger wurden durch den Gegensatz Papst/Konzil stärker betroffen als durch das Große Schisma, das nach anfänglicher Ratlosigkeit infolge der bald zu relativer Geschlossenheit konvergierenden Oboedienzbezirke die geistliche Versorgung in den Pfarr- oder Klosterkirchen kaum irgendwo beeinträchtigt hatte. Doch die Entscheidung zwischen Papst und Konzil konnte jedenfalls bei der Geistlichkeit zu Gewissenskonflikten führen. »Die Krisis wurde bis in die Beichte hineingetragen: [Der Melker Mönch Johannes] Schlitpacher war in Gewissensnöten, ob er einen Mönch, der sich zur Neutralität oder gar zu Eugen IV. bekenne, überhaupt absolvieren dürfe; er selbst wies die Osterkommunion aus der Hand des Augsburger Abtes zurück, weil dieser beim Karfreitagsgottesdienst ›pro beatissimo papa nostro Eugenio‹ habe beten lassen. Ein Münchner Theologe schrieb ›Nutzbringende Anweisungen für furchtsame Gewissen in der Zeit des gegenwärtigen Schismas‹«.[92]

---

[89] Die Entwicklung d. Konziliarismus. Werden u. Nachwirken d. konziliaren Idee, hg. v. REMIGIUS BÄUMER, Darmstadt 1976 (WdF 279); HANS SCHNEIDER, Der Konziliarismus als Problem d. neueren kath. Theologie. Die Gesch. d. Auslegung d. Konstanzer Dekrete v. Frebonius bis z. Gegenwart, Berlin 1976 (AKG 47).
[90] THEOBALD FREUDENBERGER, Würzburg i. Papstschisma z. Zt. d. Konzils v. Basel 1439–1443: WDGB 50 (1988), 83–97.
[91] AUGUST LEIDL, Johannes III. Grünwalder: NDB 10, 485; JOHANNES GROHE, Johannes Grünwalder: LThK³ 5, 913.
[92] WALTER JAROSCHKA, Der Weg d. bair. Kirche durch d. MA: Kath. Bayern, München 1960, 19–25 [25] (Das Bayerland: Sonderausgabe).

7. Waldenser und Hussiten

Patschovsky (B).

a) Waldenser

Günter Frank u.a. (Hg.), Die Waldenser. Spuren einer europ. Glaubensbewegung, Bretten 1999.– Herbert Grundmann, Ketzergesch. d. MA, Göttingen ³1978 (KIG G1).– Martin Schneider, Europ. Waldensertum i. 13. u. 14. Jh. Gemeinschaftsform, Frömmigkeit, sozialer Hintergrund, Berlin u.a. 1981 (AKG 51).– Ernst Werner, Ideologische Aspekte d. deutsch-österreichischen Waldensertums i. 14. Jh.: StMed 3. ser. 4 (1963), 217–237.

Während die Katharer im oberdeutschen Raum quellenmäßig kaum greifbar sind, erscheinen die Waldenser, benannt nach dem reich gewordenen Lyoner Kaufmann Petrus Valdes, der wie Franz von Assisi das Evangelium wörtlich nahm, aber anders als dieser den Eid, die Tötung von Menschen, das Fegefeuer und die meisten Sakramente ausdrücklich ablehnte, im 13. Jahrhundert in Schwaben und Bayern. Gerade im Zeitalter zunehmender Bedeutung der Geldwirtschaft mit rasch angehäuften großen Vermögen, gewann das apostolische Leben an Attraktivität, auch das nicht kirchenkonforme. Trotz systematischer Verfolgung der Waldenser überraschte die kirchlichen Behörden immer wieder das Wachstum ihrer Anhänger, ihre Überzeugungstreue und das Funktionieren ihrer Hierarchie. Mit Versuchen zu ihrer Rückführung beauftragten die Bischöfe meist Angehörige des Franziskaner- und des Dominikanerordens. Mit Predigten kämpfte Franziskaner Berthold von Regensburg, der Zuhörermassen begeistern konnte, um ihre Rückkehr zur Kirche,[93] mehr durch Schriften und auch als Inquisitor sein Ordensbruder David von Augsburg. In Würzburg widerrief 1342 Konrad Hager, ein rechtskundiger Laie, waldensische Lehren, die er verbreitet hatte, soll aber später in Rom als rückfälliger Ketzer verurteilt worden sein.[94] Auch in der zweiten Hälfte des 14. Jahrhunderts gab es in Franken und Schwaben Inquisitionsverfahren gegen »Ketzer«, die als Waldenser zu erkennen sind.[95]

b) Hussiten

Peter Hilsch, Johannes Hus (um 1370–1415). Prediger Gottes u. Ketzer, Regensburg 1999.– Josef Macek, Hus: LMA 5, 230f.– Ders., Hussiten I. Die Hussitenbewegung i. Böhmen: LMA 5, 232ff.– Machilek, Hus u. d. Hussiten (K).– Franz Machilek, Hus/Hussiten: TRE 15, 710–735.– Ders., Hussiten II. Wirkung u. Einfluß i. deutschen Reich: LMA 5, 235f.– Ders., Deutsche Hussiten: Jan Hus. Zwischen Zeiten, Völkern,

---

[93] Peter Segl, Berthold v. Regensburg u. d. Ketzer seiner Zeit: Regensburg u. Bayern i. MA (B) 115–129.
[94] Adolar Zumkeller, Hager, Konrad: NDB 7, 491f.
[95] Machilek, Hus u. d. Hussiten (K) 22f.

Konfessionen, hg v. FERDINAND SEIBT, München 1997, 267–282 (VCC 85).– DERS., Ein Eichstätter Inquisitionsverfahren aus d. Jahre 1460: JFLF 34/35 (1974/75), 417–446 [= FS Gerhard Pfeiffer].– Magistri Iohannis Hus opera omnia, ed. JAROSLAV ERSIL, Bd. 1ff, Prag 1959ff.– HAUCK 5/2 (B) 1002–1016. 1050–1136.– FRANTISEK PALACKÝ, Urkundliche Beitr. z. Gesch. d. Hussitenkrieges v. Jahre 1419 an, 2 Bde., Osnabrück 1966 [= Nachdr. d. Ausg. 1873].– MILOSLAV POLÍVKA, Briefe d. Reichsstadt Nürnberg an d. Geistlichen i. böhmischen Ländern aus d. Jahren 1404–1434: IVAN HLAVÁČEK/JAN HRDINA (Hg.), Facta probant homines, Praha 1998, 379–402.– GERHARD SCHLESINGER, Die Hussiten i. Franken. Der Hussiteneinfall unter Prokop d. Großen i. Winter 1429/30, seine Auswirkungen sowie sein Niederschlag i. d. Geschichtsschreibung, Kulmbach 1974 (Die Plassenburg 34).– FERDINAND SEIBT, Hussitenstudien. Personen, Ereignisse u. Ideen einer frühen Revolution, München 1987 (VCC 60).– DERS., Hussitica. Zur Struktur einer Revolution, Köln u.a. ²1990 (AKuG Beih. 8).

Der Prager Theologieprofessor Jan Hus, der sich dem Konstanzer Konzil zu stellen bereit war, um dort die Rechtgläubigkeit seiner mehrfach verurteilten, stark von dem Oxforder Theologen John Wyclif[96] beeinflußten Lehre zu vertreten, machte auf seiner Reise dorthin am 19.10.1414 in Nürnberg Station, um seine Auffassungen mit den Pfarrern von St. Lorenz und St. Sebald, Magistern, Mitgliedern des Rates und anderen Interessierten zu diskutieren. Er fand – im Augenblick – große Zustimmung.[97] Da sein einfaches, ja asketisches Leben seiner Lehre entsprach, entfaltete er eine suggestive Kraft. Trotz eines Geleitbriefs König Sigmunds wurde er in Konstanz verurteilt. Er starb am 6.7.1415 auf dem Scheiterhaufen, ohne Geständnis, aufrecht und betend. Die Flammen von Konstanz setzten Böhmen in Brand. Seine dortigen Anhänger radikalisierten sich und wurden zahlreicher. Basis des Hussitismus im Reich bildeten die ihm religiös verwandten Waldensergemeinden. In Nürnberg gab es in der zweiten Hälfte des 14. Jahrhunderts mehrere Inquisitionsverfahren gegen Waldenser, welche für die Betroffenen mit Ausweisung oder Tod endeten. Auch die seit 1426 über die Grenzen Böhmens hinausstoßenden Heereszüge der Hussiten warben unter der Bevölkerung für das hussitische Programm zur Kirchenreform, in einigen Fällen mit Erfolg.[98] Aber die antihussitische Stimmung, den die Angst und Schrecken verbreitenden Einfälle der Hussiten mit ihren beispiellosen Grausamkeiten im Reich auslösten, war dem Ansehen der Bewegung abträglich. In Franken und Bayern wurden Votivmessen für den Sieg der katholischen Sache über die Hussiten gelesen.[99] Während die drohende Einnahme Nürnbergs durch Verhandlun-

---

[96] JOHANNES WYCLIF, The Latin Works, hg. v. RUDOLF BUDDENSIEG, 36 Bde., Frankfurt 1966 [= Nachdr. d. Ausg. London 1882–1922]; ULRICH KÖPF, Wyclif, John. Wyclifismus: LThK³ 10, 1337–1341; demnächst auch TRE.
[97] Brief an seine Freunde in Böhmen: Documenta Mag. Joannis Hus, ed. FRANCISCUS PALACKÝ, Osnabrück 1966, 75f, Nr. 39 [= Nachdr. d. Ausg. Prag 1869].
[98] PÖLNITZ (B) 53 mit Anm. 2.
[99] FRANZ MACHILEK, K zavedení a liturgii votivních mší Contra Hussones [Zur Einführung u. Liturgie d. Votivmessen Contra Hussones]: Acta Universitatis Carolinae 31/1 (1991), 95–106 [mit deutscher Zusammenfassung].

gen auf Böheimstein am 11.2.1430 abgewendet werden konnte, haben die Hussiten noch im gleichen Jahr die Städte Hof, Kulmbach und Bayreuth beim ersten Ansturm erobert. Bamberg konnte sich gegen eine Brandschatzung von 12.000 Gulden freikaufen. Der Handel der Reichsstadt Nürnberg mit dem hussitischen Böhmen erlitt zwar Einbußen, kam aber nie ganz zum Erliegen.[100] Entgegen der älteren Forschungsmeinung, daß der Hussitismus eine national-tschechische gegen das Deutschtum gerichtete Bewegung gewesen sei, ist seit einiger Zeit immer deutlicher erkannt worden, daß er in Deutschland zahlreiche Missionare, Theologen, Anhänger und Märtyrer hatte.[101]

Nach Abschluß der teuer erkauften Prager Kompaktaten (1433), welche den trotz hoher Aufwendungen[102] militärisch nicht zu gewinnenden Krieg beendeten, flammte die waldensisch-hussitische Bewegung im Reich gelegentlich noch einmal auf. In Nürnberg wurde 1446 der waldensisch-taboritische Wanderprediger Bartholomäus Rautenstock verhört.[103] Aus dem gleichen Jahr liegen Nachrichten über Ketzer im Aischgrund vor, welche in Würzburg Widerruf leisteten,[104] 1460 kam es in Eichstätt zu einem Prozeß mit anschließender Rekonziliation einer taboritisch-waldensischen Gemeinde in mehreren Orten des mittleren Altmühltales.[105] Doch das waren Einzelfälle. Insgesamt stellt das 15. Jahrhundert sich »nur als Ausläufer des 13. und 14. Jahrhunderts dar. An seinem Ende sind die Häresien, abgesehen von der Sonderentwicklung in Böhmen, waldensischen Alpenrefugien usw., nach allgemeiner Auffassung der Forschung fast ganz verschwunden, hat die Kirchlichkeit obsiegt«.[106]

8. Die Bistümer und ihre Leitung

Der Bischof i. seiner Zeit. Bischofstypus u. Bischofsideal i. Spiegel d. Kölner Kirche. Festgabe f. Joseph Kardinal Höffner, hg. v. PETER BERGLAR, Köln 1986.– HANS ERICH FEINE, Kirchl. Rechtsgesch. Die kath. Kirche, Köln u.a. ⁵1972.– Meichelbeck's Gesch. d. Stadt Freising u. ihrer Bischöfe. Neu i. Druck gegeben u. fortgesetzt bis z. Jetztzeit v. ANTON BAUMGÄRTNER, Freising 1854.– W. HAAS, Kirchenbau (B).– HAUCK 5/1 (B) 66–236.– HINSCHIUS 2 (K).– HINSCHIUS 3 (K) 582–597.– JOHANNES NEUMANN, Bischof I: TRE 6,

---

[100] MILOSLAV POLÍVKA, Wirtschaftl. Beziehungen Nürnbergs mit d. »böhmischen Ketzern« i. d. Jahren 1419 bis 1434. Haben d. Nürnberger mit d. Hussiten Handel betrieben?: MVGN 86 (1999), 1–19.
[101] Zu den Einzelheiten vgl. besonders die Studien von Franz Machilek und Ferdinand Seibt, welche auch auf die zahlreichen tschechischen Publikationen zum Thema hinweisen; ferner FRANZ MACHILEK, Jan Hus, die Hussiten u. d. Opf., Speinshart 1994.
[102] MAYER, Abschriften älterer Urkunden 3 [Hussitensteuerregister von Weikersheim 1428]: Württembergisch Franken 8 (1868/70), 250f; Bistum Bamberg 2 (B) 4f, Liste II [Steueranschläge des Bamberger Klerus für die Bekämpfung der Hussiten].
[103] MACHILEK, Inquisitionsverfahren (T).
[104] FRIEDRICH BEYSCHLAG, Zur kirchl. Gesch. d. Würzburger Diözese i. 15. Jh.: BBKG 15 (1909), 81–97; DERS., Zur Gesch. d. Hussitenbewegung i. Franken: ZBKG 2 (1927), 47.
[105] MACHILEK, Inquisitionsverfahren (T) 443; MACHILEK, Hus u. d. Hussiten (K) 33f.
[106] MEUTHEN (K) 150.

653–682.– DERS., Bistum: TRE 6, 697–709.– ALOYS SCHULTE, Der Adel u. d. deutsche Kirche i. MA. Stud. z. Sozial-, Rechts- u. KG, Darmstadt ³1958 (KRA 63/64).– Weihbischöfe u. Stifte. Beitr. z. reichskirchl. Funktionsträgern d. frühen Neuzeit, hg. v. FRIEDHELM JÜRGENSMEIER, Frankfurt/Main 1995 (BMKG 4). *Die einzelnen Bistümer. Augsburg:* JVABG.– Regesten Augsburg 1 (B).– ZOEPFL (B). *Bamberg:* Bistum Bamberg 1 u. 2 (B).– GUTTENBERG (B).– KIST (B).– LOOSHORN 1–4 (K). *Eichstätt:* FRANZ HEIDINGSFELDER, Die Regesten d. Bischöfe v. Eichstätt. Bis z. Ende d. Bischofs Marquard v. Hagel 1324, Erlangen 1938 (VGFG 6/1).– SBHVE. *Freising:* Beyträge z. Gesch., Topographie u. Statistik d. Erzbisthums München u. Freising, hg. v. MARTIN V. DEUTINGER, 1850ff [ab 1929: BABKG].– MASS (B). *Mainz:* Hb. d. Mainzer KG, hg. v. FRIEDHELM JÜRGENSMEIER, Bd. 2: GÜNTER CHRIST/GEORG MAY, Erzstift u. Erzbistum Mainz, Würzburg 1997 (BMKG 6/2).– JÜRGENSMEIER, Bistum (B). *Passau:* HEUWIESER (B).– Regesten Passau 1 (B). *Regensburg:* BGBR.– HAUSBERGER, Gesch. 1 u. 2 (B). *Salzburg:* Gesch. Salzburgs 1/1–3 (B). *Würzburg:* Bistum Würzburg 1–5 (B).– QFGBW.– WENDEHORST, Strukturelemente (B).– ALFRED WENDEHORST, Das Bistum Würzburg. Ein Überblick v. d. Anfängen bis z. Säkularisation: FDA 86 (1966), 9–93.– WDGB.

An der Spitze des Bistums steht der Bischof. Er ist Inhaber der geistlichen Regierungsgewalt. Seine Kirche ist der Dom. In ottonischer und salischer Zeit wurden an der Stelle der Domkirchen aus karolingischer Zeit neue erbaut, die meist in staufischer Zeit vollendet wurden. In Bamberg ließ Bischof Ekbert von Andechs den abgebrannten Heinrichsdom durch den heutigen Bau ersetzen, in gotischer Zeit wurden die Dome von Regensburg, Augsburg und Passau weitgehend neu gebaut. Im 11. und 12. Jahrhundert erhoben sich neben den Domen die Stiftskirchen, deren Türme zusammen mit denen des Domes den Bischofsstädten ihre charakteristische Silhouette verliehen.[107]

Als der Kreis seiner Wähler sich seit Beginn des 13. Jahrhunderts auf das Domkapitel, das sich im späten Mittelalter überall fast ganz aus Angehörigen der Ritterschaft zusammensetzte, eingeengt hatte, meldete dieses Ansprüche auf Mitregierung an, welche, in sogenannten Wahlkapitulationen fixiert und dann immer wieder erweitert, vom Bischofskandidaten zu beschwören waren. Dieses Verfahren wurde – manchmal nach einigen Anläufen und Vorstufen – in Würzburg seit 1225 praktiziert, in Eichstätt seit 1259, in Bamberg seit 1328, in Passau seit 1342, in Salzburg seit 1427, in Regensburg erst seit 1437, noch später wie es scheint, in Augsburg.[108] Als die Päpste seit Innocenz IV. ein in der Praxis unbegrenztes

---

[107] WOLFGANG GIESE, Zur Bautätigkeit v. Bischöfen u. Äbten d. 10. bis 12. Jh.: DA 38 (1982), 388–438; W. HAAS, Kirchenbau (B) 1132–1142. 1163ff.
[108] JOSEPH FRIEDRICH ABERT, Die Wahlkapitulationen d. Würzburger Bischöfe bis z. Ende d. XVII. Jh. 1225–1698: AHVU 46 (1904), 27–186; LUDWIG BRUGGAIER, Die Wahlkapitulationen d. Bischöfe u. Reichsfürsten v. Eichstätt 1259–1790. Eine hist.-kanonistische Stud., Freiburg/Breisgau 1915 (FThSt 18); GEORG WEIGEL, Die Wahlkapitulationen d. Bamberger Bischöfe 1328–1693. Eine hist. Unters., Bamberg 1909; Der Konflikt um d. Wahlkapitulation zwischen d. Bamberger Domkapitel u. Bischof Philipp v. Henneberg. Quellen z. Bamberger Bistumsstreit 1481/82, bearb. v. MATTHIAS THUMSER, Bamberg 1990 (BHVB Beih. 24); HEINZ DOPSCH, Die Salzburger Kirche. 2. Klöster u. Stifte: Gesch. Salzburgs 1/2 (B) 1002–1053 [1006]; JOSEF OSWALD, Das alte Passauer Domkapitel. Seine Entwicklung bis z. dreizehnten Jh. u. sein Wahlkapitulationswesen, München

Recht beanspruchten, die Bischöfe zu ernennen, wurde nicht selten der vom Kapitel Gewählte nach Annullierung der Wahl vom Papst ernannt, doch kam es gelegentlich auch zu Schismen zwischen dem Gewählten und dem Providierten, welche die kirchliche Autorität überhaupt beeinträchtigen mußten. Das Wiener Konkordat von 1448 sah dann das Recht der Domkapitel, den Bischof zu wählen, vorbehaltlich des Rechtes der Wahlprüfung und der Bestätigung des Gewählten durch den Papst, als Regelfall an.[109] Immer wieder versuchten aber auch benachbarte Dynasten, Bischofswahlen zu beeinflußen.[110] Mehr als nur einmalige Erfolge hatten jedoch nur die Wittelsbacher in Freising und Regensburg.

Die aus Angehörigen der Ritterschaft zusammengesetzten Domkapitel, deren korporativer Reichtum in den einzelnen Bistümern zwar abgestuft, doch überall beträchtlich war,[111] wählten in aller Regel einen aus ihren Reihen zum Bischof. Bischöfe bürgerlicher Herkunft wie Johann von Zürich, der kurze Zeit auch in Eichstätt das Bischofsamt innehatte,[112] Nikolaus von Ybbs in Regensburg,[113] schließlich der aus verarmter Augsburger Patrizierfamilie stammende Salzburger Erzbischof Matthäus Lang, der Kardinal wurde,[114] waren Ausnahmen; sie verdankten ihre Erhebung kaiserlicher Intervention. Wie gegen Bürgerliche verhielten die Domkapitel sich auch gegen Hochadelige abweisend, wenn auch mit geringerem Erfolg. Befürchteten sie doch, durch hochadelige Mitglieder wider Willen in die große Politik hineingezogen zu werden.

Der Bischof verstand sich selbst in erster Linie als Landesherr und er wurde dementsprechend auch nach seiner Sorge um das allgemeine Wohl beurteilt.[115] Gewiß hat der um geistliche Erneuerung oft wenig bekümmerte Adelsbischof im 15. Jahrhundert nicht mehr das allgemeine Bild bestimmt und der Humanismus bei Unterschieden in den einzelnen Bistümern im Episkopat und in der Leitung des Bistums einen Modernisierungsschub bewirkt.[116] Doch waren Männer, welche bischöfliches Amt und priesterliches Leben, aktiven Einsatz in der Seelsorge

---

1933, 97–121 (MSHTh 10); NORBERT FUCHS, Die Wahlkapitulationen d. Fürstbischöfe v. Regensburg (1437–1802): VHVOPf 101 (1961), 5–108; ZOEPFL (B) 543.

[109] ANDREAS MEYER, Bischofswahl u. päpstliche Provision nach d. Wiener Konkordat: RQ 87 (1992), 124–135.

[110] FRIEDRICH ZOEPFL, Der Einfluß d. bayer. Herzöge auf d. Augsburger Bischofswahlen i. 15. u. 16. Jh.: JABKG 1966, 29–44; Bistum Würzburg 2 (B) 165f; Dokumente z. Passauer Bistumsstreit v. 1423 bis 1428. Zur Kirchenpolitik Herzog Albrechts V. v. Österreich, hg. v. PAUL UIBLEIN, Wien 1984 (FRA.D 84).

[111] OTTO RIEDNER, Besitzungen u. Einkünfte d. Augsburger Domkapitels um 1300: AGHA 1 (1909/11), 43–90; am besten überliefert und erforscht für Bamberg: Urbare u. Wirtschaftsordnungen d. Domstifts z. Bamberg, Bd. 1, bearb. v. ERICH FRHR. V. GUTTENBERG, aus d. Nachlaß hg. v. ALFRED WENDEHORST, Würzburg 1969 (VGFG 10/7/1).

[112] HEIDINGSFELDER (T) Nr. 1316, S. 405ff; MICHAELA KRISSL, J. v. Zürich: LMA 5, 521.

[113] MARIANNE POPP, Nikolaus v. Ybbs als Bischof v. Regensburg (1313–1340): VHVOPf 109 (1969), 27–50.

[114] HANS WAGNER, Kardinal Matthäus Lang: LebBaySchwaben 5 (1956), 45–69.

[115] HANS JÜRGEN BRANDT, Fürstbischof u. Weihbischof i. Spätmittelalter. Zur Darstellung d. sacri ministerii summa d. reichskirchl. Episkopats: Ecclesia Militans 2 (B) 1–16.

[116] A. SCHMID, Humanistenbischöfe (B) [bes. Augsburg betr.].

und Kontemplation zu vereinen suchten wie der Eichstätter Bischof Johann III. von Eich[117] selten und wohl nur an der Spitze politisch nicht herausragender Hochstifte möglich.

Nicht nur weil viele deutsche Bistümer ihrer großen Ausdehnung wegen schwer zu überblicken waren, bedurfte der Bischof mehrfacher geistlicher Vertretung, sondern vor allem eben weil er Landesherr war. Nach Größe und Einkünften stand Würzburg an der Spitze, Regensburg war das kleinste der Hochstifte.

Die Bistümer waren etwa seit der Mitte des 13. Jahrhunderts eingeteilt in Archidiakonate. Die Archidiakone jüngerer Ordnung, welche stets Domherren waren, hatten für den ihnen zugewiesenen Bezirk eine ordentliche Jurisdiktion. Der Archidiakon visitierte die Pfarreien seines Bezirkes, investierte die Pfarrer und hielt über die Laien das Sendgericht (»synodus«) ab.[118] Gegenbewegungen der Bischöfe gegen die erstarkenden Archidiakone führten zur Etablierung neuer Vertreter, welche von der päpstlichen Gesetzgebung begünstigt die Aufgaben der Archidiakone zunächst konkurrierend wahrnahmen, dann deren Bedeutung minderten und schließlich ihre Funktionen überflüssig machten.[119] Vertreter des Bischofs nicht eigenen Rechtes waren im späten Mittelalter der Weihbischof (»vicarius generalis in pontificalibus«), sodann der Geistliche Richter (»officialis curie N.N.« oder »iudices sedis N.N.«) und schließlich der Generalvikar (»vicarius generalis in spiritualibus«), der an der Spitze der Verwaltung stand. Daß die bischöfliche Regierung im späten Mittelalter das persönliche Element weitgehend verloren hatte, lag in der Entwicklung von Herrschaft und Verwaltung. Diese verlief bei den weltlichen Landesherren zwar bald ähnlich, ließ aber das Bild des Bischofs als Hirten im altkirchlichen Sinn verblassen.

Von ihren Sitzen vertriebene Bischöfe, die in speziellem Auftrag eines Diözesanbischofs bestimmte Pontifikalhandlungen vornahmen, sind schon im 12. Jahrhundert nicht selten. Als Hilfsbischöfe mit genereller Weihevollmacht traten nach der Mitte des 13. Jahrhunderts zunächst Diözesanbischöfe aus den nordöstlichen Missionsgebieten des Reiches auf, die sich dort nicht halten konnten. Die Reihe der ständigen Weihbischöfe, welche die Ordinarien im späten Mittelalter häufig aus dem Ordensklerus wählten, beginnt in Würzburg schon am Anfang, in Bamberg um die Mitte, in Augsburg gegen Ende des 13. Jahr-

---

[117] ERNST REITER, Johann v. Eych: VerLex² 4 (1983), 591–595; ALFRED WENDEHORST, J. III. v. Eich: LMA 5, 514.
[118] A. AMANIEU, Archidiacre: DDC 1, 948–1004; WILHELM ENGEL, Zur Gesch. d. spätmittelalterlichen Sends i. Bistum Würzburg : WDGB 14/15 (1952/53), 357–372.
[119] EMIL UTTENDORFER, Die Archidiakone u. Archipresbyter i. Bisthum Freising u. d. Salzburgischen Archidiakonate Baumburg, Chiemsee u. Gars: AKathKR 63 (1890), 3–117; 64 (1890), 70–138; JULIUS KRIEG, Der Kampf d. Bischöfe gegen d. Archidiakone i. Bistum Würzburg, Amsterdam 1965 [= Nachdr. d. Ausg. Stuttgart 1914] (KRA 82); ALFRED SCHRÖDER, Der Archidiakonat i. Bistum Augsburg, Memmingen 1921; Bistum Bamberg 2 (B) 42f; zuletzt KONSTANTIN MAIER, Der Archidiakon i. d. Reichskirche. Zur Typologie d. Amtes i. Spätmittelalter u. d. Frühen Neuzeit: RQ 87 (1992), 136–158 und MANFRED HEIM, Der Archidiakonat i. d. Gesch.: MThZ 43 (1992) 107–111.

hunderts, in Regensburg, in Freising, wo in der 2. Hälfte des 14. Jahrhunderts gelegentlich das Amt des Weihbischofs mit dem des Generalvikars vereinigt war, und in Eichstätt erst zu Beginn des 14.[120]

Das Offizialat, dessen Entstehung begünstigt wurde durch die ausschließliche Anwendung des kanonischen Prozeßrechtes im kirchlichen Gerichtswesen, welches wiederum rechtsgelehrte Persönlichkeiten erforderte, wurde in den deutschen Bistümern nach dem bereits in Nordfrankreich praktizierten Modell der päpstlichen delegierten Richter im Laufe des 13. Jahrhunderts eingerichtet, ohne zeitlich oder auf besondere Fälle begrenzt zu sein. Während die Entwicklung im allgemeinen vom Richterkollegium zum Einzelrichter verlief, scheinen in Mainz stets mehrere Richter tätig gewesen zu sein.[121] Doch wurde nach dem Vorbild des Metropolitansitzes Mainz in Augsburg, wo das Offizialat 1264, und in Eichstätt, wo es 1281 voll ausgebildet in Erscheinung tritt, die alte Intitulation (»iudices«) verwendet, obwohl hier von Anfang an Einzelrichter tätig waren.[122] In Würzburg erscheint ein Offizial als ständiger Richter seit 1275.[123] In Bamberg gab es insofern eine Sonderentwicklung, als es hier dem Domdekan gelang, die bischöfliche Jurisdiktion an sich zu ziehen; seit 1344 übte der Offizial des Domdekans jene Funktionen aus, die anderswo dem bischöflichen Offizial oblagen.[124] In Regensburg blieb während des Mittelalters die geistliche Gerichtsbarkeit zwischen Bischof und Domkapitel strittig.[125] In Freising sind ihre Anfänge und ihre Praxis noch nicht geklärt.

Vertreter des Bischofs in administrativen Angelegenheiten mit einem faktisch wachsenden Anteil an den Regierungsrechten (mit Ausnahme der die Bischofsweihe voraussetzenden Handlungen), doch in den Kompetenzen manchmal erst allmählich vom Offizial geschieden, war der Generalvikar, der mit ordentlicher stellvertretender Gewalt und nicht mehr als Delegierter mit speziellem Auftrag handelte. In Freising beginnt die Reihe der ständigen Generalvikare bereits 1306,[126] in Salzburg und Eichstätt, wo die Ämter des Generalvikars und die des

---

[120] HERMANN HOFFMANN, Die Würzburger Weihbischöfe v. 1206–1402: WDGB 26 (1964), 52–90; spätere Zeit: NIKOLAUS REININGER, Die Weihbischöfe v. Würzburg: AHVU 18 (1865), 1–428; Bistum Bamberg 1 (B) 286–294; ALFRED SCHRÖDER, Die Augsburger Weihbischöfe: AGHA 5 (1916/19), 411–516; HAUSBERGER, Gesch. 2 (B) 262; Gesch. d. Stadt Freising (T) 583–600; MASS (B) 272; JOSEPH SCHLECHT, Reihenfolge d. Eichstätter Weihbischöfe: SBHVE 11 (1896), 125–130.
[121] GEORG MAY, Die Anfänge d. Gerichtes d. Hl. Stuhles z. Mainz: JFLF 52 (1992), 121–134 [= FS Alfred Wendehorst 1].
[122] ZOEPFL (B) 210. 577; INGEBORG BUCHHOLZ-JOHANEK, Geistl. Richter u. geistl. Gericht i. spätmittelalterlichen Bistum Eichstätt, Regensburg 1988 (ESt NF 23); zur Praxis des Augsburger Offizialates vgl. BERNHARD SCHIMMELPFENNIG, Religiöses Leben i. späten MA: Gesch. d. Stadt Augsburg (B) 220–224 [221f].
[123] ALFRED WENDEHORST, Die Würzburger Formularbücher d. 13. u. 14. Jh.: WDGB 16/17 (1955), 170–188 [bes. 182ff]; WINFRIED TRUSEN, Aus d. Anfängen d. Würzburger Offizialats: Kirche u. Theologie i. Franken. FS f. Theodor Kramer, Würzburg 1975, 321–335 [= WDGB 37/38 (1975)].
[124] HEINRICH STRAUB, Die geistl. Gerichtsbarkeit d. Domdekans i. alten Bistum Bamberg v. d. Anfängen bis z. Ende d. 16. Jh. Eine rechtsgeschichtl. Unters., München 1957 (MThS.K 9).
[125] HAUSBERGER, Gesch. 1 (B) 164f.
[126] Gesch. d. Stadt Freising (T) 609–614.

Offizials manchmal in einer Hand lagen, zu Beginn des 14. Jahrhunderts beziehungsweise 1316,[127] etwa gleichzeitig in Regensburg und Bamberg,[128] 1331 in Mainz.[129] In Würzburg setzt die Reihe ein mit einem bedeutenden Theologen, dem Augustinermagister Hermann von Schildesche, welcher 1342 zugleich mit dem Titel und in den Funktionen eines Pönitentiars erscheint,[130] seit 1423 wurde der Generalvikar aus dem Domkapitel genommen. In Augsburg erscheint ein ständiger Generalvikar unter Bischof Markward von Randegg.[131] Im Bistum Passau, dem am Ausgang des Mittelalters flächenmäßig größten des Reiches, amtierten nach der Neuordnung der Bistumsadministration zu Beginn des 15. Jahrhunderts zwei Offiziale, einer für das Hochstift selbst, für den bayerischen Anteil der Diözese und ungefähr für das Land ob der Enns mit Sitz in Passau, welcher gleichzeitig Generalvikar für das ganze Bistum war, der andere ungefähr für das Land unter der Enns mit Sitz im Passauer Hof bei der Kirche Maria am Gestade in Wien.[132]

Den Bischöfen selbst blieb die Leitung der Diözesansynoden. Der Kreis ihrer Obliegenheiten wurde mit dem Ausbau des diözesanen Ämterwesens kleiner. Im 15. Jahrhundert befaßten sie sich vorwiegend mit der Übernahme der Dekretalengesetzgebung, Spendung der Sakramente, dem Festkalender, der Disziplin von Klerus und Laien sowie dem Schutz von Person und Besitz der Geistlichkeit. Entgegen den Bestimmungen des 4. Laterankonzils (1215), welche die jährliche Abhaltung der Diözesansynoden vorgeschrieben hatten, fanden sie nur bedarfsweise statt.[133]

---

[127] HERMANN, Salzburger Kirche (K) 999; HEIDINGSFELDER (T) Nr. 1354, S. 432.
[128] HAUSBERGER, Gesch. 1 (B) 164; Bistum Bamberg 1 (B) 294–301.
[129] GEORG MAY, Die Anfänge d. Generalvikars i. d. Erzdiözese Mainz: ZSRG.K 79 (1993), 189–231.
[130] ADOLAR ZUMKELLER, Magister Hermann v. Schildesche OESA (†8. Juli 1357), erster Generalvikar i. Bistum Würzburg: WDGB 20 (1958), 127–139 und I.4.5, Anm. 70; für die späteren vgl. NIKOLAUS REININGER, Die Archidiacone, Offiziale u. Generalvicare d. Bisthums Würzburg. Ein Beitr. z. Diözesangesch.: AHVU 28 (1885), 1–265 und HELMUT WEIGEL, Zur Gesch. d. Weihbischöfe, Generalvikare, Archidiakone, Offiziale u. Domherren d. Bistums Würzburg: AHVU 70 (1935/36), 153–164.
[131] ZOEPFL (B) 308f. 577.
[132] JOSEF OSWALD, Der organisatorische Aufbau d. Bistums Passau i. MA u. i. d. Reformationszeit: ZSRG.K 30 (1941), 131–164; OTHMAR HAGENEDER, Die geistl. Gerichtsbarkeit i. Ober- u. Niederösterreich. Von d. Anfängen bis z. Beginn d. 15. Jh., Köln 1967, bes. 259–288 (FGOÖ 10); DERS., Zur Ehegerichtsbarkeit d. Domdekans v. Passau i. 15. Jh.: FS Franz Loidl z. 75. Geburtstag, Bd. 3, hg. v. ELISABETH KOVÁCS, Wien 1971, 46–54.
[133] KARL HÜBNER, Die Passauer Diözesansynoden, St. Pölten 1911; HIMMELSTEIN (K); Bistum Würzburg 1 (B) 253 [Register]; SCHMITT (K); Bistum Bamberg 2 (B) 82f.

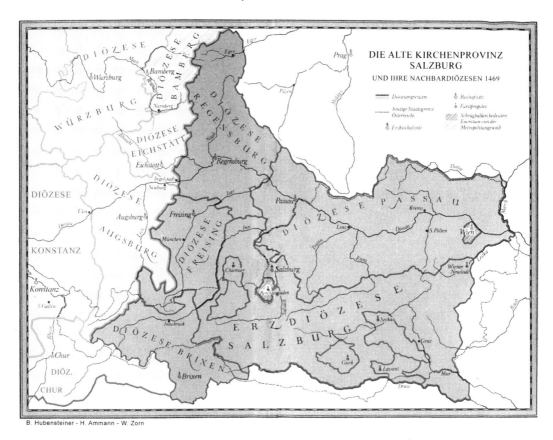

Kirchenprovinz Salzburg und ihre Nachbardiözesen der Kirchenprovinz Mainz 1469

9. Das Verhältnis der Bischöfe und Bistümer zu den Metropoliten und zur römischen Kurie

HINSCHIUS 2 (K) 14.– HINSCHIUS 3 (K) 479–503.

Das Gebiet des heutigen Bayern gehörte von den Zeiten der Karolinger bis zum Ende des Alten Reiches zu zwei Kirchenprovinzen. Die Bistümer Augsburg, Würzburg, Eichstätt und zunächst auch Bamberg, das im 13. Jahrhundert die Exemtion erreichte,[134] sowie Konstanz für den Südwesten links der Iller waren Suffragane des Erzbischofs von Mainz. Regensburg, Freising und Passau gehörten dagegen zur Kirchenprovinz Salzburg, aus welcher dem Bischof von Passau nur vorübergehend die Exemtion gelang (1415/23).[135] Eines der vier Salzburger Eigenbistümer, nämlich Chiemsee, lag etwa zur Hälfte im Herzogtum Bayern. Den Bischof von Chiemsee konnte der Erzbischof von Salzburg ernennen, da das Bistum mit salzburgischen Gütern dotiert worden war.[136] Sonst hatten die Metropoliten keinen institutionalisierten Einfluß auf die Wahl oder Ernennung ihrer Suffraganbischöfe. Sie hatten auch keinerlei Jurisdiktion in deren Sprengeln, die erzbischöfliche Kurie blieb lediglich zweite Instanz für kanonische Prozesse. Das Papsttum hatte die meisten der den Metropoliten von den älteren Dekretalensammlungen zuerkannten Rechte schon im 13. Jahrhundert an sich gezogen, so daß ihnen außer herkömmlichen Ehrenrechten und dem Recht der Einberufung von Provinzialsynoden, die jedoch weder fest umrissene Kompetenzen hatten noch regelmäßig abgehalten wurden,[137] nicht viel mehr geblieben war, als den gewählten Bischof zu bestätigen und ihn zu weihen.

Die Beziehungen der deutschen Geistlichkeit zur römischen Kurie wurden in dem Maße dichter, als die Päpste ihre Reservations- und Provisionsrechte vermehrt seit Innocenz IV. unter Außerkraftsetzung bestehender laikaler Patronatsrechte auch auf sogenannte niedere Benefizien ausdehnten.[138] Besonders wuchsen die Verleihungen von Exspektanzen für Dom- und andere Stiftskanonikate an. Sie waren seltener Belohnungen für Kleriker, die an der päpstlichen Kurie Dienst getan hatten, die Initiative ging meist von geistlichen Petenten aus. Da ein festes Taxsystem bestand, mußte man den naheliegenden Vorwurf der Simonie entkräften können. Die Kurie begegnete ihm mit dem Hinweis darauf, daß die Abgaben nicht gefordert, aber auch nicht verweigert werden dürften. Die Neigung

---

[134] Bistum Bamberg 1 (B) 36–45.
[135] KARL SCHRÖDL, Passavia sacra. Gesch. d. Bisthums Passau bis z. Säkularisation d. Fürstenthums Passau, Passau 1879, 286f.
[136] JOHANNES GRAF V. MOY, Das Bistum Chiemsee: MGSL 122 (1982), 1–50 [mit Karte]; HERMANN, Salzburger Kirche (K) 994–998.
[137] MARTIN HANAPPEL, Die i. Aschaffenburg tagenden Mainzer Provinzialsynoden: »1000 Jahre Stift u. Stadt Aschaffenburg«. FS z. Aschaffenburger Jubiläumsjahr 1957, Schriftleitung WILLIBALD FISCHER, 1. Teil, Aschaffenburg 1957, 439–461 [= AJG 4/1 (1957)].
[138] GEOFFREY BARRACLOUGH, Papal Provisions. Aspects of church history constitutional, legal and administrative i. the later middle ages, Westport 1971 [= Nachdr. d. Ausg. Oxford 1935]; vgl. auch I.4.10.c mit Anm. 184.

der Kapitel, die Providierten anzunehmen, war, vor allem bei landfremden Klerikern, gering.[139] In Würzburg wurden 1357 Bevollmächtigte eines Providierten, als sie dessen Ansprüche an Ort und Stelle durchsetzen wollten, im Main ertränkt.[140] Der antirömische Affekt war damals bereits alt und verwurzelt. Schon der um 1230 in Würzburg verstorbene Walther von der Vogelweide hatte ihn während des Deutschen Thronstreites artikuliert, indem er Papst Innocenz III. mit Bezug auf Deutschland sprechen ließ: ... *ir guot ist allez mîn: / ir tiutschez silber vert in mînen welschen schrîn / ir phaffen, ezzet hüener und trinket wîn, / und lât die tiutschen leien magern unde vasten.*[141] Der Widerstand richtete sich weniger gegen die normalen Taxen und Abgaben als gegen die außerordentlichen Forderungen. Auf dem deutschen Nationalkonzil im März 1287 in Würzburg konnte der päpstliche Legat, als er eine Sondersteuer des deutschen Klerus für die Bedürfnisse der römischen Kurie forderte, nur mit Mühe sein Leben retten, während zwei seiner Begleiter bei dem anschließenden Tumult zu Tode kamen.[142] Der nach der Übersiedlung der Päpste nach Avignon (1309) und vollends nach dem Eintritt des Großen Schismas (1378) vor allem durch weitgehenden Ausfall der Einnahmen aus dem Kirchenstaat wachsende Finanzbedarf der päpstlichen Kurie hat einerseits eine effizientere Neuorganisation des Kollektoren- und Kreditwesens erforderlich gemacht, andererseits vermögende Petenten, die sich auch häufige Gesandtschaften nach Rom und Geschäftsträger an der römischen Kurie leisten konnten, vor den weniger wohlhabenden bevorzugt. Zwar scheiterten letztlich die Vorstöße der Reichsstadt Nürnberg, die geistliche Gerichtsbarkeit für ihre Bürger einzuschränken, doch lohnte sich der Einsatz größerer Summen in einem wohl noch wichtigeren Bereich: Papst Sixtus IV. übertrug dem Nürnberger Rat das Patronatsrecht an den Hauptkirchen der Stadt, St. Lorenz und St. Sebald, die der Bischof herkömmlich Bamberger Domherren verlieh, am 31.12.1477 in den ungeraden (›päpstlichen‹) Monaten und allen anderen Fällen, in welchen die Besetzung dem Papste vorbehalten war; Zugeständnisse, welche die Reichsstadt 1514, wiederum unter Einsatz beträchtlicher Mittel, zu einem uneingeschränkten Patronatsrecht erweitern konnte.[143] Aus den päpstlichen Reservationen und Provisionen entstanden Streitigkeiten mit Beschwerden, Mandaten, Verboten, Dispensationen, Prozessen, Appellationen und Kirchenstrafen.[144]

---

139 Bistum Würzburg 4 (B) 85f.
140 WILHELM ENGEL, Würzburg u. Avignon: ZSRG.K 35 (1948), 150–200; Bistum Würzburg 2 (B) 83f.
141 Die Gedichte Walthers v. d. Vogelweide, hg. v. HERMANN PAUL, Tübingen [10]1965, Nr. 75, 58ff (Altdeutsche Textbibliothek 1).
142 HAUCK 5/1 (B) 461.
143 J. KRAUS (K) bes. 6–15. 48–51. 71–83.
144 Von deren Fülle vermittelt eine Vorstellung das vom Deutschen Historischen Institut in Rom herausgegebene Repertorium Germanicum (K). In der Reihe, aus welcher die Bände 1 (1916) bis 8 (1993) erschienen, in nächster Zeit weitere zu erwarten sind, fehlt noch der den Pontifikat Eugens IV. (1431–1439) umfassende Bd. 5; ergänzend neuerdings: Repertorium Poenitentiariae Germanicum. Verzeichnis d. i. d. Supplikenregistern d. Pönitentiarie vorkommenden Personen, Kirchen u. Orte d.

Eine systematische Untersuchung der Servitien, also jener Taxen, zu denen sich die vom Papst ernannten oder bestätigten Bischöfe vor dem Empfang der Provisionsurkunde zu verpflichten hatten (ein Drittel der Einkünfte eines Jahres), sowie der Annaten, also der Abgaben, die von den Empfängern von Benefizien an die päpstliche Kurie zu entrichten waren (die Hälfte der Pfründenerträgnisse des ersten Jahres), liegt bis jetzt nur für das Bistum Bamberg vor. Dafür daß diese nur etwa bis zum Beginn des Großen Schismas reicht, entschädigt sie durch die Klärung auch der Modalitäten des Transfers der Gelder.[145] Ein Querschnitt liegt vor für die Jahre von 1431 bis 1475.[146]

10. Die Entwicklung der Pfarreiorganisation und die Pfarrei im späten Mittelalter

Bistum Bamberg 2 (B).– BUCHNER, Klerus (K).– FRANZ-REINER ERKENS, Das Niederkirchenwesen i. Bistum Passau (11.–13. Jh.): MIÖG 102 (1994), 53–97.– Bayer. Geschichtsatlas (B) Karte 26/27 [Kirchl. Organisation um 1500].– HERMANN HOFFMANN, Die Pfarreiorganisation i. Mainzer Landkapitel Taubergau (1344–1549). Ein Beitr. z. Atlas »Bistum Würzburg«: WDGB 18/19 (1956/57), 74–98.– PAUL SCHÖFFEL, Der Archidiakonat Rangau am Ausgang d. MA: JFLF 5 (1939), 132–175.– DERS., Pfarreiorganisation u. Siedlungsgesch. i. mittelalterlichen Mainfranken: Aus d. Vergangenheit Unterfrankens, Würzburg 1950, 7–39 (Mainfränk. Heimatkunde 2).– Deutsches Sprichwörter-Lexikon. Ein Hausschatz f. d. deutsche Volk, hg. v. KARL FRIEDRICH WILHELM WANDER, 5 Bde., Leipzig 1867–1880.– WENDEHORST, Würzburger Landkapitel (B).– ALFRED WENDEHORST, Der Archidiakonat Münnerstadt am Ende d. MA: WDGB 23 (1961), 5–52.

Nach antiker kirchlicher Tradition wurde der Siedlungsschwerpunkt stets auch kirchliches Zentrum. Der fortschreitenden Besiedlung folgte in älterer Zeit die Pfarreiorganisation in kurzem zeitlichem Abstand. Nachdem letztere einen ge-

---

Deutschen Reiches, hg. v. DEUTSCHEN HIST. INSTITUT I. ROM, Bd. 4: Pius II., bearb. v. LUDWIG SCHMUGGE u.a., Tübingen 1996. Die Bände 1 bis 4/1 des Repertorium Germanicum, dazu andere gedruckte vatikanische Quellen, wurden für das alte Bistum Würzburg erschlossen von WILHELM ENGEL (Bearb.), Vatikanische Quellen z. Gesch. d. Bistums Würzburg i. XIV. u. XV. Jh., Würzburg 1948 (QFGBW 1); THEODOR J. SCHERG, Franconica aus d. Vatikan (1464–1492): ArZs NF 16 (1909), 1–156; 17 (1910), 231–315; 19 (1912), 87–204 erschließt einen Teil des vatikanischen Materials aus der Zeit von 1464 bis 1492 für die drei fränkischen Diözesen; DERS., Bavarica aus d. Vatikan 1465–1491, München 1932 (ArZs.B 4), betrifft die Bistümer Freising, Augsburg, Regensburg und Passau; für das Bistum Passau in der Zeit von 1342 bis 1370 vgl. Acta Pataviensia Austriaca. Vatikanische Akten z. Gesch. d. Bistums Passau u. d. Herzöge v. Österreich 1342–1378, hg. v. JOSEF LENZENWEGER, Bd. 1: Klemens VI., Wien 1974, Bd. 2: Innocenz VI., Wien 1992, Bd. 3: Urban V., Wien 1996.
[145] MARKUS A. DENZEL, Kurialer Zahlungsverkehr i. 13. u. 14. Jh. Servitien- u. Annatenzahlungen aus d. Bistum Bamberg, Stuttgart 1991 (Beitr. z. Wirtschafts- u. Sozialgesch. 42).
[146] ARNOLD ESCH, Überweisungen an d. apostolische Kammer aus d. Diözesen d. Reiches unter Einschaltung italienischer u. deutscher Kaufleute u. Bankiers. Regesten d. vatikanischen Archivalien 1431–1475: QFIAB 78 (1998), 262–387.

wissen Abschluß erreicht hatte, haben Siedlung und Pfarreiorganisation sich oft disparat entwickelt.

Die große Zahl der Stifte und Klöster kann nicht darüber hinwegtäuschen, daß am Ausgang des Mittelalters die Zahl der Weltgeistlichen erheblich über der Zahl der Kanoniker und der Mönche lag, welche wiederum weniger zahlreich waren als die Nonnen.[147] Das Pfarreinetz war außerhalb der Städte eben erheblich dichter geknüpft als das der Stifte und Klöster. Doch lassen sich die bisher festgestellten Zahlen und Proportionen, da sie fast ausschließlich für größere Städte ermittelt wurden,[148] nicht generalisieren.

a) Herzogtum Bayern

München wurde 1158 von Herzog Heinrich dem Löwen gegründet. Die kirchliche Organisation im Raum des späteren München hatte aber um diese Zeit bereits einen gewissen Abschluß erreicht. Älter als Münchens älteste Pfarrkirche St. Peter sind die Marienkirche in Sendling links der Isar[149] (1877 nach München eingemeindet) und auch die Georgskirche in Bogenhausen rechts der Isar[150] (1892 eingemeindet).

Mehrfach ist im Herzogtum Bayern zu beobachten, wie sich ansonsten neue Siedlungsschwerpunkte durch landesherrliche Stadtgründungen neben den alten Zentralorten mit der Mutterkirche bildeten. Durch eine Stadtgründung verschob sich der Siedlungsschwerpunkt aus einer älteren Grundherrschaft in den grundherrschaftlichen Verband des Landesherrn, auch ohne daß diese Veränderung in der Altsiedlung gleich einen Wüstungsprozeß einleiten mußte.[151] Ein gut erkennbares Beispiel bietet dafür der etwa in der Mitte zwischen München und Landshut gelegene, um 1228 von den Wittelsbachern gegründete und 1450 zur Stadt erhobene Ort Erding mit einer Kirche aus dem 14. Jahrhundert, welche erst 1890 von der Mutterpfarrei Altenerding getrennt und zur selbständigen Pfarrkirche erhoben wurde.[152] Es zeigt sich also, daß die kirchliche Organisation im Erdinger Raum bereits in der ersten Hälfte des 13. Jahrhunderts einen Abschluß erreicht haben muß. Die Anpassung der kirchlichen Organisation an die im späten Mittelalter starken demographischen Veränderungen, die weniger im Bevölkerungswachstum als vielmehr in Siedlungsverdichtungen ihre Ursache haben, erfolgte

---

[147] Zahlen für Frauenklöster aus dem Bistum Bamberg: BORIS (B) 123–150.
[148] Beispiel: KIESSLING, Gesellschaft (B) 99–179.
[149] GEORG SCHWAIGER, Pfarrorganisation, Seelsorge u. klösterliches Leben i. mittelalterlichen München: Für euch Bischof – mit euch Christ. FS f. Friedrich Kardinal Wetter z. siebzigsten Geburtstag, hg. v. MANFRED WEITLAUFF u. PETER NEUNER, St. Ottilien 1998, 157–178.
[150] MICHAEL LAMPART, Einige Beitr. z. Gesch. d. Pfarrdorfes Bogenhausen bei München: OBA 26 (1865/66), 159–187.
[151] HERBERT FISCHER, Die Siedlungsverlegung i. Zeitalter d. Stadtbildung unter bes. Berücksichtigung d. österreichischen Raumes, Wien 1952, 114 (WRGA 1).
[152] HANS DACHS, Die Entstehung d. Stadt Erding: Isargau 2/3 (1928/29); STEFAN MAIER, Die Kirchen i. d. Kreisstadt Erding u. i. d. angrenzenden Ortsteilen Altenerding u. Langengeisling: Stadt Erding, [1978], 49–55.

mit fast 700jähriger Verspätung. So lange hatten die Bürger der Stadt Erding die für sie zuständige Pfarrkirche im Dorf aufzusuchen. Andere ähnliche Beispiele aus dem Herzogtum Bayern sind Cham neben Altenstadt, Landau an der Isar neben Pilsting,[153] Nabburg neben Perschen, Vohenstrauß neben Altenstadt,[154] Schongau neben Altenstadt und andere mehr. Der Name Altenstadt – mehr in Bayern vorkommend – oder Altenmarkt – mehr in Österreich – ist ein sicherer Indikator dafür, daß sich hier im Laufe des Mittelalters der Siedlungsschwerpunkt vom ursprünglich zentralen Ort mit der Mutterkirche verschoben hat.

Da das Herzogtum Bayern kirchlich zu mehreren Diözesen gehörte, wurde die Pfarreientwicklung organisatorisch einerseits bestimmt von Zentren, die außerhalb des Herzogtums lagen; da andererseits die Herzöge kirchlichen Eigenentwicklungen mit Erfolg entgegensteuerten, gehörte die Zukunft dem sogenannten landesherrlichen Kirchenregiment.[155]

b) Franken und Schwaben

In Franken, das im späten Mittelalter bereits als urbane Kulturlandschaft anzusprechen ist, treten die Entwicklungen ausgeprägter in Erscheinung als im Herzogtum Bayern, das weit über das Mittelalter hinaus ein Bauernland blieb. Kaum irgendwo zeigt sich deutlicher, daß Pfarrei und aufstrebende neue Siedlung getrennte Entwicklungen nehmen konnten, als in der Geschichte des mittelalterlichen Nürnberg. Erst spät sind die beiden großen Stadtkirchen St. Sebald und St. Lorenz, Zeugnisse nachhaltigen Opfer- und auch Repräsentationswillens der Bevölkerung, Pfarrkirchen geworden. St. Lorenz, südlich der Pegnitz, blieb lange abhängig von der Pfarrei Fürth, die Kirche St. Sebald, nördlich des Flusses, von der Pfarrei Poppenreuth, von älteren Siedlungen also, die den Charakter eines Dorfes oder einer Ackerbürgerstadt hatten.[156] Poppenreuth aber kann nicht als Urpfarrei und nicht als frühmittelalterlicher Siedlungsschwerpunkt angesprochen werden. Dagegen spricht der auf -reuth endende Ortsname; gehören die -reuth-Orte doch frühestens in die Rodungsphase des 11. und 12. Jahrhunderts.[157] Hält man in der Gegend Umschau, von welcher älteren Pfarrei Poppenreuth abhängig gewesen sein könnte, so bleibt im Subtraktionsverfahren ebenfalls nur Fürth übrig. Das wird wiederum durch den Ortsnamen bestätigt: Furth-Orte sind alt, relativ älter als -reuth-Orte. Die Quellen zur Pfarreiorganisation lassen also im Verein mit der Interpretation der Ortsnamen erkennen, daß Fürth die Urpfarrei und der ursprüngliche Siedlungsschwerpunkt der ganzen Gegend war, sich letzterer aber dann nach Nürnberg verschob, während die Pfarreiorga-

---

[153] OTTO HELWIG, Das Landgericht Landau an d. Isar, München 1972, 9f (HAB.A 30).
[154] DIETER BERND, Vohenstrauss, München 1977, 69 (HAB.A 39).
[155] Vgl. dazu I.4.12.
[156] Bistum Bamberg 2 (B) 39f. 275f. 292f; ALFRED WENDEHORST, Nürnberg: LMA 6, 1317–1322.
[157] Vgl. ERNST SCHWARZ, Sprache u. Siedlung i. Nordostbayern, Nürnberg 1960, 129–135 (Erlanger Beitr. z. Sprach- u. Kunstwissenschaft 4).

nisation ältere Zusammenhänge noch längere Zeit konservierte. Als in der Reichsstadt seit dem beginnenden 14. Jahrhundert an der Stelle älterer Kapellen die gotischen Kirchen St. Lorenz und St. Sebald emporwuchsen, dauerten die Abhängigkeiten von Fürth und Poppenreuth noch an. Die Angleichung der Pfarreiorganisation an die Entwicklung der Stadt, in welcher immerhin ein Drittel der Bevölkerung des Bistums Bamberg lebte, wurde erst gegen Ende des 14. Jahrhunderts vollzogen. 1386 erlaubte der Papst dem Pfarrer von Poppenreuth anläßlich der Union mit der Nürnberger Sebalduskirche seinen Sitz dorthin zu verlegen: »propter loci dignitatem et excellentiam;« die alte Mutterkirche im dörflichen Poppenreuth sank nun dem tatsächlichen Bedeutungsverhältnis der Siedlungen entsprechend zur Filialkirche ihrer ehemaligen Tochterkirche herab. Ähnlich verlief wenig später die Entwicklung in St. Lorenz.[158]

Die Pfarreiorganisation, so zeigt sich überall, hatte bereits einen bestimmten Abschluß und eine gewisse Verfestigung erreicht, als relevante demographische Veränderungen noch bevorstanden. Planmäßige Städtegründungen fielen wie im Herzogtum Bayern auch in Franken vornehmlich ins 13. Jahrhundert, so Karlstadt am Main[159] und Neustadt an der Saale[160] durch die Bischöfe von Würzburg, Bayreuth durch die Grafen von Diessen-Andechs,[161] Neustadt an der Aisch durch die Zollern,[162] Neustadt bei Coburg durch die Grafen von Wohlsbach[163] und andere mehr. Den neugegründeten Städten gegenüber, die sich auch durch ihren Grundriß als solche erkennen lassen, erwiesen sich die älteren kirchlichen Rechtseinrichtungen als bewahrend; nur mit mehr oder weniger großen Verspätungen paßten sie sich der veränderten Besiedlungsdichte des Landes an.

Die im Mainzer Oberstift gelegene Stadt Miltenberg am Main, die sich im Laufe des 13. Jahrhunderts aus einer Zollstätte entwickelt hatte, blieb bis unmittelbar vor der Reformation abhängig von der uralten Martinspfarrei im ein wenig mainaufwärts gelegenen Dorf Bürgstadt.[164] Nicht ganz so lange blieb das Abhängigkeitsverhältnis bestehen zwischen der Stadt Wertheim an der Mündung der Tauber in den Main und der gut eine Wegstunde tauberaufwärts gelegenen Mutterkirche in Reicholzheim.[165] Begibt man sich von Wertheim aus mainaufwärts in den Kernraum des alten Würzburger Stiftslandes, so gelangt man in die Stadt Ochsenfurt. Noch gegen Ende des 13. Jahrhunderts wird die Ochsenfurter Kirche als Filiale von Frickenhausen bezeichnet, von der sie durch den Main getrennt war. In Frickenhausen befand sich eine Eigenkirche der älteren Babenberger, die König Ludwig das Kind im Jahr 903 dem Bischof von Würzburg ge-

---

[158] Bistum Bamberg 2 (B) 269. 276. 292ff.
[159] ERWIN RIEDENAUER, Karlstadt, München 1963, 20f (HAB.F 1/9).
[160] HEINRICH WAGNER, Neustadt an d. Saale, München 1982, 81f (HAB.F 1/27).
[161] FRIEDRICH LIPPERT, Die Entstehung d. Stadt Bayreuth 1194 bis 1231 unter d. Herzogen v. Meranien: AOfr. 28/3 (1923), Beilage.
[162] SCHÖFFEL, Archidiakonat Rangau (T) 162.
[163] WENDEHORST, Würzburger Landkapitel (B) 26.
[164] NORBERT SCHMITT, Die alte Mutterpfarrei Bürgstadt u. ihre Filialen: WDGB 33 (1971), 5–49.
[165] PAUL SCHÖFFEL, Der Markt Wertheim v. 1009: ZGO NF 54 (1941), 468–482 [472].

schenkt hatte.[166] Aus der Zuständigkeit ergab sich für die Einwohner Ochsenfurts: Mit dem Neugeborenen im Kissen und mit dem Toten im Sarg mußte man zu jeder Jahreszeit über den Fluß setzen, um zum Taufbecken und zum Friedhof zu gelangen.[167]

Im Süden und Südwesten Frankens zeigt die Geschichte der Pfarreiorganisation, daß die Reichsstädte Rothenburg o.T. und Schwäbisch Hall verhältnismäßig jung sind. Noch 1258 ist in einer Urkunde die Rede von der *ecclesia parrochialis in Thetewanc cum eius filia ecclesia in Rotenburch*, also von der Pfarrkirche zu Dettwang, ein wenig nordwestlich der Stadt gelegen (heute eingemeindet), und der Filialkirche in Rothenburg.[168] Dettwang war also ursprünglich die bedeutendere Siedlung, und Rothenburg hat sich erst später entwickelt. Im bambergischen Osten Frankens ergab eine Untersuchung, daß die zollernsche Amts- und dann Residenzstadt Kulmbach Ausbauort bzw. Filiale von Melkendorf war, das seinen dörflichen Charakter nie verloren hat.[169]

Auch außerhalb des oberdeutschen Bereichs läßt sich beobachten, daß die Kirche nicht auf Dauer der ausschlaggebende Zentralitätsfaktor für die Siedlungsentwicklung bleiben mußte, daß städtebildende Kräfte von anderen Faktoren ausgingen, welche bewirkten, daß ein alter Kirchort als Zentralitätsfaktor übertroffen wurde, jedoch bei langem Weiterbestand der rechtlichen Bindung der aufkommenden neuen Siedlung an die alte Pfarrkirche. Wohin man schaut: zähe Resistenz kirchlicher Strukturen, welche den Zentralitätswandel der Siedlungen lange überdauern konnten. Es war nicht in erster Linie der Pfarrer, der sagte, man solle die Kirche im Dorfe lassen. Waren für ihn Entschädigungen oder wie in Nürnberg Übersiedlung in die Stadt vorgesehen, so wurden Wirtshäuser und Kleinbetriebe im Dorf durch den Wegfall des weltlichen Rahmens der Sakramentenspendung von der Separation der Filiale und ihrer Rangerhöhung zur Pfarrei entschädigungslos betroffen. Es bedarf keiner großen Phantasie, sich vorzustellen, wie viel Geld bei Taufen, Hochzeiten und Begräbnissen aus der Stadt oder einer aufstrebenden Siedlung ins Dorf getragen wurde, in welchem von alters her die Pfarrkirche lag. So wurde vor allem von seiten der Gastwirte,[170] der Krämer und Handwerker der Ruf laut, man solle die Kirche im Dorfe lassen (und nicht die Alternative anstreben, nämlich die Pfarrkirche in die Stadt zu verlegen oder die Stadtkirche zur Pfarrkirche zu erheben).[171]

---

166 Die Urkunden Zwentibolds u. Ludwigs d. Kindes, bearb. v. THEODOR SCHIEFFER, Berlin 1960; Nr. 23 (MGH.DRG 4).
167 So etwa in der Urkunde Bischof Ottos II. von Würzburg vom 30.1.1344, mit der er die Kapelle in Darstadt von der Pfarrei Kleinochsenfurt separiert und zur selbständigen Pfarrkirche erhebt: MonBoica 41, 14–17 Nr. VII/2. Topographische Zusammenhänge: PAUL SCHÖFFEL, Das Alter Ochsenfurts i. Lichte d. mittelalterlichen Pfarreiorganisation: Die Frankenwarte Jg. 1937, Nr. 26.
168 Bistum Würzburg 2 (B) 9f; SCHÖFFEL, Archidiakonat Rangau (T) 142f.
169 Bistum Bamberg 2 (B) 174–185.
170 Sprichwörter-Lexikon 2 (T) 1344, Nr. 149: »Wo die Kirche ist, da ist der Krug nicht weit.«
171 Weil also starke Kräfte bestrebt waren, die Kirche im Dorfe zu lassen, zog die Vermehrung der Bevölkerung in einer Filialgemeinde, auch wenn sie inzwischen die des Dorfes mit der Mutterkirche an Zahl und Bedeutung weit hinter sich gelassen hatte, meist erst mit Phasenverschiebung und nicht

c) Statistisches zu den Pfarrkirchen und den Meßstiftungen

Im 15. Jahrhundert war die Entwicklung der Pfarreiorganisation im Herzogtum Bayern ebenso wie in Schwaben und Franken im wesentlichen abgeschlossen, oft schon seit längerer Zeit, ja seit Jahrhunderten. Ihr äußerliches, quantitatives Ergebnis läßt sich mit einiger Genauigkeit in Zahlen ausdrücken. Diözesanmatrikeln, bischöfliche Steuerregister und Patronatsverzeichnisse geben einen ziemlich genauen Überblick über die Zahl der Pfarrkirchen. Weniger genau, da noch in lebhafter Bewegung, sind die Statistiken über die auch Vikarien genannten Altarpfründen, die gestifteten täglichen Messen also, deren Zahl gerade in der zweiten Hälfte des 15. Jahrhunderts stark anstieg.

392 Pfarreien zählte das Bistum Regensburg im Jahre 1438. Die Zahl der Filialkirchen mit regelmäßigen und die der Kapellen mit unregelmäßigen Gottesdiensten lag erheblich niedriger. Dies gilt auch für die Vikarien; in größerer Zahl bestanden sie außer in Regensburg selbst nur noch in der Stadt Amberg.[172] Sehr ähnlich lagen die Verhältnisse im hochstiftischen und bayerischen Anteil des Bistums Passau; die Zahl der Pfarreien in den alten Archidiakonaten Passau und Interamnes betrug nach der Matrikel von 1476 und ergänzenden Aufzeichnungen 62.[173] Die übrigen acht Archidiakonatsbezirke lagen in Österreich und bleiben hier außer Betracht. Auch im Passauer Westen war die Zahl der Filialkirchen und Inkuratbenefizien (Benefizien ohne Seelsorge) sehr gering.[174] Der Blick auf das Bistum Regensburg und die beiden westlichsten Passauer Archidiakonate zeigt, daß große Kirchen mit vielen Altären und ihnen zugeordneten Vikarien weitgehend fehlten, woraus zu ersehen ist, daß im Böhmerwald und im Bayerischen Wald die Siedlungsdynamik auch im späten Mittelalter gering und dementsprechend das Städtewesen relativ schwach ausgebildet war.

Ganz anders die Situation im Bistum Freising. In den bedeutenden, zum Freisinger Sprengel gehörenden Städten München und Landshut führte Fröm-

---

ohne langwierige Auseinandersetzungen eine rechtliche Verselbständigung und Rangerhöhung der Filialkirche nach sich. Das Sprichwort, daß man die Kirche im Dorfe lassen soll, welches in den Lexika, sofern sie nicht völlig in die Irre gehen, in einem abgeblaßten Sinn – man solle nichts überstürzen und nicht übertreiben – gedeutet wird, ist in ganz Mitteleuropa zu belegen. Es zeigt, daß die Separation einer Stadt von einer alten Mutterpfarrei oder deren Ausbleiben ein solches Gewicht haben konnte, daß daraus eine sprichwörtliche Redensart entstand, deren Ursprung jedoch später in Vergessenheit geriet und deshalb nicht mehr verstanden wurde (vgl. Sprichwörter-Lexikon 2 [T] 1338–1344, Nr. 43. 57. 109. 110. 112. *166; LUTZ RÖHRICH, Lexikon d. sprichwörtlichen Redensarten, Bd. 1, Freiburg u.a. 1973, 509).

[172] Matrikel d. Bisthums Regensburg nach d. allg. Pfarr- u. Kirchen-Beschreibung v. 1860 mit Rücksicht auf d. älteren Bisthums-Matrikeln zusammengestellt, Regensburg 1863, XVI–XXI [mit der Jahreszahl 1433]; zur Datierung vgl. PAUL MAI, Die Pfarreienverzeichnisse d. Bistums Regensburg aus d. 14. Jh.: VHVOPf 110 (1970), 7–33 [8f] und DERS., Die hist. Diözesanmatrikeln i. Bistum Regensburg. Zur Neuherausgabe d. Bistumsmatrikel. Stand 1990: BGBR 26 (1992), 323–338 [325]; Einzelheiten zu Amberg bei OTTO SCHMIDT, Religiöse Verhältnisse i. Amberg v. d. Kirchenspaltung: VHVOPf 102 (1962), 195–208.

[173] RUDOLF ZINNHOBLER, Die Passauer Bistumsmatrikeln f. d. westliche Offizialat, Bd. 1: Einleitung. Die Archidiakonate Passau u. Interamnes, Passau 1978, 84–88 (NVIOBH 31a).

[174] AaO, 115–303.

migkeit vereint mit Reichtum zu großen Kirchenbauten und zur Stiftung vieler Vikarien. Dies aber zu einer Zeit, als die Entwicklung der Pfarreiorganisation weitgehend abgeschlossen war. Im Jahre 1315 betrug die Zahl der Pfarreien im Bistum Freising 224, die Zahl der Filialkirchen und Vikarien damals schon ein Mehrfaches davon.[175] Die Freisinger Matrikel von 1524 zeigt an, daß die Anzahl der Pfarreien nur mäßig, nämlich auf 248, gestiegen war,[176] die Vikariestiftungen dagegen einen steilen Anstieg genommen hatten. Allein in St. Peter in München gab es 21 Vikarien, in der Frauenkirche, die ja nicht nur Stifts-, sondern auch Pfarrkirche war, 22,[177] in den beiden Landshuter Pfarrkirchen St. Martin und St. Jodok 28 bzw. 17.[178]

Für Schwaben und Franken sind bereits genauere Statistiken erarbeitet worden. Im Bistum Augsburg betrug die Zahl der Pfarreien am Ausgang des Mittelalters mehr als 1.000, die der Vikarien lag bei etwa 750.[179] Die Würzburger Diözesanmatrikel von ca. 1466 nennt 844 Pfarreien.[180] Im Jahre 1480 gab es in dem nach Einwohnerzahl und Fläche viel kleineren Bistum Eichstätt 307,[181] im relativ schwach besiedelten Bistum Bamberg vor der Reformation 203 Pfarreien. Die Zahl der Filialkirchen mit regelmäßigem Gottesdienst und der einfachen Vikarien lag in den Bistümern Würzburg und Eichstätt etwas niedriger als die der Pfarrkirchen. Dagegen erreichte sie im Bistum Bamberg mehr als die doppelte Höhe, was nicht nur auf die nach Osten und Norden hin sehr ausgedehnten Pfarreien, sondern auch auf die überaus zahlreichen Inkuratbenefizien in den Bamberger und vor allem in den Nürnberger Kirchen zurückzuführen ist, von denen St. Lorenz und St. Sebald den Charakter eines Halbstiftes hatten.[182]

Auf die Masse der Pfarrer, aber auch des übrigen Weltklerus, hatte der Bischof kaum einen Zugriff, da er an die Präsentationsrechte der Patronatsinhaber weitgehend gebunden war. Das Patronatsrecht hatte das alte Eigenkirchenrecht formalisiert, doch kaum abgeschwächt. Im Bistum Bamberg konnte der Bischof gegen Ende des Mittelalters kaum mehr als 20% der Pfarreien frei besetzen, die Mehrzahl der Patronatsrechte lag bei Stiften und Klöstern (ca. 27%), bei Ritterschaft und Stadtpatriziat (ca. 21%) sowie bei den Landesherren, insbesondere den zollernschen Markgrafen.[183] In den meisten anderen Diözesen scheinen die Verhältnisse für den Bischof noch ungünstiger gelegen zu haben. Die auf Benefizien mit geistlichen Patronatsrechten beschränkten päpstlichen Providierungen

---

[175] Matrikeln Freysing 3 (K) 207–229.
[176] AaO, 237–452.
[177] AaO, 329–332. 335–341.
[178] AaO, 356–359. 366ff.
[179] ZOEPFL (B) 567f.
[180] Die Würzburger Diözesanmatrikel aus d. Mitte d. 15. Jh., bearb. v. FRANZ J. BENDEL: WDGB 2/2 (1934), I–XXX. 1–46 mit Karte.
[181] JOSEPH GEORG SUTTNER, Schematismus d. Geistlichkeit d. Bisthums Eichstätt f. d. Jahr 1480, Eichstätt 1879; zur weiteren Entwicklung vgl. FRANZ XAVER BUCHNER, Die zweitälteste Matrikel d. Diözese Eichstätt: SBHVE 17 (1902/03), 85–92 und BUCHNER, Benefizien (K).
[182] Bistum Bamberg 2 (B) 275–283. 292–299.
[183] AaO, 339–344.

spielen für die Pfarreien – im Gegensatz zu den Kanonikaten an Dom- und Säkularkanonikerstiften, für die keine laikalen Patronatsrechte wirksam waren – in Franken nur eine marginale Rolle.[184]

Im Gegensatz zu den Archidiakonaten, die im späten Mittelalter an Bedeutung verloren,[185] blieben die bruderschaftlich organisierten Rural-(Land-)Kapitel, die sich in Bayern und Franken ebenfalls seit der Mitte des 12. Jahrhunderts nachweisen lassen,[186] auf Dauer ein Element der kirchlichen Verfassung. An ihrer Spitze stand der, soweit nachprüfbar, gewählte Landdekan, der im Gegensatz zu den Archidiakonen keine jurisdiktionellen, sondern nur Aufsichtsrechte hatte.

d) Pfarrer und Pfarrkirche vor der Reformation

BUCHNER, Klerus (K).– HAUCK 5/1 (B) 316–377.– HINSCHIUS 2 (K) 261–284.– FRIEDRICH WILHELM OEDIGER, Über d. Bildung d. Geistlichen i. späten MA, Leiden 1953 (STGMA 2).

Gewiß waren die Pfarrsprengel schon seit der Karolingerzeit abgegrenzt, war die Zugehörigkeit der Laien zu einer bestimmten Taufkirche, die im Laufe des Mittelalters als *parrochialis ecclesia* bezeichnet wurde, nach dem Wohnsitzprinzip geregelt. Dem stand entgegen, daß (ähnlich wie heute) in der Stadt jeder in *seine* Kirche ging, was jedoch nicht rechtlich, sondern frömmigkeitsgeschichtlich zu erklären ist.

In dem Maße, in welchem die Privilegien des städtischen Klerus, insbesondere seine Steuer- und Abgabenfreiheiten, von den städtischen Obrigkeiten eingeschränkt wurden, ist dessen Bindung an den Bischof lockerer, die Assimilation der Stadtpfarrer an das Bürgertum auch im Lebensstil stärker geworden. Dies gilt natürlich nicht für die große Masse der Altaristen, die an der Armutsgrenze lebten und die nach vielen vergeblichen Bewerbungen oft genug auch berufsfremden Tätigkeiten nachgingen. Die Landpfarrer aber, obwohl sie sich wie auch die anderen Angehörigen des Niederklerus seit dem 14. Jahrhundert »Herren« nannten und auch so angeredet wurden, waren, nicht nur bedingt durch ihre agrarische Umgebung, sondern auch bei fassionsmäßig ausreichenden Einkünften durch hohe Abgaben und die Unsicherheit der Einnahmen in ihrem Lebens-

---

[184] TOBIAS ULBRICH, Päpstliche Provision oder patronatsherrliche Präsentation? Der Pfründenerwerb Bamberger Weltgeistlicher i. 15. Jh., Husum 1998 (HS 455). Die von Ulbrich für das Bistum Bamberg gewonnenen Ergebnisse sind in Bezug auf die Pfarreien kaum als repräsentativ für Bayern anzusehen, vgl. SABINE WEISS, Kurie u. Ortskirche. Die Beziehungen zwischen Salzburg u. d. päpstlichen Hof unter Martin V. (1417–1431), Tübingen 1994, 99–316 (BDHIR 76).
[185] Vgl. dazu I.4.8.
[186] GEORG KANZLER, Die Landkapitel i. Bistum Bamberg, 1. Teil: BHVB 83 (1931), 1–71, 2. Teil: BHVB 84 (1934), 1–119; Bistum Bamberg 2 (B) 43; PAUL SCHÖFFEL, Zur Gesch. d. Würzburger Landkapitel i. 12. u. 13. Jh.: ZBKG 10 (1935), 20–26 [mit der älteren Lit.]; JOSEPH KEIM, Die mittelalterlichen Dekanate u. Pfarreien d. Straubinger Gegend: Jber. d. Hist. Vereins f. Straubing u. Umgebung 57 (1954), 20–24; ERNST GAGEL, Die alten Dekanate d. Oberpfalz: Oberpfälzer Heimat 12 (1968), 36–54.

stil weitgehend verbaut[187] und wurden dementsprechend von der Verachtung betroffen, welche das späte Mittelalter dem Bauernstand entgegenbrachte. Der Konkubinat war zwar nicht die Regel, aber vor allem auf dem Lande verbreitet, was von den kirchlichen Obrigkeiten eher mit Resignation als mit Empörung zur Kenntnis genommen wurde, im Gegensatz zu den weltlichen Gewalten, die auch in diesem Punkte oft darauf drängten, daß die kirchlichen Gebote eingehalten wurden.[188] Die Organisationsform der Landkapitels- und der Klerikerbruderschaft hatte über standesgemäßes Begräbnis und dauerndes Totengedenken hinaus offenbar nur schwache spirituelle Bindewirkungen.[189] Zu den Bereichen, die allen Reformbemühungen trotzten, gehörte insbesondere die Residenzpflicht des Seelsorgeklerus. Von den 248 Pfarreien des Bistums Freising waren im Jahre 1518 hundert und eine solchen Klerikern verliehen, welche ihre Gemeinde nicht selbst pastorierten, sondern die Seelsorge durch einen Vikar versehen ließen.[190] Die Residenzpflicht gehörte zu den strukturellen Problemen, über deren Lösung vor der Reformation kein Einverständnis der Beteiligten erzielt werden konnte.

Bayern und Franken waren in der deutschen Universitätslandschaft des Mittelalters nur schwach und erst spät vertreten. Lange mußte der Kleriker, wenn er sich überhaupt zum Studium entschließen konnte, eine auswärtige Universität aufsuchen. Die 1402 vom Bischof Johann I. von Egloffstein gegründete erste Würzburger Universität hatte nur kurzen Bestand.[191] Würzburger Diözesankleriker, die zu Beginn des 15. Jahrhunderts vor allem die Universitäten Heidelberg, Wien und Erfurt frequentierten, bevorzugten in der zweiten Jahrhunderthälfte die Universität Leipzig. Auch für das Bistum Bamberg übte Leipzig im 15. Jahrhundert mit Abstand die stärkste Anziehungskraft aus, während Eichstätter Kleriker mehrheitlich in Heidelberg studierten, bis 1472 in Ingolstadt die bayerische Landesuniversität, deren Kanzler der Bischof von Eichstätt wurde, ihre Pforten öffnete und damit nicht nur die Wege der Studierenden aus dem Bistum Eichstätt, sondern derer aus dem ganzen Herzogtum Bayern, die bis dahin Wien bevorzugt hatten, und zunehmend auch aus Mainfranken[192] auf ein neues

---

[187] FRANZ XAVER BUCHNER, Kirchl. Zustände i. d. Diözese Eichstätt am Ausgange des XV. Jh.: BUCHNER, Klerus (K) 83–198 [auch für viele andere Fragen aufschlußreich].
[188] BERNHARD SCHIMMELPFENNIG, Zölibat u. Lage d. »Priestersöhne« v. 11. bis 14. Jh.: HZ 227 (1978), 1–44; Illegitimität i. Spätmittelalter, hg. v. LUDWIG SCHMUGGE, München 1994 (Schr. d. Hist. Kollegs. Kolloquien 29).
[189] LUDWIG REMLING, Bruderschaften i. Franken. Kirchen- u. sozialgeschichtl. Unters. z. spätmittelalterlichen u. frühneuzeitlichen Bruderschaftswesen, Würzburg 1986, 67–212 (QFGBW 35).
[190] Matrikeln Freysing 3 (K) 451.
[191] Bistum Würzburg 2 (B) 128. 139f [mit der älteren Literatur].
[192] CARL BRAUN, Gesch. d. Heranbildung d. Klerus i. d. Diöcese Wirzburg seit ihrer Gründung bis z. Gegenwart [Bd. 1], Würzburg u.a. 1889, 54–65; JOHANNES KIST, Bamberger Kleriker an d. Universitäten d. MA: Monumentum Bambergense. Festgabe f. Benedikt Kraft, hg. v. HERMANN NOTTARP, München 1955, 439–452 (Bamberger Abh. u. Forsch. 3); BEDA GUNDL, Angehörige d. Universität Heidelberg aus d. Diöcese Eichstätt v. 1386–1662: SBHVE 2 (1887), 5–38.

Ziel umlenkte. Die Universität Wittenberg wurde bereits gleich nach ihrer Gründung 1502 ein Anziehungspunkt für Studierende besonders aus Franken.[193]

Einzeluntersuchungen haben ergeben, daß in der zweiten Hälfte des 15. Jahrhunderts etwa ein Drittel aller oberdeutschen Weltgeistlichen eine Universität besucht hatten.[194] Bei den in der Markgrafschaft Ansbach zur Zeit der Reformation amtierenden Weltgeistlichen wurde für knapp die Hälfte ein Universitätsstudium ermittelt, das jedoch kaum einmal aus der untersten, der Artistenfakultät hinausführte.[195] Vieles spricht dafür, daß auch die Zahl derer, welche die Hochschulen mit dem untersten akademischen Grad, dem baccalaureus artium, verließen, deutlich niedriger lag als die aller in der Artistenfakultät Immatrikulierten. Die Geistlichen, für welche sich ein Universitätsstudium nicht nachweisen läßt, kamen von den Lateinschulen, welche das für den Beruf Erforderliche kaum schlechter vermittelt haben dürften als die Artistenfakultäten der Universitäten. Die Anforderungen bei den Weihexamina waren nicht hoch. Bei aller Bestimmtheit in gewissen Bereichen war das kanonische Recht in anderen, besonders wenn es um praktische Anwendung ging, großzügig. Der Vertreter des Bischofs ließ auch noch Kandidaten zu den Weihen zu, welche beim Examen mehr oder weniger vollständig versagten. Sie konnten versprechen nachzulernen.[196] So wird man auch den selten zu fassenden Bücherbesitz von Weltgeistlichen[197] kaum auf unglückliche Zufälle schlechter Überlieferung zurückführen dürfen. Die soziale Herkunft der spätmittelalterlichen Weltgeistlichen ist für Deutschland noch kaum erforscht.[198]

e) *Pfarrgottesdienst, Sakramentenspendung, Predigt*

FRANZ (B).– ADOLPH FRANZ, Die kirchl. Benediktionen i. MA, 2 Bde., Freiburg/Breisgau 1909 [Nachdr. 1960].– HAUCK 5/1 (B) 316–377.– JOSEF ANDREAS JUNGMANN, Missarum

---

[193] ERNEST G. SCHWIEBERT, New Groups and Ideas at the University of Wittenberg: ARG 49 (1958), 60–79; HELMUT SCHLERETH, Studenten aus Mellrichstadt an europ. Universitäten bis z. Gründung d. Universität Würzburg (1582): WDGB 44 (1982), 31–94.

[194] OEDIGER (T) 66f; allgemein vgl. KARL HARTFELDER, Der Zustand d. deutschen Hochschulen am Ende d. MA: HZ 64 (1890), 50–107 [bes. 98f].

[195] GEORG LENCKNER, Die Universitätsbildung d. i. Jahre 1528 v. Markgrafen v. Brandenburg visitierten Geistlichen: ZBKG 8 (1933), 46–60.

[196] OEDIGER (T) 80–97.

[197] Beispiele: ReB 13, 14 (betr. Herzogenaurach 1423); GEORG LUDWIG LEHNES, Bischöfliche Bestätigung d. v. Johann v. Helb, Vikar d. Spitals z. Ebern, letztwillig errichteten Stiftung einer Liberei an d. dortigen Pfarrkirche, 6. Juli 1463: AHVU 6/1 (1840), 104–107; SIGRID KRÄMER, Neue Nachrichten über d. ehemalige Pfarrbibliothek v. Ebern: MFJG 28 (1976), 36–47; KARL SCHORNBAUM, Die Bibliothek d. letzten kath. Pfarrers v. Ansbach Johann Mendlein: JHVM 56 (1909), 163–167; FRANZ MACHILEK, Magister Jobst Krell, Vikar bei St. Lorenz i. Nürnberg († 1483): MVGN 59 (1972), 85–104; DERS., Sebald Lobmair († 1525), Benefiziat bei St. Klara i. Nürnberg u. Beichtvater z. Pillenreuth. Ein Beitr. z. Gesch. d. niederen Klerus z. Beginn d. Reformation: JFLF 52 (1992), 381–400 [= FS Alfred Wendehorst 1]; ROMAN FISCHER, Privatbesitz v. Büchern i. spätmittelalterlichen Aschaffenburg: AJG 9 (1985), 1–32.

[198] Im Gegensatz zu den bemerkenswerten Ansätzen in Frankreich: Le clerc séculier au moyen âge. XXIIe congrès de la S.H.M.E.S. (Amiens, juin 1991), Paris 1993.

sollemnia, 2 Bde., Wien u.a. ⁵1962.– JOHANN BAPTIST SCHNEYER, Die Unterweisung d. Gemeinde über d. Predigt bei scholastischen Predigern. Eine Homiletik aus scholastischen Prothemen, München u.a. 1968 (VGI 4).– DERS., Wegweiser z. lat. Predigtreihen d. MA, München 1965 (VKHUT 1).

Pfarrgottesdienst und Sakramentenspendung verliefen am Ausgang des Mittelalters im wesentlichen in den Formen, an die man bereits seit Jahrhunderten gewohnt war. Die Liturgie der Domkirche sollte für die übrigen Kirchen der Diözese maßgebend sein. Doch erst der Buchdruck bot die Möglichkeit, Missale und Brevier in beliebiger Anzahl auf mechanischem Wege herzustellen, und damit die Voraussetzungen zu einer Vereinheitlichung, zumal die Bischöfe den Buchdruck fast überall und sehr früh in eigene Regie nahmen.[199] Ansonsten wurden die Gottesdienste feierlicher, auch durch die Vermehrung der Umzüge, und ihre Zahl nahm durch gestiftete Vikarien und Votivmessen ebenso zu wie die Zahl der Feiertage, deren Summe im 15. Jahrhundert mit dreißig und mehr etwa jener der heutigen Urlaubstage entsprach.[200]

Bei der Wandlung hob der Priester Hostie und Kelch für alle sichtbar empor. Die Elevation der Hostie, während welcher das Läuten einer Glocke das Zeichen zum Niederknien gab, bildete den Höhepunkt der Messe.[201] Außerhalb eines quantitätsbezogenen Leistungsprinzips in der Frömmigkeit stand die Kommunion. Seit dem 4. Laterankonzil (1215) waren die Laien jährlich zum einmaligen Kommunionempfang, bei welchem längst nur noch die Hostie gereicht wurde, verpflichtet, und dabei blieb es meist.[202] Da die Beichte in einem festen Bezug zur Kommunion stand, haben die Gläubigen meist auch nur einmal jährlich, und zwar in der Fastenzeit, ihr Sündenbekenntnis abgelegt, was in einer sehr eingehenden Form geschah.[203] Die Ausbildung der sich seit dem 12. Jahrhundert entwickelnden bischöflichen Reservatfälle – päpstliche spielen kaum eine Rolle – hat dieses Sakrament verrechtlicht. Die Würzburger Diözesansynode von 1298 und die Bamberger von 1491 behielten die Absolution von einer immer größer werdenden Zahl nicht immer klar abgegrenzter Sünden dem Bischof vor.[204] Die Synode von 1298 tadelt die Ignoranz von Pfarrern *(ignorantiae caecitate ducti)*, welche Pönitenten ein offenes Schreiben in den Bischofshof mitgäben, in welchem sie mitteilten, daß sie die Überbringer, welche diese und jene schweren Sünden gebeichtet hätten, schickten, da sie glaubten, daß die Absolution ihm, dem Bischof, zustehe.[205] Der geschlossene Beichtstuhl mit vergittertem Fenster war im

---

[199] KURT OHLY, Georg Reysers Wirken i. Straßburg u. Würzburg. Zum Problem d. Druckers d. Henricus Ariminensis: Gutenberg-Jb. 31 (1956), 121–140 [bes. 138].
[200] HIMMELSTEIN (K) 225f; ADOLF LAGEMANN, Der Festkalender d. Bistums Bamberg i. MA. Entwicklung u. Anwendung: BHVB 103 (1967), 7–264 [22].
[201] HIMMELSTEIN (K) 223 [Würzburger Synode von 1407]; MAYER, Liturgie (K).
[202] PETER BROWE, Die häufige Kommunion i. MA, Münster 1938, 3–44. 133–163.
[203] DERS., Die Pflichtbeichte i. MA: ZKTh 57 (1933), 335–383.
[204] HIMMELSTEIN (K) 156ff; SCHMITT (K) 162f.
[205] HIMMELSTEIN (K) 151.

Mittelalter unbekannt. Wie Abbildungen erkennen lassen, kniete der Beichtende vor dem Priester, der auf einem offenen Lehnstuhl saß.[206]

Eine wichtige Veränderung betraf auch die Predigt. Neben der Predigt für Klosterfrauen,[207] die als gesprochenes Wort kaum öffentlichen Widerhall finden konnte, gewann mit dem Aufkommen der Bettelorden die Predigt vor der Gemeinde oder einem städtischen Zuhörerkreis einen höheren Rang und einen individuelleren Charakter.[208] Ihre Aufwertung führte nach dem Beispiel der Reichsstädte Nürnberg, wo bereits 1385 die erste Predigerpfründe gestiftet worden war, und Augsburg im Laufe des 15. und frühen 16. Jahrhunderts zur Errichtung eigener Prädikaturstiftungen in den Domkirchen und in vielen Stadtpfarrkirchen,[209] diese wiederum zur Veränderung des Kircheninneren durch Kanzeln, deren Aufstellung nicht angeordnet, sondern unmittelbare Folge der erhöhten Wertschätzung der Predigt war. Der Prediger sprach zu den Gläubigen nicht mehr vom Altar, sondern im Kirchenschiff von einer erhöhten Stelle aus, damit er von allen gut gesehen und gehört werden konnte. Einzelne Kanzeln aus der zweiten Hälfte des 15. Jahrhunderts sind aus dem Herzogtum Bayern, auch aus Schwaben und Franken erhalten.[210] Größer ist die Zahl der nur bildlich überlieferten.

Die kirchliche Begleitung des Alltags wurde dichter: Schon in der ersten Hälfte des 15. Jahrhunderts wurde zur Erinnerung an das Leiden und Sterben des Herrn das Glockengeläut am Freitag Mittag eingeführt.[211] Bischof Johann III. von Würzburg verordnete 1461 für die Stadt Kitzingen, daß der Priester auf Versehgängen Chorrock und Stola tragen und von kerzentragenden Ministranten begleitet werden solle, und er verlieh denen, die ihm begegneten und andächtig das Knie beugten, einen Ablaß.[212]

In Franken, besonders im Gebiet von Tauber, Regnitz, Main und Werra, waren viele Pfarrkirchen samt ihren Friedhöfen, vor allem in kleinen Orten, mit Verteidigungsanlagen versehen, um bei Krieg und Fehde den Menschen und Haustieren Zuflucht bieten zu können. Da befestigte Kirchen die Gefahr von

---

[206] ALFRED WIESENHÜTTER, Beichtstuhl: RDK 2, 183–199.
[207] PETER RENNER, Spätmittelalterliche Klosterpredigten aus Nürnberg: AKuG 41 (1959), 201–217.
[208] FRANZ XAVER BUCHNER, Die mittelalterliche Pfarrpredigt i. Bistum Eichstätt, Neumarkt/Opf. 1923, auch in BUCHNER, Klerus (K) 213–244; Eine Anweisung für den Prediger aus der Mitte des 14. Jahrhunderts: ANTON RULAND, Die Würzburger Hs. d. k. Universitäts-Bibliothek z. München: AHVU 11/2–3 (1851), 1–66 [13f].
[209] THEOBALD FREUDENBERGER, Der Würzburger Domprediger Dr. Johann Reyss. Ein Beitr. z. Gesch. d. Seelsorge i. Bistum Würzburg am Vorabend d. Reformation, Münster 1954, bes. 8f (KLK 11); A. SCHMID, Anfänge (B).
[210] JOSEF STEINMÜLLER, Die Kanzel i. Bistum Würzburg. Ihre stilistische Entwicklung v. 14.–19. Jh. mit kurzer Vorgesch., Würzburg 1940.
[211] Bistum Würzburg 2 (B) 183.
[212] Die Sammlungen d. hist. Vereins f. Unterfranken u. Aschaffenburg z. Würzburg, hg. v. MARTIN THEODOR CONTZEN, Bd. 1: Bücher, Hs., Urkunden, Würzburg 1856, 354, Nr. 257 [ungenau]. Ähnlich 1463 Ebern: IGNATIUS GROPP, Collectio novissima scriptorum et rerum Wirceburgensium, Bd. 1, Frankfurt 1741, 5.

Belagerung und Eroberung erhöhten, haben die Diözesansynoden ihre Anlage an die Zustimmung des Bischofs gebunden.[213]

Die Altäre erhielten im 15. Jahrhundert ihren künstlerischen Schmuck, ein Schnitzwerk oder ein Tafelbild, das die Wandmalerei der älteren Zeit ablöste, oder im Zusammenwirken von Skulptur, Malerei und Architekturelementen ein Retable, wie man das neue Gesamtkunstwerk nennt.[214] In kaum einer Kirche fehlte ein großes, nicht übersehbares Christophorusbild, dessen Anblick, wie man glaubte, Sicherheit vor dem »jähen Tod« bot.[215] Vor dem Aufbewahrungsort der Eucharistie brannte vereinzelt seit dem 13., fast überall im 14. und 15. Jahrhundert ein Ewiges Licht.[216] Eine Orgel oder ein Positiv zur Begleitung deutscher Lieder, die seit dem 14. Jahrhundert während der Messe gesungen wurden, fehlte in den größeren Kirchen im 15. Jahrhundert nur noch selten. Daß von der mittelalterlichen Ausstattung der Kirchen wenig erhalten ist, liegt nicht nur daran, daß die Diözesansynoden die Verbrennung schadhafter Bildwerke anordneten,[217] sondern ist auch darin begründet, daß das, was eine Kunstepoche hervorgebracht hat, dem veränderten Geschmack der unmittelbar folgenden vor der Etablierung des öffentlichen Denkmalschutzes gefährdet und oft schutzlos preisgegeben war.

11. Caritas und Spitalwesen

Alltag i. Spätmittelalter, hg. v. HARRY KÜHNEL, Graz u.a. 1984.– HKG(J) 3/1, 230–236.– DIETER JETTER, Gesch. d. Hospitals, Bd. 1: Westdeutschland v. d. Anfängen bis 1850, Wiesbaden 1966 (SAGM.B 5).– SIEGFRIED REICKE, Das deutsche Spital u. sein Recht i. MA, Bd. 1: Das deutsche Spital, Bd. 2: Das deutsche Spitalrecht, Amsterdam 1961 [= Nachdr. d. Ausg. Stuttgart 1932] (KRA 111/112 u. 113/114).– JESKO V. STEYNITZ, Mittelalterliche Hospitäler d. Orden u. Städte als Einrichtungen d. Sozialen Sicherungen, Berlin 1970 (Sozialpolit. Schr. 26).– ALFRED WENDEHORST, Hospital: TRE 15, 600–604.

Seit früher Zeit standen Spitäler bereit, um alle, die sich selbst nicht helfen konnten, Arme und Kranke, Waisen und Greise, auch Narren, wie man damals sagte, und Findelkinder, mit Brot und Dach zu versorgen, schließlich auch durchziehende Pilger zu betreuen. Das mittelalterliche Spital war in erster Linie Pfründner- und Siechenhaus, d.h. man begab sich auf Dauer hinein, nicht Krankenhaus für heilbare Kranke. Das Mittelalter hat die Erleichterung des Leidens und des Todes nicht in erster Linie als medizinisches Problem gesehen. Das Vertrauen auf den Heiligen Geist als Tröster, auf den Herrn als Christus medicus, Hoffnung in die auf Fürsprache der Heiligen bewirkten Wunder und,

---

[213] KARL KOLB, Wehrkirchen u. Kirchenburgen i. Franken, Würzburg ²1981.
[214] Vgl. dazu I.6.2.4.
[215] WREDE, Christophorus, hl.: HWDA 2, 65–72.
[216] SASKIA RESS/ANTON RESS, Ewiges Licht: RDK 6, 600–617.
[217] HIMMELSTEIN (K) 142 [Würzburger Synode von 1298].

wenn solche ausblieben, der Glaube an die Verdienstlichkeit des geduldig ertragenen Leidens, das alles war stärker als das Vertrauen auf die Messer und Mixturen derer, die den Schlüssel zur Natur der Krankheiten und ihrer Heilungen zu haben schienen.[218] Die älteren Spitäler waren geistliche Stiftungen gewesen, sie gehörten meist den geistlichen Ritterorden oder den nichtritterlichen Spitalorden. Seit dem 13. Jahrhundert geht die Initiative zu den Spitalgründungen vom städtischen Bürgertum aus, gelangte aber auch die Administration der älteren geistlichen Spitäler mehr und mehr in kommunale Kompetenz. Beispiele solcher Entwicklung sind das alte Regensburger Domspital, das 1226 unter die Mitverwaltung,[219] und das alte Stiftsspital in Lindau, das 1307 vollends unter die Herrschaft des Rates geriet.[220] Da die Spitäler meist zu den größten Grundbesitzern der Stadt gehörten, war ihre Vermögensverwaltung auch Kontrolle eines leistungsfähigen Kreditinstituts. Parallel mit der Kommunalisierung verlief eine zunehmende Beschränkung der Spitalleistungen auf eigene Stadtbürger. Was ursprünglich Stätte christlichen Erbarmens mit allen Arten menschlicher Hilflosigkeit war, wurde eine städtische Einrichtung, in welcher bessere Leistungen erkauft werden konnten, wenn auch überall den gänzlich Mittellosen der Stadt, den sogenannten Hausarmen, noch die »unteren« Pfründen blieben.

Zu den frühesten bürgerlichen Gründungen, die so gut wie alle unter dem Patrozinium des Heiligen Geistes standen, gehört das Spital in München (wohl 1208).[221] Das am reichsten ausgestattete im ganzen oberdeutschen Raum war das 1332 bischöflich bestätigte Heilig-Geist-Spital in Nürnberg. Sein Stifter war der durch Erbe und Handelsgeschäfte zu großem Reichtum gelangte Konrad Groß, der in den folgenden Jahren einen Gebäudekomplex für 128 Sieche samt einer dreischiffigen Kirche errichtete.[222] Schon 1318 bestätigte der Bischof von Würzburg das von dem Bürger Konrad Forster vor den Mauern der Reichsstadt Windsheim gegründete Spital.[223] 1319 stiftete der Patrizier Johann von Steren das

---

[218] Tod i. MA, hg. v. ARNO BORST u.a., Konstanz 1993 (Konstanzer Bibliothek 20); zuletzt: HUBERTUS LUTTERBACH, Der *Christus medicus* u. d. *Sancti medici*. Das wechselvolle Verhältnis zweier Grundmotive christl. Frömmigkeit zwischen Spätantike u. früher Neuzeit: Saec. 47 (1996), 239–281.
[219] ARTHUR DIRMEIER, Die Spitäler i. Bistum Regensburg: 1250 Jahre Kunst u. Kultur (B) 209–226 [213–216].
[220] BERNHARD ZELLER, Das Hl.-Geist-Spital z. Lindau i. Bodensee v. seinen Anfängen bis z. Ausgang d. 16. Jh., Lindau 1952, bes. 47–52 (Schwäb. Geschichtsquellen u. Forsch. 4).
[221] Die Urkunden d. Heiliggeistspitals i. München 1250–1500, bearb. v. HUBERT VOGEL, München 1960 (QEBG NF 16/1); Das Salbuch d. Heiliggeistspitals i. München v. 1390 u. d. Register z. Urkunden u. Salbuch, bearb. v. HUBERT VOGEL, München 1966 (QEBG NF 16/2).
[222] WERNER SCHULTHEISS, Konrad Gross: LebFranken NF 2 (1968), 59–82; ULRICH KNEFELKAMP, Das Hl.-Geist-Spital i. Nürnberg v. 14.–17. Jh. Gesch., Struktur, Alltag, Nürnberg 1989 (Nürnberger Forsch. 26); DERS., Stiftungen u. Haushaltsführung i. Hl.-Geist-Hospital i. Nürnberg. 14.–17. Jh., Bamberg 1989; Das älteste Urbar d. Nürnberger Hl.-Geist-Spitals, hg. v. STADTARCHIV NÜRNBERG, bearb. v. MICHAEL DIEFENBACHER, Nürnberg 1991 (Quellen z. Gesch. u. Kultur d. Stadt Nürnberg 23).
[223] UrB d. Reichsstadt Windsheim v. 741–1400, bearb. v. WERNER SCHULTHEISS, Würzburg 1963, 60, Nr. 87 (VGFG 3/4). Im Spitalbereich wurde 1983 ein größerer Fund an Hausrat gemacht: WALTER JANSSEN, Der Windsheimer Spitalfund aus d. Zeit um 1500. Ein Dokument reichsstädt.

Bürgerspital in Würzburg, dessen Dotation die Brüder Rüdiger und Wolfelin Teufel im Jahre 1340 großzügig ergänzten.[224] Diese Brüder Teufel stifteten dann im Verein mit dem ebenfalls bereits genannten Groß im Jahre 1344 anstelle eines älteren Klosterspitals das Bürgerspital in Kitzingen.[225] 1371 wird das wohl kurz zuvor gestiftete Spital in Schweinfurt erwähnt.[226]

Von den nichtritterlichen Spitalorden hatten am Vorabend der Reformation der Heilig-Geist-Orden vor allem durch sein Spital in Memmingen,[227] der Antoniter-Orden in Franken und Schwaben einige Bedeutung.[228]

Meist wurden die Spitäler für zwölf Bedürftige gestiftet. Die Zahl hatte symbolische Bedeutung. Das Leben und Zusammenleben der Spitalinsassen, auch ihre Gebetsverpflichtungen, waren lange konventartig geregelt, wie dies besonders deutlich in der Regel des Eichstätter Heilig-Geist-Spitals von ca. 1250 zum Ausdruck kommt.[229]

Für die vom Aussatz Befallenen gab es von den Wohnplätzen abgesonderte Leprosenhäuser, die meist unter dem Patrozinium des hl. Nikolaus standen und oft von Franziskanern betreut wurden. Als gegen Ende des 15. Jahrhunderts die Lepra eingedämmt war, drang eine von Seeleuten und Landsknechten aus dem Westen eingeschleuste neue Seuche vor, die meist als Franzosenkrankheit bezeichnete Syphilis. Um 1500 verfügten auch die meisten Landstädte für die Infizierten über ein »Franzosenhaus«.[230]

12. Das landesherrliche Kirchenregiment

GERDA KOLLER, Princeps i. Ecclesia. Unters. z. Kirchenpolitik Herzog Albrechts V. v. Österreich, Graz u.a. 1964 (AÖG 124).– PETER LANDAU, Eigenkirchenwesen: TRE 9, 399–404.– HORST RABE, Landesherrliches Kirchenregiment vor d. Reformation: Martin Luther u. d. Reformation (B) 150f.– HELMUT RANKL, Das vorreformatorische landesherrliche Kirchenregiment i. Bayern (1378–1526), München 1971, 235ff (MBMo 34).–

Kulturgesch. d. Reformationszeitalters, Nürnberg 1994 (Wissenschaftl. Beibände z. Anzeiger d. Germanischen Nationalmuseums 11); Spuren d. Alltags. Der Windsheimer Spitalfund aus d. 15. Jh., hg. v. HERMANN HEIDRICH u.a., München u.a. 1996 (Schr. u. Kat. d. Fränk. Freilandmuseums 26).

[224] EKHARD SCHÖFFLER (Bearb.), UrB d. Bürgerspitals Würzburg 1300–1499, Würzburg 1994 (Fontes Herbipolenses 7); OTTO MEYER, Bürgerspital Würzburg 1319 bis 1969, Würzburg 1969 (Mainfränk. H. 53).

[225] HUGO LINK, Zur Gesch. d. Kitzinger Spitals: WDGB 18/19 (1956/57), 99–124.

[226] Monumenta Suinfurtensia historica, hg. v. FRIEDRICH STEIN, Schweinfurt 1875, 442.

[227] HANNES LAMBACHER, Das Spital d. Reichsstadt Memmingen. Gesch. einer Fürsorgeanstalt, eines Herrschaftsträgers u. wirtschaftl. Großbetriebes u. dessen Beitr. z. Entwicklung v. Stadt u. Umland, Kempten 1991 (Memminger Forsch. 1).

[228] BACKMUND, Chorherrenorden (B) 215–242; WENDEHORST, Orden (B) 264ff; Auf d. Spuren d. hl. Antonius. FS f. Adalbert Mischlewski z. 75. Geburtstag, hg. v. PEER FRIESS, Memmingen 1994.

[229] ANDREAS BAUCH, Die neuentdeckte Regel d. Hl.-Geist-Spitals z. Eichstätt: SBHVE 64 (1971), 7–84.

[230] ALFRED WENDEHORST, Das Juliusspital i. Würzburg, Bd. 1: Kulturgesch., Würzburg 1976, 21–26.

SEBASTIAN SCHRÖCKER, Die Kirchenpflegschaft. Die Verwaltung d. Niederkirchenvermögens durch Laien i. ausgehenden MA, Paderborn 1934 (VGG.R 67).

Während der Einfluß der dynastischen Landesherren auf die Besetzung der Bischofsstühle nur im alten Bayern Kontinuität zeigte, war er insgesamt auf den niederen Klerus allgemein stärker und zu Lasten der Bischöfe formalisiert. Deren Einfluß auf ihren Diözesanklerus, der bereits durch Patronatsrechte eingeschränkt war, wurde im späten Mittelalter in allen jenen Gebieten ihrer Diözesen weiter marginalisiert, in welchen sie nicht selbst auch die Landesherrschaft ausübten. Bei der Entwicklung der Pfarreiorganisation ist also zu bedenken, daß sie im Laufe des Mittelalters gleichsam in einen zweiten Integrationszusammenhang, nämlich in den der Territorien, hineinwuchs, in welchen das landesherrliche Kirchenregiment die alten kirchlichen Zuordnungen schwächte. Die Landesherrschaft, Dynasten und Reichsstädte, zogen mehr und mehr Rechte an sich, die nach dem Kirchenrecht geistliche waren, zur Ausweitung und Festigung ihrer Landesherrschaft. Doch sei betont, daß die Begriffe ›Kirche‹ und ›Landesherrschaft‹ – das Wort ›Staat‹ sei absichtlich vermieden – nicht mit dem Beigeschmack einer Antithese aufzunehmen sind, die neueren Ursprungs ist und dem Mittelalter, auch dem späten, das seine politischen Strukturen nur innerhalb kirchlich gebundener Christlichkeit zu denken vermochte, fremd, ja unverständlich gewesen sein würden. Die Patronatsrechte für die wichtigsten und einträglichsten Pfarreien im Herzogtum Bayern konnten die Herzöge an sich bringen:[231] St. Martin und St. Jodok in Landshut, St. Peter und die Frauenkirche in München, auch für Giesing und Obermenzing; ebenso die Stadtpfarrkirchen zu Unserer Lieben Frau in Ingolstadt (Bistum Eichstätt), Straubing (Bistum Regensburg) und Burghausen (Erzbistum Salzburg).[232] Die Pfarrer dieser landesherrlichen Patronatspfarreien wurden weniger nach ihrer geistlichen Eignung als nach ihrer Tauglichkeit für den Dienst im herzoglichen Rat ausgewählt. In Franken ist der Einfluß der Bischöfe auf die Besetzung der Pfarreien noch geringer als im Herzogtum Bayern.

Von den Klerikern ihres Territoriums ließen die Landesherren sich Treueide schwören, die oft auch einen Verzicht auf das »privilegium fori« einschlossen, also einen Verzicht darauf, einen Streitfall vor das Geistliche Gericht zu bringen.[233] Markgraf Albrecht Achilles brachte seine kirchenpolitischen Ziele 1481 auf die

---

[231] Matrikeln Freysing 3 (K) 455–477.
[232] RANKL (T) 234–238.
[233] LOOSHORN 4 (K) 321. 383f; WILHELM ENGEL, Passio Dominorum. Ein Ausschnitt aus d. Kampf um d. Landeskirchenherrschaft u. Türkensteuer i. spätmittelalterlichen Franken: ZBLG 16 (1951), 265–316; DERS., Spätmittelalterliche Treuebriefe d. Wertheimer Klerus: ZSRG.K 46 (1960), 303–316; HELMUT NEUMAIER, Territorium u. ius circa sacra. Die spätmittelalterlichen Priestereide i. d. Grafschaft Hohenlohe: BWKG 82 (1982), 5–37; BUCHNER, Benefizien (K); Bistum Würzburg 5 (B) 66.

Formel: »wir wollen herr im haus sein, dieweyl wir leben«;[234] ein selbstbewußtes Diktum, welches, nur sprachlich variiert, auch anderen Fürsten zugeschrieben wird.[235]

In den Städten des Reiches wurde seit dem 13. Jahrhundert die Verwaltung des Kirchenvermögens seitens der Pfarrer durch Pfleger, in Franken Gotteshaus- oder Heiligenmeister, in Bayern und Schwaben Zechmeister (von Zeche, lat. fabrica ecclesiae)[236] genannt, welche vom Rat oder Stadtherrn bestellt wurden, eingeschränkt oder ausgeschaltet.[237] Besonders die Stadt Nürnberg konnte im Zusammenwirken mit der römischen Kurie für Pfarreien und Klöster auch Visitations-, Steuererhebungs- und Kontrollrechte durchsetzen.[238] Die Annahme des Bürgerrechtes durch Kleriker, sei es, daß sie dazu von der Stadt genötigt, sei es, daß sie selbst darum nachgesucht hätten, läßt sich in Bayern, Schwaben und Franken vor der Reformation – im Gegensatz zu Straßburg und anderen Städten im Westen des Reiches[239] bis jetzt nicht nachweisen. In dem Maße, in welchem die Privilegien des Klerus, insbesondere seine Steuer- und Abgabenfreiheiten, ausgehöhlt wurden, ist dessen Bindung an den Bischof lockerer, seine Assimilation an das Bürgertum stärker geworden. Die Reichsstadt Nürnberg begründete mit der Verehrung St. Sebalds als Stadtpatron und seiner förmlichen Kanonisation durch Papst Martin V. am 26.3.1425 auch einen religiösen Eigenstand.[240]

Es kann bei der Erörterung des landesherrlichen Kirchenregimentes jedoch nicht übersehen werden, daß zwar Rechte des geistlichen Ordinarius nicht nur beschnitten, sondern außer Kraft gesetzt wurden, daß dieser Prozeß aber keineswegs einer Kirchenreform, wenn man sie als spirituelle versteht, entgegenwirken mußte. Im Gegenteil: Oft haben Dynastenfürsten und Reichsstädte Versäumnisse der Ordensoberen und der Bischöfe korrigiert. Die Reichsstädte, voran der Nürnberger Rat, führten alle vier Bettelordensklöster der strengen Observanz zu und ließen sich auch die geistliche Integrität anderer Klöster angelegen sein, wobei sie sich – häufig genug mit Hilfe der römischen Kurie – über die Pflegschaft nicht nur der Vermögensverwaltung bemächtigen konnten, sondern auch nicht zögerten, in klösterliche Personalangelegenheiten einzugreifen.[241] Dabei war die Reglementierung der Frauenklöster durch die Obrigkeiten, aus deren Familien ja oft die Stifter gekommen waren, noch stärker als die der Männerklö-

---

[234] Polit. Correspondenz d. Kurfürsten Albrecht Achilles, hg. v. FELIX PRIEBATSCH, Bd. 3: 1481–1486, Leipzig 1898, 11, Nr. 713 (PPSA 71).
[235] KOLLER (T) 45.
[236] DWb 15, 423f; zur Terminologie vgl. SCHRÖCKER (T) 172–202.
[237] SCHRÖCKER (T) 94–122. 147–156.
[238] J. KRAUS (K) 48–71. 83–88.
[239] MOELLER (B) 35–44.
[240] ARNO BORST, Die Sebaldslegenden i. d. mittelalterlichen Gesch. Nürnbergs: JFLF 26 (1966), 19–78.
[241] JOHANNES KIST, Klosterreform i. spätmittelalterlichen Nürnberg: ZBKG 32 (1963), 31–45 [= Festgabe Matthias Simon]; KIESSLING, Gesellschaft (B) 99–179; KARL TRÜDINGER, Die Kirchenpolitik d. Reichsstadt Nördlingen i. Spätmittelalter: JVABG 11 (1977), 179–219; BORCHARDT (B) 637–706.

ster; ging es ihnen doch darum, vor allem jene als Versorgungseinrichtungen funktionsfähig zu erhalten.[242]

Insgesamt entfaltete der Ausbau des Kirchenregimentes durch Landesherren und Reichsstädte eine integrative Kraft, welche die alten Bistümer desintegrierte und geradlinig zur Landeskirche der Reformation führte, welche dann mit dem mittelalterlichen Wildwuchs aufräumte.

---

[242] BORIS (B) 99–122 [Chapter 5: Religious Reform and Secular Control, 1360–1525].

I.5 STIFTE, KLÖSTER UND RELIGIÖSE GEMEINSCHAFTEN IM SPÄTEN MITTELALTER

Von Alfred Wendehorst

Atlas z. KG (B).– BACKMUND, Kollegiat- u. Kanonissenstifte (B).– NORBERT BACKMUND, Die kleineren Orden i. Bayern u. ihre Klöster bis z. Säkularisation, Windberg 1974.– DIP.– KARL SUSO FRANK, Grundzüge d. Gesch. d. christl. Mönchtums, Darmstadt ⁴1983.– Gesch. d. christl. Spiritualität, hg. v. BERNARD MCGINN u.a., Bd. 2: Hochmittelalter u. Reformation, Würzburg 1995.– HERBERT GRUNDMANN, Religiöse Bewegungen i. MA. Unters. über d. geschichtl. Zusammenhänge zwischen d. Ketzerei, d. Bettelorden u. d. religiösen Frauenbewegung i. 12. u. 13. Jh. u. über d. geschichtl. Grundlagen d. deutschen Mystik. Anhang: Neue Beitr. z. Gesch. d. religiösen Bewegungen i. MA, Darmstadt ²1961.– MAX HEIMBUCHER, Die Orden u. Kongregationen d. kath. Kirche, 2 Bde., München u.a. 1965 [= Nachdr. d. Ausg. Paderborn 1933/1934].– KIESSLING, Gesellschaft (B).– FRANZ MACHILEK, Armut u. Reform. Die franziskanische Observanzbewegung d. 15. Jh. u. ihre Verbreitung i. Franken: Der Bußprediger Capestrano auf d. Domplatz i. Bamberg. Eine Bamberger Tafel um 1470/75. Eine didaktische Ausstellung d. Hist. Museums Bamberg u. d. Lehrstuhls I f. Kunstgesch. an d. Universität Bamberg 28. Mai – 29. Oktober 1989, Bamberg 1989, 115–125 (Schr. d. Hist. Museums Bamberg 12).– PÖLNITZ (B).– Reformbemühungen u. Observanzbestrebungen i. spätmittelalterlichen Ordenswesen, hg. v. KASPAR ELM, Berlin 1989 (BHSt 14/Ordensstud. 6).– KLAUS SCHREINER, Dauer, Niedergang u. Erneuerung klösterlicher Observanz i. hoch- u. spätmittelalterlichen Mönchtum: Institutionen u. Gesch. Theoretische Aspekte u. mittelalterliche Befunde, hg. v. GERT MELVILLE, Köln u.a. 1992, 295–342 (Norm u. Struktur 1).– MEINRAD SEHI, Die Bettelorden i. d. Seelsorgsgesch. d. Stadt u. d. Bistums Würzburg bis z. Konzil v. Trient. Eine Unters. über die Mendikantenseelsorge unter bes. Berücksichtigung d. Verhältnisse i. Würzburg, Würzburg 1981 (FFKT 7).– Unters. z. Kloster (B).– WENDEHORST, Orden (B).

1. Die alten mönchischen Orden

ACi.– ASOC.– CistC.– HEMMERLE, Benediktinerklöster (B).– EDGAR KRAUSEN, Die Klöster d. Zisterzienserordens i. Bayern, München-Pasing 1953 (BayHF 7).– PHILIBERT SCHMITZ, Gesch. d. Benediktinerordens, Bd. 1–4, Einsiedeln u.a. 1947–1960.– AMBROSIUS SCHNEIDER u.a. (Hg.), Die Cistercienser. Gesch., Geist, Kunst, Köln ³1986.– KLAUS SCHREINER, Mönchsein i. d. Adelsgesellschaft d. hohen u. späten MA. Klösterliche Gemeinschaftsbildung zwischen spiritueller Selbstbehauptung u. sozialer Anpassung: HZ 248 (1989), 557–620.– Zisterziensische Spiritualität. Theol. Grundlagen, funktionale Voraussetzungen u. bildhafte Ausprägungen i. MA, bearb. v. CLEMENS KASPAR u. KLAUS SCHREINER, St. Ottilien 1994 (StMBO Erg.-Bd. 34).– Statuta Capitulorum Generalium Ordinis Cisterciensis ab anno 1116 ad annum 1786, ed. JEAN-M. CANIVEZ, 8 Bde., Louvain 1933–1941 (BRHE 9–14B).– PAULUS VOLK, Die Generalkapitels-Rezesse d. Bursfelder Kongregation, 4 Bde., Siegburg 1955–1972.– Die Zisterzienser. Ordensleben zwischen

Ideal u. Wirklichkeit. Ausstellung d. Landschaftsverbandes Rheinland, Rheinisches Museumsamt, Abtei Brauweiler. Aachen, 3. Juli – 28. September 1980, hg. v. KASPAR ELM u.a., AKat. Köln u.a. 1980 (Schr. d. Rheinischen Museumsamtes 10); Erg.-Bd.: Vorträge u. Ber. d. 5. Forschungskolloquiums d. Projektschwerpunkts »Vergleichende Ordensforsch.« am Friedrich-Meinecke-Institut d. Freien Universität Berlin, Köln u.a. 1982 (Schr. d. Rheinischen Museumsamtes 18).

Der schon um die Mitte des 12. Jahrhunderts einsetzende Niedergang der Benediktinerabteien[1] hatte vielfältige Ursachen.[2] Die bittere Bemerkung des Verfassers der Schäftlarner Annalen, daß im 13. Jahrhundert der Glanz des Priestertums, am meisten aber der des Mönchtums zu verblassen begann,[3] trifft nicht nur auf das alte Herzogtum Bayern zu. Die Ursachen lagen zwar auch, aber keineswegs allein in der Mißachtung der Ordensregel, sondern mehr noch im Strukturwandel der Grundherrschaft, in der schlechten Nutzungsmöglichkeit des Streubesitzes, den Bedrückungen durch die Vögte, der oft zu Besitzstreitigkeiten

Schottenkirche St. Jakob Regensburg, Nordportal, 2. Hälfte des 12. Jahrhunderts

---

[1] SCHMITZ 3 (T) 15–23.
[2] Ich folge hier stellenweise dem dritten Abschnitt meines Beitrages: WENDEHORST, Mönchtum (B).
[3] Annales Scheftlarienses maiores a. 1092–1247: MGH.SS 17, 335–343 [339].

zwischen Abt und Konvent führenden Armut, welche die Bischöfe veranlaßte, die Zahl der Professen durch einen numerus clausus zu begrenzen, in der Inkorporation von Pfarrkirchen, welche die Armut zwar milderte, aber ebenso wie die Aufteilung der Klostereinkünfte in Pfründen zum Zerfall der Konvente beitrug. Seit dem 14. Jahrhundert mehrten sich Klagen über herumvagierende Mönche und Nonnen. Kloster Fultenbach wurde zeitweise unter bischöfliche Administration gestellt, Prüll auf Betreiben Herzog Albrechts IV. 1483 den Nürnberger Kartäusern übergeben.[4]

Reformen schienen durch das Adelsprinzip blockiert. Die Adelsfamilien pochten auf ihr Recht als Stifter: Die Klöster seien vom Adel für den Adel gestiftet worden. Für diesen Standpunkt konnte man sich auch auf Äußerungen von keineswegs unfrommer Seite berufen: Die Benediktinerin Hildegard von Bingen hatte den Anspruch des Adels auch mit dem Hinweis darauf gerechtfertigt, daß doch kein Mensch seine ganze Herde – Rinder, Esel, Schafe und Böcke – in einem einzigen Stall versammele.[5] Klosterreform hieß im 15. Jahrhundert an erster Stelle: Aufhebung des Adelsprinzips und Öffnung des Klosters für das Bürgertum. Der Widerstand des Adels konnte die Einführung von Reformen verzögern, gelegentlich auch verhindern. Aus der Abtei St. Burkard in Würzburg wurde 1464,[6] aus der Abtei Wülzburg bei Weißenburg 1526 ein adeliges Chorherrenstift.[7] Als der Abt des Würzburger Schottenklosters Johannes Trithemius, ein asketischer Eiferer, sagte, daß aus schlechten Mönchen noch schlechtere Chorherren geworden seien,[8] war das der Einwand eines frommen Störenfriedes, der nicht sehen wollte, daß man aus der bedrohten Gemeinschaft des Adelsklosters in die äquivalente, aber nicht bedrohte des Adelsstiftes, in welchem man unter sich bleiben konnte, wechseln wollte. Ein Wechsel, welcher, da die Regel St. Benedikts ohnehin nicht mehr eingehalten wurde, genau besehen, keiner war. Ritterschaft und Patriziat verloren mit jedem reformierten Kloster Versorgungsmöglichkeiten für nachgeborene Söhne und Töchter.[9] Ihre adelige Exklusivität konnte die Reichsabtei Kempten auf Dauer,[10] die Abtei Banz auf lange Zeit aufrechterhalten.[11]

---

[4] HEMMERLE, Benediktinerklöster (B) 106. 236.

[5] Hildegardis Bingensis Epistolarium, ed. L. VAN ACKER, Bd. 1, Turnholti 1991, 129 Nr. 52R (CChr.CM 91).

[6] Bistum Würzburg 3 (B) 16. 42f.

[7] GERHARD LEIDEL, Gesch. d. Benediktinerabtei Wülzburg, Ansbach 1983, 417–421 (Mittelfränk. Stud. 4).

[8] Chron. Sponheimense: Johannis Trithemii secundae partis chronicae insignia duo, Frankfurt 1601, 377.

[9] Vgl. ALFRED WENDEHORST, Der Adel u. d. Benediktinerklöster i. späten MA: Consuetudines Monasticae. Eine Festgabe f. Kassius Hallinger aus Anlaß seines 70. Geburtstages, hg. v. JOACHIM F. ANGERER u. JOSEF LENZENWEGER, Roma 1982, 333–353 (StAns 85); SCHREINER, Mönchsein (T).

[10] PETER BLICKLE, Kempten, München 1968 (HAB.S 1/6); HERBERT IMMENKÖTTER, Adelsprivileg u. Exemtion gegen Benediktinertum u. Tridentinum. Zum Selbstverständnis kemptischer Stiftsherren i. d. frühen Neuzeit: Bürgerfleiß (B) 47–63.

[11] HOCHHOLZER (B).

Klosterreform hieß im späten Mittelalter auch: Verbandsbildung und regelmäßige Visitation.[12] Nach den Konzilien von Konstanz und Basel, an denen einige bayerische, schwäbische und fränkische Äbte, wenn auch nicht in jedem Fall um der Reform willen, teilnahmen, setzte das Wirken der großen Reformbewegungen ein,[13] die ebenso eine nachhaltige Besserung erzielten wie die Kapitel der Benediktinerabteien der Mainzer Kirchenprovinz (seit 1417). Die vom oberpfälzischen Kastl (Bistum Eichstätt) ausgehende Reform gewann Einfluß hauptsächlich im östlichen Franken und in der Oberpfalz:[14] zunächst in Reichenbach (1394), von wo aus sie Eingang in die Klöster Mallersdorf, in die seit 1418 von deutschen Mönchen besiedelte Abtei St. Egid in Nürnberg und Weihenstephan, Frauenzell, Metten und Biburg fand; Nürnberg vermittelte die Kastler Reform ins Heiligkreuzkloster Donauwörth,[15] von wo sie in Füssen (St. Mang) und in Plankstetten übernommen wurde, und nach Mönchröden; Kastl selbst gab sie weiter nach Ensdorf und Michelfeld, von wo sie nach Weißenohe gelangte, auf den Michelsberg in Bamberg, nach Weltenburg, Prüfening und St. Emmeram in Regensburg.[16] Die Kastler Gewohnheiten, die möglicherweise noch von anderen Klöstern beobachtet wurden, konnten abgelöst oder überlagert werden von den breiter und tiefer wirkenden von den Klöstern Melk an der Donau[17] und Bursfelde an der Weser ausgehenden Einflüssen, denen Kardinal Nikolaus von Kues auf seiner Legationsreise 1451/52 zu anhaltenden Erfolgen verhalf.[18] Die Melker Gewohnheiten drangen über Tegernsee, wo sie sich mit einer eigenen Reformtradition verbanden,[19] in das Herzogtum Bayern und im Westen bis nach Schwaben ein.[20] 1452 wurde die Melker Reform, die im Gegensatz zu den von Kastl und Bursfelde ausgehenden Reformen keine eigene Kongregation bildete, in Attel bei Wasserburg am Inn eingeführt, Herzog Albrecht III. von Bayern berief 1455 Mönche aus Tegernsee auf den Heiligen Berg in Andechs. Durch Äbte oder

---

[12] SCHREINER, Dauer (K).
[13] Atlas z. KG (B) Karte 67 [Die Reformen v. Bursfeld, Kastl u. Melk]; SCHMITZ 3 (T) 167–190; PETRUS BECKER, Benediktinische Reformbewegungen i. Spätmittelalter. Ansätze, Entwicklungen, Auswirkungen: Unters. z. Kloster (B) 167–187.
[14] PETER MAIER, Ursprung u. Ausbreitung d. Kastler Reformbewegung: StMBO 102 (1991), 75–204; DERS., Kastl, seine Consuetudines u. d. heile Mensch: StMBO 105 (1994), 97–106.
[15] WERNER SCHIEDERMAIR (Hg.), Hl. Kreuz i. Donauwörth, Donauwörth 1987.
[16] WALTER ZIEGLER, Das Benediktinerkloster St. Emmeram z. Regensburg i. d. Reformationszeit, Kallmünz 1970, 22–29 (Thurn u. Taxis-Stud. 6).
[17] Breviarium caeremoniarum monasterii Mellicensis, ed. JOACHIM F. ANGERER, Siegburg 1987 (CCMon 11/2); META NIEDERKORN-BRUCK, Die Melker Reform i. Spiegel d. Visitationen, Wien u.a. 1994 (MIÖG.E 30).
[18] ERICH MEUTHEN, Nikolaus v. Kues 1401–1464. Skizze einer Biographie, Münster [6]1985, 86–90.
[19] Die Briefe d. Petrus v. Rosenheim an Abt Kaspar Ayndorffer v. Tegernsee während d. Klosterreform i. Südbayern 1426–1431, hg. v. FRANZ THOMA: OBA 67 (1930), 1–20; JOACHIM ANGERER, Die Bräuche d. Abtei Tegernsee unter Abt Kaspar Ayndorffer (1426–1461) verbunden mit einer textkritischen Edition d. Consuetudines Tegernseenses, Augsburg 1968, 168–177. 205–213 (StMBO Erg.-Bd. 18).
[20] JOSEPH ZELLER, Beitr. z. Gesch. d. Melker Reform i. Bistum Augsburg: AGHA 5 (1916/19), 165–182; KIESSLING, Gesellschaft (B) 296f.

Mönche, berufen aus Tegernsee, traten in den Kreis der Melker Reform ein die Klöster St. Ulrich und Afra in Augsburg,[21] Benediktbeuern[22], Ebersberg, Elchingen, das 1332 von Kaiser Ludwig dem Bayern gegründete Ettal[23], schließlich Ottobeuren, Rott am Inn, Scheyern,[24] St. Veit bei Neumarkt, Thierhaupten, Vornbach, Weihenstephan und Wessobrunn. Wie die Kastler sind auch die Melker trotz bischöflicher Unterstützung mit manchen Reformversuchen gescheitert. Die Bursfelder Reform reichte (innerhalb der heutigen Grenzen Bayerns) nach Süden nicht über die beiden Mainbistümer hinaus. Ihr schlossen sich an: die Klöster St. Stephan in Würzburg (1459) und nach heftigen Auseinandersetzungen Michelsberg in Bamberg (1467),[25] Aura an der Saale (1469), Münsterschwarzach und Münchaurach (1480), Mönchröden (1485) und St. Jakob in Würzburg (1513).[26] Doch machten diese nicht die Mehrzahl, sondern die Minderzahl der Benediktinerklöster in den Bistümern Würzburg und Bamberg aus. Der zeitweilige Tegernseer Prior Bernhard von Waging versuchte, unterstützt vom Eichstätter Bischof Johann III. von Eich und Papst Pius II., die drei Reformbewegungen zusammenzuführen, scheiterte damit jedoch vor allem an der geringen Kompromißbereitschaft Bursfeldes.[27] Während einige Klöster allein bischöflichen Eingriffen eher kurzfristig wirkende Reformen verdankten, wie Irsee 1448 durch den Bischof von Augsburg oder Banz 1492 durch den Bischof von Würzburg, blieben andere Klöster außerhalb aller Reformkraftfelder. Nur die innerhalb des Herzogtums Bayern und der Hochstifte gelegenen Klöster konnten zum größten Teil unter landesherrlichem Druck ihre Existenz, wenn auch mit inneren und äußeren Verlusten, über den Graben des 16. Jahrhunderts retten.

Im späten Mittelalter war der Zisterzienserorden, welcher strikte Befolgung der Regel St. Benedikts, wahre Armut und Trennung von der Welt gefordert hatte, bereits viele Kompromisse eingegangen. Die einzelnen Klöster des durch sein Filiationssystem, durch seine regelmäßigen Visitationen und die jährlichen Generalkapitel zentralistisch strukturierten Ordens wirkten vereinheitlichend auch auf Wirtschaft und Bauweise. Die fränkischen, schwäbischen und bayerischen Zisterzen[28] gehörten mit Heilsbronn, Langheim, Aldersbach samt seinen

---

[21] LIEBHART, Reichsabtei (B).
[22] Bistum Augsburg 1 (B) 100f; ENNO BÜNZ, Unbekannte Profeßurkunden aus Benediktbeuern. Zeugnisse d. spätmittelalterlichen Klosterreform i. d. Dombibliothek Hildesheim: Die Dombibliothek Hildesheim – Bücherschicksale, hg. v. JOCHEN BEPLER u.a., Hildesheim 1996, 305–351.
[23] FRIEDRICH BOCK, Die Gründung d. Klosters Ettal. Ein quellenkritischer Beitr. z. Gesch. Ludwigs d. Bayern: OBA 66 (1929), 1–116.
[24] ANSELM REICHOLD u.a., Benediktinerabtei Scheyern 1077–1988. Vor 150 Jahren wiedererrichtet, Weißenhorn 1988, 32f.
[25] LUDWIG UNGER, Die Reform d. Benediktinerklosters St. Michael bei Bamberg i. d. 2. Hälfte d. 15. Jh., Bamberg 1987 (BHVB Beih. 20).
[26] VOLK 1 (T) 100. 131. 141. 187f. 214. 428.
[27] REDLICH (B) 110–113. 205–210, Nr. 8.
[28] KRAUSEN (T); KLAUS WOLLENBERG, Die Zisterzienser i. Altbayern, Franken u. Schwaben, München 1988 (Hefte z. Bayer. Gesch. u. Kultur 7); Zisterzienser i. Franken, hg. v. WOLFGANG BRÜCKNER u. JÜRGEN LENSSEN, Würzburg 1991 (Kirche, Kunst u. Kultur i. Franken 2).

drei Tochterklöstern Fürstenfeld, Fürstenzell und Gotteszell sowie Bildhausen zur Ebracher Klosterfamilie. Die anderen, Waldsassen und Walderbach, Kaisheim und Raitenhaslach,[29] führten ihren Ursprung wie das 1127 gegründete Kloster Ebrach selbst[30] auf Morimond zurück, jedoch auf anderen Filiationswegen.

Zisterzienserkirche Heilsbronn, Mittelschiff, 1284, mit Hohenzollern-Hochgräbern

Die Zisterzienserklöster waren zwar vom Adel gestiftet, haben sich aber ständisch nicht nach unten abgeschlossen; dies gilt nicht nur für die zum größeren Teil den unteren sozialen Schichten entstammenden Konversen,[31] sondern mit gewissen Einschränkungen auch für die Mönche. Der Übergang von der Eigenwirtschaft der Klöster, welche die Bearbeitung der in den sogenannten Grangien organisierten Außenbesitzungen durch konventsangehörige Konversen implizierte, zur Rentengrundherrschaft und gelegentlich auch zur Bewirtschaftung durch Lohnarbeiter[32] scheint in ganz Oberdeutschland bereits ziemlich früh eingesetzt zu haben. Mit der Errichtung von Stadthöfen hatte der Zisterzienseror-

[29] Die Bistümer d. Kirchenprovinz Salzburg, Bd. 1: Die Zisterzienserabtei Raitenhaslach, bearb. v. EDGAR KRAUSEN, Berlin u.a. 1977 (GermSac NF 11).
[30] GERD ZIMMERMANN, Ebrach u. seine Stifter. Die fränk. Zisterzen u. d. Adel: MFJG 21 (1969), 162–182.
[31] SCHREINER, Mönchsein (T) 578f.
[32] MICHAEL TOEPFER, Die Konversen d. Zisterzienser. Unters. über ihren Beitr. z. mittelalterlichen Blüte d. Ordens, Berlin 1983, 35f. 51 (BHSt 10/Ordensstud. 4).

den sowohl seinen Grundsatz der größtmöglichen wirtschaftlichen Autarkie als auch den der Siedlungs- und überhaupt der Weltferne aufgegeben. Die oft mit großen Speichern, Kellern und Stallungen ausgestatteten Stadthöfe hatten über die Weinversorgung der Klöster hinaus die Aufgabe, einen Teil der durch Meliorationen und Konsumverzicht erzielten Überschüsse der landwirtschaftlichen Produktion auf den Markt zu bringen; auch im Kreditwesen und im Depositengeschäft spielten die Stadthöfe eine Rolle.[33] Eine solche Entwicklung war in mehrfacher Hinsicht konfliktträchtig. Besonders die in Würzburg gelegenen Höfe der Zisterzienserabteien wurden bei den Auseinandersetzungen um das Stadtregiment seit dem ausgehenden 13. Jahrhundert wegen ihrer Steuer- und Abgabenfreiheit Opfer von Gewalt und Plünderungen durch die Bürger.[34] Das Problem: Wohin mit dem durch Schweiß und Verzicht gewonnenen Reichtum? ließ sich nicht glatt lösen. Während dem Kloster Waldsassen der Aufstieg in die Reichsunmittelbarkeit gelang, wenn auch sein Territorium unter den einer Landesherrschaft gleichkommenden Schutz und Schirm der Pfalz geriet,[35] konnte Bayern, dann Pfalz-Neuburg, den Aufstieg Kaisheims bis 1656 verhindern,[36] die Bischöfe von Würzburg Ebrachs Anspruch auf diese Stellung immer wieder abwehren.[37]

2. Die Säkularkanoniker, die Augustinerchorherren und die Prämonstratenser

Acta et decreta capitulorum generalium Ordinis Praemonstratensis, ed. J.B. VALVEKENS, 5 Bde., Averbode 1966–1984.– APraem.– BERNARD ARDURA, Prémontrés. Histoire et Spiritualité, Saint-Etienne 1995.– BACKMUND, Chorherrenorden (B).– BACKMUND, Kollegiat- u. Kanonissenstifte (B).– NORBERT BACKMUND, Monasticon Praemonstratense. Id est historia circariam canoniarum candidi et canonici ordinis Praemonstratensis, Bd. 1/1 u. 1/2, Berlin ²1983.– THOMAS HANDGRÄTINGER, Die Spiritualität d. Prämonstratenser: Communicantes. SchR. z. Spiritualität d. Prämonstratenserordens 10 (1996), 49–71.– Monasticon Windeshemense, hg. v. WILHELM KOHL u.a., Bd. 2: Deutsches Sprachgebiet, Brüssel 1977 (ABB.S 16/2).– Norbert v. Xanten. Adliger, Ordensstifter, Kirchenfürst. FS z. Gedächtnis seines Todes vor 850 Jahren, hg. v. KASPAR ELM, Köln 1984.– Stud. z. welt-

---

[33] WINFRIED SCHICH, Die Stadthöfe d. fränk. Zisterzienserklöster i. Würzburg. Von d. Anfängen bis z. 14. Jh., Berlin 1976, 45–94 (ZistSt 3); DERS., Zum Problem d. Einstiegs d. Zisterzienser i. d. Handel i. 12. Jh. unter bes. Berücksichtigung d. Ordensstatuts ›De Nundinis‹: Historia i kultura cystersów w dawnej Polsce i ich europejskie zwiazki, hg. v. JERZY STRZELCZYK, Poznań 1987, 33–59; GÜNTHER FRIEDRICH, Die Stadthöfe fränk. Zisterzienserklöster: MFJG 39 (1987), 1–44; KLAUS WOLLENBERG, Erwerbspolitik u. Wirtschaftsweise d. oberbayer. Zisterzienserklosters Fürstenfeld 1263–1550: Erwerbspolitik u. Wirtschaftsweise mittelalterlicher Orden u. Klöster, hg. v. KASPAR ELM, Berlin 1992, 51–66 (BHSt 17/Ordensstud. 7).
[34] Bistum Würzburg 2 (B) 33.
[35] HERIBERT STURM, Tirschenreuth, München 1970, 54–99 (HAB.A 1/21).
[36] KARL HUBER, Die Zisterzienserabtei Kaisheim i. Kampfe um Immunität, Reichsunmittelbarkeit u. Souveränität (Masch. Diss.), Erlangen 1928.
[37] HANS ZEISS, Reichsunmittelbarkeit u. Schutzverhältnisse d. Zisterzienserabtei Ebrach v. 12. bis 16. Jh.: BHVB 80 (1928), VII–XVI. 1–102.

lichen Kollegiatstift i. Deutschland, hg. v. IRENE CRUSIUS, Göttingen 1995 (VMPIG 114/StGS 18).– Unters. z. Kloster (B).– ALFRED WENDEHORST/STEFAN BENZ, Verzeichnis d. Säkularkanonikerstifte d. Reichskirche, Neustadt/Aisch ²1997 (Schr. d. Zentralinstituts für Fränk. Landeskunde u. Allg. Regionalforsch. an d. Universität Erlangen-Nürnberg 35).– DIES., Verzeichnis d. Stifte d. Augustiner-Chorherren u. -Chorfrauen: JFLF 56 (1996), 1–110.

Für die geistliche und weltliche Verwaltung sowohl der Hochstifte als auch der dynastischen Territorien hatten die Säkularkanonikerstifte,[38] zu denen kirchenrechtlich auch die Domkapitel gehörten, eine kaum zu überschätzende Bedeutung, zumal deren Mitgliedern etwa seit Beginn des 15. Jahrhunderts statutenmäßig ein zweijähriger Universitätsbesuch vorgeschrieben war. Da es für sie anders als für die Klöster keine einheitliche Regel gab, mußte eine solche durch Statuten ersetzt werden, welche das Leben des Stiftes, von der Liturgie bis zu den Wirtschaftsangelegenheiten, die Aufgaben der Dignitäre, Kanoniker und Vikare und die Ergänzung des Kapitels – in ein Stift konnte man nicht eintreten wie in ein Kloster –, auch die Außenbeziehungen regelte. Die Statuten hatten auch die Aufgabe, den Zusammenhalt der Klerikergemeinschaften, die weniger fest gefügt waren als klösterliche, zu fördern und Einwirkungen von außen nach Möglichkeit zu begrenzen. Die Kanoniker eines Stiftes rekrutierten sich aus den sozialen Führungsschichten ihres Einzugsbereiches und waren vielfach miteinander versippt, was in den bischöflichen Stiften wegen ihres doch weitgehenden Selbstergänzungsrechtes, bei den landesherrlichen wegen ihres ziemlich konstanten Reservoirs an Familien, die mit dem Hofe verbunden waren, nicht überrascht. Die ständischen Herkunftskreise blieben getrennt. Nicht einmal dem finanzstarken Augsburger Patriziat gelang es, in das Domkapitel vorzustoßen.[39] In rasch wachsendem Maße haben die Päpste seit der Mitte des 13. Jahrhunderts das Selbstergänzungsrecht durch Provisionen, welche die Kapitel freilich oft genug abwehren konnten, beschnitten. Erst durch das Wiener Konkordat von 1448 wurde das Besetzungsrecht der Kanonikate in den bischöflichen Stiften formalisiert. Der Papst konnte die in ungeraden, das Kapitel die in den geraden Monaten freiwerdenden Kanonikate besetzen. Die päpstlichen Provisionen begünstigten die Häufung von Pfründen in der Hand eines Kanonikers. Hielt sich die Kumulation bei den Domherren meist in Grenzen, so zeigen die bischöflichen Stifte ein breites Spektrum. Es gab Häufungen von Pfründen mit geringem Ertrag zur Sicherung des Lebensunterhaltes und es gab Häufungen aus Streben nach Reichtum.[40]

Die älteren Stifte waren mit den Domkapiteln insofern institutionell verbunden, als sie ihren Propst aus deren Reihen zu wählen hatten, während die späte-

---

[38] Die einzelnen Stifte sind samt der neueren Literatur über sie nachgewiesen bei WENDEHORST/BENZ, Verzeichnis d. Säkularkanonikerstifte (T).

[39] KIESSLING, Gesellschaft (B) 323–352 [Kap. 8: Der Streit um die Aufnahme Augsburger Bürger in das Domkapitel 1475–1498].

[40] Besonders krasse Beispiele: die Brüder Johann, Georg (seit 1477 Kardinal) und Nikolaus Heßler, vgl. Bistum Würzburg 4 (B) 305f. 409–414.

ren, nichtbischöflichen Gründungen meist eine Dekanatsverfassung und damit keine Bindung an das Domkapitel hatten. Die in den nichtgeistlichen Territorien gelegenen Stifte wurden meist schon als Residenzstifte gegründet oder entwickelten sich zu solchen (z.B. St. Gumbert in Ansbach). Wie der Bischof die Kanoniker seiner Stifte in seinen unmittelbaren Dienst nehmen konnte, so haben auch die Landesherren den Kanonikern ihrer Stifte nicht nur liturgische Repräsentation, sondern auch Aufgaben in der Territorialverwaltung übertragen, und die Stiftskirchen waren ihre bevorzugte Grablege.[41] Dem geistlichen Ordinarius blieben im 15. und beginnenden 16. Jahrhundert in den landesherrlichen Stiften meist nur noch formale Bestätigungsrechte.

Vom böhmischen Augustiner-Chorherrenstift Raudnitz an der Elbe ging, gefördert von Kaiser Karl IV., eine Reform aus, welche vor allem individuelle Frömmigkeit im Geiste der devotio moderna und das Studium der Wissenschaften in die Mitte des Lebens rückte.[42] Auf Anweisung des Bamberger Bischofs Lambert von Brunn wurden die Raudnitzer Gewohnheiten 1390 im Stift Neunkirchen am Brand eingeführt, von wo sie 1409 in der burggräflichen Neugründung Langenzenn übernommen wurden.[43] 1417 fand die Raudnitzer Reform Eingang in Indersdorf bei Dachau. Von dort aus erfaßte sie vor allem unter Propst Johannes[44] die meisten Augustiner-Chorherrenstifte im Herzogtum Bayern, wo sie eine größere Dichte hatten als in Schwaben und Franken:[45] Dietramszell,[46] Rebdorf bei Eichstätt, Rohr, Dießen, Bernried, Höglwörth und Schlehdorf, St. Zeno in Reichenhall und Beyharting, Beuerberg, Polling, St. Georg und Heilig Kreuz in Augsburg. Kaum berührt von der Raudnitz-Indersdorfer Reform wurde die dem Adel vorbehaltene, reichsunmittelbare Fürstpropstei Berchtesgaden. Unabhängig von der Reform blieb offenbar auch St. Mang (heute Stadt Regensburg), dessen bekanntester Chorherr der Chronist Andreas von Regensburg war[47]. Gleiches gilt für die im Bistum Würzburg gelegenen Stifte Heidenfeld und Triefenstein. Zu diesen beiden trat 1459 noch ein drittes: Birklingen bei Iphofen, wo sich eine Marienwallfahrt entwickelt hatte. 1462 wurde der neue, aus Heidenfelder und Triefensteiner Chorherren gebildete Konvent der Windes-

---

[41] PETER MORAW, Über Typologie, Chronologie u. Geographie d. Stiftskirche i. deutschen MA: Unters. z. Kloster (B) 9–37.
[42] FRANZ MACHILEK, Die Augustiner-Chorherren i. Böhmen u. Mähren: AKGB 4 (1976), 107–144.
[43] ALFRED WENDEHORST, Propst Peter Imhof u. d. Anfänge d. Augustiner-Chorherrenstiftes Langenzenn: JHVM 95 (1990/91), 33–37 [FS f. Günther Schuhmann].
[44] BERNHARD D. HAAGE, Johannes v. Indersdorf: VerLex² 4, 647–651.
[45] Zur ersten Information: BACKMUND, Chorherrenorden (B) 29–158.
[46] Das Bistum Freising, Bd. 1: Das Augustinerchorherrenstift Dietramszell, bearb. v. EDGAR KRAUSEN, Berlin u.a. 1988, 47–50 (GermSac NF 24).
[47] PETER JOHANEK, Andreas v. Regensburg: VerLex² 1, 341–347; FRANZ FUCHS, Bildung u. Wissenschaft i. Regensburg. Neue Forsch. u. Texte aus St. Mang i. Stadtamhof, Sigmaringen 1989 (BGQMA 13).

heimer Reformkongregation inkorporiert,[48] der sich auf Betreiben des Eichstätter Bischofs Johann von Eich und unter Mitwirkung des Kardinals Nikolaus von Kues Rebdorf bereits 1458 angeschlossen hatte.[49] Stift Rebdorf war der am weitesten südlich gelegene Windesheimer Außenposten.

Die Prämonstratenser, die sich zunächst eher als Reformgruppe der Augustiner-Chorherren denn als neuer Orden verstanden, waren durchweg vom Adel, zunächst meist als Doppelklöster, gegründet worden, d.h. sie bildeten rechtlich, wirtschaftlich und mit Einschränkungen auch räumlich, mit einem Frauenkloster unter einem gemeinsamen Oberen eine Einheit.[50] Diese Einheiten waren im späten Mittelalter längst alle aufgelöst. An Zahl und Bedeutung standen die Prämonstratenserstifte den älteren Chorherrenstiften, den Benediktinern und den Zisterziensern nach. Von ihnen gingen neue, noch nicht in allen Einzelheiten erforschte Impulse für den Weltklerus und die Seelsorge aus. Im Herzogtum Bayern und in Schwaben waren die Prämonstratenser stärker repräsentiert als in Franken,[51] wo sie in Oberzell bei Würzburg ihre noch auf Norbert von Xanten selbst zurückgehende einzige Niederlassung hatten,[52] und spätere Gründungsversuche – so Tückelhausen – nicht von Dauer waren. Von den in Schwaben gelegenen Stiften Roggenburg, Ursberg[53] und Steingaden, stiegen die beiden letzteren zu Reichsabteien auf, doch konnte Steingaden diesen Status nur bis 1425 behaupten; in der Oberpfalz war der Orden in Windberg und Speinshart,[54] südlich der Donau in Osterhofen bei Vilshofen,[55] Schäftlarn, Neustift bei Freising und St. Salvator bei Ortenburg vertreten.

3. Die Ritter- und Spitalorden

800 Jahre Deutscher Orden. Ausstellung d. Germanischen Nationalmuseums Nürnberg [30.6.–30.9.1990], Red. UDO ARNOLD/GERHARD BOTT, AKat. Gütersloh u.a. 1990.–

---

[48] Quellen z. Gesch. d. Wallfahrt (B); Monasticon Windeshemense 2 (T) 43–48 [Backmund, z.T. ungenau].
[49] Monasticon Windeshemense 2 (T) 340–362 [Ernst Reiter].
[50] Doppelklöster u. andere Formen d. Symbiose männl. u. weibl. Religiosen i. MA, hg. v. KASPAR ELM u. MICHEL PARISSE, Berlin 1992 (BHSt 18/Ordensstud. 8).
[51] BACKMUND, Monasticon Praemonstratense 1/1 (T) 1–164; zur ersten Information auch BACKMUND, Chorherrenorden (B) 159–214.
[52] Zum Bistum Würzburg gehörte allerdings noch das hennebergische Hauskloster Veßra (Thür.).
[53] ALFRED LOHMÜLLER, Das Reichsstift Ursberg. Von d. Anfängen 1125 bis z. Jahre 1802, Weißenhorn 1987.
[54] KONRAD ACKERMANN, Das Prämonstratenserkloster Speinshart. Leben zwischen Seelsorge u. wirtschaftl. Betätigung: Gustl Lang (B) 222–231; PETER WOLFRUM, Das Prämonstratenserkloster Speinshart i. MA. Eine Analyse seiner Bibliothek unter vergleichender Berücksichtigung d. oberpfälzischen Klosterlandschaften, Bayreuth 1991 (Bayreuther Arbeiten z. Landesgesch. u. Heimatkunde 5); HERMANN LICKLEDER, Die Urkundenregesten d. Prämonstratenserklosters Speinshart 1163–1557, Pressath 1995 (Speinshartensia 1).
[55] HERMANN LICKLEDER, Das Prämonstratenserstift Osterhofen i. Spätmittelalter. Urbar- u. Kopialbuch 1440. Stud. z. Rechts-, Sozial- u. Wirtschaftsgesch., Deggendorf 1988 (Deggendorfer Geschichtsblätter 9).

QSGDO.– ADALBERT MISCHLEWSKI, Grundzüge d. Gesch. d. Antoniterordens bis z. Ausgang d. 15. Jh. unter bes. Berücksichtigung v. Leben u. Wirken d. Petrus Mitte de Caprariis, Köln 1976 (BoBKG 8).– Die geistl. Ritterorden Europas, hg. v. JOSEF FLECKENSTEIN u. MANFRED HELLMANN, Sigmaringen 1980 (VKAMAG 26).– BERTHOLD WALDSTEIN-WARTENBERG, Die Vasallen Christi. Kulturgesch. d. Johanniterordens i. MA, Wien u.a. 1988.– D.J. WEISS, Gesch. (B).

Die Spuren der Templer, des ältesten Ritterordens, sind, da sie mit erstaunlicher Gründlichkeit getilgt wurden, schwer zu fassen. Nach Einführung einer neuen juristischen Kategorie, der Kollektivschuld, wurden sie nach einem Schauprozeß Opfer politischer Justiz. In Deutschland, wo ihre Besitztümer von den Johannitern übernommen wurden, lassen sich mit Sicherheit Altmühlmünster und Moritzbrunn als Templerkommenden nachweisen. Doch wird ihre Zahl höher gewesen sein. Denn unter den zahlreichen Indizien ist auch auf das Formularbuch der Würzburger Bischofskanzlei von ca. 1324 hinzuweisen, das die Einladung Papst Clemens' V. an den Erzbischof von Mainz und andere Bischöfe vom 12.8.1308 zum allgemeinen Konzil nach Vienne enthält, auf welchem u.a. die Templerfrage behandelt werden sollte[56].

Nach ihrem Rückzug aus dem Heiligen Land hatten die Ritterorden in ihren abendländischen Balleien zunächst Spitäler unterhalten. Aber die ungewollte Umorientierung leitete einen Niedergang ein. Die Zahl ihrer Häuser, die nun in erster Linie Versorgungsstätten nachgeborener Adelssöhne wurden, auch die Zahl der Neueintritte ging im Laufe des späten Mittelalters zurück, und die Spitäler verfielen.

Von den Johanniterkommenden bestanden im 15. Jahrhundert noch Würzburg, Rothenburg o.T., Kleinerdlingen bei Nördlingen und Regensburg, denen einige alte, zu landwirtschaftlichen Gütern abgesunkene (Biebelried, Reichardsroth und Altmühlmünster) zugeordnet waren[57].

Die Deutschen Häuser in Franken, bei deren Gründung vorwiegend in der ersten Hälfte des 13. Jahrhunderts Reichsgewalt und Adel zusammengewirkt hatten, und die fast überall dort entstanden waren, wo noch größere Reichsgutkomplexe bestanden hatten, gehörten zur gleichnamigen Ballei, das das Zentrum der deutschen Balleien bildete und alle anderen an Zahl und Bedeutung übertraf[58].

Dem Deutschen Orden gelang nach dem Verlust seiner ursprünglichen Aufgaben eine Neuorientierung besser als den Johannitern, denen er im Reich auch zahlenmäßig weit überlegen war. Allgemein ist bei ihm zu beobachten, daß sich ein Konzentrationsprozeß auf die größeren Städte allen Problemen, die sich für

---

56 Tabula formarum curie episcopi (B) 109, Nr. 175.
57 WALTER GERD RÖDEL, Reformbestrebungen i. Johanniterorden i. d. Zeit zwischen d. Fall Akkons u. d. Verlust v. Rhodos (1291–1522): Reformbemühungen (K) 109–129 [120–129].
58 MARJAN TUMLER, Der Deutsche Orden i. Werden, Wachsen u. Wirken bis 1400. Mit einem Abriß d. Gesch. d. Ordens v. 1400 bis zur neuesten Zeit, Wien 1955 [einzige, alle Balleien umfassende Gesamtdarstellung]; KLAUS MILITZER, Die Entstehung d. Deutschordensballeien i. Deutschen Reich, Bonn 1970 (QSGDO 16).

den Orden in städtischem Umfeld ergaben, zum Trotz[59] verstärkte. Einige Kommenden (Hüttenheim, Virnsberg, Blumenthal) sanken zu Ämtern herab, auch gingen einige Häuser (Schweinfurt, Neubrunn, Obermässing) im Laufe des 15. Jahrhunderts ein, doch gab es weder einen allgemeinen religiösen noch einen allgemeinen wirtschaftlichen Niedergang. Davon legen auch viele Deutschhauskirchen, die in Architektur und Ausstattung einen hohen Rang hatten, Zeugnis ab, voran die in Würzburg, Nürnberg, Münnerstadt,[60] Rothenburg o.T. und (Wolframs-)Eschenbach. Der Reformation gegenüber zeigte der Deutsche Orden oft eine bemerkenswerte, mit der 1494 erreichten Reichsstandschaft allein nicht zu erklärende Resistenz.[61] Seine starke Position in Franken ermöglichte ihm nach dem Verlust seiner preußischen und baltischen Gebiete den Rückzug an Main und Tauber, wo ihm der Aufbau eines um Mergentheim konzentrierten Territoriums gelang.

Die Funktionen der Spitäler der Ritterorden waren im ausgehenden Mittelalter zumeist der Konkurrenz der städtischen Heilig-Geist-Spitäler, zum Teil auch jener der nichtritterlichen Spitalorden erlegen.

4. Die vier Bettelorden

BFrA.– ADALBERT DECKERT, Die Oberdeutsche Provinz d. Karmeliten nach d. Akten ihrer Kapitel v. 1421 bis 1529, Rom 1961 (AHCarm 1).– AMBROSIUS ESSER, Dominikaner: TRE 9, 127–136.– JOHN B. FREED, The Friars and German society i. the thirteenth century, Cambridge/Mass. 1977.– DAVID GUTIÉRREZ, Gesch. d. Augustinerordens, Bd. 1/1: Die Augustiner i. MA 1256–1356, Würzburg 1985, Bd. 1/2: Die Augustiner i. Spätmittelalter, Würzburg 1981.– JOSEF HEMMERLE, Die Klöster d. Augustiner-Eremiten i. Bayern, München-Pasing 1958 (BayHF 12).– ADALBERO KUNZELMANN, Gesch. d. Deutschen Augustiner-Eremiten, Teile 1–4, Würzburg 1969–1972 (Cass. 26/1–4).– MACHILEK, Klosterhumanismus (B).– PAUL L. NYHUS, The Franciscans i. South Germany 1400–1530. Reform and Revolution, Philadelphia 1975 (TAPhS NS 65,8).– QGDOD.– JOHANNES SCHLAGETER, Franziskaner: TRE 11, 389–397.– SEHI (K).– ANGELUS WALZ, Dominikaner u. Dominikanerinnen i. Süddeutschland (1225–1966), Meitingen u.a. 1967.– GERHARD B. WINKLER, Karmeliter: TRE 17, 657–662.– ADOLAR ZUMKELLER, Augustiner-Eremiten: TRE 4, 728–739.

---

[59] KLAUS MILITZER, Der Deutsche Orden i. d. großen Städten d. Deutschen Reichs: Stadt u. Orden. Das Verhältnis d. Deutschen Ordens z. d. Städten i. Livland, Preußen u. i. Deutschen Reich, hg. v. UDO ARNOLD, Marburg 1993, 188–215 (QSGDO 44).

[60] EKHARD SCHÖFFLER, Die Deutschordenskommende Münnerstadt. Unters. z. Besitz-, Wirtschafts- u. Personalgesch., Marburg 1991 (QSGDO 45); HEINRICH WAGNER, Die Deutschordenskomture v. Münnerstadt i. MA: Jb. des Hennebergisch-Fränk. Geschichtsvereins 9 (1994), 67–108.

[61] KARL ULRICH, Die Nürnberger Deutschordenskommende i. ihrer Bedeutung f. d. Katholizismus seit d. Glaubensspaltung, Nürnberg 1935; SCHORNBAUM, Aktenstücke (B) [mit Nachrichten über einige deutschherrliche Patronatspfarreien].

Die Frage nach der persönlichen Armut Christi und der Apostel, deren Erdenheimat durch die Kreuzzüge nähergerückt war, führte zu prinzipiellen Erwägungen über Lebensformen, über Macht und Ohnmacht der Kirche. Die vier Bettelorden ließen in einer Zeit wachsenden materiellen Wohlstandes in den Städten die Armutsdiskussion nicht mehr verstummen, stießen aber systemsprengende Kritiker aus. Sie erreichten viele Menschen, denn ihr Platz war die Stadt. Gewiß hatten die Bettelorden sich bis zum Vorabend der Reformation sowohl einander als auch den alten Orden angeglichen, zum Hauptunterscheidungsmerkmal der Klöster war im 15. Jahrhundert weniger die Ordensregel als jene die Ordensgrenzen übergreifende Annahme oder Ablehnung der Observanzbewegung geworden, die vor allem bei den reformierten alten Orden durch Maßstäbe, welche die Kartäuser setzten, abgestützt wurde.[62] Die Observanz richtete sich gegen die den Vollzug klösterlichen Gemeinschaftslebens beeinträchtigenden Dispensen, die sich vor allem auf persönlichen Besitz bezogen.[63] Die Erleichterungen hatten spirituelle Defizite zur Voraussetzung und deren Verstärkung zur Folge, was dazu führen mußte, daß bei den nichtobservanten Ordensangehörigen, die von den observanten als *proprietarii* (Eigentümer) gescholten wurden, das Bewußtsein, einer Elite anzugehören, schwand. Auf der Observanz aber beruhten Ansehen und Einfluß der Klöster, die Attraktivität ihrer Kanzeln und Beichtstühle und, da ein negatives Erscheinungsbild zu materiellem Niedergang führt, auch ihre Lebensfähigkeit. Schließlich war es die Observanz, welche in den Städten dem Klosterhumanismus den Boden bereitet hat.[64]

a) Auch die Franziskaner hatten den allgemeinen Assimilationserscheinungen der Orden ihren Tribut gezollt, konnten aber von den ursprünglichen Intentionen ihres Gründers Franz von Assisi so viel festhalten, daß sie noch lange eine merkwürdige Faszination ausübten. Ihre ersten Niederlassungen, in Augsburg, Würzburg,[65] Regensburg,[66] Bamberg, Lindau und Nürnberg,[67] waren in den zwanziger Jahren des 13. Jahrhunderts entstanden, wenig später kam Nördlingen hinzu. Gegen Ende waren sie in den meisten Städten Schwabens, Bayerns und Frankens präsent, gerufen von den Landesherren oder von Rat und Bürgerschaft.[68] In München waren sie vor 1257 eingezogen und 1284 vom Anger in ihr

---

[62] MERTENS (B) 127–133.
[63] Erste Sichtung der zahlreichen Traktate über ›Privatbesitz im Ordensleben‹: BERNHARD D. HAAGE/CHRISTINE STÖLLINGER-LÖSER: VerLex² 7, 845–850.
[64] MACHILEK, Klosterhumanismus (B).
[65] Im Dienst an d. Gemeinde. 750 Jahre Franziskaner-Minoriten i. Würzburg 1221–1971, verantwortlich f. d. Inhalt MEINRAD SEHI, Ellwangen 1972.
[66] ANNELIESE HILZ, Die Minderbrüder v. St. Salvator i. Regensburg 1226–1810, Regensburg 1991 (BGBR 25).
[67] G. PICKEL, Gesch. d. Barfüßerklosters i. Nürnberg: BBKG 18 (1912), 249–265; 19 (1913), 1–22. 49–57; ULRICH SCHMIDT, Das ehemalige Franziskanerkloster i. Nürnberg, Nürnberg 1913.
[68] BFrA; hier wird nur die wichtigste seitdem erschienene Literatur nachgetragen.

neues Kloster bei der herzoglichen Burg übersiedelt.⁶⁹ Hier hatten – auch im Bündnis mit Kaiser Ludwig dem Bayern als dessen literarische Verteidiger gegen die Päpste in Avignon – die Wortführer der strengen Richtung in den Anfängen des Armutsstreites gewirkt: William von Ockham, Bonagratia von Bergamo und Michael von Cesena.⁷⁰ Wie die Observanten schon 1446/47 das Nürnberger, 1460 gegen Widerstände das Bamberger Kloster übernommen hatten, bald nach einem Besuch Johannes von Capestranos (1452) der Coburger Konvent sich der Observanz anschloß,⁷¹ 1466 die Konventualen aus Ingolstadt und Landshut verdrängt wurden, so mußten diese 1480 auch in München den Observanten weichen. Wie Capestrano war Erasmus Schaltdorfer⁷² in ganz Oberdeutschland ein unermüdlicher Prediger der Observanz, für die auch der Chronist und Beichtvater der Nürnberger Klarissen Nikolaus Glasberger in seiner die Jahre 1206 bis 1508 umfassenden Ordensgeschichte⁷³ dezidiert Stellung nahm.⁷⁴ Neue Franziskanerklöster wie Amberg (1452), Riedfeld bei Neustadt an der Aisch (1458), Kelheim und das auf dem Möningerberg bei Freistadt (beide 1459) wurden sofort von Observanten besiedelt. Außerhalb der Observanz blieb das Kloster in Rothenburg o.T.⁷⁵ Der Gegensatz zwischen den in der Straßburger (Oberdeutschen) Provinz vereinigten, nach Einfluß und Zahl stärkeren Observanten einerseits, die sich nicht nur gegen eine weniger strenge materielle und intellektuelle Auffassung der Armut, sondern auch gegen eine ritualistische Frömmigkeit richteten, und den Konventualen andererseits, welche an den Erleichterungen, die z.T. vom Klima nördlich der Alpen diktiert waren, festhalten wollten, führte 1517 zur vollständigen Trennung der Franziskaner in zwei selbständige Ordensgemeinschaften.⁷⁶

b) Weit weniger zahlreich waren im ganzen Reich die Dominikaner.⁷⁷ Sie hatten ihre Klöster in den Bischofsstädten außer in Freising und Passau.⁷⁸ Zuerst waren sie in Augsburg eingezogen,⁷⁹ dann in Würzburg, Regensburg,⁸⁰ Eichstätt⁸¹ und

---

⁶⁹ BFrA 3, 17–136; WILHELM KÜCKER, Das alte Franziskanerkloster i. München. Baugesch. u. Rekonstruktion: OBA 86 (1963), 5–158.
⁷⁰ LAMBERT (B) 208–246; Poverty (B).
⁷¹ BFrA 1, 121–128; Totenbuch (B) 14*–16*.
⁷² VOLKER HONEMANN, Schaltdorfer, Erasmus: VerLex² 8, 598ff.
⁷³ AFranc 2 (1887), 1–579.
⁷⁴ PALMATIUS SÄGER, Glasberger, Nikolaus: VerLex² 3, 49–52.
⁷⁵ BORCHARDT (B) 208f.
⁷⁶ LÁZARO IRIARTE, Der Franziskusorden. Hb. d. franziskanischen Ordensgesch., Altötting 1984, 66–78; MACHILEK, Armut (K).
⁷⁷ Atlas z. KG (B) Karte 58 [Die Ausbreitung d. Franziskaner bis 1300]. Karte 59 [Die Ausbreitung d. Dominikaner bis 1500].
⁷⁸ WALZ (T).
⁷⁹ POLYKARP M. SIEMER, Gesch. d. Dominikanerklosters St. Magdalena i. Augsburg 1225–1808, Vechta i.O. 1936 (QGDOD 33).
⁸⁰ ANDREAS KRAUS, Beitr. z. Gesch. d. Dominikanerklosters St. Blasien i. Regensburg 1229–1809: VHVOPf 106 (1966), 141–174.
⁸¹ THEODOR NEUHOFER, Aus d. Gesch. d. Eichstätter Dominikanerklosters: Wissenschaftl. Beilage z. Jber. d. Deutschen Gymnasiums Eichstätt 1957/58.

Bamberg.⁸² Das Studium nahm bei ihnen statutenmäßig einen hohen Rang ein. Einer der bedeutendsten Ordensangehörigen und Hauptvertreter der Scholastik in Deutschland, der in Schwaben beheimatete Albertus Magnus, welcher vor allem in seinen Bibelkommentaren die Probleme der Kirchenreform anmahnte,⁸³ wirkte etwa zwei Jahre lang als Bischof von Regensburg (1260–1262)⁸⁴ und lebte danach kurze Zeit in Würzburg (1264/67).⁸⁵ Zu den genannten Klöstern kamen noch das in der Residenzstadt Landshut (1271)⁸⁶ und das in der Reichsstadt Nürnberg (ca. 1275),⁸⁷ von wo aus später ein starker und auch effektiver Veränderungsdruck auf ganz Oberdeutschland in Richtung Observanz ausging.⁸⁸ Die Dominikaner galten vor allem während des Kampfes Kaiser Ludwigs des Bayern gegen Papst Johannes XXII. als verlängerter Arm des Papstes. Von allen Orden scheinen sie sich der Reformation gegenüber am stärksten resistent verhalten zu haben. Als deren Widersacher sind vor allem zu nennen der Augsburger Prior Johann Faber und der Bamberger Weihbischof Petrus Rauch.⁸⁹

c) In diesem Zusammenhang interessieren vor allem die Augustiner-Eremiten, die zu unterscheiden sind von den älteren Augustiner-Chorherren. Gedanken und Spiritualität des spätantiken Bischofs Aurelius Augustinus bewegten das ganze Mittelalter, und sein Einfluß besonders auf jene Gemeinschaften, welche seinen Namen trugen, ist hoch zu veranschlagen, wenn auch seine Verehrung als Heiliger von der des Hieronymus übertroffen wurde.⁹⁰ Auf dem Gebiet des heutigen Bayern bestanden am Ausgang des Mittelalters 16 Klöster der Augustiner-

---

⁸² HANS PASCHKE, Das Dominikanerkloster z. Bamberg u. seine Umwelt: BHVB 105 (1969), 510–587; HILARIUS M. BARTH, Einige Ergänzungen z. Hans Paschke, Das Dominikanerkloster z. Bamberg u. seine Umwelt: BHVB 107 (1971), 349–354; HANS PASCHKE, Das Dominikaner-Kloster z. Bamberg. Ergänzungen u. Erläuterungen: BHVB 108 (1972), 497–500.
⁸³ ALFRED WENDEHORST, Albertus Magnus u. d. Kirchenreform: MIÖG 64 (1956), 241–261.
⁸⁴ PAUL MAI, Urkunden Bischof Alberts II. v. Regensburg (1260–1262): VHVOPf 107 (1967), 7–45; RUDOLF SCHIEFFER, Albertus Magnus. Mendikantentum u. Theologie i. Widerstreit mit d. Bischofsamt, Münster 1999 (Lectio Albertina 3).
⁸⁵ HERIBERT CHRISTIAN SCHEEBEN, Albert d. Große. Zur Chronologie seines Lebens, Vechta 1931, 78–81 (QGDOD 27).
⁸⁶ FRANZ DIONYS REITHOFER, Kurzgefaßte chronologische Gesch. d. ehemaligen acht Klöster z. Landshut i. Baiern, Landshut 1810, 18–34; RICHARD HOFFMANN, Die ehemalige Dominikanerkirche St. Blasius i. Landshut: BGEM 10 (1907), 161–194; Stadt Landshut. Mit Einschluß d. Trausnitz, bearb. v. FELIX MADER, München 1927, 144–166 (KDNB 16).
⁸⁷ FRIEDRICH BOCK, Das Nürnberger Predigerkloster. Beitr. z. seiner Gesch.: MVGN 25 (1924), 145–213; GABRIEL LÖHR, Das Nürnberger Predigerkloster i. 15. Jh. Beitr. z. seiner Gesch.: MVGN 39 (1944), 223–232.
⁸⁸ JOHANNES MEYER O.P., Buch d. Reformacio Predigerordens. Buch 4 u. 5, hg. v. BENEDICTUS MARIA REICHERT, Leipzig 1908, 12ff. 42. 49. 70. 107. 149ff. 153f. 158. 160 (QGDOD 3); EUGEN HILLENBRAND, Nider, Johannes: VerLex² 6, 971–977.
⁸⁹ PAULUS (B); zu Rauch vgl. auch ZEISSNER, Kräfte (B) bes. 265–271.
⁹⁰ DAVID GUTIÉRREZ, Ermites de Saint-Augustin: DSp 4, 983–1018; ARTHUR JOHN ENNIS, Augustinian Spirituality: NCE 1, 1062f; GORDON LEFF, Augustinismus i. MA: TRE 4, 699–717; WILHELM GESSEL, Augustinus, Aurelius: Praktisches Lexikon d. Spiritualität, hg v. CHRISTIAN SCHÜTZ, Freiburg u.a. 1988, 90–93; differenziert und in größerem Zusammenhang: HAMM, Hieronymus-Begeisterung (B) bes. 136–139 [Kap. 3: Die Grenzen der Geltung Augustins].

Eremiten,[91] und zwar in den Bischofsstädten Regensburg[92] und Würzburg, in den Reichsstädten Nürnberg, Memmingen und Windsheim,[93] in den Residenzstädten München, Kulmbach[94] mit ansehnlicher, im Markgräfler Krieg (1555) vernichteter Bibliothek und in Pappenheim, in den fränkischen Landstädten Münnerstadt und Königsberg, den schwäbischen Mindelheim und Lauingen. In der Oberpfalz und in Bayern liegen ihre Niederlassungen – sieht man ab von München – nicht in den Städten, was für die Klöster Schönthal bei Waldmünchen, dessen Angehörige auch im benachbarten Rötz die Seelsorge übernahmen, und Seemannshausen daraus zu erklären ist, daß sie aus Wilhelmitenniederlassungen hervorgegangen sind. Als letztes Kloster ist die adelige Gründung Ramsau bei Haag (1412) zu nennen. Das 15. Jahrhundert war in den meisten Konventen angefüllt mit Kämpfen um die Annahme der Observanz, welche Privilegien, Ausnahmeregelungen und Erleichterungen ablehnte. Sie wurde von Landesherren und Reichsstädten im Verein mit der römischen Kurie nachdrücklich unterstützt. In der Frühzeit der bald nach der Jahrhundertwende einsetzenden Bewegung steht inspirierend, handelnd und in seinem *Liber de vita monastica* auch begründend der mehrfache Prior des Nürnberger Klosters Conrad von Zenn.[95] Der von Nürnberg ausgehenden Observanzbewegung schlossen sich die Klöster Ramsau bei Haag (1419), Würzburg (1457), Regensburg (1466), München (1481) und Kulmbach (1488) an. Doch blieb die Annahme oder Ablehnung der Observanz, der auch Martin Luther angehörte, ohne erkennbaren Einfluß auf die Stellungnahme der Klöster zur Reformation. Im 15. Jahrhundert erfreute das Nürnberger Kloster sich wie das der Dominikaner höchster Schätzung. Sigmund Meisterlin preist die Augustiner in seiner Chronik der Reichsstadt (1488) als *abgeschiden, andechtig und ruwig veter, die man gar selten auf der gaßen sicht; sie wartent irs gebets.*[96] Seit 1479 betrieb das Kloster eine eigene Druckerei, in welcher u.a. Werke des Augustinertheologen Hermann von Schildesche, der hauptsächlich in Würzburg gewirkt hatte, hergestellt wurden.[97] Um Johannes von Staupitz, der als Generalvikar der Augustinerobservanten häufig in Nürnberg weilte, sammelte sich ein durch die Mitgliedschaft von Patriziern und Humanisten einflußreicher Kreis, die ›sodalitas Staupitziana‹.[98] In diesem Kreis wurden

---

[91] Zur Gesch. der einzelnen Klöster vgl. HEMMERLE, Klöster d. Augustiner-Eremiten (T) und WENDEHORST, Orden (B) 255f. 285 [jeweils mit Lit.]. Hier werden nur die dort noch nicht genannten Titel nachgetragen.

[92] JOSEF HEMMERLE, Zur geschichtl. Bedeutung d. Regensburger Augustiner: VHVOPf 101 (1960/61), 147–163.

[93] RECHTER, Stud. (B).

[94] FRANZISKA V. HOESSLIN, Das Urbar d. Augustiner-Eremiten-Klosters Kulmbach v. 1478: JFLF 17 (1957), 127–180.

[95] ZSCHOCH (B).

[96] Die Chroniken d. deutschen Städte v. 14. bis i. 16. Jh., hg. durch d. Hist. Commission bei d. Kgl. Akademie d. Wissenschaften, Bd. 3, Leipzig 1864, 74.

[97] FERDINAND GELDNER, Die deutschen Inkunabeldrucker. Ein Hb. d. deutschen Buchdrucker d. XV. Jh. nach Druckorten, Bd. 1, Stuttgart 1968, 173.

[98] MACHILEK, Klosterhumanismus (B) 41ff [mit der älteren Literatur].

abseits scholastischer Streitereien theologische Grundfragen gestellt: nach Erwählung, Gnade, Buße, Verdienst und Gerechtigkeit. Staupitz faszinierte; wenn er predigte, konnte die Augustinerkirche die Menge der Gläubigen kaum fassen.[99] Sein geistiger Nachfolger, seit 1520 auch sein Nachfolger im Amt des Generalvikars, wurde der in den Nürnberger Konvent übersiedelte Wenzeslaus Linck, der eine Zeitlang Prior des Wittenberger Augustinerklosters mit Luther als Subprior gewesen war.[100] Linck wurde bei der Einführung der Reformation in der Reichsstadt an Bedeutung jedoch übertroffen von Andreas Osiander, der 1520 Lehrer des Hebräischen im Augustinerkloster wurde, ohne selbst Ordensmitglied zu sein.[101] Zahlreiche Augustiner – unter ihnen nicht zuletzt Angehörige des Nürnberger Konventes – wurden Vorkämpfer und Multiplikatoren der Lehre Luthers. Einzelne traten als Anführer bei der Bauernerhebung (1525) hervor.[102] Außer den bayerischen Klöstern München, Ramsau und Seemannshausen überlebten nur die in Regensburg und Würzburg mit Mühe die Reformation, andere (Münnerstadt, Lauingen, Schonthal bei Waldmünchen) konnten sich nach dem Erlöschen klösterlichen Lebens erst nach dem Dreißigjährigen Krieg wieder formieren.

d) Die Bezeichnung der Augustiner als Eremiten deutet darauf hin, daß einzelne Konvente sich aus Eremitengemeinschaften gebildet hatten. Doch war bei ihnen der Name Eremiten am Ausgang des Mittelalters längst eine historische Bezeichnung geworden. Eremitische Spiritualität wirkte eher bei den Karmeliten weiter, die ihrer ausgeprägten Marienfrömmigkeit wegen auch Frauenbrüder genannt wurden. Alte Ordenstradition hielt den Propheten Elias für den Stifter und den Berg Karmel im Heiligen Land für die Heimat des Ordens. Doch hat schon die gelehrte Kritik des 17. Jahrhunderts von dieser Legende nur noch übriggelassen, daß die Karmeliten wohl aus einer Eremitengemeinschaft hervorgingen, die sich aus Pilgern und Kreuzfahrern zusammensetzte, die im lateinischen Orient bleiben wollten. Als sie unter dem Druck der Sarazenen ins Abendland auswichen, blieb der eremitische Zug in ihrer Regel zunächst erhalten. Sie besaßen allerdings nur zwei Klöster in nichtstädtischem Umfeld: 1282 stifteten die Grafen von Castell das Kloster Vogelsburg an der Mainschleife bei Volkach, 1455 die Herren von Sparneck das Kloster in Sparneck bei Münchberg.[103] Ansonsten war die Stadt das Feld auch ihrer Wirksamkeit, konzentriert auf Franken und Schwaben.[104] Sie

---

[99] Christoph Scheurl's Briefbuch. Ein Beitr. z. Gesch. d. Reformation u. ihrer Zeit, hg. v. FRANZ FRHR. V. SODEN u. J.K.F. KNAAKE, Bd. 2, Aalen 1962 [= Nachdr. d. Ausg. Potsdam 1872], 1f, Nr. 114.– JOHN JOSEPH STOUDT, John Staupitz on God's Gracious Love: LuthQ 8 (1956), 225–244; ADOLAR ZUMKELLER, Johannes v. Staupitz u. seine christl. Heilslehre, Würzburg 1994 (Cass. 45); WRIEDT (B).
[100] JÜRGEN LORZ, Wenzeslaus Linck (1483–1547): LebFranken NF 14 (1991), 30–46.
[101] GOTTFRIED SEEBASS, Andreas Osiander: LebFranken NF 1 (1967), 141–161 [145].
[102] SEHI (K) 408.
[103] KARL DIETEL, Das ehemalige Kloster i. Sparneck, Landkreis Hof: AOfr. 56 (1976), 63–73.
[104] DECKERT, Provinz (T) [mit der älteren, hier nicht mehr wiederholten Literatur].

waren vertreten in den Bischofsstädten Würzburg, Augsburg[105] und Bamberg,[106] in den Reichsstädten Nürnberg,[107] Dinkelsbühl, Weißenburg,[108] Schweinfurt[109] und Nördlingen.[110] Im Bistum Würzburg lag noch das 1352 auf Initiative von Rat und Bürgerschaft gegründete Kloster Neustadt an der Saale, im Bistum Regensburg Neustadt am Kulm (1413), eine Stiftung Burggraf Johanns III. von Nürnberg. Ein Kloster in Regensburg (um 1290) hatte keinen langen Bestand; aus verschiedenen Gründen übersiedelte der Konvent 1367/68 in die Residenzstadt Straubing.[111] Im Herzogtum Bayern ist sonst lediglich die adelige Gründung Abensberg bei Kelheim (1389/91) zu nennen. Nur die Klöster in Würzburg, Neustadt an der Saale, Bamberg, Straubing und Abensberg überlebten die Reformation. Während der Nürnberger Karmelitenprior Andreas Stoß zu ihren frühen und unbeirrbaren Gegnern gehörte,[112] wurde das Augsburger Kloster St. Anna ein Vorposten der Reformation in Oberdeutschland. Als Luther im Oktober 1518 auf dem Augsburger Reichstag ergebnislos mit Kardinal Cajetan sprach, wohnte er bei den Karmeliten,[113] mit deren Prior Johann Frosch[114] er seit gemeinsamer Erfurter Studienzeit befreundet war. Auch die beiden Prediger an St. Anna Dr. Urbanus Rhegius und Dr. Stephan Agricola gehörten zu den entschiedenen Anhängern des Reformators.

5. Bettelorden, Pfarrgeistlichkeit und städtische Gesellschaft

Das Verhältnis zwischen dem Pfarrklerus und den Mendikanten konnte in der ersten Zeit nach deren Einzug in die Städte in offene Feindschaft umschlagen. Die Konflikte spielten sich mehr im städtereichen Franken ab, wo der Boden für die Mendikanten überhaupt günstiger war als im Herzogtum Bayern. In den Städten wurden sie als religiöse Ernstmacher angenommen. Aber auch später, als die Zeiten vorbei waren, daß der Pfarrer von Hof in der Franziskanerkirche der Stadt randalierte und die Brüder von der eigenen Kanzel herab als Ketzer schalt

---

[105] WILHELM LIEBHART, Stifte, Klöster u. Konvente i. Augsburg: Gesch. d. Stadt Augsburg (B) 193–201 [200].
[106] DECKERT, Karmelitenkloster (B); KLAUS FRHR. V. ANDRIAN-WERBURG, Ein Bruderschaftsverzeichnis d. Bamberger Karmeliten: WDGB 42 (1980), 201–213.
[107] KARL ULRICH, Das ehemalige Karmelitenkloster z. Nürnberg: MVGN 66 (1979), 1–110.
[108] GUSTAV MÖDL, Der Weg eines Klosters durch d. Jh., Weißenburger Kulturfenster, Weißenburg 1983.
[109] ERICH SAFFERT, Annotationen z. Gesch. d. ehemaligen Karmeliten-Klosters i. d. Reichsstadt Schweinfurt: WDGB 26 (1964), 255–267.
[110] PETER RUMMEL, 550 Jahre Kloster- u. Pfarrkirche St. Salvator i. Nördlingen: JVABG 8 (1974), 217–240.
[111] ADALBERT DECKERT, Karmel i. Straubing. 600 Jahre 1368–1968. Jubiläumschronik, Rom 1968 (TSHC 8).
[112] Acta d. Karmeliterprovinzials (B); ZEISSNER, Stoss (B).
[113] KLAUS-PETER SCHMID, Augsburg – Heilig-Kreuz eine »Lutherstätte«?: ZBKG 50 (1981), 22–28.
[114] MATTHIAS SIMON, Johann Frosch: LebBaySchwaben 2 (1953), 181–196.

(1322),¹¹⁵ Rechtsfragen längst geregelt und die Befugnisse abgegrenzt waren, blieb das Verhältnis meist wenig freundlich. Der Pfarrklerus sah sich durch die Eindringlinge auf seinem Tätigkeitsfeld beschnitten, in der Achtung des Volkes heruntergestuft und in den Einkünften geschädigt.¹¹⁶ Päpstliche Bestimmungen, Schiedssprüche und Vereinbarungen regelten im 15. Jahrhundert das Nebeneinander von Pfarrklerus und Bettelmönchen. Die Übereinkommen liefen meist darauf hinaus, daß die Bettelmönche ein nur wenig eingeschränktes Recht der Sakramentenspendung und das uneingeschränkte Begräbnisrecht ausüben konnten, jedoch zur Stunde des sonntäglichen Pfarrgottesdienstes keinen konkurrierenden Gottesdienst abhalten durften.¹¹⁷ Aber die Gegensätze brachen bis in die Zeit der Reformation gelegentlich auf wie 1451 in Nürnberg¹¹⁸ und schwelten weiter bis in die Zeit der Reformation, welche die Aufmerksamkeit von den Streitigkeiten ablenkte und sie vielerorts überhaupt gegenstandslos machte.

6. Die Kartäuser

ACar.– BACKMUND, Die kleineren Orden (K).

Die Kartäuser gingen den Weg des Gott zu- und der Welt abgewandten Lebens. Sie stellten »allein durch ihre Existenz ein stilles Reformpotential dar«¹¹⁹ und setzten Maßstäbe für das geistliche Leben. Die Kartausen – baulich war jede ein Ensemble von Eremitagen – waren ganz ungleichmäßig über das heutige Bayern verteilt.¹²⁰ Die ältesten und meisten lagen im alten Bistum Würzburg: Grünau (Nova Cella) in der Abgelegenheit des Spessarts wurde 1328 gegründet. Es folgten Tückelhausen bei Ochsenfurt (Cella Salutis) 1351 mit einer bis heute gut erhaltenen Anlage, 1352 Engelgarten (Hortus Angelorum) in Würzburg selbst, 1409 Marienbrück (Pons s. Mariae) in Astheim bei Volkach am Main und 1453 schließlich Mariengart (Hortus s. Mariae) in Ilmbach im Steigerwald. Im Gegensatz zu diesen jedenfalls vorwiegend adeligen Stiftungen war die Nürnberger Kartause (Cella b. Mariae) eine bürgerliche Gründung. Im Bistum Augsburg lag die oettingische Stiftung Christgarten (1383), von wo aus 1402 das nicht mehr lebensfähige Säkularkanonikerstift Buxheim (Domus Aulae b. Mariae) besiedelt wurde. 1484 übernahmen Nürnberger Kartäuser die von den Mönchen verlassene Benediktinerabtei Prüll (heute Stadt Regensburg), welche die einzige Kartause im Herzogtum Bayern blieb. Die Würzburger Kartausen haben die Reformation

---

115 BFrA 1, 108ff.
116 SEHI (K) passim.
117 PÖLNITZ (B) 89ff. 107f.
118 Jb. d. 15. Jh.: Die Chroniken d. fränk. Städte. Nürnberg, Bd. 4, Leipzig 1872, 184f (CDtS 10).
119 HEINRICH RÜTHING, Die Kartäuser u. d. spätmittelalterlichen Ordensreformen: Reformbemühungen (K) 35–58 [40].
120 Zur ersten Information mit weiterführender Literatur vgl. BACKMUND, Die kleineren Orden (K) 57–71.

überdauert, Grünau mit Unterbrechungen, alle mit personellen Verlusten. Prüll überlebte ohne merkliche Zäsuren, Buxheim nur, weil es 1548 die Reichsunmittelbarkeit erlangte. Nürnberger Kartäuser spielten eine führende Rolle bei der Einführung und Durchsetzung der Reformation in der Reichsstadt.[121] Das in der älteren katholischen Literatur gelegentlich zu lesende Urteil, daß diejenigen Kartausen, welche nicht von den Landesherren aufgehoben wurden, die Reformation einigermaßen heil überstanden hätten, ist in dieser allgemeinen Form nicht haltbar.[122]

7. Frauengemeinschaften

GRUNDMANN (K).– JOHANNES KIST, Das Klarissenkloster i. Nürnberg bis z. Beginn d. 16. Jh., Nürnberg 1929.– ERNST GÜNTHER KRENIG, Mittelalterliche Frauenklöster nach d. Konstitutionen v. Cîteaux unter bes. Berücksichtigung fränk. Nonnenkonvente: ASOC 10 (1954), 1–105.– HIERONYMUS WILMS, Das älteste Verzeichnis d. deutschen Dominikanerinnenklöster, Leipzig 1928 (QGDOD 24).

Seit vor noch nicht sehr langer Zeit gezeigt werden konnte, daß die religiöse Frauenbewegung des 12. und 13. Jahrhunderts ein vielgliedriges, doch einheitliches Ganzes sei, wird man die Frauenorden nicht mehr in erster Linie als ein Annex der Männerorden ansehen können. Angliederung an einen Männerorden war in der Regel der Endpunkt einer mehr oder weniger langen Entwicklung. Die anfängliche Unbestimmtheit der Regel, nach welcher die Frauenklöster lebten, lag zum Teil darin begründet, daß sowohl die Zisterzienser als auch die Bettelorden die geistliche Leitung von Frauenklöstern lange abgelehnt hatten. Im 13. Jahrhundert aber war es die römische Kurie, später waren es die Bischöfe, welche die Eingliederung der vielen »beginenartigen« Frauengemeinschaften in die festen Formen eines anerkannten Ordens betrieben.[123] Den Frauen ging es »nicht so sehr um eine bestimmte Regel […], sondern vielmehr um Anerkennung der kirchlichen Behörden und deshalb um eine […] vom Papst und von der Tradition gebilligte Regel, damit sie nicht mit Auflösung bedroht wurden«.[124] In dem Maße, in welchem die prägende Kraft der Ordensregeln im 14. und vor allem im 15. Jahrhundert auch bei den Frauenklöstern nachließ, verlor auch die Entscheidung für einen bestimmten Orden an Bedeutung.

Frommer Sinn und der starke Frauenüberschuß des Mittelalters hatte im zweiten Viertel des 13. Jahrhunderts die Zahl der Frauen, welche in klösterliche Gemeinschaften strebten, so stark ansteigen lassen, daß die Bischöfe für nicht

---

[121] WENDEHORST, Kartäuser (B).
[122] Die Kartäuser u. d. Reformation. Internationaler Kongreß v. 24. bis 27. August 1983, Bd. 1, Salzburg 1984 (ACar 108/1).
[123] GRUNDMANN (K) 274f.
[124] GERARD PIETER FREEMAN, Supra Montem. Die Regel f. d. Pönitenten v. Papst Nikolaus IV. (1289): WiWei 53 (1990), 142–156 [154].

wenige Klöster einen numerus clausus festsetzen mußten. Hatten bis in die Mitte des 13. Jahrhunderts die Zisterzienserinnenklöster dominiert,[125] so gab danach die Armutsbewegung den Frauengemeinschaften neue, die Frömmigkeit verändernde Impulse, und sie beseitigte, wenn auch nur für eine gewisse Zeit, die sozialen Schranken vor dem Eintritt in die Konvente, ohne adeligen Frauen den Zutritt zu verwehren. Zahlreich waren die »beginenartigen« Gemeinschaften, welche dem Dominikanerorden angegliedert wurden.[126] Ihm fiel in der religiösen Frauenbewegung »eindeutig die Führungsaufgabe zu«.[127] Am Anfang standen die Klöster Regensburg (Heilig Kreuz),[128] Augsburg (St. Katharina) und Würzburg (St. Marx), sodann Frauenaurach (heute Stadt Erlangen),[129] das die Klöster Nürnberg (St. Katharina)[130] und Bamberg (Heilig Kreuz) besiedelte. Noch im 13. Jahrhundert wuchs ihre Zahl,[131] und bald waren auch diese Konvente vom Niederadel und vom städtischen Patriziat dominiert, wobei die Einteilung in Chorschwestern und Konversenschwestern nicht von prinzipieller Bedeutung war.[132] Der Ordensmagister der Dominikaner Raimund von Capua machte im Zuge seiner Reformbemühungen 1397 den Vorschlag, Novizinnen alternierend aus dem Adel und aus dem Bürgertum zuzulassen.[133] Er scheiterte damit wie mit der Einführung der Klausur zunächst in Regensburg, Altenhohenau am Inn, Augsburg, wo die Klausur 1441 nach spektakulären Auseinandersetzungen eingeführt wurde,[134] in Mödingen, Rothenburg o.T., und in Nürnberg; der Klausur widerstanden auf Dauer die Konvente in Würzburg und in Frauenaurach.[135]

Ähnliche Entwicklungen vollzogen sich bei den Klarissen. Aus einer »beginenartigen« Gemeinschaft, die sich der geistlichen Leitung der Franziskaner unterstellte, entwickelte sich das Würzburger Klarissenkloster St. Agnes, das Papst Innocenz IV. 1254 förmlich dem Klarissenorden inkorporierte.[136] In Nürnberg war es eine Magdalenerinnengemeinschaft, die 1279 auf Anweisung Papst Nikolaus' III. dem Orden inkorporiert wurde.[137] Die Regensburger Magdalenerinnen

---

125 Das Bistum Würzburg als Beispiel: WENDEHORST, Orden (B) 267. 281. Nach 1250 entstanden in Franken noch Sonnefeld/Campus Solis bei Coburg (1260), Birkenfeld bei Neustadt a. d. Aisch (ca. 1275), das kurzlebige Kürnach bei Würzburg (vor 1279–ca. 1310) und Himmelthron in Großgründlach (1343).
126 GRUNDMANN (K) 208–252. 312–318.
127 SEHI (K) 88.
128 750 Jahre Dominikanerinnenkloster Hl. Kreuz Regensburg 1233–1983, AKat. Regensburg 1983.
129 ALFRED WENDEHORST, Kloster Frauenaurach i. späten MA: Erlanger Bausteine z. fränk. Heimatforsch. 30 (1983), 21–27.
130 WALTER FRIES, Kirche u. Kloster z. St. Katharina i. Nürnberg: MVGN 25 (1924), 1–143.
131 WILMS (T).
132 BORIS (B) 169–246.
133 EUGEN HILLENBRAND, Die Observantenbewegung i. d. deutschen Ordensprovinz d. Dominikaner: Reformbemühungen (K) 219–271 [230f].
134 KIESSLING, Gesellschaft (B) 298.
135 WILMS (T) 27f. 30–33. 66. 69–72; WENDEHORST, Orden (B) bes. 267f.
136 IGNAZ DENZINGER, Gesch. d. Clarissenklosters z. St. Agnes z. Würzburg: AHVU 13/1–2 (1854), 1–110.
137 KIST, Klarissenkloster (T) 3–10.

nahmen 1286 die Klarissenregel an.[138] Während im Würzburger Konvent im 15. Jahrhundert der Personalstand sank, der Grundbesitz wuchs[139] und die Disziplinschwierigkeiten zunahmen, ähnlich wie im Klarissenkloster Hof,[140] schloß das Nürnberger Kloster sich 1452 unter Mitwirkung Johannes von Capestranos der Observanz an.[141] Nürnberger Klarissen vollzogen den Anschluß 1460 auch in dem 1340 gegründeten Bamberger Kloster,[142] dessen Äbtissin 1498 Markgräfin Dorothea von Brandenburg wurde, die Tochter des Kurfürsten Albrecht Achilles.[143] 1480 folgte das Münchner Kloster St. Jakob am Anger, 1496 das Regensburger Klarenkloster. In den Konventen dominierten auch nach einem Anschluß an die Observanz Töchter aus Patriziergeschlechtern und führenden städtischen Familien. In ihren Kreis gehörte auch die letzte Äbtissin von St. Klara in Nürnberg, Caritas Pirckheimer,[144] die der Reformation trotzte.

Schwer von den Beginen abzugrenzen sind im Gegensatz zu den Klarissen die Tertiarinnen des heiligen Franz von Assisi, die gelegentlich ein konventartiges Leben führten, jedoch meist, wie es scheint, ohne Klausur.[145]

Kaum berührt von der religiösen Frauenbewegung des 13. Jahrhunderts blieben die Benediktinerinnen und Zisterzienserinnen. Die Konvente der ersteren, als adelige Eigenklöster gegründet, bewahrten ihre herkömmlichen Funktionen auch im späten Mittelalter, letztere paßten sich an, nachdem der Schwung der Anfangszeit erlahmt war. Nicht trotz, sondern wegen der weltlichen Lebensweise in den Klöstern der Benediktinerinnen blieb der Adel an ihrer Erhaltung interessiert; boten sie ihm doch die Gewähr für die soziale Absicherung unverheiratet gebliebener Töchter, ohne daß diese zu einem der Ordensregel entsprechenden Leben in Klausur verpflichtet waren. Handarbeiten verrichteten die Konversenschwestern, und so blieb die weltliche Ständestruktur im Kloster erhalten. Der Einfluß der Bursfelder Reform auf die Benediktinerinnenklöster war gering.[146] Das Leben blieb ungeistlich, der Zerfall der Konvente in Einzelhaushalte war kaum irgendwo rückgängig zu machen. Über zwanzig Jahre lang kämpfte der Würzburger Bischof Rudolf von Scherenberg ohne jeden Erfolg für eine Reform der Frauenabtei Kitzingen.[147] Nur die wenigen Benediktinerinnen-

---

[138] BACKMUND, Die kleineren Orden (K) 75.
[139] ERNST SCHUBERT, Materielle u. organisatorische Grundlagen d. Würzburger Universitätsentwicklung 1582–1821. Ein rechts- u. wirtschaftshist. Beitr. z. einer Institutionengesch., Neustadt/Aisch 1973, 57–64. 179ff. 189–223 (Quellen u. Beitr. z. Gesch. d. Universität Würzburg 4).
[140] BFrA 1, 610ff.
[141] KIST, Klarissenkloster (T) 52–55; MACHILEK, Armut (K) 119.
[142] BFrA 1, 613–616; zuletzt: OTTO MEYER, St. Klara u. ihr Kloster i. Bamberg: DERS., Varia Franconiae Historica. Aufsätze, Stud., Vorträge z. Gesch. Frankens, hg. v. DIETER WEBER u. GERD ZIMMERMANN, Bd. 1, Würzburg 1981, 296–301 [= MFSt 24/1].
[143] FRANZ MACHILEK, Dorothea Markgräfin v. Brandenburg (1471–1520): LebFranken NF 12 (1986), 72–90.
[144] LOTTE KURRAS, Pirckheimer, Caritas: VerLex² 7, 697–701.
[145] H. ROGGEN, Le tiers ordre séculier et régulier: DHGE 18 (1977), 965–971; SEHI (K) 197ff. 334f.
[146] PHILIPP HOFMEISTER, Liste d. Nonnenklöster d. Bursfelder Kongregation: StMBO 53 (1935), 37–76.
[147] PÖLNITZ (B) 130–134.

abteien, in welchen eine Reform durch den Diözesanbischof gelang, überlebten das 16. Jahrhundert: St. Walburg in Eichstätt und St. Afra in Würzburg, Chiemsee, Geisenfeld an der Ilm und Kühbach im Herzogtum Bayern, Holzen in Schwaben und Schmerlenbach bei Aschaffenburg.[148] In den Klöstern der Zisterzienserinnen sah es im 14. und 15. Jahrhundert nicht anders aus als in den Abteien der Benediktinerinnen. Vom Orden oder vom Bischof abgeordnete Visitatoren stellten Zerfall des gemeinsamen Lebens und des gemeinsamen Gebetes, Mißachtung der Klausur, weltliche Kleider und profanen Schmuck fest. Persönlicher Reichtum und ungebundenes Leben, denen die erste Generation abgesagt hatte, waren bald mit Privilegien der höchsten kirchlichen Autoritäten zu Hause.[149] So verwundert es kaum, daß die Päpste in Fragen der Klosterreform im 15. Jahrhundert keine Autorität mehr genossen. Es waren die Generalkapitel des Ordens und einige Bischöfe, welche in den Zisterzienserinnenklöstern gegen den zähen, mit dem Herkommen begründeten Widerstand eine regeltreuere Lebensform, vor allem Wiedereinführung der Klausur und Abschaffung des Adelsprinzips, durchzusetzen versuchten, doch kaum einmal mit nachhaltigem Erfolg.[150] Die Zeit der Reformation überlebten ebenfalls nur wenige Klöster: Himmelspforten als einziges der vielen im alten Bistum Würzburg, Kirchheim im Ries, Lauingen, Nieder- und Oberschönenfeld im Bistum Augsburg, schließlich Seligenthal bei Landshut im Bistum Regensburg.[151]

Zu den Benediktinerinnen- und Zisterzienserinnenabteien kontrastierten auffällig die reichsunmittelbaren Kanonissenstifte Lindau im Bodensee[152] sowie Ober- und Niedermünster in Regensburg, die weitgehend adelige Reservate blieben, aber die Reformation überlebten,[153] Lindau sogar in einem protestantisch gewordenen Umfeld.

Ein bemerkenswerter, doch das Bild des monastischen Lebens nicht bestimmender Neuansatz ist am Ausgang des Mittelalters noch zu verzeichnen. Zu den frühesten außerhalb Skandinaviens und des Ostseeraumes gelegenen Niederlassungen des Birgittenordens, deren augustinisch-zisterziensisch geprägte Regel zunächst grundsätzlich Doppelklöster unter der Leitung einer Äbtissin vorsah, gehörte Gnadenberg bei Neumarkt in der Oberpfalz, 1420 als Männerkloster ge-

---

[148] HELGARD ULMSCHNEIDER, Ursula Pfäffinger [Äbtissin von Frauenchiemsee]: VerLex² 7, 551f; FRANZISKUS BÜLL, Quellen u. Forsch. z. Gesch. d. mittelalterlichen Frauenabtei Schmerlenbach i. Spessart, 2 Bde., Würzburg 1970. Die vorgesehene Neubearbeitung des 2. Bandes der Germania Benedictina (Bayern) wird auch die Frauenklöster enthalten.
[149] PÖLNITZ (B); KRENIG, Frauenklöster (T) bes. 79–92.
[150] Beispiel: ROBERT ZINK, St. Theodor i. Bamberg 1157–1554. Ein Nonnenkloster i. mittelalterlichen Franken, Bamberg 1978, 168–177. 205–213 (BHVB Beih. 8).
[151] BLASIUS HUEMER, Verzeichnis d. deutschen Zisterzienserinnenklöster: StMBO NF 37 (1916), 1–47 [nicht überall zuverlässig]; WERNER SCHIEDERMAIR (Hg.), Kloster Oberschönenfeld, Donauwörth 1995.
[152] OTT (B) 99–148; WERNER DOBRAS, Das Lindauer Damenstift: Jb. d. Landkreises Lindau 8 (1993), 25–38.
[153] BACKMUND, Kollegiat- u. Kanonissenstifte (B) 127–130. 132–140; A. SCHMID, Regensburg (B) 231–236.

gründet und seit 1435 als Doppelkloster bestehend. 1472/73 stifteten die Grafen von Oettingen ein Birgittenkloster in Maihingen. Von dort berief Herzog Georg der Reiche von Bayern-Landshut im Jahre 1488 Ordensangehörige in das unreformierbar gewordene und schließlich vom Papst aufgehobene Benediktinerinnenkloster Altomünster.[154]

Frauengemeinschaften, die sich in die Organisationsformen der alten Orden nicht einfügen lassen wollten, konnten als Beginenklausen noch eine Zeitlang mehr schlecht als recht weiterexistieren. Gewiß wurden sie von Mönchsklöstern in ihrer Nähe seelsorglich betreut, ohne daß rechtliche Beziehungen zu ihnen bestanden hätten.[155] Fehlende dauerhafte Aufsicht über das durch keine anerkannte Ordensregel normierte Leben der Beginen ließ vor allem die Bischöfe mißtrauisch gegen ihre Häuser werden, worin sie von der öffentlichen Meinung bestätigt wurden.[156] Die Alternative, vor welcher das Semireligiosentum im 15. Jahrhundert stand, hieß: Anschluß an einen Orden oder Auflösung.[157] Unter bischöflichem Druck löste sich überall noch vor der Reformation eine Beginenklause nach der anderen auf.[158]

---

[154] Dokumente u. Unters. z. inneren Gesch. d. drei Birgittenklöster Bayerns 1420–1570, bearb. v. TORE NYBERG, 2 Bde., München 1972/74 (QEBG NF 26/1 u. 2); WILHELM LIEBHART, Altbayer. Klosterleben. Das Birgittenkloster Altomünster 1496–1841, St. Ottilien 1987 (MThS.H 30).
[155] SEHI (K) 193–204.
[156] Reformation Kaiser Siegmunds, hg. v. HEINRICH KOLLER, Stuttgart 1964, 208f (MGH Staatsschr. 6).
[157] GRUNDMANN (K) 319–354.
[158] ERNEST WILLIAM MCDONNELL, Beginen/Begarden: TRE 5, 404–411; speziell: ERNST ROEDER, Die Beginen i. Stadt u. Bistum Würzburg. Eine kulturhist. Stud. u. ein Beitr. z. Gesch. d. Volksfrömmigkeit u. d. Ordenswesens i. Franken (Masch. Diss.), Würzburg 1932, 127–132; PÖLNITZ (B) 47. 114. 138.

I.6.1 HUMANISMUS

Von Johannes Merz

Der Briefwechsel d. Konrad Celtis, hg. u. erläutert v. HANS RUPPRICH, München 1934 (VKEGR. Humanistenbriefe 3).– Konrad Peutingers Briefwechsel, ges., hg. u. erläutert v. ERICH KÖNIG, München 1923 (VKEGR. Humanistenbriefe 1).– Willibald Pirckheimers Briefwechsel, hg. u. erläutert v. EMIL REICKE u.a., bisher 5 Bde., München 1940–2001.– AUGUST BUCK, Humanismus. Seine europ. Entwicklung i. Dokumenten u. Darstellungen, Freiburg u.a. 1987 (OA 16).– Deutsche Dichter d. frühen Neuzeit (1450–1600). Ihr Leben u. Werk, hg. v. STEPHAN FÜSSEL, Berlin 1993.– FINK-LANG (B).– HUBERT GLASER, Wissenschaft u. Bildung i. Spätmittelalter: HBG² 2, 805–860.– Hb. d. deutschen Bildungsgesch., hg. v. CHRISTA BERG u.a., Bd. 1: 15. bis 17. Jh. Von d. Renaissance u. d. Reformation bis z. Ende d. Glaubenskämpfe, München 1996.– OTTO HERDING, Über einige Richtungen i. d. Erforschung d. deutschen Humanismus seit etwa 1950: Humanismusforsch. seit 1945 (K) 59–110.– Humanismusforsch. seit 1945. Ein Ber. aus interdisziplinärer Sicht, Boppard 1975 (Mitt. d. Kommission f. Humanismusforsch. 2).– PAUL JOACHIMSEN, Ges. Aufsätze. Beitr. z. Renaissance, Humanismus u. Reformation, z. Historiographie u. z. deutschen Staatsgedanken, Bd. 1, Aalen 1970, Bd. 2, Aalen 1983.– KRAUS, Gestalten (B).– PAUL O. KRISTELLER, Humanismus u. Renaissance, hg. v. ECKHARD KESSLER, Bd. 1: Die antiken u. mittelalterlichen Quellen, München 1974 (Humanist. Bibliothek 1/21), Bd. 2: Philosophie, Bildung u. Kunst, München 1976 (Humanist. Bibliothek 1/22).– ADOLF LAYER/ALOIS SCHMID, Der Humanismus: HBG³ 3/2, 605–629.– Biographisches Lexikon 1 (B).– HEINRICH LUTZ/ALOIS SCHMID, Die Blütezeit d. Humanismus i. Bayern u. d. Universität Ingolstadt: HBG² 2, 861–868.– ERICH MEUTHEN, Charakter u. Tendenzen d. deutschen Humanismus: Säkulare Aspekte d. Reformationszeit, hg. v. HEINZ ANGERMEIER, München u.a. 1983, 217–266 (Schr. d. hist. Kollegs München. Kolloquien 5).– Mitt. d. Kommission f. Humanismusforsch. d. Deutschen Forschungsgemeinschaft, 16 Bde., 1975–1989.– Renaissance Humanism. Foundations, forms, and legacies, ed. by ALBERT RABIL, Bd. 1: Humanism i. Italy, Bd. 2: Humanism beyond Italy, Bd. 3: Humanism and the disciplines, Philadelphia 1988.– JOHANNES REUCHLIN, Briefwechsel, Bd. 1: 1477–1505, unter Mitwirkung v. STEFAN RHEIN bearb. v. MATTHIAS DALL'ASTA u. GERALD DÖRNER, Stuttgart/Bad Cannstadt 1999.– WALTER RÜEGG, Humanismus. A. Allgemein u. Italien: LMA 5, 186–193.– HANS RUPPRICH/HEDWIG HEGER, Die deutsche Literatur v. späten MA bis z. Barock, Bd. 1: Das ausgehende MA, Humanismus u. Renaissance 1370–1520, München ²1994 (Gesch. d. deutschen Literatur v. d. Anfängen bis z. Gegenwart 4/1).– LEWIS W. SPITZ, Humanismus/Humanismusforsch.: TRE 15, 639–661.– GÖTZ-RÜDIGER TEWES, Die Bursen d. Kölner Artisten-Fakultät bis z. Mitte d. 16. Jh., Köln u.a. 1993 (Stud. z. Gesch. d. Universität z. Köln 13).– JAKOB WIMPFELING, Briefwechsel. Eingeleitet, kommentiert u. hg. v. OTTO HERDING u. DIETER MERTENS, 2 Bde., München 1990.– FRANZ JOSEF WORSTBROCK, Deutsche Antikerezeption 1450–1550, Bd. 1: Verzeichnis d. deutschen Übers. antiker Autoren. Mit einer Bibliographie d. Übersetzer, Boppard 1976 (Veröff. z. Humanismusforsch. 1).– DERS., Humanismus. B. Deutsches Reich: LMA 5, 193–197.

»Humanismus« ist die im 19. und 20. Jahrhundert geprägte Bezeichnung für eine Geistesrichtung, die sich in neuartiger Intensität den literarischen Werken der Antike zuwandte und aus ihnen in Form und Inhalt die Leitbilder für theoretische Maximen und praktisches Wirken formte. Sie steht im Kontext einer breiten, auf Kunst, Kultur und Recht bezogenen Rückbesinnung auf die antiken Ideale (Renaissance), entstand im Italien des 14. Jahrhunderts und breitete sich von dort in ganz Europa aus; seit der Mitte des 15. Jahrhunderts ist ihr Vordringen im deutschen Sprachraum unübersehbar, mit der Reformation änderte sich ihr Erscheinungsbild grundlegend. Die Vervollkommnung des Menschen und die Erneuerung der Kultur als Ziel der Studia humanitatis finden sich gerade im deutschen Sprachraum freilich nur bei relativ wenigen Einzelgestalten programmatisch ausformuliert. Die in der Forschung in großer Breite betriebene Praxis, aus einer an antiken Vorbildern orientierten literarischen Betätigung idealtypisierend auf die Zugehörigkeit zu einem exklusiv verstandenen »Humanismus« zu schließen, sperrt diesen ins Ghetto einer entwicklungsgeschichtlich gedeuteten Ideen- und Literaturgeschichte ein oder propagiert – mehr oder weniger direkt – in unzulässiger Vereinfachung eine Kausalität zwischen einer dominanten Geistesströmung und der Ereignisgeschichte. Daher ist der hier interessierende Zusammenhang zwischen Humanismus und Kirche bzw. Reformation nicht nur auf der isolierten Ebene der Theologie- und Geistesgeschichte, sondern auch in den regionalen Wechselwirkungen mit politischen und gesellschaftlichen Erscheinungen zu beschreiben; dafür ist aber der Perspektivenwechsel von der dominanten Geistesströmung zu den leitenden Motiven der Akteure nötig.

1. Rezeption und Ausbreitung des Humanismus

Beginnend in den beiden Jahrzehnten um die Mitte des 15. Jahrhunderts und in zunehmender Verdichtung bis in die 1480er Jahre finden sich zahlreiche Spuren der Übernahme humanistischer Ideale und literarischer Formen aus Italien; dafür waren neben den italienischen Universitäten als unmittelbaren Einflußgebern auf deutsche Studenten die Konzile von Konstanz (1414–1418) und Basel (1431–1449) besonders wichtige Kommunikationsforen. Der sog. »deutsche Frühhumanismus« bereitete in dieser entwicklungsgeschichtlichen Sicht der Forschung den Boden für die breite Verankerung der Studia humanitatis im Kreis der Bildungseliten in den drei Jahrzehnten vor der Reformation.

Als »Wanderhumanist« wirkte insbesondere Peter Luder,[1] dessen Bedeutung vor allem darin liegt, daß er zahlreiche Schüler aus dem süddeutschen Raum für die Studia humanitatis begeisterte. Ein ähnliches Wanderleben führte Johan-

---

[1] RUDOLF KETTEMANN, Peter Luder (um 1415–1472). Die Anfänge d. humanist. Stud. i. Deutschland: Humanismus i. deutschen Südwesten. Biographische Profile, hg. v. PAUL GERHARD SCHMIDT, Sigmaringen ²2000, 13–34; FRANK BARON, Peter Luder: Deutsche Dichter (K) 83–95.

nes Müller aus Königsberg (Regiomontanus),[2] der als erster echter Vertreter einer humanistisch inspirierten Naturwissenschaft gilt. Daneben ist etwa Albrecht von Eyb[3] zu nennen, der von seinen langen Studienaufenthalten in Italien zwischen 1444 und 1459 humanistische Einflüsse nach Franken mitbrachte und in seine moralisch-didaktisch ausgerichteten Werke (v.a. Ehebüchlein, Sittenspiegel) einfließen ließ. Er steht im Kontext einer Gruppe von Wegbereitern der neuen Geistesrichtung, in denen sich der zeitgenössische kulturelle Erneuerungsanspruch noch in anderer Schwerpunktsetzung manifestierte: Als in Italien graduierte Juristen wirkten sie bahnbrechend für die Durchsetzung des Primats des römischen Rechts im deutschen Reich und bedienten sich dabei gleichzeitig der literarischen Formen der Antike. Zu den führenden Vertretern dieser Gruppe, die gerade in Franken, Bayern und Schwaben tätig waren, zählt insbesondere Gregor Heimburg,[4] der seinen Rat hauptsächlich der Stadt Nürnberg, aber auch den Fürsten von Mainz, Würzburg, Ansbach, Bayern und Tirol lieh. Wenn Enea Silvio Piccolomini schon 1449 seine humanistischen Fähigkeiten herausstellte, dann drückten sich diese freilich eher in Heimburgs bewußt antikisierender Redekunst als in literarischen Werken aus. Ähnlich einzuordnen sind Heinrich Leubing, Martin Mair[5] oder Niklas von Wyle,[6] die alle in den Jahren vor 1450 mit Heimburg in Nürnberg zusammentrafen, freilich nur kurzzeitig dort wirkten und dann ebenfalls den verschiedensten Herren als Räte dienten.[7] Neben die Juristen traten mit der Zeit weitere Gelehrte im Dienst von Fürsten und Städten, die mehr oder minder humanistische Einflüsse erkennen lassen und durch literarische Werke und Übersetzungen sowie historiographische Arbeiten von überregionaler Ausstrahlung waren. Dazu zählten etwa die Stadt- bzw. Leibärzte Heinrich Steinhöwel,[8] Eberhard Schleusinger,[9] Ulrich Ellen-

---

[2] IRMELA BUES, Johannes Regiomontan (1436–1476): LebFranken NF 11 (1984), 28–43; HELMUTH GRÖSSING, Regiomontanus (de Monteregio, von Königsberg; Müller), Johannes: VerLex² 7, 1124–1131; FELIX SCHMEIDLER, Regiomontanus, Johannes (Hans Müller): LMA 7, 580f.

[3] MAX HERRMANN, Albrecht v. Eyb u. d. Frühzeit d. deutschen Humanismus, Berlin 1893; KLECHA (B); ECKHARD BERNSTEIN, Albrecht v. Eyb: Deutsche Dichter (K) 96–110.

[4] ALFRED WENDEHORST, Gregor Heimburg: LebFranken NF 4 (1971), 112–129; KRAUS, Gestalten (B) 1001 [Lit.].

[5] FRANZ JOSEF WORSTBROCK, Mayr (Mair, Meyer), Martin: VerLex² 6, 241–248.

[6] ROLF SCHWENK, Vorarbeiten z. einer Biographie d. Niklas v. Wyle u. z. einer kritischen Ausg. seiner ersten Translatze, Göppingen 1978 (Göppinger Arbeiten z. Germanistik 227); FRANZ JOSEF WORSTBROCK, Niklas v. Wyle: VerLex² 6, 1016–1035; DERS., Niklas v. Wyle: Deutsche Dichter (K) 35–50.

[7] MORIMICHI WATANABE, Gregor Heimburg and Early Humanism i. Germany: Philosophy and Humanism. Renaissance Essays i. Honor of Paul Oskar Kristeller, ed. by EDWARD P. MAHONEY, Leiden 1976, 406–422.

[8] 1450–1479† in Ulm. NIKOLAUS HENKEL, Heinrich Steinhöwel: Deutsche Dichter (K) 51–70; GERD DICKE, Steinhöwel, Heinrich: VerLex² 9, 258–278.

[9] 1476–1488 in Basel bezeugt, bezeichnet sich im Brief an Konrad Celtis vom 15.7.1499 als »physicus Bambergensis«, wo ihn auch noch Johann Schöner 1515 lokalisiert; Briefwechsel Celtis (K) 324f. 366; FRANCIS B. BRÉVART, Schleusinger, Eberhard: VerLex² 8, 716ff.

bog,[10] Hieronymus Münzer,[11] Adolf Occo d.Ä.[12] sowie die Vetter Hermann[13] und Hartmann Schedel;[14] die nach 1430 Geborenen wirkten dabei gleichzeitig als »Brücke« zu der um 1500 zu beobachtenden Blüte des Humanismus. Auch im Mönchtum finden sich vor allem in der Atmosphäre der klösterlichen Reformbewegungen schon früh humanistische Einflüsse, etwa im Kloster Tegernsee im Kontext der Wiener Universität und der Melker Reform[15] oder bei Sigismund Meisterlin,[16] der im Augsburger Benediktinerkloster St. Ulrich und Afra[17] und später in Nürnberg Geschichtswerke für diese Städte nach italienischen Vorbildern verfaßte. Insgesamt ist diese »frühhumanistische« Phase jedoch stark auf Einzelpersönlichkeiten bezogen, die überwiegend in Italien studierten, sich dort zum Teil kennenlernten und auf Dauer in (brieflicher) Verbindung blieben. Selten ist eine Verdichtung zu sehen wie am Hof des Augsburger Bischofs Peter von Schaumberg. Er förderte einen kleinen Kreis von gleichgesinnten Liebhabern der antiken Literatur, zu dem u.a. führende Funktionsträger der bischöflichen und der städtischen Verwaltung sowie der Stadtarzt Hermann Schedel gehörten, vor allem aber der Augsburger Patrizier Sigmund Gossembrot,[18] der maßgeblich Meisterlin zu seiner Frühgeschichte der Stadt Augsburg 1456 veranlaßte.[19] Auch Gelehrte, die nur kurzzeitig in Augsburg weilten, zählten sich ausdrücklich zu dieser in den 1450er Jahren greifbaren Vereinigung, wie etwa der überwiegend im preußischen Deutschordensland wirkende Jurist und Fürstendiener Laurentius Blumenau.[20] Eine ähnlich fördernde Haltung wie Schaumberg

---

[10] 1464–1470 und ab 1481 in Memmingen, 1470–1478 in Augsburg; PETER ASSION, Ellenbog, Ulrich: VerLex² 2, 495–501; WOLFGANG LOCHER, Ellenbog (Ellbogen, Elpogen), Ulrich: Biographisches Lexikon 1 (B) 98.

[11] Briefwechsel Celtis (K) 18f; ULRICH KNEFELKAMP, Münzer (Monetarius), Hieronymus: NDB 18, 557f.

[12] Seit 1479 überwiegend in Augsburg; OTTO NÜBEL, Das Geschlecht Occo: LebBaySchwaben 10 (1973), 77–113; PETER ASSION, Occo, Adolf I.: VerLex² 7, 12ff.

[13] Ab 1452 in Eichstätt, 1456 in Augsburg, 1467 in Nürnberg; BERNHARD SCHNELL, Schedel, Hermann: VerLex² 8, 621–625.

[14] Ab 1470 in Nördlingen, 1477 in Amberg, Anfang der 1480er Jahre in Nürnberg; BÉATRICE HERNAD/FRANZ JOSEF WORSTBROCK, Schedel, Hartmann: VerLex² 8, 609–621. Vgl. auch 500 Jahre Schedelsche Weltchronik. Akten d. interdisziplinären Symposions v. 23./24. April 1993 i. Nürnberg, hg. v. STEPHAN FÜSSEL, Nürnberg 1994 (Pirckheimer-Jb. 9).

[15] WINFRIED MÜLLER, Die Anfänge d. Humanismusrezeption i. Kloster Tegernsee: StMBO 92 (1981), 28–90.

[16] PAUL JOACHIMSOHN, Die humanist. Geschichtschreibung i. Deutschland, H. 1: Die Anfänge. Sigismund Meisterlin, Bonn 1895 (Wiederabdruck: JOACHIMSEN 2 [K] 121–461); KATHARINA COLBERG, Meisterlin, Sigismund: VerLex² 6, 356–366.

[17] Vgl. dazu JOSEF BELLOT, Das Benediktinerstift St. Ulrich u. Afra i. Augsburg u. d. Humanismus: StMBO 84 (1973), 394–406.

[18] ROLF KIESSLING, Gossembrot (Begossenbrot, Gossenbrot), Patrizierfamilie: Augsburger Stadtlexikon (B) 449f.

[19] ECKHARD BERNSTEIN, Die Literatur d. deutschen Frühhumanismus, Stuttgart 1978, 22–26 (Sammlung Metzler. D. Literaturgesch. 168); FRIEDRICH ZOEPFL, Der Humanismus am Hof d. Fürstbischöfe v. Augsburg: HJ 62–69 (1942–49), 671–708, auch für die weitere Entwicklung.

[20] HARTMUT BOOCKMANN, Laurentius Blumenau. Fürstlicher Rat – Jurist – Humanist (ca. 1415–1484), Göttingen u.a. 1965, 226–236 (Göttinger Bausteine z. Geschichtswissenschaft 37).

nahm auch der Eichstätter Bischof Johann von Eich aus Wien ein, der, stark beeinflußt von Enea Silvio, ebenfalls um die Mitte des 15. Jahrhunderts zeitweise einen kleinen Humanistenkreis um sich versammelte.[21] Hier zeigt sich besonders deutlich die große Rolle der kirchlichen Institutionen für die Ausbreitung des humanistischen Gedankenguts: Neben den großen Städten und Fürstenhöfen sowie den Universitäten boten vor allem die Bischofssitze mit ihrem teilweise hochgebildeten Episkopat, mit ihren zahlreichen kirchlichen Verwaltungsfunktionen und Pfründen Bedarf und Versorgungsmöglichkeiten für eine zeitgemäße Bildungselite.[22]

2. Zentren humanistischer Gelehrsamkeit

Die in den Jahrzehnten um 1500 bestehenden Zentren humanistischer Gelehrsamkeit im Bereich des heutigen Bayern sind schon in zeitgenössischer Sicht untrennbar mit dem Namen des Konrad Celtis[23] verknüpft. Geboren in Wipfeld bei Schweinfurt, pflegte er zeitlebens enge Kontakte zu zahlreichen Gelehrten aus seiner fränkischen Heimat. Sein Wirken in Nürnberg, wo ihn Kaiser Friedrich III. 1487 zum ersten Poeta laureatus nördlich der Alpen krönte, und an der Universität Ingolstadt, wo er – mit Unterbrechungen – von 1491 bis 1497 als Professor für Poetik und Rhetorik lehrte, war vergleichsweise kurz, doch blieb er hier und in Augsburg, wo die Gründung einer Sodalitas litteraria (vor 1503)[24] auf ihn zurückging, auch nach seinem Weggang nach Wien die Leitfigur und eine wesentliche Schaltstelle in der – überwiegend brieflich geführten – Kommunikation. Sein Werk umfaßt die ganze Bandbreite der in seiner berühmten Ingolstädter Antrittsrede (1492) vorgestellten Studia: das Lehrbuch (Poetik 1486, Rhetorik 1492), die Übersetzung (Seneca-Tragödien 1487, Germania des Tacitus 1500), die Edition (der von ihm entdeckten Werke der Hrotsvitha von Gandersheim, 1501), die Dichtkunst (u.a. 1502 »Amores«) sowie das Städtelob der »Norimberga« (handschriftlich 1495, im Druck 1502) im Rahmen des von ihm projektierten Großwerkes der Germania illustrata. Der insgesamt oder in seinen jeweiligen lo-

---

[21] FINK-LANG (B) 50. passim.– Bisher nur wenige Hinweise auf humanistische Einflüsse gibt es für Passau; vgl. ALFONS HUBER/FRANZ JOSEF WORSTBROCK, Wann, Paul (Paulus de Kemnat, -aten): VerLex[2] 10, 711–722; JOSEF OSWALD, Zur Gesch. d. Humanismus i. Passau u. Niederbayern: OGM 9 (1967), 288–299, u.a. zu Johannes Staindl.

[22] Grundlegend jetzt A. SCHMID, Humanistenbischöfe (B); A. SCHMID, Anfänge (B); zum italienischen Umfeld der Bischöfe vgl. auch AGOSTINO SOTTILI, Università e cultura. Studi sui rapporti italo-tedeschi nell'età dell'umanesimo, Goldbach 1993 (Bibliotheca eruditorum 5).

[23] LEWIS W. SPITZ, Conrad Celtis. The German arch-humanist, Cambridge 1957; DIETER WUTTKE, Dazwischen. Kulturwissenschaft auf Warburgs Spuren, 2 Bde., Baden-Baden 1996 (SaeSp 29/30); DERS., Conradus Celtis Protucius: Deutsche Dichter (K) 173–199; FRANZ JOSEF WORSTBROCK, Celtis (Bickel, Pickel, Beiname: Protucius), Konrad (Conradus): Biographisches Lexikon 1 (B) 65–68; ULRIKE AUHAGEN u.a. (Hg.), Horaz u. Celtis, Tübingen 2000 (NeoLatina 1).

[24] Briefwechsel Celtis (K) 270. 586.

kalen Verdichtungen als Sodalität[25] bezeichnete humanistische Freundeskreis des Celtis erstreckte sich über seine unmittelbaren Wirkungsstätten und ihr näheres Umfeld in Nürnberg und Augsburg hinaus auch nach Leipzig sowie vor allem nach Heidelberg; die dortige Zentralfigur des pfalzgräflichen Kanzlers und Wormser Bischofs Johann von Dalberg übte wiederum einen großen Einfluß auch in Bayern, Schwaben und Franken aus.

Die durch Celtis und zahlreiche anderweitige, oft in Italien begründeten Kontakte miteinander in Verbindung stehenden Humanistenkreise gruppierten sich auch andernorts zumeist um mehr oder weniger herausragende Exponenten; nicht eine inhaltliche Übereinstimmung, die es im Humanismus nicht gegeben hat, sondern nur die auf grundsätzlichen Gemeinsamkeiten aufbauenden personellen Verknüpfungen erlauben es überhaupt, von einer humanistischen Bewegung zu sprechen. In Nürnberg war die überragende Gestalt der Ratsherr Willibald Pirckheimer[26] aus einer bedeutenden, hochgebildeten Patrizierfamilie, zu der etwa auch seine berühmte Schwester Caritas[27] im Nürnberger Klarissenkloster zählte. In dem schon seit den 1480er Jahren bestehenden Kreis humanistisch beeinflußter, vor allem historisch-geographisch interessierter Bürger um Hartmann Schedel, Münzer und Sebald Schreyer,[28] der 1493 gemeinsam die berühmte

---

[25] HEINRICH LUTZ, Die Sodalitäten i. oberdeutschen Humanismus d. späten 15. u. frühen 16. Jh.: Humanismus i. Bildungswesen d. 15. u. 16. Jh., hg. v. WOLFGANG REINHARD, Weinheim 1984, 45–60 (Mitt. d. Kommission f. Humanismusforsch. 12); CHRISTINE TREML, Humanist. Gemeinschaftsbildung. Sozio-kulturelle Unters. z. Entstehung eines neuen Gelehrtenstandes i. d. frühen Neuzeit, Hildesheim u.a. 1989 (Hist. Texte u. Stud. 12); Der polnische Humanismus u. d. europ. Sodalitäten. Akten d. polnisch-deutschen Symposions v. 15.–19. Mai 1996 i. Collegium Maius d. Universität Krakau, hg. v. STEPHAN FÜSSEL u.a., Wiesbaden 1997 (Pirckheimer-Jb. f. Renaissance- u. Humanismusforsch. 12), hier bes. die Beiträge von JAN-DIRK MÜLLER, Konrad Peutinger u. d. Sodalitas Peutingeriana, 167–186, und HERMANN WIEGAND, Phoebea sodalitas nostra. Die Sodalitas litteraria Rhenana – Probleme, Fakten u. Plausibilitäten, 187–209; Europ. Sozietätsbewegung u. demokratische Tradition. Die europ. Akademien d. Frühen Neuzeit zwischen Frührenaissance u. Spätaufklärung, hg. v. KLAUS GARBER u.a., Bd. 2, Tübingen 1996 (Frühe Neuzeit 27), hier die Beiträge von HEINZ ENTNER, Was steckt hinter d. Wort »sodalitas litteraria«? Ein Diskussionsbeitr. z. Conrad Celtis u. seinen Freundeskreisen, 1069–1101, und HARALD DICKERHOF, Der deutsche Erzhumanist Conrad Celtis u. seine Sodalen, 1102–1123.

[26] NIKLAS HOLZBERG, Willibald Pirckheimer. Griechischer Humanismus i. Deutschland, München 1981 (Humanist. Bibliothek 1); KLAUS-STEFAN KRIEGER, Pir(c)kheimer, Willibald: BBKL 7, 628–633; KRAUS, Gestalten (B) 1035, Anm. 31 [Lit.]; BERNHARD EBNETH, Pir(c)kheimer. (kath.): NDB 20, 474ff [auch zur Familie].

[27] Pirckheimer (B); EVA LIPPE-WEISSENFELD HAMER, Virgo docta, virgo sacra. Unters. z. Briefwechsel Caritas Pirckheimers: Wissen u. Gesellschaft i. Nürnberg um 1500. Akten d. interdisziplinären Symposions v. 5. u. 6. Juni 1998 i. Tucherschloß i. Nürnberg, hg. v. MARTIAL STAUB u. KLAUS A. VOGEL, Wiesbaden 1999, 121–154 (Pirckheimer-Jb. f. Renaissance- u. Humanismusforsch. 14).

[28] Vgl. Briefwechsel Celtis (K) 142f; ELISABETH CAESAR, Sebald Schreyer. Ein Leb. aus d. vorreformatorischen Nürnberg: MVGN 56 (1969), 1–213.– Zusammenfassend zur wirtschaftlichen und geistigen Situation Nürnbergs um 1500 jetzt REINHARD STAUBER, Nürnberg u. Italien i. d. Renaissance: Nürnberg. Eine europ. Stadt i. MA u. Neuzeit, hg. v. HELMUT NEUHAUS, Nürnberg 2000, 123–149 (Nürnberger Forsch. 29); vgl. auch HAMM, Ethik (B).

Weltchronik²⁹ herausgebracht hatte, nahm W. Pirckheimer nach der Jahrhundertwende die beherrschende Stellung ein. Seine Leistungen liegen neben bedeutenden neulateinischen Werken (Laus Podagrae, Elegia in obitum Alberti Düreri, vermutlich auch Eckius dedolatus) vor allem in seiner Vorreiterrolle als Übersetzer von Autoren wie Lukian und Plutarch oder von Kirchenvätern aus dem griechischen Urtext, schließlich in seiner produktiven Freundschaft mit Albrecht Dürer begründet. Bereits 1496 war er an den Bemühungen seines Vaters Johannes und des Schedelkreises um die Einrichtung einer humanistischen Poetenschule beteiligt; nach deren Scheitern 1509 setzte er die Berufung des Johannes Cochläus³⁰ als Schulmeister durch und war in der Folgezeit maßgeblich in die großen geistigen Auseinandersetzungen seiner Zeit einbezogen. Zu den zahlreichen humanistisch geprägten Nürnberger Persönlichkeiten zählten auch der Jurist Petrus Danhauser,³¹ der Astronom und Mathematiker Johannes Werner,³² der Arzt Dietrich Ulsenius³³ oder der Patrizier Sixtus Tucher von Simmelsdorf³⁴ sowie in Abstufungen viele Ordensleute in den städtischen Klöstern.³⁵ Eine räumlich und personell besonders enge Verbindung Nürnbergs bestand zu den fürstbischöflichen Residenzen Bamberg (etwa mit dem Stiftskanoniker Lorenz Beheim³⁶) und Eichstätt. Hier wäre insbesondere eine Runde um den Bischof Gabriel von Eyb zu nennen, der einige Domherren angehörten sowie Kilian Leib aus Ochsenfurt, der seit 1503 Prior im nahen Chorherrenstift Rebdorf war und in seinem Diarium über die Gesprächsrunden des Eichstätter Bischofs berichtet.³⁷

Auf Würzburg treffen geradezu idealtypisch die Kriterien zu, die August Buck für die »Humanisten am Hof« aufgestellt hat: Sie waren tätig als Sekretäre, di-

---

²⁹ Liber chronicarum, übersetzt vom Losungsschreiber Georg Alt (»buch der Cronicken«; Nachdr. zuletzt unter dem Titel »Die Schedelsche Weltchronik«, kommentiert v. RUDOLF PÖRTNER, Dortmund 1993 [Die bibliophilen Taschenbücher 64]).

³⁰ Vgl. KRAUS, Gestalten (B) 1008, Anm. 28 [Lit.]. Aus der Nürnberger Zeit (1510–1515) stammt etwa die bekannte »Brevis Germaniae descriptio« von 1514.

³¹ Briefwechsel Celtis (K) 23ff. Danhauser ging bereits 1500 mit Celtis nach Wien, wo er als Rechtsgelehrter an der Universität wirkte.

³² Briefwechsel Celtis (K) 545f; FELIX SCHMEIDLER, Werner, Johannes: LMA 9, 9.

³³ In Nürnberg ca. 1493–1502; Briefwechsel Celtis (K) 90f; ALOIS SCHMID, »Poeta et orator a Caesare laureatus«. Die Dichterkrönungen Kaiser Maximilians I.: HJ 109 (1989), 56–108 [97].

³⁴ Tucher wirkte 1486–1496 als Jura-Professor in Ingolstadt und lebte anschließend als Propst von St. Lorenz in Nürnberg; Briefwechsel Celtis (K) 28–32; REINHARD STAUBER, Tucher, Sixtus: Biographisches Lexikon 1 (B) 444f.

³⁵ MACHILEK, Klosterhumanismus (B).

³⁶ Beheim stammte aus Nürnberg und lebte nach langem Romaufenthalt als Kanoniker bei St. Stephan in Bamberg. Vgl. Pirckheimers Briefwechsel 1 (K) 292f u.ö.; CHRISTA SCHAPER, Lorenz u. Georg Beheim, Freunde Willibald Pirckheimers: MVGN 50 (1960), 120–221; KRAUS, Gestalten (B) 1017, Anm. 14 [Lit.]. Zur Bamberger geistigen Situation im 15. und frühen 16. Jahrhundert fehlen tiefergehende Forschungen; zum literarisch ambitionierten Domscholaster Leonhard von Egloffstein sowie zum Hofmeister Johann von Schwarzenberg, auf den trotz fehlender Lateinkenntnisse Cicero-Übersetzungen zurückgehen, vgl. KRAUS, Gestalten (B) 1017f.

³⁷ FINK-LANG (B) 50f. passim.

plomatische Emissäre, Hofdichter und Hofhistoriographen.[38] Die bischöflichen Sekretäre Johann Pfeuffelmann,[39] Johann Sieder aus Schwäbisch Hall[40] und Heinrich Grieninger, der erste Leiter der Nürnberger Poetenschule,[41] legten alle deutsche Übersetzungen antiker Autoren vor; hinzu trat als Schriftsteller etwa Burkard von Horneck,[42] 1505–1515 Leibarzt des Bischofs Lorenz von Bibra. Aus dem Kreis der zahlreichen für Bischof Lorenz tätigen Rechtsgelehrten[43] ragt der Licentiat Friedrich Brogel[44] heraus, der dem Celtis-Kreis angehörte.[45] Unter den bedeutenderen diplomatisch tätigen Räten ist namentlich zu nennen Kilian von Bibra,[46] auf den Luder schon um die Mitte des 15. Jahrhunderts eine Eloge verfaßte; nach der Jahrhundertwende sticht vor allem Sebastian von Rotenhan (Rubigallus)[47] hervor. Ebenfalls vereinzelt für Bischof Lorenz tätig war Engelhard Funck aus Schwabach (Scintilla),[48] der sich als von seinen großen Zeitgenossen vielgepriesener Dichter auch in bezug auf Würzburger Personen und Ereignisse betätigte, u.a. durch die Grabschrift für Bischof Rudolf von Scherenberg und ein Hexastichon auf St. Kilian. Er ist der bedeutendste Humanist unter den Kanonikern des Würzburger Stifts Neumünster, in dem sich um 1500 ein Kreis ähnlich Gesinnter bildete, darunter der Jurist Johann Apel.[49] Hinzu traten der

---

[38] Höfischer Humanismus, hg. v. AUGUST BUCK, Weinheim 1989, 1f (Mitt. d. Kommission f. Humanismusforsch. 16). Vgl. für Würzburg auch die Materialsammlung bei KURT EISENMANN, Stud. über Voraussetzungen u. Rezeption d. Humanismus i. d. fränk. Territorien Würzburg, Bamberg u. d. Markgrafschaft Ansbach-Bayreuth (Masch. Diss.), Würzburg 1953.

[39] Als bischöflicher Sekretär belegt 1492–1505. Die Pfeuffelmann waren ein ratsfähiges Würzburger Geschlecht, Johann ein Stiefsohn des ersten Würzburger Kanzlers Friedrich Schultheis; FRANZ JOSEF WORSTBROCK, Pfeiffelmann (Pfeu-, Phei-), Johann: VerLex² 7 (1989), 560f; Bistum Würzburg 4 (B) 705.

[40] Als Kanzleischreiber bzw. Sekretär belegt 1495 und 1501. 1479 immatrikuliert an der Kölner Artistenfakultät, 1487 Magister, 1484 Kanoniker am Würzburger Stift Neumünster; FRANZ JOSEF WORSTBROCK, Sieder, Johann: VerLex² 8, 1195–1199.

[41] Er stand 1506–1509 im Dienst des Bischof Lorenz.

[42] HEINRICH ENDRES, Johannes Trithemius u. Burkard v. Horneck. Eine theol. Gelehrtenfreundschaft. Bausteine z. Gesch. d. Frühhumanismus i. Würzburg: MFJG 9 (1957), 159–169; PETER ASSION, Burkhard von Horneck: VerLex² 1, 1137ff.

[43] Zu klären wäre insbesondere das Profil des Mediziners Dr. Conrad Weygand, der 1479–1482 in Ingolstadt tätig war, in Würzburg als bischöflicher Rat im Hofgericht (1495–1498) und als Diplomat wirkte, sowie seines Stiefsohns Dr. Kilian Münch, als Kanzler mehrfach genannt zwischen 1506 und 1523, dessen Vater Cuntz bereits als Kanzleischreiber in Würzburg gewirkt hatte. Vgl. die Hinweise bei SEBASTIAN ZEISSNER, Rudolf II. v. Scherenberg, Fürstbischof v. Würzburg 1466–1495, Würzburg ²1952, 92; Briefwechsel Celtis (K) 321; zum juristischen Personal zusammenfassend JOHANNES MERZ, Fürst u. Herrschaft. Der Herzog v. Franken u. seine Nachbarn 1470–1519, München 2000, 62–66; eine eingehende Untersuchung der humanistischen Einflüsse im vorreformatorischen Würzburg steht aus.

[44] Als bischöflicher Rat, Beisitzer am Hofgericht und Diplomat belegt zwischen 1495 und 1499.

[45] Briefwechsel Celtis (K) 266f.

[46] SEBASTIAN ZEISSNER, Dr. Kilian v. Bibra, Dompropst v. Würzburg (ca. 1426–1494): MFJG 2 (1950), 78–121; Bistum Würzburg 4 (B) 307–310; WIMPFELING, Briefwechsel 1 (K) 216.

[47] ISOLDE MAIERHÖFER, Sebastian v. Rotenhan: LebFranken NF 1 (1967), 113–140.

[48] KLAUS ARNOLD, Engelhard Funck (Scintilla). Beitr. z. Biographie eines fränk. Humanisten: JFLF 52 (1992), 367–380.

[49] Bistum Würzburg 4 (B) 550ff; KRAUS, Gestalten (B) 1042, Anm. 49 [Lit.].

Dekan Burkard Seitz⁵⁰ und der Chorherr Georg Spiesheimer⁵¹ im benachbarten Stift Haug; letzterer war ein Neffe des aus Schweinfurt stammenden berühmten kaiserlichen Rates Johannes Cuspinian,⁵² der ihn auch in Wien ausgebildet hatte. Am bekanntesten ist freilich der »vir trilinguis« Johannes Trithemius,⁵³ 1483–1506 Abt des Benediktinerklosters Sponheim im Hunsrück und dort vor allem wegen seiner Bibliothek von allen großen Humanisten aufgesucht, dem Bischof Lorenz nach seiner Vertreibung ab 1506 eine neue Heimstätte als Abt des Klosters St. Jakob in Würzburg bot. Mit dem »Catalogus illustrium virorum Germaniae« schuf er die erste deutsche Literaturgeschichte. Wegen ihrer Quellenvielfalt viel gerühmt und benutzt, aber auch heftig kritisiert sind seine historischen Werke, die teilweise auf bewußten Konstruktionen aufbauen; hier hat auch die historische Legitimation des fränkischen Herzogtums der Würzburger Bischöfe ihren Platz.

Auffällig ist die Beobachtung, daß im Gegensatz zum geistlichen Franken und zu Nürnberg das gesamte Gebiet der zollerischen Markgrafen in Franken mit seinen Residenzen Ansbach und Kulmbach noch kaum vom humanistischen Gedankengut berührt scheint.⁵⁴ Dies liegt sicher am Fehlen universitärer und urbaner Zentren, steht aber auch in auffälliger Parallele zu den politischen Konstellationen. Der Frontstellung der Zollern gegen ihre Nachbarn, insbesondere gegen Würzburg, Bamberg, Nürnberg, Eichstätt und die bayerischen Herzogtümer, entspricht deren Zusammenhang in den Bündnisstrukturen des ausgehenden 15. Jahrhunderts.⁵⁵ Diese Strukturen drücken sich auch in Lebensläufen aus wie denen des Johannes Pirckheimer, Rat in Eichstätt ab 1466, in Oberbayern und Tirol ab 1475, in Nürnberg wieder ab 1488, des Johann Löffelholtz (Janus Cocles),⁵⁶ nach Bamberger Diensten parallel tätig für Niederbayern und Nürnberg, oder des Heinrich Grieninger, der in München, Nürnberg und Würzburg wirkte. In besonderem Maße verstärkten sich diese Beziehungen durch die

---

50 Bistum Würzburg 4 (B) 542f; vgl. auch Briefwechsel Celtis (K) 84.
51 Johann Cuspinians Briefwechsel, ges., hg. u. erläutert v. HANS ANKWICZ V. KLEEHOVEN, München 1933, 178–181 (Humanistenbriefe 2).
52 HANS ANKWICZ-KLEEHOFEN, Der Wiener Humanist Johannes Cuspinian. Gelehrter u. Diplomat z. Zt. Kaiser Maximilians I., Graz u.a. 1959; KRAUS, Gestalten (B) 1005, Anm. 19 [Lit.].
53 KLAUS ARNOLD, Johannes Trithemius (1462–1516), Würzburg ²1991 (QFGBW 23); DERS., Johannes Trithemius (1462–1516): Rheinische Leb. 16 (1997), 53–64; NOEL L. BRANN, The abbot Trithemius (1462–1516). The renaissance of monastic humanism, Leiden 1981 (SHCT 24).
54 KRAUS, Gestalten (B) 1025ff; ROBERT SCHUH, Amtsbücher d. Reichsstadt Nürnberg als personennamenkundliche Quelle. FRIEDHELM DEBUS (Hg.), Stadtbücher als namenkundliche Quelle. Vorträge d. Kolloquiums v. 18.–20. September 1998, Stuttgart 2000, 369–386 [384ff] (Akademie d. Wissenschaften u. d. Literatur. Abh. d. Geistes- u. sozialwissenschaftl. Klasse. Einzelveröff. 7). Eine gewisse Ausnahme bildet Sebald Bamberger, seit 1498 Abt im markgräflich dominierten Zisterzienserkloster Heilsbronn, der freilich in seinen historischen Aufzeichnungen auf deutliche Distanz zum Markgrafen Friedrich d.Ä. ging; vgl. Briefwechsel Celtis (K) 515ff; FINK-LANG (B) 240ff.
55 Am besten greifbar bei REINHARD STAUBER, Herzog Georg d. Reiche v. Bayern-Landshut u. seine Reichspolitik. Möglichkeiten u. Grenzen reichsfürstlicher Politik i. wittelsbachisch-habsburgischen Spannungsfeld zwischen 1470 u. 1505, Kallmünz 1993 (MHStud. 15).
56 Briefwechsel Celtis (K) 97f.

Gründung der Universität Ingolstadt 1472,[57] an der etwa der Nürnberger Gabriel Baumgartner[58] und sein Neffe Tucher lehrten. Weitere Ingolstädter Professoren, die mit Celtis in engem Kontakt standen, sind z.B. Johannes Tolhopf,[59] dann die Mathematiker Johannes Stabius und Andreas Stiborius, die ihm nach Wien folgten,[60] sowie sein eigener Nachfolger Jakob Locher (Philomusus), der Bedeutendes als Dichter und Philologe leistete, sich aber auch in heftige literarische und persönliche Fehden verstrickte.[61] Als der via moderna verpflichteter Theologieprofessor wirkte ab 1510 Johann Eck,[62] der ebenfalls humanistische Interessen zeigte und eine entsprechende Korrespondenz führte. Insgesamt spielte der Humanismus mit der frühen Einrichtung einer eigenen Professur für die Studia humanitatis (1477/84) und durch das Wirken entsprechend geprägter Persönlichkeiten in allen Fakultäten immer eine gewisse Rolle, freilich wurde er erst ab 1526 institutionell so verfestigt, daß von einer durchschlagenden Wirksamkeit, noch dazu unter veränderten Vorzeichen, auszugehen ist.

Der bedeutendste Humanist im Dienst der Wittelsbacher war zunächst der in Ferrara zum Doktor des Zivilrechts promovierte Dietrich von Plieningen aus württembergischem Adel,[63] der als pfalzgräflicher Rat (1482–1494) zum Heidelberger Humanistenkreis um seinen engen Freund Dalberg zählte. Nach Dienst am königlichen bzw. Reichskammergericht wirkte er ab 1499 bis zu seinem Tod 1520 als Rat Herzog Albrechts IV. von Bayern-München und seiner Söhne, war gleichzeitig jedoch ein führender Vertreter der landständischen Opposition. Seit 1511 übersetzte er zahlreiche Klassiker aus dem Lateinischen ins Deutsche und trug damit wesentlich zur Antikenrezeption bei. Plieningen zeigt bereits an, daß der Humanismus in Bayern weniger auf die Städte als vielmehr auf den herzoglichen Hof konzentriert war, ohne daß deshalb die herausragenden Einzelgestalten in den Klöstern, unter denen vor allem Tegernsee, Polling, Aldersbach und Vornbach sowie die Reichsstifte St. Emmeran in Regensburg und Kaisheim her-

---

[57] HANNELORE HRADIL, Der Humanismus an d. Universität Ingolstadt (1477–1585): Die Ludwig-Maximilians-Universität i. ihren Fakultäten, hg. v. LAETITIA BOEHM u. JOHANNES SPÖRL†, Bd. 2, Berlin 1980, 37–63; HELMUT WOLFF, Gesch. d. Ingolstädter Juristenfakultät 1472–1625, Berlin 1973 (Ludovico Maximilianea. Forsch. 5); CHRISTOPH SCHÖNER, Mathematik u. Astronomie an d. Universität Ingolstadt i. 15. u. 16. Jh., Berlin 1994 (Ludovico Maximilianea. Forsch. 13).

[58] Professor an der Juristenfakultät 1479–1498; HELMUT FLACHENECKER, Baumgartner (Paumgartner, Pawngarttner), Gabriel: Biographisches Lexikon 1 (B) 34.

[59] Seit 1472 Professor in Ingolstadt, später Kanoniker in Regensburg.

[60] Vgl. CHRISTOPH SCHÖNER, Tolhopf (Tolophus), Johannes: Biographisches Lexikon 1 (B) 438f; DERS., Stabius (Stöberer), Johannes: aaO, 406f; DERS., Stiborius (Stoberlein, Stöberle, Stübel), Andreas: aaO, 419f.

[61] LUTZ/SCHMID (K) 863f; JAN-DIRK MÜLLER, Locher, Jakob: Biographisches Lexikon 1 (B) 246f.

[62] Johannes Eck (B); MANFRED WEITLAUFF, Eck, Johannes: Biographisches Lexikon 1 (B) 88–91.

[63] FRANZISKA GRÄFIN ADELMANN, Dietrich v. Plieningen. Humanist u. Staatsmann, München 1981 (SBLG 68); ANNETTE GERLACH, Das Übersetzungswerk Dietrichs v. Pleningen. Zur Rezeption d. Antike i. deutschen Humanismus, Frankfurt/Main u.a. 1993 (Germanistische Arbeiten z. Sprache u. Kulturgesch. 25).

vorzuheben sind, übersehen werden dürften;[64] zu nennen sind hier insbesondere die Äbte Angelus Rumpler von Vornbach und Wolfgang Marius von Aldersbach.[65] Hauptsächlich am Hof wirkte auch der Prinzenerzieher (ab 1508) und Landeshistoriograph (ab 1517) Johann Turmair (Aventin),[66] der in enger Beziehung zur Ingolstädter Universität stand und dort eine Sodalitas im Sinne des Celtis um sich scharte. Sein Werk, das bereits auf breite Vorarbeiten wie denen des Freisinger und Landshuter Klerikers Veit Arnpeck[67] aufbauen konnte und das durch die von Celtis projektierte Idee der Germania illustrata geprägt war, bedeutete einen Meilenstein der humanistischen Geschichtsschreibung nördlich der Alpen; daneben standen eine lateinische Grammatik sowie ein Lehrbuch der Musik.

Ein weiteres Vorbild für die neue Form der Geschichtsschreibung[68] war für Aventin Konrad Peutinger,[69] die überragende Gestalt der Sodalitas litteraria Augustana. Aus einer Augsburger Kaufmannsfamilie stammend und nach breiter Ausbildung in Italien ab 1488 in seiner Heimatstadt tätig, dort 1497–1534 als Stadtschreiber bald von führender Bedeutung, war Peutinger nicht nur eine maßgebliche politische Erscheinung mit engen Beziehungen zu Kaiser Maximilian I. Der Welser-Schwiegersohn gehörte als Sammler von Altertümern, Editor und Briefeschreiber zu den bedeutendsten Erscheinungen des Humanismus nördlich der Alpen. Um ihn gruppieren sich so bemerkenswerte Persönlichkeiten[70] wie Matthäus Lang,[71] seit 1500 Dompropst, später Diplomat Maximilians I., Kardinal und Erzbischof von Salzburg, die Domherren Bernhard Graf von Waldkirch d.J., Bernhard und Konrad Adelmann von Adelmannsfelden[72] sowie Matthäus Marschall von Pappenheim, schließlich der Abt von St. Ulrich und Afra Konrad Mörlin;[73] aus dem Bürgertum kamen z.B. hinzu der Arzt Adolf

---

[64] ALOIS SCHMID, Stadt u. Humanismus. Die bayer. Haupt- u. Residenzstadt München: Humanismus u. höfisch-städt. Eliten i. 16. Jh. 23. Deutsch-französisches Historikerkolloquium d. Deutschen Hist. Instituts Paris i. Verbindung mit d. Fachbereich Geschichtswissenschaften d. Philipps-Universität Marburg v. 6.–9. April 1987, hg. v. KLAUS MALETTKE u. JÜRGEN VOSS, Bonn 1989, 239–275 (Pariser Hist. Stud. 27). Zu Kaisheim vgl. Briefwechsel Celtis (K) 579ff.

[65] Vgl. GLASER (K) 841. 857–860; LUTZ/SCHMID (K) 866f.

[66] Aventinus u. seine Zeit, 1477–1534, hg. v. GERHARD-HELMUT SITZMANN, Abensberg 1977; ALOIS SCHMID, Die hist. Methode d. Johannes Aventinus: BDLG 113 (1977), 338–395; EBERHARD DÜNNINGER, Johannes Turmair, genannt Aventinus: Deutsche Dichter (K) 311–323; KRAUS, Bild (B) bes. 14–24 sowie die dort in Anm. 25 genannte Lit.

[67] Vgl. GLASER (K) 854ff.

[68] Vgl. dazu jetzt MARTIN OTT, Die Entdeckung d. Altertums (Masch. Diss.), München 2000.

[69] HEINRICH LUTZ, Conrad Peutinger. Beitr. z. einer polit. Biographie, Augsburg 1958 (Abh. z. Gesch. d. Stadt Augsburg 9); MONIKA GRÜNBERG-DRÖGE, Peutinger, Konrad: BBKL 7, 392–397; HANS-JÖRG KÜNAST/JAN-DIRK MÜLLER, Peutinger, Konrad: NDB 20, 282ff.

[70] Vgl. zusammenfassend JOHANN RAMMINGER, The Roman Inscriptions of Augsburg Published by Conrad Peutinger: Studi Umanistici Piceni 12 (1992), 197–210 [198–201].

[71] Neue Biographie, jedoch mit geringen Bezügen zum humanistischen Profil Langs: JOHANN SALLABERGER, Kardinal Matthäus Lang v. Wellenburg (1468–1540). Staatsmann u. Kirchenfürst i. Zeichen v. Renaissance, Reformation u. Bauernkriegen, Salzburg u.a. 1997.

[72] Zu beiden vgl. REUCHLIN, Briefwechsel (K) passim; Briefwechsel Celtis (K) 596 u.ö.

[73] MARKUS RIES, Mörlin, Konrad: NDB 17, 680.

Occo d.Ä., der Jurist Sebastian Ilsung, der Pädagoge Johann Mader und der Patrizier Georg Herwart.[74] Auch die Familie Fugger zeigt in ihrem Mäzenatentum und in den Bildungsbestrebungen einzelner Mitglieder humanistische Einflüsse. Gerade für Schwaben gibt es darüber hinaus zahlreiche Hinweise auf humanistische Gelehrte in den Städten und Klöstern,[75] doch fehlen hier ebenso wie für den fränkischen und den bayerischen Raum vertiefende neuere Untersuchungen.

Es wird jedoch erkennbar, daß die großen Wirtschaftszentren Nürnberg und Augsburg zugleich Schaltstellen in einem dichten Netz von Gelehrtenfreundschaften waren, die sowohl das nähere räumliche Umfeld als auch weitere große Zentren einschlossen. Insbesondere das Nürnberger Handelsnetz mit den an den Messerouten nach Leipzig und Frankfurt gelegenen fränkischen Städten und die zahlreichen Immatrikulationen aus diesen Orten an den Universitäten sorgten in Franken für eine breitenwirksame Vermittlung humanistischen Gedankenguts. Alleine die Herkunft zahlreicher Humanisten aus den fränkischen Mittel- und Kleinstädten – aus Karlstadt kamen z.B. die Theologen Andreas Bodenstein und Johann Draconites sowie der Mathematiker Johann Schöner, aus Hammelburg der Baseler Buchdrucker Johann Froben,[76] der Leipziger und Mainzer Professor Ivo Wittich, der Grazer Mediziner Konrad Amicus[77] – weist auf entsprechende Bildungsvoraussetzungen und -interessen in diesen Orten hin.[78] Für Schweinfurt ist das Niveau der Schule hervorzuheben, an der u.a. Celtis und Cuspinian ihre erste Ausbildung erhielten; etwa ab den 1480er Jahren ist ihre humanistische Ausrichtung erkennbar, nicht zuletzt am hervorragenden Lehrer Petrus Popon,[79] der dann ab 1491 an der Würzburger Domschule wirkte, sowie an Johannes Mey aus Römhild.[80] Als Beispiel für die kleineren Städte sei Mellrichstadt genannt: Zwischen 1488 und 1520 stammten aus diesem Ort sieben Studenten an der Montana-Burse der Kölner Universität, zum Teil unterstützt durch ein 1504 eingerichtetes Stipendium des Pfarrers Johann Düring.[81] Für deren Fortkommen sorgte u.a. der ebenfalls aus dieser fränkischen Kleinstadt stammende Martin Pollich,[82] der zuerst an der Universität Leipzig wirkte, wo er im Sinne seines Freundes Celtis die Sodalitas Polychiana gründete, und seit 1502 bis zu seinem Tode 1513 die führende Rolle an der Universitäts-Neugründung Wittenberg einnahm. Bedeutendster Mellrichstädter Absolvent der Montana war Kilian Reuter, der seit 1507 an der Wittenberger Artistenfakultät dozierte und sich sofort in heftige Auseinandersetzungen um die Bedeutung der Poetik einließ. Wie

---

[74] Briefwechsel Celtis (K) 597.
[75] Vgl. zusammenfassend LAYER/SCHMID (K).
[76] ARNOLD PFISTER, Froben(ius), Johann: NDB 5, 638ff.
[77] Briefwechsel Celtis (K) 220f u.ö.
[78] Vgl. die Hinweise bei MERZ, Landstadt (B); KRAUS, Gestalten (B) passim.
[79] FRANZ JOSEF WORSTBROCK, Popon (Bopo), Petrus: VerLex² 7, 782–785.
[80] MAHR (B) 68ff. 79.
[81] Vgl. zum folgenden in allem das grundlegende, von der Forschung bislang nicht ausreichend rezipierte Werk von TEWES (K).
[82] HELMUT SCHLERETH, Pollich, Martin: NDB 20, 605f.

Pollich und Reuter war auch Bodenstein ein stark humanistisch ausgerichteter Thomist, der seine entscheidende Prägung an der Kölner Montana-Burse erhalten hatte. Die wichtigste Figur dort war deren Regent Valentin Engelhardt aus dem fränkischen Geldersheim, das zur Reichsvogtei Schweinfurt gehörte. Er organisierte in Köln eine eng verbundene fränkische Landsmannschaft; über ihre am Frankenapostel Kilian ausgerichtete Kultgemeinschaft berichtete er 1496 seinem Freund Celtis.[83] Bereits an diesen Personen zeichnet sich ein Beziehungsnetz ab, das seine Hauptpfeiler an den Universitäten Köln, Leipzig, Wittenberg und Mainz sowie den Nürnberger Humanisten besaß. Die Akteure in diesem Netz verbanden die theologische Ausrichtung der scholastischen via antiqua an Thomas von Aquin mit einem dezidierten Bekenntnis zum Humanismus; als überragende Integrationsfigur erscheint immer wieder Celtis. Augsburg ist diesem Beziehungsfeld nur teilweise zuzuordnen. Die Komplexität der dortigen Verhältnisse erweist sich an der Feindschaft des Domherren Bernhard Adelmann gegenüber Eck. Adelmann, durch Pfründen und verwandtschaftliche Bande mit Eichstätt und Nürnberg eng verbunden, war zudem ein erbitterter Gegner der Fugger, denen er es zuschrieb, daß seine Bemühungen um den Augsburger Bischofsstuhl 1505 fehlgeschlagen waren. Obwohl er zum Peutinger-Kreis zählte, stand dieser mehrheitlich in guten Beziehungen sowohl zu den Fuggern wie zu Eck; letzterer wiederum besaß exzellente Verbindungen zur Kölner Laurentiana-Burse, die wie ihre heftige Konkurrentin, die Montana, der via antiqua folgte, noch dazu in der strengen Richtung des Albertus Magnus; wichtigster Verbindungsmann dort war der aus Augsburg stammende und mit den Fuggern eng kooperierende Humanist und Theologieprofessor Michael Schwab. Diesen Strukturen sollte bald nach der Jahrhundertwende eine erhebliche Relevanz zukommen.

Festzuhalten bleibt, daß sich Humanismus und Kirche nicht ausschlossen, sondern ganz im Gegenteil eine enge Verbindung eingingen. Dies gilt nicht nur strukturell für den humanistisch geprägten Personenkreis, der sich zu einem erheblichen Teil aus Klerikern zusammensetzte und in den geistlichen Institutionen teilweise seinen größten Rückhalt fand. Vor allem war dieser Personenkreis in seiner persönlichen Frömmigkeitspraxis wie in seiner theologischen Ausrichtung ganz den kirchlichen Hauptströmungen seiner Zeit verhaftet; eine humanistisch geprägte prinzipielle Alternative zur scholastischen Theologie hat es – bei aller Kritik im einzelnen – in Bayern, Franken und Schwaben nicht gegeben. Die scharfe Kirchenkritik von Humanisten ist nicht modern im aufklärerischen Sinne

---

[83] Briefwechsel Celtis (K) 198f. Der Kilianskult spielte bei den fränkischen Humanisten offensichtlich eine bedeutende Rolle, was nicht nur das o.g. Hexastichon Funcks, sondern auch die erste nachmittelalterliche Kiliansvita nahelegt, die 1526 Johann Greul (Menanus) verfaßte. Dieser kam aus dem fränkischen Egenhausen und war Mitglied des Poetenkollegiums in Wien, wo er später noch als Pfarrer wirkte; vgl. ERIK SODER V. GÜLDENSTUBBE, St. Kilian i. Hymnen, Liedern, Gedichten: Kilian (B) 419–441. Zur humanistischen Heiligenverehrung vgl. GABRIELA SIGNORI, Humanisten, hl. Gebeine, Kirchenbücher u. Legenden erzählende Bauern. Zur Gesch. d. vorreformatorischen Heiligen- u. Reliquienverehrung: ZHF 26 (1999), 203–244.

zu verstehen, sondern als Anprangerung von Mißständen in einem grundsätzlich verinnerlichten System zu werten.

3. Humanismus und Reformation

Die humanistischen Kreise in Süddeutschland um Nürnberg und Augsburg formierten sich bereits im Reuchlin-Streit, der 1507 mit antijüdischen Schriften des Johannes Pfefferkorn begann, mit einem teilweise projüdischen Gutachten des bedeutenden Hebraisten Johannes Reuchlin[84] 1510 eskalierte und maßgeblich die Abfassung der Dunkelmännerbriefe (1515/17) prägte.[85] Die formierende Kraft der Reuchlin-Gegner waren die Albertisten an der Universität Köln, während die Thomisten zahlreiche Reuchlin-Befürworter stellten. Eine Verstärkung dieser Strukturen brachte der Zinsstreit: Seit 1514 verteidigte Eck, ganz im Sinne der Augsburger Fugger, entgegen dem kanonischen Zinsverbot die Erlaubtheit des in der Praxis weitverbreiteten fünfprozentigen Zinses. Hinter dem Nominalisten Eck standen nicht nur die Fugger mit ihrem weitgespannten Beziehungsnetz und ihren dichten Verbindungen ins Herzogtum Sachsen sowie vor allem zur Kurie, sondern auch der Peutinger-Kreis sowie die Kölner Albertisten, als heftige Gegner erwiesen sich neben Bernhard Adelmann die Nürnberger um W. Pirckheimer sowie die Thomisten in Mainz und Köln. Dieselben Gegensätze werden 1519 nach der Leipziger Disputation zwischen Martin Luther und Eck sichtbar, als die Universität Köln auf Initiative Ecks und unter albertistischem Einfluß zuerst Luthers Schriften verurteilte. Im Gegenzug fanden sich die scharfen Eck-Gegner W. Pirckheimer und Bernhard Adelmann unter den vom Bann Bedrohten in der Bulle »Exsurge Domine« von 1520.

Die gegenüber den Albertisten wesentlich stärker humanistisch geprägten Thomisten gingen freilich nicht geschlossen ins Lager Luthers über. Während jene, wie auch die Fugger und Teile des Augsburger Kreises um Peutinger, von Beginn an zu den Gegnern der Reformation zählten, zeigten diese anfänglich überwiegend Sympathie, blieben dann jedoch mehrheitlich der altkirchlichen Reformbewegung verhaftet; ganz offensichtlich wandten sie sich von der neuen Lehre ab, als sie deren systemsprengende Tragweite erkannten. Der in der Forschung konstatierte Bruch zwischen den älteren und jüngeren Humanisten im Verhältnis zur Reformation ist am deutlichsten in Nürnberg zu sehen, das wirtschaftlich und personell engstens mit Kursachsen verbunden war, wo jedoch die älteren, von Celtis geprägten Humanisten um W. Pirckheimer letztlich bei der alten Kirche blieben und erst die jüngere Generation um Andreas Osiander konsequent die Einführung der Reformation betrieb.[86]

---

[84] STEFAN RHEIN, Johannes Reuchlin: Deutsche Dichter (K) 138–155.
[85] Neben TEWES (K) für das Folgende grundlegend und detailliert GÖTZ-RÜDIGER TEWES, Luthergegner d. ersten Stunde. Motive u. Verflechtungen: QFIAB 75 (1995), 256–365.
[86] Vgl. dazu auch II.1.2.

Bei der Beantwortung der alten Frage nach dem Verhältnis von Humanismus und Reformation[87] ist demnach die Spezifizierung nach dem Verhältnis der Humanisten zur lutherischen Bewegung[88] maßgeblich. Denn es war weniger das Gedankengut als vielmehr das Forum der Humanisten, das die große Resonanz auf das Auftreten Luthers ermöglichte. Darüber hinaus waren alle führenden Reformatoren neben Luther und Nikolaus von Amsdorf um 1517/20 junge Humanisten; damit waren prägende Einflüsse in der Ausgestaltung der reformatorischen Lehre verbunden, ohne daß sich im Umkehrschluß die Reformation aus dem Humanismus erklären ließe. Zudem gingen ja nicht alle Humanisten, gleich ob jung oder alt, zur Reformation über; vielmehr bildete der Humanismus auch in der alten Kirche ein substantielles Element der Reformbemühungen. Von ebenso großer Bedeutung wie diese Grundtatsachen ist daneben die Differenzierung der Humanisten in sich überlappende Beziehungsnetze, in denen nicht nur geistige, sondern auch politische, wirtschaftliche und ganz persönliche Interessen entscheidende Faktoren darstellten; besonders gewichtig waren dabei die in Studium und praktischer Betätigung geknüpften sozialen Kontakte. In die sich bisher abzeichnenden groben Großstrukturen lassen sich zahlreiche Humanisten in Franken und Schwaben einordnen. Die frankischen Gelehrten sind demnach überwiegend einer Richtung zuzuordnen, in der sich die thomistische Ausprägung der »via antiqua« mit einem dezidierten Bekenntnis zu den humanistischen Studien verband und die personell vor allem in den universitären Zentren Köln, Leipzig und Wittenberg verankert war. Im südlichen Franken und in Schwaben bzw. Augsburg dagegen herrschte eine andere Situation: In der engen Verbindung von Kölner Albertisten, maßgeblichen Vertretern der Fugger-Familie und kurialen Kreisen wird im Agieren des Johannes Eck gegen Luther und Bodenstein ein Netzwerk sichtbar, das sich in seiner personellen, räumlichen und inhaltlichen Ausrichtung deutlich von der Achse Nürnberg-Würzburg abhebt. Die Richtung künftiger Forschungen sollte daher nicht nur auf den anfänglichen Gleichklang der humanistischen mit Luthers Kirchenkritik gerichtet sein. Vielmehr ist verstärkt zu fragen, inwieweit auch in der Positionierung und Profilierung verschiedener und unterschiedlich stark humanistisch geprägter Gelehrtenkreise, in ihren personellen Verflechtungen und damit zusammenhängenden wirtschaftlichen und politischen Faktoren der bedeutende Einfluß humanistischer Gelehrsamkeit auf Förderung und Abwehr der Reformation auch in Bayern, Franken und Schwaben zu verorten ist.

---

[87] Zur Forschungssituation vgl. ROBERT STUPPERICH, Humanismus u. Reformation i. ihren gegenseitigen Beziehungen: Humanismusforsch. seit 1945 (K) 41–57; Renaissance – Reformation. Gegensätze u. Gemeinsamkeiten, hg. v. AUGUST BUCK, Wiesbaden 1984 (WARF 5).
[88] BERND MOELLER, Die deutschen Humanisten u. d. Anfänge d. Reformation: ZKG 70 (1959), 46–61 [Wiederabdruck: MOELLER (B) 98–110].

I.6.2 KIRCHE UND KUNST IM SPÄTMITTELALTER

Von Kurt Löcher

Bayern. Kunst u. Kultur, Katalogred. MICHAEL PETZET, AKat. München 1972.– HANS BELTING, Bild u. Kult. Eine Gesch. d. Bildes vor d. Zeitalter d. Kunst, München 1990 [Lit.].– GEORG DEHIO, Hb. d. Deutschen Kunstdenkmäler. Bayern, neubearb. Sonderausg. f. d. Wissenschaftl. Buchgesellschaft Darmstadt, 5 Bde., Darmstadt 1979–1991.– JOHANN MICHAEL FRITZ, Goldschmiedekunst d. Gotik i. Mitteleuropa, München 1982.– Bayer. Frömmigkeit (B).– Deutsche Glasmalerei d. MA, hg. v. RÜDIGER BECKSMANN, Bd. 1: Voraussetzungen, Entwicklungen, Zusammenhänge, Berlin 1995 [= Jahresgabe d. Deutschen Vereins f. Kunstwissenschaft 1995].– Münchner Gotik i. Freisinger Diözesanmuseum, AKat. Regensburg 1999 (Kat. u. Schr. d. Diözesanmuseums Freising 21).– PHILIPP MARIA HALM, Stud. z. süddeutschen Plastik. Altbayern u. Schwaben, Tirol u. Salzburg, 2 Bde., Augsburg 1926/27.– Hans Holbein d.Ä. u. d. Kunst d. Spätgotik, AKat. Augsburg 1965.– Ingolstadt, hg. v. THEODOR MÜLLER u. WILHELM REISMÜLLER, Bd. 1 u. 2: Die Herzogsstadt, die Universitätsstadt, die Festung, Ingolstadt 1974, Bd. 3: Bilddokumente d. Stadt Ingolstadt 1519–1930, Ingolstadt 1981.– HEINRICH KOHLHAUSSEN, Nürnberger Goldschmiedekunst d. MA u. d. Dürerzeit 1240 bis 1540, Berlin 1968 [= Jahresgabe d. Deutschen Vereins f. Kunstwissenschaft 1967].– Die Kunstdenkmäler v. Bayern [vormals: Die Kunstdenkmäler d. Kgr. Bayern], mehrere Reihen, verschiedene Autoren, München 1906ff.– Reclams Kunstführer Deutschland, Bd. 1/1: Bayern Süd, Bd. 1/2: Bayern Nord, bearb. v. ALEXANDER V. REITZENSTEIN u. HERBERT BRUNNER, Stuttgart ⁹1983.– BETTY KURTH, Die deutschen Bildteppiche d. MA, Bd. 1: Text, Bd. 2 u. 3: Tafeln, Wien 1926.– GERHARD MAY, Kunst u. Religion, 5. MA, 6. Frühe Neuzeit: TRE 20, 267–292.– ULRICH MERKL, Buchmalerei i. Bayern i. d. ersten Häfte d. 16. Jh. Spätblüte u. Endzeit einer Gattung, Regensburg 1999.– Nürnberg 1300–1550. Kunst d. Gotik u. Renaissance, Nürnberg, Germanisches Nationalmuseum, AKat. München 1986.– Die Parler u. d. Schöne Stil 1350–1400. Europ. Kunst unter d. Luxemburgern. Ein Hb. z. Ausstellung d. Schnütgen-Museums i. d. Kunsthalle Köln, hg. v. ANTON LEGNER, Bd. 1–3, Köln 1978, Bd. 4, Köln 1980.– Regensburg i. MA 1 (B).– ADOLF REINLE, Die Ausstattung deutscher Kirchen i. MA. Eine Einführung, Darmstadt 1988.– HERBERT SCHINDLER, Große Bayer. Kunstgesch., Bd. 1: Frühzeit u. MA, Bd. 2: Neuzeit bis an d. Schwelle d. 20. Jh., München 1963.– CORINE SCHLEIF, Donatio et Memoria. Stifter, Stiftungen u. Motivationen an Beispielen aus d. Lorenzkirche i. Nürnberg, München 1990 (Kunstwissenschaftl. Stud. 58).– PETER STRIEDER, Tafelmalerei i. Nürnberg 1350–1550, Königstein/Taunus 1993.

Die Kunst entfaltete sich während des hohen und späten Mittelalters überwiegend im Dienst der Kirche, das waren der Klerus und die Gemeinschaft der Gläubigen. Durch korporative oder persönliche Stiftungen hatten sie Anteil an den Kirchenbauten, an den liturgischen Geräten und Paramenten, an den Glasfenstern und Altarretabeln.[1] Die Kirche als öffentlicher Raum ließ sie die Seg-

---

[1] Retabel, lat. Retrotabularium, retabulum, auf dem hinteren Teil des Altars oder an dessen Rückseite angefügter Aufsatz als Bildträger zur Visualisierung der Liturgie, gipfelnd im spätmittelalterli-

nungen ihrer Spenden jeden für sich und für andere sichtbar genießen, wuchs doch hier der Einzelne über sich selbst hinaus, wurde er vorbildlich für andere.

1. Kirchenbauten, Bauskulptur und Grabdenkmäler

Auf dem Terrain bescheidener Vorgängerbauten entstanden im hohen Mittelalter die Bischofskirchen,[2] das waren in Franken Würzburg, Bamberg und Eichstätt, in Schwaben Augsburg, in Bayern Regensburg, Passau und Freising. Die Grundform bot die altchristliche Basilika. Die Mönchsorden hatten längst begonnen, das Land mit Klöstern und Klosterkirchen abweichender Bauart zu überziehen. Im städtearmen Bayern kam ihnen eine erhöhte Bedeutung zu. Jeder Orden förderte seinen Regeln und Anschauungen entsprechend die Künste auf eine besondere Weise. Das asketische Erscheinungsbild zisterziensischer Baukunst vertritt nach der Mitte des 14. Jahrhunderts noch die Klosterkirche von Kaisheim. Als Zentralbau ungewöhnlich ist die 1370 geweihte, aber erst mehr als hundert Jahre später eingewölbte, nachmals barockisierte Benediktinerstiftskirche zu Ettal. Von den Bauhütten hatte die seit etwa 1250 mit dem gotischen Kathedralbau betraute in Regensburg besonderes Gewicht, so daß dort 1459 eine übergreifende Hüttentagung stattfinden konnte.[3] Von den am Dom tätigen Mitgliedern der Baumeisterfamilie Roritzer war Konrad der bedeutendste. Daß die Baumeister und Bautrupps im großen Stil wanderten, namhafte Architekten gleichzeitig verschiedene, weit voneinander entfernte Baustellen betreuten, schuf ein dichtes Netz der Einflüsse und Anregungen. Die augenfälligste Entwicklung nahmen die Pfarrkirchen bei schnell wachsender Bevölkerungszahl der Städte und zunehmendem Wohlstand ihrer Bürger. Das hieß nicht nur, vorhandene Kirchenbauten zu erweitern, sondern großangelegte Neubauten auszuführen und mit Zeugnissen der Stifterfrömmigkeit zu füllen. Die während des Baus der Heiligkreuz-Kirche in Schwäbisch Gmünd erfolgte Planänderung, die die Form der Basilika zugunsten der Halle mit gleich hohen Schiffen aufgab, setzte ein Zeichen. Die von den Mitgliedern der Baumeisterfamilie Parler bis nach Prag und Wien getragene Bauidee wurde zunächst in Franken wirksam. In der Reichsstadt Nürnberg entstand zwischen 1350 und 1358 als Stiftung Kaiser Karls IV. und als Hofkapelle die Frauenkirche in Gestalt einer Halle parlerischer Prägung. 1361–1379

---

chen Flügelaltarretabel mit mehreren beweglichen Flügelpaaren; vgl. JOS. BRAUN S.J., Altarretabel. A. In d. kath. Kirche: RDK 1, 530–563; NORBERT WOLF, Retabel: LMA 7, 762f [Lit.].

[2] Zum gotischen Kirchenbau vgl. KURT GERSTENBERG, Deutsche Sondergotik. Eine Unters. über d. Wesen d. deutschen Baukunst i. späten MA, München 1913; SCHINDLER (K); TILMAN BREUER, Gotische Architektur: Bayern (K) 56–63; NORBERT NUSSBAUM, Deutsche Kirchenbaukunst d. Gotik. Entwicklung u. Bauformen, Köln 1985 (DuMont-Dokumente); DERS./SABINE LEPSKY, Das gotische Gewölbe. Eine Gesch. seiner Form u. Konstruktion, Darmstadt 1999. Literaturhinweise werden Barbara Schock-Werner verdankt.

[3] Der Dom z. Regensburg. Ausgrabung – Restaurierung – Forsch., Katalogred. PETER MORSBACH, AKat. Zürich ³1990 (KSDMR 8).

erhielt die Stadtpfarrkirche St. Sebald einen über dem Grab des Stadtpatrons errichteten Hallenchor. Der aufgrund der Hanglage besonders wirkungsvolle Chor der Oberen Pfarrkirche in Bamberg eiferte ihm nach. Parlerisch geschult war der aus Südböhmen stammende Hans Krumenauer, der für den Neubau des Passauer Domchores herangezogen wurde. Dem 1439–1477 errichteten Chor der Nürnberger Stadtpfarrkirche St. Lorenz gab der Regensburger Dombaumeister Konrad Roritzer das Gepräge. In Mainfranken bietet die 1377 begonnene, aber erst 1479 vollendete Würzburger Marienkapelle das Beispiel einer Hallenkirche. Die meisten der seit dem späten 14. Jahrhundert im Bau befindlichen großen Stadtpfarrkirchen in Bayern wie in der Oberpfalz unterscheiden sich von den hochgotischen Kirchen durch den Typus der durchlichteten Halle mit reduzierten Pfeilerstärken, den nach außen wuchtig geschlossenen Baukörper unter durchgehendem Satteldach und durch den weitgehenden Verzicht auf Skulpturenschmuck. Quellen für den Bautypus lagen in Österreich, Anregungen vermittelten die Zisterzienser. Die Pfarrkirche St. Martin in Landshut (Abb. 2) gilt als die schönste unter den deutschen Hallenkirchen. Sie wurde 1385 begonnen. Erst gegen 1500 erhielt der hohe Turm seine Spitze. Auf den führenden Baumeister Hans von Burghausen[4] folgte nach dessen Tod Hans Stethaimer. Für das Ansehen des Hans von Burghausen, dessen Anfänge man im böhmischen Umkreis der Parler sucht, spricht der Umfang seiner Tätigkeit. Eine auch den Chor einbeziehende Hallenarchitektur bot er mit der 1407 begonnenen Spitalkirche Hl. Geist in Landshut. Nach 1408 folgte die Franziskanerkirche in Salzburg, ab 1410, womöglich unter seiner Beteiligung, der Bau der Kirche St. Jakob in Wasserburg. Ab 1415 plante und leitete er zumindest bis zur Aufführung des Chores den Bau der Kirche St. Jakob in Straubing, damals Sitz der Herzöge der niederbayerischen Zweiglinie Straubing-Holland. Der Bautypus hatte Bestand. 1421 wurde mit dem Bau der Kirche St. Martin in Amberg begonnen.[5] Die Kirche Unserer Lieben Frau in Ingolstadt, deren Bau 1425 begonnen und nur zögerlich fortgeführt wurde, hatte ihr Gründer Herzog Ludwig der Gebartete von Bayern-Ingolstadt als persönliche Grablege auserschen, doch kam es nicht dazu.[6] Wittelsbachische Grablege sollte auch die 1468–1488 durch Jörg von Halsbach zügig erbaute Münchner Frauenkirche (Abb. 3) werden.[7] Der schmucklose Ziegelbau ist durch seine Mauermassen und seine an das romanische Westwerk erinnernden, als »Wahrzeichen« angesehenen Türme mit den später hinzugekommenen welschen Hauben eindrucksvoll. In den schwäbischen Reichsstädten erhielten Nördlingen und Donauwörth Hallenkirchen. Derselbe Nikolaus Eseler,

---

[4] Beitr. z. Leben u. Werk d. Meisters Hanns v. Burghausen, hg. v. VOLKER LIEDKE u.a., Bd. 1, Burghausen 1984 (Burghauser Geschichtsblätter 39), Bd. 2, Burghausen 1986 (Burghauser Geschichtsblätter 42).

[5] NICOLA DAMRICH, Die Kirche St. Martin i. Amberg, München 1985 (Schr. aus d. Zentralinstitut f. Kunstgesch. München 5).

[6] Ingolstadt 1–3 (K).

[7] PETER PFISTER/HANS RAMISCH, Die Frauenkirche i. München. Gesch., Baugesch. u. Ausstattung, München 1983.

der in Nördlingen Werkmeister an St. Georg war, plante und leitete 1448–1463 den Bau der Pfarrkirche St. Georg im fränkischen Dinkelsbühl.[8] Allen genannten Kirchenräumen eignen reiche spätgotische Netzrippengewölbe. Als Aufgabe kam die Einwölbung älterer Kirchenbauten hinzu. In Augsburg versah man den romanischen Dom seit 1331 mit Gewölben, 1356 wurde ein neuer Ostchor in Angriff genommen und 1431 geweiht. Im Zuge der Benediktinerreform erhielt das dortige Reichsstift St. Ulrich und Afra seit 1467 einen neuen, basilikalen Kirchenbau, dessen Ausführung zwischen 1477 und 1512 von Burkhart Engelberg verantwortet wurde, den man als einen Meister komplizierter Dekorationsformen kennt.[9] Mit dem fortschreitenden 15. Jahrhundert nahmen die ehrgeizigen Zeugnisse privater Frömmigkeit an Vielzahl und Umfang zu. Für die Zwölfbrüderhausstiftung des Nürnberger Kaufmannes Matthäus Landauer baute Hans Beheim d.Ä. 1506/07 die Allerheiligenkapelle mit einem höchst kunstvollen Schlußstein. Der Augsburger Kaufherr Jakob Fugger der Reiche ließ 1509–1518 an die Kirche St. Anna in Augsburg eine Kapelle in der Größe eines Westchores als Grablege für sich und seine Familie bauen (Abb. 6), zu deren Ausstattung er hervorragende Künstler wie Albrecht Dürer heranzog.[10] Die Bau- und Schmuckformen sind die der Renaissance.

Die Skulptur war als »Bauplastik«[11] Bestandteil der Architektur. Sie wurde als solche von der jeweiligen Bauhütte verantwortet. Ihr waren die umfangreichen bildnerischen Programme der Portale anvertraut. Seit dem 15. Jahrhundert wurde zumal in Schwaben und Franken der bühnenmäßig gestaltete »Ölberg« mit Christus und den schlafenden Jüngern obligat. Er war auf den angrenzenden Friedhof ausgerichtet. Im Kirchenschiff figurierten die den Pfeilern vorgestellten Apostel als Glaubenszeugen und Träger der Kirche. Figürlichen Schmuck boten das Sakramentshaus, der Taufstein, die Kanzel und der zumeist in späterer Zeit abgebrochene Lettner. Den des Regensburger Domes überliefert ein Kupferstich aus dem 17. Jahrhundert. Regensburg bietet mit dem Dom, Nürnberg mit den Kirchen St. Sebald, Liebfrauen und St. Lorenz, Landshut mit St. Martin und Würzburg mit der Marienkapelle musterhafte figürliche Portalprogramme.[12] Ins-

---

[8] WERNER HELMBERGER, Architektur u. Baugesch. d. St. Georgskirche z. Dinkelsbühl (1448–1499). Das Hauptwerk d. beiden spätgotischen Baumeister Niclaus Eseler, Vater u. Sohn, Bamberg 1984 (Bamberger Stud. z. Kunstgesch. u. Denkmalpflege 2).

[9] FRANZ BISCHOFF, Burkhard Engelberg u. d. süddeutsche Architektur um 1500. Anm. z. sozialen Stellung u. z. Arbeitsweise spätgotischer Steinmetzen u. Werkmeister (Masch. Diss.), Bamberg 1987.

[10] BRUNO BUSHART, Die Fuggerkapelle bei St. Anna i. Augsburg, München 1994.

[11] HALM 1 u. 2 (K); vgl. dazu die Kunstdenkmälerbände (K) sowie die jeweiligen Bau- u. Künstlermonographien. Hinweise, auch zur Literatur, werden Stefan Roller verdankt.

[12] KURT MARTIN, Die Nürnberger Steinplastik i. 14. Jh., Berlin 1927 (Denkmäler d. deutschen Kunst. Sektion 2: Plastik); WILHELM PINDER, Mittelalterliche Plastik Würzburgs. Versuch einer lokalen Entwicklungsgesch. v. Ende d. 13. bis z. Anfang d. 15. Jh., Leipzig ²1924; Vor Leinberger. Landshuter Skulptur i. Zeitalter d. reichen Herzöge 1393–1503. Kat. i. zwei Teilbänden z. Ausstellung d. Museen d. Stadt Landshut i. d. Spitalkirche Heiliggeist v. 23. Juni bis 28. Oktober 2001, Hg. FRANZ NIEHOFF, Landshut 2001 (Schr. aus d. Museen d. Stadt Landshut 10).

gesamt trat der Anteil der Bauplastik an den Kirchenbauten nach 1400 zurück. 1491/93 und 1502/06 versah Tilman Riemenschneider in Würzburg die Außenfront der Marienkapelle mit den Gestalten des ersten Menschenpaares und den Standbildern Christi und der Apostel (jetzt im Mainfränkischen Museum). Als die Bildschnitzerei der Steinbildhauerei den Rang ablief, blieben dieser doch bestimmte Aufgaben vorbehalten – das waren die Sakramentshäuser, die Kanzeln, aber auch Epitaphien und Grabmäler. Die Stadt Nürnberg lag dank ihrer stiftungsfreudigen Kaufleute und eines geschlossen operierenden Rates vorn. Dem Steinbildhauer Adam Kraft werden das 1493/96 geschaffene Sakramentshaus in St. Lorenz und die zum Johannisfriedhof führenden Kreuzwegstationen (jetzt im Germanischen Nationalmuseum) verdankt. Veit Stoß vollendete 1498 die Passions-Reliefs der Volckamerschen Gedächtnisstiftung in St. Sebald. Die bekanntesten der frühen Bischofsgrabmäler enthalten die Dome in Bamberg und Würzburg, dieser dazu die von Riemenschneider geschaffenen Grabdenkmäler Rudolfs von Scherenberg (Abb. 5) und – noch zu dessen Lebzeiten – des Lorenz von Bibra. Für den in Augsburg tätigen Hans Peurlin (Beuerlein) sind Bischofsgrabmäler in den Domen zu Augsburg und Eichstätt gesichert.[13] Seinem vielbeschäftigten Schüler Loy Hering, der sich in Eichstätt niederließ, wird das Marmorbildwerk des sitzenden Hl. Willibald im dortigen Dom zugeschrieben,[14] doch handelt es sich womöglich um ein Werk des aus Ulm nach Augsburg übersiedelten Gregor Erhart. Den Weg in die Renaissance nahmen Stefan Rottaler, der Grabplatten für Auftraggeber in Landshut, Freising und Ingolstadt schuf,[15] und die an der Ausstattung der Fuggerkapelle an St. Anna in Augsburg beteiligten Adolf und Hans Daucher, dem die italienisierende Altargruppe mit dem Erbärmdechristus verdankt wird. Der in München tätige Erasmus Grasser arbeitete nur ausnahmsweise in Stein, doch gehört das Grabmal des Ulrich Aresinger in der Kirche St. Peter zu den Hauptwerken spätmittelalterlicher Bildhauerkunst. Von den späten Heiligengrabmälern sind das in Juramarmor gehauene der Heiligen Heinrich und Kunigunde im Bamberger Dom, das Riemenschneider aus Würzburg in den Jahren 1500 bis 1513 schuf, und das von Peter Vischer d.Ä. und seinen Söhnen in Messingguß gefertigte Sebaldusgrab, das die Gebeine des Nürnberger Stadtpatrons feiert, die bedeutendsten. Letzteres, 1488 geplant, 1507 begonnen, 1519 vollendet und in der Nürnberger Sebalduskirche aufgestellt, wächst aus einem spätgotischen Entwurf in die Erscheinungsformen der Renaissance hinüber.[16] Die Vischerwerkstatt deckte weitgehend den Bedarf an metallenen Grabdenkmälern und Epitaphien und war auch an der Reihe der bronzenen

---

13 VOLKER LIEDKE, Die Augsburger Sepulkralskulptur d. Spätgotik, Bd. 3: Zum Leben u. Werk d. Bildschnitzers Hanns Peurlin d. Mittleren, dem Meister v. Bischofsgrabmälern i. Augsburg, Eichstätt u. Freising, München 1987 (Ars Bavarica 51/52).
14 PETER REINDL, Loy Hering. Zur Rezeption d. Renaissance i. Süddeutschland, Basel 1977.
15 VOLKER LIEDKE, Die Baumeister- u. Bildhauerfamilie Rottaler 1480–1553, München 1976 (Ars Bavarica 5/6).
16 HEINZ STAFSKI, Der jüngere Peter Vischer. Bilder v. Ursula Pfistermeister, Nürnberg 1962.

habsburgischen Ahnen für das Innsbrucker Grabmal Kaiser Maximilians I. beteiligt, das zu visieren der Kaiser einen Münchner Maler, Gilg Sesselschreiber, beauftragte.[17] Die Tonplastik fand ihre schönsten Aufgaben im sog. Weichen Stil.[18]

2. Liturgische Bücher, Kultgerät und Paramente

Der christliche Gottesdienst bedurfte der liturgischen Bücher.[19] Das waren die nach Inhalt und Gebrauch unterschiedenen Evangeliare und Evangelistare, Antiphonarien, Graduale, Meßbücher, Psalterien etc. Ihre bildliche Ausstattung machte beweglich – zunächst gebend, dann nehmend – die Schritte stilistischer Veränderung mit, die die Großformen etwa der Wand- und Glasmalerei, später der Tafelmalerei prägte. Die Skriptorien, in denen die Bücher geschrieben und bebildert wurden, fand man im klösterlichen Bereich, wo abgeschiedene Lebensart und Kontinuität und bereits vorhandene Bibliotheken die Voraussetzungen für diese Arbeit boten. Auftraggeber waren Bischöfe und Äbte, aber auch Fürsten, die für den eigenen Bedarf oder als Geschenk dieserart Prachtbände schreiben und illuminieren ließen. Man darf davon ausgehen, daß viele davon gleich Reliquien und Sammlerstücken gehegt und keinerlei kirchlichem Gebrauch zugeführt wurden. Regensburg, schon in karolingischer und ottonischer Zeit ein Zentrum der Buchmalerei, war seit dem späten 14. Jahrhundert gleichermaßen Einflüssen aus Prag und Wien geöffnet, welch letztere auch über Salzburg vermittelt wurden. Später kamen solche aus dem Westen, Burgund und den Niederlanden, hinzu. Nach Umfang und Schönheit des Miniaturenschmucks überragt die sog. Ottheinrichsbibel, die um 1425/30 in Kenntnis der Prager Wenzelsbibel geschaffen wurde (Heidelberg, Kurpfälzisches Museum, und München, Bayerische Staatsbibliothek).[20] Der wirtschaftliche Niedergang Regensburgs verschlechterte die Auftragslage, doch war Berthold Furtmeyr, der zwischen 1478 und 1489 das Missale für die Salzburger Erzbischöfe illuminierte, noch einmal ein Künstler von Rang. In Nürnberg förderten die Bettelorden die Buchmalerei,

---

[17] VINZENZ OBERHAMMER, Die Bronzestandbilder d. Maximiliangrabmales i. d. Hofkirche z. Innsbruck, Innsbruck 1935.
[18] HUBERT WILM, Gotische Tonplastik i. Deutschland, Augsburg 1929; OLAF STUTZKE, Großfigürliche Tonplastik i. Franken während d. Epoche d. Weichen Stils (Masch. Diss.), Heidelberg 1991.
[19] ALBERT BÖCKLER, Deutsche Buchmalerei d. Gotik, Königstein/Taunus 1959 (Die blauen Bücher); ALFONS W. BIERMANN, Die Miniaturenhs. d. Kardinals Albrecht v. Brandenburg (1514–1545): Aachener Kunstblätter 46 (1975), 15–30; ANTON V. EUW/JOACHIM M. PLOTZEK, Die Hs. d. Sammlung Ludwig, hg. v. SCHNÜTGEN-MUSEUM d. Stadt Köln, 4 Bde., Köln 1979–1985; OTTO KUCHENBAUER/REINHARD MARIA LIBOR, Kaisheimer Buchmalerei i. ehemaligen Zisterzienserinnenkloster u. Reichsstift z. Kaisheim, Donauwörth 1984; MERKL (K); vgl. dazu die Handschriftenkataloge der Bayerischen Staatsbibliothek in München. Für den Durchsicht dieses Textabschnittes danke ich Anton von Euw.
[20] Regensburger Buchmalerei. Von frühkarolingischer Zeit bis z. Ausgang d. MA, Katalogred. FLORENTINE MÜTHERICH u.a., München 1987 (AKat. d. Bayer. Staatsbibliothek 39).

das waren die Klarissen und die Dominikaner, dann die Dominikanerinnen des Katharinenklosters.[21] Jakob Elsner illuminierte für die Nürnberger Lorenzkirche das zweibändige Graduale, das den Namen »Gänsebuch« – nach dem Bilde des einen Gänsechor dirigierenden Fuchses – trägt (New York, Pierpont Morgan Library).[22] Den größten Anteil an den illuminierten Handschriften der Folgezeit hatten in Nürnberg die Mitglieder der Familie Glockendon.[23] Die klösterlichen Skriptorien in Oberbayern wie das des Benediktinerklosters Tegernsee hatten längst an Bedeutung verloren.[24] Die vormals auf Pergament geschriebenen Codices enthalten anstelle der Miniaturen jetzt zunehmend kolorierte Federzeichnungen auf Papier, so die Biblia Pauperum aus der Mitte des 14. Jahrhunderts (München, Bayerische Staatsbibliothek, Cod. lat. 19414). Die Übernahme der Melker Observanz sicherte dem Benediktinerkloster und Reichsstift St. Ulrich und Afra in Augsburg seine überragende Bedeutung für das geistige und religiöse Leben der Stadt. Die Buchkunst profitierte davon.[25] Als Schreibkünstler brillierte der Konventuale und spätere Subprior des Stiftes, Leonhard Wagner; als Illuminist stand ihm der Konventuale Konrad Wagner zur Seite. Den Weg in die Renaissance nahm der vielgefragte Narziss Renner, der Gebetbücher für fürstliche und bürgerliche Auftraggeber illuminierte.[26]

Die Goldschmiedekunst[27] fand ihre vornehmste Aufgabe in der Herstellung der eucharistischen Geräte, das waren Kelch und Patene, Ziborium und Monstranz. Hinzu kamen die Vortragekreuze und die Reliquiare, in Verbindung mit den liturgischen Gewändern Schließen und Insignien wie der Bischofs- und Abtsstab, in Verbindung mit den liturgischen Handschriften die Buchdeckel. Die Schätze blühten nicht im Verborgenen, sondern erfüllten ihren Dienst sichtbar im Meßamt, besetzten an Feiertagen in Auswahl oder vollzählig die Altäre, wurden bei Prozessionen durch die Stadt getragen und bei Heiltumsweisungen[28] einzeln vorgezeigt und erklärt. Die großen Reliquienschreine waren immer präsent. Man findet Goldschmiede ausnahmslos in den Städten. Sie genossen ein hohes

[21] KARL FISCHER, Die Buchmalerei i. d. beiden Dominikanerklöstern Nürnbergs, Nürnberg 1928.
[22] MERKL (K) Abb. 320.
[23] BARBARA DAENTLER, Die Buchmalerei Albrecht Glockendons u. d. Rahmengestaltung d. Dürer-Nachfolge, München 1984 (TuSt.K 12); MERKL (K).
[24] EDUARD THOMA, Die Tegernseer Buchmalerei (Masch. Diss.), München 1910.
[25] ERICH STEINGRÄBER, Die kirchl. Buchmalerei Augsburgs um 1500, Augsburg u.a. [1956] (Abh. z. Gesch. d. Stadt Augsburg 8); MERKL (K).
[26] MERKL (K).
[27] MARC ROSENBERG, Der Goldschmiede Merkzeichen, Bd. 1–3: Deutschland, Frankfurt/Main ³1922–1925; JOSEPH BRAUN, Das christl. Altargerät i. seinem Sein u. i. seiner Entwicklung, München 1932; DERS., Die Reliquiare d. christl. Kultes u. ihre Entwicklung, Freiburg/Breisgau 1940; Eucharistia. Deutsche Eucharistische Kunst, AKat. München 1960; JOHANN MICHAEL FRITZ, Gestochene Bilder. Gravierungen auf deutschen Goldschmiedearbeiten d. Spätgotik, Köln u.a. 1966 (BoJ.B 20); FRITZ (K). Hinweise werden Ralf Schürer verdankt.
[28] Heiltumsweisungen waren öffentliche Reliquienausstellungen nach besonderem Ritual bei bestimmten Gelegenheiten. Für die Pilger waren sie mit Ablaß, d.h. dem von der kirchlichen Autorität gewährten Nachlaß zeitlicher Sündenstrafen, verbunden; vgl. WOLFGANG BRÜCKNER, Heiltumsweisung: LMA 4, 2033f [Lit.].

gesellschaftliches Ansehen und hatten ihren Sitz im Rat. Ihre Zunft verpflichtete sie gleich einer Bruderschaft zu religiösen Übungen, so zur Ausrichtung des Festes ihres Patrons, des hl. Eligius. Unter den fränkischen Bischofsstädten spielte Würzburg eine größere Rolle als Bamberg, auch wenn dort das 1400 vom Bischof erlassene Verbot der Zünfte den Goldschmiedestand vorübergehend schädigte.[29] Von den fränkischen Reichsstädten tat sich im 14. Jahrhundert Rothenburg hervor, doch überholte Nürnberg alle anderen.[30] 1381 wurden hier zum ersten Mal Geschworene gewählt, eben damals wird auch das Beschauzeichen, ein linksläufiges gotisches »N«, gefordert. Die schwäbischen Reichsstädte Nördlingen, Kaufbeuren und Memmingen überflügelte Augsburg. Seit 1368 bildeten hier die Goldschmiede eine eigene Gesellschaft, 1429 wurde ihnen eine Kapelle bei St. Anna überantwortet. Auch Bayern verfügte über Zentren der Goldschmiedekunst. In Landshut befand sich seit 1253 eine bayerische Münzprägestätte, der die Goldschmiede stets eng verbunden waren.[31] In München entstand vor 1365 eine umfangreiche, im Laufe der Zeit durch verschiedene Zusätze erweiterte Ordnung.[32] In Regensburg wissen die Verzeichnisse der Heiltumsweisungen zwischen 1487 und 1521 von bis zu 100 Reliquiaren, die den Gläubigen einzeln vorgewiesen wurden und die vermutlich größtenteils in Regensburg angefertigt worden waren.[33] Die Kapelle der Goldschmiede befand sich in St. Rupert, der Pfarrkirche des Klosters St. Emmeram. Bestimmte der Zweck die Grundform des kirchlichen Gerätes, lenkten und begrenzten die verwendeten Materialien die künstlerische Ausdrucksform, so gibt es doch eine Stilentwicklung, die individuelle künstlerische Äußerung und den durch Tradition geprägten Genius loci. Charakteristische Nürnberger Arbeiten sind der strenge Sebaldusschrein von 1390/91 in der Sebalduskirche und die 1491/92 geschaffene Monstranz von Neunkirchen am Brand.[34] In Augsburg operierte der vielbeschäftigte Jörg Seld mit Formen im Sinne der Protorenaissance. 1492 fertigte er das Silberaltärchen für die Kollegiatspfarrkirche ad Beatam Virginem in Eichstätt (München, Wittelsbacher Ausgleichsfonds).[35] Auch die großen Maler wie Dürer und Hans Holbein d.Ä. lieferten Entwürfe für Goldschmiedearbeiten.[36]

---

[29] VOLKER LIEDKE, Goldschmiede i. d. Bürgerbüchern v. Würzburg (1438–1508): Ars Bavarica 15/16 (1980), 157ff.
[30] KOHLHAUSSEN (K). Für Oberfranken vgl. WOLFGANG SCHEFFLER, Goldschmiede Oberfrankens. Daten, Werke, Zeichen, Berlin u.a. 1989.
[31] MAX FRANKENBURGER, Die Landshuter Goldschmiede: OBA 59 (1915), 55–188.
[32] MAX FRANKENBURGER, Die Alt-Münchner Goldschmiede u. ihre Kunst, München 1912.
[33] PETER GERMANN-BAUER, Wir Werchgenossen Goltsmid tzu Regenspurg – Goldschmiede u. andere metallverarbeitende Handwerke i. mittelalterlichen Regensburg: Regensburg i. MA 1 (B) 453–468.
[34] KOHLHAUSSEN (K) Kat. Nr. 167, 314, Abb. 156, 343.
[35] Hans Holbein d.Ä. (K); FRITZ (K).
[36] Vgl. HANNELORE MÜLLER, Augsburger Goldschmiedekunst d. Zeit Hans Holbeins d.Ä.: Hans Holbein d.Ä. (K) S. 47–51, Abb. Nr. 64. 276; GÜNTHER SCHIEDLAUSKY, Dürer als Entwerfer f. Goldschmiedekunst: Albrecht Dürer 1471–1971 (B) S. 364ff, Nr. 660–698.

Den Paramenten und damit den textilen Künsten[37] kam im Kontext der gottesdienstlichen Handlungen eine zentrale Aufgabe zu. Paramente waren die liturgischen Gewänder, aber auch die den Altar verkleidenden Antependien, die der Kirchenausstattung dienenden Wandbehänge und schließlich die bei der Prozession verwendeten »Himmel« und Fahnen. Paramente erhielten sich in Kirchenschätzen, andere in Bischofsgräbern. Die tradierten Aufbewahrungsorte der Textilien müssen nicht identisch sein mit den Orten ihrer Herstellung. Im Bamberger Domschatz findet man Paramente aus dem 11. Jahrhundert, deren Verfertiger in Regensburg gesucht werden. Regensburg hielt das Niveau auch mit den nachfolgenden Paramenten und Wirkteppichen. In Nürnberg traten Bildstickerei und Bildwirkerei nach der Mitte des 14. Jahrhunderts etwa gleichzeitig mit der Malerei und Buchmalerei und mit ihnen korrespondierend hervor.[38] Ein gestickter Behang mit Christus in der Kelter (Nürnberg, Germanisches Nationalmuseum) weist durch die abgebildeten Nonnen auf das Klarissenkloster. Der Besitz an Paramenten muß nach Ausweis eines Inventarkonzeptes der Lorenzkirche von 1466 und nachreformatorischer Verzeichnisse derselben Kirche ein ungeheurer gewesen sein, wobei es ein Vorrecht der Ratsfamilien war, ganze Ornate zu stiften, um über die Stiftung die Nähe des Altarsakramentes zu genießen. Einige der seltenen Bamberger Wirkteppiche erreichen die Qualität der besten Nürnberger Stücke. Auf der Bordüre eines Passionsteppichs im dortigen Diözesanmuseum haben sich zwei Dominikanerinnen des Klosters Heilig Grab gleichsam als Ersatz für ein Meisterzeichen am Webstuhl dargestellt.[39] Eichstätt, zunächst im Einzugsbereich der Nürnberger Bildwirker, gewann Eigenständigkeit durch die Einrichtung einer Werkstatt im Dominikanerinnenkloster St. Walburg.[40] Die organisatorische und technische Überlegenheit der südniederländischen Werkstätten und die hohe Qualität ihrer Produkte führten schon

---

[37] JOSEPH BRAUN, Die liturg. Gewandung i. Occident u. Orient nach Ursprung u. Entwicklung, Verwendung u. Symbolik, Freiburg/Breisgau 1907; DERS., Hb. d. Paramentik, Freiburg/Breisgau u.a. 1912; KURTH 1 u. 2 (K); Sakrale Gewänder d. MA, bearb. v. SIGRID MÜLLER-CHRISTENSEN, AKat. München 1955; MARIE SCHUETTE/SIGRID MÜLLER-CHRISTENSEN, Das Stickereiwerk, Tübingen 1963; RENATE KROOS/FRIEDRICH KOBLER, Farbe, liturg. In d. kath. Kirche: RDK 7, 54–121; LEONIE V. WILCKENS, Der spätmittelalterliche Zeugdruck nördlich d. Alpen: Anzeiger d. Germanischen Nationalmuseums 1983, 7–19; SASKIA DURIAN-RESS, Meisterwerke mittelalterlicher Textilkunst aus d. Bayer. Nationalmuseum. Auswahlkat., München u.a. 1986; RUPERT BERGER, Liturg. Gewänder u. Insignien: Gottesdienst d. Kirche. Hb. d. Liturgiewissenschaft, hg. v. HANS BERNHARD MEYER u.a., Bd. 3: Gestalt d. Gottesdienstes. Sprachliche u. nichtsprachliche Ausdrucksformen, Regensburg ²1990, 309–346 [Lit.]; LEONIE V. WILCKENS, Die textilen Künste. Von d. Spätantike bis um 1500, München 1991; RUDOLF SUNTRUP, Liturg. Farbenbedeutung i. MA u. i. d. frühen Neuzeit: Symbole d. Alltags, Alltag d. Symbole. FS f. Harry Kühnel z. 65. Geburtstag, hg. v. GERTRUD BLASCHITZ, Graz 1992, 445–467. Hinweise, auch zur Literatur, werden Jutta Zander-Seidel verdankt.
[38] LEONIE V. WILCKENS, Die textilen Schätze d. Lorenzkirche: 500 Jahre Hallenchor St. Lorenz z. Nürnberg 1477–1977, hg. v. HERBERT BAUER, Nürnberg 1977, 139–166 (Nürnberger Forsch. 20); DIES., Die Teppiche d. Sebalduskirche: 600 Jahre Ostchor St. Sebald – Nürnberg 1379–1979, hg. v. HELMUT BAIER, Neustadt/Aisch 1979, 133–142.
[39] KURTH 1 (K) 188; KURTH 2 (K) Taf. 309.
[40] KURTH 1 (K) 192ff; KURTH 2 (K) Taf. 314–325.

im ausgehenden 15. Jahrhundert zu umfangreichen Importen und brachten die heimische Produktion weitgehend zum Erliegen.

3. Wand- und Glasmalerei

Die Wandmalerei fand zur Zeit der romanischen Kirchenbauten umfassende Aufgaben.[41] Die Basilika bot große, zusammenhängende Wandflächen, die ausgedehnte Bildprogramme erlaubten. Die Benediktiner-Klosterkirche Prüfening in Regensburg legt davon Zeugnis ab. Der gotische Kathedralbau, großflächig durchfenstert und mit Diensten für die Wölbungen versehen, bot für eine Bemalung vergleichsweise wenig Platz.[42] Anders stand es um die Kirchen der Bettelorden. In Regensburg finden sich in der Dominikanerkirche St. Blasius Wandmalereien von etwa 1380 mit der Leidensgeschichte Christi, in der Minoritenkirche St. Salvator ein Apostel-Credo-Zyklus mit beigegebenen Glaubenssätzen des Apostolischen Glaubensbekenntnisses von etwa 1492/93.[43] In der Oberpfalz überdauerten Reste spätmittelalterlicher Wandmalereien in den ehemaligen Benediktiner-Klosterkirchen von Kastl und Chammünster. In Oberfranken[44] ziehen die böhmisch beeinflußten Malereien der Pfalzkapelle in Forchheim von 1390/1400 das größte Interesse auf sich. Bemerkenswert sind aus dem 15. Jahrhundert die »Marter der Frankenapostel« in der Kilianskapelle des Bamberger Domes. Nürnberg im Herzen Mittelfrankens war reich an Zeugnissen kirchlicher Wandmalerei, wovon die im Chor der Sebalduskirche noch Kenntnis geben. Von Umbauten und Modernisierung einigermaßen verschont, bewahrten viele Pfarrkirchen des evangelischen Mittelfranken wenigstens Teile ihrer alten Ausstattung. In Mainfranken entfällt die Bischofsstadt Würzburg wegen der Kriegszerstörungen von 1945, doch war dort wie im Umland bereits Vieles der Barokkisierung geopfert worden. In Bayern wurde nach Beendigung des Dreißigjährigen Krieges und übereingehend mit dem Aufschwung klösterlichen Lebens die Mehrzahl der alten Klosterkirchen barock umgebaut und/oder ausgestattet. Sie dürften Wandmalereien von hohem Wert enthalten haben, wie noch in Resten die Benediktiner-Klosterkirche Seeon aus den Jahren um 1420. In Niederbayern finden sich solche in der Stadtkirche St. Jakob in Straubing sowie in St. Martin und St. Jodok in Landshut, in Oberbayern in St. Jakob in Urschalling und in Zell

---

[41] DENISE STEGER, Bilder f. Gott u. d. Welt. Fassadenmalerei an Kirchengebäuden i. Deutschland v. Ende d. 12. bis z. Anfang d. 16. Jh. Ein Beitr. z. Kunst- u. Kulturgesch. d. MA, Köln 1998 (BoBKW 13).

[42] Eine Geschichte der Wandmalerei für das in Frage stehende Territorium im hier behandelten Zeitraum ist noch nicht geschrieben; doch lassen sich die Kunstdenkmälerbände und Kunstführer befragen und gibt es Einzeluntersuchungen für Oberbayern, Oberfranken und Augsburg.

[43] HEIDRUN STEIN-KECKS/BEATE MEIER, Sakrale Wandmalerei d. MA: Regensburg i. MA 1 (B) 419–428.

[44] ELISABETH ROTH, Gotische Wandmalerei i. Oberfranken. Zeugnis d. Kunst u. d. Glaubens, Würzburg 1982.

bei Ruhpolding.⁴⁵ Die Malereien der Kirche St. Valentin in Garmisch spiegeln die Kenntnis der Tiroler oder Veroneser Kunst, bei denen der Streichenkapelle nahe Schleching denkt man an den Umkreis des Salzburger Malers Konrad Laib. Ikonographische Sonderheit ist der sog. Lebensbaum an der Außenwand des Chores von St. Jakob in Wasserburg.⁴⁶ In Schwaben überdauerten ausgedehnte Wandmalereien in Kempten, Keckkapelle, um 1460, Donauwörth, Stadtpfarrkirche Mariae Himmelfahrt, Kaufbeuren, Blasiuskapelle, Memmingen, St. Martin und Frauenkirche, und in Nördlingen, Salvatorkirche. Die Kirche St. Peter in Lindau (heutige Kriegergedächtniskapelle) verwahrt eine Passionsfolge mit einer vormals für Holbein d.Ä. aufgelösten Meistersignatur. Bemerkenswert ist im äußersten Oberallgäu die Ausstattung der Kapelle St. Bartholomäus in Oberstaufen aus den Jahren um 1440. Die Bischofs- und Reichsstadt Augsburg bot der Wandmalerei, später der Fassadenmalerei einen günstigen Nährboden.⁴⁷ Die Grablege des Kaufmannsehepaares Konrad und Afra Hirn an der ehemaligen Karmelitenkirche St. Anna – 1425 vollendet, der Pflegschaft durch die Goldschmiede überantwortet und von diesen 1476 als »Goldschmiedekapelle« erweitert – enthält aus beiden Bauphasen beachtliche Wandbilder.

Von den großen Fensteröffnungen in den gotischen Kirchenräumen profitierte die Glasmalerei.⁴⁸ Sie übernahm einen Teil der bis dahin der Wandmalerei vorbehaltenen Bildprogramme, entwickelte aber auch eine eigene Thematik. Die vertikalen Fensterbahnen, das durchscheinende Material und die durch Bleiruten gefaßten farbigen Scheiben sowie die Korrespondenz mit den gotischen Bauformen bewirkten eine spezifische Bild- und Formensprache. Bis gegen Ende des 14. Jahrhunderts lag die Verglasung der im Bau befindlichen Kirchen bei der jeweiligen Bauhütte, die ihre Aufträge von der kirchlichen Behörde empfing. Nach Abschluß der Arbeit zogen die beteiligten Kräfte weiter. Das gilt für die Verglasung des gotischen Regensburger Domes um 1310/40 (Abb. 1)⁴⁹ ebenso wie für die des Chorneubaus der Nürnberger Sebalduskirche 1379/88.⁵⁰ Als nach einer Phase des Stillstands am Regensburger Dom weitergebaut wurde, konnte die Verglasung derselben Werkstatt übertragen werden, die kurz zuvor die dortige

---

⁴⁵ MARINA FREIIN V. BIBRA, Wandmalereien i. Oberbayern 1320–1570, München 1970 (MBMo 25).
⁴⁶ THEODOR FEULNER, Der sog. Lebensbaum an d. Außenwand d. Chores v. St. Jakob i. Wasserburg am Inn. Kurzer Abriß seiner Gesch. u. Versuch einer Deutung seines ikonographischen Programms: Heimat am Inn 2 (1981), 7–75.
⁴⁷ JOHANNES WILHELM, Augsburger Wandmalerei 1368–1530. Künstler, Handwerker u. Zunft, Augsburg 1983 (Abh. z. Gesch. d. Stadt Augsburg NF 29).
⁴⁸ HERMANN SCHMITZ, Die Glasgemälde d. kgl. Kunstgewerbemuseums i. Berlin, Berlin 1913; HANS WENTZEL, Meisterwerke d. Glasmalerei, Berlin 1951 (Denkmäler deutscher Kunst); RÜDIGER BECKSMANN, Fensterstiftungen u. Stifterbilder i. d. deutschen Glasmalerei d. MA: Vitrea Dedicata. Das Stifterbild i. d. deutschen Glasmalerei d. MA, hg. v. d. STIFTUNG VOLKSWAGENWERK HANNOVER, Berlin 1975, 65–85; Deutsche Glasmalerei 1 (K). Hinweise, auch zur Literatur, werden Rüdiger Becksmann und Hartmut Scholz verdankt.
⁴⁹ GABRIELA FRITZSCHE, Die mittelalterlichen Glasmalereien i. Regensburger Dom, Bd. 1: Text, Bd. 2: Anhänge, Berlin 1987 (Corpus Vitrearum Medii Aevi. Deutschland 13/1).
⁵⁰ GOTTFRIED FRENZEL, Nürnberger Glasmalerei d. Parlerzeit (Masch. Diss.), Erlangen 1956.

Minoritenkirche mit Glasgemälden versehen hatte.[51] Die um 1390/1400 erfolgte Ausstattung der Kirche St. Jakob in Rothenburg, deren Eucharistiefenster die Verehrung der dort verwahrten Hl. Blutreliquie thematisiert, führt man auf Nürnberger Glasmaler zurück.[52] Die im öffentlichen Raum der Kirchen weithin sichtbaren Glasfenster stellten mit der Frömmigkeit zugleich das Standesbewußtsein der überwiegend bürgerlichen Stifter vor Augen. In den Chorfenstern der Nürnberger Stadtkirchen St. Sebald und St. Lorenz präsentierten sich die Nürnberger Patrizierfamilien mit ihren Wappen. Die auf Export eingestellten, 1477 unter der Führung Peter Hemmels von Andlau zusammengeschlossenen Straßburger Werkstätten versorgten den süddeutschen Raum mit einer üppigen, naturgesättigten Glasmalerei. In Nürnberg bestellte Peter Volckamer eines dieser »Straßburger Fenster« für den Chor der Lorenzkirche, in München Wilhelm Scharfzandt für die Kirche Unserer Lieben Frau. Beide Städte verfügten damals über ständige Werkstätten. Die um 1476/80 erfolgte Chorverglasung der Nürnberger Lorenzkirche wird mit Michael Wolgemut in Verbindung gebracht, doch zeigen die Entwürfe ebenso wie die Technik eine große Spannweite.[53] In München setzten der Neubau der Frauenkirche ab 1468 und die 1494 vollendete Salvatorkirche die Glasmaler ins Brot.[54] Die jüngeren Glasgemälde der Frauenkirche zeigen breitgedehnte Szenenbilder mit landschaftlichen und städtebaulichen Hintergründen. Der Beitrag Augsburgs läßt sich aufgrund der hier besonders großen Verluste nicht ausreichend beurteilen. Der Chronist Wilhelm Wittwer berichtet von zahlreichen Fensterstiftungen aus dem 15. Jahrhundert in die Kirche St. Ulrich und Afra, was für eine lebhafte Produktion spricht. Als Maler und Glasmaler zwischen 1480 und 1522 ist Gumpolt Giltlinger belegt. Offenbar belebte der Maler Holbein d.Ä. als Entwerfer das Geschäft.[55] Von den Glasgemälden im Mortuarium des Eichstätter Domes tragen zwei, darunter die »Schutzmantelmadonna«, seinen Namen. Der Landshuter Hans Wertinger, dem eine »Auferweckung des Lazarus« in Neuötting und eine »Verkündigung« in der Liebfrauenkirche in Ingolstadt verdankt werden,[56] war gleichermaßen für Entwurf und Ausführung zuständig. Im ganzen gingen Entwerfer und Glasmaler damals bereits getrennte Wege. Selbständige, oftmals prominente Künstler wie Dürer lieferten die Entwürfe. Sein Schüler Hans Baldung genannt Grien schuf 1505/06 die Mehrzahl der Visierungen für die starkfarbigen Glasgemälde zum

---

[51] JOLANDA DREXLER, Die Chorfenster d. Regensburger Minoritenkirche, Regensburg 1988 (Stud. u. Quellen z. Kunstgesch. Regensburgs 2).
[52] Deutsche Glasmalerei 1 (K) 147–150.
[53] EVA ULRICH, Stud. z. Nürnberger Glasmalerei d. ausgehenden 15. Jh., Erlangen 1979 (Erlanger Stud. 23).
[54] SUSANNE FISCHER, Die Münchner Schule d. Glasmalerei. Stud. z. d. Glasgemälden d. späten 15. u. frühen 16. Jh. i. Münchner Raum, München 1997 (Arbeitsheft d. Bayer. Landesamtes f. Denkmalpflege 90).
[55] CHRISTIAN BEUTLER/GUNTHER THIEM, Hans Holbein d.Ä. Die spätgotische Altar- u. Glasmalerei, Augsburg 1960 (Abh. z. Gesch. d. Stadt Augsburg 13).
[56] GOTTFRIED FRENZEL/EVA ULRICH, Die Farbverglasung d. Münsters z. Ingolstadt: Ingolstadt 1 (K) 373–397.

Leben Christi und seiner Mutter im Kreuzgang des Nürnberger Karmeliterklosters (heute in Nürnberg-Wöhrd und -Großgründlach).[57] Die Ausführung der Glasgemälde verantwortete jeweils die hochqualifizierte Werkstatt Veit Hirsvogels.

4. Altarretabel – Schnitzkunst und Tafelmalerei

In dem Maße, wie die Kirchenbaukunst, ungeachtet der noch nicht vollendeten Kirchen, als abgeschlossen betrachtet werden durfte, wuchs der Wunsch, die Ausstattung zu erneuern und durch Stiftungen zu bereichern, wurden doch an den mit Pfründen versehenen Nebenaltären alljährlich Seelenmessen für die Verstorbenen gelesen. Den Höhepunkt bezeichnen die großen Altarretabel[58] mit mehreren Flügelpaaren, die beweglich auf das Kirchenjahr reagierten. Wo sie am ursprünglichen Standort blieben, so im fränkischen Schwabach, haben sich auch die Gesprenge erhalten. Die Werkstätten, in denen gleichermaßen geschnitzt und gemalt wurde, bzw. die Maler, die selbständig oder »im Verding« arbeiteten, saßen in den Städten, das waren in Franken und Schwaben zumal die Reichsstädte – Nürnberg, Augsburg und Nördlingen an der Spitze –, aber auch die Bischofsstädte Würzburg und Bamberg, in Bayern die Residenzstädte Landshut und München, weiterhin die Bischofsstädte Freising, Regensburg und Passau. Um 1400 blühte der sog. Weiche Stil, dem die sitzende Muttergottes aus dem Benediktinerkloster Seeon zuzurechnen ist (München, Bayerisches Nationalmuseum). Die Künstler und Kunstwerke wanderten. Der Bischof von Freising bestellte einen Schnitzaltar für den dortigen Dom bei Jakob Kaschauer in Wien (die erhaltenen Figuren in München, Bayerisches Nationalmuseum).[59] 1496 kehrte Stoß, der mit dem Hochaltar für die Marienkirche in Krakau eines der gewaltigsten Schnitzwerke der Zeit geschaffen hatte, nach Nürnberg zurück. Hauptwerk seiner späteren Jahre ist der großdimensionierte Rosenkranz mit Maria und dem Engel der Verkündigung, der sog. Englische Gruß, in der Nürnberger Lorenzkirche. Das Altarretabel mit der »Geburt Christi« für die Nürnberger Karmeliten wurde ihm aufgrund der Einführung der Reformation in Nürnberg 1524 nicht mehr abgenommen und gelangte nach Bamberg, wo es im Dom zu sehen

---

[57] HARTMUT SCHOLZ, Entwurf u. Ausführung. Werkstattpraxis i. d. Nürnberger Glasmalerei d. Dürerzeit, Berlin 1991 (Corpus Vitrearum Medii Aevi. Deutschland-Stud. 1).
[58] HALM 1 u. 2 (K); ADOLF FEULNER/THEODOR MÜLLER, Gesch. d. deutschen Plastik, München 1953 (Deutsche Kunstgesch. 2); MICHAEL BAXANDALL, The limewood sculptors of Renaissance Germany, New Haven 1980 [deutsch: Die Kunst d. Bildschnitzer. Tilman Riemenschneider, Veit Stoß u. ihre Zeitgenossen, München 1984]; STEFAN ROLLER, Nürnberger Bildhauerkunst d. Spätgotik. Beitr. z. Skulptur d. Reichsstadt i. d. zweiten Hälfte d. 15. Jh., Berlin u.a. 1999 (Kunstwissenschaftl. Stud. 77). Hinweise, auch zur Literatur, werden Stefan Roller verdankt.
[59] RAINER KAHSNITZ, Der Freisinger Hochaltar d. Jakob Kaschauer: Skulptur i. Süddeutschland 1400–1770. FS f. Alfred Schädler, hg. v. RAINER KAHSNITZ, München u.a. 1998, 51–98 (Forschungshefte d. Bayer. Nationalmuseums 15).

ist.⁶⁰ Sucht man nach Vorläufern für Stoß' aufgewühlte und raumgreifende Kunst, dann ist die vielfach Nicolaus Gerhaert von Leyden zugeschriebene Kreuzigungsgruppe in der Nördlinger Georgskirche zu nennen. In Oberfranken gab Bamberg den Ton an,⁶¹ in Unterfranken war der ebenso sensible wie als Unternehmer erfolgreiche Riemenschneider tätig,⁶² der weitgehend auf eine Farbfassung der Skulpturen verzichtete und den warmen Ton des Lindenholzes sprechen ließ. Von seinen Schnitzaltären war der Maria Magdalena geweihte in der Stadtpfarrkirche in Münnerstadt der anspruchsvollste. Der für die Rothenburger Jakobskirche geschaffene Hl. Blutaltar ist wegen des psychologisierenden »Abendmahls« eindringlich. In München wirkten Grasser und der noch immer nicht namentlich bekannte Meister von Rabenden, im niederbayerischen Landshut Hans Leinberger.⁶³ Seine Rosenkranzmadonna aus den Jahren um 1520 in der dortigen Martinskirche zeigt vorbarocke Formen. Während Regensburg an Bedeutung zurücktrat, war die Werkstatt der Künstlerfamilie Kriechbaum in Passau geschäftig, umfaßte doch die Diözese Passau auch Ober- und Niederösterreich, bis 1468 unter Einschluß von Wien. Der Schnitzaltar von Kefermarkt im österreichischen Mühlviertel wird als ein Werk Martin Kriechbaums angesehen.⁶⁴ Zu beklagen sind die Verluste, die der Bildersturm in Augsburg mit sich brachte. Alle großen Werke Gregor Erharts fielen ihm zum Opfer.⁶⁵ Besser steht es um die Städte im Allgäu, deren Kunstbesitz die Säkularisation nicht unbeschadet, aber teils in den Kirchen, teils im Sammler- und später musealen Besitz überdauerte.⁶⁶ In Memmingen schnitzten und malten die Mitglieder der Familie Strigel, erhielt die Stadtpfarrkirche nach Ulmer Muster ein Chorgestühl mit figürlichen Schnitzereien. In Kaufbeuren war Jörg Lederer tätig,⁶⁷ dessen Retabel man darüberhinaus im Allgäu, in Tirol und im Vintschgau findet. Zahlreich sind noch immer die Bildwerke, die Maria mit dem Kind darstellen, darunter die sog. Hausmadonnen. In einigem Abstand folgen die lebens- oder überlebensgroßen Kruzifixe; Stoß und Riemenschneider werden die einprägsamsten verdankt.

⁶⁰ Veit Stoß i. Nürnberg. Werke d. Meisters u. seiner Schule i. Nürnberg u. Umgebung, Konzept u. Red. RAINER KAHSNITZ, AKat. München u.a. 1983.
⁶¹ RENATE BAUMGÄRTEL-FLEISCHMANN, Bamberger Plastik v. 1470 bis 1520, Bamberg 1968 (BHVB 104).
⁶² Riemenschneider – Frühe Werke (B); Tilman Riemenschneider, Master Sculptor of the Late Middle Ages. Washington, National Gallery of Art, and New York, The Metropolitan Museum of Art, AKat. New Haven u.a. 1999.
⁶³ PHILIPP MARIA HALM, Erasmus Grasser, Augsburg 1928 [= Jahresgabe d. deutschen Vereins f. Kunstwissenschaft 1927]; GEORG LILL, Hans Leinberger. Der Bildschnitzer v. Landshut. Welt u. Umwelt d. Künstlers, München 1942; BERNHARD DECKER, Das Ende d. mittelalterlichen Kultbildes u. die Plastik Hans Leinbergers, Bamberg 1985 (Bamberger Stud. z. Kunstgesch. u. Denkmalpflege 3).
⁶⁴ ULRIKE KRONE-BALCKE, Der Kefermarkter Altar. Sein Meister u. seine Werkstatt, München u.a. 1999 (Kunstwissenschaftl. Stud. 78).
⁶⁵ GERTRUD OTTO, Gregor Erhart, Berlin 1943 (Denkmäler deutscher Kunst).
⁶⁶ ALBRECHT MILLER, Allgäuer Bildschnitzer d. Spätgotik, Kempten/Allgäu 1969 (Allgäuer Heimatbücher 74).
⁶⁷ P. HILDEBRAND DUSSLER, Jörg Lederer. Ein Allgäuer Bildschnitzer d. Spätgotik. Werkkat., bearb. v. THEODOR MÜLLER u. ALFRED SCHÄDLER, Kempten 1963 (Allgäuer Heimatbücher 66).

Die Tafelmalerei[68] befand sich seit dem 14. Jahrhundert in einer ständigen Fort- und Aufwärtsbewegung. Am Hochaltar fielen ihr immer größere Flächen zu, bis sie schließlich auch das Zentrum des Retabels eroberte und den geschnitzten Schrein verdrängte. Zur Erinnerung an verstorbene Familienangehörige und für das Seelenheil der Stifter wurden gemalte Epitaphien in Auftrag gegeben, die die Kirchenräume im Laufe des 15. Jahrhunderts füllten. Über Böhmen und Wien, später über Tirol und Salzburg drangen Anregungen aus Italien ein, vom Westen solche aus Frankreich und Burgund. Mit gutem Grund nennt man den sog. Weichen Stil auch »Internationale Gotik«.[69] In Nürnberg ist ein Marien- und Passionsaltar, wohl der ehemalige Hochaltar der Frauenkirche, mit der ungewöhnlichen Darstellung von Maria und Elisabeth bei häuslicher Tätigkeit (Nürnberg, Germanisches Nationalmuseum) ein charakteristisches Werk jener Zeit.[70] Künstlerwanderungen vermittelten die Kenntnis der niederländischen Malerei. Mit einem zunehmend individuellen Stil werden die Künstler auch namentlich greifbar, so Gabriel Angler in München, der sog. Meister der Tegernseer Passion (Nürnberg, Germanisches Nationalmuseum, und München, Bayerisches Nationalmuseum).[71] Mit Notnamen muß man sich bei dem wohl in Burgund geschulten Meister des Tucher-Altars in der Nürnberger Frauenkirche und bei dem in München tätigen Meister des Altarretabels aus dem Augustiner-Chorherrenstift Polling begnügen. Ein neuer Schub niederländischer Anregungen kam dem Werk des aus Bamberg nach Nürnberg übersiedelten Hans Pleydenwurff zugute.[72] Der Rat der Stadt Breslau bestellte bei ihm das Retabel für den Hochaltar der dortigen Elisabethkirche (Nürnberg, Germanisches Nationalmuseum, und andernorts). 1462 stellte es der Meister dort auf. In Nördlingen und für Auftraggeber in Rothenburg nutzte Hans Herlin die Erfahrungen seines Aufenthaltes am Niederrhein. Der Anteil klösterlicher Aufträge steigerte sich noch einmal aufgrund der Übernahme der Melker Benediktinerreform. In den siebziger Jahren malte Gabriel Mäleßkircher in München allein vierzehn Altarretabel für Kloster Tegernsee.[73] Jan Polack schuf unter der Protektion der bayerischen Herzöge einige große und großartige Altäre, von denen der für die

---

68 ALFRED STANGE, Deutsche Malerei d. Gotik, 11 Bde., München u.a. 1934–1961; DERS., Kritisches Verzeichnis d. deutschen Tafelbilder vor Dürer, Bd. 1: Köln, Niederrhein, Westfalen, Hamburg, Lübeck u. Niedersachsen, München 1967, Bd. 2: Oberrhein, Bodensee, Schweiz, Mittelrhein, Ulm, Ausgburg, Allgäu, Nördlingen v. d. Donau z. Neckar, hg. v. NORBERT LIEB, München 1970, Bd. 3: Franken, hg. v. NORBERT LIEB, bearb. v. PETER STRIEDER u. HANNA HÄRTLE, München 1978 [Bd. 2 u. 3]. Vgl. auch die Ausstellungskataloge Bayern (K); Bayer. Frömmigkeit (B); Münchner Gotik (K); Hans Holbein d.Ä. (K); Nürnberg 1300–1550 (K); Parler (K).
69 Zur Begriffsbestimmung vgl. Lexikon d. Kunst, Bd. 7, Leipzig 1994, 740f.
70 STRIEDER (K).
71 HELMUT MÖHRING, Die Tegernseer Altarretabel d. Gabriel Angler u. d. Münchner Malerei v. 1430–1450, München 1997 (Beitr. z. Kunstwissenschaft 71).
72 ROBERT SUCKALE, Hans Pleydenwurff i. Bamberg: BHVB 120 (1984), 423–438 [= FS Gerd Zimmermann].
73 SOPHIA SPRINGER, Die Tegernseer Altäre d. Gabriel Mäleßkircher, München 1995 (Schr. aus d. Institut f. Kunstgesch. d. Universität München 66).

Münchner Peterskirche geschaffene (Teile im Bayerischen Nationalmuseum) den tiefsten Eindruck hinterläßt. Frischeres Leben zeigt sich in den Altarretabeln alpennaher Landkirchen. In Nürnberg wurde Wolgemut, der nach einer Münchner Lehrzeit hierher zurückkehrte, einer der größten Unternehmer in Kunstsachen, Auftragnehmer für gemalte und geschnitzte Altäre. Mehr als andere verkörpert er das »Altfränkische«.[74] Den größten Zuwachs an Altarretabeln erhielt die Nürnberger Augustiner-Eremiten-Kirche St. Veit. Wolgemut malte für sie den sog. Peringsdörffer-Altar (jetzt in der Friedenskirche) und einen Marienaltar (1590/91 an die Kirche St. Jakob in Straubing verkauft), ein womöglich am Oberrhein ausgebildeter Meister mit Gesellenhilfe den Hochaltar von 1487 (Nürnberg, Germanisches Nationalmuseum), der die Höhe der Nürnberger Malerei vor Dürer bezeichnet. In Bamberg wirkte mit stark realistischem Anteil Wolfgang Katzheimer, in Regensburg mit sittenbildlichem Interesse der Maler der »Hostienlegende« (Nürnberg, Germanisches Nationalmuseum).[75] Wolgemuts Schüler Dürer hat wegen seiner intensiven Arbeitsweise und seiner Vorliebe für die Druckgraphik nur wenige Altarwerke geschaffen. In Frankfurt am Main war der sog. Helleraltar, den er für die dortige Dominikanerkirche malte, zu bewundern, in Nürnberg das »Allerheiligenbild« in der Kapelle des Landauerschen Zwölfbrüderhauses (jetzt Wien, Kunsthistorisches Museum) (Abb. 5). Natursinn und Erlebnisstärke verbinden sich bei Dürer mit einem an der Renaissance orientierten Formverständnis und den wissenschaftlichen Zielsetzungen, die ihn Italien lehrte: Perspektive und Proportion. Seine persönliche Frömmigkeit führte ihn zu Martin Luther und seiner Lehre, die dem Nürnberger Rat 1526 verehrten »Vier Apostel« (München, Alte Pinakothek) sind das künstlerische Zeugnis. Von Dürers Schülern wurde Hans Schäufelein 1515 Stadtmaler in Nördlingen.[76] Augsburg fand mit Holbein d.Ä. den Anschluß an die allgemeine Entwicklung.[77] Für die Benediktiner in Augsburg und Weingarten, für die Zisterzienser in Kaisheim und die Dominikaner in Frankfurt malte er große Altarretabel. Die Dominikanerinnen des Augsburger Katharinenklosters beteiligten ihn an dem Gemäldezyklus der sieben römischen Basiliken (ehemals im dortigen Kapitelsaal, heute in der Staatsgalerie), deren Besuch den Pilgern dieselben Ablässe versprach wie beim Besuch der römischen Hauptkirchen.[78] Im Auftrag des Domkapitels verkleidete Holbein d.Ä. den von Seld geschaffenen Silberaltar mit

---

[74] HEIDEMARIE MAY, Die Entwicklung d. fränk.-nürnbergischen Malerei v. 1495 bis 1525 unter bes. Berücksichtigung d. Schwabacher Hochaltares, Bd. 1: Text, Bd. 2: Abb. (Masch. Diss.), Tübingen 1989; STRIEDER (K).

[75] ISOLDE LÜBBEKE, Zur spätgotischen Tafelmalerei i. Regensburg: Regensburg i. MA 1 (B) 429–444.

[76] Meister um Albrecht Dürer, Bearb. PETER STRIEDER, AKat. Nürnberg 1961 [= Anzeiger d. Germanischen Nationalmuseums 1960/61].

[77] Beitr. z. Gesch. d. deutschen Kunst, Bd. 2: Augsburger Kunst d. Spätgotik u. Renaissance, hg. v. ERNST BUCHNER u. KARL FEUCHTMAYR, Augsburg 1928 [mit Beiträgen verschiedener Autoren].

[78] MAGDALENE GÄRTNER, Die Basilikabilder d. Katharinenklosters i. Augsburg (Masch. Diss.), Erlangen 1999 [Druck i. Vorbereitung].

gemalten Flügeln. Hans Burgkmair, der drei der römischen Basiliken malte, freundete sich leichter mit den Formen der Renaissance an. Auch Jörg Breu war, wie die Orgelflügel in der Fuggerkapelle bei St. Anna in Augsburg zeigen, des inneren Aufschwungs fähig. Maler gab es in allen größeren Städten. Mair und Wertinger arbeiteten in Landshut und für den Bischof von Freising,[79] Rueland Frueauf und sein gleichnamiger Sohn in Passau, ebenda im bischöflichen Dienst Wolf Huber, Bernhard Strigel in Memmingen für Geistlichkeit und Adel im Allgäu. Albrecht Altdorfer in Regensburg schuf sein berühmtestes Werk, einen Flügelaltar mit der Passion Christi, für das Augustiner-Chorherrenstift in St. Florian/Oberösterreich, Matthis Gothardt-Nithardt genannt Grünewald, der in Aschaffenburg bezeugt ist, den Isenheimer Altar für die Antoniter im Elsaß.[80] Kardinal Albrecht von Brandenburg nutzte das Genie des Künstlers.

Einen Schlußpunkt vorreformatorischer Frömmigkeit setzten Wallfahrt und Kirche zur Schönen Maria in Regensburg.[81] Die 1519 ins Leben gerufene Wallfahrt erlosch bereits lange vor der 1542 erfolgten Einführung der Reformation in Regensburg. Der nach Plänen Hans Hiebers ab 1520/21 ausgeführte Kirchenbau, die heutige evangelische Neupfarrkirche, blieb weit hinter dem inspirierten Holzmodell (Regensburg, Museen der Stadt) zurück.[82]

---

[79] VOLKER LIEDKE, Altäre aus d. Werkstatt d. Landshuter Hofmalers Hans Wertinger, genannt Schwab: Ars Bavarica 15/16 (1980), 21–48.
[80] Für die Mehrzahl der hier genannten prominenten Maler der Dürerzeit liegen neuere Monographien vor.
[81] STAHL (B); ACHIM HUBEL, Die Schöne Maria v. Regensburg. Wallfahrten – Gnadenbilder – Ikonographie: PAUL MAI (Hg.), 850 Jahre Kollegiatstift z. d. hl. Johannes Baptist u. Johannes Evangelist i. Regensburg 1127–1977, München 1977, 199–239.
[82] IRMGARD BÜCHNER-SUCHLAND, Hans Hieber. Ein Augsburger Baumeister d. Renaissance, München u.a. 1962 (Kunstwissenschaftl. Stud. 32).

I.7 THEOLOGIE UND FRÖMMIGKEIT IM AUSGEHENDEN MITTELALTER

Von Berndt Hamm

ARNOLD ANGENENDT, Gesch. d. Religiosität i. MA, Darmstadt 1997.– DERS. u.a., Gezählte Frömmigkeit: FMSt 29 (1995), 1–71.– KLAUS ARNOLD, Niklashausen 1476. Quellen u. Unters. z. sozialreligiösen Bewegung d. Hans Behem u. z. Agrarstruktur eines spätmittelalterlichen Dorfes, Baden-Baden 1980 (SaeSp 3).– CHRISTIAN BAUER, Geistl. Prosa i. Kloster Tegernsee. Unters. z. Gebrauch u. Überlieferung deutschsprachiger Literatur i. 15. Jh., Tübingen 1996 (MTUDL 107).– CHRISTOPH BURGER, Aedificatio, Fructus, Utilitas. Johannes Gerson als Professor d. Theologie u. Kanzler d. Universität Paris, Tübingen 1986 (BHTh 70).– Einblattdrucke d. 15. u. frühen 16. Jh. Probleme, Perspektiven, Fallstud., hg. v. VOLKER HONEMANN u.a., Tübingen 2000.– FRANZ (B).– Bayer. Frömmigkeit (B).– Spätmittelalterliche Frömmigkeit zwischen Ideal u. Praxis, hg. v. BERNDT HAMM u. THOMAS LENTES, Tübingen 2001 (SuR NR 15).– Die Gemälde d. 16. Jh. Germanisches Nationalmuseum Nürnberg, bearb. v. KURT LÖCHER, Ostfildern-Ruit 1997.– Glaube, Hoffnung, Liebe, Tod. Von d. Entwicklung religiöser Bildkonzepte, hg. v. CHRISTOPH GEISSMAR-BRANDI u. ELEONORA LOUIS, AKat. Klagenfurt ²1996.– ALBRECHT A. GRIBL, Volksfrömmigkeit. Begriff, Ansätze, Gegenstand: Wege d. Volkskunde i. Bayern. Ein Hb, hg. v. EDGAR HARVOLK, München u.a. 1987, 293–333 (Beitr. z. Volkstumsforsch. 23/Veröff. z. Volkskunde u. Kulturgesch. 25).– SABINE GRIESE, ›Dirigierte Kommunikation‹. Beobachtungen z. xylographischen Einblattdrucken u. ihren Textsorten i. 15. Jh.: Flugblatt (B) 75–99.– SVEN GROSSE, Heilsungewißheit u. Scrupulositas i. späten MA. Stud. z. Johannes Gerson u. Gattungen d. Frömmigkeitstheologie seiner Zeit, Tübingen 1994 (BHTh 85).– HAMM, Ethik (B).– HAMM, Hieronymus-Begeisterung (B).– BERNDT HAMM, Frömmigkeitstheologie am Anfang d. 16. Jh. Stud. z. Johannes v. Paltz u. seinem Umkreis, Tübingen 1982 (BHTh 65).– DERS., Warum wurde f. Luther d. Glaube z. Zentralbegriff d. christl. Lebens?: Die frühe Reformation i. Deutschland als Umbruch. Wissenschaftl. Symposion d. Vereins f. Reformationsgesch. 1996, i. Gemeinschaft mit STEPHEN E. BUCKWALTER hg. v. BERND MOELLER, Gütersloh 1998, 103–127 (SVRG 199).– DERS., Was ist Frömmigkeitstheologie? Überlegungen z. 14. bis 16. Jh.: NIEDEN/NIEDEN (K) 9–45.– DERS., Wollen u. Nicht-Können als Thema d. spätmittelalterlichen Bußseelsorge: Spätmittelalterliche Frömmigkeit (K) 111–146.– DERS., Normative Zentrierung i. 15. u. 16. Jh. Beobachtungen z. Religiosität, Theologie u. Ikonologie: ZHF 26 (1999), 163–202.– Hb. d. Religionsgesch. i. deutschsprachigen Raum, hg. v. PETER DINZELBACHER, Bd. 2: Hoch- u. Spätmittelalter, Paderborn u.a. 2000.– WERNER HÖVER, Theologia Mystica i. altbair. Übertragung. Bernhard v. Clairvaux, Bonaventura, Hugo v. Balma, Jean Gerson, Bernhard v. Waging u.a. Stud. z. Übersetzungswerk eines Tegernseer Anonymus aus d. Mitte d. 15. Jh., München 1971 (MTUDL 36).– ISERLOH[1] (B).– UWE ISRAEL, Johannes Geiler v. Kaysersberg (1445–1510). Der Straßburger Münsterprediger als Rechtsreformer, Berlin 1997 (BHSt 27).– KIESSLING, Gesellschaft (B).– JOACHIM KARL FRIEDRICH KNAAKE (Hg.), Johann v. Staupitzens sämmtliche Werke, Bd. 1: Deutsche Schr., Potsdam 1867.– HARTMUT KÜHNE, Ostensio reliquiarum. Unters. über Entstehung, Ausbreitung, Gestalt u. Funktion d. Heiltumsweisungen i. röm.-deut-

schen Regnum, Berlin u.a. 2000 (AKG 75).– Martin Luther u. d. Reformation (B).–
BERND MOELLER, Deutschland i. Zeitalter d. Reformation, Göttingen 1977 (Deutsche
Gesch. 4).– HANS-JÖRG NIEDEN/MARCEL NIEDEN (Hg.), Praxis Pietatis. Beitr. z. Theologie u. Frömmigkeit i. d. frühen Neuzeit. [FS] Wolfgang Sommer z. 60. Geburtstag,
Stuttgart u.a. 1999.– HENK VAN OS, Der Weg z. Himmel. Reliquienverehrung i. MA, Regensburg 2001.– WALTER PÖTZL, Volksfrömmigkeit: HBKG 1/2, 995–1078.– REDLICH
(B).– MARTIN SCHAWE, Rom i. Augsburg. Die Basilikabilder aus d. Katharinenkloster,
[München ca.] 2000.– PETER SCHMIDT, Beschrieben, bemalt, zerschnitten – Tegernseer
Mönche interpretieren einen Holzschnitt: Einblattdrucke (K) 245–276.– JOHANNES
SCHNEIDER, Die Theologie i. Raum d. heutigen Bayern: HBKG 1/2, 625–753.– LUDWIG
SCHNURRER, Die Wallfahrt z. Reinen Maria i. Rothenburg (1520–1525): WDGB 42
(1980), 463–500.– WILHELM LUDWIG SCHREIBER, Hb. d. Holz- u. Metallschnitte d.
XV. Jh., 8 Bde., Leipzig 1926–1930.– PETRA SEEGETS, Passionstheologie u. Passionsfrömmigkeit i. ausgehenden MA. Der Nürnberger Franziskaner Stephan Fridolin (gest. 1498)
zwischen Kloster u. Stadt, Tübingen 1998 (SuR NR 10).– HANS-HUGO STEINHOFF,
Groß, Erhart: VerLex² 3, 273–278.– JOSEF SUDBRACK, Johannes v. Kastl: VerLex² 4, 652–
658.– EDMOND VANSTEENBERGHE, Autour de la docte ignorance. Une controverse sur la
théologie mystique au XVe siècle, Münster 1915 (BGPhMA 14/2-4).– BENEDIKT KONRAD VOLLMANN, Die Diözese Eichstätt: HBKG 1/2, 823–829.– FRANZ JOSEF WORSTBROCK, Pirckheimer, Johannes: VerLex² 7, 703–708.

1. Zur zeitlichen Eingrenzung – Zeitalter der Krise?

Wenn man den Begriff des ›ausgehenden Mittelalters‹ inhaltlich mit der allgemein üblichen Verwendung des Terminus ›Spätmittelalter‹ gleichsetzt, so denkt man an den großen Zeitraum zwischen ca. 1300 und 1520. Es ist die Ära, in der die weltlich-laikalen Kräfte zunehmend die Dominanz der kirchlichen Kleriker-Hierarchie zurückdrängen. In Politik, Sozialwesen, Kirche, Theologie, Frömmigkeit, Bildung und Kunst lassen sie neue Formen der Verselbständigung und Superiorität gegenüber dem Priesterstand und den Orden hervortreten. Ein spektakuläres Ereignis, das diesen Umschwung signalisierte, war der Überfall des französischen Königs Philipp IV. (des Schönen) auf jenen Papst, der mit seiner Bulle ›Unam sanctam‹ (1302) dem papalistischen Anspruch auf die Oberhoheit über die weltliche Herrschaft besonderen Nachdruck verliehen hatte: Am 7.9. 1303 ließ er Bonifaz VIII. in dessen Residenz zu Anagni gefangennehmen, um ihm in Frankreich den Ketzerprozeß zu machen. Blickt man auf das Heilige Römische Reich und speziell auf Bayern, dann fällt besonders der Konflikt zwischen Kaiser Ludwig IV. (dem Bayern) und Papst Johannes XXII. ins Auge. An seinem Münchener Hof gewährte Ludwig jenen ›häretischen‹ Kritikern des Papsttums Zuflucht, die der weltlichen Gewalt Selbständigkeit bzw. Oberhoheit gegenüber der geistlich-kirchlichen Gewalt zusprachen: Marsilius von Padua, Johannes von Jandun und dem Franziskaner William von Ockham. München wurde so in der ersten Hälfte des 14. Jahrhunderts zur Hochburg einer neuen, im Ansatz säkularisierenden Theorie der Zuordnung von politischer und geistlicher Sphäre.[1] Diese Theorie konnte sich im Spätmittelalter nicht durchsetzen, ist aber bezeichnend für den allgemeinen Trend eines stärkeren Hervortretens des laikalen Elements.

Grabmal der Margareta Ebner OP, Klosterkirche Maria Medingen bei Dillingen an der Donau, 14. Jahrhundert

Man kann freilich das ›ausgehende Mittelalter‹ terminologisch auch enger fassen und als Teilstrecke innerhalb der größeren Epochenbezeichnung ›Spätmittelalter‹ verstehen. In diesem Sinne ist das folgende Kapitel konzipiert, indem es vor

---

Für wertvolle Hilfe bei der Fertigstellung des Manuskripts danke ich Christina Sieger, Angela Hager, Gudrun Litz M.A. und Dr. Petra Seegets.

[1] Vgl. JÜRGEN MIETHKE, Die Anfänge d. säkularisierten Staates i. d. polit. Theorie d. späteren MA: REINHART MUSSGENUG (Hg.), Entstehen u. Wandlung d. Verfassungsdenkens, Berlin 1996, 7–43 (Der Staat. Beih. 11); vgl. nun auch Miethkes große zusammenfassende Darstellung: JÜRGEN MIETHKE, De potestate papae. Die päpstl. Amtskompetenz i. Widerstreit d. polit. Theorie v. Thomas v. Aquin bis Wilhelm v. Ockham, Tübingen 2000 (SuR NR 16).

allem den Zeitraum nach der ersten und größten Pestepidemie (1347–1352, in Bayern 1348–1350) und nach der Hochphase der scholastischen Systembildung und oberdeutschen Mystik behandelt, also die anderthalb Jahrhunderte, die zur Reformation hinführen. Das bedeutet, daß die Generation, deren Lebenszeit größtenteils noch in die Zeit vor der Großen Pest fällt, nicht mehr berücksichtigt wird. Es ist die Generation eines Gregor von Rimini, des letzten scholastischen Theologen, der – allerdings nicht in Bayern – noch eine bedeutende schulbildende Nachwirkung zeitigte;[2] und es ist die Generation der einflußreichen Dominikaner-Mystiker Johannes Tauler und Heinrich Seuse, aber auch jener drei Dominikanerinnen, deren Namen die Blüte der spätmittelalterlichen Frauenmystik auch im Bereich des heutigen Bayern repräsentieren: Christine Ebner und Adelheid Langmann, beide aus vornehmen Nürnberger Familien und Nonnen des Konvents Engelthal bei Nürnberg,[3] sowie Margareta Ebner aus dem Donauwörther Patriziat, Nonne des Konvents Maria Medingen bei Dillingen/Donau.[4]

Die folgende Charakterisierung des ausgehenden Mittelalters beginnt also mit der Generation, die unter dem starken, verdüsternden Eindruck der Pest-Pandemie, des ›Großen Sterbens‹ aufgewachsen ist und gewirkt hat. In der Zeit nach 1360/70 verändert sich der Charakter der dominierenden theologischen und frömmigkeitsbestimmenden Strömungen nachhaltig. Der Bezug auf Leiden und Sterben, auf die Passion Christi und die eigene Sterbestunde verstärkt sich. Die Neigung zu Höhenflügen scholastischer Gedankenexperimente und mystischer Ekstase-Erlebnisse wird deutlich gedämpft. In dieser Feststellung steckt keine negative Wertung und Verfallstheorie, wie sie sich so leicht mit den Begriffen ›Spätmittelalter‹ oder ›ausgehendes Mittelalter‹ verbindet. Johan Huizingas Herbstmetapher – »ein Absterben dessen, was dahingeht«[5] – war ebenso einseitig-irreführend wie die katholisch-protestantische Allianz in der Deutung des 14. und 15. Jahrhunderts als Epoche des kirchlichen, theologischen und spirituellen Niedergangs. Mit Recht freilich kann man das spätere 14. Jahrhundert als Krisenzeit charakterisieren, auch wenn man mit dem Krisenbegriff äußerst zurückhaltend umgeht: Durch die Pestepidemien wurde die Bevölkerung Europas zwischen 1347 und dem Beginn des 15. Jahrhunderts um annähernd die Hälfte reduziert. Wir kennen keine andere geschichtliche Periode, in der es über Jahrzehnte

---

[2] Der Einfluß der ›Schola moderna Augustiniana‹ der Augustinereremiten Gregor von Rimini und Hugolin von Orvieto begegnet uns zwar bei Konrad von Ebrach, der vor 1349 in das unterfränkische Zisterzienserkloster Ebrach eintrat; doch öffnete er sich dieser scholastischen Lehrrichtung erst, nachdem er 1355 zum Studium nach Paris und dann nach Bologna gegangen und dort Schüler Hugolins geworden war. Sein weiterer Lebensweg führte ihn als Theologieprofessor nach Prag und Wien. Vgl. SCHNEIDER (K) 717ff.

[3] Vgl. SIEGFRIED RINGLER, Ebner, Christine: VerLex[2] 2, 297–302 u. DERS., Langmann, Adelheid: VerLex[2] 5, 600–603.

[4] Vgl. MANFRED WEITLAUFF, Ebner, Margareta: VerLex[2] 2, 303–306; vgl. Abb. S. 161.

[5] JOHAN HUIZINGA, Herbst d. MA. Stud. über Lebens- u. Geistesformen d. 14. u. 15. Jh. i. Frankreich u. i. d. Niederlanden, hg. v. KURT KÖSTER, Stuttgart [11]1975 [niederländische Erstausgabe 1919], VII: »das späte Mittelalter ist nicht Ankündigung eines Kommenden, sondern ein Absterben dessen, was dahingeht«.

einen derartig gravierenden demographischen Einbruch gegeben hat. Es gibt daher auch wenige andere Epochen, in denen die Mentalität der Menschen so stark vom Blick auf das Sterben und von der ständigen Auseinandersetzung mit ihm beherrscht war wie im späten Mittelalter nach 1350. Krisenzeit gewinnt hier also den sehr präzisen Inhalt als kollektiv erfahrene Sterbezeit.[6] Auch in speziell kirchengeschichtlicher Hinsicht kann man unter verschiedenen Aspekten von einer Krise sprechen, vor allem von einer Krise der universalkirchlichen Autorität des Papsttums, die sich nach der Mitte des 14. Jahrhunderts durch das Verharren der Päpste in Avignon, das große Abendländische Schisma (1378–1417), die kirchenkritischen Bewegungen in England (John Wyclif) und Böhmen (Jan Hus) und den Konziliarismus dramatisch zuspitzt. Zugleich aber wird man auf die Doppelgesichtigkeit und Widersprüchlichkeit dieser Ära hinweisen müssen und daher mit dem gleichen Recht betonen können, daß die Zeit zwischen 1350 und 1520 kirchen-, theologie- und frömmigkeitsgeschichtlich alles andere als Krise war: nicht Dahinsterben, Verfall und Dekadenz, sondern – wie sich zeigen wird – Aufbruch, Innovation, Steigerung, ›Renaissance‹, die »Geburtswehen der Moderne«,[7] allerdings auch einer Moderne der aggressiven religiösen Verfolgungsmentalität.

Unter beiderlei Gesichtspunkten – Krise und Hochphase – ist es sinnvoll, einen Überblick über das ausgehende Mittelalter mit der Generation nach der ersten verheerenden Pestwelle zu beginnen und zu fragen: Welche religiösen Energien setzt der Blick auf die neue Dimension des Sterbens frei?

2. Die lebenspraktisch und pastoral orientierte Theologie nach der Großen Pest

2.1 Theologie, Frömmigkeit, Frömmigkeitstheologie

Die Begriffe ›Theologie‹ und ›Frömmigkeit‹ fasse ich sehr weit. Theologie ist die Reflexionsgestalt der Religion, Nachdenken über den Glauben. Bei Frömmigkeit geht es immer, ob eher individuell oder kollektiv, ob mehr verinnerlicht oder in äußerer Praxis, um den konkreten Lebensvollzug des Glaubens durch eine bestimmte Lebensgestaltung.[8] Dieser aneignende Vollzug von Religion durch eine formgebende Gestaltung des Lebens realisiert sich z.B. in der von einer Nonne erlebten mystischen Vereinigung mit dem Bräutigam Jesus, in der Meditations-

---

[6] Vgl. THILO ESSER, Pest, Heilsangst u. Frömmigkeit. Stud. z. religiösen Bewältigung d. Pest am Ausgang d. MA, Altenberge 1999 (MThA 58).

[7] HEIKO A. OBERMAN, The Shape of Late Medieval Thought – the Birthpangs of the Modern Era: The Pursuit of Holiness i. Late Medieval and Renaissance Religion. Papers from the University of Michigan Conference, ed. by CHARLES TRINKAUS with HEIKO A. OBERMAN, Leiden 1974, 3–25 (SMRT 10) [Wiederabdruck aus: ARG 64 (1973), 13–33].

[8] Vgl. BERNDT HAMM, Frömmigkeit als Gegenstand theologiegeschichtl. Forsch. Methodisch-hist. Überlegungen am Beispiel v. Spätmittelalter u. Reformation: ZThK 74 (1977), 464–497. Zur sog. »Volksfrömmigkeit« vgl. GRIBL (K) und I.7, Anm. 112.

praxis eines Mönchs, im Rosenkranzgebet einer Bürgersfrau oder in der Altarstiftung einer Dorfgemeinde. Charakteristisch für die anderthalb Jahrhunderte vor der Reformation ist die intensive Verbindung von Theologie und Frömmigkeit. Zwar gab es auch weiterhin eine relativ praxisferne, stark philosophisch orientierte, spätscholastische Theologie der Universitäten; doch war diese Art des akademischen Lehrstils, zumal in Bayern mit seiner späten und zunächst krisengeschüttelten Universitätsgründung in Ingolstadt (1472),[9] keine geistige Kraft von innovativer und ausstrahlender Bedeutung. Umgekehrt gab es populäre Frömmigkeitsformen wie die aufblühende Wallfahrtstätigkeit, die relativ theologiefern waren.[10] Auffallend ist allerdings, daß im ausgehenden Mittelalter kaum ein Bereich der Frömmigkeitspraxis zu finden ist, der nicht zum Gegenstand zahlreicher theologischer Erörterungen und Anleitungen wird. Das gilt z.B. gerade für das Wallfahrtswesen, etwa für die Frage, ob eine Wallfahrt kirchlich legitim und förderungswürdig oder als ›wilde Wallfahrt‹ zu verbieten sei.[11] Insofern kann man von einem Schub der Theologisierung oder theologischen Durchdringung und Domestizierung der Frömmigkeit vor der Reformation sprechen. Diese Veränderung entspricht der wachsenden Nachfrage der städtischen (und ländlichen) Laienbevölkerung, einfacher Priester, von Ordensleuten oder Beginen nach seelsorgerlicher Anleitung. Im Kontext der zunehmenden Lesefähigkeit drängen die Bedürfnisse der Seelsorge zu einer populartheologischen, praxisbezogenen Gebrauchsliteratur.

Dieser Seelsorgedynamik ›von unten‹ kommt die Entwicklungsdynamik der Theologie nach der Großen Pest entgegen. Schon vorher hatten die Bettelorden – Dominikaner, Franziskaner und Augustinereremiten – aufgrund ihrer intensiven Betätigung auf dem Gebiet der Seelsorge, Predigt und Volkskatechese ein theologisches Schrifttum gefördert, das stark auf die pastoralen und lebenspraktischen Fragen der Priester und Laien einging. Sie konnten dabei an der Verbindung von Gelehrsamkeit und Spiritualität in den älteren Orden, vor allem in der Zisterziensertheologie eines Bernhard von Clairvaux (†1153) und seiner Schüler, anknüpfen. Nun, im späteren 14. Jahrhundert, entfaltet sich neben und in Verbindung mit der Scholastik der Universitäten und Ordensstudien (und der über

---

[9] Vgl. Die Universität Ingolstadt i. 15. u. 16. Jh. Texte u. Regesten, bearb. v. ARNO SEIFERT, Berlin 1973 (Ludovico Maximilianea. Quellen 1). Erst nach 1508 kam es durch den Humanismus (Johannes Aventin und die Hebraisten Petrus Schwarz/Niger, Johannes Böschenstein und Johannes Reuchlin) und die Berufung Johannes Ecks (1510) zu einer kurzen Hochblüte der Universität (aaO, 15). Eck vertrat einen neuen Typ scholastischer Theologie, der stark vom Humanismus geprägt war, die alten Schulgegensätze abmilderte und sich intensiv auf die Fragestellungen des christlichen Lebens einließ. Vgl. ISERLOH[1] (B).

[10] Zum Wallfahrtswesen des späten Mittelalters im Gebiet des heutigen Bayern vgl. PÖTZL (K) 1048–1070.

[11] Vgl. KLAUS SCHREINER, »Peregrinatio laudabilis« u. »peregrinatio vituperabilis«. Zur religiösen Ambivalenz d. Wallens u. Laufens i. d. Frömmigkeitstheologie d. späten MA: Wallfahrt u. Alltag i. MA u. Früher Neuzeit. Internationales Round-Table-Gespräch Krems an d. Donau 8. Oktober 1990, Wien 1992, 133–163 (Veröff. d. Instituts f. Realienkunde d. MA u. d. Frühen Neuzeit 14/SÖAW.PH 592).

die Klöster hinausstrebenden neuen Mystik) der dominierende Typ einer Theologie, die so ausschließlich der rechten Gestaltung und Formgebung des christlichen Lebens dienen will, daß man sie ›Frömmigkeitstheologie‹ nennen kann.[12] Sie betont den affektiven Charakter der Theologie und zielt auf gelebte Gotteserfahrung. Mit unterschiedlicher Reflexionsdichte und Informationsbreite, durch Weisung, Mahnung und Trost will sie – das ist ihre gesamte Zielsetzung – zu einer bestimmten frommen Lebenspraxis anleiten und so der Begnadung des sündigen Lebens, der zunehmenden Heiligung des begnadeten Lebens und der Erlösung des geheiligten Lebens dienen. Alle nicht unmittelbar frömmigkeitsrelevanten und insofern ›nutzbringenden‹ Themen, Reflexions- und Artikulationsweisen der Theologie fallen aus dem Programm der Frömmigkeitstheologie heraus oder werden entsprechend umgeformt. Diese Transformation[13] bedeutet auch, daß bestimmte Traditionen der ›hohen‹ Theologie, sowohl der patristischen und scholastischen als auch der monastischen und mystischen (ebenso wie des gelehrten Kirchenrechts), in eine innige Beziehung zur Alltagswelt einer frommen Lebenspraxis theologisch weniger oder gar nicht geschulter Menschen gesetzt werden. Der Drang nach Vereinfachung, Popularisierung und Regularisierung, das Bemühen um den Brückenschlag zwischen theologischer Gelehrsamkeit und den Seelsorgebedürfnissen geistlicher und weltlicher Personen und die Warnung vor eitlen, hochfliegenden Spekulationen sind besonders charakteristisch für die Frömmigkeitstheologie seit dem späten 14. Jahrhundert.

2.2 Die Veränderung der religiösen Literatur in den Diözesen: Zunahme an theologischer Reflexion

Vergleicht man die spätmittelalterliche Frömmigkeitstheologie mit der vorausgehenden und gleichzeitigen scholastischen Literatur, dann kann man ihre Methodik als reduzierende Vereinfachung beschreiben, die bestimmte, sehr komplexe theologische Inhalte von der akademischen Ebene der Universitäten und Ordensstudien auf die Ebene des seelsorgerlichen Bemühens um Laien oder einfache Ordensleute heruntertransponiert. Das ist z.B. die Perspektive eines Johannes Gerson, der um 1400 den Lehrbetrieb der Universität Paris vor Augen hat und kritisiert.[14] Einen anderen Eindruck von Charakter und Funktion der Frömmigkeitstheologie gewinnt man, wenn man auf die Verhältnisse im universitätslosen und zunächst auch sehr theologiearmen Raum einer bayerischen Diözese wie z.B. des Bistums Eichstätt blickt.[15]

Bis zum Beginn des 14. Jahrhunderts beschränkte sich die in der Diözese produzierte und verbreitete religiöse Literatur so gut wie ausschließlich auf litur-

---

[12] Vgl. HAMM, Was ist Frömmigkeitstheologie? (K).
[13] Vgl. CHRISTOPH BURGER, Transformation theol. Ergebnisse f. Laien i. späten MA u. bei Martin Luther: NIEDEN/NIEDEN (K) 47–64.
[14] Vgl. BURGER (K).
[15] Vgl. VOLLMANN (K).

gisch-hagiographische Gattungen, in denen das theologisch reflektierende, problemorientierte Moment nicht oder kaum enthalten ist: Heiligen- und Bischofsviten (wie besonders die Lebensbeschreibungen der Ortsheiligen Willibald und Walburga), Martyrologien, Legenden- und Exempelsammlungen, Mirakelbücher, liturgische Poesie wie Offiziumsdichtungen auf Heilige und Hymnen sowie Gebetsliteratur. Erst im frühen 14. Jahrhundert zeichnet sich eine Wende ab: Der neue Geist einer problembezogenen und zum geistlichen Leben anleitenden theologischen Literatur wird erkennbar, die sich an älteren Vorbildern wie der monastischen Theologie Bernhards von Clairvaux orientieren kann, zugleich aber immer wieder – im Blick auf Themen, geistliche Zielsetzungen und Adressaten – den klösterlichen Raum überschreitet und tendenziell alle erbauungsbedürftigen Menschen der Diözese anvisiert. Man kann von einem Literaturwandel hin zum erbaulichen oder – um einen älteren Verlegenheitsbegriff aufzunehmen – ›aszetisch-mystischen‹[16] theologischen Schrifttum sprechen.

Die Autoren sind Mönche der alten und neuen Orden, Kanoniker und Weltkleriker. Ein früher Repräsentant dieses Wandels ist der elsässische, in Paris studierte Zisterzienser Philipp von Rathsamhausen, 1306–1322 Bischof von Eichstätt,[17] der zwar noch einmal das Leben des hl. Willibald und der hl. Walburga schreibt, im übrigen aber typisch frömmigkeitstheologische Schriften verfaßt: z.B. eine Magnifikat- und Vaterunser-Erklärung oder einen Traktat ›De postulando Deum‹, der in zwölf Homilien Fragen des Gebets und besonders der Betrachtung des Leidens Christi behandelt. Solchen Literaturformen – besonders Bibelauslegungen, Traktaten, Predigten, Handbüchern für den Seelsorgeklerus, Meß- und Liturgieerklärungen, Andachts- und Erbauungsbüchern vielfältiger Art (darunter besonders einem breit gefächerten Passionsschrifttum), Katechismen, Erklärungen der Zehn Gebote, der Zwölf Glaubensartikel und des Vaterunsers, Sterbetraktaten (*Ars-moriendi*-Literatur), Beicht- und Ehebüchlein, Trostschriften und ›Seelengärtlein‹ – gehört auch in der Diözese Eichstätt die Zukunft, besonders seit dem letzten Drittel des 14. Jahrhunderts.

Wie sehr das Aufblühen dieser lebenspraktisch orientierten Erbauungsliteratur mit den neuen Impulsen einer Studien-, Kirchen- und Ordensreform verbunden ist, zeigt das Beispiel der seit dem späten 14. Jahrhundert vom Benediktinerkloster Kastl ausgehenden Reformbewegung.[18] In ihrem Wirkungskontext entfaltete

---

[16] Die Begriffe ›aszetisch‹ und ›mystisch‹ sind von ihrer terminologischen Grundbedeutung her zu eng, um die Schriften abzudecken, die auf Lebensvollzug und Lebensgestaltung des christlichen Glaubens zielen. ›Aszetische‹ Ideale der geistlichen Vollkommenheit (vgl. KARL TRUHLAR, Aszetik: LThK² 1, 968–973 [971]) und ›mystisches‹ Streben nach der Einung mit Gott bilden nur einen Ausschnitt aus der Vielfalt spätmittelalterlicher Anleitungen zur Formgebung christlichen Lebens. Hinzu kommt die Schwierigkeit, daß die Begriffe ›Aszese‹ und ›aszetisch‹ (in ihrer Unterschiedenheit zu ›Askese‹ und ›asketisch‹) in der deutschen Gegenwartssprache nicht mehr vorkommen und daher entweder unverständlich oder mißverständlich sind.

[17] Vgl. SCHNEIDER (K) 698ff und VOLLMANN (K) 827; FRANZ JOSEF SCHWEITZER, Philipp v. Rathsamhausen: VerLex² 7, 605–610.

[18] Vgl. I.5.1 mit Anm. 14. Das oberpfälzische Kastl gehörte auch zum Gebiet der Diözese Eichstätt.

um 1400 Johannes von Kastl sein reiches literarisches Schaffen als typischer Autor einer mystisch gestimmten, auf die Formung des inneren geistlichen Lebens zielenden Frömmigkeitstheologie.[19] So verfaßte er eine ›Spiritualis philosophia‹ (die zu wahrer und demütiger Selbsterkenntnis anleiten will), einen Traktat ›Über das Ziel der klösterlichen Vollkommenheit‹ (›De fine religiosae perfectionis‹), eine ›Ars moriendi‹ und einen voluminösen Kommentar zur Benediktinerregel. An der Arbeitsweise dieses Mönchs zeigt sich ein Grundzug, der das gesamte frömmigkeitstheologische Schrifttum des folgenden Jahrhunderts bis zur Reformation charakterisieren wird:[20] Diese Literatur sucht nicht Originalität, sondern arbeitet stark eklektisch und kompilatorisch, auf die Kirchenväter, die monastische, scholastische und mystische Tradition und zeitgenössische Vorbilder zurückgreifend. Das besondere Profil ihrer Art von Reflexion, Information, Anleitung, Mahnung und Tröstung tritt jeweils in der Auswahl der Quellen und Zitate hervor, in der Zufügung eigener Passagen und in der Gesamtkomposition. So entsteht in anspruchsvollen Verarbeitungsprozessen aus den Vorlagen neue Literatur, die auf die Herausforderungen einer neuen Zeit – die Reform des christlichen Lebens in Kloster und Welt – eingeht. Typisch für diese Literatur und ihren seelsorgerlichen Impetus ist auch der Übergang vom Lateinischen ins Deutsche und damit ihre Ausweitung auf das Rezeptionsfeld nicht-lateinkundiger Leser/innen wie Nonnen, Beginen, adeliger und bürgerlicher Laien. So wurde die ›Spiritualis philosophia‹ des Johannes von Kastl in einen deutschen Traktat mit dem Titel ›Ein nücz und schone ler von der aygen erkantnuß‹ übersetzt, dessen älteste bekannte Handschrift zur Bibliothek der Dominikanerinnen des Nürnberger Katharinenklosters gehörte.[21]

Die Literaturentwicklung in der Diözese Eichstätt dürfte charakteristisch für die bayerischen Verhältnisse abseits der großen städtischen Bildungsmetropolen sein. Auch in den Diözesen Passau, Salzburg, Freising, Augsburg, Regensburg, Würzburg und Bamberg vollzog sich früher oder später, kumulativ aber dann spätestens im ausgehenden 14. und 15. Jahrhundert, der Übergang von einer relativ theologiearmen religiösen Literatur zum Schrifttum der Frömmigkeitstheologie. Als Beispiel sei der in Italien promovierte Doktor beider Rechte Albrecht von Eyb erwähnt, der im Zeitraum von 1444 bis zu seinem Tode 1475 Domherr dreier Diözesen, Eichstätt, Bamberg und Würzburg, war.[22] Bei diesem fränkischen Juristen ist zu studieren, wie nahtlos und selbstverständlich Humanismus und moralisch-didaktisch ausgerichtete Theologie im Blick auf Sünde, Tugend, Sterben und ewiges Leben ineinander greifen können. Auch er vollzieht, um sein nicht-klösterliches Lese-Publikum zu erreichen, den Transfer ins Volkssprachliche, so in seinem ehebejahenden Büchlein ›Ob einem manne sey zu ne-

---

[19] Johannes von Kastl war offensichtlich Magister artium der Universität Prag und starb nach 1418. Vgl. SCHNEIDER (K) 721ff; SUDBRACK (K).
[20] Zum folgenden vgl. HAMM, Frömmigkeitstheologie (K) 182–216.
[21] SUDBRACK (K) 657.
[22] Vgl. KLECHA (B).

men ein eelichs weyb oder nicht‹ und in seinem ›Spiegel der Sitten‹, einer seltsamen Mischung von Jenseitsfrömmigkeit und paganer antiker Dichtung.

Liest man diese Schriften eines Philipp von Rathsamhausen, Johannes von Kastl oder Albrecht von Eyb vor dem Hintergrund der Theologie der Universitäten und der universitätsnahen Ordensstudien des 12. bis 14. Jahrhunderts, dann stellt sich der dominierende Eindruck von Vereinfachung, Absenkung des Reflexionsniveaus und Popularisierung ein. In der Tat war das die Absicht dieser hochgelehrten Autoren, die alle als Universitätsmagister scholastisch bzw. kanonistisch geschult waren. Bedenkt man aber, daß ihre Schriften in einem universitätslosen, nicht akademisch gelehrten Kontext entstanden und dort ein relativ theologiearmes Niveau der Literatur und Frömmigkeitspraxis voraussetzten, dann kommt man zu einem ganz anderen Urteil über die Frömmigkeitstheologie des 14. und 15. Jahrhunderts. Dann erkennt man in ihr den Zuwachs an theologischer Problemdurchdringung und Komplexität, Belehrung und Intellektualisierung in Verbindung mit zunehmender Lesefähigkeit und erhöhten Bildungs- und Seelsorgeansprüchen. Frömmigkeitstheologie des ausgehenden Mittelalters ist also beides zugleich: Transformation nach unten und Transformation nach oben auf ein halbakademisches oder populartheologisches Reflexions- und Sprachniveau.

2.3 Das theologische Zentrum des Südens: die Benediktinerabtei Tegernsee

Die beschriebene Theologisierung bringt sehr unterschiedliche Arten der Synthese von Frömmigkeit und Theologie hervor. Man kann sich das verdeutlichen, indem man auf die zwei bedeutendsten spätmittelalterlichen Zentren theologischer Literatur auf dem Boden des heutigen Bayerns blickt: Tegernsee und Nürnberg. Die vom Kloster Melk ausgehende Reformbewegung, die eine Erneuerung der österreichischen und altbayerischen Benediktinerklöster im Geiste der strengen Observanz erstrebte,[23] fand in der Abtei Tegernsee eine ihrer stärksten Stützen. Seit seiner Reform 1427 wurde Tegernsee unter den beiden Äbten Kaspar Ayndorffer und Konrad Airimschmalz von Weilheim (†1492) für den großen südöstlichen Raum des Reichs zwischen Wien und Augsburg zur geistlichen Orientierungsgröße.[24] Entscheidend für seine Ausstrahlung war die Verbindung der klösterlichen Reformimpulse mit einer ungemein regen Literaturproduktion, die vor allem durch die intensiven Kontakte zur Universität Wien intellektuell belebt wurden. Alle Tegernseer Mönche, die den theologischen Ruf ihres Klosters begründeten, waren ehemals Magister der Artes-Fakultät Wiens. Aus Ungenügen am scholastischen Lehrstil und im Streben nach praktischer Lebensform auf dem Wege zum Heil zogen sie sich – wie später Martin Luther – in einer Art *conversio* (Bekehrung) aus dem Universitätsbetrieb zurück, um

---

[23] Zur Melker Observanz vgl. I.5.1.
[24] Vgl. REDLICH (B); BAUER (K).

schließlich die *via securior* (den sichereren Weg) der Klosterklausur zu wählen.²⁵ Solche Biographien sind charakteristisch für das Frömmigkeitsstreben und den Theologiewandel nach der Großen Pest – *in conspectu mortis* (im Anblick des Todes). Für Tegernsee seien nur die wichtigsten Autoren genannt: Johannes Keck, Konrad von Geisenfeld, Bernhard von Waging, Wolfgang Kydrer, Christian Tesenpacher und Ulrich von Landau.²⁶ Der bedeutendste und vielseitigste unter ihnen war Bernhard von Waging, der seit dem Besuch des Nikolaus von Kues in Tegernsee (1452) eine intensive briefliche Beziehung zu ihm pflegte und das kusanische Verständnis von Reform und Mystik im Südosten des Reiches propagierte.

2.4 Monastische Theologie

Die Reformtheologie der Mönche Tegernsees zeichnet sich dadurch aus, daß in ihr verschiedene, für das ausgehende Mittelalter charakteristische Typen der Frömmigkeitstheologie hervortreten. Wenn im Folgenden diese Typen genannt werden, dann sind sie nicht im Sinne von Schubladen zu verstehen, auf die man die theologischen Schriften verteilen mußte. Es geht vielmehr um verschiedene Zielbestimmungen und Adressatenorientierungen der Theologie, die sich literarisch höchst variabel miteinander verbinden können, allerdings meist so, daß je nach Text eine bestimmte Ausrichtung dominiert.

Bei einem Benediktinerkloster wie Tegernsee überrascht es nicht, daß innerhalb dieser Typenvielfalt die monastische Theologie einen wichtigen Platz einnimmt. Sie ist eine ordensorientierte Theologie für Mönche und Nonnen, die auf die besonderen Bedingungen der klösterlichen Existenz, auf ihre spezifischen Probleme und Chancen eingeht und damit Vorstellungen der geistlichen Intensivierung, observanten Regularisierung und krisenresistenten Sicherung des Ordenslebens verbindet.²⁷ Diese monastische Variante lebenspraktischer Theologie ist uns bereits bei Johannes von Kastl begegnet.²⁸ Beispiele aus Tegernsee sind etwa die Regelkommentare Kecks und Tesenpachers, die Traktate Ulrichs von Landau ›De hominis reformatione‹ und ›De disciplina religiosorum‹ oder drei Schriften Bernhards von Waging über das verbotene Fleischessen der Benedikti-

---

²⁵ Vor und nach der Mitte des 15. Jahrhunderts fand ein regelrechter ›Exodus‹ von Magistern und Studenten der Universität Wien in die umliegenden Benediktinerklöster der Melker Reform (besonders Melk, Tegernsee und Mondsee) und in die Kartause Gaming statt. 1458 lebten unter den 52 Mönchen dieser Kartause mindestens 17 aus der Universität Wien eingetretene Magister. Vgl. DENNIS D. MARTIN, Fifteenth Century Carthusian Reform. The World of Nicholas Kempf, Leiden 1992, 19–31 [bes. 22]. 99–106. 332f (SHCT 49).
²⁶ Zu allen Autoren vgl. die Artikel in VerLex²; dort auch Informationen über ihre im folgenden erwähnten Werke.
²⁷ Zur Anwendung des Terminus ›Monastische Theologie‹ auf das 15. Jahrhundert vgl. HAMM, Was ist Frömmigkeitstheologie? (K) 25–28 [Lit.].
²⁸ Vgl. I.7.2.2 nach Anm. 18.

nermönche.²⁹ Bemerkenswert ist besonders, wie nachdrücklich Bernhard in einer freundschaftlichen Auseinandersetzung mit Johannes von Eich, 1445–1464 Bischof von Eichstätt, den höheren Wert der klösterlichen *vita contemplativa* (des beschaulichen Lebens) gegenüber der aktiven Seelsorgetätigkeit geltend machte. Das Weltpriesteramt berge zu viele Gefahren für die Seele; sicherer sei der Rückzug auf sich selbst in der Klosterklausur. Nur *gegen* die Neigung des eigenen Herzens solle man pastorale Ämter annehmen, es im übrigen aber Gott überlassen, Gnade in den Herzen der Menschen zu wirken.³⁰ Die Kontroverse ist typisch für die spätmittelalterliche Rivalität zwischen dem Ideal des Apostolats und dem kontemplativen Ideal.³¹

Die monastische Theologie des 15. Jahrhunderts bezieht sich zwar primär auf die weltabgewandte Lebensform des Klosters, tendiert aber – offensichtlich verstärkt – dazu, die klösterlichen Ideale der Lebensregulierung und Beschaulichkeit in die Laienwelt hineinzutragen. Bezeichnend sind in dieser Hinsicht z.B. die im deutsch-niederländischen – und so auch im bayerischen Raum – weit verbreiteten sog. ›Herzklosterallegorien‹, die das Herz des Menschen bildlich als Klosterklausur verstehen lassen – mit der möglichen Konsequenz: »Wer als Laie keinen Klosterdienst zu leisten vermag, hat doch die Möglichkeit, sein Herz zum Kloster zu bereiten, und nimmt auf solche Weise teil am Lohn, der den Klosterleuten gewiß ist.«³² Der Augustinereremit Johann von Staupitz konnte dann in einer Predigt zur Fastenzeit 1517 seinem Nürnberger Auditorium sagen, daß unter der samtenen Haube einer Bürgersfrau mehr ›Beschaulichkeit‹ als unter der Mönchskutte verborgen sein kann.³³

2.5 Mystische Theologie

Ein zweiter (mit dem ersten inhaltlich eng verbundener) Typ von Frömmigkeitstheologie, der im Tegernseer Schrifttum, besonders nach dem Eintritt Bernhards von Waging (1446), eine auffallend große Rolle spielt, ist die mystische Theologie. Tegernsee belegt mit einer Fülle von Handschriften, wie stark und lebendig auch noch im 15. Jahrhundert die Ziele mystischer Seelenführung – die *unio mystica* der geschaffenen Seele mit dem ungeschaffenen Gut – präsent sind, allerdings in Umformungen, die den Theologiewandel seit dem Großen Sterben widerspiegeln. Wie die Scholastik erfährt auch die Mystik eine Transformation, die nicht nur reduzierende Vereinfachung, sondern auch programmatische Neu-

---

²⁹ Zu deutschen Übersetzungstexten in Tegernsee, die das Klosterleben thematisieren, vgl. BAUER (K) 201–206.
³⁰ Vgl. PAUL WILPERT, Vita contemplativa u. vita activa. Eine Kontroverse d. 15. Jh.: Passauer Stud. FS f. Bischof Dr. Dr. Simon Konrad Landersdorfer z. 50. Jahrestag seiner Priesterweihe, dargeboten v. d. Phil.-Theol. Hochschule Passau, Passau 1953, 209–227; BAUER (K) 155, Anm. 100 [Lit.].
³¹ Vgl. MERTENS (B) 231–242.
³² GERHARD BAUER, ›Herzklosterallegorien‹: VerLex² 3, 1153–1167 [Zitat: 1154].
³³ KNAAKE 1 (K) 33 [mit textkritischer Korrektur].

orientierung bedeutet.³⁴ Die Mönche Tegernsees bieten einerseits reflektierte Anleitung zum stufenweisen Voranschreiten auf dem mystischen Wege zur Liebeseinung mit Gott – so Keck in einem seinem Regelkommentar inserierten Traktat über die mystische Theologie oder Bernhard von Waging in einer Schrift über ›die geistlichen Gefühle und die geistliche Vervollkommnung‹ (›De spiritualibus sentimentis et perfectione spirituali‹). Andererseits sind sie, allen voran Bernhard, zwischen 1453 und 1460 in eine heftige Theoriediskussion über die Frage, ob und in welcher Weise der Intellekt an der mystischen Erfahrung beteiligt ist, verwickelt.³⁵ Charakteristisch für den Gesamttrend der praxisbezogenen Theologie des 15. Jahrhunderts ist an dieser Kontroverse, daß das rationale Moment zugunsten der affektiven Züge einer Erfahrungstheologie zurücktritt; zugleich betont man, vor allem unter dem Eindruck des Gerson und Nikolaus von Kues, daß dieser mystische Weg der Gotteserfahrung eher den ›Einfachen‹ und ›Armen‹ im Geiste, den *laici*, *simplices* und *idiotae*, als den ›verkehrten Gelehrten‹ offen steht.

Diesem Programm entspricht es, daß in Tegernsee nach ca. 1445 eine starke Hinwendung zu deutschsprachigen mystisch-theologischen Texten stattfindet, indem man aus der älteren deutschen Mystik schöpft, Schriften der lateinischen Tradition übersetzt und Neues aus eigener Feder hinzufügt³⁶ – und dies, obwohl aus der Sicht eines Bernhard von Waging und der anderen gelehrten Theologen seines Umfeldes nur die lateinische Sprache dem gedanklichen Anspruch von Theologie wirklich gerecht wird. So findet nicht nur eine neue Wendung zu kontemplativer und mystischer Theologie statt, sondern zugleich auch eine bemerkenswerte Entgrenzung dieser Theologie über die monastische und gelehrte Sphäre hinaus in neue Leser/innen-Bereiche. Zu diesen Rezipientinnen Tegernsees gehörten nachweisbar Beginen und Frauen des Münchener Bürgertums, die der *vita contemplativa* (dem beschaulichen Leben) zugewandt waren und Interesse an deutschen mystischen Schriften hatten. Für sie übersetzte ein anonymer Tegernseer Mönch, höchstwahrscheinlich kein anderer als Bernhard von Waging, die Hoheliedpredigten Bernhards von Clairvaux.³⁷ Und wohl für die gleichen semireligiösen bzw. laikalen Leserinnenkreise war eine Gruppe deutscher mystischer und seelsorgerlicher Traktate – vermutlich ebenfalls aus der Feder Bernhards von Waging – bestimmt, die Übersetzungen aus dem Lateinischen sind bzw. mehrere Vorlagen und eigene Zusätze zu neuen Traktaten montieren.³⁸

Worin der besondere Charakter dieser traditionsgeleiteten und doch innovativen Mystik des 15. Jahrhunderts besteht, wird später zu fragen sein. Hier sei nur

---

34 Darauf geht der Abschnitt I.7.3.8 näher ein.
35 Vgl. VANSTEENBERGHE (K); weitere Literatur bei HERIBERT ROSSMANN, Sprenger, Marquard: VerLex² 9, 157–162 [162] und BAUER (K) 144, Anm. 39.
36 Vgl. HÖVER (K); WERNER HÖVER, Tegernseer Anonymus: VerLex² 9, 665–670; BAUER (K).
37 Vgl. HÖVER (K) 1–135 [zu den Beginen: 120–135]. 272ff; BAUER (K) 137–159 [Nachweis, daß Bernhard von Waging der anonyme Übersetzer war; zu den Münchener Bürgersfrauen: 150–153].
38 HÖVER (K) 191–250 [Sammlung ›Mystica‹]; BAUER (K) ebd.

betont, was diese Vermittlung von Mystik für die Beginen, Bürgersfrauen und mögliche andere ungelehrte Rezipientinnen (wie Nonnen) bzw. Rezipienten (wie klösterliche Laienbrüder,[39] städtische Laien und Adelige) bedeutet: nicht Verflachung und Simplifizierung von Mystik, sondern gerade umgekehrt Verinnerlichung und Steigerung ihres geistlichen Lebens durch eigene Beschäftigung mit mystischer Literatur. Und noch etwas sei hervorgehoben: Allein schon die Tatsache, daß die Verbreitung mystischer Literatur von einem monastischen Zentrum wie Tegernsee ausging, ist ein deutlicher Hinweis darauf, daß der Hauptstrom der mittelalterlichen Mystik seit dem 12. Jahrhundert – und erst recht der des 15. Jahrhunderts – nicht in einem Konkurrenzverhältnis zur Priesterhierarchie und ihrer sakramentalen Heilsvermittlung stand. Der mystische Weg der Gottunmittelbarkeit kann das äußere Kirchentum zwar überbieten und relativieren, aber will es im Normalfall nicht ersetzen, sondern vertiefen und verinnerlichen.[40]

2.6 Seelsorge-praktische und katechetische Theologie

Mit dieser besonderen Art mystischer Theologie ist ein dritter Typ der in Tegernsee vertretenen Frömmigkeitstheologie eng verbunden. Man kann ihn den ›seelsorge-praktischen‹ Typ nennen. Selbstverständlich geht es auch in den Anleitungen zum mystischen Weg um Seelenführung und insofern um *cura animarum* (Fürsorge für die Seelen, Seelsorge). Aber nun sind Schriften im Blick, die sich mit Fragen beschäftigen, die jeden Christen und jede Christin auf dem Wege zum Heil betreffen, auch solche Menschen also, die sich nicht einem beschaulichen Leben mystischer Erfahrungen widmen wollen und können. Es sind Fragen, mit denen jeder Priester in seiner alltäglichen Seelsorgepraxis konfrontiert ist. Gerade diese Normal- und Alltagsfragen rücken seit dem späten 14. Jahrhundert in den Zentralbereich der Theologie, da die Ansprüche auf christianisierende Durchdringung aller Lebensbereiche wachsen; und nach der Mitte des 15. Jahrhunderts, verstärkt nach 1480, sorgt der Buchdruck dafür, daß eine Masse solcher Traktätchen und Einblattdrucke auch wirklich die *sacerdotes simplices* (die einfachen, d.h. weniger kundigen Priester) und die anleitungshungrigen Laien, die lesen können oder vorgelesen bekommen, erreicht.

Das vielleicht wichtigste Thema dieser Literaturebene ist die Buße (*poenitentia*) in ihren vielseitigen Dimensionen (Reue, Beichte, Absolution, Satisfaktion, Ablaß etc.). So schreiben in Tegernsee Keck und Kydrer Traktate ›Über die drei Teile der Buße‹ (contritio, confessio, satisfactio), und Bernhard von Waging

---

[39] Zur deutschsprachigen geistlichen (auch mystischen) Literatur für Laienbrüder im Kloster Tegernsee und im Augustinerchorherrenstift Rebdorf vgl. BAUER (K).
[40] Vgl. VOLKER LEPPIN, Mystische Frömmigkeit u. sakramentale Heilsvermittlung i. späten MA: ZKG 112 (2001), 189–204. Zu den institutionskritischen, häretischen Fällen der sog. ›Brüder und Schwestern vom freien Geiste‹ vgl. Abschnitt I.7.3.10 mit Anm. 194.

ebenso wie ein Anonymus[41] verfassen Traktate über die Beichte. Wer Todsünden vermeiden bzw. beichten will, muß die Gebote kennen. Daher gehören auch Traktate wie der Kecks ›De decem praeceptis‹ zur Elementar-Bußkatechese. Überhaupt kann man Schriften oder Einzelblätter, die geistlich belehrende Basisinformationen und -instruktionen für Unkundige (über die Gebote, die Werke der Barmherzigkeit, die Gaben des Heiligen Geistes, Glaubensbekenntnis, Vaterunser, Mariengebete, Ablässe usw.) enthalten, also die für das 15. Jahrhundert so typische deutschsprachige katechetische Literatur, diesem seelsorge-praktischen Typ der Frömmigkeitstheologie zurechnen.[42] Einen wichtigen Platz nimmt in ihr die Sterbekatechese ein, d. h. der Unterricht über die Hauptstücke der Vorbereitung auf einen seligen Tod, wie dies in knappster Verdichtung etwa Johannes Geiler von Kaysersberg mit seinem Sterbe-ABC vorbuchstabiert.[43] In Tegernsee ist die *Ars moriendi* in ausführlicher Form, besonders durch den Traktat Bernhards von Waging über die Vorbereitung auf den Tod und Kydrers Sermone über die sichere Art des Sterbens, vertreten.

2.7 Tröstende Theologie für angefochtene Gewissen

In den spätmittelalterlichen Trostschriften, die ängstlichen, angesichts ihrer Sünden und ihres geistlichen Unvermögens verzagenden Gewissen Hilfe geben wollen, kann man eine eigene Sorte der frömmigkeitstheologischen Literatur sehen.[44] Denn diese Anfechtungsphänomene der zu ›engen‹, kleinmütigen und skrupulösen Gewissen waren nicht so verbreitet, wie man vielleicht im Blick auf Luther und den Erfolg seiner tröstenden Theologie annehmen könnte. Der Straßburger Münsterprediger Geiler von Kaysersberg sagte um 1495 einmal, daß auf einen über seine Sünden verzweifelten Menschen hundert, tausend, ja eine Million übermütige Sünder kommen.[45] So selten war die skrupulöse Trostbedürftigkeit allerdings wohl auch nicht, aber sie war offensichtlich vor allem ein Problem der observanten Klöster, wo Menschen zur geistlichen Überanstrengung neigten und dadurch maximale Heilssicherheit suchten. Sie war also weniger eine Herausforderung für die allgemeine Pfarrseelsorge als eher eine schwierige Klippe für die Beichtväter in den regelstrengen Konventen. Bernhard von

---

[41] Der Anonymus dürfte mit Bernhard von Waging identisch sein; vgl. Abschnitt I.7.2.5 mit Anm. 37 u. 38. Zum Beichttraktat des Anonymus vgl. HÖVER (K) 171f. 217: Hs. Salzburg St. Peter b VI 15, fol. 190r–194v mit dem Incipit: *Pax Iesu Cristi dei nobiscum semper. Der fryd gocz Iesu Cristi sey alweg mit vns. Amen.*

[42] Zur popularisierenden Katechese vgl. die Literatur bei HAMM, Was ist Frömmigkeitstheologie? (K) 20, Anm. 28; zu katechetischen Texten im Kloster Tegernsee vgl. BAUER (K) 192–195.

[43] ›Ein ABC. Wie man sich schicken sol zu einem seligen tod‹ (1497), in: JOHANNES GEILER V. KAYSERSBERG, Sämtliche Werke, hg. v. GERHARD BAUER, Bd. 1/1/1, Berlin u.a. 1989, 99–110 (Ausg. deutscher Literatur d. fünfzehnten bis XVIII. Jh. 129). Zur Predigttätigkeit Geilers in Augsburg und Füssen vgl. I.7.2.11 mit Anm. 85.

[44] Vgl. GROSSE (K).

[45] Zitat bei ELIZABETH JANE DEMPSEY DOUGLASS, Justification in Late Medieval Preaching. A Study of John Geiler of Keisersberg, Leiden 1966, 174, Anm. 4 (SMRT 1).

Waging schrieb zwei lateinische Trost- und Heilbücher für den rechten Umgang mit solchen Anfechtungen;[46] seine Ratschläge, die weitgehend aus Gerson schöpfen, wurden dann wieder Vorlage für einen deutschsprachigen Traktat ›Wider klainmütikhait und irrend gewissen‹, der ebenfalls in Tegernsee entstanden sein dürfte und für Nonnen bestimmt war.[47] Typisch für das spätmittelalterliche scrupulositas-Problem ist ein weiterer deutscher Traktat, der sich an eine Frau – wohl ebenfalls eine Nonne – wendet, deren Gewissen immer wieder von der Angst gepeinigt wird, nicht genügend gebeichtet und sich daher nicht ausreichend auf die Absolution vorbereitet zu haben.[48] Ist ihr jeder Zugang zu Gnaden- und Heilsgewißheit verwehrt? Welche Lösungen die Seelsorge-Theologie in solchen Nöten anbietet bzw. nicht anbieten kann, wird noch zur Sprache kommen müssen.

2.8 Liturgiebezogene Theologie und Frömmigkeitstheologie in Predigten und Briefen

Wie im benediktinischen Lebensraum nicht anders zu erwarten, kommt in Tegernsee auch der Typ der liturgiebezogenen Frömmigkeitstheologie vor, d.h. eine Theologie, die darüber informiert und dazu anleitet, wie man gottesdienstliche Vollzüge – etwa die Messe oder das klösterliche Chorgebet – korrekt zu praktizieren, Wort für Wort recht zu verstehen und im geistlichen Leben fruchtbar zu machen habe. So findet sich im Schrifttum Bernhard von Wagings ein ›Ordinarium missae practicum‹. Auch die Tegernseer Abhandlungen über die Eucharistie[49] gehören in diesen Zusammenhang, z.B. ein Traktat ›De materia eucharistiae sacramenti‹, den Bernhard von Waging für die Mönche von St. Ulrich und Afra in Augsburg bestimmt hat. Doch zeigt sich bei den Eucharistietraktaten des 14. und 15. Jahrhunderts, wie naheliegend der Übergang von den verbalen liturgisch-gottesdienstlichen Bezügen zu einer ganz und gar seelsorge-praktischen (z.B. die rechte Vorbereitung auf die Kommunion thematisierenden), Gewissenstrost vermittelnden und auf meditativ-mystische Versenkung in das Passionsgeheimnis zielenden Frömmigkeitstheologie ist.

Zwei Literaturgattungen fallen in Tegernsee besonders ins Auge, die – neben den Traktaten – für die lebenspraktische, weniger spekulierende als anleitende Theologie des ausgehenden Mittelalters von großer Bedeutung sind: die Predigten und Briefe, von denen aus Tegernsee bzw. Melk größere Sammlungen überliefert sind. In ihnen können – je nach Adressat/in, Situation und Thematik – alle erwähnten Typen der Frömmigkeitstheologie vorkommen. Vor allem Fragen des

---

[46] ›Consolatorium seu remediarium tribulatorum‹ (1461) und ›Remediarius contra pusillanimes et scrupulosos‹ (1464/65).
[47] HÖVER (K) 153–157: Hs. cgm 778, fol. 62v–78r. Zur These, daß der anonyme Verfasser des Traktats Bernhard von Waging selbst gewesen sei, vgl. BAUER (K) 142.
[48] Beichttraktat (wohl von Bernhard von Waging) wie I.7, Anm. 41.
[49] Vgl. BAUER (K) 147ff. Zum größeren Kontext vgl. FRANZ (B) 565–603 [Die klösterlichen Meßerklärungen des 15. Jahrhunderts]; zu Bernhard von Waging vgl. aaO, 566–577.

monastischen Lebens und einer kontemplativ-mystischen Spiritualität werden behandelt. Man denke an die rege Korrespondenz zwischen Nikolaus von Kues, den beiden Tegernseer Mönchen Bernhard von Waging und Konrad von Geisenfeld, dem Kartäuser Vinzenz von Aggsbach, dem Münchener Pfarrer Marquard Sprenger und dem Benediktinerprior von Melk Johannes Schlitpacher in der jahrelangen, 1453 beginnenden Auseinandersetzung um den Charakter der mystischen Erfahrung.[50]

2.9 Das theologische Zentrum des Nordens: die Reichsstadt Nürnberg

Standen die südlichen Gebiete des heutigen Bayerns einschließlich der Oberpfalz im dominierenden Gravitationsfeld des Benediktinertums der Melker und Kastler Observanz unter Führung Tegernsees, so wurde im Norden, in Franken und im nördlichen Ostschwaben, die Reichsstadt Nürnberg zum ausstrahlenden Zentrum einer frömmigkeitsbezogenen theologischen Literatur. Hier war die intensive Verquickung des Bürgertums und der vielfältigen kirchlichen Institutionen auf engstem Raum entscheidend; und dieser verdichtete und vibrierende Lebenskontext städtischer Religiosität bewirkte, daß die dafür prädestinierten Bettelorden – Dominikaner/innen, Franziskaner/innen und Augustinereremiten – viel stärker zur Geltung kamen als die alten ›monastischen‹ Orden der Benediktinerregel und daß sich die religiösen Bedürfnisse der Laien, deren Lesefähigkeit in den größeren Städten überdurchschnittlich hoch war, theologisch weit stärker als in den ländlichen Regionen in den Vordergrund schoben.[51]

Das gilt selbstverständlich auch für andere Reichsstädte wie Augsburg, Memmingen, Regensburg, Nördlingen, Dinkelsbühl, Rothenburg oder Schweinfurt, für Bischofsstädte wie Würzburg und Bamberg oder eine Residenzstadt wie München, aber keine dieser Kommunen – selbst die Handels- und Finanzmetropole Augsburg nicht[52] – reichte an die geistlich-literarische Produktivität der Nürnberger während der letzten Jahrzehnte vor der Reformation heran. Mit Unterstützung des Rats und reicher Bürgerfamilien wurde Nürnberg Mittelpunkt einer nach außen zur Schau gestellten und verinnerlichten Frömmigkeit, einer vorbildlichen Klosterreform, intensiver geistlicher Studien von Ordensleuten, Weltklerikern und Laien und eines blühenden Humanismus. Aktive Träger und Trägerinnen des ungemein vielfältigen frömmigkeitstheologischen Schrifttums waren seit der ersten Hälfte des 15. Jahrhunderts bis zur Reformation besonders die observanten Prediger der Bettelorden: Dominikaner wie Gerhard Comitis, Johannes Nider, Johannes Herolt, Johannes Diemar, Georg Haß, Peter Kirchschlag, Johannes Kirchschlag, Johannes Lock, Johannes Muleysen

---

[50] Zum Briefwechsel in der I.7.2.5 mit Anm. 35 bereits erwähnten Kontroverse vgl. außer VANSTEENBERGHE (K) die Artikel in VerLex² zu den genannten Personen.
[51] Zur religiösen Lebenssituation der spätmittelalterlichen Stadt (besonders Nürnbergs) vgl. HAMM, Bürgertum (B) 63–76 [Lit.].
[52] Vgl. KIESSLING, Gesellschaft (B).

oder Friedrich Stromer[53] und die Nonnen des Dominikanerinnenkonvents St. Katharina, die deren Predigten aufzeichneten und die, wie ihre Abschreibetätigkeit vermuten läßt, großes Interesse an Schriften Meister Eckharts, Taulers, Seuses, Birgittas von Schweden, Elisabeths von Schönau, Mechthilds von Hakkeborn und anderen mystischen Texten hegten;[54] Franziskanerprediger wie Johannes Einzlinger, Stephan Fridolin, Heinrich Vigilis von Weißenburg oder Olivier Maillard und die Klarissen mit ihrer überragenden Äbtissin Caritas Pirckheimer, die ebenfalls eifrig die Predigten ihrer Ordensleute festhielten;[55] Autoren des Augustinerklosters wie Konrad von Zenn[56] und Reinhard von Laudenburg[57] und der wiederholt in Nürnberg predigende *Vicarius generalis* der observanten deutschen Augustiner-Kongregation Johann von Staupitz,[58] der unmittelbar vor der Reformation durch seine exponierte – wie keine andere Luthers Botschaft vorbereitende – Gnadentheologie die Nürnberger in Bann zog und einen Kreis der politischen und humanistischen Elite um sich scharte.[59] Weiter sind als Autoren des 15. und frühen 16. Jahrhunderts hervorzuheben ein Kartäuser wie der vielseitige Erhart Groß,[60] ein Benediktiner wie der Humanist Benedictus Chelidonius,[61] eine Visionärin wie die Patrizierin (und spätere Dominikanerin) Katharina Tucher,[62] eine Augustiner-Chorfrau wie Anna Ebin,[63] die ähnlich wie die Nürnberger Dominikanerinnen Texte abschrieb und übersetzte, »die vornehmlich den rechten inneren Vollzug des Klosterlebens und eine vom Geist der Mystik beeinflußte Frömmigkeitshaltung intendieren«,[64] ein Pfarrer (an St. Sebald) wie Albrecht Fleischmann mit seinen deutschen Sonntagspredigten,[65] ein Propst (von St. Lorenz) wie Sixtus Tucher[66] und Kleriker-Schulmeister wie Johannes Romming[67] und Johannes Cochläus,[68] die mit S. Tucher zum Nürnberger Hu-

---

[53] Zu diesen Predigern vgl. die Artikel in VerLex².

[54] Vgl. ANTJE WILLING, Literatur u. Ordensreform i. 15. Jh. Deutsche Abendmahlsschr. i. Nürnberger Katharinenkloster […] (Masch. Diss.), Erlangen 2000, bes. 106f.

[55] Zu den genannten Franziskanerpredigern vgl. die Artikel in VerLex²; dort ist auch die Überlieferung ihrer Predigten durch die Nachschriften der Klarissen belegt. Vgl. auch SEEGETS (K) und den Ausstellungskatalog Pirckheimer (B).

[56] Vgl. ZSCHOCH (B).

[57] Reinhard v. Laudenburg schrieb eine ›Passio domini nostri Jesu Christi‹, Druck: Nürnberg, bei Balthasar Schleifer, 7.4.1501; VD 16, R844. Vgl. ADOLAR ZUMKELLER, Die Lehrer d. geistl. Lebens unter d. deutschen Augustinern v. 13. Jh. bis z. Konzil v. Trient: Sanctus Augustinus vitae spiritualis magister. Settimana internazionale di spiritualità Agostiniana 22–27 Ott. 1956, Bd. 2, Rom 1958, 239–338 [323ff].

[58] Vgl. BERNDT HAMM, Staupitz, Johann[es] v. (ca. 1468–1524): TRE 32, 119–127 [Lit.].

[59] Zur Nürnberger *Sodalitas Staupitziana* vgl. HAMM, Ethik (B) 135–143.

[60] Vgl. STEINHOFF (K).

[61] Literatur zu Chelidonius (Benedikt Schwalbe) bei HAMM, Ethik (B) 87, Anm. 74.

[62] Vgl. Die »Offenbarungen« d. Katharina Tucher, hg. v. ULLA WILLIAMS u. WERNER WILLIAMS-KRAPP, Tübingen 1998 (Unters. z. deutschen Literaturgesch. 98).

[63] Vgl. SIEGFRIED RINGLER, Ebin (Eybin), Anna: VerLex² 2, 295ff.

[64] AaO, 295.

[65] Vgl. KARIN SCHNEIDER, Fleischmann, Albrecht: VerLex² 2, 748f.

[66] Literatur zu S. Tucher bei HAMM, Ethik (B) 87, Anm. 71; vgl. HAMM, Hieronymus-Begeisterung (B) 196–202.

[67] Literatur zu Romming bei HAMM, Ethik (B) 86, Anm. 69.

manistenkreis gehören. Hinzu kommen die literarisch aktiven Laien: ein Stadtarzt wie Ulrich Pinder[69] und – um nun weitere wichtige humanistische Autoren zu nennen – Juristen wie die drei Generationen Hans, Johannes und Willibald Pirckheimer[70] oder Christoph Scheurl d.J.,[71] ein Ratsschreiber wie Lazarus Spengler[72] und ein Künstler wie Albrecht Dürer.[73]

Die literarisch Aktiven, die hier aus dem Zeitraum eines Jahrhunderts genannt wurden, repräsentieren die Breite und Typenvielfalt des frömmigkeitstheologischen Schrifttums vor der Reformation. Die Typen, die in Tegernsee und seinem Einflußbereich hervortreten, sind auch in Nürnberg vertreten: die monastische Theologie – einschließlich der nun in Nürnberg hinzukommenden ordensbezogenen Theologie der drei Bettelorden, die bestimmten Zentralgedanken der älteren monastischen Tradition verpflichtet bleiben, die mystische und seelsorgepraktische einschließlich der katechetischen Theologie, die Trosttheologie für geängstigte Gewissen (wie Fridolins ›Lehre für angefochtene und kleinmütige Menschen‹[74]) und die liturgiebezogene Theologie.[75] Hinzu kommen in Nürnberg zwei weitere wichtige Bereiche des lebenspraktisch orientierten theologischen Schrifttums, die in Tegernsee nur am Rande bzw. nicht vertreten sind: die Theologie für Laien – für den Lebensraum der Stadt kann man von einer verbürgerlichten Frömmigkeitstheologie sprechen – und die ihr nahe stehende humanistische Frömmigkeitstheologie.

2.10 Theologie für Laien

Schon in der Literaturproduktion Tegernsees war zu beobachten, wie eine Art theologischer Transfer aus der lateinischen Gelehrtenkultur in die deutschsprachige Lebenswelt von Laienbrüdern und Nonnen, Beginen und Bürgerfrauen geschah.[76] Diese entgrenzende Dynamik setzt sich nun im städtischen Kontext des 15. Jahrhunderts fort, indem Schriften eigens für das gebildete Bürgertum (bzw. *auch* für die städtischen Laien) verfaßt werden und damit eine spezifisch laikalbürgerliche Frömmigkeitsformung in den Blick kommt. Als Beispiel können die Werke des Kartäusermönchs Groß dienen.[77] So schrieb er für die Nürnberger

---

[68] Literatur zu Cochläus aaO, Anm. 68.
[69] Literatur zu Pinder aaO, 92, Anm. 106. Zu seinem 1507 gedruckten Passionsspiegel vgl. I.7.3.6 mit Anm. 147.
[70] Literatur zu den drei Pirckheimers bei HAMM, Ethik (B) 88, Anm. 80f sowie 69, Anm. 14. Zu Hans und Johannes vgl. auch FRANZ JOSEF WORSTBROCK, Pirckheimer, Hans: VerLex² 7, 701ff; WORSTBROCK (K).
[71] Literatur zu Scheurl bei HAMM, Ethik (B) 88, Anm. 83; vgl. HAMM, Hieronymus-Begeisterung (B) 211–218.
[72] Vgl. BERNDT HAMM, Spengler, Lazarus (1479–1534): TRE 31, 666–670 [Lit.].
[73] Vgl. HANS DÜFEL, Dürer, Albrecht (1471–1528): TRE 9, 206–214 [Lit.].
[74] Ediert von PETRA SEEGETS in: Spätmittelalterliche Frömmigkeit (K) 189–195.
[75] Vgl. I.7, Anm. 81.
[76] Zu den Übersetzungen für Beginen und Bürgerfrauen vgl. I.7, Anm. 37; zu den Übersetzungen für klösterliche Laienbrüder und Nonnen vgl. I.7, Anm. 39 bzw. HÖVER (K) 160. 179–182. 189.
[77] Vgl. I.7.2.9 mit Anm. 60.

Dominikanerinnen ein deutschsprachiges ›Nonnenwerk‹ zur Vervollkommnung des inneren, weltentsagenden Menschen; zugleich aber verfaßte er mit seiner ›Grisardis‹ ein Pendant für Bürgerfrauen: eine Anleitung zur vollkommen tugendhaften Ehe, so wie er in seinem ›Witwenbuch‹ über den Stand und die Pflichten einer christlichen Witwe unterrichtete.[78] Typisch für die bürgerliche Entgrenzung der Theologie ist auch der 1491 in der Druckerei Anton Kobergers d.Ä. erschienene ›Schatzbehalter‹ Fridolins, eines der größten und aufwendigsten Druckprojekte des ausgehenden Mittelalters.[79] Der Franziskanerprediger bietet hier eine auf die Bedürfnisse und Möglichkeiten von Laien und Laiinnen der Stadt zugeschnittene Unterweisung zur Passionsbetrachtung, die auch Menschen, die in weltliche Geschäfte verstrickt sind, Möglichkeiten des meditativen Eindringens in die Schätze des Leidens Christi erschließt. Vergleichbare Zielsetzungen verfolgt das ebenfalls in Nürnberg (zwischen 1490 und 1498) gedruckte Andachtsbuch ›Der Herzmahner‹.[80]

Schließlich verdient in diesem Zusammenhang auch ein herausragendes Beispiel der liturgiebezogenen Frömmigkeitstheologie Beachtung: das zuerst in Nürnberg um 1480 gedruckte Werk ›Messe singen oder lesen‹.[81] Diese »älteste deutsche Gesamtauslegung der Messe«, die offensichtlich von einem anonymen Weltgeistlichen der Diözese Augsburg verfaßt wurde, war für geistliche und weltliche Adressaten, also auch für einen Leserkreis städtischer Laien, bestimmt. Ihnen bot sie – gegen die geltende kirchliche Norm – eine vollständige Übersetzung und Erklärung des Kanons einschließlich der Konsekrationsworte. Das Heiligste des Meßtextes erfuhr damit eine Art Profanisierung, aber auch eine Art Verinnerlichung im Sinne des Textverständnisses und Glaubensverstehens. In den folgenden Druckausgaben wurden die Konsekrationsworte und ihre Erklärung dann mit der Begründung weggelassen, »das solichs mitnichten dem leyen gepurt, sich domit zur bekumernn, sunder der priesterschaft«.

2.11 Synthese von Humanismus und Frömmigkeitstheologie

Eine andere – noch weitergehende – Art von Laisierung, Verweltlichung und Verbürgerlichung mittelalterlicher Religiosität findet im humanistischen Typ der lebenspraktisch-seelsorgerlichen Theologie statt. Das Nürnberger Bildungsmilieu zeigt besonders eindrücklich, wie selbstverständlich um 1500 Humanismus

---

[78] Wichtig sind in diesem Zusammenhang auch seine Übertragungen. So schuf er im Auftrag Nürnberger Bürger ein ›Laiendoctrinal‹, d.h. die Prosafassung des mittelniederländischen ›Dietsche Doctrinale‹; und das von Gerard van Vliederhoven verfaßte ›Cordiale de quatuor novissimis‹ aus dem Bereich der Devotio moderna übersetzte er, »damit das Wissen vom Jüngsten Gericht und dem Leben nach dem Tode auch Laien Nutzen bringe« (STEINHOFF [K] 276).
[79] Vgl. SEEGETS (K) 169–285.
[80] Vgl. VOLKER HONEMANN, ›Der Herzmahner‹: VerLex² 3, 1167–1170.
[81] Edition: Die älteste deutsche Gesamtauslegung d. Messe (Erstausgabe ca. 1480), hg. v. FRANZ RUDOLF REICHERT, Münster 1967 (CCath 29); vgl. KURT ILLING, ›Meßerklärung Messe singen oder lesen‹: VerLex² 6, 446ff; FRANZ (B) 632f. 711–717; zur Interpretation vgl. I.7, Anm. 155.

und Frömmigkeitstheologie aufeinander zugehen und eine nahtlose Einheit bilden können: von der einen Seite her das humanistische Bemühen um eine Sprach- und Sittenformung nach dem Leitbild der Antike, von der anderen Seite her das theologische Bestreben, der Seele einen sicheren Weg zum Himmel zu weisen. Wo sich der Humanismus dem geistlich-pastoralen Ziel der Frömmigkeitstheologie verschreibt und diese – gut humanistisch – sich ganz an der Norm und Form antiker Texte, der *bonae litterae* paganer Autoren und besonders der Kirchenväter, orientiert, kann es zu einer solchen Verschmelzung kommen, wie in Nürnberg besonders bei S. Tucher, Cochläus, Romming, Chelidonius, Spengler, Scheurl und Dürer. Zur Mittelpunktsgestalt ihres Strebens nach christlicher Tugend, Bildung und sprachlicher Eleganz wird zwischen 1498 und 1515 der *divus Hieronymus*, Inbegriff christlich-antiker Synthese von ›guter‹ und ›heiliger Literatur‹ (*bonae* und *sacrae litterae*), Gelehrsamkeit und Frömmigkeit, kunstvoller Beredsamkeit und Heiligkeit der Lebensführung.[82]

Die Einheit von humanistischem Bildungsstreben und literarischer Anleitung zum frommen Leben ist keine Spezialität Nürnbergs, auch wenn sie hier in besonderer Dichte begegnet. Auch andere Humanistenkreise – wie die in Augsburg oder Würzburg – waren zu nennen. In der Person des Albrecht von Eyb begegnete uns bereits ein Vertreter jenes Eichstätter Frühhumanistenkreises, der sich unter Bischof Johann von Eich bildete und offensichtlich ebenfalls eine besonders intensive Verquickung von humanistischen Neigungen und Frömmigkeitstheologie pflegte.[83] Überhaupt kann man alle bemerkenswerten Vorgänge und Typen der Theologisierung des Lebens, die am Beispiel Tegernsees und Nürnbergs dargestellt wurden, auch in anderen Regionen und Städten Bayerns finden. So war für Nürnberg das Auftreten des Augustinereremiten Johann von Staupitz zu erwähnen,[84] der typische Fall einer überregional bedeutenden, von auswärts kommenden Predigergestalt, die nur vorübergehend verweilt und mit einem Predigtzyklus nachhaltige Wirkungen in der Stadtbevölkerung hinterläßt. Ein vergleichbarer Fall war in Augsburg der (mindestens) dreimalige und jeweils mehrmonatige Predigtaufenthalt des berühmten Straßburger Münsterpredigers Johannes Geiler von Kaysersberg 1487, 1488/89 und 1490/91.[85] Oder man denke an die großangelegte Predigtkampagne des franziskanischen Bußpredigers Johannes von Capestrano, die ihn 1452 über Regensburg nach Amberg, Eichstätt,

---

[82] Vgl. HAMM, Hieronymus-Begeisterung (B) 189–233.
[83] Vgl. WORSTBROCK (K) 703 [Lit.: 708].
[84] Vgl. I.7.2.9 mit Anm. 58f.
[85] Vgl. ISRAEL (K) 97 [1487: »der viel monat lang zu Augsburg im dom gepredigt hat«]. 98f [Spätsommer 1488 bis Januar 1489]. 123f [Ende 1490 bis Frühjahr 1491]; vgl. PÖTZL (K) 1066: »Johannes Geiler von Kaysersberg, den eine Freundschaft mit dem Augsburger Bischof Friedrich (II.), Graf von Zollern, verband, predigte vom 28. September 1489, dem mit einer Heiltumsschau verbundenen Engelweihfest, bis zum 17. Januar 1490 fast täglich in Augsburg.« Auch in Füssen predigte Geiler im Sommer 1503, als er dort Kaiser Maximilian aufsuchte (ISRAEL [K] 152ff). Zur Berufung nach Würzburg als Prediger 1477, die Geiler zunächst annahm, vgl. aaO, 62–66.

Nürnberg und Bamberg (und von dort nach Erfurt) führte.[86] Capestrano, Geiler und Staupitz repräsentieren die inhaltliche Vielfalt der gepredigten Theologie zwischen Strenge und Erbarmen.[87]

2.12 Einflüsse von außen: Johannes Gerson und die Wiener Theologie

Die Einflüsse von außen waren für den Theologiewandel in Bayern nach der Großen Pest entscheidend: zum einen die Mobilität der gelehrten Geistlichen, Juristen, Ärzte, Ratsschreiber usw., die bis hin zu Johannes Eck, Johannes Trithemius oder Konrad Peutinger fast alle außerhalb Bayerns ihre entscheidenden Bildungseindrücke empfangen haben, und zum anderen die Internationalität der lateinischen Literatur, die durch die expandierende Übersetzungsflut des späten 14. bis frühen 16. Jahrhunderts ihre Wege ins Oberdeutsche fand. Besondere Bedeutung für Süddeutschland gewannen dabei die seelsorge-praktischen und mystisch-theologischen Schriften Johannes Gersons.[88] Am Beginn des 15. Jahrhunderts wurde er zum wichtigsten Programmatiker eines einfachen und innerlichen, sich nicht in ›kuriose Spekulationen‹ und außergewöhnliche Erlebnisse versteigenden Frömmigkeitsweges im Alltag von Weltklerikern, Ordensleuten, Semireligiosen und Laien, Männern und Frauen.[89] Mit seiner ›Demokratisierung‹ des geistlichen Lebens stand er den Idealen der niederländischen ›Devotio moderna‹ nahe, die auf Bayern allerdings keinen größeren Einfluß gewann, sondern nur sporadisch durch einzelne Schriften wie die ›Imitatio Christi‹ des Thomas von Kempen,[90] die Traktate ›De spiritualibus ascensionibus‹ und ›De reformatione virium animae‹ Gerhard Zerbolts von Zutphen[91] oder den ›Spieghel van volcomenheit‹ Hendrik Herps.[92]

Will man weitere frömmigkeitstheologische Impulse nennen, die zusammen mit Gersons Werken einen besonders großen Einfluß von außen auf die Theologie in Bayern genommen haben, so muß man vor allem das Schrifttum des Wiener Kreises nennen. Für Tegernsee wurde bereits auf die überragende Bedeutung

---

[86] Vgl. KURT RUH, Johannes v. Capestrano: VerLex² 4, 561–567 [563].
[87] Vgl. BERNDT HAMM, Between Severity and Mercy. Three Models of Pre-Reformation Urban Reform Preaching: Savonarola – Staupitz – Geiler: Continuity and Change. The Harvest of Late Medieval and Reformation History. Essays presented to Heiko A. Oberman on his 70th birthday, ed. by ROBERT J. BAST and ANDREW C. GOW, Leiden 2000, 321–358.
[88] Vgl. HERBERT KRAUME, Die Gerson-Übers. Geilers v. Kaysersberg. Stud. z. deutschsprachigen Gerson-Rezeption, München 1980 (MTUDL 71); vgl. DERS., Gerson, Johannes: VerLex² 2, 1266–1274.
[89] Vgl. BURGER (K).
[90] Vgl. PAUL VAN GEEST u.a., Thomas Hemerken v. Kempen: VerLex² 9, 862–882; zur Rezeption im Kloster Tegernsee und im Augustinerchorherrenstift Rebdorf vgl. BAUER (K) 197f.
[91] Vgl. KURT RUH, Zerbolt, Gerard, van Zutphen: VerLex² 10, 1537–1541.
[92] Vgl. BENJAMIN DE TROEYER, Herp, Hendrik: VerLex² 3, 1127–1135 (er wurde nach seiner Lebensphase bei den Brüdern vom Gemeinsamen Leben Franziskanerobservant). Zum süddeutschen Einfluß Gerards van Vliederhoven vgl. I.7, Anm. 78.– Zum Einfluß der Devotio moderna auf die Raudnitzer Reform und damit auch auf manche Augustiner-Chorherrenstifte im Gebiet des heutigen Bayern vgl. I.5.2.

der Wiener Universität hingewiesen;⁹³ und man kann generell sagen, daß bis zum Aufstieg Ingolstadts und Wittenbergs am Anfang des 16. Jahrhunderts keine andere Universität – auch nicht die räumlich nahe gelegenen und oft besuchten Universitäten Erfurt, Leipzig und Prag – einen vergleichbar prägenden Einfluß auf die Theologie in Bayern genommen hat wie die Donaumetropole im Südosten des Reichs.

Wesentlich war dabei vor allem, daß in Wien bereits vor und dann parallel zu Gerson eine folgenreiche Umformung der scholastischen Theologie auf die Bedürfnisse der Seelsorge und einer lebensnahen Frömmigkeitsdidaktik zu geschah. Die von einem gemäßigten Nominalismus ausgehenden Theologieprofessoren Heinrich Heinbuche von Langenstein (†1397) und Nikolaus von Dinkelsbühl (†1433) waren die wichtigsten, viel zitierten Pioniere dieses neuen Wiener Weges; ihnen folgten anonyme Übersetzer-Redaktoren und namhafte Autoren wie Ulrich von Pottenstein, Thomas Peuntner und Stephan von Landskron,⁹⁴ die auf der Bahn einer frömmigkeitsbezogenen Katechetisierung und Popularisierung scholastischer Theologie in volkssprachliche Bereiche hinein noch weiter gingen.⁹⁵ Die Wiener Studenten und Magister, die dann häufig in die Pfarrseelsorge überwechselten oder in regelstrenge Klöster eintraten, leiten seit dem letzten Drittel des 14. Jahrhunderts jenen Umbau der scholastischen Theologie ein, der den großen Autoritäten der älteren Scholastik – allen voran Thomas von Aquin und Bonaventura – verpflichtet bleibt, aber nur diejenigen Schriften und Passagen ihres Œuvres auswählt, übersetzt und in eigene Werke einbaut, die grundlegende Informationen und Anleitungen für die Seelsorger – z.B. für den Priester im Beichtstuhl – und für das Gnaden- und Tugendleben aller Christen enthalten. Wie das geschieht und welche Bedeutung dieser halbakademische und popularscholastische Typ der Frömmigkeitstheologie durch eine Flut von Handschriften für den bayerischen Raum gewinnt,⁹⁶ kann man am Beispiel des deutschen katechetischen Traktats ›Erkenntnis der Sünde‹ Heinrichs von Langenstein studie-

---

⁹³ Vgl. I.7.2.3 und REDLICH (B) 8–71 sowie BAUER (K) 185–191.
⁹⁴ Vgl. THOMAS HOHMANN, »Die rechtgelerten meister.« Bemerkungen z. Übersetzungsliteratur d. Wiener Schule d. Spätmittelalters: Die österreichische Literatur. Eine Darstellung ihrer literarhist. Entwicklung, hg. v. HERBERT ZEMAN, Bd. 1: Ihr Profil v. d. Anfängen i. MA bis ins 18. Jh. (1050–1750), Graz 1986, 349–365 (Jb. f. österreichische Kulturgesch. 14/15). Zu den genannten Autoren der ›Wiener Schule‹ vgl. die Artikel in VerLex².– Zu den Pionieren der seelsorgeorientierten ›Wiener Schule‹ ist auch Heinrich Totting von Oyta zu rechnen, der allerdings nicht in dem Maße wie Heinrich von Langenstein und Nikolaus von Dinkelsbühl den Weg in die deutschsprachige Verbreitung fand. Vgl. MANFRED GERWING, Heinrich Totting v. Oyta: LMA 4, 2107.
⁹⁵ Vgl. CHRISTOPH BURGER, Theologie u. Laienfrömmigkeit. Transformationsversuche i. Spätmittelalter: Lebenslehren u. Weltentwürfe i. Übergang v. MA z. Neuzeit. Politik, Bildung, Naturkunde, Theologie. Ber. über Kolloquien d. Kommission z. Erforschung d. Kultur d. Spätmittelalters 1983–1987, hg. v. HARTMUT BOOCKMANN u.a., Göttingen 1989, 400–420 (AAWG.PH 3/179); UWE BOCH, Katechetische Literatur i. 15. Jh. Stephan v. Landskron († 1477), »Die Hymelstrasz« (Masch. Diss.), Tübingen 1992.
⁹⁶ Vgl. die v.a. von Kurt Ruh angestoßene germanistische Erforschung der scholastiknahen und scholastikvermittelnden deutschsprachigen Literatur: in Auswahl bei HAMM, Was ist Frömmigkeitstheologie? (K) 17, Anm. 20. Vgl. auch die Artikel zu scholastischen Theologen in VerLex².

ren.⁹⁷ Er ist in 77 Handschriften besonders des südostbayerischen Gebiets überliefert. Diese scholastikgesättigte Schrift gehört in den Bereich der Beichtseelsorge und will über die sieben Hauptsünden, ihre Wirkungsweisen, ihre Diagnose, Vermeidung und Heilung durch die Buße, informieren. Dabei greift Heinrich, über weite Passagen wörtlich zitierend, auf drei dominikanische Summen der pastoraltheologischen Scholastik des 13. Jahrhunderts zurück: die ›Summa de poenitentia‹ Raimunds von Peñaforte, die ›Summa de vitiis et virtutibus‹ des Wilhelm Peraldus und die ›Summa confessorum‹ des Johannes von Freiburg. Das Beispiel zeigt, wie traditionsgeleitet die frömmigkeitsorientierte Theologie des Spätmittelalters ist, wie nahe sie ihren scholastischen – bzw. mystischen, monastischen oder patristischen – Quellen bleibt und wie sie doch zugleich im Vorgang der Rezeption einen reformerischen Wandel der Theologie betreibt: eine Veränderung im Sinne von gezielter Elementarisierung und Konzentration auf das Heilsnotwendige, von mehr Laien- und Alltagsnähe, eines stärkeren Eingehens auf konkrete Seelsorgefragen und einer neuen Sprachkompetenz der einfachen Gottesrede und der verdeutlichenden Anschaulichkeit.

3. Neue Tendenzen der Frömmigkeit im ausgehenden Mittelalter

Nachdem wir einen Überblick über Formen und Zentren der spätmittelalterlichen Theologie und den Charakter des Theologiewandels seit der Mitte des 14. Jahrhunderts gegeben haben, kommt die gelebte Frömmigkeit selbst in den Blick. Allerdings sind auch hier Theorie und Praxis nicht zu trennen. Denn hinter den Erscheinungen der Frömmigkeitspraxis stehen bestimmte Gefühle, Gedanken, Vorstellungen und Intentionen der Menschen, die durch Medien wie Predigt, Beichtgespräch, Frömmigkeitsbilder, geistliche Schauspiele und einfache Texte von bestimmten theologischen Inhalten und Impulsen beeinflußt werden – von eben jener praxisnahen Frömmigkeitstheologie, die für das ausgehende Mittelalter so bestimmend ist. Umgekehrt liegt es im Charakter dieser Theologie, daß das Einflußgefälle auch von der Praxis auf die theologische Reflexion zuläuft; denn sie ist nicht nur belehrend-instruierende, mahnende und tröstende Theologie von oben, sondern nimmt starke Impulse der Seelsorgepraxis, d.h. der Erfahrungen mit der Religiosität theologisch nicht geschulter Menschen, aber auch den Fundus der eigenen mit-involvierten, existentiellen Frömmigkeit der Theologietreibenden in sich auf. Dieser intensive wechselseitige Bezug zwischen theologisch geprägter und begleiteter Frömmigkeit und frömmigkeitsgesättigter Theologie nötigt dazu, im Folgenden sowohl von bestimmten Arten der Frömmigkeitspraxis als auch von bestimmten Inhalten der Theologie zu reden, d.h.

---

[97] Vgl. THOMAS HOHMANN/GEORG KREUZER, Heinrich v. Langenstein: VerLex² 3, 763–773 [768f]. Es ist eher unwahrscheinlich, daß Heinrich selbst den Traktat in deutscher Sprache verfaßt hat. Der Wortschatz weist darauf hin, daß vermutlich »ein unbekannter Baier aus dem Wiener Umkreis« den lateinischen Originaltext Heinrichs übersetzte.

möglichst vom Überschneidungsgebiet der Bereiche. In dieser Schnittmenge haben auch religiöse Bildwerke ihren Platz, die wichtige Zeugnisse der praktizierten Frömmigkeit selbst wie auch einer praxisnahen normierenden theologischen Lehre sind.

3.1 Multiplizierte und massenhafte Frömmigkeit

Bekanntlich war das ausgehende Mittelalter – in Bayern nicht weniger als anderswo im Reich – die Periode einer ungewöhnlich forcierten Kirchenfrömmigkeit und eines religiösen Eifers, gerade auch der Laien, der von der Kirchenhierarchie und den Obrigkeiten bisweilen nur schwer zu kontrollieren und zu kanalisieren war. Diese gesteigerte, außerordentlich extensive und intensive Frömmigkeit ergriff alle sozialen Schichten und führte zu erstaunlichen Phänomenen der Multiplizierung. Erinnert sei an die seit dem späten 14. Jahrhundert ansteigende Zahl der Schutzheiligen, Reliquien, Gnadenstätten, Gnadenbilder, Wunderberichte, Heiltumsweisungen, Prozessionen, Wallfahrten, Ablässe, Gebete, Stiftungen, Meßfeiern, Priester, Bruderschaften, Kirchen, Kapellen, Altäre, schützenden Bildchen, Abzeichen und anderen Devotionalien. Mit diesen Phänomenen der Massenhaftigkeit und Kumulierung verbunden ist der Drang der Menschen, möglichst alles in der Frömmigkeit zu zählen und zu berechnen:[98] einerseits die vergangenen Ereignisse der Heilsgeschichte, besonders der Passion – z.B. die genaue Zahl der Schläge, Wunden und Blutstropfen Jesu oder der Tränen Marias –, andererseits die künftigen Jahre und Tage des Fegefeuers, und dazwischen, in der Jetztzeit, alle die Gebete, Ablässe, Stiftungen und anderen Vorsorgeleistungen, die den beunruhigten Menschen in eine heilvolle Beziehung zu den Zahlen der Heilsgeschichte und den Zahlen des Jenseits setzen. Dies alles wird dann im späten Mittelalter auch schriftlich festgehalten, so daß ein enger Zusammenhang von Heilsarithmetik, Buchführung und Multiplizierung der Frömmigkeitsphänomene zu erkennen ist. In dieser gezählten Frömmigkeit steckt eine seltsame Verquickung von archaischer Religiosität und frühmoderner kaufmännischer Rationalität. Quantifizieren, Zählen und Berechnen bedeutet jedenfalls, daß man die transzendente Gnade in eine möglichst verfügbare und gesicherte Nähe zu holen versucht.

Typisch für das Mittelalter waren die *Syndrome* der Multiplizierung, d.h. daß sich mehrere solcher religiösen Phänomene, deren rapide Zunahme für das 15. Jahrhundert charakteristisch ist, in einem Vorgang oder an einem Ort bündeln. In einer Zisterzienserkirche wie Heilsbronn,[99] einer Heiltumsweisung wie

---

[98] Vgl. ANGENENDT u.a., Frömmigkeit (K) 40–71.
[99] Zum Heilsbronner Münster, dessen reiche Innenausstattung einen exemplarischen Eindruck von der innovativen und kohärenten Vielfalt spätmittelalterlicher Frömmigkeit und bildgewordener Frömmigkeitstheologie vermitteln kann, vgl. den Kirchenführer von PAUL GEISSENDÖRFER/DANIELA NIEDEN, Münster Heilsbronn, Lindenberg ¹1997; GÜNTHER SCHUHMANN, Die Hohenzollern-Grablegungen i. Heilsbronn u. Ansbach, München u.a. ¹1989 (Große Kunstführer 159).

in Andechs[100] oder einer der großen Jubiläumsablaß-Kampagnen (wie der Raimund Peraudis 1501/02[101]) greifen Passions-, Buß-, Eucharistie-, Heiligen-, Marien-, Reliquien-, Gebets-, Stiftungs-, Gerichts- oder Ars-moriendi-Frömmigkeit nahtlos ineinander. Es gibt allenthalben kumulative, einander ergänzende und verstärkende Gnaden- und Leistungskreisläufe. Ein besonders spektakuläres und sehr spätes, ganz am Ende des Mittelalters liegendes Beispiel für ein solches Syndrom multiplizierter Frömmigkeit ist die Wallfahrt zur ›Schönen Madonna‹ in Regensburg.[102] In diesem die Zeitgenossen ungemein erregenden Ereignisbündel kommt vieles zusammen und zum Abschluß, was für das gesamte ausgehende Mittelalter signifikant ist. Es beginnt mit der Vertreibung der Juden aus Regensburg sofort nach dem Tode ihres Schutzherrn, Kaiser Maximilians I., im Januar 1519. Seit 1516 hatte Balthasar Hubmaier, ehemals Schüler von Eck und Doktor der Theologie an der Universität Ingolstadt,[103] als Domprediger in der Bevölkerung jene religiöse Judenfeindschaft geschürt, die sich mit den sozialwirtschaftlichen Motiven der verschuldeten Bürgerschaft verband – ein Beispiel dafür, wie selbstverständlich in der spätmittelalterlichen Frömmigkeit Religiöses und Ökonomisches vermischt sind und wie stark, besonders seit der Großen Pest, eine explosive Pogromstimmung gegen die Juden die Kehrseite einer erregten Passions-, Hostien-, Marien- und Wunderfrömmigkeit bildet.[104] Die gesteigerten Frömmigkeitsphänomene sind zugleich Ausdruck einer Steigerung der Ängste vor dem Ansturm und den Versuchungen teuflisch-dämonischer Mächte[105] und einer zunehmenden Aggressivität gegen die ›Feinde des wahren Glaubens‹. In diesen Zusammenhang gehört auch die Zunahme der inquisitorischen Hexenprozesse im letzten Viertel des 15. Jahrhunderts, die durch eine neuartige Häretisierung des Zaubereidelikts angeheizt werden.[106] Es entwickelt und ver-

---

[100] Vgl. KÜHNE (K) 348–377.
[101] Diese dritte Jubiläumskampagne Peraudis in Deutschland (1501–1503) führte von Dezember 1501 bis Frühjahr 1502 zunächst in den süddeutschen Raum (Eröffnung des Jubiläums in Memmingen am 11.12., in Augsburg am 25.12.). Vgl. JOHANNES SCHNEIDER, Die kirchl. u. polit. Wirksamkeit d. Legaten Raimund Peraudi (1486–1505), Halle 1882, 73f; NIKOLAUS PAULUS, Raimund Peraudi als Ablaßkommissar: HJ 21 (1900), 645–682 [674f].
[102] Vgl. zuletzt KARL HAUSBERGER, »Maria rastet zu Regensburg in der Kapelle.« Streiflichter auf d. Frömmigkeit i. Regensburg d. ausgehenden MA: Ratisbona – Die kgl. Stadt. Neue Forsch. z. mittelalterlichen Regensburg, hg. v. MARTIN ANGERER, Regensburg 2000, 47–65 [57–60 (Lit.)] (Regensburger Stud. u. Quellen z. Kulturgesch. 9).
[103] Vgl. THEODOR WIEDEMANN, Dr. Johann Eck, Professor d. Theologie an d. Universität Ingolstadt, Regensburg 1865, 350: Am 2.9.1512 wurde Hubmaier unter Ecks Präsidium Doktor der Theologie in Ingolstadt.
[104] Vgl. GRAUS³ (B); HEIKO A. OBERMAN, Wurzeln d. Antisemitismus. Christenangst u. Judenplage i. Zeitalter v. Humanismus u. Reformation, Berlin 1981 [zu den Regensburger Ereignissen: 99–104]. Vgl. I.7, Anm. 123.
[105] Vgl. PETER DINZELBACHER, Angst i. MA. Teufels-, Todes- u. Gotteserfahrung, Mentalitätsgesch. u. Ikonographie, Paderborn u.a. 1996, 135–260.
[106] Vgl. SIGMUND V. RIEZLER, Gesch. d. Hexenprozesse i. Bayern. Im Lichte d. allg. Entwicklung dargestellt, Aalen 1968 [= Nachdr. d. Ausg. Stuttgart 1896]; WOLFGANG BEHRINGER, Hexenverfolgung i. Bayern. Volksmagie, Glaubenseifer u. Staatsräson i. d. Frühen Neuzeit, München 1987. Von einer planmäßigen Hexenverfolgung in Deutschland kann man zu diesem Zeitpunkt allerdings noch

stärkt sich die Vorstellung von der teuflischen Umzingelung und Fundamentalbedrohung der Christenheit.

Zur Dynamik dieser Frömmigkeit mit ihrer Reinigungs- und Sühnelogik gehört es, daß man in Regensburg – wie auch in anderen Städten, z.B. Nürnberg, Würzburg und Ingolstadt, üblich – anstelle der abgebrochenen Synagoge eine Marienkapelle mit Marienbild und Marienstatue errichtet;[107] dem Hunger nach Gnadenorten und Wundern entspricht die alsbald einsetzende und kumulative Wundertätigkeit der ›Schönen Maria‹; die von Heilungsbedürfnis und Heilssuche angetriebene Wallfahrtsmobilität führt Massen von Pilgern an den neuen Gnadenort; die fieberhaft erregenden, ekstatischen Züge dieser spätmittelalterlichen *libido currendi* kommen auch in Regensburg zum Ausbruch: Menschen werfen sich mit ausgespannten Armen zu Boden, tanzen schreiend um das Marienbildnis und fallen dann wie ohnmächtig nieder. Dem Ordnungs- und Kontrollbedürfnis der Stadtväter und der kirchlichen Oberen wie Hubmaier gehen solche Ausbrüche religiöser Hysterie selbstverständlich zu weit, zugleich aber fördern sie nach Kräften die Wallfahrtstätigkeit mit den neuen Möglichkeiten der Druckpropaganda: Holzschnitte werden hergestellt, die von Pilgern erworben werden können,[108] und in gedruckten Mirakelbüchern werden die durch Maria gewirkten Wunder (insgesamt 731) einer großen Öffentlichkeit bekannt gemacht[109] – ein Exempel dafür, inwiefern die massenhaft multiplizierte Frömmigkeit vor der Reformation bereits ein Medienereignis der vervielfältigten Drucke in Text und Bild war. Ein Blick auf die Jubiläumsablaß-Kampagnen mit ihren Riesenmengen an gedruckten Beicht- und Ablaßbriefen kann das verdeutlichen.[110] Hinzu kam in Regensburg, ebenfalls sehr typisch, der Verkauf von Pilgerabzeichen, die man als Erkennungs- und Schutzzeichen anheften konnte. Allein im Jahre 1520 wurden 109.198 bleierne und 9.763 silberne Abzeichen verkauft.[111] Man kann daran sehen, wie sehr die Wallfahrt für Stadt und Kirche auch zum Wirtschaftsfaktor wurde und sich als Weg zur Sanierung der zerrütteten Finanzen anbot, ohne daß

---

nicht sprechen. Nach einem Rückgang der Prozesse in der Ära Kaiser Karls V. kommt es erst nach 1560 zu den großen Verfolgungswellen.

[107] Zu Nürnberg, Würzburg und Ingolstadt sowie zu den Fällen, in denen die Synagoge nicht abgebrochen, sondern in eine Marien- bzw. Dreifaltigkeitskirche umgewandelt wurde (Rothenburg, München, Landshut, Bamberg), vgl. BAUERREISS 5 (B) 211–214; SCHNURRER (K) 467 [zum ersten Rothenburger Fall Anfang 15. Jahrhundert; zu den späteren Ereignissen vgl. I.7.3.4 mit Anm. 134]; GEORG DEHIO, Hb. d. Deutschen Kunstdenkmäler. Bayern, Bd. 1: Franken, München u.a. ²1999, 40 [zur ehemaligen Marienkapelle in der Bamberger Judenstraße]. Vgl. auch I./, Anm. 123.

[108] Vgl. Martin Luther u. d. Reformation (B) 70f, Nr. 78ff mit Abbildungen [Holzschnitte von Michael Ostendorfer und Albrecht Altdorfer 1519/20].

[109] AaO, 72, Nr. 82.

[110] Vgl. FALK EISERMANN, Der Ablaß als Medienereignis. Kommunikationswandel durch Einblattdrucke i. 15. Jh. – mit einer Auswahlbibliographie: Tradition and Innovation in an Era of Change. Tradition u. Innovation i. Übergang z. Frühen Neuzeit, hg. v. RUDOLF SUNTRUP u. JAN R. VEENSTRA, Frankfurt/Main u.a. 2001, 99–128 (Medieval to early modern culture 1); vgl. BERNDT HAMM, Die Reformation als Medienereignis: JBTh 11 (1996), 137–166 [162].

[111] Vgl. Martin Luther u. d. Reformation (B) 72, Nr. 83f mit Abbildungen.

damit aus der Sicht der Beteiligten einer echten Religiosität Abbruch geschah. Auch hier ist der Vergleich mit den Ablaßkampagnen naheliegend.

Aufschlußreich am Beispiel Regensburg ist auch, daß man die sog. ›Volksfrömmigkeit‹ des Spätmittelalters – also das, was eine sehr große Zahl von Menschen religiös faszinierte und anzog – in der Regel auch als Frömmigkeit der Bildungselite, theologisch geschulter Geistlicher, gebildeter Nonnen, gelehrter Humanisten und literarisch versierter Bürger und Adeliger, verstehen muß, also tatsächlich als »Frömmigkeit, die von allen gepflegt wird«.[112] So hat der Humanist Jakob Locher ›Philomusus‹ der Regensburger ›Schönen Madonna‹ nicht nur wächserne Nachbildungen der Gliedmaßen, auf deren Heilung er hoffte, gewidmet, sondern auch eine »Votivlegende an die schöne Jungfrau Maria, die zu Regensburg im Stadtteil der vertriebenen Juden gnadenreich wohnt und durch großartige Wunder leuchtet«.[113]

3.2 Differenzierte Vielfalt der Frömmigkeit: Heilige, Gnadenorte, Wallfahrten, Ablässe

Charakteristisch für die europäische Frömmigkeit des Spätmittelalters war – auch in Bayern – nicht nur die Tendenz zur massenhaften Vervielfältigung, sondern ebenso auch zu einer ungemein differenzierten und spezialisierten Vielfalt. Pluralität im Sinne von Ausdifferenzierung ist eines der hervorstechenden Merkmale der Frömmigkeitsentwicklung seit der Mitte des 14. Jahrhunderts. Sehr deutlich zeigt sich diese Tendenz etwa in der Heiligenverehrung: Mit der Vermehrung der Heiligen, der menschen- und gottnahen Fürsprecher im Jenseits und wundertätig wirkenden Helfer in Nöten und Krankheiten des Diesseits, ist die spätmittelalterliche Spezialisierung bestimmter Heiliger auf bestimmte Schutzfunktionen und auf bestimmte Gebiete und Orte verbunden. So werden der hl. Rochus und der hl. Sebastian zu Pestheiligen, die – ebenso wie Maria und Christus – die Menschen vor den Pestpfeilen des strafenden Gottvaters und seiner Engel schützen.[114] Der hl. Christophorus wird zum Sterbeheiligen, dessen

---

[112] PÖTZL (K) 1002; vgl. KLAUS SCHREINER, Laienfrömmigkeit – Frömmigkeit v. Eliten oder Frömmigkeit d. Volkes? Zur sozialen Verfaßtheit laikaler Frömmigkeitspraxis i. späten MA: Laienfrömmigkeit i. späten MA. Formen, Funktionen, polit.-soziale Zusammenhänge, hg. v. KLAUS SCHREINER, München 1992, 1–78 (Schr. d. Hist. Kollegs. Kolloquien 20). Es gibt freilich auch Phänomene einer ausgesprochenen Elitefrömmigkeit, z.B. die Nürnberger Hieronymus-Begeisterung um 1500; vgl. dazu I.7.2.11 mit Anm. 82.

[113] Martin Luther u. d. Reformation (B) 71, Nr. 81.

[114] Ein eindrucksvolles Beispiel aus dem Grenzbereich von Bayerisch-Schwaben (Ulm): Zwei Flügel eines Pest-Altars (um 1313/15) von Martin Schaffner, die eine aufsteigende Heils- oder Schutztreppe darstellen: Vertreter der geistlichen und weltlichen Stände (darunter auch Papst und Kaiser) wenden sich flehend an Rochus und Sebastian, diese an die Schutzmantelmadonna, die sich mit entblößter Brust (vgl. I.7.3.5: Abb. S. 194 mit Erläuterung) an ihren Sohn wendet; Christus wiederum richtet seine Fürbitte, auf die Wundmale seiner Passion weisend, an Gottvater, der Richtschwert und Pestpfeile in seinen Händen hält und zu dessen Füßen fünf Engel mit Schwert, Spieß, Säbel, Mühlstein und Pestpfeilen auf die Menschen zielen. Vgl. Gemälde d. 16. Jh. (K) 443–446 mit Abbildungen und Literatur.

Bild jeden, der es anblickt, bis in die Nacht hinein vor einem jähen Tod bewahrt[115] – so wie die hl. Ursula mit ihrem Schiff zur Heiligen der ungefährdeten Überfahrt ins Jenseits wird[116] und der in ganz Bayern aufblühende Kult der Vierzehn Nothelfer besonders ihre gemeinsame Schutzkraft als Sterbepatrone hervorhebt.[117] Der hl. Leonhard wird zum Rosse- und Viehbeschützer,[118] und die Marienmutter Anna, die dominierende Modeheilige der letzten mittelalterlichen Jahrzehnte, steigt zur Helferin der Frauen bei allen Anliegen des Kindersegens, der Schwangerschaft und des Mutterseins empor.[119]

Sozusagen als Gegenpol zu den europäischen Heiligen mit Fernwallfahrten – wie dem hl. Jakobus d.Ä. von Compostela – tauchen Spezialheilige auf, deren Name sich an besondere Regionen, Gemeinden und Gnadenstätten knüpft und dort durch Reliquienkult und Mirakelverkündigungen Nahwallfahrten und Prozessionen ins Leben ruft. So wird eine lokale Sakralidentität gestiftet, die Identifizierung der örtlichen Gemeinde mit ›unserer‹ oder ›unserem‹ Heiligen möglich und die Erwartung einer besonderen lokalen Schutzbeziehung begründet. Bekannt sind Ortsheilige wie der hl. Sebald für Nürnberg oder das Heiligenpaar St. Afra und St. Ulrich für Augsburg. Zu den eher unbekannten lokalen Spezialkulten des ausgehenden Mittelalters in Bayern gehören z.B. der des hl. Deocarus in Herrieden (bei Ansbach) und Nürnberg,[120] des hl. Simpert (Sintpert) in Augsburg, des hl. Castulus in Moosburg (bei Freising), der hl. Richildis im Benediktinerinnenkloster Hohenwart (bei Pfaffenhofen/Ilm), der hl. Achahildis in Wendelstein (bei Nürnberg), der hl. Stilla von Abenberg (bei Roth) im Augustiner-Chorfrauenkloster Marienburg, der hl. Gunthild in Suffersheim (bei Weißenburg)[121] oder der hl. Radegundis von Wellenburg (bei Augsburg).[122] Zu erwähnen sind in diesem Zusammenhang einer lokalen Ausdifferenzierung des Sakralen und eines immer dichter werdenden Netzes von Gnadenstätten in Bayern auch die zahlreichen eucharistischen Nahwallfahrten. Ihren Ausgangspunkt bilden im Spätmittelalter meist Hostienmirakel, Frevellegenden und Judenpogrome wie etwa in Rothenburg, Iphofen, Röttingen an der Tauber, Deggendorf und Pas-

---

[115] Spätmittelalterliche Beispiele aus Bayern: Bayer. Frömmigkeit (B) 68. 175. 188. 203f. 215. Vgl. LCI 5, 496–508 [Lit.].
[116] Vgl. ANDRÉ SCHNYDER, Die Ursulabruderschaften d. Spätmittelalters. Ein Beitr. z. Erforschung d. deutschsprachigen religiösen Literatur d. 15. Jh., Bern u.a. 1986 (Sprache u. Dichtung NF 34); Glaube (K) 194–197 [ein Holzschnitt von Hans Suess von Kulmbach].
[117] Vgl. GRIBL (K) 323f [Lit.]; zur Funktion als Schutzpatrone im Tod vgl. z.B. das Hochgrab der Kurfürstin Anna im Heilsbronner Münster (vgl. I.7, Anm. 99), an dessen Längsseiten die Vierzehn Nothelfer (unter ihnen Christophorus) zusammen mit Bernhard von Clairvaux, Franz von Assisi, Johannes dem Täufer und Andreas dargestellt sind.
[118] Vgl. Bayer. Frömmigkeit (B) 43. 68. 201; vgl. GRIBL (K) 321 [Lit.] und LCI 7, 394–398 [Lit.].
[119] Vgl. ANGELIKA DÖRFLER-DIERKEN, Die Verehrung d. hl. Anna i. Spätmittelalter u. früher Neuzeit, Göttingen 1992 (FKDG 50); DIES., Vorreformatorische Bruderschaften d. hl. Anna, Heidelberg 1992 (AHAW.PH 1992/3).
[120] Vgl. PÖTZL (K) 1060. 1068f [Lit.]; vgl. LCI 6, 47f [Lit.].
[121] Zu den Genannten vgl. PÖTZL (K) 1069 [Lit.] und die Artikel im LCI [Lit.]; zu Achahildis vgl. auch I.7, Anm. 131.
[122] Vgl. MANFRED WEITLAUFF, Die hl. Radegundis v. Wellenburg (um 1300): BaSa 1, 285–311.

sau.¹²³ Hinzu kommen, wie schon das Beispiel Regensburg zeigte, die Gnadenbildwallfahrten zu wundertätigen Marienplastiken (besonders in Gestalt der Pietà), z.B. die vor und nach 1500 aufblühenden Madonnenwallfahrten nach Volkach, Grimmenthal und Dettelbach (Bistum Würzburg) oder nach Altötting (Bistum Passau).¹²⁴ War die Wallfahrt in die Ferne vom Frühmittelalter bis in die Frühe Neuzeit vor allem eine Pilger- und Bußreise der Einzelnen, so gewann die Wallfahrt zur ›nahen Gnade‹ im ausgehenden Mittelalter immer mehr den Charakter eines gemeinschaftlichen Zuges nach dem Vorbild der Prozession.

Die Tendenz zur Verörtlichung des Sakralen, und zwar möglichst großer Gnadenschätze an heimischer Stätte anstelle von Fernwallfahrten, führte seit dem ausgehenden 14. Jahrhundert dazu, den besonders üppigen (in ›Jubeljahren‹ vollkommenen) römischen Ablaß, der den Besuchern der sieben Hauptkirchen Roms gewährt wurde, auf andere privilegierte Orte zu transferieren. Zu ihnen zählte 1392 – wegen seines Andechser Heiltums – München, 1451 die Diözese Augsburg und 1488 Memmingen.¹²⁵ Besonders erwähnenswert und bezeichnend ist der Fall des vornehmen Augsburger Dominikanerinnen-Konvents St. Katharina.¹²⁶ Den Nonnen wurde das päpstliche Privileg zuteil, durch den Besuch dreier Orte innerhalb ihrer Klosterklausur und durch das Beten von je drei Vaterunser und Ave Maria jederzeit und sooft sie wollten, den Sieben-Kirchen-Ablaß der Rompilger zu gewinnen. So kam die ferne römische Gnade, die ›große Barmherzigkeit Gottes‹,¹²⁷ zu den nicht mobilen, klausurgebundenen Nonnen ins Kloster und machte es für sie zum noch sichereren Ort des Heilsgewinns. Diese Präsenz Roms war ihnen so wichtig, daß sie für die Wände ihres Kapitelsaals sechs Monumentalgemälde mit den römischen Hauptkirchen stifteten und sich dafür die besten Augsburger Maler leisteten: Hans Holbein d.Ä., Hans Burgkmair d.Ä. und den anonymen Monogrammisten L.F.

3.3 Komplementäre und gegensätzliche Vielfalt der Frömmigkeitsformen

Wenn bisher von der differenzierten Vielfalt der spätmittelalterlichen Frömmigkeit und in diesem Zusammenhang auch von der lokalen Spezialisierung die Re-

---

¹²³ Vgl. PÖTZL (K) 1051 [Lit.]. In Deggendorf und Passau wurden jeweils nach angeblichem Frevel an konsekrierten Hostien und Judenpogrom die Synagogen zerstört und an ihrem Platz eine Gnadenkirche bzw. Salvatorkirche gebaut. Vgl. I.7.3.1 mit Anm. 107. Zur Propaganda vgl. CHRISTINE MITTLMEIER, Publizistik i. Dienste antijüdischer Polemik. Spätmittelalterl. u. frühneuzeitl. Flugschr. u. Flugblätter z. Hostienschändungen, Frankfurt/Main 2000 [44–56: Ein illustrierter Einblattdruck z. Passauer Hostienfrevel als Agitationsmittel gegen d. Judengemeinde i. Nürnberg] (Mikrokosmos 56). Vgl. auch MIRI RUBIN, Gentile Tales. The Narrative Assault on Late Medieval Jews, New Haven u.a. 1999, bes. 129ff [zu den Diözesen Passau und Regensburg]. 173–181 [Passau, Sternberg, Deggendorf].
¹²⁴ Zur Entwicklung der Dominanz des Gnadenbildes, das den Ort heiligt, im fortschreitenden 15. Jahrhundert vgl. PÖTZL (K) 1053–1059 [Lit. zu Altötting: 1056f; zu den Wallfahrten in der Diözese Würzburg: 1058f].
¹²⁵ Vgl. PÖTZL (K) 1061ff [Lit.].
¹²⁶ Zum folgenden vgl. SCHAWE (K).
¹²⁷ AaO, 11: »Allmächtiger, ewiger Got, wie groß ist dein barmherzigkait [...].«

de war, dann war nur eine bestimmte Dimension von Frömmigkeit im Blick, das Devotionsnetz von Heiligenverehrung, Gnadenorten, Wallfahrten und Ablässen. Der hohe Differenzierungsgrad des ausgehenden Mittelalters zeigt sich aber gerade auch darin, daß sehr viele unterschiedliche Dimensionen oder Stile der Frömmigkeit (und Frömmigkeitstheologie) neben- und gegeneinander stehen. Diese oft erwähnte ›Vielgesichtigkeit‹ läßt z.B. folgende Polaritäten hervortreten: eine eher extrovertierte Haltung des Schauens, Berührens und Tragens von heiligen Gegenständen und eine eher verinnerlichte, auf Erinnern, Fühlen, Denken und Wollen der Seele zielende Einstellung; eine urtümlich-archaische Religiosität, nach deren Logik es keine unbedingte Güte gibt, kein Vergehen ohne Strafe, keine Verzeihung ohne Sühne und keine Gabe ohne Gegengabe, und eine Religiosität des souveränen göttlichen Erbarmens, die gegen das *Do ut des* (Ich gebe, damit du gibst)-Rechnen das Vertrauen auf Gottes ungeschuldete Gnade stellt; eine drohende, angstvollen Leistungsdruck verursachende Frömmigkeitshaltung und eine tröstende, auf Entlastung der überforderten Sünder zielende Seelsorge; eine eher kontemplativ-mystische, die Passivität des willigen Erleidens pflegende Spiritualität und ein aktives Ethos, das in der Welt durch die Praxis der *caritas* Gott dienen will; eine stark privatisierende und individualisierende Frömmigkeit, die die Sorge um die eigene Seele – z.B. durch Andachtsformen im häuslichen Bereich[128] oder durch Stiftung von Privatmessen – in den Mittelpunkt stellt, und eine Frömmigkeit der Gemeinschaft, des Stellvertretend-Füreinander-Eintretens, wie es in der religiösen Leistungskommunikation der Bruderschaften oder durch den Ablaßkauf für verstorbene Verwandte und Freunde praktiziert wird; eine extrem sakramentale, auf Eucharistie, Bußsakrament und Letzte Ölung konzentrierte Devotion und eine die Sakramente an den Rand schiebende Innerlichkeit; eine exaltierte oder fanatisch-erregte und eine auf vernünftige Mäßigung bedachte Religiosität; intensivste Förderung eines bibelkundigen Laienchristentums[129] und größte Aversionen gegen Bibelübersetzungen und bibellesende Laien; Romverehrung und Romkritik; missionarische Förderung der päpstlichen Jubiläumskampagnen und ihre entschiedene Ablehnung.

Noch viele andere spannungsvolle Polaritäten und Pluralitäten der spätmittelalterlichen Religiosität in Bayern könnte man nennen – etwa unterschiedliche Einstellungen zu Gnadenbildern, Reliquien, Wundern, Wallfahrten, zum Ordensleben oder zum Judentum. In dieser Vielfalt liegen z.T. wirkliche Gegensätze und unversöhnliche Konflikte, z.B. zwischen einer inbrünstigen Ablaßdevotion und einer Geringschätzung des Ablasses, wie sie aus Staupitz' Nürnberger Predigten der Fastenzeit 1517 spricht.[130] Doch viel häufiger handelt es sich um unterschiedliche Haltungen, die konfliktlos und komplementär, oft auch in einer

---

[128] Vgl. Spiegel d. Seligkeit. Privates Bild u. Frömmigkeit i. Spätmittelalter. Germanisches Nationalmuseum Nürnberg 31. Mai bis 8. Oktober 2000, Kat. FRANK MATTHIAS KAMMEL, Nürnberg 2000.
[129] Zu Tegernsee vgl. BAUER (K) 159–168.
[130] KNAAKE 1 (K) 2f.

Person, miteinander existieren konnten. Vieles erscheint aus moderner, vor allem protestantischer Sicht als widersprüchlich, was für spätmittelalterliche Menschen problemlos miteinander zu vereinbaren war: z.B. die private, zurückgezogene und verinnerlichende Meditation über einem Andachtstext oder vor einem religiösen Bildnis und Formen einer sehr körperbezogenen, ›äußerlichen‹ Devotion, die den Andachtsgegenstand mit Küssen, Kniebeugen oder Sich-Bekreuzigen ehrt oder Gebete an einem Rosenkranz abzählt und mit all dem Ablaßberechnungen verbindet; und zugleich die Verbindung dieser individualisierten Andachtsweisen mit der stark gemeinschaftsorientierten, kollektiven Frömmigkeit der Bruderschaften, Prozessionen, Wallfahrten und Reliquienkulte. Charakteristisch für die Religiosität des 15. Jahrhunderts ist generell, daß auch eine interiorisierte, mystisch gestimmte und individualisierte Spiritualität in hohem Maße eine Frömmigkeit der Körpergebärden, der sinnenhaften Bilder und der gemeinschaftlichen Rituale bleibt.

Spätmittelalterliche religiöse Vielfalt hat dabei grundsätzlich eine horizontale und eine vertikale Dimension. Auf der horizontalen Ebene gibt es alle möglichen Formen (1.) von problemlosem Koexistieren und Ineinandergreifen, (2.) von rivalisierender Konkurrenz und Animosität, z.B. zwischen unterschiedlichen Orden, und (3.) von einander ausschließenden Gegensätzen, etwa in der Frage der unbefleckten Empfängnis Mariens. In der vertikalen Dimension gibt es die – kirchenhierarchische und spirituelle – Stufenleiter in der Beziehung zwischen Gott und Welt: Durch unterschiedliche Arten und Grade der absteigenden Gnadenmitteilung Gottes und der aufsteigenden Mitwirkung des Menschen entsteht ein geistlich-weltliches Ordnungsgefüge stufenhafter Heiligkeiten, das in der spätmittelalterlichen Religiosität omnipräsent ist. Immer geht es um Grade (Stufen, Treppen, Leitern) der Sakralität und Frömmigkeit auf dem Wege zur himmelsnahen und himmlischen Vollkommenheit. Verschiedene Frömmigkeitspraktiken können also auch so zueinander in Beziehung gesetzt werden, daß sie eine Art Hierarchie bilden: die gemeinschaftliche Verehrung der Dorfheiligen Achahildis im fränkischen Wendelstein[131] kann und soll durch eine intensive, persönliche Marien- und Passionsfrömmigkeit nicht ausgeschlossen, sondern in sie integriert und überboten werden.

3.4 Die Suche nach sicheren Gnaden- und Heilsgarantien

Hinter allen erwähnten Formen und Beispielen der spätmittelalterlichen Frömmigkeit – ob es die fieberhafte Wallfahrt zur ›Schönen Madonna‹ in Regensburg, der reiche Romablaß und die Bildstiftung im Augsburger Katharinenkloster oder die feierlichen Reliquienpräsentationen in Andechs und Nürnberg[132] sind – steht

---

[131] Vgl. I.7.3.2 mit Anm. 121. Zu Kult und Wallfahrt der Achahildis im Kontext der sozialen und kirchlichen Verhältnisse vgl. RUDOLF ENDRES, Die Reformation i. fränk. Wendelstein: Zugänge (B) 127–146 [138ff]. Vgl. auch LCI 5, 15 [Lit.].
[132] Vgl. KÜHNE (K) 348–377 [Andechs]. 133–152 [Nürnberg].

als wichtigste Antriebskraft das religiöse Sicherheitsstreben, das Verlangen nach göttlichen und kirchlichen Gnaden- und Heilsgarantien. Diese Sehnsucht schließt auch körperliche Heilung und irdisches Gedeihen mit ein, bezieht sich aber vor allem auf den Augenblick des Todes und die Jenseitsaussichten, die Gegenstand peinigender Angst und Sorge sind. Auch im ausgehenden Mittelalter gab es relativ sorglose Menschen,[133] die ganze Bandbreite zwischen getroster (oder hartgesottener) Furchtlosigkeit und skrupulösester Heilsangst; doch dürfte das folgende Gebet eine verbreitete Mentalität religiöser Angst und besorgter Suche nach Ruhe und Friede, Sicherheit und Gewißheit zum Ausdruck bringen. Es stammt von dem späteren Reformator der Reichsstadt Rothenburg Johannes Teuschlein (hingerichtet 1525), theologischer Doktor der Universität Wittenberg, der die vom Rat abhängige Prädikatur der Stadt innehatte. Er initiierte 1519/20 nach dem Vorbild Regensburgs die Vertreibung der Juden aus der Stadt und die Umwandlung der Synagoge in eine Kirche ›Zur Reinen (d.h. unbefleckt empfangenen) Maria‹ mit einem wundertätigen Marienbild.[134] Im Jahr vor Luthers Thesenanschlag druckte er in seiner Ausgabe eines Augustin-Wortindex[135] ein Gebet an den Kirchenvater ab,[136] in dem es heißt:

»O Vater Augustin, der du bereits dieses Meer der Sterblichkeit überwunden und die Pforte ewiger Ruhe und Sicherheit und ewigen Friedens zu erlangen verdient hast! [...] Weh mir Armem, der ich nicht fühle, was du fühlst, und nicht dort bin, wo du bist, am Ort der Erquickung, des Lichtes und des Friedens! Du bist dort, wo dein Sein keinen Tod haben wird, dein Wissen keinen Irrtum, deine Liebe keine Anfechtung, deine Freude keine Trauer. Ich dagegen, dein demütiger [Diener], bin im Tal der Tränen und im Bereich des Todesschattens. Mein Ende kenne ich nicht; ich ›weiß nicht, ob ich der Liebe oder der Verdammnis würdig bin‹ [Eccle 9, 1], noch weiß ich, wann ich meinen Körper verlassen werde. Darum erwarte ich täglich den Tod mit Zittern und Angst, der mir überall droht. Den Teufel beargwöhne ich, der mir überall auflauert. Ich fürchte und ängstige mich vor der letzten Rechenschaft und vor dem Zorn des strengen Richters, daß er mich wegen meiner Sünden in das Feuer der Hölle schicken wird. [...] Bitte für mich zum Herrn, auf daß ich so, durch deine Bitten und Verdienste unterstützt, mit heilem Schiff und unversehrten Waren zum Hafen des ewigen Heils und der ewigen Ruhe, des immerwährenden Friedens und der niemals endenden Sicherheit zu gelangen verdiene! Amen.«[137]

---

[133] Vgl. z.B. das Urteil Johannes Geilers v. Kaysersberg I.7.2.7 mit Anm. 45.
[134] Zu Teuschlein und seiner Rolle bei den Rothenburger Ereignissen vgl. SCHNURRER (K).
[135] ›In divi A. Augustini Hypponensis episcopi undecim parteis omnium contentorum Index consummatissimus [...]‹, Nürnberg, bei Friedrich Peypus, 26.7.1517; VD 16, T226 u. 227.
[136] »Oratio ad divum Aurelium Augustinum Hipponensem episcopum, patronum doctoris Frickenhausen« (fol. A4v). Teuschlein wurde (wohl zwischen 1480 und 1485) in Frickenhausen am Main geboren.
[137] »[...] O pater Augustine, qui iam pertransisti huius mortalitatis pelagus et pervenire meruisti ad portam perpetuae quietis, securitatis et pacis! [...] Vae misero, qui non sentio quod sentis nec ibi sum ubi tu es: in loco refrigerii lucis et pacis! Tu es, ubi esse tuum non habebit mortem, nosse non habebit

Aus den Worten des Augustin-Gelehrten und eifernden Marienverehrers spricht die erregte Spannung der Zeit: zwischen Demut und Verdienststreben, zwischen Furcht und Hoffnung, zwischen Drängen nach persönlicher Heilssicherheit und dem bangen Nicht-Wissen, das in das klassische Vulgata Zitat der spätmittelalterlichen Frömmigkeitstheologie Eccle 9, 1 gekleidet ist: »Niemand weiß, ob er der Liebe oder des Hasses [d.h. der Verdammnis] würdig ist.«[138]

3.5 Die Gewißheiten des Glaubens und der Hoffnung – und die bleibende Ungewißheit

Man kann nicht genug betonen: Das ausgehende Mittelalter ist das Zeitalter nach dem schrecklichen Einbruch des Großen Sterbens, die Ära des Großen Abendländischen Schismas, der Hussitenkriege, immer neuer Pestwellen, einer eskalierenden Türken-Angst, einer wachsenden Bitterkeit und zornigen Erregung über den Zustand der Kleriker-Hierarchie, grassierender apokalyptischer Naherwartungen und einer bedrängenderen Wahrnehmung der eigenen Sünde und Schutzbedürftigkeit. Die seelsorgerliche Theologie der Predigt, des Beichtstuhls und der Katechese reagierte auf dieses Klima einer gesteigerten Verunsicherung und Garantiesuche mit einem intensivierten Garantieangebot. Dem Drängen der Gläubigen nach einer neuen, in Sünde und Todesnot bergenden Sicherheit begegnete sie mit einfachen Wegweisungen, die ihnen sichere Gewißheiten der kirchlichen Lehre vermitteln wollen: worum sich alle auf jeden Fall im Leben und Sterben bemühen müssen und worauf sie sich trotz ihres Unvermögens, ihrer mangelnden Genugtuungen und Verdienste und ihrer bleibenden Sündenschwäche, unbedingt verlassen können. Diese ›objektiven‹, normativen Sicherheiten und Regelhaftigkeiten spielen in der popularisierten Theologie vor der Reformation eine beherrschende Rolle. Sie prägen das Verhalten der Gläubigen, ihr Beten, Stiften, Almosengeben, Ablaßkaufen usw.

Zu diesen lehrhaften Elementargewißheiten der spätmittelalterlichen Theologen gehörte z.B. die Vorstellung, daß es nicht nur das Universalgericht am Ende der Zeit gibt, wenn Jesus Christus alle Menschen richtet, sondern auch das nahe bevorstehende Partikulargericht, in dem jeder Mensch individuell unmittelbar nach seinem Tode von Gottvater gerichtet wird.[139] Diese Gerichtsvorstellung

---

errorem, amare non offensionem, gaudium tuum non habebit maerorem; ego humilis tuus ›in valle lacrimarum‹ [Ps 83, 7 Vulgata], ›in regione umbrae mortis‹ [Jes 9, 2]. Nescio finem meum, nescio, si ›dignus sim amore vel odio‹ [Eccle 9, 1], neque scio, quando de corpore egrediar. Quare tremens et pavens quotidie mortem exspecto quae ubique mihi minatur. Diabolum suspectum habeo, qui ubique insidiatur. Timeo et pavesco ultimam discussionem et iram districti iudicis, ne pro peccatis mittat in gehennam ignis. [...] Ora pro me ad Dominum, ut sic, tuis precibus meritisque adiutus, salva nave et integris mercibus pervenire merear ad portum perpetuae salutis et quietis et continuae pacis et nunquam finiendae securitatis. Amen.«

[138] Zur spätmittelalterlichen Schlüsselstellung von Eccle 9, 1 (in der üblichen Fassung: »Nemo scit, an amore vel odio dignus sit«) vgl. HAMM, Frömmigkeitstheologie (K) 222ff.

[139] Zur spätmittelalterlichen Lehre vom Individual- oder Partikulargericht vgl. PETER DINZELBACHER, Die letzten Dinge. Himmel, Hölle, Fegefeuer i. MA, Freiburg u.a. 1999, 47–57 (Herder-

schiebt sich seit dem 13. Jahrhundert in den Kanon des Jenseits-Szenarios. Sie entspricht der Festigung der Fegefeueridee und dem wachsenden Bedürfnis vieler Menschen nach einer gegenwartsnahen Eschatologie und nach einer Individualisierung des Religiösen. Alle anderen eschatologischen Naherwartungen werden gegenüber dieser persönlichsten Naherwartung der Todesstunde als Gerichtsstunde zweitrangig. Die Frage ist dann: Wie kann ich in diesem persönlichen Gericht bestehen?

Eine ›sichere‹ Antwort im Sinne der von der zeitgenössischen Theologie angebotenen Lehrgewißheiten gibt z.B. ein Tafelbild, das dem Maler Hans Holbein d.Ä. zugeschrieben wird und das er wohl 1508 im Auftrag des reichen Augsburger Weinhändlers Ulrich Schwarz vollendet hat.[140] Es ist ein Votivbild, das Schwarz offensichtlich für die Augsburger Kirche St. Ulrich und Afra gestiftet hat. Damit steht das Bild als gutes Werk im Kontext jener vorreformatorischen Buß- und Verdienstfrömmigkeit, auf die sich auch sein Inhalt bezieht: In der unteren Bildhälfte ließ sich der Weinhändler mit seiner großen Familie in andächtig betender Haltung darstellen. Der obere Bildteil zeigt das Partikulargericht im Moment des Todes, das darüber entscheidet, ob die Seele sofort in die Hölle oder ins Paradies oder vorher noch ins Fegefeuer kommt. In der Mittelachse thront der richtende Gottvater, während Christus in der Passionsgestalt von Golgatha und mit ihm Maria als fürbittende Interzessoren, als Advokaten der sündigen Menschen, vor ihm stehen. Christus zur Rechten des Vaters weist auf seine Seitenwunde und damit auf seine stellvertretende Passion und bittet den Richter: »Vatter, sich an mein wunden rot! Hilf den menschen aus aller not durch meinen bittern tod!« Maria zur Linken unterstützt seine Fürsprache, indem sie dem Vater demonstrativ ihre rechte Brust als Symbol des Opfers mütterlicher Barmherzigkeit entgegenhält und sagt: »Her, thůn ein dein schwert, des du hast erzogen [= gezogen hast], und sich an die brist, die dein sun hat gesogen!« Das fürbittende Eintreten des barmherzigen Erlösers und der erbarmensreichen Miterlöserin für die zu ihren Füßen knienden Sünder und Sünderinnen bewirkt den Umschwung in der Haltung des Vaters: daß er das bereits gezogene Schwert der gerechten Bestrafung in die Scheide zurückstößt und die Barmherzigkeit des Sohnes und Mariens für seine eigene Einstellung zum Menschen bestimmend sein läßt. Er spricht die für die theologische Aussage des Bildes zentralen Worte: »Barmhertzigkait will ich allen den[en] erzaigen, die da mit warer rew von hinnen schaiden.« Damit aber ist nicht nur der barmherzige Richter ins Zentrum gerückt, sondern auch jene Bedingung auf Seiten des sündigen Men-

---

Spektrum 4715 HAMM, Zentrierung (K) 185 mit Anm. 75 [Lit.]. Zur Doppelung der Gerichtsvorstellung bereits im 12. und 13. Jahrhundert vgl. AARON J. GURJEWITSCH, Himmlisches u. irdisches Leben. Bildwelt der schriftlosen Menschen i. 13. Jh., Amsterdam u.a. 1997, 157–202.

[140] Das Bild (vgl. Abb. S. 194) ist Eigentum der Städtischen Kunstsammlungen Augsburg (Inv.-Nr. 3701) und befindet sich in der Staatsgalerie Augsburg. Vgl. deren Kat. 1 (1967), 51–55 [Lit.]; BRUNO BUSHART, Hans Holbein d.Ä., Augsburg ²1987, 102–105; zur folgenden Deutung ausführlicher HAMM, Was ist Frömmigkeitstheologie? (K) 39–44.

Hans Holbein d. Ä., Votivbild des Augsburger Weinhändlers Ulrich Schwarz, um 1508: Gottvater als Richter

schen, jene Qualität seines Affekts, die von ihm verlangt wird, will er der ewigen Strafe höllischer Verdammnis entrinnen: die wahre Reue, d.h. ein aufrichtiger Schmerz über die eigene Sünde aus Liebe zu Gott und seiner Gerechtigkeit. Sollte er auch seine Sünden nicht mehr dem Priester beichten und von ihm absolviert werden können, so ist doch im Moment des Todes die Reue – als Wirkung der rechtfertigenden Gnade, die Gott als neue Qualität in sein Herz gesenkt hat – die entscheidende Voraussetzung seiner Rettung. Das ist die allgemein gültige Lehre der spätmittelalterlichen Kirche.

Keineswegs allgemein verbreitet dagegen ist die pointierte Botschaft vom barmherzigen Richter. Das Bild gehört damit zu jener beachtlichen Strömung spätmittelalterlicher Seelsorge, Theologie und Ikonographie, die im Kontrast zu einer verbreiteten Mentalität, Seelsorge, Theologie und Bildlichkeit der Strenge, des Drohens und peinigender Schreckensvisionen schon vor der Reformation das Gewicht ganz auf das Ungenügen des hilfsbedürftigen Menschen und das einladende, entlastende und schützende Erbarmen Gottes, Christi und Mariens legt.[141] Ein eindrucksvolles Beispiel dafür ist auch das sog. ›Rechtfertigungsbild‹, richtiger ›Interzessionsbild‹ des Sebastian Dayg von 1511 auf dem Marienaltar des Münsters von Heilsbronn:[142] Der Passionschristus hält mit seinen Händen das gezückte Richtschwert Gottes (rechts von ihm) auf, während links von ihm – auf der Seite der schutzbedürftigen Menschen – Maria als Schutzmantelmadonna Christus und Gottvater ihre entblößte Brust entgegenhält. Diese Interzessionskette Maria – Christus – Gottvater[143] ist typisch für spätmittelalterliche Bildinnovationen und theologische Veränderungen, die das Beschütztwerden des bedrohten Menschen, besonders den Schutz der Passion und der mitleidenden Maria, in den Mittelpunkt der Frömmigkeit rücken.

Freilich – trotz dieser entlastenden Gewißheiten, die dem Glauben durch die Lehrnorm der Kirche angeboten werden können, bleibt die quälende Gnaden- und Heilsungewißheit; denn der Mensch kann nach übereinstimmender Auffassung der spätmittelalterlichen Lehrer (mit Verweis auf Eccle 9, 1, vgl. I.7.3.4 bei Anm. 138) nicht sicher wissen, ob er jene entscheidende wahre Liebesreue hat, die Minimalbedingung seiner Rettung ist, ob er wirklich alle Todsünden gebeichtet und alle zeitlichen Sündenstrafen genugtuend abgebüßt hat. Allerdings kann der Mensch auf der affektiven Ebene des Gemüts, demütig und ganz im Vertrauen auf das rettende Erbarmen Gottes, eine feste Hoffnungsgewißheit ge-

---

[141] Vgl. HAMM, Zentrierung (K) 181–199; HAMM, Wollen (K).
[142] Zu Heilsbronn vgl. I.7, Anm. 99; zum ›Interzessionsbild‹ vgl. DANIELA NIEDEN, Unters. z. Marienaltar i. Münster z. Heilsbronn (Masch. Mag.), Freiburg/Breisgau 1995, 69–72.
[143] Vgl. als weiteres Beispiel aus Heilsbronn das Epitaph des Arztes Friedrich Mengot; dazu Martin Luther u. d. Reformation (B) 336f, Nr. 446 mit Abbildung. Vgl. auch den I.7, Anm. 114 beschriebenen Pest-Altar. Zu der seit der ersten Hälfte des 14. Jahrhunderts Verbreitung findenden Bildkomposition der ›kombinierten Interzession‹ (Gottvater mit den Fürbittern Christus und Maria und evtl. noch weiteren Interzessionsfiguren wie dem Jünger Johannes und anderen Heiligen) vgl. HAMM, Zentrierung (K) 193–196 [Lit.].

winnen. Diese Auffassung vertritt z.B. der in Bayern viel rezipierte Gerson.[144] Doch bleibt das Dilemma: Wie kann einem Menschen diese Heilsgewißheit der Hoffnung gelingen und wie kann er in ihr beharren, wenn er auf der kognitiven Ebene seines Glaubenswissens im Bewußtsein haben soll, daß ohne die Heilsqualität der rechtfertigenden Liebe und Reue niemand der Hölle entkommt, und ihm zugleich eine sichere Erkenntnis des eigenen Gnaden- und Liebeszustandes verwehrt ist? Im spätmittelalterlichen Spannungsfeld zwischen intellectus und affectus, Nicht-Wissen und Gewißheit, angestrengter Gewissenserforschung und getröstetem Vertrauen auf den *Christus pro me* (Christus für mich) gibt es keine Lösung.

3.6 Umstrittene Prädestination

Wie kommt der sündige Mensch zur echten Gottesliebe, wahren Reue, aufrichtigen Beichte und gültigen Absolution des Priesters mit der weiteren Folge genugtuender und verdienstvoller guter Werke? Was ist entscheidend dafür, daß Menschen den Bußweg zum Heil finden? Diese Frage führt die scholastischen Theologen immer wieder zur schwierigen Prädestinationslehre und damit zum Streit um das rechte Verständnis des Apostels Paulus und des Kirchenlehrers Augustin. Die spätmittelalterliche Frömmigkeitstheologie hat dieses Thema meist bewußt ausgeklammert. Man sah die Gefahr, daß die Beschäftigung mit Prädestinationsfragen die Theologen zu fruchtloser Spekulation und die Gläubigen entweder zu lähmender Verzweiflung oder trügerischer Sicherheit verführt. Die Brisanz des Themas ist aber immer latent gegenwärtig und kommt kurz vor der Reformation auf bayerischem Boden deutlich zum Vorschein.

Eine ausgesprochene Vorliebe für das Thema hatte Eck, der spätere Erzgegner Luthers. Schon seine Ingolstädter Antrittsvorlesung am 13.11.1510 zielte auf die Fragen nach dem universalen Heilswillen Gottes, der göttlichen Vorherbestimmung zum Heil (praedestinatio) und der Freiheit des Menschen;[145] und 1512 hielt er dann eine Vorlesung über Gnade und Prädestination, die er 1514 im ›Chrysopassus‹, seinem ersten größeren theologischen Werk, im Druck veröffentlichte.[146] Die Position, die er einnimmt, orientiert sich an der spätfranziskanischen, vom Skotismus und Ockhamismus geprägten Lehre, die den Schlüssel für die Problemlösung in der freien Willensentscheidung des Menschen findet: Gott prädestiniert diejenigen Menschen zum Heil, von denen er vorsieht, daß sie in sein Gnadenangebot einwilligen, sich durch ein größtmögliches Bemühen (facere quod in se est) auf den Empfang der rechtfertigenden Gnade vorbereiten, dann mit Hilfe der Gnade Verdienste erwirken und – in immer neuer freier Entscheidung – bis zum Ende ihres Lebens im Stand der Gnade beharren. Der Grund

---

[144] Vgl. GROSSE (K); HAMM, Warum wurde f. Luther (K) 107–113 [Heilsgewißheit der Hoffnung, nicht des Glaubens im Spätmittelalter].
[145] Vgl. ISERLOH¹ (B) 15; zum Folgenden vgl. aaO, 16ff.
[146] Druck Augsburg, ex officina Millerana, November 1514; VD 16, E305.

dafür, daß Gott die einen zum Heil vorherbestimmt und die anderen nicht, liegt also nicht bei Gott selbst, sondern in dem von ihm vorhergewußten Verhalten der Menschen; es ist eine »praedestinatio post praevisa merita« (Vorherbestimmung aufgrund der [von Gott] vorausgesehenen Verdienste).

Eine ähnliche Prädestinationsauffassung, die ebenfalls in den freien Willensakten des Menschen und seiner Erfüllung der Gebote die nötige Bedingung für das Vorherbestimmen Gottes sieht und daher Prädestination als *praecognitio* (Vorauserkennen, Vorherwissen) definiert, findet sich bereits ein paar Jahre vorher (1507) in dem Druck ›Speculum passionis domini nostri Ihesu Christi‹ des Nürnberger Arztes Pinder.[147] Aus der Sicht dieses Laientheologen[148] liegt es letztlich an der Freiheit und Moralität des Menschen selbst, ob er Zugang zu jenen unendlichen Schätzen der Passion Christi findet, die ihm die Pforte des Himmels öffnen. Auch Pinder bewegt sich damit auf der Ebene jener spätfranziskanischen Theologie, die gegen Ende des Mittelalters gar nicht mehr spezifisch für den Franziskanerorden ist, sondern in halbakademischer und popularisierter Form die Normaltheologie aller möglichen Prediger und Autoren in Nürnberg oder andernorts bildet. Der nach Sicherheit suchende Mensch wird auf Christi Leiden und das Gebot der Nachfolge Christi verwiesen. Wer Gottes Gebot erfüllt, kann und soll seiner Erwählung sicher sein: »Wenn du dies tust, sei sicher!«[149]

Die genaue Gegenposition zu Pinder und Eck vertrat in Nürnberg Johann von Staupitz[150] in seinen Adventspredigten 1516 ›über den Vollzug der göttlichen Prädestination‹, die Anfang 1517 deutsch und lateinisch im Druck vorlagen.[151] Der prominente Augustiner hat den Mut, inmitten eines theologischen und humanistischen Klimas, das immer zugleich auf die Gnade Gottes und die freie Wahl des moralischen Menschen setzte, eine höchst anspruchsvolle Prädestinationsunterweisung auf die Kanzel zu bringen, die das gesamte Frömmigkeitsleben des Menschen ausschließlich unter den Primat der erwählenden, rechtfertigenden und heiligenden Gnade Gottes stellt. In Rückgriff auf den antipelagianischen, aus seiner Sicht authentischen Augustin predigt er, daß allein Gottes souveräne Gnadenwahl bestimmt, welche Menschen zum Heil gelangen. Diese freie Selbstbindung Gottes stiftet Erwartungssicherheit: Der Barmherzige und Allmächtige führt die Auserwählten tatsächlich zum Heil. Eine erkennende und wissende letzte Heilsgewißheit aber ist – wie bei allen Prädestinationstheologen, auch bei Pinder und Eck – unmöglich. Denn niemand kann sicher wissen, allenfalls in

---

[147] Druck Nürnberg, bei Peypus, 30.8.1517; VD 16, P2807, fol. 76r: De praedestinatione.
[148] Zu Pinder vgl. I.7.2.9 mit Anm. 69.
[149] »Si haec feceris, esto securus!« Pinder fügt die Erläuterung hinzu: »Praedestinatio enim est taliter instituta, ut precibus et laboribus obtineatur.«
[150] Zu Staupitz vgl. I.7.2.9 mit Anm. 58f.
[151] JOHANN V. STAUPITZ, Sämtliche Schr. Abh., Predigten, Zeugnisse, hg. v. LOTHAR GRAF ZU DOHNA u. RICHARD WETZEL, Bd. 2: Libellus de exsecutione aeternae praedestinationis, Berlin u.a. 1979 (SuR 14).

kühner Hoffnungsgewißheit fest darauf vertrauen, daß gerade er zu den Erwählten gehört.[152]

3.7 Die nahe Gnade

In einem Zeitalter, dessen Menschen extrem todesbezogen leben, mit dauernder Unruhe, Sorge und Angst dem Gericht und den Jenseitsstrafen entgegenblicken und rastlos nach religiösen Sicherheiten für Heilung und Heil verlangen, haben Angebote der ›nahen Gnade‹ Hochkonjunktur. Die nahe Gnade ist die innerweltlich präsente, immanent werdende, erlebbare, geistlich und sinnlich erfahrbare, zugängliche, verläßliche und womöglich verfügbare Gegenwart Gottes, Christi, Mariens und der Heiligen, die vor zeitlichem oder jenseitigem Schaden schützt, die segnet, stärkt, tröstet, heilt, bewahrt und befreit – je nach Situation und Anliegen, individuell und/oder kollektiv, auf der ganzen Bandbreite zwischen sehr vergeistigt-verinnerlichter und stark verdinglichter bis magischer Sakralität. Nähe bedeutet, daß die gnaden- und segensreiche Zuwendung der jenseitigen Welt – meist vermittelt durch die kirchliche Hierarchie (aber auch unabhängig von ihr) – zum Menschen kommt, ihn heilwirkend heimsucht, so wie die besondere Ablaßgnade Roms durch päpstliches Privileg zu den Augsburger Dominikanerinnen in ihre Klosterklausur kommt oder der Priester mit dem Sakrament der Letzten Ölung den Sterbenden aufsucht. Die sich der Welt schenkende Gnade und Heiligkeit ermöglicht es aber auch, daß der Mensch heilungs- und heilsuchend zu ihr kommen kann, so wie die Wallfahrer zur ›Schönen Madonna‹ nach Regensburg strömen. In den wundertätigen Marienbildern, Heiligenreliquien und Hostien ist die Gnade zugänglich.

Man kann in der Theologie und Frömmigkeit seit dem 12. Jahrhundert, dem Zeitalter Bernhards von Clairvaux und Peter Abaelards, bis zur Reformation eine starke Tendenz zu einem transzendenteren, der Kreatur ferner stehenden und vergeistigteren Gottesbild sehen. Ihr entspricht die Herausbildung einer säkulareren Sicht der irdisch-menschlichen Verhältnisse.[153] Mit diesem Vorgang der Verjenseitigung Gottes oder Verdiesseitigung des Menschen verbindet sich das gleichzeitige Bemühen, die Kluft zwischen Gott und Kreatur zu überbrücken, indem man das barmherzige Sich-Herablassen Gottes (seine ›Kondeszendenz‹) betont, d.h. seine Offenbarungsnähe zur Welt in Gestalt des ganz menschlich gewordenen, leidenden und sterbenden Passionschristus, der mitleidenden Maria und der ebenfalls passionsförmigen Märtyerinnen und Märtyer. Die gnadenreiche, weltüberwindende und rettende Präsenz des Göttlichen und Heiligen *in-*

---

[152] Zur Heilsgewißheit der Hoffnung bei Staupitz vgl. I.7, Anm. 144 (HAMM, Warum wurde f. Luther [K]).
[153] Ein Indiz dafür ist z.B. die Differenzierung zwischen Erstursächlichkeit Gottes und Zweitursächlichkeit der Kreaturen bei Thomas von Aquin – vgl. dazu ANGENENDT, Gesch. (K) 115–119 – oder die von der nominalistischen Theologie des 14. Jahrhunderts reflektierte ontologische Kluft zwischen Gott, Welt und begreifender ratio des Menschen. Vgl. auch I.7.1 mit Anm. 1.

mitten der elenden Kreatürlichkeit wird so zum besonders forcierten Inhalt spätmittelalterlicher Frömmigkeit. Und im Zentrum dieser Religiosität steht die Passion, die im 15. Jahrhundert omnipräsent wird, von der alles abhängt und um die sich alles gruppiert, was dem Menschen die Gnade nahe bringt:[154] Maria und die Heiligen, die vielen gemeinschaftsbezogenen oder privatisierten Meßfeiern mit der Darbringung des Meßopfers,[155] die verzehrten und angeschauten Hostien, die Reliquien, Prozessionen und Wallfahrten, Gnadenbilder, Kreuzwege und Ölberge, Kruzifixe und Kerzen, Bruderschaften, Ablässe und Jubiläumsverkündigungen, Rosenkränze und andere besondere Gebete und Meditationen, die oft mit typischen, das Passionsgeschehen vergegenwärtigenden Bildkompositionen des Spätmittelalters verknüpft sind: Schmerzensmann, Christus in der Kelter, Vera Icon (des Tuches der Veronika), Gregorsmesse, Pietà, ›Kombinierte Interzession‹,[156] ›Lebende Kreuze‹[157] und dgl.[158] Auch die exzessive Wundergläubigkeit und -bedürftigkeit der Zeit gehört in diesen Zusammenhang, vor allem der Glaube an die Fähigkeit des real präsenten Passionsleibes Christi, wunderbarspektakuläre Veränderungen der konsekrierten Hostie und des menschlichen Körpers zu verursachen. So schreibt man der Leibsubstanz Christi die Kraft zu, besonders begnadete Frauen bei völliger Nahrungsabstinenz nur vom Genuß der Hostie leben zu lassen, wie jene hoch verehrte Augsburgerin Anna Laminit, die 1512 als Betrügerin entlarvt wurde. Es war die Sehnsucht vieler spätmittelalterlicher Nonnen, auf dem Wege, die irdische Speise durch die himmlische Sättigung zu verdrängen, möglichst weit voranzukommen.[159]

Aus der unermeßlichen Fülle bayerischer Zeugnisse der passionszentrierten nahen Gnade sei ein Beispiel herausgegriffen, das deshalb besonders geeignet ist,

---

[154] Vgl. Die Passion Christi i. Literatur u. Kunst d. Spätmittelalters, hg. v. WALTER HAUG u. BURGHART WACHINGER, Tübingen 1993 (Fortuna vitrea 12); The Broken Body. Passion Devotion in Late Medieval Culture, ed. by ALASDAIR A. MACDONALD u.a., Groningen 1998 (Mediaevalia Groningana 21); SEEGETS (K).

[155] Zum spätmittelalterlichen Meßopferverständnis (aus frömmigkeitstheologischer Sicht und am Beispiel der ältesten deutschen Gesamtauslegung der Messe von ca. 1480 [vgl. I.7, Anm. 81]) vgl. WOLFGANG SIMON, Sacrificium Christi. Voraussetzungen, Genese, Gestalt u. Rezeption d. Messopfertheologie Martin Luthers (Masch. Diss.), Erlangen 2000, 80–202 [erscheint voraussichtlich Tübingen 2002 in SuR NR].

[156] Vgl. I.7, Anm. 143.

[157] Vgl. ROBERT L. FÜGLISTER, Das lebende Kreuz. Ikonographisch-ikonologische Unters. d. Herkunft u. Entwicklung einer spätmittelalterlichen Bildidee u. ihrer Verwurzelung i. Wort, Einsiedeln u.a. 1964 [mit bayerischen Beispielen 49–53 (Wasserburg/Inn, Pfarrkirche St. Jakob) und 54–57 (Klarissenkloster München) mit Abbildungen Tafel XI u. XII].

[158] Zur vielfältigen Passionsthematik auf Frömmigkeitsbildern des Spätmittelalters vgl. z.B. HENK VAN OS, The Art of Devotion i. the Late Middle Ages i. Europe 1300–1500. Exhibition »The art of devotion 1300–1500« at the Rijksmuseum Amsterdam 26. November 1994 – 26. February 1995, London 1994; vgl. auch I.7, Anm. 128.

[159] Vgl. PETER BROWE, Die eucharistischen Wunder d. MA, Breslau 1938 (BSHT NF 4); ANGENENDT, Gesch. (K) 506ff. Zur weiblichen Spiritualität des Fastens und der eucharistischen Sättigung vgl. CAROLINE WALKER BYNUM, Holy Feast and Holy Fast. The Religious Significance of Food to Medieval Women, Berkeley u.a. 1987; DIES., Fragmentierung u. Erlösung. Geschlecht u. Körper i. Glauben d. MA, Frankfurt/Main 1996, 109–225 (Edition Suhrkamp 1731); zu Anna Laminit vgl. Gemälde d. 16. Jh. (K) 109f [Lit.].

weil es mehrere Aspekte der Heilsvergegenwärtigung zu einer für das ausgehende Mittelalter charakteristischen Kombination verknüpft. Es handelt sich um einen nur in München überlieferten Einblattdruck, einen Holzschnitt aus dem späten 15. Jahrhundert, der Bild und Text verbindet.[160] Das Bild zeigt die Golgatha-Szene: den blutenden Christus am Kreuz, die beiden Schächer zur Rechten und zur Linken, Maria (mit dem Schwert ihres schmerzvollen Mitleidens) und Johannes zu Füßen. Der Text neben dem Bild enthält ein Gebet an den Passionschristus:[161] »O du allerliebster Herr Jesu Christe! Ich bitte dich durch die ›übertreffenliche‹ [= alles übertreffende] Liebe, durch die du hast liebgehabt das menschlich Geschlecht, da du, himmlischer König, hiengest an dem Kreuz mit göttlicher Liebe, mit gar sanfter Seele, mit gar trauriger Gebärde, mit betrübten Sinnen, mit durchstochenem Herzen, mit durchschlagenem Leib, mit blutigen Wunden [...]. In derselben Liebe, ›dardurch‹ [= aufgrund derer] dein inbrünstiges Herz durchschnitten ward, bitte ich dich, daß du mir seiest gnädig über die Menge meiner Sünden und geruhest mir zu geben ein guts, seligs Ende meines Lebens und auch eine klare, fröhliche ›Urständ‹ [= Auferstehung] durch deiner großen Barmherzigkeit willen, der du mit Gott dem Vater und dem Heiligen Geist lebest und regierest immer und ewiglich. Amen.« Es folgt die Aufforderung, ein Pater noster und ein Ave Maria zu beten. Dem schließt sich eine Ablaßverkündigung für die Betenden an: Papst Benedikt XII. (1334–1342) habe all denen, die mit rechter Reue und Leid über ihre Sünden dieses oben angeführte Gebet andächtig sprechen, und sooft sie es wiederholen, so viele Jahre Ablaß gegeben, wie Wunden am Passionsleib Christi gewesen sind (nach verbreiteter Zählung 5.490 Wunden[162]). Diese Ablaßbewilligung sei durch andere Päpste bestätigt worden.

Das Blatt vereinigt somit folgende Komponenten eines vergegenwärtigten Gnadengeschehens: Die anschauliche Präsenz der Passion im Bild, damit sie durch Betrachtung und Gebet verinnerlicht werden kann; das Nahebringen der unermeßlichen Liebe, Sanftmut und Barmherzigkeit Christi im Gebetstext, so daß die Bitte des sündigen Menschen um vergebende Gnade und Rettung im Tode möglich wird; die Hervorhebung der Seitenwunde Christi, seines verwundeten und geöffneten (›durchstochenen‹, ›durchschnittenen‹) Herzens, aus dem – in Blut und Wasser (Joh 19,34) – seine rettende Liebe sichtbar und sakramental nach außen tritt;[163] das vorformulierte Mustergebet einschließlich Pater noster und Ave Maria als Wegweisung, wie der Mensch mit Andacht, Reue und Schmerz sowie den korrekten Worten zur nahen Gnade kommen kann; die

---

[160] München, Graphische Sammlung, Inv.-Nr. 118124; SCHREIBER 2 (K) Nr. 964; Süddeutschland um 1480. Vgl. GRIESE (K) 91–94.
[161] Im folgenden modernisierter Text; Originaltext auf Abb. S. 201.
[162] So die populär gewordene Zahlenangabe in der ›Vita Jesu Christi‹ des Ludolf von Sachsen, dem wohl verbreitetsten Andachtsbuch des Spätmittelalters. Vgl. ANGENENDT u.a., Frömmigkeit (K) 45; GRIESE (K) 94, Anm. 47.
[163] Vgl. THOMAS LENTES, Nur d. geöffnete Körper schafft Heil: Glaube (K) 152–155.

O Du allerliebster herr Jhesu criste Ich bit dich durch die übertreffenlich liebe, durch die du hast liebgehabt das menschlich Geschlecht, da du himlischer künig hiengest an dem Creütz, mit götlicher liebe, mit gar senffter Sele, mit gar trauriggem geperd, mit betrübtē Synen, mit durchstochem hertzen, mit durcherschlagnem leib, mit plutigen wunden, mit ausgespannen henden vnd füssen, mit zerdenten adern, mit schreyendem mund, mit haiser Stym, mit plaichem antlits, mit tötlicher farb, mit waynenden augen, mit seüfftzender kelen, mit dürstigen begirden, mit pittern cossten der Gallen, mit genaigtem haubt, mit schaidung des götlichen leibs vnd der Sel, mit vrsprung des lebendigen prunnens. O du allerliebster hertz Jhesu xpe in derselben lieb dardurch dein imprünstigs hertz durchsniten ward, Bit ich dich, Daz du mir seyest gnedig, über die menig meiner sünd vnd geruchest mir zugeben ein guts seligs emde meines lebens, vnd auch ein clare frölich vrstend, durch deiner grossen parmhertzigkait willen, der du mit Got dem vater, vnd dem heiligen Geist, lebest vnd regnirest ymer vnd ewigklich. Amen. Pater noster. Aue maria.

Der heilig vater Pabst Benedictus der .xij. hat allen den, die mit rechter rew vnd laid jrer sünden, dises obgemelt gebet andächtigklich sprechen, Vnd ainem yglichen alsofft Er das also spricht, souil Jar Ablaß geben, als vil der wunden vnsers herrn Jhesu Cristi gewest sein. Das darnach durch ander Pebst confirmirt vnd bestetigt worden ist :—

Ablaßgebet für Ablaß Papst Benedikts XII. (1334–1342), Einblattholzschnitt, Süddeutschland um 1480

päpstliche Autorität, die kraft Ablaßprivileg diesem andächtigen Gebet eine zahlenmäßig genau festgelegte – und damit verläßliche – Gnadenwirkung im Blick auf die Verkürzung der zeitlichen Sündenstrafe zuspricht. Die nahe Gnade bedeutet hier also die kombinierte Wirksamkeit von liebevollem Erbarmen und Passion Christi, Betrachtung, Andacht und Bitte des Sünders, Ablaßkausalität und quantifizierter Gebetsleistung – nicht zu vergessen das Angebot, sich durch den Erwerb dieses Einblattdrucks die göttlichen und päpstlichen Gnadenschätze ins Haus zu holen und durch tägliches Gebet wirksam werden zu lassen. Der Buchdruck wird so zum Medium der multiplizierten nahen Gnade. Das Ganze ist eine höchst bezeichnende Mischung von Außen und Innen, Qualität und Quantität, Gnade und Erwerbsmentalität, ein sehr klares Beispiel dafür, wie selbstverständlich im Spätmittelalter das Bewußtsein des völligen Angewiesenseins auf Gottes Erbarmen mit der Vorstellung verwoben ist, aktiv etwas zum eigenen Seelenheil beitragen zu können, indem man sich die präsente Gnade erschließt.

Andere Einblattdrucke, gerade aus dem bayerischen Raum, zeigen noch weitere Aspekte einer durch Bild und Text vergegenwärtigten Gnade.[164] So kann die Seitenwundenfrömmigkeit darin eine Steigerung finden, daß sie auf Holzschnitten die Wunde Christi in erstaunlicher Größe darstellt und im Text die Betrachter darüber belehrt, daß hier die originale Länge und Weite der Seitenwunde abgebildet werde und daß derjenige, der sie mit Reue, Leid und Andacht küßt, ein bestimmtes, päpstlich gewährtes Ablaßquantum empfange. Zugleich kann damit die Abbildung eines Kreuzes kombiniert werden, das in verkleinertem Maßstab, der genau angegeben wird, die reale »Länge Christi in seiner Menschheit« anzeige; wer dieses Kreuz mit Andacht küßt, der werde am selbigen Tag vor einem jähen Tod behütet.[165] Diese Beispiele verdeutlichen, wie sich mit den erwähnten Facetten der präsenten Passionsgnade die Berührungsdevotion des Küssens verbinden kann; und die Vergegenwärtigung der wirklichen Maße der Gestalt Christi und seiner Seitenwunde garantiert die schützende ›Realpräsenz‹ des Heilsgeschehens.[166] Es entsteht so eine eigentümliche Mischung von affektiver Andacht und Magie der *imago efficax* (des wirksamen Bildes). Die Funktion des vervielfältigten Druckmediums, den Hunger nach ständig verfügbarer Heilsnähe zu befriedigen, findet auf völlig veränderte und doch analoge Weise in der Reformation eine Fortsetzung: nur daß nun das Medium des gedruckten und verkündigten Bibelwortes (lutherisch formuliert: des *verbum efficax*, des wirksamen Wortes) dem Glaubenden die Wirklichkeit des Heils ganz nahe bringen soll.

---

[164] Vgl. P. SCHMIDT (K).
[165] Beispiel aaO, 260f. 273, Abb. 11: München Graphische Sammlung, Inv.-Nr. 63248; SCHREIBER 4 (K) Nr. 1795; Süddeutschland um 1484–1500. Das Blatt nennt ein Quantum von sieben Jahren Ablaß, den Papst Innocenz (VIII.) gewährt habe.
[166] Zur Vorstellung, daß die Vergegenwärtigung der genauen Maße der Passion Körper und Seele vor Schaden bewahrt, vgl. P. SCHMIDT (K) 256, Anm. 48 [Lit.] und THOMAS LENTES, Die Vermessung d. Christus-Körpers: Glaube (K) 144–147. Zum Kontext der ›gezählten Frömmigkeit‹ vgl. I.7.3.1 mit Anm. 98.

Eindrucksvolle Beispiele einer sinnenhaften Präsentation der nahen Gnade bilden im späten Mittelalter vor allem auch die Heiltumsweisungen, wie sie in München/Andechs, Nürnberg, Bamberg, Würzburg, Augsburg und Regensburg stattfanden.[167] Die Zugänglichkeit der Gnade im Anschauen der Reliquien – eine Schaudevotion, wie man sie überall bei den täglichen Meßfeiern der emporgehobenen Hostie entgegenbrachte – war auch hier in ein ganzes Wirkungsbündel der Heilsvergegenwärtigung eingebettet: die stellvertretende und schützende Bedeutung der Passion und der Heiligenmartyrien, die Andacht und Buße der Pilger, der päpstliche Ablaß und die gedruckten Medien, die das Gnadenangebot in Text und Bild bekannt machten bzw. memorativ und apotropäisch vergegenwärtigten.[168] Die Schaudevotion, das andächtige Anschauen von gemalten und gedruckten Bildern, plastischen Bildwerken, Hostien und Reliquien, wird seit dem 14. Jahrhundert – besonders im Zuge einer gesteigerten Laienfrömmigkeit – zur bevorzugten Weise des sinnenhaften Kontaktes zum Heiligen und Heilbringenden, so wichtig auch das Berühren bleibt. Mit der Sinnlichkeit des Schauens und Betrachtens verbinden sich je nach Art des Bildes unterschiedliche seelische Impulse: (1.) die Anregung der ›Einbildungskraft‹, d.h. der religiösen Phantasie, Imagination und Kreativität, (2.) religiöse Gefühle wie Todesfurcht und Strafangst, Liebe, Mitleiden (compassio) und Sündenschmerz, getröstete Freude und Heilszuversicht (also die andachtsbezogene ›Emotionalität‹ des Bildes), (3.) eher kognitive Seelenvorgänge wie meditatives Erinnern und Nachdenken, glaubensbezogenes Verstehen und Wissen (im Sinne einer Frömmigkeitsdidaktik) und (4.) die Anregung der Willenskräfte zum frommen Handeln. Diese seelischen Dimensionen des Anschauens werden in der spätmittelalterlichen Laienfrömmigkeit zunehmend durch das ebenfalls sinnlich vermittelte, aber wortbestimmte Text-Lesen, Vorgelesen-Bekommen und Predigt-Hören erweitert und vertieft, wie die Kombination von Bild und Wort auf den ausgewählten Bildbeispielen deutlich zeigte. Sehen und Betrachten, Lesen und Hören sind in der Ära vor der Reformation die bevorzugten Medien der vergegenwärtigten Gnade.

Ein – auch in Bayern aktiver – päpstlicher Ablaßkommissar wie Raimund Peraudi und seine Ablaßprediger konnten den Eindruck vermitteln, daß ›jetzt‹ die göttliche Gnade den sündigen Menschen in einer Fülle nahe komme wie niemals vorher in den Zeiten der Kirche.[169] Und in der Tat übertreffen Theorie, Angebot und Usus der nahen Gnade in ihrer Multiplizierung und Differenzierung zwischen 1450 und 1520 alles bisher Dagewesene.

---

[167] Vgl. KÜHNE (K) 348–377 [München/Andechs]. 133–152 [Nürnberg]. 275–292 [Bamberg]. 293–309 [Würzburg]. 309–324 [Augsburg]. 325–333 [Regensburg]. Zum Zeigen und Anschauen der Reliquien im späten Mittelalter vgl. OS (K) bes. 103–161 [Sehen ist glauben].
[168] Zum Zusammenspiel von Heiltumsweisung, Wallfahrt und Druckmedium vgl. z.B. einen Einblatt-Holzschnitt von 1496, der den Heiltumsschatz von Andechs zeigt; SCHREIBER 4 (K) Nr. 1936m (den Hinweis verdanke ich Dr. Sabine Griese); OS (K) 156f, Abb. 186.
[169] Vgl. HAMM, Frömmigkeitstheologie (K) 289ff.

3.8 Mystische Vergegenwärtigung des Heils

Sofern die rechtfertigende Gnade in den Herzensgrund des Menschen eingegossen werden muß, damit er überhaupt im Sinne des göttlichen Gebots liebesfähig wird und gerettet werden kann, muß die Gnade nach mittelalterlicher Lehre dem Sünder nicht nur nahe kommen, sondern innerlich werden. Die Mystik will die Seele auf diesem Wege der Verinnerlichung bis zur ›süßen‹ Erfahrung der seliginnigen Vereinigung mit dem göttlichen Geiste führen, zur liebevollen unio der Braut mit ihrem Bräutigam Christus. Wie schon am Beispiel Tegernsees zu erkennen war, bleibt das mystische Streben nach erfahrbarer unmittelbarer Vertrautheit mit Gott im 15. Jahrhundert präsent. Damit verbinden sich nach wie vor Ziele einer geistlichen Vollkommenheit, die man über Stufen erreichen soll.[170] Zugleich aber ist die Frage zu stellen, wie sich der Charakter der mystischen Theologie gegenüber dem 12. bis 14. Jahrhundert verändert. Drei Faktoren spielten wohl bei der Umformung der Mystik eine wichtige Rolle: 1. die niederdrückende Erschütterung durch das Große Sterben der Pest, die langfristig eine Intensivierung der Alltagsseelsorge auf die Sterbestunde hin bewirkte; 2. ein – z.B. bei Gerson oder dem Wiener Heinrich von Langenstein hervortretendes – Reformbemühen, das sich gegen alle Waghalsigkeiten der Spekulation und Überschwänglichkeiten geistlicher Erlebnisse wendet; 3. Programme erneuerter klösterlicher Strenge (Observanz), die vor allem auf Regelgehorsam und disziplinäre Einbindung in die Gemeinschaft zielten und daher mystische Sonderwege eher kritisierten als ermutigten.[171] Die Folge war im 15. Jahrhundert – jedenfalls auf Seiten der Theologen, Beichtväter und Ordensreformer – eine gewisse Reduktion und Domestizierung des mystischen Aufstiegsstrebens, die normative Beschreibung des mystischen Weges als Buß- und Leidensweg der »kreuztragenden Minne«[172] und die Charakterisierung der *Unio mystica* als affektives Gleichförmigwerden des eigenen Willens mit dem Willen Gottes. Bezeichnend ist, wie in

---

[170] Vgl. als Beispiel etwa die Pfingstmontagspredigt (um 1435/40) eines Franziskaner-Kustos in Bayern (»Ein parfusse von peyren«), ediert in: Franziskanisches Schrifttum i. deutschen MA, hg. v. KURT RUH, Bd. 2: Texte, München 1985, 117–125 (MTUDL 86). Der geistliche Aufstieg wird in drei Hauptstadien gegliedert: »Der erste stat das ist der stat eines tugentsamen lebens. Der ander stat das ist ein geistlich leben. Der dritte stat das ist ein vollekumen leben« (aaO, 118, Z. 14ff). Zum ersten Stadium heißt es: »Aber wiltu dine tugende reht und wol ordenieren, so mache ein leiter uß den tügenden und gang einen sprossen noch dem anderen uff [...]« (aaO, 119, Z. 31ff).

[171] Vgl. WERNER WILLIAMS-KRAPP, »Diese ding sint dennoch nit ware zeichen der heiligkeit«. Zur Bewertung mystischer Erfahrungen i. 15. Jh.: Frömmigkeitsstile i. MA, hg. v. WOLFGANG HAUBRICHS, Göttingen 1990, 61–71 [= Zeitschrift f. Literaturwissenschaft u. Linguistik 80]; DERS., Frauenmystik u. Ordensreform i. 15. Jh.: Literarische Interessenbildung i. MA. DFG-Symposion 1991, hg. v. JOACHIM HEINZLE, Stuttgart u.a. 1993, 301–313 (Germanistische Symposien Berichtsbde. 14).

[172] Vgl. VOLKER MERTENS, ›Kreuztragende Minne‹: VerLex² 5, 376–379; VOLKER HONEMANN, Die ›Kreuztragende Minne‹. Zur Dialogizität eines spätmittelhochdeutschen geistl. Gedichtes: Sprachspiel u. Bedeutung. FS f. Franz Hundsnurscher z. 65. Geburtstag, hg. v. SUSANNE BECKMANN u.a., Tübingen 2000, 471–480.

den deutschsprachigen mystischen Texten Tegernsees (um 1450)[173] sowohl den Nonnen als auch den Beginen und Laienfrauen des Bürgertums eingeschärft wird, daß der sichere Heilsweg für sie in der demütigen Preisgabe und Abtötung des Eigenwillens liegt, im geduldigen und willigen Ertragen aller Betrübnisse, Leiden und Anfechtungen und im vollkommenen Gehorsam, der sich fremden Anordnungen und Ratschlägen unterordnet.[174] Tätiger Gehorsam den Oberen gegenüber ist notwendig, heißt es an einer Stelle, »denn anders schläft dein Bräutigam nicht mit dir in einem Bett«.[175] Dieses »pettlein« wird dann blühend sein, wenn sich mit dem beschaulichen Leben die tätige Übung von »dyemütikait, gehorsam, gedultikhait, gütikhayt, fride und andern tugenten«, die wie Blumen duften, verbindet. So wandelt sich die mystische Anleitung in eine affekt-, tugend- und bußorientierte Frömmigkeitstheologie für das tägliche Leben aller.

Dies wird noch deutlicher, wenn man einen der mystischen Traktate Tegernsees beachtet, der es sich zum Ziel setzt, der anleitungshungrigen Adressatin einen sehr nahen (»gar nachenden«) Weg zu zeigen, auf dem sie ohne jede Irrung sicher und schnell durch die innige Andacht ihres Gemüts dazu erhoben werden kann, Gott zu sehen, zu kosten und zu empfinden, wie süß, sanft, gut, ganz begehrenswert und lustvoll er ist.[176] Dieser unkomplizierte und sichere mystische Weg ist, wie es dann mit größtem Nachdruck heißt, der affektive Weg »innigster begir«,[177] also das Einswerden mit Gott in der Liebe und Reue, dem der Irrweg des erforschenden Erkennen- und Wissen-Wollens gegenüber gestellt wird. Darum »ist dieser weg gerecht und sicher, der da lernet [= lehret] wenig kennen oder wissen und vil liebhaben«.[178] Solche Aussagen sind typisch für die antispekulative, die Rolle des kognitiven *intellectus* stark zurückschraubende Haltung Gersons; sie führen mitten hinein in die literarische Fehde, die im Kontaktbereich Tegernsees über die Ausführungen des Nikolaus von Kues zur *docta ignorantia/belehrten Unwissenheit* (1440) geführt wurden.[179] Alle Indizien sprechen dafür, daß einer der Hauptkontrahenten, Bernhard von Waging, den anonym überlieferten deutschen Traktat für die erwähnten Frauenkreise verfaßt hat.[180] Charakteristisch für die Position jener Theologen, die wie Bernhard den Kusaner gegen die strikt-antiintellektualistischen Aussagen des Kartäusers Vinzenz von Aggsbach verteidigten, ist, daß auch sie dem Erkenntnisvermögen des *intellectus*

---

[173] Vgl. I.7.2.5 mit Anm. 36.
[174] Vgl. HÖVER (K) 160. 179–182. 189 [Nonnen] und 122–134 [Beginen]; BAUER (K) 150–153 [Frauen des Bürgertums].
[175] BAUER (K) 130: »wann anders schlafft nit mit dir dein sponsus yn ainem pett«.
[176] Traktat in der Hs. Salzburg St. Peter b VI 15, fol. 363r–371r mit dem Incipit: »Nach deiner begerung wil ich dir hie nach kůrzleich seczen ainen gar nachenden weg, dar durch du an all jrrung sicherleich und pald mit deines gemůttes jnniger andacht erhaben macht werden, Got zesehen, zekosten und ze enpfinden, wie sůs, senfft, gůt, gancz begierleich und lůstleich er sey.« Vgl. dazu HÖVER (K) 200ff; HAMM, Frömmigkeitstheologie (K) 232f.
[177] Hs. Salzburg St. Peter b VI 15, fol. 369v.
[178] Hs. Salzburg St. Peter b VI 15, fol. 366r.
[179] Vgl. I.7.2.5 mit Anm. 35.
[180] Vgl. aaO mit Anm. 37.

nur eine vorbereitende und ein Stück Wegs begleitende Rolle zugestehen, das mystische Erleben selbst aber der affektiven Liebe und ihrem überintellektuell-erfahrenden Erkennen zuschreiben. Das fügt sich sehr gut zu Gerson und zur Wiener Schule und entspricht der Gesamttendenz zu einer gewissen ›Demokratisierung‹ und Horizontalisierung, Domestizierung und Ethisierung der Mystik im 15. Jahrhundert: in ihr Zentrum rückt die nicht-elitäre und nicht-ekstatische, einfache, den Eigenwillen loslassende und in den Weg des Leidens einwilligende Christusliebe, die jedem überall möglich ist. Nicht auf die ›Süße‹ des Erlebens, heißt es immer wieder, kommt es an, sondern auf den Kreuzweg gehorsamer Demut.[181]

Was die observanten Dominikanerinnen von St. Katharina in Nürnberg, die nach der Reform von 1428 für ihre große Bibliothek auch Mystikertexte des 14. Jahrhunderts abschrieben und einige von ihnen auch für die gemeinsame Tischlesung bestimmten,[182] mystisch erlebt oder nicht erlebt haben, wissen wir nicht. Sie hatten jedenfalls im 15. Jahrhundert nicht solche Seelsorger wie eine Margareta Ebner in der ersten Hälfte des 14. Jahrhunderts, die von dem Priester Heinrich von Nördlingen dazu angeleitet wurde, ihre außergewöhnlichen Erlebnisse als mystische Offenbarungen zu verstehen und hochzuschätzen.[183]

3.9 Sündige und sündentilgende Werke

Nach mittelalterlich-katholischer Lehre war die Frage, ob der Mensch letztlich in den Himmel oder die Hölle kommt, nicht von seinen Werken abhängig, sondern allein davon, ob er im Stand der Gottesliebe stirbt oder nicht. Die guten bzw. bösen Taten entscheiden allerdings darüber, ob er ins Fegefeuer kommt und welche Strafen er dort wie lange erleiden muß, welchen Grad der Seligkeit er erlangt und in welche Art von Höllenpein er geworfen wird.

Unter dem Aspekt der bösen und guten Werke ist die reiche Oberschicht der städtischen Kaufleute mit ihren durch Zinsgeschäfte vermehrten Kapitalien ein besonders interessanter Fall. Durch das kanonische Zinsverbot der mittelalterlichen Kirche wurden sie als Wucherer gebrandmarkt, die bis zum Hals in der Todsünde der *avaritia*, der Habgier, steckten. Andererseits rückt die spätmittelalterliche Kirche, Frömmigkeit und Theologie den reichen Kaufmann und das kaufmännische Kalkulieren in ein sehr positives Licht: Wirtschaftliche Prosperität kann als Wirkung des göttlichen Segens verstanden werden; und ein Teil des Reichtums kann dann zur Abtilgung künftiger Fegefeuerstrafen und zur Erhöhung des Himmelslohns in besonders ansehnlichen, dauerhaften und prestigeträchtigen guten Werken angelegt werden. Sie verbessern nicht nur die Jenseitsaussichten, sondern erhöhen auch die innerweltliche bürgerliche Ehre. Riesige Geldsummen flossen so zur religiösen Versicherung in Stiftungen vielfältiger

---

[181] Vgl. HAMM, Frömmigkeitstheologie (K) 224f.
[182] Vgl. I.7.2.9 mit Anm. 53.
[183] Vgl. I.7, Anm. 4 und MANFRED WEITLAUFF, Heinrich v. Nördlingen: VerLex² 3, 845–852.

Art. Alles überbot die Sozialstiftung der *Fuggerei* durch den Augsburger Handelsherrn Jakob Fugger am 23.8.1521 »Got zu lob und danckparkait der guthait und glücklichen zuestanndt, so er uns bisher in unserem handel mit zeytlichen guetern bewisen hatt«.[184] Die ganze Anlage dieser für Arme gestifteten Siedlung einschließlich der Verpflichtung aller Bewohner, täglich für das Seelenheil der Fugger zu beten, war aus spätmittelalterlicher Jenseitsperspektive eine »perfekte religiöse Leistung«.[185] Daß man sich als Stifter oder Stifterin der Güte, dem Erbarmen und dem Schutz Gottes anheimstellte – in der Grundhaltung des »miserere mei, Domine!« (Erbarme dich meiner, Herr!) – und zugleich bei ihm in einer Art Handelsverhältnis durch fromme Gaben etwas zu *erwerben* hoffte, war im Sinne spätmittelalterlicher Frömmigkeitslogik kein Widerspruch: denn Gottes Güte ist Einladung und Befähigung zum Heilserwerb.

Gerade reiche Kaufleute konnten sich mit ihren Geschäftspraktiken, religiösen Werken und ihrem Denken in Kategorien von Warenverkehr, Quantitäten und vertraglichem *Do ut des* (Ich gebe, damit du gibst) in der Kirche des ausgehenden Mittelalters besonders heimisch fühlen. Manche Theologen hatten ein Vertragsdenken entwickelt, in dem sich Gott zum Geschäftspartner des Menschen macht: Aus freier, souveräner Gnade bindet er sich durch eine Art Kaufvertrag an bestimmte menschliche Werke, die so einen satisfaktorischen und meritorischen Wert, also eine ›Kaufkraft‹ für das Jenseits, erlangen.[186] Kleriker vergleichen dann konsequenterweise Christen mit Kaufleuten, die den Himmel erwerben. So beschreibt der Nürnberger Propst von St. Lorenz S. Tucher das christliche Leben als eine »gluecksélige kaufmannschaft«, durch die man »vil guoter werck gewunnen hat, derhalben wir alle wie kauflewt in die pilgramschaft diser welt kuomen seyen, auf das wir mit dem zeitlichen guot ewigen gewin und wuocher erobern«.[187] Das Spätmittelalter ist wohl die religiös ausgabenfreudigste Epoche der Kirchengeschichte; und das gesamte Kirchensystem präsentiert sich seit der Avignoneser Ära als überdimensionierter fiskalischer Apparat, der einen dazu einlädt, irdisches, sündenbehaftetes und gewissensbelastendes Gut durch Stiftungen oder Ablaßkauf in Jenseitsinvestitionen zu verwandeln. Kaufleute konnten so zwar keine Heilsgewißheit, aber Gewissenslinderung und Hoffnung gewinnen. Das System gab ihnen recht. Zu diesem System gehörte auch der Ingolstädter Theologieprofessor Eck. Er stand in gutem Kontakt zu den Augsburger Kaufleuten, Jakob Fugger an der Spitze. Seit Ende 1513 setzte er sich – vor allem durch eine große Disputation an der Universität Bologna 1515 – dafür ein, Zinsnehmen vom Makel des sündigen Wuchers zu befreien. Ein maßvoller Zinssatz

---

[184] Zitat (aus dem Stiftungsbrief) nach MOELLER (K) 74, vgl. auch 193f [Lit.].
[185] MOELLER (K) 74; vgl. KIESSLING, Gesellschaft (B) 230 (»Kulmination des Stiftungsdenkens«).
[186] Vgl. BERNDT HAMM, Promissio, pactum, ordinatio. Freiheit u. Selbstbindung Gottes i. d. scholastischen Gnadenlehre, Tübingen 1977 (BHTh 54); DERS., Frömmigkeitstheologie (K) Sachregister 378, sub voce *Vertrag Gottes*.
[187] Zit. nach HAMM, Ethik (B) 129.

von fünf Prozent sei ethisch legitim, wenn er mit einer guten Intention des Kaufmanns verbunden sei und nicht wucherischen Absichten diene.[188]

In der spätmittelalterlichen Kirche war allerdings zugleich eine höchst einflußreiche Vorstellung vom besonderen religiösen Wert der Armut lebendig. Freiwilligkeit und Willigkeit im Umgang mit der Armut galten als entscheidendes ethisches Kriterium. So war in der Frömmigkeitstheologie die Auffassung gängig, daß Arme, Kranke, Sterbende und solche, die irgendein äußeres oder seelisches Leid zu tragen haben, allein schon dadurch Sündenstrafen tilgen und Himmelslohn erwerben, daß sie ihren elenden Zustand geduldig, willig oder sogar freudig um Gottes willen ertragen. Diese kostenlosen, innerseelischen Akte der Herzenshingabe mit der Intensität ihrer Gebete sind als Höchstform guter Werke mehr wert als die aufwendigen Stiftungen der Reichen.

Es gibt aber auch vereinzelte Stimmen, die in eine völlig andere Richtung gehen und die kirchliche Werthierarchie der Werke umkehren, indem sie der nichtehrbaren, harten körperlichen Arbeit[189] der ärmeren Handwerker den höchsten religiösen Wert zuschreiben. So findet sich ein Gedicht des Nürnberger Handwerkerdichters Hans Rosenplüt, gen. Schnepperer (†um 1460), das gegen die reichen Müßiggänger gerichtet ist und die eminente Jenseitswirkung des Arbeitsschweißes der Handwerker beschreibt:[190] Jeder Schweißtropfen teilt sich in vier Teile: Der erste löscht das höllische Feuer, der zweite reinigt die Seele, der dritte steigt in den Himmel auf, der vierte schließlich läßt dem Arbeiter alle guten Werke der Christenheit einschließlich der Verdienste der Märtyrer zugute kommen: »Das virde teil bringt solch frucht,/ das es die gantzen welt aussucht/ und sammelt uf alles das gut,/ was man in aller christenheit thut:/ mit vasten, petten,/ mit almusen geben/ in geistlichem und weltlichem leben/ und aller priester meß andechtiglich/ und was man urteil spricht rechtlich,/ darin Got hat eyn wolgevallen,/ und all müd fußdryt in wallen/ und was all martrer han erstritten./ Dasselb es [das virde teil] alles zuher trybt und fürt,/ das sein der arbeiter teylhaft würt./ [...] Darumb ist arbeit der gotlichst orden,/ der ye uff erd gestifft ist worden,/ wann [= denn] yn got selber hat gestifft.« Gott selbst habe ihn gestiftet, indem er Adam nach dem Sündenfall befahl, sein Brot im Schweiße seines Angesichts zu essen (Gen 3,19).[191] Die Alltagsplage des Arbeiters gewinnt also eine religiöse Qualität, die alles in den Schatten stellt, was nach kirchlicher Definition als besonders wertvolle, über dem Normalmaß des Gebotenen liegende und daher satisfaktorische Werk-Religiosität gilt. Das geistliche Ordensleben, das in der

---

[188] Vgl. ISERLOH[1] (B) 20ff; JOHANN PETER WURM, Johannes Eck u. d. oberdeutsche Zinsstreit 1513–1515, Münster 1997 (RGST 137).
[189] Zur Qualifikation manuell-körperlicher Arbeit als nicht-ehrbar im Kontext des bürgerlichen Ehrbarkeitsbegriffs der Reichsstadt Nürnberg vgl. HAMM, Ethik (B) 76ff.
[190] ›Von den Müßiggängern und Arbeitern‹, ediert in: Frühneuhochdeutsches Lesebuch, hg. v. OSKAR REICHMANN u. KLAUS-PETER WEGERA, Tübingen 1988, 46–49, bes. ab Vers 47.
[191] AaO, Verse 80–94. 116–122.

Hierarchie des Genugtuenden die oberste Stufe einnimmt, wird von Rosenplüt abgewertet zugunsten des »göttlichsten Ordens« der Handwerkerarbeit.

Das Gedicht Rosenplüts spiegelt nicht nur das wachsende Laien- und Handwerkerbewußtsein im ausgehenden Mittelalter, sondern stellt die traditionelle Trennung von sakral und profan, von jenseitsbezogener religiöser Leistung und diesseitsbezogener Arbeitsleistung in Frage. Dahinter steht sowohl Sozialkritik an der reichen städtischen Oberschicht als auch Kirchenkritik an der geltenden gesellschaftlichen Rangordnung der Frömmigkeit.

3.10 Kirchenkritik und Reformation

Noch ungewöhnlicher als Rosenplüts Ausbrechen aus den üblichen Koordinaten zeitgenössischer Kirchlichkeit war die radikale Kirchen- und Obrigkeitskritik des ›Pfeifers von Niklashausen‹ Hans Behem.[192] Im Jahre 1476 strömten die Massen zu dem jungen Spielmann ins Taubertal. Nach einer Marienerscheinung hatte er seine Instrumente verbrannt, um fortan den Menschen den Zorn Gottes über die verweltlichte Priesterschaft und reichen Herren, zugleich aber auch die unmittelbare Nähe der Gnade Gottes zu predigen: »wie so groß volkommen gnade im Taubersstalle und meher sin sall dan zu Rome ader an eynchem ende«.[193] Von den Geistlichen forderte Behem, daß sie sich aus aller Geschäftemacherei zurückziehen und nur noch das besitzen, was sie für das einfache tägliche Leben nötig haben – ein Verlangen, das an waldensische und hussitische Reformideen erinnert. Die Fegefeuervorstellung, mit der das spätmittelalterliche System der käuflichen Gnaden verquickt war, lehnt er offensichtlich ab. Die Seelen sollen im Taubertal direkt zum Himmel emporsteigen; und käme die Seele eines seiner Anhänger in die Hölle, wolle er sie mit eigener Hand herausführen. Die Nähe der Gnade bedeutet für Behem die kostenlose, von der priesterlichen Heilsvermittlung der Sakramente und Ablässe unabhängige Anwartschaft auf den Himmel. Diese mariologisch legitimierte und systemstürzende Botschaft des Pfeifers – ebenso wie seine nicht minder radikale Forderung nach einer Gesellschaftsordnung ohne Standes- und Besitzunterschiede – führte ihn konsequent auf den Scheiterhaufen. Am 19.7.1476 ließ ihn der Bischof von Würzburg verbrennen.

Behem gehörte zu den wenigen radikalreformerischen Außenseitern des späteren 15. Jahrhunderts. Häretische Erscheinungsformen von Frömmigkeit wie die sog. ›Frei-Geist‹-Häresie oder das Waldensertum fanden zwar im 14. und 15. Jahrhundert auch in bayerisch-fränkischen Regionen Anhänger, z.B. in Augsburg, wo 1393 von einem Inquisitor 46 Waldenser aufgespürt wurden;[194] doch nehmen die Zeugnisse über kryptohäretische Fälle im 15. Jahrhundert

---

[192] Vgl. ARNOLD (K).
[193] ARNOLD (K) 195. Vgl. dazu und zum folgenden aaO, 79–113 [der Prophet und sein Programm].
[194] Vgl. PATSCHOVSKY (B) 756–767; zum Augsburger Fall vgl. aaO, 764 und KIESSLING, Gesellschaft (B) 317f.

deutlich ab, um in der zweiten Hälfte völlig zu versiegen. Die Stimmen einer – bisweilen sehr scharfen – Kirchenkritik vermehren sich allerdings gegen Ende des Mittelalters, vor allem in den Jahrzehnten 1490 bis 1520 (was auch mit der starken gleichzeitigen Zunahme der Produktion von Kleindrucken zusammenhängen mag).[195] Diese mit dem drängenden Ruf nach Reform gepaarte Kritik, die sich vor allem gegen Papsttum, Kurie und Kanonisches Recht, Weltkleriker und Ordensleute, Bilder- und Reliquienverehrung, Wallfahrten und Jubiläumsablässe richtete, war aber prinzipiell systemkonform und kirchenfromm. Sie verlangte nach einer noch frömmeren, gebildeteren, sittenstrengeren, verinnerlichteren, seelsorgerlicheren und tröstenderen Kirchenhierarchie, die den Bedürfnissen der Gläubigen nach Gnaden- und Heilssicherheiten noch besser gerecht wird. Sie will weniger kirchliche Machtentfaltung und mehr kirchliche Heilsmitteilung.[196]

Diese Kritik ist also Teil und Ausdruck der spätmittelalterlichen Kirchenfrömmigkeit. Sie ist gerade nicht Hinweis auf einen realen Niedergang der Frömmigkeit, sondern eher Indiz einer wachsenden Sensibilität und mentalen Verunsicherung, verstärkter Bedürfnisse nach Einklang von Innen und Außen, eines Strebens nach Umsetzung geistlicher Ideale in die Alltagswelt vieler, auch einfacher Menschen und damit eines gesteigerten religiösen Gestaltungswillens. Dazu gehört auch die häufig von reformbewußten Vertretern der Amtskirche geäußerte Kritik an bestimmten Praktiken der Volksfrömmigkeit, die man als magisch, abergläubisch, hysterisch, unwissend, unvernünftig und leichtgläubig einstufte.[197] Wenn man von einer Frömmigkeitskrise vor der Reformation sprechen will, dann lag sie darin, daß sich diese geistlichen Ideale und das mit ihnen verbundene Sicherheitsverlangen an den begrenzten Möglichkeiten des bestehenden Kirchenwesens rieben. Die Kirchenkritik ließ die Vorstellungen von der Beteiligung des frommen Menschen am ›Heilserwerb‹ grundsätzlich unangetastet, d.h. die Frömmigkeitsideale blieben im Banne eines religiösen Vollkommenheitsstrebens, das auf verschiedensten Wegen – gerade auch durch eine gezählte Frömmigkeit, z.B. durch Stiftungs-, Gebets-, Meß- und Ablaßkumulationen – nach perfekter Sicherheit verlangte. Im bestehenden religiösen Sicherungssystem war aber eine Steigerung kaum mehr möglich; die Grenzen der für Lebende und Verstorbene investierbaren Leistungen waren erreicht. Die vorantreibenden Ideale und Gewißheitsbedürfnisse konnten kein Genüge finden: eine

---

[195] Vgl. WILHELM ERNST WINTERHAGER, Ablaßkritik als Indikator hist. Wandels vor 1517. Ein Beitr. z. Voraussetzungen u. Einordnung d. Reformation: ARG 90 (1999), 6–71.
[196] Vgl. SEEGETS (K) 212, Anm. 211.
[197] Vgl. z.B. JOHANNES V. PALTZ, Werke, Bd. 2: Supplementum Coelifodinae, hg. u. bearb. v. BERNDT HAMM, Berlin u.a. 1983, 385–441 [die Bedrohung des christlichen Glaubens durch die vier teuflischen Versuchungen der illegitimen Wallfahrten, Magie, Astrologie und Alchimie] (SuR 3). Vgl. CHRISTOPH BURGER, Volksfrömmigkeit i. Deutschland um 1500 i. Spiegel d. Schr. d. Johannes v. Paltz OESA: PETER DINZELBACHER/DIETER R. BAUER (Hg.), Volksreligion i. hohen u. späten MA, Paderborn u.a. 1990, 307–327 (QFG NF 13).– Zur Kritik Bernhards von Waging an Mißbräuchen im Umgang mit der Messe vgl. FRANZ (B) 574ff.

noch so große Qualität und Quantität ließ die persönliche Frage nach dem barmherzigen Gott und dem direkten Weg in den Himmel im Unsicheren.

Hier konnte die Reformation eine systemverändernde Alternative bieten: die Gewißheit des bedingungslos, unabhängig von menschlichen Qualitäten und Quantitäten, geschenkten Heils, der Glaube an die beschützende Präsenz der Christusgnade, die von Anfang bis Ende nicht erwerbbar, sondern immer umsonst ist und keine helfenden Vermittlungsinstanzen zuläßt.[198]. Zugleich aber blieb die Reformation mit ihren neuen Antworten im Kontext des Mittelalters, indem sie z.B. das Verlangen nach der nahen Gnade Gottes aufnahm und jene Strömung spätmittelalterlicher Theologie und Frömmigkeit forcierte, die allen Nachdruck auf das göttliche Erbarmen und das Heilswerk Christi *pro me* legte. Insofern gehört das Spätmittelalter – nicht nur mit seinen Frömmigkeitsidealen, Sicherheitserwartungen und ungelösten Fragen, sondern auch mit seinen religiösen Antworten – zur Geschichte der evangelischen Kirche in Bayern.

---

[198] Vgl. BERNDT HAMM, Was ist reformatorische Rechtfertigungslehre?: ZThK 83 (1986), 1–38.

II. ANFÄNGE EVANGELISCHER KIRCHE IN BAYERN BIS ZUM AUGSBURGER RELIGIONSFRIEDEN

II.1 FRANKEN

II.1.1 MARKGRAFTÜMER

Von Rudolf Endres

G. BAUER, Anfänge (B).– Fränk. Bekenntnisse (B).– FRANZ BOSBACH, Die Reformation i. Bayreuth: Bayreuth. Aus einer 800jähr. Gesch., hg. v. RUDOLF ENDRES, Köln u.a. 1995, 119–154 (Bayreuther Hist. Kolloquien 9).– ENDRES, Vom Augsburger Religionsfrieden (B).– ENDRES, Von d. Bildung (B).– HEINOLD FAST, Täufer: RGG³ 6, 601–604.– Der linke Flügel d. Reformation. Glaubenszeugnisse d. Täufer, Spiritualisten, Schwärmer u. Antitrinitarier, hg. v. HEINOLD FAST, Bremen 1962 (KlProt 4).– GOETERS (B).– JOHANN BAPTIST GÖTZ, Die Glaubensspaltung i. Gebiete d. Markgrafschaft Ansbach-Kulmbach i. d. Jahren 1520–1535, Freiburg 1907 (Erläuterungen u. Ergänzungen z. Janssens Gesch. d. deutschen Volkes 5/3,4).– KirchenOrdnung, In / meiner gnedigen Herrn der marggrauen zu Brandenburg Und eins / Erbern Rats der Stat Nürm-/berg Oberkeyt und gepieten, wie / man sich bayde mit der / Leer und Ceremo-/nien halten / solle. MDXXXIII: Kirchenordnungen 11 (B) 140–205 (III 4a).– LORENZ KRAUSSOLD, Gesch. d. ev. Kirche i. ehemaligen Fürstenthum Bayreuth. Eine Festgabe z. 50jähr. Jubiläum d. Uebergangs dieses Fürstenthums an d. Krone Bayern, Erlangen 1860.– BERNHARD LOHSE, Augsburger Bekenntnis I.: TRE 4, 616–628.– MEIER (B).– G. MÜLLER, Reformation (B).– UWE MÜLLER, Die ständische Vertretung i. d. fränk. Markgraftümern i. d. ersten Hälfte d. 16. Jh., Neustadt/Aisch 1984 (Schr. d. Zentralinstituts f. Fränk. Landeskunde u. Allg. Regionalforsch. 24).– PFEIFFER, Brandenburg (B).– GERHARD PFEIFFER, Augsburger Religionsfriede: TRE 4, 639–645.– Quellen z. Gesch. d. Täufer 5 (B).– Quellen z. Gesch. d. Wiedertäufer 2 (B).– BERNHARD SCHNEIDER, Gutachten ev. Theologen d. Fürstentums Brandenburg-Ansbach/Kulmbach z. Vorbereitung d. Augsburger Reichstags v. 1530. Zugleich ein Beitr. z. fränk. Reformationsgesch., Neustadt/Aisch 1987 (EKGB 62).– SCHORNBAUM, Aktenstücke (B).– SCHORNBAUM, Interim (B).– SCHORNBAUM, Stellung (B).– KARL SCHORNBAUM, Zur Politik d. Markgrafen Georg v. Brandenburg v. Beginne seiner selbständigen Regierung bis z. Nürnberger Anstand 1528–1532, München 1906.– SCHUHMANN (B).– ANDRÉ SÉGUENNY, Franck, Sebastian (ca. 1500–1542): TRE 11, 307–312.– REINHARD SEYBOTH, Die Markgraftümer Ansbach u. Kulmbach unter d. Regierung Markgraf Friedrichs d.Ä. (1486–1515), Göttingen 1985 (SchR. d. Hist. Kommission d. Bayer. Akademie d. Wissenschaften 24).– DERS., Die Reichspolitik Markgraf Kasimirs v. Ansbach-Kulmbach v. 1498 bis 1527: ZBLG 50 (1987), 63–108.– SICKEN, Franken (B).– BERNHARD SICKEN, Albrecht Alcibiades v. Brandenburg-Kulmbach: LebFranken NF 6 (1975), 130–160.– SITZMANN (B).

1. Markgraf Kasimir und Georg der Fromme

1.1. Markgraf Kasimirs Herrschaftsantritt

Die beiden fränkisch-hohenzollerischen Markgraftümer Kulmbach und Ansbach wurden seit 1495 in Personalunion von Markgraf Friedrich IV. regiert. Seine Regierungszeit war gekennzeichnet durch zahlreiche Feldzüge, in denen er seine Stellung im fränkischen Raum auf Kosten der Konkurrenten Würzburg und Nürnberg auszubauen suchte. Hierdurch, aber auch durch seine Verschwendungssucht, führte der »sorglose Hausvater« Friedrich sein Land jedoch an den Rand des Ruins. Zudem zeigte der Markgraf Zeichen geistiger Schwäche und Zerrüttung.[1] Friedrichs ehrgeiziger Sohn Kasimir, der seit langem darauf aus war, die Macht in den Markgraftümern an sich zu reißen, konnte dies als willkommenen Vorwand für seinen »Staatsstreich« von 1515 nutzen. Friedrich IV. wurde auf der Plassenburg unter Arrest gestellt, wo er 1536 starb. Widerstand gegen den Herrschaftswechsel regte sich weder unter den markgräflichen Räten noch unter den Landständen der beiden Territorien – den Vertretern der Ritterschaft, der Prälaten sowie der Städte und Märkte[2] –, die auf dem Baiersdorfer Landtag vom März 1515 den Machtwechsel akzeptierten. Auch Kaiser Maximilian I. nahm die Entmachtung eines seiner treuesten Verbündeten hin.[3] Die beiden Markgraftümer wurden nun zwischen den Brüdern Georg (Kulmbach) und Kasimir (Ansbach) aufgeteilt. Eigentlicher Machthaber im gesamten hohenzollernschen Franken war jedoch fortan Kasimir, da Georg, wie auch der dritte Bruder Johann, an fremden Höfen in Dienst stand und sein Bruder Albrecht seit 1511 das Amt des Hochmeisters des Deutschen Ordens ausübte.[4]

---

[1] SEYBOTH, Markgraftümer (K) 405–434; SCHUHMANN (B) 57ff.

[2] Die Reichsritterschaft nahm nach 1539 aus den Landtagen der Markgraftümer nicht mehr teil, die Geistlichkeit zog sich ab 1520, beginnend in Kulmbach, zurück und war 1560 nur mehr durch drei protestantische Vertreter des Klosters Heilsbronn und der Stifte Ansbach und Feuchtwangen vertreten. Zur Geschichte der Landstände der Markgraftümer vgl. U. MÜLLER, Vertretung (K).

[3] SEYBOTH, Markgraftümer (K); REINARD SEYBOTH, Markgraf Kasimir v. Ansbach (1481–1527): LebFranken NF 15, 1992, 17–36 [25ff].

[4] ENDRES, Von d. Bildung (B) 454f; KRAUSSOLD (K) 3–7; WALTHER HUBATSCH, Albrecht v. Brandenburg-Ansbach. Deutschordens-Hochmeister u. Herzog i. Preußen 1490–1568, Heidelberg 1960 (Stud. z. Gesch. Preussens 8); SCHUHMANN (B) 69ff.– Albrecht sollte 1525 zum Begründer des evangelischen Herzogtumes Preußen im bisherigen (ost-)preußischen Kernland des Deutschen Ordens werden, was entscheidend zur Verwurzelung des Luthertumes im skandinavisch-baltischen Raum beitrug; vgl. WALTHER HUBATSCH, Albrecht v. Preußen (1490–1568): TRE 2, 188–193; HARTMUT BOOCKMANN, Preußen I. Die Gesch. d. Deutschordensstaates u. Herzogtums (bis 1618): TRE 27, 359–364 [362f]; vgl. auch ERICH JOACHIM, Einleitung: DERS., Die Politik d. letzten Hochmeisters i. Preußen Albrecht v. Brandenburg, Bd. 3: 1521–1525, Osnabrück 1965 [= Nachdr. d. Ausg. Berlin 1895], 1–136 (PPSA 61).

1.2. Das Aufkommen reformatorischer Strömungen im hohenzollerischen Franken

Ab 1520 faßte die Reformation im fränkischen Raum rasch Fuß, wobei »Städte [...] der Reformation oft früher zu[neigten] als Dörfer«.[5] Aus dem Ansbachischen liegen für diese frühe Zeit Belege für das reformatorische Wirken des Dietenhofener Pfarrers Caspar Prechtel und des Diakons Lorenz Hiller aus Kleinhaslach vor. Hiller wurde noch im selben Jahr inhaftiert und sollte hingerichtet werden, doch sprach sich der damals im Lande weilende Markgraf Georg nach einem »letzten« Gespräch mit dem Inhaftierten, das einen tiefen Eindruck auf Georg hinterlassen hatte, für Hillers Begnadigung aus. Diese Begegnung soll auch der Anstoß für Georgs Hinwendung zum Luthertum gewesen sein.[6] Weitere prominente Anhänger erwuchsen der neuen religiösen Bewegung etwa in der Person des markgräflichen Sekretärs Georg Vogler, des Ansbacher Pfarrers Johann Rurer oder des Kulmbacher Rektors Johann Eck,[7] jedoch nicht in Markgraf Kasimir, der sich mit den religiösen Bestrebungen Martin Luthers nicht recht anzufreunden vermochte. Der Markgraf hielt sich auf der Seite derer, die in dem sich zuspitzenden Bekenntnisstreit eine vermittelnde Politik betrieben und so ihr politisches Gewicht zu erhöhen versuchten. Soweit er sich in seinen Landen gegenüber den Anhängern Luthers konziliant gab, entsprang dies weniger seiner Überzeugung als vielmehr politischem Interesse, um die wachsende »evangelische Partei« nicht gegen sich aufzubringen.[8]

1.3. Windsheimer Kreistag und Ansbacher Landtagsabschied 1524

Im Jahre 1524 gehörte Markgraf Kasimir zu den treibenden Kräften bei den Vorbereitungen für ein Nationalkonzil, das zuvor auf dem Reichstag zu Nürnberg in Aussicht gestellt worden war.[9] Gemeinsam mit fast allen Reichsstädten und mehreren der weltlichen Reichsstände Frankens ließ er theologische Gutachten vorbereiten und arbeitete auf eine gemeinsame Religionspolitik des Fränkischen Reichskreises hin. Auf dem zu diesem Zweck in der Reichsstadt Windsheim einberufenen Kreistag wurde im August 1524 als Grundlage eine 23 Punkte umfassende Deklaration über die strittigen Glaubensfragen angenommen.[10] Kurz

---

[5] MEIER (B) 114f [Zitat: 114]. AaO., 393: »[...] die Städte [waren] zweifellos die treibende Kraft; welche Motive die Magistrate zur Einführung der Reformation vorrangig bewegten, läßt sich nicht genau erhellen. Die Initiative der Städte ging zwischen 1526 und 1528 auf die Markgrafen über: 1526 versuchte Markgraf Kasimir, den reformatorischen Aufbruch in seinem Territorium durch eine Kirchenordnung einzuhegen; 1528 traf Markgraf Georg die Entscheidung, die evangelische Lehre landesweit einzuführen. Damit ging in den Markgraftümern die Zeit der Stadtreformation zu Ende.«

[6] MEIER (B) 69f; KRAUSSOLD (K) 20f.

[7] MEIER (B) 48–75; SICKEN, Franken (B) 127; KRAUSSOLD (K) 44f. Vor allem Vogler wurde zur »treibende[n] Kraft für die Einführung der Reformation in den fränkischen Markgraftümern« (HAMM, Bürgertum [B] 94).

[8] SICKEN, Franken (B) 127; KRAUSSOLD (K) 45; G. MÜLLER, Reformation (B) 4. Ausführliche Studie: SCHORNBAUM, Stellung (B).

[9] Vgl. hierzu SEYBOTH, Reichspolitik (K).

[10] KRAUSSOLD (K) 22–30; BOSBACH (K) 139, Anm. 60; G. MÜLLER, Reformation (B) 6f.

darauf berief Markgraf Kasimir für September 1524 einen Landtag in Ansbach ein, um für die geplante Speyerer Religionsberatung eine ansbach-kulmbachische Diskussionsvorlage erarbeiten zu lassen und so den Markgraftümern auf Reichsebene religionspolitisches Gewicht zu verschaffen. Allerdings war eine Einigung zwischen den bereits deutlich erkennbaren »Parteien« der Befürworter und der Gegner der Reformationsbestrebungen nicht zu erzielen, und es blieb bei einer allgemeinen Willensbekundung im Landtagsabschied vom 1.10.1524, »daß [...] das hailig evangelium und götlich wort alts und neues testament nach rechtem, waren verstand lauter und rain gepredigt werden soll«. Mit der Begründung, man sorge sich um das Ansehen des christlichen Glaubens und um das Seelenheil solcher Menschen, die durch vorgeblich im Namen Christi und der Bibel geführte Dispute und Schmähungen verunsichert würden, forderte man die Geistlichen – und die Bevölkerung im allgemeinen – auf, sich einstweilen jedweder Polemik in den Predigten und auch sonst jeglichen Streites über Glaubensfragen zu enthalten. Die Vertreter der Obrigkeit sollten hierauf ein Auge haben, damit »allenthalben christlicher frid erhalten werde«.[11]

Mit dem kaiserlichen Verbot des Speyerer römisch-deutschen Reichs-Sonderkonzils, das auf Betreiben des Papstes ausgesprochen worden war, wurden Kasimirs Bestrebungen hinfällig. Der Markgraf mußte vom Kaiser für sein Vorgehen sogar eine besondere Rüge hinnehmen, verbunden mit der in drohendem Ton erteilten Mahnung, sich künftig jeder weiteren religionspolitischen Initiative zu enthalten und das Wormser Edikt strikt zu beachten.[12] Doch hatte sich immerhin gezeigt, daß die Bildung eines Bündnissystems aus einer Vormacht Ansbach-Kulmbach und einer Gruppe von kleineren weltlichen Reichsständen und vor allem Reichsstädten Frankens im Bereich des Möglichen lag und die Markgraftümer als politischer Faktor im fränkischen Raum unter den neuen religiösen Verhältnissen ernstzunehmen waren. Zudem hatten die von Kasimir initiierten theologischen Gutachten beider Glaubensrichtungen zur Klärung und argumentativen Festigung der religiösen Standpunkte beigetragen.[13]

1.4. Markgraf Kasimirs letzte Lebensjahre (1525–1528)

1.4.1. Von der Duldung des Luthertumes zu seiner Unterdrückung

Die Tatsache, daß Markgraf Kasimir trotz einer erkennbaren Abneigung, sich politisch in die katholische Front einzureihen,[14] der römischen Kirche treu blieb, setzte der Durchsetzung des neuen Glaubens in den Markgraftümern Grenzen.

---

[11] KRAUSSOLD (K) 30–46; MEIER (B) 77ff; BOSBACH (K) 139. Quelle: Handlung und beschluß, des / Hochgepornen Fürsten Casimir [...] Anno / 1524: Kirchenordnungen 11 (B) 80f [II 3].

[12] KRAUSSOLD (K) 42; BOSBACH (K) 139.

[13] SICKEN, Franken (B) 129. Die beiden Gutachten sind ediert: Der Ansbacher Ev. Ratschlag. 30. September 1524: Fränk. Bekenntnisse (B) 183–322; Der Ansbacher kath. Ratschlag. 30. September 1524: AaO, 323–339.

[14] KRAUSSOLD (K) 49.

In den landesfürstlichen Städten wie zum Beispiel Bayreuth hatte das Luthertum bis 1524 ebenso Einzug gehalten wie in der Reichsstadt Nürnberg und anderswo in Franken.[15] Doch waren die Geistlichen in Bayreuth eidlich an den Markgrafen gebunden, der obendrein Patronatsrechte an den Kirchen der Stadt innehatte. Auch die Verwaltung und die Gerichtsbarkeit waren wie in den anderen markgräflichen Städten der Aufsicht des Fürsten unterworfen. Dies verhinderte zunächst eine konsequente Neuorientierung des kirchlichen Lebens. Doch 1525 unternahm es Bayreuth als einzige Stadt des kulmbach-bayreuthischen Oberlandes, in einer Eingabe an den Markgrafen die Erlaubnis zur Einführung des evangelischen Gottesdienstes zu erwirken. Offenbar hatte man darauf gehofft, daß die weitläufige Verwandtschaft des Bayreuther evangelischen Predigers Georg Schmalzing mit dem markgräflichen Sekretär Vogler dem Anliegen der Anhänger des Luthertums in der Stadt förderlich sein könnte. Erfolg hatte dieser Vorstoß nicht. Denn offenbar erschien er, da er nicht von allen Städten des Markgrafums getragen wurde, dem Fürsten als nicht dringlich genug und insbesondere nicht als Ausdruck einer allgemeinen Auffassung.[16]

Ab 1525 schlug Kasimirs Religionspolitik, die bislang zwischen Zurückhaltung und Konzilianz gegenüber dem Luthertum schwankte, in eine offene Gegnerschaft um. Zunächst hatte sich der Markgraf unter dem Eindruck der Bauernbewegung nachgiebig gezeigt und etwa in Bayreuth die Aufsicht über den Klerus dem Rat übertragen.[17] Doch im weiteren Verlauf des Jahres 1525 änderte sich dies. Anfangs ging es dem Fürsten vorrangig darum, durch Verfügungen, die eingehendere Vorschriften über die Inhalte der Predigten enthielten, Stimmung gegen die Bauernbewegung zu machen und so die Ordnung im Lande zu sichern. Die reformatorische Bewegung selbst wurde noch nicht bekämpft, wohl aber setzte nun die Unterwerfung der Kirchen in den Markgraftümern unter die landesfürstliche Botmäßigkeit ein.[18]

1.4.2. Das Interim vom 10. Oktober 1526

Ein Jahr später wurden Bestrebungen erkennbar, die grundsätzliche Bindung der Kirche der Markgraftümer an die römische Kirche zu sichern. In Anknüpfung an den Speyerer Reichstagsabschied, der die beiden christlichen Bekenntnisfraktionen bis zu einer auf einem Konzil zu treffenden Regelung der kirchlichen Fragen zu einem modus vivendi aufgerufen hatte, verabschiedete am 10.10.1526 ein erneuter Landtag zu Ansbach auf Betreiben Kasimirs eine interimistische, das heißt, »bis auf ein gemein concilium oder nationalversamlung oder unsern weitern bescheid« geltende Kirchenordnung. Sie schrieb grundsätzlich weiterhin das

---

[15] Ein Brief Kasimirs an seine Brüder Georg und Johann belegt, wie sehr sich unter dem Einfluß des Luthertums das religiöse Leben in den Markgraftümern bereits gewandelt hatte; vgl. KRAUSSOLD (K) 46f.
[16] Zu den Verhältnissen in Bayreuth um 1524/25 vgl. BOSBACH (K) 119–141.
[17] AaO, 143f.
[18] MEIER (B) 82–86.

Lateinische als Sprache der Liturgie vor, erlaubte aber für die Epistel, das Evangelium und auf Wunsch für die Taufliturgie die deutsche Sprache und gestattete auch den Laienkelch. An Priesterzölibat, Feiertagen und Zeremonien wurde weiterhin festgehalten, wobei den Zeremonien an sich keine Heilswirksamkeit mehr zukommen sollte, sondern diese allein Ausdruck des Lobes Gottes sein sollten. Damit war für die Kirche in Ansbach-Kulmbach eine zwiespältige Lage geschaffen: Das Interim unterwarf sie landesherrlicher Willkür, ohne sie formal von der römischen Kirche zu trennen, und gab ihrem Kultus eine grundsätzlich altkirchliche, wenn auch von reformatorischen Elementen durchsetzte Form. Für Anhänger einer konsequenten Reform der Kirche war nun in den Markgraftümern kein Platz mehr. Verheiratete Priester wurden aus ihren Ämtern entfernt, maßgebliche Prediger verhaftet, darunter auch Schmalzing aus Bayreuth, der an den Fürsterzbischof von Bamberg ausgeliefert und von diesem inhaftiert wurde. Sogar der markgräfliche Sekretär Vogler, der das Interim im konsequent reformatorischen Geiste entworfen hatte, das dann von Kasimir im altkirchlichen Sinne verändert wurde, wurde seines Amtes enthoben und in Haft genommen.[19] Die Unterwerfung der Kirche im Markgraftum ging so weit, daß der Markgraf aus finanzieller Not die Erträge von Klöstern konfiszierte und die Geistlichen, die nun seiner Aufsicht unterstanden, mit Steuern belegte.[20] Der Bestand der Klöster selbst wurde dabei nicht in Frage gestellt. Kasimir wünschte sogar den Ausbau des Frauenklosterwesens und eine strengere Disziplin des Klosterlebens, doch wurden die entsprechenden Konzepte, die der Ansbacher Landhofmeister Johann von Schwarzenberg ausarbeitete, wegen des Todes Kasimirs nicht mehr umgesetzt.[21]

Kasimirs eigentümlich ambivalente Politik hatte vor allem politische Gründe. Der Markgraf wußte sehr wohl, daß sich die Stimmung im Lande gegen die alte Kirche richtete und eine vollständige Revision der bereits eingeführten reformatorischen Gebräuche große Risiken in sich geborgen hätte.[22] Andererseits hatte er sich und seine hochverschuldeten Lande aus politischen und finanziellen Erwägungen an Habsburg angelehnt, was 1526 mit der ehrenvollen, freilich auch mit einer Verpflichtung auf die alte Kirche verbundenen Berufung zum Kommissär für den Speyerer Reichstag honoriert wurde. Außerdem wollte er seinen jüngeren Brüdern die Aussicht auf wohlbesoldete kirchliche Ämter nicht ver-

---

[19] Zum Interim und seinen Folgen vgl. MEIER (B) 86–93; BOSBACH (K) 145–148; KRAUSSOLD (K) 54–64; G. MÜLLER, Reformation (B) 7. Text des Interims: Abschied vnnd maynung / wes sich der Durchleuchtig Hoch- / geborn Fürst und Herr, Herr Casimir [...] in jrer Fürstlichenn / Gnaden Land vnnd Fürstenthumb. zu / halten vereynigt haben: Kirchenordnungen 11 (B) 88–97 [II 6] [Zitat: 89].– Vogler wurde nach Kasimirs Tod von Markgraf Georg rehabilitiert; vgl. MEIER (B) 98.
[20] BOSBACH (K) 145; G. MÜLLER, Reformation (B) 7.
[21] SITZMANN (B) 30–37.
[22] G. MÜLLER, Reformation (B) 7.

bauen.²³ Sicher spielten auch die Erinnerung an die aus der Reformationsbewegung hervorgegangenen, wenngleich von Luther nicht gebilligten Bauernunruhen sowie die aufkommenden bilderstürmerischen Bestrebungen in Franken eine Rolle.²⁴

1.5. Der lutherische Markgraf Georg »der Fromme« zwischen Glaubens- und Kaisertreue

Am 21.9.1527 verstarb Markgraf Kasimir. Sein Bruder Georg, der seit langem enge Beziehungen zu Luther unterhielt, hatte Kasimirs Religionspolitik distanziert gegenübergestanden. Nur schweren Herzens hatte er das Interim von 1526 mit unterzeichnet, um nicht durch ein Zerwürfnis mit seinem Bruder den Markgraftümern zu schaden.²⁵ Georg betrieb nun im markgräflichen Franken energisch die durchgreifende Einführung der lutherischen Reformation. Dies konnte er umso mehr wagen, als nach dem Speyerer Reichstag von 1526 die strikte Anwendung des Wormser Ediktes von 1521 über die Ächtung Luthers und seiner Lehren nicht mehr erzwungen wurde.²⁶ Gemeinsam mit der bisherigen Rivalin Nürnberg, mit der die Markgrafentümer nun im gleichen, noch immer von außen angefochtenen Glauben verbunden waren,²⁷ ging der Markgraf entschieden an die kirchliche Neuordnung. Ab 1528 wurden in den Markgraftümern Kirchen- und Schulvisitationen durchgeführt, die die Verankerung des Luthertums sicherstellen sollten.²⁸ Die von Kasimir durch die Einziehung klösterlicher Einnahmen begonnene Konfiskation kirchlichen Gutes wurde unter den neuen Gegebenheiten forciert, um die Landesfinanzen weiter zu sanieren.²⁹ Das Klosterwesen selbst wurde aber unter Georg und seinen Nachfolgern nur allmählich liquidiert. Der Prozeß der Einziehung oder des Aussterbens der Klöster, auf die man als Bildungszentren nicht ohne weiteres verzichten mochte, zog sich bis 1578 hin.³⁰

Der Beschluß des zweiten Reichstages zu Speyer im Jahre 1529, der die drei Jahre zuvor verkündete Duldung des reformatorischen Glaubens widerrief, brachte Georg so wenig wie seine Nürnberger Verbündeten von ihrem Weg ab. Gemeinsam mit Weißenburg und Windsheim reihten sich der Markgraf und die

---

²³ SICKEN, Franken (B) 127; KRAUSSOLD (K) 56. Wie wenig Kasimirs Treue zum Kaiser und zum Haus Habsburg dem Markgrafen und seinem verschuldeten Land einbrachte, beschreibt SEYBOTH, Reichspolitik (K) 76–84.
²⁴ Vgl. KRAUSSOLD (K) 52ff.
²⁵ AaO, 61f.
²⁶ ENDRES, Von d. Bildung (B) 466; SICKEN, Franken (B) 131.
²⁷ Zur Einführung der Reformation in Nürnberg vgl. GOTTFRIED SEEBASS, Die Reformation i. Nürnberg: MVGN 55 (1967/68), 252–269; H.R. SCHMIDT, Reichsstädte (B) 152–180; PETER BLICKLE, Die Reformation i. Reich, Stuttgart 1982, 79–82 (UTB 1181). Vgl. auch II.1.2.
²⁸ SCHORNBAUM, Aktenstücke (B); KRAUSSOLD (K) 65–85; MEIER (B) 114–127; G. MÜLLER, Reformation (B) 8–14.
²⁹ SITZMANN (B) 47–52; KRAUSSOLD (K) 81f.
³⁰ SITZMANN (B) 37–79.

Markgraf Georg der Fromme von Brandenburg-Ansbach, Steingrabmal, Klosterkirche Heilsbronn, nach 1543

Reichsstadt Nürnberg in die Gruppe derer ein, die gegen den Speyerer Beschluß Protest erhoben. Bei dieser Gelegenheit entstand der Begriff des »Protestanten«.[31]

Allerdings vermieden es die beiden größeren evangelischen Reichsstände Frankens, sich offen gegen Kaiser Karl V. zu stellen. An Versuchen anderer evangelischer Reichsstände, ein Bündnis gegen den Kaiser zu schließen, beteiligten sie sich nicht. Für den gläubigen Markgrafen spielten hierbei vor allem theologische Erwägungen und Beweggründe eine Rolle; denn die lutherische Lehre betont die Achtung vor der als gottgegeben erachteten Obrigkeit. Dieser bedingungslose Respekt gebühre auch dem Kaiser, selbst wenn er dem »alten« Glauben verhaftet bleibe und sich an den evangelischen Christen vergehe.[32]

2. Der »linke Flügel« der Reformation

2.1. Hans Hut und die Wiedertäufer

Die Kirchenvisitationen in den ansbachisch-kulmbachischen Fürstentümern wie im nürnbergischen Landgebiet waren allerdings nicht nur gegen den alten Glauben gerichtet, sondern auch gegen »evangelische Richtungen, die den definierten theologischen Kanon verletzten«, namentlich gegen die Wiedertäuferbewegung, die seit 1526, zunächst im Gebiet um Königsberg bei Haßfurt, Fuß zu fassen begann.[33] Wortführer der Bewegung war der 1490 in Haina bei Römhild unweit von Meiningen geborene »Täuferapostel« Hans Hut. Dieser war zunächst Anhänger der Bauernkriegsbewegung gewesen. 1526 jedoch sagte er sich von sozialrevolutionären Zielen los, ließ sich von dem humanistischen Wiedertäufer Hans Denck in Nürnberg nochmals taufen und verfocht fortan eine streng bibeltreue Religiosität abseits politischer Ambitionen. Wiedertäuferische Gemeinden im heutigen Unter- und Oberfranken, in Erlangen, Uttenreuth, Craithal, Nürnberg und Augsburg gehen unmittelbar auf ihn und seine Weggefährten wie Georg Volk, Hans Maier, Marx Maier oder Georg Nespitzer zurück. Am 15.9.1527 in Augsburg verhaftet, kam Hut am 9.12.1527 bei dem Versuch um, sich der drohenden Hinrichtung durch Flucht zu entziehen.[34]

Der Kampf gegen die Wiedertäufer zeigt, daß sich das junge Luthertum anschickte, in seinem Streben nach Orthodoxie der römischen Kirche nachzueifern. Denn die Wiedertäufer waren keine sozialrevolutionäre, sondern eine in religiö-

---

[31] GERHARD MÜLLER, Die Reformation i. Weißenburg. Gedanken z. 450jähr. Wiederkehr d. Augsburgischen Bekenntnisses: Villa nostra. Beitr. z. Weißenburger Stadtgesch. 15 (1981), 129–135; BERGDOLT (B).

[32] KRAUSSOLD (K) 84–87; G. MÜLLER, Reformation (B) 14; ENDRES, Von d. Bildung (B) 467.

[33] MEIER (B) 125ff [Zitat: 125]; KRAUSSOLD (K) 80f; ENDRES, Von d. Bildung (B) 467; G. BAUER, Anfänge (B) 4–7. 12–15.

[34] SEEBASS, Hut (B); PACKULL (B); zur Ausbreitung des von Hut und seinen Genossen verkündeten Täufertumes vgl. vor allem G. BAUER, Anfänge (B).

ser Hinsicht radikal-reformatorische Bewegung. Ihr Streben galt einer Verinnerlichung, einer inneren, persönlichen Läuterung. Dies fand seinen Ausdruck nicht zuletzt in jenem Brauch, der den »Täufern« den Namen gab: der bewußt vollzogenen (Wieder-)Taufe mündiger Menschen, die einen Kontrast zu der ritualisierten Kindertaufe setzte, der das persönliche Bekenntnis des Täuflings fehlte.[35] Das Täufertum war eine Laienbewegung, und als solche fand es gerade in den Unterschichten und auf dem Lande Anhänger, was freilich ebenso wie die strikte Biblizität sozialen und politischen »Sprengstoff« in sich barg, auch wenn dies von den Täufern nicht beabsichtigt wurde.[36]

Besorgt um die politisch-religiöse Einheit und um den sozialen Frieden, ging die markgräfliche Obrigkeit alsbald gegen die Täufer vor. 1527 wurden in Erlangen mehrere Personen über wiedertäuferisches Treiben verhört.[37] Das gleichzeitige verstärkte Auftreten der »uncristlich ding under dem schein einer neuen tauf« in Nürnberg versetzte Markgraf Kasimir in Sorge, wie aus einem Schreiben vom 1.4.1527 an seinen Bruder, Herzog Albrecht von Preußen, hervorgeht.[38] Am 9.4.1527 forderte Kasimir die Amtsträger im Lande zu erhöhter Wachsamkeit gegen »leichtfertiger personen, die neu tauf und schwerlich puntnis wider alle obrigkeit aufzerichten anfahen«.[39] Bis Ende 1527 war die Wiedertäuferei bis in die Bayreuther Gegend vorgedrungen.[40] Vor allem Baiersdorf wurde 1527/28 zu einem Schwerpunkt der Bewegung.[41] Am 5.1.1528 rief Markgraf Georg der Fromme zur »ausreutung« der »teuflischen und verfürischen lere« auf und bedrohte jeden Anhänger der Bewegung sowie alle, die einen solchen nicht anzeigten, mit »der höchsten ernstlichen straf«.[42] Die evangelische Geistlichkeit bestätigte ihrer »cristliche[n] obrigkeit« denn auch das Recht, den »ketzer[n]«, denen man das Recht, sich Christen zu nennen, absprach und die aller möglichen Laster schuldig gesprochen wurden, »auch das leben zu nemen«, wenn alle anderen Strafen – Predigtverbot, Ächtung und Bann, Landesverweis – unzureichend blieben.[43] So reagierten Geistlichkeit und weltliche Obrigkeiten hier wie auch im üb-

---

[35] FAST (K) 603; G. BAUER, Anfänge (B) 176f; ENDRES, Von d. Bildung (B) 467. Der Extremismus der Wiedertäufer von Münster 1534/35 (vgl. Vorwort: Der linke Flügel d. Reformation [K] VII–XXXV [XVIIf]; ausführlich: RALF KLÖTZER, Die Täuferherrschaft v. Münster. Stadtreformation u. Welterneuerung, Münster 1992 [RGST 131]) war für das Täufertum untypisch.
[36] G. BAUER, Anfänge (B) 176f.
[37] Verhör etlicher Leute zu Erlangen. 1527: Quellen z. Gesch. d. Wiedertäufer 2 (B) 16ff [Nr. 16].
[38] Kasimir an Herzog Albrecht von Preußen. 1. April 1527: Quellen z. Gesch. d. Wiedertäufer 2 (B) 22 [Nr. 22].
[39] Kasimir an alle Amtmänner, Kastner, Richter, Bürgermeister und Räte. 9. April 1527: Quellen z. Gesch. d. Wiedertäufer 2 (B) 23 [Nr. 25].
[40] Vgl. etwa: Bekenntnis der Wiedertäufer zu Bußbach [im Westen des heutigen Landkreises Bayreuth], 9. Dezember 1527: Quellen z. Gesch. d. Wiedertäufer 2 (B) 57ff [Nr. 60].
[41] Vgl. etwa die Quellen 78 bis 84: Quellen z. Gesch. d. Wiedertäufer 2 (B) 68–96.
[42] Mandat des Markgrafen Georg gegen die Wiedertäufer. 5. Januar 1528: Quellen z. Gesch. d. Wiedertäufer 2 (B) 96–99 [98. 99] [Nr. 86].
[43] MEIER (B) 126f. Quellen: Theologische Widerlegung der Wiedertäuferlehren: Quellen z. Gesch. d. Täufer 5 (B) 253–260 [Nr. 141] [das Gutachten der unterländischen Theologen zur Wiedertäufer-

rigen Franken, gleichgültig ob in katholischen oder evangelischen Gebieten, auf die konkurrierende neue Bewegung, indem sie sie grausam verfolgten und einer »blutigen Exekution« unterwarfen, die 1531 ihren Höhepunkt erreichte.[44] Auch die 1530 entstandene Uttenreuther »Träumersekte« um den »Propheten« Hans Schmidt wurde, obwohl völlig zurückgezogen lebend und zunächst monatelang von der Obrigkeit gar nicht bemerkt, zwischen April und Juli 1531 zerschlagen und aufgelöst. Ihre Anführer wurden hingerichtet oder des Landes verwiesen.[45] Nicht wenige Täufergemeinden brachen indes auch ohne obrigkeitliche Einwirkung nach kurzer Zeit zusammen. Die von charismatischen Predigern wie Hut hervorgerufene Begeisterung ebbte rasch ab, wenn in den neuen Gemeinden geistliche Führergestalten fehlten, die durch seelsorgerisches Geschick und die Befähigung zu begeisternden Predigten die Anhänger zu halten vermochten.[46] Trotz alledem war die Täuferbewegung auch nach 1531 noch nicht tot. Noch 1534 beklagte der markgräfliche Kanzler Vogler gegenüber seinem Herrn, daß sich die Wiedertäufer erneut ausbreiten,[47] doch werden danach die Belege täuferischer Aktivitäten immer seltener.

2.2. Sebastian Franck und der »Spiritualismus«

Als weitere Strömung, die sich im heutigen bayerischen Gebiet schon frühzeitig vom sich institutionalisierenden und sich politisierenden Luthertum entfernte, ist der »Spiritualismus« zu erwähnen, eine theologische Strömung, die »als ein Protest gegen die Kirche als rechtlich verfaßte Heilsanstalt, die ausschließliche Gnadenvermittlung durch Wort und Sakrament und den Gebrauch der Schrift als einziger Quelle und Norm für Glaube und Leben der Christen« entstand. »Dagegen setzt der S[piritualismus] den Geist [...] – mystisch als inneres Licht oder Wort oder auch rational gefaßt – als ausschließliche oder primäre Konstitutive des religiösen Lebens. [...] Unmittelbare Gottesgemeinschaft, Christus als religiöses und ethisches Vorbild, typologisches oder symbolisches Schriftverständnis [...] sind die Regel.«[48]

---

frage von 1528]; Aus dem Gutachten des Johs. Steudel [...]: aaO, 284–289 [Nr. 327] [das Wunsiedeler Gutachten der oberländischen Theologen von 1531 (Zitate: 288)].
[44] KARL SCHORNBAUM, Vorrede: Quellen z. Gesch. d. Wiedertäufer 2 (B) Vf [VI]; MEIER (B) 127; ENDRES, Von d. Bildung (B) 467.
[45] Charakteristisch für diese täuferische Sondergruppe war, daß ihre Angehörigen – als Reaktion auf die wachsenden Verfolgungen gegen die Täufer – mental aus der »Welt« zu flüchten und in einem Zustand der Entrückung die völlige Einheit mit Gott zu finden suchten, dessen Geist ihnen, wie sie meinten, unmittelbar oder über den »Propheten« persönliche Botschaften und Visionen sandte; vgl. G. BAUER, Anfänge (B) 162–175.
[46] G. BAUER, Anfänge (B) 59.
[47] Georg Vogler an Markgraf Georg. Sa. n. Cantate. 9. Mai 1534: Quellen z. Gesch. d. Wiedertäufer 2 (B) 340 [Nr. 356].
[48] GOETERS (B) 256.

Von den zahlreichen oberdeutschen Vertretern dieser Strömung[49] sei beispielhaft der um 1500 in Donauwörth geborene Sebastian Franck[50] genannt. Während seiner Studienzeit in Heidelberg wohnte er wahrscheinlich im Jahre 1518 Luthers »Heidelberger Disputation« bei, trat aber erst nach 1524 offen als Anhänger des Luthertumes auf. Ab 1525 wirkte er im nürnbergischen Landgebiet im Dienste der evangelischen Kirche, wobei er in Nürnberg auch in Berührung mit den auf Denck zurückgehenden »Schwärmern« kam. 1528/29 quittierte er den Kirchendienst und verließ 1530 oder 1531 Nürnberg in Richtung Straßburg. Die Veröffentlichung der kritischen »Chronica« 1531 trug ihm jedoch die Ausweisung aus Straßburg ein; über Esslingen führte ihn sein Weg 1533 nach Ulm, wo er als Buchdrucker arbeitete und 1539 wegen seiner »Irrlehren« ausgewiesen wurde. In Basel konnte er nochmals Fuß fassen; dort starb er 1542.

Charakteristisch für Francks Denken und Glauben ist seine noch über Luther hinausgehende Betonung der Notwendigkeit einer lebendigen und persönlichen Beziehung zu Gott. In jedem Menschen und in der Welt soll Gott offenbar werden. Christus hat folgerichtig nicht die herausragende Bedeutung, die ihm die christliche Lehre sonst zuspricht. Sein Auftreten und seine Botschaft seien *eine* Manifestation des Willens und Handelns Gottes gewesen, Jesus Christus insoweit *ein* Vorbild, neben dem es andere gebe. Auch die Bibel ist für ihn nur *ein* Ausdruck des Willens Gottes, zu den Menschen zu sprechen. Gottes Wort richte sich zu allen Zeiten, und nicht nur über das Medium der einmal festgeschriebenen Bibel, an die Menschen. Da Franck auch in der jungen evangelischen Kirche, wie schon in der katholischen, erneut das »Böse« sich manifestieren sah, entwickelte er ein Mißtrauen gegen jede Kirchlichkeit mit ihren Organisationen, Ritualen und Dogmen, da sie einer Erstarrung und Veräußerlichung des Verhältnisses zwischen Gott und Mensch Vorschub leisteten. Wenngleich sich Franck durch seine Relativierung der Bedeutung der Bibel und Jesu Christi, also hinsichtlich der Bewertung wesentlicher Glaubens*grundlagen*, von anderen Erneuerungsbewegungen wie den Täufern, oder in späteren Zeiten den Pietisten, unterschied, so erstrebte er doch auf hohem intellektuellem, philosophischem Niveau ähnliche Ziele wie die sich stärker an die »Basis« wendenden anderen Erneuerer: nämlich das Streben nach bewußter, inniger Einheit zwischen Mensch und Gott, die im täglichen Handeln sichtbar werden muß – einem Handeln, das nicht in Doktrinen reglementiert werden und in Riten oder Formalien erstarren darf.

---

[49] Ebd.
[50] Zum folgenden vgl. SÉGUENNY (K); HORST WEIGELT, Sebastian Franck (Kurzbiographie): Der linke Flügel d. Reformation. Polit. Entscheidungen d. Reformationstheologie u. ihre Relevanz f. heute. Verantwortlich f. d. Inhalt UDO TITGEMEYER, Loccum 1978, 100–110 (LoPr 3/78); Vorwort [Spiritualisten]: Der linke Flügel d. Reformation (K) XXII–XXVII; SEBASTIAN FRANCK, Brief an Johannes Campanus: aaO, 219–233; DERS., Vorrede Sebastian Francks aus Donauwörth z. Chronik d. röm. Ketzer: aaO, 233–246; DERS., Von vier zwieträchtigen Kirchen, deren jede die andre hasset u. verdammet: aaO, 246ff.

3. Ansbach-Bayreuth und die Confessio Augustana

Mit der 1529 auf dem Reichstag in Speyer verfügten Aufhebung der zeitweiligen Konzilianz gegenüber dem Luthertum konnte eine endgültige Entscheidung nicht getroffen sein, was auch Kaiser Karl V. klar war. So berief er für 1530 einen Reichstag nach Augsburg ein, auf dem neben der Abwehr der Türken die religiösen Verhältnisse im Reich diskutiert werden sollten. Um dem Kaiser über die Kritik der Lutheraner an den Zuständen in der Kirche ein klares Bild zu verschaffen und ihn für ihr Anliegen zu gewinnen, bat Markgraf Georg die Geistlichen seiner beiden Fürstentümer um Gutachten, die dem Kaiser übergeben werden sollten.[51] Ähnliches geschah auch in Sachsen, doch wurde dort lediglich der Wittenberger Kreis um Luther und Philipp Melanchthon um eine Stellungnahme ersucht. Das unter Federführung Melanchthons verfaßte Bekenntnisschreiben fand nicht nur die Billigung Hessens und Nürnbergs, sondern auch der Markgraf schloß sich ihm an. Nach dem Kurfürsten Johann von Sachsen war Markgraf Georg von Ansbach-Kulmbach der wichtigste der Fürsten, die das Dokument unterzeichnet hatten.[52]

Obwohl das Wittenberger Bekenntnis den Willen zu kirchlicher Einheit und Kontinuität betonte, lehnte der Kaiser es ab. Die Bekenntnisschrift, die wegen der Vorlage beim Augsburger Reichstag als »Confessio Augustana« bezeichnet wird, forderte die Einberufung eines Konzils zur Klärung der strittigen Fragen, was wegen des unter päpstlichem Druck gescheiterten Konzilsvorhabens von 1525 ein aussichtsloses Verlangen war.[53] Zudem waren die Verhandlungen zwischen protestantischer und katholisch-kaiserlicher Seite wegen der Unnachgiebigkeit der religiösen Wortführer in Fragen der Lehre von vornherein zum Scheitern verurteilt: Luther, der als Geächteter dem Reichstag nicht beiwohnen durfte und von Coburg aus das Geschehen verfolgte, empfand die nach Augsburg mitgebrachten Texte als allzu zurückhaltend, so daß sich noch weiter gehende Kompromisse von selbst verboten. Doch auch die römische Kurie lehnte Zugeständnisse ab.[54] An dem nun im Dezember 1530 von Kursachsen und anderen evangelischen Reichsständen gebildeten »Schmalkaldischen Bund« beteiligte sich Markgraf Georg nicht, da er jede gegen den Kaiser gerichtete Politik ablehnte.[55]

---

51 Ausführliche Studie hierzu: SCHNEIDER (K).
52 LOHSE (K) 617–620. Die Gutachten der fränkischen Geistlichen lagen in Augsburg zwar Melanchthon vor, doch ist ein nennenswerter Einfluß auf die »Confessio Augustana« nicht nachweisbar; vgl. SCHNEIDER (K) 174–186.
53 In der Vorrede; vgl. auch LOHSE (K) 620.
54 LOHSE (K) 624f.
55 G. MÜLLER, Reformation (B) 14. Zum Schmalkaldischen Bund allgemein vgl. HAUG-MORITZ/SCHMIDT (B).

4. Die Kirchenordnung von 1533 – das landesherrliche Kirchenregiment

Seit dem Herrschaftsantritt Georgs hatten Ansbach-Kulmbach und Nürnberg bei der Festigung des evangelischen Glaubens eng zusammengearbeitet. Aus dieser Gemeinsamkeit erwuchs der Gedanke, eine gemeinsame Kirchenordnung zu erarbeiten. Die Idee einer Kirchenordnung war in den evangelischen Territorien dem Wunsch entsprungen, üblen Nachreden von einer angeblichen Unordnung in den Kirchen des neuen Bekenntnisses zu begegnen.[56] Eine erste grundlegende Ordnung für die evangelischen Kirchen Nürnbergs und der Markgrafentümer war schon 1528 erstellt worden, aber wegen Diskrepanzen nicht in Kraft getreten.[57] Nach den für den Protestantismus so ungünstigen Reichstagen von 1529 und 1530 wurde das Projekt demonstrativ erneut aufgegriffen. Trotz des gemeinsamen Willens waren über zwei Jahre währende Verhandlungen zwischen Juristen und Theologen aus Nürnberg und Ansbach erforderlich, bis schließlich im Jahre 1533 die neue brandenburgisch-nürnbergische Kirchenordnung veröffentlicht werden konnte.[58] Das Dokument, das im süddeutschen Raum zum Vorbild für zahlreiche weitere Kirchenordnungen werden sollte, enthielt sowohl eine Zusammenfassung der reformatorischen Glaubenslehren bei gleichzeitiger strikter Abgrenzung von allen Andersgläubigen als auch eine Gottesdienst- und Kasualienordnung. Die förmliche Unabhängigkeitserklärung der Kirche in den beiden protestantischen Territorien findet sich ganz am Schluß des Dokumentes. Kein Papst und kein Bischof, sondern die jeweilige »oberkeit« setzt nun die »pfarherr, prediger und kirchendiener [...] auf vorgeende notdurftige examination« ein, und die Untertanen werden »ermant und gewarnet«, die ihnen »zugeordent[en ...] hirten [...] in allen eeren« zu halten. Ebenso werden auch die Kirchenbediensteten angehalten, nichts zu tun, was im Widerspruch zu den Weisungen der »oberkeit«, insbesondere zur Kirchenordnung, steht. Umgekehrt sichert die Obrigkeit den Gemeinden zu, Mängel und Beschwernisse abzustellen. Damit trat an die Stelle bischöflicher Jurisdiktion das faktisch bereits 1528 eingeführte landesherrliche Kirchenregiment oder die Kirchenhoheit der weltlichen Obrigkeit mit dem Markgrafen an der Spitze.[59] Von Markgraf Georg der Kirchenordnung beigegebene Nachträge vom 20.1.1533 bekräftigten die Verknüpfung zwischen Obrigkeit und Kirche. Kein Kaplan, Pfarrherr oder Prediger sollte angenommen oder entlassen werden ohne Anhörung von Statthalter und Räten sowie ohne

---

[56] KRAUSSOLD (K) 87.
[57] G. MÜLLER, Reformation (B) 8. 14f; SCHUHMANN (B) 76–99; UWE MÜLLER, Markgraf Georg d. Fromme. Ein prot. Landesherr i. 16. Jh.: JFLF 45 (1985), 107–123. Text: Die brandenburgisch-nürnbergische Kirchenordnung v. 1528: Kirchenordnungen 11 (B) 135–139 [III 3].
[58] OSIANDER, GA 5 (B) 37–63; KRAUSSOLD (K) 88f. Text: KirchenOrdnung (K).
[59] Markgraf Georg machte bereits seit 1528 die Einsetzung von Pfarrern von seiner Genehmigung abhängig und behielt sich das Recht vor, nicht bekenntnistreue Pfarrer abzustrafen oder abzusetzen. Er begründete dies mit der ihm obliegenden »cura religionis«, seiner Pflicht als »von Gott geordneter obrigkeit« zur Beseitigung kirchlicher Mißstände. Auch hatten die evangelischen Geistlichen ab 1528 einen Treueid gegen den Fürsten zu leisten; vgl. MEIER (B) 101–104. 127f.

Prüfung durch Examinatoren und Visitatoren in Ansbach. Zwischen die markgräfliche Kirchenführung und die Gemeinden wurden Superintendenten als Aufseher für die Bereiche der Hauptmannschaften eingesetzt.[60] Der Erlaß einer Eheordnung für die Markgrafentümer im Jahre 1535 schließlich hatte die Errichtung zweier Konsistorien, zunächst nur in der Funktion von Ehegerichten, zur Folge. Das Ansbacher Konsistorium wurde 1556, das Kulmbacher 1567 konstituiert, und beide wurden 1580 bzw. 1594 durch Verschmelzung mit den »Abteilungen für geistliche Sachen« zu kirchlichen Oberbehörden ausgebaut.[61] Damit war die päpstlich-bischöfliche Jurisdiktion in den Markgraftümern endgültig außer Kraft gesetzt.

Brandenburg-Nürnbergische Kirchenordnung von 1533, Titelblatt

---

[60] MEIER (B) 134–137; KRAUSSOLD (K) 95. 103 [Zitate: KirchenOrdnung (K) 204f]. Die Nachträge sind ediert: Brandenburgische Nachträge zur Kirchenordnung 1533: Kirchenordnungen 11 (B) 279–283 [zu III 4b].
[61] KRAUSSOLD (K) 102; ENDRES, Vom Augsburger Religionsfrieden (B) 479.

5. Der Schmalkaldische Krieg 1546/47 und seine Auswirkungen auf Ansbach-Kulmbach-Bayreuth

Das Jahr 1541 hatte für das markgräfliche Franken insofern eine entscheidende Änderung mit sich gebracht, als der neunzehnjährige Albrecht, der Sohn Markgraf Kasimirs, mit Erlangung der Mündigkeit sein väterliches Erbteil einforderte und damit die Macht im Fürstentum Kulmbach übernahm.[62] Damit endete die Herrschaft Markgraf Georgs über beide Markgraftümer. Im Jahre 1543 starb Georg der Fromme. Die Nachfolge in Ansbach trat sein unmündiger Sohn Georg Friedrich an, für den Kurfürst Joachim II. von Brandenburg die Geschäfte führte.

Albrecht, der von Schmeichlern den Beinamen »Alcibiades« erhielt, trat 1543 in kaiserliche Dienste und ließ keine Gelegenheit aus, seine Geringschätzung des evangelischen Glaubens zur Schau zu stellen.[63] Drei Jahre später brach der Schmalkaldische Krieg aus, nachdem Herzog Moritz von Sachsen (Albertinische Linie) sich mit Kaiser Karl V. verbündet hatte, mit dem Ziel, die sächsische Kurwürde zu erlangen. In dem daraufhin von kaiserlicher Seite begonnenen Krieg gegen den Schmalkaldischen Bund kämpften die Protestanten Moritz von Sachsen und Albrecht von Kulmbach gegen ihre protestantischen Glaubensgenossen, wobei sich Albrecht besonders hervortat.[64] Nach dem Sieg der kaiserlichen Seite ließ Kaiser Karl V. anläßlich des »Geharnischten Reichstages« zu Augsburg das sogenannte »Augsburger Interim« vom 15.3.1548 in Kraft setzen, das auf eine weitgehende Rekatholisierung des kirchlichen Lebens in den evangelischen Gebieten abzielte. Der päpstliche Primat wurde bekräftigt, die Siebenzahl der Sakramente bestätigt. Die liturgischen Formen wurden wieder an die überkommenen katholischen Gepflogenheiten herangeführt, Kirchenfeste, Prozessionen und die anderen »alten ceremonien« sollten bleiben. Immerhin wurden Laienkelch und Priesterehe dort, wo sie eingeführt waren, bis zur Entscheidung eines Konzils nicht wieder verboten. In dem entscheidenden Streitpunkt zwischen den Konfessionen, der Rechtfertigungslehre, versuchte das Interim zu vermitteln: »Die Rechtfertigungslehre des Interims gab die reformatorische Zentrierung auf die Alleinwirksamkeit Gottes auf und ersetzte sie durch die Vorstellung einer doppelten Rechtfertigung. Man verstand die Rechtfertigung als Prozeß: ‚also khomen zusamen (Concurrunt) Christi verdienst und die eingegebene gerechtigkeit, zu welcher wir verneuert werden durch die gab der liebe.' Iustitia Christi und iustitia inhaerens wurden wohl deutlich unterschieden, aber nicht strikt voneinander getrennt. Neben dem Akt der Gerechtsprechung und dem Akt der

---

[62] SICKEN, Albrecht (K) 132ff.
[63] SICKEN, Albrecht (K) 134f; G. MÜLLER, Reformation (B) 15; KRAUSSOLD (K) 104–107; ENDRES, Von d. Bildung (B) 470.
[64] SICKEN, Albrecht (K) 134–138; ENDRES, Von d. Bildung (B) 470. Zu Moritz von Sachsen vgl. HANS BAUMGARTEN, Moritz v. Sachsen. Der Gegenspieler Karls V., Berlin 1941; zum Schmalkaldischen Krieg vgl. SCHMIDT/WESTPHAL (B).

Gnadenverleihung stehe die Mitwirkung des Menschen, der an der Rechtfertigung beteiligt sei, indem er gegen den Widerstand seiner Triebe das Liebesgebot erfülle. Mit dieser Form der Rechtfertigungslehre sollte beiden Konfessionen eine Brücke gebaut werden: der evangelischen durch die deutliche Abhebung der iustitia Christi von der iustitia inhaerens, der katholischen durch das Einbeziehen der menschlichen cooperatio.« Die Regelungen des Interims sollten bis zu einem als allgemein verbindlich anzuerkennenden Konzilsbeschluß gelten.[65]

Tiefgreifende Auswirkungen auf das Glaubensleben in den Markgraftümern zeitigte das Interim nicht. Konsequent umgesetzt wurde es weder in Ansbach noch in Bayreuth, da der Widerstand vor allem der Geistlichkeit zu stark war. In Ansbach beschränkten sich die Zugeständnisse auf die Wiedereinführung einiger Formen und Rituale aus der katholischen liturgischen Tradition. Die Ende Oktober 1548 erlassene »vermehrte Kirchenordnung« sah die teilweise Rückkehr zur lateinischen Sprache in der wieder der katholischen Meßagende angenäherten Liturgie sowie die Wiedereinführung katholischer Marien- und Heiligenfeiertage vor. Letzteres bedeutete aber nicht die Rückkehr zur katholischen Heiligenverehrung. Denn es wurde lediglich »nit fur ungut geachtet, das der heiligen leer und leben [...] dem volk gepreist und furgetragen werden, damit sie Gott in seinen hailigen ehren und dardurch geraizt werden, iren exempeln des glaubens, der lieb, der gedult, der bestendigkeit in creuz und verfolgung nachzuvolgen«. Auch die Einhaltung der altkirchlichen Fastengebote wurde empfohlen. Die Wieder- oder Neueinführung von Lehren, die nach lutherischem Verständnis als nicht »schriftgemäß« empfunden wurden, wurde nicht zugestanden. So fand der Kompromiß zur Rechtfertigungslehre ebensowenig Eingang in die Kirchenordnung wie das Meßopfer, das Scheidungsverbot oder die Fegfeuerlehre. Bemerkenswert ist noch ein Aufruf zu religiösem Frieden und zum Streben nach geistlicher Einheit: An die Stelle der bisherigen Streitigkeiten, die sich als »unnöten und unfruchtbar« erwiesen und »zu keiner edifikation oder besserung, sonder meer zu ergernus und zwietracht« geführt haben, sollen »lieb und gedult« treten, auf daß »die kirchen im ganzen umbkrais der welt mer zusammengefügt und erhalten denn zerrissen oder gesondert« werden.[66]

In Kulmbach versuchte der kaisertreue Albrecht Alcibiades zwar die genaue Beachtung des Interims durchzusetzen, doch scheiterte er am Widerstand der Geistlichkeit. Im Oktober 1548 erklärten der Kulmbacher Hofprediger, Generalsuperintendent und bedeutende Theologe Otto Körber, der Rektor Eck aus Kulmbach, Dekan Georg Heyderer aus Gesees, Stadtpfarrer Johann Prückner

---

[65] MEIER (B) 144–148 [Zitate: 145f]; KRAUSSOLD (K) 109–112. Edition des Augsburger Interims: Augsburger Interim (B).– Seit 1545 tagte das Konzil von Trient, das von den Protestanten nicht als allgemeines und freies Konzil anerkannt wurde, da man ihnen die Teilnahme verwehrte (KRAUSSOLD [K] 106. 108).
[66] MEIER (B) 147–151; KRAUSSOLD (K) 112f; ausführlich: SCHORNBAUM, Interim (B). Quelle: Mehrung der vorigen kirchenordnung, aufgerichtet in unseres gn. Herrn margg. Georg Friederichs Fürstentum: Kirchenordnungen 11 (B) 325–331 [Zitate: 328. 325f] [IV 4].

und Martin Paeonius (Thirnauer) aus Bayreuth und dreizehn weitere Geistliche des Markgraftums in einer Resolution, sie wollten lieber das Exil oder den Tod auf sich nehmen, als dem kaiserlichen Gewaltakt nachzugeben und so – wie sie meinten – das Evangelium zu verleugnen.[67] Ein Versuch Albrechts, im November 1548 durch einen Landtag in Kulmbach eine im Sinne des Interims weitgehend rekatholisierte Kirchenordnung einzuführen, scheiterte am Widerstand der Landstände. Anschließend versuchte der Markgraf nochmals, die Geistlichkeit unmittelbar zur Beachtung seiner Kirchenordnung zu bewegen, doch fruchteten alle Drohungen und Überzeugungsversuche nichts. Die Geistlichen erklärten, sie wollten eher geschlossen ihren Abschied einreichen als sich Albrechts Begehren beugen, was für sie einem Akt der Heuchelei gleichkäme. Ihre Haltung bewahrten die Geistlichen auch, als Albrecht am 11.1.1549 eine entschärfte Fassung der Kirchenordnung kurzerhand feierlich verkünden ließ. Sie reagierten darauf mit der Veröffentlichung einer eigenen ablehnenden Stellungnahme. Die Standhaftigkeit der Prediger schien den Markgrafen zu beeindrucken. Jedenfalls folgte er nicht seinen Räten, die für strengere Maßregeln gegen die Geistlichen plädierten. Dafür versuchte er seine Kirchenordnung 1550 nochmals auf einem Landtag durchzusetzen, doch wiederum vergebens, woraufhin er erklärte, der Kirche im Markgraftum bis auf weiteres keine Änderungen mehr aufdrängen zu wollen.[68]

Dies war allerdings weniger ein Akt der Resignation oder der Einsicht, sondern eine Folge der Kriegsvorbereitungen Albrechts. Denn Kurfürst Moritz von Sachsen war vom kaiserlichen Lager abgefallen und gedachte nun einen Feldzug zur Wahrung der fürstlichen Libertät gegen den nicht nur von ihm zunehmend als übermächtig empfundenen Kaiser zu führen. An diesem Feldzug wollte sich auch der mit Moritz befreundete Albrecht beteiligen, der sich für seine Kaisertreue während des Schmalkaldischen Krieges unzulänglich honoriert fühlte und sich an dem »undankbaren« Reichsoberhaupt rächen wollte. Aus diesem Feldzugsplan erwuchs ein Aufstand deutscher Fürsten, der mit dem Sieg eines konfessionsübergreifenden Fürstenbündnisses endete. Damit wurde das Interim auch formell hinfällig. Der im Auftrage Kaiser Karls V. zu den Friedensunterhandlungen nach Passau entsandte König Ferdinand I. mußte den Fürsten das Recht auf Bekenntnisfreiheit für die Zeit bis zum nächsten Reichstag zugestehen.[69]

---

[67] KRAUSSOLD (K) 113–118; G. MÜLLER, Reformation (B) 17; CH. MEYER, Aktenstücke z. Gesch. d. Interims i. Fürstentum Brandenburg-Ansbach: JHVM 40 (1880), 29–53.
[68] Zu dem Ringen zwischen Markgraf, Kirche und Landständen zwischen 1548 und 1550 vgl. KRAUSSOLD (K) 118–126; MEIER (B) 149–156. Die von Albrecht den Ständen unterbreitete Kirchenordnung ist abgedruckt bei KRAUSSOLD (K) 330–338.
[69] Zu dem Fürstenaufstand und seinen Folgen vgl. GÜNTHER WARTENBERG, Moritz v. Sachsen (1521–1552): TRE 23, 302–311 [306f]; SICKEN, Albrecht (K) 138–143; MEIER (B) 156f; DRECOLL (B).

6. Der Augsburger Religionsfriede von 1555[70]

Der 1552 im Vertrag von Passau vorgesehene Reichstag fand im Jahre 1555 in Augsburg statt. Unter Vorsitz König Ferdinands I. konnte ein konfessioneller modus vivendi erzielt werden, der sich für mehrere Jahrzehnte als tragfähig erwies. Der Augsburger Religionsfriede erkannte das lutherisch-augsburgische Bekenntnis im Reich als gleichberechtigt neben dem römisch-katholischen an. Nicht anerkannt wurde das reformierte Bekenntnis zwinglianisch-calvinistischer Prägung. Den Reichsständen und auch den nicht mit der Reichsstandschaft versehenen Reichsrittern wurde das »ius reformandi« zugebilligt, also die Freiheit, das religiöse Bekenntnis zu wechseln. Ein solcher Wechsel galt dann allerdings auch für die jeweiligen Untertanen. Wer das neue Bekenntnis nicht annehmen wollte, dem blieb nur das Recht der Auswanderung (ius emigrandi). Für diese Regelung bürgerte sich später die Formel »cuius regio, eius religio« ein.

Eine Ausnahme hiervon galt für geistliche Reichsstände. Zwar stand auch einem Fürstbischof oder Reichsabt die Konversion zum Luthertum frei, doch mußte er dann sein Amt zu Gunsten eines katholischen Nachfolgers aufgeben, und das Gebiet sowie seine Bewohner wurden keinem Wechsel von Status und Konfession unterworfen. Diese Regelung des »reservatum ecclesiasticum« bewahrte die »Germania sacra« vor einer weiteren Säkularisierung. Der Gebietsstand der kirchlichen Territorien im Reich wurde in den Grenzen von 1552 garantiert. Die zweite Ausnahme betraf das Recht lutherischer Untertanen geistlicher Fürsten, ihren Glauben zu behalten. Allerdings war dieses Zugeständnis in der »Declaratio Ferdinandea« außerhalb des Reichsabschiedes erlassen worden. Keine konfessionelle Ausschließlichkeit galt für die Reichsstädte, in denen beide Bekenntnisse nebeneinander existieren konnten.[71]

---

[70] Vgl. PFEIFFER, Augsburger Religionsfriede (K).
[71] Vgl. PFEIFFER, Augsburger Religionsfrieden (B).

II.1.2 REICHSSTÄDTE

Von Gottfried Seebaß

BERGDOLT (B).– CHRISTIAN BÜRCKSTÜMMER, Gesch. d. Reformation u. Gegenreformation i. d. ehemaligen freien Reichsstadt Dinkelsbühl (1524–1648), Teil 1, Leipzig 1914 (SVRG 115/16), Teil 2, Leipzig 1915 (SVRG 119/20).– HAMM, Bürgertum (B).– KLAUS (B).– Nürnberg (B).– OSIANDER, GA (B).– Quellen z. Gesch. d. Täufer 5 (B).– Reichsstädte 1 u. 2 (B).– KARL RIED, Die Durchführung d. Reformation i. d. ehemaligen freien Reichsstadt Weißenburg i.B., München u.a. 1915 (Hist. Forsch. u. Quellen 1).– PAUL SCHATTENMANN, Die Einführung d. Reformation i. d. ehemaligen Reichsstadt Rothenburg ob d. Tauber (1520–1580), München 1928 (EKGB 7).– GEORG SCHMIDT, Die kleineren fränk. Reichsstädte u. d. allg. Städtetag: Reichsstädte 1 (B) 159–168.– SIMON SCHOEFFEL, Die Kirchenhoheit d. Reichsstadt Schweinfurt, Leipzig 1918 (QFBKG 3).– SEEBASS, Werk (B).– JOSEF SEUBERT, Unters. z. Gesch. d. Reformation i. d. ehemaligen freien Reichsstadt Dinkelsbühl, Lübeck u.a. 1971 (HS 420).– SPENGLER 1 u. 2 (B).– FRIEDRICH STEIN, Gesch. d. Reichsstadt Schweinfurt, Bd. 2: Die Schlußzeit d. MA u. d. neue Zeit bis z. Ende d. Reichsunmittelbarkeit, Schweinfurt 1900.

1. Die Rahmenbedingungen

Zum fränkischen Reichskreis, der sich nicht ganz mit dem heutigen Franken innerhalb Bayerns deckt, gehörten die Reichsstädte *Nürnberg, Rothenburg, Schweinfurt, Weißenburg* und *Windsheim*. Zu ihnen unterhielt *Dinkelsbühl*, obwohl offiziell zum Schwäbischen Kreis und zur Diözese Augsburg gehörend, enge Beziehungen, so daß es oft zu den fränkischen Reichsstädten gerechnet wurde.[1] Die Städte waren höchst unterschiedlich, nicht nur im Blick auf ihre Größe – Nürnberg überragte mit 40.000 Einwohnern alle andern weit – und den Umfang ihrer Landgebiete, der nur bei Nürnberg und Rothenburg beträchtlich war, sondern auch im Blick auf den Grad ihrer Selbständigkeit – Schweinfurt mußte stets, Windsheim bis 1523 als kaiserlichen Vogt einen anderen Reichsstand wählen – und hinsichtlich ihrer Verfassung,[2] ihrer Wirtschaft,[3] ihrer Sozialstruktur,[4] des in ihnen vorhandenen geistigen Lebens sowie ihres schon vor der

---

[1] Vgl. PETER FLEISCHMANN, Der fränk. Reichskreis u. d. Reichsstädte: Reichsstädte 1 (B) 115–124.
[2] KARL BORCHARDT, Die Ratsverfassung i. Rothenburg, Dinkelsbühl, Weißenburg, Windsheim u. Schweinfurt: Reichsstädte 1 (B) 205–216.
[3] Vgl. MANFRED DÖBEREINER, Die Wirtschaftsstruktur d. fünf kleinen Reichsstädte Frankens i. MA u. früher Neuzeit: Reichsstädte 2 (B) 7–21.
[4] RUDOLF ENDRES, Die soziale Problematik i. d. kleineren Reichsstädten: Reichsstädte 2 (B) 70–83; MAHR (B).

Reformation erlangten Einflusses auf die Kirche in ihren Mauern.[5] Alle diese Faktoren beeinflußten maßgeblich Beginn, Verlauf und Durchsetzung der Reformation.[6] Von Bedeutung war auch, daß die Städte Weißenburg und Windsheim so etwas wie Klientelstädte Nürnbergs waren. Rothenburg wandte sich in der Reformationszeit zwar auch immer wieder um Rat nach Nürnberg, und gleiches gilt für Dinkelsbühl; beide Städte blieben aber wie auch Schweinfurt der fränkischen Metropole gegenüber weit selbständiger.

2. Reformatorische Bewegungen bis zum Bauernkrieg

Auch in Franken fand die Reformation in den Städten, nicht nur den Reichsstädten, sondern auch den Landstädten der Territorien ihre ersten Vertreter und Anhänger.[7] Eine gewisse Vorbereitung in vorreformatorischer Predigt und einem auch die Klöster und die patrizische Oberschicht erfassenden Humanismus fand sie vor allem in Nürnberg, wobei auch hier die älteren Humanisten wie etwa Willibald Pirckheimer der Reformation später kritisch gegenüberstanden.[8] Wo es wie in Nürnberg, Rothenburg, Windsheim und Dinkelsbühl spätmittelalterliche Predigerstellen gab und der Rat das Präsentations- oder Patronatsrecht hatte, konnte die Reformation leichter und schneller Fuß fassen. Gleiches gilt für die Besetzung der Pfarrstellen, die in Nürnberg in der Hand des Rates lag, in Rothenburg und Windsheim aber beim Deutschen Orden,[9] in Schweinfurt, Weißenburg und Dinkelsbühl bei anderen kirchlichen Institutionen. Doch hatten die Räte neben dem Präsentationsrecht für die Predigerstelle vielfach auch das für

---

[5] Vgl. für Nürnberg insgesamt Nürnberg (B), im besonderen KARL SCHLEMMER, Gottesdienst u. Frömmigkeit i. d. Reichsstadt Nürnberg am Vorabend d. Reformation, Würzburg 1980 (FFKT 6); für Rothenburg BORCHARDT (B); für Weißenburg RIED (K); für Windsheim ALFRED ESTERMANN, Bad Windsheim. Gesch. u. Gegenwart einer fränk. Stadt, Bad Windsheim ³1989, 66–96 und BERGDOLT (B) 1–22; für Dinkelsbühl BÜRCKSTÜMMER 1 (K) 2–13, sowie SEUBERT (K); für Schweinfurt vgl. SCHOEFFEL (K) 74–150.

[6] Vgl. zu den Problemfeldern städtischer Reformation im Überblick HAMM, Bürgertum (B) 15–140. Kurzgefaßte Übersichten über die Reformationsgeschichte der einzelnen Städte auf dem jeweiligen Stand der Literatur:
Dinkelsbühl: SEUBERT (K) 7–15; WARMBRUNN, Konfessionen (B) 44–49. 63ff. 96ff. 118f. 143ff; Kirchenordnungen 12 (B) 119–125.
Nürnberg: SCHINDLING, Nürnberg (B); Kirchenordnungen 11 (B) 13–22. 113–125. 481–486.
Rothenburg: Kirchenordnungen 11 (B) 653–656.
Schweinfurt: STEIN 2 (K) 113–184; SCHOEFFEL (K) 151–288; Kirchenordnungen 11 (B) 619–623.
Weißenburg: FRIEDRICH BERNWARD FAHLBUSCH, Weißenburg. Werden u. Wachsen einer fränk. Kleinstadt: JFLF 48 (1988), 19–38; Kirchenordnungen 11 (B) 653–656.
Windsheim: HELLMUTH RÖSSLER, Die Reichsstadt Windsheim v. d. Reformation bis z. Übergang an Bayern: ZBLG 19 (1956), 236–248; Kirchenordnungen 11 (B) 671ff. Sehr knapp zu den kleineren Reichsstädten in Franken: ULRICH KÖPF, Reichsstadt u. Kirche: Reichsstädte 2 (B) 244–260.

[7] Zu den Hintergründen vgl. HAMM, Bürgertum (B) 15–140.

[8] Vgl. dazu HAMM, Ethik (B); HAMM, Hieronymus-Begeisterung (B); WRIEDT (B).

[9] Vgl. dazu MICHAEL DIEFENBACHER, Fränk. Reichsstädte u. Deutscher Orden: Reichsstädte 1 (B) 287–297.

andere Pfründen. Nürnberg besaß auch in diesem Punkt eine Sonderstellung. Die Reichsstadt konnte schon 1520 die beiden Pfarrpropsteien an Lutheranhänger vergeben (Georg Pesler, Hektor Pömer[10]), und wenig später wurden auch die Prädikaturen der beiden Pfarrkirchen mit reformatorisch gesinnten Männern (Dominikus Schleupner[11] und Andreas Osiander[12]) besetzt. Noch während der Nürnberger Reichstage von 1522 bis 1524 entfaltete sich in der Stadt eine vom Rat kaum behinderte, vom Ratsschreiber Lazarus Spengler[13] deutlich geförderte reformatorische Bewegung,[14] die in einer neuen Almosenordnung[15] ihren reformhumanistischen Ausdruck fand. Die Stadt setzte sich auf Reichs- und Städtetagen für die Reformation ein.[16] Doch beschritten auch der ansbachische Rat Georg Vogler und der bambergische Rat Johann von Schwarzenberg im Blick auf das geplante und später vom Kaiser verbotene Nationalkonzil den Weg zur Reformation.[17] Der Nürnberger Rat nahm nach dem Scheitern des Nationalkonzils sogleich die Vorbereitung einer Religionsdisputation nach Zürcher Vorbild in Angriff. Das ›Religionsgespräch‹ fand in der ersten Märzhälfte 1525 auf dem Rathaus statt und endete mit dem Sieg der von Osiander geführten evangelischen Seite und der folgenden schrittweisen Reformation der Stadt.[18] Die Bedeutung des Vorgangs wird dadurch unterstrichen, daß man nicht nur den kleinen Rat, sondern auch den großen Rat der ›Genannten‹ an diesem Ereignis beteiligte, also eine Teilnahme der gesamten Honoratioren der Stadt wünschte. Zu diesen gehörte auch der ›deutsche Apelles‹ Albrecht Dürer, der aufgrund eines religiösen Befreiungserlebnisses und seiner Kritik an der fiskalisierten Kirche des Spätmittelalters schon früh die reformatorische Botschaft aufgenommen hatte und weiterhin Kontakte zu lutherischen und Schweizer Reformatoren unterhielt. Mit den ›Vier Aposteln‹ übergab Dürer dem Rat eine bleibende Mahnung, das im

---

[10] Zu den hier und im folgenden erwähnten Geistlichen der Reichsstadt Nürnberg vgl. SIMON, Nürnbergisches Pfarrerbuch (B).
[11] Vgl. zu ihm GOTTFRIED SEEBASS, Dominikus Schleupners Gutachten z. Stand d. Reformation i. Nürnberg 1526: ZBKG 47 (1978), 27–50.
[12] Vgl. über ihn SEEBASS, Werk (B); SEEBASS, Osiander (B).
[13] Zu Spengler vgl. zuletzt und mit vielen Literaturhinweisen HAMM, Bürgertum (B) 141–178; dazu die Edition seiner Schriften: SPENGLER 1 u. 2 (B).
[14] Als Verfasser von reformatorischen Flugschriften tauchen auch Handwerker in der Reichsstadt auf; vgl. M. ARNOLD (B) 50–105. 318–326. Zu Hans Sachs vgl. auch HAMM, Bürgertum (B) 181–232.
[15] Vgl. Kirchenordnungen 11 (B) 23–32.
[16] Vgl. H.R. SCHMIDT, Reichsstädte (B) 86–11. 130–151; zu den anderen Reichsstädten: SCHMIDT (K); speziell zur Bündnispolitik Nürnbergs, der Weißenburg und Windsheim weithin folgten: GEORG SCHMIDT, Die Haltung d. Städtecorpus z. Reformation u. d. Nürnberger Bündnispolitik: ARG 75 (1984), 194–233.
[17] Vgl. dazu immer noch SCHORNBAUM, Stellung (B) 37–62; eine Teiledition der einschlägigen Gutachten findet sich in: Fränk. Bekenntnisse (B) 180–454; auch: OSIANDER, GA 1 (B) 299–386, Nr. 25–28. Ein Gutachten aus Windsheim bei BERGDOLT (B) 202–225.
[18] Vgl. zum Religionsgespräch GOTTFRIED SEEBASS, Der Nürnberger Rat u. d. Religionsgespräch v. März 1525 (mit d. Akten Christoph Scheurls u. anderen unbekannten Quellen): JFLF 34/35 (1975), 467–500 [= FS Gerhard Pfeiffer]; OSIANDER, GA 1 (B) 454–463, Nr. 39. 541–576, Nr. 43. Vgl. auch GUNTER ZIMMERMANN, Das Nürnberger Religionsgespräch v. 1525: MVGN 71 (1984), 129–148.

Kirchenwesen mit dem Religionsgespräch Erreichte zu bewahren.[19] Bei bäuerlichen Unruhen im Sommer 1524 auf dem Landgebiet hatte man die Rädelsführer hingerichtet, reagierte aber während des Aufstandes im Frühjahr 1525 mit verschiedenen Erleichterungen für die Bauern. Die Prediger bezogen wie der Rat eine klare Stellung gegen die Bauern,[20] letzterer hielt aber doch die Strafmaßnahmen nach dem Zusammenbruch des Aufstandes für überzogen. So wurde die Reformation der Stadt durch den Bauernkrieg nicht gehemmt, sondern eher gefördert, da im Zusammenhang mit ihm die Geistlichen ins Bürgerrecht aufgenommen wurden und die Klöster sich unter den Schutz des Rates begaben. Wo das nicht freiwillig geschah, betrieb man ihre Auflösung, gegen die sich vor allem die gebildete Äbtissin des Klarissenklosters, Caritas Pirckheimer, zur Wehr setzte.[21] 1526 gründete man auf Anregung Martin Luthers und mit Hilfe Philipp Melanchthons[22] eine neue Schule, aus der später die Altdorfer Universität hervorging – bleibendes Zeichen der engen Verbindung zwischen Reformation und Humanismus.[23]

In Weißenburg und Windsheim brachte der Bauernkrieg[24] einen deutlichen Einschnitt, konnte aber den Weg zur Reformation nur unterbrechen, nicht wirklich aufhalten. In *Windsheim* fand die Reformation wie in Nürnberg und wohl

---

[19] Zu Dürers Stellung zur Reformation trotz späterer Literatur noch grundlegend: GOTTFRIED SEEBASS, Dürers Stellung i. d. reformatorischen Bewegung: Albrecht Dürers Umwelt. FS z. 500. Geburtstag Albrecht Dürers am 21. Mai 1971, hg. v. VEREIN F. GESCH. D. STADT NÜRNBERG, Nürnberg 1971, 101–135 (Nürnberger Forsch. 15) [Wiederabdruck: GOTTFRIED SEEBASS, Die Reformation u. ihre Außenseiter. Ges. Aufsätze u. Vorträge. Zum 60. Geburtstag d. Autors hg. v. IRENE DINGEL, Göttingen 1997, 79–112]; in Kürze erscheint: KARL ARNDT/BERND MOELLER, Albrecht Dürers ›Vier Apostel‹. Eine kunst- u. kirchenhist. Unters., Akademie d. Wissenschaften i. Göttingen (Abh. oder Nachrichten) 2002.

[20] Vgl. die auf Ratskosten gedruckte und verteilte Predigt Osianders über den Zinsgroschen vom 26.3.1525: OSIANDER, GA 2 (B) 79–100, Nr. 47.

[21] Vgl. PAULA S. DATSKO BARKER, Caritas Pirckheimer – A Female Humanist Confronts the Reformation: Sixteenth Century Journal 26 (1995), 259–272; die Quellen hauptsächlich bei: Caritas-Pirckheimer-Quellensammlung, hg. v. JOSEF PFANNER, H. 1: Das Gebetbuch d. Caritas Pirckheimer, Landshut 1961, H. 2: Die »Denkwürdigkeiten« d. Caritas Pirckheimer aus d. Jahren 1524–1528, Landshut 1962, H. 3: Briefe von, an u. über Caritas Pirckheimer aus d. Jahren 1498–1530, Landshut 1966; MARTIN H. JUNG, Die Begegnung Philipp Melanchthons mit Caritas Pirckheimer i. Nürnberger Klarissenkloster i. November 1525: JFLF 56 (1996), 235–258. Zu Frauen in der Nürnberger Reformationsgeschichte vgl. auch ANGELIKA NOWICKI-PASTUSCHKA, Frauen i. d. Reformation. Unters. z. Verhalten v. Frauen i. d. Reichsstädten Augsburg u. Nürnberg z. reformatorischen Bewegung zwischen 1517 u. 1537, Pfaffenweiler 1990 (Forum Frauengesch. 2) und NADJA BENNEWITZ, Handlungsmöglichkeiten u. begrenzte Mitwirkung. Die Beteiligung v. Frauen an d. reformatorischen Bewegung i. Nürnberg: ZBKG 68 (1999), 21–46.

[22] Zu den engen Beziehungen Luthers und Melanchthons zu Nürnberg vgl. GOTTFRIED SEEBASS, Luther u. Nürnberg: ZBKG 53 (1984), 1–18; IRMGARD HÖSS, Melanchthon. Wittenberg u. Nürnberg: ZBKG 53 (1984), 19–32.

[23] Vgl. dazu RUDOLF ENDRES, Nürnberger Bildungswesen z. Zeit d. Reformation: MVGN 71 (1984), 109–128; GERHARD HIRSCHMANN, Die Errichtung d. Gymnasiums 1526 i. Spiegel d. amtl. Dokumente: Melanchthon-Gymnasium, FS u. Jber. 1975/76, Nürnberg 1976, 13–21; in größerem Zusammenhang: RUDOLF ENDRES, Das Schulwesen i. Franken z. Zt. d. Reformation: ZBKG 63 (1994), 13–29.

[24] Zum Bauernkrieg in Franken insgesamt vgl. RUDOLF ENDRES, Franken: HORST BUSZELLO u.a. (Hg.), Der Deutsche Bauernkrieg, Paderborn u.a. ³1995, 134–153.

unter dessen Einfluß erste Anhänger im Augustinerkloster, wurde aber auch vom Oberrichter Johann von Schwarzenberg und Mitgliedern des inneren Rates frühzeitig gefördert. Schon 1521 hatte man einen Lutherschüler zum Prediger gewünscht, doch gelang das erst im Oktober 1522 (Thomas Appel[25]). Nach Nürnberger Vorbild wurde eine neue Almosenordnung erlassen. Die auf den Kanzeln geführten Auseinandersetzungen zwischen altgläubigen und reformatorisch gesinnten Geistlichen setzten sich in der Bürgerschaft fort. Gegen den Willen des Bischofs endeten die seit 1523 geführten Verhandlungen mit dem Deutschen Orden im März 1525 mit dem Erwerb des Patronatsrechtes über die Pfarrei. Gleichzeitig übergaben die Augustiner ihr Kloster.[26] So war in Windsheim die Reformation früh gefestigt. Da der Prediger zu Beginn des Aufstandes mit den Bauern sympathisierte, wollte der Rat ihn entlassen, doch verhinderten das die gegen den Rat vorgehenden Bürger. Nürnberg half bei der vertraglichen Lösung der Unruhen, erreichte, daß die Stadt sich nicht auf die Seite der aufständischen Bauern stellte und ihm nach dem Bauernkrieg die Bestrafung der Stadt übertragen wurde. Die alte Stadtverfassung wurde wiederhergestellt, die Anführer des Aufruhrs bestraft, die Prediger entlassen. Doch berief man erneut evangelisch gesinnte Männer, restituierte den altgläubigen Gottesdienst nicht, sondern führte nun die Reformation durch.[27]

Lazarus Spengler, Kreidezeichnung eines Unbekannten, 1518

Andreas Osiander, Ölgemälde von Jörg Pencz, 1544

[25] Zu den in den fränkischen Reichsstädten (außer Nürnberg und Rothenburg) genannten Geistlichen vgl. stets auch Pfarrerbuch (B).
[26] Vgl. RECHTER, Stud. (B); außerdem SUSANNE SEEMANN, Das Hospital z. Hl. Geist i. Windsheim v. seinen Anfängen bis z. Beginn d. 17. Jh. (Masch. Mag.), Erlangen u.a. 1986.
[27] Vgl. BERGDOLT (B) 22–37. 49–87.

In *Weißenburg* war der Einschnitt deutlicher. Hier wurden noch 1524 zwei evangelische Prediger auf Verlangen des Eichstätter Bischofs ausgewiesen, doch im Herbst des gleichen Jahres stellte man – einem Rat Nürnbergs entsprechend – einen eigenen evangelischen Prediger (Jakob Arpontius) an, der im Februar 1525 heiratete. Die Stadt verlangte – wiederum Nürnberg folgend – im Mai 1525 von den Klerikern, Bürgerpflichten zu übernehmen; doch war die Reformation in keiner Weise gefestigt. Nach dem Bauernkrieg mußte der Prediger, der wohl auch mit den Bauern sympathisiert hatte, die Stadt verlassen. Zur Restauration kam es nicht, doch gab es keine weiteren Schritte zur Durchführung einer städtischen Reformation.[28]

Einen Rückschlag brachte der Bauernkrieg für *Dinkelsbühl*. Hier hatte der Rat die Predigerstelle an der Georgskirche schon 1522 einem ausgetretenen Mönch (Konrad Abel) anvertraut, der evangelisch predigte, das Abendmahl unter beiden Gestalten austeilte und auch eine Ehe einging. Anfang 1525 gab sich die Stadt eine neue, allerdings nicht näher bekannte Kirchenordnung. Im Bauernkrieg stellten sich die Bürger gegen die Warnungen des Rates großenteils auf die Seite der Bauern, und auch der Rat mußte einen Vertrag mit ihnen schließen. Der Schwäbische Bund zog die Stadt dafür zur Verantwortung. Abel wurde nicht vertrieben, aber der Rat nahm eine vorsichtigere Haltung ein und vollzog keine wirkliche städtische Reformation.[29]

Für *Rothenburg* brachte der Bauernkrieg eine langdauernde Restauration des herkömmlichen Kirchenwesens. Hier griff der Prediger Dr. Johannes Teuschlein, der unter dem Einfluß Balthasar Hubmaiers 1519 die Ausweisung der Juden aus der Stadt durchgesetzt hatte,[30] reformatorische Gedanken auf, so daß der Pfarrer vor Rat und Bischof Klage führte. Das Stadtregiment nahm den Prediger in Schutz, erreichte, daß der Pfarrer versetzt wurde und für ihn im Juli 1524 Kaspar Christian aufzog, der Teuschlein unterstützte. Der Rat war auch nicht mehr bereit, Meßstiftungen anzunehmen und beteiligte sich an den Vorbereitungen auf das Nationalkonzil, versuchte aber doch, den gegen Zehnt und Opfer angehenden Prediger los zu werden, ohne freilich den Bann zu nutzen, den der Würzburger Bischof im März 1525 verhängte. Auch folgte der Rat im Januar gleichen Jahres den Mahnungen aus Ansbach und Würzburg und wies den aus Sachsen vertriebenen Andreas Bodenstein von Karlstadt aus, duldete dann aber weiterhin ihn und seine Anhänger in der Stadt.[31] Als der Bauernkrieg im Rothenburger

---

[28] RIED (K) 4–31.
[29] BÜRCKSTÜMMER 1 (K) 14–33; SEUBERT (K) 15–24.
[30] Vgl. insgesamt LUDWIG SCHNURRER, Die Juden i. d. kleineren fränk. Reichsstädten: Reichsstädte 2 (B) 84–99; für die Vertreibungen der Juden in Rothenburg und Weißenburg kann ein Zusammenhang zwischen Reformation und Judenvertreibung nicht konstatiert werden, vgl. dazu R. RIES, Zum Zusammenhang v. Judenvertreibung u. Reformation: Civitatum Communitas. Stud. z. europ. Stadtwesen. FS Heinz Stoob z. 65. Geburtstag, hg. v. HELMUT JÄGER, Köln u.a. 1984, 630–654 (Städteforsch. A.21).
[31] Vgl. dazu SCHATTENMANN (K) 28–53.

Gebiet ausbrach,[32] bildete sich ein Bürgerausschuß,[33] dem auch Anhänger Karlstadts angehörten; es kam zu bilderstürmerischer Aktion und gewaltsamer Aufhebung des Meßgottesdienstes. Um Ostern wandten sich der Prediger, der ›blinde Mönch‹ Hans Schmidt und Karlstadt offen gegen den Rat und die alte Kirche. Nürnberg, Dinkelsbühl und Markgraf Kasimir von Ansbach-Kulmbach warnten. Gleichwohl verbündete sich der neugewählte Rat mit den Bauern, die man aufgrund der Memminger Bundesordnung und der Zwölf Artikel als Kämpfer für Evangelium und Gottes Wort betrachtete.[34] Die Abendmahlslehre Karlstadts, der die Stadt Ende Mai 1525 verließ, erregte zusätzliche Auseinandersetzungen. Das Ende kam, als sich Rothenburg dem Heer des Schwäbischen Bundes unterwarf und der Rat Rache an Bauern und Bürgern nahm. Der altgläubige Gottesdienst wurde wiederhergestellt, an den Führern der reformatorischen Bewegung durch Markgraf Kasimir ein gnadenloses Blutgericht vollzogen. Der Versuch des ansbachischen Rates Vogler, Eberlin von Günzburg, damals in Wertheim am Main tätig, als Prediger nach Rothenburg zu vermitteln, scheiterte. Die Reformation hatte vorerst keine Chance mehr.[35]

Auch in *Schweinfurt* gab es Anhänger Luthers und der Reformation bis in das Stadtregiment hinein, so daß nach dem Vorbild Kitzingens bereits 1523 ein ›Gemeiner Kasten‹ eingerichtet wurde. Die Stadt beteiligte sich an den Vorbereitungen auf das Nationalkonzil, doch gab es unter den Geistlichen niemanden, der mit Hilfe der Predigt eine reformatorische Bewegung hätte entfachen können. Doch wurde im April 1525 eine Taufe in deutscher Sprache vollzogen. Im Bauernkrieg konnte sich der Rat zwar halten, mußte aber dem Drängen der Bürger auf Unterstützung der Bauern nachgeben. Das mußte man nach dem Sieg des Schwäbischen Bundes büßen. Danach wagte der Rat keinerlei Aktionen, die den altgläubigen hennebergischen Vogt oder den zuständigen Würzburger Bischof auf den Plan hätten rufen können. Für Schweinfurt beendete der Bauernkrieg die ersten zaghaften reformatorischen Anfänge.[36]

---

[32] Vgl. dazu ERNST QUESTER, Das Rad d. Fortuna u. d. Kreuz. Stud. z. Aufstandsperiode v. 1525 i. u. um Rothenburg ob d. Tauber u. ihrer Vorgesch. (Masch. Diss.), München 1990 [Lit.].
[33] Zu ihm gehörte auch der Schulmeister Valentin Ickelshamer; vgl. über ihn SIGRID LOOSS, Der Rothenburger Schulmeister Valentin Ickelshamer. Position u. Leistung: ZBKG 60 (1991), 1–19.
[34] Das gilt freilich nur für die Theologen in der Stadt. ROY L. VICE, The Village Clergy near Rothenburg ob d. Tauber and the Peasants' War: ARG 82 (1991), 123–146, warnt mit Recht davor, antiklerikale Haltung in den Dörfern des Rothenburger Landgebiets mit proreformatorischer Einstellung zu verwechseln. Zur Memminger Bundesordnung, in die in einer späteren Fassung ein Teil der ›Zwölf Artikel‹ eingearbeitet wurde, vgl. SEEBASS, Artikelbrief (B).
[35] SCHATTENMANN (K) 50–71.
[36] SCHOEFFEL (K) 161–176.

3. Differenzen und Differenzierungen in der reformatorischen Bewegung

Die unterschiedlichen Richtungen innerhalb der reformatorischen Bewegung, die seit 1524/25 deutlich wahrnehmbar wurden, haben die fränkischen Reichsstädte berührt, aber nicht intensiver beunruhigt oder geprägt. Nürnberg ging schon im Ausgang des Jahres 1524 gegen Anhänger Thomas Müntzers und Karlstadts vor.[37] Neben den auf Wittenbergischer Seite stehenden Theologen war es Spengler, der sich gegen jedes Abweichen von dieser Linie, gegen die oberdeutsche und die zwinglische Abendmahlslehre wandte, so daß sie vom Rat nicht geduldet wurden.[38] Daran änderte auch das Marburger Religionsgespräch des Jahres 1529 nichts, an dem für die Reichsstadt Osiander teilnahm,[39] der sich schon 1527 in einer eigenen Schrift gegen Huldrych Zwingli gewandt hatte, als dieser sich über das Verbot seiner Schriften in Nürnberg beschwerte.[40] Auch der Konkordie, die ohne Beteiligung von Nürnberger Theologen im Juni 1536 zwischen den Wittenbergern und den Theologen der oberdeutschen Städte geschlossen wurde, stand man in Nürnberg skeptisch gegenüber.[41]

Seit 1527 machte sich in Franken das von Hans Hut geprägte mystisch-apokalyptische Täufertum bemerkbar.[42] Der Nürnberger Rat ging in Zusammenarbeit mit anderen Städten und dem Fürstentum Ansbach scharf dagegen vor, ließ auch einen von Osiander verfaßten ›Unterricht wider die Täufer‹ an seine Geistlichen verteilen,[43] beschränkte sich aber, als in den 30er Jahren auch andere Spielarten des Täufertums auftraten, auf Bekehrungsversuche bei Verführten und längere Haft bei nichtwiderrufenden führenden Täufern, unter ihnen der spätere Älteste der hutterischen Gemeinden in Mähren, Peter Riedemann.[44] Er trat auch im Schwäbischen und Schmalkaldischen Bund für eine milde Bestrafung der Täufer ein.[45] Auch in Windsheim und um Schweinfurt hatten Huts Schüler (Georg Nespitzer, wiedergetauft 1527, Georg Utz, Melchior Rinck) Anhänger

---

[37] Vgl. zu dieser Phase und den dazugehörenden Auseinandersetzungen in Nürnberg vor allem GÜNTER VOGLER, Nürnberg 1524/25. Stud. z. Gesch. d. reformatorischen u. sozialen Bewegung i. d. Reichsstadt, Berlin 1982. Die Quellen sind großenteils ediert in: Quellen z. Nürnberger Reformationsgesch. Von d. Duldung liturg. Änderungen bis z. Ausübung d. Kirchenregiments durch d. Rat (Juni 1524 – Juni 1525), bearb. v. GERHARD PFEIFFER, Nürnberg 1968 (EKGB 45).

[38] Vgl. HEINRICH RICHARD SCHMIDT, Die Häretisierung d. Zwinglianismus i. Reich seit 1525: Zugänge (B) 219–236.

[39] Vgl. dazu OSIANDER, GA 3 (B) 391–444, Nr. 115.

[40] Vgl. dazu OSIANDER, GA 2 (B) 513–517, Nr. 87. 537–578, Nr. 90.

[41] Zur Wittenberger Konkordie und der neuesten Edition zugehöriger Texte vgl. vor allem die Einleitung (18–43) in: BUCER, DS 6/1 (B); zur Ablehnung Osianders vgl. OSIANDER, GA 6 (B) 160ff, Nr. 222.

[42] Vgl. dazu SEEBASS, Hut (B).

[43] Vgl. OSIANDER, GA 3 (B) 60–105, Nr. 94.

[44] Vgl. zum gesamten Komplex HANS-DIETER SCHMID, Täufertum u. Obrigkeit i. Nürnberg, Nürnberg 1972 (NWSLG 10); die Gutachten und Ratschläge der Nürnberger Theologen finden sich größtenteils in OSIANDER, GA 3 (B), vgl. das Inhaltsverzeichnis (3–7).

[45] Vgl. HANS DIETER SCHMID, Die Haltung Nürnbergs i. d. Täuferfrage gegenüber d. Schwäb. Bund u. d. Schmalkaldischen Bund: ZBKG 40 (1971), 46–68.

gewonnen. In Schweinfurt kam es zu Widerrufen und nach Rückfall zu einer Hinrichtung. Das Täufertum um Windsheim wurde seit dem ersten Auftreten im Jahr 1527/28 unterdrückt, doch hatte der Rat 1532 und noch einmal 1535 mit Täufern in der Stadt selbst zu tun, ging aber relativ milde gegen sie vor.[46] Nach Rothenburg waren Täufer aus Windsheim gekommen, die man 1529 entdeckte und trotz Widerrufs brandmarkte und auswies. Später gab es wiederum schnell aufgedeckte Verbindungen der täuferischen ›Träumer‹ in Alterlangen nach Windsheim und Rothenburg.[47] In Dinkelsbühl hatten – Johannes Brenz aus Schwäbisch-Hall und Adam Weiß aus Crailsheim fungierten als Berater – zwinglianische Tendenzen keine Chance; mit einem kleinen täuferisch beeinflußten Kreis, der schnell zum Widerruf zu bringen war, mußte man sich 1545 befassen. Den führenden Kopf, den Schulmeister Hans Kenntner, wies man aus.[48] In Weißenburg tauchten Täufer 1529/30, 1534 und 1536 auf.[49] Letztlich haben sie für die fränkischen Reichsstädte keine größere Bedeutung gewonnen. Das gilt für die Anhänger des Spiritualismus. Zwar hat sich Sebastian Franck kurz in Nürnberg aufgehalten,[50] dort aber keinen größeren Anhängerkreis gefunden. Gleiches läßt sich für Caspar Schwenckfeld von Ossig sagen, dessen christologische Lehre die Nürnberger Theologen 1542 in einem Gutachten verwarfen.[51] Auch die Zahl seiner Anhänger – für Nürnberg ist Jörg Schechner zu nennen[52] – blieb gering und unauffällig. Das gilt auch für den Stadtarzt Keller in Weißenburg, einen eifrigen Leser von Schwenckfelds Schriften.[53]

4. Durchsetzung und Festigung der Reformation

Der Abschied des Speyerer Reichstages 1526 brachte mit der Aussetzung des Wormser Edikts und der Freigabe des Verhaltens in der Religionsfrage eine veränderte Situation für die evangelisch gesinnten Stände und Städte.[54] Dennoch

---

[46] BERGDOLT (B) 102–118.
[47] Das frühe Täufertum in Franken bedarf dringend einer grundlegenden Bearbeitung; vgl. vorerst noch die in ihren Charakterisierungen und Beurteilungen, aber auch sonst problematische Arbeit von G. BAUER, Anfänge (B). Die Quellen sind großenteils ediert in: Quellen z. Gesch. d. Wiedertäufer 2 (B) und Quellen z. Gesch. d. Täufer 5 (B) [Schweinfurt:] 125–129. [Rothenburg:] 163–238. [Weißenburg:] 239–250.
[48] Vgl. BÜRCKSTÜMMER 1 (K) 96f; SEUBERT (K) 44ff.
[49] Quellen z. Gesch. d. Täufer 5 (B) 239–250.
[50] Vgl. HORST WEIGELT, Sebastian Franck u. d. luth. Reformation, Gütersloh 1972, 13ff (SVRG 186); PATRICK HAYDEN-ROY, The inner word and the outer world. A biography of Sebastian Franck, New York 1994 (Renaissance and Baroque Studies and Texts 7).
[51] Vgl. OSIANDER, GA 7 (B) 494–499, Nr. 285. 507–514, Nr. 288.
[52] Vgl. IRENE STAHL, Jörg Schechner. Täufer – Meistersinger – Schwärmer. Ein Handwerkerleben i. Jh. d. Reformation, Würzburg 1991 (Würzburger Beitr. z. deutschen Philologie 5); zu den Anhängern Schwenckfelds in Nürnberg vgl. auch SEEBASS, Werk (B) 132ff.
[53] Vgl. Letters and Treatises of Caspar Schwenckfeld v. Ossig, hg. v. ELMER ELLSWORTH SCHULTZ JOHNSON, Leipzig 1927, 309 (CSch 8).
[54] Zur Religionspolitik der Reichsstädte im Blick auf die Religionsfrage vgl. SCHMIDT (K).

wagte *Nürnberg* keinen Alleingang, sondern entschloß sich erst nach dem Vorgehen Kursachsens und dem Regierungsantritt Georgs des Frommen im benachbarten Ansbach zu einer durchgreifenden, systematischen Reformation von Stadt und Land. Nach einer im Sommer 1528 in Schwabach vereinbarten vorläufigen Kirchenordnung und von Osiander erstellten und dann zugrundegelegten Visitationsartikeln führte man eine gemeinsame Kirchenvisitation durch,[55] deren Ergebnis eine gemeinsam zu erlassende endgültige Kirchenordnung sein sollte. Einsprüche und Klagen der Bischöfe von Bamberg, Eichstätt und Würzburg bei Schwäbischem Bund[56] und Reichskammergericht wurden nicht beachtet, selbst wenn Nürnberg eine umfangreiche, dann aber doch nicht veröffentlichte Apologie vorbereitete.[57] Die Kirchenordnung wurde erst im Januar 1533 nach einem mühsamen Beratungs- und Einigungsprozeß zwischen den von Brenz geführten Theologen Ansbachs und den mit Osiander zerstrittenen Theologen Nürnbergs, nach immer neuen Unterbrechungen aufgrund sich ändernder religionspolitischer Situationen und einer Einschaltung der Wittenberger Theologen eingeführt.[58] Über die Kirchenordnung kam es in Nürnberg – wie 1534/35 in Straßburg und Augsburg[59] – zu einer Diskussion darüber, ob der Rat als weltliche Obrigkeit das ius reformationis üben oder sich auf die Friedenswahrung zwischen unterschiedlichen christlichen Gruppierungen zu beschränken habe – eine frühe Diskussion über die Toleranz.[60] Da auch einige Juristen Bedenken trugen, die Ordnung im Namen des Rates und des Markgrafen zu erlassen,[61] erschien sie ohne eine offizielle Vorrede, wie sie Spengler bereits 1528 entworfen hatte.[62] Im

---

[55] Vgl. dazu Einleitungen und Editionen der einschlägigen Texte in: OSIANDER, GA 3 (B) 123–248, Nr. 97f.

[56] Vgl. dazu SPENGLER 2 (B) 182–197, Nr. 58.

[57] Vgl. OSIANDER, GA 3 (B) 262–269, Nr. 101; SPENGLER 2 (B) 274–301, Nr. 75; GOTTFRIED SEEBASS, Apologia Reformationis. Eine bislang unbekannte Verteidigungsschr. Nürnbergs aus d. Jahre 1528: ZBKG 39 (1970), 20–74; WOLFGANG HUBER, Der Nürnberger Ratsschreiber Lazarus Spengler als Apologet d. Reformation: ZBKG 66 (1997), 1–11.

[58] Zur Orientierung über die Geschichte der Entstehung der Kirchenordnung und alle einschlägigen Texte vgl. OSIANDER, GA 3 (B) 451–608, Nr. 126f. 674–696, Nr. 133–136; OSIANDER, GA 4 (B) 219–256, Nr. 153. 373–396, Nr. 169; OSIANDER, GA 5 (B) 37–334, Nr. 176f.

[59] Vgl. dazu GOTTFRIED SEEBASS, Augsburg u. Nürnberg – ein reformationsgeschichtl. Vergleich: Wolfgang Musculus (B) 91–110 [bes. 109f]; GOTTFRIED SEEBASS, Konfessionalisierung u. Toleranz. Früher Widerstand gegen d. cura religionis i. d. deutschen Reichsstädten: In dubio pro Deo. Heidelberger Resonanzen auf d. 50. Geburtstag v. Gerd Theißen am 24. April 1993, festgehalten v. DAVID TROBISCH, Heidelberg 1993, 268–283; die Augsburger Gutachten der Jahre 1533/34 zur Frage des ius reformationis wurden eingehend untersucht von GÖSSNER (B) 102–162.

[60] Vgl. dazu die Einleitung bei JAMES M. ESTES, Whether Secular Government has the Right to Wield the Sword i. Matters of Faith. A Controversy i. Nürnberg 1530, Toronto 1994 [dort auch die Hinweise auf die verschiedenen im Zuge der Kontroverse entstandenen Gutachten in deutschsprachigen Editionen].

[61] Zu den verschiedenen Gutachten der Nürnberger Juristen zur Kirchenordnung vgl. GOTTFRIED SEEBASS, Ev. Kirchenordnung i. Spannungsfeld v. Theologie, Recht u. Politik. Die Gutachten d. Nürnberger Juristen z. Entwurf d. Brandenburgisch-Nürnbergischen Kirchenordnung v. 1533 u. ihre Bedeutung f. deren endgültige Gestalt: Recht u. Reich i. Zeitalter d. Reformation. FS f. Horst Rabe, hg. v. CHRISTINE ROLL, Frankfurt/Main u.a. 1996, 231–272.

[62] OSIANDER, GA 3 (B) 243–246, Beilage VI zu Nr. 98.

wesentlichen von Osiander verfaßt, wurde diese Kirchenordnung von vielen evangelischen Territorien und Städten übernommen und beeinflußte eine Reihe weiterer derartiger Ordnungen.[63] Mit ihr blieben die ebenfalls von Osiander verfaßten Katechismuspredigten verbunden, die in Zusammenfassungen aus Luthers Kleinem Katechismus endeten.[64]

Auch in *Weißenburg* kam die Reformation im Gefolge des Speyerer Reichstags von 1526 und immer mit dem Rat Nürnbergs voran, ohne daß wir den Prozeß genau verfolgen könnten. Im gleichen Jahr duldete der Rat die Eheschließung des altgläubigen Pfarrers Minderlein, und als sich ein Kaplan (Nikolaus Alberti) 1528 weigerte, weiterhin Messe zu halten, gab der Rat anstandslos nach. Ebenso erteilte er – das Vorbild Nürnbergs und Ansbachs dürfte entscheidend gewesen sein – auf Bitten seiner Geistlichen den Auftrag zur Abfassung einer neuen Kirchenordnung. Das Ergebnis wurde Anfang 1529 zur Begutachtung nach Nürnberg gesandt. Dort kritisierte Osiander, daß man keinerlei Abendmahl unter einerlei Gestalt mehr zulassen wollte; er dürfte also genauere Kenntnis über eine damals in Weißenburg noch notwendige ›Schonung der Schwachen‹ gehabt haben.[65] Tatsächlich wurden altgläubige Messen nicht verboten. Das geschah erst, als Weißenburg 1533 die Brandenburg-Nürnbergische Kirchenordnung einführte.[66]

In *Windsheim* schloß man sich, da man ein sehr kleines Landgebiet hatte und wohl die Übermacht des großen fürstlichen Nachbarn fürchtete, der Visitation des Markgrafen nicht an, sondern verbot dem Pfarrer von Wiebelsheim ausdrücklich, sich visitieren zu lassen. Doch führte man auch hier noch 1533 die Brandenburg-Nürnbergische Kirchenordnung ein.[67]

5. Bekenntnis und Bündnisfrage

Wie zu Beginn der 20er Jahre stand Nürnberg bei den Verhandlungen über die Religionsfrage auf den Reichstagen auch weiterhin treu zur Reformation, selbst wenn es allmählich die Führung der reformatorisch gesinnten Städte an Straßburg verlor. Die Stadt unterzeichnete 1529 die Speyerer Protestation, und dem folgten auch ihre Klientelstädte Weißenburg und Windsheim. Beim Augsburger Reichstag wagte man zwar nicht, den gebannten Luther in Nürnberg aufzunehmen,[68] doch schloß man sich – ohne auf Osianders eigens entworfener ›Schutz-

---

[63] Vgl. dazu Kirchenordnungen 11 (B) 122ff.
[64] Vgl. OSIANDER, GA 5 (B) 182–334, Nr. 177. Zum Katechumenat in Nürnberg in der Reformationszeit vgl. LEDER, Kirche (B) 28–81.
[65] Vgl. OSIANDER, GA 3 (B) 307–311, Nr. 107.
[66] RIED (K) 29–42.
[67] Vgl. BERGDOLT (B) 88ff.
[68] Vgl. GERHARD PFEIFFER, Nürnbergs kirchenpolit. Haltung i. Frühjahr 1530: ZBLG 33 (1970), 183–200.

schrift‹ zu bestehen und ihn längere Zeit nach Augsburg abzuordnen[69] – der kursächsischen Confessio Augustana an.[70] Die Städte Weißenburg und Windsheim folgten auch darin der mächtigen Stadt an der Pegnitz.[71] In Weißenburg geschah dies wie in einigen oberdeutschen Reichsstädten in einer Abstimmung der gesamten Bürgerschaft. Am 15.11.1530 wurde vom Bürgermeister Ulrich Hagen eine Bürgerversammlung in die Andreaskirche einberufen, bei der man sich mit 447 Stimmen gegen 7 entschied, den Abschied des Augsburger Reichstages nicht anzunehmen.[72] Mit höchstem Mißtrauen verfolgten im August 1530 die Gesandten und der Rat Nürnbergs die auf protestantischer Seite von Melanchthon geführten Ausgleichsverhandlungen, da man von ihnen eine Wiederherstellung der bischöflichen Jurisdiktion erwartete.

So treu Nürnberg zu den protestierenden Ständen hielt – es verweigerte sich den Bündnisbestrebungen, die seit dem Speyerer Reichstag 1529 und intensiviert nach dem harschen Abschied des Augsburger Reichstags unter den Protestanten geführt wurden und ihren Abschluß 1531 im Schmalkaldischen Bund fanden.[73] Gründe dafür waren einerseits die Kaisertreue der Stadt, die einen Widerstand gegen den Kaiser – selbst um des Glaubens willen – nicht für legitim hielt, obwohl Osiander ihn in einem eigenen Gutachten verteidigte,[74] andererseits die Furcht vor der Trennung von den anderen Städten und einem fürstlichen Bündnis, in dem man überrollt werden konnte.[75] Auch Markgraf Georg der Fromme, mit dessem Kanzler Vogler Spengler Hand in Hand arbeitete, blieb dem Bündnis fern. Daß Weißenburg und Windsheim sich auch darin Nürnberg anschlossen, versteht sich fast von selbst.[76] Zur Absicherung schloß Nürnberg im Mai 1533 ein Verteidigungsbündnis mit den Städten Ulm und Augsburg, bei dem eine Gegenwehr gegen den Kaiser ausdrücklich ausgeschlossen wurde.[77] Allerdings wurde die Möglichkeit, der Religionsänderung wegen belangt zu werden, in den folgenden Jahren geringer: Der Nürnberger Anstand des Jahres 1532 garantierte den Protestierenden einen begrenzten Frieden, der Schwäbische Bund löste sich auf, und mit der Rückeroberung Württembergs 1534 und seiner Reformation

---

[69] Vgl. dazu OSIANDER, GA 4 (B) 61–117, Nr. 140–146.
[70] Vgl. GERHARD PFEIFFER, Nürnberg u. d. Augsburger Bekenntnis 1530–1561: ZBKG 49 (1980), 2–19.
[71] Für Windsheim vgl. BERGDOLT (B) 91–102.
[72] RIED (K) 43–53.
[73] Vgl. HAUG-MORITZ/SCHMIDT (B).
[74] Zu den verschiedenen Überlegungen zur Widerstandsfrage in Nürnberg vgl. OSIANDER, GA 3 (B) 451–467, Nr. 125; OSIANDER, GA 4 (B) 158–206, Nr. 151.
[75] Allerdings war Nürnberg dennoch auf einer ganzen Reihe von Bundestagen vertreten; vgl. OTTO WINCKELMANN, Der Schmalkaldische Bund 1530–1532 u. d. Nürnberger Religionsfriede, Straßburg 1892; GEORG SCHMIDT, Die Freien u. Reichsstädte i. Schmalkaldischen Bund: Martin Luther. Probleme seiner Zeit, hg. v. VOLKER PRESS u. DIETER STIEVERMANN, Stuttgart 1986, 177–218 (SMAFN 16).
[76] Für Weißenburg vgl. RIED (K) 64–69; für Windsheim vgl. BERGDOLT (B) 147–151.
[77] Vgl. GEORG LUDEWIG, Die Politik Nürnbergs i. Zeitalter d. Reformation (v. 1520–1534), Göttingen 1893.

wurde im Südwesten ein reformatorisches Schwergewicht geschaffen.[78] Nürnberg beteiligte sich mit den Klientelstädten Weißenburg und Windsheim sogar an dem neunjährigen kaiserlichen Bund, den König Ferdinand 1535 anstelle des Schwäbischen Bundes ins Leben rief.[79]

6. Reformation im Schutz von Anstand und Bündnis

In *Nürnberg* und Brandenburg-Ansbach betrachtete man aufgrund der Kirchenordnung im Unterschied zu den Theologen das Kirchenwesen als abschließend neu geregelt. Das verminderte den Einfluß der Theologen ebenso wie der sich allmählich vollziehende Generationenwechsel. Spengler starb, im Fürstentum Ansbach wurde Vogler entmachtet, ging zunächst nach Windsheim, 1545 nach Rothenburg und vermachte dieser Stadt auch seine wertvolle, heute noch dort befindliche Bibliothek.[80] In Nürnberg kam es zwischen Osiander und seinen Kollegen sowie dem Rat zu heftigen Auseinandersetzungen über die von ersterem abgelehnte allgemeine Absolution, die von 1533 bis 1536 immer wieder aufbrachen.[81] Daß die Theologen die unbefragte Ein-, Ver- und Absetzung von Geistlichen durch den Rat nicht hinnehmen wollten, schuf weitere Spannungen.[82] Dazu trug auch die nun wieder bestimmendere Kaisertreue Nürnbergs bei. Im Frühjahr 1537 sprachen sich die Nürnberger Gesandten in Schmalkalden im Unterschied zu den Schmalkaldenern, aber im Einklang mit den dort versammelten Theologen für den Besuch des nach Mantua ausgeschriebenen Konzils aus. Und auch den vom Kaiser seit Anfang der 40er Jahre veranstalteten Religionsgesprächen stand man positiv gegenüber. Osiander, der die Wormser Verhandlungen 1541 störte und mit Melanchthon in Streit geriet, verlor zugunsten des mit Hieronymus Baumgartner aufgrund gemeinsamer Wittenberger Zeiten kooperierenden Veit Dietrich an St. Sebald an Einfluß.

Der Rat der Stadt *Dinkelsbühl* hatte zwar den Augsburger Reichsabschied des Jahres 1530 genau wie den Speyerer des Jahres 1529 angenommen, und der altgläubige Pfarrer konnte sogar die evangelische Abendmahlsfeier verhindern – in der Bürgerschaft sah es gleichwohl anders aus. Auch im Rat gab es evangelisch gesinnte Männer, deren überragende Gestalt der humanistisch gebildete Kirchenpfleger der Pfarrkirche Michael Bauer wurde. Zu Ostern des Jahres 1531 drückten sie ihren Protest gegen die Messe dadurch aus, daß sie der Kommunion

---

[78] Zu letzterem zusammenfassend vgl. VOLKER PRESS, Ein Epochenjahr d. württembergischen Gesch. Restitution u. Reformation 1534: ZWLG 47 (1988), 203–234.
[79] Vgl. dazu RUDOLF ENDRES, Der Kayserliche neunjährige Bund v. Jahr 1535 bis 1544: Bauer, Reich u. Reformation. FS f. Günther Franz z. 80. Geburtstag am 23. Mai 1982, hg. v. PETER BLICKLE, Stuttgart 1982, 85–103.
[80] Vgl. LUDWIG SCHNURRER, Die letzten Lebensjahre d. brandenburgischen Kanzlers Georg Vogler i. Windsheim u. Rothenburg: JFLF 53 (1992), 37–54 [= FS Alfred Wendehorst 2].
[81] Vgl. OSIANDER, GA 5 (B) 335–356, Nr. 178–181; SEEBASS, Werk (B) 254–262.
[82] Vgl. aaO, 265–270.

fernblieben. Das führte zur Auseinandersetzung zwischen dem erst kürzlich aufgezogenen Pfarrer Johann Brecheisen und dem Rat, die mit der Ausweisung des Pfarrers endete, der erfolglos den Schwäbischen Bund anrief. Noch im Februar 1532 kaufte der Rat der Benediktinerpropstei Mönchsroth das Patronatsrecht ab und bestellte – ohne sich um den Augsburger Bischof zu kümmern – den von Weiß empfohlenen Bernhard Wurzelmann zum Pfarrer. Ermutigt durch den im Juli 1534 mit seinem Heer auf dem Zug nach Württemberg durch Dinkelsbühl ziehenden Philipp von Hessen, konnte Wurzelmann die Messen abstellen, ließ aber gemäß der lutherischen ›Schonung der Schwachen‹ an einem Altar der Spitalkirche vorerst noch Meßfeier zu. Als Kirchenordnung übernahm man die Brandenburg-Nürnbergische von 1533, ergänzt um Morgen- und Abendgottesdienste. Die Verwaltung des Kirchengutes übernahm der Rat, der die Geistlichen mit eigenen Bestallungsbriefen anstellte und besoldete. Auch auf dem Landgebiet duldete man die Reformation und entwickelte unter Heranziehung von Brenz und Osiander eine neue Ordnung für die Landkapitel der Geistlichen, die in Dinkelsbühl tagten. Die im wesentlichen von Osianders Vorschlag bestimmte Ordnung hat später auf die von Wassertrüdingen (1545) und sogar noch auf die von Ansbach (1565) Einfluß gehabt.[83] 1536 wurde für die Probleme des Eherechts ein Ehegericht – bestehend aus dem Pfarrer, dem Prediger und zwei Ratsherren – eingerichtet. Wurzelmann hat sich wiederholt mit Fragen zur Ehegerichtsbarkeit an die Nürnberger Theologen gewandt.[84] Im Blick auf die evangelische Abendmahlsfeier ließ man in der Pfarrkirche und später auch in der Spitalkirche einen geeigneten Altar herstellen, von denen letzterer erhalten ist.[85]

Da Kaiser Karl V. aufgrund der außenpolitischen Gesamtkonstellation nicht gegen die Protestanten vorgehen konnte, sondern 1539 den Frankfurter Anstand schließen und zeitlich erstrecken mußte, abgesichert aber auch durch den Schmalkaldischen Bund, konnte sich die Reformation in diesen Jahren weiter ausbreiten. Das betraf auch die zwei fränkischen Reichsstädte, die bis dahin nicht reformatorisch geworden waren – Rothenburg und Schweinfurt.

Schweinfurt hatte zwar den Speyerer Abschied von 1529 und den Augsburger von 1530 angenommen, es gab aber gleichwohl evangelisch gesonnene Bürger in der Stadt. Auch im Karmeliterkloster gab es lutherisch Gesinnte. Der Rat aber engagierte sich in der Religionsfrage nicht. Man duldete, daß der Rektor Johann Lindemann, ein entfernter Verwandter Luthers, auf Verlangen einiger Eltern 1529 einen Luthers Kleinem Katechismus folgenden Unterricht erteilte, schützte ihn aber nicht gegen den Bischof von Würzburg. Man ließ das ›Auslaufen‹ zu evangelischen Gottesdiensten zu, tat aber auch, als der Stadtschreiber nach den Predigten Georg Spalatins im Jahre 1532 deutlich der Reformation zuneigte, keine Schritte in diese Richtung, selbst wenn man eine deutlich altgläubig akzentu-

---

[83] Vgl. dazu OSIANDER, GA 6 (B) 43–49, Nr. 199.
[84] Vgl. OSIANDER, GA 8 (B) 122–149, Nr. 302ff; zu den Beziehungen zwischen Wurzelmann und Nürnberg vgl. auch SEEBASS, Werk (B) 188–191. 204f.
[85] Vgl. Martin Luther u. d. Reformation (B) 402f, Nr. 540.

ierte Predigtstiftung hintertrieb. Daß die Versorgung der Pfarrei durch das Stift Haug in Würzburg auf Dauer unbefriedigend blieb und das Karmeliterkloster sich geleert hatte, trieb die Dinge voran. Allmählich breitete sich reformatorisches Gedankengut aus, so daß der Rat – wenn auch vergeblich – im Jahr 1540 wegen eines evangelischen Predigers in Wittenberg nachsuchte. Damals wollte der Rat wohl den Ausgang der Religionsgespräche abwarten, sicherte aber nach deren Scheitern die nun notwendige Entscheidung in der Religionsfrage politisch ab. 1542 wählte man als kaiserlichen Vogt nicht mehr den altgläubigen Grafen von Henneberg Wilhelm IV., sondern den Führer des Schmalkaldischen Bundes, Philipp von Hessen. Er vermittelte der Stadt in Johann Sutel einen evangelischen Prediger, der 1543 auch eine eigene Kirchenordnung entwarf, die sich stark an die Brandenburg-Nürnbergische und das Agendbüchlein Dietrichs anlehnte. Doch fand sie mit ihren ausgedehnten Früh- und Vespergottesdiensten nicht die Billigung Luthers. Mit der Einführung dieser Ordnung wurde in der Stadt der altgläubige Gottesdienst verboten, in der vor der Stadt liegenden Kilianskirche aber weiterhin geduldet, bis diese 1543 oder 1544 abbrannte. Gleichzeitig wurde in der zu Schweinfurt gehörenden Pfarrei Zell die Reformation durchgeführt, Oberndorf von einer bischöflich-würzburgischen Pfarrei getrennt und zu einer eigenen Pfarre.[86]

Rothenburg hatte den Augsburger Abschied 1530 angenommen. In Stadt und Land unterdrückte man alle reformatorischen Regungen. Allerdings gab es ständige Auseinandersetzungen mit dem Deutschen Orden, der aus Personalmangel der Priesterversorgung in Stadt- und Landgebiet nicht nachkommen konnte. Trotz eines befürwortenden Gutachtens des Nürnberger Ratskonsulenten Christoph Gugel nahm man dem Orden diese Pflicht nicht ab. Der Streit darüber reichte bis in die 30er Jahre. Gleichzeitig stellte man fest, die Bevölkerung verachte die Messe und wolle nur ›Gottes Wort‹ hören. Entscheidend wurde der Einfluß von Johann Hornung, der in Wittenberg studierte, Kontakte zu Brenz unterhielt, 1537 zum ersten Mal in den inneren Rat kam und 1539 und 1544 Bürgermeister war. Wohl unter seinem Einfluß begann man die Meßpfründen, andere Stiftungen und sonstige Einkünfte des Deutschen Ordens zu übernehmen, wobei der erneut bemühte Jurist Gugel zunächst zur Vorsicht riet, dann aber den Rat bestärkte. Da 1543/44 die Predigerstelle neu zu besetzen war und der Deutsche Orden niemanden zu präsentieren vermochte, bat der Rat in Nürnberg um den Prediger Thomas Venatorius, der dann am 23.3.1544 die erste evangelische Predigt in der Jakobskirche hielt.[87] Allerdings hielten in der Pfarrkirche weiter-

---

[86] SCHOEFFEL (K) 191–266.
[87] Vgl. SCHATTENMANN (K) 78–96. Überhaupt hat Nürnberg in den 40er Jahren immer wieder Unterstützung für Reformationen in anderen Städten und Territorien gewährt. Der Reichsstadt Regensburg sandte man 1541/42 Dietrich und den Verwalter der Lorenzer Propstei Johann Forster (vgl. KLAUS [B] 211–217); Osiander wurde 1543 maßgebend für die Einführung der Reformation in Pfalz-Neuburg (vgl. dazu die Einleitungen und die Edition der einschlägigen Texte in: OSIANDER, GA 7 [B] 486–493, Nr. 283f. 500–503, Nr. 289. 569–908, Nr. 293f sowie OSIANDER, GA 10 [B] 950–985, Nr. 284b). Möglicherweise hat Ottheinrich auch den Druck von Osianders Schrift gegen die den Ju-

hin einige Priester des Deutschen Ordens den herkömmlichen Gottesdienst, so daß die Stadt aufgrund eines Ratschlags Gugels im Oktober 1545 verlangte, alle Messen und ›päpstischen‹ Zeremonien zu unterlassen. Nach einem Protest des Ordens bat Gugel unter Berufung auf den Speyerer Reichsabschied von 1544 den Ordensmeister, die Rothenburger Reformation hinzunehmen. Versuche, an Stelle des ›ausgeliehenen‹ Venatorius einen ständigen Prediger zu erhalten, schlugen fehl; der von Melanchthon 1544 empfohlene Sigismund Staudacher starb sehr bald, so daß man erneut nach einem evangelischen Prediger suchen mußte, den mit Oswald Ruland[88] Nürnberg vermittelte. Unter ihm als Superintendenten wurden die Brandenburg-Nürnbergische Kirchenordnung von 1533 und ihre Katechismuspredigten verbindlich eingeführt. Doch lehnte Rothenburg die Aufforderung, in den Schmalkaldischen Bund einzutreten, auf Anraten Nürnbergs ebenso ab wie Weißenburg und Windsheim.[89]

7. Schmalkaldischer Krieg und Interim

Einen tiefen Einschnitt brachte für die nun insgesamt evangelisch gewordenen fränkischen Reichsstädte der Schmalkaldische Krieg.[90] Von den unmittelbaren Kriegshandlungen waren sie unterschiedlich betroffen. Die an den Heerstraßen gelegenen Städte, die teilweise Durchzug oder gar Einquartierung erdulden mußten wie Rothenburg, Weißenburg, Windsheim, Dinkelsbühl, hatten erheblich stärker unter dem Krieg zu leiden als andere. Windsheim erhielt für kurze Zeit spanische Einquartierung, nach Schweinfurt kam Kaiser Karl V. auf dem Zug nach Norden selbst und ließ auch eine spanische Garnison in der Stadt. Er verlangte die Aufhebung der Vogtei Philipp von Hessens, an dessen Stelle Friedrich II. von der Pfalz trat, der immer noch vor einer obrigkeitlichen Reformation zurückschreckte und zwischen Kaiser und protestantischen Fürsten zu vermitteln suchte. Sutel hat damals Schweinfurt verlassen.[91] Nürnberg lehnte während des Krieges offizielle Hilfen für die Schmalkaldener ab, zahlte ihnen aber Subsidien und gewährte auch dem Kaiser Darlehen und Unterstützung. Auf diese Weise kam die Stadt relativ ungeschoren davon. Eine solche kostenintensive

---

den gemachten Ritualmordvorwürfe veranlaßt; vgl. dazu OSIANDER, GA 7 (B) 216–248, Nr. 257 sowie GERHARD PHILIPP WOLF, Osiander u. d. Juden i. Kontext seiner Theologie: ZBKG 53 (1984), 49–77; Venatorius ging 1545 deswegen nach Donauwörth (vgl. KLAUS [B] 218f); Blasius Stöckel 1546 nach Ravensburg (vgl. aaO, 219).
[88] Zu den Rothenburger evangelischen Geistlichen vgl. WILHELM DANNHEIMER, Verzeichnis d. i. Gebiete d. freien Reichsstadt Rothenburg o.T. v. 1544 bis 1803 wirkenden ev. Geistlichen, Nürnberg 1952 (EKGB 27).
[89] Vgl. SCHATTENMANN (K) 96–105.
[90] SCHMIDT/WESTPHAL (B).
[91] Vgl. SCHOEFFEL (K) 266–270; zur Stellung des Pfalzgrafen Friedrich II. zur Reformation vgl. EIKE WOLGAST, Formen landesfürstlicher Reformation i. Deutschland. Kursachsen – Württemberg/Brandenburg – Kurpfalz: Die dänische Reformation vor ihrem internationalen Hintergrund, hg. v. LEIF GRANE u. KAI HØRBY, Göttingen 1990, 57–90 [bes. 81ff] (FKDG 46).

›Neutralität‹ versuchten auch die anderen Städte. Dinkelsbühl hatte sich wie die fränkischen Reichsstädte geweigert, dem Schmalkaldischen Bund beizutreten, war auch dem kaiserlichen Bund ferngeblieben. Diese Neutralität versuchte sie auch noch im Schmalkaldischen Krieg durchzuhalten, trat dann aber doch auf Rat Wurzelmanns zu ihrem Schutz den Schmalkaldenern bei. Die Hoffnung auf Schutz trog, man mußte sich dem Kaiser ergeben. Der ging zwar nicht sogleich gegen den evangelischen Kultus vor, aber Wurzelmann mußte die Stadt verlassen. Er wandte sich nach Nürnberg, wo die dortigen Theologen ohne Erfolg versuchten, ihn nach Nördlingen zu vermitteln. Dinkelsbühl selbst mußte noch mehrfach spanische Besatzung dulden.[92] Schwer wogen die mit dem kaiserlichen Interim[93] zu erwartenden Eingriffe in das kirchliche Leben.[94] Doch kam es jetzt angesichts der gemeinsamen Bedrohung zu intensiver Zusammenarbeit und gegenseitiger Unterstützung der Städte.

In *Dinkelsbühl* gab es den geringsten Widerstand. Wurzelmanns Nachfolger meinte, man müsse dem Kaiser als Obrigkeit auch im Punkt des theologisch abzulehnenden Interims gehorsam sein, und schwächte so den Widerstandswillen. Schon im Sommer 1548 begann die Einführung des Interims, während die anderen fränkischen Städte sich noch zu wehren versuchten. Doch das genügte dem Augsburger Bischof Otto Truchseß von Waldburg nicht. Er setzte 1549 die völlige Restauration des altgläubigen Kultus an der Pfarrkirche durch. Den Evangelischen blieb das Spital. 1550 wurden die evangelischen Ratsherrn aus dem Rat entfernt, Vorspiel des rein patrizischen Rates, den Dr. Heinrich Haß 1552 auch in Dinkelsbühl installierte.[95] Obwohl die evangelischen Geistlichen in allen fränkischen Reichsstädten das Interim ablehnten und die Nürnberger Theologen dies in zahlreichen Gutachten und Ratschlägen begründeten,[96] sahen sich die Städte unter kaiserlichem Druck gezwungen, das Interim anzunehmen. Eine offene Frage war freilich immer noch, auf welche Weise und wie weit man dessen Bestimmungen nachkommen würde. In *Nürnberg* versuchte der Rat mehrfach von seinen Theologen Vorschläge zur vorsichtigen Umsetzung des Interims zu erhalten, aber vergeblich. So sah er sich gezwungen, ohne Zustimmung der städtischen Geistlichen die von einer ansbachischen Kommission im Kloster Heilsbronn ausgearbeiteten Richtlinien für die Einführung des Interims, das sogenannte Auctarium, anzuordnen.[97] Osiander verließ daraufhin heimlich die Stadt

---

[92] Vgl. BÜRCKSTÜMMER 1 (K) 102–117.
[93] Zum Interim vgl. Einleitung und Edition in: Augsburger Interim (B); HANS SCHULZ, Die Frage d. Interim u. d. Parteien d. Augsburger Reichstags 1548. Der Ber. eines Zeitgenossen: ZBKG 54 (1985), 45–54.
[94] Zur Politik des Kaisers in diesem Punkt vgl. HORST RABE, Reichsbund u. Interim. Die Verfassungs- u. Religionspolitik Karls V. u. d. Reichstag v. Augsburg 1547/48, Köln u.a. 1971.
[95] Vgl. BÜRCKSTÜMMER 1 (K) 119–141.
[96] Vgl. die entsprechenden Ratschläge und Gutachten in: OSIANDER, GA 8 (B) 504–548, Nr. 344f. 563–616, Nr. 348. 623–640, Nr. 352. 653–664, Nr. 354; vgl. auch GERHARD PFEIFFER, Die Stellungnahme d. Nürnberger Theologen z. Einführung d. Interims 1548: Humanitas – Christianitas. Walther v. Loewenich z. 65. Geburtstag, hg. v. KARLMANN BEYSCHLAG u.a., Witten 1968, 111–133.
[97] Vgl. Kirchenordnungen 11 (B) 291. 325–331, Nr. IV, 4.

und begab sich ins ostpreußische Königsberg, wo er als Pfarrer der Altstadt und Professor an der Universität den Osiandrischen Streit über Rechtfertigungslehre und Christologie entfachte.[98] *Weißenburg* folgte auch jetzt den Ratschlägen der großen Schwesterstadt an der Pegnitz und übernahm, nachdem der Pfarrer Wolfgang Sallinger und der Prediger Veit Hurtl die Stadt verlassen hatten, im November 1548 ebenfalls das ansbachische Auctarium.[99] In *Windsheim* war das erst möglich, nachdem man die widerstrebenden Geistlichen zum Teil entlassen hatte.[100] Die Gesandten der Stadt *Rothenburg* hatten schon auf dem Reichstag vielfältige Unterstützung der Nürnberger erfahren, dorthin wandte man sich auch im Blick auf die Frage der Einführung des Interims, die man trotz wiederholten kaiserlichen Befehlen hinauszuzögern suchte. Nach Verhandlungen mit Nürnberg und wiederholten Ratschlägen Gugels, begann man am 12.8.1548 mit einem Fastengebot und der Verpflichtung zur Absolution vor dem Abendmahlsempfang mit der Einführung, mußte auch in der Pfarrkirche altgläubigen Gottesdienst zulassen, folgte auf den Rat Gugels im übrigen dem mehrfach erwähnten ansbachischen Auctarium.[101] In *Schweinfurt*, wo bis 1550 spanische Besatzung lag, boten angesichts der sehr konservativen reformatorischen Kirchenordnung die im Interim verlangten liturgischen Formen wenig Schwierigkeiten, man akzeptierte anscheinend auch das Fastengebot, am Inhalt der Predigten aber änderte sich nicht viel, worüber der Würzburger Bischof und der Karmeliterorden ohne wirklichen Erfolg klagten.[102]

8. Restauration der Reformation vom Passauer Vertrag bis zum Religionsfrieden

Erst der Fürstenaufstand und der Passauer Vertrag[103] ermöglichten es den fränkischen Reichsstädten, ihr Kirchenwesen in reformatorischem Sinn wiederherzustellen. Politisch trug die Reichsstadt *Nürnberg* auch diesmal wieder ›auf beiden Achseln‹, was zur heftigen Feindschaft des Markgrafen Albrecht Alcibiades von Kulmbach führte und sie in den 2. Markgrafenkrieg verwickelte, der die bis dahin blühende Stadt auf Dauer belastete. Die Interimsagende des Jahres 1549 wurde im Mai 1553 aufgehoben, Nürnberg kehrte zu seiner alten Kirchenordnung bzw. zum Agendbüchlein Dietrichs zurück, behielt allerdings die Elevation, das Erheben der Abendmahlselemente, und die Privatbeichte.[104]

Im gleichen Jahr kehrte auch *Weißenburg* allmählich und ohne direkte Anordnung zur alten Kirchenordnung zurück. Doch war der Pfarrer Sebastian Stieber

---

[98] Vgl. dazu: MARTIN STUPPERICH, Osiander i. Preußen 1549–1552, Berlin u.a. 1973 (AKG 44).
[99] RIED (K) 63–71.
[100] Vgl. BERGDOLT (B) 151–179.
[101] Vgl. SCHATTENMANN (K) 105–112.
[102] SCHOEFFEL (K) 273–280.
[103] Vgl. dazu DRECOLL (B).
[104] Vgl. Nürnberg (B) 170.

nicht bereit, alles, was die Interimsagende mit sich gebracht hatte, fallen zu lassen. Vor allem über die Elevation kam es zur Auseinandersetzung mit seinen Kaplänen, in die der Rat schlichtend eingreifen mußte, bis 1553 die alte Ordnung wiederhergestellt wurde.[105] In *Windsheim* begann man schon 1551 mit Änderungen der Interimsagende, kehrte aber erst nach dem Fürstenaufstand, bei dem man politisch ebenso wie Nürnberg vorsichtig zu taktieren versuchte und sich anschließend wie Nürnberg zum Krieg gegen Albrecht Alcibiades bereit fand, ohne größere Auseinandersetzungen zur alten Kirchenordnung zurück, behielt aber die vom Interim vorgeschriebenen Feiertage noch bis 1557 bei.[106]

Rothenburg hatte direkt unter dem Fürstenaufstand zu leiden. Markgraf Albrecht Alcibiades zwang die ein Bündnis verweigernde Stadt zu Öffnung und erheblicher Zahlung, ließ auch den Deutschherrnhof plündern und verwüsten. Die Aufhebung des Interims vollzog sich in Rothenburg in Auseinandersetzungen mit dem Deutschen Orden nur Schritt für Schritt. Zunächst klagte man über mangelnde kirchliche Versorgung, dann griff man an einzelnen Punkten ein, schließlich nahm man am 13.3.1553 die Pfarrkirche erneut in städtischen Besitz. In der Stadt betrachtete man das seitdem als die ›andere Reformation‹. Freilich mußte man schon 1553 für den nach Regensburg gegangenen Ruland erneut nach einem Superintendenten Ausschau halten, den man schließlich in Balthasar Schelchius aus Coburg fand. Er entwarf 1555 eine vorläufige Kirchenordnung, die – begutachtet von Baumgartner in Nürnberg – nur unter Schwierigkeiten eingeführt werden konnte. Das mag der Grund dafür sein, daß Schelchius die Stadt schon 1556 wieder verließ. Erst nach Verhandlungen der Stadt mit dem Deutschen Orden über das Kirchengut konnte dann 1559 eine wirkliche Neuordnung durch den Württemberger Jakob Andreae vorgenommen werden.[107]

Schwer hatte *Schweinfurt* unter dem markgräflichen Krieg zu leiden. Albrecht Alcibiades besetzte die Stadt, seine Gegner belagerten und eroberten sie schließlich am 12.6.1554, wobei die Stadt bis auf neun Hütten eingeäschert wurde. Dem Pfarrer Lindemann, der während der Belagerung starb, setzte die humanistisch hochgebildete und für die Reformation gewonnene Olympia Fulvia Morata, die mit ihrem Mann, dem Stadtkind und -arzt Andreas Grundler erst 1550 nach Schweinfurt gekommen war und sich nun nach Heidelberg flüchtete, ein literarisches Denkmal.[108] Der Rat konnte nach dem Wiederaufbau auch die evangelische Neugestaltung der Kirche nur ganz allmählich wieder in Angriff nehmen. Die Stadt blieb aber, freilich nicht unangefochten, auch in den Zeiten der Gegenreformation bei ihrer evangelischen Tradition.[109]

---

[105] RIED (K) 71–85.
[106] BERGDOLT (B) 179–190.
[107] SCHATTENMANN (K) 113–129.
[108] Vgl. DOROTHEA VORLÄNDER, Olympia Fulvia Morata – eine ev. Humanistin i. Schweinfurt: ZBKG 39 (1970), 95–113.
[109] Vgl. dazu STEIN 2 (K) 159–201; SCHOEFFEL (K) 283–364; ERICH SAFFERT, Die Reichsstadt Schweinfurt v. 1554–1615. Der Wiederaufbau d. Stadt nach d. Stadtverderben i. Markgräfler Kriege, Bd. 1 (Masch. Diss.), Würzburg 1951, 3–70.

Das war in *Dinkelsbühl* nicht der Fall. Hier hatten zwar die protestantischen ›Kriegsfürsten‹ im März 1552 den evangelischen Gottesdienst wiederhergestellt und den ›Hasenrat‹ im Juni abgesetzt. Aber schon im September setzte Kaiser Karl V. den ›Hasenrat‹ wieder ein und dieser restituierte den alten Kultus, erlaubte freilich der mehrheitlich evangelischen Bevölkerung, in der Spitalkirche Gottesdienste zu halten. Doch auf Drängen des Augsburger Bischofs wurde nach dem Religionsfrieden der evangelische Geistliche entlassen und erhielt – weil der Rat angeblich keinen finden konnte – keinen Nachfolger. Es sollte bis 1566 dauern, ehe in Dinkelsbühl dem Religionsfrieden entsprechend ein evangelisches Kirchenwesen neu erstehen konnte.[110]

Olympia Fulvia Morata, Ölgemälde, Italien, nach 1560

---

[110] BÜRCKSTÜMMER 1 (K) 144–149.

II.1.3. RITTERSCHAFTLICHER ADEL UND REICHSGRÄFLICHE GESCHLECHTER IN FRANKEN

Von Rudolf Endres

Adel i. d. Frühneuzeit. Ein regionaler Vergleich, hg. v. RUDOLF ENDRES, Köln u.a. 1991 (Bayreuther Hist. Kolloquien 5).– ALBRECHT GRAF V. U. Z. EGLOFFSTEIN, Ritterschaftliche Schlösser d. 18. Jh. i. Franken. Ein Beitr. z. Bau- u. Ausstattungskultur d. Barock, Rokoko u. Frühklassizismus (Diss.), München 1994.– ENDRES, Staat (B).– ENDRES, Von d. Bildung (B).– RUDOLF ENDRES, Der Adel als Träger reichsstandschaftlicher Territorien: Unterfränk. Gesch. 4/1 (B) 101–147.– DERS., Adel i. d. frühen Neuzeit, München 1993 (EDG 18).– DERS., Die voigtländische Ritterschaft: Adel i. d. Frühneuzeit (K) 55–72.– GUTH, Würzburger Kirche (B).– ERICH FRHR. V. GUTTENBERG, Reichsimmediat oder Landsaß? Beitr. z. Adelsgesch. Frankens: AOfr. 24/2 (1910), 24–50.– Das Haus Thüngen 788–1988. Gesch. eines fränk. Adelsgeschlechtes, Würzburg 1988.– BERTHOLD JÄGER, Das geistl. Fürstentum Fulda i. d. Frühen Neuzeit. Landesherrschaft, Landstände u. fürstliche Verwaltung. Ein Beitr. z. Verfassungs- u. Verwaltungsgesch. kleiner Territorien d. Alten Reiches, Marburg 1986 (Schr. d. Hessischen Landesamtes f. geschichtl. Landeskunde 39).– HANS KÖRNER, Grafen u. Edelherren als territorienbildende Kräfte: Unterfränk. Gesch. 2 (B) 85–120.– DERS., Der Kanton Rhön u. Werra d. Fränk. Reichsritterschaft: Land d. offenen Fernen. Die Rhön i. Wandel d. Zeiten, hg. v. JOSEF-HANS SAUER, Fulda 1976, 53–113.– ADOLF LAYER, Vom Interregnum bis z. Augsburger Religionsfrieden: HBG[1] 3/2, 903–927.– HARTMANN V. MAUCHENHEIM-BECHTOLSHEIM, Des Hl. Röm. Reichs unmittelbar-freie Ritterschaft z. Franken Ort Steigerwald i. siebzehnten u. achtzehnten Jh. Ein Beitr. z. Verfassungs- u. Gesellschaftsgesch. d. reichsunmittelbaren Adels, Würzburg 1972 (VGFG 9/31).– GERHARD PFEIFFER, Stud. z. Gesch. d. fränk. Reichsritterschaft: JFLF 22 (1962), 173–280.– VOLKER PRESS, Kaiser u. Reichsritterschaft: Adel i. d. Frühneuzeit (K) 163–194.– ERWIN RIEDENAUER, Entwicklung u. Rolle d. ritterschaftlichen Adels: Unterfränk. Gesch. 3 (B) 81–130.– DERS., Die fränk. Reichsritterschaft: Reichsstädte u. Reichsritterschaften i. Franken. 8. Heimatkundliches Seminar 1967, Würzburg 1968 (Frankenland Sondernr.).– DERS., Reichsritterschaft u. Konfession. Ein Diskussionsbeitr. z. Thema »Adel u. Konfession«: Deutscher Adel. 1555–1740. Büdinger Vorträge 1964, hg. v. HELLMUTH RÖSSLER, Darmstadt 1965, 1–63 (Schr. z. Problematik d. deutschen Führungsschichten d. Neuzeit 2).– ANTON P. ROHRBACH, Reichsritterschaft i. Mainfranken, Neustadt/Aisch 2001.– KARL HEINRICH FRHR. ROTH V. SCHRECKENSTEIN, Gesch. d. ehemaligen freien Reichsritterschaft i. Schwaben, Franken u. am Rheinstrome, 2 Bde., Tübingen 1859/1871.– SICKEN, Franken (B).– PAUL SÖRGEL, Der Ritterkanton an d. Baunach i. d. Haßbergen, Hofheim 1992.– MARTIN STINGL, Reichsfreiheit u. Fürstendienst. Die Dienstbeziehungen d. v. Bibra 1500 bis 1806, Neustadt/Aisch 1994 (VGFG 9/41).– RÜDIGER TEUNER, Die fuldische Ritterschaft 1510–1656, Frankfurt/Main u.a. 1982 (Rechtshist. Reihe 18).– KARL REINHARD FRHR. V. THÜNGEN, Zur Genealogie d. Familie derer v. Thüngen: AHVU 54 (1912), 1–182.– RUDOLF VIERHAUS, Eigentumsrecht u. Mediatisierung. Der Kampf um d. Rechte d. Reichsritterschaft 1803–1815: Eigentum u. Verfassung. Zur Eigentumsdiskussion i. ausgehenden 18. Jh., hg. v. RUDOLF VIERHAUS, Göttingen 1972, 229–257 (VMPIG 37).– WÜST, Reformation (B).

Der sich schon frühzeitig einstellende Hang, die religiöse Reformationsbewegung für politische Ziele zu instrumentalisieren, wird am Beispiel des ritterschaftlichen Adels sichtbar. Hervorgegangen aus den spätmittelalterlichen Ritterbünden und Einungen, hatte die fränkische Ritterschaft schon vor der Reformation zur Autonomie und zur Lösung aus der Botmäßigkeit der geistlichen und weltlichen Reichsfürsten gedrängt, und die Trennung von der »alten Religion« konnte diesem Streben Nachdruck verleihen.[1] Dabei waren die Adeligen zunächst vorsichtig. Allerdings hatten Frankens Ritter auf dem Rittertag zu Schweinfurt 1523 offen die Säkularisierung von Klosterbesitz ins Auge gefaßt.[2] Die mit der Niederlage und dem Tode ihres Anführers im Jahre 1523 zu Ende gegangene Sickingen-Fehde, ein Aufstand der Ritterschaft im Südwesten Deutschlands,[3] hatte die Ritter jedoch ebenso zurückhaltend gemacht wie die von den Landesfürsten betriebene rigorose Politik innerer Stabilisierung nach dem Zusammenbruch der »Bauernkriegs«-Bewegung, in deren Verlauf viele Ritter Schutz bei den Fürsten suchen mußten.[4] Auch wollten viele Adelige ihre kirchlichen Pfründen und ihre Ämter in fürstbischöflichen Diensten nicht aufs Spiel setzen.[5] Nicht übersehen werden darf schließlich, daß der angestrebte Status der Reichsfreiheit nur vom Kaiser verliehen und nur unter seinem Schutz gegen die Bedrängung der Fürsten auch gewährleistet werden konnte. Die Ritter hatten deshalb gute Gründe, sich nicht mit dem katholischen Reichsoberhaupt zu überwerfen.[6] Dies führte dazu, daß die fränkische Ritterschaft 1539 in Schweinfurt beschloß, nach außen konfessionelle Neutralität zu wahren.[7] Sie protestierte aber gegen fürstliche Maßnahmen, Klöster und Stifte einzuziehen, um den Ertrag für die Besoldung von Beamten zu verwenden. Auch gestand sie den Fürsten nicht die geistliche Jurisdiktion und die Ehegerichtsbarkeit zu.[8]

Innerlich wandte sich jedoch vorher wie nachher die Mehrzahl der fränkischen Ritter dem Luthertum zu. Vor allem »in den ersten Jahren nach Martin Luthers Bruch mit der alten Kirche« gab hierfür in vielen Fällen durchaus »eine individuelle Glaubensentscheidung« den Ausschlag.[9] Die Entscheidung zu Gunsten des

---

[1] SICKEN, Franken (B) 131f; ENDRES, Adel i. d. Frühen Neuzeit (K) 68.
[2] Bistum Würzburg 3 (B) 80f. 94.
[3] ENDRES, Adel i. d. Frühen Neuzeit (K) 60–64.
[4] ENDRES, Von d. Bildung (B) 459; RIEDENAUER, Entwicklung (K) 84. 89; SICKEN, Franken (B) 171.
[5] VOLKER PRESS, Soziale Folgen d. Reformation i. Deutschland: Schichtung u. Entwicklung d. Gesellschaft i. Polen u. Deutschland i. 16. u. 17. Jh. Parallelen, Verknüpfungen, Vergleiche, hg. v. MARIAN BISKUP u. KLAUS ZERNACK, Wiesbaden 1983, 196–243 [207–209. 233] (VSWG.B 74); ERNST SCHUBERT, Die Landstände d. Hochstifts Würzburg, Würzburg 1967, 133f (VGFG 9/23); RIEDENAUER, Entwicklung (K) 90f.
[6] RIEDENAUER, Entwicklung (K) 85f; SICKEN, Franken (B) 132. 171; ENDRES, Adel i. d. Frühen Neuzeit (K) 12.
[7] RIEDENAUER, Reichsritterschaft u. Konfession (K) 16f; PFEIFFER (K) 199f. 205.
[8] Ebd.
[9] SICKEN, Franken (B) 132. Sicken weist darauf hin, daß auch in den geistlichen Fürstentümern der Abfall vom römischen Glauben zunächst nicht den Ausschluß aus Ämtern zur Folge hatte, »weil eine schärfere konfessionelle Abgrenzung erst Jahrzehnte später erfolgte und den Fürstbischöfen

lutherischen Bekenntnisses mag oft angeregt oder untermauert worden sein durch Luthers Kampfschrift »An den christlichen Adel deutscher Nation von des christlichen Standes Besserung«[10] von 1520 mit ihrem unmittelbar an die Adeligen gerichteten eindringlichen Appell, sich von den behaupteten Lügen und Ränken des Papsttumes loszusagen und sich der ehrenvollen Aufgabe der Förderung eines wahren und lauteren Christentumes zu ergeben.

Anders als die zurückhaltendere Ritterschaft erklärte sich eine wachsende Zahl weltlich-adliger Reichsstände offen für die Reformation. Aufsehen erweckte ab 1522 die hochgebildete Edelfrau Argula von Grumbach, die sich – was für eine Frau jener Zeit als ungewöhnlich, ja unschicklich galt – öffentlich, namentlich in Traktaten und Streitschriften, für den neuen Glauben einsetzte.[11] Bereits 1524 führten die Freiherren von Schwarzenberg das lutherische Bekenntnis ein.[12] Johann »der Starke« von Schwarzenberg, Urheber der »Bamberger Peinlichen Halsgerichtsordnung« von 1507, des Vorbildes für das 1532 im ganzen Römisch-Deutschen Kaiserreich eingeführte Strafgesetzbuch »Constitutio Criminalis Carolina«, wurde zu einem bedeutenden Vorkämpfer der Reformation.[13] In der Grafschaft Wertheim stellte sich Georg II., der seit dem Wormser Reichstag 1521 in Verbindung mit Luther stand und diesen um Entsendung von Pfarrern ersuchte, 1524 offen auf die Seite der evangelischen Stände und führte bis 1530 in seinem Gebiet die Reformation durch.[14] Die Grafschaften Oettingen-Harburg und Oettingen-Oettingen wurden 1539 lutherisch, nachdem die Grafen bereits seit 1522 dem Luthertum zuneigten.[15] Das Scheitern des Regensburger Religionsgespräches 1541[16] zog eine sprunghafte Ausbreitung der reformatorischen Bewegung nach sich: 1541 wurde in der Grafschaft Hohenlohe das lutherische Bekenntnis eingeführt,[17] die Grafschaft Limpurg-Gaildorf folgte 1542,[18] die ge-

---

überdies oft eine personelle Alternative fehlte«. Lehensrechtliche Bindungen waren ohnedies nicht vom religiösen Bekenntnis abhängig.

[10] MARTIN LUTHER, An d. christl. Adel deutscher Nation v. d. christl. Standes Besserung: DERS., Ausgewählte Werke, hg. v. H.H. BORCHERDT u. GEORG MERZ, Bd. 2: Schr. d. Jahres 1520, München ³1962, 81–150.

[11] ROBERT STUPPERICH, Grumbach v., Argula: NDB 7, 212f.

[12] SCHORNBAUM, Zur Einführung (B).

[13] MERZBACHER, Schwarzenberg (B); KRAUS, Gestalten (B) 1018 mit Anm. 15; ENDRES, Staat (B) 733.

[14] [Einführung Grafschaft Wertheim:] Kirchenordnungen 11 (B) 703–706 [704f]; KÖRNER, Grafen (K) 115f; GUTH, Würzburger Kirche (B) 17–61 [39]. Wichtigster Förderer der Reformation im Auftrage des Grafen war hier der Pfarrer und ehemalige Franziskanermönch Johann Eberlin.

[15] Zur allgemeinen Einführung des evangelischen Glaubens kam im Auftrage Luthers der Pfarrer Georg Karg von Heroldingen in die beiden Grafschaften; WÜST, Schwaben (B) 94ff; LAYER (K) 922 mit Anm. 1.– Oettingen wird hier erwähnt, da es auch Besitztümer im heutigen Mittelfranken besaß.

[16] WALTER ZIEGLER, Altbayern 1517–1648: HBKG 2, 1–64 [29f].

[17] Das Haus Hohenlohe hatte sich bereits 1533 dem neuen Glauben zugewandt; ENDRES, Staat (B) 731; ENDRES, Adel als Träger (K) 108 mit Anm. 52.

[18] 1537 war die Reformation bereits in Limpurg-Limpurg eingeführt worden. A. RENTSCHLER, Einführung d. Reformation i. d. Herrschaft Limpurg mit bes. Berücksichtigung d. Obersontheimer Teils: BWKG 20 (1916), 97–134; 22 (1918), 3–41; ENDRES, Adel als Träger (K) 123.

fürstete Grafschaft Henneberg-Schleusingen 1543,[19] die Grafschaft Rieneck 1544,[20] die Grafschaft Castell[21] und die Herrschaft Pappenheim 1546.[22]

Kraft ihrer Patronatsrechte suchten die Landesherren auch die Einwohnerschaft dem neuen Glauben zuzuführen. Widerstand scheint es in den Fällen, in denen ein Adeliger seine Untergebenen vorgeblich oder tatsächlich aus patriarchalischer Sorge um deren ewiges Heil zu dem von ihm bekannten neuen Glauben zu führen trachtete, kaum gegeben zu haben. Die dabei propagierte Intention, dem »lauteren christlichen Glauben« zu seinem Recht verhelfen zu wollen, dürfte hierzu ihr Teil beigetragen haben. Zudem war der Glaubenswechsel in der Regel nicht mit radikalen Änderungen im Kultus verbunden, was mitunter eine eindeutige konfessionelle Zuordnung erschwerte.[23] Während in einigen reichsständischen Gebieten alsbald evangelische Kirchenordnungen eingeführt worden waren,[24] geschah dies in fränkischen Ritterschaften formell erst nach dem Augsburger Frieden.[25]

Nach 1540 gelang es den in sechs Kantonen korporativ organisierten Rittern, sich zunehmend aus den landesherrlichen Territorien zu lösen. Sie schieden gegen den Widerstand der Fürsten aus den Landständen aus und trennten sich, soweit sie dem protestantischen Bekenntnis anhingen, auch förmlich von der römischen Kirche, die mangels überzeugender seelsorgerlicher und theologischer Konzepte den Abfall kaum aufhalten konnte.[26] Der Augsburger Religionsfriede von 1555 und eine kaiserliche Erklärung von 1559 bestätigten der Reichsritterschaft dann auch de iure ihre Eigenständigkeit.[27] Ohne die Reichsstandschaft zu besitzen, waren die Reichsritter nun bei formaler Reichsunmittelbarkeit doch Territorialherren mit Kirchenhoheit, deren wesentliches Attribut das ius reformandi war. Ob dieses allerdings nur dem jeweiligen Ritter das Recht zugestand, sich und sein Geschlecht zu reformieren, oder ob der Ritter hieraus die förmliche Befugnis ableiten durfte, das neue Bekenntnis auch seinen Hintersassen zu oktroyieren, wie es praktisch geschah, war für die Reichsritterschaften nicht eindeutig geklärt. Das uneingeschränkte ius reformandi der Reichsritter wurde erst

---

[19] GUTH, Würzburger Kirche (B) 39; ENDRES, Von d. Bildung (B) 468 mit Anm. 17.
[20] ANTON PH. BRÜCK, Notizen z. Reformationsgesch. d. Grafschaft Rieneck: WDGB 16/17 (1954/55), 368ff; [Einführung Grafschaft Rieneck:] Kirchenordnungen 11 (B) 695ff [696].
[21] [Einführung Grafschaft Castell:] Kirchenordnungen 11 (B) 681ff [681]; ENDRES, Von d. Bildung (B) 468 mit Anm. 18.
[22] KARL SCHORNBAUM, Der Beginn d. Reformation i. Altmühltale: BBKG 16 (1910), 1–27; WILHELM KRAFT, Die Einführung d. Reformation i. d. Herrschaft Pappenheim: ZBKG 11 (1936), 1–32. 98–117. 129–145.
[23] SICKEN, Franken (B) 173; GUTH, Würzburger Kirche (B) 39; ENDRES, Von d. Bildung (B) 459.
[24] So Wertheimer Kirchenordnung von 1524: Kirchenordnungen 11 (B) 707 [XII 1]; Wertheimer Kirchenordnung um 1555: aaO, 708–725 [II]; Ulmers Gottesdienstform 1544 [Rieneck]: aaO, 698 [XI 1].
[25] Vgl. III.2.1.2.
[26] PFEIFFER (K) 199–205; SICKEN, Franken (B) 172; ENDRES, Staat (B) 740f.
[27] PFEIFFER (K) 183f; ENDRES, Staat (B) 741.

1648 sanktioniert.²⁸ Um 1560 dürfte sich der größte Teil der Ritterschaft in Franken dem Protestantismus zugewandt haben, wobei allerdings einige Geschlechter konfessionell gemischt waren und so ihre Ansprüche auf kirchliche Pfründen wahrten.²⁹

---

[28] Zur rechtlichen Stellung der Reichsritterschaft nach 1555 vgl. ENDRES, Adel i. d. Frühen Neuzeit (K) 12f. 68f; ENDRES, Staat (B) 741. 745; SICKEN, Franken (B) 171 [mit Anm. 265!].
[29] SICKEN, Franken (B) 173; zu den Familien Unterfrankens vgl. ANTON-P. RAHRBACH, Reichsritterschaft i. Mainfranken, Neustadt/Aisch 2001.

II.1.4 DAS MAINZER OBERSTIFT. DIE HOCHSTIFTE WÜRZBURG, BAMBERG UND EICHSTÄTT. DAS DEUTSCHMEISTERTUM UND DIE BALLEI FRANKEN DES DEUTSCHEN ORDENS. DER SÜDEN DES FÜRSTSTIFTS FULDA

Von Franz Machilek

G. BAUER, Anfänge (B).– Bistum Bamberg 1–3 (B).– Bistum Würzburg 3 (B).– CHRIST (B).– Contemporaries of Erasmus. A biographical register of the Renaissance and Reformation, ed. PETER G. BIETENHOLZ/THOMAS B. DEUTSCHER, Bd. 1: A–E, Toronto u.a. 1985, Bd. 2: F–M, Toronto u.a. 1986, Bd. 3: N–Z, Toronto u.a. 1987.– JOSEPH DEUTSCH, Kilian Leib, Prior v. Rebdorf. Ein Leb. aus d. Zeitalter d. deutschen Reformation, Münster 1910 (RGST 15/16).– STEPHAN DILLER (Hg.), Kaiser Karl V. u. seine Zeit, AKat. Bamberg 2000 (Veröff. d. Stadtarchivs Schweinfurt 14/Beitr. z. Gesch. u. Kultur d. Neuzeit 1).– DIPPOLD, Konfessionalisierung (B).– DIPPOLD, Zisterzienserkloster (B).– RUDOLF ENDRES, Adelige Lebensformen i. Franken z. Zt. d. Bauernkrieges, Würzburg 1974 (VGFG 13/35).– DERS., Probleme d. Bauernkriegs i. Hochstift Bamberg: JFLF 31 (1971), 91–138.– FINK-LANG (B).– ROMAN FISCHER, Das Untermaingebiet u. d. Spessart: Unterfränk. Gesch. 3 (B) 393–452.– ALOIS GERLICH/FRANZ MACHILEK, Staat u. Gesellschaft. Erster Teil: bis 1500: HBG³ 3/1, 537–701.– GUTH, Würzburger Kirche (B).– KLAUS GUTH, Kirche u. Religion: Oberfranken i. Spätmittelalter u. z. Beginn d. Neuzeit, hg. v. ELISABETH ROTH, Bayreuth 1979, 131–204.– AXEL HERRMANN, Der Deutsche Orden unter Walter v. Cronberg (1525–1543). Zur Politik u. Struktur d. »Teutschen Adels Spitale« i. Reformationszeitalter, Bonn 1974 (QSGDO 35).– HANNS HUBERT HOFMANN, Der Staat d. Deutschmeisters. Stud. z. einer Gesch. d. Deutschen Ordens i. Hl. Röm. Reich Deutscher Nation, München 1964 (Stud. z. bayer. Verfassungs- u. Sozialgesch. 3).– JÜRGENSMEIER, Bistum (B).– FRIEDHELM JÜRGENSMEIER, Kurmainz: Territorien 4 (B) 60–97.– KIST (B).– FRANZ MACHILEK, Kirche, Staat u. Gesellschaft. Das Spätmittelalter. Schwaben u. Franken: HBKG 1/1, 437–533.– DERS., Markgraf Friedrich v. Brandenburg-Ansbach, Dompropst z. Würzburg (1497–1536): LebFranken NF 11 (1984), 101–139.– Die Matrikel d. Geistlichkeit d. Bistums Bamberg 1400–1556. Zusammengestellt u. mit biographischen Angaben versehen v. JOHANNES KIST, Würzburg 1965 (VGFG 4/7).– MERZ, Landstadt (B).– JOHANNES MERZ, Fulda: Territorien 4 (B) 128–145.– DERS., Die südlichen Gebiete d. Fürstabtei Fulda: Unterfränk. Gesch. 3 (B) 453–482.– DERS., Georg Horn (1542–1603) u. seine Historia über d. Reformation i. Hammelburg. Stud. z. Leben, Werk u. Umwelt d. Autors u. Edition d. Historia, Neustadt/Aisch 1992 (VGFG 1/5).– DERS., Landstädte u. Reformation: Territorien 7 (B) 107–135.– FRIEDRICH MERZBACHER, Der Würzburger Generalvikar u. Domdekan Johann v. Guttenberg (1520–1538): WDGB 35/36 (1974), 87–122.– BERND MOELLER, Wenzel Lincks Hochzeit. Über Sexualität, Keuschheit u. Ehe i. d. frühen Reformation: ZThK 97 (2000), 317–342.– THEODOR NEUHOFER, Gabriel v. Eyb, Fürstbischof v. Eichstätt 1455–1535. Ein Leb. aus d. Wende v. MA z. Neuzeit, Eichstätt 1934.– HELMUT NEUMAIER, Kloster Amorbach i. Reformationszeitalter. Abt – Bischof – Ritterschaft: Abtei Amorbach (B) 179–202.– GERHARD RECHTER, Das Land zwischen Aisch u. Rezat. Die Kommende Virnsberg Deutschen Ordens u. d. Rittergüter i. oberen Zenngrund, Neustadt/Aisch 1981 (Schr. d. Zentralinstituts

f. Fränk. Landeskunde u. Allg. Regionalforsch. an d. Universität Erlangen-Nürnberg 20).– HANS-CHRISTOPH RUBLACK, Reformatorische Bewegungen i. Würzburg u. Bamberg: Stadt u. Kirche i. 16. Jh., hg. v. BERND MOELLER, Gütersloh 1978, 109–124 (SVRG 190).– DERS., Gescheiterte Reformation. Frühreformation u. prot. Bewegungen i. süd- u. westdeutschen geistl. Residenzen, Stuttgart 1978 (SMAFN 4).– JULIUS SAX, Gesch. d. Hochstiftes u. d. Stadt Eichstätt. Neue, verbesserte Aufl., hg. v. JOSEPH BLEICHER, Eichstätt 1927.– ANTON SCHINDLING, Das Hochstift Eichstätt i. Reich d. Frühen Neuzeit. Kath. Reichskirchen-Fürstentum i. Schatten Bayerns: SBHVE 80 (1987), 37–56.– A. SCHMID, Eichstätt (B).– KARL SCHOTTENLOHER, Die Buchdruckertätigkeit Georg Erlingers i. Bamberg v. 1522 bis 1541 (1543). Ein Beitr. z. Gesch. d. Reformationszeit, Leipzig 1907 (SBWA 21).– JOSEF SEGER, Der Bauernkrieg i. Hochstift Eichstätt, Regensburg 1997 (ESt NF 38).– SICKEN, Franken (B).– Territorien 1–7 (B).– HORST WEIGELT, Die frühreformatorische Bewegung i. Bamberg u. Johann Schwanhauser: BHVB 134 (1998), 113–129.– D.J. WEISS, Gesch. (B).– DIETER J. WEISS, Deutscher Orden: Territorien 6 (B) 224–248.– ALFRED WENDEHORST, Mitt. aus d. Gothaer Handschrift Chart. A 185 z. Gesch. d. Würzburger Bischöfe Konrad v. Thüngen (1519–1540) u. Melchior Zobel v. Giebelstadt (1544–1558): WDGB 35/36 (1974), 149–167.– ZEISSNER, Kräfte (B).– ZIEGLER, Würzburg (B).

In Franken zählten um 1500 das zum Erzstift Mainz gehörende Gebiet im Westen (Mainzer Oberstift), die drei Hochstifte Würzburg, Bamberg und Eichstätt, das Deutschmeistertum und die Ballei Franken des Deutschen Ordens sowie die südlichen Gebiete des Fürststifts Fulda neben den unter zollerischer Herrschaft stehenden Markgraftümern und den Reichsstädten Nürnberg und Rothenburg o.T. samt deren Landgebieten zu den flächenmäßig ausgedehntesten Territorien. Die Erzbischöfe von Mainz bzw. die Bischöfe der drei fränkischen Bistümer geboten als Reichsfürsten nicht nur über die unmittelbar erz- bzw. hochstiftischen Gebiete, sondern auch über die Gebiete der Domkapitel und der dem Erzstift bzw. den Hochstiften inkorporierten Stifte und Klöster. Die Herrschaftsgebiete setzten sich in einer Reihe von Fällen aus mehreren, ggfls. auch weit auseinanderliegenden Teilen zusammen.[1]

In den nichtstiftischen Gebieten der einzelnen Diözesen konnte sich die evangelische Bewegung vielfach früh und dauerhaft durchsetzen.[2] Die Maßnahmen der Bischöfe gegen das Fußfassen der evangelischen Lehre blieben in den außer-

---

[1] Karten in: Territorien (B).– Zum Territorialausbau allgemein vgl. GERLICH/MACHILEK (K) 548–579; MACHILEK, Kirche (K) bes. 454–465.– Bamberg: ERICH FRHR. V. GUTTENBERG, Die Territorienbildung am Obermain, Bamberg 1927 (BHVB 79); WILHELM NEUKAM, Territorium u. Staat d. Bischöfe v. Bamberg u. seine Außenbehörden (Justiz-, Verwaltungs-, Finanzbehörden): BHVB 89 (1948/49), 1–35.– Eichstätt: ROBERT SCHUH, Territorienbildung i. oberen Altmühlraum. Grundlagen u. Entwicklung d. eichstättischen Herrschaft i. 13. u. 14. Jh.: ZBLG 50 (1987), 463–491; SEGER (K) 24–74.– Deutscher Orden: HOFMANN (K); D.J. WEISS, Gesch. (B).

[2] Vgl. II.1.1–3.

halb ihres weltlichen Herrschaftsbereichs liegenden Gebieten weitgehend ohne Erfolg.³

1. Die frühreformatorische Bewegung

1.1 Das Mainzer Oberstift

Die Weitergabe von Martin Luthers 95 Thesen, die der Mainzer Erzbischof Albrecht von Brandenburg mit der Aufforderung des Reformators zur Beendigung des Ablaßhandels Mitte November 1517 in seiner Residenz zu Aschaffenburg erhalten hatte, knapp einen Monat später an die römische Kurie setzte jene Entwicklung in Gang, die im Sommer 1518 zur Eröffnung des römischen Verfahrens und zwei Jahre später zum Erlaß der Bannandrohungsbulle »Exsurge Domine« Papst Leos X. gegen den Reformator sowie schließlich zu den Entscheidungen auf dem Wormser Reichstag 1521 und damit zum Durchbruch der Reformation führte.⁴ Die mainzischen Universitätsstädte Erfurt und Mainz wurden früh zu Zentren der reformatorischen Bewegung. In dem zu Franken gehörigen Mainzer Oberstift fand diese vor allem in Miltenberg und Tauberbischofsheim Eingang. Auf Empfehlung des in Miltenberg in führender Stellung tätigen Beamten der erzbischöflichen Wirtschaftsverwaltung Friedrich Weigandt predigte dort seit 1522 der Freund Luthers und Mitauslöser des sog. Erfurter Pfaffenstürmens Dr. Johannes Drach (Draco, Draconites). Als er der Vorladung wegen lutherischer Predigt vor das geistliche Gericht in Aschaffenburg nicht nachkam, wurde er 1523 wegen Ungehorsams exkommuniziert. Drach floh aus Miltenberg und richtete aus der Ferne Trostbriefe an seine früheren Gesinnungsgenossen sowie Polemiken gegen Albrecht von Brandenburg. Luther sandte Drachs Anhängern in Miltenberg im Februar 1524 einen »Christlichen Trostbrief«. In Miltenberg selbst kam es zu Ausschreitungen, die erst durch militärisches Einschreiten der Territorialgewalt eingedämmt werden konnten.⁵ In dem zur Diözese Würzburg gehörigen Tauberbischofsheim predigte Magister Christoph Schreiber in reformatorischem Sinn.⁶

1.2 Das Hochstift Würzburg

Bischof Lorenz von Bibra erlangte spätestens Mitte März 1518 über den Ablaßstreit und Luthers Thesen Kenntnis. Am 19.4.1518 wurde Luther, der als Di-

---

³ ANTON SCHINDLING, Reichskirche u. Reformation. Zu Glaubensspaltung u. Konfessionalisierung i. d. geistl. Fürstentümern d. Reiches: Neue Stud. z. frühneuzeitlichen Reichsgesch., hg. v. JOHANNES KUNISCH, Berlin 1987, 81–112 [84ff. 90ff. 98ff. 104f] (ZHF. Beih. 3).
⁴ JÜRGENSMEIER, Kurmainz (K) 69f.
⁵ FISCHER (K) 415f; MERZ, Landstadt (B); WA 15, 69–78.– Zu Drach allgemein vgl. ILSE GUENTHER, Johannes Draconites of Karlstadt: Contemporaries 1 (K) 404f.
⁶ NEUMAIER (K) 181; JÜRGENSMEIER, Kurmainz (K) 72.

striktsvikar des Augustinerordens zum Generalkapitel nach Heidelberg reiste, in Würzburg von Bischof Lorenz empfangen, wobei dieser ihm den erbetenen Geleitbrief ausstellte, nach Aussage einer verschollenen Quelle aber auch sein »hitziges Verfahren« getadelt haben soll.[7]

Der Nachfolger von Lorenz von Bibra, Konrad II. von Thüngen, überließ – offenbar mit Rücksicht auf einen Teil des Domkapitels und in der Hoffnung auf das Zustandekommen eines Nationalkonzils – den mit den Lehren Luthers sympathisierenden Kräften anfänglich ein breites Betätigungsfeld. Obwohl er sich zu Beginn des Jahres 1521 auf Drängen von Johannes Eck zur Publikation der Bulle »Exsurge Domine« entschlossen hatte,[8] ergriff er gezielte Gegenmaßnahmen gegen einzelne Vertreter der evangelischen Bewegung erst, als diese kirchliche Rechtsbestimmungen, darunter speziell die zölibatäre Lebensform des Klerus, in Frage stellten.[9] Er wurde bei diesem Vorgehen in der Folgezeit durch den seit 1513 als Dompropst amtierenden Markgrafen Friedrich von Brandenburg-Ansbach und den seit 1522 als Domdekan amtierenden Johann von Guttenberg unterstützt.[10]

Auf Initiative reformgesinnter Mitglieder des Domkapitels war bereits im Sommer 1520 der zuvor in Dinkelsbühl angestellte Paulus Speratus (Hoffer) als Domprädikant berufen worden, obgleich er seit längerem in einem eheähnlichen Verhältnis gelebt hatte. Seit Sommer 1521 beanstandete das Domkapitel seine kirchenkritische Predigt, die er selbst in der Rückschau als evangelisch auffaßte. Schon im November 1521 zog Speratus nach Wien weiter. Sein hier in der Predigt vorgetragenes Verständnis vom »solus Christus«, von der »sola scriptura« und von der »sola fides« entsprach ebenso wie die von ihm vertretene Auffassung vom allgemeinen Priestertum der Lehre Luthers; ausdrücklich nahm er gegen die Mönchsgelübde Stellung. Es wird angenommen, daß Speratus bereits in Würzburg in dieser Weise gepredigt hat. Wenige Jahre später wirkte Speratus als Kirchenlieddichter bei der Arbeit am »Achtliederbuch« mit Luther eng zusammen.[11]
Im Sommer 1522 trat Johann Poliander (Gramann, Graumann) die Nachfolge von Speratus in Würzburg an. Zu seinen engeren Gesinnungsgenossen in Würzburg zählte der Weihbischof und Hauger Stiftsprediger Johannes Pettendorfer, der sich nachdrücklich für die Priesterehe einsetzte. Im Februar 1525 bat Poliander das Domkapitel um seine Entlassung und ging nach Nürnberg. Pettendorfer folgte ihm nach dem Ende des Bauernkriegs, in dem er zur Zerstörung der Festung Marienberg aufgerufen hatte, dorthin nach, wo auch er 1527 heiratete.[12]

---

[7] Bistum Würzburg 3 (B) 65.– Luthers und Spalatins Äußerungen, daß der Bischof lutherisch geworden wäre, so er länger gelebt hätte, sind hypothetisch (vgl. aaO, 65f. 68f).

[8] KARL SCHOTTENLOHER, Beitr. z. Gesch. d. Reformationsbewegung i. Fürstbistum Würzburg 1526–27: ZBLG 12 (1939), 163–172 [163f]; Bistum Würzburg 3 (B) 74; MACHILEK, Markgraf (K) 110f.

[9] GUTH, Würzburger Kirche (B) 26f.– Zur Zölibatsfrage vgl. jetzt grundsätzlich MOELLER (K).

[10] MACHILEK, Markgraf (K); MERZBACHER, Generalvikar (K).

[11] RUBLACK, Reformation (K) 10–14; RUBLACK, Bewegungen (K) 111f.

[12] Bistum Würzburg 3 (B) 89f; RUBLACK, Reformation (K) 14–20.

Etwa gleichzeitig mit Speratus und Poliander begann der 1521 zum Prior der Würzburger Kartause Engelgarten bestellte, mit letzterem befreundete Georg Koberer durch Predigten im evangelischen Sinn über die Klostermauern hinauszuwirken. Nach Polianders Entlassung stand er mit dem Rat der Stadt Kitzingen wegen Übernahme ihrer Pfarrei durch Poliander in Verbindung. Koberer selbst zog 1525 nach Nürnberg um und setzte sich hier in kämpferischer Weise für die Durchsetzung der Reformation ein.[13]

Besondere Sympathien fand die Lehre Luthers seit 1522/23 im Neumünsterstift, so beim Scholaster Nikolaus Kindt[14] sowie bei den geistlichen Räten und Kanonikern dieses Stifts Dr. Friedrich Fischer d.Ä. und Dr. Johann Apel. Die Auseinandersetzungen um die Eheschließungen der beiden Letztgenannten führten 1523 zu schweren Zerwürfnissen mit Bischof Konrad. Als dieser sie auf einen später auch gedruckten Rechtfertigungsversuch Apels hin gefangennehmen ließ, verteidigte der Domherr Jakob Fuchs von Wallburg d.J. die Klerikerehe in einem gedruckten Flugblatt an den Bischof. Von Bamberg aus setzte sich auch der Domherr Jakob Fuchs von Wallburg d.Ä. in diesem Sinn ein und forderte den Bischof zur Freilassung der Inhaftierten auf. Diese kamen schließlich nach Interventionen der Verwandten und Freunde Apels beim Reichsregiment frei und konnten das Hochstift nach Schwören der Urfehde verlassen. Fischer trat in die Dienste des Hochmeisters Albrecht von Brandenburg, Apel ging nach Nürnberg. Die beiden Verteidiger der Neumünsterer Kanoniker resignierten 1526 bzw. 1528 selbst ihre Kanonikate.[15] Weitere Würzburger Geistliche, die heirateten, waren der Subcustos des Domstifts Peter Bopfinger und der Hauger Chorherr Wolfgang Nützel.[16]

Eine breitere evangelische Bewegung ist für Würzburg nicht nachweisbar; die in Anlehnung an die Kitzinger Almosenordnung entworfene Kastenordnung von 1524 läßt aber auf vorhandene Sympathien für ein Handeln in reformatorischem Sinn schließen.[17] Außerhalb von Würzburg sind aus dem Hochstift bis 1525 nur wenige Anhänger Luthers bekannt, die Mehrzahl aus dem Nordosten (Neustadt, Königshofen, Haßfurt).[18]

1.3 Das Hochstift Bamberg

Unter dem im Kreis der Humanisten in Deutschland hochgeschätzten Bischof Georg III. Schenk von Limpurg und in seinem Umfeld konnten sich luther-

---

[13] RUBLACK, Reformation (K) 111f; WENDEHORST, Kartäuser (B).
[14] ZIEGLER, Würzburg (B) 106.
[15] RUBLACK, Reformation (K) 22–29; MERZBACHER, Generalvikar (K); Bistum Würzburg 3 (B) 89f; Bistum Würzburg 4 (B) 59f.
[16] RUBLACK, Reformation (K) 21.
[17] AaO, 45–48; GUTH, Würzburger Kirche (B) 32.
[18] ZIEGLER, Würzburg (B) 106; GUTH, Würzburger Kirche (B) 28.– Zur Reformation in den Landstädten allgemein vgl. MERZ, Landstadt (B).

freundliche Tendenzen verhältnismäßig ungehindert ausbreiten.[19] Dabei dürfte die Offenheit der Humanisten für eine Relativierung kirchlicher Lehrtraditionen eine nicht unwesentliche Rolle gespielt haben.[20] Wie in Würzburg bedeutete die offenbar in Absprache mit dem dortigen Bischof erfolgte Publikation der Bulle »Exsurge Domine« auch in der Diözese Bamberg keine entscheidende Zäsur.[21] Wie Georg III. unternahm auch dessen Nachfolger Weigand von Redwitz zunächst nichts gegen das Fortschreiten der frühreformatorischen Bewegung insbesondere im näheren Umkreis des Hofes.[22] Luther nannte Weigand gegenüber Johann von Schwarzenberg am 21.9.1522 einen »vernünftigen Mann [...], bei welchem leichtlich zu handeln sei, was christlich und recht ist.«[23] Der päpstliche Nuntius Francesco Chieregati zählte Bamberg zu Beginn des Jahres 1523 zu den durch das Luthertum besonders gefährdeten Städten.[24]

Zu den Luthersympathisanten am bischöflichen Hof zählte vor allem Georgs III. Hofmeister Johann von Schwarzenberg, der Verfasser der Bambergischen Halsgerichtsordnung von 1507,[25] sowie Georgs III. und Weigands Hofkaplan Ulrich Burchardi.[26] Schwarzenbergs Interesse für Luther reichte in das Jahr 1520 zurück.[27] Nach seinem Ausscheiden aus dem Amt des Hofmeisters 1522 war Schwarzenberg weiterhin als bischöflicher Rat und Diener sowie 1522–1524 an der Spitze des Reichsregiments tätig. Anfang November 1524 ließ er seine damals 34jährige Tochter Barbara, zeitweilig Priorin des Bamberger Dominikanerinnenklosters zum Heiligen Grab, aus dem Konvent holen und begründete diesen Schritt in einem mit ausführlichem Vorwort von Andreas Osiander versehenen Sendbrief an Bischof Weigand vom 12.11.1524. Schwarzenberg stellte darin das Wort Gottes den menschlichen Gesetzen gegenüber; das Licht des göttlichen Wortes erscheine nunmehr wieder hell und klar. Er habe selbst evangelische Bücher in das von ihm als »das hellische gefengknus« bezeichnete Kloster bringen lassen:[28] Schwarzenberg setzte sich u.a. auch für die Belange des evangelisch gesinnten vormaligen Kronacher Pfarrverwesers Johann Grau (Groe) ein, der nach der Eheschließung mit einer Bürgerstochter nach Wittenberg gezo-

---

[19] MICHAEL KLEINER, Georg III. Schenk v. Limpurg, Bischof v. Bamberg (1505–1522), als Reichsfürst u. Territorialherr: BHVB 127 (1991), 13–117; DIPPOLD, Konfessionalisierung (B) 45; WEIGELT (K) 114.– 1522 boykottierten die Zünfte die Fronleichnamsprozession (ZEISSNER, Kräfte [B] 79).

[20] Darauf weist für Würzburg GUTH, Würzburger Kirche (B) 26 hin.

[21] GISELA MÖNCKE, Ein unbekannter Bamberger Druck d. Bulle »Exsurge Domine«: BHVB 121 (1985), 17–28.

[22] WA.B 2, Nr. 538, S. 600–603 [601]; RUBLACK, Reformation (K) 79–82.

[23] Bistum Bamberg 3 (B) 135.

[24] AaO, 110.

[25] MERZBACHER, Schwarzenberg (B).

[26] Matrikel (K) Nr. 832, S. 60f; ZEISSNER, Kräfte (B) 116–124; RUBLACK, Reformation (K) 79f; Bistum Bamberg 3 (B) 111. 115. 134.

[27] Vorrede z. Sendbrief Johann v. Schwarzenbergs 1524, bearb. v. JÜRGEN LORZ: OSIANDER, GA 1 (B) 283–298 [283f].

[28] JOSEPH HELLER, Reformations-Gesch. d. ehemaligen Bisthums Bamberg, 3 Hefte, Bamberg 1825, 209ff [Sendbrief]; OSIANDER, GA 1 (B) 286–298 [Vorwort Osianders].

gen war und seit 1524 als erster evangelischer Prediger in Weimar wirkte.[29] Burchardi hatte schon 1522 unter Bischof Georg III. Luther- und Erasmusschriften anschaffen lassen. Sein Bischof Weigand gewidmeter, seit 1525 mehrfach in deutscher Fassung gedruckter »Dialogismus de fide christiana« wies Anklänge an die Sola-fides-Lehre Luthers auf. Als gegen Burchardi der Vorwurf der Leugnung des päpstlichen Primats erhoben wurde, holte Bischof Weigand 1527 ein Gutachten der Ingolstädter theologischen Fakultät über den »Dialogismus« ein, das diesen Traktat als häretisch verurteilte. Burchardi verließ Bamberg noch vor Eintreffen des Urteils. Paul Neydecker, der seit 1529/30 als Rat und Generalvikar Weigands fungierte und in der Folgezeit als Hauptvertreter der katholischen Reform und energischer Gegner der Lutheraner auftrat, widersetzte sich 1530 der Vergabe einer Domvikarie an Burchardi mit Erfolg.[30] Als Lutheraner galt auch der seit 1521 als Kanzleiverweser tätige Hieronymus Kammermeister. Obgleich er Dominikanerinnen des Heilig-Grab-Klosters beim Austritt geholfen hatte, konnte er bis nach 1527 im Amt bleiben.[31] Auf das Ganze gesehen ging Bischof Weigand gegenüber den in öffentlichen Ämtern stehenden Luthersympathisanten und -anhängern zurückhaltend vor.[32]

Aus dem Domklerus hatte sich bereits um 1520 der Domvikar Konrad Zertlein literarisch für Luther eingesetzt.[33] Spätestens seit 1522 hielt Johann Schwanhauser, Kustos des Kollegiatstifts St. Gangolf in der rechts der Regnitz gelegenen Theuerstadt, in der Stiftskirche evangelische Predigten, wovon auch Luther erfuhr, der sich in einem persönlichen Brief an Schwanhauser schon Anfang März 1523 anerkennend äußerte und ihn zur Standhaftigkeit ermunterte. Zwei seiner Predigten erschienen 1523/24 mehrfach im Druck. Als die zu Ostern 1524 während der Predigt in St. Gangolf eingesammelte Kollekte sofort als Almosen unter die Bedürftigen verteilt wurde, setzte sich das Domkapitel bei Bischof Weigand gegen dieses Verfahren und für die Bestrafung Schwanhausers ein.[34]

Im Hinblick auf die sich inzwischen allgemein abzeichnenden Auswirkungen der Reformation auf die bischöflichen Rechte in der Diözese und im Hochstift und auf einige Ereignisse um die Jahresmitte 1524 trat Weigand jener in Übereinstimmung mit den Beschlüssen des Regensburger Konvents vom Frühsommer 1524 und der Politik des päpstlichen Nuntius Lorenzo Campeggio seither eindeutig entgegen.[35] Im Hintergrund standen die Entwicklung in Nürnberg, der

---

[29] WA.B 2, Nr. 538, S. 600–603; Matrikel (K) Nr. 2133, S. 144; Bistum Bamberg 3 (B) 135.
[30] ENDRES, Probleme (K) 137; RUBLACK, Reformation (K) 80; GUTH, Kirche u. Religion (K) 187; Bistum Bamberg 3 (B) 115.– Zu Neydecker vgl. ZEISSNER, Kräfte (B) 143–158; GÜNTER DIPPOLD, Die Neydecker. Zur Gesch. eines Weismainer Bürgergeschlechts: Weismain. Eine fränk. Stadt am nördlichen Jura, hg. v. GÜNTER DIPPOLD, Bd. 2, Weismain 1996, 282–312 [286–289]; Bistum Bamberg 3 (B) 610f.
[31] ENDRES, Probleme (K) 136; RUBLACK, Reformation (K) 81.
[32] ENDRES, Probleme (K) 125f; RUBLACK, Reformation (K) 81f.
[33] Matrikel (K) Nr. 6863, S. 452; ENDRES, Probleme (K) 107.
[34] WA.B 3, Nr. 589, S. 40f; ZEISSNER, Kräfte (B) 110–112; WEIGELT (K) bes. 116f. 120f.
[35] WERNER ZEISSNER, Weigand v. Redwitz (1476–1556): LebFranken NF 11 (1984), 44–60 [47].

nach mehrfachen Zehntverweigerungen im Hochstift Ende Mai in Forchheim unter maßgeblicher Mitwirkung des Jörg Kreutzer, Prediger und Vikar am Mauritius-Altar des Stifts St. Martin, ausgebrochene sozial-religiöse Aufruhr[36] sowie verdächtige Predigten des Pfarrers von Zeil in Hallstadt und des Memmelsdorfer Pfarrers.[37] Kreutzer wurde nach dem Forchheimer Aufruhr verhaftet, kam jedoch im Herbst 1525 frei; er wandte sich nach Nürnberg, wo er 1528 als Pfarrer in Mögeldorf erscheint.[38] Auch gegen die beiden anderen Prediger wurden kirchliche Maßnahmen eingeleitet.[39]

Im Herbst 1524 ging Bischof Weigand gegen Schwanhauser vor. Dieser entzog sich dem Zugriff mit großer Wahrscheinlichkeit durch Flucht und trat wenig später die Stelle des Predigers im Dominikanerinnenkloster St. Katharina zu Nürnberg an. Bereits im Frühjahr 1525 richtete er einen »Trostbrief an die Christlichen gemain zů Bamberg«, in dem er sich gegen den Vorwurf von seiten des Bischofs und Domkapitels verwahrte, eine neue Lehre verkündigt zu haben. Wie in seinen Predigten vertrat Schwanhauser im »Trostbrief« die Rechtfertigung des Sünders aus Gnaden sowie das allgemeine Priestertum aller Gläubigen; auffallend scharf ist die von ihm geübte Sozialkritik. In Nürnberg heiratete Schwanhauser und verfaßte zwei Traktate über das Klosterleben und über das Abendmahl.[40]

Als besondere Stützen der frühreformatorischen Bewegung in Bamberg erwiesen sich der Drucker Georg Erlinger, in dessen Offizin zwischen 1523 und 1525 zahlreiche reformatorische Schriften hergestellt wurden,[41] sowie die Landstände, die sich offen für die evangelische Predigt einsetzten.[42]

1.4 Das Hochstift Eichstätt

Bischof Gabriel von Eyb bezog bereits nach kurzer Orientierungsphase als einer der ersten Bischöfe im Reich eine eindeutig gegen Luther gerichtete Stellung.[43] Wie in Domkapiteln anderwärts hatte der Reformator auch in Eichstätt Sympathisanten gefunden: Aus dem Briefwechsel Christoph Scheurls mit Luther geht

---

[36] ENDRES, Probleme (K) 106; Matrikel (K) Nr. 3647, S. 240.
[37] ENDRES, Probleme (K) 105; Matrikel (K) Nr. 1326, S. 94.
[38] ENDRES, Probleme (K) 106.
[39] AaO, 105. 125; DIPPOLD, Konfessionalisierung (B) 419.
[40] ENDRES, Probleme (K) 107f; RUBLACK, Reformation (K) 83; RUBLACK, Bewegungen (K) 119; WEIGELT (K) 118ff.– Zu den evangelisch Gesinnten zählten auch Schwanhausers Freund Paul Lautensack, Maler und Organist an der Oberen Pfarre (ENDRES, Probleme [K] 137), der Mathematiker und Globusmacher Johannes Schöner, der wegen Nichterfüllung der Präsenzpflicht sein Kanonikat bei St. Jakob in Bamberg verlor und 1526 an das neuerrichtete Gymnasium nach Nürnberg berufen wurde (Matrikel [K] Nr. 5585, S. 367; NORBERT HOLST, Mundus, Mirabilia, Mentalität. Weltbild u. Quellen d. Kartographen Johannes Schöner. Eine Spurensuche, Frankfurt/Oder u.a. 1999 [Spektrum Kulturwissenschaften 1]), und Pfarrer Friedrich Schwalb in Schney, der 1528 oder bald danach vertrieben wurde (Matrikel [K] Nr. 5717, S. 374; ENDRES, Probleme [K] 105; DIPPOLD, Konfessionalisierung [B] 419).
[41] SCHOTTENLOHER (K); ZEISSNER, Kräfte (B) 271–274.
[42] CHRIST (B) 150.
[43] NEUHOFER (K) 93–112.

hervor, daß der humanistisch gebildete Eichstätter Domdekan Erhard Truchseß von Wetzhausen sowie weitere Bekannte und Freunde Scheurls die Thesen Luthers zustimmend aufnahmen.[44] Als der Fürstbischof und der Domdekan zu Beginn des Jahres 1518 Eck, der auch ein Kanonikat am Eichstätter Dom innehatte, dazu bewegt hatten, »Adnotationes« zu den Thesen Luthers abzufassen, und diese zunächst nur für den internen Gebrauch bestimmten Anmerkungen von dem gegen Eck eingestellten Augsburger und Eichstätter Domherrn Bernhard Adelmann von Adelmannsfelden nach Wittenberg weitergereicht wurden, entwickelte sich daraus eine folgenreiche Kontroverse. Luther beantwortete die von ihm als »Obelisci« bezeichneten Anmerkungen mit seinen »Asterisci«. 1519 brachte Bernhard Adelmann die Gegenschrift Johannes Oekolampads gegen Ecks »Canonici indocti Lutherani« in Druck.[45] Am 24.10.1520 veröffentlichte Gabriel von Eyb als erster unter den deutschen Bischöfen die Bulle »Exsurge Domine« in seiner Diözese, in der Bernhard Adelmann neben Willibald Pirckheimer und Lazarus Spengler als Freund Luthers namentlich aufgeführt war. Bernhard Adelmann erreichte noch 1520 die Lösung aus dem Bann.[46]

Gabriel von Eyb trat seit dem Wormser Reichstag konsequent als Gegner Luthers auf. Er arbeitete in diesem Sinn vor allem mit Kilian Leib, dem Prior des Augustiner-Chorherrenstifts Rebdorf, und einem um diesen entstehenden Kreis von Gleichgesinnten zusammen.[47] Nur einige Zeit konnte sich von den Domherren Eberhard von der Tann, der u.a. in Wittenberg und Erfurt studiert hatte, als entschiedener Anhänger der Reformation in Eichstätt halten; er begegnet 1527 als fürstlich hennebergischer und kursächsischer Rat und Amtshauptmann zu Königsberg i.B. und resignierte 1529 sein Eichstätter Kanonikat.[48] Zu den profilierten Sympathisanten Luthers in Eichstätt gehörte der 1519–1522 als Geistlicher bei den Benediktinerinnen von St. Walburg wirkende Thomas Venatorius; bereits 1522 wurde er durch den Rat der Reichsstadt Nürnberg als Prediger an das dortige Heiliggeistspital berufen.[49]

Im Gegensatz zu den anderen fränkischen Hochstiften konnte die reformatorische Bewegung hier wegen des Zusammenwirkens der antireformatorisch gesinnten Kräfte von Anfang an kaum Fuß fassen.[50]

---

[44] DEUTSCH (K) 45; FINK-LANG (B) 259.
[45] NEUHOFER (K) bes. 93–97; EBERHARD FRHR. V. EYB/ALFRED WENDEHORST, Gabriel v. Eyb (1455–1535): LebFranken NF 12 (1986), 42–55 [50].
[46] FINK-LANG (B) 257f. 273f; IMMENKÖTTER (B).
[47] DEUTSCH (K); ERNST REITER, Kilian Leib: LebFranken NF 2 (1968), 217–236; FINK-LANG (B) 256–263. 292f.
[48] AaO, 259. 303.
[49] A. SCHMID, Eichstätt (B) 170.– Vgl. STEPHAN FÜSSEL, Thomas Venatorius: Contemporaries 3 (K) 382f.
[50] RUBLACK, Reformation (K) 121f.

1.5 Das Territorium des Deutschen Ordens in Franken

Das Deutschmeistertum mit Sitz auf der Burg Horneck (bis 1525) bzw. Mergentheim (ab 1525) und die Ballei Franken mit der Landkommende Ellingen und der Kommende Virnsberg stellten die dichteste Besitzkonzentration des Deutschen Ordens innerhalb des Reichs dar. Zusammen mit den schwäbischen Kammerhäusern bildete der fränkische Besitz die Grundlage für den »Staat des Deutschmeisters«.[51] Als reichsunmittelbares Territorium konnte der Deutsche Orden in Franken trotz der extremen Streulage des Besitzes inmitten protestantisch gewordener Territorien seine Position in der römischen Kirche im Kern behaupten; vor allem gelang es ihm, das katholische Religionsexerzitium in den protestantisch gewordenen Reichsstädten, wenn auch in eingeschränktem Umfang, innerhalb der Kommenden weiterhin auszuüben.[52] Allerdings fand die reformatorische Lehre in zahlreichen Einzelbesitzungen und Patronatspfarreien bald Eingang.[53] Dabei wirkte sich vor allem der Mangel an Priesterbrüdern aus, deren Zahl in der Folgezeit rapide absank.[54]

1.6 Der Süden des Fürststifts Fulda

Träger der frühreformatorischen Bewegung in dem zur Diözese Würzburg gehörigen Hammelburg waren der städtische Rat und der geistig dem Erfurter Humanismus verbundene Pfarrverweser Johann Kempach, der ab 1523 hier wirkte. 1524 billigte der Rat die Abschaffung der lateinischen Messe durch Kempach, hob die Bruderschaften auf und erbat schließlich eine Kirchenordnung aus Wittenberg. Der die Fürstabtei als Koadjutor regierende Johann von Henneberg entließ Kempach 1526, konnte aber erst nach 1530 für einige Jahre altgläubige Pfarrer in Hammelburg durchsetzen. Für das südliche Gebiet der Fürstabtei ist ansonsten nur die evangelische Predigt des im Auftrag des Burkard von Erthal in Untererthal eingesetzten Prädikanten Jakob Bub bekannt. Dieser konnte sich nach kurzer Inhaftierung in Fulda 1525 für einige Jahre in Obereschenbach behaupten, wurde aber nach 1530 durch Johann von Henneberg endgültig aus dem fuldischen Gebiet verwiesen.[55]

2. Der Bauernkrieg

Wenn die Reformation auch nicht Ursache des Bauernkriegs war, so gaben doch reformatorische Predigten in vielen Fällen Anstöße für sozial-religiöse Aktionen

---

[51] HOFMANN (K); WEISS, Deutscher Orden (K) 228.
[52] AaO, 232f.
[53] RECHTER, Land (K) 293–304.
[54] WEISS, Deutscher Orden (K) 230f.
[55] MERZ, Fulda (K) 133. 135; MERZ, Gebiete (K) 462. 464; MERZ, Landstädte (K) 114. 124.

des »gemeinen Manns« in Franken.[56] Die dortigen hochstiftischen Territorien zählten neben den Aufruhrgebieten in Oberschwaben und Thüringen zu den von der Aufstandsbewegung am stärksten erfaßten Gebieten Süd- und Mitteldeutschlands; Hochstift und Stadt Würzburg bildeten schließlich das »Entscheidungsfeld des fränkischen Bauernkriegs«.[57] Indem viele Prediger unter Berufung auf die Heilige Schrift das »göttliche Recht« dem »alten Herkommen« gegenüberstellten, legitimierten sie die von Bauern und Städtern erhobenen Ansprüche.[58] Die diese einschließenden »Zwölf (Memminger) Artikel« waren auch in Franken weit verbreitet.[59] Die Kritik an den kirchlichen Mißständen[60] und die weitverbreiteten antiklerikalen Tendenzen[61] trugen zur Polarisierung bei. Die seit 1523 in wachsendem Umfang in den hochstiftischen Gebieten vorkommenden Zehntverweigerungen[62] werden als »drohende Anzeichen zunehmenden Autoritätsverlustes, verbunden mit einem Niedergang der Disziplin beim niederen Klerus« gewertet.[63] Weltliche und geistliche Fürsten warfen den lutherischen Predigern die Schuld am Aufruhr vor. In einer Instruktion Markgraf Kasimirs von Brandenburg Ansbach an seine Räte für Verhandlungen mit den Bischöfen von Würzburg, Bamberg und Eichstätt auf einem für den 3.4.1525 nach Neustadt a.d. Aisch einberufenen Tag ging der Markgraf davon aus, daß jene überzeugt seien, aller Aufruhr komme »aus dem evangelischen oder neuen predigen«.[64] Im Nachhinein sprach Konrad von Thüngen in einem Bericht über den Bauernaufstand an Papst Clemens VII. die nach seiner Auffassung bestehenden Zusammenhänge zwischen der neuen Lehre und dem Aufruhr sowie die Beteiligung apostasierter Mönche und Priester an, und gab zugleich seiner Befürchtung vor neuen Aufständen Ausdruck; in einer zwei Jahre später verfaßten Instruktion Konrads für einen Gesandten an die Kurie, vielleicht Johann Leinkauf, äußerte er seine Besorgnis, daß trotz der inzwischen gestillten Empörung die lutherische Lehre so tief in die Herzen des gemeinen Manns eingewurzelt sei, daß vor ihrer gründlichen Ausrottung kein beständiger Gehorsam gegen Gott bzw. der Untertanen zu erwarten sei.[65] In verschiedener Form wurde im Zusammenhang mit dem Bauernaufruhr die Forderung nach Säkularisierung der geistlichen Fürstentümer

---

56 ENDRES, Probleme (K) 104.
57 ZIEGLER, Würzburg (B) 110.
58 SEGER (K) 157f. 182. 201f. 327 [Lit.].
59 BRECHT, Hintergrund (B); PETER BLICKLE, Bauernkrieg 1524–1525: RGG⁴ 1, 1172–1175 [Lit.].
60 FRANZ MACHILEK, Von d. Kirchenreform d. 15. Jh. z. Causa Lutheri: DILLER (K) 30–35 [Lit.].
61 JOACHIM ANDRASCHKE: DILLER (K) 50f, Nr. 28; DIPPOLD, Konfessionalisierung (B) 101f; SEGER (K) 161.– Allgemein vgl. PETER A. DYKEMA/HEIKO A. OBERMAN (Hg.), Anticlericalism i. late medieval and early modern Europe, Leiden u.a. 1993 (SMRT 51); HANS-JÜRGEN GOERTZ, Antiklerikalismus u. Reformation. Sozialgeschichtl. Unters., Göttingen 1995 (KVR 1571).– Vgl. dazu auch MERZ, Landstädte (K) 133.
62 ENDRES, Probleme (K); SEGER (K) 142. 160. 167. 242.
63 CHRIST (B) 150.
64 SEGER (K) 158.– Zum Vergleich sei auf die Städteordnung Albrechts von Brandenburg von 1527 hingewiesen (NEUMAIER [K] 181).
65 WENDEHORST (K) 150–154 bzw. 154–158.

erhoben.⁶⁶ Im Hochstift Bamberg, wo der Aufruhr am 9.4.1525 als religiös-soziale Bewegung der Bürgerschaft ausbrach, zielten die Forderungen der Aufständischen auf freie Predigt des Evangeliums, Erweiterung der Selbstverwaltungsrechte, Ausschaltung des Domkapitels und Säkularisierung des Bistums; der Fürstbischof solle erblicher Herzog werden. Als Weigand von Redwitz zu Zugeständnissen bereit war, trat hier eine mehrwöchige Unterbrechung der aufrührerischen Aktivitäten ein.⁶⁷ Beim Vorgehen der bäuerlichen und städtischen Haufen gegen Klöster und Stifte, das bei den Gegnern der Reformation besondere Entrüstung hervorrief, spielte die angestrebte Ausschaltung der intermediären Gewalten eine wichtige Rolle.⁶⁸ In Bamberg forderten Rat der Stadt, Adel und Vertreter der Aufständischen die Säkularisierung der reichen Klöster Michelsberg, Banz und Langheim.⁶⁹ Der größere Teil der Insassen der Klöster brachte sich beim Anmarsch der Aufständischen in der Nähe in Sicherheit, andere schlossen sich aber auch jenen an oder gaben das Klosterleben ganz auf.⁷⁰

Eine Reihe unterschiedlicher Aktionen lassen die Zusammenhänge zwischen der frühreformatorischen Bewegung und dem Aufruhr von 1525 deutlich werden: In Bamberg zog der Karmelitenlektor Eucharius Ott, ein Freund Schwanhausers, durch seine Predigt das Volk an. Er trug im Frühjahr 1525 zur Mobilisierung der Bauern des Umlands bei. Die Bedrohung seines eigenen Klosters durch die Bauern und wohl vor allem die Bemühungen von seiten des Priors Andreas Stoß, des Sohnes des Bildhauers und Malers Veit Stoß, bewogen ihn zur Änderung seiner Einstellung. Ott übernahm wenige Jahre später in seinem Orden das Amt des Provinzials.⁷¹ Bei den Klarissinnen setzte der Rat Markus Roß, einen ehemaligen Langheimer Zisterzienser, als Prediger ein.⁷² In der Bischofs-

---

⁶⁶ ZIEGLER, Würzburg (B) 109f; ENDRES, Probleme (K) 112; SEGER (K) 161.– Zu Säkularisierungsplänen des Grafen Wilhelm von Wertheim vgl. Bistum Würzburg 3 (B) 83; MACHILEK, Markgraf (K) 115f.

⁶⁷ ENDRES, Probleme (K) 112–115.

⁶⁸ ZIEGLER, Würzburg (B) 111; GUTH, Würzburger Kirche (B) 32.– Für die Plünderungen und Zerstörungen kann hier nur pauschal auf die Literatur verwiesen werden; Mainzer Oberstift: FISCHER (K) 417f.– Hochstift Würzburg: BAUERREISS 6 (B) 139–142; ENDRES, Lebensformen (K) [rd. 20 Klöster].– Hochstift Bamberg: BAUERREISS 6 (B) 144f; ENDRES, Lebensformen (K) 10 [in der zweiten Aufruhrwelle Mitte Mai 1525 sechs Klöster, darunter Langheim].– Hochstift Eichstätt: SEGER (K) 89. 161. 192. 196 [Plankstetten].– Fürststift Fulda: MERZ, Gebiete (K) 462f [Thulba].

⁶⁹ So z.B. von Langheim (ENDRES, Probleme [K] 111; DIPPOLD, Zisterzienserkloster [B] 97; DIPPOLD, Konfessionalisierung [B] 112f).

⁷⁰ So z.B. in Banz, wohin nach der Niederschlagung des Aufruhrs nur ein Teil der Mönche zurückkehrte (HOCHHOLZER [B] 79ff).– Weitere Beispiele: JOHANNES JAEGER, Die Cisterzienser-Abtei Ebrach z. Zt. d. Reformation, Erlangen 1895, 39f; DIPPOLD, Zisterzienserkloster (B) 96ff; HEINRICH WAGNER, Gesch. d. Zisterzienserabtei Bildhausen i. MA (–1525), Würzburg 1976, 105 (MFSt 15).

⁷¹ BAUERREISS 6 (B) 72; ZEISSNER, Kräfte (B) 248. 254f; DECKERT, Karmelitenkloster (B) 57–60. 149; JOACHIM SMET/ULRICH DOBHAN, Die Karmeliten. Eine Gesch. U.L. Frau v. Berge Karmel, Freiburg u.a. 1981, 292. 303.– Zu Andreas Stoß vgl. REINHOLD SCHAFFER, Andreas Stoß, Sohn d. Veit Stoß u. seine gegenreformatorische Tätigkeit, Breslau 1926 (BSHT 5); Acta d. Karmeliterprovinzials (B); ZEISSNER, Stoss (B).

⁷² DIPPOLD, Zisterzienserkloster (B) 96; Matrikel (K) Nr. 5048, S. 333.

stadt Eichstätt wurde während des Aufruhrs der Priester Linhard Vasnacht wegen lutherischer Predigt inhaftiert. Unter den Aufständischen im Hochstift Eichstätt entfalteten die stark reformatorisch geprägten Ansprachen des Münchener »Stadtredners« Zacharias Krell im pfalz-neuburgischen Wellheim an der Grenze zum Hochstift seit Ende März 1525 eine starke Breitenwirkung. In der Kriegskanzlei der Bauern zu Greding fungierten in den ersten Tagen zwei Geistliche aus der Umgebung als Kanzler. Beim Aufruhr in Spalt wurde der bisherige Pfarrer verjagt und ein Prädikant namens Rammer eingesetzt.[73] Im Hochstift Würzburg kam es nicht zu einer gezielten Zusammenarbeit evangelisch gesinnter Prediger mit den Bauern.[74] Im fuldischen Hammelburg stellte sich der evangelische Prediger Kempach im Bauernkrieg zusammen mit dem Rat auf die Seite der fürstäbtlichen Obrigkeit.[75]

Nach dem vergeblichen Ansturm der Bauern auf die Festung Marienberg im Mai 1525 und der Niederschlagung des Aufruhrs durch das Heer des Schwäbischen Bundes bei Königshofen a.d. Tauber am 2.6.1525 ließ Bischof Konrad von Thüngen rd. 270 Aufrührer hinrichten,[76] darunter Linhard Bey, den Pfarrer aus dem würzburgischen Lauda an der Tauber,[77] und setzte sich in päpstlichem Auftrag für die Rückkehr herumschweifender Ordensleute sowie eine rasche Visitation der Klöster ein.[78] Wegen seiner Parteinahme für die Bauern wurde auch der Bildhauer Tilman Riemenschneider als Mitglied des Würzburger Rates gefangengenommen, verhört, gefoltert und aus dem Rat ausgeschlossen. Die Aufrichtung des von ihm geschaffenen Altars der Beweinung Christi zu Maidbronn 1526 erfolgte laut nachträglich hinzugefügter Inschrift zum Gedächtnis an den Sieg über die Bauern.[79] In Bamberg ließ Bischof Weigand von Redwitz nach dem Bauernaufruhr mindestens 44 Personen hinrichten.[80]

3. Die radikale Reformation

Bischof Konrad II. von Thüngen ging gegen die in den Jahren 1527/29 im Hochstift Würzburg an mehreren Stellen – u.a. in Iphofen, Sulzfeld a.M., Neustadt a.d. Saale, Mechenried – auftretenden Täufer mit Nachdruck vor; am 14.4.1528 wur-

---

[73] SEGER (K) 160. 278 [Vasnacht]. 159. 170–175 [Krell]. 160 [Kriegskanzlei zu Greding]. 241ff [Rammer].
[74] GERHARD PFEIFFER, Der Bauernkrieg (1525). Offene Fragen – Kontroverse Antworten: JFLF 50 (1990), 123–160 [136ff]; GUTH, Würzburger Kirche (B) 32.
[75] MERZ, Gebiete (K) 463.
[76] Bistum Würzburg 3 (B) 85; ZIEGLER, Würzburg (B) 110.
[77] NEUMAIER (K) 181.
[78] Bistum Würzburg 3 (B) 94.
[79] Riemenschneider – Frühe Werke (B) 21; ERIK SODER V. GÜLDENSTUBBE, Kulturelles Leben i. Würzburg d. Riemenschneiderzeit. Beih. z. Kat. d. Ausstellung »Tilman Riemenschneider – Frühe Werke« Würzburg 1981, Berlin 1981, 10.– Zu ihm allgemein vgl. MARGIT BRINKE, Riemenschneider, Tilman: BBKL 8, 321–327.
[80] ZEISSNER, Kräfte (B) 88f; DIPPOLD, Konfessionalisierung (B) 113.

de der im Verdacht der Täuferei stehende Friedrich Pretscher, Ex-Augustiner und Pfarrer von Nordheim, hingerichtet.[81] Das Täufertum am Obermain wurde durch Hans Hut verbreitet. Anhänger fand Huts Lehre in der Pfarrei Altenbanz, in Staffelstein, in den Dörfern an der Lauter und ihren Quellbächen sowie in Oberküps, Uetzing und Umgebung.[82] Eine wichtige Vermittlerrolle für die Lehren Huts spielte Johann Müller in Scherneck, einer Filialkirche von Altenbanz; seine Predigten waren schon im Januar 1526 von zahlreichen Staffelsteinern besucht worden.[83] 1528 wurden in Bamberg zehn Täufer hingerichtet; weitere Anhänger des Täufertums wurden des Landes verwiesen oder mit Geldstrafen belegt.[84] Bei der Verfolgung der Täufer in Herzogenaurach 1529 wurde insgesamt relativ milde gegen sie verfahren.[85]

4. Die Situation nach 1525 bzw. nach 1527/29

Nach bzw. neben den Verlusten eines großen Teils der Pfarreien und Klöster in den vor der Reformation unter der Gewalt des jeweiligen Diözesanbischofs stehenden Gebieten haben gerade die Zerstörungen der meisten Klöster in den hochstiftischen Gebieten im Bauernkrieg das alte Kirchenwesen nachhaltig geschwächt. Politisch konnten die geistlichen Fürsten ihre Position während des Bauernkriegs und wenige Jahre später während der Verfolgung der Täufer jedoch auf das Ganze gesehen stärken. Zugleich mit dem Vorgehen gegen Aufrührer und Täufer wurden auch die reformatorischen Ansätze in den hochstiftischen Gebieten – soweit sie nicht schon zuvor ausgeschaltet worden waren – nunmehr auf längere Zeit unterbunden.[86] Das »Auslaufen« zu evangelischen Predigern in den Nachbarterritorien wurde untersagt.[87] Zwischen dem Ausgang der 1520iger Jahre und der Jahrhundertmitte finden sich in den Quellen nur relativ wenige Zeugnisse, die ein Weiterleben evangelischen Bewußtseins im behandelten Raum in dieser Zeit anzeigen.[88] Allerdings ließ sich in ihm das Unabhängigkeitsstreben der Ritterschaften seit etwa 1540 auch in konfessioneller Hinsicht nicht mehr aufhalten.[89]

---

[81] BAUERREISS 6 (B) 75; Bistum Würzburg 3 (B) 91.
[82] G. BAUER, Anfänge (B); ZEISSNER, Kräfte (B) 90–95; DIPPOLD, Täufer (B); Bistum Bamberg 3 (B) 116.
[83] DIPPOLD, Konfessionalisierung (B) 114.
[84] AaO, 115.
[85] ZEISSNER, Kräfte (B) 93.
[86] RUBLACK, Reformation (K) 108; ZIEGLER, Würzburg (B) 111.
[87] So in Bamberg 1527 und 1535 (Bistum Bamberg 3 [B] 115. 117).– Vgl. dazu auch DIPPOLD, Konfessionalisierung (B) 118.
[88] RUBLACK, Reformation (K) 41; DIPPOLD, Zisterzienserklöster (B) 90.
[89] Vgl. dazu II.1.3.

II.1.5 FÜRSTENTUM COBURG

Von Rainer Axmann

RAINER AXMANN, Magister Georg Mohr aus Coburg. Rodachs erster Superintendent. Sein Leben, sein Wirken, seine Zeit, Rodach/Coburg 1983 (Schr. d. Rodacher Rückert-Kreises e.V. 7).– DERS., Melanchthon u. seine Beziehungen z. Coburg (Zum 500. Geburtstag d. Reformators). Zugleich ein Beitr. z. Kulturgesch. Coburgs i. 16. Jh.: JbCL 42 (1997), 129–224.– DERS., Die Reformationszeit i. Coburger Land: Herzogtum u. viele Kronen, Aufsätze (B) 25–29.– FABIAN (B).– ALBERT GREINER, Die Einführung d. Reformation i. d. Pflege Coburg 1520–1555, Bd. 1, Coburg 1938, Bd. 2: Magister Balthasar Düring aus Königsberg i. Franken, der Coburger Reformator, Coburg 1929, Bd. 3, Coburg 1938.– HERRMANN 2 (B) 1–139.– WILHELM MAURER, Der junge Melanchthon zwischen Humanismus u. Reformation, Bd. 1: Der Humanist, Göttingen 1967.– GEORG REICHENBACHER, Glaubenszeugnisse unserer luth. Väter i. Coburger Land. Ein Beitr. z. Reformationsgesch. Coburgs, Coburg 1961.– WENDEHORST, Würzburger Landkapitel (B).

Noch Ende 1520 besuchte Herzog Johann von Sachsen, der spätere Kurfürst Johann der Beständige, Halbbruder Kurfürst Friedrichs des Weisen, in gut katholischer Tradition Wallfahrtsstätten und Klöster im Coburger Land,[1] das zu dem kursächsischen Ortland (in) Franken (Pflege Coburg) und kirchlicherseits zum Bistum Würzburg (Landkapitel Coburg) gehörte. Dabei weilte er des öfteren auf der Veste Coburg, die Lucas Cranach d.Ä. während eines Aufenthaltes 1506 gezeichnet hat.[2] Bereits im Oktober 1524 genehmigte Herzog Johann die neue, von dem aus Königsberg in Franken gebürtigen Coburger Reformator Balthasar Düring,[3] dem Coburger Rat und den kurfürstlichen Verordneten erarbeitete Gottesdienstordnung (»fruemess«), nachdem der »gemeyn Man«, die Stadtbevölkerung, eine solche nachdrücklich gefordert hatte.[4] Herzog Johann hatte es sich dabei nicht nehmen lassen, jener Ordnung, die sich an Martin Luthers »Formula missae« von 1523 orientierte, in die aber auch Elemente aus der ältesten Nürnberger Gottesdienstordnung eingeflossen sein dürften, erst dann zuzustimmen, nachdem sie noch von einigen Latinismen bereinigt worden war.[5] Schon am 24.8. 1524 hatte erstmals eine Beerdigung ohne Seelmesse und Vigilie stattgefunden.[6]

---

[1] GEORG BUCHWALD, Zur mittelalterlichen Frömmigkeit am Kursächsischen Hofe kurz vor d. Reformation: ARG 27 (1930), 62–110 [109].

[2] RAINER HAMBRECHT, Lucas Cranach i. Coburg?: Lucas Cranach. Ein Malerunternehmer aus Franken, hg v. CLAUS GRIMM u.a., Kat. z. Landesausstellung Festung Rosenberg, Kronach 17. Mai – 21. August 1994, Augsburg 1994, 52–58 (VBGK 26/94).

[3] GREINER 2 (K) 1ff. Seine Biographie Dürings bewegt sich zwischen »Dichtung und Wahrheit«. RAINER AXMANN, Die spätmittelalterliche Predikatur an Coburg – St. Moriz – Balthasar Düring als ihr bedeutendster Inhaber: JbCL 35 (1990), 295–314.

[4] StACO LAB 2430.

[5] Kirchenordnungen 1 (B) 541ff.

[6] StadtACO B 105 (»Annales Curiae Coburgensis«), pag. 12.

Nicht nur Städte ergriffen die Initiative, sondern auch fünf Landgemeinden beriefen evangelisch gesinnte Geistliche. Die aus dem Südthüringischen in den Jahren 1526–1528 eindringende Täuferbewegung, die dort vor allem von Hans Hut ausgegangen war, von der auch die Coburger Exklave Königsberg in Franken ergriffen wurde, blieb ohne nachhaltige Wirkung.[7] Nur vereinzelt traten Anhänger der Abendmahlslehre Huldrych Zwinglis in Erscheinung.[8]

Unterschiedlich verlief die Auflösung der Klöster. Das Franziskanerkloster zu Coburg, an der Stelle der heutigen Ehrenburg, löste sich unter dem Eindruck der neuen Lehre im Mai 1525 auf.[9] Die monastische Ordnung im Zisterzienserinnenkloster Sonnefeld lag seit einigen Jahrzehnten bereits derart im Argen, daß dessen Aufhebung Ende 1525 nur konsequent war.[10] Der Propst der Propstei der Benediktinerabtei Saalfeld an Coburg-St. Moriz wurde 1529 mit einer hohen Pension in den Ruhestand versetzt.[11] Das Klosterleben der Benediktiner in Mönchröden befand sich dagegen noch in voller Blüte. Es endete erst im Jahr 1531 anläßlich der Sequestration der Klöster.[12]

Einen ersten Abschluß der Reformation im Coburger Land bildete die erste kursächsische Kirchen- und Schulvisitation im Ortland Franken von Mitte November 1528 bis Ende Februar 1529.[13] Geistliche wurden im Blick auf ihre Einstellung zur evangelischen Lehre examiniert; es kam zu Absetzungen, zu »Gnadenfristen« oder Bestätigungen. Der »Gemeine Kasten« wurde für die Finanzen der Kirchengemeinden und ihrer sozialen Aufgaben eingerichtet; das Schul- und Krankenwesen wurde geordnet, Kirchengemeinden neu gegliedert und etliche zu Pfarreien erhoben. Gemeindestrukturen entstanden, die z.T. bis in das 20. Jahrhundert hinein Bestand haben sollten. Weitere Visitationen folgten (1535/36, 1545, 1555).[14]

In Folge der Ereignisse auf dem Reichstag zu Speyer tagten die verbündeten evangelischen Fürstentümer und Reichsstädte vom 6. bis zum 8.6.1529 in Ro-

---

[7] G. BAUER, Anfänge (B) 12ff; DIPPOLD, Täufer (B).

[8] Z.B. der erste evangelische Schulrektor (1527–1529) in Coburg, Philipp Eberbach, und der Coburger Hauptmann Hans Mohr; vgl. AXMANN, Melanchthon (K) 143ff. 150.

[9] StadtACO B 194, fol. 234ff; vgl. Totenbuch (B) Einleitung, 6*f.

[10] WALTER LORENZ, Campus solis. Gesch. u. Besitz d. ehemaligen Zisterzienserinnenabtei Sonnefeld bei Coburg, Kallmünz 1955, 108ff (Schr. d. Instituts f. Fränk. Landesforsch. an d. Universität Erlangen, Hist. Reihe 6).

[11] StACO Urk. LAE 484.

[12] RAINER AXMANN, Das Kloster Mönchröden i. seiner Spätzeit. Niedergang u. Reformbestrebungen i. 15. u. 16. Jh. bis z. seiner Auflösung: 850 Jahre Mönchröden. Die ehemalige Benediktinerabtei v. d. ersten Erwähnung 1149 bis z. Reformation, hg. v. REINHARDT BUTZ/GERT MELVILLE, Coburg 1999, 119–164 (SchR. d. Hist. Gesellschaft Coburg e.V. 13).

[13] StACO LAB 2438; ediert von GEORG BERBIG, Die erste kursächsische Visitation i. Ortsland Franken: ARG 3 (1905/06), 336–402; 4 (1906/07), 370–408; 5 (1907/08) 398–435; StACO Kons 1213.

[14] StACO LAB 2445, LAB 2449 und Kopien Nr. 41; vgl. GREINER 1–3 (K) [seine volkstümliche Darstellung enthält eine freie Wiedergabe der Visitationstexte von 1528–1555]. Exemplarisch für eine Pfarrgemeinde im Coburger Land vgl. RAINER AXMANN, Die Pfarrer v. Schlettach. Das Leben i. einer ev. Gemeinde v. d. Reformation bis z. 30jähr. Krieg i. d. Pflege Coburg: JbCL 25 (1980), 21–84; vgl. Kirchenordnungen 1 (B) 55. 59ff. 198ff. 543ff.

dach in der Pflege Coburg. Obwohl es auf Grund der Bekenntnisunterschiede vor allem in der Abendmahlslehre zu keinem Bundesvertrag kam, so vereinbarten doch die Anwesenden im »Rodacher Abschied«, sich im Falle eines Angriffs gegenseitig beizustehen.[15] Der von den evangelischen Ständen Anfang 1531 ratifizierte Vertrag des Schmalkaldischen Bundes sah vor, daß sich jede Obrigkeit anschließen kann, die »das hailig evangelion angenommen«.[16] Vereinbarungen aus dem von Lazarus Spengler für die Tagung in Rodach verfaßten Bündnisentwurf sollten schließlich auch Eingang in die schmalkaldische Bundesverfassung vom 23.12.1535 finden.

Lucas Cranach d. Ä., Veste Coburg, Teil aus Holzschnitt: Martyrium des hl. Erasmus, 1505/9

Vom 15.4. bis zum 4.10.1530 weilte während des Reichstags zu Augsburg Luther in Coburg; die meiste Zeit hielt er sich auf der Veste Coburg auf.[17] In fünf-

---

[15] GERHARD SCHRÖTTEL, Bündnis u. Bekenntnis. Von Rodach nach Schwabach: Rodacher Almanach 1986. Spezielle Beitr. z. Heimatgesch. d. Coburger Landes, hg. v. EGBERT FRIEDRICH, Rodach/Coburg 1986, 70–74 (Schr. d. Rodacher Rückert-Kreises e.V. 10); FABIAN (B); ALBIN SCHUBERT, Rodacher Art. 450 Jahre 1529–1979, Rodach/Coburg 1979 (Schr. d. Rodacher Rückert-Kreises e.V. 4). Der Begriff »Rodacher Artikel« ist irreführend, vgl. AXMANN, Reformationszeit (K) 28f; DRTA, Jüngere Reihe, VIII, 76–118.
[16] FABIAN (B) 352.
[17] WOLFGANG SCHANZE, Luther auf d. Veste Coburg. Geschichtl. Darstellung, Coburger Luther-Brevier, Coburg 1927 (Coburger Heimatkunde u. Heimatgesch. 2/6); HEINRICH BORNKAMM,

einhalb Monaten verfaßte der Reformator u.a. 16 bedeutende Bekenntnis- und Streitschriften, darunter den »Sendbrief vom Dolmetschen«.[18] Auf dem Hin- und Rückweg zum Reichstag hielten sich in Coburg nicht nur der Landesherr, sondern auch Philipp Melanchthon und Justus Jonas auf.

Veste Coburg, Lutherstube

In den 30er und 40er Jahren übernahmen häufig Coburger als Schulmeister die Leitung des Schulwesens, nachdem sie vor allem in Wittenberg studiert hatten und dort von den Reformatoren geprägt worden waren. Da die Lehrer bei ihren Schulaufführungen vor allem auf von Melanchthon edierte Komödien von Terenz zurückgriffen, steht dieser somit am Anfang einer langen Coburger Theatertradition.[19]

Martin Luther i. d. Mitte seines Lebens. Das Jahrzehnt zwischen d. Wormser u. d. Augsburger Reichstag, Göttingen 1979; MARTIN BRECHT, Martin Luther, Bd. 2: Ordnung u. Abgrenzung d. Reformation 1521–1532, Stuttgart 1986, 356–395; REINHARD SCHWARZ, Luther, Göttingen 1986, 175ff [§ 42: Die Coburger Zeit] (KIG 3); KLAUS (B). Luthers Coburg-Aufenthalt ist bestens bezeugt nicht zuletzt durch seinen Briefwechsel, vgl. Luthers Werke i. Auswahl, Bd. 6: Luthers Briefe, hg. v. HANNS RÜCKERT, Berlin ²1955, 246–403 mit VII, Anm. 2 (BoA 6). Seelsorger Luthers war der ehemalige Guardian des Franziskanerklosters in Coburg, Johannes Grosch, vgl. RAINER AXMANN, Seelsorge an Martin Luther: JbCL 38 (1993), 279–300. Zu seinen Krankheiten in Coburg vgl. HANS-JOACHIM NEUMANN, Luthers Leiden. Die Krankheitsgesch. d. Reformators, Berlin 1995, 79–109.

[18] WA 30/2, 632–646.
[19] AXMANN, Melanchthon (K) 152ff; vgl. MAURER 1 (K) 50f.

Ende 1541 übernahm Herzog Johann Ernst, der jüngere Halbbruder von Kurfürst Johann Friedrich dem Großmütigen die Regierung der Pflege Coburg. Bereits im Frühjahr 1542 ließ er ein »Consistorium« errichten.[20] Dieses Gremium von Geistlichen und Juristen, das mehrmals im Jahr zusammentraf, hatte vor allem über anfallende Eheangelegenheiten zu entscheiden.[21] Auf einer Synode Mitte Oktober 1543 in Coburg wurden die Elevation in der Messe und die Meßgewänder abgeschafft.[22]

Die für die Reformation des Coburger Landes Verantwortlichen standen nicht nur in engem Kontakt mit dem Landesherrn bzw. dessen kurfürstlichen Verordneten, sondern ebenso mit den Reformatoren in Wittenberg, wie der überlieferte Briefwechsel zeigt.[23] Eine besonders enge Freundschaft bestand zwischen Melanchthon und dem Coburger Stadtphysikus Dr. Christopherus Stathmion, wobei der rege Gedankenaustausch über theologische und naturwissenschaftliche Themen sehr beachtenswert ist.[24] Von den Reformatoren selbst wirkte von 1550 bis 1552 Jonas als Hofprediger in Coburg; nach einer kurzen Zwischenstation in Regensburg verbrachte er seit 1553 seinen Lebensabend in Eisfeld (Pflege Coburg), wo er 1555 verstarb.[25]

---

[20] StACO LAE 164.
[21] Möglicherweise gehen die Anfänge eines Konsistoriums (»Synedriums«) in »Ehe-Sachen« bis in die erste Hälfte der 20er Jahre zurück; vgl. G[EORG] P[AUL] HÖNN, Sachsen-Coburgische Historia, 1. Theil, Franckfurt u.a. 1700, 62f; CHRISTIAN SCHLEGEL, Initia reformationis Coburgensis in vita Joannis Langeri descripta, 1717, 28.
[22] J.W. KRAUSS, Sachsen-Hildburghäusische Kirchen- Schul- u. Landeshistorie, 3. Theil, Hildburghausen 1753, 93; StACO LAF 15437, fol. 190.
[23] Gedruckt in W.A.B; vgl. auch die Regesten des MBW; zahlreiche Originale im StACO und in den Kunstsammlungen der Veste Coburg (aus Akten des StadtACO).
[24] Vgl. AXMANN, Melanchthon (K) 179ff; MAURER 1 (K) 164.
[25] Vgl. RAINER AXMANN, Justus Jonas i. Coburg (1550–1552). Zum 500. Geburtstag d. Reformators: JbCL 38 (1993), 301–334.

II.2 SCHWABEN

Von Reinhard Schwarz

BUCER, DS (B).– PEER FRIESS, Die Außenpolitik d. Reichsstadt Memmingen i. d. Reformationszeit (1517–1555), Memmingen 1993 (Memminger Forsch. 4).– DERS., Die Bedeutung d. Stadtschreiber f. d. Reformation d. süddeutschen Reichsstädte: ARG 89 (1998), 96–124.– Bayer. Geschichtsatlas (B).– GÖSSNER (B).– R. HEROLD (B).– »In Christo ist weder Man noch Weyb«. Frauen i. d. Zeit d. Reformation u. d. kath. Reform, hg. v. Anne Conrad, Münster 1999 (KLK 59).– KIESSLING, Musculus (B).– Kirchenordnungen 12 (B).– MARKUS LOMMER, Der altbayer. Frühlutheraner Dr. Stephan Kastenbauer/Agricola (um 1491–1547). Ein Biogramm auf erneuertem Forschungsstand: ZBKG 69 (2000), 227–230.– Wolfgang Musculus (B).– Quellen z. Gesch. d. Bauernkrieges, ges. u. hg. v. GÜNTHER FRANZ, Darmstadt 1963 (AQDGNZ 2).– Die Zürcher Reformation. Ausstrahlungen u. Rückwirkungen. Wissenschaftl. Tagung z. hundertjähr. Bestehen d. Zwinglivereins (29. Oktober bis 2. November 1997 i. Zürich), hg. v. ALFRED SCHINDLER u. HANS STICKELBERGER, Bern u.a. 2001 (ZBRG 18).– ROTH ²1–4 (B).– RUBLACK, Bürgerl. Reformation (B).– WOLFGANG SCHLENCK, Die Reichsstadt Memmingen u. d. Reformation: Memminger Geschichtsblätter 1968, 3–135.– ALBERT SCHULZE, Bekenntnisbildung u. Politik Lindaus i. Zeitalter d. Reformation, Nürnberg 1971 (EKGB Fotodruckreihe 3).– GOTTFRIED SEEBASS, Die Augsburger Kirchenordnung v. 1537 i. ihrem hist. u. theol. Zusammenhang: Die Augsburger Kirchenordnung v. 1537 u. ihr Umfeld. Wissenschaftl. Kolloquium, hg. v. REINHARD SCHWARZ, Gütersloh 1988, 33–58 (SVRG 196).– GERHARD SIMON, Humanismus u. Konfession. Theobald Billican, Leben u. Werk, Berlin 1980 (AKG 49).– Augsburger Stadtlexikon (B).– Territorien 1–7 (B).– »... wider Laster u. Sünde« (B).– WOLFART 1/1 u. 1/2 (B).– HELLMUT ZSCHOCH, Reformatorische Existenz u. konfessionelle Identität. Urbanus Rhegius als ev. Theologe i. d. Jahren 1520 bis 1530, Tübingen 1995 (BHTh 88).– DERS., Zwingli u. Augsburg: Zürcher Reformation (K) 163–176.– Huldreich Zwinglis sämtliche Werke, hg. v. EMIL EGLI u.a., 14 Bde. i. 18 Teilbänden, Zürich 1905–1991.

1. Die reformatorische Bewegung bis 1525

In Bayerisch-Schwaben (im Folgenden kurz: Ostschwaben), im Alten Reich ein Teil des Schwäbischen Reichskreises, waren im 16. Jahrhundert die bedeutendsten Herrschaften: das Hochstift Augsburg, das Fürststift Kempten, die Grafschaft Oettingen (mit den Hauptlinien Oettingen-Oettingen und -Wallerstein), die habsburgische Markgrafschaft Burgau, außerdem sieben Reichsstädte, deren Landgebiete relativ geringen Umfang hatten: Augsburg, Memmingen, Kaufbeuren, Kempten, Lindau, Nördlingen, Donauwörth.[1] In diesen Reichsstädten be-

---

[1] Bayer. Geschichtsatlas (B) Nr. 24a mit S. 85; vgl. generell zu diesen Gebieten Kirchenordnungen 12 (B).

stand im regierenden Rat ein »Zunftregiment«. Kirchlich gehörte Ostschwaben fast ausschließlich zum Bistum Augsburg, nur im Nordosten ein Teil zum Bistum Eichstätt und im Südwesten das jenseits der Iller Gelegene zum Bistum Konstanz.[2]

1.1 Anfänge der reformatorischen Bewegung in Augsburg

Die reformatorische Bewegung hat in allen genannten Reichsstädten Eingang gefunden, zu allererst in Augsburg,[3] wo von Anfang an das starke Druckgewerbe reformatorische Schriften, vor allem in deutscher Sprache, in großer Zahl auf den Markt brachte.[4] Diese Flugschriftenflut mit einem hohen Anteil von Schriften Martin Luthers fand in Süddeutschland weite Verbreitung, vor allem in den Städten. Nur in seltenen Fällen hat der Augsburger Rat den Druck reformatorischen Schrifttums behindert.

Als sich Luther im Oktober 1518 zum Verhör durch den päpstlichen Legaten Kardinal Cajetan in Augsburg aufhielt, ist er nicht weiter in die Öffentlichkeit getreten; nur einzelne Augsburger wie der »Stadtschreiber« Konrad Peutinger lernten ihn kennen. Luther wohnte damals im Karmeliterkloster St. Anna; dessen Prior Johannes Frosch hatte 1514–1516 in Wittenberg studiert und wurde dort im November 1518 zum D. theol. promoviert. Frosch und sein Kloster wurden bald zum wichtigsten Haftpunkt der reformatorischen Bewegung in Augsburg.

Der seit November 1518 amtierende Domprediger Johannes Oekolampad verließ im April 1520 seine Stelle; humanistisch gebildet war auch sein Nachfolger Urbanus Rhegius. Er mußte als Anhänger Luthers bereits Ende 1521 seine Dompredigerstelle aufgeben. Er kehrte 1524 in die Reichsstadt zurück, um als Prediger in St. Anna zu wirken.

Der Rat erließ im März 1522 eine Almosenordnung,[5] die durch gesamtstädtische Fürsorge das öffentliche Betteln unter Kontrolle bringen sollte. Das städtische Almosenamt zog möglichst auch kirchliche Almosenspenden an sich. Die Ordnung enthielt sich, anders als die wenige Monate später erlassene Nürnberger Ordnung, aller religiösen Aussagen. Im Streit um die religiösen Fragen suchte der Rat, als dessen wichtigster politischer Rechtsberater Peutinger fungierte,[6] einen Weg neutraler Rechtlichkeit mit einem Spielraum für reformatorische Neuerungen.[7] So erklärte Frosch im Sommer 1523, er werde Messen ohne allgemeine Kommunion, sog. Privatmessen, nicht mehr zelebrieren, ein Signal

---

[2] Bayer. Geschichtsatlas (B) Nr. 26/27 mit S. 89–93.
[3] Zu Augsburg vgl. IMMENKÖTTER/WÜST (B), zu den anderen Reichsstädten ENDERLE (B).
[4] HANS-JÖRG KÜNAST, »Getruckt zu Augspurg«. Buchdruck u. Buchhandel i. Augsburg zwischen 1468 u. 1555, Tübingen 1997 (Studia Augustana 8).
[5] CLAUS-PETER CLASEN, Armenfürsorge i. Augsburg vor d. Dreißigjähr. Kriege: ZHVS 78 (1984), 65–115.
[6] FRIESS, Bedeutung (K).
[7] Vgl. GÖSSNER (B) 34–52; für zwei Beispiele 1522/23 vgl. ROTH[2] 1 (B) S. 140, Anm. 30f und S. 125 (bei Anm. 48).

für seine Abkehr vom traditionellen Meßopferdienst des Priesters. Wenig später verzichtete er freiwillig auf das Leitungsamt in seinem Kloster, blieb aber als Prediger tätig. Ab 1524 reichte er auf Wunsch den Kommunikanten auch den Kelch, doch erst Weihnachten 1525 feierte er zusammen mit Rhegius das Abendmahl ausschließlich »unter beider Gestalt«, d.h. mit Laienkelch.

Die Ratspolitik und die disparate kirchliche Struktur Augsburgs hatten zur Folge, daß eine einheitliche Gemeindereformation mit entsprechender Gottesdienstordnung auf sich warten ließ. Als Domprediger verteidigte Matthias Kretz die traditionelle kirchliche Lehre und Praxis ohne scharfe Polemik und mit dem Eingeständnis von Reformbedarf. Wichtigste Themen bei ihm wie bei Rhegius waren die Beichte und das Herrenmahl. Diese und andere brennende religiöse Fragen behandelte Rhegius mit publizistischem Geschick.[8] In der Kirche der Dominikaner predigte Johannes Faber OP so leidenschaftlich antireformatorisch, daß ihm der Rat im Frühjahr 1525 die öffentliche Predigt wegen Volksverhetzung verbot; Faber verließ daraufhin die Stadt.[9]

Augsburger Laien, die evangelische Flugschriften verfaßt haben, waren Haug Marschalck (gen. Zoller) mit neun Flugschriften (von 1522 bis 1527) auf beachtlichem Niveau,[10] der Weber Utz Rychsner[11] und Bernhard Rem, Organist bei den Fuggern[12].

Nach kleineren Unruheszenen durch reformatorisch motivierte Laien im Jahr 1523 kam es 1524 zu einer größeren öffentlichen Unruhe, die verursacht war durch Predigten des Franziskaners Johannes Schilling[13] in der Barfüßer-, d.h. der Franziskanerkirche. Als J. Schilling seit Frühjahr 1524 in seinen Predigten die Reichen sowie die kirchliche und die weltliche Obrigkeit aufs Korn nahm, fand er schnell Anklang bei der sozialen Unterschicht. Der Rat verlangte J. Schillings Abberufung, während bei einem Volksauflauf vor dem Rathaus (6.8.24) Predigterlaubnis für ihn gefordert wurde. Der Große Rat gab (9.8.) dem mehrheitlich statt mit der Auflage, nichts gegen das »Evangelium« zu unternehmen; verschärfend verbot ein Ratsmandat (12.8.) aufrührische Reden und Handlungen. Wohl um abschreckend zu wirken, wurden kurz darauf (15.9.) zwei Weber wegen Unbotmäßigkeit hingerichtet. Im November 1524 verließ J. Schilling wieder Augsburg.[14] Um diese Zeit kam der Geistliche Michael Keller[15] nach Augsburg; er

---

[8] Vgl. ZSCHOCH, Existenz (K) 130–165.

[9] Vgl. PAULUS (B) 292–313.

[10] MIRIAM USHER CHRISMAN, Haug Marschalck. Lay Supporter of the Reform: Germania Illustrata. Essays on Early Modern Germany presented to Gerald Strauss, ed. by ANDREW C. FIX and SUSAN C. KARANT-NUNN, Kirksville 1992, 59–74 (Sixteenth Century Essays & Studies 18).

[11] Geburts- und Todesjahr unbekannt; vgl. M. ARNOLD (B) 217–250.

[12] Vgl. Reformation u. Reichsstadt – Luther i. Augsburg (B) 45f, Nr. II, 21f.

[13] Geburts- und Todesjahr unbekannt.

[14] Geburts- und Todesjahr unbekannt. Vgl. »... wider Laster u. Sünde« (B) Nr. 26; MARITA A. PANZER, Sozialer Protest i. süddeutschen Reichsstädten 1485 bis 1525. Anhand d. Fallstud. Regensburg, Augsburg u. Frankfurt am Main, München 1982 (MBMo 104).

[15] WOLFGANG ZORN, Michael Keller: LebBaySchwaben 7 (1959), 161–172; »... wider Laster u. Sünde« (B) Nr. 18. 19. 31

hatte als Kaplan im bayerischen Wasserburg/Inn reformatorisch gepredigt und dort Predigtverbot erhalten. Ab Winter 1524/25 predigte er mit Besoldung durch den Rat in der Franziskanerkirche. Der Rat hatte bereits im Sommer 1524 für Frosch und Rhegius als Prediger in der Karmeliterkirche die Besoldung übernommen. Diese Besoldungen waren im Einvernehmen mit den betreffenden Bettelordensklöstern möglich, weil der Rat über das Vermögen dieser Klöster gewisse Verfügungsrechte besaß. Ein weiterer ebenfalls vom Rat besoldeter evangelischer Prediger an St. Anna war seit 1525 Stephan Agricola (Kastenbauer), ein Ordensgenosse Luthers, der 1522 als Anhänger der Lehre Luthers vom Erzbischof von Salzburg in Haft genommen worden war.[16] Außer diesen vier Predigern wurden von einzelnen Pfarrpflegschaften (sog. Pfarrzechen), die auch über eigene Andachtshäuser als Annex zur betreffenden Kirche verfügten, früher oder später evangelische Prediger unterhalten, z.B. beim Benediktiner-Reichsstift St. Ulrich und beim Augustinerchorherrenstift Hl. Kreuz. Die vier vom Rat besoldeten Prediger wurden jedoch, etwa seit 1527, zu einer »Art reformatorischer Lehrinstanz«.[17] Unter ihnen waren Keller und Rhegius mit unterschiedlichen Akzenten die tonangebenden evangelischen Prediger.

1.2 Anfänge der reformatorischen Bewegung in Nördlingen, Memmingen, Kaufbeuren und Kempten

Auch in Nördlingen gingen erste reformatorische Impulse vom Karmeliterkloster aus; dessen Prior Kaspar Kantz,[18] gebürtiger Nördlinger, veröffentlichte bereits 1522 das von ihm verwendete deutsche Formular einer »Evangelischen Messe«,[19] das in mehreren Orten Deutschlands beispielhaft wirkte. Als er 1523 heiratete, verließ er die Stadt, wurde jedoch im Jahr 1524 vom Nördlinger Rat als deutscher Schulmeister angestellt und amtierte ab 1535 als Prediger an St. Georg. Aus eigener Initiative erließ der Rat 1522 eine »Bettel- und Almosenordnung«[20] und schuf aus Mitteln der Bürger an der Pfarrkirche St. Georg eine Predigerstelle, auf die der humanistisch gebildete Theobald Gerlacher, gen. Billicanus,[21] berufen wurde. Billican folgte nicht entschieden der Wittenberger Linie,[22] so daß der Rat im Dezember 1524 die Beseitigung von Bildern verbieten mußte. Da der verantwortliche Pfarrer sich ganz unzulänglich vertreten ließ, konnte Billican eine Gottesdienstreform vornehmen, die er im Februar 1525 dem Rat und der Öf-

---

[16] Vgl. LOMMER (K).
[17] ZSCHOCH, Existenz (K) 212.
[18] MAX CANTZ, Caspar Kantz u. d. Nördlinger Reformation: Jb. d. Hist. Vereins f. Nördlingen 12 (1928 [1929]), 153–175; DERS., Urkundliches aus d. Leben d. Caspar Kantz: Jb. d. Hist. Vereins f. Nördlingen 14 (1930 [1931]), 18–30.
[19] Text: Kirchenordnungen 12 (B) 285–288; J. SMEND (B) 72–94; ALFRED NIEBERGALL, Agende: TRE 1, 755–784; TRE 2, 1–91 [TRE 2, S. 1, Z. 44 – S. 2, Z. 19].
[20] RUBLACK, Bürgerl. Reformation (B) 53.
[21] G. SIMON (K).
[22] Im Abendmahlsstreit stand Billican unter Huldrych Zwinglis Einfluß; vgl. ZWINGLI, Werke 8 (K) Nr. 547 und G. SIMON (K) 99–127.

fentlichkeit in einer lateinischen Schrift begründete.[23] In demselben Jahr verkaufte das Kloster Heilsbronn dem Nördlinger Rat die Patronatsrechte für die Pfarrstelle, die der Rat mit einem gebürtigen Nördlinger besetzen konnte, ohne die Mitspracherechte des Augsburger Bischofs anzutasten. Die Praxis bisheriger Religiosität wurde ihren Anhängern weiterhin zugestanden. So folgte der Nördlinger Rat dem Beispiel Augsburgs auf einem mittleren Weg.

In Memmingen[24] predigte Christoph Schappeler, seit 1513 Inhaber einer gestifteten Prädikatur an der Pfarrkirche St. Martin, etwa ab 1521 reformatorisch.[25] Aus St. Gallen stammend, stand er nach anfänglicher Luther-Lektüre mit der Zeit zunehmend mit der Züricher Reformation in Verbindung. Seine Predigten fanden bei den zünftisch organisierten Bürgern starke Resonanz, so daß ein Kreis reformatorisch Gesonnener, eine Art Konventikel, zur treibenden Kraft wurde. Der Rat stellte sich hinter Schappeler, als dieser im Februar 1524 vom Bischof gebannt wurde. Daraufhin sah sich der altgläubige Stadtschreiber zum Rücktritt genötigt; an seine Stelle trat ein Reformationsfreund.[26] Bei seiner Kritik am traditionellen kirchlichen System betonte Schappeler die sozialen Fragen, v.a. die Zehntpflicht.[27] Nachdem er im Dezember 1524 zum ersten Male das Abendmahl in beiderlei Gestalt ausgeteilt hatte, nötigte die Gemeinde den altgläubigen Pfarrer, sich einer Disputation zu stellen. Ähnlich wie bei den beiden Züricher Disputationen von 1523 wurde am 2. bis 6.1.1525 in Gegenwart des Rates über sieben Thesen disputiert;[28] in ihnen verurteilte Schappeler auf biblischer Basis die Ohrenbeichte, die Anrufung Mariens und der Heiligen, den Zehnten als göttliches Recht, das Meßopfer, das Fegfeuer, den Kelchentzug, das spezielle Priestertum von Klerikern. Obwohl Schappelers Schriftargumente nicht widerlegt wurden, erbat sich der Rat von auswärts noch je zwei theologische und juristische Gutachten, u.a. von Rhegius und Peutinger. Erst danach gab der Rat den Geistlichen die Erlaubnis, auf das Meßopfer zu verzichten, den Laien den Kelch zu reichen, zu heiraten und in den Bürgerstand einzutreten. Trennte sich der Rat damit von traditionellen Obrigkeitspflichten zum Schutz der römisch-katholischen Kirche, so erließ er doch noch keine neue evangelische Kirchenordnung.

Nach dem Vorbild Memmingens wurde in Kaufbeuren am 31.1./1.2.1525 ebenfalls eine Disputation veranstaltet, mit der Folge, daß auch dort der Rat beschloß, es solle nur noch das reine Evangelium gepredigt werden, während bei

---

[23] Text: Kirchenordnungen 12 (B) 289–306; vgl. G. SIMON (K) 76–99.
[24] Vgl. außer SCHLENCK (K) auch für das innerstädtische Geschehen FRIESS, Außenpolitik (K).
[25] Eine früher ihm zugeschriebene Flugschrift hat den Nürnberger Stadtschreiber Lazarus Spengler zum Autor; SPENGLER 1 (B) 354–396.
[26] FRIESS, Bedeutung (K) 96–124.
[27] GUNTER ZIMMERMANN, Die Antwort d. Reformatoren auf d. Zehntenfrage. Eine Analyse d. Zusammenhangs v. Reformation u. Bauernkrieg, Frankfurt/Main u.a. 1982, 98–114 (EHS.G 164) [Die Auseinandersetzungen in Memmingen].
[28] THOMAS PFUNDNER, Das Memminger u. Kaufbeurer Religionsgespräch v. 1525. Eine Quellenveröff. mit einem Überblick: Memminger Geschichtsblätter 1991/92, 23–65.

den Zeremonien, also v.a. bei den Sakramenten, jeder Geistliche nach eigener Verantwortung handeln dürfe.

Die Bürgerschaft der Reichsstadt Kempten war in kirchlicher wie politischer Hinsicht in einem gespannten Verhältnis zu der dicht benachbarten ebenfalls reichsunmittelbaren Fürstabtei, deren Abt die Patronatsrechte für die Stadtkirche St. Mang hatte. Reformatorische Gedanken wurden an beiden Kirchen aufgegriffen, an der Stiftskirche von Matthias Weibel,[29] an der Stadtkirche von Pfarrer Sixtus Rummel und seinen beiden Kaplänen, von denen der eine eher Luther, der andere eher Huldrych Zwingli folgte. Hingegen predigte im nahegelegenen Franziskanerkloster Lenzfried Johannes Winzler antireformatorisch.[30]

1.3 Forderungen und revolutionäre Unruhen der Bauern

Waren wirtschaftliche und sozialrechtliche Mißstände seit Jahrzehnten mehrfach die Ursache von Bauernunruhen gewesen, so verschärfte die Reformation das Rechtsbewußtsein sowohl in der Spannung von traditionell »geistlichem«, d.h. kirchlichem, und weltlichem Recht als auch innerhalb der komplizierten herrschaftlichen Abhängigkeiten. In Ostschwaben wurden Memmingen und sein Umland zum Brennpunkt der Probleme. Die Bauern der unter Memminger Herrschaft stehenden Dörfer lernten durch Schappelers Predigten ihre gemeinschaftlichen Forderungen mit dem »göttlichen Recht« zu begründen. Das gab ihren Forderungen größeres Gewicht als die Berufung auf »altes«, d.h. zugleich regional überliefertes, Recht. Ähnliche Gedanken wie Schappeler verbreitete auch der Kürschnergeselle Sebastian Lotzer, ca. 1490 in Horb geboren, in mehreren Flugschriften.[31] Er ist als Verfasser der zehn Artikel anzusehen, in denen die Bauern der von Memmingen beherrschten Dörfer Ende Februar/Anfang März 1525 ihre Forderungen formulierten.[32] Indem sich die Memminger Bauern allein am göttlichen Wort orientieren wollten, wünschten sie freie Pfarrerwahl, Befreiung vom Zehnten und von Leibeigenschaft, Freigabe von Jagd und Fischfang, Minderung der Frondienste, Zinsen und Abgaben, Bestätigung der alten bäuerlichen Rechte. In diesem Kontext entstanden auch die schnell und weithin im Druck verbreiteten Zwölf Artikel.[33] Vertreter der drei in Oberschwaben entstandenen Bauernhaufen – Allgäuer, Baltringer, Bodenseer – organisierten am 6./7.3. in Memmingen ihren Zusammenschluß zu einer unter Eidespflicht stehenden »christlichen Vereinigung« mit einer Bundesordnung.[34] Nachdem gegen die In-

---

[29] OTTO ERHARD, Die Reformation d. Kirche i. Kempten, Kempten 1917; DERS., Matthias Weibel, Berlin 1925 (Treu d. Evangelium 5).
[30] WILHELM FORSTER, Winzler, Johann: LThK² 10, 1184.
[31] BRECHT, Hintergrund (B).
[32] Quellen z. Gesch. d. Bauernkrieges (K) 168–171, Nr. 39f; aaO, 171ff, Nr. 41 die Antwort des Rates vom 15.3.
[33] AaO, 174–179, Nr. 43.
[34] AaO, 195ff, Nr. 51; aaO, 143–150, Nr. 31 ein Auszug aus dem Bericht des Johannes Keßler, der bald danach in St. Gallen von Schappeler und Lotzer mündlichen Bericht erhalten hatte. Die Über-

tentionen von Schappeler und Lotzer auch in Oberschwaben die Bauern mit Gewalt gegen Klöster und Schlösser vorgegangen waren, konnte der Schwäbische Bund durch die beiden Schlachten von Leipheim und Wurzach am 4. bzw. 14.4. (gegen den Baltringer und den Allgäuer Haufen) und durch den Weingartner Vertrag am 16./17.4. (mit den Seebauern) sich die ganze Landschaft unterwerfen. Die Verluste in den Kämpfen wurden dann noch vermehrt durch die Strafaktionen einzelner Herrschaften an den Bauern. Die geforderten sozialrechtlichen Verbesserungen unterblieben. Die reformatorischen Regungen wurden nicht nur auf dem Lande unterdrückt, sondern erlitten teilweise auch in den Städten einen Rückschlag. Die ostschwäbischen Reichsstädte waren zwar Mitglieder des Schwäbischen Bundes, hatten ihn jedoch in der Konfrontation mit den Bauern nicht uneingeschränkt unterstützt, sondern politisch zu vermitteln

Zwölf Artikel der Bauern, Memmingen 1525, erster Artikel, Erstdruck Augsburg 1525

lieferung der Bundesordnung und deren Relation zu anderen Programmschriften hat völlig neu beleuchtet SEEBASS, Artikelbrief (B).

versucht.³⁵ Memmingen und Kaufbeuren mußten sich schließlich dem Schutz des Schwäbischen Bundes unterstellen. Schappeler und Lotzer flohen nach St. Gallen. Die altgläubigen Kräfte waren in Kaufbeuren wieder so gestärkt, daß diese Stadt in den nächsten zwanzig Jahren nicht mehr zu den reformatorischen Städten gehörte. In Augsburg blieb den reformatorischen Kräften eine Krise dieser Art erspart, nicht zuletzt wegen des Eigengewichtes der Stadt innerhalb des Schwäbischen Bundes. Rhegius hatte im Frühjahr 1525 in einer Flugschrift den Bauern geraten, ihre Situation als Christen in innerer Freiheit zu akzeptieren, und den Grundherren nahegelegt, nicht unerbittlich auf ihren Rechten zu bestehen, sondern christlich mit den Bauern umzugehen. Den Siegern des Bauernkrieges hat er dann die Grenzen der Herrschaftsausübung vorgehalten.³⁶

2. Vielfalt der reformatorischen Bewegung

2.1 Innerprotestantische Auseinandersetzungen und Veränderungen

Die Spontaneität der reformatorischen Bewegung brachte es mit sich, daß sie eine gewisse Vielfalt entwickelte, deren Probleme deutlich wurden, als zum einen innerhalb einzelner Städte die Formen des kirchlichen Lebens gemeinschaftlich zu regeln waren, zum anderen innerhalb des Reiches reformatorisch eingestellte Reichsstände zu politischen Absprachen genötigt wurden. Zwingli suchte bereits 1524 die evangelischen Geistlichen Augsburgs für seinen reformatorischen Führungsanspruch zu gewinnen.³⁷ Einige Monate später mahnte er in einer »Epistel an alle christlichen Brüder zu Augsburg«³⁸ zu entschiedener Distanz gegenüber römisch-katholischer Lehre.³⁹

Für den innerprotestantischen Streit um das Abendmahl gewann Augsburg exemplarische Bedeutung. Zwingli vertrat seine Abendmahlslehre exklusiv als wahrhaft evangelisch, weil in seinen Augen Luther mit seiner Auffassung nicht vom papistischen Sauerteig frei geworden sei. Diesem Anspruch hat Rhegius sich nicht gefügt, obgleich er sich Zwinglis Abendmahlslehre ein Stück weit nähern konnte. Während Keller der Abendmahlslehre Zwinglis folgte⁴⁰ und Frosch und

---

³⁵ WOLFGANG WÜST, Kommunikation i. Bündnis. Zur Rolle oberdeutscher Reichsstädte i. d. Bauernunruhen 1524/25: ZHVS 92 (1999), 7–30.
³⁶ ZSCHOCH, Existenz (K) 109–123.
³⁷ ZWINGLI, Werke 8 (K) 197–200, Nr. 340 [Zwingli an Frosch 16.6.1524]; vgl. aaO, 201f [Rhegius an Frosch].
³⁸ ZWINGLI, Werke 3 (K) [494] 500ff.
³⁹ ZSCHOCH, Zwingli (K) 167.
⁴⁰ Eine Zusammenfassung von Predigten über das Abendmahl veröffentlichte er 1525, in erweiterter Auflage 1526. Ebenfalls 1525 erschienen von ihm zwei pseudonyme Schriften zur Abendmahlsfrage, bei einer ist allerdings Kellers Autorschaft umstritten. Eine weitere Schrift ließ er 1528 folgen; vgl. WALTHER KÖHLER, Zwingli u. Luther. Ihr Streit über das Abendmahl nach seinen polit. u. religiösen Beziehungen, Bd. 1, Leipzig 1924, 719ff (QFRG 6); Reformation u. Reichsstadt – Luther i. Augsburg (B) 88f, Nr. 12.

Agricola es mit Luther hielten,[41] war Rhegius daran gelegen, wenigstens in Augsburg eine Gemeinsamkeit im evangelischen Glauben zu bewahren. Das bezeugt eine von ihm verfaßte, für den Gottesdienst bestimmte Unterweisung der Abendmahlsgemeinde, der am 15.4.1527 auch die drei anderen hauptverantwortlichen Prediger zustimmten.[42]

In den Abendmahlsstreit hat der Augsburger Rat nicht eingegriffen. In einem Ratserlaß wurde 1527 den Bürgern freigestellt, das Abendmahl in einer oder beiden Gestalten sich reichen zu lassen.[43] Der Rat war jedoch darauf bedacht, unter Umständen durch Mandate mit Strafandrohung die Neuerungen in Grenzen zu halten, z.B. durch Verbot des Zerstörens und Verschandelns von Bildern (19.3.29),[44] durch Verbot von verunglimpfender Polemik auf den Kanzeln (5.12.29), durch die Aufforderung, die herkömmlichen Feiertage im Handel und Gewerbe zu beachten (20.9.1528).[45] Alle evangelischen Prediger Augsburgs vollzogen die Taufe in deutscher Sprache, aber in unterschiedlicher liturgischer Form, teils nach Wittenberger, teils nach Zürcher Vorbild.[46]

Nach dem Bauernkrieg mußte in Memmingen der Meßkultus restituiert werden. Nach dem Speyerer Reichstag 1526 hat der Rat zwar nicht Schappeler, jedoch den anderen 1525 ausgewiesenen Prediger Simprecht Schenck zurückberufen. Unterstützt durch den Konstanzer Reformator Ambrosius Blarer hat der Rat, ohne sich durch Mißhelligkeiten mit dem Augsburger Bischof und dem Schwäbischen Bund irritieren zu lassen,[47] ab 1527 Schritt für Schritt das soziale und das kirchliche Leben der ganzen Stadt reformatorisch umgestaltet.[48] Bei der Reformation der Klöster leisteten jedoch die Franziskanerinnen erfolgreich Widerstand.[49] Nachdem in einer Abstimmung der Zünfte eine Mehrheit für die Abschaffung des Meßkultus votiert hatte, wurde Ostern 1529 zum ersten Male das Abendmahl in einer von Konstanz bzw. Zürich beeinflußten Form gefeiert.[50]

Der Fürstabt von Kempten hatte im Bauernkrieg, nachdem sein Kloster geplündert und verwüstet worden war, in der Stadt Zuflucht gefunden. Damals verkaufte er an die Stadt nicht nur sein Patronatsrecht an der Pfarrkirche St. Mang, sondern auch die weltlichen Obrigkeitsrechte, die er bisher noch in

---

[41] Agricola (vgl. II.2.1.1, bei Anm. 16) übersetzte das prolutherische, für Süddeutschland besonders bedeutsame Syngramma Suevicum ins Deutsche; vgl. LOMMER (K).
[42] ZSCHOCH, Existenz (K) 210–215; ZSCHOCH, Zwingli (K) 172.
[43] Vgl. ROTH² 1 (B) 301.
[44] Vgl. aaO, 305f.
[45] Vgl. aaO, 300 mit Anm. 60.
[46] Vgl. aaO, 297.
[47] FRIESS, Außenpolitik (K) 79–96.
[48] PEER FRIESS, Die Bettelordnung d. Reichsstadt Memmingen aus d. Jahre 1527: Quellen z. Verfassungs-, Sozial- u. Wirtschaftsgesch. bayer. Städte i. Spätmittelalter u. früher Neuzeit. Festgabe f. Wilhelm Störmer z. 65. Geburtstag, hg. v. ELISABETH LUKAS-GÖTZ u.a., München 1993, 345–370 (Materialien z. Bayer. Landesgesch. 11).– Die Kirchenordnung von 1528: Kirchenordnungen 12 (B) 235–238. Vgl. SCHLENCK (K) 58–61.
[49] SCHLENCK (K) 61–65.
[50] Kirchenordnungen 12 (B) 239–246.

Kempten besessen hatte, so daß die Stadt durch diesen »großen Kauf« volle Reichsfreiheit erlangte.[51] Waren einige der herkömmlichen religiösen Bräuche (z.B. Fasten, Reliquien- und Heiligenverehrung) schon vor dem Bauernkrieg unter dem Einfluß reformatorischer Predigt geschwächt worden, so hat der Rat nun auch die evangelische Umgestaltung von Taufe und Abendmahl unterstützt. Über den Zwiespalt zwischen Luthers und Zwinglis Abendmahlslehre veranstaltete der Rat 1529 eine Anhörung. Ohne die Lehrdifferenz zwischen den Geistlichen aufzuheben, votierte der Rat zugunsten der Lehre Luthers und trat dementsprechend 1530 während des Augsburger Reichstages nachträglich dem Augsburgischen Bekenntnis bei.[52]

2.2 Die Täuferbewegung

Die ersten »Täufer«, die angesichts der damals ausschließlich praktizierten Kindertaufe nur »Wiedertäufer« sein konnten, tauchten 1526 in Augsburg auf, unter ihnen Balthasar Hubmaier.[53] Obwohl er sich hier nur kurz aufhielt, hat er offenbar durch einige Erwachsenentaufen den Augsburger Täuferkreis begründet. Der von Hubmaier getaufte Hans Denck,[54] der nur vorübergehend in Augsburg lebte, taufte hier Pfingsten 1526 den reisenden Buchhändler Hans Hut,[55] der sogleich mit andersartigem Profil zu einem äußerst aktiven Täufer in Süddeutschland und Österreich wurde. Der ihm von Thomas Müntzer vermittelte Gedanke einer gewaltsamen apokalyptischen Realisierung der Christusherrschaft verwandelte sich bei ihm in die Erwartung des Anbruchs des Reiches Christi für das Jahr 1528; im Blick auf dieses Ereignis bedeutete für ihn die Erwachsenentaufe das Siegel für jene Erwählten, die dann das Reich Christi mit dem Schwert herbeiführen sollten. Für längere Zeit gehörten zum Augsburger Täuferkreis Eitelhans Langenmantel aus einem Patriziergeschlecht,[56] Sigmund Salminger, der als ehemaliger Münchener Franziskanermönch in Augsburg eine Stelle als deutscher Schulmeister gefunden hatte,[57] und Jakob Dachser, ein früherer Priester der Diözese Eichstätt.[58] Die beiden letzten hatten geheiratet und versahen Leitungsaufgaben in der Augsburger Täufergemeinde.[59] So sehr die Täufer darauf Wert leg-

---

[51] Der »große Kauf« vom 6.5.1526; Text bei JOHANN B. HAGGENMÜLLER, Gesch. d. Stadt u. d. gefürsteten Grafschaft Kempten, Bd. 1, Kempten 1988 [= Nachdr. d. Ausg. Kempten 1840], 529–533; vgl. HERBERT IMMENKÖTTER, Stadt u. Stift i. d. Reformationszeit: Gesch. d. Stadt Kempten (B) 167–183 [171].
[52] BSLK 136f, Anm. 1.
[53] CHRISTOF WINDHORST, Hubmaier, Balthasar (1480/85–1528): TRE 15, 611ff.
[54] PACKULL (B).
[55] SEEBASS, Hut (B).
[56] ROTH² 1 (B) 204f. 225f. 229f. 234. 238f. 242f. 251. 270f.
[57] Vgl. ERNST FRITZ SCHMID, Das goldene Zeitalter d. Musik i. Augsburg: Augusta 955–1955. Forsch. u. Stud. z. Kultur- u. Wirtschaftsgesch. Augsburgs, hg. v. HERMANN RINN, Augsburg 1955, 301–322 [311f].
[58] Salminger und Dachser haben sich als Dichter geistlicher Lieder einen Namen gemacht (vgl. dazu II.2.3.4, Anm. 106).
[59] Vgl. ZSCHOCH, Existenz (K) 227.

ten, daß ihre Frauen ganz das täuferische Christenleben teilten, was manche von ihnen bis zum Martyrium getan haben, sind doch in den Täuferkreisen Frauen nicht öffentlich und höchstens ausnahmsweise predigend und taufend aktiv gewesen.[60]

Von Salminger stammt eine anonyme grundsätzliche Schrift,[61] zu der sich Rhegius im Auftrag des Augsburger Rats kritisch äußerte.[62] Im August 1527 traf sich eine Anzahl von führenden Täufern in Augsburg, u.a. Denck und Hut, die bei dieser Gelegenheit Lehrdifferenzen auszugleichen suchten. Der Augsburger Rat, der schon zuvor das heimliche Beherbergen von Ortsfremden untersagt hatte, erfuhr von dem »Täuferkonzil« erst hinterher und verhaftete dann noch Hut und die wichtigsten Augsburger Täufer. Nachdem es den vier im Ratsdienst stehenden Predigern nicht gelungen war, in längeren Unterredungen die Inhaftierten von ihren Lehren abzubringen, wurden diese zu langfristiger Haft verurteilt. Hut starb Ende 1527 im Gefängnis an den Folgen eines Feuers. Im Oktober 1527 untersagte ein Ratsmandat unter Strafandrohung täuferische Aktivitäten. Zu Ostern 1528 wurden 88 Täufer bei einer heimlichen Zusammenkunft überrascht. Wer sich nicht vom Täufertum lossagte, wurde aus der Stadt verwiesen, unter Umständen hinausgepeitscht oder gebrandmarkt oder in anderer Weise bestraft. Die Todesstrafe wurde im Fall des Schneiders Hans Leupold verhängt, der 1527 aus der Stadt verwiesen worden war und sich jetzt wieder als aktiver Täufer betätigt hatte. Salminger und Dachser haben Ende 1530 bzw. im Frühjahr 1531 ihre täuferischen Ansichten aufgegeben, wurden daraufhin freigelassen und durften in Augsburg bleiben; Dachser konnte sich als evangelischer Hilfsprediger, Salminger als Lehrer betätigen.

In Memmingen hat sich der Rat auf Ausweisung und Gefängnisstrafe beschränkt. In Kaufbeuren hingegen, wo der Augsburger Täufer Augustin Bader 1528 einen Kreis Taufgesinnter um sich sammelte, wurden am 13.6.1528 fünf Männer dieses Kreises enthauptet; Bader und einige andere konnten fliehen.[63]

2.3 Der Sonderweg Augsburgs

Als nach 1525 auf beiden Seiten die Reichsstände begannen, religionspolitische Bündnisabsprachen zu treffen, blieb der Augsburger Rat bei seiner Politik des

---

[60] NICOLE GROCHOWINA, Zwischen Gleichheit i. Martyrium u. Unterordnung i. d. Ehe. Aktionsräume v. Frauen i. d. täuferischen Bewegung: »In Christo ist weder Man noch Weyb« (K) 95–113 [105–111].
[61] HELLMUT ZSCHOCH, Gehorsamschristentum. Die »göttliche u. gründliche Offenbarung« d. Augsburger Täuferführers Jakob Dachser: ZBKG 63 (1994), 30–45.
[62] ZSCHOCH, Existenz (K) 232–268.
[63] Bader, der die täuferischen Gedanken mit apokalyptischer Naherwartung verquickte, wurde am 30.3.1530 in Stuttgart unter der damaligen habsburgischen Herrschaft enthauptet. Für Kaufbeuren vgl. ansonsten: Quellen z. Gesch. d. Täufer 5/2 (B) 131–161.

neutralen »mittleren Weges«.⁶⁴ Beim Reichstag von Speyer 1529 schloß sich Augsburg nicht der »Protestation« der evangelischen Reichsstände an, obwohl 13 süddeutsche Reichsstädte unterschrieben, u.a. Konstanz, Lindau, Isny, Memmingen, Kempten.⁶⁵ In seiner Zurückhaltung bestimmten den Rat offenbar v.a. die wirtschaftlichen Interessen der großen Handelsgesellschaften der Fugger und Welser.⁶⁶

Da nach dem Speyrer Reichstag 1529 auch in der protestantischen Bündnispolitik die Abendmahlsfrage kritisches Gewicht erhielt, konnten sich die oberdeutschen Städte nicht der von Kursachsen angeführten Gruppe anschließen; sie mußten ihre Verbindungen untereinander verstärken. Unter diesen Städten hatte Straßburg beim Augsburger Reichstag 1530 die Führung. Die beiden Straßburger Theologen Martin Bucer und Wolfgang Capito waren in Augsburg anwesend. Für die vier oberdeutschen Reichsstädte Straßburg, Konstanz, Lindau, Memmingen, die wegen ihrer Differenz zur Wittenberger Abendmahlslehre nicht der Confessio Augustana beitreten konnten, verfaßte Bucer ein eigenes Bekenntnis, die Confessio Tetrapolitana, die am 9.7. Balthasar Merklin, dem Vizekanzler des Kaisers, übergeben wurde.⁶⁷

Augsburg vereinte sich beim Augsburger Reichstag 1530 weder mit den Reichsständen der CA noch mit denen der Tetrapolitana. Den bekennenden Reichsständen schloß sich Augsburg nur insoweit an, als es die Annahme des gegen alle evangelische Lehre gerichteten Reichstagsabschieds verweigerte, allerdings mit der Zusatzerklärung, die römisch-katholische Messe zu dulden.⁶⁸ Augsburg hatte damit zum ersten Mal auf reichspolitischer Ebene eine Entscheidung zugunsten der Reformation getroffen. Nördlingen, Donauwörth und Kaufbeuren akzeptierten den Augsburger Reichstagsabschied. Weil vorauszusehen war, daß dem Reichstagsabschied von 1530 große politische Tragweite zukommen würde, hat in Memmingen – wie in Ulm – der Rat darüber die Bürger abstimmen lassen; die Mehrheit votierte für Ablehnung des Reichstagsabschieds.⁶⁹

---

⁶⁴ Der Schwäbische Bund forderte 1527 von seinen Städten, Mönche und Nonnen sowie Priester, die ihren geistlichen Stand verlassen haben, festzunehmen; das lehnte Augsburg ebenso wie Nürnberg und Ulm ab.
⁶⁵ Nördlingen distanzierte sich einige Monate nach dem Reichstag wieder von der Protestation und anerkannte den Reichstagsabschied.
⁶⁶ Rhegius an Landgraf Philipp von Hessen am 30.4.1529, zit. bei ZSCHOCH, Existenz (K) 302.
⁶⁷ BUCER, DS 3 (B) [13] 35–185 [15–24 über die Entstehung]; Bucers Apologie der Confessio Tetrapolitana von 1531: aaO, (187) 194–318.
⁶⁸ GÖSSNER (B) 56–61.
⁶⁹ Vgl. FRIESS, Außenpolitik (K) 114.

3. Die Eigenart der oberdeutschen Reformation in der Gestalt des kirchlichen Lebens

3.1 Die Entwicklung des Typs der oberdeutschen Reformation in Memmingen und Kempten

Nach dem Augsburger Reichstag wurde das evangelische Christentum in den ostschwäbischen Reichsstädten so stark von Straßburg und von Konstanz beeinflußt, daß sich der Typ der oberdeutschen Reformation entwickelte. Da der Schmalkaldische Bund, der als Reaktion auf den Augsburger Reichstagsabschied gegründet wurde, nicht die CA für den Beitritt voraussetzte, konnten die vier Städte der Tetrapolitana gleich dem ersten Bundesvertrag vom 27.2.31 beitreten.[70] Konstanz, Lindau und Memmingen (ohne Straßburg) sowie Ulm, Isny, Biberach o.R.[71] vereinbarten im Februar 1531 unter der Führung des Konstanzer Reformators Blarer, die kirchliche Praxis möglichst einheitlich zu regeln. U.a. wurde beschlossen,[72] daß Taufe und Abendmahl nach der Einsetzung Christi gehalten werden; im übrigen solle Freiheit bei den kirchlichen Gebräuchen bestehen, sofern sie nicht dem göttlichen Wort und christlicher Liebe zuwiderlaufen. An der Kindertaufe solle festgehalten werden; die Täufer sollten jedoch nicht rigoros verfolgt werden, vielmehr sollte man sie zu überzeugen versuchen. In den Gemeinden wollte man eine christliche Lebenszucht mit Kontroll- und Strafmaßnahmen einführen. Die Stadtobrigkeiten sollten auch in den Dörfern ihrer Herrschaft die reformatorischen Neuerungen durchführen und beaufsichtigen, was jedoch weiterhin einige Schwierigkeiten bereitete. Die Mitgliedschaft im Schmalkaldischen Bund gab – v.a. gegenüber dem Schwäbischen Bund – den nötigen kirchenpolitischen Rückhalt, um die Reformation in diesem Sinne auszugestalten. Trotz gewisser »oberdeutscher« Gemeinsamkeiten ließ man sich dabei entweder mehr von Straßburg oder von Konstanz beeinflussen.

In Memmingen wurden alle Geistlichen, auch in den Dörfern, der Reformation unterworfen; sie durften keine Messen mehr zelebrieren. Zu diesem Zweck wurden ihnen im Juli 1531 18 Artikel evangelischer Lehre vorgelegt; wer sie annahm, erhielt das städtische Bürgerrecht und konnte bei notwendigem Bildungsstand evangelischer Prediger werden; wer sie ablehnte, mußte die Stadt verlassen.[73] Drei Geistliche lehnten es in Memmingen ab, sich der Reformation anzuschließen, ebenso die Franziskanerinnen, die nach Kaufbeuren zogen. Ebenfalls im Sommer 1531 wurden in einer geordneten Aktion unter Ratsaufsicht die Bilder

---

[70] Zu Memmingen vgl. FRIESS, Außenpolitik (K) 131. Zu Ulm und den anderen schwäbischen Städten vgl. BRECHT/EHMER (B) 151ff.
[71] Vgl. die Übersicht im Anhang bei FABIAN (B) 238–241.
[72] FRIESS, Außenpolitik (K) 130; SCHULZE (K) 66f.
[73] Die Memminger Befragung folgte dem Vorbild Ulms; Bucer und Oekolampad, die die Ulmer Befragung geleitet hatten, kamen anschließend nach Memmingen; vgl. BUCER, DS 4 (B) [183] 212–272 [Ulmer Kirchenordnung]; aaO, 273–304 das »Ausschreiben« des Ulmer Rats und die 18 Artikel; für Memmingen vgl. FRIESS, Außenpolitik (K) 121.

und Figuren aus den Kirchen entfernt und teils in Verwahrung genommen, teils zugunsten der Armenfürsorge verkauft.[74]

Ostern 1532 wurde eine Zuchtordnung eingeführt.[75] Den Ideen Bucers entsprechend, wurde die Disziplin von Christengemeinde und Bürgergemeinde nicht wie in Zürich verschmolzen, obwohl sie insofern miteinander verknüpft waren, als beide der Autorität des bewußt christlichen Rates unterstanden. Der bürgerlichen Disziplin[76] wurde auch die Ehegerichtsbarkeit zugewiesen, für die bisher das bischöfliche Gericht zuständig war. Für die Praxis der Disziplin der Christengemeinde nach Mt 18, 15–18[77] waren in bestem Ruf stehende Gemeindeglieder verantwortlich. Wer sich nicht ermahnen ließ, wurde aus der Sakramentsgemeinschaft ausgeschlossen, in die er bei erkennbarer Reue wieder aufgenommen wurde. Eine förmliche kirchliche Jurisdiktion wurde abgelehnt.[78] Der Rat sollte auch nicht an Entscheidungen der Kirchenzucht beteiligt, sondern nur informiert werden.

Im Unterschied zur Memminger Zuchtordnung folgte die Lindauer Zuchtordnung dem Konstanzer Vorbild und legte – wie in Zürich – die christliche Gemeindezucht ganz in die Hände des Rats.[79]

Kempten integrierte sich 1533 in den Typ der oberdeutschen Reformation. Da die drei in der Stadt amtierenden evangelischen Geistlichen in der Abendmahlslehre und -praxis uneins waren, wollte sie der Rat 1532 auf eine von Straßburg vorgeschlagene vermittelnde Lehraussage verpflichten. Als die beiden lutherischen Geistlichen ihre Zustimmung wieder zurückzogen, entließ sie der Rat Ende Januar 1533 und berief an ihrer Stelle zwei Schweizer.[80] Bei einer Abstimmung zur Frage der »Bilder« votierte die starke Mehrheit der Bürger für deren Beseitigung; auf Ratsbefehl wurden die Bilder umgehend aus den Kirchen geholt und verbrannt.[81] Der Rat regelte das kirchliche Leben mit einer Kirchenordnung, die nicht erhalten ist; das Schulwesen und die Armenfürsorge wurden geordnet, das Bordell geschlossen. Die »Zensoren«, die in den einzelnen Stadtvierteln die Sittenzucht zu überwachen hatten, mußten dem Rat wöchentlich über religiöse

---

[74] FRIESS, Außenpolitik (K) 121 mit Anm. 29. In Lindau wurden sie schon im Juni 1530 vernichtet, vgl. WOLFART 1/1 (B) 270f.

[75] Text: Kirchenordnungen 12 (B) 247–255 [mit 229]; zu den hier fehlenden, aus der Ulmer Ordnung übernommenen Stücken vgl. BUCER, DS 4 (B) [183] 212–272 und 374–398 [Bucers Entwurf].

[76] Kirchenordnungen 12 (B) 253ff; vgl. WALTHER KÖHLER, Zürcher Ehegericht u. Genfer Konsistorium, Bd. 2, Leipzig 1942, 56–61 (QASRG 10).

[77] Kirchenordnungen 12 (B) 247–253b. Die »Gemeinde« von Mt 18, 17 bildet das Kollegium der Warnungsherren.

[78] Kirchenordnungen 12 (B) 248a.

[79] Die Zuchtordnung: Kirchenordnungen 12 (B) 186–197. Lindau erließ 1533 auch eine Almosenordnung: aaO, 200ff. Die Einzelheiten sind für Lindau nicht so gut dokumentiert wie für Memmingen.

[80] HERBERT IMMENKÖTTER, Zwingli u. d. oberdeutsche Reichsstadt Kempten 1525 bis 1533: Zürcher Reformation (K) 123–130.

[81] LUDWIG DORN, Der Bildersturm i. d. Pfarrkirche St. Mang i. Kempten i. Januar 1533: Allgäuer Geschichtsfreund 78 (1978), 114f.

und sittliche Vergehen berichten. Für das ganze Stadtgebiet wurden die Messen verboten.[82]

3.2 Die Entwicklung des Typs der oberdeutschen Reformation in Augsburg

Für die evangelischen Christen in Augsburg brachte der Reichstag 1530 einen besonders tiefen Einschnitt. Das generelle, vom Kaiser gleich nach seiner Ankunft in Augsburg (am 15.6.) verhängte Verbot aller Predigten während seiner Anwesenheit in der Stadt (entsprechender Ratsbeschluß 18.6.)[83] und die zunehmend kritische Situation der protestantischen Reichsstände[84] hatten zur Folge, daß die evangelischen Prediger, die bisher in der Stadt tätig gewesen waren, die Stadt im August 1530 verließen. Je nach ihrer theologischen Richtung gingen sie in Städte der Tetrapolitana oder zu Reichsständen der CA.[85]

Nach dem Reichstag wünschte der Augsburger Rat, der seit der Ratswahl im Januar 1531 verstärkt evangelisch besetzt war, eine einheitlichere evangelische Predigt, v.a. in der Abendmahlslehre. Als Anhänger von Bucers vermittelnder Lehre[86] kamen aus Straßburg Wolfgang Musculus[87] und Bonifatius Wolfhart[88] sowie zwei weitere Prediger; von den früheren Augsburger Predigern kehrte auf Dauer nur Keller zurück.[89] Daß sich hauptsächlich unter dem Einfluß der Straßburger Theologen der Typ der oberdeutschen Reformation entwickeln konnte, begünstigten weitere äußere Umstände wie der Tod Zwinglis in der Schlacht bei Kappel (11.10.1531), die kirchenpolitische Schwächung der Schweizer Reformation durch den Kappeler Frieden einerseits und die Stärkung des Schmalkaldischen Bundes durch den »Nürnberger Anstand« 1532 andererseits.

Der Rat erzielte mit der Indienstnahme der mit Bucer verbundenen Prediger weitgehende Einheitlichkeit in der evangelischen Verkündigung. Auch das allgemeine Zeitbewußtsein verlangte für ein Gemeinwesen einen einheitlichen öf-

---

[82] Zum Schicksal der Franziskanerinnen, der »Grauen Schwestern«, die 1536 ins Gebiet des Fürstabtes emigrierten und 1545 ihr Kloster an den Rat verkauften, vgl. JOSEPH ROTTENKOLBER, Gesch. d. ehemaligen Frauenklosters St. Anna i. Lenzfried, Kempten 1929 (Beigabe d. Hist. Vereins Allgäu i. Kempten z. Allgäuer Geschichtsfreund NF 29).

[83] GERHARD MÜLLER, Die röm. Kurie u. d. Reformation 1523–1534. Kirche u. Politik während d. Pontifikates Clemens' VII., Gütersloh 1969 (QFRG 38); ROTH[2] 1 (B) 337f.

[84] Nachdem am 3.8. die Widerlegung der CA verlesen worden war, verließ Philipp von Hessen, hoffnungslos geworden, am 6.8. heimlich die Stadt. Der Kaiser ließ den evangelischen Prediger von Hl. Kreuz, Johannes Schneid, am 17.8. verhaften; vgl. ROTH[2] 1 (B) 340.

[85] Vgl. ROTH[2] 1 (B) 540.

[86] Bucer half den Augsburgern in den folgenden Jahren noch mehrfach – 1531, 1534, 1535, 1536 – bei der Regelung kirchlicher Angelegenheiten; vgl. ROTH 2 (B) 289ff.

[87] Vgl. RUDOLF DELLSPERGER, Musculus, Wolfgang (1497–1563): TRE 23, 439ff; Wolfgang Musculus (B).

[88] Vgl. WIEDEMANN (B) 46, Nr. 247.

[89] Zur Verteilung der Prediger und Hilfsprediger (»Helfer«) auf die verschiedenen Kirchen vgl. ROTH[2] 1 (B) 353; ROTH 2 (B) 50. 73, Anm 13. Der Lutheraner Kaspar Huber/Huberinus blieb nach eigenem Willen bis 1535 ohne Ratsauftrag, jedoch aus einer privaten Stiftung finanziert, vgl. ROTH[2] 1 (B) 211 Anm. 9; ROTH 2 (B) 76, Anm. 37. S. 271, Anm. 63; er wurde zum Kopf der lutherischen »Dissidenten«, mit Luther in Briefverkehr, WA.B 6, 244. 492; WA.B 7, 294. 566.

fentlichen »Gottesdienst«. Darauf drängten nun auch die Augsburger Prediger. Anfang 1533 verließ der Rat seinen »mittleren Weg« mit dem Ziel, nur noch das evangelische Christentum in der Bürgerschaft öffentlich zu dulden. Obgleich der Rat den Reichstagsabschied 1530 abgelehnt hatte, war er gebunden durch das damals dem Kaiser gegebene Versprechen, den alten Glauben in der Stadt zu dulden. Zunächst ließ der Rat durch juristische Gutachten grundsätzlich v.a. klären, ob der Rat als weltliche Obrigkeit in Religionssachen kommunal verbindliche Reformationsentscheidungen treffen könne, also ein ius reformandi besitze.[90] Als die Gutachten zwiespältig ausfielen, votierte im Frühjahr 1533 eine Ratsmehrheit dafür, daß die Christen im städtischen Obrigkeitsamt zur Reformation der öffentlichen Religion verpflichtet seien.[91]

Ehe der Rat mit eigener Autorität Maßnahmen ergriff, verschaffte er sich kirchenpolitischen Rückhalt durch ein Bündnis mit Ulm und Nürnberg auf zehn Jahre[92] und schlug zugleich dem Bischof vor, sich über die Beseitigung des Zwiespaltes in Predigt und Kultus zu verständigen.[93] An einer ganzen Reihe von traditionellen Gebräuchen, die der Rat als schriftwidrig abzuschaffen forderte, wollte der Bischof festhalten, weil sie durch Konzile sanktioniert seien und Reichstagsabschiede sowie kaiserliche Mandate ihre Beibehaltung forderten. Außer zum Verzicht auf Polemik beiderseits war der Bischof nur bereit, die großen Prozessionen durch die Stadt aufzugeben. Der Rat verbot daraufhin alle öffentlichen Prozessionen.

Nachdem bei der Ratswahl im Januar 1534 die Anzahl der reformationswilligen Ratsherren zugenommen hatte, reifte der Entschluß, die schon 1533 vorbereiteten Maßnahmen durchzusetzen, trotz anhaltender Widerstände bei altgläubigen Bürgern. Zwei politische Ereignisse im Jahre 1534 erleichterten dem Rat die Durchführung der geplanten Maßnahmen: die Auflösung des Schwäbischen Bundes Anfang 1534 und die Restitution des Herzogs Ulrich von Württemberg mit der gleich anschließenden Reformation des Herzogtums. Auf den Vorschlag eines »Religionsgesprächs« reagierten Bischof und Domkapitel ablehnend.[94] Nachdem der Kleine und der Große Rat am 7. bzw. 22.7. die gesamtstädtische Reformation beschlossen hatte, gab ein Plakat vom 29.7. die vollzogenen Maßnahmen bekannt.[95] Als »christliche Obrigkeit« habe der Rat zu Gottes Ehre und im Interesse der Einheit der Bürgerschaft die einheitliche Predigt des reinen Gotteswortes hergestellt. Den nicht vom Rat beauftragten Geistlichen sei die alt-

---

[90] GÖSSNER (B) 94ff [Bildung eines Religionsausschusses und Gutachtenaufträge]. 102ff. 149ff [in zwei Schritten eingeholte Gutachten].
[91] ROTH 2 (B) 128f, Anm. 40; GÖSSNER (B) 148.
[92] ROTH 2 (B) 111; GÖSSNER (B) 162f. Das Bündnis sollte zur Defensive bei Angriffen altgläubiger Reichsstände dienen und bei womöglich auftretenden innerstädtischen Konflikten zwischen dem Rat und der »Gemeine«. In den Schmalkaldischen Bund fand Augsburg damals noch keine Aufnahme, weil es noch keine gesamtstädtische evangelische Identität vorweisen konnte.
[93] GÖSSNER (B) 164–168.
[94] GÖSSNER (B) 183–188.
[95] Text des Ratsmandats vom 29.7.: Kirchenordnungen 12 (B) 44f; vgl. GÖSSNER (B) 190–200.

gläubige Predigt solange verboten, bis sie die Wahrheit ihrer Lehre aus der Bibel begründen. Nur in den Kirchen, die wie der Dom und die Stiftskirchen – im ganzen acht Kirchen – nicht der städtischen Jurisdiktion unterstanden, wollte der Rat noch den herkömmlichen Kultus dulden, jedoch unter Ausschluß der Bürgerschaft. Die Maßnahmen gingen nicht über Nürnbergs städtische Reformation 1525 hinaus. Der Augsburger Rat hatte allerdings sowohl komplexere kirchliche Strukturen innerhalb der Stadt als auch veränderte kirchenpolitische Voraussetzungen nach dem Reichstagsabschied von 1530 zu berücksichtigen. Daß dem Dom und den Stiftskirchen, einschließlich dem Kloster St. Ulrich, der traditionelle Kultus – ohne öffentliche Predigt – weiterhin zugestanden war, widersprach der Zielvorstellung der einheitlichen Religionspraxis innerhalb eines Gemeinwesens.

Den Beschluß vom 22.7. hatte eine ansehnliche Ratsabordnung gleich am 23. früh dem Domkapitel mitgeteilt. Zähneknirschend fügten sich Bischof, Domkapitel und der Klerus der Stiftskirchen der radikalen Einschränkung ihrer kirchlichen Praxis. Der Rat rechtfertigte sein Vorgehen gegenüber den bayerischen Herzögen, dem Kaiser und dessen Bruder.[96]

3.3 Abendmahlskonkordie der oberdeutschen und kursächsischen Theologen

Im Dezember 1534 trafen sich auf Betreiben Bucers Theologen aus acht oberdeutschen Städten in Konstanz, um über eine Abendmahlskonkordie mit den Wittenbergern zu verhandeln. Alle anwesenden Theologen unterschrieben eine von Bucer verfaßte Abendmahlsformel, die milder gehalten war als die Tetrapolitana.[97] Anschließend verhandelte Bucer Ende Dezember in Kassel mit Philipp Melanchthon über eine Abendmahlskonkordie der oberdeutschen und der Wittenberger Theologen.[98] In Augsburg hatte der Rat bisher noch keine Lehrnorm verbindlich gemacht, v.a. mit Rücksicht auf die Bürger, die der lutherischen Lehre zugetan waren.

Bucer hielt sich 1535 (Ende Februar bis Mitte Mai) erneut in Augsburg auf, um alle dortigen Theologen für eine vermittelnde Abendmahlsformel zu gewinnen und Augsburg auf diesem Wege an den Schmalkaldischen Bund heranzuführen. Das Ergebnis war ein Bekenntnis in 10 Artikeln, von allen evangelischen Geistlichen unterschrieben.[99] Augsburg und Kempten wurden im Frühjahr 1536 in den Bund aufgenommen. Im Mai 1536 wurde die Wittenberger Konkordie zwischen den oberdeutschen und den kursächsischen Theologen vereinbart.[100] Zur Abendmahlsfrage wird gesagt, während der Abendmahlshandlung sei die Prä-

---

[96] Vgl. GÖSSNER (B) 200–209.
[97] BUCER, DS 6/1 (B) 22f. 50–53. Die Schweizer waren der Einladung nicht gefolgt.
[98] BUCER, DS 6/1 (B) 23f. 62–76.
[99] BUCER, DS 6/1 (B) 25–28. 77–82; zum Vorwort der Augsburger Prediger vgl. ROTH 2 (B) 267.
[100] BUCER, DS 6/1 (B) 30–34. 114–134. Konstanz und Lindau hielten sich abseits. Die Schweizer waren von Bucer eingeladen worden, lehnten aber ab.

senz von Leib und Blut Christi mit Brot und Wein gegeben; auch »Unwürdige« empfingen Leib und Blut Christi, jedoch zum Gericht. Hingegen wird eine Transsubstantiation und eine Gegenwart von Leib und Blut Christi außerhalb der Abendmahlsfeier abgelehnt.[101] Um dem Dokument volles kirchenpolitisches Gewicht zu geben, mußte bei den Obrigkeiten der oberdeutschen Städte um die Rezeption der Abendmahlskonkordie geworben werden; das gelang bei allen ostschwäbischen Reichsstädten.[102]

3.4 Abschluß der Reformation in Augsburg

In Augsburg entschieden Kleiner und Großer Rat am 17.1.1537 für den Abschluß der gesamtstädtischen Reformation.[103] Was seit Juli 1534 noch an altgläubigem Kultus geduldet worden war, sollte umgehend eingestellt werden. Alle Geistlichen sollten entweder unter das Bürgerrecht treten oder die Stadt verlassen. Bilder und Heiligenfiguren wurden vom Rat aus den Kirchen entfernt und in Verwahrung genommen. Einige der nicht mehr benutzten kirchlichen Gebäude wurden profaniert oder jetzt bzw. in den folgenden Jahren abgerissen. Der öffentliche Plakatanschlag warnte unter Strafandrohung davor, mit Wort oder Tat gegen den Ratsbeschluß zu agieren. Damit erhob sich der Rat über kirchliche Institutionen, die nicht seiner Jurisdiktion unterstanden. Er unterwarf seine Entscheidung jedoch einem künftigen freien, christlichen Konzil. Der Domklerus, die Stiftsherren, die Mönche und Nonnen der noch bestehenden Klöster verließen bis auf einige wenige die Stadt; sie gingen teils ins weltliche Herrschaftsgebiet des Bischofs oder ins Herzogtum Bayern.

Bürger, die mit der Reformation nicht einverstanden waren, konnten die Stadt verlassen, andernfalls durften sie nicht mehr altgläubige Gottesdienste außerhalb der Stadt besuchen. Das kirchliche Leben der ganzen Stadt wurde in einer Kirchenordnung einheitlich geregelt, an deren Ausarbeitung Bucer mitgewirkt hat, der auf Wunsch des Rates nach Augsburg gekommen war.

Die Ordnung[104] regelte mit genauer Verteilung auf die verschiedenen Kirchen[105] die Sonntags- und die neu geschaffenen Werktagsgottesdienste mit ihren unterschiedlichen zweckbestimmten Formen, so daß täglich früh, mittags und abends eine bestimmte Art von Gottesdienst stattfand.[106] Für die katechetische

---

[101] BUCER, DS 6/1 (B) 122–125. Der Abendmahlsartikel enthält auch eine Anerkennung aller Artikel der CA und ihrer Apologie.
[102] In Wittenberg haben für Augsburg Musculus und Wolfhart, für Memmingen Gervasius Schuler unterschrieben. Rezipiert wurde die Konkordie auch in Kempten und Lindau.
[103] ROTH 2 (B) 309–323 mit 337–350. 360–364.
[104] Kirchenordnungen 12 (B) 49. 50–64. 65f. 72–83; zum Zusammenhang dieser Stücke vgl. SEEBASS, Kirchenordnung (K) 33–58.
[105] Dom, Barfüßer-, Moritz-, und Ulrichskirche waren nun die vier Hauptkirchen.
[106] Zwei Gesangbücher wurden 1537/38 eingeführt (vgl. WA 35, 350–355. 356f): »Der neue Gesang-Psalter«, hg. von Dachser – vgl. HANS SAALFELD, Jakob Dachser. Priester, Wiedertäufer, ev. Pfarrer. Ein Leben zwischen d. Zeiten : ZBKG 31 (1962), 1–29 – und »Der ganz Psalter« hg. von Salminger.

Unterweisung, die in gottesdienstlichem Rahmen vorgesehen war, wurden die einschlägigen Texte zusammen mit mehreren Formen der allgemeinen »offenen Beichte« und einem großen Fürbittengebet gedruckt.[107]

Die Kirchenordnung regelte außerdem das Zusammenwirken der Geistlichen mit ihren unterschiedlichen Hauptaufgaben und der Ältesten, der sog. Pröpste, denen einesteils die Verwaltung des Kirchenvermögens und anderteils Aufgaben der Gemeindedisziplin übertragen waren; sie definierte bis in die Geschäftsordnung die Zuständigkeit des Konventes von Pfarrern und Laien, des zentralen Gremiums der kirchlichen Arbeit; sie bestimmte den Anteil des Rats an den kirchlichen Entscheidungen.

Bei der Kirchenzucht[108] – in einem Verfahren nach Mt 18, 15–18 – sollte der Ausschluß vom Abendmahl als äußerste Mahnung zur Besserung, nicht als Strafe gelten. Die Gemeinde sollte weitgehend unabhängig von der weltlichen Obrigkeit handeln. Dennoch sollte der Rat von einem Ausschluß vom Abendmahl informiert werden, nicht um zusätzlich eine zivile Maßnahme herbeizuführen, sondern um Mißbrauch der Kirchenzucht zu verhindern.

Außer der Kirchenzucht war typisch »oberdeutsch« die geringe Zahl von Feiertagen[109] und die auf vier Mal im Jahr beschränkte Abendmahlsfeier. In begrenztem Maße wurden Wünsche der Anhänger der lutherischen Reformation berücksichtigt.[110]

Die Ordnung des kirchlichen Lebens wurde ergänzt durch eine umfassende Neuordnung des gesellschaftlichen Lebens. Ein Ratsmandat (29.6.1537) unterstellte das ganze Schulwesen der Ratsaufsicht, einschließlich der niederen Schulen, die bisher dem Klerus unterstanden hatten.[111] Für das sittliche Leben wurde eine neue »Zucht- und Polizeiordnung« erlassen (14.8.1537); sie schuf ein städtisches Ehegericht anstelle der bischöflichen Instanz.[112]

In den außerhalb des städtischen Territoriums gelegenen Dörfern, in denen der Rat oder einzelne Augsburger Patrizierfamilien Patronatsrechte besaßen, konnte die Reformation nicht durchgesetzt werden, wenn diese Dörfer in altgläubigen Gebieten lagen.[113] Eine Ausnahme bildete das Dorf Burtenbach,[114] das seit 1532 dem Augsburger Bürger und Söldnerführer Sebastian Schertlin gehörte; er

---

[107] Kirchenordnungen 12 (B) 67–71. Dadurch wurde nicht ungültig ein Katechismus, den Wolfhart und Keller 1533 geschaffen hatten. Außerdem wurde eine Katechismussumme Bucers in Augsburg gedruckt; vgl. BUCER, DS 6/3 (B) 46, Nr. A 2.
[108] Vgl. SEEBASS, Kirchenordnung (K) 53.
[109] Kirchenordnungen 12 (B) 84: Weihnachten, Ostern, Pfingsten je ein Feiertag, ferner Neujahr, Himmelfahrt und Mariae Verkündigung (25.3.).
[110] Vgl. SEEBASS, Kirchenordnung (K) 54–58 [hinsichtlich der Taufe].
[111] ROTH 2 (B) 333f.
[112] ROTH 2 (B) 329ff. 367ff. Zur Abschaffung der Bordelle und der Folgeprobleme vgl. LYNDAL ROPER, Das fromme Haus. Frauen u. Moral i. d. Reformation, Frankfurt/Main u.a. 1995, 81–113.
[113] So scheiterte 1544 ein Reformationsversuch des Augsburger Rates in Mindelaltheim; ROTH 3 (B) 140–143. Zu den allgemeinen Strukturen vgl. KIESSLING, Stadt (B).
[114] ALFONS BRÜDERLEIN, Burtenbach. Gesch. einer schwäb. ev. Gemeinde, Burtenbach 1951.

konnte hier im April 1546 die Reformation einführen. Auch nach seinem Tod blieb das Dorf evangelisch.

3.5 Religiöse Einzelgänger

Innerhalb der Stadt gewährte Augsburg einigen religiösen Einzelgängern Toleranz. Unter den Täufern, denen nach 1530 eine eng begrenzte Wirkungsmöglichkeit blieb, ist Pilgram Marpeck[115] zu nennen. Seit 1532 hatte er sich an wechselnden Orten Oberdeutschlands aufgehalten, bis er 1544 in Augsburg als Brunneningenieur in städtische Dienste trat. Im Marpeck-Kreis mit seinem stillen Täufertum und regem Bibelstudium entstand um 1546 eine »Testamentserläuterung« betitelte Schrift.[116]

Nicht unbedeutend war die Wirkung, die der 1529 aus Schlesien emigrierte Caspar von Schwenckfeld[117] in Augsburg, Kempten, Kaufbeuren, Lindau und Memmingen erzielte, seit er 1533 hauptsächlich in Ulm lebte und sich häufig auch in anderen süddeutschen Reichsstädten aufhielt. Durch die Ausstrahlung seiner Person, durch zahlreiche gedruckt und handschriftlich verbreitete Schriften und durch rege Korrespondenz fand er Anhänger und besonders Anhängerinnen hauptsächlich im gehobenen Bürgertum. Während Wolfhart mit Schwenckfeld sympathisierte, kritisierte Musculus zunehmend Schwenckfelds Spiritualismus und dessen Geringschätzung geordneter kirchlicher Gemeinschaft. Wegen dieses Spiritualismus hatte auch Marpeck seine Anhänger vor Schwenckfeld gewarnt und dessen Entgegnung provoziert, worauf Marpeck mit einer »Verantwortung« reagierte.[118]

Im allgemeinen genossen Täufer und Schwenckfelder auch in den anderen reformatorisch geprägten ostschwäbischen Reichsstädten Toleranz, nur zeitweise wurden sie als Gefahr für das kirchliche Leben angesehen. So ließ der Rat von Kempten 1545 und 1546 einige Täufer und Schwenckfelder vorladen und belehren und verlangte von ihnen Abkehr von der »Schwärmerei« unter Androhung des Verlustes des städtischen Bürgerrechtes und der Ausweisung.

Die paulinische Rechtfertigungslehre, aber auch spiritualistische Gedanken eigener Art bewegten Bernardino Ochino,[119] der als Ordensgeneral der Kapuziner 1542 vor der Inquisition zunächst nach Genf geflohen war und ab Herbst 1545

---

[115] The Writings of Pilgram Marpeck, hg. v. WILLIAM KLASSEN, WALTER KLAASSEN, Scottdale 1978; STEPHEN B. BOYD, Pilgram Marpeck. His Life and Social Theology, Mainz 1992 (VIEG 147).

[116] Weitere Zeugnisse dieser Jahre enthält das Berner Kunstbuch, vgl. HEINOLD FAST, Pilgram Marpeck u. d. oberdeutsche Täufertum. Ein neuer Handschriftenfund: ARG 47 (1956), 212–242.

[117] HORST WEIGELT, Wolfgang Musculus u. d. radikale Reformation – die Auseinandersetzung zwischen Musculus u. Kaspar Schwenckfeld: Wolfgang Musculus (B) 159–172; CAROLINE GRITSCHKE, »Dess Schwenckfeldts Lehr ... sey Jnen ain zeugnuss Jres hertzens«. Frauen als Anhängerinnen Schwenckfelds: »In Christo ist weder Man noch Weyb« (K) 114–128 [119–122].

[118] Quellen u. Forsch. z. Gesch. d. oberdeutschen Taufgesinnten i. 16. Jh. Pilgram Marpecks Antwort auf Kaspar Schwenckfelds Beurteilung d. Buches d. Bundesbezeugung v. 1542, hg. v. JOHANN LOSERTH, Wien u.a. 1929.

[119] UMBERTO MAZZONE, Ochino, Bernardino (ca. 1487–1564/65): TRE 25, 1–6.

in Augsburg lebte, bis er 1547 nach England fliehen mußte, als Karl V. nach seinem Sieg über die Protestanten vom Augsburger Rat Ochinos Auslieferung forderte. Seine italienischen Predigten in St. Anna besuchten außer italienischen Glaubensflüchtlingen auch Augsburger Kaufleute, die das Italienische bei ihren Italienreisen gelernt hatten. Mehrere seiner Schriften wurden damals in deutscher Übersetzung in Augsburg gedruckt.[120]

3.6 Die Situation in Nördlingen und Donauwörth sowie im Fürstentum Oettingen

In Kaufbeuren hielten sich auch unter dem mehrheitlich katholischen Stadtregiment – vor allem seit Mitte der 30er Jahre – einzelne Familien zu den Täufern und zu Schwenckfeld.[121] Nachdem 1543 der katholische Stadtschreiber Hans Ruf entlassen und ein evangelischer Bürger in dieses Amt berufen worden war, beschlossen Bürgermeister – ein Schwenckfelder – und Rat am 1.5.1543, auf Wunsch beim Abendmahl den Kelch zu reichen. Von Schwenckfeld ließ man sich 1544 einen Prediger vermitteln, Burckhard Schilling, gen. Solidus, der jedoch bereits 1545 starb.[122] Schwenckfelds Christentumsverständnis bestimmte in diesen Jahren das öffentliche Leben Kaufbeurens. Z.B. wurde einerseits ein neuer, evangelischer deutscher Schulmeister angestellt, die Armenpflege neu geordnet und zur Hebung der öffentlichen Moral das Dirnenhaus geschlossen. Andererseits vermied man eine rein evangelische Gestaltung kirchlichen Lebens nach dem Beispiel der benachbarten Städte.[123] Diese Position war auf die Dauer unzuträglich. Von den evangelischen Reichsständen – vor allem von Augsburg – bedrängt, beschloß der Rat von Kaufbeuren (5.8.1545), die römisch-katholischen Geistlichen zu entlassen, die CA anzunehmen und sich dem Schmalkaldischen Bund anzuschließen.

Wie in Nördlingen hat sich in der Grafschaft Oettingen nicht der oberdeutsche Typ der Reformation durchgesetzt. Die beiden Brüder Karl Wolfgang von Oettingen-Harburg und Ludwig XV. von Oettingen-Oettingen sympathisierten zwar schon längst mit der Wittenberger Reformation und tolerierten in ihren Territorien gewisse Neuerungen (wie den Laienkelch), doch erst 1539 vollzogen sie in ihren Gebieten offen die Reformation, indem sie die nürnbergisch-brandenburgische Kirchenordnung einführten und dem Schmalkaldischen Bund beitraten.[124] Nach Oettingen wurde Georg Karg ins Pfarramt berufen, für das er in Wittenberg ordiniert wurde.[125]

---

120 Vgl. ROTH 3 (B) 240ff. 270, Anm. 36f. 39f.
121 ALT (B) 59–62 [betr. Schwenckfelder]; DIETER, Reichsstadt (B) 57–100. 132–141 [betr. Täufer und Schwenckfelder].
122 Vgl. CSch 9, 231–234 (Nr. 447), von B. Schilling verfaßt!
123 Vgl. KIESSLING, Musculus (B) 147f.
124 R. HEROLD (B) 3–32. 14ff; Kirchenordnungen 12 (B) 397ff.
125 H.-M. WEISS (B) 31–42. Die Linie Oettingen-Wallerstein, die an der Herrschaft über die Hauptresidenz Oettingen beteiligt war, blieb katholisch.

In Donauwörth nahm der Rat lange eine schwankende Haltung ein und duldete nur zeitweise evangelische Predigt und Religiosität. Erst im Dezember 1544, nachdem im benachbarten Pfalz-Neuburg die Reformation durchgeführt worden war, entschloß sich der Rat, jetzt mit evangelischer Majorität, mit Augsburger Hilfe das kirchliche Leben öffentlich evangelisch zu ordnen. Zu diesem Zweck kam Musculus nach Donauwörth, fand für seine Kirchenordnung[126] jedoch so wenig Zustimmung, daß er schon im März 1545 nach Augsburg zurückkehrte. Die Donauwörther entschieden sich wie auch Pfalz-Neuburg für die Nürnberger Kirchenordnung.[127] Im Herbst 1545 teilte der Rat dem Augsburger Bischof, der die Entwicklung aufhalten wollte, offiziell mit, daß man sich zur Augsburgischen Konfession halte, und im Frühjahr 1546 trat man dem Schmalkaldischen Bund bei.

4. Vom Religionskrieg zum Religionsfrieden (1546–1555)

4.1 Der Schmalkaldische Krieg

Im Schmalkaldischen Bund unterstützte Augsburg eine Politik der militärischen Stärke. Diese Politik befürworteten hauptsächlich die Zünfte. Die Großkaufleute hingegen, die z.T. dem Kaiser und seinem Bruder Kriegsdarlehen gegeben hatten, verließen gegen den Willen des Rates die Stadt. Zu Beginn seines Feldzuges stellte der Kaiser Augsburg vor die Alternative, entweder neutral zu bleiben und vom Kaiser verschont zu werden oder mit den Ständen des Schmalkaldischen Bundes die Gefahren eines Krieges zu riskieren. Kleiner und Großer Rat votierten am 1. und 7.7.1546 für bewaffneten Widerstand gegen den Kaiser – »aus Bedrängnis des Gewissens und erlaubter natürlicher Gegenwehr«[128] –, wenn der Kaiser aus religiösen Gründen angreifen würde.[129] Der Kriegsfall war de facto bereits eingetreten. Der Augsburger Schertlin von Burtenbach eroberte mit einem starken Truppenkontingent des Schmalkaldischen Bundes gleich im Juli Füssen und Dillingen als die wichtigsten Plätze im Augsburger Hochstift, ferner das ganze Allgäu. Der Augsburger Rat nahm damals sofort das Gebiet zwischen Augsburg und Donauwörth und Günzburg unter seine Herrschaft und versuchte in diesem Gebiet die Augsburger Kirchenordnung durchzusetzen.[130] Ab September konnten die kaiserlichen Truppen zusammen mit einem päpstlichen Heer die verlorenen Gebiete zurückerobern. Der Augsburger Bischof zog im Oktober wieder in Dillingen ein. Im Winter 1546/47 führten die ostschwäbi-

---

[126] FELIX STIEVE, Die Einführung d. Reformation i. d. Reichsstadt Donauwörth, München 1884; Kirchenordnungen 12 (B) 158ff. Musculus verfaßte in und für Donauwörth einen lateinischen Katechismus; Text bei: REU 1/3/2 (B) 1657–1673.
[127] KIESSLING, Musculus (B) 133–147.
[128] ROTH 3 (B) 355.
[129] In zwei Flugschriften ermutigte Musculus zum Widerstand, vgl. ROTH 3 (B) 405–409.
[130] Vgl. KIESSLING, Musculus (B) 151f; ROTH 3 (B) 393–402.

schen Reichsstädte mit dem Kaiser Kapitulationsverhandlungen. Da der Kaiser versprach, den neuen Glauben bis zu einer allgemeinen Kirchenreform zu respektieren, und nur die Zahlung von Kriegsentschädigungen forderte, unterwarfen sich die Städte dem Kaiser. Spanische Truppen besetzten Augsburg.

Nach seinem Sieg – bei Mühlberg a. d. Elbe, 24.4.1547 – über den sächsischen Kurfürsten Johann Friedrich und dessen Kapitulation, 19.5., wurden auch Graf Ludwig XV. von Oettingen-Oettingen und sein Sohn Ludwig XVI. wegen ihrer aktiven Teilnahme am protestantischen Feldzug geächtet und vertrieben.[131]

Der Kaiser kam im Juli 1547 wieder zu einem Reichstag nach Augsburg, bei dem er die Religionsfrage anders als 1530 lösen und seine Macht im Reich insgesamt stabilisieren wollte. Der Augsburger Rat mußte sofort alle 1537 in Besitz genommenen kirchlichen Institutionen wieder herausgeben. Auf dem Reichstag erreichte der Kaiser (17.5.1548) ein Edikt für die Regelung der Religionsfrage im Reich, das als »Interim« bis zu einer definitiven Entscheidung durch ein Konzil gelten sollte.[132] Es verlangte von den Protestanten weitgehende Anerkennung der katholischen Lehre und Rückkehr zu den herkömmlichen Gebräuchen; lediglich die Priesterehe und der Laienkelch wurden ihnen zugestanden. Die katholischen Reichsstände konnten für sich selber das Interim als unnötig ablehnen.

In Südwestdeutschland, das der Kaiser militärisch fest im Griff hielt, mußten sich die evangelischen Reichsstände dem Interim weitgehend beugen. In der Grafschaft Oettingen-Oettingen wurden vierzehn Pfarrer vertrieben, die sich dem Interim widersetzten.[133] Der Augsburger Rat unterwarf sich am 26.6.1548, während spanische Truppen das Rathaus bewachten. Noch an demselben Tage verließ Musculus mit seiner Familie die Stadt und fand schließlich in Bern an der Hochschule eine neue Wirkungsstätte.[134] Mit drei Schriften gab er den Augsburgern in der Interimsnot Orientierungshilfe.[135]

Am 3.8.1548 ersetzte der Kaiser in Augsburg diktatorisch die Zunftverfassung durch ein Mehrheitsregiment der Patrizier. Den Zünften wurden die politischen Rechte entzogen.[136] Am Tag zuvor hatte der bisherige Rat in einem Restitutionsvertrag dem Bischof und dem katholischen Klerus wieder die früheren Rechte einräumen müssen.[137] Der evangelischen Bevölkerung blieben die kirchlichen Gebäude, von denen die Reformation in Augsburg ausgegangen war: die drei Predigthäuser bei St. Ulrich, Heilig Kreuz und St. Georg sowie die Kirche

---

[131] Vgl. R. HEROLD (B) 21f. Karg und andere Geistliche hatte der Kaiser bereits im März bei seinem Aufenthalt in Oettingen vertrieben.
[132] Das Konzil, das Ende 1545 in Trient begonnen hatte, war im März 1547 nach Bologna verlegt und am 1.2.1548 suspendiert worden.
[133] R. HEROLD (B) 23f.
[134] Vgl. RUDOLF DELLSPERGER, Wolfgang Musculus (1497–1563). Leben u. Werk: Wolfgang Musculus (B) 23–26 [30f].– Wolfhart war 1543 und Keller im Februar 1548 gestorben.
[135] Vgl. ROTH 4 (B) 395–399.
[136] In gleicher Weise ließ der Kaiser in allen anderen ostschwäbischen Reichsstädten die Verfassung ändern; vgl. Dokumente 2/4 (B) 130f. 369–374.
[137] Vgl. ROTH 4 (B) 170–177.

St. Jakob und die ehemaligen Klöster der Barfüßer und der Karmeliter. Die Ehegerichtsbarkeit mußte der Rat wieder dem Bischof überlassen.

Weil in den evangelisch gewordenen Reichsstädten der Rat einen gewissen Ungehorsam gegenüber dem Interim duldete, entstand eine spannungsvolle, verwirrende Gemengelage von Interims- und Resistenzkirchlichkeit. Der Kaiser verschärfte jedoch den Druck des Interim, als er sich 1550/51 wieder für fast ein Jahr zu seinem dritten Augsburger Reichstag hier aufhielt; er ließ im August 1551 die renitenten evangelischen Geistlichen der ostschwäbischen Reichsstädte durch eine kaiserliche Kommission verhören. Alle, die sich nicht unter das Interim beugen wollten, mußten ihre Stadt verlassen, ebenso alle ungehorsamen Lehrer. Die evangelischen Gemeinden der ostschwäbischen Reichsstädte gerieten dadurch vollends in einen desolaten Zustand, zumal die wenigen mit dem Interim konformen Geistlichen kaum Resonanz fanden.

4.2 Erstarken der altkirchlichen Kräfte

Im Hintergrund des Krieges des Kaisers gegen die Protestanten und des kurz zuvor begonnenen Konzils von Trient regten sich auf römisch-katholischer Seite neue Kräfte eines Übergangs von der Defensive zur Offensive. Im Gebiet von Ostschwaben verkörperte den neuen Geist der Augsburger Bischof Otto Kardinal Truchseß von Waldburg.[138] Er nutzte alle Möglichkeiten, um in seinem Bistum die römisch-katholische Kirche zu stärken und wurde über seine Diözese hinaus zu einem Bahnbrecher der Gegenreformation. Beispielhaft war es, daß er seinen Klerus auf einer Diözesansynode (1548) versammelte, in Dillingen hauptsächlich für die Ausbildung des Klerus eine Hochschule gründete und fast gleichzeitig eine leistungsfähige Druckerei dorthin holte. Zu den ersten Dillinger Dozenten gehörte Pedro de Soto OP, vorher Beichtvater Karls V. und 1555 von dessen Sohn Philipp II. nach England gerufen.[139] Im Jahr 1547 hatte der Bischof den streitbaren Johannes Fabri OP zum Augsburger Domprediger berufen, der wie de Soto mit geeigneten Büchern (Beichtbüchlein, Katechismus u.a.) zur religiösen Volksunterweisung beitrug. Seinen Doktorgrad erwarb Fabri in Ingolstadt unter Petrus Canisius SJ 1552 mit Thesen zur Begründung der kelchlosen Abendmahlskommunion;[140] als in Bayern die Kelchbewegung erstarkte, richtete er dagegen »Eine christliche Vermahnung an das [...] Bayernland« (1557). Nach seinem Tod wurde Canisius sein Nachfolger als Augsburger Domprediger.

---

[138] FRIEDRICH ZOEPFL, Waldburg, Otto: LThK² 10, 930f; FERDINAND SIEBERT, Zwischen Kaiser u. Papst. Kardinal Truchsess v. Waldburg u. d. Anfänge d. Gegenreformation i. Deutschland, Berlin 1943 [Nachdr. 1950].
[139] KARL JOSEF BECKER, Soto, Pedro de (ca. 1495–1563): TRE 31, 479f.
[140] Vgl. BUXBAUM (B) 104 u.ö.

4.3 Fürstenerhebung und Religionsfriede

Als durch die Fürstenerhebung 1552 die Macht des Kaisers einen Rückschlag erlitt, verlor auch das Interim seine Geltung, definitiv, als der Passauer Vertrag der evangelischen Reichsstände mit Ferdinand von Österreich im Juni 1552 zustande gekommen war. Obgleich der Kaiser den gewünschten Religionsfrieden noch nicht zugestand, mußte er einwilligen, daß die evangelischen Gemeinden als Ersatz für die Pfarrer, die sie durch das Interim verloren hatten, neue Geistliche beriefen. Sie konnten jedoch nur Theologen berufen, die sich eindeutig zur CA bekannten. Die Augsburger ließen sich durch Melanchthon mehrere Geistliche vermitteln.[141] Während Melanchthon den Augsburgern eine neue Kirchenordnung nach dem Muster der von ihm verfaßten Mecklenburger Kirchenordnung empfahl, begnügten sich die Augsburger schließlich (1555) mit einer Revision ihrer bisherigen Ordnung.[142] Zu den Angleichungen an das Luthertum gehörte z.B. beim Dekalog die lutherische Einteilung und bei der Taufe die Bitte, Gott wolle dem Täufling »jetzund« – nicht wie bisher »zu seiner Zeit« – den Glauben verleihen.

In Kempten amtierte 1553–1561 der aus Slowenien vertriebene Primus Truber, der in seinen Kemptener Jahren nicht nur Schriften für die Christen in seiner Heimat verfaßte, sondern auch für Kempten eine knappe Kirchenordnung (1553) schuf,[143] die auf die ausführlichere Württembergische Ordnung von 1553 (bzw. von 1536) zurückgriff. Die mit dem Interim außer Kraft getretene Gemeindezuchtordnung ersetzte Truber durch eine Abendmahlszucht, bei der »alle, die zu des Herrn Tisch wollen gehen«, am Vorabend hinsichtlich ihrer Katechismuskenntnis und ihres Lebenswandels geprüft werden sollten.

Bei der Neuordnung der kirchlichen Verhältnisse nach dem Interim ging in den ostschwäbischen Reichsstädten viel von den Konturen der oberdeutschen Reformation verloren. In allen diesen Städten gab es unter den Bürgern neben einer evangelischen Majorität eine katholische Minorität. Die Gewichte verschoben sich in dem Maße zugunsten des Katholizismus, je mehr geistliche Institutionen innerhalb einer Stadt existierten. Der Augsburger Religionsfriede vom 25.9.1555 schrieb hinsichtlich der Reichsstädte in einem eigenen Artikel (Art. 27) vor,[144] daß es bei diesem Nebeneinander bleiben solle und »Bürger und andere Einwohner, geistlichen und weltlichen Standes, friedlich und ruhig bei- und nebeneinander wohnen, und kein Teil des anderen Religion, Kirchengebräuche oder Ceremonien abzutun oder ihn davon zu dringen unterstehen« dürfe. Damit waren diese Städte vom ius reformandi, das den übrigen Reichsständen zuge-

---

[141] ANDREAS GÖSSNER, Die Augsburger ev. Kirche ab 1552 anhand d. Korrespondenz Melanchthons mit seinem Schüler Wilhelm Hausmann: ZHVS 91 (1998), 97–114.
[142] Kirchenordnungen 12 (B) 95–108. Melanchthons Zustimmung fiel matt aus: CR 8, Nr. 5331. 5338f. 5833f. 5933f.
[143] Kirchenordnungen 12 (B) 175ff; zu Truber vgl. III.2.2.2.1, Anm. 13.
[144] PFEIFFER, Augsburger Religionsfrieden (B).

standen wurde, ausgeschlossen, für die Protestanten nach damaligem Empfinden eine bittere Folge von Schmalkaldischem Krieg und Interim. Dem Geist jener Zeit entsprach an sich mehr das ius reformandi mit dem Prinzip cuius regio eius religio. Doch für die fernere Zukunft wurden diese Städte zu Übungsplätzen interkonfessioneller Toleranz.

II.3 HERZOGTUM BAYERN

Von Reinhard Schwarz

ARCEG.– HAUSBERGER/HUBENSTEINER[1] (B).– FRIEDRICH LEEB, Leonhard Käser († 1527). Ein Beitr. z. bayer. Reformationsgesch. mit einem Anhang v. Friedrich Zoepfl, Münster 1928 (RGST 52).– EDELGARD METZGER, Leonhard v. Eck (1480–1550). Wegbereiter u. Begründer d. frühabsolutistischen Bayern, München 1980.– Die Religionsmandate d. Herzogtums Bayern i. d. Reformationszeit (1522–1531). Edition u. Kommentar, bearb. v. KLAUS KOPFMANN, München 2000 (Quellentexte z. bayer. Gesch. 1).– HANS RÖSSLER, Gesch. u. Strukturen d. ev. Bewegung i. Bistum Freising 1520–1571, Nürnberg 1966 (EKGB 42).

Das Herzogtum Bayern bildete ein recht fest geschlossenes Territorium, innerhalb dessen nur ganz wenige, relativ kleine Gebiete nicht den Herzögen unterstanden. In der Reformationszeit teilte Herzog Wilhelm IV. die Herrschaft mit seinem jüngeren, unverheirateten Bruder Ludwig X.; in der Landesverwaltung unterstanden dem ersten die Rentamter München und Burghausen, dem zweiten Landshut und Straubing. Kirchlich gehörte das Herzogtum größtenteils zu den Diözesen Freising, Regensburg und Passau, kleinere Teile zu den Diözesen Augsburg, Eichstätt, Chiemsee und unmittelbar zur Erzdiözese Salzburg. Bis auf Augsburg und Eichstätt gehörten alle genannten Bistümer zur Kirchenprovinz Salzburg, so daß die Herzöge für die Kirchenpolitik im Erzbischof von Salzburg den wichtigsten bischöflichen Ansprechpartner hatten.

1. Erste Maßnahmen gegen die evangelische Bewegung (bis Oktober 1524)

Die Politik der Herzöge gegenüber der reformatorischen Bewegung wurde von Anfang an maßgeblich beeinflußt durch den Theologen Johannes Eck, der von 1510 bis 1543 an der Landesuniversität Ingolstadt lehrte.[1] Nach seiner Leipziger Disputation mit Martin Luther wirkte er in Rom mit an der Abfassung der Bulle, die im Sommer 1520 aus Luthers Schriften 41 theologische Sätze als ketzerisch verurteilte und Luther den Kirchenbann androhte, falls er seine ketzerischen Lehren nicht widerrufe. J. Eck war dann auch einer der beiden päpstlichen Beauftragten, die diese Bulle in Deutschland in Kraft setzen sollten, und zwar war ihm Süd- und Mitteldeutschland zugeteilt. Gaben damals die beiden bayerischen Herzöge und die Bischöfe nur zögernd ihre Einwilligung zur Veröffentlichung der Bannandrohungsbulle, so waren die Herzöge entschiedene Gegner der lutherischen Bewegung, als seit dem Wormser Reichstag (Frühjahr 1521) Luther und seine Anhänger nicht nur durch die päpstliche Exkommunikation, sondern auch

---

[1] ISERLOH[2] (B); Johannes Eck (B).

durch die kaiserliche Reichsacht verurteilt waren. J. Eck[2] entwickelte für den Kampf gegen die reformatorische Bewegung ein Programm, für das er 1523 in Rom die Zustimmung besorgte.[3] Die Fürsten und Bischöfe im Reich sollten im Kampf gegen die lutherische Lehre, aber auch im Abstellen offensichtlicher kirchlicher Mißstände möglichst schnell handeln, ohne auf die Beschlüsse eines Gesamtkonzils zu warten. Dieses bipolare Programm verfolgte auch Leonhard von Eck, promovierter Jurist, der von 1513 bis 1550 als »Erster Rat« die herzogliche Politik mit zentralistischen Zielsetzungen bestimmte.[4]

Zu Beginn der Fastenzeit 1522 erließen die bayerischen Herzöge unter Berufung auf das Wormser Edikt des Kaisers ihr erstes Mandat gegen die reformatorische Bewegung, im ganzen Reich das erste landesherrliche Mandat dieser Art.[5] Es sollte jeder inhaftiert werden, der im Herzogtum lutherische Lehren verbreitete oder irgendeiner reformatorischen Aktion sich schuldig machte, z.B. beim Abendmahl den Kelch reichte.[6] Den Geistlichen wurde aufgetragen, die Gläubigen im herkömmlichen Glauben zu bestärken. Die Entscheidung der Herzöge gegen Luthers Lehre läßt sich nicht auf rein politische Gründe zurückführen;[7] politische und religiöse Motive sind in der Entscheidung gegenüber Luther damals weder bei Karl V. noch bei den deutschen Landesfürsten voneinander zu trennen.

Gleichzeitig forderten die Herzöge den Erzbischof von Salzburg, Matthäus Lang,[8] auf, kirchliche Reformen in seiner Kirchenprovinz einzuleiten. Bereits im Mai 1522 traf sich der Erzbischof von Salzburg mit den Bischöfen seiner Kirchenprovinz, einigen Äbten und Vertretern der Herzöge in Mühldorf am Inn, einer erzstiftisch salzburgischen Enklave im bayerischen Herzogtum. Der Konvent beschloß Leitsätze für Reformen im Klerus und eine Generalvisitation aller Bistümer der Kirchenprovinz. Die anderen Erzbischöfe des Reiches sollten durch Verhandlungen für ähnliche Maßnahmen gewonnen werden. Ihre Mühldorfer Beschlüsse[9] haben die Bischöfe jedoch nicht umgehend ausgeführt; denn das stürmische Vordringen der reformatorischen Bewegung in Mittel- und Südwestdeutschland versetzte die Bischöfe in lähmenden Schrecken. Sie fürchteten,

---

[2] In Bayern war neben Johannes Eck der Franziskaner Kaspar Schatzgeyer der literarisch fruchtbarste antireformatorische Theologe; vgl. GERHARD PHILIPP WOLF, Schatzgeyer, Kaspar (1463/64–1527): TRE 30, 76–80.

[3] ARCEG 1, 102–150, Nr. 28–40.

[4] METZGER (K).

[5] Text des Einblattdruckes und der Entwürfe des L.v. Eck: Religionsmandate (K) 55–66, vgl. auch aaO, 14–22.

[6] Schon der Besitz reformatorischer Flugschriften konnte jemanden gefährden, da das Wormser Edikt den Besitz von Luthers Schriften verbot. Als Anhänger der reformatorischen Bewegung gab sich zu erkennen, wer, vor allem in der Fastenzeit vor Ostern, nicht die kirchlichen Fastenvorschriften befolgte, oder wer seine Pflicht, wenigstens in der Zeit vor Ostern beim Priester eine Beichte abzulegen, nicht erfüllte.

[7] So METZGER (K) 77.

[8] FRANZ ORTNER, Lang, Matthäus: LThK³ 6, 638f.

[9] ARCEG 1, 67–75, Nr. 14.

durch energisches Vorgehen Aufruhr in der Bevölkerung auszulösen, und wünschten zunächst auf Reichsebene stärkeren Rückhalt an der weltlichen Obrigkeit, an dem es damals durch Abwesenheit des Kaisers und Unentschiedenheit des Nürnberger Reichstages 1522/23 fehlte.

Während die Bischöfe noch untätig blieben, wollten die bayerischen Herzöge mit drastischen Mitteln ihre Untertanen von einem Sympathisieren mit der lutherischen Lehre abschrecken. Sie erhielten – durch J. Ecks Vermittlung – die päpstliche Erlaubnis, selber direkt und nicht erst bei bischöflichem Verlangen gegen Luther-Anhänger vorzugehen.[10] Es wird von mehreren Fällen berichtet, in denen Geistliche oder Laien entweder mit Geldstrafen oder durch Haft oder Landesverweis belangt wurden. Nur in einem Fall wurde die Todesstrafe angewandt.[11] Größere Aufmerksamkeit erregte über Bayern hinaus der Fall des Arsacius Seehofer.[12] Er hatte in Ingolstadt an der philosophischen Fakultät studiert, dann 1521/22 in Wittenberg, wo er auch Vorlesungen Philipp Melanchthons hörte. Als er nach seiner Rückkehr in Ingolstadt die Lehraufgaben eines Magisters der Philosophie übernahm, mußte er sich verpflichten, keine lutherischen Lehren zu vertreten, tat das aber doch und wurde deswegen im August 1523 zur Rechenschaft gezogen. Obwohl er dem herzoglichen Verlangen nach öffentlichem Widerruf nachgab, wurde er zu lebenslänglicher Klosterhaft nach Ettal gebracht. Nach fünf Jahren floh er von dort und wurde außerhalb Bayerns evangelischer Prediger. Das Universitätsverfahren gegen ihn hatte etliche Flugschriften zur Folge.[13] Ganz ungewöhnlich war es, daß eine Frau – Argula von Grumbach[14] – sich in gedruckten »Sendschreiben« an die Universität und an den Herzog für Seehofer einsetzte; sie wurde aus Bayern ausgewiesen, ohne vorher der lutherischen Lehre abschwören zu müssen, während ihr Mann, ein niederbayerischer Adliger, aus dem herzoglichen Dienst entlassen wurde.[15]

Bayerische Kleriker, die sich der evangelischen Lehre anschlossen, bekamen die Gewalt der weltlichen Obrigkeit schnell zu spüren. Wurden sie verhaftet, so versuchten sie wie Seehofer aus der Haft zu fliehen, um in evangelischen Gebieten als Prediger tätig zu werden. Andere gingen sofort, als sie für die lutherische Lehre Feuer fingen, außer Landes.

Erst im Sommer 1524 haben die Bischöfe die Mühldorfer Beschlüsse von 1522 wieder aufgegriffen, auf einem Konvent in Regensburg unter dem Vorsitz des

---

[10] HAUSBERGER/HUBENSTEINER[1] (B) 180.
[11] Im Sommer 1523 wurde in München ein Bäckergeselle enthauptet, weil er die Jungfrau Maria verlästert habe, und in Wasserburg/Inn wurden zwei Anhänger der lutherischen Lehre »durch die Backen gebrannt«; zu diesen und weiteren Fällen der Strafverfolgung von Anhängern der reformatorischen Lehre vgl. METZGER (K) 91ff. Offenbar ging die herzogliche Justiz damals gegen Laien, v.a. wenn sie kein Sozialprestige besaßen, härter vor als gegen Geistliche; vgl. aaO, 96, Anm. 2.
[12] MICHAEL SCHAICH, Seehofer, Arsacius (Arsatius): Biographisches Lexikon 1 (B) 392ff.
[13] Auch Luther griff in einer Schrift die Universität Ingolstadt an: WA 15, (95) 110–125.
[14] SILKE HALBACH, Argula v. Grumbach als Verfasserin reformatorischer Flugschriften, Frankfurt/Main u.a. 1992, 102ff (EHS.T 468).
[15] Vgl. METZGER (K) 93f; Argula, geborene von Stauff, starb wohl in ihrem Schloß Zeilitzheim (Unterfranken).

Argula von Grumbach, Schaumünze, Blei, von Hans Schwarz, Nürnberg, um 1520

päpstlichen Legaten Lorenzo Campeggio. Außer den bayerischen Herzögen war auch Erzherzog Ferdinand von Österreich, des Kaisers Bruder, anwesend. Unter anderem sollte wieder die Abwehr der lutherischen Häresie und – auf ausdrücklichen Wunsch der bayerischen Herzöge ihrem bipolaren Programm entsprechend – die Reform des Klerus beraten werden. Die Anwesenden bekräftigten in einem eigenen Dokument,[16] daß sie die von der evangelischen Reformation angestrebten Änderungen bei der Messe und den übrigen Sakramenten und bei kirchlichen Gebräuchen wie dem Fasten nicht zulassen, ebenso den Bruch von Ordensgelübden und Zölibatsversprechen bestrafen wollen. Daneben wurde unter dem Namen des Legaten eine Reihe von Maßnahmen zur Klerusreform angeordnet, für deren Durchführung die Bischöfe verantwortlich waren.[17] Beide Dokumente zusammen bekunden den Willen, an der traditionellen kirchlichen Lehre und Praxis unter Ausschluß ärgerlicher Mißstände festzuhalten. Die beschlossenen Reformen kamen selbst im Südosten des Reiches vorerst nicht zu-

[16] ARCEG 1, 329–334, Nr. 123 [Regensburger Einung (6.7.1524)].
[17] ARCEG 1, 334–344, Nr. 124 [Regensburger Reformordnung (7.7.1524)].

stande. Die bayerischen Herzöge benutzten die Beschlüsse jedoch, um in eigener Initiative durch ihre Amtleute eine Beschreibung der Finanz- und Stellensituation der Pfarreien im Herzogtum vornehmen zu lassen; das gefiel den Bischöfen nicht so recht, diente jedoch langfristig nicht nur dem kirchlichen Leben, sondern zugleich dem Ausbau der herzoglichen Landesherrschaft.

2. Verschärftes Vorgehen gegen Anhänger der evangelischen Bewegung (ab Oktober 1524)

Im Anschluß an den Regensburger Konvent verschärften die bayerischen Herzöge mit einem 2. Religionsmandat (2.10.1524)[18] ihr Vorgehen, vor allem gegenüber dem Klerus. Die bayerischen Geistlichen sollten geprüft werden, ob sie an der bisherigen kirchlichen Lehre festhielten. Ein Studium in Wittenberg wurde verboten. Eine Bücherzensur wurde verhängt.

Daß der Bauernaufstand, als er 1525 in schneller Folge zuerst Südwestdeutschland, dann Franken und schließlich Thüringen, parallel dazu auch das Salzburger Land erschutterte, nicht nach Bayern übergriff, hatte gewiß mehrere Gründe. Die wirtschaftliche und rechtliche Situation der Bauern war im großen ganzen in Bayern wohl etwas besser als in den Aufstandsgebieten. Dem Herzogtum kam seine äußere und innere Geschlossenheit zugute. Ebenso wie die altgläubigen Theologen hat L.v. Eck die reformatorische Lehre pauschal zur Ursache des Bauernaufstandes abgestempelt.[19] Das verschärfte den Kampf gegen die reformatorische »Ketzerei«.

In Wasserburg wurde 1526 ein Kleriker hingerichtet,[20] in München 1527 ein Messerschmied mit dem Tode bestraft, weil er bei einem Gemeindegottesdienst die Predigt mit Zwischenrufen ketzerischen Inhaltes gestört habe.[21] Ein stark beachtetes Beispiel rigorosen Widerstandes gegen die lutherischen Lehren gab der Prozeß gegen den Priester Leonhard Kaiser (Lienhard Käser) aus der Diözese Passau. Im Herbst 1525 stand er in Passau vor dem bischöflichen Gericht wegen lutherischer Lehren, von denen er sich durch Widerruf lossagte und daraufhin freigelassen wurde. Er ging nach Wittenberg und wurde erst recht zu einem Anhänger Luthers. Um seinen todkranken Vater zu besuchen, kam er im März 1527 in seinen Heimatort Raab bei Schärding. Umgehend wurde er als rückfälliger Ketzer verhaftet und erneut vor das Bischofsgericht gestellt. Da er jetzt keinen Widerruf leistete, wurde er als erwiesener Ketzer nach den Vorschriften des mittelalterlichen Ketzerrechtes der weltlichen Gewalt der Bayernherzöge zum Vollzug der Todesstrafe übergeben. In Schärding/Inn, dem zuständigen herzog-

---

[18] Vgl. Religionsmandate (K) 22–34. 67–104 [Text der Regensburger Einung und des Religionsmandats sowie der Regensburger Reformordnung].
[19] Vgl. METZGER (K) 103ff.
[20] HAUSBERGER/HUBENSTEINER[1] (B) 182.
[21] RÖSSLER (K) 34f.

lichen Gerichtsort, starb er am 16.8.1527 auf dem Scheiterhaufen.[22] Der Vorgang wurde durch einen gedruckten Bericht sowie durch Schriften Luthers einerseits[23] und des Ingolstädter Theologen J. Eck[24] andererseits der großen Öffentlichkeit bekannt. Kaisers Tod war für die Altgläubigen die vom Ketzerrecht geforderte Strafe, hingegen für Luther und die Anhänger der Reformation das Martyrium eines Zeugen der evangelischen Lehre.

Erstaunlich schnell breiteten sich seit 1527, von der Schweiz und der Bodenseegegend ausgehend, die Täufer aus.[25] Sobald man in Bayern Täufer aufspürte, verfolgte man sie nach dem Ketzerrecht; in den meisten der evangelisch gewordenen Gebiete hingegen wurden die Täufer, sofern sie nicht geduldet wurden, nach weltlichem Recht verurteilt, weshalb man sie in den meisten Fällen zunächst nur aus dem Territorium auswies und erst, wenn sie sich dem widersetzten, strenger bestrafte, bei der Todesstrafe jedoch nicht mit dem Feuertod auf dem Scheiterhaufen.[26] Die Herzöge verfügten für Bayern am 13.11.1527 in einem ersten speziellen Mandat die Verfolgung der Täufer nach dem Ketzerrecht und schlossen mit einem zweiten Mandat vom 27.4.1530 eine Begnadigung selbst bei Widerruf aus.[27] Im Herzogtum Bayern starben in der Folgezeit ungefähr achtzig bis hundert Täufer den Ketzertod auf dem Scheiterhaufen oder – so die Frauen – durch Ertränken im Wasser. Wurden Täufer mit dem Schwert hingerichtet, so galt das schon als Strafmilderung.

3. Bayerns Politik gegenüber den Protestanten nach dem Augsburger Reichstag 1530

Das vom Kaiser und der altgläubigen Mehrheit durchgesetzte Schlußdokument des Augsburger Reichstags 1530 konnte die Bayernherzöge darin bestärken, am bisherigen Vorgehen gegen die evangelische Bewegung festzuhalten. Deshalb übernahmen sie in ihrem dritten generellen antireformatorischen Religionsmandat (19.5.1531) in vollem Wortlaut den Mandatsteil des Reichstagsabschieds.[28]

Trotz der bedrohlichen Situation, die mit dem Reichstagsabschied entstanden war, breitete sich die Reformation im Reich nach 1530 weiter aus. Der Kaiser, weiterhin im machtpolitischen Ringen mit König Franz I. von Frankreich be-

---

[22] LEEB (K).
[23] WA 23, (443) 452–476.
[24] Hg. v. FRIEDRICH ZOEPFL: LEEB (K) [78] 81–87.
[25] BARBARA KINK, Die Täufer i. Landgericht Landsberg 1527/28, St. Ottilien 1997 (Forsch. z. Landes- u. Regionalgesch. 3); RÖSSLER (K) 36f.
[26] Das Recht der spätantiken christlichen Kaiser stellte die Wiedertaufe unter weltliche Strafe, sogar unter Todesstrafe; es wurde 1528 von Karl V. und 1529 vom Speyerer Reichstag bekräftigt, vgl. DRTA² 7/1, 177; DRTA² 7/2, 1325ff, Nr. 153.
[27] Vgl. Religionsmandate (K) 34–41. 105–112 [Text beider Mandate].
[28] Vgl. Religionsmandate (K) 45–48. 113–126 [Text des Mandats]. Eine kritische Edition des Augsburger Reichstagsabschieds steht noch aus.

findlich, war sogar genötigt, den Protestanten Zugeständnisse zu machen (1532 Nürnberger »Anstand«, d.h. Stillhalteabkommen); er suchte im Reich die Unterstützung der Protestanten zum einen für den immer dringlicher werdenden Abwehrkampf gegen die Türken, zum andern weil er das Kaisertum dynastisch für die Habsburger sichern wollte, indem er durchsetzte, daß sein Bruder Ferdinand von Österreich bereits jetzt zum »römischen König« gewählt würde. Die dynastische Politik des Kaisers berührte die Bayernherzöge an einem empfindlichen Punkt, weil sie dem benachbarten Österreich eine Vormachtstellung im Reich nicht zugestehen mochten. Deshalb trafen die bayerischen Herzöge 1532 zwar vorübergehend politische Absprachen mit den protestantischen Fürsten und Reichsstädten, die sich nach dem Augsburger Reichstag angesichts der kaiserlichen Drohung zu einem Defensivbündnis zusammengeschlossen hatten (Schmalkaldischer Bund),[29] verhinderten jedoch weiterhin mit Erfolg ein Eindringen der evangelischen Reformation in ihr Territorium.

Als die Magistrate der Reichsstädte Augsburg (1534) und Regensburg (1542/43) sich für die Durchführung der Reformation entschieden, versuchte Herzog Wilhelm IV. das mit politischen Mitteln zu verhindern. Das gelang ihm ebenso wenig, wie die Bischöfe der beiden Städte die Bürgerschaften von diesem Schritt abhalten konnten.[30]

Weil der Politiker L.v. Eck und der Ingolstädter Theologe J. Eck die religiöse Konfrontation für unvermeidlich hielten, stemmten sie sich gegen die Politik eines Ausgleichs der religiösen Gegensätze, die der Kaiser, ohne ernste Spannungen mit dem Papst zu scheuen, vor allem von 1540 bis 1544 innerhalb des Reiches mit großem Einsatz betrieb.[31] Ein politischer Konsens mit dem Kaiser ergab sich für Bayern jedoch ab 1545, als der Kaiser entschlossen war, die Protestanten im Reich mit päpstlicher Unterstützung militärisch niederzuringen. Herzog Wilhelm IV. versprach dem Kaiser, sich während des geplanten Kriegszuges neutral zu verhalten, den kaiserlichen Truppen aber freie Bewegung innerhalb Bayerns zu gestatten und bei deren Verproviantierung behilflich zu sein.[32]

Nach seinem Sieg über die Protestanten hat Karl V. auf einem Reichstag in Augsburg 1547/48 die Frucht seines Sieges religionspolitisch so ausgenutzt, daß er in eigener Machtvollkommenheit, wieder einen Konflikt mit dem Papst riskierend, den Protestanten die künftige Gestalt ihres Glaubens vorschrieb, weitgehend im Einklang mit der römisch-katholischen Tradition, allerdings mit dem zweifachen Zugeständnis der Priesterehe und des Laienkelches beim Abendmahl. Der bayerische Herzog und die anderen altgläubigen Fürsten weigerten sich auf diesem Reichstag, sich selber einem religiösen Mandat des Kaisers zu unterwer-

---

[29] METZGER (K) 165–187 [v.a. 179–184].
[30] METZGER (K) 210–214.
[31] J. Eck entzog sich jedoch nicht der Aufgabe, bei den Religionsgesprächen von Worms (1540/41) und Regensburg (1541) zusammen mit anderen Theologen die römisch-katholische Lehre zu vertreten; vgl. DINGEL (B) 658ff. 671, Z. 45ff [Titel von J. Ecks Verteidigungsschriften].
[32] METZGER (K) 287–298.

fen, weil sie in der Religionsfrage nur dem Papst Gehorsam schuldig seien. Herzog Wilhelm berief 1549 die ersten Jesuiten – Petrus Canisius und zwei andere – an die Universität Ingolstadt.[33] Gleichzeitig regte sich seit seinen letzten Regierungsjahren vor allem beim Landadel der Wunsch nach gewissen reformatorischen Neuerungen, gefordert wurde eine Lockerung der Fastenvorschriften und der Beichtpflicht, ferner Verzicht auf die Fronleichnamsprozession und auf die priesterliche Elevation von Hostie und Kelch beim Abendmahl; vor allem wurde der Laienkelch gefordert, so daß man geradezu von einer Kelchbewegung spricht. Zu keinem Zeitpunkt hat die reformatorische Bewegung sich so stark in Bayern bemerkbar gemacht wie damals.

Die Kelchbewegung wurde nach zaghaften Anfängen stärker, als nach dem Tode Herzog Wilhelms IV. und L.v. Ecks – beide starben 1550 – der junge Albrecht V.[34] zunächst nachgiebig regierte. Auf einem Landtag 1553 forderten die Landstände ganz offiziell den Laienkelch beim Abendmahl. Sie wollten gleichzeitig politische Rechte zurückgewinnen, die ihnen der Landesherr in den vergangenen Jahrzehnten stillschweigend entzogen hatte. Inwieweit die Landstände sich damals tatsächlich mit der evangelischen Reformation identifizierten, ist umstritten. In der Bevölkerung wurden die Sympathien[35] für das reformatorische Christentum zweifellos gestärkt. Die Landstände stellten ihre Forderung in einer günstigen Situation. Denn kurz zuvor hatte die dynastische Politik des Kaisers eine Gruppe von evangelischen wie auch von altgläubigen Fürsten veranlaßt, sich gegen den Kaiser zu erheben. Der bayerische Herzog hatte sich bei diesem Fürstenaufstand neutral verhalten. Er hatte dann aber kirchenpolitische Zugeständnisse an die evangelischen Fürsten befürwortet, als im Sommer 1552 Ferdinand von Österreich mit den Protestanten ein Abkommen schloß (Passauer Vertrag), das sie von dem kaiserlichen Religionsdiktat von 1548 befreite und ihnen trotz der religiösen Differenzen politische Gleichberechtigung im Reich zugestand und 1555 auf einem Reichstag in Augsburg zu einem reichsgesetzlichen »Religionsfrieden« ausgestaltet wurde mit der Maßgabe, daß die einzelnen Reichsstände entscheiden konnten, ob sie es mit der römisch-katholischen Tradition oder mit der evangelischen Reformation im Sinne des Augsburger Bekenntnisses halten wollten. Das erlaubte langfristig dem bayerischen Herzog, in seinem Land die römisch-katholische Tradition zu festigen, indem er allmählich wieder auf die Linie der von L.v. Eck betriebenen frühabsolutistischen Politik einschwenkte.

---

[33] BUXBAUM (B) 123ff.– 1556 wurde in Ingolstadt das erste bayerische Jesuitenkolleg gegründet.
[34] DIETMAR HEIL, Die Reichspolitik Bayerns unter d. Regierung Herzog Albrechts V. (1550–1579), Göttingen 1998 (SHKBA 61).
[35] FRITZ MARKMILLER, »Als es z. Dingolfing gut luth. war«. Niederbayer. Pfarreien d. Isar-, Vils-Kollbach-, Bina- u. Aitrachtales i. Reformationszeitalter: BGBR 33 (1999), 99–372.

II.4 OBERPFALZ, PFALZ-NEUBURG, REGENSBURG

Von Wilhelm Volkert

Kirchenordnungen 13 u. 14 (B).– SCHAAB 2 (B).– SIMON, Ev. Kirche (B).– SIMON, Kirchengesch.² (B).– Territorien (B).– VOLKERT, Polit. Entwicklung (B).

1. Die kirchlich konfessionelle Entwicklung in der kurpfälzischen Oberpfalz

DOLLINGER, Evangelium i. d. Opf. (B).– FRIES-KURZE, Kurfürst (B).– GÖTZ, Bewegungen (B).– LIPPERT (B).– Der Pfälzer Löwe i. Bayern. Zur Gesch. d. Opf. i. d. kurpfälzischen Epoche, Hg. HANS-JÜRGEN BECKER, Regensburg 1997 (SchR. d. Universität Regensburg 24).– PRESS, Ev. Opf. (B).– ROTT (B).– SCHINDLING/ZIEGLER (B).– P. SCHMID, Reformation (B).– VOLKERT, Innere Entwicklung (B).– VOLKERT, Polit. Entwicklung (B).– VOLKERT, Reichskreis 1 (B).– VOLKERT, Reichskreis 5 (B).– Stammtafeln (B).

Zu Beginn des 16. Jahrhunderts stand der größere Teil des alten »Nordgaues« unter der Herrschaft der Pfalzgrafen und Kurfürsten von Heidelberg;[1] dieses Gebiet erhielt dann die Bezeichnung »Oberpfalz«.[2] Teile des Landes gehörten zum Fürstentum Pfalz-Neuburg.[3]

Im Gegensatz zur Pfalz am Rhein formierten sich in der Oberpfalz die mit Jurisdiktionsbesitz ausgestatteten Adeligen, die Vorsteher der Prälatenklöster sowie die Städte mit einigen größeren Märkten zur Adels-, Prälaten- und Städtekurie der Landstände, die sich als Vertreter des Landes verstanden, für die dem Fürsten geleistete Huldigung die Bestätigung der Privilegien forderten und das Versammlungs- und Steuerbewilligungsrecht in Anspruch nahmen.[4] Da der Adel zahlreiche Kirchenpatronate besaß, die Klöster über Inkorporationspfarreien verfügten und die Ratskollegien Einfluß auf die Besetzung städtischer Prädikaturen hatten, gewannen die Stände Einfluß auf die kirchliche Entwicklung des Landes.

In der Oberpfalz waren zunächst in den Städten (Amberg, Weiden, Neumarkt, Neunburg, Cham) die neuen Formen von Predigt und Gottesdienst nach dem lutherischen Verständnis bekannt geworden und hatten Zustimmung und Aufnahme bei Predigern und beim Volk gefunden.[5] Der Landesherr, Kurfürst Ludwig V., an religiösen Fragen offensichtlich nicht allzu stark interessiert, war mehr auf Ausgleich und Abbau der Spannungen bedacht als auf Konfrontation der

---

[1] VOLKERT, Polit. Entwicklung (B) 45–51. 52–55. 83–90; SCHINDLING/ZIEGLER (B) 11ff.
[2] WILHELM VOLKERT, Zum hist. Opf.-Begriff: Pfälzer Löwe (T) 9–24 [18–21].
[3] Vgl. dazu II.4.2.
[4] VOLKERT, Innere Entwicklung (B) 148f.
[5] Grundlegend GÖTZ, Bewegungen (B) passim; SCHINDLING/ZIEGLER (B) 18ff; P. SCHMID, Reformation (B) 104–110.

Religionsparteien. Dem vielfach in Städten und Adelspfarreien laut gewordenen Wunsch nach Predigtgottesdiensten und dem Abendmahl unter beiderlei Gestalt kam der oberpfälzische Statthalter, Pfalzgraf Friedrich, schließlich 1538 nach und stellte ebenso wie der Kurfürst die fakultative Abendmahlsfeier mit Brot und Wein frei.[6] In Heidelberg wie in der Statthalterresidenz in Neumarkt wirkten Hofprediger, die die neue Lehre vertraten, und protestantisch gesinnte hohe Beamte, wie der Hofkanzler Hartmann Hartmanni.[7]

1534 bekannte sich Friedrich II. durch die Teilnahme an einem lutherisch gestalteten Abendmahlsgottesdienst in der Hofkirche von Neumarkt[8] öffentlich zum Luthertum. Als er im folgenden Jahr seinem Bruder Ludwig V. als Kurfürst nachfolgte, wiederholte er diese Demonstration in Heidelberg und erließ bald darauf eine Kirchenordnung,[9] die im wesentlichen der Neuburger Kirchenordnung des Pfalzgrafen Ottheinrich von 1543 folgte.[10] Dieser und die Kurfürstin Dorothea[11] haben den Kurfürsten in diesem Entschluß offensichtlich bestärkt.

In den 1540er Jahren war in der kurfürstlichen Oberpfalz das kirchliche Leben weitgehend von der Wittenberger Theologie geprägt. Für die Bestallung evangelischer Prädikanten und für die neue Abendmahlsfeier hatten sich besonders die städtischen Räte eingesetzt.[12] Von der bischöflichen Kurie in Regensburg, zu deren Diözese der größte Teil der Oberpfalz gehörte, ging keine Aktivität zur Erhaltung der überlieferten Glaubenslehren und Kultformen aus. Der Übergang zu den neuen Gottesdienstformen mit deutsch gehaltener Messe, mit der Communio sub utraque specie, mit der Reduzierung strenger Fastengebote und der Einschränkung der Heiligenfeste war gleitend-fließend, ohne abrupten Bruch. Die kurfürstlichen Beamten auf dem Land und die Hofmarksrichter der adeligen Landsassen standen der »Volksbewegung« wohlwollend gegenüber, förderten sie gelegentlich, behinderten sie jedenfalls nicht. Die alte Lehre war nicht verboten; weiterhin katholisch zelebrierende Pfründeninhaber konnten sich auf ihren Stellen halten. Die Situation in den oberpfälzischen Klöstern[13] war unterschiedlich.

---

[6] Vgl. auch WILHELM BREITENBACH, Die Besetzung d. kuroberpfälzischen Pfarreien z. Zt. d. Pfalzgrafen u. Kurfürsten Friedrich II. 1508–1556 (Masch. Diss.), Erlangen 1922.

[7] Zu Martin Bucer vgl. MARTIN GRESCHAT, Martin Bucer. Ein Reformator u. seine Zeit, München 1990; ALEXANDRA SEITZ, Martin Bucer als Hofkaplan bei Pfalzgraf Friedrich II.: Jber. d. Hist. Vereins f. Neumarkt i. d. Opf. u. Umgebung 19 (1990), 28–32; zu Hartmanni vgl. PRESS, Calvinismus (B) 182f.

[8] Kirchenordnungen 13 (B) 260, Anm. 43; vgl. GÖTZ, Bewegungen (B) 14; ROTT (B) 44.

[9] Kirchenordnung von 1546: Kirchenordnungen 14 (B) 94–102.

[10] Vgl. dazu II.4.2.

[11] RAUBENHEIMER (B); SCHAAB 2 (B) 21. 25.

[12] Für Amberg vgl. PRESS, Ev. Amberg (B) 119ff; VOLKER PRESS, Amberg. Hist. Porträt einer Hauptstadt: VHVOPf 127 (1987), 7–34 [20ff]; insgesamt vgl. SIMON, Ev. Kirche (B); WEIGEL, Ambergisches Pfarrerbuch (B).

[13] KONRAD ACKERMANN, »Die Heimsuchung ist uns z. geschwind u. schwer«. Die Klöster d. »Oberen Pfalz« am Vorabend ihrer ersten Säkularisation 1556: Aus Bayerns Gesch. (B) 245–258; MANFRED WEITLAUFF, Die Birgittenklöster Gnadenberg u. Maihingen u. ihr Schicksal i. Reformationsjh.: Der Birgittenorden i. d. Frühen Neuzeit, Hg. WILHELM LIEBHART, Frankfurt/Main u.a. 1998, 117–145.

Mancherorts (z.B. im Benediktinerkloster Ensdorf bei Amberg) war schon in den 1520er Jahren von einem qualifizierten klösterlichen Leben kaum mehr die Rede; andere Konvente (so die Frauenklöster Seligenporten und Gnadenberg und die Franziskaner in Amberg) hielten länger am monastischen Leben fest.

Mit der pfälzischen Kirchenordnung von 1546, die grundsätzlich auch für die Oberpfalz galt, war der Anfang gemacht, die wesentlich von der Bevölkerung gestaltete reformatorische Situation in den Städten und auf dem Land in die herrschaftlich geprägte, landesfürstliche Reformation zu überführen. Die Weiterentwicklung dieser Ansätze stockte jedoch bald. Kaiser Karl V. wollte 1546 die Opposition der im Schmalkaldischen Bund zusammengeschlossenen evangelischen Fürsten und Städte zerschlagen; Friedrich II. hatte sich diesem Bündnis zwar nicht angeschlossen,[14] seine Sympathie für die protestantische Sache war dem Kaiser jedoch nicht verborgen geblieben. Nachdem im Sommer 1546 das Religionsgespräch in Regensburg theologisch und wenig später ebendort der Reichstag politisch keine Lösung gebracht hatten, eröffnete Karl V. den Feldzug gegen die Schmalkaldener in Süddeutschland und war bald Herr der Lage. Kurfürst Friedrich unterwarf sich und bannte dadurch die zeitweilig drohende Gefahr, die Pfälzer Kurwürde an Bayern zu verlieren. Die religionspolitische Folge war die Durchführung der Religionsbestimmungen des Reichstages von Augsburg 1548[15] in den Pfälzer Gebieten. Der im »Augsburger Interim« unternommene Versuch, eine für beide Religionsparteien tragbare Bekenntnisformel zu finden, enthielt zwar Grundlagen der reformatorischen Theologie, war aber beim Kirchenbegriff und der Lehrautorität eindeutig katholisch ausgerichtet, so daß bei einer strikten Durchführung die bisher erreichte Position der »Volks- und Fürstenreformation« im Stil der Oberpfälzer Gemeinden in Frage stand. Das Augsburger Interim galt nur vier Jahre; seit den Vorgängen von 1552 war die Reformationsfrage wieder den Landesfürsten freigegeben (Passauer Vertrag 1552). Damit war die Regelung des Augsburger Religionsfriedens (1555), der den weltlichen Fürsten die Entscheidung der Konfessionsfrage zugestand, schon vorweg genommen. Die Bestimmungen des Religionsfriedens stellten nur die Katholiken und die Anhänger der Augsburgischen Konfession (1530) unter den Schutz des Landfriedens. Die endgültige Übertragung der konfessionellen Entscheidung an die Landesherren stärkte deren Position.

Kurfürst Friedrich II. starb 1556. Die Aufgabe, die neue Kirchenorganisation in der Kurpfalz und in der Oberpfalz einzuleiten, blieb seinem Neffen Ottheinrich von Pfalz-Neuburg, dem Nachfolger in der Kurwürde, vorbehalten.

---

[14] ADOLF HASENCLEVER, Die kurpfälzische Politik i. d. Zeiten d. schmalkaldischen Krieges (Januar 1546 bis Januar 1547), Heidelberg 1905 (HAMNG 10); SCHAAB 2 (B) 26f.
[15] Hierzu und zum Folgenden vgl. GEORG SCHMIDT, Konfessionalisierung, Reich u. deutsche Nation: Territorien 7 (B) 171–199 [185ff]; RABE (B) 403–461.

2. Die Reformation im Fürstentum Pfalz-Neuburg

CRAMER-FÜRTIG, Entwurf (B).– CRAMER-FÜRTIG, Landesherr (B).– 450 Jahre Reformation i. Fürstentum (B).– 475 Jahre Fürstentum (B).– NADWORNICEK (B).– NEBINGER (B).– Neuburg (B).– Schr. d. Pfalzgrafen Ottheinrich (B).– SEITZ (B).– VOLKERT, Polit. Entwicklung (B) 124–141.– WEBER/HEIDER (B).– WEIGEL, Neuburgisches Pfarrerbuch (B).

Das Fürstentum Pfalz-Neuburg entstand nach dem Krieg um das Erbe von Herzog Georg von Bayern-Landshut zwischen den Linien München und Heidelberg der Wittelsbacher Familie. Georgs Enkel Ottheinrich und Philipp erhielten nach dem Schiedsspruch König Maximilians (1505) ein selbständiges Fürstentum mit der Hauptstadt Neuburg an der Donau.[16] Es umfaßte verschiedene Gebietsteile,[17] die untereinander keine Landverbindung hatten. Sie lagen an der Donau mit den Städten und Pflegämtern Gundelfingen, Höchstädt und Lauingen, mit Stadt und Vogtamt Neuburg, Reichertshofen, Graisbach und Monheim, im fränkisch-oberpfälzischen Juragrenzgebiet mit den Städten und Ämtern Heideck, Hilpoltstein und Allersberg und schließlich auf dem Nordgau um Burglengenfeld (mit den Ämtern Regenstauf, Kallmünz und Schwandorf), Sulzbach, Parkstein-Weiden (davon nur der Hälfte-Anteil des mit der Pfalz gemeinschaftlichen Amtes) und Flossenbürg sowie die Ämter Laaber, Velburg und Hemau im Oberpfälzer Jura.

Die im Land ansässigen Adeligen, welche Herrschaftsrechte über ihre Hintersassen ausübten, waren bisher in der bayerischen Ständeorganisation (»altbayerische Landschaft«) organisiert; sie formierten sich bald zusammen mit den Angehörigen der Städte- und der Prälatenkorporation zur »Neuburger Landschaft«, die zu einem außerordentlich wichtigen Faktor der Staatsorganisation und der Gesellschaft wurde.[18]

Die Pfarrorganisation[19] des Fürstentums war seit langem durchgeführt, ebenso die Zusammenfassung der Pfarreien in Dekanaten. Es bestanden zahlreiche Kirchenpatronate des Adels und der Bürgerschaften sowie Inkorporationsverhältnisse von Pfarreien in Klöster oder andere geistliche Gemeinschaften. Beide, Patronats- wie Inkorporationsherren, hatten Einfluß auf die Besetzung der Pfarrstellen. Zuständige Bischöfe für das Pfalz-Neuburger Gebiet waren die von Augsburg, Eichstätt, Bamberg und Regensburg.

Frühe Wirkungen reformatorischer Lehren sind in den Pfalz-Neuburger Donaustädten Lauingen und Gundelfingen (bereits seit 1521) und in den oberpfälzisch-nordgauischen Städten und Märkten Weiden (seit 1522), Hemau und

---

[16] Zur Entstehung vgl. ANDREAS KRAUS, Um die Einheit Altbayerns: HBG² 2, 318–321; VOLKERT, Polit. Entwicklung (B) 81ff. 124f; CRAMER-FÜRTIG, Landesherr (B) 19–27; zur Ertragstaxation vgl. HELMUT RANKL, Staatshaushalt, Stände u. »Gemeiner Nutzen« i. Bayern 1500–1516, München 1976 (Stud. z. bayer. Verfassungs- u. Sozialgesch. 7).
[17] Zur Topographie vgl. NEBINGER (B); CRAMER-FÜRTIG, Landesherr (B) 34.
[18] CRAMER-FÜRTIG, Landesherr (B) 2. Teil.
[19] Vgl. dazu SIMON, Ev. Kirche (B) Karte 1 und die jeweiligen Ortsartikel.

Burglengenfeld (seit 1531) zu erkennen.[20] Als Prediger im lutherischen Sinn traten Franziskaner- und Augustinereremiten auf; manche Bürger zeigten sich aufgeschlossen für die neue Lehre. Die städtischen Obrigkeiten und auch die Landesherrschaft verhielten sich ablehnend. Die Pfalzgrafen Ottheinrich und Philipp veröffentlichten 1524, 1526 und 1528 Mandate gegen die neue Lehre und gegen die Wiedertäufer.

Pfalzgraf Kurfürst Ottheinrich von der Pfalz,
Ölgemälde von Barthel Beham 1535

Pfalzgraf Ottheinrich,[21] seit 1529 mit der streng katholisch gesinnten Susanna von Bayern, der Schwester Herzog Wilhelms V., Witwe von Markgraf Kasimir von Kulmbach-Bayreuth und Ansbach, verheiratet, hatte zunächst am alten

---

[20] SEITZ (B) 44.
[21] BARBARA KURZE, Pfalzgraf Ottheinrich: LebBaySchwaben 3 (1954), 244–268; SCHAAB 2 (B) 29ff; ANDREAS EDEL, Ottheinrich: NDB 19, 655f; vgl. auch FRIES-KURZE, Kurfürst (B).

Glauben festgehalten und gegenüber den Klöstern, Pfarrern und Kirchenstiftungen seines Landes eine »staatskirchlich« reglementierende Position eingenommen.[22] In den späten 1530er Jahren scheint sich die Hinwendung des Pfalzgrafen zu Martin Luthers Lehre anzubahnen. Verstärkt wurde diese Einstellung durch den Besuch des Reichstags in Regensburg 1541; das dabei stattfindende Religionsgespräch[23] zwischen katholischen und protestantischen Theologen brachte nicht die von Karl V. gewünschte Einigung in den strittigen Religionsfragen; auch im Fürstenrat des Reichstags konnte sich der Kaiser mit seinem Einigungskonzept nicht durchsetzen. Es blieb daher im Reichsabschied bei einer interimistischen Lösung, wodurch praktisch die Protestanten im Sinne der Freistellung vom Wormser Edikt (1521) begünstigt wurden. Dies gab Ottheinrich von Neuburg Veranlassung, sich um einen Geistlichen lutherischer Gesinnung zu bemühen, der die Reformation seines Fürstentums in die Wege leiten könnte. Er gewann dazu den Prediger von St. Lorenz in Nürnberg, Andreas Osiander, der das am 22.6.1542 veröffentlichte Neuburger Religionsmandat verfaßte.[24] Es kann als feierliches Bekenntnis des Fürsten zur neuen Lehre verstanden werden, als Dokument zur Erneuerung der Kirche von Herrschafts wegen, ausgeübt auf Grund des Jus reformandi des Landesherrn, der das Land seiner Kirchenaufsicht unterstellt. Die Pflichten und Aufgaben der Priester und die sittliche und religiöse Erziehung der Untertanen zu regeln, nahm der Fürst in Anspruch, nicht zuletzt deshalb, weil er dadurch seine Hoheit über das Fürstentum, seine Landeshoheit, um ein entscheidendes Stück erweitern konnte.

Im folgenden Jahr erschien aus landesfürstlicher Vollmacht die ebenfalls von Osiander entworfene Kirchenordnung,[25] die – der Herkunft ihres Verfassers entsprechend – von der brandenburg-ansbachischen und nürnbergischen Kirchenordnung (1533) und der kurfürstlich brandenburgischen Ordnung (1540) inhaltlich herzuleiten ist. Luthers Theologie folgend, bleibt sie in der Agende und im Zeremoniale der Messe und der Sakramente den überlieferten katholischen Formen nahe. Das mag auch ein Grund sein, daß die Einführung in den Gemeinden keine Schwierigkeiten bereitete; die Wahrnehmung des Kirchenregiments durch den Fürsten und damit die Beseitigung der Funktionen der bisherigen bischöflichen Ordinarien wurde allgemein anerkannt. Osiander hat 1542/43 offensichtlich auch das Programm für die Fresken in der Neuburger Schloßkapelle entworfen; dort wird die reformatorische Rechtfertigungslehre im Sinn Luthers bildlich dargestellt.[26] Die Einhaltung der Kirchenordnung in den Landpfarreien sollte als Superintendent der 1543 angestellte Hofprediger Adam Bartholomäi überwachen.

---

[22] CRAMER-FÜRTIG, Landesherr (B) 177ff.
[23] Vgl. II.4.3, Anm. 43.
[24] Kirchenordnungen 13 (B) Nr. I 1; OSIANDER, GA 7 (B) 486–491, Nr. 283; zu Osiander vgl. SEEBASS, Werk (B) 32ff. 205. 243ff; SEEBASS, Osiander (B).
[25] Kirchenordnungen 13 (B) Nr. I 2; CRAMER-FÜRTIG, Entwurf (B) [mit weiteren Drucknachweisen]; OSIANDER, GA 7 (B) 569–878, Nr. 293; GA 10, 938–985, Nr. 284 a, b [letzte kritische Edition].
[26] RIEDINGER (B).

Kirchen ordnung / Wie es mit

der Christlichen Lehre / heiligen Sacramenten /
vnd allerley andern Ceremonien / in mei
nes gnedigen herrn / Herrn Otthain-
richen / Pfaltzgrauen bey Rhein /
Hertzogen inn Nidern vnd
Obern Bairn ꝛc. Fürsten-
thumb gehalten wirt.

1 5 4 3.

Pfalz-Neuburger Kirchenordnung von 1543, Titelblatt

In diesen Jahren war Ottheinrich in den größten finanziellen Schwierigkeiten wegen der aufwendigen Hofhaltung und der Übernahme der Schulden seines Bruders Philipp. Zur Sanierung verpfändete er die Ämter Heideck, Hilpoltstein und Allersberg an die Reichsstadt Nürnberg. Diese führte dort gleich die nürnbergische Kirchenordnung ein.[27] Ein Ausweg aus der Schuldenmisere wurde 1544 gefunden, als die Neuburger Landstände zur Entschuldung die gesamte Administration des Fürstentums übernahmen und dem ins »Exil« in die Kurpfalz abziehenden Pfalzgrafen eine verhältnismäßig bescheidene Apanage zu-

---

[27] SIMON, Ev. Kirche 1 (B) 175. 335. 349; NEBINGER (B) 30; die Ämter wurden zwischen 1578 und 1585 wieder ausgelöst.

sagten. Bei dieser Abdankung verlangte Ottheinrich von dem die Ausübung der Territorialgewalt übernehmenden ständischen Regentenkollegium die Bewahrung der evangelischen Religion.[28]

Im Herbst 1546 wurde das Land im Schmalkaldischen Krieg von kaiserlichen Truppen besetzt. Der Statthalter Karls V., Jörg Zorn von Bulach, übernahm die Regierung und sorgte für die Durchführung der Religionsbestimmungen des Augsburger Interims (1548), womit die neue Lehre abgeschafft und der katholische Gottesdienst wiederhergestellt wurde. Dies geschah unter Mitwirkung der bischöflichen Ordinariate von Augsburg, Eichstätt und Regensburg.[29]

Bereits im Frühjahr 1552 konnte Ottheinrich, von der durch den Fürstenaufstand eingeleiteten politischen Entwicklung profitierend, sein Land wieder in Besitz nehmen und die Pfarrer auf die Einhaltung der Kirchenordnung von 1543 verpflichten.[30] Wer sich dem nicht fügte, verlor sein Amt.

1554 erschien die von Johann Ehinger, Michael Diller und Johann Brenz nach dem Vorbild von Mecklenburg und Württemberg neu bearbeitete Kirchenordnung,[31] die Ottheinrich 1556 auch in der Kurpfalz und der Oberpfalz einführte.[32] In diesen Jahren erließ der Landesherr eine Schul- und eine Eheordnung und teilte das Land in Superintendentur-Bezirke nach den landesfürstlichen Ämtern ein.[33]

Die Kirchenordnung von 1554 folgte der oberdeutschen Richtung der Reformation. Sie konnte damit die Grundlage für ein Mandat Ottheinrichs von 1555 sein, das die Entfernung aller Bilder und den Abbruch der Nebenaltäre in den Kirchen anordnete und damit zum Anlaß eines Pfalz-Neuburger Bildersturms[34] wurde: Eine Anordnung des Mäzenaten Ottheinrich, die in bemerkenswertem Gegensatz zu seiner vielfachen Sammler- und Fördertätigkeit auf zahlreichen künstlerischen Gebieten steht.

Die Nutzung des Neuburger Fürstentums übergab Ottheinrich 1553 seinem weitläufigen Vetter Wolfgang von Pfalz-Zweibrücken. 1557 überließ er ihm die gesamte Herrschaft,[35] nachdem er im Jahr vorher als Erbe Kurfürst Friedrichs II. die pfälzische Kurwürde angetreten hatte. Wie Ottheinrich war Wolfgang von Zweibrücken Lutheraner; der Herrschaftswechsel hatte für das Land keine konfessionellen Folgen.

---

[28] CRAMER-FÜRTIG, Landesherr (B) 288.
[29] WEBER/HEIDER (B); NADWORNICEK (B) 47f.
[30] A. SCHMID, Sulzbach (B) 544; SEITZ (B) 46.
[31] Moderne Edition fehlt; sie wird benützt in der nahezu textgleichen Fassung für die Kurpfalz von 1556; vgl. 450 Jahre Reformation i. Fürstentum (B) 162, Nr. 31; CRAMER-FÜRTIG, Entwurf (B) 61. Zur Wirksamkeit von Johann Brenz in Neuburg vgl. MICHAEL HENKER, Johann Brenz u. d. Entwicklung d. Neuburgischen Kirchenwesens zwischen 1533 u. 1560: Neuburger Kollektaneenblatt 133 (1980), 106–140.
[32] Vgl. dazu III.2.3.1, Anm. 2.
[33] SIMON, Ev. Kirche 1 (B) 233. 407. 447. 467.
[34] 450 Jahre Reformation i. Fürstentum (B) 162–167.
[35] GERT REIPRICH, Ottheinrichs Testament f. d. Fürstentum Pfalz-Neuburg v. 1556: Neuburger Kollektaneenblatt 133 (1980), 80–105.

3. Das Luthertum in Regensburg bis zum Augsburger Religionsfrieden

DOLLINGER, Evangelium i. Regensburg (B).– Gesch. Regensburg 1 u. 2 (B).– 450 Jahre ev. Kirche (B).– Reformation u. Reichsstadt. Prot. Leben i. Regensburg (B).– P. SCHMID, Civitas regia (B) 136–140.– P. SCHMID, Ratispona (B) 83–91.– P. SCHMID, Regensburg (B).– P. SCHMID, Reichskreis 4 (B).– THEOBALD, Reformationsgesch. (B).– TRAPP (B) 845–857.– VOLKERT, Entstehung (B).– VOLKERT, Luthers Reformation (B).– ZAPALAC (B).

In Regensburg lebten um 1500 circa 10.000 Einwohner; etwa zwei Drittel unterstanden dem Rat der Reichsstadt, die übrigen der Herrschaft des Fürstbischofs und der reichsständischen Klöster und Stifte St. Emmeram, Obermünster und Niedermünster.[36] Die Stadt war in zwei Pfarreien geteilt; daneben gab es zahlreiche Personalpfarreien der Klöster und Stifte. Auf drei Kirchen hatte der Rat das Patronat oder patronatsähnliche Rechte. Wichtig davon war vor allem die Wallfahrtskirche zur Schönen Maria, die nach der Vertreibung der Regensburger Juden 1519 neben der abgerissenen Synagoge errichtet wurde.[37]

Luthers Lehre wurde bald in der Reichsstadt bekannt.[38] Seit 1518 sind Kontakte des Reichshauptmanns Thomas Fuchs von Schneeberg mit Luther belegt; wenig später stellte der Regensburger Buchdrucker Paul Kohl Luther-Drucke her. Unter den Handwerkern, aber auch unter einzelnen Ratsbürgerfamilien, gab es Anhänger der neuen Lehre, deren besonderer Exponent der seit 1523 als Ratskonsulent tätige Dr. Johann Hiltner[39] war. Der innere Rat als das maßgebliche Organ der reichsstädtischen Obrigkeit legte sich jedoch nicht fest, verzichtete auf die Teilnahme an der Speyerer Protestation (1529) und trat auch der Confessio Augustana (1530) nicht bei. Das geschah aus Angst vor den wirtschaftlichen Repressalien Bayerns für den Fall einer reformationsfreundlichen Haltung der Stadt und aus Sorge, die Schutzmacht Habsburg zu verärgern. Verschiedene Versuche des Rates, den Einfluß der Stadt auf die Regensburger Geistlichkeit zu stärken und Prediger zu gewinnen, die im Sinn der neuen Lehre sprachen, mußten daher scheitern. Die evangelische Stimmung unter der städtischen Bevölkerung nahm zu, gefördert durch die Möglichkeit, in den zahlreichen Hauskapellen private Abendmahlsfeiern »sub utraque specie« zu halten. In der benachbarten Reichsherrschaft Beratzhausen und im Regensburger Freihaus von deren Inhaber, Freiherrn Bernhard von Stauf,[40] hielt der Schloßkaplan reformatorische

---

[36] HEINRICH WANDERWITZ, Regensburg um 1500: 450 Jahre ev. Kirche (B) 29–39; A. SCHMID, Regensburg (B) 189ff. 211. 216. 232ff; P. SCHMID, Regensburg (B) 38–43.
[37] Zum Judenviertel vgl. SILVIA CODREANU-WINDAUER/HEINRICH WANDERWITZ, Das Regensburger Judenviertel. Gesch. u. Archäologie: Gesch. Regensburg 1 (B) 607–633 [607–616].
[38] GÜNTER SCHLICHTING, Luthers Vermächtnis an Regensburg: VHVOPf 123 (1983), 49–70 [auch über die Korrespondenz zwischen Thomas Fuchs und Luther]; HELMAR JUNGHANS, Martin Luthers Beziehungen z. Regensburg: Reformation u. Reichsstadt. Prot. Leben i. Regensburg (B) 7–28.
[39] GÜNTER SCHLICHTING, Dr. Johann Hiltner, d. Reformator d. Reichsstadt Regensburg: VHVOPf 120 (1980), 455–471.
[40] ROBERT DOLLINGER, Die Stauffer z. Ehrenfels: ZBLG 35 (1972), 436–522 [504f].

Gottesdienste, die Reichsstadteinwohner besuchten. Die seit dem Reichstag von Speyer von 1526 geltende Formel, daß die Obrigkeiten mit ihren Untertanen so leben sollten, »wie ein jeder solches gegen Gott und die kaiserliche Majestät hoffet zu verantworten«, hat als vorläufiger religionsrechtlicher Kompromiß die allgemeine Situation geprägt.

Der Rat von Regensburg hatte seit 1520 den Bau der Kirche zur Schönen Maria[41] veranlaßt und zu einem vorläufigen Ende gebracht, so daß das Gebäude 1540 vom Weihbischof nach katholischem Kirchenrecht geweiht werden konnte; andererseits hatte er aber auch im folgenden Jahr den Pfarrverweser von St. Rupert, Erasmus Zollner,[42] zum Prediger bestellt, obwohl allgemein bekannt war, daß dieser lutherische Lehren vertrat.

Auf dem Reichstag in Regensburg, der gleichzeitig mit einem Religionsgespräch 1541 stattfand,[43] war keine Einigung erreicht worden; es blieb bei der praktischen Freistellung der lutherischen Lehre im Sinn des Reichsabschieds von 1526. Diese Situation nutzte der Rat aus, offensichtlich um den in der reichsstädtischen Einwohnerschaft – Bürger und Beisassen – weit verbreiteten Wunsch zu erfüllen. Am 14./15.10.1542 fanden Beicht- und Abendmahlsgottesdienste in dem vom Rat okkupierten Kirchenschiff der Dominikanerkirche und in der Marienkirche statt; dabei erhielten die Gläubigen das Abendmahl unter beiderlei Gestalt. Diese Feiern hielten auf Veranlassung des Rates lutherisch eingestellte Geistliche. Damit war das offizielle Bekenntnis der Reichsstadt zum Luthertum vollzogen.[44] Vorbild für die Gottesdienstform war die Nürnberger Agende, die Dr. Johann Forster aus Nürnberg einführte; er war auf Ersuchen des Regensburger Rates in den entscheidenden Wochen in Regensburg tätig. Wenig später erklärte der Rat die Kirche zur Schönen Maria zur evangelischen Kirche der reichsstädtischen Protestanten, bestimmte Kirchenpröpste zur Vermögensverwaltung und erteilte ihr den Namen »Neupfarrkirche«.[45]

Die Entscheidung zum Bekenntnis für das Luthertum wurde dem Rat dadurch erleichtert, daß im Sommer 1542 das benachbarte Fürstentum Pfalz-Neuburg durch seinen Landesherrn der neuen Lehre zugeführt worden war.[46] Dadurch konnte die Reichsstadt die bald einsetzenden bayerischen Repressalien (Wirtschaftsblockade) aushalten.

---

[41] Zur Wallfahrt und zur Kirche vgl. 450 Jahre ev. Kirche (B) 43ff. 227–245; STAHL (B).
[42] 450 Jahre ev. Kirche (B) 270; TRAPP (B) 848. 850f.
[43] HANS MARTIN BARTH u.a., Das Regensburger Religionsgespräch i. Jahr 1541. Rückblick u. aktuelle ökum. Perspektiven, Regensburg 1992; GERHARD B. WINKLER, Das Regensburger Religionsgespräch 1541: ALBRECHT, Regensburg (B) 72–87; ATHINA LEXUTT, Rechtfertigung i. Gespräch. Das Rechtfertigungsverständnis i. d. Religionsgesprächen v. Hagenau, Worms u. Regensburg 1540/41, Göttingen 1996 (FKDG 64).
[44] Kirchenordnungen 13 (B) 389–393; VOLKERT, Entstehung (B) 30ff.
[45] 450 Jahre ev. Kirche (B) 279ff; ACHIM HUBEL, Gotik i. Regensburg. Stadttopographie u. städtebauliche Entwicklung v. 13. bis z. frühen 16. Jh.: Gesch. Regensburg 2 (B) 1106–1140 [1134–1137].
[46] Vgl. II.4.2.

Durch die Kirchenordnung von 1543 und die Ehegerichtsordnung von 1545 konsolidierte der Rat die evangelische Kirchenorganisation.[47] Nach der Niederlage der protestantischen Partei im Schmalkaldischen Krieg mußte auch Regensburg das Augsburger Interim (1548) anerkennen, was praktisch das Ende der lutherischen Gottesdienstgestaltung bedeutete; die reichsstädtischen Prediger mußten auswandern. Dies änderte sich im Frühjahr 1552, als die Reichsstadt die habsburgische Partei unterstützte und zum Lohn dafür die freie Religionsausübung zugestanden erhielt. Unter der Leitung der Geistlichen Nikolaus Gallus[48] und Justus Jonas[49] baute der Rat unter Führung des Konsulenten Hiltner die evangelische Kirche in Regensburg neu auf. Wahrscheinlich noch im Jahr des Religionsfriedens 1555 vollendete Michael Ostendorfer den von der Stadt in Auftrag gegebenen »Reformationsaltar« für die Neupfarrkirche. In der Altarikonographie sind die Hauptanliegen der lutherischen Reformation dargestellt:[50] Bibel, Taufe, Abendmahl und Beichte.

---

[47] Kirchenordnungen 13 (B) 406ff [1543]. 416 [1545].
[48] VOIT (B); PETER SCHMID, Nikolaus Gallus – der Organisator d. luth. Gemeinde Regensburgs (1516–1570): Berühmte Regensburger (B) 132–141; 450 Jahre ev. Kirche (B) 189ff.
[49] WALTER DELIUS, Jonas, Justus: NDB 10, 593f; HANS-GÜNTER LEDER, Jonas, Justus: LThK³ 5, 989.
[50] 450 Jahre ev. Kirche (B) 79–107. 273–276; TRAPP (B) 850f.

II.5 KIRCHE UND KUNST

Von Peter Poscharsky

450 Jahre ev. Kirche (B).– Die bewahrende Kraft d. Luthertums. Mittelalterliche Kunstwerke i. ev. Kirchen, hg. v. JOHANN MICHAEL FRITZ, Regensburg 1997.– Bayer. Kunstdenkmale [enthalten, soweit erschienen, alle Kirchen].– Martin Luther u. d. Reformation (B).– MEISSNER, Bau- u. Ausstattungsmaßnahmen (B).– POSCHARSKY, Kanzel (B).– JÖRG RASMUSSEN, Bildersturm u. Restauratio: Welt i. Umbruch. Augsburg zwischen Renaissance u. Barock. Ausstellung d. Stadt Augsburg i. Zusammenarbeit mit d. Ev.-Luth. Landeskirche anläßlich d. 450. Jubiläums d. Confessio Augustana v. 28. Juni bis 28. September 1980, Bd. 3. Beitr., hg. v. d. STÄDT. KUNSTSAMMLUNGEN AUGSBURG u. d. ZENTRALINSTITUT F. KUNSTGESCH. MÜNCHEN, Augsburg 1981, 95–114.– GOTTFRIED SEEBASS, Mittelalterliche Kunstwerke i. ev. gewordenen Kirchen Nürnbergs: Kraft d. Luthertums (K) 34–53.– FREYA STRECKER, Augsburger Altäre zwischen Reformation (1537) u. 1635. Bildkritik, Repräsentation u. Konfessionalisierung, Münster 1998 (Kunstgesch. 61).

Die lutherischen Kirchen haben das überkommene Erbe an Kirchen und Kunstwerken bewahrt, durch Weiternutzung, Umnutzung oder Nichtnutzung. In vielen übernommenen Kirchen erhielt sich die mittelalterliche Ausstattung. Die Bilder verloren ihre kultische Bedeutung und erhielten eine didaktische Funktion.[1]

1. Gemälde und Flugblätter

Die ersten sichtbaren Äußerungen reformatorischer Gedanken in der Kunst finden sich in der Graphik und in der Malerei. Am bekanntesten sind die Gemälde der vier Apostel, die Albrecht Dürer 1526,[2] zwei Jahre vor seinem Tod, der Stadt Nürnberg zum Gedächtnis und als Mahnung[3] schenkte.[4] Sie hatten ihren Platz in der oberen Regimentsstube des Nürnberger Rathauses. In Überlebensgröße sind die »Vier Apostel« Johannes, Petrus, Markus und Paulus dargestellt. Wie damals weithin üblich, gehören Texte als integrierender Bestandteil zu den Bildern. Dürer wählte 1 Joh 4, 1–3, 2 Petr 2, 1–3, Mk 12, 38–40 und 2 Tim 3, 1–7. Daraus er-

---

[1] Vgl. Kraft d. Luthertums (K); darin bes. SEEBASS, Kunstwerke (K). Zum Grundsätzlichen vgl. HANS FRHR. V. CAMPENHAUSEN, Die Bilderfrage i. d. Reformation: ZKG 68 (1957), 96–128; MARGARETE STIRM, Die Bilderfrage i. d. Reformation, Gütersloh 1977 (QFRG 45); REINER SÖRRIES, Die Evangelischen u. d. Bilder. Reflexionen einer Gesch., Erlangen 1983.
[2] Vgl. GISELA GOLDBERG u.a., Albrecht Dürer – Die Gemälde d. Alten Pinakothek, Heidelberg 1998, 478–559 [Lit.].
[3] Dies drückt der zum Bild gehörende Beginn der Unterschriften deutlich aus: »Alle weltlichen Regenten in diesen fährlichen Zeiten nehmen billig Acht, daß sie nit für das göttlich Wort menschliche Verführung annehmen. Dann Gott will nit zu seinem Wort gethon noch dannen genommen haben. Darauf horet diese trefflich vier Männer: Petrum, Johannem, Paulum und Marcum, ihre Warnu[ng]« (nach Offb 22, 18f).
[4] Vgl. die Abbildung auf dem Bucheinband und Abb. 8.

gibt sich, daß Dürer, der sich seit 1519 mit Martin Luthers Schriften beschäftigte, hier den Ratsherren Warnungen vor Augen stellt.[5] Ihre Aussage wurde sehr wohl verstanden, denn als Kurfürst Maximilian I. die Gemälde in seiner Münchener Gemäldegalerie aufstellen ließ, wurden die Unterschriften beseitigt.[6]

So wichtig diese Bilder für die Verantwortlichen der Stadt Nürnberg auch waren, so hatten sie wie alle Gemälde doch keine Öffentlichkeitswirkung. Diese wurde durch Flugblätter erreicht, Einblattdrucke mit je einem Bild und einem oft gereimten Text. Sie waren das bisher noch nicht recht beachtete[7] Medium der Information über alle Bereiche des Lebens. Schon vor der Reformation gibt es zahlreiche sozialkritische Blätter, die nun in steigendem Maß durch kirchenkritische vermehrt wurden. Ihre Wirkung zur Verbreitung reformatorischer Ideen wurde von der Kirchengeschichte erst in neuerer Zeit beachtet.[8] An der Produktion waren Augsburg und Nürnberg wesentlich beteiligt.

Die Themen reichen vom Sturz oder der Höllenfahrt des Papstes (Sebald Beham, Nürnberg 1524) über die Verspottung des Pilgerwesens (Georg Pencz, Nürnberg 1529, Text Hans Sachs) und die »Pfaffenkirmes« (Peter Flötner, Nürnberg um 1535) über Gegenüberstellungen wie beim »Schafstall Christi« nach Joh 10 (S. Beham, Nürnberg 1524, Text Sachs) bis zur positiven Darstellung wie »Christus als evangelisches Licht« (Hans Holbein d.J., Augsburg 1523/24).[9] Ein großes Interesse bestand am Aussehen Luthers, dessen visuelle Medienpräsenz die aller anderen Reformatoren und seiner Gegner weit übertraf.[10]

Wie schon die deutschen Bibelausgaben vor Luther, so wurden weiterhin alle Editionen mit Bildern versehen.[11] Dabei erhielten Nachdrucke, wie etwa des Septembertestaments von Luther, anstelle der Holzschnitte von Lukas Cranach[12]

---

[5] Hier könnte eine von den Nürnberger Predigern 1525 verfaßte Schrift »Ein gut vnterricht vnd getreuer Rathschlag [...]« und »Eyn predig vnd warnung sich zu hüten für falschen propheten« von Luther, ebenfalls 1525, eingewirkt haben, vgl. Albrecht Dürer 1471–1971 (B) 212 [Lit.].

[6] Erst seit 1922 sind die in München verbliebenen Gemälde wieder mit den Unterschriften vereinigt. Die von Maximilian der Stadt Nürnberg übergebenen Kopien (Johann Georg Fischer zugeschrieben) befinden sich im Germanischen Nationalmuseum Nürnberg.

[7] Vgl. Flugblatt (B); CHRISTIANE ANDERSSON, Polemical Prints in Reformation Nuremberg: JEFFREY CHIPPS SMITH (Hg.), New perspectives on the art of Renaissance Nuremberg. Five Essays, Austin 1985, 41–62.

[8] Die großen Lutherausstellungen des Jahres 1983 bringen Beispiele unter den treffenden Stichworten »Kunst als Waffe« (Luther u. d. Folgen f. d. Kunst. Hamburger Kunsthalle 11. November 1983 – 8. Januar 1984, hg. v. WERNER HOFMANN, München 1983, 153ff) und »Die reformatorische Volksbewegung im Bilderkampf« (Martin Luther u. d. Reformation [B] 219ff).

[9] Die genannten Beispiele sind alle abgebildet in: Martin Luther u. d. Reformation (B).

[10] So zeigen etwa sehr viele der 457 Ausgaben von Werken Luthers, die bis 1530 in Augsburg erschienen, sein Porträt, vgl. JOSEF KIRMEIER: »... wider Laster u. Sünde« (B) 94f.

[11] Vgl. PHILIPP SCHMIDT, Die Illustration d. Lutherbibel 1522–1700. Ein Stück abendländischer Kultur- u. Kirchengesch., Basel 1977.

[12] Cranach hatte in Süddeutschland keine große Wirkung. Bilder von ihm sind hier selten (z.B. Augsburg, St. Anna).

oftmals neue Bilder.¹³ Bilder waren auch in den Gesangbüchern,¹⁴ Katechismen und Gebetbüchern¹⁵ üblich.

Dieser vielfach unreflektierten Verwendung von Bildern im Informationsbereich stand weithin die theologische Ablehnung der bisher religiös verwendeten Bilder in den Kirchen gegenüber. Das betraf vor allem die anfänglich stark zwinglisch beeinflußten Gebiete im Südwesten. So ließ der Rat in Lindau Ende März 1530 alle Bilder aus den Kirchen entfernen, die dann von den Schmieden mit Äxten und Hämmern zerschlagen und danach verbrannt wurden.¹⁶ In Memmingen gab man 1531 den Stiftern von Epitaphien die Gelegenheit, diese aus den Kirchen zurückzunehmen.¹⁷ In Kempten wurde 1531 darüber abgestimmt, ob die Bilder beibehalten werden sollen. 174 Bürger waren dafür, 500 dagegen. Daraufhin wurden sie entfernt und verbrannt.¹⁸ In Augsburg erließ der Rat im Frühjahr 1524 ein Dekret, mit dem verboten wurde, Bilder in Kirchen und Friedhöfen zu beschädigen oder zu zerstören, nachdem der zwinglische Ratsprediger Michael Keller fünf Tage zuvor in der Barfüßerkirche ein großes Kruzifix umgeworfen und die Trümmer pfundweise zum Kauf angeboten hatte, einen Reliquienkrämer parodierend.¹⁹ Als der Große Rat von Augsburg am 17.1. 1537 die endgültige Abschaffung des Katholizismus beschloß, wurden an den folgenden Tagen die Bilder beseitigt. Der Rat hatte nur die Absicht, sie dem Mißbrauch zu entziehen und ließ die Bilder bei geschlossenen Kirchentüren entfernen, um eine emotionale Reaktion der Bürger zu verhindern. Dennoch wurde fast alles vernichtet, so etwa alle Altarretabel, d.h. die Bildtafeln auf den Altären. Verschont wurden die Glasfenster, da sie nie Objekte der Anbetung waren.²⁰

Folgte der Rat der Stadt im Südwesten den Theologen mit diesen Aktionen, so war es in Nürnberg anders. Andreas Osiander hat sich wegen der damit verbundenen Werkgerechtigkeit strikt gegen die Bilderverehrung gewandt,²¹ sich aber gegen eine tumultuarische Entfernung ausgesprochen. Er wollte nur biblische Bilder und Darstellungen wahrer Begebenheiten aus dem Leben von Heiligen

---

¹³ Die Ausgabe des Neuen Testamentes 1523 in Augsburg durch Silvan Otmar z.B. verwendete Illustrationen von Hans Burgkmair, vgl. HANS-JÖRG KÜNAST, Martin Luther u. d. Bibeldruck i. Augsburg 1518–1530: Reformation u. Reichsstadt – Luther i. Augsburg (B) 65–76.
¹⁴ Vgl. BERNHARD KLAUS, Bibel u. Gesangbuch d. Reformationszeit: Bibel u. Gesangbuch i. Zeitalter d. Reformation. Germanisches Nationalmuseum Nürnberg 8.7.–27.8.1967. Ausstellung z. Erinnerung an d. 95 Thesen Martin Luthers v. Jahre 1517, o.O. o.J., 9–21.
¹⁵ So z.B. in den Betbüchlein von Hans Schönsperger, Augsburg 1522 und Jobst (Jodocus) Gutknecht, Nürnberg, vgl. ERNST GRÜNEISEN, Die ev. Katechismusillustration i. d. ersten Hälfte d. 16. Jh., Weimar 1938.
¹⁶ Vgl. 450 Jahre Reformation i. Lindau (B).
¹⁷ Vgl. ANDREAS HAHN, Die Reformation u. d. Folgen f. d. bildende Kunst: »Geld u. Glaube« (B) 38–47 [44].
¹⁸ Vgl. BRECHT/EHMER (B).
¹⁹ Vgl. RASMUSSEN (K) 95.
²⁰ Vgl. SERGIUSZ MICHALSKI, Das Phänomen Bildersturm. Versuch einer Übersicht: Bilder u. Bildersturm i. Spätmittelalter u. i. d. frühen Neuzeit, hg. v. BOB SCRIBNER, Wiesbaden 1990, 69–124 (Wolfenbütteler Forsch. 46).
²¹ Vgl. Osianders Gutachten über die Zeremonien von 1526: OSIANDER, GA 2 (B) 287f.

konzedieren. Die letzte Entscheidung hatte er dem Rat der Stadt zugebilligt, der die Ausstattungen der Pfarrkirchen nicht veränderte.[22] Neue Bilder brauchte man jedoch nicht. Die Künstler als besonders sensible und die Realität scharf beobachtende Menschen waren auch in die religiösen Auseinandersetzungen verstrickt. So wurde S. Beham, Barthel Beham und Pencz (einem Mitarbeiter Dürers) als den »drei gottlosen Malern« 1525 in Nürnberg der Prozeß gemacht, bei dem sie als ketzerisch, aufrührerisch und am Altarsakrament zweifelnd verurteilt und aus der Stadt verbannt wurden. Sie konnten aber bald zurückkehren und weiter in Nürnberg, auch für die Anliegen der Reformation, arbeiten.[23]

2. Kirchengebäude, Altäre, Kanzeln und Taufsteine

Kirchengebäude besaß man nach Einführung der Reformation mehr als man brauchte. Vor allem Kapellen hat man abgerissen, der Umgang mit Klosterkirchen war unterschiedlich.[24] Die Gestaltungsaufgabe war die Adaption des Innenraumes.

Kirchenneubauten wurden nur als Ersatz für alte Kirchen (in nachgotischen Formen) errichtet, so z.B. in Pegnitz 1531/33 und Rugendorf 1550.[25]

Ein Sonderfall ist die 1540 erbaute Schloßkapelle in Neuburg/Donau.[26] Sie folgt dem mittelalterlichen Bautyp, ist in das Schloß eingebaut und ermöglicht dem Herrscher den direkten Zugang aus seinen Gemächern auf die Empore, die auf Konsolen ruht und nicht auf den Blick verstellenden Säulen. Hans Bocksberger d.Ä. aus Salzburg bekam 1543 den Auftrag, die Kapelle auszumalen. Das komplizierte Bildprogramm, wohl von Osiander konzipiert, breitet sich nur an der Decke und über der Empore aus. Es entwickelt die Rechtfertigungslehre und ist zumindest mit einigen Bildern speziell auf den Auftraggeber Ottheinrich und sein Schicksal ausgerichtet.[27] Es zeigt, wie der Mensch in Sünde fällt (Erschaffung Evas bis zum Brudermord) und wie Gott straft (die zehn ägyptischen Plagen). Die Sühne wird durch alttestamentliche Typologien dargestellt (Isaaks Opferung, Lots Töchter, Joseph in der Zisterne, die Eherne Schlange), es folgen Typologien zur Himmelfahrt (Elia, Habakuk wird zu Daniel getragen). An der Decke (vgl. Abb. 9) wird gezeigt, wie der Mensch durch Taufe und Abendmahl Anteil am Heil erhält (Durchzug durchs Rote Meer, Passahmahl). Im Zentrum

---

[22] Es wurden nur drei Altäre in St. Sebald, zwei in St. Lorenz und zwei in der Egidienkirche beseitigt – in aller Stille, nachts –, weil sie den Blick auf die Kanzel störten. Alle diese Altäre wurden aber im Gegensatz zu anderen nicht mehr von der Familie der Stifter betreut, vgl. SEEBASS, Kunstwerke (K) 43; vgl. auch Abb. 7.

[23] Vgl. HERBERT ZSCHELLETZSCHKY, Die »drei gottlosen Maler« v. Nürnberg. Sebald Beham, Barthel Beham u. Georg Pencz. Hist. Grundlagen u. ikonologische Probleme z. Reformations- u. Bauernkriegszeit, Leipzig 1975.

[24] Vgl. MEISSNER, Bau- u. Ausstattungsmaßnahmen (B) 58.

[25] Vgl. MEISSNER, Bau- u. Ausstattungsmaßnahmen (B) 92.

[26] Vgl. KDSch 5, 209–227; vgl. auch Abb. 9.

[27] Vgl. RIEDINGER (B). Diese Kapelle wurde wohl nicht öffentlich genutzt, weil es die in unmittelbarer Nähe und durch einen Gang mit dem Schloß verbundene Hofkirche gab.

steht eine Darstellung Christi, die sowohl Himmelfahrt wie Wiederkunft Christi anklingen läßt. Überraschenderweise gibt es nur dieses einzige neutestamentliche Bild. Dieses früheste erhaltene lutherische Bildprogramm ist einmalig.

Relativ selten wurden Nebenaltäre abgebrochen.[28] Die Altarretabel wurden – zumindest in Nürnberg – wie früher üblich dem Kirchenjahr entsprechend geöffnet oder geschlossen.[29] Die bisherigen Altäre wurden weithin weiter benutzt. In den durch Huldrych Zwingli beeinflußten Gemeinden wurden hölzerne Tische für die Feier des Mahles errichtet, die aber nach einiger Zeit wieder aufgegeben wurden.[30]

An einigen Orten wurde zusätzlich zum beibehaltenen Altar mit Retabel im Chor ein neuer Altar errichtet, und zwar in der Hauptachse des Raumes an der Chorschwelle. Der früheste ist wohl der vermutlich als Ersatz für den 1531 im Kontext der Beseitigung der Bilder entfernte Hochaltar aufgestellte Blockaltar in Memmingen.[31] Der 1534 in der Stadtkirche in Schwabach errichtete zeigt seine Funktion durch die bis heute erhaltene Bezeichnung »Speisaltar« an. Der Altar ist hier ein Block, über den man ein um 1520/25 geschaffenes Kruzifix gestellt hat. Er ist mit Kommuniongittern umgeben und diente der im Unterschied zur mittelalterlichen Praxis nun sehr viel häufigeren Feier des Abendmahles. Der inschriftlich 1537 errichtete Altar in der Spitalkirche in Dinkelsbühl, hinter dem sich ebenfalls ein Kruzifix befindet, trägt ein niedriges Retabel, das den Blick in den Chorraum nicht versperrt (vgl. Abb. 10). Das Retabel zeigt keine Bilder, sondern Texte in drei Kolumnen. Rechts und links stehen die Zehn Gebote, die der Gemeinde als Beichtspiegel vorgelesen wurden. In der Mitte stehen in kleinerer Schrift, aber für den am Altar amtierenden Pfarrer gut lesbar, die Einsetzungsworte des Abendmahles. Sie ersetzten den Canon missae der bisherigen Messe.[32] Solche Abendmahlsaltäre wurden in uns leider unbekannter Zahl bis etwa 1570 errichtet. Sowohl ihr Standort wie ihre Funktion und auch die Verbindung mit einem Kruzifix sind nichts Neues: An der Chorschwelle hatte vor der Reformation in den großen Kirchen traditionellerweise der Kreuzaltar seinen Ort, an dem die Laien die Eucharistie erhielten.

Nur einmal war die Schaffung eines neuen Altares für die lutherische Hauptkirche einer Stadt notwendig, nämlich in Regensburg. Der Rat der Stadt stellte den erst 1540 geweihten Chor der unvollendeten ehemaligen Wallfahrtskirche Zur schönen Maria 1552 der lutherischen Gemeinde zur Verfügung. 1554 erhielt Mi-

---

28 So etwa in Bayreuth 1538 und in Wunsiedel fünf Nebenaltäre vor 1550, vgl. MEISSNER, Bau- u. Ausstattungsmaßnahmen (B) 47 und II.5.1, Anm. 21.
29 Vgl. SEEBASS, Kunstwerke (K) 44.
30 In St. Moritz in Augsburg wurde 1553 »ain tisch / darauf man das nachtmahl hältt« errichtet, ab 1565 wird dann von einem Altar im Chorraum gesprochen, vgl. STRECKER (K) 45.
31 Vgl. STRECKER (K) 30.
32 Die Einsetzungsworte standen noch lange als Schrifttafeln (z.B. auf Reformationsbildern) oder als Metalltafeln (in Regensburg bis etwa 1970, vgl. 450 Jahre ev. Kirche [B] 398f) auf dem Altar. Es wäre möglich, daß sie auch in Süddeutschland in der Reformationszeit eingeführt wurden, als die Kirchenordnungen und daneben das alte Messbuch verwendet wurden, vgl. BERNHARD KLAUS, Die kurbrandenburgische Kirchenordnung Joachims II. i. d. liturg. Praxis ihrer Zeit: JLH 4 (1958/59), 82–85.

chael Ostendorfer den Auftrag zu einem Flügelaltar,[33] dessen ausgesprochen lutherisches Bildprogramm wohl vom Superintendenten Nikolaus Gallus stammt. Der geschlossene, formal altmodische Altar zeigt (an den Werktagen) das hier traditionelle Thema der Verkündigung an Maria, dazu, und das ist dem bis dahin üblichen Gegenüber neu, die Geburt Christi, die Kreuzigung und die Grablegung. Das Bildthema der (bei der wandelnden Kommunion der Gemeinde sichtbaren) Rückseite ist das Weltgericht. Einmalig ist das Programm des geöffneten Altares (vgl. Abb. 11). Es führt dem Betrachter vor Augen, daß die lutherische Kirche gemäß dem Befehl Christi und den Evangelien handelt, wie es typologisch im Alten Testament vorausgeahnt ist. Im Mittelfeld sendet Christus die Jünger aus; es ist der Text des Missionsbefehles und unter einer Darstellung von Gottvater Lk 9,35b wiedergegeben. Im unteren Drittel sind zeitgenössische Szenen gezeigt, links die Predigt vor einer großen Gemeinde (mit Mk 1,15c), rechts die Beichte (»Dir sind dein Sunde vergeben« mit Verweis auf Lk 7). Die Flügel sind gedrittelt. In der Mitte zeigen sie die Taufe Jesu und das erste Abendmahl, darüber die Beschneidung eines Neugeborenen im Tempel und rechts Christus mit den Jüngern beim Passahmahl. Die unteren Bilder zeigen eine zeitgenössische Taufe und Austeilung des Abendmahls. In der unteren Bildzone sah der zum Altar Tretende also das Wirken der Kirche in Taufe, Predigt, Beichte und Abendmahl.

Ob neue Kanzeln errichtet wurden, ist unbekannt, jedenfalls haben sich aus der ersten Hälfte des 16. Jahrhunderts keine datierten oder sicher datierbaren erhalten. Besondere Aufmerksamkeit wurde aber dem Taufstein gewidmet. Hier ist Luthers Einstellung zur Taufe wirksam geworden, indem man die Taufsteine nicht mehr in der Nähe des Eingangs, sondern betont im Schiff aufstellte. Der Durchmesser neuer Taufsteine ist bis etwa 1570 so groß,[34] daß eine Immersionstaufe möglich war.

3. Gestühl und Emporen

Die entscheidende Veränderung des Kirchenraums war die Errichtung von Gestühl und Emporen. Die Menschen zogen aus der Grunderkenntnis Luthers, daß der Mensch sich den Himmel nicht erkaufen kann, sofort die Konsequenz und spendeten kaum noch Geld. So fehlten Mittel für die zur Beleuchtung notwendigen Kerzen, zum Bauunterhalt usw. Deshalb kam man auf die Idee, Sitzplätze zu errichten und diese jährlich zu vermieten.[35] Da man für einen Sitzplatz aber mehr Raum braucht als für einen Stehplatz, reichte die Fläche nicht aus. Deshalb

---

[33] Vgl. SUSANNE ROTHMEIER, Michael Ostendorfers Altar f. d. Neupfarrkirche: 450 Jahre ev. Kirche (B) 79–87.
[34] Z.B. in Fischbach, 1548, 100 Zentimeter.
[35] Zum Gestühl vgl. POSCHARSKY, Kanzel (B) 64f; WEX (B); REINHOLD WEX., Der frühneuzeitliche prot. Kirchenraum i. Spannungsfeld zwischen Policey u. Zeremoniell: RASCHZOK/SÖRRIES (B) 47–61.

mußte man Emporen errichten.³⁶ Die Sitzordnung war streng geregelt und spiegelt die ständische Ordnung in der Gemeinde. Die Männer hatten ihre Plätze auf der Empore, die Frauen »unten im Platze« und waren nach Ledigen, Verheirateten und Verwitweten getrennt.³⁷ Oftmals hatten die Filialorte eigene Emporen oder Emporenteile.³⁸ Probleme für das Gestühl ergaben sich in jenen Kirchen, in denen die Kanzel am traditionellen Ort mitten im Schiff, oft an einer Säule, ihren Platz hatte,³⁹ und zwar für den Bereich zwischen Kanzel und Altar. Eine Lösung waren Bänke mit umklappbarer Lehne, so daß ein Wechsel der Sitz- und Blickrichtung möglich ist.⁴⁰

Diese Veränderungen vollzogen sich im Verlauf des 16. Jahrhunderts, vor allem im letzten Drittel.⁴¹ Aber ein Vorfall wie der Folgende zeigt, daß Gestühl schon vor 1530 existierte und von den Katholiken als etwas typisch Protestantisches angesehen wurde. Als 1530 in der von den Anhängern Zwinglis benutzten Barfüßerkirche in Augsburg wegen des Besuchs von König Ferdinand eine Messe gehalten werden sollte, räumte man zuvor unter anderem die Kirchenstühle heraus. Man riß sie von den Wänden und verbrannte sie.⁴²

Wandmalerei oder Bilder an den Emporenbrüstungen, wie später allgemein üblich, sind aus der frühen Zeit nicht bekannt. In einigen Kirchen wurden Bibelsprüche an die Wand geschrieben.

4. Vasa sacra

Bei den Vasa sacra⁴³ gibt es seit der Austeilung des Abendmahles in beiderlei Gestalt ein neues Gerät: die Weinkanne. Man benutzte dazu übliche Kannen, oft nur aus Zinn. Lutherische Gemeinden verwendeten weiterhin die Patene für die Hostien. Wo aber, wie in Augsburg, nach zwinglischem Vorbild Brotwürfel bei der Kommunion ausgeteilt wurden, war die Fertigung einer Brotschale in Form einer Schüssel mit Fuß und Deckel notwendig.⁴⁴

---

³⁶ Vgl. HANS MARTIN V. ERFFA/ERNST GALL, Empore: RDK 5, 261–322.
³⁷ Vgl. die Kirchenstuhlordnungen in: Kirchenordnungen (B). In Franken sind die ältesten bekannten Kirchenstuhlordnungen von Rehau 1574 und Nürnberg 1572, vgl. MEISSNER, Bau- u. Ausstattungsmaßnahmen (B) 86.
³⁸ Z.B. Glashütten in Mistelgau, vgl. POSCHARSKY, Kirchen (B) 181.
³⁹ Vgl. POSCHARSKY, Kanzel (B) 18–21.
⁴⁰ Vgl. Lindau, St. Stephan oder Augsburg, St. Anna. Zwar stammt das jetzige Gestühl nicht aus dem 16. Jahrhundert, ist aber später nach dem Vorbild des ersten geschaffen worden.
⁴¹ Vgl. MEISSNER, Bau- u. Ausstattungsmaßnahmen (B) 87ff.
⁴² Vgl. RASMUSSEN (K) 96.
⁴³ Sie wurden in der Regel von Privatpersonen gestiftet, in der Frühzeit aber manchmal auch vom Rat der Stadt, so in Augsburg 1537/38.
⁴⁴ Z.B. Augsburg, St. Anna, 1536 (abgebildet in: Freiheit u. Ordnung. Reformation i. Augsburg. Ausstellung d. Landeskirchl. Archivs i. d. St. Anna-Kirche i. Augsburg 10. Juli – 6. September 1997, Augsburg [1987] [AKat. d. Landeskirchl. Archivs 13]) und die Brotschale der Heilig-Kreuzkirche Augsburg von 1537. Der Rat der Stadt Augsburg stiftete den Kirchengemeinden solche Brotschalen bei Einführung der Reformation 1537, vgl. RASCHZOK, Für Christus (B) 10.

II.6 KIRCHE UND MUSIK

Von Klaus-Jürgen Sachs

BLUME (B) 3–75.– OTTO BRODDE, Ev. Choralkunde. Der gregorianische Choral i. ev. Gottesdienst: Leiturgia 4 (B) 343–557.– WILIBALD GURLITT, Johannes Walter u. d. Musik d. Reformationszeit: LuJ 15 (1933), 1–112.– KARL HONEMEYER, Thomas Müntzer u. Martin Luther. Ihr Ringen um d. Musik d. Gottesdienstes. Unters. z. »Deutsch Kirchenampt« 1523, Berlin 1974.– Leiturgia 4 (B).– HEINZ V. LOESCH, Glaubensspaltung – Spaltung d. Musik? Was ist ev. an d. ev. Kirchenmusik?: HELGA DE LA MOTTE-HABER (Hg.), Musik u. Religion, 2. Aufl. Laaber [Druck i. Vorbereitung].– MOSER (B) 28–81.– OSKAR SÖHNGEN, Theol. Grundlagen d. Kirchenmusik: Leiturgia 4 (B) 1–268.– PATRICE VEIT, Das Kirchenlied i. d. Reformation Martin Luthers. Eine thematische u. semantische Unters., Stuttgart 1986 (VIEG 120).– WACKERNAGEL 1–5 (B).

1. Zur Ausgangssituation

*Musik*geschichtlich bedeutet die Reformation – wie umwälzend und folgenschwer sie für viele Bereiche auch war – keinen Einschnitt. Nicht einmal für die *Kirchen*musik wirkte sie sich »so umstürzend aus, wie man hätte annehmen können«.[1] Diese in historischer Retrospektive überraschende Einsicht lenkt den Blick auf Gemeinsamkeiten zwischen überkommener und reformatorischer Kirchenmusik, von denen her die musikgeschichtliche Kontinuität verständlich wird:

(1) Biblische Psalmen und Cantica verkörperten als Urbilder und Wurzeln einer überreichen Tradition kirchlicher Musik den exemplarischen Rang gesungener Anbetung und Lobpreisung, den die Kernstellen Kol 3, 16 und Eph 5, 18ff bestätigen[2] – und den die Reformatoren grundsätzlich anerkannten.[3]

(2) Die Überzeugung von der unbestrittenen Dignität der *musica*, die (christlich) als Gabe Gottes und (neupythagoreisch) als Abbild der Welt galt, begründete die Rolle der Musik im Bildungssystem der *Artes liberales*, das noch um 1500 maßgebend und für viele Exponenten beiderseits aller Fronten der Glaubens-Auseinandersetzungen prägend war.

(3) Die von reicher Tradition und emsiger Lehre getragene musikalische wie speziell *kirchen*musikalische Praxis bot im frühen 16. Jahrhundert derartige Viel-

---

[1] JACQUES HANDSCHIN, Musikgesch. i. Überblick. Luzern u.a. ²1964, 257.
[2] Zu ihrer Auslegung vgl. SÖHNGEN (K) 2–15.
[3] AaO, 16–81.

falt, daß auch die durch reformatorische Leit-Ideen[4] ausgelösten Wandlungen sich zunächst nur als Selektion und Modifikation des Bestehenden darstellten.

Was innerhalb der *Kirchen*musik dieses Bestehende ausmachte, läßt sich unter drei Hauptkategorien umreißen. (1) Der einstimmige (unbegleitete) Gesang, seit alters[5] in der Liturgie das wesentliche Medium zum Vortrag nahezu des gesamten Bestandes an gottesdienstlichen Texten, trat in unterschiedlichsten Formen auf (als *Lektionsrezitation*, als *Psalmodie* oder als *Hymnodie*), die das Rückgrat weitgehend »musikalisierter« Gottesdienste (als Messe oder Offizium) bildeten. Die Gesänge konnten je nach liturgischem Sinn vom Zelebranten, vom Chor (auch in Gruppen und durch Solisten) oder von der Gemeinde – sowie im Wechsel zwischen ihnen – ausgeführt und den Gegebenheiten entsprechend schlichter oder reicher gestaltet werden. Die beträchtlichen Möglichkeiten etlicher Kathedralen, herausgehobener (Stadt- oder Hof-)Kirchen und Klöster mit ihren steigenden Ansprüchen an feierliche Ausgestaltung der Liturgie hatten zu einer musikalischen Spezialisierung oder Professionalisierung geführt, die nicht nur Maßstäbe für sängerisches Können setzte, sondern zunehmend auch die Kunstfertigkeiten (2) der mehrstimmigen Musik und (3) des Orgelspiels für den Gottesdienst erschloß. Besonders im 15. Jahrhundert hatte die Pflege liturgisch-musikalischer Kunst, die in Meß- und Motettenkompositionen die damals avanciertesten Zeugnisse musikalischer Komposition einschloß, vielbewunderte Höhe, aber auch eine bis dahin unbekannte Breite der Ausstrahlung und Anregung gewonnen. Zugleich fand die Orgel wachsende Beliebtheit und Verbreitung, erkennbar am Wirken des Conrad Paumann (Organist an St. Sebald zu Nürnberg, ab 1451 am Münchner Hof) wie an vielen gut dokumentierten Orgelbauten in Kirchen.[6]

Während in dieser Epoche bei den meisten der *ein*stimmigen Gesänge eine relative Einheitlichkeit (bei Varianten je nach Region, Bedeutung des Ortes oder monastischem Usus) herrschte, richtete sich der Einsatz *mehr*stimmiger Musik, in Bindung an liturgische (lateinische) Texte, ganz nach den jeweiligen aufführungspraktischen Möglichkeiten, wie dies auch für die Beteiligung der Orgel (an wechselweise vorgetragenen liturgischen Stücken) der Fall war.

Empfindliche Eingriffe in diese ebenso selbstverständliche wie vielfältige kirchenmusikalische Praxis ließen sich faktisch nur von *nicht*-musikalischen Erwägungen her begründen. Und tatsächlich resultieren alle Veränderungen, die sich im Zuge der Reformation für die Kirchenmusik ergaben, aus (im weitesten Sinne) theologischen Entscheidungen.

Für die reformatorische Kirchenmusik des 16. Jahrhunderts in Bayern bietet sich ein äußerst buntes Bild, selbst wenn sie aus den Quellen nur punktuell und bruch-

---

[4] Vgl. dazu vor allem VEIT (K) 21–35.
[5] Die frühesten der erhaltenen Melodie-Aufzeichnungen des sog. Gregorianischen Chorals entstammen dem 9. Jahrhundert.
[6] Genannt seien Coburg um 1420 und 1486; Ulm 1439; Nürnberg 1440, 1444, 1460, 1478; Nördlingen 1466; Bamberg 1475; Rothenburg 1481; Bayreuth 1482; Augsburg 1490; München 1491.

stückhaft erschlossen werden kann. Einzelereignisse sind dort allenfalls bei auffälligen Besonderheiten oder Neuerungen gegenüber der üblichen und insgesamt weiterbestehenden Praxis dokumentiert. Grundsätze und Tendenzen, zuweilen auch die Details liturgischer wie kirchenmusikalischer Gepflogenheiten aber lassen sich ablesen aus allgemeinen Regularien, vor allem aus Kirchenordnungen. Greifbar schließlich ist eine Fülle überlieferter Musik, zum einen als schlichtes Gebrauchsgut in Gesangbüchern oder auf Einblatt-Drucken, zum anderen als anspruchsvolleres Repertoire in zahlreichen handschriftlichen oder gedruckten Quellen mehrstimmiger Kirchenmusik, oft aus der Feder namhafter Komponisten, die biographisch und in ihrem kirchenmusikalischen Wirken faßbar sind.

2. Zu den allgemeinen Tendenzen der evangelischen Kirchenmusik

Einhellig belegen schon frühe Zeugnisse für die evangelischen Zentren Frankens und Schwabens wesentliche Gesichtspunkte, die teils der überkommenen Praxis entsprachen, teils die lutherisch reformatorischen Impulse widerspiegeln. (1) Am gottesdienstlichen Gesang wie an reicheren Möglichkeiten der Kirchenmusik wird grundsätzlich festgehalten. (2) Auf gute und verständliche Ausführung wird großer Wert gelegt (»fein ordenlich, langsam, mit verstand und aufmerken, mit rechter paus und guter ordnung«), gedankenloses Heruntersingen (zumal bei klösterlichen Stundengebeten, bloß um »ain verdienstlich werk« zu absolvieren) wird verurteilt und ein sinnvolles Begrenzen der jeweiligen Zahl von Gesängen empfohlen (damit es »desto ordenlicher« zugehe; *Ordnung singens und lesens bei den Stiften*, 1533[7]). (3) Den örtlichen Gegebenheiten entsprechend bestehen für die Ausführung drei Möglichkeiten: (a) des Singens oder Sprechens liturgischer Texte (zumal »auf dem land«, wo »alles uber ein einige person gehet«), (b) des deutschen oder lateinischen Singens (dies vor allem, damit, »wo schulen sind, die lateinisch sprach auch mit dem gesang in der kirchen geübet werde«, *Agendbüchlein* Veit Dietrichs, 1545[8]), (c) der ausschließlich gesungenen oder durch Instrumente unterstützten Ausführung (»nit allain singen, sonder denselben gesengen mit pusaunen und andern dergleichen instrumenten beistand tun«; Markgraf Georgs Verordnung *Figural und coral [...] anzurichten*, 1538[9]).

3. Zu Volkssprache und Kirchenlied

Die entschiedene Öffnung des reformatorischen Gottesdienstes für die Volkssprache machte es notwendig, Gesangswendungen, Psalmformeln und Melodien

---

[7] Kirchenordnungen 11 (B) 311–316 [312f].
[8] AaO, 487–553 [495. 500].
[9] AaO, 397f [397].

aus der lateinischen Praxis den nun zu unterlegenden deutschen Texten anzupassen. Wie dies im einzelnen geschah, bleibt jedoch in etlichen evangelischen Meß-Ordnungen unerörtert, so auch in der überhaupt frühesten, der des Nördlinger Karmeliter-Priors Kaspar Kantz (1522).[10] Das genaue Beibehalten einer überkommenen Melodie unter Zuordnung eines neuen Textes von gleicher Silbenzahl war zwar ein naheliegendes Verfahren, bildete aber anscheinend nur den Grenzfall.[11] Denn viele Belege zeigen, daß sich pragmatische Eingriffe in die Melodie oder auch deren sensible Umgestaltung offenbar als unerläßlich erwiesen,[12] so schon in der als frühe Melodienquelle wichtigen *Form vnd ordnung eyner Christlichen Meß* (Nürnberg 1525).[13] Ob dort, wo völlige Neubildungen vermutet werden,[14] bereits ein schärferes Gespür für die andersartigen Voraussetzungen des Lateinischen und Deutschen (in Betonung, Kadenzen, Vokalisation) leitend war, ist allerdings schwer zu ermessen. Immerhin betonte Martin Luther 1525 die Notwendigkeit, es müsse »beides, Text und Noten, Akzent, Weise und Gebärde aus rechter Muttersprach und -stimme kommen, sonst ists alles ein Nachahmen wie die Affen tun«.[15]

Als wirkungsreichste musikalische Neuerung der Reformation gilt zu Recht das evangelische Kirchenlied. ›Neu‹ an ihm war nicht sein (seit dem späten Mittelalter bezeugter) Typus des strophischen Liedes mit deutschem geistlichen Text, sondern seine Funktion als wesentlicher (»konstituierender«[16]) Bestandteil des Gottesdienstes. Sie zeigt sich darin, daß Meß-Ordinariumsstücke nun wahlweise auch in Gestalt von Kirchenliedern ausgeführt werden können, und entsprach generell Luthers Wunsch, einen Fundus volkssprachiger Lieder zu schaffen (»psalmos vernaculos condere pro vulgo«)[17] und dadurch Gemeindegesang zu fördern. Luthers Äußerung von 1523, es fehle zur Schaffung solcher Gesänge »an Deutschen Poeten und Musicis« (oder er kenne sie zumindest noch nicht),[18] erhielt verblüffendes Echo. Denn mit dem 1523/24 in Nürnberg gedruckten ›Achtliederbuch‹[19] begann die ungemein rasche Verbreitung derartiger Lieder, an

---

[10] Kirchenordnungen 12 (B) 285–288. Auf Gesänge bezogene Ergänzungen aus jüngeren Ausgaben sind verzeichnet bei J. SMEND (B) 72–78.

[11] Vgl. z.B. die lateinisch-deutsch wechselnde Marienklage aus einer Zwickauer Quelle von 1510, abgedruckt bei HONEMEYER (K) 42f.

[12] Den unterschiedlichen Grad solcher Eingriffe durch Thomas Müntzer (*Deutzsch kirchen ampt*, Allstedt 1523) würdigt HONEMEYER (K) 55–83.

[13] Textwiedergabe in: Kirchenordnungen 11 (B) 56f, Ordinariumsmelodien in: HEK 1/1, Nr. 2. 50. 69. 86; Melodienvergleich zum *Kyrie* bei BRODDE (K) 380.

[14] Wie z.B. das noch gegenwärtig verbreitete *Kyrie* aus Straßburg 1525: BRODDE (K) 381.

[15] Speziell gegen Müntzer gerichtet in *Wider die himmlischen Propheten*. Zit. nach HANS-OTTO KORTH, Liturg. Gesang. 4. Altargesang: MGG² S 5, 1442f [1442].

[16] So WALTER BLANKENBURG, Der gottesdienstliche Liedgesang d. Gemeinde: Leiturgia 4 (B) 559–660 [562].

[17] Aus einem Brief an Spalatin von 1523 (WA.B 3, 220), vgl. VEIT (K) 40.

[18] *Formula missae et communionis*, zit. auch nach der deutschen Ausgabe von Paul Speratus bei SÖHNGEN (K) 16.

[19] *Etlich Cristlich lider [...]* (EdK: b 16b), Faksimile-Druck als Beilage zum JLH 2 (1956).

der Nürnberger Verleger maßgeblich beteiligt waren.[20] Aus dem reformatorischen Kirchenlied-Repertoire, das binnen weniger Jahrzehnte entstand und zahllose, oft in dichter Folge erschienene Gesangbücher beherrschte, lassen sich an charakteristischen Beispielen, die dem fränkischen Raum verbunden sind, die folgenden wesentlichen Typen oder Merkmale knapp skizzieren.

Paul Speratus, Es ist das Heil uns kommen her,
aus dem »Achtliederbuch« (1523/24)

Textlich dominieren strophische Nachdichtungen von (meist ganzen) Psalmen, wie sie, nach Luthers Vorbild, der Nürnberger Meistersinger Hans Sachs 1526 in seinen *Dreyzehen Psalmen* veröffentlichte.[21] Daneben stehen Umtextierungen oder ›Kontrafakturen‹ älterer Lieder, bei demselben Dichter als »verendert vnd Christlich Corrigiert« bezeichnet,[22] und ›Katechismuslieder‹ wie Sachsens *Die zehen Gebot*.[23] Insgesamt häufig sind Übersetzungen lateinischer Hymnen und Sequenzen, wiewohl auch hier Beispiele fränkischer Verfasser wie Caspar Lö-

---

[20] (Ältere) Übersichten bei SIEGFRIED BRAUNGART, Die Verbreitung d. reformatorischen Liedes i. Nürnberg i. d. Zeit v. 1525 bis 1570 (Masch. Diss.), Erlangen 1939. Weitere Aspekte bei WÖLFEL, Gesangbuchgesch. (B).
[21] EdK: ed 4. WACKERNAGEL 3 (B) Nr. 88–100.
[22] AaO, Nr. 80f und 85f.
[23] AaO, Nr. 102.

ner[24] und Dietrich[25] der Vergessenheit anheimfielen. Als ein die gesamte Passionsgeschichte nacherzählendes ›Evangelienlied‹ entstand *O Mensch, bewein dein Sünde groß* (um 1530)[26] des Nürnberger Rektors Sebald Heyden. Den neuen Typ des Lehre und Predigt aufnehmenden, ins Gebet leitenden Liedes verkörpert *Durch Adams Fall ist ganz verderbt* (1524)[27] des Nürnberger Ratsschreibers Lazarus Spengler. Und von Paul Speratus, der als Würzburger Domprediger zu einem frühen und entschiedenen Anhänger Luthers geworden war, überliefert bereits jenes ›Achtliederbuch‹ das gewichtige Bekenntnislied *Es ist das Heil uns kommen her*.[28]

Auch das Melodiengut der reformatorischen Kirchenlieder nahm – insgesamt stärker noch als die Dichtungen – verschiedenartige Vorbilder oder Einflüsse (von Hymnen und anderen liturgischen Gesängen sowie von geistlichen und weltlichen Liedern) auf, zeigt aber dennoch in vielen Fällen einen »Kompositionsprozeß«, der erkennbare Stilelemente begünstigte.[29] Anonymität, Variantenvorkommen und wechselnde Text-Zuweisung von Melodien verbergen allerdings oft deren genauere Herkunft. Doch seien als identifizierbare Beispiele hier jene vier Melodien genannt, die Sachs 1526 seinen 13 Psalmendichtungen beigab.[30]

4. Zur mehrstimmigen Kirchenmusik

»Sakrale Würde und profane Freiheit«[31] bezeichnen (in heutiger Sicht) die Spannungspole, zwischen denen sich mehrstimmige Kirchenmusik seit dem 14. Jahrhundert in wiederholten Auseinandersetzungen bei meist strittigen und bald überholten Lösungsversuchen zu behaupten hatte.[32] Daß sich die lutherische Reformation der in ihren Gebieten traditionellen Pflege auch der kunstvollen Kirchenmusik anschloß, beruhte auf Luthers ausdrücklicher Entscheidung, daß keineswegs »durchs Evangelion sollten alle künste zu boden geschlagen werden und vergehen«, wie Übereifrige meinten; er wolle daher »alle künste, sonderlich

---

[24] AaO, Nr. 711 (zu *Rex Christe factor omnium*).
[25] AaO, Nr. 610 (zu *Victime pascali laudes*).
[26] AaO, Nr. 603. Nur die umrahmenden Strophen 1 und 23 finden sich in neueren Gesangbüchern (EG 76).
[27] AaO, Nr. 71. Strophenauswahl in EG 620.
[28] AaO, Nr. 55. EG 342.
[29] DANIELA GARBE, Kirchenlied III.2.a.: MGG² S 5, 70–75 [71], nennt Kürze, Barform, syllabische Textierung, seltene Wortwiederholungen, kirchentonartliche Prägung in d-, e- und f-Melodik, schlichte Rhythmik, Deklamation mit zwei Grundwerten bei gekürztem (oder gedehntem) Beginn und gedehntem Ende der Zeile.
[30] EdK: Ed 1–4 (vgl. auch Bd. 1.2, Textbd., 185ff); sie sind textlos der Sammlung vorangestellt, als 1. bis 4. »Thon« bezeichnet und können offenbar beliebig den (in *einem* gemeinsamen Versmaß gehaltenen) Psalmen zugeordnet werden. Weder die Melodien noch die Texte lebten in neueren Gesangbüchern weiter.
[31] Vgl. WOLFGANG HERBST, Musik i. d. Kirche: MGG² S 6, 715–727 [723ff].
[32] Am Beginn steht die Constitutio *Docta sanctorum* (1324/25) durch Papst Johannes XXII.

die Musica gerne sehen ym dienst des, der sie geben und geschaffen hat«.[33] Programmatisch war diese Aussage insofern, als sie in der Vorrede zur ersten und bahnbrechenden Sammlung *mehr*stimmiger reformatorischer Gottesdienstmusik, dem *Geistlichen Gesangbüchlein* (Wittenberg 1524) von Johann Walter (GA 1–3),[34] steht. Aus Luthers Korrespondenz mit dem von ihm hochgeschätzten Münchner Hofkomponisten Ludwig Senfl wurde der auf der Veste Coburg verfaßte Brief vom 1.[?]10.1530 bekannt, in dem Luther seinen Hang zur Musik äußert, aber auch den katholischen Herzögen Bayerns ausdrücklich Lob zollt, ›weil sie die Musik so pflegen und würdigen‹.[35] Luthers Entscheidung zielte gegen Forderungen, wie sie Andreas Bodenstein aus Karlstadt in der Schrift *De Cantu Gregoriano Disputatio* (1522) aufgestellt hatte: den gottesdienstlichen Gesang auf Einstimmigkeit zu beschränken (nach der Formel: »ein Gott, eine Taufe, ein Glaube, ein Gesang«[36]) und Orgelmusik auszuschließen (da sie *clamor* statt *amor dei* sei[37]). In Bayern gewannen solche Überzeugungen, die im Wirkungsbereich der Schweizer Reformatoren herrschten, nur in schwäbischen Zentren zeitweilig Einfluß: Orgeln wurden 1528 aus der Martinskirche zu Memmingen, 1531 aus dem Ulmer Münster entfernt; in Kempten beließ man das Instrument, doch bis 1579 unbenutzt. Gewiß bestanden auch im frühen Luthertum ›Orgel-Vorbehalte‹,[38] aber nur kurz und punktuell. So lehnte Andreas Osiander 1526 in Nürnberg gottesdienstliches Orgelspiel scharf ab, doch unter Dietrich kam es ab 1536 zur Wiedereinführung[39] und durch die Organistensippe Lautensack zu hoher Geltung.[40]

Den persönlichen Kontakt Luthers mit einem anderen namhaften Komponisten Bayerns bezeugt 1538 die eigenhändige Widmung seines Galaterbrief-Kommentars für den Passauer Rektor Leonhard Paminger [Päminger].[41] Während die

---

[33] WA 35, 475, Z. 2–5; vgl. SÖHNGEN (K) 69.

[34] Die bis zur 6. Auflage (1551) sich erweiternde Sammlung (Inhaltsübersichten: GA 3, 99–101) gewann rasch Bedeutung. Hans Holbein d.J. benutzte in seinem Gemälde *Die Gesandten* (1533) eine deutlich wiedergegebene Doppelseite aus der 2. Auflage (Worms 1525) als Requisit; vgl. MARKUS JENNY, Ein frühes Zeugnis f. d. kirchenverbindende Bedeutung d. ev. Kirchenliedes: JLH 8 (1963), 123–128.

[35] WA.B 5, 639, Z. 6ff (Nr. 1727): »[…] quod musicam ita fovent et honorant«; vgl. MOSER (B) 27. Im Kurztext über die Musik aus demselben Jahr verbindet Luther dieses Lob mit drastischer Kritik an Sachsen: »Duces Bavariae laudo in hoc, quia Musicam colunt. Apud nos Saxones arma et Bombardae praedicantur«; WA 30/2, 696; vgl. SÖHNGEN (K) 69f.

[36] Diese Denkfigur scheint aus Andreas Ornithoparchus' *Musicae activae micrologus* (Leipzig 1517, fol. D 2) entlehnt zu sein, der Johannes Affligemensis (*Musica*, um 1100; Corpus Scriptorum de Musica 1, 142) zitiert.

[37] Text aller 53 Thesen Karlstadts bei HERMANN BARGE, Andreas Bodenstein v. Karlstadt, Bd. 1: Karlstadt u. d. Anfänge d. Reformation, Leipzig 1905, 492f. Vgl. auch MOSER (B) 28f und HONEMEYER (K) 92ff.

[38] RIETSCHEL (B) 17–20.

[39] HARRASSOWITZ (B) 84. 191f.

[40] Vgl. FRANZ KRAUTWURST, Lautensack: MGG 16, 1094ff.

[41] »Suo Leonhardo Pamingero fideli institutori pueritiae Christianae et musico inter primos laudabili«, zitiert nach HELLMUT FEDERHOFER, Päminger, Leonhard: MGG 10, 619–622 [621]. Das abgedruckte Brustbild Pamingers nach einem anonymen Holzschnitt trägt die Umschrift »Ista Leonarti

meisten Werke Pamingers, der zur ersten Generation der protestantischen Musiker zählt und ein umfangreiches Œuvre lateinischer und deutscher Kirchenmusik schuf, postum in vier großen Sammlungen (Nürnberg 1573–1580) veröffentlicht wurden, fällt das Schaffen des (für uns) neben ihm bedeutendsten Komponisten, Caspar Othmayr, in den hier behandelten Zeitraum. Dieser gebürtige Amberger, der in Heilsbronn und Ansbach wirkte, trug besonders durch Kirchenlied-Bearbeitungen (EdM 26, zweistimmig: *Bicinia*, Nürnberg 1547; vierstimmig: 7 der *Cantilenae*, ebd. 1546) zum Bestand protestantischer Kirchenmusik bei. Er huldigte aber auch dem Reformator in einem fünfstimmigen *Epithaphium D. Martini Lutheri* (Nürnberg 1546; EdM 26) sowie in einer der Motetten über die Sinnsprüche (*Symbola*, Nürnberg 1547; EdM 16) namhafter Zeitgenossen, wobei das Luthersche Motto »In silentio et spe erit fortitudo nostra« in langen Noten eine Stimme durchzieht, während die anderen Stimmen den Text »In Deo laudabo« verarbeiten.

Leonhard Paminger, Holzschnitt, um 1568

Pamingeri effigies est / Corpore praestantis ingenioque viri / Qui bene christicola de posteritate merendo / Vestiit harmonicis dogmata sacra modis« (Dies ist das Bild Leonhard Pamingers, eines nach Körper und Geist vortrefflichen Mannes, der sich als Christ für die Nachwelt dadurch verdient machte, daß er die heiligen Lehren in harmonische Weisen kleidete).

Trotz der durch Walter vorbildhaft eingeführten mehrstimmigen Kirchenlied-Bearbeitungen hatten lateinisch textierte Kirchenkompositionen, größtenteils aus dem 15. und beginnenden 16. Jahrhundert stammend, beträchtlichen Anteil an der frühen reformatorischen Praxis. Dieses vorzugsweise für Lateinschul-Chöre bestimmte Repertoire, zu dem auch Senfl, Paminger und Othmayr gewichtig beitrugen, bestätigt, daß zu Recht von einer hierin »fast vollständigen Literaturgemeinschaft beider Konfessionen« gesprochen werden kann.[42]

---

[42] BLUME (B) 73.

III. VOM AUGSBURGER RELIGIONSFRIEDEN ZUM WESTFÄLISCHEN FRIEDEN

III.1 KONFESSIONALISIERUNG UND TERRITORIALSTAAT

Von Helmut Neuhaus

Acta reformationis catholicae ecclesiam Germaniae concernentia saeculi XVI. Die Reformverhandlungen d. deutschen Episkopates v. 1520 bis 1570, hg. v. GEORG PFEILSCHIFTER, 6 Bde., Regensburg 1959–1974.– ALBRECHT, Zeitalter (B).– Alternativen z. Reichsverfassung i. d. Frühen Neuzeit? Hg. v. VOLKER PRESS, München 1995 (Schr. d. Hist. Kollegs 23).– BRAUN (B).– Briefe u. Akten z. Gesch. d. Dreißigjähr. Kriegs i. d. Zeiten d. vorwaltenden Einflusses d. Wittelsbacher, 12 Bde., München 1870–1978.– Briefe u. Akten z. Gesch. d. Dreißigjähr. Krieges 1618–1651, bearb. u. erg. v. GEORG FRANZ, NF: Die Politik Maximilians I. v. Bayern u. seiner Verbündeten, 10 Bde., München u.a. 1907–1997.– Briefe u. Akten z. Gesch. d. 16. Jh. mit bes. Berücksichtigung auf Bayerns Fürstenhaus, 6 Bde., München 1873–1913.– JOHANNES BURKHARDT, Der Dreißigjähr. Krieg, Frankfurt/Main 1992 (Edition Suhrkamp 1542).– DICKMANN (B).– Dokumente 1/3 (B).– WINFRIED DOTZAUER, Die deutschen Reichskreise (1383–1806). Gesch. u. Aktenedition, Stuttgart 1998.– BERNHARD DUHR, Gesch. d. Jesuiten i. d. Ländern deutscher Zunge, 4 Bde. i. 7 Teilbänden, Freiburg/Breisgau u.a. 1907–1928.– ENDRES, Vom Augsburger Religionsfrieden (B). MAX FRHR. V. FREYBERG, Pragmatische Gesch. d. bayer. Gesetzgebung u. Staatsverwaltung seit d. Zeiten Maximilians I. Aus d. amtl. Quellen bearb., 4 Bde., Leipzig 1836–1839.– [BRUNO] GEBHARDT, Hb. d. deutschen Gesch., 10., völlig neu bearb. Aufl., hg. v. WOLFGANG REINHARD, Bd. 10, Stuttgart 2001.– Gegenreformation, hg. v. ERNST WALTER ZEEDEN, Darmstadt 1973 (WdF 311).– Deutsche Gesch. i. Quellen u. Darstellung, hg. v. RAINER A. MÜLLER, Bd. 4: Gegenreformation u. Dreißigjähr. Krieg 1555–1648, hg. v. BERND ROECK, Stuttgart 1996.– ANTON GINDELY, Gesch. d. Dreißigjähr. Krieges, 4 Bde., Prag 1869–1880.– WALTER GOETZ (Bearb.), Beitr. z. Gesch. Herzog Albrechts V. u. d. Landsberger Bundes 1556–1598, München 1898 (Briefe u. Akten z. Gesch. d. sechzehnten Jh. 5).– AXEL GOTTHARD, Prot. »Union« u. »Kath. Liga« – Subsidiäre Strukturelemente oder Alternativentwürfe?: Alternativen (K) 81–112.– Gustav Adolf, Wallenstein u. d. Dreißigjähr. Krieg i. Franken. Ausstellung d. Staatsarchivs Nürnberg z. 350. Gedenkjahr (1632–1982). Nürnberg, Staatsarchiv, 22. Juni – 31. Juli 1982, Neustadt/Aisch 1982 (AKat. d. Staatlichen Archive Bayerns 14).– HBKG 2.– HECKEL (B).– MARTIN HECKEL, Autonomia u. pacis Compositio. Der Augsburger Religionsfriede i. d. Deutung d. Gegenreformation: ZSRG.K 45 (1959), 141–248.– DERS., Parität: ZSRG.K 49 (1963), 261–420.– IMMENKÖTTER/WÜST (B).– HUBERT JEDIN, Gesch. d. Konzils v. Trient, 4 Bde., Freiburg/Breisgau u.a. 1949–1975.– Kaiser u. Reich. Klassische Texte z. Verfassungsgesch. d. Hl. Röm. Reiches Deutscher Nation v. Beginn d. 12. Jh. bis z. Jahre 1806, hg. v. ARNO BUSCHMANN, München 1984.– Kirchenordnungen 11 u. 13 (B).– Kath. Konfessionalisierung (B).– Luth. Konfessionalisierung (B).– Ref. Konfessionalisierung (B).– MAXIMILIAN LANZINNER, Das konfessionelle Zeitalter 1555–

1618: GEBHARDT[10] 10 (K) 3–203.– HEINRICH LUTZ, Reformation u. Gegenreformation, 4. Aufl. durchges. u. erg. v. ALFRED KOHLER, München 1997 (Oldenbourg-Grundriß d. Gesch. 10).– DERS./WALTER ZIEGLER, Das konfessionelle Zeitalter. Erster Teil: Die Herzöge Wilhelm IV. u. Albrecht V.: HBG² 2, 322–392.– Nürnberg (B).– ANTJE OSCHMANN (Bearb.), Die Friedensverträge mit Frankreich u. Schweden, Teil 1, Münster 1998 (APW. Serie 3. Abt. B. Bd. 1).– LUDWIG PETRY, Der Augsburger Religionsfriede v. 1555 u. d. Landesgesch.: BDLG 93 (1957), 150–175.– PFEIFFER, Brandenburg (B).– PRESS, Kriege (B).– Quellenkunde z. deutschen Gesch. d. Neuzeit v. 1500 bis z. Gegenwart, hg. v. WINFRIED BAUMGART, Bd. 1: Das Zeitalter d. Glaubensspaltung (1500–1618), bearb. v. WINFRIED DOTZAUER, Darmstadt 1987, Bd. 2: Dreißigjähr. Krieg u. Zeitalter Ludwigs XIV. (1618–1715), bearb. v. WINFRIED BECKER, Darmstadt 1995.– RABE (B).– WOLFGANG REINHARD, Gegenreformation als Modernisierung? Prolegomena z. einer Theorie d. konfessionellen Zeitalters: ARG 68 (1977), 226–252.– DERS., Zwang z. Konfessionalisierung? Prolegomena z. einer Theorie d. konfessionellen Zeitalters: ZHF 10 (1983), 257–277.– MORIZ RITTER, Deutsche Gesch. i. Zeitalter d. Gegenreformation u. d. Dreißigjähr. Krieges, 3 Bde., Leipzig 1889–1908.– MANFRED RUDERSDORF, Brandenburg-Ansbach u. Brandenburg-Kulmbach/Bayreuth: Territorien 1 (B) 10–30.– HEINZ SCHILLING, Aufbruch u. Krise. Deutschland 1517–1648, Berlin 1988.– DERS., Die Konfessionalisierung i. Reich. Religiöser u. gesellschaftl. Wandel i. Deutschland zwischen 1555 u. 1620: HZ 246 (1988), 1–45.– SCHINDLING, Nürnberg (B).– HEINRICH RICHARD SCHMIDT, Konfessionalisierung i. 16. Jh., München 1992 (EDG 12).– GERHARD SCHORMANN, Der Dreißigjähr. Krieg: GEBHARDT[10] 10 (K) 205–279.– SICKEN (B).– SIMON, Kirchengesch.² (B).– Territorien 1. 4. 6. 7 (B).– Wittelsbach 2/1 u. 2/2 (B).– WÜST, Reformation (B).– WÜST, Schwaben (B).– ERNST WALTER ZEEDEN, Das Zeitalter d. Gegenreformation, Freiburg/Breisgau u.a. 1967 (HerBü 281).

1. Bayern, Franken und Schwaben zwischen 1555 und 1648

Die unterschiedlich strukturierten Gebiete Bayern,[1] Franken[2] und Schwaben[3] blieben in dem knappen Jahrhundert zwischen Augsburger Religionsfrieden und Westfälischem Frieden im wesentlichen unverändert. Die territorialen Veränderungen, die auch reichsgeschichtlich bedeutsam waren, gingen von den mächtigsten weltlichen katholischen Territorialfürsten aus, den Herzögen von Bayern. Zwar konnten die Grafschaft Ortenburg und die um Miesbach gelegene kleine Herrschaft Hohenwaldeck der Reichsfreiherrn von Maxlrain ihre Reichsunmittelbarkeit gegen die Herzöge Albrecht V. und Wilhelm V. behaupten,[4] aber mit dem Aussterben der Grafen von Haag fiel diese Reichsgrafschaft an das Herzogtum Bayern.[5] Die größten dauerhaften Erwerbungen machte Herzog Maxi-

---

[1] Vgl. II.3.
[2] Vgl. II.1.
[3] Vgl. II.2.
[4] EBERHARD GRAF Z. ORTENBURG-TAMBACH, Gesch. d. reichsständischen, herzoglichen u. gräflichen Gesamthauses Ortenburg, 2 Bde., Vilshofen 1931/32; THEOBALD, Joachim v. Ortenburg (B).
[5] AUGUST TRAUTNER, Tausend Jahre Haager Gesch., Haag 1969; STEPHAN M. JANKER, Grafschaft Haag, München 1996 (HAB.A 59).

milian I., der ab 1598 allein regierte.⁶ Er besetzte nach heftigen Auseinandersetzungen anläßlich der Markus-Prozession im Jahre 1607 zwischen protestantischer Mehrheit und katholischer Minderheit der Bevölkerung aufgrund der Achterklärung Kaiser Rudolfs II. vom 3.8.1607 und in Ausführung einer Reichsexekution zum Schutz der Katholiken am 17.12.1607 die Reichsstadt Schwäbisch Wörth und behielt sie – umbenannt in Donauwörth und bis 1631 katholisch geworden – als bayerischen Pfandbesitz;⁷ 1621 bemächtigte er sich zu Beginn des Dreißigjährigen Krieges der Oberpfalz⁸ und bekam sie im Westfälischen Frieden ebenso als herzoglichen Landgewinn bestätigt wie die Übertragung der pfälzischen Kurwürde⁹, die für das Herzogtum Bayern von größter reichspolitischer Bedeutung war.

Zu den Veränderungen gehört – wenngleich weniger gewichtig – die Verleihung der vollen Reichsunmittelbarkeit an das Augsburger Stift St. Ulrich und Afra im Jahre 1577 durch Kaiser Rudolf II., die der Bischof von Augsburg erst 1643 anerkannte.¹⁰ Während der Abt von St. Ulrich und Afra auf den Reichstagen zu den rheinischen Reichsprälaten zählte, war er für das Reichsstift nicht Mitglied des Schwäbischen Reichskreises.

2. Der Augsburger Religionsfriede von 1555 als Ausgangspunkt

Die von Martin Luther ausgelöste reformatorische Bewegung hatte den bayerisch-fränkisch-schwäbischen Raum in unterschiedlicher Intensität erfaßt. Bestand hatten die sieben reichsständischen Hochstifte,¹¹ deren Existenz vom Augsburger Religionsfrieden an durch den Geistlichen Vorbehalt (§ 18) reichsrechtlich gesichert blieb.¹² Zur alten Kirche hielten ferner das Fürststift Kempten, die Fürstpropstei Berchtesgaden und die übrigen Reichsprälaturen sowie als großes weltliches Reichsterritorium das Herzogtum Bayern, das trotz verbreiteter reformatorischer Forderungen vor allem zu Beginn der Regierungszeit des zu Entgegenkommen neigenden Herzogs Albrecht V. in seinem weitreichenden Einflußbereich dem römischen Katholizismus den stärksten Rückhalt gab.¹³ Im Gegensatz dazu hatten die Markgrafen von Brandenburg-Ansbach und Bran-

---

6 ALBRECHT, Maximilian I. (B).
7 STIEVE (B); BREITLING (B).
8 JOSEF STABER, Die Eroberung d. Opf. i. Jahre 1621. Nach dem Tagebuch d. Johann Christoph v. Preysing: VHVOPf 104 (1964), 165–221.
9 Vgl. dazu III.2.3.1.
10 LIEBHART, Reichsabtei (B).
11 IMMENKÖTTER/WÜST (B); CHRIST (B); Bistum Bamberg 3 (B); A. SCHMID, Eichstätt (B); MAXIMILIAN LANZINNER, Passau: Territorien 6 (B) 58–76; P. SCHMID, Regensburg (B); ZIEGLER, Würzburg (B); Bistum Würzburg 3 (B).
12 Der Text des Augsburger Religionsfriedens leicht zugänglich in: Kaiser u. Reich (K) 215–283 [225f]; HECKEL, Autonomia (K).– Eine wissenschaftliche Edition fehlt ebenso wie eine monographische Behandlung des Augsburger Religionsfriedens.
13 WALTER ZIEGLER, Bayern: Territorien 1 (B) 56–70.

denburg-Kulmbach ihre Territorien seit Jahrzehnten der Reformation zugeführt,[14] während das Fürstentum Neuburg 1542/43 protestantisch wurde;[15] Pfalzgraf Wolfgang Wilhelm rekatholisierte es nach seiner Konversion im Jahre 1613 auf der Grundlage des Augsburger Religionsfriedens,[16] indem er das ius reformandi für sich in Anspruch nahm und den von dem Greifswalder Juristen Joachim Stephani zu Beginn des 17. Jahrhunderts formulierten Grundsatz »cuius regio, eius religio« (»ubi unus dominus, ibi una sit religio«) praktizierte.[17]

Von den mindermächtigen Reichsständen trat der letzte Graf von Haag zum Protestantismus über, aber als er 1566 starb und die Grafschaft an Bayern fiel, leitete der Herzog die Rekatholisierung ein. In Hohenwaldeck verhinderten die Wittelsbacher die Einführung der Reformation (1559/1583), mußten sie 1563 in Ortenburg aber ebenso anerkennen wie 1602 die lange umstrittene Reichsunmittelbarkeit. Von den Oettinger Linien blieb Oettingen-Wallerstein katholisch, während Oettingen-Oettingen schon 1522 evangelisch geworden war. Besonders an den fränkischen Reichsgrafen ist erkennbar, wie sehr – bei teils sehr frühem, teils zögerndem Bekenntnis zu Luther – mit der durchaus unterschiedlich konsequenten Einführung der Reformation nach 1555 ein »allgemeiner Prozeß der Territorialisierung und Intensivierung von Herrschaft« einher ging.[18] Weniger konfessionell einheitlich waren die Gebiete der fränkischen Reichsritter, denen infolge des Augsburger Religionsfriedens mangels Reichsstandschaft und bestrittener Landeshoheit kein Reformationsrecht zustand.[19] Aber sie waren im Sinne freier Bekenntniswahl dergestalt einbezogen, daß sie »von niemand vergewaltigt, beträngt noch beschwert sollen werden« (§ 26).[20] Ihre wirtschaftliche und soziale Situation verschärfte ihre Abhängigkeit auch von Pfründen der römischen Kirche, was sich ändernde konfessionelle Zugehörigkeiten vor allem im Einflußbereich der Hochstifte Bamberg, Eichstätt und Würzburg, aber auch Mainz und Fulda zur Folge hatte. Sämtliche Reichsstädte in Bayern, Franken und Schwaben waren evangelisch und wurden im Religionsfrieden von 1555 verpflichtet, noch – oder durch das Interim von 1548 wieder – vorhandene katholische Messen zu dulden.[21]

---

[14] RUDERSDORF (K); JÜRGEN PETERSOHN, Staatskunst u. Politik d. Markgrafen Georg Friedrich v. Brandenburg-Ansbach u. -Bayreuth 1539–1603: ZBLG 24 (1961), 229–276.
[15] NADWORNICEK (B).
[16] FRIES-KURZE, Pfalzgraf (B).
[17] JOACHIM STEPHANI, Institutiones iuris canonici, Frankfurt/Main 1612 [im Zusammenhang einer Würdigung des Passauer Vertrages von 1552].
[18] ERNST BÖHME, Das fränk. Reichsgrafenkollegium i. 16. u. 17. Jh. Unters. z. d. Möglichkeiten u. Grenzen d. korporativen Politik mindermächtiger Reichsstände, Stuttgart 1989 [37] (VIEG 132/ BSVAR 8).
[19] CHRISTOPH BAUER, Reichsritterschaft i. Franken: Territorien 4 (B) 182–213.
[20] Augsburger Religionsfrieden: Kaiser u. Reich (K) 215–283 [229].
[21] PFEIFFER, Augsburger Religionsfrieden (B). Zu einzelnen Städten vgl. IMMENKÖTTER/WÜST (B); P. SCHMID, Regensburg (B); SCHINDLING, Nürnberg (B); BRAUN (B).

3. Grundlagen der Konfessionalisierung bis 1580: Trient – Berge

Der Augsburger Religionsfriede von 1555 war das Werk irenisch gesinnter Fürsten beider Konfessionen, die den äußeren Frieden im Reich sichern wollten, das Ziel des inneren Friedens durch Wiederherstellung der Einheit der Religion aber nur als gemeinsame Aufgabe formulieren konnten. Mit dem Aussterben dieser Fürstengeneration rückte dieses Ziel allerdings nach 1570 in immer weitere Ferne, und unter den neuen Herrschern, die das Ringen um den Religionsfrieden nicht selbst erlebt hatten, nahm die konfessionspolitische Konfrontation zu. Erst jetzt begannen die Konfessionen, sich gegeneinander abzuschließen.

Auf römisch-katholischer Seite waren mit den Beschlüssen des Konzils von Trient 1545 bis 1563 Entscheidungen gefallen, die die alte Kirche in deutlicher Abgrenzung zur evangelischen Lehre reformierten und den Beginn der Neuzeit in der katholischen Kirchengeschichte markierten.[22] Indem mit dem Tridentinum allen Kräften eines Kompromißkatholizismus die Grundlage entzogen und die dogmatischen Gegensätze festgeschrieben wurden, konstituierte sich in Trient die römische Kirche als Konfessionskirche. Mit den Dekreten eines Konzils, das als Partikularkonzil der lateinisch-abendländischen Christenheit zum Ausgangspunkt der antiprotestantischen Erneuerungsbewegung unter der Führung des Papstes wurde, verlor sich das Ziel der Einheit. Zwar waren viele Kritikpunkte Luthers an seiner römischen Kirche aufgegriffen worden, indem die Seelsorge verbessert, die Residenzpflicht der Priester und Bischöfe, die Ausbildung der Geistlichen in neu zu gründenden Priesterseminaren sowie Visitationen und Synoden zur Kontrolle der Kleriker vorgeschrieben wurden, aber in den Glaubensdekreten wurden die wesentlichen Unterschiede festgeschrieben: die Gültigkeit der Tradition neben der Heiligen Schrift, die Anerkennung der Vulgata als allein gültige Bibelversion, die Kanonisation von sieben Sakramenten, die hierarchische Kirche als ihre Verwalterin und als Vermittlerin zwischen Gott und den Gläubigen bei der Erlangung der göttlichen Gnade. Über den Römischen Katechismus von 1566, das Brevier für Geistliche von 1568 und das neue Meßbuch von 1570 wurde die Zentralisierung bis auf die Ebene der Ortskirche eingeleitet.

Wichtigstes Instrument bei der Umsetzung der Konzilsbeschlüsse in der Praxis wurde die von Ignatius von Loyola gegründete und von Papst Paul III. 1540 bestätigte Gesellschaft Jesu (Jesuiten).[23] Sie verfolgte die Erneuerung der Römischen Kirche vor allem auf dem Wege der Predigt sowie der Lehr- und Schultätigkeit, wobei von Petrus Canisius, selbst Konzilstheologe in Trient und Verfasser weit verbreiteter Katechismen (u.a. 1555: »Summa Doctrinae et Institutionis christianae«, 400 Ausgaben bis 1700) im Heiligen Römischen Reich Deutscher

---

[22] JEDIN (K).
[23] DUHR (K); Die Jesuiten i. Bayern 1549–1773. Ausstellung d. Bayer. Hauptstaatsarchivs u. d. Oberdeutschen Provinz d. Gesellschaft Jesu, Weißenhorn 1991 (AKat. d. Staatlichen Archive Bayerns 29).

Nation die größte Aktivität ausging.[24] Herausragende Wirkungsorte im bayerischen Raum wurden Ingolstadt, Dillingen, München, Würzburg, Augsburg und Regensburg, wo Jesuiten-Kollegien entstanden.[25] Wie in anderen katholischen Reichsterritorien übernahmen die Jesuiten auch in Bayern die Leitung und inhaltliche Führung vieler Gymnasien – München zählte über lange Zeit mehr als tausend Studierende jährlich, in Ingolstadt waren zeitweise mehr als 150 Ordensangehörige tätig – und bestimmten in den Universitäten maßgeblich die Richtung der Ausbildung, womit sichergestellt war, daß die Absolventen in ihren zukünftigen Tätigkeitsbereichen im Geiste der Gegenreformation wirkten.[26] Für die einheitliche Ausrichtung der Ausbildung sorgte mit der »Ratio studiorum« eine jesuitische Studienordnung, die 1599 ihre endgültige Ausformung erhielt und bis zur Auflösung des Jesuitenordens 1773 im wesentlichen unverändert blieb.[27] Neben eigenen Lehr- und Lesebüchern wurden in der Philosophie Aristoteles und in der Theologie Thomas von Aquin zu den maßgeblichen Lehrautoritäten. Nach der 1549 gegründeten Universität in Dillingen wurde auch die in Bamberg 1648 »Jesuitenuniversität« mit einem Ordenspater als Rektor, während die Gesellschaft Jesu in den 1472 in Ingolstadt und 1582 in Würzburg gegründeten bzw. neugegründeten Universitäten über die theologischen und philosophischen »Jesuitenfakultäten« einflußreich wirkte.[28] Ingolstadt war Sitz des Provinzials der Oberdeutschen Provinz der Societas Jesu.

Die Erfolge des Jesuitenordens in Bayern waren begünstigt durch die zunächst zögernde, aber nach dem Sieg über die Ortenburger Adelsverschwörung von 1564 entschiedene Unterstützung Herzog Albrechts V. und dann seiner Nachfolger Wilhelms V., der von Jesuiten in Ingolstadt erzogen worden war, das Jesuitenkolleg in Altötting gründete, die Errichtung zahlreicher anderer Kollegien unterstützte und St. Michael in München bauen ließ, und Maximilians I., der in

---

[24] Petrus Canisius SJ (1521–1597). Humanist u. Europäer, hg. v. RAINER BERNDT, Berlin 2000 (Erudiri sapientia 1); BUXBAUM (B).

[25] Die Jesuiten i. Ingolstadt 1549–1773. Ausstellung d. Stadtarchivs, d. Wissenschaftl. Stadtbibliothek u. d. Stadtmuseums Ingolstadt, AKat. Ingolstadt 1991; WILHELM GEGENFURTNER, Jesuiten i. d. Opf. Ihr Wirken u. ihr Beitrag z. Rekatholisierung i. d. oberpfälzischen Landen (1621–1650): BGBR 11 (1977), 71–220.

[26] KARL HENGST, Jesuiten an Universitäten u. Jesuitenuniversitäten. Zur Gesch. d. Universitäten i. d. Oberdeutschen u. Rheinischen Provinz d. Gesellschaft Jesu i. Zeitalter d. konfessionellen Auseinandersetzung, Paderborn u.a. 1981 (QFG NF 2); RAINER A. MÜLLER, Jesuitenstudium u. Stadt – Fallbeispiele München u. Ingolstadt: Stadt u. Universität. hg. v. HEINZ DUCHHARDT, Köln u.a. 1993, 107–125 (Städteforsch. A.33).

[27] Die Studienordnung d. Gesellschaft Jesu. Mit einer Einleitung v. BERNHARD DUHR, Freiburg/Breisgau 1896 (Bibliothek d. kath. Pädagogik 9).

[28] THOMAS SPECHT, Gesch. d. ehemaligen Universität Dillingen (1549–1804) u. d. mit ihr verbundenen Lehr- u. Erziehungsanstalten, Freiburg/Breisgau 1902; FRANZ XAVER WEGELE, Gesch. d. Universität Würzburg, 2 Bde., Würzburg 1882; PETER BAUMGART, Die Anfänge d. Universität Würzburg. Eine Hochschulgründung i. konfessionellen Zeitalter: MFJG 30 (1978), 9–24; DERS., Die Julius-Universität z. Würzburg als Typus einer Hochschulgründung i. konfessionellen Zeitalter: Vierhundert Jahre Universität Würzburg. Eine FS, hg. v. PETER BAUMGART, Neustadt/Aisch 1982, 3–29 (Quellen u. Beitr. z. Gesch. d. Universität Würzburg 6); HEINRICH WEBER, Gesch. d. gelehrten Schulen i. Hochstift Bamberg v. 1007–1803, 3 Bde., Bamberg 1880-1882.

Ingolstadt studiert hatte und das Münchener Kolleg förderte. Als Lehrer und Prinzenerzieher gehörten Jesuiten zu den besonders einflußreichen Persönlichkeiten im Umkreis der Landesfürsten, als Beichtväter gewannen sie eine kaum zu überschätzende Bedeutung, denn im konfessionellen Zeitalter, in dem religiöse und politische Probleme engstens und zum Teil unentwirrbar miteinander verwoben waren, war ihre primäre Zuständigkeit für die Glaubens- und Gewissensbildung ihrer Herren kaum von Fragen der Politik zu trennen. Herzog, später Kurfürst Maximilian I. hatte mit Gregor von Valencia, Johann Buslidius, Adam Contzen und Johann Vervaux von 1587 bis 1651 ausschließlich Jesuiten als Beichtväter, deren Einfluß auf die Politik unterschiedlich groß war.[29] Außer den Jesuiten förderte er auch die Kapuziner und die Franziskaner-Reformaten, während die alten Orden der Benediktiner, Zisterzienser, Augustinerchorherren und Prämonstratenser aufgrund ihres eigenen Zustandes nicht im Sinne von katholischer Reform und Gegenreformation einsetzbar waren.[30]

Mit dem Kloster Berge in der Nähe Magdeburgs verbindet sich im Jahre 1577 die Schaffung eines umfassenden theologischen Einigungswerkes des Luthertums, des Bergischen Buches.[31] Als »Konkordienformel« steht es am Ende erbitterter Lehrstreitigkeiten seit dem Tod Luthers 1546, die am schärfsten von Philippisten, Kryptocalvinisten und – seit dem 17. Jahrhundert so bezeichneten – Gnesiolutheranern sowie vielen ihrer Seitenzweige ausgetragen wurden und u.a. Sakramente, Heiligenverehrung und bischöfliche Jurisdiktion (Adiaphorastreit), die Lehre über den freien Willen (synergistische Streitigkeiten, Altenburger Religionsgespräch 1568/69) oder die Bedeutung der guten Werke (Majoristischer Streit) zum Gegenstand hatten. Über verschiedene Stationen seit den späten 1560er Jahren wurden mit der Schwäbischen, dann der Schwäbisch-Sächsischen Konkordie, der Maulbronner Konkordie und dem Torgischen Buch mehrere Versuche unternommen, eine für alle Richtungen akzeptable lutherische Bekenntnisformel zu erarbeiten. Sie mündeten schließlich im Bergischen Buch, an dessen Schlußredaktion mit Jakob Andreae, Martin Chemnitz, dem in Hersbruck geborenen Nikolaus Selnecker, Sohn eines Nürnberger Stadtschreibers, David Chyträus, geboren in Ingelfingen, Andreas Musculus und dem aus Franken gebürtigen Christoph Körner Theologen beteiligt waren, die auf unterschiedliche Weise an der Ausbreitung der lutherischen Reformation und über

---

[29] ROBERT BIRELEY, Maximilian I. v. Bayern, Adam Contzen S.J. u. d. Gegenreformation i. Deutschland 1624–1635, Göttingen 1975 (SHKBA 13); DERS., Hofbeichtväter u. Politik i. 17. Jh.: Ignatianisch. Eigenart u. Methode d. Gesellschaft Jesu, hg v. MICHAEL SIEVERNICH u. GÜNTER SWITEK, Freiburg/Breisgau u.a. 1990, 386–403; WINFRIED MÜLLER, Hofbeichtväter u. geistl. Ratgeber z. Zt. d. Gegenreformation: Universität u. Bildung. FS Laetitia Böhm z. 60. Geburtstag, hg. v. WINFRIED MÜLLER u.a., München 1991, 141–155.
[30] ANGELIKUS EBERL, Gesch. d. bayer. Kapuziner-Ordensprovinz 1593–1902, Freiburg/Breisgau u.a. 1902; BERNARDIN LINS, Gesch. d. bayer. Franziskanerprovinz z. hl. Antonius v. Padua, Bd. 1: Von ihrer Gründung bis z. Säkularisation 1620–1802, München 1926.
[31] Luth. Konfessionalisierung (B).

viele Jahre hinweg an den Bemühungen beteiligt waren, die Lehrstreitigkeiten beizulegen.

Konfessionsstand um 1580

Das Bergische Buch, das im Mai 1577 Kurfürst August von Sachsen vorgelegt und 1580 zusammen mit anderen Bekenntnissen zum Konkordienbuch erweitert wurde, unterzeichneten drei Kurfürsten, 20 Reichsfürsten, 24 Reichsgrafen, vier

Freiherren, 35 Reichsstädte und ca. 8.000 Geistliche; es fand also keineswegs eine gesamtlutherische Zustimmung. Genau ein halbes Jahrhundert nach Verlesung der Confessio Augustana auf dem Augsburger Reichstag des Jahres 1530 wurde das Konkordienbuch 1580 veröffentlicht, womit die Lehreinheit der lutherischen Landeskirchen festgeschrieben war. Solchermaßen endgültig als Konfession formiert, grenzte sich das Luthertum zugleich scharf vom Tridentinum sowie vom Calvinismus und anderen reformatorischen Bewegungen ab.[32]

Von den fünf fränkischen Reichsstädten gehörten Rothenburg ob der Tauber und Schweinfurt zu den Unterzeichnern des Bergischen Buches, nicht aber Nürnberg und – unter seinem Einfluß – Windsheim und Weißenburg. An der Pegnitz hatte man mit der »Norma doctrinae« von 1573 einen eigenen innerprotestantischen Kompromiß gefunden und ging einen eigenen Weg bis zum Ende des Dreißigjährigen Krieges.[33] Die Ablehnung der Konkordienformel bedeutete zugleich das Ende der engen Verbindung zwischen der Reichsstadt und den Markgraftümern Brandenburg-Ansbach und Brandenburg-Kulmbach seit der gemeinsamen Brandenburg-Nürnbergischen Kirchenordnung von 1533, denn der orthodox-lutherische Markgraf Georg Friedrich, der in Ansbach selbständig ab 1556, in Kulmbach ab 1557 regierte und zu den führenden Reichsfürsten aufstieg, trat entschieden für das Konkordienbuch von 1580 ein.[34] Für Pfalz-Neuburg unterzeichnete Pfalzgraf Philipp Ludwig Konkordienformel und Konkordienbuch.[35]

4. Konfessionalisierung als Fundamentalvorgang in geistlichen und weltlichen Reichsterritorien

Die konfessionellen Abschließungen von Katholizismus und Luthertum (auch des reichsrechtlich nicht anerkannten Calvinismus) in dem Vierteljahrhundert nach dem Augsburger Religionsfrieden erfolgten nicht nur in Theorie und Lehre, sondern hatten auch sehr bald ihre praktischen Auswirkungen bei der Herausbildung und Verfestigung spezifischer konfessioneller Kulturen und Milieus.[36] Allerdings entstanden sie keineswegs gleichzeitig, sondern erhielten ihre je eigenen territorialen Prägungen über einen langen Zeitraum bis tief ins 17. Jahrhundert. Wenn im Herzogtum Bayern mit großer Konsequenz die katholisch-konfessionelle Einheit in den letzten beiden Jahrzehnten des 16. Jahrhunderts erreicht wurde und dies auch für die geistlichen Reichsfürstentümer gilt, so läßt sich das für die lutherischen Territorien nicht mit gleicher Eindeutigkeit sagen, wo die Voraussetzungen inhaltlich und zeitlich sehr viel differenzierter waren.

---

32 Kath. Konfessionalisierung (B); Ref. Konfessionalisierung (B).
33 SCHORNBAUM, Norma (B); SCHINDLING, Nürnberg (B); BRAUN (B).
34 SCHORNBAUM, Einführung (B); SCHORNBAUM, Unterschreibung (B); RUDERSDORF (K).
35 HAUSER (B).
36 Kath. Konfessionalisierung (B); Luth. Konfessionalisierung (B); Ref. Konfessionalisierung (B).

Die Konfessionalisierung, die in der historischen Forschung verbreitet als Teil einer umfassenderen Sozialdisziplinierung verstanden wird, griff tief in die gesellschaftliche Ordnung der Territorien bis hinein in die Familien ein und sorgte für strikte Abgrenzungen.[37] Allerdings ist nicht zu übersehen, daß das, was Gerhard Oestreich mit »Sozialdisziplinierung« auf den Begriff gebracht hat, zur Erklärung der Herausbildung und Durchsetzung von verstaatlichtem Heerwesen und Beamtenapparat als streng disziplinierten Instrumenten des absoluten Fürstenstaates und zur Beschreibung eines gesellschaftlichen Fundamentalvorgangs diente.[38] Wichtige Instrumente der das gesamte kulturelle Leben erfassenden Konfessionalisierung waren die Kirchenordnungen mit ihrer Tendenz – darin den Landes- und Polizeiordnungen vergleichbar –, ihre Regelungsbereiche immer weiter auszudehnen, so daß religiöse konfessionelle Durchdringung des Lebens der Untertanen und Intensivierung von Herrschaft auf allen Gebieten zusammenkamen.[39] Die durch die Konkordienformel gestärkten obrigkeitlichen Tendenzen im Luthertum standen in der Tradition des Augsburger Religionsfriedens, der den evangelischen Landesherren bischöfliche Rechte zugestanden hatte, und begünstigten die wechselseitige Durchdringung von Kirche und »Staat«. Die von dem seit 1572 amtierenden Papst Gregor XIII. verordnete, wissenschaftlich gebotene Kalenderreform (Gregorianischer Kalender), die auf den 4. den 15.10.1582 folgen und das Kalenderjahr mit dem 1.1. statt – wie bisher – mit dem 1.3. beginnen ließ, vertiefte die Gräben zwischen den Konfessionen und zwischen Territorien, denn die Lutheraner akzeptierten sie als päpstliches Gebot nicht. Dies hatte vor allem in den paritätischen Reichsstädten wie Augsburg oder Regensburg weitreichende Auswirkungen bis weit in das alltägliche Leben, wo unterschiedliche Arbeits- und Geschäftszeiten sowie verschiedene Sonn- und Festtage die Konfessionalisierungen in ihrer gegenseitigen Abschließung sehr konkret werden ließen. Aber auch in den Hochstiften kam es wegen der evangelischen Enklaven, z.B. reichsritterschaftlichen Gebieten wie im Hochstift Bamberg, zu erheblichen Schwierigkeiten.[40]

---

[37] ANTON SCHINDLING, Konfessionalisierung u. Grenzen v. Konfessionalisierbarkeit: Territorien 7 (B) 9–44; DIETER STIEVERMANN, Ev. Territorien i. Konfessionalisierungsprozeß: Territorien 7 (B) 45–65; WALTER ZIEGLER, Altgläubige Territorien i. Konfessionalisierungsprozeß: Territorien 7 (B) 67–90; MICHAEL STOLLEIS, Religion u. Politik i. Zeitalter d. Barock. »Konfessionalisierung« oder »Säkularisierung« bei d. Entstehung d. frühmodernen Staates?: Religion u. Religiosität i. Zeitalter d. Barock, hg. v. DIETER BREUER, Bd. 1, Wiesbaden 1995, 23–42 (Wolfenbütteler Arbeiten z. Barockforsch. 25/1).

[38] GERHARD OESTREICH, Strukturprobleme d. europ. Absolutismus: VSWG 55 (1969), 329–347 (Wiederabdruck: OESTREICH, Geist (B) 179–197; vgl. auch aaO, 235ff. 275 [im Kontext anderer Studien]); DERS., Strukturprobleme d. frühen Neuzeit. Ausgewählte Aufsätze, hg. v. BRIGITTA OESTREICH, Berlin 1980; WINFRIED SCHULZE, Gerhard Oestreichs Begriff »Sozialdisziplinierung i. d. Frühen Neuzeit«: ZHF 14 (1987), 265–302.

[39] HEINRICH RICHARD SCHMIDT, Die Christianisierung d. Sozialverhaltens als permanente Reformation. Aus d. Praxis ref. Sittengerichte i. d. Schweiz während d. frühen Neuzeit: Kommunalisierung u. Christianisierung. Voraussetzungen u. Folgen d. Reformation 1400–1600, hg. v. PETER BLICKLE u. JOHANNES KUNISCH, Berlin 1989, 113–163 (ZHF. Beih. 9).

[40] IMMENKÖTTER/WÜST (B) 28ff.

An der Herausbildung der Reichsterritorien zu frühmodernen Staaten innerhalb des Heiligen Römischen Reiches Deutscher Nation hatten die Konfessionalisierungen einen kaum zu überschätzenden Anteil. Sie haben die für die deutsche Geschichte seit dem 16. Jahrhundert wesentliche Verbindung von Territorium und Kirche gestiftet, die die Landesgrenzen auch zu Bekenntnisgrenzen werden ließen. Das Reich selber war davon lediglich über seine Territorien und die Herrschaften der mindermächtigen Reichsstände und Reichsritterschaften betroffen. Es hatte mit der staatskirchenrechtlichen Ordnung des Augsburger Religionsfriedens von 1555 seine föderalen Strukturen weiter gestärkt und wuchs selber in eine konfessionsneutrale Schiedsrichterrolle hinein. Diese Funktion erlaubte es dem Reich als Ganzem, bei Streitigkeiten zwischen den Reichsfürsten unterschiedlicher Konfession über die Auslegung des Augsburger Religionsfriedens als Schlichtungsebene über den streitenden Parteien vor allem in Reichstag und Reichskammergericht aktiv zu werden.

5. »Union« und »Liga«

Das Heilige Römische Reich Deutscher Nation konnte seit dem ausgehenden 16. Jahrhundert seine ihm im Augsburger Religionsfrieden zugewiesene konfliktregulierende Funktion nicht mehr wahrnehmen, da die zunehmenden konfessionspolitischen Auseinandersetzungen zu einer Lähmung der Reichsinstitutionen führten.[41] Mit der Reichsexekution gegen Donauwörth 1607, die ein katholischer Reichsfürst des Bayerischen Reichskreises in einer mehrheitlich protestantischen Reichsstadt des Schwäbischen Reichskreises durchführte, und nach dem Scheitern des Regensburger Reichstages im folgenden Jahr, der ohne Reichsabschied auseinanderging, war offensichtlich geworden, daß es zwischen den Konfessionsparteien in Reichsangelegenheiten keinen Konsens mehr gab. Er aber war für das Funktionieren des Reiches schon lange vor der konfessionellen Polarisierung der Reichsstände zwingend notwendig gewesen. Um einen Ausgleich für den fehlenden Rechtsschutz des Reiches zu schaffen, gründeten am 4./14.5.1608 sechs protestantische Reichsfürsten im 1534 säkularisierten Benediktinerkloster Auhausen, südwestlich von Gunzenhausen im Markgraftum Brandenburg-Ansbach gelegen, einen Bund: die »Union«.[42] Notrechtlich begründet, sollte sie als »Hilfsorgan des defekten Reiches« (Axel Gotthard)[43] die Lücke ausfüllen, die durch die Handlungsunfähigkeit des Reiches entstanden war, und als subsidiäres Strukturelement der Reichsverfassung nach ihren Spielregeln Problemlösungen anstreben. Allerdings überwogen territorialstaatliche Interessen das Engagement für das Heilige Römische Reich und die Durchset-

---

[41] HELMUT NEUHAUS, Das Reich i. d. Frühen Neuzeit, München 1997 (EDG 42).
[42] GOTTHARD (K).
[43] Vgl. aaO, 82.

zung seiner Gesetze. Und schon die verschiedenen Gründungsmitglieder, die Lutheraner, Calvinisten oder zwischen den Konfessionen schwankende Protestanten waren, deuteten darauf hin, wie schwierig die Verfolgung gleicher reichspolitischer und konfessioneller Interessen sein würde. Diese Gründungsmitglieder waren Kurfürst Friedrich IV. von der Pfalz, vertreten durch seinen Statthalter in der Oberpfalz, Christian I. von Anhalt-Bernburg, Pfalzgraf Philipp Ludwig von Pfalz-Neuburg, Markgraf Christian von Brandenburg-Kulmbach, Herzog Johann Friedrich von Württemberg, Markgraf Georg Friedrich von Baden-Durlach und der Gastgeber Markgraf Joachim Ernst von Brandenburg-Ansbach. Später traten der Union Kurfürst Johann Sigismund von Brandenburg, Landgraf Moritz von Hessen-Kassel, Reichsgraf Gottfried zu Oettingen sowie 17 Reichsstädte bei, darunter Nürnberg, und vergrößerten die inneren Probleme des Bündnisses, denn die lutherischen Untertanen in der Mark Brandenburg und in Hessen-Kassel nahmen die Konfessionswechsel ihrer Landesherren zum Calvinismus nicht ohne weiteres hin. Der katholisch gewordene Pfalzgraf Wolfgang Wilhelm von Pfalz-Neuburg verließ die Union schon 1614, gleich nach seinem Regierungsantritt, der erst 1610 beigetretene Kurfürst von Brandenburg nach sieben Jahren. Ebenso wie Kursachsen gehörten die norddeutschen protestantischen Fürsten dem Bund nicht an, der 1621 unter dem Eindruck der Niederlagen im Böhmischen Aufstand formell aufgelöst wurde. Die Union war mehr durch Gegensätze als Gemeinsamkeiten gekennzeichnet und vermochte ihren festgeschriebenen defensiven Zweck als Selbsthilfeorganisation bei von außen kommenden Angriffen nicht zu erfüllen.

Demgegenüber zeichnete sich die am 10.7.1609 in München in Anknüpfung an den Landsberger Bund (1556–1598)[44] gegründete »Liga« katholischer Reichsstände[45] durch größere Geschlossenheit aus und umfaßte unter der Führung Herzog Maximilians I. von Bayern außer dem bayerischen Raum mit den angrenzenden Hochstiften auch die geistlichen Territorien an Main und Rhein. Auch dieses Bündnis war die Konsequenz aus dem Scheitern des Reichstages von 1608, aber zugleich die katholische Antwort auf die Gründung der »Union«. Wie diese war die »Liga« grundsätzlich defensiv angelegt mit dem Ziel, den katholischen Charakter des Heiligen Römischen Reiches durch die Aufrechterhaltung der Reichsverfassung und die entsprechende Interpretation des Augsburger Religionsfriedens zu sichern. Gleichwohl verlief das erste Jahrzehnt ihrer Geschichte nicht spannungsfrei, nachdem mit dem Tod Kaiser Rudolfs II. der sog. »Bruder-

---

[44] MAXIMILIAN LANZINNER, Der Landsberger Bund u. seine Vorläufer: Alternativen (K) 65–79; WINFRIED MOGGE, Nürnberg u. d. Landsberger Bund (1556–1598). Ein Beitr. zur Gesch. d. konfessionellen Zeitalters, Nürnberg 1976 (NWSLG 18).
[45] FRANZISKA NEUER-LANDFRIED, Die Kath. Liga. Gründung, Neugründung u. Organisation eines Sonderbundes 1608–1620, Kallmünz 1968 (MHStud. 9); GOTTHARD (K); PETER BAUMGART, Zur Reichs- u. Ligapolitik Fürstbischof Julius Echters am Vorabend d. Dreißigjähr. Krieges: Julius Echter u. seine Zeit. Gedenkschr. aus Anlaß d. 400. Jahrestages d. Wahl d. Stifters d. Alma Julia z. Fürstbischof v. Würzburg am 1. Dezember 1573, hg. v. FRIEDRICH MERZBACHER, Würzburg 1973, 37–62.

zwist« im Hause Habsburg zu Ende gegangen war und der Wiener Bischof und Kardinal Melchior Khlesl zur Stärkung der kaiserlichen Autorität das Konzept eines Bundes reichstreuer Reichsstände verfolgte.[46] Die Rivalität zwischen München und Wien erreichte in den Liga-Beratungen am Rande des Regensburger Reichstages von 1613 ihren Höhepunkt und schwächte den Bayernherzog Maximilian I. in der Weise, daß er sich lediglich noch auf die Bundesmitglieder in Franken und Teilen Schwabens stützen konnte. Mit dem Beginn des Dreißigjährigen Krieges, der nach dem Jülich-Klevischen Erbfolgekrieg (1609–1614) endgültig erwies, daß die Reichsverfassung die konfessionelle Spaltung des Reiches nicht absorbieren konnte, und dem Ausscheiden Khlesls aus der aktiven Politik unter Kaiser Ferdinand II. wurde die Liga wieder bayerischer und spielte eine bedeutende politische und militärische Rolle unter Maximilian I. und General Johann Tserclaes Graf von Tilly.[47] Aufgrund der Festlegungen des Prager Friedens vom 30.5.1635, zu denen ein Verbot von Bündnissen im Reich gehörte, mußte sich die »Liga« 1635 auflösen.

6. Die Bedeutung des Restitutionsediktes von 1629

Die Tatsache, daß Kaiser Ferdinand II. am 6.3.1629 sein aus kaiserlicher Machtvollkommenheit formuliertes Restitutionsedikt – das erste Edikt seit dem reformationsgeschichtlich bedeutsamen Wormser Karls V. von 1521 – verkünden ließ, verweist auf eine Stärkung der kaiserlichen Position im Reich infolge der militärischen Erfolge der katholischen Seite im ersten Jahrzehnt des Dreißigjährigen Krieges.[48] Im Entwurf von seinen geistlichen Ratgebern schon im Oktober 1628 fertiggestellt, wandte es sich mit seiner rigiden Interpretation des Augsburger Religionsfriedens im einseitig katholischen Sinne gegen die Strukturen des Heiligen Römischen Reiches Deutscher Nation. Mit der Zielsetzung, am Geistlichen Vorbehalt und dem Prinzip »Cuius regio, eius religio« für die altgläubigen weltlichen Territorien festzuhalten und sämtliches der römisch-katholischen Kirche seit der Mitte des 16. Jahrhunderts entfremdete Kirchengut zu restituieren, sollte eine umfassende Rekatholisierung im Reich eingeleitet werden: Betroffen waren nicht nur die seit 1555 von Lutheranern und Reformierten angeeigneten reichsunmittelbaren Stifte, sondern auch die bereits seit dem Passauer Vertrag von 1552 säkularisierten ca. 500 mittelbaren Bistümer, Klöster, Prälaturen, Hospitäler, Stiftungen und anderen geistlichen Güter. Wer dem Restitutionsgebot nicht folgen wollte, wurde mit der Reichsacht bedroht.

---

[46] HEINZ ANGERMEIER, Politik, Religion u. Reich bei Kardinal Melchior Khlesl: ZSRG.G 100 (1993), 249–330.
[47] MICHAEL KAISER, Politik u. Kriegführung. Maximilian v. Bayern, Tilly u. d. Kath. Liga i. Dreißigjähr. Krieg, Münster 1999 (SchR. d. Vereinigung z. Erforschung d. Neueren Gesch. e.V. 28).
[48] MICHAEL FRISCH, Das Restitutionsedikt Kaiser Ferdinands II. v. 6. März 1629. Eine rechtsgeschichtl. Unters., Tübingen 1993 (JusEcc 44).

Kaiser Ferdinand II. strebte mit Hilfe des Reichskammergerichts und kaiserlicher Kommissare eine gewaltige Umschichtung der nicht nur seit ca. acht Jahrzehnten, sondern seit den Anfangsjahren der Reformation eingetretenen Besitzverhältnisse an, wenn z.B. auch geplant war, die seit 1525 lutherische Reichsstadt Nürnberg zu restituieren. Insgesamt war für den heutigen bayerischen Raum vorgesehen, daß fast 50 Städte und andere Orte rekatholisiert werden sollten, darunter sämtliche Reichsstädte in Franken und Schwaben sowie Regensburg. Vollzogen wurde die Restitution in Kempten, Kaufbeuren, Memmingen und Augsburg und an mehr als 20 weiteren Orten. Im Norden des Reiches sowie im Südwesten war man in Durchführung und Planung in gleicher Weise aktiv. Das Heilige Römische Reich sollte wieder ein dominierend katholisches Reich unter verstärktem habsburgischen Einfluß werden.

Bei aller prinzipiellen Offenheit und Unausgetragenheit der Reichsverfassung ging Kaiser Ferdinand II. mit seinem Restitutionsedikt allerdings nicht nur den evangelischen Reichsständen, sondern auch den katholischen viel zu weit. Sie waren nicht bereit, eine mit dem Edikt zum Ausdruck gebrachte kaiserliche Machtvollkommenheit zu akzeptieren, nachdem sie über alle konfessionellen Gegensätze hinweg seit den Zeiten Maximilians I. und Karls V. ein Verfahren durchgesetzt hatten, das Gesetzgebung, Rechtsveränderungen und Handlungsfähigkeit des Reiches zwingend an den auf Reichstagen zu erarbeitenden Konsens zwischen Kaiser und Reichsständen band. An die Spitze der reichsständischen Opposition gegen den Kaiser setzte sich Herzog Maximilian I. von Bayern, der zwar das Restitutionsedikt gewollt hatte, aber keine Stärkung des kaiserlichen/habsburgischen Einflusses im Reich und Ferdinand II. auf dem Regensburger Kurfürstentag von 1630 empfindliche Niederlagen beibrachte.[49] Der Kaiser wurde nicht nur gezwungen, den seine Position stärkenden Wallenstein als Oberbefehlshaber zu entlassen, er erreichte auch nicht, daß die Kurfürsten seinen Sohn Ferdinand III. vivente imperatore zum Römischen König wählten, um dem Hause Habsburg das Kaisertum in der nächsten Generation zu sichern.[50] Vor allem aber mußte Ferdinand II. eine Suspension des Restitutionsediktes hinnehmen und sah sich den Tatsachen gegenüber, daß reichsständische Solidarität vor konfessioneller rangierte, kaiserliche Macht nicht auf Kosten fürstlicher Partizipation an Herrschaft auszudehnen war. Im Prager Frieden von 1635 mußte er endgültig auf die Durchführung des Restitutionsediktes verzichten.

---

[49] DIETER ALBRECHT, Der Regensburger Kurfürstentag 1630 u. d. Entlassung Wallensteins: ALBRECHT, Regensburg (B) 88–108; DERS., Die auswärtige Politik Maximilians v. Bayern 1618–1635, Göttingen 1962, 263–302 (SHKBA 6).

[50] HELMUT NEUHAUS, Die Röm. Königswahl vivente imperatore i. d. Neuzeit. Zum Problem d. Kontinuität i. einer frühneuzeitlichen Wahlmonarchie: Neue Stud. z. frühneuzeitlichen Reichsgesch., hg. v. JOHANNES KUNISCH, Berlin 1997, 1–53 [32f] (ZHF. Beih. 19).

7. Der schwedische Einfluß

Der Vollzug des Restitutionsediktes wurde von 1630 an erheblich durch das Eingreifen der Schweden in den Dreißigjährigen Krieg gestört, nachdem König Gustav II. Adolf Anfang Juli 1630 mit seinen Truppen auf der Insel Usedom in Pommern gelandet war und sich anschickte, das Heilige Römische Reich Deutscher Nation von Norden nach Süden zu durchqueren, um, wenn nicht Wien, den Sitz des Kaisers, so doch München, die Hauptstadt des mächtigsten katholischen Kur- und Reichsfürsten, zu erreichen.[51] Aber es dauerte mehr als ein Jahr, bis sich mit den zunächst widerstrebenden Kurfürsten Georg Wilhelm von Brandenburg und Johann Georg I. von Sachsen die mächtigsten protestantischen Reichsfürsten mit dem Schwedenkönig verbündeten,[52] teils dem militärischen Druck nachgebend, teils auf den Einmarsch des seit 1630 vereinigten kaiserlich-ligistischen Heeres unter Feldmarschall Tilly in die eigenen Länder reagierend. Gustav Adolfs Sieg bei Breitenfeld (nordwestlich von Leipzig) am 17.9.1631 über Tillys Truppen markierte den ersten militärischen Erfolg der Protestanten, die sich ihm fortan hoffnungsvoll anschlossen. Ein gutes Jahr später sollte der Schwedenkönig in derselben Gegend in der Schlacht bei Lützen (16.11.1632) sein Leben verlieren.

Aber zwischen Breitenfeld, das den protestantischen Schweden das Tor in den überwiegend katholischen Süden des Heiligen Römischen Reiches Deutscher Nation geöffnet hatte, und Lützen, wo sie ihr Haupt verloren, lagen überaus erfolgreiche 14 Monate. Gustav Adolf wurde zum Hoffnungsträger der Protestanten, auch wenn seine Soldaten – wie zuvor oftmals die kaiserlichen und ligistischen Truppen – das strategische Durchzugsgebiet Franken und seine Bewohner, die Hochstifte – im Oktober 1631 wurde Würzburg eingenommen – wie die orthodox-lutherischen Markgraftümer Brandenburg-Ansbach und Brandenburg-Bayreuth mit Durchmärschen, Einquartierungen, Verwüstungen und hohen Kontributionsforderungen schwer belasteten. Nürnberg, das trotz seiner frühen Entscheidung für das Luthertum (1525), später (bis 1646) den Philippismus, kaisertreue Reichsstadt geblieben war und stets eine reichspolitisch vermittelnde Position vertrat, schloß sich erst am 2.11.1631 »unter Zwang« – so der Rat rechtfertigend gegenüber Kaiser Ferdinand II. – politisch dem Schwedenkönig an, am 31.3.1632 auch militärisch, nachdem Gustav Adolf in die Stadt an der Pegnitz gekommen und reich beschenkt worden war. Schon auf dem Rückweg von München, in das er am 17.5.1632 als Triumphator über Kurfürst Maximi-

---

[51] MARCUS JUNKELMANN, Gustav Adolf (1594–1632). Schwedens Aufstieg z. Großmacht, Regensburg 1993; GÜNTER BARUDIO, Gustav Adolf – der Große. Eine polit. Biographie, Frankfurt/Main 1982 (Frankfurter hist. Abh. 13); KARL-ENGELHARDT KLAAR, König Gustav II. Adolf v. Schweden: Gustav Adolf (K) 27–43.
[52] AXEL GOTTHARD, »Politice seint wir bäbstisch«. Kursachsen u. d. deutsche Protestantismus i. frühen 17. Jh.: ZHF 20 (1993), 275–319; DERS., »Wer sich salviren könd, solts thun«. Warum d. deutsche Protestantismus i. d. Zeit d. konfessionellen Polarisierung z. keiner gemeinsamen Politik fand: HJ 121 (2001), 64–96.

lian I. eingezogen war, kam Gustav Adolf im Spätsommer 1632 nach Nürnberg zurück, blieb aber im Stellungskrieg an der Alten Veste bei Zirndorf (Juli–September 1632) ebenso erfolglos wie sein Gegner Wallenstein, den Kaiser Ferdinand II. nach dem kaiserlich-ligistischen Debakel von Breitenfeld Ende 1631 wieder an die Spitze seiner Truppen gestellt hatte und der nach Tillys Tod (30.4.1632) aufgrund der Göllersdorfer Vereinbarungen (13.4.1632) kaiserlicher Generalissimus »in absolutissima forma« geworden war.

Hatte Tilly mit einem Liga-Heer Mitte April 1632 dem Schwedenkönig in Rain den Übergang über den Lech und damit den Einmarsch ins Herzogtum Bayern und seine Besetzung, begleitet von großen Zerstörungen von Kirchen und Klöstern, nicht verwehren können, so waren die Schweden auch andernorts erfolgreich.[53] 1632 eroberten sie große Teile der Oberpfalz und ermöglichten für zwei Jahre eine Rückkehr vertriebener lutherischer Pfarrer in ihre Pfarreien (Nordgau, Lauingen). Im November 1632 nahmen sie Regensburg ein, vertrieben den katholischen Klerus und machten 1633/34 den Dom zu einer evangelischen Kirche.[54] Im Hochstift und in der Reichsstadt Augsburg, wo das Restitutionsedikt exemplarisch durchgeführt werden sollte und die evangelischen Geistlichen schon im August 1629 abgesetzt und diejenigen ohne Bürgerrecht ausgewiesen, die evangelische Religionsausübung verboten und die Kirchen an die Katholiken übergeben worden waren, kam es in den Jahren 1632 bis 1634 zu einer neuerlichen Umkehrung der Konfessionsverhältnisse. Dann durften nur zwei Pfarrer im evangelischen St. Anna-Kolleg predigen.

Die Niederlage der Schweden in der Schlacht bei Nördlingen (6.9.1634)[55] leitete ihren Rückzug aus dem Süden des Reiches ein, auch wenn sie – seit 1633 Führungsmacht des Heilbronner Bundes[56] – das militärische Geschehen in der zweiten Hälfte des Dreißigjährigen Krieges wiederholt zur Besatzungsmacht werden ließ, vor allem in den Jahren 1646 bis 1648 in Bayern und Schwaben. In Franken blieben sie allerdings noch über das Kriegsende hinweg als große Belastung präsent und setzten auf dem Nürnberger Exekutionstag von 1649/50 unter der Leitung des schwedischen Generalissimus Pfalzgraf Karl Gustav von Pfalz-Zweibrücken-Kleeburg, ab 1654 Nachfolger Königin Christinas von Schweden, der Tochter Gustav Adolfs, als König Karl X. Gustav von Schweden, ihre Forderungen zur Realisierung des Osnabrücker Friedensinstruments von 1648 hinsichtlich Entlassung und Abzug der Truppen sowie der Satisfaktion der Schweden durch.[57] Seit König Gustav II. Adolf, der zum sendungsbewußten Hoffnungsträger der Protestanten im Reich geworden war – auch als möglicher Kan-

---

[53] GÖRAN RYSTADT, Die Schweden i. Bayern während d. Dreißigjähr. Krieges: Wittelsbach 2/1 (B) 424–435.
[54] BIERTHER (B).
[55] Frieden ernährt, Krieg u. Unfrieden zerstört. Vierzehn Beitr. z. Schlacht bei Nördlingen 1634, Nördlingen 1985 [= Jb. d. Hist. Vereins f. Nördlingen u. d. Ries 27].
[56] JOHANNES KRETZSCHMAR, Der Heilbronner Bund 1632–1635, 3 Bde., Lübeck 1922; HERBERT LANGER, Der Heilbronner Bund (1633–35): Alternativen (K) 113–122.
[57] OSCHMANN, Exekutionstag (B).

didat für eine Römische Königswahl – im November 1632 bei Lützen den Schlachtentod erlitten hatte, waren den Schweden die macht- und kriegspolitischen Fragen im Heiligen Römischen Reich wichtiger geworden als die konfessionspolitischen, was der gesamten Entwicklung des Dreißigjährigen Krieges entsprach.

8. Der Westfälische Frieden

Der Dreißigjährige Krieg hatte Bayern, Franken und Schwaben wiederholt und von den 1630er Jahren an immer wieder heimgesucht und diesen Raum zu dem mit am meisten betroffenen Gebiet im Heiligen Römischen Reich Deutscher Nation gemacht. Ohne auf statistisches Material zurückgreifen zu können, reduzierten sich die Bevölkerungszahlen um bis zu 50%, in den Städten zum Teil in noch größerem Umfang, trotz des gleichzeitig einsetzenden Zuzugs vom Land und der Aufnahme von Exulanten. Landsberg verlor ca. zwei Drittel seiner Bevölkerung, Augsburg von seinen ca. 40.000 Einwohnern von 1618 mehr als die Hälfte; in München sank die Einwohnerzahl von ca. 20.000 zu Beginn des Krieges auf ca. 10.000 im Jahre 1650, in Nürnberg im gleichen Zeitraum von ca. 40.000 auf ca. 25.000, in Bamberg von ca. 12.000 auf ca. 7.000, in Amberg von ca. 4.700 im Jahre 1630 auf ca. 3.300 im Jahr des Kriegsendes.[58] Dieser demographische Einbruch sollte erhebliche wirtschaftliche und soziale Folgen haben.[59]

Die am 24.10.1648 im westfälischen Münster unterzeichneten Friedensinstrumente von Münster und Osnabrück brachten für Bayern, Franken und Schwaben zwar keine grundlegenden politischen und konfessionellen Veränderungen, aber doch bemerkenswerte Neuerungen.[60] Insbesondere galt generell der konfessionspolitische Besitzstand des Jahres 1624 als Normaljahr, d.h. es sollte der Zustand wiederhergestellt werden, der am 1.1.1624 bestanden hatte (IPO Art. V, § 2), was zugleich bedeutete, daß die im Restitutionsedikt begründeten und durchgeführten Maßnahmen zur Rekatholisierung evangelisch gewordener Gebiete rückgängig gemacht werden mußten. Allerdings gab es von der Normaljahrs-Regelung eine Ausnahme, die dem Herzogtum Bayern als einzigem Reichsfürstentum einen territorialen Gewinn brachte, denn die erst ab 1627 rekatholisierte Oberpfalz mit der

---

[58] Die Zahlenangaben nach KLAUS GERTEIS, Die deutschen Städte i. d. frühen Neuzeit. Zur Vorgesch. d. »bürgerl. Welt«, Darmstadt 1986, 54ff; HEINZ SCHILLING, Die Stadt i. d. frühen Neuzeit, München 1993, 4–17 (EDG 24); noch immer grundlegend: GÜNTHER FRANZ, Der Dreißigjähr. Krieg u. d. deutsche Volk. Unters. z. Bevölkerungs- u. Agrargeschichte, Jena 1940 (Arbeiten z. Landes- u. Volksforsch. 6), Stuttgart u.a. ⁴1979 (Quellen u. Forsch. z. Agrargesch. 7); beispielhaft zu Augsburg: BARBARA RAJKAY, Die Bevölkerungsentwicklung v. 1500 bis 1648: Gesch. d. Stadt Augsburg (B) 252–258.
[59] BERND ROECK, Bayern u. d. Dreißigjähr. Krieg. Demographische, wirtschaftl. u. soziale Auswirkungen am Beispiel Münchens: GeGe 17 (1991), 434–458; MANFRED VASOLD, Die deutschen Bevölkerungsverluste während d. Dreißigjähr. Krieges: ZBLG 56 (1993), 146–160.
[60] OSCHMANN, Friedensverträge (K).

Grafschaft Cham und allen ihren Regalien und Rechten sollte »wie bisher, so auch inskünftig« Herzog Maximilian I. und seinen Nachkommen gehören (IPO Art. IV, § 3).[61] Dafür mußte er gegenüber den Habsburgern auf seine Ansprüche auf Oberösterreich sowie die Tilgung von 13 Millionen Schulden aus dem Münchener Vertrag vom 8.10.1619 mit Kaiser Ferdinand II. verzichten (IPO Art. IV, § 4). Die Bestätigung des Übergangs der pfälzischen Kurwürde auf die Münchener (Wilhelminische) Linie der Wittelsbacher (IPO Art. IV, § 3), den der Kaiser am 25.2.1623 in Regensburg vollzogen hatte, sicherte die katholische Mehrheit im Kurfürstenkollegium und machte den bayerischen Herzog auch reichspolitisch zu einem Gewinner des Dreißigjährigen Krieges.[62]

Zu den Verlierern gehörte Markgraf Albrecht V. von Brandenburg-Ansbach, der – seit 1639 selbständig regierend – zwar sein Territorium als evangelisches behaupten konnte, aber 1652 endgültig auf die Stadt Kitzingen am Main verzichten mußte. Hatte es im Osnabrücker Friedensinstrument geheißen, daß der Streit zwischen den Bischöfen von Bamberg und Würzburg sowie den Markgrafen von Brandenburg-Ansbach und Brandenburg-Kulmbach wegen Stadt und Kloster Kitzingen innerhalb von zwei Jahren »durch freundschaftliche Einigung« – einem Grundgedanken des Westfälischen Friedens für das zukünftige Zusammenleben im Heiligen Römischen Reich Deutscher Nation – »oder durch ein summarisches Rechtsverfahren« beigelegt und die Festung Wülzburg den Markgrafen zurückgegeben werden sollte (IPO Art. IV, § 23; IPM § 29), so wurde der alte Rechtsstreit wieder aufgenommen. Nachdem die markgräfliche Seite Kitzingen infolge eines Urteils des Reichshofrates vom 29.5.1628 an den Würzburger Bischof verloren hatte, war der Ansbacher Markgraf mit einer neuerlichen Klage vom 11.7.1651 vor dem Wiener Reichshofrat am 26.10.1652 erneut erfolglos.[63]

Im übrigen konnte sich das evangelische Franken ebenso wie die Protestanten im bayerisch-schwäbischen Raum behaupten. Der Reichsritterschaft wurde insgesamt ihre Reichsunmittelbarkeit bestätigt (IPO Art. IV, § 17), Reichsstädten wie Augsburg und Dinkelsbühl wurden ihre Güter und Rechte sowie ihre Religionsausübung auf dem Stand des 1.1.1624 zugesichert (IPO Art. V, § 3), wozu die Parität in Augsburg ausführlich konkretisiert wurde (IPO Art. V, §§ 4–10).[64] Donauwörth sollte in geistlichen und weltlichen Angelegenheiten wie eine Reichsstadt behandelt werden, allerdings vorbehaltlich der Rechte, die jemand hinsichtlich der Stadt haben könnte (IPO Art. V, § 12), was bedeutete, daß Kurfürst Maximilian I. von Bayern ungehindert war, Donauwörth weiterhin als bayerische Landstadt zu beherrschen.

---

[61] ZIEGLER, Rekatholisierung (B); JOSEF HANAUER, Die bayer. Kurfürsten Maximilian I. u. Ferdinand Maria u. d. kath. Restauration i. d. Opf., Regensburg 1993 (BGBR. Beibd. 6).
[62] JÜRGEN STEINER, Die pfälzische Kurwürde während d. Dreißigjähr. Krieges (1618–1648), Speyer 1985 (Veröff. d. Pfälzischen Gesellschaft z. Förderung d. Wissenschaften 76).
[63] HELGA WALTER/MATHIAS SCHULZE, In Sachen Fürstbischof v. Würzburg gegen Brandenburg-Ansbach betr. Stadt u. Burg Kitzingen: MFJG 36 (1984), 148–160; BERND-JOACHIM HOCK, Kitzingen i. Dreißigjähr. Krieg. Darstellung d. Gesch. einer landsässigen Mainstadt, Tübingen 1981.
[64] ROECK (B).

Gefeiert wurde der Abschluß der Westfälischen Friedensverträge und das Ende des Dreißigjährigen Krieges in Bayern, Franken und Schwaben zu unterschiedlichen Zeiten: gleich nach dem Eintreffen der ersten Nachrichten vom Friedensschluß Anfang November 1648 in Würzburg oder Schweinfurt oder erst im Sommer 1650 in Feuchtwangen, Heilsbronn, Schwabach, Königsberg in Franken oder Augsburg mit – auch konfessionell bedingten – unterschiedlichen Akzentuierungen als Buß-, Dank- und Freudenfeste.[65] Vor allem nach Abschluß des Nürnberger Exekutionstages von 1649/50 galten sie nicht nur in Nürnberg auch diesem Ereignis, das das tatsächliche Kriegsende, zu dem auch der Abzug der Söldnerheere gehörte, markierte. Die Tradition des Sennfelder Plantanzes am ersten Sonntag im September geht auf die Feier vom 14.8.1649 im Reichsdorf Sennfeld bei Schweinfurt zurück, als man nach weitgehender Zerstörung des Dorfes im Dreißigjährigen Krieg die Wiedererlangung der Reichs- und Religionsfreiheit in einem »Freudenfest mit Singen, Musizieren und Predigt« feierte, nachdem man sie 1635 an den Würzburger Bischof verloren hatte.[66] Wenn aufgrund des bayerischen Sonn- und Feiertagsgesetzes von 1949 seit dem Jahre 1950 der 8.8. in Augsburg als staatlich anerkannter Feiertag in Form des »Hohen Friedensfestes« begangen wird, dann geschieht dies freilich nicht in Erinnerung an den Westfälischen Frieden, sondern an den 8.8.1629, den Tag, an dem das Restitutionsedikt Kaiser Ferdinands II. in Augsburg in Kraft gesetzt worden war. Erstmals am 8.8.1650 hatte man in der Stadt am Lech daran erinnert, um das Episode gebliebene Restitutionsedikt als Ausdruck der Schärfe der konfessionellen Auseinandersetzungen im Zeitraum zwischen Augsburger Religionsfrieden und Westfälischem Frieden nicht in Vergessenheit geraten zu lassen.

---

65 NEUHAUS, Westfäl. Frieden (B).
66 DORIS BADEL, Sennfeld – Gesch. eines ehemals freien Reichsdorfes i. Franken, Sennfeld 1997.

III.2 KONSOLIDIERUNG DES EVANGELISCHEN KIRCHENWESENS

III.2.1 FRANKEN

Von Hans-Martin Weiss

CHRISTOPH BAUER, Die Einführung d. Reformation, die Ausgestaltung d. ev. Kirchenwesens u. d. Auswirkungen d. Gegenreformation i. Gebiet d. Herren v. Thüngen, Neustadt/Aisch 1985 (EKGB 60).– BRAUN (B).– WILHELM DANNHEIMER u.a., Ritterschaftliches Pfarrerbuch Franken, bearb. v. GEORG KUHR, Neustadt/Aisch 1979 (EKGB 58).– C. SCOTT DIXON, The reformation and rural society. The parishes of Brandenburg-Ansbach-Kulmbach 1528–1603, Cambridge u.a. 1996 (Cambridge studies in early modern history).– ENDRES, Vom Augsburger Religionsfrieden (B).– Unterfränk. Gesch. 3 (B).– GUTH, Konfessionsgesch. (B).– HAUSMANN, Laelius (B).– GERHARD HAUSMANN, Das Bemühen d. Ansbacher Konsistoriums um kirchl. Ordnung u. reine Lehre i. Zeitalter d. Orthodoxie: ZBKG 59 (1990), 69–103.– GERHARD HIRSCHMANN, Die Kirchenvisitation i. Landgebiet d. Reichsstadt Nürnberg 1560 u. 1561. Quellenedition, Neustadt/Aisch 1994 (EKGB 68).– Kirchenordnungen 11 (B).– WILHELM KNEULE, KG d. Stadt Bayreuth. 1. Teil: Von d. Gründung d. Ortes um 1180 bis z. Aufklärung um 1810, Neustadt/Aisch 1971 (EKGB 50).– LEDER, Kirche (B).– LEDER, Universität (B).– MEIER (B).– OSIANDER, GA 5 (B).– Pfarrerbuch (B).– SCHORNBAUM, Interim (B).– SCHORNBAUM, Norma (B).– SICKEN, Franken (B).– SIMON, Kirchengesch.[1] 1 u. 2 (B).– SIMON, Ansbachisches Pfarrerbuch (B).– SIMON, Bayreuthisches Pfarrerbuch (B).– SIMON, Nürnbergisches Pfarrerbuch (B).– ERNST SPERL, Die Grundlagen d. Kultusbaulast i. Bereich d. Brandenburg-Ansbacher Rechts. Ein Beitr. z. Rechts- u. Verwaltungsgesch. d. Fürstentums Ansbach vor seinem Übergang an Bayern, Nürnberg 1962 (EKGB 36).– H.-M. WEISS (B).– WÖLFEL, Entwicklung (B).

1. Die Überwindung der Folgen des Interims im Markgrafentum Brandenburg-Ansbach

Das Augsburger Interim vom 30.6.1548 regelte für die fränkischen evangelischen Territorien die kirchlichen Verhältnisse nach dem Schmalkaldischen Krieg neu und wirkte dahin, besonders im liturgischen Bereich die vorreformatorischen Bräuche wieder einzuführen. Im Markgrafentum Brandenburg-Ansbach versuchte man, diesen Bestimmungen in der Ordnung des sogenannten Auctuariums[1] zu entsprechen. Es war ein Kompromißformular, das einen Zwischenweg

---

[1] SCHORNBAUM, Interim (B); H.-M. WEISS (B) 104–112; MEIER (B) 147–159; zu Nürnberg vgl. II.1.2.

zwischen den Bestimmungen des Augsburger Interims und dem durch die Brandenburg-Nürnbergische Kirchenordnung von 1533[2] festgelegten Ablauf des Gottesdienstes bedeutete. Deutlich näherte man sich den alten Messformularen an, die Elevation beim Abendmahl wurde verbindlich vorgeschrieben. Die Liturgie war eine lateinisch-deutsche Mischform mit einer starken Betonung des priesterlichen Elementes. Die Verständlichkeit des Gottesdienstes für die Gemeinde blieb nachrangig. Die Bestimmungen des Augsburger Interims wurden im Jahr 1552 auf reichsrechtlicher Ebene wieder zurückgenommen. Das Auctuarium blieb aber in Brandenburg-Ansbach gültig, obwohl sich dagegen unter der Pfarrerschaft heftigster Widerstand rührte.

Erst der Augsburgische Religionsfrieden und der Amtsantritt von Markgraf Georg Friedrich im Jahr 1556 (in Kulmbach 1554) brachten hier eine Änderung.[3] Eine im Oktober 1556 in Ansbach abgehaltene Synode regelte in den Vereinbarungen zwischen den dort versammelten Theologen[4] verschiedene liturgische Fragen und stellte die Gültigkeit der Brandenburg-Nürnbergischen Kirchenordnung von 1533 in der vor dem Auctuarium gebräuchlichen Form endgültig wieder her.

2. Die Etablierung reformatorischer Formen der Kirchenleitung (Kirchenordnungen, Entstehung von Konsistorien, Visitationen) in den Markgrafentümern Brandenburg-Ansbach und Brandenburg-Kulmbach, der Reichsstadt Nürnberg und weiteren evangelischen Territorien

Im Zusammenhang mit den liturgisch-theologischen Auseinandersetzungen ergab sich in Ansbach ein deutlicher Klärungsbedarf für Struktur und Form der Kirchenleitung.[5] So bestand zunächst das Institut der »verordnete[n] examinatores«. Sie waren die Instanz, die über die Vocation von Pfarrern mit zu befinden hatte und setzten sich zusammen aus dem Superintendenten an St. Johannis sowie dem Hof- und dem Stiftsprediger an St. Gumbertus. Dieses Triumvirat bildete bereits seit dem Jahr 1528 ein wichtiges Instrument des Kirchenregiments. Es war die Keimzelle für die Entwicklung eines Konsistoriums, wie es sich bis zur Konsistorialordnung von 1594 herausbildete. Der Weg dahin verlief alles andere als einheitlich. So lag dem Superintendenten Georg Karg[6] der Gedanke an

---

[2] Kirchenordnungen 11 (B) 113–125. 140–283; OSIANDER, GA 5 (B) 37–177. 182–334; WÖLFEL, Entwicklung (B) 786; SIMON, Kirchengesch.¹ 1 (B) 315–319 bringt eine eigene Darstellung der damals in Franken gebräuchlichen Gottesdienstordnungen und beschreibt auch die Überarbeitung der Brandenburg-Nürnbergischen Kirchenordnung von 1533 im Agendenbüchlein Veit Dietrichs von 1543.

[3] ENDRES, Vom Augsburger Religionsfrieden (B) 479.

[4] Kirchenordnungen 11 (B) 335ff.

[5] HEINRICH GÜRSCHING, Die Entstehung d. Ansbacher Konsistoriums: ZBKG 4 (1929), 13–48; ENDRES, Vom Augsburger Religionsfrieden (B) 479f.

[6] H.-M. WEISS (B) 112–134.

ein »kirchenregimentliches Konsistorium«, welches alle Angelegenheiten der Kirchenleitung zentral regelte, fern. Er hatte lediglich ein Konsistorium als Kirchengericht im Auge, das über »die Zucht- und Lehrunregelmäßigkeiten« der Pfarrer zu befinden hatte. Primäres Anliegen war für ihn eine bessere Durchstrukturierung der Pfarrkapitel. Diesem Ziel diente die Synodalordnung von 1556.[7] Sie regelte vor allem die Neuorganisation und Neueinteilung der Pfarrkapitel, an deren Spitze ein für diesen Bereich zuständiger Superintendent stand.[8] Die markgräflichen Amtleute sollten die Aufsicht über die kirchlichen Angelegenheiten in ihrem Bezirk nicht ohne Einschaltung des Superintendenten vornehmen. Die Installation von Pfarrern und die Aufsicht über deren Lehrauffassungen und Lebenswandel sollten ausschließlich in den Kompetenzbereich des Superintendenten gelegt werden. Ferner strebte man die Abhaltung von jährlichen Kapitelsversammlungen und die genaue Examinierung von Pfarramtskandidaten an. Die Kapitelsorganisation wurde zum Schlüssel für die Kirchenreform.

Konsistoriale Strukturen entwickelten sich damals lediglich im Bereich der Ehegerichtsbarkeit.[9] Bemühungen seitens des Superintendenten Karg, ein klar gegliedertes geistliches Instrumentarium zur Durchführung des Kirchenbannes zu etablieren, scheiterten am Widerstand des weltlichen Regiments.

Bei der Synode 1556 wurden auch die Pfarrerbesoldung, die Verbesserung der Wohnsituation der Pfarrer und der Versorgung der Pfarrwitwen und der Waisen diskutiert und die Nutzung der noch bestehenden Stifte und Klöster des Markgrafentums sowohl für die Finanzausstattung der Pfarrpfründe als auch für den Aufbau eines protestantischen Schulwesens in Blick genommen.[10] Die Schulaufsicht wurde zur Sache der Superintendenten erklärt.

Zunächst war daran gedacht, eine Visitation in Form einer Generalvisitation abzuhalten, bei der Pfarrer, Gemeindevertreter und die Visitatoren aus Ansbach an günstig gelegenen Orten zusammenkommen sollten. Die vom württembergischen Vorbild angeregte und von Karg nachhaltig betriebene Entwicklung hin zu effektiveren Spezialvisitationen auf Kapitelsebene erfolgte erst allmählich. Zunächst stagnierte der Prozeß einer Reform der Kirchenorganisation. Der Erlaß der Kapitelsordnung im Jahr 1565[11] brachte neue Impulse. In wesentlich ausführlicherer Form als 1556 wurde hier die Kirchenorganisation des Markgrafentums Brandenburg-Ansbach geregelt und somit eine hinsichtlich der Kompetenzverteilung des Kirchenregiments umfassende Kirchenordnung geschaffen. Das landesherrliche Kirchenregiment wurde gestärkt. Das ›ius electionis‹ der

---

[7] Kirchenordnungen 11 (B) 338–343; MEIER (B) 182–185.
[8] Hierzu gehörten Wassertrüdingen, Gunzenhausen, Schwabach, Crailsheim, Feuchtwangen, Uffenheim, Cadolzburg, der Amtsbezirk Wülzburg, Leuterhausen und Kitzingen.
[9] MEIER (B) 193f; KNEULE (K) 50f.
[10] SITZMANN (B) 58–63. 119–141.
[11] Kirchenordnungen 11 (B) 346–359; MEIER (B) 185–188; HAUSMANN, Laelius (B) 190; HAUSMANN, Bemühen (K) 81.

Pfarrkapitel, ihre Superintendenten zu bestimmen, wurde abgeschafft; das Recht zu deren Einsetzung ausschließlich dem Landesfürsten zugewiesen. Eine Verbesserung der Organisation der Kapitel strebte man nicht nur durch eine genaue Funktionsbestimmung einzelner Ämter wie des Seniorenamtes an, sondern auch durch strikte Anordnung einer Teilnahmepflicht für die Kapitelsversammlungen und die genaue Festsetzung des Termins, an dem diese stattzufinden hatten. Das Installationsrecht wurde den Superintendenten zugewiesen. Weiterhin regelte man den Ablauf und die Themen der Kapitelsversammlungen. Die Visitation wurde ausdrücklich in den Aufgabenbereich des örtlichen Superintendenten gelegt. Die bessere Organisation der Kapitel und der Visitationen hielt man für wichtigere Erfordernisse zur Reform des Kirchenregiments als die ausführliche Durchstrukturierung konsistorialer Behörden. Zwar wurde am Ende der Kapitelsordnung die Rede noch einmal ausdrücklich auf die Einrichtung eines Generalkonsistoriums gebracht, das sich mit den innerkirchlichen Streitigkeiten vor allem im Bereich der Lehre zu befassen hatte, jedoch blieben die diesbezüglichen Regelungen höchst vage und auch in ihrem Sprachgebrauch nicht eindeutig. 1572 wurde diese Kapitelsordnung auf das Markgrafentum Brandenburg-Kulmbach übertragen,[12] dessen Souverän ebenfalls Markgraf Georg Friedrich war; 1578 erfuhr sie eine Revision, die vor allem eine Ausweitung der Aufgabenzuweisungen für die Kapitelsynoden und eine Präzisierung der Visitationsbestimmungen enthielt und auf eine noch genauere Überprüfung der Lehr- und Amtsauffassung der einzelnen Pfarrer zielte.

Eine Konsolidierung erfuhr das Ehegericht durch die Eheartikel von 1556 und 1567.[13] Der Instanzenweg in Ehestreitigkeiten wurde präzise bestimmt. So durfte ein verlassener Ehepartner nur dann eine neue Verbindung eingehen, wenn er dazu beim Konsistorium in Ansbach eine Erlaubnis eingeholt hatte.

Auch seitens des weltlichen Regimentes scheute man vor der Entwicklung weitgehender konsistorialer Strukturen. Die starke Persönlichkeit des Superintendenten Karg und seine ausgiebigen Bemühungen, Einfluss auf das gesamte Ansbacher Kirchenwesen zu gewinnen, dürften für dieses Zögern ausschlaggebend gewesen sein. Der Wechsel von der Generalvisitation zur Spezialvisitation bedeutete eine Begrenzung der Funktionen des für das ganze Territorium zuständigen Superintendenten.[14] Trotz solcher Einschränkungen nahm Karg die

---

[12] ENDRES, Vom Augsburger Religionsfrieden (B) 479; KNEULE (K) 36. Sitze der Superintendenten wurden Bayreuth, Kulmbach, Hof und Wunsiedel. Zur dortigen Visitationspraxis vgl. die Visitationsvermahnung für das Oberland 1558 (Kirchenordnungen 11 [B] 344f, KNEULE [K] 36–39 und GUTH, Konfessionsgesch. [B] 28). Damals wurde im Kulmbacher Gebiet die eigentlich schon in der Brandenburg-Nürnbergischen Kirchenordnung von 1533 angeordnete Führung von Tauf- und Sterberegistern angeordnet. Zur Praxis im Ansbacher Gebiet vgl. KARL SCHORNBAUM, Aus d. Matrikeln d. Pfarrei St. Johannis z. Ansbach 1553–1589: BBKG 21 (1915), 124–131. 172–175. 206–216. 253–267.

[13] Kirchenordnungen 11 (B) 364. 371–376.

[14] H.-M. WEISS (B) 134–138. Die Visitationspraxis in Kitzingen beschreibt LEOPOLD BACHMANN (Hg.), Kitzinger Chronik d. Friedrich Bernbeck 745–1565, II. Abt. 1547–1565, Kitzingen 1900 [Reprogr. Nachdr. Kitzingen 1975].

Möglichkeiten, die ihm sein Amt bot, in großem Umfang wahr, besonders auch durch die Korrespondenz, die er mit seinen Pfarrern, den markgräflichen Stipendiaten und der Regierung führte, um Besetzungs-, Studien-, Lehr- und Rechtsfragen zu klären. Letztlich ist jedoch festzuhalten, daß das landesherrliche Kirchenregiment gegenüber dem geistlichen Kirchenregiment den Vorrang behielt.

Unter Kargs Nachfolger Adam Francisci[15] gewann das Amt des »Generalsuperintendenten« weiter Profil. Die Entwicklung kirchenleitender Strukturen führte während seiner Amtszeit[16] auf den Weg zur Konsistorialordnung von 1594.[17] Hierbei ist einerseits eine Kontinuität zur Amtszeit von Karg zu beobachten, die Kapitelsordnung von 1565 blieb in Geltung und wurde 1578 leicht überarbeitet. Andererseits waren durch die Unterzeichnung der Konkordienformel von 1577 neue Voraussetzungen für die Gestaltung des Ansbacher Kirchenwesens entstanden.

Die seit der Brandenburg-Nürnbergischen Kirchenordnung von 1533 bestehende und durch die Norma doctrinae von 1573[18] vertiefte Gemeinsamkeit mit dem Nürnberger Kirchenwesen wurde Vergangenheit. Kulmbach und erst auf Drängen des Markgrafen schließlich auch Ansbach[19] hatten sich unter dem Einfluß von Jakob Andreae im Gegensatz zu Nürnberg für die Konkordienformel entschieden. Das Interesse an einer einheitlichen Ausprägung eines lutherischen Kirchen- und Erziehungswesens bestimmte die weitere Entwicklung.[20] Motor dieses Prozesses sollte das in der Konsistorialordnung von 1594 bestimmte Konsistorium sein, bestehend aus drei Theologen[21] und drei politischen Räten.[22] Das Konkordienbuch von 1580 musste von jedem unterschrieben werden, der eine berufliche Laufbahn in Kirche und Schule antrat. Trotz des Bruches mit Nürnberg blieb die Brandenburg-Nürnbergische Kirchenordnung bestimmend für die Ausgestaltung des Kirchenwesens, besonders in liturgischen Fragen. Was darin aber noch als Möglichkeit beschrieben war, wurde jetzt zur Norm erhoben. Das Ansbacher Kirchenwesen sollte bis in kleinste Details an dem ausgerichtet werden, was in der Residenzstadt üblich war; auch geringfügige Änderungen mussten dem Konsistorium bekannt gemacht werden.[23] Dieses Bemühen einer Zentralbehörde um uniforme Ausrichtung eines Kirchenwesens stieß auf nicht geringen Widerstand, besonders dort, wo die Gemeinden eine recht eigenständige reformatorische Entwicklung genommen hatten.[24]

---

15 SIMON, Ansbachisches Pfarrerbuch (B) 128.
16 1590 wechselte er an die Heilsbronner Fürstenschule. Der Posten des Generalsuperintendenten blieb bis zum Amtsantritt von Lorenz Laelius im Jahr 1604 verwaist.
17 MEIER (B) 195–200; SPERL (K) 120f.
18 SCHORNBAUM, Norma (B); H.-M. WEISS (B) 183ff.
19 SCHORNBAUM, Einführung (B); SCHORNBAUM, Unterschreibung (B).
20 G. MÜLLER, Reformation (B) 18.
21 Dies waren der Superintendent sowie der Stiftsprediger und der Hofprediger an Gumbertus.
22 Kirchenordnungen 11 (B) 380.
23 HAUSMANN, Bemühen (K) 72.
24 MEIER (B) 200f; HAUSMANN, Bemühen (K) 76 beschreibt dies am Beispiel von Kitzingen.

Das Konsistorium handelte in markgräflichem Auftrag und war dazu gehalten, in wesentlichen Fragen das Einvernehmen mit der markgräflichen Regierung zu suchen.[25] Seine Aufgaben[26] bestanden in der Aufsicht über alle von der Kirchenordnung her geregelten Angelegenheiten des kirchlichen Lebens: die Lehre des Evangeliums, die Verwaltung der Sakramente und die sonstigen kirchlichen Zeremonien. Weiter war das Konsistorium zuständig für die Bestellung und Anstellung der Dekane,[27] der Pfarrer, der Kirchen- und Schuldiener sowie für die Dienst- und Fachaufsicht über sie. Alle Stellenbewerbungen waren an das Konsistorium zu richten und von diesem unter Konsultation und Bestätigung der markgräflichen Regierung zu entscheiden. Die Ausübung des Disziplinarrechtes über die kirchlichen Mitarbeiter, die Regelung von Besoldungs- und Bauangelegenheiten, die Vermittlung bei innerdienstlichen Streitigkeiten, die Schulaufsicht, die Betreuung der Stipendiaten, die Anordnung der Visitationen sowie die Umsetzung ihrer Ergebnisse, die kirchliche Ehegerichtsbarkeit – all dies fiel in die Kompetenz des Konsistoriums. Angesichts dieser Aufgabenfülle betont die Konsistorialordnung die Notwendigkeit einer effektiven Geschäftsführung,[28] weiterhin regelt sie in mehreren grundsätzlichen Artikeln[29] Grundfragen des kirchlichen Dienstrechtes, der Amtsausübung der Geistlichen, der Visitationspraxis, der Gebührenordnung bei Kasualien, des Pfründerechtes, der Baulast bei kirchlichen Gebäuden, des kirchlichen Haushaltsrechtes, der Fürsorge für Pfarrwitwen und Pfarrwaisen sowie des Pfarreinkommens. Bemerkenswert ist, wie auch in späteren Jahrhunderten die Konsistorialordnung von 1594 als kirchenrechtliche Norm herangezogen wurde.[30] Man erkennt in ihr vieles wieder, was bis heute für das lutherische Kirchenwesen in Bayern strukturbildend ist.

Trotz verschiedener Widerstände und einer z.T. kaum zu bewältigenden Aufgabenfülle war das Konsistorium das entscheidende Instrument zur Ausprägung eines konfessionell einheitlich geprägten Territoriums. Die Entwicklung des Ansbacher Kirchenwesens ist für den allgemeinen Entwicklungsgang in der Zeit von Konfessionalismus und Gegenreformation exemplarisch. Die zentrale Regelung der kirchlichen Angelegenheiten durch eine Oberbehörde sowie die normierende Verpflichtung aller Gemeinden auf eine einheitliche Kirchenordnung waren hilfreich, als es bei juristischen Auseinandersetzungen mit dem Fürstbistum Würzburg um den Erhalt des evangelischen Konfessionsstandes in der Stadt Kitzingen ging.[31] Die Spezialvisitationen[32] und Kapitelssynoden erfüllten ihren Zweck als kirchenleitendes Instrument in den jeweiligen Dekanaten; hier

---

[25] Kirchenordnungen 11 (B) 381. 385.
[26] AaO, 385f.
[27] 1594 spricht man nicht mehr von Superintendenten.
[28] Kirchenordnungen 11 (B) 386.
[29] AaO, 387–396.
[30] SPERL (K) 119. 122. 142.
[31] HAUSMANN, Laelius (B) 190; HAUSMANN, Bemühen (K) 79f.
[32] HERMANN CLAUSS, Aus Gunzenhäuser Visitationsakten d. 16. Jh.: BBKG 32 (1925), 32–39. 87–96. 101–110.

geschah eine intensive theologische Arbeit, die der Verpflichtung der Pfarrer auf den lutherischen Bekenntnisstand diente.[33] Unter dem Generalsuperintendenten Lorenz Laelius[34] wurden »quaestiones« zur Konkordienformel formuliert, die im Vorlauf von Kapitelsynoden von den Pfarrern zu beantworten waren. Dieses Vorgehen war schwierig, da die schriftlichen Antworten auf die »quaestiones« oft zu spät eingingen oder zu umfangreich waren. Anfang des 17. Jahrhunderts entstand ein Mangel an studierten Theologen. Dorfschulmeister und Mesner fingen das Predigen an, so daß die Dekane veranlasst waren, deren Fähigkeiten zu überprüfen.[35] Bei der Besetzung der Pfarr- und Schulstellen wurde nach dem Sendungsprinzip verfahren; hierbei war es für das Konsistorium hilfreich, die Dekane zu Rate ziehen zu können; die Eingriffsrechte der markgräflichen Regierung blieben jedoch erheblich.[36]

Die von Karg mit seinen Eingaben zur Synode von 1556 unterbreiteten Vorschläge haben sich bei der Herausbildung eines reformatorischen Kirchenwesens in Ansbach weitgehend durchgesetzt, wenngleich der Eigenständigkeit des geistlichen gegenüber dem weltlichen Kirchenregiment deutliche Grenzen gezogen waren. Aber auch staatlicherseits konnte man nicht all die Absichten umsetzen, die man plante. So misslangen die Bemühungen der staatlichen Behörden, Kirchenvermögen gegebenenfalls auch zur Finanzierung der markgräflichen Hofhaltung heranzuziehen.[37] Bei aller Eigenständigkeit war der Ansbacher Generalsuperintendent in den staatlichen Beamtenapparat und das mit ihm verbundene soziale Milieu klar eingebunden. Es bildeten sich im Pfarrer- und Gelehrtenstand Familientraditionen heraus, die lange weiterwirkten.[38] Bei allen Amtspflichten im Bereich der Kirchenleitung blieb der Generalsuperintendent primär für Verkündigung, Seelsorge und Unterricht in seinem direkten Wirkungskreis in Ansbach zuständig.[39] Trotz aller Einbettung in das Kompetenzgefüge der höheren Beamtenschaft des Markgrafentums verstanden die Inhaber dieses Amtes ihre Aufgabe durchwegs als ein geistliches Wächteramt.[40]

Sowohl in Ansbach als auch in Kulmbach und Bayreuth[41] prägte sich ein fränkisches, lutherisches Kirchenwesen heraus, das über die Jahrhunderte bei allen weiteren Impulsen und Herausforderungen bis heute von einer großen Konti-

---

[33] HAUSMANN, Laelius (B) 191. 197. 199. 201f. 206; HAUSMANN, Bemühen (K) 93–96.
[34] SIMON, Ansbachisches Pfarrerbuch (B) 272.
[35] HAUSMANN, Laelius (B) 214f.
[36] AaO, 217. 222.
[37] AaO, 261; SIMON, Kirchengesch.¹ 1 (B) 311.
[38] HAUSMANN, Laelius (B) 169ff.
[39] AaO, 168.
[40] AaO, 171.
[41] Zum Wechsel des Konsistoriums von Kulmbach nach Bayreuth im Gefolge der Verlegung der Residenz des Markgrafen nach dem Tod von Georg Friedrich im Jahr 1603 vgl. KNEULE (K) 40f.

nuität geprägt ist.⁴² Bestimmender theologischer Orientierungsrahmen blieb die Konkordienformel.

Anders verlief die Entwicklung in der Reichsstadt Nürnberg. Bildeten in Ansbach der Markgraf, der Generalsuperintendent und das Konsistorium die Säulen des Kirchenregiments, so waren dies in Nürnberg der Rat der Stadt, die führenden Theologen an den Nürnberger Kirchen sowie die 1578 gegründete Akademie in Altdorf, der man im Jahr 1583 »das ausschließliche Prüfungs- und Ordinationsrecht für alle reichsstädtischen Geistlichen übertrug«.⁴³ Außer Straßburg war Nürnberg die einzige evangelische Reichsstadt mit einer theologischen Ausbildungsstätte. Die Ansbacher schickten ihre Theologiestudenten bevorzugt nach Wittenberg. In Nürnberg entstand zu keiner Zeit eine monarchisch-absolutistische Behördenstruktur der Kirchenleitung. Nie wurde die Kirchenstruktur durch Verfügungen oder Kirchenordnungen gesetzmäßig festgelegt, wie dies in Ansbach durch die Konsistorialordnung geschah.⁴⁴ Dies ist sicherlich auch ein Grund dafür, daß die theologischen Differenzen unter den Nürnberger Theologen bis ins 17. Jahrhundert hinein nie richtig zu einem Ende kamen,⁴⁵ da es an einem institutionellen Klärungsrahmen fehlte und die unterschiedlichen theologischen Interessen und Anliegen der Bürgerschaft, des Patriziates und der Geistlichkeit in aller Öffentlichkeit ausgetragen wurden.⁴⁶ In Ansbach wurde der Lehrstreit um die Frage der Anrechnung der Gerechtigkeit Christi für den Glaubenden auf markgräfliche Veranlassung durch externe Gutachten, zeitweilige Suspendierung des Superintendenten Karg, seine Einbestellung zum Kolloquium mit der theologischen Fakultät Wittenberg sowie seine Wiedereinsetzung durch Andreae beendet.⁴⁷ Hier war schließlich über die Schnittstelle des Konsistoriums eine institutionell klar festgelegte Verbindung zwischen Kirche und Staat gegeben. In Nürnberg überschnitten sich Staat und Kirche in anderer Weise. Hier griff der Staat direkter in die Kirche ein, z.B. dadurch, daß er ethische Anweisungen an seine Bürger über die Pfarrer vor Ort weitergab, so das Mandat wider die Hurerei aus dem Jahr 1582.⁴⁸ Andererseits war die Ehegerichtsbarkeit, die in Ansbach im Zusammenwirken von Staat und Kirche bearbeitet wurde, in Nürnberg ausschließlich in staatliche Hände gelegt.⁴⁹ Matthias Simon charakterisiert das Nürnberger Kirchenwesen mit der Feststellung, daß »dieser evangelische

---

⁴² MEIER (B) 220–387; WÖLFEL, Entwicklung (B) 808. Weitere Dokumente des kirchlichen Lebens in diesen Territorien: Verzeichnis über die Kirchenbräuche in Feuchtwangen 1563 (Kirchenordnungen 11 [B] 399–404) und Ordo ecclesiasticus in Hof 1592 (aaO, 405–477).
⁴³ AaO, 486; LEDER, Universität (B) 56ff; SIMON, Kirchengesch.¹ 2 (B) 450; KARL THIERMANN, Abendmahlsgänge Altdorfer Studierender nach Oberferrieden u. Leinburg am Ende d. 16. u. Anfang d. 17. Jh.: ZBKG 2 (1927), 21–34.
⁴⁴ Kirchenordnungen 11 (B) 484.
⁴⁵ AaO, 486.
⁴⁶ LEDER, Kirche (B) 148.
⁴⁷ H.-M. WEISS (B) 91–100. 186–209.
⁴⁸ Kirchenordnungen 11 (B) 557f.
⁴⁹ AaO, 484.

Staat, der die Kirche ganz sich eingegliedert hatte, in seinem innersten Wesen auch als Staat zuerst Kirche sein wollte«.⁵⁰

Nürnberger Reformationsbild von 1558, Holzschnitt. Links: Die sächsischen und brandenburgischen Kurfürsten, Herzöge und Markgrafen, rechts (von links): Hus, Luther, Melanchthon und andere Theologen

Wie man dieses Anliegen zu gestalten versuchte, sieht man an der Nürnberger Kirchenvisitation von 1560/61.⁵¹ In Anlehnung an das kursächsische Vorbild lieferten dafür die Prediger Moritz Heling ⁵² von St. Sebald und Hieronymus Besold⁵³ vom Heilig-Geist-Spital bereits 1558 eine Vorlage.⁵⁴ Erst 1560 kam es dann zur Umsetzung dieses Visitationsplans. Neben den beiden schon genannten Theologen gehörte der Visitationskommission noch ein Ratsschreiber als Protokollant an. Das Verfahren der Visitation vor Ort war genau geregelt und verlief meist nach demselben Schema.⁵⁵ Zunächst verschaffte man sich einen Eindruck vom Lebenswandel der im Kirchendienst tätigen Personen sowie von der Einhaltung der Kirchenordnung und des Agendenbüchleins. Dazu befragte man Pfleger, Ratsherren, Amtleute und Gotthauspfleger. Bei den Pfarrern prüfte man, welche Literatur ihre Bibliothek enthielt. Wichtige Themen waren das Verhältnis der Kirchendiener zur Gemeinde, die Verständlichkeit der Predigt und

---

⁵⁰ AaO, 485.
⁵¹ Ausführlich beschrieben wird diese Visitation bei LEDER, Kirche (B) 123–142 und bei HIRSCHMANN (K) 123–142, der die Protokolle ediert hat. Vgl. auch HEINZ DANNENBAUER, Die Nürnberger Landgeistlichen bis z. zweiten Nürnberger Kirchenvisitation (1560/61): ZBKG 2 (1927), 207–236; 3 (1928), 40–53. 65–79. 214–229; 4 (1929), 107–122. 230–240; 6 (1931), 27–38. 109–116. 217–234; 7 (1932), 91–102. 221–242; 8 (1933), 215–230; 9 (1934), 40–51; GERHARD HIRSCHMANN, Miszellen z. kirchl. Leben d. Reichsstadt Nürnberg i. 16. Jh.: ZBKG 20 (1951), 13ff [14f]. Zur damaligen kirchenpolitischen Lage in Nürnberg vgl. KARL BRAUN, Nürnberg u. d. Naumburger Fürstentag 1561: ZBKG 5 (1930), 134–176.
⁵² SIMON, Nürnbergisches Pfarrerbuch (B) 90.
⁵³ AaO, 23.
⁵⁴ Zur Vorbereitung der Visitation: HIRSCHMANN (K) 6–10.
⁵⁵ LEDER, Kirche (B) 124f; HIRSCHMANN (K) 17.

der Gottesdienstbesuch. Auch die befragten Vertreter der Staats- und Kirchenverwaltung mussten über ihr geistliches Wissen Auskunft geben.[56] Schließlich ging es in diesem Teil der Visitation noch um die allgemeine Sittlichkeit in der jeweiligen Gemeinde und um das Niveau der Armenbetreuung. Am Ende dieses Gesprächsteiles konnten die Pfarrer ihre persönlichen Anliegen und Probleme vortragen. Der nächste Gesprächsgang galt den schulischen Verhältnissen. Schließlich fand das »Examen publicum« in der Kirche statt. Dabei hatte der Pfarrer eine Probepredigt zu halten, und die Visitatoren prüften das Katechismuswissen der Erwachsenen sowie Form und Niveau des Katechismusunterrichts an den Kindern. Klaus Leder bezeichnet diese Form der Visitation als »Katechismusvisitation«,[57] weil die Frage des Katechismuswissens im Zentrum der Nachfragen der Visitatoren stand. Dies bildete auch das Hauptinteresse bei den aus dem gleichen Zeitraum aus dem Ansbacher Gebiet dokumentierten Visitationen. Die Verbesserung des Katechismus-Wissens war auch eines der zentralen Anliegen der Ansbacher Synode von 1556. Karg verfasste in dieser Zeit einen Katechismus, der im Ansbachischen bis zum Beginn der bayerischen Zeit im Gebrauch blieb.[58]

Das Ergebnis der Nürnberger Visitation von 1560/61 bestand zunächst darin, daß es gelang, diese in fast allen Gemeinden durchzuführen. Vielerorts wurden manchmal noch umgehend sofortige Konsequenzen veranlasst: Besoldungen wurden verbessert, Baumaßnahmen in Angriff genommen und Pfarrer ihres Amtes enthoben. Allgemein halten die Visitationsprotokolle fest, daß weniger die Qualität der Geistlichkeit als der Kenntnisstand der Gemeinde zu bemängeln sei. Trotz der ausführlichen Bemühungen der leitenden Theologen, trotz vielerlei Einsatzes staatlicherseits für die Verbreitung des reformatorischen Anliegens steckte gerade das Katechismuswissen vielerorts noch in den Anfängen. Als Ursachen werden dafür angeführt die schlechten Auswirkungen des 2. Markgrafenkrieges auf die kirchliche Situation auf dem Land[59] und das Versäumnis, im Rahmen der Sonntagsvesper Katechismus-Unterricht abzuhalten, obwohl dieser angeordnet war.[60] Die Nürnberger Kirchenvisitation stellt ähnlich wie die Ansbacher Synode von 1556 einen gewichtigen Ansatz zur Neuordnung des Kirchenwesens nach dem Augsburgischen Religionsfrieden dar. Ein sehr anschauliches Beispiel für die Art und Weise, wie in Nürnberg durch staatliche Verfügung Einfluss auf das kirchliche Leben genommen wurde, ist das Mandat von 1558 »Vermanung und vnter-/richt«.[61] Darin werden die Pfarrer angehalten, durch Predigten ihre Gemeindeglieder »von irem rohen, ungeschicktem leben und wesen« abzubringen. Weiterhin sollten sie ihre Gemeinden zu einer intensiven

---

[56] LEDER, Kirche (B) 124f.
[57] AaO, 123. 140; HIRSCHMANN (K) 5f.
[58] H.-M. WEISS (B) 143–173.
[59] HIRSCHMANN (K) 19.
[60] LEDER, Kirche (B) 141.
[61] Kirchenordnungen 11 (B) 485. 554ff.

Abendmahlsfrömmigkeit erziehen und sie auf den Empfang des Sakramentes in der Beichte gut vorbereiten, die Katechismuspraxis fördern und verbessern, niemanden ohne Absolution zum Abendmahl zulassen, darauf achten, daß die Taufkinder ausschließlich in ihrer Heimatpfarre zur Taufe gebracht werden und alle Familienangehörigen und Paten an der Taufe teilnehmen, das Patenamt unwürdigen Personen gegebenenfalls abschlagen und ein Auge darauf werfen, daß eine Hochzeitsgesellschaft nicht schon vor der Trauung in der Kirche ein Wirtshaus aufsucht.

Neben den beiden großen evangelischen Territorien in Franken, den Markgrafentümern Brandenburg-Ansbach und Brandenburg-Kulmbach und der freien Reichsstadt Nürnberg bildeten noch eine Reihe weiterer kleinerer fränkischer Gebiete in dieser Zeit ein evangelisches Kirchenwesen heraus.[62] Nur schwer übersehbar sind die ritterschaftlichen Gebiete, in denen zumindest über eine gewisse Zeit evangelische Kirchenstrukturen eingerichtet waren.[63] Diese waren – durch kaiserlichen Rückhalt gestärkt – zu einer guten Zusammenarbeit miteinander gelangt, konnten sich gut gegen äußere Einflüsse zur Wehr setzen und sahen in der Reformation nicht nur einen geistlichen, sondern auch einen politischen Identifikationspunkt.[64]

Zu den fränkischen Reichsstädten, die nach dem Augsburgischen Religionsfrieden eine evangelische Entwicklung nahmen, gehörten Rothenburg ob der Tauber, Schweinfurt mit den Reichsdörfern Gochsheim und Sennfeld sowie Weißenburg und Windsheim.

Rothenburgs Entwicklung war stark mit der von Brandenburg-Ansbach verbunden. Es gelang den Rothenburgern aber, sich hier Eigenständigkeit zu erwerben und mit dem Deutschorden und dem Johanniterorden zu Vereinbarungen zu gelangen, die dem Rothenburger Kirchenwesen seinen evangelischen Charakter sicherten.[65] Vorrangig dem Wirken von J. Andreae, den Herzog Christoph von Württemberg für ein Vierteljahr zu den Rothenburgern schickte, ist es zuzuschreiben, daß die Rothenburger lange vor den Ansbachern eine konsistoriale Kirchenleitung erhielten. Wie die Ansbacher schloss man sich auch hier unter dem Einfluss Andreaes der Konkordienformel an. Die ebenfalls von diesem ausgearbeitete Kirchenordnung von 1559 entspricht weitgehend dem Nürnberger

---

[62] Zu den damaligen Mitgliedern im Fränkischen Kreis zählten auf der geistlichen Fürstenbank Bamberg, Würzburg und der Hoch- und Deutschmeister. Zur weltlichen Fürstenbank gehörten Brandenburg-Ansbach und Brandenburg-Kulmbach-Bayreuth sowie die Grafen von Henneberg-Schleusingen (SIMON, Kirchengesch.[1] 1 [B] 308f; ENDRES, Vom Augsburger Religionsfrieden [B] 480), Henneberg-Römhild und Henneberg-Schmalkalden. Auf der Grafenbank saßen Hohenlohe-Neuenstein, Löwenstein-Wertheim-Virneburg, die Castell, Rieneck, die Schenken von Limpurg und die Schwarzenberg. Auf die Städtebank gehörten die Reichsstädte Nürnberg, Rothenburg, Windsheim, Schweinfurt und Weißenburg (aaO, 475f). Zu Pappenheim vgl. SIMON, Kirchengesch.[1] 1 (B) 282, Bd. 2, 401. 430.
[63] SIMON, Kirchengesch.[1] 1 (B) 291f, Bd. 2, 390; SICKEN, Franken (B) 171ff. 288–291; PAUL SÖRGEL, Reformation u. Gegenreformation i. d. Hassbergen, Hofheim/Ufr. 1996, 163–169.
[64] SICKEN, Franken (B) 171ff.
[65] Kirchenordnungen 11 (B) 563ff; vgl. auch II.1.2.

Agendenbüchlein Veit Dietrichs und ist durch württembergische Agenden- und Kirchenordnungsteile erweitert.[66] Außerdem hat Andreae eine Instruktion zur Handhabung dieser Kirchenordnung verfasst.[67] Zur Durchführung der jährlichen Visitationen wird hier das Amt des Spezialsuperintendenten eingeführt. Besonders hieran ist die Orientierung am württembergischen Vorbild erkennbar.

Unter völlig anderen Voraussetzungen und relativ spät geschah die reformatorische Entwicklung in Schweinfurt.[68] Dies lag besonders daran, daß rings um Schweinfurt das Fürstbistum Würzburg seine starke Macht ausübte. Dennoch wirkten auch hier die Brandenburg-Nürnbergische Kirchenordnung und das Agendenbüchlein Dietrichs prägend.[69] Unbekannt ist, ob und inwieweit sich hier eine konsistoriale Struktur der Kirchenleitung herausbildete. Es bestand ein Ehegericht, zu dem man ab 1569 die Geistlichen der Stadt Schweinfurt hinzuzog. Wie die Markgrafentümer und Rothenburg unterschrieb auch Schweinfurt die Konkordienformel. Die Reichsdörfer Gochsheim und Sennfeld waren sehr auf Unabhängigkeit gegenüber der Reichsstadt in ihrer Nachbarschaft bedacht und gerieten dadurch in eine schwierige Abhängigkeit von Würzburg.[70]

Ein wiederum anderes Beziehungsgefüge ergab sich für die Reichsstadt Weißenburg. Zum sie umgebenden Ansbacher Markgrafentum, mit der Wülzburg als Pflegamt in der nächsten Nachbarschaft, bestand ein nicht einfaches Verhältnis. Gut war das Verhältnis zu Nürnberg, an das man sich in der Ablehnung der Konkordienformel anschloss.[71] Dennoch entwickelte sich auch zu Ansbach allmählich eine Nachbarschaft zwischen lutherischen Glaubensverwandten.[72] Ein vermutlich in die Zeit nach 1581 zu datierender Entwurf einer Kirchenordnung[73] regelt die Kompetenzverteilung zwischen den Weißenburger Geistlichen, nennt die in Weißenburg gültigen lutherischen Bekenntnisse und bestimmt die Brandenburg-Nürnbergische Kirchenordnung sowie das Agendenbüchlein Dietrichs als die gültigen Kirchenordnungen. Das Nürnberger Vorbild prägt auch diese Kirchenstruktur. Was für das Verhältnis von Staat und Kirche zu Nürnberg gesagt werden kann, lässt sich auch gut auf Weißenburg übertragen.

Unter Nürnberger Einfluß stand auch die freie Reichsstadt Windsheim.[74] In ihrer ganzen Religionspolitik folgte sie dem Nürnberger Rat und nicht dem in der Nähe residierenden Markgrafen und dessen Superintendenten. Ebenso wie Wei-

---

[66] Kirchenordnungen 11 (B) 566–597.
[67] AaO, 599–616.
[68] AaO, 619–623; vgl. auch II.1.2.
[69] SIMON, Kirchengesch.¹ 1 (B) 316.
[70] MANFRED HÖRNER, Hoheitsrechtliche Auseinandersetzungen um Gochsheim u. Sennfeld vor d. Reichsgerichten: Reichsstädte 1 (B) 368–378.
[71] Kirchenordnungen 11 (B) 656.
[72] Das wird deutlich an den Abendmahlsauseinandersetzungen im Jahr 1564; vgl. dazu H.-M. WEISS (B) 139.
[73] Kirchenordnungen 11 (B) 656. 665ff.
[74] AaO, 672f.

ßenburg und Schweinfurt orientierte man sich an der Brandenburg-Nürnbergischen Kirchenordnung und dem Agendenbüchlein Dietrichs.

Dinkelsbühl erhielt mit kaiserlicher Erlaubnis 1567 ein von der Obrigkeit völlig freies Kirchenregiment – bestehend aus 12 von der Gemeinde völlig frei gewählten Kirchenpflegern.[75]

In einem adligen Territorium wie der Grafschaft Castell[76] galten andere Gesetzmäßigkeiten. Sein über verschiedene Orte im Steigerwald und am Main verstreutes Territorium war zunächst von keiner einheitlichen Praxis der Kirchenordnung geprägt, vielmehr wendeten die castellischen Pfarrer vor Ort die Kirchenordnungen an, die sie aus ihrer Heimat gewohnt waren. Dies führte zu recht chaotischen Verhältnissen. Auf Drängen von Graf Heinrich, der von Andreae beraten wurde, wurde bis 1584 in allen castellischen Gebieten die Große Württembergische Kirchenordnung eingeführt. Die speziellen örtlichen Verhältnisse wurden durch einzelne Dorfordnungen geregelt wie durch die Ordnung von Obereisenheim aus dem Jahr 1579.[77] Diese Ordnung regelt nur z.T. die speziell kirchlichen Belange, sondern erlässt vor allem Bestimmungen zum sittlichen Verhalten der Ortsbewohner. In diese Bestimmungen integriert sind die Ausführungen zu den gottesdienstlichen Pflichten der Pfarrer und der Gemeinden sowie zur Gestaltung von Taufen und Hochzeiten.

In dem an Sinn und mittlerem Main gelegenen Territorium der Grafen von Rieneck[78] entstand für eine begrenzte Zeit evangelisches Leben. Nach Aussterben der Grafen fielen die meisten rieneckischen Orte an das Kurfürstentum Mainz. Zunächst wurde das evangelische Leben in diesem Bereich nicht behindert. Dies änderte sich jedoch zu Anfang des 17. Jahrhunderts, als auch der Mainzer Erzbischof die konfessionelle Einheit seines Fürstentums anstrebte.[79] Ein Zeugnis evangelischen Kirchenwesens in diesem Territorium ist die Vesperordnung zu Lohr von 1588.[80]

Die zur Zeit des Augsburgischen Religionsfriedens zum fränkischen Reichskreis gehörige Grafschaft Wertheim[81] zerfiel nach dem Tod des letzten Wertheimer Grafen 1556 in verschiedene Herrschaftsbereiche. Entsprechend unterschiedlich entwickelten sich dort die kirchlichen Verhältnisse je nach der Prägung des im jeweiligen Territorium regierenden Geschlechts.

Das während der Reformationszeit sehr geschlossene Territorium der Herren von Thüngen[82] wurde erst kurz vor dem Augsburgischen Religionsfrieden evangelisch. Die Entwicklung des dortigen Kirchenwesens weist eine Besonderheit auf: 1564 wurde dort eine Kirchenordnung erlassen, die bei einer Synode aller

---

[75] SIMON, Kirchengesch.¹ 1 (B) 305.
[76] Kirchenordnungen 11 (B) 682f.
[77] AaO, 684–692.
[78] AaO, 696f.
[79] SICKEN, Franken (B) 284; SIMON, Kirchengesch.¹ 2 (B) 394.
[80] Kirchenordnungen 11 (B) 699.
[81] AaO, 706.
[82] AaO, 729f; SICKEN, Franken (B) 173. 288.

Pfarrer in Anwesenheit des Landesherrn einmütig beschlossen wurde. Diese Kirchenordnung ging weit über die andernorts gebräuchlichen Dorfordnungen hinaus und wies erheblich mehr theologische Substanz auf als diese.[83]
Allgemein gilt für die Entwicklung von Kirchenordnungen: Sie ersetzten das kanonische Recht sowie die Missalien, Ritualien, Agenden und Breviere der vorreformatorischen Zeit.[84] Sie sind ein nicht zu unterschätzendes, intensiv erarbeitetes Ergebnis eines umfassenden Reformwillens.

3. Die Auswirkungen der Kirchenreform in den katholischen Territorien Frankens (Gegenreformation) auf die reformatorischen Gebiete des fränkischen Kreises und die Entwicklung des fränkischen Protestantismus vor und während des Dreißigjährigen Krieges

Die Bemühungen seitens der katholischen Bischöfe Frankens um eine Wiedergewinnung von Territorien für die katholische Kirche, die in ein evangelisches Kirchenwesen eingegliedert worden waren, gingen hauptsächlich von den Fürstbistümern Würzburg und Bamberg aus;[85] von Seiten des Fürstbistums Eichstätt, das in der vorreformatorischen Zeit die Kirchenhoheit über erhebliche Gebiete des fränkischen Kreises ausübte, erfolgten nur geringe gegenreformatorische Bestrebungen.[86]

Die zielstrebigen Bemühungen des Würzburger Fürstbischofs Julius Echter von Mespelbrunn[87] um Wiedergewinnung eines einheitlichen katholischen Kirchenwesens in seinem Territorium hatten erhebliche Auswirkungen auf die evangelischen fränkischen Gebiete im Umfeld seines Fürstbistums.[88] So versuchte er z.B. von 1587 bis 1594 die freie Reichsstadt Schweinfurt durch einen Handelskrieg bzw. durch eine Lebensmittelsperre zur Rekatholisierung zu zwin-

---

[83] BAUER (K) 34–38.
[84] WÖLFEL, Entwicklung (B) 786; ANNELIESE SPRENGLER-RUPPENTHAL, Kirchenordnungen, II. Evangelische, 1. Reformationszeit: TRE 18, 670–703.
[85] Angaben zum Gesamtverlust an evangelischen Pfarreien bei SIMON, Kirchengesch.¹ 2 (B) 384–401. 424–438. Zur Gegenreformation bzw. katholischen Reform in den fürstbischöflichen Gebieten vgl. ENDRES, Vom Augsburger Religionsfrieden (B) 481–486; SICKEN, Franken (B) 178–279; GUTH, Konfessionsgesch. (B) 34–56; DIPPOLD, Konfessionalisierung (B); DIPPOLD, Zisterzienserkloster (B); H. BAUER, Die Gegenreformation i. Pegnitzer Bezirke: ZBKG 4 (1929), 123–132; GERHARD WUNDER, Zur Gegenreformation i. Staffelstein: ZBKG 20 (1951), 16–25.
[86] SIMON, Kirchengesch.¹ 2 (B) 400. 430; BRAUN (B) 18. 47. 62.
[87] ALFRED WENDEHORST, Julius Echter v. Mespelbrunn. Bischof v. Würzburg (1573–1617): TRE 17, 447ff; JOSEF ANDREAS SCHOTT, Reformation u. Gegenreformation i. Bistum Würzburg innerhalb seiner damaligen Grenzen, Würzburg 1961; SIMON, Kirchengesch.¹ 2 (B) 386–389; ERNST SCHUBERT, Julius Echter v. Mespelbrunn: LebFranken NF 3 (1969), 158–193; WÖLFEL, Entwicklung (B) 805f.
[88] ERNST-GÜNTER KRENIG, Das Hochstift Würzburg i. d. Jahrzehnten d. Gegenreformation. Von d. letzten Jahren d. Fürstbischofs Melchior Zobel v. Giebelstadt bis i. d. ersten Jahre d. Dreißigjähr. Krieges: Unterfränk. Gesch. 3 (B) 165–218.

gen.⁸⁹ Erst ein kaiserliches Mandat setzte dem ein Ende. Gochsheim und Sennfeld hatten sich, um Distanz zu Schweinfurt zu gewinnen, 1580 den Würzburger Fürstbischof zum Schutzherren gewählt und sich dabei vertraglich die Beibehaltung des evangelischen Bekenntnisses ausbedungen.⁹⁰ Ständig bestand jedoch die Gefahr einer konfessionellen Einflussnahme von außen, wogegen sich ausgiebig und letzlich doch erfolgreich Widerstand erhob.⁹¹ Ein weiteres Objekt Würzburger Interessen war die zum Markgrafentum Brandenburg-Ansbach gehörige Stadt Kitzingen. Sie war 1443 als Pfand an Ansbach gekommen und stand nun zur Einlösung an. Hierüber lief ein langwieriger Rechtsstreit, bei dem letztlich Würzburg im Jahr 1629 obsiegte, was auch dadurch erleichtert wurde, daß im Markgrafentum Brandenburg-Ansbach nach dem Tod von Markgraf Joachim Ernst⁹² wieder einmal ein vormundschaftliches Regiment bestand.⁹³ Die Kitzinger Bürgerschaft war zu dieser Zeit vollständig evangelisch und zu einem Magnet für evangelische Glaubensflüchtlinge aus Würzburg geworden. Diese Gefahr fiel nun für das Hochstift weg; eine einheitliche katholische Konfessionalisierung seines Gebietes gelang in großem Maß. Größtenteils katholisch wurde auch die Grafschaft Rieneck.⁹⁴

In der evangelisch gewordenen Grafschaft Schwarzenberg⁹⁵ ergab sich mit dem Aussterben der evangelischen Linie und dem Übergang von deren Besitz an den katholischen Teil der Familie Schwarzenberg die Möglichkeit zur Rekatholisierung. Dies wurde durch den anfänglichen Kriegsverlauf des 30-jährigen Kriegs begünstigt, aber durch das Vordringen der Schweden nach Süddeutschland verhindert. Im Gefolge des Westfälischen Friedens entwickelte sich hier relativ früh im Einvernehmen mit dem umliegenden Markgrafentum Brandenburg-Ansbach ein Simultaneum von Katholiken und Lutheranern.

Eine vor allem auch durch die dynastischen Verhältnisse begründete schwierige konfessionelle Situation ergab sich für das Territorium der Grafschaft Wertheim.⁹⁶ Ein Teil der Familie blieb evangelisch, ein anderer Teil konvertierte zur katholischen Kirche. Zudem konnte sich bereits vor dem Krieg das Fürstbistum Würzburg einige Wertheimische Gebiete z.T. mit militärischer Gewalt erstreiten.⁹⁷ Der Westfälische Frieden regelte die konfessionelle Zuweisung der

---

[89] SIMON, Kirchengesch.¹ 2 (B) 391; Kirchenordnungen 11 (B) 622; WÖLFEL, Entwicklung (B) 806; ENDRES, Vom Augsburger Religionsfrieden (B) 489; MAX LUDWIG, Zur Gesch. d. Gegenreformation i. Ebertshausen, B.-A. Schweinfurt: BBKG 24 (1917), 47ff.
[90] Kirchenordnungen 11 (B) 628.
[91] SIMON, Kirchengesch.¹ 2 (B) 391f.
[92] ENDRES, Vom Augsburger Religionsfrieden (B) 486; SCHUHMANN (B) 127ff.
[93] SIMON, Kirchengesch.¹ 2 (B) 428; RICHARD HERZ, Chronik d. Ev.-Luth. Kirchengemeinde Kitzingen, Kitzingen 1963, 42–47; WÖLFEL, Entwicklung (B) 805; ENDRES, Vom Augsburger Religionsfrieden (B) 488.
[94] Kirchenordnungen 11 (B) 697; SICKEN, Franken (B) 284f.
[95] GERHARD RECHTER, Die Herrschaft Schwarzenberg i. Mittelfranken: JHVM 92 (1984/85), 109–121; SICKEN, Franken (B) 286; ENDRES, Vom Augsburger Religionsfrieden (B) 488f.
[96] SICKEN, Franken (B) 287.
[97] SIMON, Kirchengesch.¹ 2 (B) 394f. 426.

fränkischen Gebiete nach dem Konfessionsstand von 1624,[98] somit blieb Wertheim evangelisch.[99] Die kirchenrechtlichen Konflikte hielten jedoch an.

Die fränkische Reichsritterschaft geriet besonders stark in den Sog der Bestrebungen Julius Echters von Mespelbrunn.[100] Um 1560 hatte sich der größte Teil dieser Landesherren zum lutherischen Bekenntnis gestellt.[101] Anders als in den großen lutherischen Territorien, in denen hochgebildete Theologen wirkten, war es hier nur in begrenztem Maß zur Ausprägung eines gut durchstrukturierten evangelischen Kirchenwesens gekommen.[102] Die vielerorts unklaren Rechtsverhältnisse – oftmals war nicht klar, wer vor Ort das ius reformandi besaß – boten einem so hervorragenden Machtpolitiker wie Julius Echter erhebliche Ansatzpunkte für die Umsetzung seiner Bestrebungen. Was Echter hier begonnen hatte, kam in der Herrschaft Thüngen während des 30-jährigen Krieges zu einem breiteren Erfolg;[103] ein gewisser Restbestand an evangelischen Orten blieb jedoch erhalten.[104] Der Krieg und das Restitutionsedikt von 1629 verschärften den Druck auf die evangelischen ritterschaftlichen Landesherren, die in Konfessionsfragen beim Kaiser keinerlei Rückhalt hatten. Auch hier bedeutete der Vorstoß von Gustav II. Adolf mit dem schwedischen Heer nach Süddeutschland Schutz vor Bedrängung. Besonders die Reichsritter zögerten nicht, mit den Schweden zu kooperieren.[105] Keinerlei Unterschiede dürfte es gegeben haben, was die Exzesse bei der jeweiligen konfessionellen Ausgestaltung der einzelnen Territorien anbelangt. So wie seitens der Gegenreformatoren die Prädikanten verjagt wurden, wurden in der Zeit der schwedischen Besetzung die neu eingesetzten katholischen Seelsorger vertrieben. Auch hier brachten die Bestimmungen des Westfälischen Friedens einen Ausgleich, der sich am Konfessionsstand des Jahres 1624 orientierte. Dies führte dazu, daß die herrschaftlichen und konfessionellen Rechte der Reichsritterschaft im wesentlichen beibehalten wurden und auch die Würzburger Fürstbischöfe in ihrem weltlichen Territorium evangelische Parochien tolerierten, in denen sie gemeinsam mit evangelischen Reichsrittern und anderen Territorialherren die Herrschaft und die Kirchengewalt besaßen.[106]

Der direkte schwedische Einfluß auf das Kirchenwesen in Franken war begrenzt auf das von ihnen eroberte Hochstift Würzburg in den Jahren von 1631 bis 1635, ohne daß es zu einer radikalen Einführung des evangelischen Bekennt-

---

[98] ENDRES, Vom Augsburger Religionsfrieden (B) 492.
[99] SIMON, Kirchengesch.¹ 2 (B) 431.
[100] SICKEN, Franken (B) 288–291; SIMON, Kirchengesch.¹ 2 (B) 390f.
[101] ENDRES, Vom Augsburger Religionsfrieden (B) 480.
[102] Kirchenordnungen 11 (B) 729f; BAUER (K) 34–38.
[103] AaO, 52.
[104] Kirchenordnungen 11 (B) 730.
[105] ENDRES, Vom Augsburger Religionsfrieden (B) 489.
[106] WALTER SCHERZER, Die Augsburger Konfessionsverwandten d. Hochstifts Würzburg nach d. Westfäl. Frieden: ZBKG 49 (1980), 20–43; SICKEN, Franken (B) 291; SIMON, Kirchengesch.¹ 2 (B) 429f. Zur Rekatholisierung von Henneberg vgl. aaO, 393.

nisses im gesamten Territorium kam.[107] Der Würzburger Dom wurde zeitweilig an die Evangelischen übergeben, was den Widerstand der katholischen Bevölkerung hervorrief. Der Prager Sonderfriede von 1635 beendete dieses Intermezzo.

Unter der Reichsritterschaft war die Bereitschaft zur Kooperation mit den Schweden sehr groß.[108] In Bayreuth entschloß man sich erst nach längerem Zögern zu einer Allianz,[109] in Nürnberg erst 1632.[110] Zu keiner Zeit kam es zu einer Allianz der Schweden mit dem gesamten Fränkischen Kreis.

Wie man unter den schwierigen Umständen in dieser Zeit in evangelisch gebliebenen Territorien ein evangelisches Kirchenwesen aufrecht zu erhalten versuchte, sieht man am Beispiel des Generalsuperintendenten Christoph Althofer in Kulmbach.[111] Wie bei der Konsolidierung des reformatorischen Kirchenwesens während der Friedenszeiten galt auch jetzt das Hauptaugenmerk der beruflichen Kompetenz und Qualität der Geistlichen. Ähnlich wie bei Laelius in Ansbach und bei der Nürnberger Kirchenvisitation von 1560/61 richtete man zur Vorbereitung von Kapitelssynoden Fragen an die Pfarrer, die ihr theologisches Selbststudium, die Praxis der Predigtvorbereitung und den Katechismusunterricht betrafen. Bemerkenswert ist, wie sich hier Form und Interesse kirchenleitenden Handelns in seiner speziellen reformatorischen Ausprägung durch Kriegs- und Friedenszeiten durchhalten. Generalvisitationen fanden in Ansbach 1617/18 und in Nürnberg 1626/27 statt.[112]

Nürnberg war von mehreren Seiten von Rekatholisierungsbemühungen betroffen. Der Deutsche Orden beanspruchte durch Klage beim Reichskammergericht die Rückgabe der zu seiner Kommende gehörigen Kirche St. Jakob und der St. Elisabeth-Kapelle;[113] außerdem strebte er die Wiedereinführung katholischen Gottesdienstes an St. Jakob an. Diese Angelegenheit wurde zur allerhöchsten Staatsangelegenheit und sogar vor dem Reichshofrat verhandelt. Schließlich unterlag Nürnberg im Jahr 1630 und war an sich gehalten, alle Ansprüche des Deutschen Ordens zu erfüllen. Es gelang dem Rat jedoch, durch hinhaltendes Verhandeln die Wiedereinführung katholischen Gottesdienstes an St. Jakob zu

---

[107] AaO, 439–442; W. GRIESSHAMMER, Zur Gesch. d. Sachsen-Weimarischen ev. Konsistoriums i. Würzburg 1630–1634: ZBKG 7 (1932), 28–36; CHRISTA DEINERT, Die schwedische Epoche i. Franken 1631–1635 (Masch. Diss.), Würzburg 1966; WALTER SCHERZER, Die Protestanten i. Würzburg: ZBKG 54 (1985), 97–117 [103–107]; ENDRES, Vom Augsburger Religionsfrieden (B) 489–492; BERNHARD SICKEN, Polit. Gesch. d. Dreißigjähr. Krieges (1618/19–1642). 6. Die schwedisch-weimarische Herrschaft i. »Herzogtum Franken«: Unterfränk. Gesch. 3 (B) 305–313; WÖLFEL, Entwicklung (B) 807. In Würzburg wirkte während der schwedischen Zeit als Generalsuperintendent des protestantischen Kirchenwesens im schwedischen Herzogtum Franken der aus Hof berufene Christoph Schleupner (SIMON, Bayreuthisches Pfarrerbuch [B] 288f; KNEULE [K] 52f).
[108] ENDRES, Vom Augsburger Religionsfrieden (B) 489.
[109] KNEULE (K) 45.
[110] BRAUN (B) 112ff.
[111] SIMON, Bayreuthisches Pfarrerbuch (B) 3f; KNEULE (K) 48f.
[112] SIMON, Kirchengesch.¹ 2 (B) 451; AUGUST PETER, Zu d. Nürnberger Kirchenvisitationen d. 17. Jh.: BBKG 25 (1919), 97–107. 145–161.
[113] WÖLFEL, Entwicklung (B) 804; SICKEN, Franken (B) 282; BRAUN (B) 91–95; SIMON, Kirchengesch.¹ 2 (B) 400.

verhindern, die Feier der Messe in St. Elisabeth musste er aber offiziell einräumen. Dies ist ein Beispiel für die Bikonfessionalität, die sich aufgrund gegenreformatorischer Bemühungen und des zeitweiligen Wechsels des Kirchenregiments während des 30-jährigen Krieges hier und da entwickelte,[114] jedoch nichts grundsätzlich an der konfessionell einheitlichen Ausprägung sowohl der weltlichen als auch der geistlichen Territorien änderte.

Ein Dauerkonflikt, der die ganze Zeit vom Augsburgischen Religionsfrieden bis zum Westfälischen Frieden durchzog, war die Auseinandersetzung zwischen Nürnberg und dem Fürstbistum Bamberg um die Religionsausübung Nürnberger Untertanen, die im Gebiet des Hochstiftes Bamberg ansässig waren;[115] auch mit den Hochstiften Würzburg und Eichstätt, der Grafschaft Schwarzenberg, mit Kurpfalz, Pfalz-Neuburg und Kurbayern kam es zu ähnlichen Konflikten. Zeitweise versuchte der Bamberger Erzbischof die nürnbergischen Klöster seiner Jurisdiktion wieder unterzuordnen,[116] ebenso bestanden im Gefolge des Restitutionsediktes von 1629 umfassende Pläne zur Rekatholisierung des gesamten nürnbergischen Territoriums.[117] Das Ergebnis des westfälischen Friedens war schließlich, daß Bamberg alle markgräflichen, nürnbergischen und ritterschaftlichen Pfarreien, die es vormals besessen hatte, verlor.[118]

Bemühungen um gute christliche Sittlichkeit und gute Übung des Katechismus kennzeichneten das Nürnberger Kirchenwesen auch in den schwierigen Zeiten des 30-jährigen Krieges. Politisch geriet Nürnberg mitten hinein in den Konflikt zwischen dem Kaiser, auf dessen Gnade es als freie Reichsstadt besonders angewiesen war, und dem Schwedenkönig Gustav II. Adolf, dessen Mission zum Schutz des protestantischen Reichsteils auch den Nürnbergern zunächst höchst willkommen war.[119] Mehrfach trafen die Kriegswirren auch das Nürnberger Territorium. 1634 wütete die Pest ganz verheerend, so daß der Prager Sonderfriede zwischen Nürnberg und dem Kaiser einer erschöpften Stadt Erholung von Greueln und Zerstörung bringen sollte. In dieser Zeit versuchte man durch ein Verhör der Landpfarrer eine Visitation des Nürnberger Landes zuwege zu bringen.[120] Das Ergebnis dieser Visitation erbrachte, daß das Kirchenleben in den Gemeinden eher recht und schlecht als erfreulich vor sich ging. Wie in anderen Territorien hatte auch in Nürnberg der lange Krieg zu Demoralisierung und

---

[114] SICKEN, Franken (B) 283.
[115] BRAUN (B); RAINER HÖRLIN, Lonnerstadt. Auf d. Spuren d. Vergangenheit eines fränk. Marktfleckens u. seiner Umgebung, Lonnerstadt [1984], 109–115.
[116] BRAUN (B) 81–91.
[117] AaO, 95–104. Federführend für die bambergische Politik gegen Nürnberg war der bambergische Weihbischof Friedrich Förner (vgl. LOTHAR BAUER, Friedrich Förner: LebFranken NF 1 [1967], 182–209).
[118] ENDRES, Vom Augsburger Religionsfrieden (B) 492f.
[119] LEDER, Kirche (B) 214. Zu den Kontakten zwischen Nürnberg und anderen evangelischen Gemeinden in dieser Zeit vgl. RICHARD KLIER, Nürnberg hilft d. deutschen ev. Gemeinden i. Prag nach 1609: ZBKG 27 (1958), 22–38.
[120] LEDER, Kirche (B) 214–217.

Entkirchlichung geführt.[121] Die in der Zeit nach dem Augsburgischen Religionsfrieden entwickelten staatskirchlichen Strukturen erwiesen sich jedoch als tragfähig, als der Westfälische Friede die Gelegenheit zu einem kirchlichen Neuanfang bot. Eine wichtige Stütze in dieser und in der Folgezeit bildete die Theologische Fakultät Altdorf, an der nicht nur Theologen aus dem Nürnberger Gebiet, sondern auch aus anderen Territorien ordiniert wurden.[122] Der Umgang mit dem kirchlichen Vermögen war gut organisiert.[123] Zwar kam es auch zu staatlichen Anleihen, diese mussten aber zurückgezahlt werden. Die Besoldung der kirchlichen Mitarbeiter war stets sichergestellt.

Eine erhebliche Aufgabe, aber auch eine Stärkung des evangelischen Kirchenwesens bedeutete der erhebliche Zustrom von Exulanten zunächst aus der Oberpfalz und Böhmen, später aus Kurbayern und hauptsächlich aus Oberösterreich.[124]

Die Zeit zwischen dem Augsburger Religionsfrieden und dem Westfälischen Frieden in Franken war geprägt vom Ausbau und der Konsolidierung des evangelischen Kirchenwesens in den Markgrafentümern, den Reichsstädten und verschiedenen ritterschaftlichen Gebieten. Andererseits war besonders im Bereich des Hochstiftes Würzburg der Verlust an evangelisch geprägten Orten erheblich, es kam zu einer deutlichen Schmälerung des evangelischen Besitzstandes.[125] Für ganz Bayern veranschlagt Matthias Simon eine Reduktion von ca. 1.200 Pfarreien im Jahr 1585 auf 600 im Jahr 1631.[126]

In den evangelischen Territorien Frankens ist es aber auch in den schwierigen Zeiten des 30-jährigen Krieges gelungen, eine Form von evangelischer Kirchlichkeit zu entwickeln und zu festigen, von der bis in die Gegenwart weite Landstriche Frankens geprägt sind.[127] Man kann hier deutlich von einem geistlichen Ertrag sprechen. Es greift zu kurz, wenn man diese Epoche der Kirchengeschichte lediglich mit dem Verdikt von Glaubensspaltung und Konfessionalismus belegt.

---

[121] AaO, 219.
[122] LEDER, Universität (B) 56ff.
[123] Kirchenordnungen 11 (B) 485f; SIMON, Kirchengesch.¹ 1 (B) 311.
[124] RUSAM (B); SCHNABEL (B) 89–95; EBERHARD KRAUSS, Exulanten aus d. westlichen Waldviertel i. Franken (ca. 1627–1670). Eine familien- u. kirchengeschichtl. Unters., Nürnberg 1997 (Quellen u. Forsch. z. fränk. Familiengesch. 5); ENDRES, Vom Augsburger Religionsfrieden (B) 494f; KNEULE (K) 43; WÖLFEL, Entwicklung (B) 808.
[125] AaO, 805; Angaben zum Gesamtverlust an evangelischen Pfarreien bei SIMON, Kirchengesch.¹ 2 (B) 384–401. 424–438.
[126] AaO, 437f.
[127] WÖLFEL, Entwicklung (B) 808.

III.2.2 SCHWABEN

Von Rolf Kießling

ALT (B).– DIETRICH BLAUFUSS, Das Verhältnis d. Konfessionen i. Augsburg 1555 bis 1648. Versuch eines Überblicks: JVABG 10 (1976), 27–56.– PETER BLICKLE, Memmingen, München 1967 (HAB.S 1/4).– GABRIELE DEIBLER, Das Kloster Hl. Kreuz i. Donauwörth v. d. Gegenreformation bis z. Säkularisation, Weißenhorn 1989.– STEFAN DIETER, Von d. Ereignissen d. Reformation bis z. Dreißigjähr. Krieg (1520–1618): Stadt Kaufbeuren 1 (K) 64–71.– PEER FRIESS, Luth. Konfessionalisierung i. d. Reichsstädten Oberschwabens: FRIESS/KIESSLING (K) 71–97.– PEER FRIESS/ROLF KIESSLING (Hg.), Konfessionalisierung u. Region, Konstanz 1999 (Forum Suevicum 3).– Gesch. d. Stadt Kempten (B).– Die Gesch. d. Stadt Memmingen. Von d. Anfängen bis z. Ende der Reichsstadt. Im Auftrag d. Stadt Memmingen hg. v. WOLFGANG JAHN†, fortgeführt v. HANS-WOLFGANG BAYER, Bd. 1, Stuttgart 1997.– K.E. HAAS, Ev.-Ref. Kirche (B).– 450 Jahre Reformation i. Lindau (B).– FRITZ JUNGINGER, Die Stadt Kaufbeuren i. 17. u. 18. Jh. (1618 bis 1790): Stadt Kaufbeuren 1 (K) 72–99.– KIESSLING, Stadt (B).– Kirchenordnungen 12 (B).– ADOLF LAYER, Ostschwaben i. d. Reichsgesch. seit d. Interregnum: HBG[1] 3/2, 901–1040.– Wolfgang Musculus (B).– EBERHARD NAUJOKS, Vorstufen d. Parität i. d. Verfassungsgesch. d. schwäb. Reichsstädte (1555–1648). Das Beispiel Augsburgs: JÜRGEN SYDOW (Hg.), Bürgerschaft u. Kirche. 17. Arbeitstagung i. Kempten 3.–5. November 1978, Sigmaringen 1980, 38–66 (Stadt i. d. Gesch. Veröff. d. Südwestdeutschen Arbeitskreises f. Stadtgeschichtsforsch. 7).– OTT (B).– ROECK (B).– ROTH 3 u. 4 (B).– SIMON, Ev. Kirche (B).– SIMON, Kirchengesch.[2] (B).– MARTIN SONTHEIMER, Die Geistlichkeit d. Kapitels Ottobeuren. Von dessen Ursprung bis z. Säkularisation. Nach hist. Quellen bearb., 5 Bde., Memmingen 1912–1920.– Die Stadt Kaufbeuren, Bd. 1: Polit. Gesch. u. Gegenwart einer Stadt, hg. v. JÜRGEN KRAUS u. STEFAN FISCHER, Thalhofen 1999.– ANTON V. STEICHELE/ALFRED SCHRÖDER, Das Bistum Augsburg, hist. u. statistisch beschrieben, Bd. 3: Die Landkapitel, Dillingen, Dinkelsbühl, Donauwörth, Augsburg 1865, Bd. 6: Das Landkapitel Kaufbeuren, Augsburg 1896/1904.– Territorien 5 u. 6 (B).– WARMBRUNN, Konfessionen (B).– PAUL WARMBRUNN, Ev. Kirche u. Kultur i. d. Reichsstadt: Gesch. d. Stadt Kempten (B) 273–289.– THOMAS WOLF, Memmingen i. 17. Jh.: Gesch. d. Stadt Memmingen 1 (K) 541–677.– WOLFART 1/1 u. 1/2 (B).– WÜST, Schwaben (B).– MARIA ZELZER, Gesch. d. Stadt Donauwörth, Bd. 1: Von d. Anfängen bis 1816, Donauwörth ²1979.– WOLFGANG ZORN, Hist. Atlas v. Bayer.-Schwaben, Augsburg 1955 (Veröff. d. schwäb. Forschungsgemeinschaft bei d. Kommission f. Bayer. Landesgesch.).

1. Der Religionsfrieden und seine Konsequenzen für Ostschwaben

Die Fixierung des status quo im Augsburger Religionsfrieden von 1555 bedeutete zunächst, daß die Gemengelage der verschiedenen Kirchentümer festgeschrieben wurde:[1] Die primär in den Reichsstädten verankerte Reformation

---

[1] Vgl. den Überblick von LAYER (K); WÜST, Schwaben (B); die einschlägigen Passagen von SIMON, Kirchengesch.² (B); die kartographische Verteilung der Konfessionen um 1580 bei SIMON, Ev. Kirche 2 (B); ZORN (K) Karte 30f.

stand südlich der Donau in Spannung zu den altgläubigen Territorien, während sie sich nördlich durch die Etablierung in der Teilgrafschaft Oettingen-Oettingen und im Fürstentum Pfalz-Neuburg mit den Reichsstädten verzahnte und damit zur vorherrschenden Konfession machte. Die konkrete Ausformung war jedoch aufgrund der fehlenden Ausführungsbestimmungen und strittigen Punkte des Friedensvertrages in mehrerer Hinsicht weiterhin offen:[2] Zum einen war die Vielgestaltigkeit der reformatorischen Strömungen noch keineswegs überall einer Orientierung an der Augsburger Konfession gewichen. Zum anderen legte die Durchsetzung im jeweiligen Herrschaftsraum erhebliche Konfliktpotentiale bloß, wenn in den Reichsstädten die Präsenz katholischer Minderheiten einer Vereinheitlichung im Wege stand oder in verschiedenen Territorien unterschiedliche Rechtspositionen konkurrierten. Zum dritten beinhaltete das Zugeständnis des *jus reformandi* an die Reichsritter potentielle Verschiebungen zugunsten der reformatorischen Seite, während umgekehrt Besitzwechsel im Zusammenhang mit den gegenreformatorischen Intentionen der regionalen Vormächte zur Rekatholisierung führten; zudem lösten die Wechsellagen des Dreißigjährigen Krieges umfassende Umpolungen aus. Vorgänge der ›Konfessionsbildung‹ wie der ›Konfessionalisierung‹ durchdrangen sich somit wechselseitig,[3] bis der Westfälische Friede 1648 ein neues Regelwerk etablierte.

2. Lutherische Konfessionalisierung in den Reichsstädten und ihren Territorien

Die reichsrechtliche Anerkennung der Confessio Augustana traf in den meisten schwäbischen Reichsstädten auf eine komplexe innere Struktur: Die Restitution katholischer Stifte und Klöster durchbrach die evangelische Einheit von politischer und kirchlicher Gemeinde, während das Interim von 1548–1552 die konfessionelle Zuordnung der verschiedenen Auffassungen zunächst weiter verwischte.

2.1. Die starke oberdeutsche Komponente der oberschwäbischen Reformationsgeschichte[4] konnte trotz der Unterschriften unter die Konkordienformel bzw. das Konkordienbuch, die von den Geistlichen und den Magistraten zwischen 1577 und 1580 geleistet wurden, erst nach und nach zurückgedrängt werden, wobei die Städte ganz unterschiedliche Akzentuierungen aufwiesen.[5] In *Augsburg*[6] behaupteten sich die ›Augsburger‹ unter Führung von Johann Meckart in einer heftigen Kontroverse gegen die ›sächsischen Theologen‹ 1554/55;[7] die behutsam bereinigte

---

[2] PFEIFFER, Augsburger Religionsfrieden (B).
[3] Vgl. den jüngsten Forschungsüberblick von BERNHARD RÜTH, Reformation u. Konfessionsbildung i. städt. Bereich. Perspektiven d. Forsch.: ZSRG.K 108 (1991), 197–282.
[4] Vgl. dazu II.2 u. II.3; vgl. auch RUDOLF FREUDENBERGER, Der oberdeutsche Weg d. Reformation: »... wider Laster u. Sünde« (B) 44–61; Wolfgang Musculus (B).
[5] Zum folgenden vgl. jeweils auch Kirchenordnungen 12 (B).
[6] IMMENKÖTTER (B); IMMENKÖTTER/WÜST (B) [Lit.].
[7] Vgl. dazu ausführlich ROTH 4 (B) 569–611.

Gottesdienst-Ordnung von 1555 spiegelt diese Tradition[8] ebenso wie der Katechismus Meckarts (bis 1632), obwohl der Rat 1559 Martin Luthers Großen Katechismus zur Norm der Verkündigung erhob. Trotzdem belegen die Studienorte der Geistlichen in den folgenden Jahrzehnten die Umorientierung.[9] Dieser Vorgang fand seine Paralle in Ulm mit der Berufung des Superintendenten Ludwig Rabus 1556.[10] Freilich hielten sich die Schwenckfelder hier noch bis in die 80er Jahre, so wie sie und vereinzelte Täufer auch in Augsburg nicht sofort völlig unterdrückt werden konnten. Dies gilt nicht zuletzt für *Kaufbeuren*,[11] wo die Schwenckfelder bis zum Interim bestimmend gewesen waren. Da der Kampf um eine evangelische Pfarrerstelle erst 1557 Erfolg hatte, konnte die Gemeinde mit Thomas Dillmann aus Pappenheim und einem Gehilfen aus Augsburg nun lutherisch ausgerichtet werden. Noch 1624 kam es jedoch zu Kontroverspredigten gegen die ›Sektierer‹. In *Kempten*[12] läßt sich die oberdeutsche Tradition vor allem in der Gestalt des Pfarrers Primus Truber bei St. Mang (1553–1560) belegen, der eine vermittelnde Position zwischen Wittenberg und Zürich einnahm, aber heftig gegen Schwenckfelder Gedankengut vorging.[13]

Noch deutlicher werden die langsamen Übergänge in Memmingen und Lindau.[14] In *Memmingen*[15] drängte der in Wittenberg ausgebildete David Künlin ab 1563 auf die Bereinigung der Lehre zugunsten der lutherischen Auffassung und setzte 1569 eine neue Kirchenordnung nach Württemberger und Zweibrücker Vorbild durch. Doch als den Geistlichen 1572 ein ausführliches Bekenntnis zur Unterschrift vorgelegt wurde, zeigte sich das Beharrungsvermögen der alten Lehrtraditionen: Eusebius Kleber hielt an der zwinglianisch-oberdeutschen Position fest und erklärte sie als die in der Stadt übliche und gültige, so daß er 1573 entlassen wurde. Dennoch hielten sich Einzelelemente wie die reformierte Fassung der 10 Gebote im Katechismus und die Gottesdienstpraxis noch bis in die 80er Jahre – und die Bürger zogen notfalls sogar in die Dörfer, um die gewohnten Formen zu erleben. In *Lindau*[16] erfolgte zwar die Rezeption des Luthertums wesentlich früher, da schon Georg Necker, ein Schüler Philipp Melanchthons bzw. Matthias Flacius', und die aus Straßburg berufenen Johann Marbach und Valentin Erythräus 1555 eine neue Kirchenordnung erarbeiteten, die immerhin

---

[8] Vgl. dazu JULIUS HANS, Die ältesten ev. Agenden Augsburgs: BBKG 1 (1895), 145–171.
[9] WIEDEMANN (B); vgl. die Auflistung bei JESSE (B) 193f.
[10] FRIEDRICH FRITZ, Ulmische KG v. Interim bis z. dreißigjähr. Krieg (1548–1612), Stuttgart 1934; ENDERLE (B).
[11] ALT (B); DIETER, Von den Ereignissen (K); DIETER, Reichsstadt (B) 57–100.
[12] WARMBRUNN, Ev. Kirche (K).
[13] Truber wurde seit 1561 als Reformator von Krain in Slowenien tätig, vgl. MIRKO RUPEL, Primus Truber. Leben u. Werk d. slovenischen Reformators, München 1965 (Südosteuropaschr. 5); MARJAN SMOLIK, Primus Truber, der Pfarrer v. Kempten, bewegt slowenische Katholiken: Allgäuer Geschichtsfreund 87 (1987), 68–82.
[14] FRIESS (K).
[15] PHILIP L. KINTNER, Memmingen i. d. vergessenen Jahren 1550–1600: Gesch. d. Stadt Memmingen 1 (K) 457–540.
[16] Vgl. WOLFART 1/1 (B) 382–396; 450 Jahre Reformation i. Lindau (B).

»eine eigenartige Mischung der Basler Form mit lutherischem Inhalt« darstellte.[17] Doch betonten sie in Auseinandersetzungen mit Jakob Andreae in den 70er Jahren gnesiolutherische Positionen, die die wahre Lehre Luthers wiedergeben sollten und erst nach einem öffentlichen Kolloquium im August 1575 und der Verurteilung durch Memmingen, Ulm und Straßburg zurückgedrängt werden konnten. Zwinglianische Elemente lassen sich dagegen noch bis ins 17. Jahrhundert feststellen.

In *Nördlingen* hatte demgegenüber schon Kaspar Loner »die Orientierung [...] auf das Luthertum« fortgeführt,[18] die dann unter württembergischem Einfluß nach dem Interim vertieft und in der unter Jakob Steudlin 1579 erlassenen umfassenden Kirchenordnung fixiert wurde. Und nachdem das Argument, sich den benachbarten Territorien anzuschließen, in *Donauwörth*[19] bereits den Ausschlag gegeben hatte, als sich der Rat 1545 gegen die Augsburger zugunsten der Brandenburg-Nürnbergischen Ordnung ausgesprochen hatte, wurde diese Linie auch nach dem Interim 1554 mit der württembergischen Ordnung wieder aufgenommen.

Die Berufung einer neuen Generation von Prädikanten mit den vorherrschenden Studienorten Wittenberg und Tübingen ebnete somit zwar den Weg, doch die Magistrate mußten ihn aus politischen Gründen abstützen. Die regionale Zweiteilung, die sich schon seit den späten 30er Jahren vorbereitet hatte, setzte sich aber fort: Während Nördlingen und Donauwörth von Anfang an der lutherischen Linie folgten, war ihr Vordringen südlich der Donau an die Durchsetzung der württembergischen Agenda gebunden, die die alte oberdeutsche Richtung verdrängte.[20]

2.2. Dieses evangelische Kirchenwesen hatte sich gegenüber einem ebenfalls nach und nach erneuerten Katholizismus zu behaupten. Soweit der Städteartikel des Religionsfriedens das Nebeneinander sanktionierte, mußten Lösungen gefunden werden, die aber sehr unterschiedlich ausfielen.

Augsburg[21] war dabei als Bischofsstadt in einer besonders exponierten Lage. Bischof und Domkapitel sowie die alten Stifte und die Konvente der Bettelorden bildeten zusammen mit der kleinen, aber einflußreichen Minderheit im Bürgertum den Kern für die katholische Konfession (um 1563 ca. 1/10, 1583/84 ca. 1/5, 1618 27% der Bevölkerung), die zudem durch die Verfassungsänderung von 1548 begünstigt wurde.[22] Da die evangelische Pfarreibildung neben den profanierten Klöstern St. Anna und Zu den Barfüßern samt Tochterkapelle St. Jakob (erst 1633 Pfarrei), dazu dem Spital, auch an den Predigthäusern der vorrefor-

---

[17] Kirchenordnungen 12 (B) 185.
[18] RUBLACK, Bürgerl. Reformation (B) [Zitat: 235].
[19] LORE GROHSMANN, Martin Luther u. Donauwörth. Die Einführung d. Reformation i. Donauwörth: Donauwörth 32 (1985), 3–13; KIESSLING, Musculus (B).
[20] Vgl. dazu HERMANN WALDENMAIER, Die Entstehung d. ev. Gottesdienstordnungen Süddeutschlands i. Zeitalter d. Reformation, Leipzig 1916 (SVRG 125/126).
[21] Vgl. dazu BLAUFUSS (K).
[22] Vgl. WARMBRUNN, Konfessionen (B).

matorischen Zechpflegschaften angeknüpft hatten, entstanden bei St. Ulrich und
Hl. Kreuz Doppelkirchen bzw. -gemeinden als äußeres Merkmal einer bikonfessionellen Stadt.

Das Nebeneinander prägt auch *Kaufbeuren*,[23] wobei sich zunächst eine Gewichtsverteilung zugunsten der katholischen Seite ergab: Zwar hatte der Rat 1545 das Patronat der Pfarrkirche St. Martin vom Domkapitel aufkaufen können, doch blieb die Pfarrkirche der evangelischen Gemeinde versperrt und sie mußte (ohne Geistlichen) auf die Friedhofskapelle St. Sebastian ausweichen. Erst 1557 gelang es, mit Hilfe der benachbarten Reichsstädte vertraglich die Frauenkirche mit einem eigenen Prädikanten zu besetzen und 1559 ein Simultaneum bei St. Martin zu etablieren, in dem die Benützung der Kirche beiden Konfessionen zugestanden wurde. Das vorsichtige Agieren des Rates, trotz eines Zahlenverhältnisses von 5:1 zugunsten der protestantischen Bürgerschaft (mit sinkender Tendenz, so daß die Katholiken 1584 nur mehr 1/10 stellten), verhinderte eine Anpassung an die realen Gegebenheiten.

In *Memmingen*[24] war das Spital zum Hl. Geist der Kreuzherren 1549 vertraglich wieder in seine alten Rechte eingesetzt worden, und nach 1555 erhielt es die inkorporierte Pfarrkirche Unser Frauen zurück. Die Augustiner-Eremiten und die Franziskanerinnen konsolidierten sich ebenfalls, während das Antonierhaus aufgrund des gewaltsamen Endes des Großpriorats von Saint Antoine 1562 von der Stadt besetzt wurde – was nicht zuletzt auch die Übernahme der inkorporierten Hauptkirche St. Martin bedeutete. Der Vollzug des katholischen Gottesdienstes und Kultus war jedoch wegen des stetig schrumpfenden Anteils der Bürgerfamilien – Anfang des 17. Jahrhunderts nur mehr 9 – zunehmend auf die internen Bedürfnisse und Kontakte ins katholische Umland beschränkt. *Nördlingen*[25] war dagegen nach der Auflösung des Franziskanerkonvents 1536 und dem Tod des letzten Priors der Karmeliter von St. Salvator 1564 rein evangelisch geworden und nahm auch keine katholischen Bürger mehr auf – ausgenommen blieben die Höfe auswärtiger Klöster.

Das Gegenüber von Reichsstadt und selbständigem Stift prägte einen anderen Typus: In *Kempten*[26] begünstigte es eine weitgehende Trennung der Lebenssphären, stand doch die Stadtpfarrei St. Mang mit ihren seit 1552 in der Regel vier Geistlichen dem zum katholischen Zentrum avancierenden Stiftsbereich St. Lo-

---

[23] THOMAS PFUNDNER, Kaufbeuren i. Zeitalter d. Gegenreformation (1548–1648): Kaufbeurer Geschichtsblätter 9 (1983), 366–373; DIETER, Von den Ereignissen (K) 69f.

[24] Vgl. die Beiträge von ADALBERT MISCHLEWSKI, Klöster u. Spitäler i. d. Stadt (Die Antoniter, das Schottenkloster): Gesch. d. Stadt Memmingen 1 (K) 247–291; HANNES LAMBACHER, Klöster u. Spitäler i. d. Stadt (Augustiner-Eremiten, Augustinerinnen i. Elsbethenkloster, Franziskanerinnen u. d. Heilig-Geist-Orden – Unterhospital): aaO, 293–348; PEER FRIESS, Die Zeit d. Ratsreformation i. Memmingen, 419–456; vgl. auch ROLF KIESSLING, Konfession als alltägliche Grenze – oder: Wie ev. waren d. Reichsstädte?: »Geld u. Glaube« (B) 48–66.

[25] VOGES, Nördlingen (B).

[26] Gesch. d. Stadt Kempten (B); WOLFGANG PETZ, Zwischen Beharrung u. Wandel – Die Reichsstadt Kempten i. d. frühen Neuzeit: Bürgerfleiß (B) 31–46.

renz auch räumlich gegenüber. Die gleiche Konstellation des Nebeneinanders zweier Reichsstände findet sich auch in *Lindau*,[27] wo das Damenstift 1556 zwar das Patronat über die Stadtkirche St. Stephan durch Tausch an die Reichsstadt abgetreten hatte, aber selbst mit seiner Stiftskirche St. Marien unmittelbar daneben präsent blieb. In *Donauwörth*[28] war das Benediktinerkloster Heiligkreuz vor den Mauern der Stadt ebenfalls ein Antipode; es betreute die schrumpfende katholische Bevölkerung – um 1600 nur mehr ca. 20 arme Familien –, ansonsten durchbrachen die Deutschordenskommende und das Haus der Fuggerschen Reichspflege die evangelische Einheit. Der Zugriff auf die Pfarrkirche war noch vor 1555 erfolgt, und der Rat verfolgte eine konsequente protestantische Politik mit dem Ziel, die Abgrenzung zu zementieren.

2.3. Die unterschiedlichen Konstellationen bedingten letztlich auch das Verhältnis der beiden Konfessionen zueinander. Während in den nahezu rein evangelischen Städten (Kempten, Lindau, Nördlingen, Donauwörth) die politische und die kirchliche Gemeinde weiterhin nahezu übereinstimmten, zog vor allem in Augsburg und Kaufbeuren, aber auch in Memmingen die Präsenz einer numerisch beachtlichen katholischen Minderheit, die sich auf die vorhandenen Institutionen stützen konnte, die Notwendigkeit eines modus vivendi nach sich. Nachdem die Konfessionsbildung im Sinne der jeweiligen eigenen Identität um 1580 einigermaßen abgeschlossen war, drohte jede Infragestellung zur Krise zu eskalieren, wobei die Selbstbehauptung und gegenseitige Abgrenzung vor allem in einem Kampf um die Öffentlichkeit ausgefochten wurden.

Zum Kristallisationspunkt wurde der sog. Kalenderstreit, der sich vor allem in *Augsburg* zu einer fundamentalen und facettenreichen innerstädtischen Unruhe auswuchs.[29] Überraschend schnell – wohl wegen der ökonomischen Verflechtung mit den katholischen Nachbarn – hatte der Rat schon Anfang 1583 die Einführung des Gregorianischen Kalenders beschlossen. Einsprüche der evangelischen Seite wurden unter Hinweis auf die aussschließlich »*lautern bürgerlichen Politischen vrsachen*« und seine Kompetenz als Obrigkeit zurückgewiesen,[30] während die Prädikanten und die Kirchenpfleger den Bruch des Religionsfriedens reklamierten, weil bei einer derartigen Entscheidung beiden Parteien je eine Stimme zustünde – eine Vorform des formellen Paritätsanspruchs. Ab Mitte 1584 kristallisierten sich noch erhebliche Weiterungen heraus, als der Rat auch das Berufungsrecht der Prädikanten an sich zog. Nach einem bewaffneten Aufruhr (4.6.) führten Verhandlungen erst 1591 zu einem Vergleich: Er legte die Berufung der Geistlichen über die Neukonstituierung eines erweiterten Kirchen-

---

[27] WOLFART 1/1 (B) passim; OTT (B) 124–148.
[28] ZELZER (K); DEIBLER (K).
[29] Nach FERDINAND KALTENBRUNNER, Der Augsburger Kalenderstreit: MIÖG 1 (1880), 497–540; MAX RADLKOFER, Die volkstümliche u. bes. dichterische Litteratur z. Augsburger Kalenderstreit: BBKG 7 (1901), 1–32. 49–71; NAUJOKS (K); WARMBRUNN, Konfessionen (B) 360–375; ROECK 1 (B) 125–189.
[30] Ratsdekret vom 16.4.1583, zit. nach NAUJOKS (K) 49.

pflegergremiums fest, gestand aber dem Rat das grundsätzliche Jurisdiktionsrecht über das evangelische Kirchenwesen zu. War damit der Konflikt auf kirchenpolitischer Ebene nach dem Prinzip einer »weitgehenden Selbstverwaltung der Kirche« unter »sorgsamer Sicherung formeller obrigkeitlicher Rechte« geregelt,[31] so hatte doch sein Verlauf eine komplexe Verzahnung mit den politischen und sozioökonomischen Spannungen offenbart, aber auch im »stillen Widerstand« gegen die vom Rat verordneten Prädikanten die Ausbildung einer lutherischen Gemeinde-Identität befördert.[32] Sie sah sich zudem seit 1559 einer von den Jesuiten dynamisierten Katholizität gegenüber, die mit der Etablierung eines Kollegs St. Salvator 1582/83 ihre Präsenz unterstrich,[33] so daß ein Stifterkreis 1582 bei St. Anna seinerseits ein Kolleg errichtete und das Gymnasium sich nun zur protestantischen Eliteschule wandelte.[34] Auch die zunehmende Tendenz auf beiden Seiten, die Öffentlichkeit zu beanspruchen, stärkte letztlich die »Entmischung« der Konfessionen[35] und führte zu einem betonten Selbstbewußtsein sowie einer Verfestigung der inneren Strukturen.[36]

Die Vehemenz dieser Konflikte im bikonfessionellen Augsburg schwächte sich in anderen Reichsstädten in dem Maße ab, als ihre katholischen Minderheiten an Einfluß verloren. In Kaufbeuren verquickte sich der Kalenderstreit mit dem Kampf um das Simultaneum in der Pfarrkirche St. Martin,[37] so daß der katholische Pfarrer Deusdedit Heinz den Kalender bereits 1583 in seine Liste der Gravamina beim Bischof einbezog. Ansonsten spielte er lediglich im Alltagsleben eine Rolle wie in Lindau, wo Stadt und Stift bis 1702 die unterschiedliche Zählung aufrecht erhielten.[38]

2.4. Die konfessionelle Konsolidierung und Abgrenzung in den städtischen Zentren läßt sich nur bedingt auf die Dörfer in den *reichsstädtischen Territorien* übertragen, und nicht selten verband sich damit der Kampf um prinzipielle Rechtspositionen. Freilich sind diese Zusammenhänge bislang nur punktuell erforscht, so daß sich noch keineswegs ein klares Bild ergibt.[39]

---

[31] NAUJOKS (K) 60, unter Einbeziehung des Urteils von SEHLING: Kirchenordnungen 12 (B) 14.
[32] ROECK 1 (B) 169–184.
[33] WOLFRAM BAER/HANS JOACHIM HECKER (Hg.), Die Jesuiten u. ihre Schule St. Salvator i. Augsburg 1582. Ausstellung d. Stadtarchivs Augsburg i. Zusammenarbeit mit d. Diözese Augsburg z. 400. Gründungsjubiläum d. Jesuitenkollegs St. Salvator i. Domkreuzgang 6.11.–12.12.1982, München 1982; Petrus Canisius – Reformer d. Kirche. FS z. 400. Todestag d. zweiten Apostels Deutschlands, hg. v. JULIUS OSWALD S.J. u. PETER RUMMEL, Augsburg 1996 [= JVABG 30 (1996)].
[34] KARL KÖBERLIN, Gesch. d. Humanist. Gymnasiums bei St. Anna i. Augsburg 1531 bis 1931. Zur Vierhundertjahrfeier d. Anstalt, Augsburg 1931; ROLF KIESSLING, Humanist. Gelehrtenwelt oder polit. Instrument? Das Gymnasium St. Anna u. d. Bildungslandschaft Schwaben i. Zeitalter d. Konfessionalisierung: Societas Annensis 46 (1998), 9–36.
[35] ROECK 1 (B) 185–189.
[36] WARMBRUNN, Konfessionen (B) 387–396.
[37] ALT (B) 100–109.
[38] WOLFART 1/2 (B) 118f.
[39] Vgl. dazu auch ROLF KIESSLING, Die Reformation auf d. Land i. Spannungsfeld v. Obrigkeit u. Gemeinde. Beobachtungen z. Ostschwaben u. Altbayern: ZHVS 89 (1996), 49–74.

Im Fall *Memmingen* blieben die reformatorischen Bestrebungen aufgrund der vielfach konkurrierenden Rechte nur in einem Teil der Herrschaftsgebiets erfolgreich. Dabei schälten sich vor allem jene Dörfer des Spital- und Stiftungsbesitzes heraus, die bis zur Jahrhundertmitte zum engeren städtischen Territorium zusammengefügt werden konnten.[40] Der spätere Zukauf der Herrschaft Eisenburg 1581 zog demgegenüber 1586 eine vertragliche Abmachung mit der habsburgischen Landvogtei Oberschwaben nach sich, die zugehörigen katholischen Hintersassen bei ihrer Religion zu erhalten; trotz zusätzlicher Rekatholisierungsversuche der Landvogtei bekannte sich jedoch um 1600 immer noch die Mehrheit zur Augsburger Konfession.[41] Freilich stieß die lutherische Lehrauffassung im Territorium noch bis in die 90er Jahre auf zwinglianische Prädikanten, und zudem ergaben sich erhebliche Abweichungen in Richtung Täufertum.[42] Entsprechungen dazu finden sich im ›Ulmer Winkel‹, wo die Landgemeinden zunehmend an die städtische Entwicklung Ulms angebunden wurden,[43] wo aber auch die habsburgische Markgrafschaft Burgau vereinzelte Rekatholisierungsbestrebungen unternahm, die zumindest in Holzheim letztlich durchsetzbar waren.[44]

Bei anderen Reichsstädten ließ sich demgegenüber eine derartige, zumindest partielle Etablierung der städtischen Kirchentümer nicht durchsetzen. *Kaufbeuren* konnte in seinen Dörfern aufgrund fehlender politischer Gewalt nicht einmal den Versuch wagen.[45] In *Lindau* waren die Anstrengungen in den spitalischen Dörfern durch den gegenläufigen Druck der Grafen von Montfort weitgehend zum Scheitern verurteilt, so daß nur die stadtnahen Dörfer und Gerichte Aeschach und Reutin in die städtische Kirchenordnung integriert werden konnten – wenn auch mit einer modifizierten Gottesdienstordnung von 1562.[46] Im Einflußgebiet *Augsburgs* blieben nach dem Expansionsversuch im Schmalkaldischen Krieg[47] nur wenige Relikte übrig: So gelang im Vorort Pfersee die Anbindung an die städtische Entwicklung aufgrund der bürgerlichen Ortsherrschaft bis 1582.[48] Im Bereich des Spitalbesitzes konnte sich im Dorf Lützel-

---

[40] Vgl. dazu KIESSLING, Stadt (B) 784–788; zu den einzelnen Gemeinden (aus katholischer Sicht) vgl. SONTHEIMER (K).
[41] BLICKLE (K) 270f.
[42] Vgl. dazu FRIESS (K) 84f.
[43] Dies ergibt sich noch aus den Predigten und Visitationen bis in die 2. Hälfte des 17. Jahrhunderts: JULIUS ENDRISS, Die Ulmer Kirchenvisitationen d. Jahre 1557–1615, Ulm 1937; MONIKA HAGENMAIER, Predigt u. Policey. Der gesellschaftspolit. Diskurs zwischen Kirche u. Obrigkeit i. Ulm 1614–1639, Baden-Baden 1989 (Nomos-Universitätsschr. Gesch. 1); NORBERT HAAG, Predigt u. Gesellschaft. Die luth. Orthodoxie i. Ulm 1640–1740, Mainz 1992 (VIEG. Abt. Religionsgesch. 145). Zur vorausgehenden Zeit vgl. PAUL HOFER, Die Reformation i. Ulmer Landgebiet – religiöse, wirtschaftl. u. soziale Aspekte (Masch. Diss.), Tübingen 1977.
[44] SIMON, Kirchengesch.² (B) 271.
[45] ALT (B) 99; STEICHELE/SCHRÖDER 6 (K) 385 sowie passim zu den einzelnen Dörfern.
[46] WOLFART 1/1 (B) 312ff. 399ff; HELMUT BAIER, Aus Lindaus KG: 450 Jahre Reformation i. Lindau (B) 10–21 [17]; zur Herrschaftsgeschichte vgl. OTT (B) 149–154.
[47] ROLF KIESSLING, Die unvollendete Reformation. Schmalkaldischer Krieg u. Interim als Stationen auf d. Weg z. Bikonfessionalität: Reformation u. Reichsstadt – Luther i. Augsburg (B) 117–133.
[48] SIMON, Ev. Kirche 1 (B) 521; zur Ortsherrschaft vgl. SCHRÖDER (B) 177f.

burg⁴⁹ ein evangelischer Pfarrer trotz massiver Auseinandersetzungen mit dem Burgauer Landvogt länger halten; 1578 kam es sogar auf der Basis eines Vergleichs zu einem zeitweisen Nebeneinander eines katholischen und evangelischen Pfarrers, ehe das Dorf ab 1607 der Rekatholisierung der Markgrafschaft unterworfen wurde.

Für *Nördlingen* hatte demgegenüber der Wechsel der Grafschaft Oettingen-Oettingen ins evangelische Lager die politische Konkurrenz bereits entschärft. Die Filialkirchen der städtischen Pfarrei in Baldingen, Nähermemmingen und Ehringen ließen eine weitgehende Parallelisierung mit der Hauptkirche St. Georg zu, auch wenn Hoheitsrechte dagegenstanden;⁵⁰ einen zweiten Ansatz boten die Dorfherrschaften im Rahmen des Spitalbesitzes in Schweindorf, Pflaumloch, Trochtelfingen und Goldburghausen,⁵¹ so daß sie in die Nördlinger Kirchenordnung integriert werden konnten.

3. Die Grafschaft Oettingen

Im Vergleich zu den Reichsstädten waren die Einschnitte des Schmalkaldischen Krieges und des Interims in der Grafschaft Oettingen wesentlich gravierender.⁵² Ludwig XVI. (1557–1569) war gezwungen, die Kirchenordnung neu zu beleben, nachdem noch unter seinem Vater Ludwig XV. die Grundlagen gelegt worden waren.⁵³

Aufgrund der desolaten Verhältnisse stellte eine erste Visitation im Jahr 1558, unterstützt von Pfalz-Neuburg, Württemberg und Brandenburg-Ansbach, die Weichen für eine umfassende Neuorganisation des Kirchenwesens: Sie brachte zum einen die endgültige Aufhebung der Klöster Zimmern, Christgarten und Mönchsroth, aus deren säkularisierten Gütern ein Schul- und Stipendienfonds eingerichtet wurde; die beiden Schulen in den letzteren Klostergebäuden konnten sich freilich auf Dauer nicht halten, zumal 1563 in Oettingen selbst eine lateinische Schule entstand. Zum anderen strukturierten drei Spezialsuperintendenzen in Alerheim, Ebermergen und Deggingen mit Visitationsrecht über die zugeordneten Pfarreien und an der Spitze ein Konsistorium aus je einem geistlichen und weltlichen Rat (1563 auf vier erweitert) die Landeskirche. Die Anlehnung an

---

⁴⁹ Vgl. dazu GOTTFRIED HOLZBERGER, Die ev. Kirche während d. 16. u. 17. Jh.: WALTER PÖTZL (Hg.), KG u. Volksfrömmigkeit, Augsburg 1994, 105–108 (Der Landkreis Augsburg 5).
⁵⁰ KIESSLING, Stadt (B) 788ff; VOGES, Reichsstadt (B) 91. 141.
⁵¹ Vgl. auch KARL LOTTER (Hg.), Rieser Pfarrerbuch. Gesch. d. ev. Pfarreien d. Rieses, Nördlingen u.a. 1956; zur Herrschaftsgeschichte vgl. DIETER KUDORFER, Nördlingen, München 1974, 158–171 (HAB.S 1/8).
⁵² Zu dieser Phase vgl. immer noch GEORG GRUPP, Oettingische Gesch. d. Reformationszeit. Reformationsgesch. d. Rieses v. 1539–1555, Nördlingen 1893, 133–154; zur Herrschaftsgeschichte vgl. DIETER KUDORFER, Die Grafschaft Oettingen, München 1985 (HAB.S 2/3).
⁵³ THEODOR FRIEDRICH KARRER, Gesch. d. luth. Kirche d. Fürstenthums Oettingen aus Hs.: ZLThK 13 (1852), 677–688; 14 (1853), 658–711; 16 (1855), 656–725; 17 (1856), 698–716; 20 (1859), 684–721; ein Überblick bei R. HEROLD (B); Kirchenordnungen 12 (B) 395–407.

die Württembergische Ordnung – Andreae fungierte 1558–1561 als Berater – ersetzte die bisherige Orientierung an der Brandenburg-Nürnbergischen und wurde auch später beibehalten.

Ein weiterer Einschnitt erfolgte 1563, als Ludwig sich mit seinem Bruder Friedrich von Wallerstein verglich und damit nicht nur einige umstrittene Dörfer wieder evangelisch wurden, sondern man vor allem für die Residenz Oettingen selbst zu dem bereits 1542 eingeführten Modus der konfessionell geteilten Stadt zurückkehrte: Den Katholiken stand St. Sebastian zur Verfügung, St. Jakob den Evangelischen, und der dort eingesetzte Stadtpfarrer Alexander Bresnitzer erhielt nicht nur die Funktion eines Superintendenten für Oettingen, sondern gleichzeitig auch die eines Generalsuperintendenten für das gesamte Territorium. In Oettingen selbst machten sich die Lehrstreitigkeiten bemerkbar, als Bresnitzer und sein Nachfolger Paul Reinecker der Sympathien für Flacius bezichtigt wurden und zudem der Kryptokalvinismus 1565 zu zwei Entlassungen führte. Insgesamt aber kann bis zum Tod Ludwigs XVI. 1569 von einer Konsolidierung der kirchlichen Verhältnisse gesprochen werden.

Die relativ häufigen Visitationen[54] – sehr eingehend die von 1591 – sorgten für die Durchsetzung der Normen nach unten. Unter Ludwigs XVI. Sohn und Nachfolger Gottfried (1574–1622) spiegelt sich die weitere Orientierung an Württemberg auch in der Unterschrift unter das Konkordienbuch, die nicht nur die Geistlichen, sondern auch der Landesherr selbst leistete – erst 1660 erschien eine eigene oettingische Kirchenordnung.

4. Die Reichsritterschaften

Das langtradierte Beziehungsgeflecht der Reichsritterschaft mit dem Kaiser sowie dem Hochstift Augsburg und dem habsburgischen Vorderösterreich[55] führte nur selten zu einer reformatorischen Neuorientierung, und zwar meist erst nach dem Religionsfrieden – wobei dessen Auslegung im konkreten Einzelfall strittig blieb.[56] Lediglich im Fall *Burtenbach*[57] liegt eine frühe Entscheidung des obersten Kriegskommissärs und kaiserlichen Rates Sebastian Schertlin vor, in seinem Herrschaftskomplex[58] in enger Verbindung mit der Reichsstadt Augsburg[59] 1546

---

[54] HERMANN CLAUSS, Die kirchl. u. sittl. Zustände d. Grafschaft Oettingen i. d. Reformationszeit. Nach Kirchenvisitationsakten dargestellt: BBKG 17 (1911), 173–182; 18 (1912), 27–38.

[55] Vgl. dazu VOLKER PRESS, Vorderösterreich i. d. habsburgischen Reichspolitik d. späten MA u. d. frühen Neuzeit: Vorderösterreich i. d. frühen Neuzeit, hg. v. HANS MAIER u. VOLKER PRESS, Sigmaringen 1989, 1–41.

[56] Vgl. SIMON, Ev. Kirche 1 (B) 50; WÜST, Schwaben (B) 87.

[57] ALFRED BRÜDERLEIN, Burtenbach. Aus Vergangenheit u. Gegenwart einer schwäb. Bauerngemeinde, Burtenbach ²1966; GEORG KREUZER/WALTER GRUBER (Hg.), Sebastian Schertlin (1496–1577) als Ortsherr v. Burtenbach. Beitr. z. Entstehung einer luth. Herrschaft i. konfessionellen Zeitalter, Burtenbach ²1996.

[58] Zur Herrschaftsgeschichte vgl. WOLFGANG WÜST, Günzburg, München 1983, 111–116 (HAB.S 1/13).

die Reformation einzuführen. Nach dem Zwischenspiel seiner Aberkennung 1547–1553 setzte Schertlin den Ausbau fort; Burtenbach blieb die einzige lutherische Exklave in der Markgrafschaft Burgau. 1557–1568 hatte Schertlin auch die Herrschaft Hohenberg mit Bissingen und Hohenstein in seinem Besitz und versuchte gleichfalls die evangelische Kirche zu etablieren – aufgrund des Verkaufs griff aber schnell wieder die alte katholische Kirchenstruktur[60].

Im Kontext des bürgerlichen Landbesitzes, der gerade im Umkreis der schwäbischen Reichsstädte zu beträchtlichen Herrschaftsbildungen geführt hatte, standen Reformationsversuche evangelischer Patrizier; sie waren jedoch nur dann möglich, wenn die Zugehörigkeit zur Reichsritterschaft beansprucht werden konnte. So scheiterten letztlich die Anläufe durch die Besserer von Ulm in *Unterrohr*,[61] durch die Vöhlin von Memmingen in *Ungerhausen*,[62] die Rehlinger von Augsburg in *Leeder*,[63] die Honold von Kaufbeuren in *Emmenhausen*;[64] gleichermaßen kurzzeitig blieb die Reformation des Konrad von Riedheim in der Herrschaft *Angelberg*.[65] Bestand hatte sie dagegen in den Ritterherrschaften der Herren von Westernach in *Bächingen* (1569)[66] a.d. Brenz bzw. des Zacharias Geizkofler in *Haunsheim* (1603);[67] beide blieben nach 1614 protestantische Inseln innerhalb des rekatholisierten Pfalz-Neuburg.

Die beiden Gemeinden *Grönenbach* und *Herbishofen-Theinselberg* stellten insofern einen Ausnahmefall dar, als hier die einzige autochthone reformierte Kirchenbildung Ostschwabens stattfand.[68] Der Allgäuer Herrschaftskomplex der Pappenheimer[69] war zwar geteilt, als Philipp (mit seinem Bruder Wolfgang II.) zum reformierten Glauben konvertierte; so wurde seit 1559/60 mit Mitteln des Stifts Grönenbach ein Prediger für den Theinselbacher Teil unterhalten, ehe ein Vertrag 1577 mit dem katholischen Vetter Alexander die Besoldung der Geistlichen regelte und eine gemeinsame Nutzung der Stiftskirche begründete. Der seit 1601 erneut ausgetragene Konflikt um das Kollegiatstift eskalierte 1619 nach dem Tod Philipps, weil seit 1612 der Grönenbacher Teil in der Hand Ottheinrich

---

59 Vgl. dazu ausführlich ROTH 3 (B); FRIEDRICH BLENDINGER, Sebastian Schertlin v. Burtenbach: LebBaySchwaben 2 (1953), 197–226; zum Kriegsverlauf in Schwaben vgl. ZORN (K) Karte 29a.
60 STEICHELE/SCHRÖDER 3 (K) 584–604; SIMON, Ev. Kirche 1 (B) 158f. 220.
61 SIMON, Kirchengesch.² (B) 271.
62 SONTHEIMER 2 (K) 469–480; vgl. BLICKLE (K) 108f.
63 SIMON, Ev. Kirche 1 (B) 408; WÜST, Schwaben (B) 90.
64 STEICHELE/SCHRÖDER 6 (K) 60–63; SIMON, Ev. Kirche 1 (B) 270.
65 FRIEDRICH ROTH, Die Reformation d. Herrschaft Angelberg durch Konrad v. Rietheim am 6. u. 13. Mai 1576. BBKG 13 (1907), 253–271.
66 WILHELM VOLKERT, Zum Staatsrecht d. Reichsritterschaft. Aus d. Gesch. d. Herrschaft Bächingen an d. Brenz: Jb. d. Hist. Vereins Dillingen 66 (1964), 60–68; SIMON, Ev. Kirche 1 (B) 200; LAYER (K) 1008.
67 THEODOR KNAPP, Das ritterschaftliche Dorf Haunsheim i. Schwaben: WVLG 1896, 1–62; FRIEDRICH BLENDINGER, Zacharias Geizkofler: LebBaySchwaben 8 (1961), 163–197.
68 J. SEDELMAYER, Gesch. d. Marktfleckens Grönenbach, Kempten 1910, 17–90; K.E. HAAS, Ev.-Ref. Kirche (B) 79–92; jetzt mit neuen Quellen PAUL HOSER, Die ref. Gemeinden i. d. Herrschaften Grönenbach, Rotenstein u. Theinselberg i. Allgäu: FRIESS/KIESSLING (K) 161–188.
69 Vgl. dazu BLICKLE (K) 296–303.

Fuggers lag, der in die Offensive ging; er mündete trotz eines Vergleichs von 1626 erst nach dem Westfälischen Frieden aufgrund einer dem Schwäbischen Kreis übertragenen Regelung in der Lindauer Signatur vom 19.5.1649, die die Existenz der beiden reformierten Gemeinden zunächst sicherte – auch wenn die Rechtslage weiter umstritten blieb.

Auf diesem spannungsreichen Hintergrund etablierte sich die reformierte Konfession bis zum Tode Philipps 1619, der zudem in seinem Testament seine Erben darauf verpflichtete. Die Rahmenbedingungen waren jedoch nicht geeignet, eine einheitliche Untertanenschaft zu erreichen: Um 1620 lebten ca. 600 Reformierte in den beiden Herrschaften und etwa doppelt so viele Katholiken, ein Zahlenverhältnis, das bis zum Beginn des 19. Jahrhunderts in etwa konstant blieb. Nach der ersten Gemeinde in Grönenbach konnte sich in Herbishofen seit 1593 eine zweite reformierte Gemeinde auf Dauer bilden, wobei die Pfarrer vor allem aus der Schweiz kamen.[70] Diese persönliche Vernetzung und die finanzielle Unterstützung verdichtete sich nach dem Krieg weiter, so daß sogar von »Außengemeinden der Züricher Kirche« gesprochen wurde; umgekehrt waren sie »Sammelpunkte für viele verstreute Reformierte« in Schwaben.[71]

5. Konflikte im Vorfeld des Krieges

Zeigen die Vorgänge um die späten Reformationen auf dem Land bereits, daß nach der Konsolidierung die katholische Kirche ihre gegenreformatorischen Aktivitäten entfaltete, um lokal und regional wieder Terrain zu gewinnen, so wird an den Konfliktfeldern Kaufbeuren und Donauwörth auch die reichspolitische Dimension der sich zuspitzenden Konfrontation virulent.

In *Kaufbeuren* entzündete er sich am Streit um das Simultaneum der Pfarrkirche St. Martin.[72] Der neue katholische Pfarrer Johann Schenk (1599–1601) versuchte die alleinige Verfügungsgewalt über die Kirche zurückzugewinnen; der Augsburger Bischof und der bayerische Herzog erhielten 1601 als kaiserliche Kommissare ein Untersuchungsmandat, während sich die evangelische Gegenseite des juristischen Schutzes bei Württemberg, Baden sowie den Reichsstädten Kempten, Memmingen und Ulm versicherte. Als die Interims-Mittel vom 27.2.1602 den Katholiken über die bisherige Regelung hinaus tatsächlich erhebliche Verbesserungen zugestanden, erfolgte ein Aufruhr der evangelischen Bürgerschaft. Der Eingriff des Kaisers zog 1604 die Exekution nach sich und erzwang die Abtretung der gesamten Kirche; Bürgermeister und Rat wurden abgesetzt – die Restitution des gesamten Kirchenwesens zugunsten der Katholiken war freilich nicht durchzusetzen.

---

[70] Vgl. die Pfarrerliste bei K.E. HAAS, Ev.-Ref. Kirche (B) 202f.
[71] AaO, 83.
[72] Zum folgenden vgl. FELIX STIEVE, Die Reichsstadt Kaufbeuren u. d. baier. Restaurations-Politik. Ein Beitr. z. Vorgesch. d. Dreißigjähr. Krieges, München 1870; ALT (B) 105–111.

Der Fall spiegelt auch eine regionalpolitische Wende: Bischof Heinrich von Knöringen[73] (1598–1646) kann als Exponent eines Kurses gelten, der im gesamten Ostschwaben nicht nur Reformvorhaben initiierte und die Ausrichtung seiner Untertanen auf die katholische Konfession betrieb, sondern auch die Restitution der katholischen Positionen anvisierte. Zum anderen bot sich für die politische Vormacht im katholischen Lager, das Herzogtum Bayern unter Maximilian I.,[74] die Chance, die spätmittelalterliche wittelsbachische Expansionspolitik in Ostschwaben wieder aufzunehmen. Insofern war Kaufbeuren ein Experimentierfeld, dem 1606 mit *Donauwörth* der zweite Fall folgte, dessen Wirkungen ungleich gravierender ausfielen.[75]

Das dortige Gegenüber von evangelischer Reichsstadt und katholischer Abtei Heiligkreuz[76] spitzte sich zu, als der nun rein evangelische Rat 1596 das Bürgerrecht ausschließlich an das protestantische Bekenntnis knüpfen wollte und im Gegenzug die katholische Seite die Ausübung der Zeremonien in der Stadt erneut beanspruchte. Trotz eines kaiserlichen Mandats eskalierten am Markustag 1606 beim Prozessionsgang durch die Stadtmitte die gegenseitig aufgestauten Aggressionen zum ›Kreuz- und Fahnengefecht‹, bei dem die Bürgerpartei ihre vermeintliche Rechtsposition gegenüber den Katholiken gewaltsam durchsetzte. Damit geriet die Stadt jedoch politisch ins Abseits, denn im März 1607 erhielt Maximilian I. die kaiserliche Aufsicht über die Stadt zugesprochen. Trotz der Rückendeckung im regionalen Mächtefeld – die protestantischen Reichsstädte, vor allem Ulm, Pfalzgraf Philipp Ludwig von Neuburg und Herzog Friedrich von Württemberg – wurde im November 1607 die Reichsacht verhängt. Die Exekution durch den bayerischen Herzog bedeutete Besetzung der Stadt und ihre Rekatholisierung. Auch die Lossprechung von der Reichsacht am 23.7.1609 änderte nichts mehr, da Maximilian die Inbesitznahme der Stadt als Gegenleistung für die entstandenen Kosten in Anspruch nahm; bis 1631 wurde aus Donauwörth eine katholische Stadt. Noch unter dem Eindruck der Donauwörther Ereignisse scheiterte der Regensburger Reichstag 1608 und formierten sich anschließend die konfessionellen Bündnisse.

6. Die Wechsellagen des Krieges und der Westfälische Friede

Der 1618 ausbrechende Krieg wirkte sich zunächst mit seinen verheerenden Begleiterscheinungen, dann aber mit den militärischen Abläufen seit dem schwedi-

---

[73] Zu ihm vgl. JOSEPH SPINDLER, Heinrich V. v. Knöringen, Fürstbischof v. Augsburg (1598–1646). Bd. 1: Seine innerkirchl. Restaurationstätigkeit i. d. Diözese Augsburg, Dillingen 1911; FRIEDRICH ZOEPFL, Heinrich v. Knöringen, Bischof v. Augsburg (1570–1646): Bayer. Kirchenfürsten (B) 168–179; WÜST, Schwaben (B) 101–110.
[74] Vgl. dazu zusammenfassend ALBRECHT, Zeitalter (B).
[75] STIEVE (B); ergänzend BREITLING (B); zusammenfassend ZELZER (K) 255–278.
[76] DEIBLER (K) 42–49, aus katholischer Sicht.

schen Vordringen nach Süddeutschland 1632 unmittelbar in Ostschwaben aus. Die kirchenpolitischen Implikationen waren jedoch frühzeitig zu spüren, denn das Restitutionsedikt vom 6.3.1629 stand in engem Zusammenhang mit der katholischen Gegenreformation gerade in dieser Region.

Wiederum wurde *Kaufbeuren* zum »Versuchsobjekt«:[77] Nachdem bereits 1621 die Katholiken in der Stadt eine Räumung der Frauenkirche gefordert hatten, führte eine erneute kaiserliche Kommission mit Herzog Maximilian von Bayern und Bischof Heinrich von Knöringen 1627 zu einer Revision der Zusammensetzung des Rates, des Gerichts und der Repräsentanten der Gemeinde zugunsten der Katholiken; die Evangelischen wurden auf das Predigthaus beschränkt, die Jesuiten etabliert und anschließend als Ziel eine völlige Rekatholisierung anvisiert. Im Falle *Augsburgs*[78] ergaben Erkundigungen der kaiserlichen Kommission zwar faktisch eine erstaunliche gegenseitige Akzeptanz der Konfessionen, doch verhinderte dies keineswegs einen eindeutig prokatholischen Kurs des Kaisers Ferdinand II. Nachdem bereits 1628 die katholische Erweiterung des Patriziats stattgefunden hatte, ging es im Sommer 1629 um seine Stärkung im Rat. Die massiven Restriktionen gegen die protestantischen Gemeinden und die Schließung des Kollegs bei St. Anna beantworteten die Evangelischen mit »stillem Widerstand und geheimer Öffentlichkeit«.[79]

Die Vorgänge in den anderen Reichsstädten stellten Modifikationen dar: In *Memmingen* erhob der Bischof Anspruch auf die beiden Pfarrkirchen und das Antonierhaus, dessen Wiederbelebung allerdings scheiterte;[80] in *Kempten* mußte der bedeutendste Vertreter der lutherischen Orthodoxie Georg Zeämann ausgeliefert werden.[81] In *Lindau* war im Gefolge eines innerstädtischen Konflikts von 1626 bereits 1628 eine Jesuitenniederlassung ins Leben gerufen worden, der 1630 die Kapuziner folgten, während Graf Hugo von Montfort als Pfandinhaber in den äußeren Gerichten mit der Rekatholisierung begann.[82]

Die Umkehrung der Verhältnisse brachten die Jahre 1632–1634 mit dem Vordringen der Schweden nach Schwaben. In *Augsburg* erhob Gustav II. Adolf die 13 »schwedischen Geschlechter« in das Patriziat und setzte den schwedischen Rat und ein Ehegericht ein – Domkapitel und Kleriker wichen nach Dillingen aus.[83] In *Kaufbeuren* konnten die evangelische Gemeinde und die Kirchenorganisation in St. Martin wiederbelebt werden, immerhin aber in einem Nebeneinander mit den Katholiken – daran änderte auch die wechselnde Besatzung der folgenden Jahre nichts Grundsätzliches.[84] Rigoroser ging man in *Kempten* mit dem Stift um: Die

---

[77] ALT (B) 112–120; STEICHELE/SCHRÖDER 6 (K) 396–409; jetzt zusammenfassend JUNGINGER (K).
[78] BLAUFUSS (K) 34–41; ROECK 2 (B) 655–679.
[79] So ROECK 2 (B) 668 (als Überschrift).
[80] WOLF (K) 542; ADALBERT MISCHLEWSKI, Die Gegenreformation i. d. Reichsstadt Memmingen. Kräfte u. Gegenkräfte: ZBLG 40 (1977), 59–73.
[81] WARMBRUNN, Ev. Kirche (K) 282f.
[82] WOLFART 1/2 (B) 45–49. 78–85.
[83] BLAUFUSS (K) 41–46; ROECK 2 (B) 680–768.
[84] ALT (B) 121–127.

baulichen Anlagen wurden zerstört, die Verwaltung unter reichsstädtische Aufsicht gestellt.[85] *Memmingen*, wo noch 1630 Wallenstein für einige Monate Quartier bezogen hatte, unterlag einer wechselnden Besatzung, die jeweils die zugehörige Konfession begünstigte.[86] *Nördlingen* mußte in der Kriegszeit zwischen 1618 und 1650 – bis dahin dauerte die schwedische Besatzung – fünfmal das Lager wechseln.[87] Auch in der Grafschaft *Oettingen-Oettingen* war mit dem Restitutionsedikt 1631 die Einsetzung katholischer Geistlicher in einer Reihe von Pfarreien erfolgt, die anschließend wieder rückgängig gemacht wurde.[88]

Mit der Niederlage in der Schlacht bei Nördlingen im September 1634 brach die schwedische Vormachtstellung in Schwaben zusammen und die katholische Restauration faßte erneut Fuß. So wurden den Evangelischen in Augsburg alle Kirchen versagt, und sie mußten bis 1649 den Gottesdienst unter freiem Himmel im Hof des St. Anna-Kollegs abhalten.[89] In Kempten wurde dagegen das Stift restituiert und einer monastischen Erneuerung unterzogen – ohne letztlich seinen adeligen Charakter aufzugeben.[90]

Da mit dem Westfälischen Frieden die Reformierten als dritte Konfession reichsrechtlich anerkannt und die konfessionellen Verhältnisse nach dem ›Normaljahr‹ 1624 festgeschrieben wurden, stellte sich das Verteilungsmuster des Kriegsbeginns weitgehend wieder ein. Wegen des seit 1635 katholischen Rats Augsburgs hatte sich ein Ausschuß der evangelischen Bürgerschaft konstituiert, der zunächst Dr. Tobias Oelhafen (Nürnberg) und Dr. Zacharias Stenglin (Frankfurt) mit der Vertretung seiner Interessen bei den Friedensverhandlungen beauftragte, ehe in den letzten und entscheidenden Jahren der Lindauer Jurist Dr. Valentin Heider in diese Rolle eintrat.[91] Er setzte die numerische Parität für *Augsburg* durch, die in den §§ 4–10 des Osnabrücker Vertrages fixiert wurde:[92] Die Ratsstellen im Kleinen und Geheimen Rat sowie die Stadtämter wurden streng aufgeteilt, vor allem aber die ›itio in partes‹, d.h. das Auseinandertreten des Rates bei Fragen der Konfession, und die getrennte Aufsicht über das katholische und evangelische Kirchen- und Schulwesen festgelegt. Erst am 3.4.1649 konnte der Exekutionsrezeß verabschiedet werden – und das erste Friedensfest, in dem der Erhalt der protestantischen Konfession und die Parität gefeiert wur-

---

[85] WILHELM LIEBHART, Krieg u. Frieden. Von d. Mitte d. 16. Jh. bis 1803: Gesch. d. Stadt Kempten (B) 244–256 [246f].
[86] WOLF (K) 542–547.
[87] WÜST, Schwaben (B) 114.
[88] SIMON, Kirchengesch.² (B) 413.
[89] Vgl. dazu BLAUFUSS (K) 44f; eine detaillierte Analyse dieser Zeitspanne bei ROECK 2 (B) 769–880.
[90] VOLKER DOTTERWEICH, Das Fürststift u. d. kath. Reform i. d. Barockzeit: Gesch. d. Stadt Kempten (B) 257–273.
[91] WARMBRUNN, Konfessionen (B) 173f.
[92] Zu den Verhandlungen vgl. HERMANN VOGEL, Der Kampf auf d. westfäl. Friedenskongreß um d. Einführung d. Parität i. Augsburg, Augsburg 1889 (Blätter aus d. Augsburger Reformationsgesch. 2); zur Ausführung vgl. DERS., Die Exekution d. d. Reichsstadt Augsburg betr. Bestimmungen d. Westfäl. Friedens, Augsburg 1890 (Blätter aus d. Augsburger Reformationsgesch. 3); WARMBRUNN, Konfessionen (B) 180–191.

den, fand am 8.8.1650 statt.[93] Diese Sonderstellung spiegelte sich in Biberach, Ravensburg und Dinkelsbühl, erlangte aber auch eine gewisse Entsprechung in *Kaufbeuren*:[94] Die Evangelischen erhielten durch die kaiserliche Exekutionskommission mit der Rückkehr zum Status von 1624 eine Verteilung der Ämter zu ihren Gunsten, dazu die gemeinsame Ausübung des Patronats über St. Martin durch den Rat samt dem Unterhalt der beiden »Religions-Ministerien und Schuldienste«.

Die Verluste aufgrund der Gegenreformation wurden somit nur sehr bedingt aufgefangen.[95] In Ostschwaben blieb die evangelische Kirche südlich der Donau in einer vorwiegend reichsstädtisch bestimmten Diaspora.

Augsburger Friedensgemälde von 1652, Kupferstich, zur Jahrhundertfeier des Passauer Vertrages in der St. Annakirche, Kaiser Ferdinand I. und Ferdinand III., Friede und Gerechtigkeit

---

[93] Vgl. dazu jetzt ausführlich BURKHARDT/HABERER (B); 350 Jahre (B); zu den sonstigen Dankfesten in Schwaben vgl. auch SIMON, Kirchengesch.² (B) 425.
[94] ALT (B) 125ff; JUNGINGER (K) 82f.
[95] Vgl. den Überblick bei SIMON, Kirchengesch.² (B) 409–415.

III.2.3 OBERPFALZ, PFALZ-NEUBURG, REGENSBURG

Von Wilhelm Volkert

ALBRECHT, Maximilian I. (B).– Kirchenordnungen 13 u. 14 (B).– BARBARA KURZE, Pfalzgraf Wolfgang v. Neuburg: LebBaySchwaben 6 (1958), 292–322.– Gustl Lang (B).– PRESS, Calvinismus (B).– PRESS, Kriege (B).– SCHAAB 2 (B).– SIMON, Ev. Kirche (B).– SIMON, Kirchengesch.² (B).– Territorien (B).– VOLKERT, Polit. Entwicklung (B).

1. Die kurpfälzische Oberpfalz bis 1628

ALBRECHT, Maximilian I. (B).– Amberg 1034–1984 (B).– Briefe Friedrich d. Frommen, Kurfürsten v. d. Pfalz, mit verwandten Schriftstücken, ges. u. bearb. v. AUGUST KLUCKHOHN, Bd. 1: 1559–1566, Braunschweig 1868, Bd. 2: 1567–1576, Braunschweig 1872.– DOLLINGER, Evangelium i. d. Opf. (B).– FRIES-KURZE, Kurfürst (B).– GÖTZ, Bewegungen (B).– GÖTZ, Einführung (B).– GÖTZ, Wirren (B).– LIPPERT (B).– Die Opf. wird bayerisch. Die Jahre 1621 bis 1628 i. Amberg u. d. Oberpfalz. Ausstellung d. Staatsarchivs Amberg i. Verbindung mit d. Stadt Amberg u. d. Bezirk Oberpfalz i. großen Rathaussaal z. Amberg aus Anlaß d. 350. Jahrestages d. Erwerbs d. Fürstentums d. Obern Pfalz durch Bayern, Amberg 24. Februar – 12. März 1978, Ausstellung u. Kat. KARL-OTTO AMBRONN u. ACHIM FUCHS, Amberg 1978 (Akat. d. Staatl. Archive Bayerns 10).– PRESS, Ev. Amberg (B).– PRESS, Calvinismus (B).– PRESS, Ev. Opf. (B).– PRESS, Zweite Reformation (B).– ROTT (B).– SCHAAB 2 (B).– SCHINDLING/ZIEGLER (B).– P. SCHMID, Reformation (B).– VOLKERT, Innere Entwicklung (B).– VOLKERT, Polit. Entwicklung (B).– VOLKERT, Reichskreis 1 (B).– VOLKERT, Reichskreis 5 (B).– Stammtafeln (B).

Pfalzgraf Ottheinrich[1] von Neuburg trat 1556 die Nachfolge des verstorbenen Kurfürsten Friedrich II. an. Er setzte in den pfälzischen Herrschaftsgebieten die Institutionalisierung der Reformation in Gang, indem er eine landesherrliche Kirchenordnung[2] erließ (1556), damit den Gottesdienst nach katholischem Ritus verbot und eine allgemeine Visitation[3] aller Pfarreien des Landes anordnete. Dabei sollten die Kirchen von »katholischem Beiwerk« (Seitenaltäre, Bilder) gereinigt werden. Der Bischof von Regensburg[4] hat sich damit abgefunden, einen beträchtlichen Teil der Pfarreien seiner Diözese verloren zu haben. Seit Friedrichs II. Weggang aus der Amberger Statthalterschaft (1544) waren lutherisch ge-

---

[1] FRIES-KURZE, Kurfürst (B); für weitere Literatur zu Ottheinrich vgl. II.4.2.
[2] Kirchenordnung von 1556: Kirchenordnungen 14 (B) Nr. 7; Die Kirchenordnungen v. 1556 i. d. Kurpfalz u. i. d. Markgrafschaft Baden-Durlach, hg. v. FRANZ HAUSS u. HANS G. ZIER, Karlsruhe 1956 (VVKGB 16).
[3] Visitationsordnung für die Oberpfalz: Kirchenordnungen 13 (B) Nr. II 4; GÖTZ, Bewegungen (B) 141–154.
[4] Vgl. PAUL MAI, Das Bistum Regensburg i. d. bayer. Visitation v. 1559, Regensburg 1993, 25*f (BGBR 27).

sinnte Pfalzgrafen, Wolfgang d.Ä.[5] (1544–1551) und Wolfgang von Zweibrücken[6] (1551–1557), kurpfälzische Statthalter in der Oberpfalz. Einige Bedeutung erlangte auch die Kurfürstinwitwe Dorothea,[7] für die in der westlichen Oberpfalz um Neumarkt als Deputatfürstentum ein Witwengut eingerichtet wurde; sie hat hier bis zu ihrem Tod (1580) eine am Luthertum ausgerichtete konfessionelle Linie eingehalten, unter Ottheinrich die Entfernung der Bilder aus den Kirchen und später die Einführung reformierter Lehren verhindert.

Die oberpfälzischen Klöster blieben formell noch bestehen. Der Kurfürst ließ die Vermögen inventarisieren und durch weltliche Klosterverwalter administrieren. Diese Administratoren übten auf den oberpfälzischen Landtagen die Stimmen der Prälaten aus.

Die Organisation der Pfarreien blieb in der überlieferten Form im allgemeinen erhalten; die Geistlichen[8] kamen aus benachbarten Reichsstädten (vor allem Nürnberg oder Regensburg) und lutherischen Territorien (viele aus den sächsischen Ländern). Aufsichtsfunktionen übernahmen geistliche Superintendenten[9] in den größeren Amtsstädten über die Pfarreien der umliegenden Ämter, in der Amberger Regierung wirkten weltliche Kirchenräte bei der Bearbeitung konsistorialer Fragen. Diese ergaben sich bald, besonders in Fragen des Eherechts.

Die vom Kurfürsten angeordnete, 1558 durchgeführte Visitation[10] der Pfarreien zeigte, daß zwischen dem Volk, den Geistlichen und der die Konfession bestimmenden Landesherrschaft grundsätzlich Übereinstimmung bestand.

Nach der Übernahme des Kurfürstentums durch den Pfalzgrafen von Simmern, Friedrich III.,[11] zeichnete sich bald ab, daß die konfessionelle Einheit zwischen dem Fürsten und seinen Beratern einerseits und den Pfarrgeistlichen und dem Volk andererseits nicht von Dauer sein würde. Friedrich III., zunächst lutherisch gesinnt, wandte sich unter dem Einfluß theologischer und politischer Ratgeber und auch nach eigenen Bibelstudien reformierten Lehren zu. Das wurde in dem 1563 veröffentlichten Heidelberger Katechismus festgelegt. Diese wichtigste Bekenntnisschrift der Reformierten war die theologische Grundlage der ebenfalls 1563 erlassenen Kurpfälzischen Kirchenordnung.[12] Sie reglementierte Lehre, Kult und Organisation der obrigkeitlichen Behördenkirche; von der Schlüsselgewalt der sich selbst bestimmenden Gemeindekirche im Sinne der Genfer Kirchenordnung von 1561 sind nur ansatzweise Spuren auf der unteren

---

[5] MAXIMILIAN WEIGEL, Pfalzgraf Wolfgang d.Ä. 1494–1558: ZGO 94 [NF 55] (1942), 358–381.
[6] KURZE (K).
[7] ADOLF HASENCLEVER, Beitr. z. Gesch. Kurfürst Friedrichs II. v. d. Pfalz. VII. Zur Gesch. d. Kurfürstin-Witwe Dorothea v. d. Pfalz (1520–1580): ZGO 83 [NF 44] (1931), 425–458; RAUBENHEIMER (B); SIMON, Ev. Kirche 1 (B) 471f.
[8] WEIGEL, Ambergisches Pfarrerbuch (B).
[9] SIMON, Ev. Kirche (B) Karte 1 [Blatt Nord und Süd]. 38f. 181. 191. 239. 377. 462. 471ff. 610. 652; dieser Band stellt auch die Pfarrorganisation dar.
[10] GÖTZ, Bewegungen (B) 152.
[11] SCHAAB 2 (B) 35ff; PRESS, Calvinismus (B) 223ff. 265ff; Kirchenordnungen 14 (B) 34–60.
[12] Kirchenordnung mit Heidelberger Katechismus: Kirchenordnungen 14 (B) Nr. 31; WULF METZ, Heidelberger Katechismus. 1. Kirchengeschichtl.: TRE 14, 582–586.

Ebene der Gemeinden, etwa in der Verwaltung des Armenwesens, zu beobachten. Friedrich III. war fest entschlossen, sein Konfessionssystem[13] im Kurfürstentum durchzusetzen und ging das politische Risiko ein, sich und sein Land auf ein Bekenntnis festzulegen, welches nicht unter dem Schutz des Augsburger Religionsfriedens stand.

Mit beiden Problemen wurde der Kurfürst in der Oberpfalz konfrontiert. Adel und Städte, hier vor allem die Stadt Amberg, verlangten auf dem Huldigungslandtag von 1563 die Garantie der lutherischen Religionsausübung,[14] stellten die Übernahme kurfürstlicher Schulden in Frage und drohten sogar mit einer Beschwerde beim Kaiser, weil das ihnen abverlangte Bekenntnis nicht in den Religionsfrieden einbezogen sei.

Die lutherisch gesinnten Oberpfälzer fanden Rückhalt an dem seit 1564 als Statthalter der Oberpfalz in Amberg residierenden Kurprinzen Ludwig VI. Dieser lehnte die reformierten Ambitionen seines Vaters ab und blockierte deren Durchführung. Das von Friedrich III. gegründete Paedagogium[15] in Amberg, das aus dem Vermögen der seit 1563 offiziell aufgelösten Klöster fundiert werden sollte zur Heranbildung von reformierten Pfarrern und Lehrern, kam nicht recht in Gang. In den Ämtern, die der Kurfürstinwitwe Dorothea zugewiesen waren, und im Stiftland Waldsassen, welches der lutherisch eingestellte Pfalzgraf Richard[16] administrierte, fanden die Anordnungen des Kurfürsten keine Resonanz. Friedrich III. bestand jedoch auf der Ausweisung der lutherischen Geistlichen und deren Ersetzung durch Pfarrer, die die Kurpfälzer Kirchenordnung einhielten.[17] In vielen Gemeinden war dies jedoch kaum zu realisieren, besonders in solchen, die unter dem Patronat adeliger Landsassen standen. Durch eine vom Kurfürsten angeordnete Visitation[18] aller Pfarreien sollte die Bekenntniseinheit im Sinne der pfälzischen Landesherrschaft hergestellt werden; dabei sollten die Pfarrer und Beamten das Handgelübde auf die reformierten Lehren leisten. Ein wesentlicher Erfolg war dieser konfessionspolitischen Maßnahme nicht beschieden. Die Mehrheit der Bevölkerung und wohl auch der Geistlichen war lutherisch gesinnt und lehnte die reformierten Zeremonien (besonders beim Abendmahl mit dem Brotbrechen) ab; die Reformierten bildeten eine kleine Minderheit.

---

[13] MEINRAD SCHAAB, Obrigkeitlicher Calvinismus u. Genfer Gemeindemodell. Die Kurpfalz als frühestes ref. Territorium i. Reich u. ihre Einwirkung auf Pfalz-Zweibrücken: Territorialstaat u. Calvinismus, hg. v. MEINRAD SCHAAB, Stuttgart 1993, 34–86 (Veröff. d. Kommission f. Geschichtl. Landeskunde i. Baden-Württemberg B.127); JOHANNES MERZ, Calvinismus i. Territorialstaat? Zur Begriffs- u. Traditionsbildung i. d. deutschen Historiographie: ZBLG 57 (1994), 45–68.
[14] PRESS, Ev. Amberg (B) 122f.
[15] ELISABETH MÜLLER-LUCKNER/RAINER A. MÜLLER, Hochschulpläne u. Hochschulwesen i. d. Opf. Vom Spätmittelalter bis z. frühen Neuzeit: Gustl Lang (B) 368–383 [368–371].
[16] HANS-GEORG STURM, Pfalzgraf Reichard v. Simmern 1521–1598, Trier 1968.
[17] P. SCHMID, Reformation (B) 116ff.
[18] GOETZ, Einführung (B) 125–155. Die zugrundeliegende Kirchenzuchtordnung Friedrichs III. von 1570 fand wenig Anklang beim Volk; vgl. Kirchenordnungen 14 (B) Nr. 44. 45.

Friedrich III. starb 1576. Sein ältester Sohn Ludwig VI.[19] trat die Nachfolge an und leitete sogleich die Restitution des Luthertums in die Wege; Geistliche und Beamte reformierten Bekenntnisses wurden entfernt und ins Exil getrieben. Die Kirchenordnung von 1577[20] folgte der Ordnung Ottheinrichs von 1556. Nach längerem Zögern entschloß sich der Kurfürst zur Unterzeichnung der Konkordienformel, was zu Schwierigkeiten mit Geistlichen führte, die theologisch im Sinne Philipp Melanchthons (»Philippismus«) eingestellt waren.[21] Die konfessionelle Situation in der Oberpfalz war nach Friedrichs III. Tod auch deshalb besonders disparat, weil dessen jüngerer Sohn, Johann Casimir, ein Deputatfürstentum um (Kaisers-)Lautern im Pfälzer Gebiet und um Neunburg vorm Wald in der Oberpfalz zugewiesen erhalten hatte;[22] Johann Casimir hielt die Linie seines Vaters ein und duldete keine Lutheraner in seinen Herrschaften. Als schließlich nach dem Tod der Kurfürstinwitwe Dorothea (1580) Teile von deren Wittumsgebiet an Johann Casimir fielen, der hinwiederum seine Oberpfälzer Ämter an den Kurfürsten Ludwig VI. herausgab, wobei jeweils die der neuen Landesherrschaft nicht entsprechenden Geistlichen und Beamten ihr Bekenntnis ändern oder auswandern sollten, war unverkennbar, daß weder die Restituierung des Luthertums noch die vom Volk weitgehend abgelehnte Einführung des reformierten Kultus gelungen war. Dies zeigte eine von 1579 bis 1583 durchgeführte Visitation der Oberpfälzer Pfarreien deutlich.[23]

Nachfolger des Kurfürsten Ludwig VI. wurde dessen minderjähriger Sohn Friedrich IV., für den Johann Casimir die Vormundschaftsregierung übernahm (bis 1592). Er führte zur Belehrung der Geistlichen in der reformierten Lehre den sog. Conventus Classicus[24] und einen monatlichen Buß- und Bettag ein. Nach seinem Tod 1592 kam es zu schweren Unruhen in den oberpfälzischen Städten Neumarkt, Amberg, Nabburg und Tirschenreuth. Sie waren teils konfessionell bedingt, weil sich die primär lutherisch eingestellten Bürgerschaften den reformierten landesfürstlichen Anordnungen nicht fügen wollten; zum Teil hatten sie kommunalpolitische Hintergründe, die letztlich zu massiven Eingriffen der Regierung in die bürgerlichen Freiheitsbereiche führten.[25]

---

[19] SCHAAB 2 (B) 50ff; VOLKER PRESS, Ludwig VI.: NDB 15, 414f.
[20] Kirchenordnungen 14 (B) Nr. 60.
[21] Zur Konkordienformel vgl. ERNST KOCH, Konkordienformel: TRE 19, 476–483 [476ff]; zu den zwischen Lutheranhängern, Philippisten und Reformierten sich ergebenden Problemen vgl. HARM KLUETING, Die ref. Konfessionalisierung als »negative Gegenreformation«. Zum kirchl. Profil d. Reformiertentums i. Deutschland d. 16. Jh.: ZKG 109 (1998), 307–327 [307ff]; zur speziell oberpfälzischen Situation vgl. ECKERT (B).
[22] MANFRED KUHN, Pfalzgraf Johann Casimir v. Pfalz-Lautern, Kaiserslautern 1961; VOLKER PRESS, Johann Casimir: NDB 10, 510–513; zu den Kirchengebieten Johann Casimirs und Dorotheas vgl. SIMON, Ev. Kirche (B) 112. 471ff.
[23] JOHANN B. GÖTZ, Die große oberpfälzische Landesvisitation unter d. Kurfürsten Ludwig VI.: VHVOPf 85 (1935), 148–244; 86 (1936), 277–362.
[24] Kirchenordnungen 14 (B) Nr. 85.
[25] Vgl. bes. WILHELM VOLKERT, Amberg u. d. Kurfürsten v. d. Pfalz: Amberg 1034–1984 (B) 61–74 [71]; PRESS, Ev. Amberg (B) 126ff.

Spiritus rector der kurfürstlichen Oberpfalz-Politik wurde seit 1595 Fürst Christian von Anhalt[26] als Statthalter in Amberg; er blieb dies auch unter Kurfürst Friedrich V. (1610–1623). Die reformierten Lehren in Agende und Gottesdienst sowie auch im täglichen Leben sollte eine große Volksbelehrung, das »Institutionenwerk«, durchsetzen.[27] Der Erfolg war nicht allzu groß. Die »Zweite Reformation« (Übergang vom Luthertum zur reformierten Lehre) wurde von der Beamtenoberschicht und vielen Pfarrern und Predigern befolgt.[28] Beim Volk war ein eher undifferenzierter »Bikonfessionalismus« weit verbreitet. Die Ergebnisse der vom Kurfürsten Friedrich V. 1615/16 angeordneten Generalvisitation lassen dies erkennen.[29] Das Amberger Paedagogium zog seit 1585 wieder als ausschließlich reformierte Bildungsanstalt Aspiranten für den Kirchen- und Schuldienst heran; eine einheitliche Ausrichtung der fürs Theologiestudium bestimmten Kandidaten hatte es nicht bewirken können.

Seit der Gründung der protestantischen Union (1608) hatte Christian von Anhalt als Kriegsratsvorsitzender und General des protestantischen Ständebündnisses die antihabsburgische und antikatholische Politik des Hauses forciert, wohl mit dem Ziel, eine Generalabrechnung mit dem katholischen Kaiserhaus herbeizuführen. Er und sein Kurfürst bemerkten nicht, daß sie dabei die realen Möglichkeiten der Kurpfalz völlig überschätzten. Beide gingen 1619 auf das Angebot der böhmischen Generalstände ein, Kurfürst Friedrich V. zum König von Böhmen zu wählen.[30] Der Ausgang dieses Abenteuers konnte nicht zweifelhaft sein, zumal sich die Union in diesem Unternehmen für neutral erklärte und andere Hilfe ausblieb. Friedrich und Elisabeth von der Pfalz wurden zwar Ende 1619 in Prag gekrönt; aber schon im Herbst 1620 brach die böhmische Herrschaft des Pfälzers in der Schlacht am Weißen Berg zusammen. Dem Kurfürsten und seinen Helfern blieb nur die Flucht; 1621 verfiel er der Reichsacht.

Wichtigster Bundesgenosse des siegreichen Kaisers war der bayerische Herzog Maximilian I.,[31] der bereits 1621 zum kaiserlichen Kommissär in der Oberpfalz ernannt wurde. Zwei Jahre später erhielt er als Kriegskostenentschädigung die Oberpfalz[32] und die Kurwürde des geächteten Pfälzers zunächst für sich persönlich, 1628 dann in erblicher Weise für das Haus Bayern. Seit 1623 leitete der neue Landesherr die Rekatholisierung ein.[33] Nach dem Religionsmandat von 1628 mußten alle Untertanen den katholischen Glauben annehmen. Für die Konver-

---

[26] PRESS, Calvinismus (B) 399ff. 489ff; FRIEDRICH HERMANN SCHUBERT, Christian I.: NDB 3, 221–225.
[27] Kirchenordnungen 13 (B) Nr. II 15.
[28] PRESS, Zweite Reformation (B).
[29] GÖTZ, Wirren (B) 265. 285ff. 298. 334f.
[30] SCHAAB 2 (B) 109–116; PRESS, Kriege (B) 195–199.
[31] Zu Maximilians Motiven vgl. ALBRECHT, Maximilian I. (B) 504–507. 534ff.
[32] Die Opf. wird bayerisch (T).
[33] ZIEGLER, Rekatholisierung (B); ACHIM FUCHS, Die Durchführung d. Gegenreformation i. d. Opf.: Die Opf. wird bayerisch (T) 49–60; ALBRECHT, Maximilian I. (B) 590–596; HBKG 2, 62. 297. 755. 848.

sion wurde eine Frist gesetzt, die Unwilligen hatten danach auszuwandern. Das galt für alle: Adel und Beamte, Bürger und Bauern. Die Beamten leisteten wenig Widerstand, etwa die Hälfte der Adeligen wanderte aus; bei den Bürgern und auf dem Land halfen häufig Zwangseinquartierungen (»Dragonaden«) und Behördenmaßnahmen den Untertanen, den vorgeschriebenen Weg zu finden. Die vom Kurfürsten geistlich angelegte Konversionspolitik wurde nachhaltig von den Behörden reglementiert. Die geistliche Leitung und die Seelsorge sowie die Heranbildung geeigneter neuer Priester übernahmen Mitglieder der Gesellschaft Jesu. Das Amberger Jesuitenkolleg und die Niederlassungen in Cham und Neumarkt wurden die maßgeblichen Stützpunkte für das Bekehrungswerk, welches erfolgreich im Sinn des bayerischen Kurfürsten verlief.

Im Vertrag von Münster (§ 11) wurde 1648 die erste weltliche Kurstimme dem Haus Bayern zugesprochen;[34] die Oberpfalz blieb bayerisch; das Normaljahr des Konfessionsstands von 1624 wurde auf dieses Gebiet nicht angewendet. Die erst nach diesem Jahr durchgeführte Gegenreformation mußte also nicht rückgängig gemacht werden. In den früher kurpfälzischen, jetzt kurbayerischen Oberpfälzer Gebieten war damit die Geschichte der lutherischen und reformierten Gemeinden zu Ende.

2. Reformation und Gegenreformation in den Fürstentümern Pfalz-Neuburg und Pfalz-Sulzbach nach dem Religionsfrieden

JOSEF BREITENBACH, Aktenstücke z. Gesch. d. Pfalzgrafen Wolfgang Wilhelm v. Neuburg. Zugleich ein Beitr. z. pfalzneuburg. Unionspolitik u. z. Gesch. d. Erstgeburtsrechts i. d. deutschen Fürstenhäusern, München 1896.– CRAMER-FÜRTIG, Entwurf (B).– CRAMER-FÜRTIG, Landesherr (B).– Dokumente 1/3 (B).– Eisenerz 1 u. 2 (B).– HAUSER (B).– 450 Jahre Reformation i. Fürstentum (B).– 475 Jahre Fürstentum (B).– KLAUS JAITNER, Polit. Gesch. d. Fürstentums Pfalz-Sulzbach v. 1614 bis 1790: Eisenerz 1 (B) 129–152 [133–140].– Christian Knorr v. Rosenroth (B).– NADWORNICEK (B).– NEBINGER (B).– Neuburg (B).– Schr. d. Pfalzgrafen Ottheinrich (B).– SEITZ (B).– VOLKERT, Polit. Entwicklung (B) 124–141.– WAPPMANN, Durchbruch[2] (B).– PAUL WARMBRUNN, Pfalz-Zweibrücken. Zweibrückische Nebenlinien: Territorien 6 (B) 171–197.– WEBER/HEIDER (B).– WEIGEL, Neuburgisches Pfarrerbuch (B).– FRIEDRICH ZOEPFL, Ein Tagebuch d. Pfalzgrafen Wolfgang Wilhelm v. Pfalz-Neuburg aus d. Jahre 1593: Jb. d. Hist. Vereins Dillingen a. d. Donau 37 (1924), 137–147.– DERS., Ein Tagebuch d. Pfalzgrafen Wolfgang Wilhelm v. Pfalz-Neuburg aus d. Jahre 1600: Jb. d. Hist. Vereins Dillingen a. d. Donau 38 (1925), 72–99.– DERS., Ein Tagebuch d. Pfalzgrafen Wolfgang Wilhelm v. Pfalz-Neuburg aus d. Jahre 1601: Jb. d. Hist. Vereins Dillingen a. d. Donau 39/40 (1926/27), 173–209.

---

[34] ANDREAS KRAUS, Frankreich u. d. Pfalzfrage auf dem Westfäl. Friedenskongreß: ZBLG 53 (1990), 681–696; ALBRECHT, Maximilian I. (B) 1020–1029. 1082ff. 1091f.

Pfalzgraf Wolfgang von Zweibrücken[35] folgte nach Kurfürst Ottheinrichs Tod endgültig im Fürstentum Neuburg als Landesherr; die westpfälzischen und elsässischen Landesteile seines Zweibrücker Fürstentums behielt er weiterhin in eigener Herrschaft. Betont lutherisch eingestellt, war es ihm ein starkes Anliegen, seine beiden Fürstentümer einheitlich konfessionell und kirchenorganisatorisch zu gestalten, weshalb er 1560 die Zweibrücker Kirchenordnung, die ihrerseits starke Anklänge an die Neuburger Ordnung enthielt, auch in Pfalz-Neuburg in Kraft setzte.[36] Die »Zuchtordnung« Ottheinrichs regelte die Kirchenzucht und damit einen wesentlichen Teil des Privatlebens der Pfarrer (1556); mit der Superintendenten- und der Visitationsordnung gab der Fürst die Richtlinien für die Überwachung der Gemeinden. Für die Ausbildung von Theologen und Beamten sorgte der Fürst durch die Gründung einer höheren Bildungsanstalt, der Fürstlichen Schule in Lauingen (1562), die nach dem Vorbild der Zweibrücker Landesschule in Hornbach (1559) eingerichtet wurde.[37] Beide Anstalten sollten aus den Erträgen bisheriger Klostergüter unterhalten werden. Pfalzgraf Wolfgang, Vertreter der lutherischen Orthodoxie, der noch auf dem Reichstag von 1566 gegen die reformierte Kurpfalz-Regierung agitiert hatte, wandelte bald darauf seine Gesinnung, suchte politisch die Aussöhnung mit dem Kurfürsten und rüstete ein Militäraufgebot aus, um den bedrängten französischen Protestanten zu Hilfe zu kommen. Auf dem Kriegszug fand er den Tod. Testamentarisch hatte er seine Erben auf die Augsburgische Konfession verpflichtet und ihnen eine Erb- und Sukzessionsordnung[38] vorgeschrieben.

Der älteste Sohn Philipp Ludwig[39] übernahm den Neuburger Landesteil, der zweite Sohn Johann I. Zweibrücken. Für die jüngeren Brüder hatten sie Deputatherrschaften als Apanagen auszurichten. Im Neuburger Fürstentum betraf dies die Ämter Sulzbach und Hilpoltstein, die der Pfalzgraf Ottheinrich II. erhielt, sowie Flossenbürg, Vohenstrauß und den Anteil am Gemeinschaftsamt Parkstein-Weiden für den Pfalzgrafen Friedrich. Die Landeshoheit und damit der Religionsbann standen dem Pfalzgrafen Philipp Ludwig zu. Er festigte den betont lutherischen Charakter der Neuburger Kirche, schloß sich der Bewegung um die Konkordienformel an, erneuerte zusammen mit seinem Zweibrücker

---

[35] SEITZ (B) 48–53; KURZE (K); WARMBRUNN (T) 178ff; BERNHARD VOGLER, Herzog Wolfgang v. Pfalz-Zweibrücken u. d. Reformation: BPfKG 37/38 (1970/71), 659–671.
[36] Kirchenordnung von 1560: Kirchenordnungen 13 (B) Nr. I 14 [Teildruck], Nr. I 10 [Zuchtordnung], Nr. I 13, 15 [Visitationsordnung und -instruktion von 1558, 1560, 1562].
[37] ANTON SCHINDLING, Humanist. Reform u. fürstliche Schulpolitik i. Hornbach u. Lauingen. Die Landesgymnasien d. Pfalzgrafen Wolfgang v. Zweibrücken u. Neuburg: Neuburger Kollektaneenblatt 133 (1980), 141–186; SEITZ (B) 49. 68.
[38] WALTHER KOCH, Die Entstehung d. Testaments Herzog Wolfgangs v. Pfalz-Zweibrücken u. sein Entwurf v. Kanzler Dr. Ulrich Sitzinger: MHVP 63 (1965), 95–129; WARMBRUNN (T) 180.
[39] HAUSER (B); SIMON, Ev. Kirche 1 (B) 121–125; ARMIN BINDER, Pfalzgraf Ottheinrich II. (1556–1604), der Begründer d. Residenz Sulzbach: 400 Jahre Residenz Sulzbach 1582–1982. Die Wittelsbacher i. Pfalz u. Sulzbach. Beitr. z. 400-Jahrfeier d. Residenzgründung, Sulzbach-Rosenberg 1982, 9–22; KARL-OTTO AMBRONN, Das »Feste Haus« i. Weiden oder Weiden als verhinderte Residenzstadt: Gustl Lang (B) 283–309 [295–306].

Bruder Johann I. die gemeinsame Kirchenordnung von Zweibrücken-Neuburg (1557/60) 1570, erließ Visitationsinstruktionen und mit den sog. Generalartikeln (1576) eine Zusammenfassung der Kirchenorganisation und der Verhaltensnormen für Geistliche und Untertanen.[40] Mit der Konsistorialordnung (1576) entstand als kirchliche Leitungsbehörde das Neuburger Konsistorium;[41] die Prüfungsordnung für die Geistlichen und die Eheordnung (beide 1577) schlossen das Vorschriftenwerk ab.

Die konfessionelle Einheit im lutherischen Sinn, die Philipp Ludwig von Neuburg und seinen Bruder Johann I. von Zweibrücken verband, zerbrach, als sich letzterer 1588 mit der Einführung des Zweibrückener Katechismus' der reformierten Lehre zuwandte.[42] Die Folge war, dass der Zweibrückener Pfalzgraf Johann II. später Administrator in der reformierten Kurpfalz für den minderjährigen Friedrich V. wurde unter Übergehung des lutherischen Pfalzgrafen Philipp Ludwig von Neuburg.[43]

Seine evangelische Gesinnung stellte Philipp Ludwig bei dem Religionsgespräch in Regensburg 1601 dar, das er zusammen mit Herzog Maximilian von Bayern über die Frage veranstaltete, ob die Heilige Schrift allein die Grundlage der rechten Lehre sein könne.[44] In der Diskussion dominierten die Ingolstädter Universitätstheologen Albert Hunger und Adam Thanner an der Seite Maximilians über den Neuburger Hofprediger Jakob Heilbrunner und die lutherischen Abgesandten von Sachsen, Brandenburg und Württemberg. Eine Annäherung der Standpunkte in dieser Grundfrage der Reformation wurde nicht erzielt.

Bei der Bildung politischer Bündnisse der Protestanten im Reich arbeitete Philipp Ludwig mit Lutheranern wie mit Calvinisten gleichermaßen zusammen. Das war 1608 bei der Gründung der protestantischen Union[45] und 1609 im Streit um das Erbe von Johann Wilhelm von Jülich, Kleve und Berg, Philipp Ludwigs Schwager, der Fall.[46] Dieses beanspruchten Philipp Ludwig und sein Sohn Wolfgang Wilhelm von Neuburg sowie Kurfürst Johann Sigismund von Brandenburg. Die Prätendenten einigten sich 1609 vorläufig über den gemeinsamen Be-

---

[40] Kirchenordnungen 13 (B) Nr. I 18, Nr. I 19, Nr. I 20, Nr. I 22, Nr. I 23.

[41] AaO, Nr. I 21; SIMON, Ev. Kirche 1 (B) 466f.

[42] WERNER-ULRICH DEETJEN, Das Ende d. Entente cordiale zwischen d. Bruderkirchen u. Bruderdynastien Pfalz-Zweibrücken-Württemberg u. Pfalz-Neuburg: BWKG 82 (1982), 38–217; DERS., Der Konfessionswechsel i. Herzogtum Zweibrücken: Ref. Konfessionalisierung (B) 98–103; WARMBRUNN (T) 180ff.

[43] Vgl. PRESS, Calvinismus (B) 422ff. 479ff.

[44] B. BAUER, Kolloquium (B); DINGEL (B) 664; ALBRECHT, Maximilian I. (B) 286f [sieht keinen Zusammenhang zwischen der Teilnahme Wolfgang Wilhelms am Religionsgespräch und dessen späterer Konversion].

[45] VOLKER PRESS, Fürstentum u. Fürstenhaus Pfalz-Neuburg. Die dritte wittelsbachische Kraft: Gustl Lang (B) 255–278 [260f]; HAUSER (B); PRESS, Kriege (B) 166f; SCHAAB 2 (B) 76; ALBRECHT, Maximilian I. (B) 407.

[46] Die umfangreiche Literatur dazu vgl. VOLKERT, Polit. Entwicklung (B) 128f; instruktive Zusammenfassung: HANS SCHMIDT, Das Haus Pfalz-Neuburg i. d. europ. Politik d. 17. Jh.: Etudes d'histoire européenne. Mélanges offerts à René et Suzanne Pillorget, Angers 1990, 113–133 [113–118].

sitz der Herzogtümer und Herrschaften am Niederrhein. Zur endgültigen Lösung suchte Brandenburg Hilfe bei der Union; für die Pfalzgrafen von Neuburg blieb deshalb nur die Option auf Bayern. Herzog Maximilian I. ging auf das Ersuchen ein, war auch mit der Heirat seiner Schwester Magdalena mit Wolfgang Wilhelm von Neuburg einverstanden, aber nur unter der Bedingung der Konversion seines künftigen Schwagers zur katholischen Kirche.[47] In größter Heimlichkeit konvertierte Wolfgang Wilhelm 1613 in München; sein lutherischer Vater durfte dies nicht erfahren; im Herbst fand die Hochzeit der bayerischen Prinzessin mit dem Neuburger Pfalzgrafen statt. Im Frühsommer 1614 wurde der Übertritt Wolfgang Wilhelms bekanntgegeben.

Der am Niederrhein 1614 drohende offene Krieg um das Erbe konnte vermieden werden. Nach längeren Verhandlungen einigten sich im November 1614 Brandenburg und Pfalz-Neuburg im Vertrag von Xanten auf die Teilung des grundsätzlich gemeinsamen Besitzes: Pfalz-Neuburg erhielt die Herzogtümer Jülich und Berg.[48]

Im Fürstentum Pfalz-Neuburg setzte Pfalzgraf Wolfgang Wilhelm, der 1614 seinem Vater als Landesherr nachfolgte, die Rückführung der Bevölkerung zur katholischen Kirche in mehreren Etappen nicht ohne Härte durch;[49] unterstützt wurde er dabei von seinem Schwager Maximilian von Bayern, dessen Geheimen Räten und Angehörigen des Jesuitenordens. 1615 erging zunächst ein Religionsmandat, das die Gleichberechtigung des katholischen Kultus und die Einführung des Gregorianischen Kalenders festlegte. In zahlreichen Kirchen zelebrierten nun auch katholische Priester, so daß man in gewissem Sinn von einem Simultaneum der Kirchenbenutzung sprechen kann.

Wolfgang Wilhelms jüngere Brüder erhielten Deputatherrschaften unter dem Vorbehalt der Landeshoheit.[50] August bekam mit der Residenz in Sulzbach die Ämter Flossenbürg und Vohenstrauß mit dem Neuburger Anteil des Gemeinschaftsamtes Parkstein-Weiden; der jüngste, Johann Friedrich, wurde mit den Ämtern Hilpoltstein, Heideck und Allersberg abgefunden. Die Kurfürstinwitwe Anna bezog ihr Wittumsschloß in Höchstädt an der Donau. Weder die Mutter noch die Brüder Wolfgang Wilhelms waren gesonnen, ihr Luthertum aufzugeben. In ihren Residenzen und Ämtern trat daher das Religionsmandat nicht in Kraft. Die dem Fürsten unmittelbar unterstehenden Städte, Märkte und Ämter hatten sich jedoch den Anordnungen sofort zu fügen; sie wurden 1617/18 drastisch verschärft. Die Geistlichen und die Bevölkerung wurden zur Konversion

---

[47] FRIES-KURZE, Pfalzgraf (B); ALBRECHT, Maximilian I. (B) 465ff; Dokumente 1/3 (B) 774–780, Nr. 178.
[48] Zur konfessionellen Entwicklung in den niederrheinischen Herzogtümern und Herrschaften vgl. HERIBERT SMOLINSKY, Jülich-Kleve-Berg: Territorien 3 (B) 86–106.
[49] Dokumente 1/3 (B) Nr. 187 sowie S. 88. 125; SEITZ (B) 57–62; ALBRECHT, Maximilian I. (B) 470ff.
[50] SIMON, Ev. Kirche 1 (B) 121. 124; die Deputatherrschaften von 1569 waren 1597 bzw. 1604 wieder an Pfalz-Neuburg zurückgefallen. Für Sulzbach vgl. A. SCHMID, Sulzbach (B) 545ff; HANS SCHNEIDER, Sulzbach bei Pfalz-Neuburg: Eisenerz 1 (B) 103–127 [123ff].

aufgefordert; wer dazu nicht bereit war, mußte auswandern. In der Hauptstadt Neuburg und in ländlichen Gebieten folgte die Bevölkerung weit überwiegend den Anordnungen des Landesherrn. Aus den Städten an der oberen schwäbischen Donau Lauingen, Gundelfingen und Höchstädt wanderten jedoch zahlreiche Bürger der kaufmännischen und handwerklichen Oberschicht aus.[51] Auch im Nordgau gab es Exulanten wegen der Religion. Die Auswanderer gingen meist in die benachbarten Reichsstädte Ulm, Nördlingen, Weißenburg oder Regensburg. Die kirchliche Organisation des lutherischen Fürstentums war verhältnismäßig schnell zerschlagen nach der Abwanderung der Beamten und Pfarrer. Die Glaubenseinheit der Bevölkerung herbeizuführen, war ein langwieriger Prozeß, der erst nach dem Dreißigjährigen Krieg allmählich zum Abschluß kam. 1632 bis 1634 hielten schwedische Truppen den größeren Teil des Fürstentums besetzt, wobei der evangelische Kultus wiederhergestellt, evangelische Pfarrer zurückberufen und die katholischen Priester ausgewiesen wurden. Nach der Schlacht von Nördlingen (6.9.1634) räumten die Schweden Süddeutschland, so daß die katholische Lehre wieder eingeführt wurde. Das war auch in Höchstädt, dem Witwensitz der Pfalzgräfin Anna, nach deren Tod (1632) der Fall.[52]

In den Deputatherrschaften Sulzbach und Hilpoltstein führte Wolfgang Wilhelm kraft Landeshoheit 1627/28 gegen den Widerstand der Fürsten die Gegenreformation durch;[53] den Pfalzgrafen blieb für ihren Hofstaat der Hausgottesdienst mit evangelischen Hofpredigern. In Sulzbach bemühte sich der 1644 an die Regierung gekommene Pfalzgraf Christian August[54] um die Wiederherstellung des evangelischen Glaubens. Erfolg konnte er zunächst nicht haben, da Pfalz-Neuburg auf das Jus reformandi der Landeshoheit nicht verzichten wollte. Erfolgreich war der Pfalzgraf jedoch 1649, als er die kreisausschreibenden Fürsten des fränkischen Reichskreises dazu veranlaßte, die allgemeine Bestimmung des konfessionellen »Normaljahrs« für sein Sulzbacher Gebiet durchzuführen. Danach war der Bekenntnisstand zum Zeitpunkt des 1.1.1624 wieder herzustellen; damals war Sulzbach noch nicht von der Neuburger Gegenreformation er-

---

[51] REINHARD H. SEITZ, Die Exulanten d. pfalz-neuburgischen Stadt Lauingen a. d. Donau: ZBKG 27 (1958), 141–150; FRITZ MARKMILLER, Katholisch werden oder auswandern! Die Durchführung d. Gegenreformation i. Stadt u. Pfarrei Höchstädt an d. Donau 1615–1656: Jb. d. Hist. Vereins Dillingen a. d. Donau 99 (1997), 150–227.

[52] ROLAND THIELE, Die Schweden i. Neuburg an d. Donau: Neuburger Kollektaneenblatt 142 (1994), 160–164; ADOLF LAYER, Höchstädt an d. Donau. Eine kleine Stadt mit großem Namen. Festbuch z. 900-Jahr-Feier d. Stadt Höchstädt, Höchstädt 1981, 114ff. 120ff.

[53] FRIEDRICH GRIESSBACH, Die Gegenreformation i. d. Stadt Sulzbach 1628: ZBKG 3 (1928), 129–184; DERS., Die Gegenreformation i. hilpoltsteinischen Gebiet i. Jahre 1628: ZBKG 13 (1938), 194–215; DERS., Die Gegenreformation i. d. sulzbachischen Ämtern i. Jahre 1628: ZBKG 15 (1940), 188–214; 16 (1941), 53–85; KARL HAUSBERGER, Die kath. Kirche zwischen Gegenreformation u. Säkularisation (1627–1803): Eisenerz 2 (B) 571–584 [571ff].

[54] Umfassend: WAPPMANN, Durchbruch² (B); WAPPMANN, Kirche (B) 556ff. Vgl. auch HANS RALL, Das geistige u. polit. Ringen d. Pfalzgrafen Christian August bis z. Gründung d. Fürstentums Pfalz-Sulzbach 1656: FS f. Andreas Kraus z. 60. Geburtstag, hg. v. PANKRAZ FRIED u. WALTER ZIEGLER, Kallmünz 1982, 213–240 (MHStud. 10); DERS., Christian August v. Pfalz-Sulzbach als regierender Herzog (1656–1708) u. als Familienvater: Land u. Reich 2 (B) 181–194.

faßt gewesen. Gegen den Protest Neuburgs wurde deshalb wieder der evangelische Kultus eingeführt.[55] Der größere Teil der Bevölkerung schloß sich dem an. Verhandlungen führten schließlich zum Kompromiß des Vergleichs von Köln (1652), in dem Christian August den katholischen Untertanen das Miteigentum an allen Kirchen und Pfründen einräumte;[56] die Gotteshäuser sollten künftig

Simultankirche Mariae Himmelfahrt in Sulzbach, Konfirmationsbild 1952, Photographie; vor den Chorschranken der evangelische Altar mit dem versenkbaren Abendmahlsgemälde von 1839

---

[55] WAPPMANN, Durchbruch[2] (B) 33ff.
[56] AaO, 77–99; JAITNER (T); HELENE HOFFMANN, Tobias Clausnitzer u. d. Einführung d. Simultaneums i. Gemeinschaftsamt Weiden-Parkstein: ZBKG 29 (1960), 186–218.

zum gemeinsamen Gebrauch beider Konfessionen dienen (Simultaneum religionis exercitium). Das »Sulzbacher Simultaneum« bereitete bei der Einführung hauptsächlich den Protestanten Ärger, weil sie die Hälfte der Pfründeeinkommen herausgeben mußten, und gab in den folgenden Jahrhunderten häufig Anlaß zu Streitigkeiten im kirchlich-gemeindlichen Alltag; insgesamt hat es wohl das konfessionelle Nebeneinander und Miteinander positiv beeinflußt. Die meisten Simultankirchen-Verhältnisse wurden seit dem späten 19. Jahrhundert aufgelöst; einige bestehen noch.[57]

An der konfessionellen Situation des Fürstentums Sulzbach änderte sich nichts, als Pfalzgraf Christian August 1656 zum Katholizismus konvertierte; denn seit dem Westfälischen Frieden gab es bei der persönlichen Glaubensentscheidung des Landesherrn keine Folgepflicht der Untertanen mehr. Kurz nach dem Übertritt erhielt Christian August im Neuburger Hauptvergleich die volle Landeshoheit über das Sulzbacher Fürstentum; Pfalzgraf Philipp Wilhelm von Neuburg verzichtete darauf.[58] Im Fürstentum Sulzbach lebten also weiterhin Protestanten lutherischer Prägung und Katholiken; dazu gab es, durch die Schutzpolitik Christian Augusts ermöglicht und gefördert, zwei ansehnliche Judengemeinden in Sulzbach und auf dem Flosser Judenberg.[59]

3. Die Reichsstadt Regensburg

DOLLINGER, Evangelium i. Regensburg (B).– Gesch. Regensburg 1 u. 2 (B).– HAUSBERGER, Zum Verhältnis (B).– 450 Jahre ev. Kirche (B).– Reformation u. Reichsstadt. Prot. Leben i. Regensburg (B).– P. SCHMID, Civitas regia (B) 136–140.– P. SCHMID, Ratispona (B) 83–91.– P. SCHMID, Regensburg (B).– P. SCHMID, Reichskreis 4 (B).– Stadt Regensburg. Ensembles, Baudenkmäler, archäol. Denkmäler, ANKE BORGMEYER, Regensburg 1997 (Denkmäler i. Bayern III. Opf., Bd. 37).– THEOBALD, Reformationsgesch. (B).– TRAPP (B) 845–857.– VOLKERT, Entstehung (B).– VOLKERT, Luthers Reformation (B).– WÖLFEL, Lentz (B).– ZAPALAC (B).

Nachdem in der Regensburger Neupfarrkirche seit 1552 wieder reformatorische Gottesdienste abgehalten werden konnten und der Rat der Reichsstadt die Or-

---

[57] Vgl. die Pfarrbeschreibungen: Ev.-Luth. Dekanat Sulzbach-Rosenberg. Ev. Gemeinden i. d. Opf., Porträt eines Dekanatsbezirkes, hg. v. GÜNTER HEIDECKER u.a., Erlangen 1990; Ev.-luth. Dekanat Weiden i. d. Opf., Red. HILMAR SOMMERMANN, Erlangen 1982.– Die ev.-luth. Stadtpfarrkirche Sulzbach, bis 1958 simultan, hatte für die Katholiken ein Hochaltargemälde der Schlüsselübergabe an Petrus von 1640. Vor dem Chor stand der evangelische Altar mit sichtverdeckendem Aufbau mit Darstellung des letzten Abendmahls (erneuert 1839). Nach dem evangelischen Gottesdienst wurde der obere Aufbau mittels Kurbelmechanismus versenkt.
[58] Zur Konversion vgl. WAPPMANN, Durchbruch[2] (B) 107–122; zum Vertragswerk 1656 vgl. aaO, 122ff; JAITNER (T) 136ff.
[59] ANDREAS ANGERSTORFER, Jüdisches Leben i. Sulzbach: Eisenerz 2 (B) 619–633; RENATE HÖPFINGER, Die Judengemeinde v. Floß 1684–1942. Die Gesch. einer jüdischen Landgemeinde i. Bayern, Kallmünz 1993 (Regensburger Hist. Forsch. 14).

ganisation des kirchlichen Lebens tatkräftig in die Wege leitete, brachte der Religionsfrieden von 1555 keine besonderen Neuerungen. Die der Reichsstadt unterstehenden Bürger und Beisassen hielten sich in ihrer großen Mehrheit zur neuen Kirche. Für die Gottesdienste standen neben der Pfarrkirche zwei Filialkirchen und (seit 1563) auch das Langhaus der Dominikanerkirche der reformatorischen Gemeinde zur Verfügung.[60] 1627 beschloß der Rat den Bau einer neuen protestantischen Kirche, womit das »Simultanverhältnis« aufgelöst werden konnte. Die 1631 eingeweihte Dreieinigkeitskirche stand als zweites großes Gottesdienstgebäude unter der Verwaltung der Stadt.[61]

Einweihung der Dreinigkeitskirche in Regensburg 1631, mit Bürgergruppen, Kupferstich 1663

[60] SIMON, Ev. Kirche 1 (B) 534f; 450 Jahre ev. Kirche (B) 279ff. 287ff. 337–342; Stadt Regensburg (T) 226. 400ff. 628ff.
[61] 450 Jahre ev. Kirche (B) 109–151. 303–332; Stadt Regensburg (T) 62–65; PETER LANDAU, Die Dreieinigkeitskirche i. Regensburg. Toleranz u. Parität i. d. Gesch. d. Stadt: SQGR 3 (1985), 23–33.

Der Rat bestellte den Superintendenten und die Prediger. Der erste Superintendent Nikolaus Gallus (1552–1570) stand dem Gnesiolutheraner Matthias Flacius Illyricus nahe, gewährte dem streitbaren Theologen Gastrecht in der Stadt (1562–1566), wollte aber dann dessen Ausweisung nicht verhindern.[62]

Obwohl führende Geistliche Regensburgs der Theologie des Matthias Flacius nahestanden und damit auch Zuspruch in der Gemeinde fanden, setzten sich doch diejenigen Kräfte durch, welche die Zustimmung zur Konkordienformel befürworteten (1578).[63] Damit war der Bekenntnisstand der Regensburgischen Kirche nach dem lutherischen Lehrverständnis fixiert. Gottesdienst und Sakramentenverwaltung, Organisation des kirchlichen Lebens und Gemeindedisziplin regelten die seit 1556 erlassenen Kirchen- und Kirchenregimentsordnungen.[64]

Die Reichsstadt betrieb seit dem Anfang des 16. Jahrhunderts ein städtisches Gymnasium,[65] das zusammen mit dem Alumneum (Internat für auswärtige Schüler) zu einer der wichtigsten Ausbildungsstätten für die Söhne der protestantischen Führungsschicht in der Reichsstadt, in den benachbarten oberpfälzischen und pfalzneuburgischen Gebieten und für die protestantischen Gemeinden in den österreichischen Erbländern, in Ungarn und in der Slowakei wurde. Viele für die südöstliche Diaspora bestimmte Geistliche wurden hier ordiniert. Nach den Ausweisungsdekreten der habsburgischen Gegenreformation fanden Exulanten in Regensburg Aufnahme; für viele Glaubensflüchtlinge wurde die Reichsstadt zur Durchgangsstation.[66]

Zur Zeit des Augsburger Religionsfriedens dürfte etwa ein Viertel der innerhalb der Stadtmauern lebenden Bevölkerung katholisch gewesen sein; das waren die Angehörigen der vier geistlichen Reichsstände und der mediaten Klöster samt deren Hintersassen. Obwohl es zunächst keine ausdrückliche Bestimmung über die Abhängigkeit des Bürgerrechts von der Konfession gab, blieb die weit überwiegende Mehrzahl der Bürger evangelisch; 1651 beschloß der Rat schließlich,

---

[62] Zu den Superintendenten vgl. 450 Jahre ev. Kirche (B) 289–295; WÖLFEL, Lentz (B).– MARTINA STRATMANN, Matthias Flacius Illyricus. Ein prot. Theologe u. Humanist i. Regensburger Asyl (1520–1575): Berühmte Regensburger (B) 142–147. 330.

[63] GÜNTER SCHLICHTING, Die Annahme d. Konkordienformel i. Regensburg. Eine Reichsstadt ringt um ihr Bekenntnis: VHVOPf 117 (1977), 69–103; 450 Jahre ev. Kirche (B) 289. 296.

[64] Kirchenordnungen 13 (B) 419–519; zum Gottesdienst vgl. GERHARD HAHN, Luthers Reform d. Gottesdienstes u. d. Anfänge d. ev. gottesdienstlichen Lebens i. Regensburg: Reformation u. Reichsstadt. Prot. Leben i. Regensburg (B) 54–65; zum Konsistorium vgl. DIETER SCHWAB, Das Eherecht d. Reichsstadt Regensburg: Zwei Jahrtausende Regensburg (B) 121–140.

[65] ALOIS SCHMID, Das Gymnasium Poeticum: Gelehrtes Regensburg – Stadt d. Wissenschaft. Stätten d. Forsch. i. Wandel d. Zeit, hg. v. d. UNIVERSITÄT REGENSBURG, Regensburg 1995, 120f; WILHELM STURM, Reformation u. Schule i. Regensburg: Reformation u. Reichsstadt. Prot. Leben i. Regensburg (B) 66–88; GÜNTER SCHLICHTING, Das Regensburger reichsstädtische Gymnasium und sein Alumneum: Regensburger Almanach 1985, Regensburg 1985, 194–203.

[66] OSKAR SAKRAUSKY, Die Bedeutung v. Regensburg f. d. christl. Südosten: Carin. 1/171 (1981), 29–35; 450 Jahre ev. Kirche (B) 349–360; WERNER W. SCHNABEL, Oberösterreichische Protestanten i. Regensburg. Materialien z. bürgerl. Immigration im ersten Drittel d. 17. Jh.: Mitt. d. Oberösterreichischen Landesarchivs 16 (1990), 65–133; SCHNABEL (B) 85–89. passim; JOSEF PAUSZ, Zwei Regensburger Rektoren i. Ödenburg: ZBKG 63 (1994), 108–144.

daß das Bürgerrecht nur an protestantische Bewerber verliehen werden dürfe. Damals besaßen nur drei Katholiken das Bürgerrecht, wobei es bis zum Ende des Alten Reiches verblieben ist.[67]

Der katholische Anteil der reichsstädtischen Bevölkerung nahm im Verlauf des 17. Jahrhunderts zu, vor allem durch Zuwanderung aus der katholischen Nachbarschaft Altbayerns und (seit 1623/28) der Oberpfalz und von Pfalz-Neuburg. Die Zahl der Protestanten stagnierte trotz des Zuzugs österreichischer Exulanten. Das Anwachsen des katholischen Teils wurde wohl auch durch den seit 1656 (bzw. 1663) hier tagenden Reichstag begünstigt, da Gesandtschaften katholischer Stände Katholiken die Zuwanderung als städtische Schutzverwandte ermöglichten. Vom Stadtregiment her war Regensburg eine evangelische Reichsstadt, hier genossen die anderen Konfessionen keine Parität; in der Realität gab es einen erheblichen katholischen Bevölkerungsanteil, der aber erst seit dem Toleranzedikt des Fürstprimas Dalberg von 1803 allmählich in die bürgerliche Gleichberechtigung hineinwuchs.

Grundsätzlich lebten die Angehörigen der verschiedenen Konfessionen innerhalb des städtischen Weichbildes einigermaßen friedlich nebeneinander. Der Rat hatte kein Jus reformandi im Sinn des Religionsfriedens. Querelen des täglichen Lebens gab es genug, z.B. beim Vollzug der 1582 eingeführten Kalenderreform[68] Papst Gregors XIII. Die vielfach strittigen Jurisdiktionsverhältnisse versuchten die protestantische Reichsstadt und der Bischof vertraglich zu regeln.[69]

Das Verhältnis der Reichsstadt zu Bayern war stets angespannt, wobei der konfessionelle Gegensatz eine wesentliche Rolle spielte.[70] Existentielle Bedeutung erlangte dies in der Mitte des Dreißigjährigen Krieges, als Kurfürst Maximilian von Bayern die Stadt als Kriegskostenentschädigung forderte (1628), Bischof Albert von Toerring die Rückführung der Reichsstadtbevölkerung zum

---

[67] JÜRGEN SYDOW, Die Konfessionen i. Regensburg zwischen Reformation u. Westfäl. Frieden: ZBLG 23 (1960), 473–491; Replik: MATTHIAS SIMON, Beitr. z. Verhältnis d. Konfessionen i. d. Reichsstadt Regensburg. Eine notwendige Entgegnung: ZBKG 33 (1964), 1–33; Duplik: JÜRGEN SYDOW, Fragen z. Verhältnis d. Konfessionen i. Regensburg: ZBKG 34 (1965), 187–193; Schlußworte z. Frage d. Konfessionsverhältnisse i. alten Regensburg: ZBKG 34 (1965) 194–197; 35 (1966), 231f; DIETER ALBRECHT, Regensburg i. Wandel. Stud. z. Gesch. d. Stadt i. 19. u. 20. Jh., Regensburg 1984, 73ff (SQGR 2); HAUSBERGER, Zum Verhältnis (B); JÜRGEN NEMITZ, Bürgerrecht u. Konfession. Zur Interpretation d. Westfäl. Friedens i. d. Reichsstadt Regensburg i. 18. Jh.: ZBLG 55 (1992), 511–542.
[68] WOLFGANG R. HAHN, Ratisbona Politica. Stud. z. polit. Gesch. d. Reichsstadt Regensburg i. 17. Jh. bis z. Beginn d. Immerwährenden Reichstages: VHVOPf 125 (1985), 7–160 [28–36].
[69] HAUSBERGER, Zum Verhältnis (B) 141f; A. SCHMID, Regensburg (B) 154; CHRISTIAN PLÄTZER, Das Kreuz, d. Recht u. d. Steuer. Eine Stud. z. Verlauf d. Jurisdiktionsstreitigkeiten zwischen Bischof u. Rat v. Regensburg i. 16. Jh.: BGBR 33 (1999), 43–98; HELMUT-EBERHARD PAULUS, Pax et Justitia. Zwei Brunnen d. Regensburger Rates: Musis et litteris, FS f. Bernhard Rupprecht z. 65. Geburtstag, hg. v. SILVIA GLASER u.a., München 1993, 175–182 [veranlaßt durch den Rezeß von 1654].
[70] P. SCHMID, Ratispona (B) 82–91; P. SCHMID, Civitas regia (B) 137f; WOLFGANG R. HAHN, Eine Stadt u. fünf Reichsstände. Beispiele Regensburger Politik hauptsächlich i. 17. Jh.: Gesch. Regensburg 1 (B) 213–234 [226–230]; BIERTHER (B). Zum innerkirchlichen Leben der Reichsstadt vgl. WÖLFEL, Lentz (B); Salomon Lentz war von 1629–1647 Superintendent in Regensburg.

Katholizismus erwog (1630) und Bayern schließlich eine Besatzung in die Stadt legte (1632/33). Ging davon eine Bedrohung für die Protestanten in Regensburg aus, so waren die Katholiken bei der Besetzung der Stadt durch Bernhard von Weimar und die Schweden allerhand Drangsalen ausgesetzt. Die Unabhängigkeit der Reichsstadt und damit auch ihr konfessioneller Status wurde vor allem durch die Haltung des habsburgischen Kaisers gewährleistet. Der seit 1663 permanent in Regensburg tagende Reichstag[71] verstärkte die Beziehung der Stadt zu Kaiser und Reich und garantierte bis zu dessen Ende die ungefährdete Existenz der protestantischen Stadt im katholischen Umland.

---

[71] MICHAEL KUBITZA, Regensburg als Sitz d. Immerwährenden Reichstages: Gesch. Regensburg 1 (B) 148–162.

III.2.4 FÜRSTENTUM COBURG

Von Rainer Axmann

RAINER AXMANN, Das Jahr d. Friedensdankfestes 1650. Der Beginn einer neuen Zeitrechnung: FRIEDENSAUSSCHUSS (K) 153–167.– FS z. 350jähr. Bestehen d. Gymnasium Casimirianum Coburg, hg. v. FESTAUSSCHUSS, Coburg 1955.– FRIEDENSAUSSCHUSS D. GEMEINDE MEEDER (Hg.), Coburger Friedensbuch. Zum 340. Coburger Friedensdankfest 1991, Meeder 1991.– WALTER HEINS, Johann Casimir, Herzog v. Sachsen-Coburg 1564–1633: FS z. 350jähr. Bestehen (K) 1–16.– HERRMANN 2 (B) 140–252.– Herzog Johann Casimir v. Sachsen-Coburg 1564–1633. Ausstellung z. 400. Wiederkehr seines Geburtstages. Kunstsammlungen d. Veste Coburg, Oktober – November 1964, Coburg 1964 (Veröff. d. Kunstsammlungen d. Veste Coburg 5).– Herzogtum u. viele Kronen, Kat. (B) 114ff.– GERHARD HEYL, Die Zentralbehörden i. Sachsen-Coburg 1572–1633: JbCL 1961, 33–116.– DETLEF IGNASIAK, Johann Casimir. Herzog v. Sachsen-Coburg 1586–1633: DERS. (Hg.), Herrscher u. Mäzene. Thüringer Fürsten v. Hermenefred bis Georg II., Rudolstadt u.a. 1994, 149–168.– JOHANN ERASMUS SCHIRMER, Kurze glaubwürdige Nachrichten v. d. Priestern i. Herzogthum Coburg, Manuskript Landesbibliothek Coburg.

Die dogmatischen Streitigkeiten[1] der 60er und 70er Jahre des 16. Jahrhunderts und der häufige Wechsel der Landesherren hatten zur Folge, daß bei der Visitation 1569 der »reinen Lehre« im Sinne des Matthias Flacius nahestehende Geistliche eingesetzt wurden, um dann bereits bei der nächsten Visitation 1573 wieder von den Kanzeln vertrieben zu werden. Durch die Annahme der »Konkordienformel« von 1577 und die Unterzeichnung des »Konkordienbuches« von 1580 durch alle Pfarrer, Kantoren und Lehrer des Coburger Landes endeten jene Wirren.

Als Kurfürst August I. von Sachsen (seit 1572/73) die Vormundschaft über die Söhne des in kaiserlicher Gefangenschaft lebenden Herzogs Johann Friedrich des Mittleren, der jener theologischen Entwicklung kritisch gegenüberstand, übernahm, übertrug er vieles von dem, was er für das kirchliche Leben im albertinischen Sachsen geschaffen hatte, auch auf die ernestinischen Gebietsteile. So sollten die Superintendenten fortan jährlich zweimal die ihnen unterstellten Kirchengemeinden visitieren.[2] Nachdem der Kurfürst 1580 eine neue Kirchenordnung erlassen hatte, die auf der Herzog-Heinrich-Agende fußte, ließ er sie auch im Coburger Land einführen,[3] ohne sie jedoch als einzige verbindlich einzusetzen. So erfreuten sich die Geistlichen einer großen Freiheit im Gebrauch von Agenden: der Nürnbergischen und der Brandenburgischen Kirchenordnung, der

---

[1] HERRMANN 2 (B) 165ff.
[2] AaO, 175.
[3] AaO, 176; StACO LAB 2464, fol. 1'f; Kirchenordnungen 1 (B) 252–257. 359–457.

Lüneburgischen und der Mecklenburgischen Agende, des Agend Büchleins Veit Dietrichs für die Pfarr-Herren auf dem Lande oder sogenannter Privatagenden.[4]

Der Zeitraum zwischen 1555 und 1650 wurde besonders durch Herzog Johann Casimir von Sachsen-Coburg geprägt. Anfang der 90er Jahre erneuerte er das Konsistorium;[5] nun trug der höchste geistliche Würdenträger der Coburger Landeskirche (bis 1921) den Titel eines Generalsuperintendenten. 1605 wurde das Gymnasium Casimirianum Academicum eingeweiht,[6] bestimmt vor allem für die Ausbildung der zukünftigen Beamten, Juristen, Lehrer und Theologen im Fürstentum; der Schulabschluß eröffnete den Zugang zum Universitätsstudium. Bedeutende Persönlichkeiten wirkten dort bzw. gingen als Schüler hervor: Johann Gerhard,[7] Johann Matthäus Meyfart,[8] Andreas Keßler[9] oder Caspar Friedrich Nachtenhöfer.[10] Zur Förderung der Kirchenmusik trugen u.a. Heinrich Hartmann,[11] Johann Dilliger[12] und Melchior Franck[13] bei. Peter Sengelaub[14] und Nikolaus Bergner[15] schufen bedeutende kirchliche Kunstwerke, u.a. das Epitaph für Herzog Johann Friedrich den Mittleren in der Moritzkirche zu Coburg, zu-

---

[4] BERBIG (B) 21; StACO LAB 2539. 2540. Die Kirchenordnung Kurfürst Augusts war 1613/14 in zahlreichen Kirchengemeinden überhaupt nicht vorhanden. Vgl. auch SIMON, Kirchengesch.¹ (B) 317.

[5] Vgl. HERRMANN 2 (B) 194; KLAUS FRHR. V. ANDRIAN-WERBURG, Einleitung z. Repetitorium »Konsistorium« (StACO).

[6] [HEINRICH] BECK, FS z. Feier d. dreihundertjähr. Bestehens d. Gymnasium Casimirianum i. Coburg 1605–1905, Coburg 1905; AUGUST GRUNER, Das Gymnasium Casimirianum i. Coburg 1605–1930, Coburg 1930 (Coburger Heimatkunde u. Heimatgesch. 2/11); FS z. 350jähr. Bestehen (K); Die Matrikel d. Gymnasium Casimirianum Academicum z. Coburg 1606–1803, bearb. v. CURT HOEFNER, Würzburg 1958 (VGFG 4/6/1), Erg.-H., Würzburg 1976 (VGFG 4/6/2).

[7] Vgl. III.3.6.2. In der Heldburg-Zeit verfaßte Gerhard beliebte Andachtsbücher.

[8] Vgl. III.3.6.2. Zu Meyfart und seiner veränderten Einstellung zur Hexenverfolgung vgl. RAINER HAMBRECHT, Johann Matthäus Meyfarth (1590–1642), sein Traktat gegen d. Hexenprozesse u. d. Fall Margareta Ramhold: Thüringische Forsch. FS f. Hans Eberhardt z. 85. Geburtstag, hg. v. MICHAEL GOCKEL u. VOLKER WAHL, Weimar u.a. 1993, 157–179.

[9] Vgl. IV.3.1. Keßler war literarisch außerordentlich produktiv, vgl. SCHIRMER (K) 50–54; THILO KRIEG, Das geehrte u. gelehrte Coburg. Ein lebensgeschichtl. Nachschlagebuch, Bd. 1, Coburg 1927, 52–55 (Coburger Heimatkunde u. Heimatgesch. 2/5).

[10] HEINRICH CORNELIUS, Kaspar Friedrich Nachtenhöfer. Ein Gedenkblatt z. seinem dreihundertjähr. Geburtstag, Lütjenburg 1925; AXMANN (K). »Er war ein trefflicher teutscher Poet« (SCHIRMER [K] 142); am bekanntesten ist EG 40.

[11] KLAUS HOFMANN, Heinrich Hartmann. Über Leben u. Werk eines Coburger Kantors u. Komponisten: JbCL 1972, 241–256.

[12] ADAM ADRIO, Dilliger (Dillinger), Johann: MGG¹ 3, 477–481.

[13] KNUT GRAMSS, Einblicke i. d. Schaffen Melchior Francks: JbCL 1971, 245–272; DERS., Der schicksalsreiche Weg d. Werkes Melchior Francks als lebendiges Kapitel Musikgesch.: JbCL 1975, 179–186. Zum Gesamtverzeichnis d. Franck-Werke vgl. CLARENCE THEODORE AUFDEMBERGE, Vollständiges Werk-Verzeichnis d. Kompositionen v. Melchior Franck: JbCL 1975, 187–240.

[14] RAINER AXMANN, Zum Bau d. Kirche auf Schloß Callenberg unter Herzog Johann Casimir. Ein Beitr. z. Baugesch. d. casimirianischen Epoche: JbCL 43 (1998), 93–148; KARL-SIGISMUND KRAMER/JOACHIM KRUSE, Das Scheibenbuch d. Herzogs Johann Casimir v. Sachsen-Coburg. Adeligbürgerl. Bilderwelt auf Schießscheiben i. frühen Barock, Coburg 1989 (Veröff. d. Kunstsammlungen d. Veste Coburg 52).

[15] EVA SCHMIDT, Nicolaus Bergner. Ergänzungen u. Berichtigungen: JbCL 1966, 81–122.

gleich sichtbarer Ausdruck des Wahlspruchs des Verstorbenen: »Allein Evangelium ist ohne Verlust«.[16] Vor allem die Ergebnisse der Visitationen von 1613 und 1621 trugen zur Abfassung der nach dem Landesherrn benannten Casimirianischen Kirchenordnung bei.[17] Sie wurde 1626 feierlich proklamiert. Ihr Hauptverfasser ist Gerhard.

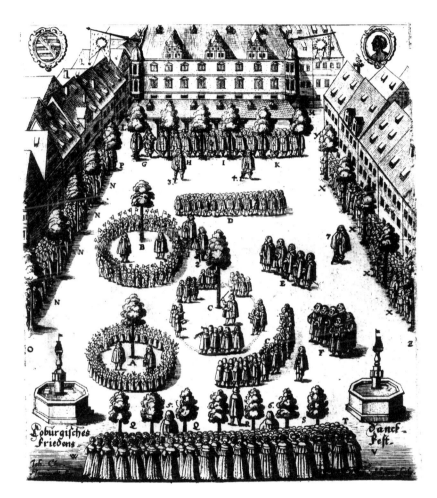

Friedens-Dankfest auf dem Marktplatz von Coburg 1650, Kupferstich; Gruppen: A–B Kinder, C Musikanten, Chor, D–F Studenten, Lehrer, Geistliche, G fürstliche und städtische Amtsträger, N Bürger, Q–X Frauen, Dienstboten, Handwerksburschen

---

[16] RODERICH SCHMIDT, »Allein Evangelium ist ohne Verlust«. Wahlspruch u. Bekenntnis Johann Friedrichs II. v. Sachsen († 1595) auf d. Hintergrund d. habsburgischen Deutungen d. A.E.I.O.U.: JbCL 26 (1981), 71–80.
[17] Vgl. HERRMANN 2 (B) 194; Kirchenordnungen 1 (B) 84; Original z.B. Landesbibliothek Coburg Sign. Cas A 1730.

Der Dreißigjährige Krieg zerstörte viel von dem, was unter Herzog Johann Casimir auch an Geistlichem im Fürstentum gewachsen war.[18] Das nach dem Ende des Krieges von Michael Franck am 18./19.8.1650 in Coburg veranstaltete und ebenso auf dem Lande gefeierte »Friedens-Danck-Fest« findet bis heute (in Meeder) statt,[19] das einzige neben Augsburg. Für Nachtenhöfer wurde jenes Jahr zum Beginn einer neuen Zeitrechnung, des »erneuerten Friedens«.[20]

---

[18] WALTER DIETZE, Die bevölkerungspolit. u. wirtschaftl. Wirkungen d. dreißigjähr. Krieges i. d. Pflege Coburg u. d. Wiederaufbau nach d. Kriege, Coburg 1941 (Coburger Heimatkunde u. Heimatgesch. 2/18). Zu den nicht unerwähnt bleibenden Schattenseiten der Regierungszeit Herzog Johann Casimirs gehörte die von ihm besonders befohlene und geförderte Hexenverfolgung, an der sich auch Geistliche in leitender Position (Hofprediger und Generalsuperintendent) mit beteiligten; vgl. EGBERT FRIEDRICH, Hexenjagd i. Raum Rodach u. d. Hexenprozeßordnung v. Herzog Johann Casimir. Spezieller Beitr. z. Gesch. d. Coburger Landes, Rodach/Coburg 1995 (Schr. d. Rodacher Rükkert-Kreises e.V. 19).

[19] FRIEDENSAUSSCHUSS (K); FRIEDENSAUSSCHUSS D. GEMEINDE MEEDER (Hg.), Coburger Friedensbuch 2001, Sonnefeld 2001.

[20] AXMANN (K) 154.

III.3 THEOLOGIE UND FRÖMMIGKEIT

Von Wolfgang Sommer

PAUL ALTHAUS d.Ä., Forsch. z. ev. Gebetsliteratur, Gütersloh 1927.– HERMANN BECK, Die Erbauungsliteratur d. ev. Kirche Deutschlands, 1. Teil: Von Dr. M. Luther bis Martin Moller, Erlangen 1883.– Bekenntnis u. Einheit d. Kirche. Stud. z. Konkordienbuch, i. Auftrag d. Sektion KG d. Wissenschaftl. Gesellschaft f. Theologie hg. v. MARTIN BRECHT u. REINHARD SCHWARZ, Stuttgart 1980.– BRECHT, Aufkommen (B).– WERNER-ULRICH DEETJEN, Concordia Concors – Concordia Discors. Zum Ringen um d. Concordienwerk i. Süden u. mittleren Westen Deutschlands: Bekenntnis (K) 303–349.– DINGEL (B).– GUSTAV DROYSEN, Gesch. d. Gegenreformation, Leipzig 1934.– FISCHER/TÜMPEL 1 u. 3 (B).– Gesch. d. ev. Kirche i. Kgr. Bayern d. d. Rh., nach gedr. u. teilweise auch ungedr. Quellen zunächst f. prakt. Geistliche u. sonstige gebildete Leser bearb. v. EMIL FRIEDRICH HEINRICH MEDICUS, Erlangen 1863; Suppl.-Bd.: Die Gesch. d. ev. Kirche d. kgl. bayer. Rheinpfalz enthaltend, Erlangen 1865.– GÖTZ, Wirren (B).– GUTH, Konfessionsgesch. (B).– HECKEL (B).– HEINRICH HEPPE, Gesch. d. deutschen Protestantismus i. d. Jahren 1555–1581, Bd 1: 1555–1562, Marburg 1852, Bd. 2: 1563–1574, Marburg 1853, Bd. 3: 1574–1577, Marburg 1857, Bd. 4: 1577–1581, Marburg 1859.– Hexenverfolgung. Eine Stellungnahme aus d. Ev.-Luth. Kirche i. Bayern. Im Auftrag d. Landessynode d. Ev.-Luth. Kirche i. Bayern hg. v. FRITZ ANDERS, TRAUDL KLEEFELD u. JOACHIM TRACK, München 1997.– HGBB 1.– HERMANN JORDAN, Reformation u. gelehrte Bildung i. d. Markgrafschaft Ansbach-Bayreuth. Eine Vorgesch. d. Universität Erlangen, Bd. 1: Bis gegen 1560, Leipzig 1917 (QFBKG 1/1), Bd. 2: 1556–1742, Leipzig 1922 (QFBKG 1/2).– FRIEDRICH WILHELM KANTZENBACH, Zur Gesch. d. Ansbacher Geistlichkeit i. 17. u. 18. Jh.: KANTZENBACH, Theologie i. Franken (B) 107–142.– DERS., Nürnberg – ein Umschlagplatz deutscher KG: Evangelium u. Geist d. Zeiten. 450 Jahre Reformation i. Nürnberg, mit FRITZ KELBER u. GERHARD PFEIFFER, Nürnberg 1975, 116–169.– KAUFMANN (B).– Kirchenordnungen 11, 12, 13 (B).– ERNST KOCH, Das konfessionelle Zeitalter – Katholizismus, Luthertum, Calvinismus (1563–1675), Leipzig 2000 (KGE 2/8).– Kath. Konfessionalisierung (B).– Luth. Konfessionalisierung (B).– Ref. Konfessionalisierung (B).– LEDER, Kirche (B).– INGE MAGER, Die Konkordienformel i. Fürstentum Braunschweig-Wolfenbüttel. Entstehungsbeitr., Rezeption, Geltung, Göttingen 1993 (SKGNS 33).– MEIER (B).– OSIANDER, GA 5 (B).– Pfarrerbuch (B).– PRESS, Zweite Reformation (B).– REU 1–9 (B).– CLAUS-JÜRGEN ROEPKE, Die Protestanten i. Bayern, München 1972.– HANS-JÜRGEN SCHÖNSTÄDT, Antichrist, Weltheilsgeschehen u. Gottes Werkzeug. Röm. Kirche, Reformation u. Luther i. Spiegel d. Reformationsjubiläums 1617, Wiesbaden 1978 (VIEG 88).– SIMON, Ev. Kirche (B).– SIMON, Kirchengesch.[1+2] (B).– SIMON, Ansbachisches Pfarrerbuch (B).– SIMON, Bayreuthisches Pfarrerbuch (B).– SIMON, Nürnbergisches Pfarrerbuch (B).– UDO STRÄTER, Meditation u. Kirchenreform i. d. luth. Kirche d. 17. Jh., Tübingen 1995 (BHTh 91).– TRUNZ (B).– BERNARD VOGLER, Die Gebetbücher i. d. luth. Orthodoxie (1550–1700): Luth. Konfessionalisierung (B) 424–434.– H.-M. WEISS (B).– WIEDEMANN (B).– GEORG WILKE, Georg Karg (Parsimonius), sein Katechismus u. sein doppelter Lehrstreit, Erlangen 1904.– WÖLFEL, Entwicklung (B) 783–808.

1. Das konfessionelle Zeitalter in theologie- und frömmigkeitsgeschichtlicher Hinsicht. Allgemeine Grundlinien

Der Augsburger Religionsfriede leitete als eine politisch-säkulare Friedensordnung (Martin Heckel) eine jahrzehntelange Friedenszeit im Reich ein, aber die schweren Konflikte zwischen den Konfessionen bestanden fort.[1] Die Lehrdifferenzen zwischen Katholizismus und Protestantismus sowie die innerprotestantischen Auseinandersetzungen hatten in einem Zeitalter intensiver Kirchlichkeit erhebliche Auswirkungen auf das kirchliche Leben und die territorialstaatliche Politik. Sie führten zu Konfessionalisierungsprozessen von Kirche, Staat und Gesellschaft sowohl im Bereich des römischen Katholizismus wie des lutherischen und reformierten Protestantismus.[2]

Der nachreformatorische Protestantismus ist in diesem Zeitalter des Konfessionalismus durch reichhaltige, vielgestaltige und intensive Ausprägungsformen von Theologie und Frömmigkeit gekennzeichnet. In theologie- und frömmigkeitsgeschichtlicher Hinsicht kann man mit Recht von einer zweiten klassischen Periode des Protestantismus nach der Reformation sprechen.

Die politische Unsicherheit und die Angst vor gewaltsamer Veränderung haben die evangelische Theologie und Frömmigkeit in dieser Zeit tief geprägt. Apokalyptische Vorstellungen und das Bewußtsein, in der Endzeit zu leben, waren vielfach präsent. Zusammen mit dem Überdruß an den konfessionellen Streitigkeiten hatte diese Ausrichtung auf das Ende eine Intensivierung der Frömmigkeit und die Bewährung des Glaubens im praktischen Leben zur Folge.

Im Inneren zeigt der Protestantismus nach dem Augsburger Religionsfrieden eine große Uneinigkeit. Zwischen den genuinen Lutherschülern (Gnesiolutheranern) und den Schülern und Anhängern Philipp Melanchthons (Philippisten) kam es zu verschiedenen Lehrstreitigkeiten im Luthertum. Hinzu traten die Auseinandersetzungen mit den Reformierten um das Abendmahl und die Christologie. Sie führten zu erheblichen Spannungen und politischen Verwicklungen, die auch noch durch den Übergang lutherischer Territorien zum Calvinismus vermehrt wurden.

Mit der Konkordienformel und dem Konkordienbuch (1577/1580) wurde schließlich nach langwierigen Verhandlungen im Luthertum eine tragfähige Lehrgrundlage geschaffen. Jedoch hatten sich an dieses lutherische Einigungswerk nicht alle lutherischen Territorien angeschlossen, daneben bestand ein beträchtliches nichtkonkordistisches Luthertum fort. Dennoch gab es inmitten der Weite des Luthertums eine identitätsstiftende Gemeinsamkeit. Nachdem schon 1563 mit dem Ende des Trienter Konzils der römische Katholizismus und der Calvinismus im Heidelberger Katechismus ihre jeweilige Lehrgrundlage fixiert

---

[1] HECKEL (B).
[2] Zur Konfessionalisierung vgl. die Sammelbände: Ref. Konfessionalisierung (B); Luth. Konfessionalisierung (B); Kath. Konfessionalisierung (B).

hatten, standen sich nicht nur zwei, sondern drei Konfessionen gegenüber. Indem die Theologie mit großer kirchlicher Autorität über die rechte Lehre der jeweiligen Konfession nach innen und nach außen Auskunft zu geben und zu wachen hatte, wurde sie vollends zur konfessionell-orthodoxen Theologie. Denn mit dem Anspruch, die christliche Wahrheit ausschließlich zu lehren und zu bekennen, traten alle drei Konfessionen auf. Mit Hilfe der aristotelischen Philosophie rückten Dogmatik und Polemik ins Zentrum der theologischen Arbeit, ohne jedoch damit zu einer »toten Orthodoxie« zu erstarren. Dieses Zerrbild, das durch die Kritik des Pietismus und der Aufklärung entstand, wirkt bis in die Gegenwart fort, obwohl es von der Forschung längst korrigiert wurde. Der konfessionell-orthodoxen Theologie ging es gewiß mit hohem intellektuellem Anspruch um Festlegung und Sicherung der reinen Lehre. Aber sie verstand sich als praktische Wissenschaft, da sie strikt auf die Heilsfrage bezogen war und in Predigt, Seelsorge, Katechismus, Erbauungsbüchern, Kirchenlied, Meditation und Kirchenzucht die Umsetzung der Lehre in das Leben des einzelnen wie der kirchlichen Gemeinschaft zum Ziel hatte. Theologische Orthodoxie und Frömmigkeit sind somit im konfessionellen Zeitalter eng benachbarte Phänomene, auch wenn ihre gegenseitige Vermittlung ein Grundproblem des nachreformatorischen Protestantismus darstellt und zu vielfältigen Reformbemühungen innerhalb und am Rande der orthodoxen Theologie und Kirchlichkeit führten. Besonders durch die große Verbreitung der Schriften Johann Arndts fand das Bedürfnis nach Vertiefung und Verinnerlichung des christlichen Glaubens seinen Ausdruck.

2. Evangelisches Bildungswesen und Ausbildung der Theologen

2.1 Schulwesen (Städte/Fürstenschule)

Theologie und Frömmigkeit sind engstens mit dem niederen und höheren Schulwesen verbunden. Deshalb soll zunächst ein kurzer Überblick über wichtige evangelische Schulen in Franken, der Oberpfalz und in Schwaben gegeben werden.

Die entscheidenden Impulse für die Neuordnung des Schulwesens kommen aus der Reformationszeit. An den Schulen in der Reichsstadt Nürnberg zeigt sich der Einfluß Martin Luthers und Melanchthons besonders deutlich.[3] Luthers Schriften zur Bildungsreform haben die fränkischen Städte und insbesondere Nürnberg im Blick. In die aus dem Mittelalter überkommenen Lateinschulen und in die Deutschen Schulen, die von den meisten Schülern in den Städten und teilweise auch auf dem Land besucht wurden, zog der reformatorisch-

---

[3] LEDER, Kirche (B); KLAUS LEDER, Das ev. Schulwesen: HBG¹ 3/1, 678–690; ROLAND KÜHN, Nürnberg u. Fürstentum Brandenburg-Ansbach: HGBB 1, 395–404.

humanistische Geist ein, der vor allem von Melanchthon geprägt wurde. Seine für das 1526 gegründete St. Egidien-Gymnasium entworfene Schulordnung hatte für die Lateinschulen in Nürnberg und anderen fränkischen Städten wegweisende Bedeutung. Der Katechismusunterricht bildete einen wesentlichen Mittelpunkt des Lehrprogramms. So sehr die Lateinschulen in Nürnberg und anderen fränkischen Städten wie z.B. Ansbach, Rothenburg und Windsheim in der zweiten Hälfte des 16. Jahrhunderts zur inneren Stabilisierung des evangelischen Kirchenwesens beitrugen, so begleiteten das evangelische Schulwesen doch von Anfang an viele Mißstände und Unzulänglichkeiten, die in den Kirchenordnungen und Visitationen mit unterschiedlichem Erfolg zu beheben versucht wurden. Ein Hauptübel lag in der mangelhaften Besoldung der Lehrer vor allem auf dem Land und ihrer daraus folgenden geringen sozialen Stellung.

Für die kirchlich-theologische Situation im Fürstentum Brandenburg-Ansbach im späten 16. und frühen 17. Jahrhundert war die Gründung der Fürstenschule Heilsbronn 1581 durch Markgraf Georg Friedrich d.Ä. ein bedeutsames Ereignis. Das aus einer Klosterschule hervorgegangene Gymnasium erlebte bis 1631, als es durch die Folgen des Dreißigjährigen Krieges geschlossen werden mußte, seine Blütezeit.[4] Für den Dienst in Kirchen, Schulen und in der Verwaltung wurden die Absolventen dieser Schule gut vorbereitet, so daß sich auch das Schulwesen insgesamt verbesserte. Auch mittellosen Schülern wurde durch Freistellen eine höhere Bildung ermöglicht. Die Schüler kamen nicht nur aus den Fürstentümern Ansbach und Kulmbach, sondern auch aus Schlesien, der Mark Brandenburg und aus den fränkischen und schwäbischen Reichsstädten, insbesondere aus Nürnberg.

Am Vorbild von Sachsen war die evangelische Stiftungsschule in Coburg orientiert, wo Herzog Johann Casimir das sog. Casimirianum 1605 gründete.[5] Dieses Gymnasium war als Akademie mit Universitätscharakter geplant worden. Mit der Ausarbeitung der Schulordnung wurde der Jenaer Theologe Wolfgang Heider beauftragt. Ab 1617 lehrte Johann Matthäus Meyfart am Casimirianum; ab 1623 war Meyfart auch ein Jahrzehnt lang Direktor des Gymnasiums. Zur Zeit Meyfarts hatte die Akademie in Coburg einen besonders guten Ruf. Aber auch noch nach dem Dreißigjährigen Krieg gingen von dieser Schule in Verbindung mit der Universität Jena weitreichende geistige Impulse aus.

Die politischen und konfessionellen Auseinandersetzungen in der Oberpfalz zwischen Luthertum, Calvinismus und Katholizismus kommen auch im Schulwesen besonders deutlich zum Ausdruck.[6] Grundlage für die evangelischen Lateinschulen wurde die Neuburger Kirchen- und Schulordnung von Kurfürst

---

[4] 1654 wurde die Fürstenschule wieder errichtet, aber ihre weitere Entwicklung litt unter der Uneinigkeit der Regierungen in Ansbach und Kulmbach. 1736 wurde sie aufgelöst. Vgl. JORDAN 2 (K) 81–110; GEORG MUCK, Gesch. v. Kloster Heilsbronn, Bd. 3, Nördlingen 1880, 137–148.

[5] MARIANNE DOERFEL, Das Coburger Casimirianum als Vorbild d. Hohenzollernstiftung Joachimsthal: HGBB 1, 425–435.

[6] MARGARETE OLDENBURG/KARL ERNST MAIER, Deutsches u. Lat. Schulwesen: HGBB 1, 436–446.

Ottheinrich von 1556. Die Lateinschule St. Martin in Amberg erlebte unter dem Rektor Agricola Ambergiensis nach 1556 eine Blütezeit. Unter dem calvinistischen Regiment von Friedrich III. kam es 1566 zur Gründung eines kurfürstlichen Pädagogiums, das der lutherischen Lateinschule St. Martin konkurrierend gegenüberstand. Unter Ludwig VI. wurden wiederum die calvinischen Kirchen- und Schuldiener entlassen. Schließlich konnten die Jesuiten noch vor der definitiven Übergabe der Oberpfalz an das Kurfürstentum Bayern (1628) ein Gymnasium 1626 in Amberg eröffnen, nachdem die vorherigen Schulen geschlossen wurden.

In der Reichsstadt Regensburg ragt aus dem städtischen Schulwesen das 1537 entstandene Gymnasium poeticum heraus.[7] Da auch nach der Annahme des evangelischen Bekenntnisses durch den Rat 1542 viele Katholiken in der Stadt lebten, besuchten zahlreiche katholische Schüler das evangelische Gymnasium. Erst durch die Gründung des Jesuitengymnasiums 1589 wurde das Gymnasium poeticum zu einer ausgesprochen lutherischen Schule. Von der Mitte des 16. Jahrhunderts an war diese Schule der Mittelpunkt des geistigen Lebens der Stadt, und am Beginn des 17. Jahrhunderts erlebte sie mit 266 Schülern ihre höchste Frequenz.

Auch in Schwaben war die konfessionelle Landschaft nach der Reformation verwickelt und vielgestaltig. Das trifft besonders auf die bekenntnismäßig gemischte Reichsstadt Augsburg und ihr Schulwesen zu.[8] An dem aus einer städtischen Lateinschule hervorgegangenen St. Anna-Gymnasium wurden unter dem verdienten Rektor Hieronymus Wolf auch katholische Schüler unterrichtet und an dem 1581 begründeten Jesuitengymnasium St. Salvator zunächst auch evangelische Schüler. Ansätze zu einer humanistisch orientierten Toleranz sind offenbar im höheren Schulwesen der Reichsstadt Augsburg nach 1555 praktiziert worden. Während des Dreißigjährigen Krieges nahm auch das Anna-Gymnasium an dem rasch aufeinanderfolgenden konfessionellen Szenenwechsel teil. Von 1635 bis zum Westfälischen Frieden stand es unter jesuitischer Herrschaft, um 1649 wieder im Zuge der konfessionellen Parität der Stadt evangelisch zu werden.

Der Überblick über das Schulwesen zwischen dem Augsburger und dem Westfälischen Frieden zeigt somit deutlich das für das konfessionelle Zeitalter charakteristische Ringen der Religionsparteien um Macht und Einfluß gerade auch im Bildungswesen.

2.2 Schwerpunkte universitärer Ausbildung

Für die Frage nach der theologischen Prägung der Pfarrerschaft und der Persönlichkeiten in führenden Kirchenämtern ist der Blick auf ihre Ausbildung an den

---

[7] KARL ERNST MAIER, Die Schulverhältnisse d. Reichsstadt Regensburg: HGBB 1, 447–455; WALTER FÜRNROHR, Das Regensburger Gymnasium Poeticum: HGBB 1, 456–465.

[8] HERMANN OBLINGER, Konfessioneller Schulstreit i. Schwaben z. Zt. d. Reformation u. Gegenreformation: HGBB 1, 466–477.

Universitäten eine hilfreiche Orientierungsmöglichkeit. Im folgenden wird vor allem auf das Fürstentum Brandenburg-Ansbach und die Reichsstadt Nürnberg eingegangen, da für dieses zentrale Gebiet des Protestantismus in Bayern während des konfessionellen Zeitalters am ehesten Untersuchungen in der Forschung vorliegen.

Das fränkische Territorium besaß keine eigene Landesuniversität. Die verschiedenen Unternehmungen von Markgraf Georg dem Frommen, unterstützt von Luther, in Ansbach, Feuchtwangen und Heilsbronn eine Universität zu gründen, hatten keinen Erfolg. Auch die Wiederaufnahme des Hochschulplans durch Markgraf Georg Friedrich 1594/95 für eine Universität in Kulmbach oder in Bayreuth als lutherische Hochschule im Gegenüber zur katholischen Julius-Universität Würzburg und der theologisch unterschiedlich geprägten Universität Altdorf, ließ sich nicht verwirklichen.[9] So blieb für die angehenden Theologen des Fürstentums nur die Möglichkeit, an einer auswärtigen Universität zu studieren. Durch die enge Verbindung zwischen Brandenburg-Ansbach und den Wittenberger Reformatoren kam in erster Linie das Studium an der Universität Wittenberg infrage. Zwischen Ansbach und Wittenberg war schon zu Lebzeiten Luthers ein markgräfliches Stipendienwesen entstanden, über das von 1552 bis 1569 der aus Kitzingen stammende Wittenberger Professor Paul Eber die Aufsicht führte. Neben Wittenberg waren bis ca. 1560 auch Leipzig und Tübingen bevorzugte Studienorte angehender Theologen im Fürstentum Ansbach, die auch mit Stipendien versorgt wurden. Nach der Gründung der Fürstenschule Heilsbronn 1581 war das Stipendienwesen wieder stark nach Wittenberg orientiert, für das 1586 eine eigene Stipendiatenordnung erstellt wurde. Bessere Aufsichtsmöglichkeiten und eine einheitliche Prägung des Pfarrerstandes standen wohl hinter diesem auf Wittenberg konzentrierten Studienprogramm. Nach 1593 war als Stipendiateninspektor für die Theologiestudenten aus Brandenburg-Ansbach in Wittenberg Aegidius Hunnius tätig.

Zwischen 1560 und dem Beginn des Dreißigjährigen Krieges war Wittenberg die meistfrequentierteste Universität für die fränkischen Theologiestudenten. In der Zeit von 1581–1602 erreichten die Inskriptionen mit 288 ihren Höhepunkt. Für die beiden fränkischen Fürstentümer nahm Wittenberg praktisch die Rolle der fehlenden Landesuniversität ein. Aber die »Wittenberger Unruhen« von 1586 bis 1591 unter der Regierung von Kurfürst Christian I. von Sachsen blieben nicht ohne Auswirkung auf Franken.[10] Die verschiedenen Maßnahmen zugunsten der Reformierten führten dazu, daß nun verstärkt das Studium an der Universität Jena als einer Stätte rechter lutherischer Lehre aufgegriffen wurde. Nach dem Wiedereinzug des orthodoxen Luthertums in Wittenberg seit 1591 kehrte man zu der bisherigen Praxis zurück, vor allem hier das Studium aufzugreifen.

---

[9] JORDAN 1 (K).
[10] KARLHEINZ BLASCHKE, Religion u. Politik i. Kursachsen 1586–1591: Ref. Konfessionalisierung (B) 79–97.

Aber auch Jena als zweiter Universitätsort für die Theologenausbildung der fränkischen Fürstentümer hatte zwischen 1555 und dem Beginn des Dreißigjährigen Krieges eine wichtige Bedeutung.[11]

Mit den Universitäten Wittenberg und Jena, Tübingen und Leipzig als bevorzugten theologischen Studienorten tritt die orthodox-lutherische Prägung der Pfarrerschaft in den Fürstentümern Brandenburg-Ansbach und Bayreuth besonders hervor.

Überregionale Bedeutung kommt der Gründung der Universität Altdorf bei Nürnberg zu.[12] Das Egidien-Gymnasium wurde nach dessen Niedergang in Nürnberg 1575 in Altdorf neu errichtet, wo es sich bald zur einzigen reichsstädtischen Universität neben Straßburg entwickelte. 1578/1580 erhielt das Akademische Gymnasium das kaiserliche Privileg für die akademischen Grade, 1581 fand die erste Promotion statt. Die Reichsstadt Nürnberg zog 1584 ihre Wittenberger Stipendiaten zurück, womit die Bedeutung der neuen Bildungsstätte für das reichsstädtische Territorium und darüber hinaus unterstrichen wird. Neben Tübingen war für den protestantischen Süden Altdorf als Akademie mit Hochschulverfassung ein wichtiges Bildungszentrum. Die traditionelle Rangfolge der Fakultäten galt auch für Altdorf: Theologen, Juristen, Mediziner und Artisten bzw. Philosophen, denen seit 1583 Dekane vorstanden. 1623 erlangte die gut besuchte Hochschule das Privileg als Universität. Die theologische Fakultät erhielt jedoch erst 1696 das Promotionsrecht. Für die theologische Lehre an der Universität war die »Norma doctrinae et judicii« von 1573 grundlegend.[13] Die theologische Fakultät war lehrmäßig nicht einheitlich. Der Nürnberger Rat wollte zwar Lutheraner als Professoren, aber die Konkordienformel wurde abgelehnt und den Schülern Melanchthons galt das besondere Wohlwollen der Ratsherren. In Altdorf haben u.a. auch die Nürnberger Theologen Johann Saubert und Johann Michael Dilherr studiert. Der bedeutendste Philosoph in der ersten Zeit Altdorfs war Nikolaus Taurellus, bei dem sich lutherisch-orthodoxer Geist mit späthumanistischen Elementen verband.

2.3 Katechismen

Für die Entwicklung der reformatorischen Lehre und der biblischen Unterweisung in Kirche, Schule und Haus haben die Katechismen zusammen mit den Kirchenordnungen eine zentrale Bedeutung. In der Reformationszeit wurden besondere Unterrichtsgottesdienste eingeführt, in denen die Vermittlung der

---

[11] REINHOLD JAUERNIG, Der Besuch d. Universtät Jena durch Studenten aus d. rechtsrheinischen Bayern 1548–1723: Festgabe aus Anlaß d. 75. Geburtstages v. Karl Schornbaum am 7. März 1950, hg. v. HEINRICH GÜRSCHING, Neustadt/Aisch 1950, 88–100.
[12] SIEGFRIED V. SCHEURL, Die theol. Fakultät Altdorf i. Rahmen d. werdenden Universität 1575–1623, Nürnberg 1949 (EKGB 23).
[13] Die für die Nürnberger Geistlichen verbindlichen Libri normales enthielten neben den drei altkirchlichen Bekenntnissen und Luthers Katechismen sowie dessen Schmalkaldische Artikel ausschließlich Schriften Melanchthons; vgl. dazu III.3.2.3, Anm. 14.

Grundlagen des evangelischen Glaubens für die ganze Gemeinde im Zentrum stand. Die dabei gehaltenen Katechismuspredigten erschienen oftmals zusammen mit den Kirchenordnungen, so z.B. bei der Brandenburg-Nürnbergischen Kirchenordnung von 1533, die als Vorbild für viele spätere Kirchenordnungen diente.[14] Wie Luthers Katechismen aus seiner Predigttätigkeit herausgewachsen und von hier aus zu verstehen sind, so stellen diese Nürnberger Kinderpredigten von Andreas Osiander und Dominicus Sleupner die erste Auslegung von Luthers Kleinem Katechismus dar. Indem die Katechismen in den Schulgebrauch kamen, erhielten sie durch Definitionen und Zusätze die Gestalt eines theologischen Lehrbuches, womit der Bezug zur Predigt verlorenging. Katechismuspredigten wurden jedoch weiterhin gehalten. In den konfessionellen Richtungskämpfen wurden die Katechismen als »exponierte«, d.h. ausgelegte Landeskatechismen als Bestandteil der Kirchenordnungen zum jeweiligen Landesrecht.

Der Katechismusunterricht war die Mitte des Lehrprogramms in den Deutschen wie Lateinischen Schulen. In Rothenburg, Kitzingen, Ansbach, Nürnberg, Nördlingen und Regensburg waren schon vor 1555 verschiedene Katechismen herausgekommen, von denen der Katechismus von Andreas Althamer in Ansbach von 1528 besonders herausragt.[15]

Ansbach ist auch der Entstehungsort desjenigen Katechismus, der den größten Einfluß in der zweiten Hälfte des 16. Jahrhunderts hatte und in Nachdrucken noch bis 1800 fortwirkte. Verfasser ist Georg Karg, seit 1552 Pfarrer und später Generalsuperintendent in Ansbach.[16] Angestoßen durch Markgraf Georg Friedrich, verfaßte Karg diesen Katechismus auf der Grundlage von Luthers Kleinem Katechismus 1556/57 und wurde sogleich auch in Gebrauch genommen. Aber mit diesem Katechismus wurde Karg sehr bald in Streitigkeiten verwickelt. Erst 1564 hat ihn Karg selbst veröffentlicht, nachdem ihn zuvor schon ein Magister in Schwabach drucken ließ. Dies war Anlaß für Markgraf Georg Friedrich, bei Eber und Johannes Brenz um Gutachten für die Drucklegung dieses Katechismus zu bitten, weil Karg ihm als des Calvinismus verdächtig denunziert worden sei. Die Ausgabe von 1564 erfolgte jedoch, obwohl Eber und Brenz gegen die Drucklegung votierten.[17]

Der Katechismus von Karg war das Vorbild für »Das güldene Kleinod(t)« des Johann Tettelbach, der als Pfarrer in Schwandorf 1568 diesen Katechismus her-

---

[14] SCHORNBAUM, Norma (B); KARL SCHORNBAUM, Philippisten u. Gnesiolutheraner i. Brandenburg-Ansbach: BBKG 18 (1912), 97–110; G. MÜLLER, Reformation (B). Vgl. OSIANDER, GA 5 (B) (182–)196–334; Text der Kirchenordnung von 1533: AaO, 63–181.

[15] ANDREAS ALTHAMER, »Catechismus. Das ist Unterricht z. Christl. Glauben [...] in frag weiß u. antwort gestellt.« Dieser erste Landeskatechismus für Brandenburg-Ansbach trägt als erstes Buch den Titel »Katechismus«. Zu den anderen Katechismen vor 1555 vgl. SIMON, Kirchengesch.[1] 1 (B) 330–333.

[16] WILKE (K) 55–75; H.-M. WEISS (B) 143–173. 226ff.

[17] WILKE (K) 45–54 [47]; SIMON, Kirchengesch.[1] 1 (B) 331.

ausgab.¹⁸ Im Gegensatz zu Kargs Katechismus wurde er jedoch nicht offiziell eingeführt. Bartholomäus Rosinus gab als Superintendent in Regensburg 1580 »Kurze Fragen über die sechs Hauptstücke« heraus. In der Oberpfalz veröffentlichten Martin Schalling 1578 und Jakob Schopper 1595 Katechismen auf der Grundlage von Luthers Katechismus. Während der calvinischen Herrschaft in der Kuroberpfalz war der »Heidelberger Katechismus« eingeführt worden. Offenbar hat er in den Gemeinden nur wenig Resonanz gefunden. In der Grafschaft Ortenburg wurde unter Graf Joachim eine Mischform aus dem Heidelberger und dem lutherischen Katechismus einzuführen versucht, was sich aber durch den Widerstand der Gemeinde nicht verwirklichen ließ.¹⁹

Graf Joachim von Ortenburg, Holzschnitt von 1599

¹⁸ JOHANN MICHAEL REU, Zur katechetischen Literatur Bayerns i. 16. Jh.: BBKG 13 (1907), 122–149; 14 (1908), 127–136; REU 1/1 (B) 440. 667–709; SIMON, Kirchengesch.¹ 1 (B) 331ff.
¹⁹ Ebd.

Auch im ostschwäbischen Raum hatte Luthers Kleiner Katechismus, vor allem in Augsburg, schon frühzeitig Eingang gefunden. Ab 1555 wurde er in Lindau, Kempten und Ulm eingeführt. Im Anna-Gymnasium in Augsburg wurde der Lutherische Katechismus ab 1559 in einer eigenen Bearbeitung unterrichtet. Im Einflußbereich der württembergischen Kirchenordnung war der Kleine Katechismus von Brenz in Gebrauch. Sonst hatte sich im ostschwäbischen Gebiet der lutherische Katechismus weithin durchgesetzt, nur Memmingen blieb bei den Straßburger Katechismen.[20]

3. Lehrstreitigkeiten und Bekenntnisentwicklung vom Augsburger Religionsfrieden 1555 bis zum Konkordienbuch 1580

3.1 Die Kargschen Händel

Schon seit dem Augsburger Interim 1548 und den Protesten, die diese Rekatholisierungsmaßnahmen begleiteten, waren die religiösen Gegensätze zwischen Katholiken und Protestanten immer schärfer geworden. Sie führten schließlich vor und nach dem Augsburger Religionsfrieden zu tiefen Spannungen und Kontroversen nun auch vor allem innerhalb des Luthertums. Differenzen in verschiedenen Lehrpunkten zwischen Luther und Melanchthon traten bei ihren Schülern in verstärkter Form auf, ohne daß es jedoch zu einer eindeutigen Parteienbildung kam. Nach einer Periode von Lehrstreitigkeiten mit tatsächlichen und polemisch zugespitzten theologischen Spannungen, in die auch viele politische Gegensätze hineinwirkten, wurden im Luthertum Wege zu einer einheitlichen Bekenntnisgrundlage gesucht und gefunden. Dieser Prozeß erreichte mit der Konkordienformel und dem Konkordienbuch eine wichtige Station, war aber damit noch nicht beendet, sondern fand erst einen gewissen Abschluß in den 20er Jahren des 17. Jahrhunderts.[21]

Auch in den heute bayerischen Territorien haben diese innerlutherischen Lehrstreitigkeiten ihre deutlichen Spuren hinterlassen. Wir verfolgen vor allem die Entwicklung in der Markgrafschaft Brandenburg-Ansbach-Kulmbach.

Nachdem es schon in Nürnberg durch die Wirksamkeit A. Osianders zu heftigen Kämpfen um die richtige Fassung der Rechtfertigungslehre kam,[22] entzündeten sich an Karg und seinem Katechismus die sog. Kargschen Händel.[23] Karg stammte aus der Grafschaft Oettingen, studierte an der Universität Wittenberg

---

[20] REU 1/1 (B) 458ff.
[21] Zu den zahlreichen Lehrstreitigkeiten im Luthertum nach dem Konkordienbuch 1580 vgl. JOHANNES WALLMANN, Die Rolle d. Bekenntnisschr. i. älteren Luthertum: WALLMANN, Theologie (B) 46–60.
[22] Der Prediger an St. Sebald, Leonhard Culmann, der auf der Seite A. Osianders stand, wurde 1555 entlassen, nachdem er sich geweigert hatte, ein von Melanchthon entworfenes Bekenntnis zu unterschreiben. An seine Stelle trat der Melanchthonschüler Moritz Heling.
[23] WILKE (K); H.-M. WEISS (B).

bei Luther und Melanchthon und wurde nach einem Aufenthalt in seiner Heimat 1552 Stadtpfarrer in Ansbach und im Jahr darauf zum Generalsuperintendenten des ganzen Fürstentums befördert. Der junge Markgraf Georg Friedrich hatte in Karg einen besonders tüchtigen kirchlichen Organisator, auf den die Kapitels- und Synodalordnung vom Oktober 1556 zurückging. Sie war der Ausgang für den weiteren Aufbau der Kirche in der Markgrafschaft. Theologisch stand Karg besonders Melanchthon nahe, mit dem er zahlreiche Briefe wechselte. In seiner Wittenberger Zeit war er in Kontakt mit schwärmerischen bzw. spiritualistischen Anschauungen gekommen, besonders hinsichtlich der Frage nach der Verbindlichkeit des Gesetzes und der Notwendigkeit und Wirksamkeit der Sakramente. Nach verschiedenen Unterredungen nahm er diese jedoch wieder zurück und war seitdem ein Feind jedes Antinomismus.

Der erste Streit entzündete sich bei der Frage, in welcher Weise der Leib und das Blut Christi beim Abendmahl empfangen werde. Karg hatte in seinem Katechismus die Frage verneint, ob der Leib Christi beim Abendmahl in den Bauch und Magen eingehe. Dies nahm der Dechant am St. Gumbertusstift in Ansbach, Wilhelm Tettelbach, zum Anlaß, auf der Kanzel heftig gegen Karg zu polemisieren und ihn als Schwärmer bloßzustellen. In diese Streitigkeiten spielten auch Kompetenzgegensätze hinein, da das Stift sich durch Karg in seiner Existenz bedroht sah.[24] Ein vom Markgrafen angefordertes Gutachten der Wittenberger Fakultät wies W. Tettelbach zurecht und bezeichnete seine Rede als grob und unverständig, während Karg zur Mäßigung und Ruhe angehalten wurde. Die Richtung Melanchthons bei Karg und offenbar auch bei anderen Pfarrern in der Nachbarschaft (Kitzingen und Uffenheim) blieb vorherrschend.

Der zweite Streit entwickelte sich 1567 über die Rechtfertigungslehre mit dem Stiftsprediger Peter Ketzmann.[25] Bei der Auslegung des zweiten Glaubensartikels hatte Karg in seinem Katechismus nur von dem leidenden Gehorsam Christi, nicht aber auch von seinem tätigen Gehorsam und seiner Gesetzeserfüllung, die er bei Gott für uns und statt unser geleistet hat, gehandelt. Hinter Kargs Ablehnung der Lehre von der zugerechneten Gerechtigkeit des ganzen Christus, sowohl seines tätigen wie leidenden Gehorsams und seiner göttlichen und menschlichen Natur auf die Gläubigen, stand die Befürchtung, daß dies zum Freibrief von der eigenen Erfüllung des Gesetzes und damit zur Gesetzlosigkeit führe. Gegen diese Auffassung Kargs polemisierte seit 1567 Ketzmann wiederum auf der Kanzel, unterstützt von Brenz und Tilemann Heshusius. Der über diesen Streit höchst besorgte Markgraf Georg Friedrich wandte sich an Kurfürst August von Sachsen mit der Bitte, daß er Eber in Wittenberg für einen Vermittlungsversuch in Ansbach beurlauben möge. Diesem Wunsche wurde stattgegeben, jedoch hatte Eber mit seinen Begleitern in Ansbach keinen Erfolg. Auch Gutachten von

---

[24] Der Streit war schon 1557 aufgekommen, begleitet von einem regen Briefwechsel zwischen Karg, W. Tettelbach und Markgraf Georg Friedrich. Ab 1560 lebten die Abendmahlsstreitigkeiten erneut auf. Vgl. WILKE (K) 55–62 und H.-M. WEISS (B) 79–91.
[25] WILKE (K) 63–75; H.-M. WEISS (B) 91–103. 186–221.

verschiedenen Theologen und eine Erklärung der Fakultät in Wittenberg, die
Kargs Lehre mißbilligte, konnten Karg nicht umstimmen. So kam es zum Prozeß
gegen Karg in Ansbach und schließlich zu seiner Absetzung, die Markgraf Georg
Friedrich verfügte, auch unter dem Druck der auswärtigen evangelischen Fürsten, besonders von seiten Kurfürst Augusts von Sachsen. Aber Karg erhielt die
Möglichkeit, in Wittenberg mit den dortigen Theologen zu verhandeln. Hier
wurde er in seinem Gewissen überzeugt und nahm Abstand von seinen Sonderlehren. Nachdem Karg in Ansbach am 31.10.1570 vor den Dekanen und Senioren seinen Widerruf erneuerte, wurde er durch Jakob Andreae und in Gegenwart
des Markgrafen feierlich in sein Amt wieder eingesetzt.

*3.2 Fürstliche Kirchenpolitik (Frankfurter Rezeß und Naumburger Fürstentag)
und ihre Auswirkung auf Bayern*

Parallel mit den theologischen Streitigkeiten gingen zahlreiche Ausgleichsbemühungen der evangelischen Reichsstände und ihrer Theologen einher, die auf
Konferenzen und Kolloquien nach einer Beilegung der innerprotestantischen
Spannungen und Gegensätze suchten. In Süddeutschland war besonders Herzog
Christoph von Württemberg, aber auch der Ansbacher Markgraf in Richtung einer Vermittlung zwischen den verschiedenen politischen und theologischen Gegensätzen tätig.[26] Die Hoffnung auf eine Wiederannäherung und einen Ausgleich
zwischen den Konfessionen bestand auch nach dem Augsburger Religionsfrieden
fort. Aber seit dem Leipziger Interim 1548 war der innerprotestantische Gegensatz das Grundproblem der evangelischen Stände und ihrer Theologen. Er wurde
sowohl von seiten der Theologen wie der Fürsten auf mehreren Konferenzen zu
überwinden versucht. Im Juni 1557 kam es in Frankfurt/Main zu einer Konferenz süddeutscher Theologen, an der auch evangelische Reichsfürsten beteiligt
waren. Neben Theologen aus Württemberg, Kurpfalz, Hessen, Baden, Straßburg, Regensburg und Frankfurt war auch Markgraf Georg Friedrich mit Karg
anwesend. Alle Bemühungen, auf der Grundlage der Confessio Augustana die
Gegensätze zu überwinden, blieben erfolglos.

Auf dem Wormser Religionsgespräch 1557 wurden die innerprotestantischen
Lehrdifferenzen auf Reichsebene vollends deutlich.[27] Von Markgraf Georg
Friedrich war Karg nach Worms entsandt, der hier im Auftrag von Melanchthon
mit dem Jesuiten Petrus Canisius disputierte. Es ging u.a. um die Frage der Erbsünde, die Matthias Flacius Illyricus als eine dem menschlichen Wesen innewohnende Kraft verstand. Dies stand gegen die Lehren des Melanchthonschülers
Georg Major und seiner Betonung der guten Werke im Blick auf die ewige Selig-

---

[26] HEPPE 1 (K) 109–405; DROYSEN (K) 52–115.
[27] DINGEL (B) 661 (Z. 29)–662 (Z. 33); GERHARD MÜLLER, Theol. Selbstbehauptung u. Politik.
Worms 1557: Philipp Melanchthon als Politiker zwischen Reich, Reichsständen u. Konfessionsparteien, hg. i. Auftrag d. Stiftung »LEUCOREA« v. GÜNTHER WARTENBERG u. MATTHIAS ZENTNER unter Mitwirkung v. Markus Hein, Wittenberg 1998, 183–197 (Themata Leucoreana).

keit. Indem Canisius auf die Streitigkeiten um Major und A. Osiander im Verständnis der Rechtfertigung unter den Evangelischen hinwies, wurde ihre Zerrissenheit in diesen Fragen offensichtlich. Erst recht war ein Ausgleich zwischen den Konfessionen schon länger nicht mehr zu erwarten.

Aber die Versuche, unter den Evangelischen eine Einigung herbeizuführen, gingen weiter. Auf Initiative von Herzog Christoph von Württemberg kam der Frankfurter Fürstentag zustande, der mit dem Frankfurter Rezeß vom 18.3.1558 eine theologische Grundlage erarbeitete, die von der Theologie Melanchthons bestimmt war.[28] Die überspitzten Einseitigkeiten der gegeneinanderstehenden Parteien vermeidend, fand vor allem die Lehre vom Abendmahl eine Fassung, in der auf seine stiftungsmäßige Einsetzung und Spendung hingewiesen und die Gleichbedeutung der Gegenwart Christi in Wort und Sakrament hervorgehoben wurde. Wie schon in Worms lehnte Herzog Johann Friedrich II. der Mittlere von Sachsen-Coburg-Eisenach jedoch zusammen mit seinen Flacius anhängenden Theologen den Frankfurter Rezeß ab und ließ das sog. Weimarer Confutationsbuch ausarbeiten. Er erklärte es zur Lehrgrundlage im Herzogtum Sachsen.

Von den fränkischen und schwäbischen Territorien hatte Brandenburg Ansbach-Kulmbach sofort dem Frankfurter Rezeß zugestimmt, ebenso Oettingen, Hohenlohe, Limpurg, Schweinfurt, Rothenburg, Kempten und Memmingen. Abgelehnt haben ihn: Regensburg (das Bekenntnis zur CA, Apologie und vor allem zu den Schmalkaldischen Artikeln wäre zur Beilegung von Streitigkeiten besser geeignet als der Frankfurter Rezeß), Grafschaft Henneberg, auch Nürnberg, Windsheim und Weißenburg sowie das zum ernestinischen Sachsen gehörende Coburg. Augsburg, Donauwörth und Kaufbeuren gaben keine deutliche Zustimmung zum Frankfurter Rezeß.[29]

Ein weiterer Versuch der fürstlichen Kirchenpolitik zur Beilegung der innerprotestantischen Streitigkeiten war der Naumburger Fürstentag 1561.[30] Kurfürst Friedrich III. von der Pfalz bat Herzog Christoph von Württemberg und Pfalzgraf Wolfgang zu einer Konferenz nach Speyer. Hier fragte der pfälzische Kurfürst die beiden anderen Fürsten, auf welchem Wege der Zwist unter den Protestanten bereinigt werden könnte. Herzog Christoph antwortete, daß eine erneute Unterzeichnung aller evangelischen Stände unter die Augsburgische Konfession notwendig sei. Aber von der 1530 dem Kaiser übergebenen Konfession besaßen die Stände keinen authentischen Text mehr. Die CA Variata von 1540 unterschied sich jedoch besonders im Artikel 10 (Abendmahl) von derjenigen von 1530. Kurfürst Friedrich von der Pfalz wollte nur die Ausgabe der CA von 1540 unterzeichnen, während Wolfgang von Pfalz-Neuburg die CA von 1530 mit den Schmalkaldischen Artikeln als gültige Bekenntnisgrundlage verlangte. Schließlich wurde in Naumburg die von Melanchthon besorgte Ausgabe von 1531 unter-

---

[28] HEPPE 1 (K) 266–297.
[29] SIMON, Kirchengesch.[1] 1 (B) 338.
[30] HEPPE 1 (K) 364–405; MAGER (K) passim.

schrieben. Daneben wurde aber auch durch eine Vorrede auf die CA Variata von 1540 als eine sinnvolle Erläuterung des Textes hingewiesen. Diese, von den Kurfürsten von Sachsen und von der Pfalz abgefaßte »Präfation«, nahmen die meisten Fürsten an, aber die Theologen um Herzog Johann Friedrich II. von Sachsen machten erneut Front gegen diese die Irrlehren nicht verdammende Vorrede. Neben dem ernestinischen Sachsen verweigerten auch einige andere Fürsten die Unterschrift unter den Naumburger Abschied, so daß gegenüber den konziliaren Bestrebungen von Kaiser Ferdinand I. und Papst Pius IV. die evangelischen Stände wiederum uneins waren.

In Franken und Schwaben hatten den Naumburger Einigungsversuch sofort Brandenburg-Ansbach-Kulmbach und Henneberg unterzeichnet. Weiterhin unterschrieben Castell, Hohenlohe, Limpurg, Oettingen und Schweinfurt sowie die Reichsstädte Ulm, Rothenburg, Memmingen, Kaufbeuren, Kempten und Lindau. Nürnberg, das sich in einem Brief an Pfalzgraf Wolfgang zur lutherischen Abendmahlslehre bekannte und deshalb zunächst Bedenken hinsichtlich einer genügenden Abweisung des Calvinismus hatte, unterschrieb schließlich ebenfalls. Augsburg, Donauwörth und Regensburg lehnten jedoch ab.[31]

3.3 Streitigkeiten um Johannes Calvins Abendmahlslehre und die Erbsündenlehre des Matthias Flacius Illyricus

Der Streit zwischen Lutheranern und Reformierten um das Verständnis des Abendmahls kam in der wechselvollen Geschichte der Oberpfalz besonders kraß zum Ausdruck.[32] Nachdem Kurfürst Ottheinrich das lutherische Bekenntnis offiziell in der Oberpfalz einführte, wandte sich sein Nachfolger Friedrich III. von der Pfalz immer entschiedener dem Calvinismus zu. Ausdruck dafür ist besonders der Heidelberger Katechismus und die Heidelberger Kirchenordnung von 1563. Nachdem die evangelischen Stände auf dem Augsburger Reichstag 1566[33] durch Vermittlung vor allem Kurfürst Augusts von Sachsen den Versuch des Kaisers abgewehrt hatten, den Riß in den eigenen Reihen offenkundig werden zu lassen, so daß Pfalzgraf Wolfgang und Herzog Christoph ihre Beschwerden gegenüber Friedrich wegen dessen Zuwendung zum Calvinismus zurückstellten, konnte Friedrich gestärkt an die Durchführung seiner eigenen Pläne herangehen. Von der Rheinpfalz ausgehend, sollte nun auch die Oberpfalz dem Calvinismus geöffnet werden. Im Herbst 1566 kam Friedrich nach Amberg, um auch hier mittels Gesprächen und Verordnungen den Calvinismus von oben her einzuführen. Es kam zu Protestszenen in den Kirchen und schließlich zur Absetzung der lutherischen Pfarrer. Durch das Religionsmandat vom 20.1.1567 wurde die Kirchenordnung Ottheinrichs außer Kraft gesetzt. Das bedeutete Entfernung der Bilder und Kreuze und die Abschaffung des Exorzismus bei der Taufe. Diese

---

[31] SIMON, Kirchengesch.¹ 1 (B) 338f.
[32] GÖTZ, Einführung (K); GÖTZ, Wirren (B); PRESS, Zweite Reformation (B).
[33] DROYSEN (K) 74–88.

Maßnahmen stießen in Amberg und an anderen Orten auf erheblichen Widerstand bei Ratsmitgliedern und Pfarrern. Der Kurfürst reagierte mit einer »Christlichen Erinnerung«, worauf Schalling seinen »Wahrhaften Bericht« verfaßte.[34]

Mit dem Nachfolger Friedrichs III., Kurfürst Ludwig VI., wurden die Verhältnisse wieder im lutherischen Sinne umgekehrt. Der Sohn Friedrichs III. war schon seit 1563 Statthalter der Oberpfalz in Amberg und stand den Heidelberger Vorgängen höchst kritisch gegenüber. Mit seinem Regierungsantritt wurden die eifrigsten Vertreter des reformierten Bekenntnisses entlassen, andere jedoch nicht, wie auch der Exorzismus bei der Taufe nicht wieder eingeführt wurde. Nach seinem Tod sollte es zu einem erneuten Umschwung in der Oberpfalz kommen.[35]

Zur Entlassung bzw. Anklage von calvinistischen Pfarrern und Abendmahlsstreitigkeiten kam es auch in Oettingen, Nürnberg, Regensburg, Rothenburg und Memmingen. Der Calvinismus hatte in den bayerischen Gebieten außer der Grafschaft Ortenburg, wo Graf Joachim sich 1567 dem Calvinismus anschloß, keinen Erfolg.

Auch die Streitigkeiten um die extremen theologischen Positionen des Flacius und seiner Anhänger brachen an mehreren Orten auf. In Coburg fand unter der Regierung von Johann Wilhelm von Sachsen seit 1567 eine Visitation im Sinne des Flacius statt, an der auch Heshusius beteiligt war. Es kam zu verschiedenen Entlassungen von Pfarrern und des Coburger Superintendenten Maximilian Mörlin,[36] der früher unter dem Einfluß des Flacius stand und nun zu seinem Gegner geworden war. Nach dem Tod von Johann Wilhelm kam das Coburger Land unter die Herrschaft von Kurfürst August von Sachsen. Durch eine von ihm vorgenommene Visitation wurde Mörlin 1573 wieder als Superintendent eingesetzt. Der Einfluß des Flacius in Coburg war damit beendet.

In Regensburg war seit 1553 Nikolaus Gallus[37] als Anhänger des Flacius Pfarrer und Superintendent. Flacius selbst versuchte in Regensburg mit Hilfe des Gallus Fuß zu fassen, mußte die Stadt aber 1565 verlassen. Nach dem Tod des Gallus 1570 kam es unter seinem Nachfolger Josua Opitz zu Streitigkeiten unter den Pfarrern, die schließlich mit der Entlassung der Flacius-Anhänger endeten.[38]

Auseinandersetzungen um Anhänger des Flacius gab es auch in Oettingen, Rothenburg, in Lindau und im Steigerwald. In Oettingen und in Lindau wurde Andreae um Vermittlung gebeten, der mit Erfolg den flacianischen Einfluß zurückdrängen konnte.

---

[34] Vgl. ECKERT (B).
[35] PRESS, Zweite Reformation (B) 111f.
[36] REINHOLD JAUERNIG, Maximilian Mörlin (1516–1584): RGG³ 4, 1084.
[37] VOIT (B).
[38] SIMON, Kirchengesch.¹ 1 (B) 345.

3.4 Rezeption der Konkordienformel

Mit Andreae ist der Mann genannt, der mit Unterstützung der Herzöge Christoph von Württemberg und Julius von Braunschweig sowie den Theologen Martin Chemnitz und Nikolaus Selnecker die Grundlage zu einer lehrmäßigen Einigung im Luthertum legte.[39] Die komplizierte und konfliktreiche Verlaufsgeschichte des Konkordienwerkes zeigt eine erstaunliche Aktivität und geduldige Beharrlichkeit beim Aushalten von Gegensätzen im älteren Luthertum. Das wird gerade auch in Süddeutschland deutlich.[40]

Hier gingen vor allem von Herzog Ludwig von Württemberg, Pfalzgraf Philipp Ludwig von Pfalz-Neuburg und von Markgraf Georg Friedrich von Brandenburg-Ansbach-Kulmbach die entscheidenden Impulse für das Werben um die FC und das Konkordienbuch aus.[41]

Die Markgrafschaft Brandenburg-Ansbach-Kulmbach und die Reichsstadt Nürnberg als evangelische Kerngebiete im fränkischen Reichskreis gingen in ihrer Haltung zum Konkordienwerk verschiedene Wege. Bisher hatten sie in der Brandenburg-Nürnbergischen Kirchenordnung von 1533 und dem Corpus doctrinae von 1573 eine gemeinsame Bekenntnisgrundlage. Sie war durch eine vermittelnde theologische Richtung im Geist Melanchthons bestimmt. Andreae kam 1576 nach Ansbach, um eine Zustimmung zu dem Torgischen Buch, einer Vorform der FC, zu erreichen. Hatten zuvor schon Pfalz-Neuburg und Regensburg zugestimmt, so bestanden in Ansbach erhebliche Vorbehalte, weil in der entstehenden Bekenntnisübereinkunft keine Schriften Melanchthons enthalten sein sollten. Nachdem jedoch Karg 1576 gestorben war und 1577 die Bekenntnisübereinkunft zum sog. Bergischen Buch ausgearbeitet wurde, vollzog sich die Zustimmung dazu durch die Initiative von Markgraf Georg Friedrich und seiner Räte recht rasch. In einer Instruktion für seinen Rat Andreas Frobenius sollten auch die Grafschaften Wertheim, Schwarzenberg und Limpurg und die Reichsstädte Windsheim, Rothenburg und Schweinfurt für die Konkordienformel gewonnen werden. Aber Nürnberg mit Windsheim und Weißenburg lehnten ab.

Der Abstand Nürnbergs vom Konkordienwerk hatte verschiedene Gründe. Innerhalb der Stadt bestanden seit langem Auseinandersetzungen zwischen lutherisch und melanchthonisch orientierten Pfarrern und ihren Anhängern.[42] Angesichts der politisch unsicheren Gesamtlage wollte die Stadt nach außen hin Geschlossenheit demonstrieren, dem katholischen Bayern gegenüber auf die strikte Einhaltung des Religionsfriedens hinweisen und mit dem Kaiser im guten Einvernehmen bleiben. Das konnte nur auf dem Weg einer vorsichtigen Zurück-

---

[39] Die wichtigste, grundlegende Arbeit zur Geschichte der Konkordienformel, nicht nur für Braunschweig-Wolfenbüttel, ist die Untersuchung von MAGER (K).
[40] Bekenntnis (K).
[41] DEETJEN (K).
[42] Neben Heling als Philippist an St. Sebald wirkte der strenge Lutheraner Hieronymus Besold an St. Lorenz. Michael Besler als Prediger an der Frauenkirche, ebenfalls Lutheraner, wurde 1569 als Flacianer entlassen (SIMON, Kirchengesch.[1] 1 [B] 349).

haltung von den gegeneinanderstehenden Positionen erreicht werden. Weder gnesiolutherisch-flacianische Tendenzen noch calvinistische Neigungen, aber auch keine Abwendung von Melanchthon in bestimmten theologischen Positionen waren für die Stadt annehmbar. Ein Besuch Andreaes im November 1577 in Nürnberg konnte daran nichts mehr ändern. Durch Kontakte zu Landgraf Wilhelm IV. von Hessen-Kassel und Fürst Joachim Ernst von Anhalt, die ebenfalls Abstand vom Konkordienwerk hielten, suchte sich Nürnberg Rückhalt in seiner kompromißreichen Politik zu verschaffen. Hinter dieser Haltung der Stadt standen auch wirtschaftliche Interessen, die in konfessioneller Hinsicht eine gewisse Großzügigkeit erforderlich machten. Denn seit 1570 waren in Nürnberg niederländische Tuchmacher und Färber eingewandert, die mit ihrem florierenden Handel am wirtschaftlichen Aufschwung der Stadt erheblichen Anteil hatten.

Neben Markgraf Georg Friedrich war auch Pfalzgraf Philipp Ludwig bei seinen Pfarrern und in den Nachbargebieten werbend für die FC tätig. Die Pfarrer von Dinkelsbühl, Oettingen, Augsburg und Regensburg unterschrieben die Konkordienformel, schließlich auch diejenigen von Donauwörth. Nur Joachim von Ortenburg blieb bei seinem Bekenntnis zum Calvinismus.

Auch die anderen Gebiete im Norden und im Süden schlossen sich der Konkordienformel an. So die Pfarrer in der Grafschaft Henneberg und in Coburg sowie in den schwäbischen Städten Memmingen, Kaufbeuren, Ulm, Kempten und Lindau.

Kurfürst Ludwig VI. entschied sich erst 1579 für die Konkordienformel, nachdem er viele Bedenken vorgebracht und insgesamt eine distanzierte Haltung eingenommen hatte. Er hatte zwar sein Land dem Luthertum zugeführt und lutherische Pfarrer in der Oberpfalz anstelle der calvinistischen eingesetzt. Aber in seiner zögerlichen Haltung gegenüber der FC kommt besonders seine Sorge um eine Zurückdrängung des melanchthonischen Luthertums zum Ausdruck, was ihm für die konfessionelle Eintracht unverzichtbar erschien.

Nachdem am 25.6.1580 das Konkordienbuch veröffentlicht wurde, unterschrieben die Pfarrer all der Gebiete, die schon die Konkordienformel angenommen hatten. Nur Augsburg lehnte ab, und Nürnberg, Windsheim, Weißenburg und Ortenburg blieben bei ihrer schon zuvor eingenommenen Ablehnung.[43]

Zustimmung oder Ablehnung gegenüber dem Konkordienwerk ist für die weitere Entwicklung der evangelischen Gebiete in kirchlich-theologischer und politischer Hinsicht gewiß von erheblicher Bedeutung. Aber so reichhaltig und unterschiedlich auch die Motive in der Haltung zum Konkordienwerk waren, so wenig eindeutig ist die Bekenntnissituation in der Folgezeit. Das zeigt die Vielzahl der theologischen Streitigkeiten auch noch nach 1580. Immerhin hatte sich die Mehrzahl der lutherischen Stände auf der Grundlage gemeinsamer Bekenntnisschriften zusammengeschlossen, so daß sie dem immer stärker vordringenden

---

[43] SIMON, Kirchengesch.¹ 1 (B) 350–354.

4. Konfessionelle Auseinandersetzungen von 1580 bis zum Beginn des Dreißigjährigen Krieges

4.1 Der expandierende nachtridentinische Katholizismus (Regensburger Religionsgespräch 1601)

Am Ende des 16. Jahrhunderts nahm die konfessionelle Konfrontation immer größere Ausmaße an. Die reformatorische Bewegung drang noch immer in verschiedene Gebiete vor, aber den Höhepunkt ihrer Ausbreitung hatte sie um 1580 hinter sich. Der nach dem Konzil von Trient durch geistlich-religiöse und organisatorische Impulse gestärkte Katholizismus konnte die schweren Schäden und den sittlichen Verfall vor allem im Klerus und im Mönchtum mit Erfolg überwinden und in Bayern erhebliche Rekatholisierungsprozesse einleiten und zum Ziel führen.[44] Das späte 16. Jahrhundert zeigt in den verschiedenen Bevölkerungsschichten in konfessioneller Hinsicht noch manche Unsicherheit und Durchlässigkeit. Katholische religiöse Literatur wurde auch von den Evangelischen gelesen und in großem Ausmaß von evangelischen Autoren rezipiert wie umgekehrt protestantische Erbauungsliteratur in der katholischen Bevölkerung verbreitet war. Im gebildeten Bürgertum der Städte und bei Adeligen wirkte der späthumanistische Geist in Richtung einer Entschärfung der konfessionellen Gegensätze.[45]

Die gegenreformatorische Bewegung führte jedoch in innerer Folgerichtigkeit immer deutlicher auf den konfessionell geschlossenen Territorialstaat hin. Erst in ihm konnten die tridentinischen Reformmaßnahmen voll greifen. Im fränkischen Reichskreis ist dafür charakteristisch die Herrschaft der Fürstbischöfe Julius Echter von Mespelbrunn in Würzburg und Neithardt von Thüngen in Bamberg. Zwei Ziele hatte ihre Kirchenreform: Verbesserung der Zustände innerhalb der katholischen Kirche und Rekatholisierung des Landes und seiner Bevölkerung. Die schlechten kirchlichen Verhältnisse und die bereits etwa zur Hälfte protestantischen Einwohner des Hochstifts Würzburg machten dies zu einer höchst schwierigen Aufgabe. Julius Echter von Mespelbrunn hat die Vorgaben des Reichsrechts der Tridentiner Reformdekrete für seine landesherrliche Kirchenpolitik geschickt und rigoros genutzt. Bei der Reform der Ausbildung des Klerus setzte er an, um sie sodann mit der Klerusreform im engeren Sinne weiterzufüh-

---

[44] Allgemeiner Überblick bei GOTTFRIED MARON, Kath. Reform u. Gegenreformation: TRE 18, 45–72.
[45] Vgl. hierzu die Arbeiten von ALTHAUS (K) und BECK (K); vgl. auch ELKE AXMACHER, Praxis Evangeliorum. Theologie u. Frömmigkeit bei Martin Moller (1547–1606), Göttingen 1989 (FKDG 43); BRECHT, Aufkommen (B) 127; STRÄTER (K).

ren, wofür seine Kirchenordnung von 1589 die Grundlage bildete.[46] Schließlich folgten Visitationen, bei denen die protestantischen Lehrer, Ratsherren, Bürgermeister und Prädikanten, aber auch die sonstige evangelische Bevölkerung vor die Alternative gestellt wurden, sich zur katholischen Kirche zu bekennen oder auszuwandern. Die Aussiedlung der nicht Bekehrungswilligen erfolgte mit Härte und Nachteilen für ihr Vermögen. Die Auswanderer ließen sich meist in der Markgrafschaft Brandenburg-Ansbach oder in den Reichsstädten Nürnberg und Schweinfurt sowie in der Grafschaft Castell nieder.[47] Durch verschiedene Religionsmandate der Fürstbischöfe und vor allem die Aktivitäten der Jesuiten und Kapuziner wurde der konfessionelle Gegensatz zwischen Katholiken und Protestanten immer schärfer.[48] Auch auf protestantischer Seite steigerte sich die Polemik bis zur Bezeichnung des Papstes als Antichrist. Auf dem Regensburger Religionsgespräch vom November 1601 kam die konfessionelle Auseinandersetzung auf einen Höhepunkt.[49]

Waren die bisherigen Religionsgespräche auf Reichsebene trotz aller Gegensätze immer noch um einen konfessionellen Ausgleich bemüht, so hoffte jede Seite beim Regensburger Religionsgespräch 1601[50] wie zuvor schon in Baden-Baden 1589/1590 auf den überzeugenden Sieg der je eigenen Konfession. Voraus ging dem Religionsgespräch ein Streitschriftenkampf zwischen den Kanzleien von Herzog Maximilian I. von Bayern und Pfalzgraf Philipp Ludwig von Pfalz-Neuburg. Durch Flugschriften des Jesuiten Conrad Vetter gegen Person und Lehre Luthers waren die beiden Herrscher gegeneinander aufgebracht worden, wobei von Philipp Ludwig von Pfalz-Neuburg die Initiative ausging, durch ein Religionsgespräch seinen katholischen Vetter Maximilian von der Wahrheit des lutherischen Glaubens zu überzeugen. Auch von seiten der Ingolstädter Theologen wurde der Plan zu einem Religionsgespräch befürwortet. Unter dem Vorsitz von Maximilian I. von Bayern und Pfalzgraf Philipp Ludwig fand es vom 17. bis 28.11.1601 im Regensburger Rathaus statt. Von katholischer Seite waren zwei Jesuiten der Universität Ingolstadt für die Diskussionen bestimmt worden: Albert Hunger und Jakob Gretser. Später trat der Jesuit Adam Thanner an die Stelle Gretsers. Philipp Ludwig hatte nicht nur seinen Hofprediger Jakob Heilbrunner und dessen Bruder Philipp für die Disputation entsandt, sondern stand im Vorfeld in Kontakt mit Württemberg, den beiden Sachsen und mit Brandenburg-

---

[46] »Satzung und Ordnung, wie es in den Pfarreien des Stiftes mit dem Gottesdienst und Kirchen-Ministerien soll gehalten werden.«
[47] Bistum Würzburg 3 (B); FRIEDRICH MERZBACHER, Julius Echter v. Mespelbrunn Fürstbischof v. Würzburg: BDLG 110 (1974), 155–180; SICKEN, Franken (B) 174–279; GOTTFRIED MÄLZER, Julius Echter. Leben u. Werk, Würzburg 1989. Zu Bamberg vgl. GUTH, Konfessionsgesch. (B) 34–43.
[48] Zur Gegenreformation in Schwaben und zum Augsburger Kalenderstreit vgl. ADOLF LAYER, Kath. Reform u. Gegenreformation: HBG¹ 3/2, 928–931; DERS., Der Dreißigjähr. Krieg: HBG¹ 3/2, 931–935. Vgl. auch SIMON, Kirchengesch.¹ 2 (B) 367–453.
[49] KAUFMANN (B) 10–23.
[50] WILHELM HERBST, Das Regensburger Religionsgespräch v. 1601. Geschichtl. dargestellt u. dogmengeschichtl. beleuchtet, Gütersloh 1928; DINGEL (B) 663f; B. BAUER, Kolloquium (B).

Ansbach, so daß auch von hier Abgesandte am Gespräch teilnahmen. Hunnius war der bedeutendste Theologe auf protestantischer Seite. Markgraf Georg Friedrich schickte die beiden Ansbacher Theologen Abdias Wickner und Laurentius Laelius nach Regensburg, von wo sie über den Verlauf der Gespräche nach Ansbach berichteten.[51]

Inhaltlich ging es vor allem um die Frage, wer Richter in Glaubensstreitigkeiten sein könne. Von evangelischer Seite wurde die Heilige Schrift als die einzige, zuverlässige und unfehlbare Norm der Lehre und der Entscheidungen in Glaubensstreitigkeiten bezeichnet. Das Wort Gottes und die Heilige Schrift setzten die Evangelischen in engste Verbindung. Dagegen stellten die Katholiken ihre Thesen eines einander zugeordneten Verhältnisses von Heiliger Schrift und kirchlicher Tradition im Sinne der Bestimmungen des Tridentinums. Die Heilige Schrift sei zwar eine unfehlbare Norm, aber sie sei dies weder allein, noch als einzige. Auf die Frage der evangelischen Theologen, in welcher Weise das Verhältnis von Schrift und Tradition zu bestimmen sei und welche Instanz die Entscheidung in Glaubensstreitigkeiten herbeiführen könne, wenn es nicht die Heilige Schrift sei, verweigerte man von katholischer Seite zunächst die Auskunft. Es ginge nur darum, die neue, lutherische Auffassung zu diskutieren, während sie ja bei dem »alten rechten Glauben« geblieben seien. Auf die wiederholte Aufforderung, auch mit Unterstützung der Fürsten, nicht auszuweichen, sondern deutliche Erklärungen abzugeben, gab schließlich der Jesuit Gretser eine klare Antwort. Er stellte die These auf, daß nur der Bischof von Rom der unfehlbare Richter in Glaubensstreitigkeiten sein könne, entweder allein oder zusammen mit einem Konzil. Er setzte hinzu: dieser unfehlbare Richter sei der gegenwärtige Papst Clemens VIII.

Die Diskussion über das zentrale Problem des Verhältnisses von Schrift und Tradition litt unter den syllogistischen Argumentationsregeln, die die Jesuiten durchgesetzt hatten und in denen sie mit ihrer formalen logischen Rhetorik den Protestanten überlegen waren. In den theologischen Sachfragen kam es zu keiner Klärung bzw. Annäherung. Das Gespräch wurde ohne Ergebnis abgebrochen, begleitet von propagandistischer konfessioneller Polemik in einer Fülle von Streitschriften.

Hinsichtlich von Pfalz-Neuburg verschob sich das konfessionelle Kräfteverhältnis bald zugunsten des Katholizismus. Im Zusammenhang mit Erbfolgestreitigkeiten um das Herzogtum Jülich-Cleve-Berg kam es nach dem Tod Philipp Ludwigs zur heimlichen Konversion seines Sohnes Wolfgang Wilhelm zur katholischen Kirche und zu einer fortschreitenden Rekatholisierung von Pfalz-Neuburg.[52]

---

[51] HAUSMANN, Laelius (B) 101–120.
[52] Zur Gegenreformation in Pfalz-Neuburg vgl. WAPPMANN, Durchbruch (B) 15–46; vgl. auch III.2.3.2.

Aber auch auf protestantischer Seite war der Selbstbehauptungswille nicht erlahmt und kam in scharfer antikatholischer, vor allem antipäpstlicher Polemik zum Ausdruck. Das zeigt besonders die Fülle der Flugschriften und Predigten zum Jubelfest der Reformation von 1617.[53] Die Liste der Druckorte für solche Jubiläumspredigten in Süddeutschland reicht von Straßburg über Stuttgart, Ulm, Nürnberg, Rothenburg o.d.T., Ansbach, Amberg bis nach Kempten.[54] Im Gegenüber zum römischen Katholizismus traten bei den Jubiläumsfeierlichkeiten die innerprotestantischen Spannungen und Gegensätze zurück. Die Rückbesinnung auf Luther und die Reformation erfolgte im Rahmen einer Intensivierung apokalyptischer Vorstellungen, so daß Luther als Werkzeug Gottes in einem endzeitlichen Kampf mit dem Papsttum zu stehen kam. Die Antichrist-Thematik ist mit diesem Lutherbild als endzeitlichem Propheten eng verbunden.[55] In diesem Denkhorizont konnte auch der jesuitischen Propaganda von der Neuigkeit der lutherischen Reformation mit ihren erst 100 Jahren begegnet werden.

Der Konfessionalisierungsprozeß in Richtung auf einen einheitlichen Konfessionsstaat um 1600 ist auch ein wesentlicher Hintergrund für das Phänomen des Hexenwahns, der zwischen 1580 und 1630 besonders grausam in beiden Konfessionen wütete. Im konfessionell geschlossenen Territorialstaat mit seinem politischen und religiösen Ausschließlichkeitsanspruch waren die Voraussetzungen besonders günstig für die zu allen Zeiten vorhandenen Formen der Verdächtigung, Verketzerung und Verfolgung Andersdenkender. Hinzu kamen das intensive Endzeitbewußtsein, langanhaltende Ernährungskrisen und sozial und religiös bedingte tiefgreifende Verunsicherungserfahrungen in allen Bevölkerungsschichten, die diese Exzesse beförderten. In Franken hat die Hexenverfolgung in den Hochstiften Würzburg, Bamberg und Eichstätt zwischen 1616 und 1630 mit vielen Hunderten von Opfern gewütet.[56] Aber auch in der Markgrafschaft Brandenburg-Ansbach-Bayreuth sind Hexenprozesse seit den 70er Jahren des 16. Jahrhunderts an verschiedenen Orten nachweisbar, im Vergleich zu den Hochstiften jedoch in erheblich geringerer Intensität.[57] In Nürnberg kam es erst 1659 zu zwei und in dem noch zu etwa zwei Dritteln evangelischen Augsburg

---

[53] KAUFMANN (B) 10–15; SCHÖNSTÄDT (K).
[54] SCHÖNSTÄDT (K) XIV–XXX.
[55] WOLFGANG SOMMER, Luther – Prophet d. Deutschen u. d. Endzeit. Zur Aufnahme d. Prophezeiungen Luthers i. d. Theologie d. älteren deutschen Luthertums: SOMMER (B) 155–176.
[56] GUTH, Konfessionsgesch. (B) 44–48; FRIEDRICH MERZBACHER, Die Hexenprozesse i Franken, München ²1970, 45ff; Teufelsglaube u. Hexenprozesse, hg. v. GEORG SCHWAIGER, München ²1988.
[57] So in Langenzenn, Mainbernheim, Heidenheim, Colmberg, Schwabach, Windsbach, Cadolzburg, Crailsheim, Leutershausen. In der Reichsstadt Nördlingen wurden von 1589–1598 34 Frauen und 1 Mann verbrannt.
Im Rahmen der weiteren notwendigen Forschungen auf diesem Gebiet sei hingewiesen auf die Studie von TRAUDL KLEEFELD, Zur Gesch. d. Hexenverfolgungen insbesondere i. Franken u. i. Hinblick auf d. Beteiligung luth. Geistlicher u. Landesherren: Hexenverfolgung (K) 19–33; vgl. auch PETRA SEEGETS/HEIDRUN MUNZERT, Hexenprozesse u. Hexenverfolgung. Ausgewählte Quellen u. Fachliteratur: Hexenverfolgung (K) 112–121.

zwischen 1525 und 1694 zu insgesamt 17 Hinrichtungen.[58] Im Jahre 1591 erließ Markgraf Georg Friedrich ein Mandat an seine Räte wegen Zauberei und veröffentlichte der Heilsbronner Abt Adam Francisci eine »Generalinstruktion von den Trutten« (Hexen), in der die Hexenverfolgung theologisch gerechtfertigt wird.[59]

4.2 Der expandierende Calvinismus (Kryptocalvinismus)

Die heftige Polemik in den konfessionellen Auseinandersetzungen fand nicht nur zwischen Katholiken und Protestanten statt, sondern auch zwischen Calvinisten und Lutheranern. Seit den 1580er Jahren wurden die innerprotestantischen theologischen Gegensätze zuweilen noch schärfer herausgestellt als diejenigen zwischen Katholiken und Protestanten. Während des immer stärker vordringenden Calvinismus seit 1560 besonders in der Kurpfalz blieben die Evangelischen zwar politisch gegenüber dem Kaiser und den katholischen Ständen einig, aber theologisch waren sie uneins, vor allem im Verständnis des Abendmahls.

Nachdem sich die Mehrheit der Lutheraner im Konkordienwerk auf eine gemeinsame lutherisch-reformatorische Lehre auf der Grundlage von Schrift und Bekenntnis geeinigt hatte, blieb dies auch nicht ohne Wirkungen auf die Anhänger Calvins. Die konfessionelle Abgrenzung innerhalb des Protestantismus schritt voran, indem die dem Konkordienwerk fern gebliebenen lutherischen Stände als heimliche Calvinisten (Kryptocalvinisten) oder zumindest als philippistische Lutheraner verdächtigt wurden, was ihrem Selbstverständnis als Lutheraner durchaus nicht entsprach. Die Expansion des Calvinismus im mittleren Westen des Reiches und ihre Auswirkung ist durch das lutherische Konkordienwerk nicht nach dessen Intention, aber faktisch gefördert worden. Die theologisch strittigen Fragen zwischen Calvinisten und Lutheranern in der Abendmahlslehre, in der Christologie und bei der Prädestination waren mit zahlreichen ständischen und reichspolitischen Faktoren vermischt. So vor allem mit Erbstreitigkeiten und der unterschiedlichen politischen Haltung zwischen dem kaiserfreundlichen und reichstreuen Kursachsen und der calvinistischen Kurpfalz mit ihrer geistigen Öffnung nach Westeuropa und ihren politischen Aktivitäten in verschiedenen europäischen Nachbarländern.[60]

Für die bayerische Kirchengeschichte ist das Vordringen des Calvinismus in den letzten Jahrzehnten vor dem Dreißigjährigen Krieg besonders in der Oberpfalz greifbar.[61] Nachdem sich Kurfürst Ludwig VI. dem Konkordienbuch 1582 ange-

---

[58] Vgl. HARTMUT H. KUNSTMANN, Zauberwahn u. Hexenprozeß i. d. Reichsstadt Nürnberg, Nürnberg 1970, 176–185 (NWSLG 1).
[59] BIRKE GRIESSHAMMER (Hg.), Drutenjagt i. Franken. 16.–18. Jh. Kat. z. Wanderausstellung: Hexenverfolgung i. Franken, Pyrbaum ²1999, 202f; GUTH, Konfessionsgesch. (B) 44–48.
[60] HECKEL (B) 82–89. 105f; HARM KLUETING, Das konfessionelle Zeitalter 1525–1648, Stuttgart 1989, 215–225 (UTB 1556); DEETJEN (K) 336–339.
[61] GÖTZ, Wirren (B); SIMON, Kirchengesch.¹ 1 (B) 358–364; WILHELM VOLKERT, Kurpfalz zwischen Luthertum u. Calvinismus (1559–1623): HBG³ 3/3, 91–104; PRESS, Ev. Opf. (B); PRESS, Zweite

schlossen hatte, waren die wichtigsten protestantischen Kirchen Süddeutschlands mit dem Herzogtum Württemberg, der Markgrafschaft Brandenburg-Ansbach-Kulmbach, dem Herzogtum Pfalz-Neuburg, vielen Reichsstädten mit Regensburg und Augsburg bis zur Kurpfalz im Südwesten bekenntnismäßig vereint. Aber nach dem Tod Ludwigs VI. 1583 begann unter den Nachfolgern Johann Casimir und Kurfürst Friedrich IV. wieder eine immer stärkere Calvinisierung der Oberpfalz, die schon mit Kurfürst Friedrich III. begonnen hatte. Es ist mit Recht von der »Tragödie des Oberpfälzer Luthertums« gesprochen worden,[62] die nicht erst unter den reformierten Fürsten seit 1583 einsetzte, sondern schon unter Ludwig VI. Denn in der Oberpfalz hatte das Luthertum eine stark philippistische Ausrichtung, wie ja auch die Reformation in Amberg und in der Oberpfalz erheblich von Melanchthon und von Nürnberg aus geprägt wurde. An den verschiedenen Amtsentlassungen des Generalsuperintendenten Schalling[63] wird diese Tragik besonders deutlich.

Den Maßnahmen der Calvinisierungspolitik von Johann Casimir und Kurfürst Friedrich IV. widersetzten sich die Oberpfälzer hartnäckig. Besonders die bürgerliche Oberschicht in Amberg und der oberpfälzer Adel verteidigten das lutherische Bekenntnis. Die Calvinisierungspolitik in der Oberpfalz, die besonders seit 1595 durch den Statthalter Fürst Christian I. von Anhalt konsequent betrieben wurde, steht in Zusammenhang mit ähnlichen Vorgängen in Kursachsen unter Kurfürst Christian I. und im Fürstentum Anhalt. In der älteren Forschung hat man dafür den inzwischen umstrittenen Begriff von der »Zweiten Reformation« gebraucht.[64] Als der Umschwung in Kursachsen nach dem Tod Kurfürst Christians I. 1591 einsetzte und die sog. Kryptocalvinisten aus Sachsen vertrieben wurden, fanden sie in Amberg Aufnahme; so der Hofprediger Johann Salmuth und Urban Pierius.[65] Der Versuch, auch die Grafschaft Ortenburg dem Calvinismus zu öffnen, schlug fehl. Nur Graf Joachim von Ortenburg und die gräfliche Familie blieben reformiert.[66]

5. Erbauungsliteratur und geistliche Dichtung im ausgehenden 16. und frühen 17. Jahrhundert

Es ist ein charakteristisches Phänomen des konfessionellen Zeitalters, daß das Ringen um die reine Lehre mit einem intensiven Bedürfnis nach geistlicher Andacht vor allem im Haus und im privaten kleineren Kreis einhergeht. Die reich-

---

Reformation (B) 104–129; EIKE WOLGAST, Ref. Konfession u. Politik i. 16. Jh. Stud. z. Gesch. d. Kurpfalz i. Reformationszeitalter, Heidelberg 1998 (Schr. d. Phil.-Hist. Klasse d. Heidelberger Akademie d. Wissenschaften 10).

[62] PRESS, Zweite Reformation (B) 112.
[63] MATTHIAS SIMON, Die vier Amtsentlassungen d. Martin Schalling: ZBKG 33 (1964), 180f.
[64] Ref. Konfessionalisierung (B).
[65] SIMON, Kirchengesch.¹ 1 (B) 362.
[66] THEOBALD, Joachim v. Ortenburg (B).

haltige Erbauungsliteratur[67] in der zweiten Hälfte des 16. und im Verlauf des 17. Jahrhunderts sowie die in das kirchliche Lied eingehende geistliche Dichtung kommen dem Verlangen nach geistlicher Stärkung in Trost und Erbauung mit einer Literaturproduktion entgegen, die mit ihrer Vielzahl von Verfassern und den Auflagenhöhen ihrer Werke von diesem Geist der Zeit beeindruckend Zeugnis ablegt. Im süddeutsch-bayerischen Raum sind es vor allem Nürnberg und Augsburg, wo viele solche Gebetbücher und Liedsammlungen herauskommen. Oft schließen sie sich an die Anleitungsliteratur zur Bibellektüre und die Gesangbücher der Reformationszeit an, so z.B. an den Nürnberger Veit Dietrich und seinen »Summaria über die ganze Bibel« (1545).[68] In den sechziger Jahren des 16. Jahrhunderts zieht in die evangelischen Gebet- und Erbauungsbücher aber auch immer stärker Traditionsgut nicht nur aus der Alten Kirche, sondern auch aus der zeitgenössischen katholischen und besonders jesuitischen Gebetsliteratur ein. Dies ist ein Vorgang, der immer wieder Erstaunen ausgelöst und zu tiefsinnigen Reflexionen über die »Renaissance der Mystik im Luthertum« geführt hat.[69] Aber schon Paul Althaus d.Ä., der Erforscher der evangelischen Gebetsliteratur, stellte mit Recht fest: »Die Frage nach dem Eindringen der Mystik in die evangelische Gebetsliteratur ist in erster Linie nicht ein religionsgeschichtliches, sondern ein literargeschichtliches Problem.«[70] Die Verfasser der Gebetbücher weisen in hohem Maße auf die vor ihnen liegende Tradition zurück und benutzen bzw. bearbeiten über die konfessionellen Schranken hinweg jeweils die Gebete, die ihnen für ihre Sammlungen dienlich erscheinen.[71]

Eine solche Sammlung stammt z.B. von dem Ulmer Superintendent Ludwig Rabe. Der in Memmingen geborene Rabe brachte 1565/68 ein umfangreiches Gebetbuch in zwei Teilen heraus, das mehrere Auflagen im späten 16. und frühen 17. Jahrhundert erlebte. Das »Christliche Betbüchlein« von Rabe geht auf die häuslichen und öffentlichen Angelegenheiten in allen Ständen ausführlich ein und hat den typischen Charakter eines Sammelwerkes unterschiedlicher Gebetstraditionen.[72]

Ein weiteres, über lange Zeit im Gebrauch stehendes Gebetbuch stammt von Andreas Pankratius. Pankratius wurde in Wunsiedel geboren und war seit 1565 Pfarrer in Amberg, von wo er unter Johann Casimir von der Pfalz 1584 vertrieben wurde und ein Pfarramt in Hof übernahm. Sein »Haußbuch oder kurtze

---

[67] Die unterschiedlichen Literaturgattungen Gebets- und Meditationsbücher, Predigt und biblische Anleitungsschriften, Gesangbücher sowie die geistliche Lyrik können mit dem Begriff »Erbauungsliteratur« nur unzureichend zusammengefaßt werden. Aber er hat sich in der Forschung durchgesetzt.
[68] KLAUS (B).
[69] ALTHAUS (K) 61f; WINFRIED ZELLER, Luthertum u. Mystik. Von Johann Tauler bis Matthias Claudius: Herausforderung: Religiöse Erfahrung. Vom Verhältnis ev. Frömmigkeit z. Meditation u. Mystik, hg. v. HORST RELLER u. MANFRED SEITZ, Göttingen 1980, 97–125.
[70] ALTHAUS (K) 63.
[71] Zur neueren Forschung über die lutherische Erbauungsliteratur des 17. Jahrhunderts vgl. STRÄTER (K).
[72] ALTHAUS (K) 109ff.

Summarien und Gebetlein« kam in Nürnberg 1572 zuerst heraus und erlebte noch 1574, 1591, 1662 und sogar noch 1771 weitere Auflagen (alle Nürnberg). Es enthält vor allem die Summarien des Veit Dietrich über die Episteln und Evangelienperikopen des Kirchenjahres.[73] Damit sollten die christlichen Hausväter in erster Linie ihre Hausgemeinde auf die Sonntagspredigt sinnvoll vorbereiten.

Von dem Augsburger Pfarrer Jeremias Schweiglein kamen in den siebziger Jahren des 16. Jahrhunderts verschiedene Andachts- und Gebetbücher heraus, so sein »Christliches Gebetbüchlein« für die Augsburger Waisenkinder (zuerst Nürnberg 1574, Kempten 1617). Seine Quellen stammen vor allem aus dem Gebetbuch des Wittenberger Theologen Johann Habermann (Avenarius), das 1567 zuerst erschien und weite Verbreitung gefunden hat. Eine Art Beicht- und Kommunionbuch stellt sein »Handbüchlein, vom Abendmahl des Herrn« dar, das in zweiter Auflage 1580 herauskam und nochmals 1598.[74]

Aus dem späten 16. Jahrhundert sind zwei weitere Verfasser von Gebetbüchern bedeutsam: J. Tettelbach mit seinem »Passional Jesu Christi«, Lauingen 1593 (Leipzig 1596). Hier wird die Leidensgeschichte Christi bis in die kleinsten Umstände hinein meditiert.[75] Von dem Nürnberger Matthäus Vogel stammt das »Trost- oder Seelenarzneibuch« (Frankfurt/Main 1561) und die »Schatzkammer heiliger Göttlicher Schrift« (Tübingen 1594 und 1611). Durch Dietrich und Brenz wurde M. Vogel zu dieser Arbeit veranlaßt, die vor allem den Laien und Hausvätern einen Zugang zur Heiligen Schrift eröffnen sollen.[76] In den neunziger Jahren des 16. Jahrhunderts nehmen die Gebete zu, die sich mit den Kriegsgefahren und besonders mit den Türken befassen.

Aus dem frühen 17. Jahrhundert stammen zwei Gebetbücher aus Augsburg: der »Haus- und Kirchenschatz« des Augsburger Pfarrers Bernhard Albrecht, das zuerst 1618 erschienen ist und später vermehrt in zwei Teilen nach 1622. Althaus urteilt über dieses Gebetbuch Albrechts, es sei »eine der reichhaltigsten und wertvollsten Arbeiten dieser Zeit, unter reicher Benutzung des überkommenen Gebetsschatzes«.[77] Seine Gebetstexte sind verschiedentlich in spätere Agenden eingegangen. Von Josua Wegelin, dem Verfasser des Liedes »Auf Christi Himmelfahrt allein« (EG 122), stammt das »Augsburger Betbüchlein« (1635). Sein umfangreiches »Hand-, Land- und Standbüchlein« kam in Nürnberg 1637 heraus.[78]

Von dem seit 1617 in Kempten wirkenden Pfarrer Georg Zeämann,[79] der auch als Liederdichter tätig war, stammt das Erbauungsbuch »Biblische Betquell und

---

[73] FISCHER/TÜMPEL 1 (B) 117f; ALTHAUS (K) 127f.
[74] BECK (K) 331f; ALTHAUS (K) 132f.
[75] BECK (K) 330f.
[76] BECK (K) 332ff.
[77] ALTHAUS (K) 154; VOGLER (K) 424–434 [426].
[78] FISCHER/TÜMPEL 3 (B) 228–239; ALTHAUS (K) 154. Zur Kirchenlieddichtung im Augsburg des 17. Jahrhunderts vgl. HANS PÖRNBACHER, Die Dichtung v. 1500–1800. Barockliteratur. Höhepunkt u. Ausklang: HBG¹ 3/2, 1181–1186.
[79] FISCHER/TÜMPEL 3 (B) 222–226; ALTHAUS (K) 157; VOGLER (K) 426. 431. 433.

Ehren Kron« (Nürnberg 1632). Zeämann wurde um seines Glaubens willen von 1628 an auf Schloß Ehrenberg in Tirol gefangen gehalten, wo er dieses Buch verfaßt hat.[80] In der besonders weit verbreiteten Gebetsammlung von Michael Cubach (Leipzig 1654) sind viele der Gebete Zcämanns aufgenommen worden. In ihnen haben sich die Kriegsnöte und ein tiefer Bußernst besonders eindrücklich niedergeschlagen.[81]

Gebet, Meditation und Lied stehen im Zentrum der lutherischen Frömmigkeit im Zeitalter der Orthodoxie. Die klassische Zeit des kirchlichen Liedes im 17. Jahrhundert macht sich auch in Süddeutschland bemerkbar, wenngleich die bekannteren Liederdichter aus Mittel- und Norddeutschland stammen.

Im heutigen Evangelischen Gesangbuch stehen zwei Lieder, die besonders große Bekanntheit erlangten und mit ihren Verfassern in die bayerische Kirchengeschichte dieser Zeit hineingehören: Schalling mit seinem Lied »Herzlich lieb hab ich dich, o Herr«[82] und Meyfart mit »Jerusalem, du hoch gebaute Stadt«.[83] Schalling dichtete das Lied zu Ostern 1569 in Waldsassen, das ursprünglich als Gebet seiner Predigt beigefügt war. In Nürnberg ist es zuerst 1571 erschienen und hat sich dann in ganz Deutschland weit verbreitet. Johann Sebastian Bachs »Johannespassion« endet mit der letzten Strophe dieses Liedes. Es war Philipp Jakob Speners Lieblingslied.[84] Meyfarts Lied steht ebenfalls im Zusammenhang mit Predigten, die er 1626 in Coburg gehalten hat. Am Schluß einer Predigt über die Verklärung Jesu (Mt 17) wird die Freude der Auserwählten im ewigen Leben mit den Strophen dieses Liedes besungen. In ihnen drückt sich die religiöse Sehnsucht Meyfarts und die Endzeithoffnung dieser Zeit besonders plastisch aus. Auch der aus Kitzingen gebürtige Eber und der in Hersbruck geborene Selnekker sind als Textdichter (bei Selnecker auch als Melodienschöpfer) im Evangelischen Gesangbuch vertreten.

Die Gesangbücher dienten nicht nur als Liedsammlungen für den kirchlichen Gottesdienst, sondern auch für die Privatandacht im Haus. Diese Entwicklung zum Erbauungsbuch setzte schon in der zweiten Hälfte des 16. Jahrhunderts ein und zeigt sich auch darin, daß die verschiedenen Gesangbücher meist einen umfangreichen Anhang von Gebeten, Katechismustexten und Bibelauszügen enthalten. Immer neue Lieder entstanden, nicht nur im Rahmen des Kirchenjahres, sondern zu allen wichtigen Ereignissen des Lebens in den verschiedenen Bevölkerungskreisen. Im späten 16. und frühen 17. Jahrhundert ist eine besondere Zunahme der Kreuz- und Trostlieder in den Gesangbüchern zu beobachten.

---

[80] Vgl. dazu III.3.6.4.
[81] ALTHAUS (K) 158ff.
[82] MATTHIAS SIMON, Die Entstehung d. Liedes »Herzlich lieb hab ich dich, o Herr«: ZBKG 24 (1955), 24–34.
[83] TRUNZ (B) 105.
[84] GERD RAUDNITZKY, Schalling, Martin: RGG³ 5, 1383.

Nürnberg und Augsburg haben schon seit der Reformationszeit eine besondere Gesangbuchtradition.[85] In Nürnberg kam 1524 das erste evangelische Gesangbuch, das sog. »Achtliederbüchlein«, heraus. In der zweiten Hälfte des 16. Jahrhunderts erschienen Gesangbücher in Lindau (1561), Regensburg (vor 1565), in Hof (1561) und in Altdorf von dem bedeutenden Dichter und Komponisten Nikolaus Herman mit seiner Sammlung »Die Sonntagsevangelia über das Jahr in Gesänge verfasset für die Kinder und christlichen Hausväter« (1560).[86] Auch Herman ist im Evangelischen Gesangbuch mit mehreren Liedern und Melodien vertreten.

Aus der ersten Hälfte des 17. Jahrhunderts ragen in Franken folgende Gesangbücher heraus: »Der Lutherisch Lobwasser« (Rothenburg o.T. 1621); »Ein recht Christlich Gesangbüchlein« (Rothenburg o.T. 1623). Dieses Gesangbuch hat der Windsheimer Kantor Georg Oesterreicher herausgegeben, der selbst mit zahlreichen Liedern darin vertreten ist. In Ansbach kam 1628 eine neue Ausgabe der »Geistlichen Lieder und Psalmen D. Martin Luthers und anderer frommer Christen« heraus. Wann in Ansbach ein erstes eigenes Gesangbuch erschienen ist, ist bisher unbekannt.[87] Ein weiteres wichtiges Gesangbuch ist das »Markgräflich Brandenburgisch Gesangbuch«, herausgegeben von Johann Stumpf, Superintendent und Konsistorialrat in Bayreuth (Coburg 1630). In Nürnberg kamen 1624 die »Christliche Kirchengesenk, Psalmen und geistliche Lieder« heraus, und 1630 veröffentlichte der Nürnberger Kantor Johann Staden den »Musikalischen Freuden- und Andachtswecker«. 1654 erschienen in Nürnberg »864 geistliche Psalmen, Hymnen und Lieder« in dem berühmten Verlag von Wolfgang Endter. Ein besonders fruchtbarer Psalmenlieddichter in Nürnberg war Johann Vogel.[88]

In Schwaben ragen die schon als Erbauungsschriftsteller genannten Zeämann und Wegelin als Liederdichter heraus.[89] In Augsburg erschienen 1616 und 1626 Gesangbücher, in Coburg 1617 und in Amberg 1619.

---

[85] WÖLFEL, Gesangbuchgesch. (B); DIETER WÖLFEL, Nürnbergs Beitr. z. Gesangbuchgesch. i. 16. Jh.: Reformation i. Nürnberg – Umbruch u. Bewahrung. Ausstellung i Germanischen Nationalmuseum Nürnberg 12. Juni bis 2. September 1979 z. 18. Deutschen Ev. Kirchentag 1979, Nürnberg 1979, 198–203 (Schr. d. Kunstpädagogischen Zentrums i. Germanischen Nationalmuseum Nürnberg 9); RÖBBELEN (B) 441f.
[86] MARTIN DOERNE, Hermann, Nikolaus: RGG³ 3, 240; WACKERNAGEL 3 (B) Nr. 1351ff.
[87] Matthias Simon vermutet, daß Ansbach im 16. Jahrhundert kein eigenes Gesangbuch hatte (SIMON, Kirchengesch.¹ 1 [B] 324). Dem steht der Reichtum in Nürnberg gegenüber. Vgl. DIETER WÖLFEL, Das Titelblatt d. Ansbachischen Gesangbuchs am Ende d. Markgrafenzeit: JHVM 87 (1973/74), 105–113.
[88] FISCHER/TÜMPEL 3 (B) 189–202.
[89] FISCHER/TÜMPEL 3 (B) 222–226. 228–239.

6. Theologie und Frömmigkeit vor und während des Dreißigjährigen Krieges. Exemplarische Darstellung einzelner Theologen

An der reichhaltigen, tiefgreifenden und wirkungsgeschichtlich bedeutungsvollen Theologie und Frömmigkeit im Zeitalter der lutherischen Orthodoxie[90] haben auch Theologen im Gebiet des heutigen Bayern Anteil. Zwei Namen ragen besonders in der Reichsstadt Nürnberg heraus, dem bedeutenden geistig-kulturellen Zentrum Süddeutschlands in dieser Zeit: Saubert und Dilherr. Aber auch andere, weniger bekannte Theologen sollen kurz dargestellt werden, soweit sie von der bisherigen Forschung ins Blickfeld gerückt wurden. Gegenüber der Theologie der lutherischen Orthodoxie hat sich nicht nur das Feindbild von der toten Orthodoxie hartnäckig gehalten, das Gottfried Arnold in seiner berühmten »Kirchen- und Ketzerhistorie« (1699) gezeichnet hat. Auch die kirchenhistorische Forschung hat die theologische Arbeit des späten 16. und des 17. Jahrhunderts bis zum Beginn des Pietismus lange Zeit stark vernachlässigt, so daß sich im Rahmen der sich inzwischen neu belebten Orthodoxie-Forschung gerade im süddeutschen Raum noch viele Forschungsaufgaben stellen. Übereinstimmung besteht darüber, daß die meisten lutherisch-orthodoxen Theologen in ihrer Betonung der reinen Lehre und ihrer Polemik gegenüber den anderen Konfessionen auch intensiv nach einer Reform von Kirche und Theologie und der Verwirklichung christlichen Lebens strebten. Die lutherische Kirche und die orthodoxe Theologie stehen in dieser Zeit in besonders enger Verbindung mit der sog. Frömmigkeitsbewegung, die sich an die immense Wirkung der Schriften Arndts anschließt.[91] Von seinen »Vier Büchern vom wahren Christentum« (1610) bis zum Erscheinen von Speners »Pia desideria« (1675) kommen die Forderungen nach Erneuerung des christlichen Lebens in Predigt und Gottesdienst, persönlicher Frömmigkeit und Lebensführung, theologischer Bildung und Amtsführung der Pfarrer sowie in der Handhabung strenger Kirchenzucht in zahllosen Schriften zum Ausdruck. Die Impulse Arndts wirkten sowohl in kirchenkritischen, spiritualistischen Kreisen wie in der lutherisch-orthodoxen Kirche und ihrer Theologie weiter. Bei den Streitigkeiten um Arndts Bücher vom wahren Christentum hatten schon bald nach Arndts Tod die lutherisch-orthodoxen Verteidiger Arndts den Sieg über seine Kritiker davongetragen.[92]

---

[90] Zur lutherischen Orthodoxie allgemein vgl. MARKUS MATTHIAS, Orthodoxie. I. Luth. Orthodoxie: TRE 25, 464–485; JÖRG BAUR, Orthodoxie, Genese u. Struktur: TRE 25, 498–507 [504–507]; THEODOR MAHLMANN, Orthodoxie, orthodox II.: HWP 6 (1984), 1382–1385; JÖRG BAUR/WALTER SPARN, Orthodoxie. 1. Luth. Orthodoxie: EKL³ 3, 953–959.
[91] BRECHT, Aufkommen (B).
[92] WALLMANN, Herzog (B) 42; MARTIN BRECHT, Philipp Jakob Spener u. d. Wahre Christentum: PuN 4 (1979), 119–154 [149]; BRECHT, Aufkommen (B) 142–151.

6.1 Ansbach und Nürnberg

Unter den orthodox-lutherischen Theologen in der Markgrafschaft Brandenburg-Ansbach am Beginn des 17. Jahrhunderts ragt Laelius heraus. Mit seinen zahlreichen Schriften und Predigten hat er eine auch über Franken hinausreichende Wirkung und Bedeutung erlangt.[93] Nach Studien in Jena und Wittenberg war er zunächst als Stadtkaplan an St. Johannis in Ansbach tätig, sodann als Rektor an der Fürstenschule in Heilsbronn (1602–1605), und anschließend wirkte er bis zu seinem Tode in Ansbach als Stadtpfarrer, Konsistorialrat und Generalsuperintendent.

Der von der Wittenberger Orthodoxie (Hunnius) geprägte Laelius weist sich durch sein katechetisches und kontroverstheologisches Schrifttum sowie durch seine Predigten als ein Theologe aus, der eine geschickte Didaktik, Klarheit des theologischen Urteils ohne übertriebene polemische Schärfe und eine seelsorgerliche, die Hörer nicht überfordernde Verkündigung zu verbinden versteht. Laelius gab 1611 eine Neubearbeitung des Katechismus von Karg heraus, die in dieser Gestalt bis zum Ende des 18. Jahrhunderts in Brandenburg-Ansbach und darüber hinaus im Gebrauch war und zahlreiche Neuauflagen erfuhr: »Catechismus, Das ist: Ein Kurtze Summa Christlicher Lehr / wie die in der Kirchen Fragweise am nützlichsten behandelt werden kan [...]«, Ansbach 1611. Von den zahlreichen kontroverstheologischen Schriften des Laelius haben vor allem zwei mehrere Auflagen erlebt: »Vom einigen Alten Catholischen Glauben / der heiligen Christlichen Kirchen Römische und Evangelische Bekandnuß [...]«, Ansbach 1616 und »Criterium fidei Das ist Prob deß Glaubens / Zwischen den Evangelischen Augspurgischer Confession, Und den Reformierten [...]«, Nürnberg 1618.

In der frühen Wirkungsgeschichte der Schriften Arndts ist neben den Stellungnahmen von Saubert auch ein Gutachten von Laelius aus dem Jahre 1625 bedeutsam. In diesem, erst 1720 gedruckten Bedenken über Arndts Bücher vom wahren Christentum nimmt er Arndt gegenüber allen Anfeindungen hinsichtlich seiner Lehre in Schutz, kritisiert jedoch am Schluß, daß Arndt pädagogisch sein Ziel verfehlt habe: »Es sey ein Buch, darzu ein sonderbahrer Verstand und Fleiß gehöre, wann mans recht verstehen und zu Nutz bringen wolle: Und dero wegen zu viel und zu schwer in einer täglichen Hauß-Übung, und die Zeit und Andacht besser anzuwenden auff einen guten Catechismum, daraus man den Grund des Glaubens zuförderst müsse recht fassen. Darnach ein schön Bet- und Psalmen- oder Gesangbuch und eine feine Postill.«[94]

Von Laelius stammt auch eine Zuschrift zu dem »Zuchtbüchlein« von Saubert, der herausragenden Reformschrift des bedeutendsten Nürnberger Theologen in der ersten Hälfte des 17. Jahrhunderts.[95]

---

[93] Vgl. dazu III.3.4.1, Anm. 51.
[94] Unschuldige Nachrichten, 3. Beytr. auf das Jahr 1720, 360–370 [369f]. Vgl. IV.2, Anm. 40.
[95] DÜLMEN (B); KARL BRAUN, Der Nürnberger Prediger Johannes Saubert u. d. Augsburger Konfession: ZBKG 6 (1931), 1–24. 74–86. 145–163; BLAUFUSS, Saubert (B); WOLFGANG SOMMER,

Johann Saubert, Kupferstich von 1646

Der Bildungsgang Sauberts ist der eines streng lutherischen Theologen. Aus einer Handwerkerfamilie stammend, wurde er 1592 in Altdorf geboren. Nach dem Besuch des Gymnasiums widmete er sich an der dortigen Akademie zunächst dem Philosophiestudium. Ein wichtiger Förderer in Sauberts Jugendzeit war der Altdorfer Theologieprofessor Schopper. Als Hauslehrer in dessen Haus lernte Saubert diesen »eigentliche[n] Kopf der Altdorfer Orthodoxie« näher

---

Johann Sauberts Eintreten f. Johann Arndt i. Dienst einer Erneuerung d. Frömmigkeit: SOMMER (B) 239–262.

kennen, der auf seine weitere theologische Entwicklung nachhaltig einwirkte. Schopper war der führende Gegner der an der Altdorfer Akademie dominierenden Gruppe von Professoren, die späthumanistische, zum Calvinismus neigende und sozinianische Anschauungen vertraten. Zur Zeit seines philosophischen Studiums in Altdorf, u.a. bei Ernst Soner, dem Begründer der sozinianischen Bewegung in Altdorf, hatte Saubert noch keine nähere Kenntnis von den eigentlichen Zielen und Grundsätzen des Sozinianismus. Nach der Magisterpromotion und der Ernennung zum Poeta laureatus schloss sich das Theologiestudium in Tübingen, Gießen und Jena an. Bedeutende orthodox-lutherische Theologen waren seine Lehrer: Lukas Osiander d.J. und Matthias Hafenreffer in Tübingen, Balthasar Mentzer und Johannes Winckelmann in Gießen, und vor allem Johann Gerhard in Jena. Von Gerhard hat der junge Saubert die wichtigsten Impulse für sein weiteres Wirken erhalten, vor allem das Vorbild einer Verbindung der theologischen Gelehrsamkeit mit der Förderung der Frömmigkeit. Während seines Jenaer Studienaufenthaltes erfuhr Saubert auch nähere Aufklärung über die sozinianische Bewegung in seiner Heimatstadt Altdorf. Im Sozinianismus sah er seitdem verhängnisvollen Rationalismus und Atheismus, dem sein leidenschaftlicher Kampf galt. Den langjährigen, zermürbenden Konflikt, den Saubert mit dem Nürnberger Rat durchzustehen hatte, verstand er als eine Auseinandersetzung mit der Welt des Späthumanismus, in der er vor allem kryptocalvinistische und sozinianische Gedanken bekämpfte.

Neben Schopper ist noch ein weiterer Förderer in der Studienzeit Sauberts bedeutsam: der Nürnberger Prediger an St. Lorenz, Johann Schröder. Der in Nürnberg die orthodox-lutherische Richtung vertretende Schröder war es vor allem, der Saubert zum Beruf des Theologen überzeugte. Im Jahre 1616 kehrte Saubert aus Jena wieder nach Altdorf zurück und wurde hier zunächst Inspektor und Katechismus- und Vesperprediger, ab 1618 übernahm er eine Diakonatsstelle und eine theologisch-exegetische Professur.

Im Jahre 1622 wurde Saubert von Altdorf nach Nürnberg in den Kirchendienst berufen, zunächst als Diakon von St. Egidien und noch im selben Jahr von St. Marien. Ab 1628 wurde er Prediger an St. Lorenz und ab 1637 an St. Sebald. Mit dem ersten Predigtamt an der Sebalduskirche war gleichzeitig die Stelle eines Antistes der Nürnberger Geistlichkeit verbunden. Der Rat der Stadt ernannte Saubert 1637 auch zum Stadtbibliothekar. Bis zu seinem Tode 1646 ist das Wirken Sauberts eng mit der kirchlichen, politischen und geistig-religiösen Situation der Reichsstadt Nürnberg in der ersten Hälfte des 17. Jahrhunderts verbunden. Mit seinen Ämtern und öffentlichen Funktionen nahm er einen herausragenden Platz im Leben der Stadt ein. Durch eine ausgedehnte Korrespondenz stand er darüber hinaus im Kontakt mit vielen gleichgesinnten Theologen im Lehramt und im Kirchendienst sowie mit Gelehrten und frommen Fürsten.

Die Hauptbedeutung Sauberts liegt einmal in seinem beharrlichen Kampf um die Geltung des lutherischen Bekenntnisses in Nürnberg gegen den herrschenden Philippismus, zum anderen in seinem entschiedenen Eintreten für eine Reform des gesamten kirchlichen und sittlichen Lebens durch eine Förderung der von Arndt ausgehenden Frömmigkeitsimpulse sowie durch eine effektive Kirchenzucht. In der Reihe der großen Prediger der lutherischen Kirche im 17. Jahrhundert nimmt Saubert mit seiner allegorischen und emblematischen Predigtweise ebenfalls einen bedeutenden Rang ein.

Als Bekenntnisgrundlage galten in Nürnberg die sog. Normalbücher (libri normales) von 1573, die u.a. auch die CA variata enthielten. Saubert dagegen trat entschieden für die CA invariata ein, wobei er mit zwei Hauptargumenten schließlich Erfolg hatte: Gegen seinen schärfsten Widersacher, den Ratskonsulenten Dr. Georg Richter, konnte er nachweisen, daß der Nürnberger Rat die CA variata niemals unterzeichnet hatte. Zum anderen würden Nürnberg größte Gefahren in außenpolitischer Hinsicht drohen, wenn Zweifel an der Zugehörigkeit der Stadt zu den Augsburger Konfessionsverwandten entstünden. Das Schicksal Augsburgs stand als deutliche Warnung vor Augen. Nach jahrelangen heftigen Auseinandersetzungen mit dem Rat erreichte Saubert schließlich kurz vor seinem Tode, daß bei dem Neudruck der Normalbücher die CA variata nicht mehr enthalten war. So konnte Nürnberg wenigstens nach außen hin seine Rechtgläubigkeit betonen, während im Inneren die Kirche von dem späthumanistisch-philippistisch bestimmten Rat weiterhin beherrscht blieb.

Sauberts Eintreten für die orthodox-lutherische Lehre war jedoch zutiefst mit einer Erneuerung des gesamten individuellen, kirchlichen und öffentlichen Lebens verbunden. In dem Diakon bei St. Sebald, Christoph Leibnitz, hatte Saubert einen wichtigen Mitstreiter gegen die Normalbücher und für die Förderung des kirchlichen Lebens.[96] Mit Saubert begann Leibnitz 1624 wieder mit den lange nicht mehr durchgeführten Kirchenvisitationen, nachdem er in der »Deduktionsschrift« eine schonungslose Analyse der kirchlichen Lage und Vorschläge zur Überwindung der Mißstände aufgezeigt hatte. Er versammelte vierteljährlich in seinem Haus seine Pfarrkollegen, woraus sich die späteren allgemeinen Kirchenkonvente entwickelten. Im Jahre 1626 begann Leibnitz in der Barfüßerkirche mit der Einführung der Kinderlehre. Daraus entstand das 1628 erstmals erschienene Nürnberger Kinderlehrbüchlein, das Leibnitz und Saubert zusammen verfaßten.

Neben den Predigten Sauberts sind es vor allem zwei Schriften, worin er ausführlich seine Vorschläge zur Verbesserung der kirchlichen Lage seiner Zeit unterbreitet: Das »Zuchtbüchlein Der Evangelischen Kirchen […]« (Nürnberg 1633) und das »Psychopharmacum« (Nürnberg 1636). Die notwendige Kirchenzucht will er von obrigkeitlichen Willkürmaßnahmen freihalten und vor allem dem Pfarramt, auch auf dem Lande, zuordnen. Die alleinige Zuständigkeit des Rates für die Kirchenzucht kritisiert Saubert, weil dann reiche Bürger durch Geldzahlungen sich von Kirchenstrafen freihalten können. Auch in der Schrift »Seelenarznei«, die an die Geistlichen Nürnbergs gerichtet ist, versucht Saubert nachzuweisen, daß durch eine Reformation des Lebens im Sinne Arndts viele

---

[96] LEDER, Kirche (B) 153–168.

Katholiken von der evangelischen Kirche angezogen werden könnten und die Beendigung unnötiger Streitigkeiten zwischen den Konfessionen nicht unmöglich sei.

Saubert ist einer der ersten bedeutenden lutherisch-orthodoxen Theologen, der sich konsequent für die Intentionen Arndts einsetzt, obwohl sich seine Gegner, die in Nürnberg zahlreichen Anhänger von Valentin Weigel,[97] ebenfalls auf Arndt berufen. Die sich aus dieser Situation ergebenden Mißverständnisse nahm Saubert in Kauf, der sich in seinem Kampf gegen den Spiritualismus der Weigelianer von niemandem übertreffen lassen wollte. Dennoch hoffte er, durch eine Intensivierung der Intentionen Arndts nicht nur gegenüber den kirchenkritischen Spiritualisten, sondern auch gegenüber den römisch-katholischen Christen eine verheißungsvolle Zukunft der evangelischen Kirche sichern zu können. Nicht in der mißbräuchlichen Inanspruchnahme Arndts, sondern in den rationalistischen Tendenzen des Späthumanismus in Nürnberg sah Saubert die eigentliche Gefahr für die Freiheit und Unabhängigkeit der lutherischen Kirche.

6.2 Coburg

Coburg und sein Landgebiet gehörten Anfang des 17. Jahrhunderts zum ernestinischen Sachsen. Herzog Johann Casimir berief Gerhard im Jahr 1606 als Superintendent nach Heldburg. Gleichzeitig hatte er einen Lehrauftrag am Coburger Gymnasium Casimirianum. In Coburg war Gerhard auch kurze Zeit als Generalsuperintendent (ab 1615) tätig, jedoch schon 1616 übernahm er eine theologische Professur in Jena. Der herausragende lutherisch-orthodoxe Theologe Gerhard, die »Leuchte Thüringens«, hatte entscheidenden Einfluß auf Bildungsgang, Theologie und Frömmigkeit vieler lutherisch orthodoxer Theologen in den Grenzen des heutigen Bayerns.[98] So auch auf Meyfart, der mit seinen aus den Coburger Jahren stammenden Schriften in den fränkisch-süddeutschen Raum erheblich hineinwirkte.[99]

Der 1590 in Jena geborene Meyfart besuchte das damals berühmte Gymnasium in Gotha und erhielt seine vielseitige gelehrte Bildung durch ein Studium an den Universitäten in Jena und Wittenberg. In Jena traf er mit Saubert zusammen, mit dem er fortan freundschaftlich verbunden blieb. Beide in ihrer Theologie und Frömmigkeit nahe verwandte Theologen waren in ihrer Studienzeit in Jena vor allem von Gerhard geprägt worden. Von 1610–1625 erschienen seine »Loci

---

[97] WEIGELT, Gellmann (B). Inwiefern die spiritualistischen Kreise in Nürnberg mit Weigel und Caspar Schwenckfeld in Verbindung stehen, ist allerdings fraglich. Es handelt sich vor allem um Ketzertopik.
[98] Neben Saubert und Meyfart auch Dilherr, Laelius und Salomon Lentz. Zu Gerhard vgl. die Darstellung von JÖRG BAUR, Johann Gerhard: MARTIN GRESCHAT (Hg.), Orthodoxie u. Pietismus, Stuttgart u.a. 1982, 99–119 (GK 7); JOHANN ANSELM STEIGER, Johann Gerhard (1582–1637). Stud. z. Theologie u. Frömmigkeit d. Kirchenvaters d. luth. Orthodoxie, Stuttgart 1997 (Doctrina et Pietas Abt. 1, Bd. 1).
[99] Vgl. dazu III.3.5, Anm. 83.

theologici«, eines der bedeutendsten theologischen Werke des orthodoxen Luthertums. Von 1617–1633 war Meyfart Professor am Akademischen Gymnasium Casimirianum in Coburg, ab 1623 als Direktor. Von 1633 bis 1642 wirkte Meyfart als Professor an der neu errichteten lutherisch-theologischen Fakultät der Universität Erfurt, bald auch als Rektor der Universität sowie als Pfarrer an der Predigerkirche und Senior des evangelischen Ministeriums.

In seinem kurzen Leben, das durch die schweren Kriegszeiten des Dreißigjährigen Krieges geprägt ist, verfaßte er eine Vielzahl von gelehrten, lateinisch geschriebenen theologischen Schriften, an die sich umfangreiche, meist aus Predigten entstandene deutsche Erbauungsbücher anschließen. Der Blick auf das Ende des menschlichen Lebens und aller irdischen Geschicke kommt in einer umfangreichen eschatologischen Trilogie zum Ausdruck, die über das »Himmlische Jerusalem«, »Das höllische Sodoma« schließlich zum »Das jüngste Gericht« führt. Schon in seinem Predigt-Zyklus über die Posaune des jüngsten Gerichtes, der »Tuba novissima«, hat er die »Vier letzten Dinge des Menschen«, d.h. Tod, Jüngstes Gericht, Himmel und Hölle, sehr bildhaft z.T. in direkter Rede Christi und des Teufels zum Ausdruck gebracht. Im Zusammenhang dieses Werkes ist das bekannte, schon erwähnte Lied Meyfarts, »Jerusalem, du hochgebaute Stadt«, entstanden.

Die theologische Grundlage für die Darlegung der Endzeitereignisse hatte Meyfart im 9. Band von Gerhards »Loci theologici« (1622) gefunden. An das hier umfangreich dargelegte ewige Leben als Ziel und Ende aller Glaubensartikel schließt sich Meyfart an. Aber in seiner dichterischen, anschaulichen Sprache rücken die Endzeitereignisse sehr eindringlich nahe an die Leser heran, die Meyfart damit in ihrem Glauben festigen und vor Leichtsinn und Resignation bewahren möchte.

Mit einem Werk ragt Meyfart aus seiner Zeit besonders heraus, mit seiner großen Schrift gegen die Hexenprozesse, die er – anders als Friedrich von Spee seine »Cautio criminalis« (1631) – nicht anonym und lateinisch, sondern mit der Nennung seines Namens in deutscher Sprache 1635 veröffentlichte.[100] Am Schluß dieses leidenschaftlich geschriebenen Werkes, das die Folter und die ganze Art der Hexenprozesse mit biblischen Argumenten scharf kritisiert, wird der Sturz der Henkersknechte in die Hölle so drastisch dargestellt, daß es für Juristen und Theologen eine eindrückliche Warnung war, dieses schreckliche Treiben endlich einzustellen.

---

[100] »Christliche Erinnerung, An Gewaltige Regenten, und Gewissenhaffte Praedicanten, wie das abschewliche Laster der Hexerey mit Ernst außzurotten, aber in Verfolgung derselbigen auff Cantzeln und in Gerichtsheusern sehr bescheidentlich zu handeln sey«, Erfurt 1635. Vgl. dazu TRUNZ (B) 211–244.

6.3 Regensburg

Ein bedeutender lutherisch-orthodoxer Theologe in der Reichsstadt Regensburg war in der ersten Hälfte des 17. Jahrhunderts der Superintendent Salomon Lentz.[101] Die evangelische Kirche der Reichsstadt Regensburg war im ganzen 17. Jahrhundert ein wohlgeordnetes Kirchenwesen und ein geistiges Zentrum für das Luthertum im südosteuropäischen Raum. Während des Dreißigjährigen Krieges konnten die bedrängten Evangelischen in Haag, Ortenburg und Pfalz-Neuburg sowie in den habsburgischen Landen von Regensburg aus materielle Hilfe und geistliche Unterstützung empfangen. Die führende Persönlichkeit war zu dieser Zeit der als Prediger, Seelsorger, als Autor gelehrter theologischer wie katechetisch-erbaulicher Schriften sowie als kirchlicher Organisator gleichbedeutende Lentz.

Aus der Nähe von Magdeburg stammend, prägte den Bildungsgang von Lentz besonders sein Universitätsaufenthalt in Wittenberg bei Balthasar Meisner und in Jena bei Gerhard. Vor allem Gerhard in Jena war für die weitere theologische Entwicklung von Lentz entscheidend. Von ihm her hatte er die enge Verbindung von gelehrter Theologie, Frömmigkeit und kirchlich-praktischer Tätigkeit empfangen. Ab 1619 war Lentz Hofprediger in Halle bei Christian Wilhelm, Markgraf von Brandenburg und Administrator des Erzstifts Magdeburg. Nach dieser höchst schwierigen Hofpredigerstelle bei einem frühabsolutistischen Fürsten, der zum Katholizismus konvertierte, wurde Lentz 1629 auf Empfehlung der Universität Wittenberg zum Superintendenten in die Reichsstadt Regensburg berufen. Hier war er bald nicht nur der Mittelpunkt des kirchlichen, sondern auch des geistig-kulturellen Lebens der Reichsstadt. Für das Wirken des Superintendenten Lentz ist die aus dem Geist von Arndt und Gerhard kommende enge Verbindung von theologischer Wissenschaft und kirchlicher Frömmigkeit charakteristisch. Im Mittelpunkt seiner vielfältigen Aktivitäten standen die Organisation des kirchlichen Lebens in der Reichsstadt, pädagogische Reformmaßnahmen, Betreuung der zahlreichen Exulanten, ein selbstbewußtes und gut funktionierendes Verhältnis zum städtischen Rat sowie zahlreiche Verbindungen nach außen zu gelehrten Theologen und lutherischen Kirchen. Mit seinen Predigten und Erbauungsschriften sowie seiner »Erklärung deß Kinder-Catechismi« (1630) gehört Lentz in die Reihe bedeutender süddeutscher lutherisch-orthodoxer Theologen und Kirchenreformer.

6.4 Kempten

In der Reichsstadt Kempten wirkte im ersten Jahrzehnt des Dreißigjährigen Krieges Zeämann, ein bedeutender Prediger und Verfasser von Gebetbüchern, aber auch ein kämpferischer lutherisch-orthodoxer Theologe, der sich besonders

---

101 WÖLFEL, Lentz (B).

mit den Jesuiten auseinandergesetzt hat.[102] Am 17.5.1580 wurde Zeämann in Hornbach im Fürstentum Pfalz-Zweibrücken geboren. Sein Vater, Christoph Zeämann, lehrte am fürstlichen Gymnasium in Hornbach. Im Geburtsjahr Zeämanns befand sich das Fürstentum Zweibrücken in einer konfessionspolitischen Situation der Hinneigung zum Calvinismus und der Entfremdung vom Luthertum. Der lutherische Hofprediger J. Heilbrunner wurde entlassen, woraufhin er 1581 Generalsuperintendent in Amberg wurde, aber schon nach wenigen Jahren wiederum dem Calvinismus weichen mußte. Als in Pfalz-Zweibrücken 1588 ein neuer reformierter Katechismus eingeführt wurde, weigerten sich die Lutheraner, ihn anzunehmen. Der Vater sah sich schließlich 1590 genötigt, sein Amt aufzugeben und in seine Heimat Pfalz-Neuburg zurückzukehren. Hier besuchte der junge Zeämann das Gymnasium in Lauingen, wo er besonders von dem dortigen Lehrer Philipp Heilbrunner, einem Bruder von J. Heilbrunner, gefördert wurde. Ab 1598 studierte Zeämann an der Universität Wittenberg vor allem bei den Theologen Hunnius, Leonhard Hutter und Salomon Gesner. Durch eine engere Verbindung zu Hunnius wurde Zeämann auf das Religionsgespräch nach Regensburg 1601 mitgenommen und erhielt schon 1603 die theologische Professur am Gymnasium in Lauingen. Nachdem er 1604 in Tübingen den theologischen Doktorgrad erwarb, hielt er zahlreiche Disputationen gegen die Jesuiten von Dillingen und Ingolstadt. Gegen den Jesuiten Gretser schrieb er seine »Basis fidei«, Wittenberg 1611. Auch mit dem Münchner Jesuiten Jakob Keller setzte er sich in einem Werk über das Papsttum ausführlich auseinander. Zu den antijesuitischen Schriften traten anticalvinistische, vor allem zur Verteidigung der Theologie der Konkordienformel.

Nachdem 1614 Pfalzgraf Philipp Ludwig gestorben war und sein Nachfolger Wolfgang Wilhelm nach seiner Konversion zur römisch-katholischen Kirche das Land rekatholisierte, wurde Zeämann wie schon zuvor sein Schwiegervater J. Heilbrunner aus dem Dienst entlassen. Er folgte 1617 dem Ruf der Reichsstadt Kempten zur Übernahme der Pfarrstelle an der St. Mang-Kirche. In den folgenden Jahren wirkte Zeämann in Kempten durch anschaulich-drastische Predigten, als Seelsorger mit besonderer Wertschätzung der Privatbeichte, als Pädagoge und erfolgreicher Schriftsteller. Auf die Einhaltung der Kirchenordnung und auf die Kirchenzucht legte er einen besonderen Schwerpunkt. In den Jahren 1621 und 1622 versuchte auch die Reichsstadt Kempten die große Geldnot durch die Einquartierung fremder Truppen und die hohen Steuern mit Hilfe der Prägung minderwertiger Münzen anzugehen. Gegen dieses »Kipper- und Wippersystem«, das die Obrigkeit mit ihrem Wuchergeist zu verantworten hat, kämpfte Zeämann

---

[102] OTTO EHRHARD, Dr. Georg Zeämann. Prof. i. Lauingen, Pfarrer i. Kempten u. Superintendent i. Stralsund. Ein Leb.: BBKG 32 (1925), 97–134; WILHELM ROTSCHEIDT, Ein Nachtrag z. Leb. Georg Zeämanns: ZBKG 1 (1926), 29ff.

mit äußerst scharfen Predigten.[103] Aber nicht nur mit Strafpredigten, sondern auch durch besondere Gebetsgottesdienste versuchte Zeämann die Menschen in der Kriegszeit aufzurichten. Während seines Wirkens in Kempten bekam er verschiedene auswärtige Rufe in leitende Kirchenämter und auf eine Professur in Altdorf und in Straßburg. Doch der Rat der Stadt Kempten konnte einen Weggang Zeämanns verhindern.

Seine kontroverstheologischen Schriften, vor allem die antijesuitischen, hatten schon längere Zeit den besonderen Argwohn geistlicher Fürsten auf Zeämann gerichtet. Als 1628 die Lage in Kempten durch die Einquartierung kaiserlicher Truppen und eine ausbrechende Seuche besonders kritisch wurde, versuchten der Bischof von Augsburg, Heinrich V. von Knöringen, und der Fürstabt von Kempten, Johann Euchar von Wolffurt, den evangelischen Gottesdienst in der Stadt abzuschaffen. Haupthindernis auf diesem Weg war Zeämann. Es kam zu einem Haftbefehl gegen Zeämann bei Kaiser Ferdinand II. und zu einer Aufforderung an den Rat, ihn wegen seiner Schmähschriften auszuliefern. Unter Druck mußte der Rat schließlich nachgeben, und Zeämann kam auf die Festung Ehrenberg in Tirol, wo er als Gefangener über ein Jahr ausharren mußte. Während dieser Zeit entstand sein Gebetbuch »Biblische Betquell und Ehren-Kron«, das mehrfache Auflagen erlebte.[104] In einem Prozeß mußte sich Zeämann gegen den Vorwurf verteidigen, er habe die katholische Religion, den Papst und den Kaiser in seinen Predigten und Schriften verächtlich gemacht. Schließlich wurde er aus der Gefangenschaft entlassen, nachdem auch der sächsische Kurfürst Johann Georg I. sich beim Kaiser für ihn verwandte. Als Bedingung seiner Freigabe wurde jedoch die Unterzeichnung eines Reverses von ihm gefordert, das sein Versprechen einschloß, sich künftig aller Verunglimpfungen zu enthalten. Durch den Umstand, daß die Worte »Ich bekenne« an den Anfang dieses mit Vorwürfen angehäuften Schriftstückes gesetzt wurden, und Zeämann unachtsam seinen Namen darunter setzte, wurde ihm dieses Dokument zu einer besonderen Demütigung. Denn nachdem die Jesuiten diese Urkunde im Druck verbreiteten, mußte das theologische Ansehen Zeämanns darunter leiden. Trotz eines Gutachtens der Theologischen Fakultät in Tübingen blieb ihm sein bisheriges Wirkungsfeld in Kempten verschlossen. Ein Ausweg aus dieser mißlichen Lage wurde Zeämann schließlich durch die Berufung ins schwedische Stralsund zuteil, wo ihm die Superintendentur und das Pfarramt an St. Nikolai angeboten wurden. Von 1630 bis zu seinem Tod 1638 war er hier als Prediger, Seelsorger und Verfasser von Gebetbüchern tätig.

In Zeämann begegnen wir einem lutherisch-orthodoxen Theologen, der von der Wahrheit der Theologie Luthers und der Verkündigung der lutherischen Kirche zutiefst überzeugt war und sie gegen Angriffe in zahlreichen kontrovers-

---

[103] BARBARA BAUER, Lutheranische Obrigkeitskritik i. d. Publizistik d. Kipper- u. Wipperzeit: Literatur u. Volk i. 17. Jh. Probleme populärer Kultur i. Deutschland, hg. v. WOLFGANG BRÜCKNER u.a., Teil 2, Wiesbaden 1985, 649–681 (Wolfenbütteler Arbeiten z. Barockforsch. 13).
[104] ALTHAUS (K) 158ff.

theologischen Schriften verteidigte. Seine scharfe Polemik blieb nicht theoretisch-abstrakt, sondern war mit einem ausgeprägten praktischen Sinn und einer tiefen Frömmigkeit, die sich in Liedern und Gebeten äußert, verbunden. Bedeutsam ist er vor allem als volkstümlich-anschaulicher Prediger, wovon seine zahlreich erhaltenen Predigtdrucke zeugen.[105] Zwei Themen könnten für eine wünschenswerte Erhellung seines Beitrages zur lutherischen Predigt in der ersten Hälfte des 17. Jahrhunderts dienlich sein: Zeämann hat zum Reformationsjubiläum 1617 Predigten veröffentlicht, die mit einer heilsgeschichtlichen Deutung der Reformation und mit der Herausstellung von Luther als Werkzeug Gottes dem jesuitischen Einwand begegnen möchten, daß die lutherische Lehre erst so jung und neu sei.[106] Und beim Tod Gustav II. Adolfs hat Zeämann Leichenpredigten veröffentlicht, die für die lutherische Deutung des Schwedenkönigs besondere Beachtung beanspruchen können.[107]

---

[105] Z.B.: »Geitz und Wucher Armee, So zu gentzlicher Verwürr- und Verwüstung Teutschlands vom Sathan auff die Bein gebracht: Das ist Zwantzig Thewrungs und Wucher Predigten«, Kempten 1622; »Betglock oder Zehen Betpredigten, darinn die anjetzo Höchstnohtwendige Lehr vom Gebet in Acht Hauptpunkten gründlich erkläret wird«, Kempten 1624.
[106] »Drey Evangelische Jubel- und Danckpredigten«, Kempten ²1618.
[107] »Zwo Heerpredigten Aus dem gülden Davidischen Kleinod deß Sechtzigsten Psalms«, Lübeck 1632. Über den Tod Gustav II. Adolfs: »Planctus Coronae. Grosse und bittere Kronen Klag: Oder Zwo Trawrpredigten / Über den hochstbetrübten und unverhofften / doch seligsten Todesfall [...] Gustavi Adolphi«, Lübeck 1633. Vgl. KAUFMANN (B) 56ff.

III.4 KIRCHE UND KUNST

Von Peter Poscharsky

AUGUST GEBESSLER, Stadt u. Landkreis Kulmbach, München 1958 (Bayer. Kunstdenkmale 3).– Bayer. Kunstdenkmale [enthalten, soweit erschienen, alle Kirchen].– ANGELIKA MARSCH, Bilder z. Augsburger Konfession u. ihren Jubiläen, Weißenhorn 1980.– MEISSNER, Bau- u. Ausstattungsmaßnahmen (B).– MEISSNER, Kirchenbau i. 17. Jh. (B).– HELMUT MEISSNER, Maßnahmen z. Bau u. z. Einrichtung ev. Kirchen i. Markgraftum Brandenburg/Kulmbach-Bayreuth i. Reformationsjh. unter bes. Berücksichtigung d. Schloßkirche auf d. Plassenburg: RASCHZOK/SÖRRIES (B) 233–242.– DERS., Taufsteine d. 16. Jh. Beispiele aus prot. gewordenen Kirchen Oberfrankens: Gesch. am Obermain 14 (1983/84), 82–95.– KLAUS RASCHZOK/DIETMAR-H. VOGES (Bearb.), »… dem Gott gnädig sei«. Totenschilde u. Epitaphien i. d. St. Georgskirche i. Nördlingen, AKat. Nördlingen 1998.– CAROLIN SCHMUCK, Der Friedhof St. Lazarus i. Regensburg u. sein geplantes reformatorisches Bildprogramm, Kassel 1999 (Kasseler Stud. z. Sepulkralkultur 7).

1. Kirchengebäude

Bis zur Mitte des 17. Jahrhunderts wurden einige Kirchen erweitert und verändert,[1] aber nur wenige neu gebaut,[2] und zwar in nachgotischen Formen und nur sehr selten im Stil der Renaissance.[3] Notwendig wurde dies meist in Filialorten großer Sprengel, deren zentrale Kirche nicht genügend Raum für die notwendigen Sitzplätze auf den Emporen und in Form von »Ständen« bot.[4] Die neu erbauten Kirchen sind in ihrer Architektur ganz traditionell: einschiffige Räume mit Chorraum in nachgotischen Formen. Vereinzelt wurden auch Siechenkapellen errichtet.[5] Von diesen bescheidenen Bauten heben sich drei Kirchen ab: die Schloßkirche auf der Plassenburg in Kulmbach (1568/75), die Hofkirche in Neuburg an der Donau (1603/18) und die Dreifaltigkeitskirche in Regensburg (1627/31).

Die 1568/75 erbaute Schloßkirche der Plassenburg in Kulmbach[6] ist eine Querkirche, deren Altar vor der östlichen Längswand stand. Sie folgt in ihrer Anlage der 1558/62 erbauten Schloßkirche in Stuttgart, verzichtet aber auf einen

---

[1] Genaue Untersuchungen liegen bisher nur für das Markgraftum Brandenburg-Kulmbach/Bayreuth vor, vgl. die Arbeiten von MEISSNER (K).

[2] Vgl. MEISSNER, Bau- u. Ausstattungsmaßnahmen (B); MEISSNER, Kirchenbau i. 17. Jh. (B): im 16. und 17. Jahrhundert bis 1648 insgesamt 24 Neubauten.

[3] Z.B. Haunsheim/Schwaben, 1608, vgl. KDSch 7, 348–363.

[4] Vgl. z.B. Bernstein, Filial von Schwarzenbach/Wald, Antrag von 1599 (MEISSNER, Bau- u. Ausstattungsmaßnahmen [B] 93) und Glashütten, Filial von Mistelgau, 1616/17.

[5] Z.B. Kulmbach, St. Nikolai, 1573/76, heute Friedhofskirche, vgl. MEISSNER, Bau- u. Ausstattungsmaßnahmen (B) 93ff.

[6] Vgl. MEISSNER, Maßnahmen (K).

Chorraum. Die Anlage der sehr hohen oberen Empore (1568) an den Schmalseiten und der dem Altar gegenüberliegenden langen Westwand folgt Stuttgart und in der sehr großen Höhe der Schloßkapelle in Neuburg an der Donau (1543), die schon für den Bau in Stuttgart wichtig war.[7] 1576 wurde eine zweite Empore hinter die tragenden Säulen gespannt. Diese Schloßkapelle hat, wie die anderen auch, keinen Einfluß auf den Bau von Gemeindekirchen gehabt.

Als protestantisches Gegenstück zur kurz vorher begonnenen Michaelskirche in München, die mit ihrem Bildprogramm ausgesprochen gegenreformatorisch ist, ließ Pfalzgraf Philipp Ludwig seine Hofkirche als einen »Trutzmichel« erbauen. Ihr Bau war durch die Zerstörung der Kirche 1602[8] notwendig geworden. Der erste Plan von Joseph Heintz 1603 wurde von den kirchlichen Gremien abgelehnt, weil er zahlreiche Wandnischen vorsah, die in katholischen Kirchen für Nebenaltäre gebraucht wurden, und man dort die Predigt schlecht hätte hören können. Als der Rohbau fast fertig war, starb 1614 Philipp Ludwig; sein Nachfolger Wolfgang Wilhelm, seit 1613 katholisch, übergab die 1618 geweihte Kirche den Jesuiten als Zentrum der Rekatholisierung. Dies drückt sich im Bildprogramm und in den Altären so deutlich aus, daß die in Renaissanceformen gebaute Hallenkirche ihren ursprünglichen Zweck nicht mehr erkennen läßt, zumal die Kirchen der Jesuiten wie die evangelischen Emporen aufweisen.

In den ersten Überlegungen für einen 1627 notwendig gewordenen Kirchenneubau in Regensburg[9] spielten die Hofkirche in Neuburg/Donau und die im selben Territorium liegende Kirche von Haunsheim (1609) eine Rolle und zeigen, daß man sich in der Regel an bestehenden Neubauten orientierte. Die drei Entwürfe von Hans Carl lassen den Weg von einer dreischiffigen Hallenkirche mit Säulen und polygonalem, gewölbten Chor zur tonnengewölbten Hallenkirche mit Rechteckchor erkennen, in der die Emporen ohne Säulen auf Konsolen ruhen.[10] Die Anlage der Fenster berücksichtigt im Gegensatz zu vielen späteren Kirchen die Emporen, indem sie von ihnen nicht überschnitten werden, sondern darüber einsetzen und Ovalfenster Licht für die Bänke unter ihnen spendet. Der später Dreieinigkeitskirche genannte Neubau wurde 1631 in einer dem katholischen Kirchweihritus gegenüber bewußt abgesetzten Weise eingeweiht.[11]

---

[7] Der Erbauer der Schloßkirche von Stuttgart, Alberlin Tretsch, der wegen der Burganlage auch auf der Plassenburg war, hatte seinen Mitarbeiter Blasius Berwart (der später in Königsberg im Schloß ebenfalls eine Querkirche erbaute) in die – längsgerichtete – Schloßkapelle Neuburg/Donau gesandt, vgl. MEISSNER, Maßnahmen (K) 236.

[8] Vgl. KDSch 5, 82–107; JÜRGEN ZIMMER, Hofkirche u. Rathaus i. Neuburg/Donau. Die Bauplanung v. 1591 bis 1630, Neuburg/Donau 1971 [= Neuburger Kollektaneenblatt 124].

[9] Vgl. KARL MÖSENEDER, Die Dreieinigkeitskirche i. Regensburg. Ein prot. Kirchenbau: 450 Jahre ev. Kirche (B) 109–151.

[10] Der schon zu seinen Lebzeiten viel beachtete Kirchbautheoretiker Leonhard Christoph Sturm rühmt deshalb diese Kirche in seinem Standardwerk (Vollständige Anweisung alle Arten v. Kirchen wohl anzugeben, Augsburg 1718, 38) als »eines der besten Meisterstücke in gantz Teutschland«.

[11] Vgl. III.2.3, Abb. S. 411.

2. Kircheninnenräume

Die Innenräume der aus vorreformatorischer Zeit stammenden Kirchen wurden von der Mitte des 16. Jahrhunderts an überall mit Gestühl[12] und Emporen ausgestattet.[13] Dabei ging man meist sukzessiv vor.[14] Durch den Einbau der Emporen wurden Wände und Fenster verdeckt, so daß sie nicht mehr als Bildträger verwendet werden konnten. Deshalb waren mit dem Einbau von Emporen deren Brüstungen der gegebene Ort für Bilder.[15] Aus dem 16. Jahrhundert haben sich in Franken nur Reste eines Zyklus aus der Umgebung von Bad Windsheim erhalten.[16] In Mistelbach stammt der Zyklus von 25 Passionsbildern an der unteren Empore von 1632.[17] Derselbe Maler schuf auch 30 Tafeln für die Spitalkirche in Bayreuth.[18]

Außer an den Emporen wurden nur sehr selten Bilder mit biblischen Themen angebracht,[19] während in zunehmendem Maße Epitaphien[20] zum Gedenken an Verstorbene von den Angehörigen errichtet wurden. Sie ähneln formal Altarretabeln[21] und zeigen in der Regel ein biblisches Thema als Bild, das den Glauben oder die Hoffnung im Blick auf Tod und Auferstehung ausdrückt. Beliebte Bildthemen sind in dieser Zeit der Sündenfall, Moses, Hiob, Jona, Taufe Jesu, Sturmstillung, Verklärung, Jüngling von Nain, Auferweckung des Lazarus, Jüngstes Gericht und das Himmlische Jerusalem.[22] Oft sind direkte persönliche Bezüge erkenntlich.[23] Immer gehören Bibelstellen und auf die Verstorbenen bezogene

---

12 Als »Stühle« wurden die Plätze der Bürger bezeichnet, als »Stände« die der Standespersonen. Der früheste Hinweis auf ein Kirchenstuhlregister im Markgraftum hat sich für Rehau erhalten (1574), vgl. HANS HÖLLERICH, Gesch. d. Kirche u. Pfarrei Rehau. Mit einem Beitr. über d. Werden d. kath. Pfarrei Rehau. Zum 500jähr. Bestehen d. Pfarrei, Rehau 1970, 64.
13 Vgl. MEISSNER, Bau- u. Ausstattungsmaßnahmen (B) 87ff.
14 Z.B. Hof, St. Michael: 1553 Emporen eingebaut, 1599 untere Empore an der Nordseite, 1600 an der Südseite, 1618 zweite Westempore, vgl. MEISSNER, Bau- u. Ausstattungsmaßnahmen (B) 87f.
15 Zur Emporenmalerei und ihren Bildprogrammen vgl. IV.5.4.
16 Vgl. ULRIKE LANGE/REINER SÖRRIES, Ein früher prot. Genesis-Zyklus i. Westmittelfranken: POSCHARSKY, Bilder (B) 125–136. Der Zyklus stammt vermutlich aus der Mitte des 16. Jahrhunderts.
17 Vgl. POSCHARSKY, Kirchen (B) 289.
18 Elias Brendel kaufte sich mit diesen Bildern ins Spital ein.
19 Z.B. Kulmbach, Petrikirche, Grablegung Christi sowie Christus und Nikodemus (1. Viertel 17. Jahrhundert) sowie die Verspottung Jesu (Mitte 17. Jahrhundert), Westheim Jüngstes Gericht (1. Hälfte 17. Jahrhundert).
20 Die Epitaphien sind bisher kaum dokumentiert (für Oberfranken vgl. MEISSNER, Bau- u. Ausstattungsmaßnahmen [B] 80–83) und erst ansatzweise untersucht, vgl. JAN HARASIMOWICZ, Luth. Bildepitaphien als Ausdruck d. »Allg. Priestertums d. Gläubigen« am Beispiel Schlesiens: Hist. Bildkunde. Probleme – Wege – Beispiele, hg. v. BRIGITTE TOLKEMITT u. RAINER WOHLFEIL, Berlin 1991, 135–164 [= ZHF Beih. 12].
21 Z.B. Epitaph des Sebastian Roettinger in St. Georg in Nördlingen, 1608 (Hauptfeld: Hiob, Auszug Ostern, »Predella« Familie), vgl. RASCHZOK/VOGES (K) 105–110 mit Abbildungen.
22 Vgl. RASCHZOK-VOGES (K) 25 mit Nachweisen.
23 Wenn z.B. der 1578 gestorbene Sigismund Hassenthaler, u.a. Beisitzer des kaiserlichen Landgerichts, auf seinem Epitaph in St. Gumbertus in Ansbach das Jüngste Gericht in Anlehnung an eine zeitgenössische Gerichtsszene malen läßt.

Inschriften zum Epitaph.[24] Die Verstorbenen, zu Lebzeiten alle einflußreiche Standespersonen, wollen mit dem Epitaph nicht mehr wie in der Epoche vor der Reformation den Betrachter zu einem fürbittenden Gebet auffordern, sondern stehen ihm wie zu Lebzeiten als Vorbild gegenüber.

Pfarrerbilder waren vor allem in Stadtkirchen üblich,[25] und ab 1600 tauchen auch die ersten Lutherbilder auf.[26] Trotz des Festhaltens an gotischen Bau- und Schmuckformen gibt es, von wenigen Ausnahmen abgesehen,[27] keine Glasmalerei mehr.

3. Altäre, Kanzeln, Epitaphien und Taufsteine

In der zweiten Hälfte des 16. Jahrhunderts wurden nur wenige Altäre neu geschaffen. In der Georgskirche in Nördlingen errichtete man 1568 vor dem Chorgitter einen kleinen Altar, »darob Sontaglich dz hailig nachtmahl geraicht würd«.[28] Er trug ein Retabel,[29] dessen acht von Jesse Herlin und seinem Gehilfen Valentin Salomon gemalten Bilder sich im Stadtmuseum erhalten haben. Ähnlich wie beim Altar der Neupfarrkirche in Regensburg von 1554[30] werden die Taufe, die Predigt, die Beichte und das Abendmahl gezeigt, wie sie in den lutherischen Kirchen damals vollzogen wurden. Vier weitere Bilder zeigen die Taufe Christi, die Einsetzung des Abendmahls, das Passahmahl als Antityp und die Aussendung der Apostel durch Christus. Alle Bildfelder tragen am unteren Rand dreizeilige Inschriften, die von den Kommunikanten gelesen werden konnten. Ganz ähnlich ist das 1578 von Hieronymus Wehinger gemalte und vollständig erhaltene Retabel in der Spitalkirche zu Nördlingen konzipiert. Es zeigt die Geburt Jesu, die Einsetzung des Abendmahles in der Mitte und die Kreuzigung und über dem Abendmahl die Auferstehung Jesu. Auch hier wird dem Betrachter der Grund der Auswahl durch interpretierende, nicht beschreibende, Bibelstellen verdeutlicht.

Die Altäre tragen nun wieder alle ein Retabel, sei es bei kleinen Exemplaren wie in Goldkronach (heute Stein), 1614/15, mit der Einsetzung des Abendmahles

---

[24] Z.B. Sulzbach, Epitaph Sitzingen von 1574 (Bild: Kindersegnung): Mk 10, 13–16; Ijob 19, 25. 27a; 2 Makk 7, 22; Weish 3, 1ff; 1 Tim 2, 15; Mt 18, 10 und lateinische Gedenkinschrift.

[25] Z.B. Bayreuth, Stadtkirche, 1632.

[26] Z.B. Diespeck 1600, Issigau 1627, Nemmersdorf 1. Hälfte 17. Jahrhundert.

[27] Z.B. Trumsdorf (Auferstehung Jesu, 1636), vgl. GEBESSLER (K) 101.

[28] Stadtkammerrechenbuch Nördlingen 1568, fol. 123 recto. Dieser Altar steht in derselben Tradition wie die Chorschwellenaltäre in Dinkelsbühl, 1537, und Schwabach (vgl. II.5.2). Während diese jedoch vor dem weiterhin bestehenden Hochaltar mit Retabel standen und den Blick nicht verbauen sollten, ist hier wegen der Beseitigung des Hochaltars die Errichtung eines Retabels möglich gewesen.

[29] Vgl. PETER POSCHARSKY, Luth. Altarbilder aus Nördlingen: Rieser Kulturtage. Eine Landschaft stellt sich vor, hg. v. Verein RIESER KULTURTAGE E.V., Bd. 11: 1996, Nördlingen 1997, 376–395.

[30] Vgl. II.5.2 und Abb. 11.

in darauf bezüglichen sowie Stifterinschriften,[31] oder seien es solche für Stadtkirchen wie für die Dreifaltigkeitskirche in Bayreuth von 1615, der als Hauptbild die sonst erst in der Barockzeit häufiger vorkommende Gethsemaneszene zeigt und in Medaillons unten an den Wangen auf das Abendmahl bezogene Bibeltexte trägt. Bei seiner Einweihung hat Generalsuperintendent Christoph Schleupner in seiner Predigt sowohl die Weiterbenutzung früherer Altäre wie den Sinn der Retabel erläutert.[32] Vor dem Dreißigjährigen Krieg entstanden zahlreiche Altäre, z.B. in Regensburg, St. Oswald 1604, Nürnberg, Egidienkirche 1630, Kulmbach, Schloßkirche der Plassenburg um 1635,[33] Regensburg, Dreifaltigkeitskirche 1633/37,[34] Marktleuthen 1643.[35]

In ihrem Aufbau entsprechen dem Altarretabel die zahlreichen Epitaphien, von der Grabstätte unabhängige Gedächtnistafeln für Verstorbene, deren Bilder sich auf das Leben und den Glauben der Stifter sowie auf die Auferstehungshoffnung beziehen (vgl. Abb. 12).[36]

Neue Kruzifixe wurden offensichtlich nicht benötigt, Vortragekreuze wurden vereinzelt seit den zwanziger Jahren des 17. Jahrhunderts angeschafft.[37] Die Zahl neuer Vasa sacra ist gering.[38]

Die Kanzeln in der zweiten Hälfte des 16. Jahrhunderts sind im Gegensatz zu den späteren aus Stein gearbeitet. Die ältesten, inschriftlich von 1562, stehen, im Schmuck identisch, in Busbach und Gesees, letztere noch wie ursprünglich am Chorbogen.[39] In flachem Relief sind die Eherne Schlange (mit der lateinischen Inschrift Joh 34, 14) und das Lamm Gottes (mit Röm 8, 31) sowie Wappen dargestellt.[40] Die hölzernen Kanzeln des 17. Jahrhunderts haben meist einen achtecki-

---

[31] Vgl. TILMANN BREUER, Landkreis Münchberg, München 1961, 46 (Bayer. Kunstdenkmale 13).
[32] Vgl. HELMUTH MEISSNER, Die Einweihung d. wiederhergestellten Stadtkirche z. Bayreuth u. ihres Altars i. d. Jahren 1614 u. 1615: Gesch. am Obermain 20 (1995), 35ff.
[33] Dieser Altar wurde für die Umorientierung der Kirche auf die Schmalwand geschaffen. Von ihm ist das Gemälde von Heinrich Bolland von 1636, Christus als Weltenrichter, erhalten.
[34] Die Gemälde verweisen auf die beiden lutherischen Sakramente: Die Einsetzung des Abendmahles ist im Hauptfeld dargestellt, die Taufe Jesu in der Predella.
[35] Kleine Ädikula mit dem Gemälde der Einsetzung des Abendmahles und den Einsetzungsworten in der Predella, vgl. Landkreis Wunsiedel u. Stadtkreis Marktredwitz, bearb. v. BERNHARD HERMANN RÖTTGER, München 1954, 169. 171. 175f (KDBay 8, 1/KDOF 1).
[36] Das abgebildete Epitaph für Roettinger, 1608, in Nördlingen, St. Georg hat unten die Gedenkinschrift, darüber das Bild der knieend betenden Familie, im Hauptfeld Hiob mit der Inschrift Ijob 19, 25. 26, darüber die Auferstehung Christi mit der Inschrift Joh 11, 25 und als oberen Abschluß das Familienwappen, vgl. RASCHZOK/VOGES (K) 10–110.
[37] Z.B. Rüdisbronn 1627, Bayreuth Stadtkirche 1628, Schauerheim 1. Hälfte 17. Jahrhundert, Ebersdorf 1640.
[38] Für St. Egidien in Nürnberg wurde 1647 eine Hostiendose mit dem Bild des Kirchenpatrons (Egidius im Bischofsornat mit seinen Attributen Pfeil und Hirschkuh) gestiftet, vgl. Liturg. Gerät (B) 46f mit Abbildung.
[39] Kanzeln wurden im Laufe der Zeit oft versetzt, noch häufiger die Taufsteine.
[40] Weitere Steinkanzeln z.B. Kulmbach, Petrikirche, 1576 von Wolf Keller (heute im Obermain-Museum Plassenburg); Selb, 1586 neue Steinkanzel anstelle einer älteren hölzernen; Wunsiedel 1593 (vgl. MEISSNER, Bau- u. Ausstattungsmaßnahmen [B] 72f).

gen Grundriß, so daß fünf Brüstungsfelder für den Schmuck verbleiben, häufig für Christus und die Evangelisten,[41] manchmal für individuelle Programme.[42]

Taufsteine wurden in größerer Zahl neu geschaffen,[43] wobei bildlicher Schmuck relativ selten war. Am häufigsten sind Darstellungen der Taufe Jesu.[44] In der Frühzeit kommt es aber auch vor, daß der Taufe Jesu eine zeitgenössische Taufe gegenübergestellt wird.[45] Häufig wird der Taufstein von seiner traditionellen Stellung im Eingangsbereich der Kirche ins Schiff gestellt, um die Taufe vor der Gemeinde zu ermöglichen.[46] Die Taufsteine sind oft oktogonal gestaltet, seltener wird das Sechseck verwendet.[47] Der zum Taufstein gehörende Deckel wurde in vielen Fällen später durch einen neuen ersetzt.

Ein wichtiges Einrichtungsstück war der massive, schmucklose, möglichst diebstahlsichere Opferstock, der in der Regel nur einmal jährlich geleert wurde.[48]

4. Bilder

Im Herrenchor von St. Johannis in Schweinfurt hängt ein von einem unbekannten Maler geschaffenes, um das Jahr 1600 entstandenes Gemälde mit der Übergabe der Confessio Augustana an Kaiser Karl V.[49] im Vordergrund[50] (vgl. Abb. 13). Seitlich sind in einem großen Kirchenraum die kirchlichen Handlungen dargestellt. Rechts wird das Abendmahl in beiderlei Gestalt ausgeteilt,[51] dahinter sieht man eine Predigt und eine Taufe sowie die Kirchenmusik. Links sind ein Katechismusexamen, die Beichte und eine Trauung zu erkennen. Unter dem Altar liegen Tod, Teufel und Theologen, die der lutherischen Abendmahlslehre wider-

---

[41] So in Thiersheim 1638.
[42] So in Schönbrunn 1620: Christus Salvator, Johannes, Petrus, eine Madonna und Luther in Intarsien.
[43] Vgl. MEISSNER, Taufsteine (K).
[44] Z.B. Hof, St. Michael, 1599, mit der Taufe Jesu sowie Gottvater und der Geisttaube sowie Engeln mit den Leidenswerkzeugen auf dem Deckel, vgl. Enoch Widmann's Chronik d. Stadt Hof nach d. Originalhs. z. ersten Mal hg. v. CHRISTIAN MEYER, Hof 1893, 305.
[45] Z.B. Kirchleus, 1581, vgl. MEISSNER, Taufsteine (K) 90. Diese Gegenüberstellung ist im 16. Jahrhundert üblich, wie z.B. die Altarbilder in Regensburg, Neupfarrkirche und Nördlingen, St. Georg, zeigen (vgl. II.5.2 [Regensburg] und III.4.3 [Nördlingen]).
[46] So rückt Pfarrer Dobenecker 1569 schon vier Wochen nach Amtsantritt den Taufstein in Rehau mitten in die Kirche, vgl. MEISSNER, Bau- u. Ausstattungsmaßnahmen (B) 65. Der Standort der Taufsteine wurde öfters geändert, so daß die heutige Aufstellung oftmals nicht mehr die ursprüngliche ist.
[47] Z.B. Streitberg, 2. Hälfte 16. Jahrhundert.
[48] Der älteste sicher datierte von Oberfranken befindet sich in Harsdorf (1629), GEBESSLER (K) 53.
[49] Vor dem Kaiser sind Wolfgang von Anhalt, Philipp von Hessen, Georg von Brandenburg, Johann von Sachsen sowie Ernst und Franz von Lüneburg zu sehen sowie je ein Vertreter von Nürnberg und Reutlingen. Die vier Reichsstädte Heilbronn, Kempten, Weißenburg und Windsheim sind durch ihre Wappen vertreten.
[50] Vgl. MARSCH (K).
[51] Auf dem Altar steht, von den drei Synoptikern gehalten, eine Schrifttafel mit den Einsetzungsworten wie auf dem Retabel von Dinkelsbühl, 1537 (vgl. II.5.2).

sprachen.⁵² Inschriften, meist Bibelstellen, zeigen die biblischen Grundlagen des Handelns auf.

Andreas Herneisen hat das Thema dreimal gemalt.⁵³ Weitere Bilder befinden sich in der Andreaskirche in Weißenburg, 1606 von Wolff Eisenmann,⁵⁴ und in Nürnberg.⁵⁵ Zum Reformationsjubiläum 1617 wurde eine Kopie des Schweinfurter Gemäldes in der Georgenkirche in Eisenach aufgehängt. Danach fertigte Johann Dürr 1630 einen Kupferstich, der ebenso wie dessen Kopie von Paulus Fürst, Nürnberg, zum Jubiläum 1655 weite Verbreitung fand.

Diese Bilder sind keine Abbildungen der Vorgänge in Augsburg 1530, sondern stellen die Legitimation des gottesdienstlichen Handelns der lutherischen Kirche in ähnlicher Weise wie die Altarretabel des frühen 16. Jahrhunderts dar. Sie werden zu Recht als Konfessionsbilder bezeichnet.⁵⁶ Ein historisches Bild entstand 1630 nach Quellenstudien durch Pfarrer Johann Saubert von St. Lorenz in Nürnberg, das Michael Herr zeichnete und Georg Köler 1631 stach.⁵⁷

5. Vasa sacra

Kelche, Patenen, Dosen, Kästchen und Schalen mit Deckel⁵⁸ für die Aufbewahrung der Hostien aus Silber, oftmals vergoldet, in ärmeren Gegenden auch aus Zinn,⁵⁹ wurden in der Regel von Privatleuten gestiftet.

6. Friedhöfe

Wegen der Pest mußten im 17. Jahrhundert zahlreiche neue Friedhöfe angelegt werden, auf denen oftmals einfache Friedhofskirchen errichtet wurden.⁶⁰ Leider wurde ein 1567 von dem Theologen Nikolaus Gallus und dem Juristen Johann Hiltner geplantes Projekt für den evangelischen Friedhof St. Lazarus in Regens-

---

⁵² Andreas Bodenstein (Karlstadt), Huldrych Zwingli, Caspar Schwenckfeld von Ossig, Johannes Campanus, Johannes Oekolampad, Johannes Calvin, Martin Bucer, Thomas Müntzer und der Papst.
⁵³ 1601 für Windsheim und Nürnberg-Mögeldorf, 1602 für Kasendorf. In St. Petri in Kulmbach befindet sich eine undatierte Kopie des Kasendorfer Bildes. Herneisen setzt die Übergabe an den linken Rand und zeigt im Hintergrund an der Kirchentür, wie Reformierte nicht in die Kirche gelassen bzw. Zwingli mit Hellebarden der Zutritt verweigert wird, vgl. MARSCH (K) 49ff mit Abb. 49 u. 50.
⁵⁴ Dieses über vier Meter breite Bild zeigt die kirchlichen Handlungen breit in der Mitte zwischen vier kleineren Bildern, darunter an letzter Stelle die Übergabe der Confessio Augustana.
⁵⁵ Museen der Stadt Nürnberg, undatiert.
⁵⁶ MARKUS MÜLLER, Das Windsheimer Konfessionsbild v. Andreas Herneisen, 1601. Eine theologiegeschichtl. Betrachtung: ZBKG 56 (1987), 107–129 spürt dem Zusammenhang zwischen den Darstellungen und dem Text der CA nach.
⁵⁷ Vgl. MARSCH (K) 63 mit Abbildungen.
⁵⁸ Dies begegnet nur in Augsburg, vgl. »Gott z. Lob u. Ehren« (B) 70f.
⁵⁹ Vgl. Silber u. Zinn (B).
⁶⁰ Z.B. Gefrees 1594, Selb 1607/13, Ipsheim 1614, Stammbach 1615/16, Wunsiedel 1628/72 (wegen des Krieges eine Bauzeit von 44 Jahren), Goldkronach 1641.

burg nicht verwirklicht.⁶¹ Sie entwarfen für die umfriedenden Wände ein Bildprogramm mit 62 Szenen, die den Trauernden und Hinterbliebenen die Heilsgeschichte von der Schöpfung bis zum Jüngsten Gericht vor Augen gestellt hätten. Dies ist der älteste narrative protestantische Bildzyklus in Süddeutschland, von dem wir wissen.⁶² Im Unterschied zu den mahnenden mittelalterlichen Totentänzen auf den Friedhöfen⁶³ sollte hier, unter stetem Bezug auf Christus und sein Heilshandeln, Trost gespendet werden.

---

[61] Vgl. SCHMUCK (K) [mit Angabe aller Bildthemen und der vorgesehenen biblischen Inschriften].

[62] Vgl. REINER SÖRRIES, Der Friedhof St. Lazarus i. Kontext einer reformationszeitlichen Friedhofskultur u. d. Frühgesch. prot. Ikonographie: SCHMUCK (K) 67–77 [73].

[63] Vgl. Tanz d. Toten – Todestanz. Der monumentale Totentanz i. deutschsprachigen Raum. Eine Ausstellung d. Museums f. Sepulkralkultur Kassel 19. September bis 29. November 1998, Red. WOLFGANG NEUMANN, Dettelbach 1998 (Jahresgabe f. d. Mitglieder d. Vereins f. Christl. Kunst i. d. Ev.-Luth. Kirche i. Bayern e.V. 1998).

III.5 KIRCHE UND MUSIK

Von Klaus-Jürgen Sachs

BLUME (B) 79–167.– HARRASSOWITZ (B).– Leiturgia 4 (B).– MOSER (B) 82–142.– WACKERNAGEL 1–5 (B).– ZAHN 1–6 (B).

1. Zur kirchenmusikalischen Situation in der zweiten Hälfte des 16. Jahrhunderts

Konnten sich die seit den zwanziger Jahren entstandenen evangelischen Gemeinden behaupten und entwickeln, so zeichnete sich auch eine Konsolidierung ihrer kirchenmusikalischen Praxis ab. Entscheidend und regional übergreifend war dabei die Verbreitung reformatorischer Kirchenlieder, zu deren wachsendem Bestand u.a. gebürtige Franken wie Paul Eber (aus Kitzingen)[1] und Nikolaus Herman (aus Altdorf)[2] maßgeblich beitrugen. In der Gottesdienstgestaltung bestimmten (weiterhin) vielfältige Varianten das Bild. Sie betrafen nicht allein die Alternativen von (a) gesungener oder gesprochener Ausführung liturgischer Texte sowie (b) deren wahlweise deutscher oder lateinischer Version und (c) einer ausschließlich vokalen oder von Instrumenten gestützten Wiedergabe musikalischer Stücke,[3] sondern auch die Wahl liturgischer Melodien, für die sich verschiedene Vorlagen anboten.[4]

Beim nun zunehmend erforderlichen Aus- und Umgestalten der Kirchenordnungen, meist nach schon vorhandenen Formularen, ergaben sich Abhängigkeiten sogar über territoriale Grenzen hinweg. So folgen Melchior Runtzlers Nördlinger *Ordnung der Ceremonien* von 1555[5] und Enoch Widmanns *Ordo ecclesiasticus* für St. Michael in Hof von 1592[6] partienweise der Naumburger Kirchenordnung des Nikolaus Medler von 1537. Wenngleich dabei persönliche Verbindungen wesentlich waren (Medler, in Hof geboren, wirkte hier bis 1531 neben Caspar Löner, der 1544 nach Nördlingen ging), verraten diese überregionalen Beziehungen auch ein Interesse an vorbildhaften und bei den genannten

---

[1] Er schuf z.B. den Text zu *Wenn wir in höchsten Nöten sein* (EG 366; WACKERNAGEL 4 [B] Nr. 6; EdK: B 81).
[2] Aus seinen weitverbreiteten *Sonntags Evangelia [...] in Gesenge verfasset* (Wittenberg 1560) stammen z.B. Text wie Melodie von *Erschienen ist der herrlich Tag* (EG 106; EdK: A 302b); schon 1550 entstanden Text und Melodie von *Lobt Gott, ihr Christen alle gleich* (EG 27; EdK: B 60); vgl. auch ZAHN 5 (B) 401.
[3] Vgl. II.6.2.
[4] Ausgabe verschiedener Varianten in HEK 1/1 u. 1/2.
[5] Kirchenordnungen 12 (B) 317–329.
[6] Kirchenordnungen 11 (B) 405–477.

Ordnungen überdies musikalisch detaillierten Regularien. Für Wertschätzung und Reichtum der gottesdienstlichen Musik zeugen in ihnen nicht nur De-tempore-Listen von Liedern und Gesängen, sondern auch mancher Vermerk über deren Ausführung.

Die Nördlinger *Ordnung* von 1555 erwähnt einstimmiges Singen (oder Intonieren) durch Priester, Diakon, Kantor,[7] Chor, Knaben, Mädchen (»jungfreulin«) oder Gemeinde (»volk«), je nach Möglichkeit auch im vers- oder strophenweisen Wechsel von (bis zu vier) Gruppen, denn allgemein galt, daß der Gemeindegesang durch Vorsänger oder (einstimmigen) Chorus choralis geführt wurde. Mehrstimmiger Gesang wird als »kontrapunktische«, »mensurale« oder »figurale« Musik angesprochen (»psalm in contrapunct auf zwen chor«, »in mensuris«, »figurirt«). Orgelspiel ist (außer in der Fastenzeit) vorgesehen. Daß die Orgel nicht lediglich Teile von im Wechsel ausgeführten liturgischen Stücken übernahm, sondern ›selbständig‹ eingesetzt werden konnte, bezeugt die Schweinfurter Ordnung von 1576: Nach der Evangeliumslesung wird »die orgel geschlagen«, »etwan eine gute mutetam« [= Motette, hier ein aufs Tasteninstrument übertragenes mehrstimmiges Chorstück], aber auch statt des *Et in terra* »schlägt der organist irgend ein musicam«[8].

Der noch umfangreichere Hofer *Ordo* von 1592 weist nicht nur alle Gesänge, »choraliter et figuraliter«, genau den einzelnen Zeiten, Sonntagen und Festen zu, sondern nennt auch zahlreiche ›erlesenste und schönste Gesänge der hervorragendsten Künstler‹ (»praestantissimorum artificum cantiones lectissimae et suavissimae«[9]. Diese Zusammenstellung ›aus älteren und jüngeren Künstlern‹ (»ex […] artificibus tum veteribus tum recentibus«[10]), die Werke von über 50 Komponisten der Generationen zwischen Josquin Desprez und Tomás Luis de Victoria umspannt,[11] veranschaulicht (in vielen lateinischen Stücken) die erwähnte Repertoiregemeinschaft von evangelischer und katholischer Kirchenmusik,[12] aber auch den hohen Standard ihrer Praxis in dazu fähigen Gemeinden.

In Nürnberg betätigte sich der Egidienkantor Friedrich Lindner als bedeutender Sammler und Vermittler derartiger Stücke. Er hatte seit 1574 eine Vielzahl ihm zugänglicher Werke in handschriftlichen Chorbüchern kopiert[13] und 1585–

---

[7] Eine Bestallungsrichtlinie aus Dinkelsbühl von ca. 1573 spricht vom »vorsinger«, der nach Möglichkeit »ein teutscher schuelmeister« sein solle (Kirchenordnungen 12 [B] 142f [142]).
[8] Kirchenordnungen 11 (B) 645–648 [646ff].
[9] AaO, 405–477 [406].
[10] AaO, 456.
[11] Vgl. die musikhistorische Würdigung des *Ordo* durch HEINRICH KÄTZEL, Musikpflege u. Musikerziehung i. d. Stadt Hof i. 16. Jh. (Masch. Diss.), Erlangen 1951, 30–53. 143–168.
[12] Zuweilen waltete auch Toleranz gegenüber musikalischen Amtsträgern: Der Protestant Ludwig Daser (Motetten in EdM 47) war Kapellmeister (und Lassos Vorgänger) am katholischen Münchner Hof, und ähnliches galt später für den evangelischen Nürnberger Hans Leo Hassler bei den Augsburger Fuggern.
[13] Erhalten sind 427 vorwiegend 5- und 6stimmige Werke von Komponisten zwischen Heinrich Isaac und H.L. Hassler, nachgewiesen durch WALTER H. RUBSAMEN, The International ›Catholic‹

91 wichtige Sammeldrucke publiziert, durch die besonders auch Werke Orlando di Lassos (ab 1556 am Münchner Hof) verbreitet wurden. So überrascht nicht, daß der Ordo aus Hof Lasso favorisiert und Lindners Sammlungen erwähnt.

Auf katholischer Seite hatte das Konzil zu Trient in den Sitzungen zur Kirchenmusik (1562/63) nach kontroversen Diskussionen beschlossen, kunstvolle Mehrstimmigkeit weiterhin zuzulassen, wenn auch unter dem Vorbehalt, daß Textverständlichkeit und Würde gewährleistet, weltliche Melodien und Unziemliches (»lascivum aut impurum aliquid«) gemieden sein müßten.[14]

Diese so allgemein gefaßten Richtlinien kamen einer stilistischen Tendenz der gesamten Kirchenmusik entgegen, indem sie deren Eigencharakter stärkten und von neuen kompositorischen Strömungen abhoben, die sich in der Madrigalkunst ankündigten. Zwar wird erst im Laufe des 17. Jahrhunderts ausdrücklich (wenngleich nie strikt und eindeutig) zwischen einem »stilus ecclesiasticus« und anderen musikalischen Stilen getrennt, doch bildeten sich im späten 16. Jahrhundert auch für die evangelische Kirchenmusik neue mehrstimmige Satztypen heraus, die besonders gottesdienst- und gemeindegerecht waren.

2. Neue Entwicklungen und Fortwirkendes in der vokalen Kirchenmusik bis zum Dreißigjährigen Krieg

Die wichtigste dieser Arten, der Kantionalsatz (modern benannt nach den Büchern, ›Kantionalien‹, in denen er überliefert ist), stellt eine Verbindung von reformatorischem Kirchenlied und schlichtem, (in der Regel) vierstimmigem Satz dar, der die Liedmelodie als Oberstimme zitiert und vorwiegend ›akkordmäßig‹, also homorhythmisch und daher denkbar ›textverständlich‹, unterlegt. Nachdem der Stuttgarter Hofprediger Lukas Osiander (Sohn des Nürnberger Predigers Andreas Osiander) in seiner bahnbrechenden Sammlung (*Fünfzig Geistliche Lieder und Psalmen*, Nürnberg 1586) eine beim Genfer Psalter (durch Claude Goudimel, GA 9) benutzte Satzart auf reformatorische Melodien angewendet hatte, folgten bis etwa 1630 zahlreiche ähnliche Veröffentlichungen einfachster Kirchenliedsätze, auch von bedeutenden Komponisten (Michael Praetorius, Johann Hermann Schein, Heinrich Schütz). Für die behandelte Region ist vorrangig der Regensburger Kantor Andreas Raselius zu nennen, der als einer der ersten L. Osianders Vorbild folgte und für seine Gemeinde 1588 ein *Cantionale*, 1591 *Psalmen und geistliche Lieder* (beides im Manuskript erhalten) schuf sowie zur Publikation (*Regenspurgischer Kirchen Contrapunct*, Regensburg 1599) umwandelte. Während Raselius aber im Blick auf seine Kantorei *fünf*stimmige Sätze bot, paßten sich die 1608 in Nürnberg gedruckten vierstimmigen Sammlungen des Altdorfer Kantors Gotthard Ery-

---

Repertoire of a Lutheran Church i. Nürnberg (1574–1597): Annales Musicologiques 5 (1957), 229–327.
[14] Vgl. HERMANN BECK, Das Konzil v. Trient u. d. Probleme d. Kirchenmusik: KMJ 48 (1964), 108–117 [109].

thräus (*Psalmen und geistliche Lieder*) und Hans Leo Hasslers (*Kirchengesäng: Psalmen und geistliche Lieder [...] simpliciter*, GA 8) schlichteren Gegebenheiten an, ebenso wie die zuvor schon veröffentlichten (später von Amtsnachfolgern ergänzten) *Geistlichen Psalmen und Lieder* (Nürnberg 1603) des Hohenloheschen Hofmusikers und ab 1613 Rothenburger Kantors Erasmus Widmann.[15] Der Ansbacher Hoforganist Martin Zeuner aber publizierte *82 schöne geistliche Psalmen* (Nürnberg 1616) wiederum fünfstimmig. Nutzen und Beliebtheit solcher Kirchenliedsätze veranlaßten 1628 immerhin den Bamberger Kaplan Johann Degen, wohl inspiriert durch H.L. Hasslers Sammlung, ein *Catholisches Gesangbuch* mit vierstimmigen Sätzen zu veröffentlichen, das lange benutzt wurde. Im Kantionalsatz erzielte die mehrstimmige Musik ein Höchstmaß an Schlichtheit und an Verständlichkeit für die Gemeinde, die auch durch Mitsingen der Melodie beteiligt werden konnte (da Orgelbegleitung des Gemeindegesangs erst im Laufe des 17. Jahrhunderts zunehmend gebräuchlich wurde).

Hans Leo Hassler, Kupferstich von Dominicus Custos, 1593

---

[15] Vgl. dazu detailliert E. SCHMIDT, Gesch. (B) bes. 29ff. 50–61. 69–79.

Andere Formen von Mehrstimmigkeit dienten dem Gottesdienst ebenfalls wesentlich, doch als ›herausgehobene‹ Art seiner Zelebration. Hier sind, abermals als reformatorische Neuerung, die *deutschen* Evangelien-Motetten (oder -sprüche) zu nennen, die der Chor in direktem Zusammenhang mit der (oft gesungenen) Lesung oder an deren Stelle als nachdrückliche Weise der Verkündigung darbot.[16] Bedeutung und Repertoirebedarf dieser Praxis führten zur Komposition vollständiger Evangelienjahrgänge, an der sich u.a. Raselius (*Teutscher Sprüche aus den Sontäglichen Evangeliis durchs gantze Jar*, Nürnberg 1594 und 1595; DTB 36) und der Coburger Hofkapellmeister Melchior Franck (*Gemmulae Evangeliorum musicae [...] die fürnembsten Sprüche aus den Fest- und sonntäglichen Evangeliis durchs ganze Jahr*, Coburg 1623) beteiligten.

Die deutschsprachige Mehrstimmigkeit umfaßte ferner alle nicht kantionalsatz-mäßigen Vertonungen von Kirchenliedern, sei es in Gestalt geringstimmig polyphoner Sätze (Bicinien, Tricinien), sei es als motivisch durchgearbeitete Motetten wie H.L. Hasslers *Psalmen und christliche Gesäng [...] fugweis komponiert* (Nürnberg 1607, GA 7). Doch auch Werke wie Leonhard Lechners *Historia der Passion und Leidens Christi* (die allerdings erst nach Lechners Nürnberger Zeit [1575–83] in Stuttgart 1593 entstand, GA 12) oder Kasualkompositionen sind hier zu nennen.

Daneben aber ist ein riesiger Bestand an lateinischer Kirchenmusik aus der Feder evangelischer Kantoren und Organisten überliefert, der die fortbestehende Pflege dieser Kunst auch im reformatorischen Bereich dokumentiert. Hier sind Einflüsse Lassos, aber auch italienischer Komponisten deutlich, zumal in aufwendig vielstimmigen und mehrchörigen Werken. Lindners Sammeldrucke bezeugen breite Kenntnis italienischer Musik; der Ansbacher Hofkapellmeister Jakob Meiland berührte auf weiten Reisen höchstwahrscheinlich auch Italien; H.L. Hassler, führender Komponist seiner Ära[17] und Leitgestalt dessen, was geradezu als »Fränkische Schule« angesprochen wurde,[18] studierte 1584/85 in Venedig bei Andrea Gabrieli und schloß enge Freundschaft mit dessen Neffen Giovanni (bei dem sich dann 1609–1612, gleichfalls als deutscher Stipendiat, Schütz weiterbildete). Dieser italienische Einfluß auf die Kirchenmusik zeigt sich z.B. in H.L. Hasslers Motetten (4–12stimmig: *Sacri concentus*, Augsburg 1601, DDT 24–25) und Messen (4–8stimmig, Nürnberg 1599, DDT 7) wie in den 8stimmig doppelchörigen Stücken (*Sacrorum Concentuum [...] liber I* [Augsburg 1601] und *II*. [ebd. 1614], Auswahl in DTB 19) des bedeutenden Augsburger Kantors Adam Gumpelzhaimer (vgl. Abb. S. 470).[19] Angesichts solcher Werke, aber auch

---

[16] Vgl. WALTER BLANKENBURG, Der mehrstimmige Gesang u. d. konzertierende Musik i. ev. Gottesdienst: Leiturgia 4 (B) 661–719 [bes. 671ff]. Beispiele solcher Stücke in HEK 2/1.

[17] Als Kurzmonographie zu empfehlen ist FRANZ KRAUTWURST, Hans Leo Hassler (1564–1612): LebFranken NF 11 (1984), 140–162.

[18] BLUME (B) 151.

[19] Auf dem Kupferstich des Lucas Kilian (1622) wird die Umschrift »Adamus Gumpelzhaimer Trospergius Boius« (d.h. aus Trostberg/Oberbayern gebürtig) durch den monogrammatischen Sinnspruch »Altissimi Gratia Tantum Beat[us]« ergänzt. Das beigegebene Lobgedicht »De Virtute Musi-

der breiten Pflege gottesdienstlicher Mehrstimmigkeit in evangelischen Zentren, vor allem freien Reichsstädten mit protestantischen Gymnasien und deren Chören, erscheint die Phase zwischen späterem 16. Jahrhundert und Beginn des Dreißigjährigen Krieges als eine Blütezeit der Kirchenmusik.

Adam Gumpelzhaimer, Kupferstich von Lucas Kilian, 1622

ca A. Gumpelzhaimeri« lautet: »Quid forma melius? quid fulvo carius auro? / Quid toto regnis majus in orbe datur? / Iaspide quid pulchrum magis est? quid melle tenaci / Dulcius? Hyblaeis candidiusque rosis? / Dulcior est virtus sed Musica, pulchrior una / Forma, auro, regnis, jaspide, melle, rosis« (Über die musikalische Kunst A. Gumpelzhaimers. Was ist besser als vollkommene Form? Was kostbarer als rotgelbes Gold? Was ist in der ganzen Welt größer als Königsherrschaft? Was ist schöner als Jaspis? Was süßer als Honigseim? Was weißer als die Rosen von Hybla? Süßer aber ist die musikalische Kunst, schöner als Form, Gold, Königsherrschaft, Jaspis, Honig und Rosen).

3. Zu Orgelbau und Orgelspiel

Drei der mancherlei Zeugnisse für Bedeutung, Verwendung und Interesse am Bau von Orgeln sind erwähnenswert:

(1) Nachdem in der Augsburger Kirche zum Hl. Kreuz 1612 die von der Gemeinde gespendete neue Orgel eingeweiht worden war, geriet ihre liturgische Verwendung (wiewohl nur Begleitung des *Veni creator* und zweier Liedstrophen) in die Kritik des Seniors von St. Anna, weil dort Orgelspiel lediglich *nach* dem Segen, also außerhalb des eigentlichen Gottesdienstes, üblich war. Der Vorwurf, uneinheitlicher Orgelgebrauch irritiere und störe in der Augsburger Gesamtgemeinde, und die Verteidigungsgründe (unbeanstandeter Usus in der benachbarten Barfüßerkirche, Wunsch der Gemeinde, Verstärkung des Gotteslobes zumal beim Fehlen einer Kantorei, wie sie St. Anna aufwies u.a.) lösten heftigen und verletzenden Streit aus,[20] hinter dem (auch andernorts diskutierte) konträre Überzeugungen standen, einerseits: der Ritus müsse einheitlich (für den »geminen man [...] gleichförmig«, so die »Publicirte consistorial-ordnung« Jena 1574[21]) sein, andererseits (wie es die Wittenberger Ordnung 1533 formulierte): »Es sollen die ceremonien nicht notige gesetze sein, sondern in des pfarrers gewalt stehen, darin zuhandeln, wie es zum besten dienen wird«.[22]

(2) Zur Einweihung der von ihm gestifteten Orgel in der Bayreuther Stadtkirche hatte Markgraf Christian von Brandenburg-Bayreuth außer Fürsten und Adel auch prominente auswärtige Organisten eingeladen. Dies führte 1619 zum historisch denkwürdigen Treffen und zum (leider nicht beschriebenen) öffentlichen Orgelspiel der vier Musikergäste: des Wolfenbütteler Hofkapellmeisters Praetorius,[23] des Dresdner Hofkapellmeisters Schütz, des Hallenser Hoforganisten Samuel Scheidt[24] und des in Nürnberg wirkenden ehemaligen Bayreuther Hoforganisten Johann Staden. Die Veranstaltung galt gewiß mehr dem künstlerischen Rang von Instrument und Spiel als seiner liturgischen Verwendung; das chronistische Gedicht des Kantors Elias Unmüssig bemerkte denn auch zu den namentlich genannten Organisten: »Welche dann warn alle vier zugleich / Besser find' man's nit im römischen Reich«.[25]

(3) Die Predigt des Superintendenten Conrad Dietrich zur Orgelweihe am 1.8.1624 in Ulm preist nicht nur emphatisch die Orgel als liturgisches Instrument, sondern erhebt sie auch, allegorischer Tradition folgend, zum Sinnbild der

---

[20] Ausführlich bei THEODOR WOHNHAAS, Der Augsburger Orgelstreit von 1612/14. Ein Beitr. z. Gesch. d. Orgel i. ev. Gottesdienst: ZBKG 36 (1967), 26–38.
[21] Kirchenordnungen 1/1 (B) 248–252 [249].
[22] AaO, 700–710 [705].
[23] Er beschrieb das große dreimanualige Werk des bekannten Dresdner Orgelbauers Gottfried Fritzsche in *Syntagma musicum* II: *De organographia*, Wolfenbüttel 1619, 200ff.
[24] An das Treffen erinnert er die fürstlichen Widmungsträger in der Vorrede zur *Pars prima Concentuum Sacrorum* (Hamburg 1622), zit. in HANS JOACHIM MOSER, Heinrich Schütz. Sein Leben u. Werk, Kassel u.a. ²1954, 96f.
[25] Zit. nach HARRASSOWITZ (B) 194.

Christen: »wir [...] sollen [...] unsrer Seufzer Orgel anstimmen zu Gott [...], die Betorgel unsrer christlichen Kirchengebete zuhanden nehmen und [...] mit zusehen, dass wir uns selbst zu lebendigen, vernünftigen, verständigen Orgeln machen«.[26]

Fast zur gleichen Zeit warnt die Coburger Kirchenordnung von 1626 bereits vor dem Überhandnehmen von Orgelspiel und Figuralmusik, die »weder den gemeinen Gesang der Kirchen, noch den übrigen Gottesdienst mit Predigen und Beten verhindern und zu lange aufhalten« dürften, und mahnt, »daß der Organist nicht fremde Stücke schlage, sondern nach Gelegenheit eben dasjenige, was die Gemeinde singen soll«.[27]

Auf die seit Beginn des 17. Jahrhunderts steigende Bedeutung der Orgelkunst deutet auch, daß nun die dichte Reihe namhafter Nürnberger Organisten, oft in direktem Lehrer-Schüler-Verhältnis stehend, einsetzt, die von (Hans Leos Bruder) Kaspar Hassler und J. Staden über (dessen Sohn) Sigmund Theophil Staden, Johann Erasmus Kindermann u.a. bis zu Johann Pachelbel reicht. Und Kindermanns *Harmonia organica* (Nürnberg 1645; DTB 32) gehört zu den erst wenigen gedruckten Sammlungen von Orgelkompositionen.

4. Kriegsnöte und Friedenssehnsucht

Der Dreißigjährige Krieg verwüstete phasen- und landstrichweise verheerend, verschonte aber zuweilen auch unerwartet. Wo die Kirchenmusik trotz Not und Bedrängnissen fortbestand oder nach Verfall wiedererrichtet werden konnte, waren es vor allem schlichtere Formen und kleine Vokalbesetzungen, die sich für die Praxis anboten. Solchen Erfordernissen kam nun die neue Art des Musizierens ›mit Generalbaß‹ entgegen, für die Lodovico Viadana in seinen *Cento Concerti Ecclesiastici* (Venedig 1602) das entscheidende Vorbild gegeben hatte. Es ging hierbei um die instrumentale Ausführung der (jeweils) tiefsten Stimme (*Basso continuo*) eines Satzes und der über ihr (nach einfachen Regeln aus dem Stegreif zu ergänzenden) passenden Harmonien. Dieser ›Generalbaß-Satz‹, am Tasten-(oder Zupf-)Instrument ausgeführt und oft in der Unterstimme ergänzt durch ein tiefes Melodie-Instrument (Gambe, Fagott o.ä.), bot eine musikalisch vollkommene ›Stütze‹, so daß im Extrem eine einzelne Vokalstimme zur Ausführung mehrstimmiger Musik genügte. Für diese Praxis, die dem Organisten neue Aufgaben stellte, schuf J. Staden schon 1616 als einer der ersten deutschen Kom-

---

[26] Zit. nach RIETSCHEL (B) 44; umfänglicher Abdruck, kennzeichnend auch für den Typus Orgelpredigt, bei DOMINICUS METTENLEITER (Hg.), Musica. Archiv f. Wissenschaft, Gesch., Aesthetik u. Literatur d. hl. u. profanen Tonkunst, Hildesheim u.a. 1979, 20–42 [= Nachdr. d. Ausg. Brixen 1866].
[27] Zit. nach JOHANNES RAUTENSTRAUCH, Luther u. d. Pflege d. kirchl. Musik i. Sachsen (14.–19. Jh.). Ein Beitr. z. Gesch. d. kath. Brüderschaften, der vor- u. nachreformatorischen Kurrenden, Schulchöre u. Kantoreien Sachsens, Leipzig 1907, 278.

ponisten[28] und ab 1621 in beträchtlicher Zahl kirchenmusikalische Werke vielfältigster Besetzung.

Daß älterer Stil ohne Generalbaß und neuer Stil mit dieser instrumentalen Grundlage nebeneinander bestanden, zeigt das umfangreiche Schaffen M. Francks[29] (seit 1602 in Coburg). Geringstimmiger Vokalsatz mit Generalbaß dominiert hingegen bei einem Komponisten der jüngeren Generation wie Kindermann, dessen *Musicalische Friedens Seufftzer* (Nürnberg 1642; DTB 24) und *Musicalische Friedens Freud* (ebd. 1650; DTB 32) zu den vielen zeitgeschichtlich motivierten Kompositionen gehören. Nürnberg allerdings konnte, nachdem die unmittelbaren Schrecknisse des Krieges gewichen waren, seine musikalische Kultur bemerkenswert behaupten und sogar Herausragendes leisten.

Ein höchst ungewöhnliches Ereignis war jenes ›Konzert‹ vom 31.5.1643, das, initiiert und kommentiert durch den damaligen Direktor des Nürnberger Ägidiengymnasiums Johann Michael Dilherr, in einem quasi-historischen Überblick die Entwicklung der »Edlen Music« vorführte[30]: von ihren ›ersten Anfängen‹ eines himmlischen Engelsgesangs über Sündenfall, alt- und neutestamentliche Szenen, griechisch heidnische, dann christliche Musik in ihrer Vervollkommnung bis zur derzeitigen Blüte, dann von dieser »Musica nostra« aber auch weiter zur künftigen »Coelestis Musica«, die nach den Posaunen des Jüngsten Gerichts als das »Heilig, heilig, heilig« der Engel erklingt und in den 150. Psalm mündet. S.T. Staden, Sohn und zweiter Amtsnachfolger J. Stadens an St. Lorenz, leitete das Konzert, war neben H.L. Hassler, Lasso, J. Staden u.a. auch als Komponist vertreten und hatte vermutlich die Musikstücke für alle nur fiktiv repräsentierbaren Epochen eingerichtet. 1650 wurde die Veranstaltung wiederholt.[31] Daß es sich bei dem 150. Psalm um S.T. Stadens großbesetzte mehrchörige Komposition handelte, die er bei der ebenfalls von ihm geleiteten Musik zum Nürnberger Friedensmahl am 25.9.1649 aufführte,[32] ist sehr wahrscheinlich. Und S.T. Stadens ›Geistliches Waldgedicht‹ *Seelewig* (1644) über einen Text von Georg Philipp Harsdörffer, das als älteste erhaltene deutsche ›Oper‹ gilt, ist nicht nur Zeugnis für die enge Verbindung zwischen Musikern und den Dichtern des Pegnesischen Blumenordens,[33] sondern auch Zeugnis für den neuen Stil oder ›Ton‹ geistlicher Lyrik, der sich nun im Kirchenlied niederzuschlagen beginnt.[34]

---

[28] Er gab die Generalbaß-Stücke als »novae inventionis Italicae cantiones« seiner (herkömmlichen) Motetten-Sammlung *Harmoniae sacrae pro festis praecipuis totius anni* (Nürnberg 1616) bei.
[29] Francks Werke sind nur zum geringen Teil in Neuausgaben zugänglich.
[30] Wiedergabe des Programms und Erläuterungen bei HARRASSOWITZ (B) 195–209.
[31] Vgl. KAHL (B) bes. 302f.
[32] Vgl. dazu HARRASSOWITZ (B) 99ff. 153. 211–218.
[33] Zum Pegnesischen Blumenorden vgl. IV.2.4.
[34] Vgl. dazu IV.6.1 u. 2.

IV. VOM WESTFÄLISCHEN FRIEDEN BIS ZUM ENDE DES ALTEN REICHES

IV.1 STAAT UND KIRCHE

Von Rudolf Endres

JOHANNES E. BISCHOFF, Die Aufnahme d. Hugenotten i. Franken u. d. Entwicklung ihrer französisch-ref. Kirchengemeinden: Erlanger Bausteine z. fränk. Heimatforsch. 34 (1986), 195–223.– DERS., Neue Gewerbe u. Manufakturen: Erlangen. Gesch. d. Stadt (B) 59–65.– HENRI DUBIEF, Hugenotten: TRE 15, 618–629.– DUCHHARDT, Westfäl. Friede (B).– HEINZ DUCHHARDT, Die Konfessionspolitik Ludwigs XIV. u. d. Aufhebung d. Edikts v. Nantes: Exodus (K) 29–52.– ENDRES, Staat (B).– ENDRES, Vom Augsburger Religionsfrieden (B).– RUDOLF ENDRES, Die »Ära Hardenberg« i. Franken: Bayreuth u. d. Hohenzollern v. ausgehenden MA bis z. Ende d. Alten Reiches. Jahrestagung d. Wissenschaftl. Arbeitskreises f. Mitteldeutschland 10.–12. Mai 1989 i. Bayreuth, hg. v. RODERICH SCHMIDT, Ebsdorfergrund 1992, 177–200.– DERS., Die Hugenotten u. ihre Bedeutung f. Franken: Das neue Erlangen 70/71 (1986), 24–49.– DERS., Markgraf Christian Ernst v. Brandenburg-Bayreuth, der Gründer d. Hugenottenstadt Erlangen: Erlanger Bausteine z. fränk. Heimatforsch. 34 (1986), 17–35.– DERS., Das »Moderne« bei d. hugenottischen Städtegründungen: Exodus (K) 155–175.– RUDOLF ENDRES/DIETER WEISS, Franken 1648–1803: HBKG 2, 391–455.– Erlangen. Gesch. d. Stadt (B).– Erlangen. Von d. Strumpfer- z. Siemens-Stadt. Beitr. z. Gesch. Erlangens v. 18. z. 20. Jh., hg. v. JÜRGEN SANDWEG, Erlangen 1982.– Der Exodus d. Hugenotten. Die Aufhebung d. Edikts v. Nantes 1685 als europ. Ereignis, hg. v. HEINZ DUCHHARDT, Köln u.a. 1985 (Beih. z. AKuG 24).– HANS ERICH FEINE, Zur Verfassungsentwicklung d. Hl. Röm. Reiches seit d. Westfäl. Frieden: ZSRG.G 52 (1932), 65–133.– GUTH, Konfessionsgesch. (B).– K.E. HAAS, Ev.-Ref. Kirche (B).– KARL EDUARD HAAS, Die Ansiedlung v. Hugenotten u. Pfälzer Reformierten: Erlangen. Gesch. d. Stadt (B) 44–47.– KARL HINTERMEIER, Selbstverwaltungsaufgaben u. Rechtsstellung d. Franzosen i. Rahmen d. Erlanger Hugenotten-Kolonisation v. 1686 bis 1708: Erlanger Bausteine z. fränk. Heimatforsch. 34 (1986), 37–162.– Hugenotten i. Franken. Zum 31. Deutschen Hugenottentag 1979 i. Erlangen, hg. v. JOHANNES E. BISCHOFF, Sickte 1979.– ANDREAS JAKOB, Die Neustadt Erlangen. Planung u. Entstehung, Erlangen 1986 [= Erlanger Bausteine z. fränk. Heimatforsch. 33 (Sonderbd.)].– HANS-WALTER KRUMWIEDE, Kirchenregiment, Landesherrliches: TRE 19, 59–68. Nürnberg (B).– BERNHARD RUPPRECHT, Die barocke Stadt. Plan u. Verwirklichung: Erlangen. Gesch. d. Stadt (B) 47–58.– RUSAM (B).– A. SCHMID, Vom Westfäl. Frieden (B).– SCHNABEL (B).– ECKART SCHREMMER, Gewerbe u. Handel z. Zt. d. Merkantilismus: HBG³ 3/1, 930–955.– SEIDERER (B).– OTTO VEH, Markgraf Christian Ernst v. Bayreuth 1655–1712, Bayreuth 1949.– WEIGELT, Gesch. (B).– WEIGELT, Pietismus (B).– DIETER WÖLFEL/WALTER BRANDMÜLLER, Die kirchl.-religiöse Entwicklung v. d. Mitte d. 16. bis z. Ende d. 18. Jh.: HBG³ 3/1, 783–877.

1. Staat und Kirche im Zeitalter des Absolutismus

1.1 Die religionspolitischen Bestimmungen der Westfälischen Friedensverträge

Die Friedensschlüsse von Münster und Osnabrück standen am Ende dreier Jahrzehnte, die in der Mitte Europas durch vordergründig religiös-konfessionell, in Wahrheit freilich machtpolitisch motivierte Kriegszüge geprägt waren. Für das im Norden, Westen und Südwesten territorial beschnittene Heilige Römische Reich Deutscher Nation brachte der Friedensschluß[1] vor allem eine politische Zersplitterung mit sich, indem er den Reichsständen die ungehinderte Ausübung der Landeshoheit und die weitgehende Autonomie einschließlich des Rechtes, Bündnisse mit ausländischen Mächten zu schließen, zusicherte.

Wesentliche Bedeutung kam den westfälischen Friedensschlüssen auf religionspolitischem Gebiet zu. Eine wichtige Änderung der seit 1555 geltenden Verhältnisse bedeutete die Anerkennung des »reformierten« (calvinistischen) Bekenntnisses. Die hohen Reichsorgane mußten fortan paritätisch mit Katholiken und Angehörigen der protestantischen Bekenntnisse besetzt werden. Im baierisch-fränkischen Raum war die Bedeutung des Calvinismus allerdings gering, was sich erst nach 1685 ändern sollte.

Die sogenannte »cuius regio, eius religio«-Regelung des Augsburger Religionsfriedens von 1555 wurde aufgehoben. Stattdessen sollte der Bevölkerung der einzelnen Reichsterritorien das Religionsbekenntnis gewahrt bleiben, das im Normaljahr 1624 bestanden hatte, auch wenn der Landesherr sein Bekenntnis wechseln oder ein Gebiet unter anderskonfessionelle Herrschaft kommen sollte.

1.2 Die Simultaneumsregelung in Schwarzenberg sowie der Sonderfall Wertheim

Nicht konsequent durchgesetzt wurde die Normaljahrregelung in der fränkischen Grafschaft Schwarzenberg. 1588 war die evangelische fränkische Linie der Schwarzenberger ausgestorben und der fränkische Besitz an eine katholische Linie gefallen, die auf Grund vertraglicher Regelungen das evangelische Bekenntnis der Bevölkerung nicht antasten durfte.[2] Versuche einer Rekatholisierung konnten zudem durch das Patronat Brandenburg-Ansbachs über die schwarzenbergischen Protestanten abgewehrt werden. Erst der Dreißigjährige Krieg hatte mit Rückendeckung des katholisch-ligistischen Lagers rigorose Rekatholisierungsversuche zur Folge, die aber mit dem Einmarsch schwedischer Truppen in Süddeutschland 1631 und der Übergabe Schwarzenbergs an den Protestanten Heinrich Wilhelm von Solms ihr Ende fanden. Sie wurden nach der Schwächung der

---

[1] Überblicksdarstellungen zu den Bestimmungen des »Westfälischen Friedens«: PETER HINSCHIUS, Westfäl. Frieden: RE³ 21, 160–176; KONRAD REPGEN, Westfäl. Frieden: LThK³ 10, 1120ff; DICKMANN² (B).

[2] RUDOLF HEROLD, Zur Gesch. d. Schwarzenberger Pfarreien: BBKG 5 (1899), 75–90; SCHORNBAUM, Zur Einführung (B).

protestantischen Vormacht Schweden und der Rückkehr des alten schwarzenbergischen Grafenhauses nach 1634 nicht wiederaufgenommen. Stattdessen fand sich hier der Landesherr im Einvernehmen mit Ansbach bereit, evangelisches und katholisches Bekenntnis simultan bestehen zu lassen.³ In einem anderen fränkischen Territorium hingegen, der Grafschaft Wertheim, kam es trotz der dortigen Ausgangsbedingungen – der gemeinsamen Herrschaft einer evangelischen und einer 1621 zum Katholizismus rekonvertierten Linie des Hauses Löwenstein-Wertheim – nicht zu einer Simultaneumslösung. Zwar wurde das Kondominat der beiden Linien formell festgestellt, doch entsprechend dem Bevölkerungsstand des Normaljahres 1624 blieb das ganze Gebiet evangelisch, und die katholische Linie konnte lediglich für sich selbst die freie Religionsausübung durchsetzen.⁴

1.3 Die evangelischen Territorien als Konfessionsstaaten

Aufs Ganze gesehen blieb es in den evangelischen Territorien bei dem landesherrlichen Kirchenregiment oder Summepiskopat als konstitutivem Element einer christlichen Obrigkeit lutherischer Prägung, die gleichsam in Vertretung Jesu Christi, dessen unmittelbare Herrschaft noch nicht errichtet war, für die Wahrung des rechten christlichen Glaubens und Lebenswandels in ihrem Gebiet Sorge zu tragen hatte. Der von Martin Luther ursprünglich nur als Notbehelf verstandenen Kirchenführung durch den weltlichen Landesherrn wurde im 17. Jahrhundert durch den Theologen Johann Gerhard, der sich seinerseits auf Vorarbeiten calvinistischer Theologen und Juristen wie Hugo Grotius stützte, ein fester Platz im theologischen wie im politischen Denken zugewiesen.⁵

Dem Auftrag an den Landesherrn, die rechte Frömmigkeit seiner Untertanen zu befördern, stand die Verpflichtung der Untertanen gegenüber, sich öffentlich zum wahren Glauben zu bekennen, namentlich durch den sonntäglichen Kirchgang und den Empfang der Sakramente. Die Forderung, den evangelischen Glauben augenfällig zu bekennen, mag dabei auch demonstrative Funktion gegenüber dem Katholizismus gehabt haben, der in der Gegenreformation den evangelischen Besitzstand nicht unerheblich hatte schmälern können. Zudem war der Katholizismus infolge der territorialen Gemengelage im fränkischen Raum durch Einsprengsel katholischer Herrschaftsgebiete in evangelischen Territorien ständig gegenwärtig. Ihm gegenüber wollte man Stärke durch Geschlossenheit zeigen, auch wenn sich die katholische Kirche 1648 mit der konfessionellen Parität im Reich abgefunden und auf eine Wiederausweitung ihres Einflußbereiches verzichtet hatte, so daß der evangelische Besitzstand fortan vor gegenreformatorischen Bedrängungen bewahrt blieb. Aus den genannten teils religiös-doktrinären, teils machtpolitischen Erwägungen heraus hatten die Obrig-

---

³ SICKEN, Franken (B) 286.
⁴ AaO, 287.
⁵ Vgl. hierzu KRUMWIEDE (K) 59–65.

keiten in den lutherischen Gebieten die Untertanen fest an sich gebunden und ihre Macht untermauert, wozu auch die Zurückdrängung der Stände aus der Politik gehörte.[6] In Ansbach wurden die Landstände 1701 letztmals einberufen, in Bayreuth gab es nur noch Hauptstädtevertreter. Für den Adel stiftete Erbprinz Georg Wilhelm von Bayreuth den weltlichen Ritterorden »de la sincerité« (seit 1734 Roter Adlerorden) und ließ ihm die Bayreuther Sophienkirche als Ordenskirche ausbauen, um ihn an sich zu binden.[7] Somit waren die evangelischen Herrschaften im 16. und 17. Jahrhundert zu geschlossenen Konfessionsstaaten geworden, in denen die Kirche verstaatlicht, Staat und Gesellschaft aber auch im evangelischen Sinne verkirchlicht worden sind. Auch lehrmäßig hatte sich der evangelische Glaube gefestigt, wozu außer den im Laufe des 16. Jahrhunderts entstandenen Lehrnormen und Kirchenordnungen auch die 1622 zur Universität erhobene Akademie zu Altdorf bei Nürnberg maßgeblich beigetragen hat.[8]

1.4 Die Freien Reichsstädte

Besondere Verhältnisse herrschten auch nach 1648 in den Freien Reichsstädten, in denen katholisches, lutherisches und nun auch calvinistisches Bekenntnis nebeneinander bestehen konnten. In der Freien Reichsstadt Augsburg führte der Westfälische Friede eine strikte konfessionelle Parität ein. Dies geschah dort wie auch in den oberdeutschen Reichsstädten Biberach, Dinkelsbühl, Kaufbeuren und Ravensburg in Anbetracht der Tatsache, daß sich die Bevölkerung entweder – wie in Augsburg – zu annähernd gleichen Teilen aus Angehörigen beider Kirchen zusammensetzte (in Augsburg herrschte bis etwa 1720 das evangelische Bekenntnis vor) oder daß zumindest der konfessionellen Mehrheit eine nicht nur unbedeutende andersgläubige Minderheit gegenüberstand. Unter jeweils zwei Stadtpflegern setzte sich der Rat der Stadt Augsburg aus Mitgliedern römischen und augsburgischen Bekenntnisses zusammen. Alle Ämter der Stadt waren paritätisch zu besetzen; es bildeten sich konfessionelle Berufsbruderschaften, Stiftungen usw., wobei allerdings das konfessionelle Stiftungswesen auch durch 24 paritätische, Angehörigen aller Konfessionen offenstehende Stiftungen für Siechtum, Krankheit und Armenversorgung ergänzt wurde. Im Großen und Ganzen jedoch wurde in Augsburg, über die getrennte Wahrnehmung der Kirchenhoheit durch den Rat hinaus, »die konfessionelle Scheidung in alle Lebensbereiche heinein[ge]tragen und [je ein] geschlossene[r] konfessionelle[r] Lebensraum« gebildet. Wie im Reich bestanden fortan in der Stadt nebeneinander ein

---

[6] Zum Vorstehenden vgl. ENDRES, Staat (B) 704. 706. 728; WÖLFEL/BRANDMÜLLER (K) 784–789. 795. 805–808.
[7] CHRISTOPH RABENSTEIN/WERNER ROLAND, St. Georgen. Bilder u. Geschichte(n), Bayreuth 1994, 43–53.
[8] WÖLFEL/BRANDMÜLLER (K) 789ff; ENDRES/WEISS (K) 391f.

»corpus Catholicorum« und ein »corpus Evangelicorum«, die allerdings die Stadt gemeinsam verwalteten und sich so miteinander arrangieren mußten.⁹

Dank-, Friedens- und Freudenfest in der Augsburger St. Annakirche für den Frieden von Oliva 1660, Kupferstich 1663. Europäisch-protestantische Solidarität: Dank für Friedensschluß nach Krieg zwischen den nordischen Schutzmächten der Evangelischen. Abgebildet Könige von Dänemark, Schweden, Polen, Kurfürst von Brandenburg

---

⁹ ETIENNE FRANÇOIS, Die unsichtbare Grenze. Protestanten u. Katholiken i. Augsburg 1648–1806, Sigmaringen 1991, bes. 16–26 (Abh. z. Gesch. d. Stadt Augsburg 33); PETER FASSL, Konfession, Wirtschaft u. Politik. Von d. Reichsstadt z. Industriestadt. Augsburg 1750–1850, Sigmaringen 1988, 108–122 [Zitate: 109] (Abh. z. Gesch. d. Stadt Augsburg 32); BURKHARDT/HABERER (B).

Ganz eigene Verhältnisse herrschten in Regensburg. Obwohl auch für diese Stadt, wie für alle Freien Reichsstädte, der Grundsatz der Gleichrangigkeit der im Reich anerkannten christlichen Bekenntnisse galt, hatte der Rat 1651 verfügt, daß das Bürgerrecht nur mehr evangelischen Einwohnern zuerkannt werden solle. Doch blieb den Katholiken, die im 17. und 18. Jahrhundert von einer Minderheit zur Mehrheit der Stadtbevölkerung anwuchsen, die Ausübung ihres Glaubens auch weiterhin gewahrt. Eine ganze Reihe katholischer Stifte, Klöster und Einrichtungen in der Stadt konnte ohnedies unangefochten fortbestehen, da sie entweder die Reichsstandschaft besaßen oder zum Hoheitsgebiet des Fürstbischofs von Regensburg oder anderer geistlicher Territorien gehörten und mithin nicht der protestantischen Stadtobrigkeit unterstanden. Auch die Anwesenheit auswärtiger Gesandtschaften katholischer wie evangelischer Territorien in der Stadt, die seit 1663 ständiger Tagungsort des »Immerwährenden Reichstags« war, trug dazu bei, daß die katholische wie die evangelische kirchliche Infrastruktur erhalten blieben.[10]

Nürnberg war und blieb auch nach 1648 ein Zentrum des Luthertums. Seit der Reformation war der Erwerb des Bürgerrechtes den Katholiken verwehrt gewesen; dies galt bis zur Inbesitznahme der Stadt durch Bayern 1806.[11] Die Nürnberger Deutschordenskommende, die das Nürnberger Spital St. Elisabeth sowie Besitzungen des Ordens im Umland der Stadt betreute, war exterritorial und bildete somit eine katholische Enklave. In Nürnberg selbst durfte sie jedoch eine seelsorgerliche Tätigkeit nur für das Gebiet ihres Gebäudekomplexes sowie für kaiserliche Bedienstete und Adelige ausüben.

1.5 Konsolidierung und Erneuerung der evangelischen Kirche nach 1648 – Protestantische Barockkultur und Pietismus

Das 17. und 18. Jahrhundert setzte nach dem Ende des verheerenden und kräfteraubenden Krieges Schöpferkraft frei für Neuerungen in den gottesdienstlichen Formen, in der Sakraments-, Gebets- und Gesangskultur sowie in der kirchlichen Architektur.[12] Auch der Pietismus, eine Reformbewegung, die der doktrinären Verkrustung des »orthodoxen« Luthertums ein nicht nur in äußeren Formen gelebtes und nicht in Doktrinen befangenes, sondern alle Menschen in den Dienst Christi stellendes Christentum entgegensetzte, faßte in Franken Fuß.[13] Insgesamt blieben die Pietisten aber Randgruppen. Denn von Ausnahmen wie dem Bayreuther Markgrafen Georg Friedrich Karl[14] oder Graf Ludwig Friedrich zu Castell-Remlingen, einem Vetter Nikolaus von Zinzendorfs,[15] abgesehen,

---

10 HAUSBERGER, Zum Verhältnis (B).
11 GERHARD HIRSCHMANN, Die »Ära Wurm« (1806–1818): Nürnberg (B) 359–366 [363].
12 WÖLFEL/BRANDMÜLLER (K) 795–804.
13 Zum Pietismus allgemein vgl. IV.3.
14 WEIGELT, Pietismus (B) 300–305; WÖLFEL/BRANDMÜLLER (K) 814–817.
15 WEIGELT, Pietismus (B) 305–309; WÖLFEL/BRANDMÜLLER (K) 817–820. Zu den Herrnhutern allgemein vgl. ferner IRINA MODROW, »Dienstgemeine des Herrn«. Die Herrnhuter als alternative

standen sie orthodox gesonnenen Obrigkeiten gegenüber, die ihrer Tätigkeit und Ausbreitung Grenzen setzten. Zudem fand der Pietismus mit seinen hohen Forderungen an Glaubensstärke und Lebensführung kaum dauernden Rückhalt in größeren Teilen der Bevölkerung. Doch nahmen sich kirchliche und weltliche Obrigkeiten gewisse Forderungen zu Herzen und verstärkten die Seelsorge sowie die caritative und die missionarische Arbeit. Auch achteten sie strenger auf die Einhaltung der Sonntagsheiligung. Außerdem wurde das evangelische Liedgut durch pietistische Gesänge bereichert. Unter dem Einfluß des Pietismus wurde schließlich die Konfirmation, das bewußte Bekenntnis des mündig werdenden jungen Christen zu Gott und zum christlichen Glauben, fest im kirchlichen Leben verankert.[16]

1.6 Die Aufklärung

Generell war aber das Vordringen aufklärerischer Ideen, die auch in die Theologie die Grundsätze vernünftig-wissenschaftlicher Methodik hineintrugen und einen rationalen Zugang zur biblischen Offenbarung ermöglichten, im 18. Jahrhundert nicht mehr aufzuhalten. Insbesondere in den beiden fränkischen evangelischen Hochschulen, in der 1742/43 von Markgraf Friedrich von Bayreuth neu gegründeten Universität Erlangen[17] und in Altdorf, wurden Gelehrte zu Wegbereitern des neuen Denkens. In Bayreuth selbst war die Markgräfin Wilhelmine, die Lieblingsschwester König Friedrichs II. des Großen von Preußen, eine Wegbahnerin der Aufklärung.[18] Alsbald fanden die aufgeklärten Professoren auch Anhänger und Multiplikatoren bei evangelischen Geistlichen, die sie ausgebildet hatten. Diese suchten die neuen Ideen publizistisch und durch Erziehungsarbeit zu verbreiten. Im Sinne der Aufklärungstoleranz gestatteten die Markgrafen 1722/45 den Bayreuther Katholiken einen öffentlichen Betsaal und einen Stadtgeistlichen, den Ansbacher Katholiken 1775, den Erlangern 1785.[19]

Erst 1784 überließ der Nürnberger Rat als Zeichen aufklärerischer Toleranz die Kartäuserkirche katholischen Gläubigen als Gottesdienststätte.[20] Evangelische Reformbewegungen wie Pietismus und Aufklärung hatten aber in den vorausgegangenen Jahrzehnten bereits das religiöse Leben in Nürnberg in erheblichem Maße geprägt. Unter dem Einfluß der Pietisten wurde das Schulwesen ef-

---

Gemeinschaftsbildung i. Pietismus: Wegscheiden d. Reformation. Alternatives Denken v. 16. bis z. 18. Jh., hg. v. GÜNTER VOGLER, Weimar 1994, 503–512; EMANUEL HIRSCH, Gesch. d. neuern ev. Theologie i. Zusammenhang mit d. allg. Bewegungen d. europ. Denkens, Bd. 2, Gütersloh ³1964, 401–409. Zum Projekt Rehweiler vgl. auch WEIGELT, Beziehungen (B).
[16] WÖLFEL/BRANDMÜLLER (K) 822f.
[17] Die Hochschule wurde 1742 in Bayreuth gegründet und ein Jahr später nach Erlangen verlegt. Vgl. WENDEHORST, Gesch. (B); vgl. dazu auch IV.4.1 und IV.4.2.2.
[18] GERHARD PFEIFFER, Wilhelmine v. Bayreuth: LebFranken NF 6 (1975), 205–222; vgl. auch IV.4.2.2.1.
[19] WALTER BRANDMÜLLER, Das Wiedererstehen kath. Gemeinden i. d. Fürstentümern Ansbach u. Bayreuth, München 1963, 28–64. 92–130. 152–178 (MThS.H 15).
[20] HANNS HUBERT HOFMANN, Kampf um d. Selbstbehauptung: Nürnberg (B) 303–310 [307f.].

fektiviert und ausgebaut; den Angehörigen ärmerer Schichten wurde nun in verstärktem Maße Unterricht angeboten. Im 18. Jahrhundert wurde Nürnberg dann zu einem Zentrum aufklärerischen Denkens, das vor allem in der Universität Altdorf Fuß faßte. In Nürnberg selbst bildete sich in den 1770er Jahren unter Christian Gottfried Junge ein militant-neologischer Zirkel, der zur treibenden Kraft der Reformierung des evangelisch-christlichen Lebens im aufklärerischen Sinne wurde. Er trieb die Abkehr von als abergläubisch oder schwülstig empfundenen Praktiken und Formen voran, so daß etwa der Exorzismus bei der Taufe abgeschafft und neue Gesang- und Andachtsbücher eingeführt wurden. Ab 1790 wurde die Einzelbeichte in Nürnberg und seinem Landgebiet abgeschafft und die Allgemeine Beichte eingeführt. Außerdem wurde auf Anregung des Predigerkollegiums »eine überflüssige Menge von Fest- und Feiertagen, äußerlichen Ceremonien, Formeln, Worten und Zeichen« abgeschafft. Insbesondere fielen die Marien- und Apostelfeiertage, aber auch Epiphanias und der Gründonnerstag weg. Die starken konservativen Kräfte innerhalb der Geistlichkeit wie auch der übrigen Bevölkerung erhoben hiergegen Protest, allerdings vergeblich.[21]

1.7 Kirche und Religion im hohenzollerischen Franken nach der preußischen Inbesitznahme[22]

1791 trat der kinderlose Markgraf Carl Alexander, der 1769 auch Bayreuth geerbt hatte, in einem Geheimvertrag das markgräflich-ansbachisch-bayreuthische Gebiet an die erbberechtigte Krone Preußen ab. Am 28.1.1792 nahm Karl August Freiherr von Hardenberg die beiden zollerischen Fürstentümer für den König von Preußen in Besitz. Die folgende Effektivierung der Verwaltung erstreckte sich auch auf den kirchlichen Bereich. Hardenberg selbst stand zwar religiösen Fragen gleichgültig gegenüber, nicht aber dem Verhältnis zwischen Staat und Kirche. Die kirchliche Organisation wurde nun bereinigt und dem Staat völlig untergeordnet. 1795 wurde die bisherige Selbständigkeit der Konsistorien in Ansbach und Bayreuth aufgehoben, und diese wurden zu Unterbehörden der Regierung herabgestuft. Weiterhin wurden die Konsistorialbereiche den bereinigten Provinzialgrenzen angepaßt und die ritterschaftlichen Pfarreien den Dekanaten unterstellt, wobei aber die Patronatsrechte der Ritter gewahrt blieben.

Die staatliche Ausübung kirchlicher Hoheitsrechte zeigte sich nicht nur in der Besetzung vakanter Pfarrstellen durch Hardenberg. Die Pfarrer wurden auch mit der Verkündigung staatlicher Erlasse beauftragt. Aufsehen und Unmut unter den Gläubigen erregte die Abschaffung der weißen Chorröcke sowie einiger Feiertage.

---

[21] KLAUS LEDER, Die religiöse u. kirchl. Entwicklung i. 18. Jh.: Nürnberg (B) 324–329 [Zitat: 329]; SEIDERER (B).
[22] Das folgende nach ENDRES, Ära (K). Zu dem gegen die friderizianische Aufklärung gerichteten preußischen Religionsedikt König Friedrich Wilhelms II. von 1788 und den beiden fränkischen Provinzen vgl. ausführlich WOLFGANG STROEDEL, Die Grundzüge d. preußischen Religionspolitik i. Ansbach-Bayreuth 1791–1806: ZBKG 11 (1936), 65–98.

Durch die von Preußen betriebene Bereinigung und Abrundung des Hoheitsgebietes vor allem auf Kosten Nürnbergs wurden auch einige katholische Landstriche in das zollerische Gebiet einbezogen. Hardenberg erwog für die katholischen Untertanen die Einsetzung eines katholischen Landbischofs oder wenigstens eines Vikars, doch ist es dazu bis zur Eingliederung der ehemaligen Markgraftümer nach Bayern 1806/10 nicht mehr gekommen.

2. Exulanten und Hugenotten

2.1 Die Exulanten[23]

Unter Kaiser Ferdinand II. war in den habsburgischen Erblanden eine rigorose Gegenreformation in Angriff genommen worden. Dies hatte zur Folge, daß ab 1624 eine große Zahl adeliger, bürgerlicher und auch bäuerlicher evangelischer Einwohner der österreichischen Lande, hauptsächlich Oberösterreichs und der Steiermark, als »Exulanten« ihre Heimat verließen. Drei Wellen lassen sich hierbei unterscheiden: die Abwanderung bürgerlicher Exulanten in den Jahren 1624 bis 1629, vornehmlich reicher Kaufleute aus Steyr und Villach; die Auswanderung von etwa 350 adeligen Familien um 1628/29; und schließlich noch die bäuerliche Flüchtlingswelle nach 1640. Bevorzugte Ziele insbesondere der begüterteren Flüchtlinge waren die oberdeutschen Reichsstädte. So war Regensburg donauaufwärts für viele Flüchtlinge eine Durchgangsstation. Das eigentliche Wunschziel war jedoch Nürnberg, die oberdeutsche Metropole von europäischem Rang, die zudem den Ruf eines Vorortes des deutschen Protestantismus genoß. Freilich waren die Städte bei der Aufnahme der Flüchtlinge sehr wählerisch. So nahm Nürnberg nur Zuwanderungswillige auf, die ein Vermögen von mehr als 500 Gulden nachwiesen. Die Stadt erwartete, daß die Begüterten unter den Exulanten das Geld, das sie aus dem Verkauf ihrer heimatlichen Besitztümer erlösten, in der neuen Heimat anlegen würden. Davon sollten das Wirtschaftsleben und die städtischen Finanzen profitieren. Mit ihren Geldanlagen, die sich nicht selten auf 20.000 bis 30.000 Gulden und mehr beliefen, trugen die Ausgewiesenen zur Liquidität der finanziell bedrängten Städte bei, die durch Kontributionen und Kriegsabgaben schwer belastet waren. Zudem versuchten die adeligen Flüchtlinge ihren gewohnten Lebensstandard aufrechtzuerhalten, woraus wiederum die Wirtschaft der Städte Gewinn zog. In der Regel wurden die Zuwanderer in den Städten schnell integriert. Sie heirateten in das Patriziat ein, stiegen in städtischen Diensten auf und erwarben sich großes Ansehen als Mäzene, Stifter, Lehrer oder Künstler. Manche Adeligen erwarben sich später auch wie die Patrizierfamilien Landsitze, wie etwa Sorg, Oberbürg oder Wolfsfeld bei Nürnberg.[24]

---

[23] Ausführlich: SCHNABEL (B); RUSAM (B); ENDRES, Vom Augsburger Religionsfrieden (B) 494f.
[24] SCHNABEL (B) 507f.

Ärmere Flüchtlinge wurden von Nürnberg in die Vorstädte Wöhrd und Gostenhof verwiesen oder fanden Aufnahme im Ansbachischen sowie in ritterschaftlichen Gebieten. Auf diese Weise konnten kriegsbedingt verwüstete Ortschaften erneut »peupliert« werden. So machten die Österreicher in manchen Gegenden des Markgraftums Ansbach annähernd die Hälfte der Bevölkerung aus. Durch die Ansiedlung der Exulanten erwarben sich die protestantischen Gebiete des oberdeutschen Raumes einen demographischen Vorteil gegenüber den katholischen Territorien, die bei der Regeneration der Bevölkerung auf sich selbst gestellt waren.[25]

Insgesamt sollen etwa 100.000 Exulanten im fränkischen Raum Aufnahme gefunden haben, davon allein 55.000 in Brandenburg-Ansbach.[26] Ein Jahrhundert später, 1732, folgten diesen Österreichern dann noch Vertriebene aus dem Fürsterzbistum Salzburg. Diese ließen sich zunächst in Ostschwaben und im Nürnberg-Erlanger Raum nieder, wurden jedoch zumeist weitergeleitet, teils nach Ostpreußen, teils durch Augsburger Vermittlung in die neue britische Kolonie Georgia in Nordamerika.[27]

2.2 Die Hugenotten

2.2.1 Die Lage der französischen Reformierten im 16. und 17. Jahrhundert

Im Jahre 1598 hatte der französische König Heinrich IV., ein aus Gründen der »Staatsraison« zum Katholizismus konvertierter Calvinist, seinen ehemaligen Glaubensgenossen im Edikt von Nantes bedingte Glaubensfreiheit gewährt. Damit war nach acht französischen Religionskriegen in den Jahren 1562 bis 1598 ein vorläufiges Ende der Bedrängung und Verfolgung der Reformierten in Frankreich gesetzt. Etwa fünf bis zehn Prozent der Bevölkerung Frankreichs bekannten sich zum calvinistisch-reformierten Glauben, eine religiöse Minderheit, die trotz des Ediktes von Nantes immer wieder Verletzungen der verbrieften Rechte erleiden mußte.[28] König Ludwig XIV., der für Frankreich die vollständige politische Einheitlichkeit und Geschlossenheit anstrebte, suchte auch die konfessionelle und kirchliche Einheit im Lande mit einer auf den König hin orientierten katholischen Reichskirche durchzudrücken. Deshalb setzte er die den Reformierten zugestandenen Freiheiten schließlich Zug um Zug außer Kraft, bis mit dem Edikt von Fontainebleau vom 17.10.1685 das Edikt von Nantes endgültig aufgehoben wur-

---

[25] RUDOLF ENDRES, Die Folgen d. 30jähr. Krieges i. Franken: Mitt. d Fränk. Geographischen Gesellschaft 35/36 (1988/89), 351–367.
[26] ENDRES, Vom Augsburger Religionsfrieden (B) 494; MATTHIAS SIMON, Mathematik i. d. KG: ZBKG 30 (1961), 223–239 [226–232].
[27] WÖLFEL/BRANDMÜLLER (K) 823 m.w.N. in Anm. 112; ADOLF LAYER, Siedlung u. Bevölkerung: HBG¹ 3/2, 1043–1058 [1052]; HELMUT BAIER, Die ev. Kirche zwischen Pietismus, Orthodoxie u. Aufklärung: Gesch. d. Stadt Augsburg (B) 519–529 [525].
[28] Allgemein zu den »Hugenotten« vgl. DUBIEF (K). Zum Begriff vgl. auch ERNST MENGIN, Die Bedeutung d. Wortes Hugenotten: Hugenotten (K) 12.

de.²⁹ Den Reformierten war nun die Ausübung ihrer Religion verboten. Über 200.000 evangelische Franzosen, die ihren Glauben nicht aufgeben wollten, entschieden sich daraufhin für die Auswanderung, die faktisch eine Flucht war. Denn das Edikt forderte zwar die reformierten Geistlichen zur Abwanderung auf, untersagte aber der übrigen Bevölkerung strikt die Auswanderung. Unter den Flüchtlingen war eine große Zahl von Kaufleuten und Manufakturisten, deren Wegzug für Frankreich einen wirtschaftlichen Aderlaß bedeutete.³⁰ Bevorzugtes Ziel der Flüchtlinge war die Schweiz, die von den überwiegend in Südfrankreich beheimateten Hugenotten regelrecht überschwemmt wurde und sie auf Dauer nicht in ihren Grenzen behalten konnte. Deshalb wandten sich die »refugiés« an die protestantischen Höfe Europas mit der Bitte um Aufnahme.³¹

2.2.2 Die »Hugenottenedikte«

Auf die Gesuche der französischen Reformierten reagierte als erster Kurfürst Friedrich Wilhelm von Brandenburg-Preußen mit dem »Potsdamer Edikt« vom 29.10.1685. Der Bayreuther Hohenzoller Markgraf Christian Ernst folgte am 7.12.1685 mit einem eigenen Edikt, das den französischen Reformierten die Gleichstellung mit den Einheimischen, die Freiheit des Gewissens und der Religionsausübung, die Gewerbe- und Handelsfreiheit, Selbstverwaltung sowie Steuerbefreiungen, Zuschüsse und Darlehen zusicherte.³² Der religiös tolerante Markgraf setzte sich mit dieser Verfügung über die Widerstände des lutherischen Konsistoriums hinweg, das vier Jahre zuvor noch die Aufnahme französischer Reformierter abgelehnt hatte, die den damals bereits in Frankreich im Gange befindlichen Pressionen gegen die »religion prétendue réformée« weichen wollten. Neben der grundsätzlich ablehnenden Haltung gegenüber einer Aufweichung der religiösen Einheitlichkeit des Landes hatte damals auch die offen eingestandene Furcht eine Rolle gespielt, die tüchtigen Reformierten könnten, wie angeblich allgemein bekannt, die Alteingesessenen aus ihren Gütern und Ländereien verdrängen.³³

Ob sich der Markgraf bei seinem Entschluß vorrangig von christlichem Mitleid oder doch mehr von Hoffnungen auf »Peuplierung« und »Commercium«, auf eine wirtschaftliche und bevölkerungsmäßige Belebung und Bereicherung durch französische Gewerbetreibende leiten ließ, kann nicht entschieden werden. Es kann aber keinem Zweifel unterliegen, daß die Offenheit gegenüber den Frem-

---

29 DUCHHARDT, Konfessionspolitik (K).
30 PIERRE JEANNIN, Hugenottische Abwanderung u. Entwicklung wirtschaftl. Kräfte: 300 Jahre Hugenottenstadt Erlangen. Vom Nutzen d. Toleranz. Ausstellung i. Stadtmuseum Erlangen 1. Juni bis 23. November 1986, Hg. CHRISTOPH FRIEDERICH, Nürnberg 1986, 35–42; DUCHHARDT, Konfessionspolitik (K) 42f. Zu Handhabung und Folgen des Auswanderungsverbotes vgl. auch RENÉ PILLORGET, Die juristischen, finanziellen u familiären Auswirkungen d. Edikts v. Fontainebleau i. Frankreich: Exodus (K) 53–68.
31 ENDRES, Markgraf (K) 25.
32 Les droits et priviléges que S. A. S. Monseigneur le Marcgrave de Brandenbourg-Baireuth accorde à tous les François et autres de la religion reformée, qui voudront se venir établir dans ses états: Erlanger Bausteine z. fränk. Heimatforsch. 34 (1986), 145ff; deutsche Übers.: aaO, 138f.
33 ENDRES, Markgraf (K) 24f; ENDRES, Staat (B) 764f.

den nicht allein aus christlicher Barmherzigkeit erfolgte, denn das Land litt noch immer unter den verheerenden Folgen des Dreißigjährigen Krieges. Auch war bekannt, daß sich in Frankreich neue, effektivere Arbeitsmethoden und Organisationsformen wirtschaftlicher Unternehmen herausgebildet hatten, so vor allem das arbeitsteilige Manufakturwesen. Man erhoffte sich durch die französischen Zuwanderer einen wirtschaftlichen Aufschwung, wozu der Import neuer, im Lande bislang unbekannter Gewerbe zusätzlich beitragen sollte.[34] Davon konnte der protestantische Diplomat Joseph August du Cros den Markgrafen überzeugen, indem er Christian Ernst die glänzenden wirtschaftlichen Perspektiven einer Ansiedlung wohlhabender und tüchtiger Hugenotten vor Augen führte.[35]

2.2.3 Ankunft und Ansiedlung der Refugiés

Als die ersten französischen Refugiés von der Schweiz aus in Richtung Franken aufbrachen, lagen noch keinerlei konkrete Planungen für die Ansiedlung der Neuankömmlinge vor. Vorerst sollten sie provisorisch auf mehrere Städte des Markgraftums verteilt werden, nämlich auf Hof und Kulmbach, insbesondere aber auf den Westen des »Unterlandes« mit Neustadt (Aisch), Erlangen, Baiersdorf, Münchaurach und Frauenaurach. Das Mißtrauen der Einheimischen gegen die Fremden, die sich ihrerseits auch nicht zu rascher Integration bereit fanden, führte jedoch zu Streitigkeiten und zu unüberwindlich scheinenden Spannungen.[36] Dies bewog die markgräfliche Obrigkeit schließlich dazu, einen anderen Weg einzuschlagen. Südlich des Ackerbürgerstädtchens Erlangen wurde nun eine gänzlich neue Stadt aufgebaut: »Christianstadt«, oder, wie der Name seit 1701 lautete, »Christian-Erlang«. Nach einem einheitlichen, rational-geometrischen Plan wurde die vielleicht »interessanteste barocke Stadtanlage« verwirklicht: eine ideale Planstadt, die als Musterbeispiel für den sogenannten »Hugenottenbarock« gelten kann.[37] Solange der Aufbau der neuen Stadt lief, mußten die Franzosen freilich noch anderweitig untergebracht bleiben. An die 300 Hugenotten, deren Zahl allerdings bis 1724 auf etwa 25 sank, ließen sich in der Residenzstadt Bayreuth nieder und gründeten wohl schon 1686 eine Gemeinde, die allerdings erst 1688 mit der Wahl eines Presbyteriums förmlich konstituiert wurde. Noch am 31.10.1686 richteten sie in Erlangen ein reformiertes Konsistorium für die Markgrafschaft ein.[38] Französische Bauern wurden unweit von Neustadt (Aisch) in Emskirchen, in dem im Dreißigjährigen Kriege wüstgefallenen Wilhelmsdorf, in den Einöden Kaltenneuses und Flugshof sowie in der neuen

---

[34] ENDRES, Moderne (K) 160–165; SCHREMMER (K) 941.
[35] MICHAEL PETERS, Joseph August du Cros als Agent d. Markgrafen Christian Ernst v. Brandenburg-Bayreuth. Ein Beitr. z. Vorgesch. d. Hugenotten-Kolonisation i. Franken: Erlanger Bausteine z. fränk. Heimatforsch. 34 (1986), 163–173; RUDOLF ENDRES, Erlangen als Flüchtlingsstadt: Erlanger Bausteine z. fränk. Heimatforsch. 34 (1986), 7–15 [10].
[36] ENDRES, Staat (B) 765.
[37] JAKOB (K); RUPPRECHT (K).
[38] HINTERMEIER (K) 61f; K.E. HAAS, Ev.-Ref. Kirche (B) 117f. 150ff; BISCHOFF, Aufnahme (K) 202–205.

Ortschaft Neu-Schauerberg angesiedelt.³⁹ Alles in allem ließen sich im Bayreuthischen von 1686 bis Anfang der 90er Jahre etwa 1.500 Refugiés nieder.⁴⁰

In Ansbach war Markgraf Johann Friedrich dem Beispiel seines Bayreuther Vetters Christian Ernst gefolgt und hatte gleichfalls einen Privilegienbrief für französische Flüchtlinge ausgefertigt. Sie wurden in Schwabach angesiedelt, wo sie eine »Französische Kolonie« mit kirchlicher und administrativer Autonomie bildeten, ein Status, der bis 1808 Bestand hatte.⁴¹

2.2.4 Der verwaltungs- und kirchenrechtliche Status der Hugenotten

Wie die Ansiedlung calvinistischer Zuwanderer in den lutherischen Kirchengremien auf Widerstand gestoßen war, so war ihre Niederlassung auch reichsrechtlich bedenklich, denn nach wie vor galt der 1555 und 1648 verankerte Grundsatz der Einkonfessionalität der Territorien, der nur in wenigen Ausnahmefällen zu Gunsten von Simultaneumsregelungen durchbrochen worden war. Wie in Brandenburg, Hessen-Kassel oder Braunschweig-Lüneburg⁴² setzten sich die fränkisch-brandenburgischen Markgrafen im Interesse ihrer Länder über diese reichsrechtlichen Grundsätze hinweg. Die Reformierten konnten ihre Kirchengemeinden und Presbyterien frei konstituieren, sieht man von der Einschränkung ab, daß im Markgraftum Bayreuth die öffentliche Ausübung der reformierten Religion auf die Orte Erlangen, wo der Markgraf den »Temple« mitsamt dem Pfarrer sowie den Friedhof sogar selbst finanzierte, sowie Bayreuth, Neustadt (Aisch), Münchaurach und Wilhelmsdorf beschränkt war. Das private Bekenntnis zum reformierten Glauben aber war generell keinen Sanktionen unterworfen. Seit 1687 existierte eine gemeinsame Synode der reformierten Gemeinden der Markgraftümer. Das Schulwesen der Refugiés wurde ausschließlich von den eigenen kirchlichen Einrichtungen geleitet, ohne Aufsicht des lutherischen Konsistoriums. Die reformierten Konsistorien waren auch für die selbständigen Diakonieeinrichtungen, die Hospitäler, Altenheime und Armenstiftungen zuständig, die die Wohlfahrtspflege in den Markgraftümern wesentlich bereicherten. Indem der Markgraf den französischen Reformierten weitgehende Autonomie ihrer kirchlichen Organisation gewährte, insbesondere bezüglich der eigenverantwortlichen kirchlichen Vermögensverwaltung, des Gottesdienstes und der

---

39 BISCHOFF, Aufnahme (K) 211f.
40 SCHREMMER (K) 940.
41 ENDRES, Staat (B) 764; SCHUHMANN (B) 160–170; BISCHOFF, Aufnahme (K) 212f; SCHREMMER (K) 940.
42 Zu diesen drei lutherischen Territorien, die zu Aufnahmegebieten für Hugenotten wurden, vgl. THOMAS KLINGEBIEL, Aspekte z. Ansiedlung v. Hugenotten i. d. norddeutschen Territorien: Die Hugenotten u. d. Refuge. Deutschland u. Europa, hg v. FRÉDÉRIC HARTWEG u. STEFI JERSCH-WENZEL, Berlin 1990, 67–79 (EHKB 74). Daneben ließen sich französische Glaubensflüchtlinge in kleinerer Zahl auch in Homburg, den norddeutschen Hansestädten, Baden, Württemberg und kurzzeitig der Pfalz nieder; vgl. MICHELLE MAGDELAINE, Frankfurt am Main. Drehscheibe d. Refuge: Die Hugenotten 1685–1985, hg. v. RUDOLF V. THADDEN u. MICHELLE MAGDELAINE, München 1986, 26–37 [bes. 35f]; K. GALLING, Hugenotten: RGG³ 3, 469–474 [473].

Wahrnehmung der Kirchenzucht, verwirklichte er bereits Ansätze einer neuzeitlichen Trennung zwischen Staat und Kirche.[43]

Als »weltliche« Gemeinde wurde Erlangen allerdings sehr schnell in die markgräfliche Verwaltung eingegliedert. 1692 wurde die Stadtgerichtsbarkeit, die von einem »Conseil de Justice« und einem »Conseil de Commerce« wahrgenommen wurde und aus der landesherrlichen Gerichtsorganisation ausgeklammert war, einem deutschen Oberdirektor unterstellt. 1701 trat dann als leitendes Stadtorgan an die Stelle des Presbyteriums ein Magistrat als Verwaltungs- und Gerichtsorgan. Damit war Christian-Erlang zu einer markgräflichen Amtshauptmannschaft geworden, die ab 1708 gemeinsam mit Alt-Erlangen als sechste Hauptstadt und Nebenresidenz des Markgraftums Brandenburg-Bayreuth galt.[44]

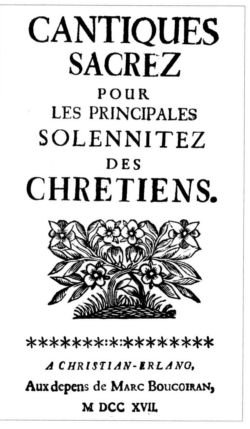

Hugenottisches Liederbuch, Christian-Erlang 1777, Titelblatt

---

[43] ENDRES, Moderne (K) 169f. 172ff; ENDRES, Staat (B) 765. 767f. Zu den reformierten Kirchengemeinden im einzelnen vgl. K.E. HAAS, Ev.-Ref. Kirche (B) 114–163. 187–194; BISCHOFF, Aufnahme (K) 202–213.

[44] Zur Verwaltungsgeschichte Neu-Erlangens zwischen 1686 und 1708 vgl. HINTERMEIER (K); K.E. HAAS, Ansiedlung (K) 45; ENDRES, Moderne (K) 168.

2.2.5 Die wirtschaftliche Bedeutung der Hugenotten

Die wirtschaftlichen Folgen der Hugenottenansiedlung waren beträchtlich. Die Neuankömmlinge bereicherten das Wirtschaftsleben der Markgraftümer ganz entscheidend. Strumpfwirkerei, Handschuh-, Hut- und Teppichmacherei fanden in Erlangen ein Zentrum. Insbesondere die Erlanger Glacé-Handschuhe wurden zum Begriff. Ihre Erzeugung lag bis in das 19. Jahrhundert hinein ausschließlich in der Hand der Französischstämmigen, während in der Strumpfwirkerei im Laufe des 18. Jahrhunderts auch die Deutschen sich durchsetzen konnten. Neben Erlangen wurde Wilhelmsdorf zu einem Zentrum des Strumpfwirkerhandwerkes, das Zuwanderer aus Südfrankreich mitgebracht hatten. Schwabach schließlich entwickelte sich zu einem Hauptort der Teppichwirkerei. Üblich wurde für Handschuhe, Hüte und Teppiche die manufakturmäßige Herstellung mit Arbeitsteilung, Akkordarbeit und Stücklohn. Das Erlanger Wirtschaftsleben wurde von dem »Conseil de Commerce« beaufsichtigt, der von den Franzosen dominiert war.[45]

2.2.6 Verwaltungsmäßige Eingliederung und kulturelle Assimilation

Da sich bald herausstellte, daß die »Christianstadt« viel zu groß geplant worden war, versuchte man auch andere Zuwanderer in die neue Stadt zu locken, die ebenfalls in den Genuß der Hugenottenprivilegien kamen. 1693 wurden die ursprünglich den französischen Flüchtlingen zugedachten Vorrechte auf deutsche Reformierte ausgedehnt, die aus der von Frankreich bedrohten Pfalz geflohen waren und nun gleichfalls in Erlangen Asyl finden sollten. Bald wurde die Stadt auch lutherischen Interessenten geöffnet, die in gleicher Weise entlastet und gefördert wurden wie die Flüchtlinge. Ab 1711 schließlich gewährte Markgraf Christian Ernst auch Katholiken, die sich in Erlangen niederlassen wollten, Religions- und Gewissensfreiheit.[46] Unter diesen Bedingungen wurden die Franzosen zur Minderheit in »ihrer« Stadt. Hierdurch wurde ihre Assimilation vorangetrieben, wenngleich sich die zugezogenen Deutschen in die von den Hugenotten vorgegebenen Strukturen einfügten.[47]

Fern ihrer Heimat, bewahrten die Hugenotten doch noch lange ihre Eigenart, obwohl ihre Gemeinden immer mehr an Autonomie einbüßten und die Zuwanderung von Deutschen wie auch generell die immer engere Verflechtung mit dem deutschen Umfeld nicht zu verhindern war. »Kristallisationskern« hugenottischer Identität blieben aber die französisch-reformierten Kirchengemeinden. Doch auch sie konnten die Assimilation auf Dauer nicht verhindern. Im Jahre 1822 wich das Französische als Kirchen- und Predigtsprache in Erlangen dem Deutschen, wenngleich die Französisch-Reformierte Gemeinde diesen Namen

---

[45] BISCHOFF, Gewerbe (K); ENDRES, Moderne (K) 161–167; SCHREMMER (K) 941.
[46] ENDRES, Moderne (K) 170f.
[47] BISCHOFF, Aufnahme (K) 207; JOHANNES E. BISCHOFF, Erlangen 1790 bis 1818. Stud. z. einer Zeit steten Wandels u. z. Ende d. »Französischen Kolonie«: Erlangen. Von d. Strumpfer- z. Siemens-Stadt (K) 59–126.

noch bis zu ihrer Verschmelzung mit der Deutsch-Reformierten im Jahre 1922 führte.[48] In Schwabach fand der Assimilationsprozeß 1857 einen symbolischen Abschluß, als die Pfarrstelle der Französisch-Reformierten Gemeinde mit der der reformierten Gemeinde Nürnbergs zusammengefaßt und damit auch hier die deutschsprachige Predigt eingeführt wurde. Organisatorisch existierte die Schwabacher Französisch-Reformierte Gemeinde aber weiter, führt jedoch seit 1922 die Bezeichnung »Evangelisch-Reformierte Gemeinde«.[49] Ebenfalls noch existent, jedoch im 18. und 19. Jahrhundert allmählich »verdeutscht«, ist die reformierte Gemeinde Bayreuths.[50] Die Landgemeinde Wilhelmsdorf, die von 1714 bis 1812 auch die zur Filialgemeinde herabgestufte reformierte Gemeinde Emskirchen versorgte, verlor 1812 ihre Selbständigkeit und wurde der lutherischen Pfarrgemeinde Emskirchen unterstellt. Die 17 Wilhelmsdorfer Reformierten, die mit der Betreuung durch Emskirchen nicht zufrieden waren, erwirkten 1865 die Unterstellung als Filiale unter die französische Gemeinde Erlangens. Als die nunmehrige Filialgemeinde nach Ende des Ersten Weltkrieges nur noch ein Mitglied zählte, wurde sie 1927 aufgelöst.[51]

---

[48] BISCHOFF, Aufnahme (K) 207.
[49] AaO, 213; K.E. HAAS, Ev.-Ref. Kirche (B) 162.
[50] BISCHOFF, Aufnahme (K) 205; K.E. HAAS, Ev.-Ref. Kirche (B) 154f.
[51] K.E. HAAS, Ev.-Ref. Kirche (B) 187–192; BISCHOFF, Aufnahme (K) 208ff.

IV.2 LUTHERISCHE ORTHODOXIE UND DER SPIRITUALISMUS

Von Wolfgang Sommer

GUSTAV ADOLF BENRATH, Die Lehre d. Spiritualisten: Hb. d. Dogmen- u. Theologiegesch., hg. v. CARL ANDRESEN u. ADOLF MARTIN RITTER, Bd. 2: Die Lehrentwicklung i. Rahmen d. Konfessionalität, Göttingen ²1998, 560–610 [560–564] (UTB 8161).– BLAUFUSS, Reichsstadt (B).– BRECHT, Aufkommen (B).– MARTIN BRECHT, Die deutschen Spiritualisten d. 17. Jh.: Gesch. d. Pietismus 1 (B) 205–240.– CHRISTIAN BUNNERS, Kirchenmusik u. Seelenmusik. Stud. z. Frömmigkeit u. Musik i. Luthertum d. 17. Jh., Berlin 1966 (VEGL 14).– DUCHHARDT, Westfäl. Friede (B).– DÜLMEN (B).– GOETERS (B).– HECKEL (B).– CARL CHR. HIRSCH/ANDREAS WÜRFEL, Lebensbeschreibungen aller Herren Geistlichen, welche i. d. Reichsstadt Nürnberg seit d. Reformation Lutheri gedienet, Bd. 1: Diptycha ecclesiae Sebaldinae, Nürnberg 1756, Bd. 3: Diptycha ecclesiae Egydianae, Nürnberg 1757.– HANS LEUBE, Die Reformideen i. d. deutschen luth. Kirche z. Zt. d. Orthodoxie, Leipzig 1924.– Literatur Lexikon, hg. v. WALTHER KILLY, 15 Bde., Gütersloh 1988–1993.– NEUHAUS, Westfäl. Frieden (B).– PAUL SCHATTENMANN, Johann Ludwig Hartmann als prakt. Theologe: BBKG 31 (1925), 90–101.– SCHRÖTTEL (B).– ADOLF SCHWARZENBERG, Das Leben Johann Michael Dilherrs. Ein Beitr. z. Gesch. d. Pädagogik d. 17. Jh., Dresden 1892.– WAPPMANN, Durchbruch (B).– WAPPMANN, Sulzbach (B).– WEIGELT, Gesch. (B).

1. Die Situation nach dem Westfälischen Frieden. Kontinuität und Wandlung

Das Westfälische Friedenswerk am Ende des Dreißigjährigen Krieges hat im Alten Reich in der Perspektive der Politik-, Verfassungs- und Rechtsgeschichte einen Zäsurcharakter, der in theologie- und frömmigkeitsgeschichtlicher Hinsicht nicht in gleicher Weise festzustellen ist. Gewiß hat die lange Kriegszeit und ihr schließliches, mühsames Ende auch für Theologie und Frömmigkeit nachhaltige Auswirkungen gehabt.[1] Aber die Zeit nach 1648 ist hier nicht in so deutlich markierbaren Einschnitten im geschichtlichen Prozeß erkennbar wie in der Politikgeschichte, in der freilich auch nicht nur die Elemente der Wandlung, sondern auch die der Kontinuität fortwirken. In der allgemeinen Historiographie und in der Kirchengeschichte werden die Jahrzehnte nach dem Dreißigjährigen Krieg unter den Aspekten der Säkularisierung, der Entkonfessionalisierung und der Verselbständigung der Politik, des Rechtswesens und der geistig-kulturellen Bestrebungen von den konfessionell bestimmten Prägungen der christlichen Kir-

---

[1] KARL HOLL, Die Bedeutung d. großen Kriege f. d. religiöse u. kirchl. Leben innerhalb d. deutschen Protestantismus: DERS., Ges. Aufsätze z. KG, Bd. 3: Der Westen, hg. v. HANS LIETZMANN, Tübingen 1928, 302–384.

chen und ihrer Theologien beschrieben.² Für die Theologie- und Frömmigkeitsgeschichte hat dieser Prozeß der Entkonfessionalisierung insofern erhebliche Bedeutung, als nach der Aufnahme auch des Calvinismus in den reichsrechtlich garantierten Religionsfrieden sich die Tendenzen zur Überwindung des konfessionellen Zeitalters durch das Nebeneinander dreier miteinander konkurrierender christlicher Konfessionen verstärkten.³ Besonders die Kreise des kirchenkritischen Spiritualismus und der mit paracelsischen und kabbalistischen Gedanken erfüllten pansophischen Bewegung emanzipierten sich von dem herrschenden Zeitgeist der aristotelischen Schulphilosophie an den Universitäten und der konfessionellen Polemik⁴ und haben damit wichtigen Anliegen des Spenerschen Pietismus vorgearbeitet.⁵

Das heißt freilich nicht, daß der orthodoxe Zeitgeist in den christlichen Konfessionen nach dem Dreißigjährigen Krieg sich schon seinem Ende zuneigte. In der Mitte des 17. Jahrhunderts hat vielmehr das orthodoxe Luthertum z.B. in Straßburg, Nürnberg, Wittenberg, Jena, Leipzig, Hamburg, Kiel und Rostock weitausstrahlende Zentren mit bedeutenden Theologen an theologischen Fakultäten und in leitenden Kirchenämtern.⁶ Die Jahrzehnte nach dem Dreißigjährigen Krieg setzen die Hauptepoche der Orthodoxie fort, »also desjenigen Zeitalters, das von der Orthodoxie geprägt wurde«.⁷ Mit ca. 1680 kann der Beginn der lutherischen Spätorthodoxie angesetzt werden, die in einer ersten Phase die beiden letzten Jahrzehnte des 17. Jahrhunderts umfaßt und in einer zweiten Phase bis weit ins 18. Jahrhundert hineinreicht. Im 18. Jahrhundert ist die lutherische Spätorthodoxie Schulrichtung neben Pietismus und Frühaufklärung.⁸

Mit den leidvollen Erfahrungen des großen Krieges ist eine Vertiefung und Intensivierung der Frömmigkeit eng verbunden, die sich im Luthertum in einer breiten Nachwirkung der Schriften Johann Arndts und anderer, in seinem Geist verfaßter Erbauungsschriften äußert.⁹ Nach dem Dreißigjährigen Krieg werden diese Frömmigkeitsimpulse verstärkt in den Dienst der Wiederaufbauarbeit in den Territorien zur Hebung des sittlichen Lebens und der politisch-gesellschaftlichen Ordnung gestellt.¹⁰ In zahlreichen, von den fürstlichen Obrigkeiten erlas-

---

² JOHANNES WALLMANN, Dreißigjähr. Krieg. 2. Kirchengeschichtl. Folgen: EKL³ 1, 922f; HECKEL (B) 210–237; KAUFMANN (B) 1–7.
³ HECKEL (B) 226–231 beschreibt diesen Prozeß als »Umbruch zur Rationalität und Immanenz«.
⁴ BRECHT, Aufkommen (B) 113–116.
⁵ BRECHT, Spiritualisten (K). Einen Überblick über Pantheismus und Mystik im 16. und 17. Jahrhundert gibt SIEGFRIED WOLLGAST, Aspekte geistiger Entwicklungslinien d. luth. Reformation bis z. klassischen deutschen Philosophie: ERICH DONNERT (Hg.), Europa i. d. Frühen Neuzeit, FS f. Günter Mühlpfordt, Bd. 1: Vormoderne, Weimar u.a. 1997, 133–159 [140ff]. Zum kirchenkritischen Spiritualismus im 17. Jahrhundert: HANS SCHNEIDER, Der radikale Pietismus i. 17. Jh.: Gesch. d. Pietismus 1 (B) 391–437. Zur Pansophie vgl. BRECHT, Aufkommen (B) 165f.
⁶ LEUBE (K).
⁷ WALLMANN, Orthodoxie (B) 12.
⁸ So der Periodisierungsvorschlag von WALLMANN, Orthodoxie (B), dem ich mich anschließe.
⁹ BRECHT, Aufkommen (B).
¹⁰ Am Beispiel des Fürstentums Braunschweig-Wolfenbüttel zeigt dies WALLMANN, Herzog (B) 22f.

senen Ordnungen wird das gesamte gemeinschaftliche Leben zu regeln versucht, wobei die Kirchen durch die Zielsetzungen des landesfürstlichen Absolutismus erheblich beansprucht und in ihrer eigenständigen Bewegungsfreiheit einzuschränken versucht werden.[11] Im Verständnis einer durch Kirchenzuchtmaßnahmen herbeigeführten allgemeinen Verbesserung des Lebens im Geist des wahren Christentums stimmten jedoch lutherisch-orthodoxe Kirchen und weltliche Obrigkeit weitgehend überein.[12] Mit den Vorschlägen Philipp Jakob Speners in seinen »Pia Desideria« von 1675 ist diese Hoffnung einer Verbesserung des christlichen Lebens durch obrigkeitlich unterstützte Kirchenreformmaßnahmen beendet.[13] Im kirchlichen Pietismus gehen von den kleinen, frommen Gemeinschaften die Impulse zur Erneuerung für die Gesamtkirche aus (ecclesiola in ecclesia).

2. Lutherische Theologie und kirchliche Reformen während und nach der Mitte des 17. Jahrhunderts

2.1 Nürnberg und Augsburg

Nach der Unterzeichnung des Westfälischen Friedens im Oktober 1648 in Münster fanden in der Reichsstadt Nürnberg langwierige Friedensverhandlungen statt, die mit dem »Friedensexekutions-Hauptabschied« vom 26.6.1650 beendet wurden.[14] Die Bedeutung Nürnbergs in der Mitte des 17. Jahrhunderts wird durch diesen militärisch-diplomatischen Kongreß deutlich unterstrichen, mit dem der Friede endlich seine konkrete Verwirklichung finden konnte. Nach dem Nürnberger Friedensfest im Frühsommer 1650 fanden in vielen deutschen Städten und Dörfern öffentliche Dank- und Friedensfeste statt. An das Friedensfest in Augsburg, der Stadt, die durch die Friedensverhandlungen nach zähem Ringen die Parität zwischen Katholizismus und Protestantismus erhielt, wird bis in die Gegenwart durch einen gesetzlichen Feiertag erinnert.[15]

---

[11] Mit dem Begriff »Sozialdisziplinierung« hat Gerhard Oestreich die obrigkeitlichen Ordnungen im Zeitalter des Absolutismus beschrieben, der seither in der Forschung vielfach diskutiert wurde. Vgl. GERHARD OESTREICH, Strukturprobleme d. europ. Absolutismus: OESTREICH, Geist (B) 179–197 [190ff].
[12] Vgl. dazu LEUBE (K).
[13] Wallmann charakterisiert Speners Reformvorschlage in den »Pia Desideria« als »gemäßigtes Reformprogramm«, in dem die »Hauptpunkte der nur durch obrigkeitliche Ordnungen durchzusetzenden orthodoxen Reformprogramme: Sonntagsheiligung und Kirchenzucht« fehlen. »Der Hebel der Kirchenreform soll nicht am Rand, bei der Besserung der Gottlosen und Bösen, sondern im Zentrum, bei der Sammlung und Förderung der Willigen und Frommen, angesetzt werden.« (JOHANNES WALLMANN, Der Pietismus, Göttingen 1990, 50 [KIG 4/O1]).
[14] OSCHMANN, Exekutionstag (B).
[15] Das Augsburger Friedensfest am 8. August wurde 1949 gesetzlicher Feiertag im Stadtkreis Augsburg. BURKHARDT/HABERER (B); 350 Jahre (B). Zum historischen Hintergrund vgl. BLAUFUSS, Reichsstadt (B) 21–24.

In Nürnberg hielt der Pfarrer an St. Sebald und Antistes des Geistlichen Ministeriums, Johann Michael Dilherr, 1649/50 verschiedene Friedenspredigten.[16] Dilherr ist der zweite bedeutende lutherische Theologe nach Johann Sauberts Wirken in Nürnberg zur Zeit des Dreißigjährigen Krieges und der Folgezeit.

Johann Michael Dilherr, Kupferstich von Jacob von
Sandrart nach einem Gemälde von Georg Strauch (1656)

---

[16] BERND ROECK, Die Feier d. Friedens: DUCHHARDT, Westfäl. Friede (B) 633–659 [mit Beschreibung des Augsburger Friedensfestes 1650]; KLAUS GARBER, Sprachspiel u. Friedensfeier. Die deutsche Literatur d. 17. Jh. auf ihrem Zenit i. festlichen Nürnberg: DUCHHARDT, Westfäl. Friede (B) 679–713; WOLFGANG SOMMER, Die Friedenspredigten Johann Michael Dilherrs beim Friedensfest i. Nürnberg 1650: SOMMER (B) 137–154.

Als Sohn eines Regierungsrates und Advokaten wurde Dilherr[17] am 14.10.1604 in Themar in der Grafschaft Henneberg geboren. Nach dem Besuch des Gymnasiums in Schleusingen studierte er an den Universitäten Leipzig, Wittenberg, Altdorf und Jena. Ein besonderer Schwerpunkt seiner Studien lag auf der Philologie und den orientalischen Sprachen. In Jena machte Dilherr mit seiner umfassenden Gelehrsamkeit rasch Karriere. 1631 wurde er ordentlicher Professor der Beredsamkeit, 1634 Professor für Geschichte und Poesie und 1640 außerordentlicher Professor für Theologie. Der Jenaer Aufenthalt Dilherrs ist besonders durch den prägenden Einfluß bedeutsam, den er hier von Johann Gerhard empfing. Gerhard vermittelte an den jungen Dilherr die entscheidenden Impulse für sein weiteres Wirken: strenge wissenschaftliche Methodik, verbunden mit einem lebendigen, persönlich gelebten Christusglauben. Bei Gerhards Tod 1637 hielt Dilherr in der Universität eine laudatio funebris, die von seiner großen Liebe und Verehrung dem Lehrer und Freund gegenüber in sehr persönlichen Worten Zeugnis gibt.[18] In den Schriften Dilherrs finden sich immer wieder verehrungswürdige Hinweise auf Gerhard, meist auch verbunden mit solchen auf dessen Lehrer Arndt.[19]

Im Jahre 1642 folgte Dilherr dem Ruf des Rates der Stadt Nürnberg in wichtige Ämter der Reichsstadt: Er wird Direktor des Egidiengymnasiums sowie erster Professor der Theologie, Philosophie und Philologie an einem neu zu errichtenden Auditorium publicum sowie Inspektor des gesamten Nürnberger Schulwesens. Als der bisherige führende Geistliche Nürnbergs, Saubert, Ende 1646 starb, gingen dessen Ämter als Prediger in St. Sebald und Antistes des Ministeriums sowie das Amt des Stadtbibliothekars auf Dilherr über. In der Kultur- und Kirchengeschichte der Stadt Nürnberg ist dieser Amtsantritt Dilherrs ein wichtiges Ereignis. Vor allem als Prediger und Erbauungsschriftsteller hatte er erheblichen Einfluß auf das kirchlich-religiöse und geistige Leben der Stadt. Zu den Dichtern Georg Philipp Harsdörffer, Johann Klaj und Sigmund von Birken, dem Nürnberger Blumenorden bzw. den Pegnitzschäfern, stand er in lebhaftem Verkehr, obwohl er selbst nicht Mitglied war.[20] Auch als Liederdichter und Kenner und Förderer der Musik hat sich Dilherr gleich am Anfang seiner Nürnberger Tätigkeit hervorgetan.[21] Anders als Saubert hatte Dilherr mit dem Rat keine schwerwiegenden Konflikte, wenn er auch seinen Standpunkt ihm gegenüber selbstbewußt vertreten hat. In kirchlichen und kirchenpolitischen Angelegenheiten war er der wichtigste Ratgeber der Stadt. Durch einen ausgedehnten Briefwechsel stand er mit führenden lutherisch-orthodoxen Theologen in Verbindung[22] und

---

[17] WILL 1 (B) 264–276; HIRSCH/WÜRFEL 1 (K) 21–27; SCHRÖTTEL (B); GERHARD SCHRÖTTEL, Johann Michael Dilherr: LebFranken NF 7 (1977), 142–151; DÜLMEN (B) 696ff.
[18] SCHWARZENBERG (K) 6.
[19] SCHWARZENBERG (K) 5f; SCHRÖTTEL (B) 18.
[20] Vgl. dazu IV.2.4.
[21] KAHL (B).
[22] Z.B. mit Balthasar Meisner, Johann Matthäus Meyfart, Johann Schmidt, Justus Gesenius, Jakob Weller, Johann Konrad Dannhauer, Joachim Schröder. Vgl. SCHRÖTTEL (B) 16–20 [19].

wirkte im Geist eines weltoffenen Luthertums bis zu seinem Tode 1669 in Nürnberg.

Die Bedeutung Dilherrs liegt wie bei vielen anderen lutherischen Theologen der Zeit zunächst in seiner Tätigkeit als Prediger, Seelsorger und Verfasser von Erbauungsschriften. Bei der Auslegung der biblischen Texte kam ihm sein besonderes exegetisches Interesse und seine philologische Gelehrsamkeit zu Hilfe, die er jedoch nicht von der Kanzel aus vortrug. Die Wirkung in seinen Predigten erzielte er durch das gesprochene Wort und eine gezielte Anwendung von Allegorie und Typologie mit ausführlichen Zitaten aus der gesamtchristlichen Tradition und der zeitgenössischen Literatur. Vielfach begegnen vor allem die Kirchenväter und mittelalterliche und spätmittelalterliche Theologen und Mystiker sowie Martin Luther und Philipp Melanchthon.[23] Das zentrale Thema der Seelsorge Dilherrs ist die christliche Haltung gegenüber Leid, Not und Tod. Gottes Lenkung steht über allem Leid, nicht als Strafe für besondere Sünden, auch nicht als Zeichen seines Zornes, sondern seiner Gnade, die er den Menschen als Glaubensprüfungen auferlegt, um sie damit immer näher zu sich zu führen.

In der Geschichte der Ausbildung der Pfarrer hat Dilherr einen bedeutsamen Platz. Seine Nürnberger Wirksamkeit begann er mit pädagogischen Reforminitiativen. Neben der Visitation aller Schulen hielt er öffentliche Reden, in denen er seine Vorstellungen von einer sinnvollen Vorbereitung auf das akademische Studium und dessen Umfang und Inhalt in ausführlichen Reflexionen darlegte. Besonders war Dilherr um die Reform des geistlichen Amtes bemüht. Wie später Spener setzte er den Hebel mit einer Reform des Theologiestudiums und der weiteren Ausbildung der Theologen an. Neben einem gründlichen Sprachstudium und den exegetisch-historischen Disziplinen forderte Dilherr das Studium einer »Theologia ecclesiastica et positiva«, in der Dogmatik, praktische Frömmigkeit und Ethik eng verbunden sind. Schon bei der Ausbildung der Pfarrer muß auf den praktischen Disziplinen ein besonderer Schwerpunkt liegen und die Lebensführung der künftigen Pfarrer vorbereitet werden.[24] Ähnlich wie sein Freund Johann Matthäus Meyfart ist Dilherr ein scharfer Kritiker des Pennalismus an den Universitäten seiner Zeit, deren Reform er fordert. Dilherr ist einer der ersten, der die Errichtung eines eigenen Lehrstuhls für Praktische Theologie anregt.[25] In Nürnberg gründet er 1666 das erste Predigerseminar in Deutschland, das folgende Ziele hat:

– Theologische Weiterbildung der Kandidaten bis zur ersten Anstellung
– Predigt- und Kinderlehre
– Beobachtung und Überprüfung im Blick auf die Eignung im Kirchendienst
– Vorsorge für den Unterhalt bedürftiger Kandidaten[26].

---

[23] SCHRÖTTEL (B) 27 urteilt: »Die Kirchenväterstellen sind eines der Fundamente seiner Theologie«; vgl. auch aaO, 16–20.
[24] AaO, 69–81 [73ff].
[25] AaO, 74.
[26] AaO, 75.

Als Führer der Geistlichen der Stadt Nürnberg hat Dilherr bei der Anstellung neuer Pfarrer nach dem Grundsatz gehandelt, daß der frömmere Kandidat stets dem gebildeteren vorzuziehen sei. Bei den Kirchenvisitationen von 1652 und 1659, an denen Dilherr maßgeblich beteiligt war, war ihm die wirtschaftliche Versorgung der Pfarrer ein wichtiges Anliegen. Auf ihn geht auch die Anregung zu einer auf Selbsthilfe beruhenden Witwen- und Waisenkasse zurück.[27]

Die auf Ausbildung und Tätigkeit der Pfarrer ausgerichteten Reformbestrebungen Dilherrs gehören in den Zusammenhang seiner allgemeinen pädagogischen Reformgedanken.[28] Durch Erziehung und Bildung möchte Dilherr zu einer christlichen Lebensführung anleiten, bei der Mäßigkeit, Arbeitsamkeit, Pflichterfüllung, Bescheidenheit und tätige Nächstenliebe im Zentrum stehen sollen. Schon Dilherr forderte eine schulische Bildung, die jedem Kind eine seinen individuellen Möglichkeiten entsprechende ganzheitliche Erziehung und Bildung ermöglicht. Sie darf nicht von Einkommen und Vermögen der Eltern abhängig sein. In seinen pädagogischen Reformbestrebungen, die sich auf eine Reform der gesamten Gymnasialpädagogik seiner Zeit erstrecken, hebt er das Prinzip der Anschaulichkeit im Unterricht hervor, den Vorrang des Lobes vor dem Tadel, überschaubare Lernabschnitte und die Verbesserung von Schulbüchern und Unterrichtsmitteln. In seinen pädagogischen Zielsetzungen ist Dilherr von Wolfgang Ratke beeinflußt und stimmt mit denen von Johann Amos Comenius überein. Der weltoffene Lutheraner Dilherr gibt in seiner Pädagogik Impulse weiter, die in die Zeit des Pietismus sowie vor allem auch in die Zeit der Aufklärung hineinreichen.

Schließlich ist Dilherr – ebenso wie sein Vorgänger Saubert – um eine strengere Sonntagsheiligung und um die Durchführung von Kirchenzuchtmaßnahmen bemüht, wodurch eine durchgreifende Reform des sittlichen Lebens in der Stadt erreicht werden sollte. Mit seinen Forderungen eines Verbotes von Märkten, dem Abhalten von Fechtschulen und allgemeinen Lustbarkeiten an Sonntagen nahm er auch Konflikte mit dem Rat in Kauf.[29] Die noch zahlreich erhaltenen Predigtdrucke Dilherrs[30] sind öfters durch eine solche Zielsetzung direkt veranlaßt, da ihm die Verkündigung des Wortes Gottes zunächst das wichtigste Mittel zur Hebung des sittlichen Lebens ist. Erst wenn dieses nicht mehr greift, sollen Zuchtmittel wie der Ausschluß vom Abendmahl oder die Verweigerung bürgerlicher oder kirchlicher Rechte angeordnet werden. Aber wie schon bei Saubert, muß auch für Dilherr konstatiert werden, daß ihre Forderungen nach einer strengeren Durchführung der Kirchenzucht nur in Einzelfällen erfolgreich waren, im ganzen sind ihre Zielsetzungen auf diesem Gebiet durch die Realitäten der Ratspolitik zum Scheitern verurteilt gewesen.

---

[27] AaO, 77f.
[28] SCHWARZENBERG (K).
[29] SCHRÖTTEL (B) 97–105.
[30] In der Fenitzerschen Bibliothek im LKAN befinden sich viele zeitgenössische Dilherr-Drucke, vgl. die Bibliographie bei SCHRÖTTEL (B) 5*–8*.

2.2 Theologen im Umkreis der Reformbemühungen Dilherrs

Das Wirken Dilherrs in der Reichsstadt Nürnberg war sowohl im Patriziat wie auch in der Pfarrerschaft von gleichgesinnter und freundschaftlicher Unterstützung seiner Reformbemühungen begleitet. An der Kirchenvisitation von 1652, bei der Dilherr selbst beteiligt war, nahmen der Prediger an St. Egidien, Johann Leonhard Frisch[31] und Justus Jakob Leibnitz[32] teil. Leibnitz, ein Sohn des schon mit Sauberts Tätigkeit verbundenen Christoph Leibnitz, wurde Nachfolger Dilherrs als Prediger an St. Sebald und als Antistes des Ministeriums. Ein weiterer Mitvisitator und Nürnberger Kollege Dilherrs war der in seinem Sinn wirkende Johann Fabricius d.J.[33] Viele Pfarrer, Diakone und Lehrer, die zu Lebzeiten Dilherrs und nach seinem Tod in Nürnberg wirkten, standen unter seinem prägenden Einfluß. Unter ihnen ragt Daniel Wülfer[34] heraus, ein besonders eifriger Schüler Dilherrs. Wülfer hatte in Altdorf und Jena studiert und war in Nürnberg Professor für Logik, Metaphysik und Physik am Gymnasium und Auditorium publicum, ab 1652 Prediger an St. Lorenz. Seine Mitwirkung an der Visitation von 1659 unter Dilherr war durchaus vereinbar mit seiner Tätigkeit als Vorsteher einer alchemistischen Vereinigung.

Ein weiterer Schüler Dilherrs war Johann Gräf. Er setzte sich als Diakon in Kirchensittenbach und Pfarrer von Oberkrumbach besonders für Katechismus- und Kinderlehre ein und kämpfte gegen Tanzveranstaltungen an Sonntagen. 1669 wurde er Diakon an St. Sebald.[35]

Als Beispiel für die hohe Achtung und starke Wirkung der Schriften Arndts im geistigen Einflußbereich Dilherrs sei auf den Pfarrer Johann Georg Treu[36] hingewiesen, der im Landgebiet Nürnbergs auf verschiedenen Pfarrstellen wirkte. Sein Hauptinteresse galt dem Bibelausleger Arndt, dessen Kommentare zu den einzelnen Bibelstellen nach der Ordnung der biblischen Bücher in möglichst übersichtlicher Form präsentiert werden sollten. Das Ziel der entsagungsvollen Arbeit dieses Landpfarrers war die Nutzbarmachung der Bibelauslegung Arndts sowohl für die Predigten der Pfarrer wie für die Hausandacht aller Christen. Im Jahre 1647 gab er ein Handbuch heraus mit dem Titel: »Adam und Christus«, das in Nürnberg im Verlag Endter erschien. Auszüge aus den Passionspredigten Arndts in seiner Evangelienpostille sind hier entsprechend des Passionsberichtes aus dem Matthäusevangelium zusammengestellt mit der Absicht, die geistliche Deutung der Passion durch Arndt als einen besonderen Schatz weiterzugeben, vor allem an diejenigen, die die gesamte Postille nicht zur Hand haben.

---

[31] SIMON, Nürnbergisches Pfarrerbuch (B) Nr. 355; SCHRÖTTEL (B) 32. 39. 44. 80.
[32] SIMON, Nürnbergisches Pfarrerbuch (B) Nr. 740; SCHRÖTTEL (B) 10. 32. 59. 80. 101.
[33] SIMON, Nürnbergisches Pfarrerbuch (B) Nr. 316; SCHRÖTTEL (B) 10. 32ff. 80. 100. 113.
[34] SIMON, Nürnbergisches Pfarrerbuch (B) Nr. 1569. SCHRÖTTEL (B) 107 sagt von ihm: »Er ist wohl der Mann, der sich aufs genuinste den Dilherrschen Gedanken anschloß und sie zu seinen eigenen machte.« Vgl. auch aaO, 10. 59. 80.
[35] SIMON, Nürnbergisches Pfarrerbuch (B) Nr. 420; SCHRÖTTEL (B) 108.
[36] SIMON, Nürnbergisches Pfarrerbuch (B) Nr. 1428 [Lit.].

Zwei Jahr später kam seine »Praxis Biblica Arndiana« heraus.[37] Wie der Titel zu erkennen gibt, hatte Treu tatsächlich vor, für alle Schriften Arndts Bibelregister anzufertigen. Aber die schwierigen Zeitumstände am Ende des Dreißigjährigen Krieges standen der Verwirklichung dieses Vorhabens entgegen.[38] Schließlich hat Treu noch 1656 eine umfangreiche Schrift mit dem Titel vorgelegt: »Gläubiger Christen Gefährlicher Krieg/ und Glücklicher Sieg in dieser Welt«, zu der Dilherr eine Vorrede geschrieben hat.[39] Es handelt sich hier um eine Auslegung des Buches Josua in Form eines Andachtsbuches zum häuslichen Gebrauch. Das Besondere dieser Josua-Auslegung durch Treu ist, daß hier Arndt mit dem Wittenberger Friedrich Balduin zusammengestellt worden ist, so daß sich die Auslegungen beider Theologen sinnvoll aufeinander beziehen und ergänzen können. Diese Schriften sind ein eindrückliches Beispiel für die Wirkung der Werke Arndts in Nürnberg in der Mitte des 17. Jahrhunderts. Mit großer Intensität arbeitete dieser Pfarrer das Wahre Christentum, die Evangelienpostille, die Psalter- und Katechismuspredigten Arndts durch, die er als seine Hauptwerke bezeichnet. Unterstützt wurde er bei diesem Unternehmen von Nürnberger Patriziern.[40]

2.3 Rothenburg ob der Tauber und Schweinfurt

Durch das Wirken von Johann Ludwig Hartmann[41] in Rothenburg ob der Tauber wurde diese Stadt neben Nürnberg zu einem Reformzentrum der lutherischen Orthodoxie in Süddeutschland im Sinne einer Verlebendigung und Intensivierung des kirchlichen wie häuslich-christlichen Lebens. Der in Rothenburg als Sohn eines Pfarrers geborene Hartmann wirkte nach seinem Studium in Wittenberg bei Abraham Calov und Johann Andreas Quenstedt zunächst als Pfarrer bei Rothenburg, sodann als Rektor des Gymnasiums und ab 1666 als Superintendent in seiner Vaterstadt. Zur Verbesserung des kirchlichen Lebens erschienen ihm sowohl strukturelle Maßnahmen sowie Reformimpulse für Predigt und Seelsorge der Pfarrer erforderlich. Die zu großen Pfarreien sollten in kleinere aufgeteilt werden, damit eine nachgehende Seelsorge durch die Pfarrer und ein lebendiges Gemeindeleben überhaupt möglich werden konnten. Durch die Einrichtung von Pfarrersynoden versuchte Hartmann die Pfarrer sowohl in ihrer Amtsführung wie in ihrem persönlichen Leben zu fördern und zu beraten. Die Erneuerung der Kirche sah Hartmann wie Spener wesentlich im Zusammenhang

---

[37] »Praxis Biblica Arndiana oder Kurtze Anleitung/ wie die Heilige Schrifft zu Ubung der waaren Gottseligkeit nützlich zu gebrauchen [...], Nürnberg/ bei Wolffgang Endter 1649«.
[38] Der kleinen Schrift, die das Gesamtvorhaben erläutert, ist ein »Post-Scriptum« beigefügt (1650), das in Tabellen exemplarisch zentrale Verse aus Gen 1 mit den entsprechenden Kommentaren Arndts aus der Postille und dem Wahren Christentum zusammengestellt hat.
[39] Nürnberg, Christoff Gerhard 1656.
[40] Vgl. WOLFGANG SOMMER, Das Wahre Christentum i. Franken. Zur Wirkungsgesch. Johann Arndts i. Ansbach u. i. Nürnberger Land: ZBKG 70 (2001), 107–119.
[41] SCHATTENMANN, Hartmann Superintendent (B); SCHATTENMANN, Hartmann: LebFranken (B); SCHATTENMANN, Hartmann als prakt. Theologe (K); BLAUFUSS, Reichsstadt (B) passim; WEIGELT, Gesch. (B) 8–12.

einer Reform des geistlichen Standes. Auch Kirchenvisitationen und die Kirchenzucht waren ihm wichtige Instrumente zur Hebung des kirchlichen Lebens.

Seine herausgegebenen Werke stehen ganz im Dienst seiner Reformbemühungen. An erster Stelle ist seine Pastoraltheologie zu nennen: »Pastorale evangelicum seu Instructio plenior ministrorum verbi«, die 1678 in Nürnberg erschien. Sie wurde »die ausgeprägteste orthodox-lutherische Pastorallehre jener Zeit« genannt.[42] Mit seinen Predigten (»Herzpostille« 1673), seinen katechetischen Schriften (z.B. »Biblischer Katechismus und Spruchbüchlein zu heilsamer Unterweisung in den Sprüchen Heiliger Schrift«), seinem »Handbuch für Seelsorger« sowie seiner Beteiligung an der Herausgabe von Gesangbüchern[43] erweist sich Hartmann als ein Theologe der lutherisch-orthodoxen Tradition im Übergang zum Pietismus.

Mit seiner Schrift »Veri christianismi impedimenta et adjuvanta [...] Wie die Pia Desideria in würckliche Praxin zu richten«[44] gab er ein positives Echo auf Speners »Pia Desideria«. Hartmann war in Süddeutschland einer der ersten gewesen, der von Spener über seine Intentionen zur Kirchenerneuerung informiert wurde und sie lebhaft begrüßte. Infolge seines frühen Todes blieb ihm ein weiteres Wirken im Sinne Speners versagt, anders als bei den anderen süddeutschen Theologen, mit denen Spener in engem Briefkontakt stand: mit dem Augsburger Pfarrer Gottlieb Spizel und dem Ulmer Superintendenten Elias Veiel.[45]

Das Wirken Hartmanns in Rothenburg ob der Tauber steht gewiß auch im Zusammenhang mit der gerade in dieser Stadt lebendigen Wirkung der Schriften Arndts. Der Rothenburger Superintendent schätzte Arndt hoch. Schon 1626 erschien in Rothenburg die Schrift des Arndt-Verehrers Melchior Breler: »Paraenesis votiva pro pace ecclesiae«, allerdings ohne Angabe von Drucker, Druckort und -jahr.[46] Offenbar hatte Arndt in Rothenburg verschiedene Sympathisanten, so vor allem den Ratsherren und späteren Bürgermeister Johann Georg Styrzel. Inwiefern Verbindungen seit der Zeit der Arndtschen Streitigkeiten zu Hartmanns späterem Wirken bestehen, bedarf noch der genaueren Erforschung.

In Schweinfurt, das während des Dreißigjährigen Krieges Zufluchtsort für evangelische Bürger wurde, die im Zuge der Rekatholisierung ihre Heimat verlassen mußten,[47] ist auf die schriftstellerische Tätigkeit des Pfarrers Caspar Martin

---

[42] SCHATTENMANN, Hartmann als prakt. Theologe (K) 96.

[43] Zu den Gesangbüchern Hartmanns vgl. E. SCHMIDT, Gesch. (B); [JULIUS] GMELIN, Rothenburger Gesangbücher: Die Linde. Monatsschr. f. Gesch. u. Heimatkunde f. Rothenburg, Stadt u. Land. Beilage z. Fränk. Anzeiger (11) 1921, 35–43.

[44] Frankfurt/Main 1680.

[45] BLAUFUSS, Pietismus (B); DIETRICH BLAUFUSS, Der Briefwechsel d. Ulmer Superintendenten Elias Veiel mit Philipp Jacob Spener. Zugleich ein Beitr. z. Erforschung d. Korrespondenz d. Führers d. deutschen Pietismus: BWKG 73/74 (1973/74), 97–118; BLAUFUSS, Reichsstadt (B).

[46] FRIEDER SEEBASS, Die Schr. »Paraenesis votiva pro pace ecclesiae«. Ein Beitr. z. d. Arndtschen Streitigkeiten: PuN 22 (1996), 124–173.

[47] WILHELM BÖHM, Die Freie Reichsstadt Schweinfurt u. d. ev. Glaubensflüchtlinge i. Zeitalter d. Gegenreformation: Streiflichter (B) 89–111.

Heunisch[48] hinzuweisen. Heunisch hatte in Jena studiert und war von 1666 bis zu seinem Tod 1690 Oberpfarrer (Superintendent) in Schweinfurt. Auf Heunisch geht der Druck eines Gesangbuches zurück, das bis in die zweite Hälfte des 18. Jahrhunderts viele Auflagen erlebte: »Schweinfurtisches Gesangbuch [...]«, Rothenburg o.d.T. 1679. In diesem, dem Gottesdienst wie der häuslichen Andacht dienenden Gesangbuch, steht auch das von Heunisch gedichtete Lied: »O Ewigkeit, du Freudenwort, das mich erquicket fort und fort, o Anfang sonder Ende!«[49]

Eschatologische Themen haben Heunisch ganz besonders beschäftigt. Davon zeugt seine Schrift: »Haupt-Schlüssel über die hohe Offenbarung S. Johannis«, Schleusingen 1684.[50] Nur durch das Verständnis der Zahlen in der Johannesoffenbarung sei der rechte Zugang zu dieser Schrift zu gewinnen, den Heunisch für sich beanspruchte.

Heunisch und sein Nachfolger im leitenden Kirchenamt der Reichsstadt Schweinfurt, Johann Wilhelm Barger,[51] standen mit Spener in Kontakt. Barger hatte schon 1672 in Schweinfurt ein Collegium biblicum eingerichtet, in dem biblische Texte gemeinsam besprochen wurden. Aber die Resonanz für diese Initiative war in der Pfarrerschaft gering bzw. rief Verdächtigungen hervor. In Schweinfurt fand der Pietismus Speners kein nachhaltiges Echo.

2.4 Kulmbach und Regensburg

In der Residenzstadt Kulmbach der Markgrafschaft Brandenburg-Kulmbach (Bayreuth) wirkte Christoph Althofer[52] in der Mitte des 17. Jahrhunderts im Sinne der Reformbemühungen der lutherischen Orthodoxie. Zunächst war der in Hersbruck geborene Althofer, der in Altdorf, Wittenberg, Leipzig und Jena zusammen mit Dilherr studiert hatte, im Dienst von Stadt und Kirche Nürnbergs tätig. Seit 1629 war er Professor der Theologie in Altdorf, 1640/41 auch Rektor der Universität. In dem mit seiner Professur verbundenen Diakonat versuchte er gegen die Mißstände im studentischen Leben anzukämpfen. Aus Protest gegen die laxe Praxis im Beichtwesen legte er 1637 sein kirchliches Amt nieder. Im Jahre 1644 folgte er einem Ruf von Markgraf Christian von Brandenburg-Bayreuth auf die Generalsuperintendentur in Kulmbach. Hier hat Althofer mit einer strikten Handhabung der Kirchenzucht und einem leidenschaftlichen Kampf um die Sonntagsheiligung das kirchliche Leben am Ende des Dreißigjährigen Krieges zu heben versucht. Dabei wurde er jedoch weder von der markgräflichen Regierung noch von Seiten des Konsistoriums unterstützt. Auch Althofer ging es bei

---

48 Pfarrerbuch (B) Reichsstadt Schweinfurt, Nr. 44; WEIGELT, Gesch. (B) 12f.
49 Es stand auch noch in den letzten Auflagen des EKG, im neuen EG ist es nicht mehr vertreten. Vgl. auch HEKG 2, Nr. 154 und FISCHER/TÜMPEL 5 (B) 228f.
50 WEIGELT, Gesch. (B) 52f.
51 Pfarrerbuch (B) Reichsstadt Schweinfurt, Nr. 3; WEIGELT, Gesch. (B) 13. 51f.
52 SIMON, Nürnbergisches Pfarrerbuch (B) Nr. 15; SIMON, Bayreuthisches Pfarrerbuch (B) Nr. 20 [Lit.]; WEIGELT, Gesch. (B) 26f.

seinen kirchlichen Reformbemühungen wesentlich um eine Reform des Pfarrerstandes. Die Abhaltung von Pfarrerkonferenzen, auf denen theologische Themen erörtert wurden, dienten sowohl der Fortbildung der Pfarrer sowie der besseren Wahrnehmung ihrer Amts- und Lebensführung, um dadurch vorhandene Mißstände gezielt abhelfen zu können.

Seit 1668 war der aus Hannover gebürtige Heinrich Arnold Stockfleth[53] in der Markgrafschaft Brandenburg-Kulmbach auf verschiedenen Pfarrstellen tätig, bis er 1696 Generalsuperintendent und Direktor des Christian-Ernst-Gymnasiums in Bayreuth wurde. Mit Hilfe von Erbauungsschriften, der Herausgabe eines Gesangbuches und als geistlicher Dichter wirkte er im Sinne einer barocken Bildfrömmigkeit, die mit den Liedern der Nürnberger Pegnitz-Schäfer in Verbindung stand.[54]

Auch die Reichsstadt Regensburg erlebte nach dem Dreißigjährigen Krieg durch die Amtsführung des Superintendenten Johann Heinrich Ursinus[55] einen ernsten Buß- und Reformgeist. Der 1608 in Speyer geborene Ursinus, der nach seinem Studium in Straßburg an den Gymnasien in Mainz und Speyer sowie als Pfarrer wirkte, war seit 1655 Superintendent in Regensburg bis zu seinem Tod 1667. Ursinus ist als theologischer und historischer Schriftsteller hervorgetreten,[56] war zugleich »ein ernster Bußprediger [...] und ein innerlicher Mystiker, der die mittelalterliche Brautmystik auch in der lutherischen Kirche aufleben sehen wollte«.[57] Er hatte sich gegen die Missionspläne des Justinian von Welz gewandt.[58]

3. Der Spiritualismus

3.1 Nürnberg

Zur geistig-religiösen Aktivität Nürnbergs in der ersten Hälfte des 17. Jahrhunderts gehören auch die Intentionen zweier Bewegungen und Gruppierungen, die sowohl in Konflikt mit der Politik des Rates wie auch mit dem Kirchen- und Amtsverständnis des geistlichen Ministeriums geraten mußten: der Sozinianismus und der Weigelianismus. Während der Sozinianismus mit seiner unitarischen Gotteslehre an der Altdorfer Akademie und in Nürnberg durch das Ein-

---

[53] SIMON, Bayreuthisches Pfarrerbuch (B) Nr. 2446; WEIGELT, Gesch. (B) 27–30.
[54] FISCHER/TÜMPEL 5 (B) 139–144; SIMON, Kirchengesch.¹ 2 (B) 463.
[55] GEORG BIUNDO, Die ev. Geistlichen d. Pfalz seit d. Reformation. Pfälzisches Pfarrerbuch, Neustadt/Aisch 1968, Nr. 5536 (Genealogie u. Landesgesch. 15/Bibliothek familiengeschichtl. Quellen 20).
[56] HERBERT W. WURSTER, Die Regensburger Geschichtsschreibung i. 17. Jh. Historiographie i. Übergang v. Humanismus z. Barock, Teil 2 u. 3: VHVOPf 120 (1980), 69–210; DERS., Johann Heinrich Ursinus: Mein Lebens-Lauff. Die Autobiographie eines Regensburger Superintendenten aus d. 17. Jh.: ZBKG 51 (1982), 73–105.
[57] SIMON, Kirchengesch.¹ 2 (B) 478.
[58] Vgl. dazu IV.2.3.2.

schreiten des Rates bald zurückgedrängt war, stellten die zahlreichen Nürnberger sog. Weigelianer[59] ein schwieriges, dauerhaftes Problem in der Stadt dar. Gegen den Rationalismus der Sozinianer konnte wesentlich leichter vorgegangen werden als gegen den Spiritualismus der Weigelianer und Schwenckfelder. In dem Jahrzehnt von 1609–1619 erschienen zahlreiche Schriften unter dem Namen Valentin Weigels, die rasch erhebliche Verbreitung in weit voneinander entlegenen evangelischen Kirchengebieten fanden, aber auch viele Gegenschriften und Druckverbote auslösten. Die Unruhe und Unsicherheit, die dieser literarische Kampf für die lutherische Kirche und Theologie bedeutete, zieht sich noch bis in die Zeit Speners hinein: »Das gesamte 17. Jahrhundert hindurch wurde der Begriff ›Weigelianismus‹ zur hauptsächlichen Bezeichnung der Heterodoxie«.[60]

Die Hauptintentionen der Weigelianer lagen in ihrer Betonung eines wahrhaft christlichen Lebens, das in der Nächstenliebe und in der Nachfolge Christi durch die Erleuchtung des göttlichen Geistes geführt wird. Wo sie diesen göttlichen Geist nicht zu verspüren meinten, blieben sie den kirchlichen Gottesdiensten in Predigt und Sakramentsausteilung fern. Seit 1640 fanden auf Drängen der führenden Geistlichen Saubert und Dilherr verschiedene Befragungen von sog. Weigelianern vor dem Rat und schließlich Ausweisungsbefehle statt,[61] die aber ihre Anhängerschaft nicht völlig beseitigen konnten.

Die Anschauungen dieser Kreise, ihre praktizierte Frömmigkeit im Rahmen einer eigenständigen Bibellektüre, die der kirchlichen Vermittlung entsagte, wird an der Gestalt des Wundarztes Georg Gellmann[62] etwas deutlicher. Er hatte Verbindung zu den Schwenckfeldern in Schlesien, womit der Spiritualismus der Reformationszeit sich über diesen Spiritualismus in der Mitte des 17. Jahrhunderts bis zu Wirkungen im radikalen Pietismus der Folgezeit fortsetzt.

3.2 Regensburg

Johann Georg Gichtel,[63] ein in die Geschichte des deutschen Spiritualismus vielfältig hineinwirkender Mann, war gebürtiger Regensburger. Nach zunächst theologischen Studien in Straßburg wechselte er zur Rechtswissenschaft und kehrte 1664 in seine Heimatstadt zurück. Hier begegnete er dem Juristen Justinian von Welz, dessen Name mit den Plänen für eine Heidenmission im 17. Jahrhundert verbunden ist.[64] Der aus einer österreichischen lutherischen Flüchtlingsfamilie stammende Welz hat ähnlich wie Gichtel schon in seiner Jugendzeit

---

[59] DÜLMEN (B) 722ff; WEIGELT, Gellmann (B).
[60] HORST PFEFFERL, Das neue Bild Valentin Weigels – Ketzer oder Kirchenmann? Aspekte einer erforderlichen Neubestimmung seiner kirchen- u. theologiegeschichtl. Position: HerChr 1993/94, 67–79 [67].
[61] DÜLMEN (B) 722–733; SCHRÖTTEL (B) 37–43.
[62] Vgl. IV.2.3.1, Anm. 59.
[63] BRECHT, Spiritualisten (K) 234ff.
[64] LAUBACH (B); Justinian v. Welz. Ein Österreicher als Vordenker u. Pionier d. Weltmission. Seine Schr., bearb. u. hg. v. FRITZ LAUBACH, Wuppertal u.a. 1989 (TVGMS 348).

die Mißstände in Kirche und Staat als Ansporn zu ihrer Bekämpfung wahrgenommen. Aus dem Studium der Bibel und den Schriften Luthers entstand der Plan für die Gründung einer »Jesusliebenden Gesellschaft«, die die Mission unter den Heiden aus dem Missionsbefehl Christi theologisch und praktisch forderte. In mehreren Schriften warb er für sein Unternehmen und fand in dem jungen Gichtel einen Anhänger seiner Ideen. Die Vorlage seiner Pläne beim Corpus Evangelicorum 1664 in Regensburg hatte jedoch keinerlei Erfolg. Besonders der Regensburger Superintendent Johann Heinrich Ursinus hat diese ersten lutherischen Missionsgedanken entschieden abgelehnt, während sie jedoch Dilherr in Nürnberg positiv beantwortete.[65]

Die Ablehnung der Regensburger Geistlichkeit betraf vor allen Dingen Gichtel, der in kirchenkritischen Schriften heftige Vorwürfe gegen die Theologen in Regensburg und Nürnberg richtete.[66] Schließlich kam es zur Ausweisung Gichtels aus Regensburg. Im Herbst 1664 gingen Gichtel und von Welz in die Niederlande. Friedrich Breckling ordinierte von Welz in Zwolle für sein missionarisches Wirken. Offenbar ist er auch in das südamerikanische Surinam gereist und vermutlich dort 1668 gestorben.

Gichtel hatte auch engen Kontakt zu Johann Jakob Fabricius in Sulzbach, wo er ihn 1666 besuchte.[67] Nach seiner Rückkehr in die Niederlande wurde er wegen scharfer Angriffe gegen das lutherische Konsistorium in Amsterdam aus Zwolle ausgewiesen. Seit 1668 lebte er von den reichlichen Spenden seiner Anhänger in Amsterdam.

Ein besonderes Verdienst erwarb sich Gichtel 1682 mit der von ihm und seinen Freunden besorgten ersten deutschen Gesamtausgabe der Schriften Jakob Böhmes.[68] Mit seinen zahlreichen Sendschreiben stand er mit seinen Anhängern in verschiedenen deutschen Städten in Verbindung. Das in ihnen ausgebreitete spiritualistische Gedankengut wirkte auch in die Frühgeschichte des Hallischen Pietismus hinein.[69] Auch das Missionsprojekt des Freiherrn von Welz ging in die Geschichte des Pietismus insofern ein, als viele seiner Gedanken später verwirklicht wurden, ohne daß jedoch unmittelbare Verbindungen aufzeigbar wären.

3.3 Sulzbach

Am Sulzbacher Hof von Pfalzgraf Christian August konnte sich spiritualistisches Gedankengut durch das Wirken verschiedener Persönlichkeiten in den späten 50er und 60er Jahren des 17. Jahrhunderts entfalten. Der geistig-religiösen und konfessionspolitischen Situation im Fürstentum Sulzbach nach dem Westfä-

---

[65] SCHRÖTTEL (B) 44.
[66] BRECHT, Spiritualisten (K) 234.
[67] Zu J.J. Fabricius vgl. IV.2.3.3.
[68] BRECHT, Spiritualisten (K) 235.
[69] GERTRAUD ZAEPERNICK, Johann Georg Gichtels u. seiner Nachfolger Briefwechsel mit d. Hallischen Pietisten, bes. mit A.M. Francke: PuN 8 (1982), 74–118.

lischen Frieden kommt eine besondere Bedeutung zu, die in der Forschung in letzter Zeit verstärkte Aufmerksamkeit gefunden hat.[70]

Die Gewährung einer gleichberechtigten Koexistenz von Katholiken und Lutheranern und anderer religiöser Gemeinschaften, die keine reichsrechtliche Anerkennung besaßen, ist in dem kleinen Fürstentum Sulzbach verwirklicht worden, und zwar in einer Weise, die über eine passive Duldung der jeweils anderen Seite hinausging. Die besondere religionspolitische Situation im Fürstentum Sulzbach ist eng mit der komplizierten religiösen Entwicklung des Landesherrn verbunden. Durch Lektüre kirchenkritischer und mystischer Schriften, hebräische und griechische Sprachstudien sowie die Begegnung mit Persönlichkeiten, die mit ihrer humanistischen Bildung und ihren naturphilosophisch-spekulativen Ideen beeindruckten, suchte Christian August nach Wegen zu einer Überwindung der schroffen konfessionellen Gegensätze. Besonders die Begegnung mit Franciscus Mercurius van Helmont, dem Sohn des bedeutenden Naturforschers und Arztes Johann Baptist van Helmont, gab seiner bisherigen lutherischen Religionspolitik eine neue Wendung, die schließlich zur Gleichberechtigung beider Konfessionen führte. Seiner Konversion zum Katholizismus 1656 ging eine Entfremdung von der lutherischen Kirche voraus, eine konfessionell-katholische Haltung folgte ihr jedoch nicht. Vielmehr war seit 1663 das sog. Simultaneum im Fürstentum Sulzbach errichtet worden, bei dem alle Kirchen und Schulen mit ihrem Vermögen in den gemeinsamen Besitz beider Konfessionen übergegangen waren, so daß Lutheraner und Katholiken kirchliche wie staatsbürgerliche Parität beanspruchen konnten. Religions- und Gewissensfreiheit wurde aber auch Vertretern spiritualistischen Gedankengutes zuteil. Das auf einer komplizierten politischen und erbrechtlichen Situation errichtete Simultaneum verteidigte Christian August entschieden gegenüber seinem Neuburger Vetter Philipp Wilhelm, der es zu beseitigen versuchte. Seit 1658 kamen Persönlichkeiten nach Sulzbach, die das besondere Wohlwollen des Pfalzgrafen genossen und eine kurze Blütezeit des Spiritualismus in Sulzbach einleiteten.

Tobias Ludwig Kohlhans wurde als Leibarzt und Geheimsekretär angestellt. Wie F.M. van Helmont interessierte sich Kohlhans für die Gedankenwelt der Quäker. Durch die Initiative des Pfalzgrafen kamen seit 1660 ungewöhnliche lutherische Prediger nach Sulzbach. Christian August hatte sie selbst bei einer Reise nach den Niederlanden in ihren dortigen lutherischen Gemeinden nach Sulzbach verpflichten können. Es sind dies J.J. Fabricius, Justus Brawe und Clamerus Florinus. Alle drei hatten an der Universität Rostock studiert und waren durch gemeinsame Interessen, besonders an den orientalischen Sprachen und an Medizin und Naturwissenschaften miteinander verbunden. Vor allem aber

---

[70] GERHARD PFEIFFER/HANS WIEDEMANN, Sulzbach i. d. deutschen Gesch., Sulzbach-Rosenberg 1965; WAPPMANN, Sulzbach (B); WAPPMANN, Durchbruch (B); FINKE, Sulzbach (B); VOLKER WAPPMANN, Juden, Quäker, Pietisten – Die Irenik d. Sulzbacher Kreises (1651–1708): Union – Konversion – Toleranz. Dimensionen d. Annäherung zwischen d. christl. Konfessionen i. 17. u. 18. Jh., hg. v. HEINZ DUCHHARDT u. GERHARD MAY, Mainz 2000, 119–138 (VIEG Beih. 50).

drangen sie gemeinsam auf eine Reform des christlichen Lebens im Geiste Arndts. Diese Impulse wurden in Rostock durch Joachim Lütkemann vermittelt, der durch seine Rostocker Predigten besonders auf J.J. Fabricius wirkte.[71] Der Freundeskreis traf sich schließlich nach mancherlei Umwegen in den Niederlanden wieder, wo J.J. Fabricius Pfarrer der lutherischen Gemeinde in Zwolle wurde. Gemeinsam arbeitete man an einer neuen deutschen Bibelübersetzung und pflegte Kontakte mit gelehrten Gesinnungsfreunden. Über den Kontakt mit Ludwig Friedrich Gifftheil kamen sie mit Breckling in Verbindung, der durch seine kirchenkritische Haltung vielfach Anstöße erregte und schließlich in Zwolle Nachfolger des J.J. Fabricius wurde.

Der an Hebraistik, Kabbala und Naturphilosophie interessierte Pfalzgraf hatte diese Prediger mit gleichem Interessenhorizont nach Sulzbach geholt, wo J.J. Fabricius Prediger von Sulzbach, Brawe Superintendent und Florin Pfarrer in Rosenberg wurde. Mit großem Argwohn schaute man aus Neuburg auf diese Vorgänge in Sulzbach, aber Christian August stellte sich schützend vor seine Prediger. Als J.J. Fabricius 1667 wegen seines Eifers und seiner Intoleranz Sulzbach wieder verlassen mußte und bei Gichtel in Amsterdam Zuflucht fand, kam mit Johann Fischer ein neuer Gesinnungsgenosse nach Sulzbach.[72] Die spiritualistische Epoche war noch nicht beendet. Vor allem als zur gleichen Zeit der aus Schlesien stammende Christian Knorr von Rosenroth an den Hof des Pfalzgrafen kam, begann eine Zeit besonderer wissenschaftlicher und geistig-kultureller Regsamkeit in Sulzbach. Rosenroth war als Jurist zwar als Hofkanzleirat angestellt worden, aber seine naturwissenschaftlichen, alchemistischen und kabbalistischen Forschungen berührten sich mit denen des Pfalzgrafen. Auch theologisch-exegetische Werke verfaßte und übersetzte dieser vielseitige Mann, der mit seinem Kommentar zur Apokalypse des Johannes ein Vermittler des englischen Chiliasmus an den deutschen Pietismus geworden ist.[73]

Im Zentrum der theologischen Gedankenwelt des spiritualistischen Kreises in Sulzbach steht die innerliche Wiedergeburt, die Abwertung der Sakramente als nur äußere Zeichen, eine verlebendigte und verinnerlichte Frömmigkeit im Sinne Arndts. Aber diese Frömmigkeitshaltung geht einher mit einer großen Offenheit für die Naturwissenschaften der Zeit und mit pädagogischen Reformmaßnahmen. Ihre besondere Vorliebe galt den Ursprachen der Bibel, besonders dem Hebräischen als der Sprache Gottes, mit der er die Welt geschaffen hat. Rosenroth ist auch als Verfasser des Liedes »Morgenglanz der Ewigkeit«[74] bekannt geworden.

---

[71] BRECHT, Spiritualisten (K) 229f.
[72] Zu Fischer vgl. JOHANNES WALLMANN, Beziehungen d. frühen Pietismus z. Baltikum u. z. Finnland: WALLMANN, Theologie (B) 249–281.
[73] WAPPMANN, Durchbruch (B) 214ff; FINKE, Toleranz (B) 206–209.
[74] EG 450. RUTH FRITZE-EGGIMANN, »Morgenglanz d. Ewigkeit«. Begegnung mit Christian Knorr v. Rosenroth: JSKG NF 65 (1986), 84–90.

3.4 Augsburg

Auch in Augsburg und in Ostschwaben gab es spiritualistische und mystische Kreise unter den Theologen, deren nähere Erkundung allerdings bisher von der Forschung sehr vernachlässigt wurde. Überhaupt bedarf es zur evangelischen Kirchen- und Theologiegeschichte Augsburgs zur Zeit der lutherischen Orthodoxie dringend neuerer Forschungen. In dem knappen Hinweis auf die Evangelische Kirche in der Darstellung von Adolf Layer über die Geschichte Augsburgs und Schwabens zwischen 1648 und 1806 findet sich der Satz: »Mystische oder frühe pietistische Strömungen in Augsburg, Lindau, Memmingen und Oettingen gerieten in Gegensatz zur orthodoxen Amtskirche, was wiederholt Ausweisungen oder Auswanderungen zur Folge hatte«.[75] In einem Fall läßt sich dies ein wenig konkretisieren: Der Augsburger Geistliche Johann Friedrich Wielandt[76] wurde von Breckling als »Liebhaber der Theologiae Mysticae« sehr geschätzt. »Der Verdacht des Weigelianismus hatte 1686 in Augsburg zu Wielandts Entlassung geführt.«[77]

4. Geistliche Dichtung in Nürnberg seit der Mitte des 17. Jahrhunderts

Am Ende des Dreißigjährigen Krieges kam es in Nürnberg zu einem lockeren Zusammenschluß einiger Dichter, dem sog. »Pegnesischen Blumenorden« oder den »Pegnitzschäfern«.[78] Der kleine Kreis gehört in die Geschichte der frühneuzeitlichen Sprach- und Dichtergesellschaften, die nicht nur für die Kultur- und Literaturgeschichte, sondern auch für die Kirchen- und Theologiegeschichte Beachtung beanspruchen können. Das gilt für die »Sodalitio« in Nürnberg allein schon aufgrund der Verbindungen, die Dilherr mit den Hauptgestalten dieser Dichtergesellschaft gepflegt hat. Auch in der eigenartigen Mischung verschiedenartiger Elemente, zu denen auch charakteristische Ausprägungsformen der lutherischen Frömmigkeit in dieser Zeit gehören, und durch seine weite Ausstrahlung und Wirkungsgeschichte reicht die Bedeutung des Pegnesischen Blumenordens über die Kulturgeschichte der Stadt Nürnberg hinaus.

---

[75] ADOLF LAYER, Die innerkirchl. Entwicklung. Kath. u. Ev. Kirche v. d. Gegenreformation bis z. Aufklärung. Die Ev. Kirche: HBG² 3/2, 1065f [1065]

[76] WIEDEMANN (B) Nr. 272.

[77] BLAUFUSS, Reichsstadt (B) 209f; DIETRICH BLAUFUSS, Beziehungen Friedrich Brecklings nach Süddeutschland. Ein Beitr. z. Einfluß d. radikalen Pietismus i. 17. Jh.: ZKG 87 (1976), 244–279. Über Wielandt auch kurze Angaben mit Porträt in JOSEPH FRIEDRICH REIN, Das gesamte Augspurgische Ev. Ministerium (d.h. Pfarrerschaft) bis auf 1748, Augsburg 1748, 159. Dort heißt es: Seit 1684 war er 4. Diakon in der Pfarrei bei den Barfüssern in Augsburg, »aber nach zweyen Jahren wegen verdächtiger Händel resignieren müssen; da er dann von Augspurg weggegangen, [...] von seinen weitern Begebnissen nichts in Erfahrung gebracht.« Diesen Hinweis verdanke ich Wolfgang Zorn, Augsburg.

[78] RENATE JÜRGENSEN, Utile cum dulci. Mit Nutzen erfreulich. Die Blütezeit d. Pegnesischen Blumenordens i. Nürnberg 1644 bis 1744, Wiesbaden 1994.

Drei Persönlichkeiten haben die Frühgeschichte der Nürnberger Dichtergesellschaft nachhaltig geprägt: Harsdörffer, ein weitgereister Polyhistor und bekannter Dichter, der auch zum Nürnberger Patriziat gehörte.[79] Aus Meißen stammte Klaj, der an der Sebalder Lateinschule wirkte. Er hatte bei August Buchner in Wittenberg studiert, einem berühmten Poetiklehrer und Mitglied der Fruchtbringenden Gesellschaft. In seinen späteren Jahren war er Pfarrer in Kitzingen.[80] Der Hauptbegründer und eigentliche geistige Leiter der Gruppe war der aus Böhmen stammende Dichter Birken.[81]

Die Sehnsucht nach Frieden und die Kultivierung der Sprache als ein wichtiger Teil des Wiederaufbaues nach dem Krieg sind wesentliche Gründungsmotive des Pegnesischen Blumenordens. Die Tradition der antiken Hirtendichtung ist von Anfang an eng mit biblischen Vorstellungen verbunden. Aus dieser Verbindung gehen die in barocker Empfindsamkeit gestalteten Hirtengedichte, Kasualschriften und geistlichen Lieder der Gruppe hervor. Der Krieg brachte den Verfall der Sprache, und dieser sprachlichen Verrohung folgte der Niedergang der Sitten. In der Überzeugung, daß die deutsche Dichtkunst aus der biblischen Ursprache, dem Hebräischen, stamme und die deutsche Sprache eine besondere Nähe zur Sprache der Natur habe, versuchten die Pegnitzschäfer das Lob des Schöpfers und seiner Schöpfung nach den Verheerungen des Krieges wieder neu zum Ausdruck zu bringen. Bekannte Mitglieder der Nürnberger Dichtergesellschaft in Norddeutschland waren Johann Rist und Justus Georg Schottelius. Über Birken war der Nürnberger Kreis auch mit Herzog August d.J. von Braunschweig-Wolfenbüttel und der Wolfenbütteler Hofkultur verbunden.[82]

Bei den Friedensfeierlichkeiten in Nürnberg 1649/50 beauftragten Dilherr und Harsdörffer die jungen Dichter, ihre Gedichte vorzutragen. Dadurch wurde der Blumenorden an der Pegnitz bekannt. Nach dem frühen Tod von Klaj und Harsdörffer (Dilherr hielt die Leichenpredigt auf Harsdörffer 1658) prägte vor allem Birken die weitere Geschichte dieses Kreises. Beim Tod von Dilherr 1669, der durch seine geistlichen Schriften und bildreichen sowie wortgewandten Predigten die Sprachkultur des Blumenordens wesentlich förderte, hat Birken eine Trauerekloge auf Dilherr verfaßt, die infolge von Dilherrs Bekanntheit weite

---

[79] IRMGARD BÖTTCHER, Harsdörffer, Georg Philipp: Literatur Lexikon 5 (K) 23–26; DIES., Der Nürnberger Georg Philipp Harsdörffer: Deutsche Dichter d. 17. Jh. Ihr Leben u. Werk, hg. v. HARALD STEINHAGEN u. BENNO V. WIESE, Berlin 1984, 289–346; Bibliographie: Bibliographie z. deutschen Literaturgesch. d. Barockzeitalters, begründet v. HANS PYRITZ, fortgeführt u. hg. v. ILSE PYRITZ, Bd. 2, Bern 1985, 317–323.

[80] FERDINAND V. INGEN, Klaj, Johann: Literatur Lexikon 6 (K) 346f.

[81] KLAUS GARBER, Birken, Sigmund v.: Literatur Lexikon 1 (K) 516–519; DERS., Private literarische Gebrauchsformen i. 17. Jh. Autobiographika u. Korrespondenz Sigmund v. Birkens: Briefe deutscher Barockautoren. Probleme ihrer Erfassung u. Erschließung, hg. v. HANS-HENRIK KRUMMACHER, Hamburg 1978, 107–138 (Wolfenbütteler Arbeiten z. Barockforsch. 6); JOACHIM KRÖLL, Sigmund Birken (1626–1681): LebFranken NF 9 (1980), 187–203.

[82] MARTIN BIRCHER, Herzog August u. d. Literatur seiner Zeit: Sammler, Fürst, Gelehrter. Herzog August z. Braunschweig u. Lüneburg 1579–1666, Wolfenbüttel 1979, 211–228 (AKat. d. Herzog August Bibliothek 27). In den Jahren 1645/46 war Birken Prinzenerzieher am Hof in Wolfenbüttel.

Verbreitung gefunden hat. Zu dieser Zeit wurde die geistliche Mitte des Ordens neu bestimmt. Die Passionsblume war das Ordensemblem und das Meditationsbild der Gruppe geworden. Die im Bild der Blumen und des Gartens vermischten heidnischen und christlichen Vorstellungen hat Birken nun in Richtung auf das Neue Testament vertieft, auf das Lamm als Sinnbild des geopferten und auferstandenen Christus. Im Sinnbild der Passionsblume verbinden sich lutherische Kreuzestheologie, Elemente der Devotio moderna und mittelalterliche Passionsmystik (Bernhard von Clairvaux) zu einer die bestehenden konfessionellen Grenzen sprengenden Frömmigkeitssprache. Seit den frühen 70er Jahren fand sie besonders im geistlichen Lied ihren Ausdruck, das seit dieser Zeit im Mittelpunkt der Ordensdichtung stand. Bis Ende des 17. Jahrhunderts erschienen etwa 30 geistliche Liedersammlungen, bei denen die Nürnberger Dichter beteiligt waren. Die Lieder der Pegnitzschäfer gingen auch in die Gesangbücher nicht nur in Franken, sondern auch in Thüringen und Sachsen ein.[83]

Der Nürnberger Dichterkreis mit seinen geistlichen Liedern steht in besonders enger Beziehung zu den Erbauungsschriften des Rostockers Heinrich Müller, der wiederum in der Tradition von Arndt und Lütkemann steht. In dem Begriff der »Seelenmusik«[84] wird die Brücke zwischen Nürnberg und Rostock besonders anschaulich. Denn unter diesem Begriff hatte schon Saubert eine Kantatenpredigt 1623 herausgegeben, und Dilherr eine Liedersammlung zusammen mit Sigmund Theophil Staden mit dem Titel »Seelenmusik. Geist- und Trostreiche Lieder«, Nürnberg 1644. Müllers Gesangbuch kam unter dem Titel »Geistliche Seelenmusik«, Rostock 1659, heraus. Verinnerlichung und Individualisierung der Frömmigkeit sind die gemeinsamen Ziele, weshalb die Gesangbücher auch für die private Andacht gedacht sind. Zu den Betrachtungen von Müller in seinem Erbauungsbuch »Geistliche Erquickstunden« haben Birken und sein Kreis je ein geistliches Lied verfaßt und in Liedsammlungen 1673 und 1691 veröffentlicht.[85]

Birken war auch der Seelenfreund der durch die Gegenreformation aus Niederösterreich vertriebenen Adeligen Catharina Regina von Greiffenberg.[86] Ihre Sammlung der »Geistlichen Sonnette/ Lieder und Gedichte/ zu Gottseligem Zeitvertreib [...]«, Nürnberg 1662, bringt eine Jesusfrömmigkeit zum Ausdruck, die die große Sehnsucht nach dem Seelenfreund mit dem Bewußtsein der bleibenden Distanz des Gottmenschen in seiner Liebe zu uns eigenartig verbindet. Von Birken sind im Evangelischen Gesangbuch zwei Lieder vertreten: »Jesu, deine Passion will ich jetzt bedenken« (EG 88) und »Lasset uns mit Jesus ziehen« (EG 384).

---

[83] RÖBBELEN (B) 84. 206f. 264f.
[84] BUNNERS (K) 117ff.
[85] AaO, 142.
[86] JÖRG BAUR, Jesusfrömmigkeit u. Christologie bei Catharina Regina v. Greiffenberg (1633–1694): Pietas i. d. Luth. Orthodoxie. Tagungsband z. Zweiten Wittenberger Symposium z. Erforschung d. Luth. Orthodoxie 8. bis 10.12.1995, hg. v. UDO STRÄTER, Wittenberg 1998, 100–124 (Themata Leucoreana).

In dieser geistlichen Dichtung in Nürnberg seit der Mitte des 17. Jahrhunderts wird eine Intensivierung der Frömmigkeitssprache deutlich, die jenseits unserer Einteilungen von »orthodox« und »pietistisch« der weiteren Erforschung erst noch eigentlich bedarf.

IV.3 PIETISMUS

Von Horst Weigelt

BLAUFUSS, Pietismus (B).– BLAUFUSS, Reichsstadt (B).– DIETRICH BLAUFUSS, Spener-Arbeiten. Quellenstud. u. Unters. z. Philipp Jacob Spener u. z. frühen Wirkung d. luth. Pietismus, Bern u.a. ²1980 (EHS.T 46).– FRIEDRICH BRAUN, Orthodoxie u. Pietismus i. Memmingen, München 1935 (EKGB 18).– HERMANN CLAUSS, Unters. z. Gesch. d. Pietismus i. d. Markgrafschaft Ansbach: BBKG 26 (1920), 97–139.– DÜLMEN (B).– FRIEDRICH FRITZ, Johann Georg Rosenbach: ZBKG 18 (1948/49), 21–59.– WALTER HAHN, Der »Verlag d. Raw'schen Buchhandlung« u. d. Deutsche Christentumsgesellschaft i. Nürnberg 1789–1826: ZBKG 45 (1976), 83–171.– GERHARD HIRSCHMANN, Die ev. Kirche: HBG[1] 4/2, 883–913.– KANTZENBACH, Geist (B).– FRIEDRICH WILHELM KANTZENBACH, Der Pietismus i. Ansbach u. i. fränk. Umland: Der Pietismus i. Gestalten u. Wirkungen. [FS] Martin Schmidt z. 65. Geburtstag, hg. v. HEINRICH BORNKAMM u.a., Bielefeld 1975, 286–299 (AGP 14).– DERS., Der Separatismus i. Franken u. Bayer.-Schwaben i. Rahmen d. pietistischen Bewegung: ZBKG 45 (1976), 33–53.– DERS., Zinzendorf, Bayreuth u. Franken: JFLF 39 (1979), 109–123.– HERBERT PATZELT, Der Pietismus i. Teschener Schlesien 1709–1730, Göttingen 1969 (KO.M 8).– UTA V. PEZOLD, Die Herrschaft Thurnau i. 18. Jh., Kulmbach 1968 (Die Plassenburg 27).– HEINZ RENKEWITZ, Hochmann v. Hochenau (1670–1721). Quellenstud. z. Gesch. d. Pietismus, Witten 1969 (AGP 5).– [HERMANN BURKHARD ROSLER,] Kurtze Nachricht v. […] Johann Burckhardt Roslers […] u. […] Hermann Burckhardt Roslers […] Führung u. […] verfertigten Schrifften, Jena 1724.– SCHATTENMANN, Hartmann Superintendent (B).– PAUL SCHATTENMANN, Georg Adam Michel, Generalsuperintendent i. Oettingen, u. sein gelehrter Briefwechsel. Ein Beitr. z. KG d. 18. Jh., Nürnberg 1962 (EKGB 37).– DERS., Unters. u. Beitr. z. KG d. Grafschaft Oettingen i. 17. u. 18. Jh.: ZBKG 28 (1959), 97–118.– PAUL SCHAUDIG, Der Pietismus u. Separatismus i. Aischgrund, Schwäbisch Gmünd 1925.– HANS SCHNEIDER, Der radikale Pietismus i. 18. Jh.: Gesch. d. Pietismus 2 (B) 107–197.– ULF-MICHAEL SCHNEIDER, Propheten d. Goethezeit. Sprache, Literatur u. Wirkung d. Inspirierten, Göttingen 1995 (Palaestra 297).– HANS-JÜRGEN SCHRADER, Literaturproduktion u. Büchermarkt d. radikalen Pietismus. Johann Henrich Reitz' »Historie Der Wiedergebohrnen« u. ihr geschichtl. Kontext, Göttingen 1989 (Palaestra 283).– SCHRÖTTEL (B).– SIMON, Brendel (B).– SIMON, Kirchengesch.[1] 2 (B).– MATTHIAS SIMON, Der Prediger Tobias Winkler i. Nürnberg: MVGN 42 (1951), 198–235.– PHILIPP JAKOB SPENER, Briefe aus d. Frankfurter Zeit 1666–1686, hg. v. JOHANNES WALLMANN, 3 Bde., Tübingen 1992–2000.– Samuel Urlsperger (1685–1772). Augsburger Pietismus zwischen Außenwirkungen u. Binnenwelt, hg. v. REINHARD SCHWARZ, Berlin 1996 (Colloquia Augustana 4). JOHANN AUGUST VOCKE, Geburts- u. Todten-Almanach Ansbachischer Gelehrten, Schriftsteller, u. Künstler; oder: Anzeige jeden Jahrs, Monats u. Tags, an welchem Jeder derselben gebohren wurde, u. starb, nebst ihrer kurz zusammengedrängten Lebens-Gesch. u. d. Verzeichnis ihrer Schr. u. Kunstwerke […], 2 Teile, Augsburg 1796/1797.– WAPPMANN, Durchbruch (B).– VOLKER WAPPMANN, Pietismus u. Politik. Zur Biographie v. Johann Heinrich Hassel (1640–1706): ZBKG 67 (1998), 27–59.– WEIGELT, Beziehungen (B).– WEIGELT, Gesch. (B).– HORST WEIGELT, Die Deutsche Christentumsgesellschaft, ihre Entstehung, Entwicklung u. Bedeutung: WEIGELT, Pietismus-Stud. 1 (K) 119–

140.– DERS., Die Diasporaarbeit der Herrnhuter Brüdergemeine u. d. Wirksamkeit d. Deutschen Christentumsgesellschaft i. 19. Jh.: Gesch. d. Pietismus 3 (B) 112–149.– DERS., Der Pietismus i. Übergang v. 18. z. 19. Jh.: Gesch. d. Pietismus 2 (B) 700–754.– DERS., Pietismus-Stud., Teil 1: Der spener-hallische Pietismus, Stuttgart 1965 (AzTh 2/4).– WOLFGANG ZORN, Samuel u. Johann August Urlsperger: LebBaySchwaben 1 (1952), 322–342.

1. Neue Frömmigkeitsaufbrüche nach 1600

Seit Beginn des 17. Jahrhunderts machte sich innerhalb der lutherischen Orthodoxie eine neue, stark von Johann Arndt bestimmte Frömmigkeitsbewegung bemerkbar, die den Pietismus[1] – im weiteren Sinn[2] – in mannigfacher Weise präludierte. Obgleich die eigentlichen Zentren dieser auf verinnerlichte Frömmigkeit sowie kirchliche und gesellschaftliche Reformen drängenden lutherischen Orthodoxie außerhalb des Gebiets des heutigen Bayerns lagen, war sie durchaus auch hier präsent.[3]

In besonderer Weise gilt dies von einigen fränkischen Reichsstädten, so von Rothenburg ob der Tauber mit seinem in Wort und Schrift auf ein praktisches Christentum dringenden Superintendenten Johann Ludwig Hartmann,[4] von Schweinfurt mit seinen beiden Oberpfarrern Caspar Martin Heunisch,[5] Verfasser theologischer Werke und Herausgeber eines wiederholt aufgelegten Schweinfurter Gesangbuchs, und Johann Wilhelm Barger,[6] sowie besonders von Nürnberg, wo die einflußreichen, gebildeten und literarisch ausgewiesenen Antistes Johannes Saubert d.Ä.[7] und Johann Michael Dilherr[8] Anhänger Arndts waren.

---

[1] Überblicke bzw. Darstellungen zur Geschichte des Pietismus im heutigen bayerischen Raum: SIMON, Kirchengesch.[1] 2 (B) 455–531. 729–734; KANTZENBACH, Geist (B) 6–37. 64–87. 448f; WÖLFEL, Entwicklung (B) 808–824; DIETRICH BLAUFUSS, Literaturber.: Zeitalter d. Pietismus: ZBKG 48 (1979), 185–195; WEIGELT, Gesch. (B). Der vorliegende Artikel stützt sich in vielem auf letztgenannte Monographie, auch wenn dies nicht immer im einzelnen angemerkt ist.

[2] Zur neueren Diskussion über das Verständnis des Pietismus und seines Beginns vgl. MARTIN BRECHT, Einleitung: Gesch. d. Pietismus 1 (B) 1–10 [3–10].

[3] Vgl. dazu und zum Folgenden WEIGELT, Gesch. (B) 7–33.

[4] Zu Hartmann vgl. HEPPE, Hartmann, Joh. Ludwig: ADB 10, 685; SCHATTENMANN, Hartmann Superintendent (B); SCHATTENMANN, Hartmann: LebFranken (B).

[5] Zu Heunisch vgl. CHRISTIAN SCHÜMANN, Ein nützlichs Himmels-Pfand. Das Schweinfurter Pfarrergeschlecht Heunisch: Streiflichter (B) 77–87 [80ff].

[6] Zu Barger vgl. ANTON OELLER, Aus d. Leben Schweinfurter Männer u. Frauen, Bd. 1: Adler bis Eber, Schweinfurt 1968, 34ff (Veröff. d. Hist. Vereins u. d. Stadtarchivs Schweinfurt. Sonderreihe 7/1).

[7] Zu Saubert vgl. WAGENMANN, Saubert, Johannes: ADB 30, 413ff; BLAUFUSS, Saubert (B); DÜLMEN (B); HANS LEUBE, Die Theologen u. d. Kirchenvolk i. Zeitalter d. luth. Orthodoxie: AELKZ 57 (1924), 243–247. 260–265. 276–282. 292–297. 310–314 (Wiederabdruck: Orthodoxie u. Pietismus. Ges. Stud. v. Hans Leube, hg. v. DIETRICH BLAUFUSS, Bielefeld 1975, 36–74 [55f] [AGP 13]).

[8] Zu Dilherr vgl. BRÜCKNER, Dilherr, Johannes Michael: ADB 5, 225; ADALBERT ELSCHENBROICH, Dilherr, Johann Michael: NDB 3, 717f; SCHRÖTTEL (B); GERHARD SCHRÖTTEL, Johann Michael Dilherr: LebFranken NF 7 (1977), 142–151.

Auch in den hohenzollerischen Territorien Frankens gab es einige einflußreichere Theologen, die sich Kirchenreform und Intensivierung der Frömmigkeit zum Ziel gesetzt hatten. In der Markgrafschaft Brandenburg-Ansbach waren es Heinrich von der Lith,[9] Hofprediger und Konsistorialrat in der Residenzstadt Ansbach, und Johann Christoph Meelführer,[10] von 1673 bis 1708 Dekan in Schwabach. In der Markgrafschaft Brandenburg-Kulmbach (Bayreuth) setzte sich Christoph Althofer,[11] seit 1644 Generalsuperintendent in Kulmbach, besonders für kirchliche und gemeindliche Reformen ein. Dagegen drang der seit 1668 im markgräflichen Kirchendienst stehende Heinrich Arnold Stockfleth[12] stärker auf eine verinnerlichte Frömmigkeit, wie seine anspruchsvollen Erbauungsschriften[13] (u.a. »Sonntägliche Andachts-Stunden betitult: Die Hütte-Gottes bey dem Menschen«, Sulzbach 1677) und seine 1690 in Münchberg herausgegebene Liedersammlung »Neu-qvellender Brunn Israëls/ Oder: Neu-verbessertes Gesang- und Gebeth-Buch« zeigen. Stockfleth ist auch als Dichter bekannt (»Die Kunst- und Tugend-gezierte Macarie«, Nürnberg 1669). Zudem verfaßte er zahlreiche geistliche Lieder und Gedichte (u.a. den Choral »Wundcranfang herrlichs Ende«).

Zu einem kleinen Hort kirchenreformerischer Bestrebungen wurde während der ersten Hälfte des 17. Jahrhunderts das Fürstentum Coburg, wo Johann Gerhard,[14] ebenfalls von Arndt beeinflußt, von 1606 bis 1616 in verschiedenen kirchlichen Ämtern (zuletzt als Generalsuperintendent) tätig war. In der Residenzstadt Coburg setzte sich Johann Matthäus Meyfart,[15] von 1617 bis 1633 zunächst Professor und dann bald Direktor am dortigen Akademischen Gymnasium, für eine Verlebendigung des kirchlichen und gesellschaftlichen Lebens ein. Dazu sollten auch seine Predigtsammlungen (»Tuba poenitentiae prophetica«, Coburg 1625, »Tuba novissima«, Coburg 1626, darin das bekannte Lied »Jerusalem, du hochgebaute Stadt«) sowie seine kulturkritischen, poetischen und erbaulichen Werke dienen. Unterstützt wurde er von dem ebenfalls literarisch frucht-

---

9 Zu H. von der Lith vgl. KANTZENBACH, Pietismus (K).
10 Zu Meelführer vgl. CLAUSS (K) 113–117; OTTMAR KREPPEL, Dekan Johann Christoph Meelführer v. Schwabach († 1708), sein Sohn Rudolf Martin u. beider Briefwechsel. Sonderdruck aus: Heimatblätter f. d. Gesch. Schwabachs u. d. Bezirksgebietes Schwabach, Schwabach [1923].
11 Zu Althofer vgl. WAGENMANN, Althofer, Christoph: ADB 1, 367.
12 Zu Stockfleth vgl. M. V. WALDBERG, Stockfleth, Heinrich Arnold: ADB 36, 286.
13 Ein Werkverzeichnis Stockfleths findet sich bei VOLKER MEID, Bibliographie: HEINRICH ARNOLD STOCKFLETH, Die Kunst- u. Tugend-gezierte Macarie, Bd. 1, Nachr. d. Ausg. Nürnberg 1669, hg. u. eingeleitet v. VOLKER MEID, Bern u.a. 1978, 23*–39* [23*–33*] (Nachdr. deutscher Literatur d. 17. Jh. 19).
14 Zu Gerhards Wirksamkeit in Coburg vgl. BERBIG (B).
15 Zu Meyfart vgl. BERTHEAU, Meyfart, Johann Matthäus: ADB 21, 646ff; ERICH TRUNZ, Meyfart, Johann Matthäus: NDB 17, 398f; CHRISTIAN HALLIER, Johann Matthäus Meyfart. Ein Schriftsteller, Pädagoge u. Theologe d. 17. Jh. Mit einem Nachwort v. Erich Trunz, Neumünster 1982 [= Nachdr. d. Ausg. Frankfurt/Main 1926] (Kieler Stud. z. deutschen Literaturgesch. 15); TRUNZ (B).

baren Andreas Keßler,[16] seit 1635 Generalsuperintendent in Coburg, der außer konfessionellen Streitschriften auch Kirchenlieder verfaßte.

Neben dieser entscheidend von Arndt bestimmten Frömmigkeitsbewegung präludierte auch der mystische Spiritualismus mit seinem Drängen auf geistgewirkte Gotteserfahrung und Verlebendigung individuellen Christseins den Pietismus, besonders in seiner radikalen Ausformung. Im 17. Jahrhundert stellte der mystische Spiritualismus in den beiden Reichsstädten Nürnberg und Regensburg sowie in der Pfalzgrafschaft bzw. in dem Herzogtum Sulzbach eine nicht unbedeutende Strömung dar.[17]

In Nürnberg bildeten die Anhänger des mystischen Spiritualismus, gemäß gängiger Ketzertopik als Weigelianer apostrophiert, recht beachtliche Kreise, die sich vornehmlich aus Handwerkern und Kaufleuten rekrutierten.[18] Wegen ihrer Zurückweisung von Wort und Sakrament als Gnadenmittel und ihrer Opposition gegen das institutionelle Kirchenwesen wurden die Pfarrer auf sie aufmerksam. So kritisierte Saubert, daß »die Schwenckfeldianer oder Weigelianer [...] nicht den waaren Glauben/ als die Wurtzel/ sondern die Lieb deß Nechsten für das Haubtmittel und Haubtstück der Seligkeit«[19] halten. Aufgrund des beharrlichen Drängens der Geistlichkeit ging der Magistrat in den 40er Jahren entschlossener gegen diese Spiritualisten mit Ausweisungsbefehlen vor, ohne jedoch deren Befolgung im einzelnen strikt zu überwachen. Zu den Expatriierten gehörte Georg Gellmann, der als renommierter Schnitt- und Wundarzt in der fürstbischöflichen Residenzstadt Bamberg Reputation und Wohlstand erlangte.[20]

In Regensburg, seit 1663 Sitz des Immerwährenden Reichstags, wirkten vorübergehend zwei bedeutende Repräsentanten des mystischen Spiritualismus. 1664 kam Justinian von Welz[21] hierher und suchte – allerdings vergebens – die Gesandten beim Corpus Evangelicorum für sein Projekt einer organisierten Missionsgesellschaft, der »Jesus-liebenden Gesellschaft«, zu gewinnen.[22] Unter seinem Einfluß erlebte jedoch der Jurist Johann Georg Gichtel,[23] der 1638 in Regensburg als Sohn eines Steueramtsassessors geboren wurde und nach dem Studium in Straßburg und einer Advokatsgehilfenzeit in Speyer in seiner Vaterstadt

---

[16] Zu Keßler vgl. P. TSCHAKERT, Kesler, Andreas: ADB 15, 655.

[17] Vgl. dazu und zum Folgenden WEIGELT, Gesch. (B) 34–43.

[18] Zu den Spiritualisten in Nürnberg während der ersten Hälfte des 17. Jahrhunderts vgl. HERMANN CLAUSS, Weigelianer i. Nürnberg: BBKG 21 (1915), 267–271; DÜLMEN (B) 722–733; RICHARD VAN DÜLMEN, Schwärmer u. Separatisten i. Nürnberg (1618–1648). Ein Beitr. z. Problem d. »Weigelianismus«: AKuG 55 (1973), 107–137; SCHRÖTTEL (B) 37–43.

[19] JOHANNES SAUBERT, Geistl. Gemaelde, Bd. 2, Nürnberg 1658, 211.

[20] Vgl. WEIGELT, Gellmann (B) 103–112.

[21] Zu Welz vgl. VIKTOR HANTZSCH, Welz, Justinian Ernst v.: ADB 42 (1897), 744ff; WOLFGANG GRÖSSEL, Justinianus v. Weltz, der Vorkämpfer d. luth. Mission, Leipzig 1891 (Faber's Missionsbibliothek 2/3).

[22] Zu seinem Missionsprojekt vgl. LAUBACH (B) 18–33.

[23] Zu Gichtel vgl. SEPP, Gichtel, Johann Georg: ADB 9, 147–150; PETER POSCHARSKY, Gichtel, Johann Georg: NDB 6, 369; BERNARD GORCEIX, Johann Georg Gichtel. Theosophe d'Amsterdam, Lausanne 1975.

eine Anwaltskanzlei betrieb, eine erste religiöse Erweckung[24] und wurde sein Anhänger. Nach schweren Konflikten mit der Obrigkeit wurde Gichtel, der sich inzwischen unter dem Einfluß Friedrich Brecklings zum mystischen Spiritualisten und radikalen Kirchenkritiker entwickelt hatte, im Februar 1665 unter Verlust des Bürgerrechts und Konfiskation seines Vermögens für immer aus Regensburg ausgewiesen. Nach verschiedenen Zwischenstationen zog er 1668 nach Amsterdam, wo er sich immer mehr in die Gedankenwelt Jakob Böhmes vertiefte. Unter der großen Zahl seiner Anhänger waren auch etliche Franken wie der Pfarrer Johann Ruckteschel und seine Frau Rosina Dorothea, geborene Schilling.[25]

Das Herzogtum Sulzbach wurde zwischen 1660 und 1667/69 sogar zu einem weithin bekannten Zentrum des mystischen Spiritualismus.[26] Koordinator war der aus Brüssel gebürtige Polyhistor und Naturphilosoph Franciscus Mercurius van Helmont,[27] der 1651 erstmals nach Sulzbach kam und den Pfalzgrafen Christian August für Theosophie, Kabbala und Alchimie zu begeistern wußte. Wahrscheinlich auf seinen Rat hin berief der Pfalzgraf 1660/61 drei stark vom mystischen Spiritualismus beeinflußte lutherische Pfarrer aus den Niederlanden in sein Territorium: Johann Jakob Fabricius[28] als Stadtpfarrer und Justus Brawe als Superintendenten nach Sulzbach sowie Clamerus Florinus als Pfarrer nach Rosenberg und seit 1665 nach Neukirchen. 1667 fand schließlich der aus Schlesien gebürtige Jurist, Dichter und Gelehrte Christian Knorr von Rosenroth[29] in Sulzbach Aufnahme. Neben seiner amtlichen Tätigkeit in der herzoglichen Kanzlei – bis hin zum Kanzleidirektor – betätigte er sich als Übersetzer verschiedener kabbalistischer Schriften und Verfasser theologischer Werke sowie als Dichter geistlicher Lieder.[30] Zu seinen bekanntesten geistlichen Dichtungen zählt »Morgen-Glanz der Ewigkeit, Licht vom unerschöpften Lichte«; in diesem Lied hat er kabbalistische Vorstellungen verarbeitet. Obwohl Knorr von Rosenroths Kontakte zu Spiritualisten zahlreicher gewesen sind als die zu Pietisten, ist er vielleicht seiner Frömmigkeit nach diesen eher zuzurechnen.

---

[24] Vgl. Der Wunder-volle u. heilig-geführte Lebens-Lauf: JOHANN GEORG GICHTEL, Theosophia practica, Bd. 7, Leiden 1722, 1–366 [25f].
[25] Vgl. WEIGELT, Gesch. (B) bes. 39f.
[26] Vgl. dazu und zum Folgenden FINKE, Toleranz (B) 203–209; WAPPMANN, Durchbruch (B).
[27] Zu Helmont vgl. ALLISON COUDERT-GOTTESMANN, Francis Mercurius van Helmont. His life and thought, London 1972.
[28] Zu Fabricius vgl. HEPPE, Fabricius, Johann Jakob: ADB 6, 515f.
[29] Zu Knorr von Rosenroth vgl. (l.u.,) Knorr, Christian K. v. Rosenroth: ADB 16, 327f; ADALBERT ELSCHENBROICH, Knorr v. Rosenroth, Christian: NDB 12 (1980), 223–226; MANFRED FINKE/ERNI HANDSCHUR, Christian Knorrs v. Rosenroth Lebenslauf aus d. Jahre 1718: Morgen-Glantz 1 (1991), 33–48.
[30] Zu Knorrs Wirken in Sulzbach vgl. FINKE, Sulzbach (B) 116–240; WAPPMANN, Durchbruch¹ (B) 214–219; WAPPMANN, Sulzbach (B).

2. Der Spenersche Pietismus

Im Gebiet des heutigen Bayerns wurden Philipp Jakob Speners 1675 erschienene »Pia Desideria«, vielfach als Programmschrift des Pietismus angesehen, relativ rasch bekannt.[31] Dazu trug Spener selbst bei, da er sie auch hier an eine Reihe von Theologen und Laien verschickte. Während es einige, wie beispielsweise der Nürnberger Antistes Justus Jakob Leibnitz, dabei bewenden ließen, ihren Empfang mit freundlichen Worten zu bestätigen,[32] bemühten sich andere durchaus um eine – zumindest partielle – Umsetzung dieses Reformprogramms.

Eine beachtliche Rezeption erfuhren Speners Reformvorschläge in den fränkischen Reichsstädten; deshalb hat man von einer reichsstädtischen Phase des Pietismus gesprochen.[33] Am frühesten wurden einige seiner Anliegen in Rothenburg ob der Tauber von dem dortigen Superintendenten Hartmann[34] aufgegriffen. Hartmann, der mit Spener weitläufig verwandt war und spätestens seit 1669 mit diesem korrespondierte, intendierte eine Intensivierung der Kirchlichkeit sowie eine Hebung des christlichen Lebens in Gesellschaft und Familie. Für Predigtamtskandidaten konzipierte er Exercitia pietatis bzw. Exercitia Biblica, und im Rothenburger Landgebiet hielten Pfarrer – auf seine Initiative hin – seit 1676 regelmäßig Collegia pietatis ab. Überhaupt galt der Pfarrerschaft seine besondere Aufmerksamkeit, wie seine voluminöse, vierteilige, erstmals 1648 in Nürnberg gedruckte Pastoraltheologie »Pastorale Evangelicum, seu instructio plenior ministrorum verbi«[35] zeigt. Da er aber bereits 1680 erst vierzigjährig verstarb und sein Nachfolger und Schwager Sebastian Kirchmayer, der ebenfalls mit Spener kurze Zeit korrespondierte, wenig kooperativ mit dem Magistrat zusammenarbeitete, erfuhr der Pietismus in Rothenburg eine zunehmende Marginalisierung.

Ähnlich frühzeitig machten sich Ansätze des Spenerschen Pietismus in Schweinfurt bemerkbar. Hier veranstaltete Barger,[36] der seit 1667 im Kirchendienst seiner Vaterstadt – zuletzt als Oberpfarrer – stand, bereits seit 1672 Collegia biblica. Diese Erbauungsveranstaltungen waren heftig umstritten, zumal in der Pfarrerschaft; man bezeichnete sie als »winckel-predigten«.[37] Da Barger, der mit Spener in Kontakt stand,[38] aber in der Pfarrerschaft nur mangelnden Rückhalt fand und der lutherisch-orthodox gesinnte Magistrat seine Kirchenhoheit strikt handhabte, blieb der Pietismus in dieser Reichsstadt eine Randerscheinung.

---

[31] Vgl. dazu und zum Folgenden WEIGELT, Gesch. (B) 45–81.
[32] Vgl. Brief: Leibnitz an Spener, 8.6.1675: SPENER, Briefe 2 (K) Nr. 139.
[33] Vgl. BLAUFUSS, Pietismus (B) 67f; BLAUFUSS, Reichsstadt (B) 21–57; BLAUFUSS, Spener-Arbeiten (K) 102.
[34] Zu Hartmann vgl. IV.3, Anm. 4.
[35] Ihre Drucklegung hatte Spener bereits 1675 gewünscht; vgl. PHILIPP JAKOB SPENER, Pia Desideria, hg. v. KURT ALAND, Berlin ³1964, 19, Z. 4 (KlT 170).
[36] Zu Barger vgl. IV.3, Anm. 6.
[37] Brief: Spener an [Barger], 10.8.1675: SPENER, Briefe 2 (K) Nr. 26, Z. 39. 108. 123.
[38] Zu den Beziehungen zwischen Barger und Spener vgl. BLAUFUSS, Pietismus (B) 57–60.

Reichsstadt Windsheim während der Wirksamkeit Johann Heinrich Horbs, Kupferstich von 1686

Dagegen konnte der Spenersche Pietismus in den 80er Jahren des 17. Jahrhunderts in der kleinen Reichsstadt Windsheim mit ihren damals 3.000 Einwohnern und 500 Haushaltungen für kurze Zeit einen bedeutenden Einfluß gewinnen. Hierher war 1679 Johann Heinrich Horb,[39] ein Schwager Speners, als Pfarrer und Superintendent berufen worden.[40] Horb vermochte einflußreiche Magistratsmitglieder für seine Reformvorhaben zu gewinnen; so den Bürgermeister und Oberrichter Johann Georg Stellwag sowie den Ratskonsulenten und Bürgermeister Melchior Adam Pastorius.[41] Auch gelang es ihm, zwei tatkräftige Pie-

---

[39] Zu Horb vgl. BERTHAU, Horb, Johann Heinrich: ADB 13, 120–124; WERNER KORNDÖRFER, Horb, Heinrich: NDB 9, 621f; OTTO TH. MÜLLER, Heinrich Horbius (1645–1695), ein tragisches Pfarrerschicksal: MEKGR 15 (1966), 127–133. Horbs Berufung erfolgte unter Mithilfe des Rothenburger Superintendenten Hartmann.

[40] Trotz einiger lokalgeschichtlicher Vorarbeiten bedarf die Wirksamkeit Horbs in Windsheim dringend einer umfassenden Untersuchung.

[41] Zu Pastorius vgl. ALFRED ROTH, Bürgermeister Pastorius aus d. Reichsstadt Windsheim findet z. Pietismus: ZBKG 51 (1982), 106–110; DERS., Der Windsheimer Bürgermeister u. Oberrichter Melchior Adam Pastorius als leistungsstarke Persönlichkeit d. Barockzeit. Ein Beitr. z. süddeutschen Reichsstadtgesch. (Typoskript), [Bad Windsheim] 1981 [Exemplare i. StadtA Bad Windsheim u. i. d. UB Erlangen]; WERNER WILHELM SCHNABEL, Melchior Adam Pastorius (1624–1702): LebFranken NF 15 (1993), 107–134. Dessen Sohn Franz Daniel (vgl. FRANZ BRÜMMER, Pastorius, Franz Daniel: ADB 25, 219; MARK HÄBERLEIN, Pastorius, Fanz [Francis] Daniel: NDB 20, 97f; MARION DEXTER LEARNED, The life of Francis Daniel Pastorius, the founder of Germantown, Philadelphia 1908; RÜDIGER MACK, Franz Daniel Pastorius – sein Einsatz f. d. Quäker: PuN 15 [1989], 132–171 [132–152]; KARL HERMANN ZWANZIGER, Franz Daniel Pastorius aus Sommerhausen, der Gründer v. Germantown i. Pennsylvanien: AHVU 59 [1917], 75–115; JOHN D. WEAVER, Franz Daniel Pastorius [1651–ca. 1720]. Early life i. Germany with glimpses of his removal to Pennsylvania, Ann Arbor 1989), den späteren Gründer von Germantown, der ersten deutschen Siedlung in Nordamerika, und Vorkämpfer der Negerbefreiung, hat Horb im pietistischen Sinn beeinflußt.

tisten von auswärts nach Windsheim zu ziehen, Johann Adolf Rhein als Vesperprediger und Daniel Kaspar Jacobi als Inspektor der Lateinschule. Um das gemeindliche Leben zu fördern, wurden Erbauungsstunden und Kinderlehren eingeführt. Für letztere war wohl Horbs Auslegung von Martin Luthers Kleinem Katechismus gedacht, die 1683 unter dem Titel »Der gründliche Wort-Verstand Des Kleinen Catechismi D. Martini Lutheri« erschien. Infolge der allzu stürmischen Aktivitäten Horbs und auch Jacobis wuchs jedoch im Magistrat unter Führung des Altbürgermeisters Augustin Keget und vor allem in der Pfarrerschaft der Widerstand gegen den Pietismus immer mehr. Bereitwillig folgte Horb deshalb 1685 einem Ruf nach Hamburg auf das Hauptpastorat an St. Nikolai. Jacobi und Rhein hatten Windsheim bereits 1682 wieder verlassen. Die pietistische Bewegung, die ihre führenden Gestalten verloren hatte und nur noch partiell vom Magistrat unterstützt wurde, verebbte allmählich.

In der damals noch immer bedeutenden Reichsstadt Nürnberg erlangte der Pietismus Spenerscher Prägung erst seit Anfang des 18. Jahrhunderts eine etwas größere Präsenz, obgleich Spener hier schon seit längerer Zeit mit einflußreichen Persönlichkeiten in Korrespondenz gestanden hatte, so mit dem Antistes und Hauptprediger an St. Sebald Dilherr,[42] dem Lyriker und Prosaisten Sigmund von Birken,[43] Poeta laureatus und Präsident des Pegnesischen Hirten- und Blumenordens, sowie mit dem Polyhistor und vielseitigen Schriftsteller Erasmus Francisci.[44] Öffentlichkeitswirksam wurde der Pietismus in Nürnberg eigentlich erst durch Pfarrer Tobias Winkler,[45] der Spener persönlich kannte, von ihm ordiniert wurde und mit ihm korrespondierte. Seit 1701 hielt dieser stark sehbehinderte Pfarrer und Antistes an der Frauenkirche äußerst anspruchsvolle Konventikel[46] ab.[47] Seine gut besuchten Erbauungsversammlungen mußten jedoch – infolge der von seinem Sohn Gottfried wegen spektakulärer Visionen und Auditionen ausgelösten Verwirrungen – auf obrigkeitliche Anordnung vom 16.7.1708 eingestellt werden. Etwa zur gleichen Zeit veranstaltete auch der jedoch stärker zum Hallischen Pietismus hinneigende Pfarrer Ambrosius Wirth[48] Erbauungsstunden. Dagegen war der literarisch stark hervorgetretene Pfarrer David Ner-

---

[42] Zu Dilherr vgl. IV.3, Anm. 8. Zur Korrespondenz Speners mit Dilherr vgl. BLAUFUSS, Spener-Arbeiten (K) 78 [Dilherr]; THOMAS BÜRGER, Der Briefwechsel d. Nürnberger Theologen Johann Michael Dilherr: Barocker Lust-Spiegel. Stud. z. Literatur d. Barock. FS f. Blake Lee Spahr, hg. v. MARTIN BIRCHER u.a., Amsterdam 1984, 139–174 [171] (Chloe. Beih. z. Daphnis 3).

[43] Zu Birken vgl. F. SPEHR, Birken, Sigismund v.: ADB 2, 660f; HELLMUT ROSENFELD, Birken, Sigmund v.: NDB 2, 256f.

[44] Zu Francisci vgl. J. FRANCK, Francisci, Erasmus: ADB 7, 207.

[45] Zu T. Winkler vgl. SIMON, Prediger (K).

[46] Über diese Konventikel wurden Protokolle geführt. Das Protokollbuch ist in zwei Exemplaren erhalten: Protocoll, Stadtbibliothek Nürnberg, Solger Ms. 35, 4°; Protocoll des was wöchentlich am Montag in dem Collegio Pietatis bey Herrn Prediger Wincklers Hochwürden erkläret, geredet und gehandelt wird, LKAN, Few. IV. 913, 2°.

[47] Zu diesen Konventikeln vgl. FRIEDRICH WILHELM KANTZENBACH, Zur Gesch. d. Collegia pietatis i. Nürnberg: MVGN 62 (1975), 285–289; SIMON, Prediger (K).

[48] Zu Wirth und zu seinen Konventikeln vgl. IV.3, Anm. 70.

reter,[49] seit 1694 im Nürnberger Kirchendienst stehend, wohl eher nur ein Sympathisant des Spenerschen Pietismus. An der Nürnberger Universität in Altdorf standen der Polyhistor Daniel Wilhelm Moller,[50] Professor für Metaphysik und Historie, sowie Johann Christoph Wagenseil,[51] Professor für Geschichte und orientalische Sprachen, mit Spener in Verbindung. Wagenseil wurde von Spener wegen seiner profunden Kenntnisse der jüdischen Literatur und des zeitgenössischen Judentums geschätzt.

In der Markgrafschaft Brandenburg-Ansbach fand der Spenersche Pietismus kaum spürbare Resonanz. Zwar sympathisierten die in kirchenleitenden Ämtern stehenden Theologen H. von der Lith[52] in Ansbach und vor allem Meelführer[53] in Schwabach mit gewissen Anliegen des Pietismus, gehörten ihm aber eigentlich nicht an. Letzterer ging sogar auf Distanz, nachdem sich 1701 in Altdorf radikalpietistische Strömungen bemerkbar machten und Streitigkeiten auslösten. Dagegen konnte der Spenersche Pietismus in der Markgrafschaft Brandenburg-Bayreuth dank der Wirksamkeit Johann Heinrich Hassels,[54] der seit Herbst 1683 bereits die markgräfliche Pfarrei Diespeck bei Neustadt an der Aisch innegehabt hatte, als Hofprediger in Bayreuth (1688 bis 1691) für einige Jahre starken Einfluß gewinnen. Hassel, der in Straßburg u.a. bei Johann Konrad Dannhauer studiert hatte, mit Spener persönlich bekannt war und mit ihm in Korrespondenz stand, setzte sich für eine Erneuerung des christlichen Lebens im individuellen und gesellschaftlichen Bereich ein. Dazu dienten vor allem die in der Schloßkapelle abends um sieben Uhr durchgeführten Erbauungsveranstaltungen, an denen sowohl Mitglieder des Hofes als auch Angehörige aller Gesellschaftsschichten teilnahmen; Pfarrer beteiligten sich dagegen nur ausnahmsweise. Trotz seines Rückhalts am Hof und in der Bevölkerung wuchs in der Geistlichkeit der Widerstand gegen Hassel, wobei sich der lutherisch-orthodox gesinnte Generalsuperintendent Johann Jakob Steinhofer als treibende Kraft erwies. Seine bisherige Protektion am Hof setzte Hassel aufs Spiel, als er Anfang 1691 aufgrund seines – auch von Gichtel beeinflußten – sittlichen Rigorismus das Tanzen, besonders das Ballett, als Lüsternheit verdammte.[55] Da er trotz aller Bemühungen, auch seitens

---

[49] Zu Nerreter vgl. C. SIEGFRIED, Nerreter, David: ADB 23, 437; WOLFGANG WIESSNER, David Nerreter (1649–1726). Ein Leb. aus d. Zeitalter d. beginnenden Pietismus: ZBKG 23 (1954), 144–164.

[50] Zu Moller vgl. WEGELE, Moller, Daniel Wilhelm: ADB 22, 124. Zur Korrespondenz Speners mit Moller vgl. BLAUFUSS, Spener-Arbeiten (K) 88 [Müller]. 137 [Moller].

[51] Zu Wagenseil vgl. EDWARD SCHRÖDER, Wagenseil, Johann Christoph: ADB 40, 481ff; JUDAH M. ROSENTHAL, Wagenseil, Johann Christoph: EJ 16, 239f; FRIEDRICH DIECKMANN, Das Judenmissionsprogramm Johann Christoph Wagenseils: NZSTh 16 (1974), 75–92. passim; MARTIN FRIEDRICH, Zwischen Abwehr u. Bekehrung. Die Stellung d. deutschen ev. Theologie z. Judentum i. 17. Jh., Tübingen 1988, passim (BHTh 72); JOHANN F.A. DE LE ROI, Die ev. Christenheit u. d. Juden unter d. Gesichtspunkte d. Mission geschichtl. betrachtet, Bd. 1: Von d. Reformation bis z. Mitte d. 18. Jh., Leipzig 1974, bes. 90–93 (SIJB 9) [= Nachdr. d. Ausg. Berlin 1884]. Zur Korrespondenz zwischen Wagenseil und Spener vgl. BLAUFUSS, Spener-Arbeiten (K) 98 [Wagenseil]. 140 [Wagenseil].

[52] Zu H. von der Lith vgl. IV.3, Anm. 9.

[53] Zu Meelführer vgl. IV.3, Anm. 10.

[54] Zu Hassel vgl. WAPPMANN, Pietismus (K) [Lit.].

[55] Vgl. Hassels »Gutachten vom Ballet Tantzen«, Bayreuth 1691, AFSt Halle, D 81.

der Markgräfin Sophie Luise und ihrer Tochter Christiane Eberhardine, zu keiner Revision seines Urteils bereit war, wurde er noch im selben Jahr von Markgraf Christian Ernst entlassen. Er ging als Hofprediger nach Coburg, wo er sich jedoch nun stärker an den Franckeschen Pietismus anlehnte.

In den ostschwäbischen Gebieten machte sich der Spenersche Pietismus vor allem in der konfessionell paritätischen Reichsstadt Augsburg und im evangelischen Fürstentum Oettingen bemerkbar. Bedeutendster Vertreter in Augsburg war der umfassend gebildete und eifrig publizierende Theologe Gottlieb Spizel,[56] der mit Spener einen regen und vertrauten Briefwechsel unterhielt.[57] Seit 1661 war er in seiner Vaterstadt Diaconus an der St. Jakobskirche; erst nach 20 Jahren wurde er dort Pfarrer und 1690 – ein halbes Jahr vor seinem Tod – Superintendent. Der frühen pietistischen Bewegung konnte er zwar in der Bevölkerung ein gewisses Ansehen verschaffen, in der Pfarrerschaft fand er aber kaum Unterstützung, sieht man von T. Winkler und Rhein ab. Obgleich er niemals ein Collegium pietatis veranstaltet hat, hielt er sich zu einem Zirkel Frommer, der keine »fest umrissene Größe«, sondern eine »verhältnismäßig lose organisatorisch schwer faßbare Gruppe« darstellte.[58] Diese rekrutierte sich vor allem aus Laien, besonders aus angesehenen Mitgliedern der Kaufmannsgilde.

Im Fürstentum Oettingen-Oettingen setzte sich Nerreter, der in der Residenzstadt seit 1677 nacheinander als Hofkaplan, Archidiakonus und Konsistorialrat sowie dann als Superintendent von Kirchheim gewirkt hatte, bevor er 1694 nach Nürnberg ging, für pietistische Reformen ein. Von seinen hier entstandenen Schriften hat Spener vor allem die katechetischen Arbeiten »Catechetische Firmung oder Glaubens-Stärkung eines erwachsenden That-Christen« (Oettingen 1686) und »Beweglicher Kurzer Begriff des Thätigen oder zeitlich- ewig-waarhafftig-seeligmachenden Christentums« (Nürnberg 1688)[59] gelobt. In diesen Werken insistierte Nerreter besonders auf Heiligung und Herzensfrömmigkeit, was sich im Tatchristentum erweisen sollte. »Der wahre Glaube ist keine bloße Einbildung, sondern worauf er gerichtet ist, das eignet er ihm alles zu in der Tat«.[60]

Die eigentlich bescheidene Resonanz des Spenerschen Pietismus im Gebiet des heutigen Bayerns ist wohl u.a. auch darauf zurückzuführen, daß Spener 1686 von Frankfurt am Main als Oberhofprediger nach Dresden ging. Dadurch reduzierten sich seine Einflußmöglichkeiten, was durch die mannigfachen persönlichen

---

[56] Zu Spizel vgl. PAUL TSCHACKERT, Spitzel, Theophil Gottlieb: ADB 35, 221f; DIETRICH BLAUFUSS, Gottlieb Spizel 1639–1691. Ev. Theologe u. Polyhistor: LebBaySchwaben 13 (1986), 144–173 [Lit.].

[57] Zu Spizels Beziehungen zu Spener vgl. BLAUFUSS, Reichsstadt (B) bes. 97–188; JOHANNES WALLMANN, Philipp Jakob Spener u. d. Anfänge d. Pietismus, Tübingen ²1986, passim (BHTh 42).

[58] BLAUFUSS, Reichsstadt (B) 174.

[59] Zu diesem katechetischen Werk vgl. FRIEDRICH WILHELM KANTZENBACH, David Nerreter, sein »ökum.« Katechismus u. seine Wiedervereinigungsideen: MVGN 63 (1976), 339–349 [343].

[60] DAVID NERRETER, Beweglicher Kurzer Begriff des Thätigen oder zeitlich- ewig waarhafftig-seeeligmachenden Christentums, Nürnberg 1688, 6.

und brieflichen Kontakte seiner hiesigen Anhänger untereinander nicht ausgeglichen werden konnte.

3. Der Hallische Pietismus

Der frühe Hallische Pietismus mit seinem Drängen auf eine mit Bußkampf verbundene Bekehrung und seinen karitativ-sozialen und pädagogischen Aktivitäten vermochte im Gebiet des heutigen Bayerns nur zum Teil am Spenerschen Pietismus anzuknüpfen.[61] Initiiert und getragen wurde er besonders von Pfarrern und Lehrern, die in Halle entweder ihre Ausbildung erhalten oder nach dorthin Beziehungen hatten. Als erste Keimzellen des Hallischen Pietismus entwickelten sich in Ostschwaben vor allem karitativ-soziale Einrichtungen und Bildungsanstalten. Dies gilt für das 1695 gestiftete Evangelische Armenkinderhaus[62] in Augsburg. Als Lehrer wirkten hier seit 1702 der Franckeschüler Johann Christian Rende als Inspektor und Katechet und seit 1705 Johann Andreas Liscovius, der während seines Studiums in Halle im Waisenhaus der Franckeschen Stiftungen einen Freitisch erhalten hatte.[63] Unterstützt wurde das Armenkinderhaus von einflußreichen Mäzenen (u.a. von Johannes von Stetten und Johann Thomas I. von Rauner). Der hier herrschende Franckesche Geist vermochte auf Teile des Patriziats und der Kaufmannschaft Einfluß zu gewinnen. Dagegen stieß er in der Pfarrerschaft fast geschlossen auf Ablehnung.

In der schwäbischen Reichsstadt Nördlingen war das dortige Waisenhaus,[64] dem von Anbeginn ein Armen- und Arbeitshaus angeschlossen war, ein Zentrum des Hallischen Pietismus. Seine Gründung im Jahr 1715 ging auf den Pfarrer und Superintendenten Johann Konrad Feuerlein[65] zurück, der 1706 aus Nürnberg nach Nördlingen gekommen war. Schon dort war er mit Spener verbunden und gehörte zum Freundeskreis August Hermann Franckes. Inspektor und Katechet der karitativen Anstalt war seit 1716 Georg Michael Metzger, der eine zeitlang in Halle als Informator angestellt gewesen war.

Auch in der Residenzstadt Oettingen gewann der frühe Hallische Pietismus vor allem durch zwei karitativ-soziale Anstalten Einfluß, nämlich durch das 1714

---

[61] Vgl. dazu und zum Folgenden WEIGELT, Gesch. (B) 82–122.
[62] Zum Armenkinderhaus vgl. MADLEN BREGENZER, Pietistische Pädagogik u. Schulreformen i. Augsburger Bildungswesen d. 18. Jh.: Urlsperger (K) 131–148 [133ff]; JULIUS HANS, Gesch. d. ev. Armenkinderhauses i. Augsburg. Zur 200jähr. Jubelfeier seines Bestehens, Augsburg 1902; JESSE (B) 261ff.
[63] Zu Rende und Liscovius vgl. BLAUFUSS, Reichsstadt (B) 32f [Lit.].
[64] Zum Waisenhaus vgl. HERMANN FRICKHINGER, Die Stiftungen d. Stadt Nördlingen: Hist. Verein f. Nördlingen u. Umgebung 11 (1927), 45–118 [45–53]; VOGES, Nördlingen (B) 249–253; VOGES, Reichsstadt (B) 87. 89.
[65] Zu Feuerlein vgl. WAGENMANN, Feuerlein: ADB 6, 754f [754].

gegründete Waisenhaus,⁶⁶ dem eine Verlagsbuchhandlung angegliedert war, und durch das 1712 von der Oberhofmeisterin Maria Barbara von Neuhaus,⁶⁷ geborene Hund, gestiftete Witwenhaus.⁶⁸ Diese karitativen Einrichtungen genossen das Wohlwollen von Fürst Albrecht Ernst II. von Oettingen und wurden von den beiden Hallensern, Diaconus Johann Peter Kraft und Pfarrer Georg Michael Preu,⁶⁹ der auch literarisch tätig gewesen ist, unterstützt.

Wesentlich stärker als in Ostschwaben war von Anfang an der Einfluß des frühen Hallischen Pietismus in fränkischen Territorien. Auch hier bildeten – neben Konventikeln – karitativ-soziale Einrichtungen und Erziehungsanstalten die Basen. Recht früh fanden sich in der Reichsstadt Nürnberg Anhänger Franckes, die in diesem Sinne tätig wurden. Besonders bedeutsam wurde der Franckekorrespondent Wirth,⁷⁰ der seit 1687 im Nürnberger Kirchendienst stand und seit 1700 in seinem Pfarrhaus gut besuchte Konventikel abhielt. 1702 gründete er eine stark frequentierte, öffentlichkeitswirksame Armenkinderschule,⁷¹ in der bedürftige Jugendliche kostenlos unterrichtet und verpflegt wurden. Wirths starkes Interesse an der Jugend wird auch an seinen Erbauungs- und Lehrbüchern sowie seinen Liedersammlungen deutlich.⁷² Einen gleichgesinnten Kollegen hatte er in Bernhard Walter Marperger⁷³ an St. Egidien. Er war Autor zahlreicher Schriften und Herausgeber von John Tillotsons Erbauungsschrift »Of Sincerity Towards God and Man«: »Aufrichtiger Nathanael/ zur Entdeckung der falschen und Beförderung der wahren Gottseeligkeit« (Nürnberg 1716); auch als Liederdichter hat er sich betätigt. Unter den Laien standen dem Hallischen Pietismus in Nürnberg u.a. der Arzt und Polyhistor Gottfried Thomasius⁷⁴ und der Patrizier Jakob Wilhelm von Imhoff⁷⁵ aufgeschlossen gegenüber. An der Nürnberger Universität Altdorf waren Georg Paul Rötenbeck,⁷⁶ seit 1681 Professor für Philosophie, Jo-

---

⁶⁶ Zum Waisenhaus vgl. KARLHEINRICH DUMRATH, Das Ev. Waisenhaus i. Oettingen, ein Werk pietistischer Frömmigkeit: JFLF 34/35 (1975), 537–563 [555f] [= FS Gerhard Pfeiffer]; SCHATTENMANN, Michel (K) 28. 31; SCHATTENMANN, Unters. (K) 110.

⁶⁷ Zu Neuhaus vgl. VOCKE 1 (K) 370f.

⁶⁸ Zum Witwenhaus vgl. SCHATTENMANN, Unters. (K) 109.

⁶⁹ Zu Preu vgl. P. WITTMANN, Preu, Georg Michael: ADB 53, 114ff.

⁷⁰ Zu Wirth vgl. KARL SCHORNBAUM, Zur Tätigkeit d. Suttenpredigers Ambr. Wirth: MVGN 42 (1951), 369–372.

⁷¹ Zur Armenschule vgl. Die Schulen i. Nürnberg mit bes. Berücksichtigung d. städt. Schulwesens, hg. v. STADTMAGISTRAT, Nürnberg 1906, 3ff; RUDOLF ENDRES, Armenstiftungen u. Armenschulen i. Nürnberg i. d. Frühneuzeit: JFLF 53 (1992), 55–64 [60f]; LEDER, Kirche (B) 231ff; JOHANN CHRISTIAN SIEBENKEES, Nachrichten v. d. Nürnbergischen Armenschulen u. Schulstiftungen, Nürnberg 1793, 9–14.

⁷² Zu Wirths Jugendbüchern vgl. DOROTHEA RAMMENSEE (Bearb.), Bibliographie d. Nürnberger Kinder- u. Jugendbücher 1522–1914, Bamberg [1961], Nr. 1629–1637; zu seinen Liederbüchern vgl. WÖLFEL, Gesangbuchgesch. (B) 184–188.

⁷³ Zu Marperger vgl. (l.u.,) Marperger, Bernhard Walther: ADB 20, 405.

⁷⁴ Zu G. Thomasius vgl. WILL 4 (B) 25–34; WILL 8 (B) 328.

⁷⁵ Zu Imhoff vgl. EISENHART, Imhoff, Jacob Wilhelm v.: ADB 14, 52ff; CHRISTOPH V. IMHOFF, Die Imhoff – Handelsherren u. Kunstliebhaber. Überblick über eine 750 Jahre alte Nürnberger Ratsfamilie: MVGN 62 (1975), 1–42 [37f].

⁷⁶ Zu Rötenbeck vgl. PRANTL, Rötenbeck, Georg Paul: ADB 29, 296.

hann Michael Lang,[77] seit 1697 Professor für Theologie und seit 1699 auch noch Prediger, sowie Wagenseil[78] mit Halle in Verbindung. Über die religiöse Situation in Altdorf berichtete Lang an Francke: Die »Verwildnis bey der Universität und Kirche [ist] größer«, als dass »ich werde hinauslangen können, wo nicht der Herr sich auch fast handgreiflich und außerordentlich mit seinen Erbarmungen herfür thut. Es sind in Altdorf etlich 30. Dörfer und Höfe gepfarrt, da in allen fast viehische Wildnis und ein entsetzliches Ludertum ist. Altdorf aber fand ich gar bey meiner Ankunfft in offenbarlichem Epicurischen Wohlleben«.[79]

In den hohenzollerischen Markgrafschaften fand der Hallische Pietismus besonders in der Markgrafschaft Brandenburg-Bayreuth in mehreren Orten Eingang. Allerdings verlor er in der Residenzstadt Bayreuth nach der Entlassung des Hofpredigers Hassel 1691 rasch an Boden. In Erlangen gründete Christoph Adam Groß von Trockau, premier directeur de la colonie française, 1701 mit markgräflicher Unterstützung eine Ritterakademie,[80] deren Erziehungsziele pietistisch waren. An der Sophienkirche, die zu diesem adligen Erziehungsinstitut gehörte, wirkte seit 1701 der Franckeschüler Jakob Friedrich Hollenhagen als Vikar. Seine Predigten erregten mannigfachen Widerspruch in der Gemeinde und vor allem in der Pfarrerschaft. Besonders zahlreich waren die Anhänger des Hallischen Pietismus in Neustadt an der Aisch und Umgebung.[81] Unter ihnen ragte Johann Jakob Schober, seit 1696 Rektor an der dortigen privilegierten Lateinschule, hervor. Starke pietistische Gemeinschaften, die allerdings auch zu radikalen Pietisten Kontakt hatten, gab es u.a. in Diespeck, Gutenstetten, Pahres, Brunn u.a. Wegen der in Neustadt und Gutenstetten veranstalteten Konventikel kam es zu heftigen Auseinandersetzungen mit dem lutherisch-orthodox gesinnten Superintendenten Wolfgang Christoph Räthel. Am 30.10.1704 gab die Obrigkeit ein antipietistisches Mandat heraus, das jedoch keine größere Wirkung zeigte.

Der Hallische Pietismus in der Markgrafschaft Brandenburg-Ansbach beschränkte sich mehr oder weniger auf die Residenzstadt Ansbach.[82] Hier sammelte sich um den Francke-Freund Wolfgang Gabriel Pachelbel von Gehag,[83] seit 1679 Geheimrat, ein kleiner Kreis pietistisch Gesinnter. Zu ihnen gehörten Maria Barbara von Neuhaus, die auch hier zahlreiche wohltätige Schenkungen

---

[77] Zu Lang vgl. WAGENMANN, Lang, Johann Michael: ADB 17, 601f.
[78] Zu Wagenseil vgl. IV.3, Anm. 51.
[79] Brief Lang an Francke, 5.12.1701, AFSt Halle, D 111; vgl. THEODOR WOTSCHKE, Neue Urkunden z. Gesch. d. Pietismus i. Bayern, Nr. 16: ZBKG 6 (1931), 245ff [245].
[80] Zur Ritterakademie vgl. ANDREAS JAKOB, Zur Vorgesch. u. Gründung d. Friedrich-Alexander-Universität: FRIEDERICH (B) 165–171 [167f]; ERNST MENGIN, Die Ritter-Academie z. Christian-Erlang. Ein Beitr. z. Gesch. d. Pädagogik, Erlangen 1919; GERHARD PFEIFFER, Die Ritterakademie u. d. Gründung d. Friedrichs-Universität: Erlangen. Gesch. d. Stadt (B) 65–68; WENDEHORST, Gesch. (B) 15f.
[81] Vgl. dazu und zum Folgenden SCHAUDIG (K) 23–80.
[82] Vgl. dazu und zum Folgenden CLAUSS (K); KANTZENBACH, Pietismus (K).
[83] Zu Pachelbel vgl. VOCKE 1 (K) 400ff; VOCKE 2 (K) 325.

machte, und die gleichfalls verwitwete Sophie Magdalena von Crailsheim.[84] Diese Freifrau, die in ihren letzten zwölf Lebensjahren fast völlig gelähmt daniederlag, errichtete mehrere Stiftungen, wie das große Ansbacher Waisenhaus.[85] Mit dessen Bau wurde 1709 begonnen; seine Einweihung erfolgte 1711. Bezeichnenderweise versah an diesem Waisenhaus ein Franckeschüler, nämlich Albrecht Nikolaus Höppel als erster die Predigerstelle. Einen einflußreichen Protektor hatten die Pietisten in dem stark von dem Juristen und Philosophen Christian Thomasius beeinflußten Johann Wilhelm von der Lith,[86] seit 1710 Stiftsprediger an St. Gumbertus und seit 1714 Konsistorialrat und Pfarrer an St. Johannes; allerdings ist er wohl dem Pietismus nicht direkt zuzuordnen.

Das von Sophie Magdalene von Crailsheim 1709 gestiftete Waisenhaus in Ansbach, Kupferstich von 1729

---

[84] Zu Crailsheim vgl. SIGMUND V. CRAILSHEIM, Die Reichsfreiherren v. Crailsheim. Familiengesch., Bd. 1, München 1905, bes. 236–242.

[85] Zur Entstehung und Entwicklung des Waisenhauses vgl. ALBRECHT NIKOLAUS HÖPPEL, Die Versorgung Der Waisen [...] Insbesondere Bey denen Anstallten d. Hoch-Fürstl. Waisen-Hauses z. Anspach, Ansbach 1729.

[86] Zu J.W. von der Lith vgl. FRIEDRICH HAUCK, Johann Wilhelm v. d. Lith: LebFranken NF 1 (1967), 255–263; FRIEDRICH WILHELM KANTZENBACH, D. Johann v. d. Lith. Ein Beitr. z. KG Ansbachs i. 18. Jh.: ZBKG 27 (1958), 39–51.

Im Herzogtum Coburg erlebte der frühe Hallische Pietismus dank der 1691 erfolgten Berufung Hassels[87] als Hofprediger nach Coburg – 1694 wurde er Kirchenrat und 1699 Geheimer Rat, Konsistorialpräsident und Oberhofprediger – einen bemerkenswerten Aufschwung.[88] Gestützt teils auf bereits hier wohnende Hallenser (so auf die hohen Beamten Johann Burkhard Rosler,[89] Georg Paul Hönn,[90] Ferdinand Adam von Pernau[91]), teils auf Neuberufungen, war er bestrebt, dem Pietismus hier zum Durchbruch zu verhelfen. Unter großem Zulauf hielt er Collegia pietatis ab. Sein eiferndes Drängen und sein selbstbewußtes Auftreten riefen aber auch eine heftige Opposition hervor, die von Teilen der Beamten- und Pfarrerschaft ausging. Zur Katastrophe kam es, als er nach dem Tod Herzog Albrechts III. am 6.8.1699 die Nachfolgeregelung in seinem Sinne zu beeinflussen suchte. Er wurde am 6.6.1700 von Herzog Johann Ernst von Sachsen-Saalfeld auf der Veste Coburg arrestiert und dann im Amtshaus von Probstzella ins Gefängnis geworfen; diese Haft wurde zwar im März 1704 wieder aufgehoben, aber er vermochte nun bis zu seinem Tod im Februar 1706 keinen größeren Einfluß mehr zu gewinnen. Obgleich fortan die Rahmenbedingungen für den Pietismus in Coburg ausgesprochen ungünstig waren, gab es hier weiterhin einige aktive Vertreter des Hallischen Pietismus, wie den Franckekorrespondenten Hönn. Dieser vielseitige Autor und Dichter gründete 1702 ein Waisenhaus und bemühte sich um eine Regulierung des Bettelwesens. Auf seine Anregung ging wahrscheinlich auch die Gründung des adligen Damenstifts im unterfränkischen Waizenbach[92] zurück.

In der Reichsstadt Regensburg erlangte der Pietismus vor allem durch einige Hallenser Hauslehrer (Johann Daniel Groß, Johann Michael Hempel) vorübergehend eine marginale Bedeutung. Die von ihnen veranstalteten Konventikel in den Häusern von Reichstagsgesandten (u.a. Wolf von Metternich[93]), an denen auch einige angesehene Bürger (so der Syndikus Paul V. Memminger, der Jurist Georg Gottfried Fuchs, der Stadtkonsulent Johannes Christoph Wild) teilnahmen, erregten den Widerstand der dortigen lutherisch-orthodoxen Pfarrer, besonders von Georg Serpilius.

---

[87] Zu Hassel vgl. IV.3, Anm. 54.
[88] Zu Hassels Wirken in Coburg vgl. RAINER HAMBRECHT, Der Hof Herzog Albrechts III. v. Sachsen-Coburg (1680–1699) – eine Barockresidenz zwischen Franken u. Thüringen: Kleinstaaten u. Kultur i. Thüringen v. 16. bis 20. Jh., hg. v. JÜRGEN JOHN, Weimar 1994, 161–185 [168 171], WAPPMANN, Pietismus (K) bes. 45–57.
[89] Zu J.B. Rosler vgl. (v. L.,) Rosler, Joh. Burckard: ADB 29, 239; ROSLER (K) 17–23.
[90] Zu Hönn vgl. J. FRANCK, Hönn, Georg Paul: ADB 13, 72ff; GEORG PAUL HÖNN, Zu d. Lobe Gottes eingerichteter Lebens-Lauff; DERS., Besondere Nachricht Einer [...] in Francken Errichteten Gesellschafft, Coburg 1736, 346–368.
[91] Pernau war auch als Dichter und Schriftsteller sowie besonders als Ornithologe bekannt.
[92] Zum Damenstift vgl. KARLHEINZ DUMRATH, Das Adelige Damenstift Waizenbach. Eine fromme Stiftung d. 18. Jh. i. ev. Franken: ZBKG 28 (1959), 1–70 [Lit.].
[93] Zu Metternich vgl. ANEMÜLLER, Metternich, Wolf, Frhr. v.: ADB 21, 527; PETER FUCHS, Metternich, Freiherren, Grafen u. Fürsten v. (kath.): NDB 17, 232–235 [234].

Dieser frühe Hallische Pietismus in Ostschwaben und in Franken erfuhr eine Konsolidierung und Stärkung, als Francke im Januar und Februar 1718 – auf dem Rückweg von seiner großen Fahrt ins »Reich« – durch diese Gebiete reiste.[94] In Begleitung Heinrich Neubauers, Direktor der Halleschen Anstalten, und seines Sohnes Gotthilf August besuchte er die Städte Augsburg, Nördlingen, Oettingen, Ansbach, Nürnberg, Altdorf, Erlangen, Kulmbach und Oberkotzau. In diesen Orten, von wo aus er gelegentlich auch kleine Abstecher machte, suchte er besonders Kontakt zu solchen Personen, die bereits mit Halle in irgendeiner Verbindung standen, besichtigte Erziehungsanstalten und karitativ-soziale Einrichtungen (besonders Waisenhäuser), hielt Predigten und Erbauungsansprachen sowie Katechismusstunden und hatte Unterredungen mit Landesherren, Magistratsmitgliedern und einflußreichen Persönlichkeiten. Insgesamt gesehen erfuhr Francke in den ostschwäbischen Territorien eine wesentlich größere Akzeptanz als in den fränkischen; dort wurde er nur in Ansbach zu einer Gastpredigt aufgefordert.

Auf dieser Reise ins »Reich« begegnete Francke in Stuttgart auch Samuel Urlsperger,[95] damals noch Hofprediger des württembergischen Herzogs Eberhard Ludwig. Nach seiner 1723 nicht ohne Widerstände erfolgten Berufung nach Augsburg als Pfarrer von St. Anna und Senior des Geistlichen Ministeriums entwickelte er sich zum führenden Repräsentanten des Hallischen Pietismus im süddeutschen Raum. Hierzu trugen nicht so sehr sein pastorales Wirken als vielmehr seine karitativ-sozialen und missionarischen Aktivitäten bei. Neben seinem Einsatz für die Heidenmission in Ostindien (Tranquebarmission), worin er von Pfarrern (u.a. von dem auch literarisch hervorgetretenen Leipheimer Pfarrer Conrad Daniel Kleinknecht[96]) und Laien (u.a. von dem Augsburger Handelsherrn Johann Balthasar II. Gullmann) unterstützt wurde, widmete er sich publikumswirksam vor allem den Salzburger Exulanten.[97] Einem Teil von ihnen ermöglichte er die Emigration nach Georgia und die Ansiedlung in Eben-Ezer. Hierfür organisierte er nicht nur weitgehend die Transporte, sondern verschaffte den Emigranten auch die notwendigen Begleitpersonen (Pfarrer und Lehrer) und

---

[94] Zu Franckes Reise durch Ostschwaben und Franken vgl. WILHELM GUSSMANN, August Hermann Francke in Bayern: ZBKG 3 (1928), 17–40; WEIGELT, Gesch. (B) 207–214. Grundlegende Archivalien: AUGUST HERMANN FRANCKE, Reiseber.: AFSt Halle, 171, 1; Nachrichten v. d. Aufenthalt Aug. Herm. Franckes i. Schwaben: WLB Stuttgart, Cod. hist. Q 137.

[95] Zu S. Urlsperger vgl. ED. JACOBS, Urlsperger, Samuel: ADB 39, 361–364; Urlsperger (K) [Lit.]; WEIGELT, Gesch. (B) 214–225; ZORN (K).

[96] Zu Kleinknechts Engagement für die Tranquebarmission vgl. Von d. Ausbreitung d. christl. Religion: AHE 3/18 (1739), 1084–1125 [1104f]; DANIEL JEYARA, Inkulturation i. Tranquebar. Der Beitr. d. frühen dänisch-halleschen Mission z. Werden einer indisch-einheimischen Kirche (1706–1730), Erlangen 1996, 31f (MWF NF 4).

[97] Vgl. dazu und zum Folgenden bes. GEORGE FENWICK JONES, Urlsperger u. Eben-Ezer: Urlsperger (K) 191–199; Salzburg – Halle – Nordamerika. Ein zweisprachiges Find- u. Lesebuch z. Georgia-Archiv d. Franckeschen Stiftungen, hg. u. eingeleitet v. THOMAS J. MÜLLER-BAHLKE u. JÜRGEN GRÖSCHL, mit einer Einleitung v. Hermann Winde, Halle 1999, XXVII–LII [Einleitung] (Hallesche Quellenpublikationen u. Repertorien 4); HORST WEIGELT, Der hallische Pietismus u. d. Salzburger Exulanten i. Eben-Ezer i. Georgia i. Amerika: WEIGELT, Pietismus-Stud. 1 (K) 64–89.

– nicht zuletzt durch seine propagandistischen Schriften[98] (»Ausführliche Nachrichten«, Halle 1735–1752; »Americanisches Ackerwerk Gottes«, Augsburg 1754–1767) – immer wieder finanzielle Subventionen.

Der spätere Hallische Pietismus erhielt im Gebiet des heutigen Bayerns[99] vor allem in der Markgrafschaft Brandenburg-Bayreuth während der Regentschaft des frommen Fürsten Georg Friedrich Karl[100] (1726–1735) einen ungemeinen Aufschwung. Treibende Kraft war seit Herbst 1727 dessen Hofprediger, Beichtvater und Konsistorialrat Johann Christoph Silchmüller,[101] ein Schüler und Mitarbeiter Franckes. Tatkräftig unterstützt wurde er von dem literarisch vielfältig hervorgetretenen Johann Adam Flessa,[102] seit 1727 Hofdiaconus und seit 1731 Professor für Theologie am Christian-Ernestinum, sowie von Johann Michael Ansorg, seit 1728 im Brandenburg-Bayreuthischen Kirchendienst in verschiedenen Ämtern, zuletzt als Konsistorialrat. Silchmüller führte mit markgräflicher Billigung alsbald Collegia oder Colloquia biblica und Erbauungsstunden ein. 1730 gründete er nach Halleschem Vorbild ein Waisenhaus.[103] Diesem war von Anbeginn eine Armenschule und seit 1737 ein Verlag angegliedert. Silchmüller schuf auch ein Liederbuch für die Schloßkirche (»Neue Sammlung Erbaulicher und geistreicher Alter und Neuer Lieder«, Bayreuth ²1733) und eine pietistische Überarbeitung von Luthers Kleinem Katechismus (»D. Martini Lutheri kleiner Catechismus samt einer in Frage und Antwort abgefaßter Ordnung des Heils, und ausführlichen Erläuterung«, Bayreuth ⁴1741). Außer in der Residenzstadt Bayreuth vermochte der spätere Hallische Pietismus in und um Neustadt an der Aisch Fuß zu fassen.[104] In der untergebirgischen Landeshauptstadt Neustadt wirkten nämlich seit 1730 einige bedeutende hallensisch gesinnte Theologen: Johann Adam Steinmetz[105] als Superintendent und Inspektor des Gymnasiums, sowie sein Nachfolger Johann Christian Lerche,[106] der vier Jahre Praeceptor ordinarius am Pädagogium regium in Halle gewesen war. 1731 wurde Georg Sarganeck[107] Rektor der Neustädter Fürstenschule. An diese Schule kam im gleichen

---

[98] Vgl. DIETRICH BLAUFUSS, »Zensur« i. Dienst d. Reich-Gottes-Propaganda? Zu Samuel Urlspergers »Ausführlicher Nachricht« 1737–1741: Urlsperger (K) 200–220.
[99] Vgl. dazu und zum Folgenden WEIGELT, Gesch. (B) 225–255.
[100] Zu Georg Friedrich Karl, Markgraf von Brandenburg-Bayreuth vgl. OTTO VEH, Markgraf Georg Friedrich Karl v. Bayreuth (1726–1735): AOfr. 35/2 (1951), 86–108.
[101] Zu Silchmüller vgl. FRIEDRICH WILHELM KANTZENBACH, Johann Christoph Silchmüller (1694–1771): LebFranken NF 12 (1986), 163–182 [Lit.].
[102] Zu Flessa vgl. KELCHNER, Flessa, Johann Adam: ADB 7, 118. Ein Werkverzeichnis bei GEORG WOLFGANG AUGUST FIKENSCHER, Gesch. d. Christian-Ernestinischen Collegii z. Bayreuth, Bayreuth 1806, 323ff; DERS., Gelehrtes Fürstenthum Baireut, Bd. 2, Erlangen 1801, 220–222.
[103] Zum Waisenhaus vgl. JACOB BATTEIGER, Der Pietismus i. Bayreuth, Berlin 1903, 41–47 (HS 38); KANTZENBACH, Zinzendorf (K) 115; KANTZENBACH, Geist (B) 28f. Zum Verlag vgl. WILFRIED ENGELBRECHT, Die Waisenhausdruckerei – Bayreuths legendäre Druckwerkstatt: AOfr. 68 (1988), 229–234.
[104] Vgl. dazu und zum Folgenden SCHAUDIG (K) 117–173.
[105] Zu Steinmetz vgl. PATZELT (K) 57–62; SCHAUDIG (K) 117–142.
[106] Zu Lerche vgl. SCHAUDIG (K) 143–173.
[107] Zu Sarganeck vgl. PATZELT (K) 69ff.

Jahr auch Paul Eugen Layritz[108] als Konrektor, der 1736 deren Leitung übernahm. Unter diesen beiden bedeutenden Pädagogen, von denen der erstere stärker die Franckesche Pädagogik, der zweite die von Johann Amos Comenius favorisierte, gewann die Fürstenschule[109] geradezu europäische Bedeutung. Als nach dem Tode des Markgrafen Georg Friedrich Karl 1735 sein aufklärerisch gesinnter Sohn Friedrich und dessen Gemahlin Wilhelmine, die Lieblingsschwester Friedrichs des Großen und Briefpartnerin Voltaires, die Regentschaft antraten, erlebte jedoch der Pietismus in der Markgrafschaft Brandenburg-Bayreuth bald eine Marginalisierung und Unterdrückung.

Dagegen hatte der spätere Hallische Pietismus in den übrigen fränkischen Territorien nur geringe Bedeutung. Einen gewissen Einfluß hatte er allenfalls in der Markgrafschaft Brandenburg-Ansbach,[110] und zwar zunächst in der Residenzstadt Ansbach. Hier fanden sich unter den Adligen (Neuhaus, Pachelbel[111]) und der Pfarrerschaft (J.W. von der Lith, Höppel) einige Hallenser. Sodann gab es in Schwabach Anhänger des Hallischen Pietismus, so die Diakone Johann Veit Engerer[112] und seinen Sohn Johann Hellwig Engerer,[113] die sich besonders in der Judenmission engagierten.

In der Reichsstadt Nürnberg wirkten zwar weiterhin einige hallensisch gesinnte Geistliche, insbesondere Georg Jakob Schwindel[114] und T. Winkler.[115] Durch ersteren geriet der Pietismus aber wegen seiner unkritischen und naiven Seelsorgepraxis an hysterischen Frauen und solchen von zweifelhaftem Ruf ins Zwielicht. Durch letzteren kam der Pietismus wegen der spektakulären visionären Erlebnisse seines Sohnes Gottfried ins Gerede.

In Ostschwaben hatte der spätere Hallische Pietismus – abgesehen von der Reichsstadt Augsburg – auch in der Reichsstadt Kaufbeuren, wo Johann Martin Christell von 1720 bis 1724 als Adjunkt und dann als Rektor der evangelischen Lateinschule[116] wirkte, und in dem Fürstentum Oettingen einen gewissen Rück-

---

[108] Zu Layritz vgl. IV.3, Anm. 152.
[109] Zu dieser Schule vgl. MARIANNE DOERFEL, Das Gymnasium i. Neustadt/Aisch. Pietismus u. Aufklärung: HGBB 1, 405–424; DIES., Ein zweites Halle i. Neustadt/Aisch? Zur Gesch. d. Neustädter Gymnasiums unter Pietisten u. Herrnhutern i. 18. Jh.: ZBKG 58 (1989), 141–177; DIES., Schülerbeurteilungen i. d. »Pietistenschule« Neustadt a. d. Aisch i. 18. Jh.: SchR. z. Bayer. Schulmuseum Ichenhausen 10 (1991), 89–94. Zur Hochschätzung der pädagogischen Ideen des Comenius bei Layritz vgl. DIES., Zur Übernahme d. Pädagogik d. Comenius durch Paul Eugen Layritz: UnFr (1992), 64–102 [Lit.].
[110] Vgl. dazu KANTZENBACH, Pietismus (K) 286–293.
[111] Zu Pachelbel vgl. IV.3, Anm. 83.
[112] Zu Engerer sen. vgl. VOCKE 1 (K) 226; VOCKE 2 (K) 138ff.
[113] Zu Engerer jun. vgl. VOCKE 1 (K) 305; VOCKE 2 (K) 230f.
[114] Zu Schwindel vgl. MUMMENHOFF, Schwindel, Georg Jacob: ADB 33, 469f; MATTHIAS SIMON, M. Jakob Schwindel. Die Tragödie eines pietistenfreundlichen Pfarrers i. Nürnberg: ZBKG 23 (1954), 17–94.
[115] Zu T. Winkler vgl. IV.3, Anm. 45.
[116] Zur Lateinschule vgl. FRITZ JUNGINGER, Gesch. d. Reichsstadt Kaufbeuren i. 17. u. 18. Jh., Neustadt/Aisch 1965, 166–175; HERMANN OBLINGER, Eine pietistische Lateinschule i. Schwaben – Magister Jacob Brucker als Schulrektor i. Kaufbeuren: HGBB 1, 486–490.

halt. In der gleichnamigen Residenzstadt waren der Archidiakonus Preu sowie der Superintendent Georg Adam Michel,[117] der von 1747 bis 1780 die Leitung des Oettingischen Kirchenwesens innehatte, hallensisch gesinnt. Letzterer hatte allerdings auch Kontakte zur Herrnhuter Brüdergemeine.

4. Der radikale Pietismus

Der radikale Pietismus erlangte im Verhältnis zum kirchlichen in Franken und auch in Ostschwaben einen überproportional großen Einfluß.[118] Zurückzuführen ist dies vor allem darauf, daß sich in diesen Gebieten eine Reihe seiner führenden Repräsentanten kurze oder längere Zeit zu Besuch aufgehalten hat. Auch gab es in Franken einige bedeutende radikale Pietisten, die hier geboren waren oder ihre Wahlheimat hierher verlegt hatten.

Zu den führenden Gestalten des radikalen Pietismus, die in Franken eine zeitlang weilten, gehört Johann Wilhelm Petersen.[119] Zusammen mit seiner Frau Johanna Eleonora, geborene von Merlau, reiste er im Frühjahr 1706 – von Coburg kommend – durch Franken und machte Station in Erlangen, Ermreuth, Altdorf, wo er und seine Frau in den Pegnesischen Blumenorden aufgenommen wurden, Nürnberg und Rothenburg.[120] Petersen erhielt an diesen Orten Gelegenheit, auf der Kanzel, in Erbauungsstunden und sogar im Hörsaal das Wort zu ergreifen. Bemerkenswerterweise war eine ganze Reihe seiner Gesprächspartner ebenfalls der Apokatastasisvorstellung zugetan, nach der zuletzt die gesamte Kreatur in Einklang mit dem Willen Gottes gebracht wird und alle Menschen zum Heil gelangen werden.

Anfang September 1707 stellte sich Ernst Christoph Hochmann von Hochenau[121] in der Reichsstadt Nürnberg ein.[122] Er wollte seiner Geburtsstadt, in der er seine Kindheit und Jugend verlebt, das Bürgerrecht aber 1703 zurückgegeben hatte, mit seiner Botschaft zum Heil förderlich sein. Wegen seiner kirchenkritischen Agitationen sah sich die Obrigkeit jedoch genötigt, gegen ihn vorzugehen, was sie wegen seiner einflußreichen Angehörigen gern vermieden hätte. Während seiner fast einjährigen Haft entwickelte er sich vom Kritiker der

---

[117] Zu Michel vgl. SCHATTENMANN, Michel (K) bes. 83–108.
[118] Vgl. dazu und zum Folgenden KANTZENBACH, Separatismus (K); WEIGELT, Gesch. (B) 123–174.
[119] Zu Petersen vgl. bes. MARKUS MATTHIAS, Johann Wilhelm u. Johanna Eleonora Petersen. Eine Biographie bis z. Amtsenthebung Petersens i. Jahre 1692, Göttingen 1993 (AGP 30); H. SCHNEIDER (K) 114f. 173f [Lit.].
[120] Zur Reise Petersens durch Franken vgl. JOHANN WILHELM PETERSEN, Lebens-Beschreibung, o.O. ²1719, 282–288. 293f.
[121] Zu Hochmann von Hochenau vgl. HEPPE, Hochmann, Ernst Christoph: ADB 12, 523ff; HEINZ RENKEWITZ, Hochmann v. Hochenau, Ernst Christoph: NDB 9, 289f; RENKEWITZ (K); H. SCHNEIDER (K) 124–128. 178f [Lit.].
[122] Zu Hochmanns Aufenthalt in Nürnberg und seiner Landschaft vgl. KANTZENBACH, Separatismus (K) 47f; RENKEWITZ (K) 237–262.

Amtskirche zum Bekämpfer des Herzensbabels. Spätestens im Oktober 1708 entwich er aus Nürnberg und zog – nach einem Besuch radikalpietistischer Kreise im Aischgrund, besonders in Gutenstetten und Pahres – nach der Grafschaft Büdingen.

Dagegen kam Johann Friedrich Rock,[123] der seit 1728 sämtlichen Inspirationsgemeinden in der Wetterau vorstand, auf seinen zahlreichen Missionsreisen zwischen 1716 und 1732 mehrmals nach Franken und besonders nach Ostschwaben. Unter heftiger Kritik am institutionellen Kirchenwesen rief er in seinen ekstatischen »Aussprachen« zur Bildung von Inspirationsgemeinden auf. Da jedoch die Obrigkeit zusammen mit der Pfarrerschaft fast überall unverzüglich gegen ihn und seine Begleiter vorging, konnte er in Franken sein eigentliches Ziel nirgends erreichen. In Ostschwaben, besonders in der Reichsstadt Memmingen,[124] gewann Rock jedoch einige Anhänger, die lockere Vergesellschaftungen bildeten.[125] Wegen ihrer Kirchenkritik gerieten sie aber bald in vielfache Konflikte mit dem Magistrat und der Pfarrerschaft. Eine größere Anzahl von ihnen sah sich Anfang November 1717 genötigt, in den berleburgischen Teil der Grafschaft Wittgenstein zu emigrieren.

Am turbulentesten und folgenreichsten verlief wohl der Aufenthalt des radikalen Pietisten Johann Georg Rosenbach.[126] Dieser Sporergeselle, der 1701 in Erlangen durch Johann Adam Raab seine Bekehrung erlebt hatte, hielt sich wiederholt im Gebiet des heutigen Bayerns auf: 1701 im Fürstentum Coburg, 1702 im Hochstift Bamberg, 1703 in Nürnberg, 1704 im Fürstentum Coburg und in der Grafschaft Giech sowie 1706 erneut im Fürstentum Coburg. Von besonderer Tragweite war sein Aufenthalt im Nürnberger Territorium im Herbst 1703, bei dem es wegen seiner in Altdorf abgehaltenen Konventikel zur Anzeige kam.[127] Sechs Professoren (Rötenbeck, Lang, Wagenseil, Adam Balthasar Werner, Johann Ludwig Apin und Magnus Daniel Omeis) aus allen vier Fakultäten stellten ihm jedoch positive Leumundszeugnisse aus. Die Veröffentlichung dieser »attestata« löste eine größere, weit über Franken hinausreichende literarische Kontroverse[128] zwischen Anhängern der lutherischen Orthodoxie und des Pietismus aus; darin ging es vor allem um Soteriologie und Ekklesiologie. Rosenbach war bereits im Oktober 1703 aus der Stadt verwiesen worden, nachdem er Urfehde geschworen hatte.

---

[123] Zu Rock vgl. bes. PAUL KRAUSS, Johann Friedrich Rock. Separatist u. Inspirierter. 1678–1749: Leb. aus Schwaben u. Franken, Bd. 15, hg. v. MAX MILLER, Stuttgart 1983, 86–114; H. SCHNEIDER (K) 131ff. 180 [Lit.]; U.-M. SCHNEIDER (K) passim.
[124] In dieser Reichsstadt weilte Rock vom 13. bis 18.11.1716 und vom 11. bis 12.7.1717.
[125] Vgl. dazu und zum Folgenden BRAUN (K).
[126] Zu Rosenbach vgl. FRITZ (K); H. SCHNEIDER (K) 141f. 184 [Lit.].
[127] Zu Rosenbachs Aufenthalt in Nürnberg und Altdorf vgl. JOHANN GEORG ROSENBACH, Wunder- u. Gnaden-volle Führung Gottes, o.O. o.J., 475–507. 531–550.
[128] Zum literarischen Streit vgl. FRITZ (K) 41–47; JOHANN GEORG WALCH, Hist. u. theol. Einleitung i. d. Religions-Streitigkeiten d. Ev.-Luth. Kirche, 5 Bde., Stuttgart-Bad Cannstatt 1972–1985, Bd. 2, 755–767, Bd. 5/2, 1029–1032 [= Nachdr. d. Ausg. Jena 1733–1739]; WEIGELT, Gesch. (B) 182–189.

Von den einheimischen Vertretern des radikalen Pietismus erlangten der Nürnberger Perückenmacher Johann Tennhardt[129] und der Erlanger Notar Raab überterritoriale Bedeutung. Tennhardt, der sich selbst als »Cantzellist des großen Gottes«[130] bezeichnete, stammte zwar aus Kursachsen, erwarb aber 1688 in Nürnberg das Bürgerrecht und kam durch handwerkliche Tüchtigkeit und geschickte Heirat zu Ansehen und Wohlstand. Durch den Tod seiner Frau und einer Tochter geriet er Mitte der 90er Jahre in eine religiöse Krise. Seit 1704 überkamen ihn Visionen und Auditionen; und am 26.10. desselben Jahres empfing er – nach seinen Aufzeichnungen – schließlich eine Berufung zum Propheten. Nachdem er seinen einträglichen Beruf aufgegeben hatte, verfaßte er seine »Warnungs- und Erbarmungs-Stimme [...] An alle Menschen« und das »Tractätlein« an alle Geistlichen, in denen er unter Gerichtsandrohungen zu Buße und Umkehr aufrief. Daneben begann er mit der Abfassung seines »Lebens-Lauffs«, der aber erst 1710 zusammen mit anderen Schriften im Druck erschien; dieses voluminöse Werk sandte er an zahlreiche Obrigkeiten und einflußreiche Persönlichkeiten. Es kam zu wiederholten Zusammenstößen mit der geistlichen und weltlichen Obrigkeit. Im August 1717 verzichtete er auf sein Bürgerrecht und verzog nach Frankfurt am Main.

Dagegen hat Raab,[131] 1673 in Marktbreit am Main geboren und 1727 in Erlangen gestorben, Franken nie verlassen. Er erlebte 1698 in Erlangen, wo er – dank der Unterstützung von Mäzenen – dritter Kaiserlicher Notar sowie Stadt- und Geschichtsschreiber (von Christian-Erlang) geworden war, eine religiöse Erweckung und wurde bald von radikalen Pietisten und Spiritualisten unterschiedlichster Provenienz aufgesucht.[132] Er verfaßte zahlreiche Schriften, in denen sich seine Entwicklung vom radikalen »Philadelphier«[133] zum kirchlichen Pietisten spiegelt. Literatur- und mentalitätsgeschichtlich interessant ist seine 1703 in Nürnberg gedruckte Autobiographie »Der wahre und gewisse Weg durch die Enge † Pforte Zu JEsu Christo«. Darin hat er seine Erziehung und seinen beruflichen Werdegang, seine Verlobung und Heirat, seine religiöse Entwicklung und seinen weltflüchtigen Lebensstil sowie seine breitgefächerte Lektüre und seine literarische Tätigkeit bis Oktober 1701 dargestellt. Personen und Orte werden in dieser Autobiographie

---

[129] Zu Tennhardt vgl. P. TSCHACKERT, Tennhart, Johann: ADB 37, 570f; FRIEDRICH BRAUN, Johann Tennhardt. Ein Beitr. z. Gesch. d. Pietismus, München 1934 (EKGB 17); H. SCHNEIDER (K) 139ff. 183f [Lit.]; U.-M. SCHNEIDER (K) bes. 74–81; SCHRADER (K) passim.
[130] JOHANN TENNHARDT, Gott allein soll die Ehre sein [...] Benebst [...] Lebens Lauff, o.O. o.J., 622.
[131] Zu Raab vgl. H. SCHNEIDER (K) 141f. 183f [Lit.]; SCHRADER (K) bes. 266. 376f; SIMON, Brendel (B) 11–23; WEIGELT, Gesch. (B) 310f. 318.
[132] Rückblickend schrieb er: »Diese Leute haben mich selbst gesuchet und in Discursen nichts als von Weigel, Hiel [Hendrick Jansz aus Barreveldt], Jean Evangelista [Johannes Evangelista, Kapuziner], von obern und untern Willen, von Ich-Mein und Selbstheit, von der Grundtieffen Gottes-Gelassenheit und Abgestorbenheit, von dem allerstillesten Sabbath in den ewigen Ein, (davon die H. Schrifft nichts weiß) hören und wissen wollen« (JOHANN ADAM RAAB, Hochstnöthige Warnung, o.O. 1726, 81).
[133] JOHANN ADAM RAAB, Der wahre u. gewisse Weg, o.O. o.J., 37 [Vorrede].

zumeist nicht namentlich genannt, wodurch die erbauliche Zielsetzung des Werkes verstärkt wird. Aus missionarischen und seelsorgerlichen Gründen unternahm Raab mehrfach Reisen in die nähere Umgebung, besonders in den Aischgrund, wo in und um Neustadt kleinere radikalpietistische Kreise existierten.

Titelblatt der Autobiographie von Johann Adam Raab, 1703

Eine größere radikalpietistische Vergesellschaftung bestand im oberfränkischen Thurnau, der kleinen Residenzstadt der Grafschaft Giech.[134] Hier wirkte seit 1696 der theologisch gebildete Georg Christoph Brendel,[135] ein gebürtiger Plauener, als Pfarrer und Konsistorialrat. Um seine radikalpietistische, spiritualistische Gesinnung zu kaschieren, publizierte er seine zahlreichen Schriften zumeist anonym oder pseudonym. Während seiner Wirksamkeit gelang es ihm, mehrere Gleichgesinnte nach Thurnau zu ziehen, so den Juristen Hermann Burkhard Rosler[136] als Gräflich Giechschen Rat und Kanzleidirektor sowie den

---

[134] Vgl. dazu und zum Folgenden PEZOLD (K) bes. 152–165.
[135] Zu Brendel vgl. SIMON, Brendel (B).
[136] Zu H.B. Rosler vgl. PEZOLD (K) 155f. 237f; ROSLER (K) 23–56.

Drucker Johann Friedrich Regelein.[137] Neben Rosenbach weilte u.a. auch Raab für längere Zeit hier und stattete als Hobbymaler die von 1701 bis 1706 erbaute barocke St. Lorenz Kirche mit einem emblematischen Bildprogramm[138] aus. Dieses besteht aus sechs Doppelbildern, die sich in dem nahezu quadratischen, von Doppelemporen umzogenen Kirchenschiff befinden, sowie aus vier – heute nicht mehr vorhandenen – bildlichen Darstellungen im Chor. Die allegorischen Doppelbilder visualisieren Grundaspekte einer pietistischen Lebensführung, wie fromme Verinnerlichung (symbolisiert durch das Innere bzw. die Unruh einer Uhr) und praktische Tätigkeit (figuriert durch einen früchtetragenden Baum). Brendel, geistig ungemein rege und belesen, entwickelte sich im Alter immer stärker zu einem sublimen Aufklärer, wie aus seiner 1715 anonym erschienenen Schrift »Einfältige Untersuchung der Lehre vom Gewissen« evident wird. Darin erklärte er, daß jeder Mensch »wahrhafftig etwas göttliches in sich« habe, »wenn ers gleich nicht weiß noch kennet«.[139]

Abgesehen von diesen Personalgemeinden um Raab und Tennhardt sowie dem Kreis radikaler Pietisten in der Grafschaft Giech, gab es in mehreren Gebieten Frankens und Ostschwabens kleinere radikalpietistische Zirkel. Zahlenmäßig etwas größer waren sie in der Markgrafschaft Brandenburg-Bayreuth in und um Neustadt an der Aisch,[140] im Nürnberger Landgebiet in und um Altdorf[141] sowie in der Reichsstadt Memmingen.[142] Die sich hier seit 1706 um den Taschner Abraham Funck scharenden radikalen Pietisten, die vor allem durch die Besuche des Inspirierten Rock und durch Schriften Tennhardts gestärkt wurden, gerieten in langwierige Konflikte mit der Obrigkeit. Wegen ihrer unnachgiebigen Haltung wanderte 1717 eine größere Anzahl ins Wittgensteiner Land nach Homrighausen bei Berleburg aus.

5. Der Herrnhuter Pietismus

Der Herrnhuter Pietismus machte sich im Gebiet des heutigen Bayerns bereits seit Ende der zwanziger Jahre des 18. Jahrhunderts bemerkbar.[143] Zurückzuführen ist dieser relativ frühe Beginn zunächst auf die engen verwandtschaftlichen Beziehungen, die Nikolaus Ludwig von Zinzendorf hierher hatte.[144] In der Graf-

---

137 Zu Regelein vgl. SCHRADER (K) 125. 430ff [Lit.].
138 Zum Bildprogramm vgl. u.a. GEORG CHRISTOPH BRENDEL, Der Neue Tempel ohne Götzen i. d. Neuen Kirche, Thurnau 1709.
139 [GEORG CHRISTOPH BRENDEL,] Einfältige Unters. d. Lehre v. Gewißen, o.O. 1715, 42.
140 Vgl. dazu SCHAUDIG (K) 80–117.
141 Dorthin hatten fast alle bedeutenderen Pietisten, die im Gebiet des heutigen Bayerns lebten oder sich hier zeitweilig aufhielten, irgendwelche Verbindungen.
142 Vgl. dazu BRAUN (K) passim [128–168].
143 Vgl. dazu und zum Folgenden KANTZENBACH, Zinzendorf (K); WEIGELT, Gesch. (B) 257–302.
144 Zu den verwandtschaftlichen Beziehungen vgl. GERHARD MEYER, Nikolaus Ludwig Reichsgraf v. Zinzendorf u. Pottendorf. Eine genealogische Stud. u. Ahnen- u. Nachfahrenliste, Hildesheim 1966, 144f. 207f (NLZ Hauptschr. Erg.-Bd. 1).

schaft Castell regierte seine verwitwete, streng lutherisch-orthodox gesinnte Tante Dorothea Renata, eine Schwester seines Vaters Georg Ludwig. Auf Schloß Oberbürg bei Nürnberg residierte seine ebenfalls verwitwete, aber sehr weltlich eingestellte Tante Margareta Susanna von Pohlheim, die älteste Schwester seines Vaters. In der Residenzstadt Bayreuth lebte seine dem Pietismus zugetane Cousine zweiten Grades Sophie Christiane, Prinzessin von Brandenburg-Bayreuth, die spätere Schwiegermutter des dänischen Königs Christian VI. Von weitreichender Bedeutung war es fernerhin, daß sich Zinzendorf auf der Rückreise von seiner Kavalierstour[145] nach Holland und Frankreich von Juli 1720 bis Januar 1721 in Castell aufgehalten und hier u.a. seinen sieben Jahre jüngeren Vetter Ludwig Friedrich, genannt Lutz,[146] unterrichtet hat. Auch während seines Jurastudiums in Frankfurt an der Oder (seit 1724) hat er ihm dann beigestanden. Bevor Graf Lutz nach siebenjähriger Abwesenheit in seine fränkische Heimat zurückkehrte, hielt er sich von Oktober 1730 bis Februar 1731 in Begleitung seines pietistisch gesinnten Hofmeisters Johann Georg Hertel in Herrnhut auf und wurde zu einem begeisterten Bewunderer der Brüdergemeine.[147]

Zu den frühesten Stützpunkten des Herrnhuter Pietismus entwickelten sich in der Markgrafschaft Brandenburg-Bayreuth die Haupt- und Residenzstadt Bayreuth sowie Neustadt an der Aisch. In Bayreuth fühlte sich der Hofprediger und Konsistorialrat Silchmüller,[148] ein ehemaliger Schüler Franckes, mit Zinzendorf freundschaftlich verbunden. Das von ihm gegründete Waisenhaus beschäftigte – zumindest anfänglich – bevorzugt Anhänger und Freunde der Brüdergemeine und wurde zur Anlaufstelle für deren Sendboten. In Neustadt waren der Superintendent Steinmetz[149] und sein Nachfolger Lerche[150] sowie der Gymnasialdirektor Sarganeck[151] und vor allem der Konrektor Layritz[152] Zinzendorf zugetan. Deshalb kamen dessen engere Mitarbeiter in den 30er Jahren wiederholt für einige Zeit dorthin (z.B. Christian David im Sommer 1731) und trugen zur Ausbreitung des Herrnhuter Pietismus im Aischgrund bei. Wohl nicht zuletzt des-

---

[145] Ein instruktiver Überblick zu Zinzendorfs Bildungsreise bei DIETRICH MEYER, Zinzendorf u. Herrnhut: Gesch. d. Pietismus 2 (B) 3–106 [13–17].

[146] Zu Ludwig Friedrich zu Castell-Remlingen vgl. HERMANN SCHÜSSLER, Ludwig Friedrich Graf z. C.-Remlingen: NDB 3, 172; HORST WEIGELT, Ludwig Friedrich Graf u. Herr z. Castell-Remlingen: LebFranken NF 8 (1978), 168–180.

[147] Auf der Heimreise schrieb er an seinen Vetter: »Wann ich dran gedenke, was der Herr an mir gethan hat, wie er mich geführt und was vor Wunder vor aller Augen er mich in Herrnhuth hat sehen lassen, so erkenne ich leichtlich, daß Er allein Gott ist.« Brief: Ludwig Friedrich zu Castell-Remlingen an Zinzendorf, 18.2.1731, gedr.: WEIGELT, Beziehungen (B) 68ff, Nr. 7 [S. 68].

[148] Zu Silchmüller vgl. IV.3, Anm. 101.

[149] Zu Steinmetz vgl. IV.3, Anm. 105.

[150] Zu Lerche vgl. IV.3, Anm. 106.

[151] Zu Sarganeck vgl. IV.3, Anm. 107.

[152] Zu Layritz vgl. RÖMER, Layritz, Paul Eugenius: ADB 18, 88f; Nachrichten aus d. Brüdergemeine 1838, 109–120 (Lebenslauf d. Bruders Paul Eugenius Layritz, Bischofs d. Brüder-Kirche, heimgegangen z. Herrnhut d. 31. Juli 1788). Da er sich immer stärker zur Herrnhuter Brüdergemeine hingezogen fühlte, verließ er 1742 Neustadt an der Aisch und schloß sich ihr im gleichen Jahr an. Er wurde von ihr mit verschiedenen Führungsaufgaben betraut.

halb erwog Zinzendorf, der Neustadt selbst mehrfach besucht hat,[153] Anfang 1732, sich hier um die vakante Stelle eines Amtshauptmanns zu bewerben. Ein diesbezüglicher Sondierungsversuch seines Vertrauten Friedrich von Wattewille bei Markgraf Georg Friedrich Karl, einem entfernten Verwandten, war jedoch ohne Erfolg.

Ein weiterer kleiner Stützpunkt des Herrnhuter Pietismus bildete sich in der Reichsstadt Nürnberg. Dieser Kreis zählte 1727 etwa 30 Personen und sammelte sich um den angesehenen und wohlhabenden Kaufmann Jonas Paulus Weiß. Sein renommiertestes Mitglied war der vielseitige Kupferstecher und Verleger Martin Tyroff,[154] der auch von Zinzendorf einen Stich[155] geschaffen hat. Anfang 1731 kam der radikale Pietist Victor Christoph Tuchtfeld,[156] der dazumal noch mit Zinzendorf in Kontakt stand, nach Nürnberg und warb besonders unter den herrnhutisch Gesinnten für eine Philadelphische Gemeinschaft. Der Magistrat wurde darauf aufmerksam und beauftragte seine Prediger mit einem schriftlichen Gutachten über Tuchtfelds Lehre. Daraufhin wurde dieser zwar der Stadt verwiesen, eine langjährige literarische Kontroverse konnte dadurch aber nicht verhindert werden. 1739 erregten die Herrnhuter im Zusammenhang mit den Auseinandersetzungen um den ins Zwielicht geratenen Pfarrer Schwindel[157] erneut die Aufmerksamkeit der Obrigkeit, da sie wohl mehrheitlich diesem Seelsorger zugetan waren. Der Magistrat erließ am 9.11.1739 ein generelles Konventikelverbot. Daraufhin emigrierte Weiß und siedelte nach Herrnhut über, wo er bald Leitungsfunktionen in der Brüdergemeine übertragen bekam. Die zurückgebliebenen herrnhutisch Gesinnten, die sich nun um den Schuhmachermeister Michael Kastenhuber sammelten, konnten wegen der Fortdauer des Versammlungsverbots ihr religiöses Leben nur eingeschränkt praktizieren.

In Ostschwaben bildete sich vor allem in Augsburg seit etwa 1730 ein kleiner Kreis von Anhängern und Freunden der Brüdergemeine.[158] Sie sammelten sich um den Silberhammerschmied Christian Dupp. Wesentliche Impulse bekamen sie aber von Sendboten der Brüdergemeine, so 1735 von dem Mähren Georg Schmidt, der von 1737 bis 1744 als Missionar in Südafrika, in dem von der holländisch-ostindischen Handelskompanie verwalteten Kapland wirkte. Als deren Aktivitäten das Mißtrauen des Geistlichen Ministeriums erregten, kam es aber zu Untersuchungen. Allerdings gab es auch anderenorts herrnhutisch Gesinnte, bei-

---

[153] Zinzendorf hielt sich 1732 und 1733 sowie 1735 in Neustadt an der Aisch auf.
[154] Zu Tyroff vgl. P.J. RÉE, Tyroff: ADB 39, 56; FRITZ TR[AUGOTT] SCHULZ, Tyroff, Nürnberger Kupferstecherfamilie: ALBK 33, 514f.
[155] Ein Exemplar findet sich im UA Herrnhut, PX. 8.
[156] Zu Tuchtfeld vgl. H. SCHNEIDER (K) 166f [Lit.]. Zu seiner Wirksamkeit in Nürnberg und seiner Relevanz für den dortigen Herrnhuter Kreis vgl. WEIGELT, Gesch. (B) 269–272.
[157] Zu den Auseinandersetzungen um Schwindel vgl IV.3, Anm. 114. Zum Folgenden vgl. WEIGELT, Gesch. (B) 273f.
[158] Vgl. dazu und zum Folgenden THEODOR WOTSCHKE, Herrnhuter i. Augsburg. Nach Briefen i. Universitätsarchiv [!] zu Herrnhut: ZBKG 11 (1936), 169–185.

spielsweise in Mönchsroth im Fürstentum Oettingen.[159] Von hier stammte der Kunsttöpfer Johann Leonhard Dober,[160] der im August 1732 – zusammen mit David Nitschmann – als erster Missionar der Herrnhuter Brüdergemeine nach der karibischen Insel St. Thomas ausgesandt wurde.

Dagegen lassen sich zu dieser Zeit in der Reichsstadt Regensburg nur wenige Personen ausmachen, die mit Zinzendorf sympathisierten.[161] Zu ihnen gehörten Diaconus Kraft, seit 1730 an der Neupfarrkirche, und Christoph Karl Ludwig von Pfeil,[162] seit 1732 württembergischer Gesandter am Immerwährenden Reichstag. Dieser vor allem als Liederdichter[163] bekannte Freiherr hat sich mannigfaltig für die Belange der Herrnhuter Brüdergemeine verwandt, obgleich sein Verhältnis zu Zinzendorf nicht immer ungetrübt war.

In der zweiten Hälfte der 30er Jahre wäre es in dem kleinen Dorf Rehweiler im Steigerwald, zwischen Castell und Geiselwind gelegen, beinahe zur Errichtung einer »Colonie von Herrnhuth« gekommen.[164] Diesen Weiler hatte Graf Lutz 1734 als Allodialgut erworben, um ein pietistisches Gemeinwesen zu errichten. Nach der Grundsteinlegung einer äußerst schlichten Schloßanlage schritt er 1735 zum Bau einer kleinen Saalkirche sowie eines Waisenhauses. Da er bei seinem missionarischen und seelsorgerlichen Wirken in und um Rehweiler anfänglich lediglich von seinem Hofrat Hertel unterstützt wurde – erst 1738 gelang die Indienststellung des pietistischen Theologen Johann Pöschel[165] als Hofprediger –, war er für jede auswärtige Unterstützung dankbar, besonders von Mitgliedern und Freunden der Herrnhuter Brüdergemeine. Rehweiler entwickelte sich zu einem pietistischen Zentrum, in das Fromme aus vielen Orten zur Erbauung herbeiströmten. Ende 1735 besuchte Zinzendorf Rehweiler, und in den nächsten Monaten intensivierte sich die Kooperation der beiden Vettern. Zinzendorf übernahm die Suche nach Mitarbeitern sowie Krediten und Graf Lutz begann mit der Vermessung eines Siedlungsraums für Mähren aus Herrnhut. An seinen

---

[159] Vgl. dazu PAUL SCHATTENMANN, Zur Entstehung d. Herrnhutertums i. fränk.-schwäb. Raum: ZBKG 32 (1963), 219–229 [219–226]; DERS., Maria Elisabeth Dober aus Mönchsroth: ZBKG 35 (1966), 98.
[160] Zu Dober vgl. Gemein Nachrichten 1832, I, 3, 416–437 (Lebenslauf d. Bischofs d. Brüderkirche u. ersten Heidenboten Johann Leonhard Dober, heimgegangen i. Herrnhut d. 1ten April 1766 [von einem seiner Collegen i. Unitäts-Directorio verfaßt].).
[161] Zu Anhängern und Freunden der Herrnhuter Brüdergemeine in Regensburg vgl. WEIGELT, Gesch. (B) 276–279.
[162] Zu Pfeil vgl. (l.u.,) Pfeil, Christoph Karl Ludwig Reichsfrhr. v.: ADB 25, 646f; GABRIELE HAUG-MORITZ, Pfeil, Christoph Carl Ludwig Frhr. v.: NDB 20, 325f; HANS-JOACHIM KÖNIG, Christoph Karl Ludwig v. Pfeil: Leb. aus Schwaben u. Franken, Bd. 8, hg. v. MAX MILLER u. ROBERT UHLAND, Stuttgart 1962, 137–148.
[163] Verzeichnis der Werke und Lieder Pfeils: GOTTFRIED MÄLZER (Bearb.), Die Werke d. württembergischen Pietisten d. 17. u. 18. Jh. Verzeichnis d. bis 1968 erschienenen Literatur, Berlin u.a. 1972, Nr. 2129–2164 (BGP 1).
[164] Vgl. dazu und zum Folgenden HANS-WALTER ERBE, Zinzendorf u. d. fromme hohe Adel seiner Zeit [Nachdr. d. Ausg. Leipzig 1928]: Erster Sammelband über Zinzendorf, hg. v. ERICH BEYREUTHER u. GERHARD MEYER, Hildesheim u.a. 1975, 373–634 [226–248] (NLZ.L 12); WEIGELT, Gesch. (B) 279–288.
[165] Zu Pöschel vgl. (l.u.,) Pöschel, Johann: ADB 26, 453f.

Vetter schrieb er: »Mir ist es so, als wann einmal Rehweiler eine Colonie von Herrnhuth werden müßte«.¹⁶⁶

Brustbild des Grafen Ludwig Friedrich zu
Castell-Remlingen, Ölgemälde 1731 oder später

Diese gesteigerten Aktivitäten müssen zweifelsohne im Zusammenhang mit der schließlich am 20.3.1736 vom sächsischen Kurfürsten Friedrich August II. angeordneten endgültigen Expatriierung Zinzendorfs aus Sachsen gesehen werden. Überraschend kam es jedoch schon im August zum Konflikt und Zerwürf-

---

¹⁶⁶ Brief: Ludwig Friedrich zu Castell-Remlingen an Zinzendorf, 21.2.1736, gedr.: WEIGELT, Beziehungen (B) 139ff, Nr. 29 [S. 139].

nis Zinzendorfs mit seinem Vetter wegen dessen Besuchs bei Christian Ernst zu Stolberg-Wernigerode, dem Haupt der antiherrnhutischen Partei. Alle Aussöhnungsversuche scheiterten; der Bruch erwies sich als endgültig. Graf Lutz trat allmählich aus dem Schatten seines dominanten Vetters heraus und fand Anschluß an den Württembergischen[167] und besonders den Hallischen Pietismus; definitiv als er 1744 die gebildete, des Griechischen und Hebräischen kundige Ferdinande Adriane zu Stolberg-Wernigerode, die Tochter von Christian Ernst, heiratete.

Die mannigfachen, jedoch zum Teil recht bescheidenen Ansätze des Herrnhuter Pietismus im Gebiet des heutigen Bayerns erfuhren dann durch die hier seit den 40er Jahren einsetzende Diasporaarbeit[168] der Brüdergemeine eine gewisse Förderung. Begonnen wurde sie 1741 in Ostschwaben und Mittelfranken durch das sog. »Kleine Pilgerrad«: Der gelernte Schneider Johann Konrad Lange,[169] der diese Gebiete im Auftrag Zinzendorfs bereiste, führte wegen seiner schwachen Konstitution seine Habseligkeiten für sich und seine Familie stets auf einem Schubkarren mit sich. Dank seiner unermüdlichen seelsorgerlichen Bemühungen und seines organisatorischen Geschicks vermochte er die herrnhutischen Kreise zu stabilisieren. Bereits während seiner Wirksamkeit, vor allem aber danach, bereisten auch andere Sendboten der Brüdergemeine (Johann Friedrich Schurer, Johann Jacob Martin Wäckler, Johann Jacob Müller) die Gegend, um herrnhutisch Gesinnte sowie andere Fromme mehr oder weniger sporadisch zu besuchen und geistlich zu betreuen. Größere herrnhutische Gemeinschaften bildeten sich in Augsburg und in dem Marktflecken Fürth. Kleinere Kreise gab es in der Markgrafschaft Brandenburg-Bayreuth (Neustadt an der Aisch, Bayreuth und Erlangen), in der Markgrafschaft Brandenburg-Ansbach (Ansbach, Langenzenn und Feuchtwangen), in den fränkischen Reichsstädten Nürnberg und Weißenburg sowie in einigen Orten des Fürstentums Oettingen.

Gelegentlich erregten die Anhänger und Freunde der Brüdergemeine mit ihrem Frömmigkeitsstil Verdacht bei der Obrigkeit, obgleich sie im allgemeinen geflissentlich am gottesdienstlichen Leben teilnahmen. Ihr dezidiertester Gegner war wohl der von der Aufklärung stark beeinflußte, theologisch gebildete Feuchtwangener Dekan Georg Ludwig Oeder.[170] Auf sein beharrliches Drängen hin fand 1748 in allen Dekanaten der Markgrafschaft Brandenburg-Ansbach eine Untersuchung bezüglich des Herrnhutertums statt. Dabei zeigte sich aber, daß nur in einigen Gemeinden vereinzelte Herrnhuter vorhanden waren; kleinere Kreise bildeten die absolute Ausnahme.

---

[167] Intensive Beziehungen hatte er besonders zu Friedrich Christoph Oetinger und Georg Konrad Rieger.

[168] Zur Diasporaarbeit der Brüdergemeine grundsätzlich vgl. IV.3.6; bezüglich ihrer Anfänge im Gebiet des heutigen Bayerns vgl. WEIGELT, Gesch. (B) 288–301.

[169] Zu Langes Tätigkeit in Süddeutschland vgl. ROBERT GEIGES, Johann Conrad Lange u. d. Anfänge d. herrnhutischen Gemeinschaftspflege i. Württemberg: ZBG 7 (1913), 1–65.

[170] Zu Oeder vgl. C. SIEGFRIED, Oeder, Georg Ludwig: ADB 24, 147; FRIEDRICH WILHELM KANTZENBACH, Georg Friedrich Oeder: LebFranken NF 7 (1977), 161–176.

Wie in anderen Territorien des Deutschen Reichs erfuhr die anfänglich recht wahllose Diasporaarbeit der Brüdergemeine auch in Franken und Ostschwaben erst nach dem Tod Zinzendorfs eine Konsolidierung. Die Herrnhuter Sendboten besuchten seit 1764 von der Brüdersiedlung in Ebersdorf[171] im Vogtland aus in einer gewissen Regelmäßigkeit solche Fromme, die gemeinhin bereits in irgendeiner Beziehung zur Brüdergemeine standen. Sie betreuten diese seelsorgerlich, hielten ihnen Erbauungsstunden und vernetzten sie untereinander.

6. Der Spätpietismus

Wie in anderen Gegenden hat sich auch in Franken und Ostschwaben der Pietismus in der Zeit vom Vorabend der Französischen Revolution bis zum Ende der Napoleonischen Ära nicht unerheblich gewandelt. Die traditionellen Antagonismen zwischen den einzelnen geschichtlichen Ausformungen des Pietismus, besonders zwischen dem Spener-Hallischen und dem Herrnhuter Pietismus, schwächten sich ab. Angesichts einer zunehmenden Radikalisierung der Aufklärung in Kirche und Gesellschaft vollzogen die Frommen einen Schulterschluß. Mehr oder weniger einhellig bekannten sie sich – in Frontstellung gegen Neologie und Rationalismus – zum altkirchlichen Dogma, zur Erlösungsbedürftigkeit des Menschen, zur Gottessohnschaft Jesu Christi und zu seinem satisfaktorischen Strafleiden sowie zur Integrität der Heiligen Schrift. Zum andern vollzog sich nun im Pietismus – unter dem Einfluß von Sturm und Drang sowie der Frühromantik – eine verstärkte Fokussierung auf subjektive Erfahrung und religiöse Gefühlskultur.

Diese sogenannten Spätpietisten[172] sammelten sich vor allem in zwei Organisationsformen, nämlich in der Deutschen Christentumsgesellschaft und in den Freundeskreisen der Herrnhuter Brüdergemeine. Allerdings gab es damals nicht wenige Pietisten, die wie Christian Friedrich Buchrucker,[173] Pfarrer in Rehweiler (1780–1794) und in Kleinweisach (1794–1824), mit diesen Vergesellschaftungen lediglich in losem Kontakt standen. Sie fühlten sich stärker zu den Personal- und Lesegemeinden hingezogen, die sich um Johann Caspar Lavater,[174] Friedrich Oberlin oder Johann Heinrich Jung-Stilling gebildet hatten.

---

171 Zuvor war der Marktflecken Fürth Stützpunkt der Diasporaarbeit gewesen.
172 Zum Begriff Spätpietismus vgl. bes. MARTIN BRECHT, Spätpietismus u. Erweckungsbewegung: Erweckung am Beginn d. 19. Jh., hg. v. ULRICH GÄBLER u. PETER SCHRAM, Amsterdam 1986, 1–22 [5]. Vgl. auch WEIGELT, Gesch. (B) 303.
173 Zu Buchrucker vgl. KARL BUCHRUCKER, Christian Friedrich Buchrucker. Ein Seelsorgerleben aus d. Wende d. vorigen u. d. gegenwärtigen Jh., München 1877.
174 Bezüglich der Beziehungen Buchruckers zu Lavater vgl. HORST WEIGELT, Lavater u. d. Stillen i. Lande. Distanz u. Nähe. Die Beziehungen Lavaters z. Frömmigkeitsbewegungen i. 18. Jh., Göttingen 1988, 70ff (AGP 25).

Die Deutsche Christentumsgesellschaft[175] hatte sich nach mannigfachen und langwierigen Bemühungen des ehemaligen Augsburger Pfarrers und Seniors Johann August Urlsperger,[176] Sohn Samuel Urlspergers, am 30.8.1780 in Basel konstituiert. In den nächsten Jahren breitete sie sich durch Bildung von Partikulargesellschaften über den gesamten deutschen Sprachraum aus. In Nürnberg wurde dann Ende 1781 die erste Sozietät gegründet.[177] Ihr erster Leiter wurde Johann Dreykorn, Diaconus an der Jakobskirche. Nach seinem Tod 1799 folgte der Zuchthausverwalter Conrad August Erdle und nach dessen Ableben 1819 Johann Tobias Naumann. Der eigentlich führende Kopf war aber der Kaufmann Johann Tobias Kießling,[178] der sich auf seinen zahlreichen Geschäftsreisen zu Messen in den Habsburgischen Ländern (104 Mal) für die dortigen Protestanten karitativ und – als »Notbischof« – seelsorgerlich eingesetzt hat. Durch Johann Gottfried Schöner,[179] seit 1776 Diaconus an der Frauenkirche und seit 1785 an St. Lorenz (ab 1809 Pfarrer) wurde die Nürnberger Partikulargesellschaft geistlich betreut. Er verfaßte auch einige kleinere katechetische Werke und Erbauungsschriften sowie Lieder und Gedichte. »Himmel an, nur Himmel an soll der Wandel gehn!« gehört zu seinen Liedern.[180] Ein weiteres bedeutendes Mitglied war der Verleger Johann Philipp Raw,[181] der in großem Umfang Erbauungsliteratur herausbrachte, die er bis nach Rußland und Amerika absetzte. Der Nürnberger Sozietät gehörten daneben auch auswärtige Mitglieder an, so der Altonaer Unternehmer Jakob Gysbert van der Smissen,[182] der sächsische Adlige Heinrich Kasimir Gottlob Graf zu Lynar[183] und J.A. Urlsperger, der 1796 von Augsburg in die kleine Residenzstadt Oettingen umzog.[184]

---

[175] Zu Anfängen und Entwicklung der Deutschen Christentumsgesellschaft im allgemeinen vgl. u.a. WEIGELT, Christentumsgesellschaft (K); WEIGELT, Diasporaarbeit (K) 125–140. 144–149 [Lit.]; WEIGELT, Pietismus (K) 710–719.
[176] Zu J.A. Urlsperger vgl. HORST WEIGELT, Johann August Urlsperger, ein Theologe zwischen Pietismus u. Aufklärung: ZBKG 33 (1964), 67–105; ZORN (K).
[177] Vgl. dazu und zum Folgenden WEIGELT, Gesch. (B) 304–324.
[178] Zu Kießling vgl. bes. GRETE MECENSEFFY, Kießling, Johann Tobias, Kaufmann u. Pietist, 1742–1824: LebFranken 6 (1960), 293–302; DIES., Der Nürnberger Kaufmann Johann Tobias Kießling u. d. österreichischen Toleranzgemeinden: JGGPÖ 74 (1958), 26–69.
[179] Zu Schöner vgl. WAGENMANN, Schöner, Johann Gottfried: ADB 32, 297ff; FRIEDRICH BAUM, Aus d. Pfarrfamilie Schöner: ZBKG 15 (1940), 105–111.
[180] Dieses zehnstrophige Lied findet sich in: Sammlungen f. Liebhaber christl. Wahrheit u. Gottseligkeit 21 (1806), 222ff.
[181] Zu Raw und seinem Verlag vgl. bes. HAHN (K).
[182] Zu van der Smissen und seinen Beziehungen zur Deutschen Christentumsgesellschaft vgl. MANFRED JAKUBOWSKI-TIESSEN, Die Christentumsgesellschaft i. Schleswig-Holstein: Aufklärung u. Pietismus i. dänischen Gesamtstaat 1770–1820, hg. v. HARTMUT LEHMANN u. DIETER LOHMEIER, Neumünster 1983, 231–247 [232ff] (Kieler Stud. z. deutschen Literaturgesch. 16).
[183] Zu zu Lynar und seinem Engagement in der Nürnberger Partikulargesellschaft vgl. WEIGELT, Gesch. (B) 316f.
[184] Zu J.A. Urlspergers Übersiedlung nach Oettingen und seinem dortigen Aufenthalt vgl. PAUL SCHATTENMANN, Miszelle. Zum Aufenthalt v. Dr. Johann August Urlsperger i. Oettingen 1796–1806. Ein Beitr. z. seiner Lebensgesch.: ZBKG 22 (1953), 47–50.

Obgleich sich die Christentumsgesellschaft nach J.A. Urlspergers ursprünglichem Plan sowohl wissenschaftlich-apologetisch mit der Aufklärungstheologie auseinandersetzen als auch der geistlichen Erbauung dienen sollte, verfolgte sie seit 1785 nur noch das letzte Ziel.[185] Auch die Nürnberger Sozietät machte sich schließlich diese Entscheidung zu eigen. Daneben betätigte sie sich eifrig karitativ durch finanzielle Unterstützung notleidender Protestanten, vor allem in Österreich, sowie missionarisch durch Verteilung von Erbauungsliteratur.[186] Auf Grund ihrer Initiative wurde in Nürnberg am 1.9.1804 die erste Deutsche Bibelgesellschaft gegründet.[187] Um Bibeln preiswert anbieten oder kostenlos verteilen zu können, gab man 1806 im Raw'schen Verlag ein Neues Testament heraus. Da die Druckqualität unzulänglich war und Schöner als verantwortlicher Herausgeber sich nicht in der Lage sah, dieses Problem zu beheben, wurde die Drucklegung weiterer Bibelausgaben nach Basel verlegt.[188]

Im Unterschied zur Deutschen Christentumsgesellschaft hatte die Herrnhuter Brüdergemeine[189] im heutigen bayerischen Raum in vielen Orten[190] »Auswärtige Geschwister« und Freunde. Sie gehörten zwar überwiegend der unteren Mittelschicht an, fanden jedoch bei etlichen Persönlichkeiten von höherem gesellschaftlichem Rang, bei Adligen, Beamten, Militärs und Pfarrern, die mit der Brüdergemeine irgendwie Kontakt hatten, einen gewissen Rückhalt. Sofern die »Auswärtigen Geschwister« oder Freunde verheiratet waren oder Familien hatten, bildeten sie »Hauskirchen«, in denen der Hausvater seinen Angehörigen als »Priester und Liturgus« täglich Andachten hielt. Gab es an Orten mehrere Mitglieder oder Sympathisanten der Brüdergemeine, dann trafen sie sich gemeinhin regelmäßig zu Versammlungen. In diesen Konventikeln, für die ein Leiter verantwortlich war, standen freies Gebet und Gesang sowie erbauliche Auslegung von alt- und neutestamentlichen Texten – zumeist dem Losungsbüchlein entnommen – im Mittelpunkt. An den Versammlungen nahmen gelegentlich auch Personen teil, die an sich in anderen Frömmigkeitstraditionen heimisch waren, so vor allem Mitglieder der Deutschen Christentumsgesellschaft. Dagegen konnte

---

[185] Zu dieser konzeptionellen Entwicklung in der Deutschen Christentumsgesellschaft vgl. WEIGELT, Christentumsgesellschaft (K) 133–137; WEIGELT, Pietismus (K) 714.

[186] Zu den karitativen Projekten und dem Vertrieb von Erbauungsliteratur vgl. WEIGELT, Gesch. (B) 320ff.

[187] Zur Entstehung dieser Bibelgesellschaft und der Herausgabe eines Neuen Testaments vgl. bes. MATTHIAS SIMON, Die Entstehung d. Zentralbibelvereins i. Bayern: Festgabe Herrn Landesbischof D. Hans Meiser z. 70. Geburtstag dargebracht, München [1951], 45–133 [46–53]; DERS., Zur Entstehung d. Bibelgesellschaft i. Bayern. MVGN 42 (1951), 373f; WEIGELT, Gesch. (B) 322ff.

[188] Zu den in Basel erschienenen Bibelausgaben vgl. WILHELM GUNDERT, Gesch. d. deutschen Bibelgesellschaften i. 19. Jh., Bielefeld 1987, 21ff. 61ff (TAzB 3); HANS HAUZENBERGER, Basel u. d. Bibel. Die Bibel als Quelle ökum., missionarischer, sozialer u. pädagogischer Impulse i. d. ersten Hälfte d. 19. Jh., Basel 1995, 76; ALBERT OSTERTAG, Die Bibel u. ihre Gesch., neu bearb. v. RICHARD PREISWERK, Basel 1892, 151–161.

[189] Vgl. dazu und zum Folgenden WEIGELT, Gesch. (B) 325–338.

[190] Für das Jahr 1770 führte der Diasporaarbeiter Johann Jacob Dupp in seinem Tätigkeitsbericht 25 Orte auf, in denen er 367 Erweckten einen Besuch abgestattet hatte; vgl. Auszug aus d. Diaspora-Ber. 1770, UA Herrnhut, R. 19. B. k. 14.

das Chorwesen[191] – das charakteristische Strukturelement der Brüdergemeine – nur in den Städten Nürnberg und Augsburg sowie im Marktflecken Fürth eine zeitlang teilweise verwirklicht werden. An Festtagen pilgerten die »Auswärtigen Geschwister« und Freunde der Brüdergemeine nicht selten nach Ebersdorf im Vogtland oder ausnahmsweise auch in das weit entfernte Herrnhut.

Wie in anderen Gebieten des Deutschen Reiches erlebte das Diasporawerk[192] auch in Franken und Ostschwaben im letzten Drittel des 18. Jahrhunderts bis zum Ausbruch der beiden Koalitionskriege gegen die französische Republik und der Napoleonischen Feldzüge einen kräftigen Aufschwung.[193] Folgende Diasporaarbeiter versorgten in dieser Zeit die »Auswärtigen Geschwister« und Freunde im Gebiet des heutigen Bayerns: der Augsburger Johann Jacob Dupp (1760–1773), ein ehemaliger Silberschmied, der Stettiner Christian Andreas Hofmann (1774–1780), ein gelernter Zinngießer, der Holsteiner Johann Christian Grasmann (1781–1787), von Beruf Buchdrucker, der Schlesier Gottlob Friedrich Burghardt (1787–1798), ein ausgebildeter Chirurg, der Schwarzwälder Wilhelm Ludwig Degeler (1798–1802), ein ehemaliger Kaufmannsgehilfe, der Ansbacher Johann Georg Furkel, ein früherer Sattler, der Franke Georg Conrad Leupold (1808–1809), ein gelernter Schuhmacher, der Thüringer Johann Daniel Suhl (1809–1812), ein Leinenhandwerker, und der Schwabe Gottfried Besel (1816–1817), ein vormaliger Seidenweber und Färber. In der Regel bereisten sie ihren Distrikt einmal im Jahr und versuchten, die »Auswärtigen Geschwister« und Freunde zu einem »täglichen Umgang mit dem Heiland«[194] und zu einem intensiven Gemeinschaftsleben mit den Glaubensgenossen anzuhalten. Begleitet wurden sie auf ihren strapaziösen Fußreisen fast stets von ihren Ehefrauen, die gemeinhin die Seelsorge an Frauen übernahmen. Auf ihren Besuchsstationen suchten die Diasporaarbeiter in der Regel auch Kontakte zu anderen »Frommen«, so besonders zu Mitgliedern der Deutschen Christentumsgesellschaft oder zu Anhängern der Allgäuer katholischen Erweckungsbewegung. Auf ihren Reisen führten sie Diarien, die der Unitäts-Ältesten-Konferenz – im Original oder überarbeitet – als Tätigkeitsberichte vorgelegt wurden.[195] Sie geben u.a. interessante Einblicke in die damalige Verkündigungs- und Seelsorgepraxis der Herrnhuter Brüdergemeine. Erschwert wurde ihre Tätigkeit seit 1809 durch ein von der Regierung des Königreichs Bayern erlassenes generelles Versammlungsver-

---

[191] Erfassung der Mitglieder in nach Alter und Geschlecht differenzierten Seelsorgegruppen (Chöre) zwecks Optimierung seelsorgerlicher Betreuung und Intensivierung des Gemeinschaftslebens.
[192] Zu Wesen und Aufgabe der Diasporaarbeit im allgemeinen vgl. WEIGELT, Pietismus (K) 701–710.
[193] Zur Diasporaarbeit in Gebieten des heutigen Bayerns vgl. WEIGELT, Gesch. (B) 325–332.
[194] Dieser Begriff, synonym für glauben verwendet, war in der Brüdergemeine sehr beliebt; vgl. bes. DIETRICH MEYER, Der Christozentrismus d. späten Zinzendorfs. Eine Stud. z. d. Begriff »täglicher Umgang mit d. Heiland«, Bern u.a. 1973, 27ff. 40. 89f. 264f. 277 (EHS.T 25).
[195] Diese Berichte finden sich im UA Herrnhut unter der Signatur R. 19. B. k.

bot ohne obrigkeitliche Genehmigung.[196] Praktisch zum Erliegen kam die Diasporaarbeit jedoch für einige Jahre, als – nach einer versuchten Intervention der Unitäts-Ältesten-Konferenz in Herrnhut dieses Konventikelverbot zu lockern – im Frühjahr 1813 den »sich so nennenden Assoziirten der Herrnhuter-Brüder-Gemeinde« zwar die »Erlaubniß zu ihren Privat-Andachten unter Aufsicht der Polizei ertheilt« wurde, ihnen aber weiterhin strengstens verboten wurde, »mit auswärtigen Brüder-Gemeinden, deren geistlichen oder weltlichen Vorstehern oder Missionären in irgend einer Verbindung zu stehen, – von ihnen Visitationen oder Verhaltensvorschriften anzunehmen, oder die Brüder-Gemeinde mit Geldbeiträgen zu unterstützen«.[197]

Der Pietismus hat also – in seinen unterschiedlichen Ausformungen – im Gebiet des heutigen Bayerns recht verschiedene Wirkmächtigkeiten entfaltet. Zurückzuführen ist dies nicht zuletzt auch auf die unterschiedlichen historischen sowie kirchlichen und frömmigkeitsgeschichtlichen Gegebenheiten in den einzelnen fränkischen und ostschwäbischen Territorien. Meistens blieb der kirchliche Pietismus jedoch marginal und vermochte mit seinem dezidierten Interesse an Verinnerlichung und praktischer Umsetzung des Glaubens nur vorübergehend in einigen Gebieten, wie beispielsweise Windsheim oder Bayreuth, eine größere Relevanz zu gewinnen. Dennoch sollte der Einfluß des Pietismus auf Kirche und Frömmigkeit, Gesellschaft und Kultur im bayerischen Raum nicht unterschätzt werden. Hinsichtlich des Spener-Hallischen Pietismus sind insbesondere die karitativ-sozialen Einrichtungen wie Waisen- und Witwenhäuser sowie die pädagogischen Institutionen zur allgemeinen und weiterführenden Bildung einflußreich und nicht zu übersehen gewesen. Der radikale Pietismus leistete besonders mit seiner Forderung nach Freiheit für Frömmigkeit und Denken im Privaten einen Beitrag zur Entwicklung des modernen Toleranzgedankens. Wichtige Impulse vermittelte der Pietismus der – zweifelsohne auch von der Romantik beeinflußten – Fränkischen Erweckungsbewegung[198] sowie der Ge-

---

196 Vgl. RegBl. 1809, 897–920: »Edikt über d. äussern Rechts-Verhältnisse d. Einwohner d. Kgr. Baiern, i. Beziehung auf Religion u. kirchl. Gesellschaften, zur näheren Bestimmungen d. §§ VI. u. VII. d. ersten Titels d. Konstitution« [899: »§. 5. Sobald aber mehrere Familien zur Ausübung ihrer Religion sich verbinden, so wird jederzeit hierzu Unsere ausdrückliche Genehmigung erfordert, nach dem im zweiten Abschnitte folgenden näheren Bestimmungen. §. 6. Hienach sind alle heimlichen Zusammenkünfte, unter dem Vorwande des häuslichen Gottes-Dienstes, verboten.«].
197 G[EORG F.] DÖLLINGER, Sammlungen d. i. Gebiete d. inneren Staats-Verwaltung d. Kgr. Bayern bestehenden Verordnungen, aus amtl. Quellen geschöpft u. systematisch geordnet, Bd. 8/3, München 1838, 1787, § 1792 (Erlaß, München 29.4.1813).
198 Zur Geschichte der Fränkischen Erweckungsbewegung vgl. bes. KURT ALAND, Berlin u. d. Bayr. Erweckungsbewegung: FS f. Bischof Otto Dibelius z. 70. Geburtstag, Gütersloh 1950, 117–136; DERS., Zur Gesch. d. bayr. Erweckungsbewegung: DERS., Kirchengeschichtl. Entwürfe, Gütersloh 1960, 650–671; GUSTAV ADOLF BENRATH, Die Erweckung innerhalb d. deutschen Landeskirchen 1815–1888. Ein Überblick: Gesch. d. Pietismus 3 (B) 150–271 [238–242. 269]; DERS. u.a., Erweckung/Erweckungsbewegung: TRE 10, 205–227 [212f]; BEYREUTHER (B) 31ff; HILDEBRAND DUSSLER, Johann Michael Feneberg u. d. Allgäuer Erweckungsbewegung. Ein kirchengeschichtl. Beitr. aus d. Quellen z. Heimatkunde d. Allgäus, Nürnberg 1959 (EKGB 33); HAHN (K); WALTER HAHN, Verlag u. Sortiment d. Joh. Phil. Raw'schen Buchhandlung i. Nürnberg unter Johann Christoph Jacob Fleischmann 1827–

meinschaftsbewegung,[199] die aber nicht unwesentliche Einflüsse der angelsächsischen Heiligungsbewegung rezipiert hat.

1853: ZBKG 48 (1979), 71–175; LUDWIG HAMMERMAYER, Die Aufklärung i. Wissenschaft u. Gesellschaft: HBG² 2, 983–1102 [994f. 997f]; HIRSCHMANN (K) 888f; KANTZENBACH, Erweckungsbewegung (B); FRIEDRICH WILHELM KANTZENBACH, Lebendige Gemeinde i. Rahmen d. fränk. Erweckungsbewegung: KANTZENBACH, Geist (B) 87–100; KELLER (B) bes. 35–41; GEORG PICKEL, Christian Krafft, Professor d. ref. Theologie u. Pfarrer i. Erlangen. Ein Beitr. z. Gesch. d. Erweckungsbewegung i. Bayern, Nürnberg 1925 (EKGB 2); SIMON, Kirchengesch.¹ 2 (B) 591–623. 738f; THOMASIUS (B); L[UDWIG] TIESMEYER, Die Erweckungsbewegung i. Deutschland während d. neunzehnten Jh., Bd. 2, H. 8: Das Kgr. Bayern, Kassel [1906]; WEIGELT, Gesch. (B) 372–377; HORST WEIGELT, Karl v. Raumer (1783–1865). Karitatives u. soziales Engagement: KARL LEIPZIGER (Hg.), Helfen i. Gottes Namen. Leb. aus d. Gesch. d. bayer. Diakonie, München 1986, 15–26.

[199] Zur Gemeinschaftsbewegung in Bayern vgl. bes. CHRISTIAN DIETRICH/FERDINAND BROCKES, Die Privat-Erbauungsgemeinschaften innerhalb d. ev. Kirchen Deutschlands, Stuttgart 1903, 39–44; PAUL FLEISCH, Die moderne Gemeinschaftsbewegung i. Deutschland, Bd. 1: Die Gesch. d. deutschen Gemeinschaftsbewegung bis z. Auftreten d. Zungenredens (1857–1907), Leipzig ³1912, 127f; HIRSCHMANN (K) 898; FRIEDRICH WILHELM KANTZENBACH, Die Anfänge d. Gemeinschaftsbewegung i. Bayern. Zugleich ein Beitr. z. Biographie D. Carl Eichhorns: ZBKG 39 (1970), 184–206; DERS., Die Gemeinschaftsbewegung i. Bayern: KANTZENBACH, Geist (B) 353–368; CHRISTOPH MEHL, Reich-Gottes-Arbeit. Der christl. Unternehmer Ernest Mehl (1836–1912) als Wegbereiter der Gemeinschaftsbewegung. Eine diakoniegeschichtl. Unters., Neustadt/Aisch 2001, 155–270 (EKGB 78); JÖRG OHLEMACHER, Gemeinschaftschristentum i. Deutschland i. 19. u. 20. Jh.: Gesch. d. Pietismus 3 (B) 393–464 [406f. 456]; HANS V. SAUBERZWEIG, Er d. Meister – wir d. Brüder. Gesch. d. Gnadauer Gemeinschaftsbewegung 1888–1958, Offenbach/Main 1959, 460–465; SIMON, Kirchengesch.¹ 2 (B) 667ff.

IV.4 AUFKLÄRUNG

Von Wolfgang Sommer

KARL ANER, Die Theologie d. Lessingzeit, Hildesheim 1964 [= Nachdr. d. Ausg. Halle 1929].– CHRISTIAN BECK, Die Wesenszüge d. Aufklärung i. Franken: ZBKG 12 (1937), 111–117.– ALBRECHT BEUTEL, Aufklärung. 1. Geistesgeschichtl., 2. Theol.-kirchl.: RGG[4] 1, 930–948.– RICHARD VAN DÜLMEN, Die Gesellschaft d. Aufklärer. Zur bürgerl. Emanzipation u. aufklärerischen Kultur i. Deutschland, Frankfurt/Main 1986.– JOACHIM DYCK/JUTTA SANDSTEDE, Quellenbibliographie z. Rhetorik, Homiletik u. Epistolographie d. 18. Jh. i. deutschsprachigen Raum, Bd. 1: 1700–1742, Bd. 2: 1743–1800, Bd. 3: Register, Stuttgart-Bad Cannstatt 1996.– Eisenerz 1 u. 2 (B).– KLAUS ENGELMANN, Literatur u. Publizistik i. Sulzbach z. Zt. d. Aufklärung: Eisenerz 2 (B) 691–700.– WOLFGANG GERICKE, Theologie u. Kirche i. Zeitalter d. Aufklärung. KG i. Einzeldarstellungen 3/2, Berlin 1989.– GRAFF 2 (B).– MARTIN GRESCHAT (Hg.), Die Aufklärung, Stuttgart u.a. 1983 (GK 8).– DERS., Christentumsgesch. 2. Von d. Reformation bis z. Gegenwart, Stuttgart u.a. 1997 (UrTB 424).– HBKG 2.– KARL HECKEL, Die Kirche St. Matthäus i. Heroldsberg, hg. v. KULTURFREUNDE HEROLDSBERG E.V., Scheinfeld 1998.– OTTFRIED JORDAHN, Georg Friedrich Seiler – Der Liturgiker d. deutschen Aufklärung: JLH 14 (1969), 1–62.– DERS., Georg Friedrich Seilers Beitr. z. Prakt. Theologie d. kirchl. Aufklärung, Nürnberg 1970 (EKGB 49).– DERS., Georg Friedrich Seilers Wirksamkeit i. d. kirchl. Praxis 1770–1807: JFLF 30 (1970), 83–251.– DERS., Georg Friedrich Seilers Wirksamkeit als Professor i. Erlangen 1770–1807: JFLF 29 (1969), 39–211.– DERS., Georg Friedrich Seilers schriftstellerische Wirksamkeit auf d. Gebiet d. apologetischen Dogmatik u. wissenschaftl. Exegese: ZBKG 38 (1969), 153–192.– KANTZENBACH, Geist (B).– KANTZENBACH, Theologie i. Franken (B).– FRIEDRICH WILHELM KANTZENBACH, Prot. Christentum i. Zeitalter d. Aufklärung, Gütersloh 1965 (EvEnz 5/6).– DERS., Die Erlanger Theologie. Grundlinien ihrer Entwicklung i. Rahmen d. Gesch. d. Theol. Fakultät (1743–1877), München 1960.– HANNS KERNER u.a. (Hg.), Die Reform d. Gottesdienstes i. Bayern i. 19. Jh. – Quellenedition –, Bd. 1: Entwürfe d. Gottesdienstordnung u. d. Agende v. 1823–1836, Stuttgart 1995.– ANDREAS KRAUS, Das geistl. Franken: HBG[3] 3/1, 1086–1106.– LEDER, Kirche (B).– LEDER, Universität (B).– GÜNTHER LOTTES, Die Vernunft i. d. Provinz. Die Universität Erlangen i. Zeitalter d. Aufklärung: FRIEDERICH (B) 35–42.– Neuzeit. 1. Teil: 17. Jh. bis 1870. Ausgewählt, übers. u. kommentiert v. HANS-WALTER KRUMWIEDE u.a., Neukirchen-Vluyn 1979 (KTGQ 4/1).– KURT NOWAK, Vernünftiges Christentum? Über d. Erforschung d. Aufklärung i. d. ev. Theologie Deutschlands seit 1945, Leipzig 1999 (Forum Theol. Literaturzeitung 2).– KLAUS SCHOLDER, Grundzüge d. theol. Aufklärung i. Deutschland: Geist u. Gesch. d. Reformation. Festgabe Hanns Rückert z. 65. Geburtstag dargebracht v. Freunden, Kollegen u. Schülern, i.V. mit Kurt Aland u. Walther Eltester hg. v. HEINZ LIEBING u. KLAUS SCHOLDER, Berlin 1966, 460–486 (AKG 38).– SEIDERER (B).– SIMON, Kirchengesch.[1] 2 (B) 535–559.– WALTER SPARN, Vernünftiges Christentum. Über d. geschichtl. Aufgabe d. theol. Aufklärung i. 18. Jh. i. Deutschland: Wissenschaften i. Zeitalter d. Aufklärung. Aus Anlaß d. 250jähr. Bestehens d. Verlages Vandenhoeck & Ruprecht hg. v. RUDOLF VIERHAUS, Göttingen 1985, 18–57.– DERS., Neologie, EKL[3] 3, 662ff.– THOMASIUS (B).– WAPPMANN, Kirche (B).– VOLKER WAPPMANN, Sulzbach als Druck- u. Verlagsort: Eisenerz 2 (B) 659–670.– DIETER WÖLFEL, Das zeit-

gemäße Christentum d. prot. Spätaufklärung i. Deutschland: ZBKG 61 (1992), 119–136.–
DERS., Die Ev. Kirche. Die Zeit d. Aufklärung (1743–1833): HBG³ 3/1, 824–844 [Lit.].–
GERHARD PHILIPP WOLF, Georg Friedrich Seiler (1733–1807): LebFranken NF 17 (1998),
99–109.

1. Die Aufklärung als Epoche der Kirchen- und Theologiegeschichte. Allgemeine Grundlinien im Blick auf Bayern

Die Aufklärung bestimmt mit ihren allgemeinen charakteristischen Grundzügen auch die Kirchen- und Theologiegeschichte der verschiedenen Länder und Regionen Europas. Aus den Konstitutionsbedingungen des konfessionellen Zeitalters, das die eine christliche Wahrheit in drei Konfessionen repräsentiert sah, die sich geistig und schließlich kriegerisch heftig bekämpften, entstand das immer stärkere Bemühen in christlicher Philosophie und Theologie, nach dem allgemein-christlichen Fundament der menschlichen Gemeinschaft jenseits konfessioneller Ausschließlichkeitsansprüche zu suchen. Der Weg vom allgemein Christlichen zum allgemein Menschlichen war nicht weit, hatte Gott doch den Menschen als vernunftbegabtes Wesen geschaffen, das zu eigenständiger Wahrheitserkenntnis befähigt ist. Damit steht das Verhältnis von Gottes Offenbarung und menschlicher Vernunft, von positiver und natürlicher Religion, im Zentrum des aufklärerischen Denkens. Hatte bisher die menschliche Vernunft vorwiegend eine dienende Funktion in der theologischen Wahrheitserkenntnis, so wächst ihr nun immer stärker eine kritische Aufgabe in der Sichtung des überkommenen biblisch-christlichen und kirchlichen Traditionsgutes zu. Es liegt nahe, daß bei diesem kritischen Rezeptionsprozeß vor allem die der Vernunft einleuchtenden Züge der christlichen Tradition und ihre Hilfe bei der Bewältigung der praktischen Fragen des Lebens besonders bevorzugt wurden. Vor allem die biblische Exegese und die Kirchengeschichtsschreibung haben diese folgenreiche Weichenstellung in der Theologiegeschichte zuerst erfahren.[1] Von der historischen Theologie gingen die neuen Impulse dann auf das gesamte Gebiet der Theologie über.

Mit dem neuen Zutrauen auf die Kraft der menschlichen Vernunft ist die Schwerpunktverlagerung von der Dogmatik auf die Ethik und die hoffnungsvolle Ausrichtung des Denkens und Handelns auf die Zukunft eng verbunden. Der kritisch-auswählende Rückblick in die Geschichte des Christentums, die Besinnung auf die gegenwärtig lebenspraktische Hilfe des christlichen Glaubens und die Hoffnung auf die Vervollkommnung der menschlichen Zustände in der Zukunft, der die Aufklärung insgesamt so besonders charakterisierende Perfek-

---

[1] Vgl. Hist. Kritik u. bibl. Kanon i. d. deutschen Aufklärung, hg. v. HENNING GRAF REVENTLOW u.a., Wiesbaden 1988 (Wolfenbütteler Forsch. 41).

tibilitätsgedanke – in diesen Grundzügen kommen die wesentlichen Impulse des Zeitalters der Aufklärung zum Ausdruck.[2]

In den kirchengeschichtlichen Darstellungen der Aufklärungsepoche ist erst seit einiger Zeit das Bemühen um Verständnis und konstruktive Auseinandersetzung mit dieser, die Neuzeit bis in die Gegenwart so entscheidend bestimmenden Bewegung zu beobachten.[3] Lange Zeit herrschte der Gegensatz zwischen christlichem Glauben und Aufklärung vor, der mit den Begriffen »Zusammenbruch«, »Auflösung« und »Zersetzung« abwertend beschrieben wurde.[4] Wie verfehlt gerade eine solche Sicht im Blick auf die Grundzüge der theologischen Aufklärung in Deutschland ist, hat die Forschung inzwischen deutlich herausgestellt und in vielen Einzelzügen ein sehr anderes Bild der kirchlich-theologischen Aufklärung gezeichnet.[5] Vor allem ist neben dem Gemeinsamen dieser gesamteuropäischen Bewegung die je eigen geprägte Situation der Aufklärung in den einzelnen Ländern und Regionen wahrzunehmen. Im Gesamtüberblick wird der unterschiedliche Charakter der Aufklärung in Westeuropa und Deutschland deutlich, wofür die deutsche Landesgeschichte vielfältige konkrete Beispiele aufzeigen kann.[6] Im Verhältnis von Vernunft und Offenbarung wurde in Westeuropa schon früh die gegensätzliche Spannung zwischen den menschlichen Möglichkeiten und der göttlichen Offenbarung herausgestellt, während in den deutschen Ländern die harmonische Ergänzung im Verhältnis von Vernunft und Offenbarung vorherrschte. Und dies gilt – mit wenigen Ausnahmen – für die ganze Zeit, in der die Aufklärung eine geistig dominierende Macht war, bis weit ins 19. Jahrhundert hinein. Für die Perspektive der Kirchen- und Theologiegeschichte rückt in diesem Zusammenhang der Pietismus als kirchlich-religiöse Reformbewegung ins Zentrum der Betrachtung. Die Ausprägungsformen der Aufklärung in Deutschland sind ohne diese epochemachende und weitausstrahlende kirchlich-religiöse Reformbewegung nicht zu verstehen. Nicht nur zeitlich, sondern auch inhaltlich sind beide Bewegungen in Deutschland eng benachbart, wenngleich sie auch in ihren Grundintentionen wesentliche Unterschiede charakterisieren. Die Konfessionspolemik des konfessionellen Zeitalters hat in

---

[2] Das wird besonders an dem bedeutendsten Aufklärungstheologen in Deutschland deutlich, an Johann Salomo Semler, der seine erste Professur in Altdorf innehatte. Vgl. GOTTFRIED HORNIG, Johann Salomo Semler. Stud. z. Leben u. Werk d. Hallenser Aufklärungstheologen, Tübingen 1996 (Hallesche Beitr. z. Europ. Aufklärung 2).– Theologie u. Aufklärung. FS f. Gottfried Hornig z. 65. Geburtstag, hg. v. WOLFGANG ERICH MÜLLER u. HARTMUT H.R. SCHULZ, Würzburg 1992.
[3] Z.B. HANS-WALTER KRUMWIEDE, Gesch. d. Christentums, 3 Neuzeit. 17.–20. Jh., Stuttgart u.a. ²1987 (ThW 8); MARTIN GRESCHAT, Die Aufklärung. Einleitung: GRESCHAT, Aufklärung (K) 7–41; GERICKE (K).
[4] Vgl. GRAFF 2 (B); SIMON, Kirchengesch.¹ 2 (B) 535–559. Die Überschriften lauten hier: »Der Zusammenbruch im Rationalismus. Die Auflösung des Lehrinhaltes« (535); »Die Auflösung der Formen« (546); »Der Verfall des Gemeindelebens« (551).
[5] Die Grundzüge der theologischen Aufklärung in Deutschland als praktische Reformbewegung hat SCHOLDER (K) beschrieben.
[6] Am Beispiel der niedersächsischen Kirchengeschichte läßt sich dies jetzt gut durch die Gesamtdarstellung HANS-WALTER KRUMWIEDES aufzeigen (KG Niedersachsens, Bd. 1: Von d. Säkularisation bis z. Ende d. Reiches 1806, Göttingen 1995, 239–268).

Deutschland nicht nur die Aufklärung, sondern auch der Pietismus überwunden. Daß die Aufklärung in Deutschland vorwiegend eine auf die Praxis des Glaubens ausgerichtete Reformbewegung in Theologie und Kirche war, ist wesentlich durch die fortdauernde Ausstrahlungskraft des Pietismus während des gesamten 18. Jahrhunderts im Bürgertum der Städte und in der Landbevölkerung entscheidend mitbedingt. Die Impulse zu einem innerlich erfahrbaren Glauben, der nach außen zu mannigfaltigen Aktivitäten im sozialen Bereich, in der Pädagogik, in literarischen Vermittlungsbemühungen und in geselligen Zirkeln führt – diese von einer »Hoffnung besserer Zeiten«[7] bestimmte Grundausrichtung haben Pietismus und Aufklärung gemeinsam. Freilich ist der Ursprung dieser Zukunftsorientierung unterschiedlich charakterisiert: Gehen beim Pietismus die erneuernden Kräfte aus einem inneren Verwandlungsprozeß hervor, der durch die Pole menschliche Sünde und göttliche Gnade bestimmt ist, so gewinnt die Aufklärung ihre zukunftsorientierte Gewißheit aus dem Zutrauen auf die Kräfte der menschlichen Vernunft.

Die allgemeinen Grundzüge der Aufklärung im evangelischen Deutschland als Epoche der Kirchen- und Theologiegeschichte sind auch in den protestantischen Gebieten Bayerns deutlich erkennbar. Vor allem die Aufklärung in Franken trägt in Theologie und Kirche besonders charakteristische Züge der deutschen Aufklärung insgesamt.[8] Zwischen den Aufklärungskreisen in Nürnberg und Ansbach und den Gesinnungsfreunden in Sachsen und Norddeutschland bestanden im 18. Jahrhundert lebhafte Verbindungen. Als Zentren des neuen Geistes mit weiter Ausstrahlung haben vor allem die beiden fränkischen Universitäten Altdorf[9] und Erlangen[10] im 18. Jahrhundert erhebliche regionale und überregionale Bedeutung. Die führenden Persönlichkeiten in den Theologischen Fakultäten sowohl in Altdorf wie in Erlangen waren nicht nur einflußreiche akademische Lehrer und gelehrte theologische Schriftsteller, sondern auch verantwortungsbewußte kirchliche Amtsträger, die zwischen Wissenschaft und Praxis authentisch zu vermitteln verstanden. Der sich in und mit der Kirche vollziehende geistige Aufbruch wollte die aus Orthodoxie und Pietismus überkommenen theologischen Traditionen sinnvoll-auswählend mit den neuen, aus Westeuropa herandringenden kritischen Strömungen in Verbindung halten und damit alle radikalen Ausprägungsformen der Aufklärung abwehren. Für diesen typisch gemäßigten Charakter der Aufklärung in Altdorf und Erlangen ist somit eine Vermittlungsperspektive ihrer Hauptvertreter zwischen Katheder und Kanzel bezeichnend sowie zwischen der Tradition in Theologie und Frömmigkeit auf der einen

---

[7] In Anlehnung an den mittleren Teil von Philipp Jakob Speners Pia Desideria (vgl. HANS-WERNER MÜSING, Speners Pia Desideria u. ihre Bezüge z. deutschen Aufklärung: PuN 3 [1976], 32–70).
[8] BECK (K); FRIEDRICH WILHELM KANTZENBACH, Zur Theologie d. Aufklärung i. Franken: ZBKG 34 (1965), 198–202; WÖLFEL, Kirche (K); SEIDERER (B).
[9] LEDER, Universität (B).
[10] WENDEHORST, Gesch. (B) 33–54; LOTTES (K).

Seite und der großen Aufgeschlossenheit für alle neuen Erkenntnisse und Impulse andererseits.

Vom Geist der Zeit wurden selbstverständlich nicht nur die protestantischen, sondern auch die katholischen Gebiete des Reiches erfaßt, doch darüber hinaus gibt es im engeren Sinne eine katholische Aufklärung, die zeitlich verspätet einsetzt (z.B. in Bamberg erst seit 1760) und mit den vorausgegangenen innerkirchlichen Reformtendenzen in enger Verbindung steht.[11] In Franken sind besonders die Hochstifte Bamberg und Würzburg mit ihren Universitäten Zentren der katholischen Aufklärung.[12] Das zu Bamberg gehörende Benediktinerkloster Banz war im 18. Jahrhundert durch seine Zeitschriften »Der Fränkische Zuschauer« und »Literatur des katholischen Deutschland« in der gelehrten Welt weit bekannt (seit 1772/73 bis 1798 regelmäßig erschienen). Die führenden Theologen der »Banzer Aufklärung« waren Dominikus Schramm und Placidius Sprenger.[13]

Bedeutende katholische Aufklärungstheologen im altbayerisch und bayerisch-schwäbischen Raum sind u.a. der Benediktiner Hermann Scholliner, der in Salzburg und Ingolstadt Dogmatik lehrte, Benedikt Stattler, Professor für Dogmatik und Moraltheologie in Ingolstadt, Benedikt Zimmer in Dillingen und in gewisser Weise auch Johann Michael Sailer, der in Dillingen und an der Universität Ingolstadt bzw. Landshut/München wirkte und 1829 Bischof in Regensburg wurde. Mit Sailers Wirken ist die Erneuerung des katholischen Lebens um 1800 eng verbunden. Von der durch ihn beeinflußten Allgäuer katholischen Erweckungsbewegung gingen Impulse in die gesamtdeutsche Erweckungsbewegung.[14]

Seit 1740 hatte sich auch die katholische Theologie mit der westeuropäischen Religions- und Kirchenkritik auseinanderzusetzen, wofür sich die philosophischen Schriften Christian Wolffs besonders anboten, da sie auf der Synthese von Vernunft und Offenbarung beruhten, so daß mit ihrer Hilfe die radikale Aufklärung abgewehrt werden konnte. Wolff ist somit nicht nur für zahlreiche protestantische Aufklärungstheologen, sondern auch im Katholizismus ein wichtiger Vordenker. Seit der Auflösung des Jesuitenordens 1773 zog auch in die Theologenausbildung, die bisher vor allem in der Hand dieses Ordens gelegen hatte, der

---

[11] ANDREAS GESTRICH, Vom Barock z. Aufklärung: WINFRIED BECKER u.a., Die Kirchen i. d. Deutschen Gesch. Von d. Christianisierung d. Germanen bis z. Gegenwart, Schriftleitung Peter Dinzelbacher, Stuttgart 1996, 383–465 [451–458] (KTA 439). Für die fränkischen Bistümer vor allen an den Universitäten Würzburg und Bamberg vgl. KLAUS GUTH, Frühaufklärung i. Franken. Reform d. Studiums d. Philosophie u. Theologie an d. Universitäten Würzburg u. Bamberg: Haus d. Weisheit. Von d. Academia Ottoniana z. Otto-Friedrich-Universität Bamberg, AKat. aus Anlaß d. 350-Jahrfeier, hg. v. FRANZ MACHILEK, Bamberg 1998, 122–128. Für Altbayern vgl. die umfangreiche Monographie über den Historiker Lorenz Westenrieder: WILHELM HAEFS, Aufklärung i. Altbayern. Leben, Werk u. Wirkung Lorenz Westenrieders, Neuried 1998.

[12] KRAUS (K) 1089–1102; DIETER WEISS, Die »Geistl. Regierung«: HBKG 2, 417–455 [439–455]; PHILIPP SCHÄFER, Kath. Theologie i. d. Zeit d. Aufklärung: HBKG 2, 506–532; EUGEN PAUL, Aufklärung: HBKG 2, 592–612; WALTER PÖTZL, Die Kritik d. Aufklärung: HBKG 2, 957–961.

[13] KRAUS (K) 1102–1106; ULRICH FAUST, Die fränk. Benediktiner: HBKG 2, 662–668.

[14] PHILIPP SCHÄFER, Johann Michael Sailer u. d. Aufklärung: RoJKG 1 (1982), 59–68; BEYREUTHER (B) 31–37.

neue Zeitgeist ein. Die Geschichte der Theologischen Fakultät der Universität Würzburg in der zweiten Hälfte des 18. Jahrhunderts zeigt dies besonders charakteristisch. Durch das Wirken verschiedener Professoren, u.a. des Theologen Franz Oberthür und des bedeutenden Historikers Michael Ignaz Schmidt,[15] gingen von Universität und Hochstift Würzburg Impulse eines neuen, antischolastischen, geschichtlichen Denkens aus, die über Franken hinaus Bedeutung erlangten.

In den beiden letzten Jahrzehnten des 18. Jahrhunderts ist die katholische Aufklärung eng mit den Reformmaßnahmen verbunden, die unter dem Begriff des Josephinismus zusammengefaßt werden.[16] Sie standen unter dem Leitgedanken der Integration der katholischen Kirche in das aufgeklärte absolutistische Staatswesen und waren an den Leitgedanken der Aufklärung, Nützlichkeit, Moralität und Rationalität, orientiert. Nur zum Teil gingen diese kirchenorganisatorischen Maßnahmen wie Aufhebung von Orden und Klöstern und neue Einteilung von Diözesen und Pfarreien parallel mit Reformforderungen aus der Kirche selbst. Die barocke Prachtentfaltung an den fürstbischöflichen Residenzen und die weltliche Macht der Kirche und der Orden waren einer zunehmenden Kritik ausgesetzt. Jedoch stellten die josephinischen Reformen einen erheblichen Eingriff in das innerkirchliche Leben dar, weshalb sie auch den Widerstand der auf die Eigenständigkeit der Kirche gegenüber dem Staat beharrenden Kräfte, vor allem Roms, hervorriefen.[17]

Ein besonders charakteristisches Phänomen der Aufklärungszeit waren die zahlreichen Gesellschaften und vor allem Geheimbünde, in denen sich Beamte des absolutistischen Staates, vorwiegend Adlige, Offiziere, Geistliche beider Konfessionen, aber auch Handwerker zusammenfanden. In ihnen spiegelt sich der Geist der Zeit in seiner ganzen komplexen, widersprüchlichen Spannung besonders deutlich. Im Kurfürstentum Bayern hatte im späten 18. Jahrhundert der Illuminatenorden seinen Schwerpunkt. Er wurde von dem jungen Rechtsprofessor Adam Weishaupt 1776 in Ingolstadt als eine Art Antijesuitenorden gegründet.[18] Das Freimaurertum, das sich von England ausgehend in Deutschland wäh-

---

[15] Zu M.I. Schmidt vgl. die Beiträge eines Symposions im Oktober 1994 in Würzburg: Michael Ignaz Schmidt (1736–1794) i. seiner Zeit. Der aufgeklärte Theologe, Bildungsreformer u. »Historiker d. Deutschen« aus Franken i. neuer Sicht, hg. v. PETER BAUMGART, Neustadt/Aisch 1996 (Quellen u. Beitr. z. Gesch. d. Universität Würzburg 9).

[16] A. SCHMID, Vom Westfäl. Frieden (B) 293–304. 300ff. 338f.

[17] Ein besonders charakteristischer Exponent einer Gegnerschaft zum Josephinismus, Jansenismus, Febronianismus und aufgeklärten Katholizismus in Süddeutschland am Ende des 18. Jahrhunderts ist der Dom- und Kontroversprediger Aloys Merz in Augsburg. Als entschiedener Gegner der Aufklärung war er in seiner Argumentation vom rationalen Zeitgeist nicht unbeeinflußt. Vgl. FRED HORSTMANN, Aloys Merz, Dom- u. Kontroversprediger v. Augsburg, als Opponent d. Aufklärung, Frankfurt/Main 1997 (EHS.DS 1605).

[18] RICHARD VAN DÜLMEN, Der Geheimbund d. Illuminaten. Darstellung, Analyse, Dokumentation, Stuttgart 1975; MANFRED AGETHEN, Geheimbund u. Utopie. Illuminaten, Freimaurer u. deutsche Spätaufklärung, München 1987; EBERHARD WEIS, Der Illuminatenorden (1776–1786). Unter bes. Berücksichtigung d. Fragen seiner sozialen Zusammensetzung, seiner polit. Ziele u. seiner Fort-

rend des 18 Jahrhunderts verbreitete, fand auch in Franken Eingang, vor allem in Bayreuth und Erlangen zur Regierungszeit von Markgraf Friedrich. Der von seinem Schwager, Friedrich dem Großen, für die Freimaurerei gewonnene Markgraf gründete 1741 die Großloge »Zur Sonne« in Bayreuth und 1757 die Loge »Libanon zu den drei Cedern« in Erlangen. Mehrere evangelische Pfarrer gehörten ihr an. In Nürnberg kam es 1761 zur Gründung der Freimaurerloge »Joseph zur Einigkeit«, die bis heute besteht. Die zweitälteste Loge in Nürnberg ist die »Zu den drei Pfeilen«, 1789 gegründet. Der Nürnberger Pfarrer Johann Ferdinand Roth verteidigte als Logenmitglied die Ziele der Freimaurerei in seinem »Gemeinnützigen Lexikon« im Zuge der Illuminatenverfolgung in Bayern (Nürnberg 1788).[19]

2. Zentren der Aufklärung an fränkischen Universitäten

2.1 Altdorf

2.1.1 Übergangstheologie

Die Aufklärung in Theologie und Kirche hat sich keineswegs nur an den Universitäten entfaltet. Aber mit ihrem prägenden Einfluß auf die nachfolgenden Pfarrergenerationen hatten die Theologieprofessoren eine entscheidende Vermittlungsrolle für die Umsetzung der aufklärerischen Gedanken in die kirchliche Praxis. Zudem fanden die geistigen Transformationsprozesse zuerst hier statt und haben die führenden Vertreter die Vermittlungsbemühungen zwischen Tradition und neuem Geist sowohl biographisch wie auch in ihren Werken zu leisten versucht. Deshalb ist es sinnvoll, zunächst auf diese universitären Zentren der Aufklärung zu blicken, um von hier aus die Rezeption der neuen Impulse auf das kirchliche Leben wahrzunehmen.

Unter dem Begriff »Vernünftige Orthodoxie« sind die Theologen in Altdorf beschrieben worden, die vor Johann Christoph Döderlein wirkten, dem bedeutenden, im eigentlichen Sinne ersten Aufklärungstheologen an dieser Universität.[20] Damit soll der Übergangscharakter von einer wesentlich noch orthodoxen Lehrgrundlage, die Einflüsse aus dem Pietismus aufnahm, mit vorsichtiger Annäherung an den neuen Zeitgeist umschrieben werden. Da die Bezeichnung »Vernünftige Orthodoxie« in den Darstellungen der allgemeinen Theologiege-

---

existenz nach 1786. Bayer. Akademie d. Wissenschaften, Phil.-hist. Klasse, Sitzungsber. H. 4 (1987), 1–24.
[19] Vgl. SEIDERER (B) 162–173; RAINER TRÜBSBACH, Gesch. d. Stadt Bayreuth 1194–1994, Bayreuth 1993, 141f.
[20] LEDER, Universität (B) 75–157. Auch WÖLFEL, Kirche (K) bedient sich in seiner Darstellung der Aufklärung in Franken dieses Begriffs.

schichte bisher nicht auftaucht,²¹ sehen wir hier von dieser Terminologie ab und halten für die Mitte des 18. Jahrhunderts den allgemein gebrauchten Begriff der »Übergangstheologie« für angemessen, da er die Stellung dieser Theologen zwischen Tradition und neuen Akzentsetzungen sinnvoll zum Ausdruck bringt.²²

Bei dem seit 1725 in Altdorf wirkenden Johann Balthasar Bernhold ist das Bekenntnis zur strengen lutherischen Orthodoxie vorherrschend.²³ Dennoch ist er nicht nur ein spätorthodoxer Theologe, sondern führt mit seinem ausgesprochenen historischen Interesse schon an die Schwelle des Übergangs zu neuen Schwerpunktsetzungen. In seinen Vorlesungen über die lutherischen Bekenntnisschriften nehmen historische Einleitungen und dogmengeschichtliche Kommentare immer größeren Raum ein. Seine historische Gelehrsamkeit widmete sich vor allem der Alten Kirche. »Bernhold war der gelehrteste Patristiker, den Altdorf je besessen hatte«.²⁴

Während Bernhold von der lutherischen Orthodoxie in Altdorf und Wittenberg geprägt war, haben die beiden folgenden Altdorfer Theologieprofessoren wesentliche Impulse von ihrem Lehrer Siegmund Jakob Baumgarten in Halle empfangen: Johann Bartholomäus Riederer und Johann Augustin Dietelmaier.²⁵

Riederer hatte schon während seines Studiums ein besonderes Interesse am Alten Testament und an den orientalischen Sprachen gezeigt. Obwohl er die bis dahin nicht üblichen Vorlesungen über historisch-kritische Einleitung in das Alte Testament hielt, sind die neuen Akzentsetzungen bei Riederer nicht in seiner Exegese, sondern wiederum in seinen historischen Studien zu erkennen. Sie richteten sich besonders auf die Reformationsgeschichte, die er durch die Edition bisher unbekannter Quellen förderte, vor allem auch durch die neue Methode einer entwicklungsgeschichtlichen Darstellung in chronologisch-sachlichen Zusammenhängen. Damit ist Riederer mit Johann Lorenz Mosheim in der Kirchen-

---

[21] In der Geschichte der reformierten Lehrbildung taucht dieser Begriff allerdings auf. Vgl. Ernst Bizer, Vorwort zu einer Neuausgabe von HEINRICH HEPPE, Die Dogmatik d. ev.-ref. Kirche. 2., um eine »Hist. Einleitung« d. Hg. verm. Aufl., neu durchges. u. hg. v. ERNST BIZER, Neukirchen 1958, XCII.– Johannes Wallmann hat darauf hingewiesen, daß der Begriff der »Vernünftigen Orthodoxie« in der reformierten Historiographie eine bedeutende Rolle spielt, in der lutherischen jedoch gar nicht. »Man sollte überlegen, ob der Begriff ›Vernünftige Orthodoxie‹ nicht auch auf den Raum der lutherischen theologischen Lehrbildung angewendet werden kann […] der Strom der Orthodoxie flösse im 18. Jahrhundert erheblich breiter als bisher angenommen, […] vor allem würden die Grenzen zwischen der Übergangstheologie und der Spätorthodoxie fließend« (WALLMANN, Orthodoxie [B] 17f). Den Begriff »Vernünftige Orthodoxie« verwendet auch Martin Schmidt für die schweizerische reformierte Theologie: MARTIN SCHMIDT, Die ökum. Bewegung auf d. europ. Festlande i. 17. u. 18. Jh.: RUTH ROUSE/STEPHEN CHARLES NEILL, Gesch. d. Ökum. Bewegung 1517–1948, Erster Teil, Göttingen 1957, 100–166 [127] (ThÖ 6/1).

[22] Ich schließe mich hier der Darstellung von BEUTEL, Aufklärung 2 (K) 942–948 [945] an. Zum Begriff »Übergangstheologie« und seiner Geschichte vgl. WOLF-FRIEDRICH SCHÄUFELE, Christoph Matthäus Pfaff u. d. Kirchenunionsbestrebungen d. Corpus Evangelicorum 1717–1726, Mainz 1998, 4–10 (VIEG 172). Freilich ist es bei diesen Theologen besonders wichtig, auf die je eigene Charakteristik genau zu achten.

[23] LEDER, Universität (B) 75–81.

[24] AaO, 79.

[25] AaO, 81–141.

geschichtsschreibung an der Wende von der enzyklopädisch-pragmatischen Methode zur entwicklungsgeschichtlichen Darstellung wesentlich beteiligt.[26] Die neue Akzentsetzung bei Riederer kommt auch dadurch zum Ausdruck, daß er seine historischen Arbeiten in deutscher Sprache verfaßte. Aufgrund seiner liturgiegeschichtlichen Forschungen veröffentlichte er eine »Abhandlung von Einführung des teutschen Gesangs in die evangelisch-lutherische Kirche überhaupts und in die nürnbergische besonders«.[27]

Das fast 40jährige Wirken Dietelmaiers in Altdorf geht parallel mit dem epochemachenden Wirken Johann Salomon Semlers in Halle. Der heute überregional kaum bekannte Dietelmaier war zu seiner Zeit jedoch schon früh hoch angesehen, wie verschiedene, von ihm ausgeschlagene Berufungen ausweisen; u.a. sollte er in Halle Nachfolger seines Lehrers Baumgarten werden. Semler wirkte 1750/51 am Casimirianum in Coburg und gab dort eine Zeitschrift heraus. Er stand während seiner kurzen Tätigkeit als Historiker an der Altdorfer Universität 1751/52 mit Dietelmaier in engem persönlichen Kontakt. Durch seine geschickte Lehrmethode und seine zahlreichen Schriften war Dietelmaier jahrzehntelang in Altdorf und Nürnberg eine Persönlichkeit mit weit ausstrahlender Wirkung.

An Dietelmaier wird der Übergangscharakter von verschiedenen älteren Traditionen wie orthodoxer Dogmatik und Schriftauslegung und pietistischer Erbauungsliteratur zu neuen Reformimpulsen besonders deutlich. Obwohl die Theologie in Altdorf vor allem durch den Einfluß Dietelmaiers bis in die 70er Jahre des 18. Jahrhunderts hinein einen ausgesprochenen konservativen Charakter hatte, so entwickelten sich doch in dieser Zeit wegweisende, neue Perspektiven. Im Geiste Philipp Jakob Speners setzte sich Dietelmaier engagiert für eine Förderung der Exegese in der akademischen Theologie ein, die nicht durch ihren Inhalt, sondern durch eine neuartige Didaktik in die Zukunft weist. Auf dem Hintergrund einer schon in Altdorf vorhandenen älteren Seminartradition entstand hier das erste nachweisbare exegetische Seminar, das sog. »Collegium-theologico-didacticum«, womit Dietelmaier zum »Vater des modernen Seminars« wurde.[28] Auch die Praktische Theologie hat er durch seine pastoraltheologischen und katechetischen Vorlesungen in Altdorf entscheidend gefördert. Das »Journal für Prediger«, die einflußreichste pastoraltheologische Zeitschrift von 1770–1812, veröffentlichte in ihrer ersten Nummer einen Beitrag von Dietelmaier neben Aufsätzen von Johann Joachim Spalding und Georg Friedrich Seiler. Gegenüber liturgischen Neuerungen hat sich Dietelmaier jedoch konsequent gesperrt; über liturgische Fragen hat er nicht unter psychologischen und praktischen, sondern unter theologischen Erwägungen geurteilt. Den Bestrebungen zur Abschaffung der Einzelbeichte erteilte er ebenso eine Absage, da ihm dieses Institut in seelsorgerlicher Hinsicht unver-

---

[26] BERND MOELLER, Johann Lorenz v. Mosheim u. d. Gründung d. Göttinger Universität: DERS. (Hg.), Theologie i. Göttingen. Eine Vorlesungsreihe, Göttingen 1987, 9–40 (Göttinger Universitätsschr. A. 1).
[27] Nürnberg 1759.
[28] LEDER, Universität (B) 106.

zichtbar erschien. Schließlich nimmt Dietelmaier in den Anfängen der Dogmengeschichte als eigenständiger wissenschaftlicher Disziplin eine nicht unbedeutende Stellung ein. Unter dem Eindruck des 1699 erschienenen umfangreichen Kompendiums des Altdorfer Theologen Johann Wilhelm Baier veröffentlichte Dietelmaier erste dogmengeschichtliche Monographien über einzelne dogmatische Loci, bis er in seiner Schrift »Von der historischen Theologie« (1765) die Dogmengeschichte als eigene Disziplin in der theologischen Lehre forderte und weitere Untersuchungen zur Entwicklungsgeschichte der christlichen Theologie anregte. Vor allem mit seinen historischen Arbeiten wirkte Dietelmaier auf die nach ihm wirkenden Theologen der Aufklärung ein, die von spätorthodoxer Seite als Neologen (Neue Lehrer) bezeichnet wurden.

Einzelbeichte und Gemeinschaftsabsolution in Augsburg, Kupferstich, Zürich um 1746/51

2.1.2 Johann Christoph Döderlein

Mit dem Wirken Döderleins zog auch in Altdorf der neue, kritische Geist ein, wenn auch die theologische Aufklärung hier weiterhin gemäßigt und vor allem auf kirchlich-praktische Reformen ausgerichtet blieb.[29] Der in Windsheim geborene Döderlein hatte in Altdorf studiert und wurde 1772 trotz des Widerstandes seines Lehrers Dietelmaier in die dritte Professur berufen. Anders als die Neologen in Halle und Berlin ist Döderlein heute kaum mehr bekannt, wenn er auch zuweilen in allgemeinen theologiegeschichtlichen Darstellungen noch Erwähnung findet.[30] Das zeitgenössische Urteil war jedoch ein anderes. Hier hatte Döderlein mit seinen exegetischen, dogmatischen und ethischen Schriften ein höheres Ansehen als Semler.

---

[29] Vgl. die ausführliche Darstellung aaO, 161–244.
[30] So bei ANER (K) 306ff; KANTZENBACH, Christentum (K) 165ff. 207ff und GERICKE (K) 101f.

Zunächst widmete sich Döderlein in Altdorf vor allem der Exegese des Alten Testamentes. Sein 1775 erschienener knapper lateinischer Jesajakommentar gehört in die Geschichte der Anfänge der historisch-kritischen Exegese. Die sinngemäße lateinische Übersetzung des hebräischen Textes versah Döderlein mit textkritischen Anmerkungen, Wort- und Sacherklärungen sowie geographischen und historischen Exkursen. Zwischen dem 39. und dem 40. Kapitel des Jesajabuches erkannte Döderlein einen Neuansatz, womit er erstmals die These vom sog. Deuterojesaja aufgestellt hatte, die dann von Johann Gottfried Eichhorn ausführlich begründet wurde.[31]

Als der junge Döderlein in Altdorf Berufungen nach Greifswald und Königsberg erhielt, wurden die Nürnberger Kuratoren auf eine harte Probe gestellt. Denn Döderlein hatte sein Verbleiben in Altdorf mit der Forderung nach einer Abschaffung der Zensur verbunden. In Nürnberg wollte man schließlich auf den zugkräftigen jungen Professor in Altdorf nicht verzichten, und so wurde die Zensur 1778 für die Theologische Fakultät abgeschafft.

Wie Semler hatte sich auch Döderlein in die weitausgreifende Kontroverse um die von Gotthold Ephraim Lessing zwischen 1774 und 1778 herausgegebenen »Fragmente eines Ungenannten« eingeschaltet.[32] Döderleins »Antifragmente« (1778/79) hatten einen wesentlich größeren Erfolg in der Öffentlichkeit als Semlers Stellungnahme. Das lag an der Übereinstimmung Döderleins mit Lessing, daß eine solche Diskussion grundsätzlich nötig sei und die theologische Wahrheit durch die kritische Prüfung der Tradition nur gewinnen könne. Seine Verteidigung der christlichen Wahrheit leitete er deshalb mit dem Satz ein: »Die Erscheinung der Fragmente gehört sicher unter die denkwürdigsten, vielleicht auch vorteilhaftesten Begebenheiten der neuesten teutschen Kirche«.[33] So sehr Döderlein seine historisch-kritischen exegetischen Erkenntnisse zur Widerlegung des Fragmentisten einsetzt, z.B. bei dem Problem der sog. Widersprüche in den Evangelien, so wichtig ist ihm die geschichtliche Faktizität der Auferstehung Jesu. Sie ist das Zentrum des Christentums, und dem Neuen Testament ist nichts so wichtig wie sie.

Nicht zuletzt mit seiner 1780/81 erschienenen Dogmatik »Institutio theologi christiani in capitibus religionis theoreticis nostris temporibus accomodata« verschaffte sich Döderlein nach seiner Stellungnahme im Fragmentenstreit bei seinen Zeitgenossen zum Teil begeisterte Anerkennung.[34] Das Neue an Döderleins Dogmatik gegenüber der orthodoxen Tradition liegt an seiner Methode, den dogmatischen Stoff nicht mehr in Form eines geschlossenen Lehrsystems vorzu-

---

[31] In seinem Jesajakommentar »Esaias ex recensione textus Hebraei […] latine vertit, notasque […] subiecit«, Altdorfii 1775, ³1789.
[32] Aus dem Kreis der Neologen verfaßten neben Döderlein auch noch Semler, Friedrich Germanus Lüdke und Gottfried Leß Gegenschriften gegen die Wolfenbütteler Fragmente.
[33] Zitiert nach LEDER, Universität (B) 197.
[34] In Friedrich Nicolais »Allgemeiner deutscher Bibliothek« hieß es, »daß dieses Buch eine der wichtigsten Erscheinungen sey, welche die theologische Litteratur in einigen Jahren gehabt hat«. (LEDER, Universität [B] 209).

tragen, sondern im Stil von ausführlichen Kommentaren zu jedem Leitsatz, die den Leser in den historischen Erkenntnisprozeß mit hineinnehmen wollen. So bleiben seine exegetischen, dogmengeschichtlichen und dogmatischen Aussagen sowie seine Auseinandersetzung mit zeitgenössischen Theologen in einer offenen Diskussion, die klare Festlegungen scheut und zwischen den Extremen der Spätorthodoxie und des Rationalismus zu vermitteln versucht. Auf der Grundlage der Unterscheidung von Theologie und Religion und einem ausgeglichenen, sich wechselseitig unterstützenden Verhältnis von Vernunft und Offenbarung ist Döderleins Dogmatik ein charakteristisches Werk der deutschen Neologie.[35]

Döderleins Wirken in Altdorf hatte nicht nur für die Theologische Fakultät erhebliche Bedeutung, da sich mit ihm die Neologie bei seinen zahlreichen Schülern endgültig durchsetzte und fortentwickelte, sondern auch für die Ausbreitung der Aufklärung im kirchlichen Leben Frankens. Der Philosoph und Historiker Georg Andreas Will, Lehrer Döderleins in Altdorf, hat diese Vermittlungstätigkeit Döderleins als »epochemachend« bezeichnet.[36] Der gemäßigte, vermittelnde, auf die Reform der kirchlichen Praxis ausgerichtete Charakter der Aufklärung in Franken kommt in Person und Werk Döderleins besonders deutlich zum Ausdruck. Nicht zuletzt durch seine Predigten, seine Ethik und die seit 1777 erscheinende »Nürnbergische gelehrte Zeitung« kamen die neuen Gedanken auch in das kirchliche Leben. In Predigt, Gottesdienst und Frömmigkeit sollte sich ein den neuen Erkenntnissen aufgeschlossenes, zeitgemäßes Christentum verwirklichen.

2.1.3 Christian Gottfried Junge und Johann Philipp Gabler

Das theologische Ansehen Döderleins in seiner Zeit dokumentieren verschiedene Berufungen, die er zunächst alle ausschlug. Schließlich nahm er den Ruf nach Jena ab 1782 an. Nach internen Kämpfen an der Altdorfer Theologischen Fakultät wurde der Lehrstuhl Döderleins mit seinem Schüler Christian Gottfried Junge wieder besetzt. Damit hatte sich die Neologie endgültig in Altdorf durchgesetzt. Dieser Sieg war nicht nur für die Fakultät, sondern vor allem für die Kirche in der Stadt Nürnberg und ihrem Landgebiet bedeutsam. Denn mit dem Wirken Junges in Altdorf und später in Nürnberg sind weitausstrahlende kirchliche Reformen verbunden, die den aufklärerischen Geist – nicht ohne Widerstand! – in das Leben der Gemeinden hineintrugen.[37]

---

[35] LEDER, Universität (B) 157–161 unterscheidet drei Phasen der Neologie, um so ihren längeren Entwicklungsgang und Differenzierungen in ihm deutlich zu machen: 1. Grundlegende Neologie, 2. Praktisch-reformierende Neologie, 3. Retardierende Spätneologie. Döderlein gehört demnach zur grundlegenden Neologie.– So wichtig Differenzierungen in der Geschichte der Neologie wahrzunehmen sind, so gilt doch hier auch das, was zu dem Begriff »Vernünftige Orthodoxie« gesagt wurde (vgl. dazu IV.4.2.1.1, Anm. 20 u. 21).

[36] Zu Will vgl. DIETRICH BLAUFUSS, »Jöcher« Specialis'. Das »Nürnbergische Gelehrten-Lexicon« v. Georg Andreas Will 1755–1758. Reichsstädt. Biographik am Ende d. Alten Reichs: MVGN 73 (1986), 77–93.

[37] LEDER, Universität (B) 244–272.

Junge hatte sich in die Diskussion um die Abschaffung der Privatbeichte eingeschaltet. Es bedurfte nur noch weniger kritischer Anstöße, bis sie im Nürnberger Gebiet erst 1790/91 abgeschafft wurde.³⁸ Mit der Einführung der allgemeinen Beichte kam es zur selben Zeit unter wesentlicher Mitwirkung Junges zur Herausgabe eines neuen Gesangbuches.³⁹ Die Lieder sollten »überall wahre und richtige Begriffe haben« sowie »zur Erweckung und Unterhaltung guter Gesinnungen und edler Empfindungen dienlich seyn«.⁴⁰ Kopf und Herz, Verstand und Gemüt können die Lieder nur dann recht ansprechen und zur Andacht vorbereiten, wenn sie von allem Dogmatischen befreit sind. Junge ließ sich durch den erheblichen Widerstand in den Landgemeinden gegen das neue Gesangbuch nicht beirren und setzte mit der Herausgabe eines neuen Andachtsbuches und einer neuen Agende sowie neuer Schulbücher seine kirchlich-liturgischen und pädagogischen Reformmaßnahmen fort.⁴¹ Im Jahre 1793 wechselte Junge von Altdorf nach Nürnberg, wo er zunächst an St. Lorenz und kurz darauf an St. Sebald wirkte und damit Antistes der Nürnberger Geistlichkeit wurde. Sein Ruf als hervorragender Prediger hatte den um 1790 erheblich zurückgegangenen Gottesdienstbesuch wieder stark ansteigen lassen.

Nach dem Tod Dietelmaiers 1785 wurde Johann Philipp Gabler nach Altdorf berufen, wo er bis 1804 wirkte. Es waren die besonders produktiven Jahre dieses auch heute noch in der Geschichte der Bibelwissenschaft bekannten Theologen, mit dem die Neologie in Altdorf auf ihren Höhepunkt kam.⁴² Gabler hatte in Jena bei Eichhorn und Johann Jakob Griesbach studiert und kehrte nach seiner Altdorfer Zeit als Professor dorthin wieder zurück. Durch die von ihm herausgegebenen theologischen Zeitschriften stand er mit den führenden Theologen seiner Zeit in engem Kontakt und veröffentlichte historische, exegetische und dogmatische Aufsätze, mit denen er die theologische Diskussion vor allem in der biblischen Exegese entscheidend anregte und fortführte. Wie die neu gewonnene Freiheit und intensive Wahrheitssuche in der historisch-kritischen Erforschung der Bibel in der deutschen Neologie überwiegend nicht als gelehrter Selbst-

---

³⁸ GERHARD PFEIFFER, Die Einführung d. allg. Beichte i. Nürnberg u. seinem Landgebiet: ZBKG 20 (1951), 40–67. 172–183; vgl. auch ERNST HOPP, Die Einführung d. allg. Beichte i. d. Grafschaft Pappenheim: ZBKG 6 (1931), 164–170; FRIEDRICH C. SEGGEL, Zur Einführung d. Allg. Beichte i. Bayreuth: ZBKG 26 (1957), 213–216.
³⁹ WÖLFEL, Gesangbuchgesch. (B); WÖLFEL, Kirche (K) 839f; Gesangbuchsammlung Konrad Wölfel: UB Augsburg; Die Zeit d. Aufklärung i. Nürnberg 1780–1810. AKat. mit Dokumentation, Nürnberg 1966 (Quellen z. Gesch. u. Kultur d. Stadt Nürnberg 6). Zu den Aufklärungsgesangbüchern vgl. auch RÖBBELEN (B).
⁴⁰ Zitiert nach LEDER, Universität (B) 259.
⁴¹ Junges »Versuch einer neuen Liturgie« ersetzte 1799/1801 Veit Dietrichs Agendbüchlein von 1543. Zu den Agenden und Gesangbüchern der Aufklärung vgl. auch SIMON, Kirchengesch.¹ 2 (B) 542–545.
⁴² LEDER, Universität (B) 273–312; OTTO MERK, Bibl. Theologie d. Neuen Testaments i. ihrer Anfangszeit. Ihre methodischen Probleme bei Johann Philipp Gabler u. Georg Lorenz Bauer u. deren Nachwirkungen, Marburg 1972 (MThSt 9); DERS., Gabler, Johann Philipp (1753–1826): TRE 12, 1ff; RUDOLF SMEND, Johann Philipp Gablers Begründung d. Bibl. Theologie: DERS., Ges. Stud., Bd. 3: Epochen d. Bibelkritik, München 1991, 104–116 (BEvTh 109).

zweck, sondern als Dienst an der Kirche verstanden wurde, wird an ihm besonders deutlich. Das Hauptziel in seiner akademischen Lehrtätigkeit sah er darin, die Studenten zu einer Predigt anzuleiten, die »die wahre Aufklärung in der Religion befördern könne, ohne von den Grundlehren unserer symbolischen Bücher abzuweichen«.[43] Gegen die Positionen des Rationalismus und Supranaturalismus sowie gegen das Religionsverständnis der idealistischen Philosophie verteidigte Gabler seine aufgeklärte Theologie, für die gelehrte Wahrheitssuche und kirchliche Frömmigkeit keine Gegensätze waren.

Für eine solche Theologie sind klare methodische Grundsätze und neue hermeneutische Einsichten notwendig. In seiner Altdorfer Antrittsrede vom 30.3.1787 »De iusto discrimine theologiae biblicae et dogmaticae redundisque recte utriusque finibus« hat Gabler die richtige Unterscheidung der biblischen von der dogmatischen Theologie gefordert und damit erstmalig die Biblische Theologie als streng historisch arbeitende neue theologische Disziplin begründet. Es ging ihm vor allem um die Abwehr einer vorschnellen dogmatischen Konsequenz aus exegetischen Einzelerkenntnissen und die Herausarbeitung eines von temporalen und lokalen Vorstellungsinhalten weitgehend befreiten biblischen Fundamentes.[44] Gablers hermeneutische Einsichten in die entwicklungsgeschichtlich unterschiedlichen biblischen Vorstellungsinhalte führten ihn zu der sog. »mythischen Erklärungsart« als dem sinnvollen Zugang zum Verständnis eines bestimmten Entwicklungsstadiums in der Geschichte der Menschheit. Damit gab Gabler wichtige Anstöße für die weitere theologische Arbeit in Richtung einer Tendenzkritik und der Traditionsgeschichte im 19. Jahrhundert, freilich auch der Schwierigkeiten, die mit diesem Filterungsprozeß auf der Suche nach der unanstößigen, reinen christlichen Wahrheit zusammenhängen.

2.2 Erlangen

2.2.1 Die aufklärerischen Wurzeln

Anders als in Altdorf war die Theologie an der Erlanger Universität seit ihrer Gründung 1743 von Anfang an von dem geistigen Veränderungsprozeß geprägt, der mit dem langsamen Eindringen der Aufklärung in die Universitäten seit der Mitte des 18. Jahrhunderts einsetzte. Der beginnende aufklärerische Zeitgeist war an der Gründung der Universität Erlangen vor allem durch ihren Spiritus rector, den Geheimen Rat Daniel von Superville, und durch Markgräfin Wilhelmine beteiligt, die mit ihrem lebhaften Interesse für die Wissenschaften eine eifrige Förderin

---

[43] Zitiert nach LEDER, Universität (B) 282.
[44] Biblische Theologie bedeutete für Gabler die Vorordnung der Exegese vor der Dogmatik: »Dogmatik muß von Exegese und nicht umgekehrt, Exegese von Dogmatik abhängen« (Johann Gottfried Eichhorns Hofraths u. Prof. z. Göttingen Urgesch., hg. mit Einleitung u. Anm. v. JOHANN PHILIPP GABLER ordentlichen Prof. d. Theologie i. Altdorf, Bd. 1–2/2, Altdorf u.a. 1790–1793 [XV]). Die Predigten müssen sich auf biblischem Fundament gründen, sonst können sie keine christlichen Predigten sein.

der neuen Hochschule wurde.⁴⁵ Die Universität Erlangen ragt jedoch nicht als eine besondere Hochburg der Aufklärung in der zweiten Hälfte des 18. Jahrhunderts heraus. Für den ausgesprochen gemäßigten Charakter der deutschen theologischen Aufklärung und ihren praktischen Reformgeist in Kirche und Gesellschaft ist die Situation an der Erlanger Theologischen Fakultät besonders charakteristisch.

Das zeigen schon die Statuten der Theologischen Fakultät, die die Professoren auf die lutherischen Bekenntnisschriften mit dem Abstand von allem Synkretismus sowie pietistisch-separatistischen Bestrebungen verpflichteten.⁴⁶ Inmitten dieses, noch vom konfessionellen Zeitalter bestimmten Geistes gingen die Theologen dennoch behutsam auf Distanz zu manchen überkommenen Traditionen und richteten ihre Aufmerksamkeit besonders auf eine zeitgemäße Ausbildung der angehenden Pfarrer in Predigt und Unterricht. Da das akademische Lehramt bei allen drei Theologieprofessoren mit einem Pfarramt in der Stadt ähnlich wie in Altdorf verbunden war,⁴⁷ blieben die neuen Impulse nicht jenseits der kirchlichen Wirklichkeit, sondern hatten vor allem das Ziel ihrer Umsetzung in die kirchliche Praxis. Von den Theologieprofessoren der ersten Jahre ragt Caspar Jacob Huth heraus.⁴⁸ Als ein Theologe an der Schwelle des neuen Zeitgeistes hat er das Verhältnis von Offenbarung und Vernunft im Sinne der Übergangstheologie als harmonisch ausgeglichen verstanden, indem er der menschlichen Vernunft die Einsicht zutraute, die Notwendigkeit der göttlichen Offenbarung anzuerkennen. Der Theologie Martin Luthers und dem reformatorischen Erbe in Gestalt der lutherischen Bekenntnisschriften war er eng verbunden und gab dieses Verpflichtungsethos seinen Studenten in Vorlesungen, Predigten und in seelsorgerlicher Begleitung weiter. Als Vorsitzender der »Teutschen Gesellschaft«, einer der zahlreichen Gesellschaften zur Förderung der deutschen Sprache, nahm er regen Anteil an den Fragen und Diskussionsthemen seiner Zeit.

2.2.2 Georg Friedrich Seiler

Die fast 40jährige, vielseitige Wirksamkeit von Georg Friedrich Seiler an der Erlanger Fakultät ist für die theologische Aufklärung in Franken besonders charakteristisch und bedeutsam.⁴⁹ Die Ehrfurcht vor der theologischen Tradition, das Verständnis der Theologie als einer der praktischen Arbeit des Pfarrers dienenden Wissenschaft sowie die Aufgeschlossenheit für alle neuen Einsichten in

---

⁴⁵ Zur Gründungsgeschichte der Erlanger Universität vgl. IV.4.1, Anm. 10. Zu den fränkischen Theologen zur Zeit der Aufklärung vgl. FRIEDRICH WILHELM KANTZENBACH, Der Anteil fränk. Theologen an d. Grundlagendebatte d. deutschen Aufklärung: JFLF 37 (1977), 139–189.

⁴⁶ Vgl. KANTZENBACH, Erlanger Theologie (K) 23f.

⁴⁷ Eine Rangordnung unter den Professoren wird auch bei den kirchlichen Ämtern deutlich: Das Superintendentenamt in der Neustadt hatte der erste Professor inne, das erste Pfarramt in der Altstadt der zweite, und der dritte war Universitätsprediger.

⁴⁸ KANTZENBACH, Erlanger Theologie (K) 26–37; LOTTES (K) 35ff; OTTFRIED JORDAHN, Georg Friedrich Seilers Kindheit, Ausbildung u. erste Amtsjahre 1733–1770: JFLF 28 (1968), 93–214 [132ff. 137ff].

⁴⁹ JORDAHN, Seilers Wirksamkeit als Professor (K); JORDAHN, Seilers Beitr. (K); JORDAHN, Seilers Wirksamkeit i. d. kirchl. Praxis (K); KANTZENBACH, Erlanger Theologie (K) 39ff; WOLF (K).

der Theologie und das Bewußtsein, als akademischer Lehrer nicht nur einen Dienst an der Wissenschaft, sondern am Wohlergehen aller Menschen in der Gesellschaft auszuüben – diese, für die deutsche Neologie typischen Gesinnungs- und Handlungsmotive sind in der Persönlichkeit Seilers vereint. So kann der Blick auf Leben und Werk Seilers, »dem bekanntesten und wohl schreibfreudigsten Erlanger Theologen des 18. Jahrhunderts«,[50] exemplarisch die Grundzüge der theologischen Aufklärung in Franken verdeutlichen.

Seiler wurde in dem oberfränkischen Creußen geboren und erhielt während seiner Schulzeit in Bayreuth eine gründliche und vielseitige Ausbildung. Die geistige Atmosphäre der markgräflichen Residenzstadt war in dieser Zeit durch die Verbindung von spätorthodoxem und aufklärerischem Geist sowie einer Abneigung gegenüber dem »mystischen« Pietismus geprägt. Eine ähnliche geistige Konstellation bestimmte auch sein Theologiestudium in Erlangen, wo er besonders unter dem Einfluß von Huth und dem Philosophen Simon Gabriel Succov stand. Das theologische Anliegen Huths setzte sich auch bei Seiler fort, und bei dem Philosophen Succov fand er die Bestätigung für die Widerspruchsfreiheit zwischen menschlicher Vernunft und göttlicher Offenbarung. Vor seiner Berufung nach Erlangen 1770 war Seiler mehrere Jahre lang im praktischen Dienst als Prediger und Seelsorger bei und in Neustadt bei Coburg tätig. Während dieser Zeit hatte er auch schon mit seinen wissenschaftlichen Veröffentlichungen begonnen, die er in Erlangen nach der Berufung in die erste Professur unter Übernahme vieler weiterer akademischer und kirchlicher Ämter in einer erstaunlichen Breite fortführte. Seiler war mehrfach Prorektor und Dekan der Theologischen Fakultät. Auch seine Lehrtätigkeit umfaßte alle theologischen Disziplinen und hatte bei den Studenten großen Erfolg, da es Seiler stets um das Ziel aller theologischen Erkenntnis in der Beförderung der praktischen Tätigkeiten der zukünftigen Pfarrer ging. Nicht nur der Pietismus, sondern auch die Aufklärung hat an der Reform der theologischen Ausbildung in Deutschland hinsichtlich der stets geforderten Verbindung von Theorie und Praxis entscheidenden Anteil.[51]

Seiler hat sich in seinen zahlreichen theologischen Abhandlungen bemüht, die Wahrheit des Christentums gegenüber philosophischer Kritik zu verteidigen und sie vor allem einem größeren Lesepublikum verständlich nahezubringen. Nicht in den inhaltlichen Aussagen, sondern in der Art und Weise, wie Seiler christliche Apologetik betreibt, wird das aufgeklärte Pathos deutlich, mit dem dieser einflußreiche Theologe zur Verbesserung der sittlichen und sozialen Zustände in der Gesellschaft beitragen möchte.[52] In der umfassenden Wahrnehmung aller neuen Ten-

---

[50] LOTTES (K) 36.
[51] Das wird m.E. noch zu wenig gesehen. Zur Geschichte der Predigerseminare in Deutschland vgl. HEINRICH HOLZE, Zwischen Studium u. Pfarramt. Die Entstehung d. Predigerseminars i. d. welfischen Fürstentümern z. Zt. d. Aufklärung, Göttingen 1985 (SKGNS 25).
[52] Kritisch äußert sich ein Zeitgenosse über Seiler; er habe »den alten Wust in seiner Fülle stehen« gelassen: GEORG FRIEDRICH REBMANN, Briefe über Erlangen, Erlangen 1984, 26f (Bibliotheca Franconica 9) [= Faksimile d. Ausg. Frankfurt u.a. 1792].

denzen und Entwicklungen im geistigen Leben seiner Zeit war Seiler von kaum jemandem zu übertreffen. Den Beitrag des Christentums zur Beförderung aller sittlichen und kulturellen Werte in der Geschichte der Völker konnte er in einer bekenntnishaften, eingängigen Sprache zum Ausdruck bringen.[53] Zur Verteidigung der Christologie und Soteriologie schrieb er das umfangreiche Werk »Über den Versöhnungstod Jesu Christi«.[54] Dem Dialog mit der Philosophie seiner Zeit ist das Werk »Der vernünftige Glaube an die Wahrheit des Christenthums« gewidmet.[55] Von der Einsichtsfähigkeit der menschlichen Vernunft in die Ergänzungsbedürftigkeit durch die göttliche Offenbarung war Seiler fest überzeugt. Aber auch die emotionale Seite des Menschen, Gemüt und Gefühl, konnte er in den Dienst seiner christlichen Apologetik stellen. Davon zeugt z.B. sein Andachts- und Erbauungsbuch »Der Geist und die Gesinnungen des vernunftmäßigen Christenthums zur Erbauung«.[56] Schon mehrere Titel seiner Schriften zeigen, wie Seiler als aufgeklärter Volksschriftsteller und -erzieher zu wirken verstand: »Kurze Geschichte der geoffenbarten Religion Vornehmlich zum gemeinen Gebrauch für solche Christen, welche keine Theologen sind« (1772); »Religion der Unmündigen« (1772, 20. Auflage! 1823); »Ueber die Gottheit Christi beides für Gläubige und Zweifler« (1775); »Biblische Religion und Glückseeligkeitslehre. Beyde zur Unterweisung und Andachtsübung« (1768, 6. Auflage 1830).[57]

In das kirchliche Leben seiner Zeit hat Seiler als Prediger, Seelsorger und Organisator in seinen verschiedenen kirchlichen Ämtern als Superintendent, Mitglied des Bayreuther Konsistoriums und als Gymnasialdirektor sowie mit liturgischen und katechetischen Veröffentlichungen vielfältig und nachhaltig eingewirkt. Seiler wurde als »Der Liturgiker der deutschen Aufklärung« bezeichnet,[58] womit seine Initiativen zur Neugestaltung des Gottesdienstes gemeint sind, z.B. die Herausgabe eines neuen Gesangbuches, seine »Liturgischen Magazinen« und seine »Allgemeine Sammlung liturgischer Formulare«.[59] An der Einführung der Konfirmation im Nürnberger Kirchengebiet war Seiler ebenfalls beteiligt, und als für das gesamte Schulwesen zuständiger Bayreuther Konsistorialrat wurde sein Katechismus bald nach seiner Veröffentlichung eingeführt.

Charakteristisch für die Persönlichkeit Seilers sind weiterhin seine Initiativen auf pädagogischem und sozialem Gebiet. Auf ihn geht die Errichtung eines Pre-

---

53 Vgl. seine »Kurze Apologie d. Christentums nebst einem Entwurf d. Religion eines christl. Philosophen«, Erlangen 1776, ²1779.
54 Das vierteilige Werk kam 1778/79 heraus. Vgl. WOLF (K) 104.
55 Erlangen 1795.
56 Dieses Erbauungsbuch in zwei Teilen kam zuerst 1769 heraus, 2. Aufl. Coburg 1775.
57 Vgl. die Werke in Auswahl bei WOLF (K) 108.
58 JORDAHN, Seiler – Der Liturgiker (K).
59 Allg. Sammlung liturg. Formulare d. ev. Kirchen, Bd. 1 [1ff], Bd. 2, Bd. 3 [1ff], Erlangen 1787–1804. Vgl. OTTFRIED JORDAHN, Georg Friedrich Seilers Andachts- u. Predigtbücher; seine Bibelübers. u. Bibelausg.: ZBKG 48 (1979), 28–55; DERS., Georg Friedrich Seilers Einfluß auf d. Gesangbuchgestaltung u. d. liturg. Reformen i. d. Fürstentümern Ansbach u. Bayreuth: ZBKG 37 (1968), 37–63; WÖLFEL, Kirche (K) 830f. Die erhebliche Nachwirkung Seilers in den Gottesdienstordnungen des 19. Jahrhunderts in Bayern zeigt das verdienstvolle Editionswerk KERNER 1 (K).

digerseminars in Erlangen (1772/73) zurück, und zur »Beförderung edler Gesinnungen und tugendhafter Neigungen« gründete er zur selben Zeit das »Institut der Moral und schönen Wissenschaften«. Seine dem ganzen Menschen dienende Hilfsbereitschaft kommt nicht nur in der Gründung einer Bibelanstalt (1779) zum Ausdruck, sondern auch in der von ihm 1786 begründeten Armenanstalt sowie einer Badeanstalt an der Regnitz.

Schon vor Seilers Tod 1807 zeigte sich der neue Geist des Rationalismus an der Erlanger Fakultät. Wilhelm Friedrich Hufnagel verließ in seinen Heften »Für Christentum, Aufklärung und Menschenwohl« die gemäßigte neologische Position seiner Lehrer Döderlein und Seiler, indem er Jesus Christus vor allem nur noch als Tugend- und Sittenlehrer interpretierte.[60] Nach dem Weggang Hufnagels nach Frankfurt trat mit Beginn der preußischen Ära an der Universität 1792 Christoph Friedrich Ammon in die Fakultät ein.[61] Mit ihm bestimmte schließlich nicht nur der Rationalismus, sondern auch der Supranaturalismus die theologische Szene. Zwischen rationalistischer Dogmenkritik und Anpassung an kirchliche Traditionsbedürfnisse »wandelte« sich dieser Theologe mehrfach. Das theologisch vielgestaltige 19. Jahrhundert hatte begonnen.

3. Repräsentanten der kirchlichen Aufklärung und ihre Rezeption im Leben der Gemeinden vor allem in Franken[62]

3.1 Das Eindringen der Aufklärung in Pfarrerschaft und kirchenleitende Ämter

Nicht zuletzt durch das Studium bei ihren akademischen Lehrern war die Aufklärung breit in die Pfarrerschaft in Stadt und Land und bei Theologen im höhe-

---

[60] FRIEDRICH WILHELM KANTZENBACH, Wilhelm Friedrich Hufnagel als Theologe i. Frankfurt am Main u. seine Beziehungen z. Hegel: KANTZENBACH, Theologie i. Franken (B) 318–335; HANS KRESSEL, Die Liturgik d. Erlanger Theologie. Ihre Gesch. u. ihre Grundsätze, Göttingen ²1948, 20–28. Zu Hufnagel als Alttestamentler vgl. MARKUS WITTE, Wilhelm Friedrich Hufnagel (1754–1830) u. d. Erlanger Hiobforsch.: ZBKG 63 (1994), 165–177.

[61] Er wurde 1813 als Oberhofprediger und Konsistorialrat nach Dresden berufen. 1825 nahm Ammon den Adelstitel an. Vgl. JOHANN DIETRICH SCHMIDT, Christoph Friedrich v. Ammon. Ein Abriß seines Lebens u. theol. Schaffens: ZBKG 24 (1955), 169–199; KANTZENBACH, Erlanger Theologie (K) 70–73; vgl. vor allem zu seiner Göttinger Wirksamkeit KONRAD HAMMANN, Universitätsgottesdienst u. Aufklärungspredigt. Die Göttinger Universitätskirche i. 18. Jh. u. ihr Ort i. d. Gesch. d. Universitätsgottesdienstes i. deutschen Protestantismus, Tübingen 2000, 331–358 (BHTh 116).

[62] Die kirchengeschichtliche Forschung hat sich bisher im Zeitalter der Aufklärung fast ausschließlich auf Franken konzentriert. Es bedarf dringend der Anregung für kirchenhistorische Untersuchungen in den außerfränkischen Territorien des heutigen Bayern, vor allem in Augsburg und Regensburg. Für Augsburg und Kaufbeuren ist auf den vor allem als Philosophiehistoriker bedeutsamen Johann Jakob Brucker hinzuweisen. Seine philosophiehistorischen Werke stehen am Beginn der Disziplin der Philosophiegeschichte im 18. Jahrhundert mit erheblicher Folgewirkung, u.a. »Historia critica philosophiae a mundi incunabulis ad nostram usque aetatem deducta«, 5 Bde., Leipzig 1742–1744. Seit 1724 war Brucker Rektor der Lateinschule in Kaufbeuren und ab 1744 Pfarrer in Augsburg. In diesem »Polyhistor der Philosophiegeschichte« vereinigen sich spätorthodox-lutherischer, pietistischer wie frühaufklärerischer Geist (so GUNTHER WENZ, Johann Jakob Brucker als Theologe: ZBKG 64 [1995], 20–42 [32ff]).

ren Kirchenamt eingezogen. Auch die kirchliche Aufklärung war wie die gesamte Aufklärung vor allem eine geistig-literarische Bewegung, bei der sich zahlreiche Pfarrer in einem reichhaltigen Zeitschriftenwesen zu Wort meldeten.[63] Das Ziel aller dieser Bemühungen bestand vor allem in dem Nachweis der Vernünftigkeit des christlichen Glaubens und seiner praktischen Hilfe bei der Bewältigung eines zeitgemäßen Lebensstiles.

3.1.1 Wertheim und Feuchtwangen

Schon in der ersten Hälfte und in der Mitte des 18. Jahrhunderts haben zwei gelehrte Theologen in Franken gewirkt, von denen nur der erste in die allgemeine Theologiegeschichte eingegangen ist. Es ist dies Johann Lorenz Schmidt, der mit seiner sog. »Wertheimer Bibel« erhebliches Aufsehen erregte.[64] Der aus einem pietistisch geprägten Pfarrhaus bei Schweinfurt stammende J.L. Schmidt hatte in Jena bei Johann Franz Buddeus Theologie studiert und war seit 1725 als Erzieher von Christian Philipp Fürst zu Löwenstein in Wertheim tätig. Hier begann er mit seinem groß angelegten Werk, einer paraphrasierenden Übersetzung des Alten Testamentes, von der aber nur der Pentateuch erschien (1735). Er wollte damit der göttlichen Wahrheit gegen die Einwürfe ihrer Kritiker dienen, indem er nach der Demonstrationsmethode Wolffs alle für die Vernunft anstößigen Stellen in der Bibel zu beseitigen hoffte. So hat er auch alle messianischen Weissagungen nach dem Grundsatz getilgt, daß die Aussagen des Alten Testamentes aus sich selbst heraus verstanden werden müssen, und die Wunder meist natürlich erklärt. Kaiser Karl VI. hatte 1737 das Werk im ganzen Reich verboten, nachdem eine heftige, umfangreiche Streitschriftenfehde darüber ausgebrochen war. Im späteren Fragmentenstreit tauchte der Name J.L. Schmidt wieder auf, nachdem Lessing ihn als evtl. Verfasser der »Fragmente eines Ungenannten« anzugeben versuchte, um von Hermann Samuel Reimarus abzulenken. J.L. Schmidt hatte die letzten Jahre seines Lebens in Wolfenbüttel als Hofmathematiker und Pagenhofmeister verbracht.

In die Anfänge der historisch-kritischen Bibelexegese gehört der Feuchtwanger Dekan Georg Ludwig Oeder.[65] Mit zwei, erst nach seinem Tod erschienenen Schriften wirkte Oeder offenbar auf keinen geringeren als Semler ein, der 1769 seine Schrift »Christlich freye Untersuchung über die sogenannte Offenbarung Johannes« herausgab, in der Oeder Johann Albrecht Bengels 1741 erschienene Auslegung der Johannes-Apokalypse kritisierte. Ein Schüler Semlers und Neffe Oeders, Georg Ludwig Vogel, gab 1771 dessen »Freye Untersuchungen über einige Bücher des Alten Testaments« in Halle heraus, eine Schrift, in der Oeder hi-

---

[63] Vgl. Von Almanach bis Zeitung. Ein Hb. d. Medien i. Deutschland 1700–1800, hg. v. ERNST FISCHER u.a., München 1999.
[64] FRIEDRICH WILHELM KANTZENBACH, Johann Lorenz Schmidt: KANTZENBACH, Theologie i. Franken (B) 190–209; GERICKE (K) 83f.
[65] FRIEDRICH WILHELM KANTZENBACH, Georg Ludwig Oeder: KANTZENBACH, Theologie i. Franken (B) 210–229.

storische Literar- und Kanonkritik übt, die auf Semlers »Abhandlung von freier Untersuchung des Canon I–IV« (1771–1775) einwirkte, was in der bisherigen Semlerforschung offenbar noch nicht beachtet wurde.[66]

3.1.2 Bayreuth und Ansbach

Ähnlich wie bei der Neologie in Altdorf und Erlangen, war der Geist der Aufklärung bei Theologen im kirchlichen Amt äußerst gemäßigt und traditionsbewahrend. Weniger in den theologischen Inhalten als in neuen Ausdrucksformen und literarischen Vermittlungsbemühungen sowie gesellschaftlichen Kommunikationsstrukturen läßt sich seit ca. 1780 in der Pfarrerschaft eine Veränderung beobachten mit freilich noch kräftig nachwirkenden Impulsen aus der spätorthodoxen und pietistischen Tradition. Besonders in den Residenzstädten Bayreuth und Ansbach gingen jedoch von den führenden Geistlichen neue Initiativen aus.[67]

In Bayreuth gab Superintendent Johann Theodor Künneth seit 1778 ein »Zeit- und Handbüchlein für Freunde der theologischen Lektüre« heraus.[68] Das war eine der typischen aufklärerischen Periodika, mit denen Mitteilungen aus der Pfarrerschaft, Predigthilfen und Nachrichten aus der Kirche weitergegeben wurden. Parallel zu dieser Zeitschrift gründete Künneth eine Lesegesellschaft, mit deren Hilfe interessierte Pfarrer zu theologischen, historischen und gegenwartsbezogenen Themen zusammengeführt wurden. In Künneths »Zeit- und Handbüchlein« wurden die Bayreuther Pfarrer z.B. auch über die zahlreichen Schriften im Zusammenhang mit dem Wolfenbütteler Fragmentenstreit unterrichtet. Schon Johann Christian Schmidt, der Schwiegervater Künneths und Superintendent und Hofprediger in Bayreuth, hatte auf Reisen nach Holland, England und Frankreich die westeuropäische Aufklärung kennengelernt und in einem Reisetagebuch darüber kritisch berichtet sowie verschiedene deistische Schriften mit nach Bayreuth gebracht.[69] Mit Zeitschrift und Lesegesellschaft konnte Künneth seine Informations- und Erziehungsarbeit unter den Pfarrern fortsetzen.

Seit 1775 wirkte in Ansbach der Stiftsprediger und Generalsuperintendent Johann Zacharias Leonhard Junkheim.[70] Er war mit Seiler in Erlangen befreundet und hat sich an den theologischen Kontroversen seiner Zeit aktiv beteiligt. Ähnlich wie Seiler versuchte auch Junkheim in einer der Vernunft einleuchtenden Weise die theologische Tradition in der Schriftlehre, Christologie und in der Wirkungsweise Gottes gegenüber der neologischen Kritik zu verteidigen. Das zeigt

---

[66] So das Urteil von KANTZENBACH, Geist (B) 41.
[67] Wie stark der Widerstand gegen die Neologie vor allem in den Landgemeinden um Ansbach und Bayreuth noch um 1800 war, zeigt die von der »Gesellschaft evangelischer und katholischer Landgeistlicher« herausgegebene »Charakteristik d. noch unaufgeklärten u. ungebildeten Teils d. prot. und kath. Geistlichkeit i. Franken«, Erlangen 1799. Vgl. dazu HEINRICH GÜRSCHING, Fränk. Dunkelmännerbriefe d. Aufklärung: ZBKG 11 (1936), 195–210.
[68] Zu diesem Periodikum Künneths vgl. KANTZENBACH, Geist (B) 39f.
[69] Zu J.C. Schmidt vgl. aaO, 40.
[70] AaO, 44ff.

seine Kontroverse mit Johann August Eberhard (1739–1809), dem bedeutenden und einflußreichen Neologen in Berlin und Halle, der mit seinem zweibändigen Werk »Neue Apologie des Sokrates oder Untersuchung der Lehre von der Seligkeit der Heiden« (1772/78) eine auch über die theologische Fachwelt hinausgehende breite Diskussion auslöste.[71] Das Werk Eberhards greift weit über die Ausgangsfrage nach der Seligkeit der Heiden hinaus und unterzieht von seinem Verständnis von Gottes Güte und Gerechtigkeit aus die überkommenen Lehren von den göttlichen Ratschlüssen, der stellvertretenden Genugtuung Christi und Augustins Erbsündenauffassung einer ausführlichen Kritik. Junkheim hatte in seiner 1775 anonym erschienenen Schrift »Von dem Übernatürlichen in den Gnadenwirkungen« die Gleichsetzung von übernatürlicher und unmittelbarer Offenbarung Gottes bei Eberhard kritisiert und das übernatürliche Wirken Gottes, das sich durchaus natürlicher Mittel bedient, zu verteidigen versucht.

Ähnlich wie Seiler in Erlangen war auch Junkheim als führender Geistlicher in Ansbach mit dem gesellschaftlichen und literarischen Leben seiner Zeit eng verbunden. Seine ästhetischen und liturgischen Interessen teilte er mit dem Ansbacher Dichter Johann Peter Uz, mit dem er 1781 das neubearbeitete Ansbachische Gesangbuch herausgab, »eines der besten Gesangbücher der Zeit«.[72] An der Herausgabe der literarischen Wochenschrift »Der Freund« war er zusammen mit Johann Friedrich Freiherr von Cronegk und Uz beteiligt. Zu den Herausgebern dieser Wochenschrift, die den Dichtungen Christian Fürchtegott Gellerts besonders nahestand, gehörte auch Johann Jakob Rabe, der Nachfolger Junkheims als Generalsuperintendent seit 1790 war. In der Kulturgeschichte Ansbachs ragt Rabe als besonderer Kenner des Judentums seiner Zeit hervor, der erstmals die Mischna, die Grundlage des Talmuds, ins Deutsche übersetzte.[73]

3.1.3 Nürnberg

Über die Predigten in der Zeit der Aufklärung ist früher viel Spott und Kritik geäußert worden.[74] Von ihren unverkennbaren Schattenseiten abgesehen, ist jedoch wahrzunehmen, daß sie einen großen Hörerkreis erreichten, gerade auch aus den der Kirche ferner stehenden, gebildeten Kreisen des Bürgertums. Nicht zur Er-

---

[71] GERICKE (K) 102f.
[72] WÖLFEL, Kirche (K) 834. Vgl. FRIEDRICH WILHELM KANTZENBACH, Johann Peter Uz u. sein Ansbacher Freundeskreis i. frömmigkeitsgeschichtl. Sicht: ZBKG 33 (1964), 109–116. Zu Uz und dem Ansbacher Gesangbuch vgl. WALTER SPARN, Johann Peter Uz u. d. Ansbachische Gesangbuch v. 1781. Beobachtungen z. frömmigkeits u. theologiegeschichtl. Profil d. Autors: Dichter u. Bürger i. d. Provinz. Johann Peter Uz u. d. Aufklärung i. Ansbach, hg. v. ERNST ROHMER u. THEODOR VERWEYEN, Tübingen 1998, 157–188 (Frühe Neuzeit 42).
[73] Siehe, d. Stein schreit aus d. Mauer. Gesch. u. Kultur d. Juden i. Bayern, hg. v. BERNWARD DENEKE, AKat. Nürnberg 1988, 96 [3/86]. 296 [8/9].
[74] Vgl. REINHARD KRAUSE, Die Predigt d. späten deutschen Aufklärung (1770–1805), Stuttgart 1965, 52–147 (AzTh 2/5). Vgl. auch den Band: Predigten v. prot. Gottesgelehrten d. Aufklärungszeit. Auswahl noch ungedr. Predigten v. Ammon, Bartels, Diterich, Löffler, Marezoll, Sack, Schleiermacher, Spalding, Teller, Zöllner, Zollikofer, hg. v. WICHMANN VON MEDING, Darmstadt 1989 [= Reprogr. Nachdr. d. Original-Ausg. Berlin 1799].

bauung der Gemeinde, jedoch als Brückenschlag zwischen Kirche und der jeweiligen kulturellen Situation vor allem in den Städten, haben die Prediger der Aufklärung gerade auch in ihrer rationalistischen Gestalt nicht wenig geleistet. Das zeigt sich besonders in Nürnberg am Beginn des 19. Jahrhunderts. Hier wirkten Valentin Karl Veillodter und Gotthold Emmanuel Friedrich Seidel.[75] Die vielseitigen, in das gesellschaftliche und geistige Leben der Stadt fest eingebundenen Theologen haben mit ihren Predigten eine erhebliche Anziehungskraft auf die Bevölkerung ausgeübt, die durch nicht wenige religionskritische Stimmen gegenüber der Kirche verunsichert war und ihrer Verkündigung zumeist gleichgültig gegenüberstand. Welche Anziehungskraft das Christentum in aufklärerischer Gestalt auf breite Bevölkerungsschichten auszuüben vermochte, zeigen insbesondere auch die zahlreichen Andachtsbücher, in denen nicht nur eine vernünftig-praktische, sondern auch eine innerlich-gemüthafte und empfindsame Frömmigkeitssprache ihren Ausdruck findet. An den weit verbreiteten Andachtsbüchern um 1800 ist auch ein Nürnberger Theologe beteiligt: Johann Heinrich Wilhelm Witschel mit seinem »Morgen- und Abendopfer in Gesängen« (1803). Dieses Andachtsbuch widmete Witschel dem Mainzer Erzbischof Karl Theodor von Dalberg, ein Zeugnis u.a. für den interkonfessionellen Geist um 1800.[76]

3.1.4 Pfarrer als Volkserzieher

Die Pädagogik war für die Aufklärung ein wesentliches Anliegen. Sowohl Theologen in akademischen und hohen Kirchenämtern wie Seiler und Junkheim wie auch Pfarrer auf dem Lande haben in der Reform der Kindererziehung eine ihrer wichtigsten Aufgaben gesehen. Auf pädagogischem Gebiet hat die kirchliche Aufklärung noch weit bis ins 19. Jahrhundert hinein entscheidende Impulse ausgelöst.

Als pädagogischer Volksschriftsteller und Reformer wirkte der Pfarrer Johann Ferdinand Schlez in Ippesheim.[77] Im Geist der Philanthropinisten Christian Gotthilf Salzmann und Friedrich Eberhard von Rochow vermittelte Schlez seine pädagogischen und sozialen Leitgedanken anhand von anschaulich-romanhaften

---

[75] WÖLFEL, Kirche (K) 835. G.E.F. Seidel ist ein Verwandter des Sulzbacher Verlegers Johann Esaias (von) Seidel (vgl. IV.4.3.1.3, Anm. 76).

[76] Das Andachtsbuch von Witschel wirkt im weiteren Verlauf des 19. Jahrhunderts noch stark nach; vgl. KERNER 1 (K). Zu Witschel vgl. auch GOTTFRIED GEITZ, Johann Heinrich Wilhelm Witschel. Ein Beitr. z. Gesch. d. fränk. Rationalismus, Nürnberg 1924 sowie BECK (K). Weiterhin zu dem Bestsellerautor Witschel und der Förderung der Bibelverbreitung um 1800 vgl. KARL GERHARD STECK, Kommerz u. Konfession. Zum Programm d. Sulzbacher Verlegers J.E. (v.) Seidel 1758–1827: Zwischen Polemik u. Irenik. Unters. z. Verhältnis d. Konfessionen i. späten 18. u. frühen 19. Jh., hg. v. GEORG SCHWAIGER, Göttingen 1977, 124–147 (SThGG 31). Die geistige Atmosphäre in Nürnberg um 1800 auch in nicht geringem Maße von »mystisch«-pietistischen Strömungen bestimmt. So hat z.B. die [Johann Philipp] Raw'sche Buchhandlung mit den Erfolgsautoren Johann Caspar Lavater und Johann Heinrich Jung-Stilling ein Gegengewicht gegenüber dem populartheologischen Schrifttum der Aufklärung gebildet.

[77] KANTZENBACH, Geist (B) 55–63; FRIEDRICH WILHELM KANTZENBACH, Der fränk. Rochow. Johann Ferdinand Schlez als Schul- u. Sozialreformer: JFLF 34/35 (1974/75), 565–575 [= FS Gerhard Pfeiffer].

Beispielgeschichten. Die entscheidende Bedeutung des guten oder schlechten vorgelebten Vorbildes in der Kindererziehung hat Schlez in seinem Volksroman »Geschichte des Dörfleins Traubenheim, fürs Volk und für Volksfreunde geschrieben« offenbar für einen größeren Leserkreis veröffentlicht (1791/92 in zwei Bänden erschienen, 2. Auflage 1794). Seine in Ippesheim gehaltenen »Landwirtschaftspredigten« kamen 1788 erstmals heraus mit dem bezeichnenden Untertitel: »Ein Beytrag zur Beförderung der wirtschaftlichen Wohlfahrt unter Landleuten«. In sehr konkreten Anweisungen hat hier Schlez durch Aufklärungsarbeit zur Verbesserung der Situation in der Landbevölkerung beitragen wollen.[78] Seine sozialpädagogischen Reformgedanken sind in Übereinstimmung mit den Grundtendenzen der deutschen Aufklärung nicht revolutionär, sondern auf die bestehenden gesellschaftlichen und obrigkeitlichen Verhältnisse bezogen. Der Hebung der Lehrerbildung diente sein »Gregorius Schlaghart und Lorenz Richard«, ein Erbauungsbuch für Landschullehrer, das 1795 in Nürnberg erstmals erschien.

Karl Heinrich Stephani, Lithographie nach 1815

[78] Man wird auch diese Landwirtschaftspredigten von Schlez als »Ansätze zu einer Sozialethik« verstehen können. Vgl. SCHOLDER (K) 478ff; ALEXANDRA SCHLINGENSIEPEN-POGGE, Das Sozialethos d. luth. Aufklärungstheologie am Vorabend d. Industriellen Revolution, Göttingen u.a. 1967 (Göttinger Bausteine z. Geschichtswissenschaft 39).

Am Anfang des 19. Jahrhunderts hatte besonders das Wirken von Karl Heinrich Stephani als Reformer und Organisator des fränkischen Schulwesens erheblichen Einfluß. Zunächst Hofmeister und Hofprediger in Castell, war Stephani in Augsburg, Eichstätt und Ansbach Kreisschulrat und ab 1817 Dekan in Gunzenhausen. 1834 wurde er wegen Widerspruchs gegen die kirchliche Lehre seines Amtes enthoben. Das Bild dieses »Führers des Rationalismus in Bayern« wird in den älteren Darstellungen der bayerischen Kirchengeschichte äußerst negativ gezeichnet.[79] Gottfried Thomasius sagt in seinem Werk »Das Wiedererwachen des evangelischen Lebens in der lutherischen Kirche Bayerns. Ein Stück süddeutscher Kirchengeschichte« (1800–1840) über Stephani: »In ihm wird der Rationalismus bösartig.«[80] Das ist ein verständliches Urteil aus dem Blickwinkel der Erweckungsbewegung auf die rationalistische Theologie Stephanis. Seine Verdienste liegen jedoch vor allem in der Neuorganisation des fränkischen Schulwesens und in der Einführung neuer pädagogischer Methoden.

Die pädagogischen Ziele der Aufklärung kommen in Rothenburg besonders bei dem Stadtpfarrer Gottlieb Albrecht Lehmus zum Ausdruck. Der Pfarrer ist für ihn vor allem Volkserzieher und Förderer aller das allgemeine Wohl der Menschen hebenden Tätigkeiten in Haus und Gewerbe. Seit 1817 erschien die von ihm herausgegebene »Allgemeine Zeitung für Deutschlands Volksschullehrer« in Rothenburg.

3.2 Das Eindringen der Aufklärung in die Gemeinden durch Liturgie, Gesangbücher, Periodika und Erbauungsliteratur

Neben der Predigt fanden die Reformimpulse der Aufklärung in Form von Um- und Neugestaltungen der Liturgie des Gottesdienstes, neuen, zeitgemäßen Gesangbüchern, literarischen Zeitschriften sowie Erbauungsschriften Eingang in das Leben der Gemeinden. Hauptziel der Erneuerungsbestrebungen war ein vernunftgemäßes Christentum, das im Gottesdienst der Gemeinde einen würdig-andächtigen Ausdruck finden sollte. Gerade auf liturgischem und hymnologischem Gebiet hatte die theologische Aufklärung ihr bevorzugtes Feld einer auf die Praxis der Kirche im Dienst an Gott und den Menschen ausgerichteten Reformarbeit.

3.2.1 Sulzbach

Das kirchliche Leben im Fürstentum Sulzbach hat nicht nur während der Regierung des Pfalzgrafen Christian August,[81] sondern auch in der Zeit der Aufklä-

---

[79] SIMON, Kirchengesch.¹ 2 (B) 539. 545.– Mehr Gerechtigkeit wird ihm zuteil bei WILHELM SPERL, Dr. Heinrich Stephani, Schul- u. Kirchenrat, dann Dekan i. Gunzenhausen, d. Führer d. Rationalismus i. Bayern 1761–1850, München 1940 (EKGB 20); MAX LIEDTKE, Heinrich Stephani (1761–1850): LebFranken NF 12 (1986), 218–233.
[80] THOMASIUS (B) 61.
[81] Vgl. IV.2.3.3.

rung das Interesse der Forschung gefunden, so daß wir über dieses Gebiet verhältnismäßig gut informiert sind.[82] Neben der Bibel war das Singen, Beten und Lesen aus dem Gesangbuch das Zentrum der Frömmigkeit in Kirche und Haus. Das Sulzbacher Gesangbuch »Geistliches Lob-Opfer einer andächtig-singend und betenden Seele« war 1732 bei Georg Abraham Lichtenthaler erschienen, jener Hofdruckerei, die schon zur Zeit des Pfalzgrafen Christian August die irenischen Impulse des Hofes mit vielen Publikationen, vor allem aus der Feder des Hofkanzleirates Christian Knorr von Rosenroth, unterstützte.[83] Im Jahr 1754 kam bei Lichtenthaler eine lateinische Übersetzung des Sulzbacher Gesangbuches heraus unter dem Titel »Cantor Christianus«, eine aufschlußreiche Besonderheit, die auch im Sulzbach des 18. Jahrhunderts auf intellektuelle Kreise schließen läßt, bei denen möglicherweise die weitgespannten geistig-religiösen Interessen der Sulzbacher Tradition des 17. Jahrhunderts fortlebten.[84] Ein letzter, erweiterter Neudruck des »Geistlichen Lob-Opfers« kam 1774 heraus. Eine Liedersammlung, die schon im Titel den aufklärerischen Geist erkennen läßt, löste 1791 das ältere Sulzbacher Gesangbuch ab: »Auserlesene Liedersammlung zur Beförderung und Uebung christlicher Gesinnungen und Tugenden in allen Ständen«.[85]

Im späten 18. und frühen 19. Jahrhundert wirkte in Sulzbach der Verleger und Publizist Johann Esaias Seidel – seit 1821 von Seidel – in einem ökumenischen Geist, der auf der Grundlage eines ethisch akzentuierten christlichen Glaubensverständnisses Protestanten und Katholiken auf die Lehre Jesu hinzuführen und ihre gegenseitige Achtung zu fördern versuchte. In seinem Verlag erschienen vor allem religiöse Schriften katholischer und evangelischer Autoren. Mit seiner »interkonfessionellen Bibelanstalt«, dem »Sulzbacher Kalender« (ab 1789) und dem »Oberpfälzischen Wochenblatt« (seit 1794) wurden viele Leser aus beiden Konfessionen erreicht.

Eine weitere, für das geistig-literarische Leben in Sulzbach z.Zt. der Aufklärung charakteristische Persönlichkeit war der Arzt und Naturforscher Bernhard Joseph Schleis von Löwenfeld. Er veröffentlichte seine zahlreichen Schriften in J.E. Seidels Verlag[86] und wirkte als führendes Mitglied im Orden der Gold- und Rosenkreuzer weit über Sulzbach hinaus. Durch ihn wurde Sulzbach neben Re-

---

[82] HANS GRASSL, Aufbruch z. Romantik. Bayerns Beitr. z. deutschen Geistesgesch. 1765–1785, München 1968; ROLF CHRISTIAN ZIMMERMANN, Das Weltbild d. jungen Goethe. Stud. z. hermetischen Tradition d. deutschen 18. Jh., Bd. 1: Elemente u. Fundamente, München 1969; MAX LACHNER, Aufklärung i. Sulzbach: Die Oberpfalz 79 (1991), 299f; WAPPMANN, Kirche (B); WAPPMANN, Sulzbach (K); ENGELMANN (K).
[83] Im Jahr 1677 kam bei Lichtenthaler die »Kabbala Denudata« heraus, für die auch hebräische Schriftzeichen gesetzt werden mußten.
[84] Volker Wappmann fragt, ob vom Sulzbacher Gelehrtenkreis des 17. Jahrhunderts evtl. über bürgerliche Kreise eine Brücke zu J.E. v. Seidel angenommen werden könnte, der ab 1785 das ältere irenische Verlagsprogramm wieder neu belebte (vgl. WAPPMANN, Sulzbach [K] 667).
[85] Vom Sulzbacher Ministerium herausgegeben.
[86] Schleis von Löwenfeld war Herausgeber des »Oberpfälzischen Wochenblattes«.

gensburg[87] und München[88] zu einem der Zentren der süddeutschen Rosenkreuzerbewegung.

Unter den Sulzbacher Theologen im 18. Jahrhundert ragt Carl Friedrich Aichinger heraus. Er war Stadtprediger, Rektor der Lateinschule und Inspektor (Dekan) des evangelischen Kirchenwesens im Sulzbacher Land. Nicht nur als theologischer Schriftsteller, sondern vor allem als Sprachwissenschaftler,[89] der sich mit Johann Christoph Gottsched auseinandersetzte, war er zu seiner Zeit ein anerkannter Autor.

Daß der rationalistische Geist auch in Sulzbach gegen Ende des 18. Jahrhunderts im kirchlichen Leben regierte, zeigt sich an der völligen Übereinstimmung der führenden Theologen mit dem staatlich verordneten Verbot der bis dahin noch gefeierten Aposteltage, Marienfeste und dritten Hochfesttage. Die Einschränkung der Wochengottesdienste und die Konzentration der Gottesdienste auf die Sonntage, die Einführung der allgemeinen Beichte statt der Privatbeichte mit der Folge, daß nun eigene Abendmahlsgottesdienste angesetzt werden mußten, da bisher die sonntägliche Abendmahlsfeier an die vorausgegangene Privatbeichte gebunden war – diese an vielen Orten ähnlich verlaufenden Vorgänge haben das gottesdienstliche Leben gegenüber den vorherigen Zeiten erheblich verändert. Jedoch bedeutet dieser, liturgiegeschichtlich gewiß tiefgreifende Umbruch keine Abwendungsbewegung der Bevölkerung vom kirchlichen Leben. Auch neue Formen entstanden im Leben der Gemeinden, so die Einführung der Konfirmation, die in Sulzbach noch während des 18. Jahrhunderts unbekannt war.[90]

3.2.2 Gemäßigte Aufklärung in Stadt und Land

Inwieweit sich das kirchliche Leben in Stadt und Land durch die theologische und kirchliche Aufklärung wandelte, ist nur durch genauere lokalhistorische Untersuchungen aufweisbar. Für Franken kann insgesamt gelten, daß die Gemeinden und ihre Pfarrer am Ende des 18. Jahrhunderts an den kirchlichen Traditionen weithin festhielten und die neuen Akzentsetzungen der Aufklärung keine kirchlichen Erschütterungen verursachten. Extremer rationalistischer Geist war die Ausnahme, so bei Georg Heinrich Lang auf dem Ries, der ein »Katechetisches Magazin« herausgab, und bei Eucharius Oertel in Ansbach, der die Rechtfertigungslehre und die Christologie scharf kritisierte.[91] Die neue Pfarrergeneration seit ca. 1780, die nicht mehr durch Spätorthodoxie und Pietismus

---

[87] Der Regensburger Rosenkreuzer Emanuel Schikaneder schrieb das Libretto für Mozarts »Zauberflöte«.

[88] Die Rosenkreuzerschriften wirkten auf die Münchner Romantik ein (Sailer, Lavater, Karl von Eckartshausen und Franz Xaver von Baader); vgl. ENGELMANN (K) 696.

[89] Hauptwerk: »Versuch einer teutschen Sprachlehre«, Frankfurt u. Leipzig 1753.

[90] Sie ist erst durch den Rosenberger Pfarrer Johann Kaspar Dötschmann in den ersten beiden Jahrzehnten des 19. Jahrhunderts verbreitet worden. Eingeführt wurde sie in Sulzbach durch den Stadtprediger Georg Christoph Gack 1829; vgl. WAPPMANN, Kirche (B) 565 mit Anm. 91.

[91] SIMON, Kirchengesch.[1] 2 (B) 538f.

geprägt wurde, war meist schon während des Studiums in Erlangen oder Altdorf einem kirchlich-praktischen Reformgeist begegnet, dem sie nun auch in ihren Gemeinden Geltung zu verschaffen suchte. Auch das Wirken von Theologengeschlechtern über mehrere Generationen hinweg am selben Ort wird zu der insgesamt gemäßigt-konservativen Prägung der Aufklärung in Franken beigetragen haben.[92] Eine solche konservative Gesinnung zeigte sich z.B. bei den verschiedenen, obrigkeitlich verordneten Abschaffungen »Äußerlicher Ceremonien«. Gegen die vom Nürnberger Rat verordnete Abschaffung vieler Feiertage, vor allem der Marien- und Apostelfeiertage, von Gründonnerstag und Epiphanias, erhob sich in vielen Gemeinden, vor allem auf dem Land, Protest.[93] Auch die Theologische Fakultät Altdorf protestierte. Ein 1790 im Nürnberger Kirchengebiet eingeführtes »Neues Gesangbuch zur öffentlichen Erbauung und Privatandacht« fand ebenfalls erheblichen Widerstand auf dem Lande.[94] Anhand der Statistik der Abendmahlsgäste bei der Nürnberger Jakobsgemeinde und in Kempten hat Matthias Simon den »Verfall des Gemeindelebens« dokumentiert.[95] Ein erheblicher Einbruch ist hier vor allem zwischen 1790 und 1800 zu verzeichnen. In den Landgemeinden, aber auch z.B. in Heroldsberg, ist der Abendmahlsbesuch kaum zurückgegangen.[96] Die fränkischen Landgemeinden sieht der dem rationalistischen Geist äußerst kritisch gegenüberstehende Thomasius am Anfang des 19. Jahrhunderts in einem relativ guten Zustand. Vor allem seit den Aufrufen des Pfarrers Ludwig Pflaum in Helmbrechts 1814/15 und seit dem Reformationsjubiläum 1817 bemerkt Thomasius schon den neuen Geist der kirchlichen Erweckung.[97]

Daß eine neue Zeit mit dem Reformationsjubiläum 1817 angebrochen ist, wird vor allem auch im Verhältnis von Katholiken und Protestanten deutlich. Die durch den Pietismus eingeleitete und in der Aufklärungszeit vielfach praktizierte Annäherung zwischen Katholiken und Protestanten wurde in den folgenden Jahren und Jahrzehnten durch die Epoche eines neuen Konfessionalismus abgelöst.[98]

---

[92] WÖLFEL, Kirche (K) 835f; WALTER TAUSENDPFUND/GERHARD PHILIPP WOLF, Ein fränk. »Prediger i. d. Wüste«. Zum 200. Todestag d. Theologen u. Naturforschers Johann Friedrich Esper (1732–1781) aus Uttenreuth bei Erlangen. Walther v. Loewenich z. 80. Geburtstag: ZBKG 51 (1982), 131–162.
[93] HECKEL (K) 126ff.
[94] HECKEL (K) 130.
[95] SIMON, Kirchengesch.¹ 2 (B) 551f.
[96] HECKEL (K) 133.
[97] THOMASIUS (B) 73ff.
[98] Vgl. den instruktiven Aufsatz von ANDREAS LINDT, Das Reformationsjubiläum 1817 u. d. Ende d. »Tauwetters« zwischen Protestanten u. Katholiken i. frühen 19. Jh.: Traditio – Krisis – Renovatio aus theol. Sicht. FS Winfried Zeller z. 65. Geburtstag, hg. v. BERND JASPERT u. RUDOLF MOHR, Marburg 1976, 347–356.

3.2.3 Die Aufklärungszeit in Bayern – zusammenfassender Rückblick

In einem langsamen Prozeß verstärkten sich seit der Mitte des 18. Jahrhunderts neben den fortwirkenden spätorthodoxen und pietistischen Strömungen die Impulse zur Reform von Kirche und Gesellschaft im aufklärerischen Geist. Hauptträger dieses geschichtlichen Wandlungsprozesses waren in Franken – ähnlich wie in anderen Gebieten – Theologen an den Universitäten sowie Pfarrer in Gemeinde- und kirchenleitenden Ämtern. Hauptzentren der sich allmählich von traditionellen Auffassungen ablösenden theologischen Aufklärung waren die Universitäten Altdorf und Erlangen. Hier wirkten in der zweiten Hälfte des 18. Jahrhunderts mit Döderlein und Gabler in Altdorf sowie mit Seiler in Erlangen Theologen, die neben der erheblichen Ausstrahlung auf ihren zeitgenössischen regionalen Umkreis auch darüber hinaus Bedeutung erlangten. Sowohl an den Universitäten wie in Pfarrerschaft und Gemeinden hatte die theologische und kirchliche Aufklärung in Franken einen gemäßigt-konservativen Charakter. Zu dieser, allen radikalen Veränderungen abgeneigten aufklärerischen Reformarbeit trugen sowohl die Einflüsse aus dem Hallischen wie Herrnhutischen Pietismus bei wie auch die Impulse, die von der Deutschen Christentumsgesellschaft mit ihrer Partikulargesellschaft in Nürnberg auf ihren fränkischen Sympathisantenkreis ausgingen. Das Ziel aller Reformbemühungen war ein zeitgemäßes, d.h. den Menschen einsichtiges Verständnis des christlichen Glaubens, das sich durch die Tat zu bewähren habe und sich verantwortlich weiß, an der Verbesserung der Verhältnisse in Kirche und Staat zu arbeiten. Schon an den Universitäten kam dieser, auf die kirchliche Praxis ausgerichtete Reformimpuls durch die bei den Theologieprofessoren übliche Verbindung von Lehr- und Pfarramt zum Ausdruck.

In die Pfarrerschaft und in die Gemeinden drangen die praktischen Erneuerungsanstöße durch Predigt, Liturgie, Gesangbücher, Katechismen, Zeitschriften und Erbauungsliteratur ein. In dem großen Interesse, das Predigt, Gottesdienst und Liturgie in der Aufklärungszeit fanden, kommt einmal die erhebliche Bedeutung der Kirche für den aufklärerischen, absolutistischen Staat zum Ausdruck, der im Gottesdienst in Stadt und Land das willkommene und geeignete Forum für die Abstützung seiner Reformpolitik fand. Zum anderen waren die Bemühungen um eine Gottesdienstreform auch von einer Frömmigkeit getragen, die in den Formen einer andächtigen, würdevollen Erbauung zum Ausdruck kam. Inwiefern und wie intensiv die aufklärerischen Impulse in das Leben der Gemeinden wirklich eindrangen, ist schwer zu beurteilen. Hier bedarf es weiterer Forschungsarbeit. Auch die Unterschiede zwischen Stadt und Land sind dabei zu berücksichtigen. Insgesamt stellen die vielfältigen Initiativen der Aufklärung an den Universitäten und in der kirchlichen Praxis in der Geschichte der evangelischen Kirche in Bayern, vor allem in Franken, einen erstaunlich einheitlichen Versuch dar, den christlichen Glauben in den Vorstellungsformen der Zeit den Menschen in allen Schichten des Volkes zu vermitteln.

Aufklärung

Erst durch den seit dem Ausgang des 18. Jahrhunderts verstärkt auftretenden rationalistischen Geist kam es zur Entfremdung zahlreicher Bevölkerungskreise vom kirchlichen Christentum. In den verschiedenen Phasen der Erweckungsbewegung[99] in der ersten Hälfte des 19. Jahrhunderts wurden neue, vertiefende Formen christlicher Religiosität und kirchlicher Frömmigkeit ausgebildet, die jedoch nicht mehr die ganze Breite des Kirchenvolkes erreichten. Insofern stellt die Aufklärungszeit die letzte, von keinen erheblichen Einbrüchen begleitete, volkskirchliche Epoche in der neuzeitlichen Christentumsgeschichte dar.

[99] KANTZENBACH, Geist (B) 64–100; KANTZENBACH, Erweckungsbewegung (B) 47–82; KELLER (B).

IV.5 KIRCHE UND KUNST

Von Peter Poscharsky

MAX HEROLD, Alt-Nürnberg i. seinen Gottesdiensten. Ein Beitr. z. Gesch. d. Sitte u. d. Kultus, Gütersloh 1890.– BIRGIT KILIAN u.a., Emporenmalereien i. Franken, Erlangen 2001.– HARTMUT MAI, Der ev. Kanzelaltar. Gesch. u. Bedeutung, Halle/Saale 1969 (AKGRW 1).– MEISSNER, Kirchenbau i. 17. Jh. (B).– HELMUTH MEISSNER, Kirchen mit Kanzelaltären i. Bayern, München u.a. 1987 (Kunstwissenschaftl. Stud. 57).– DERS., Kirchenbau u. -ausstattung i. Markgraftum Brandenburg-Kulmbach/Bayreuth i. 18. Jh. (masch. Manuskript), Himmelkron 1999.– ARTHUR CARL PIEPKORN, Die liturg. Gewänder i. d. luth. Kirche seit 1555, Lüdenscheid/Lobetal ²1987 (ÖTS 32).– POSCHARSKY, Kanzel (B).– KLAUS RASCHZOK, Luth. Kirchenbau u. Kirchenraum i. Zeitalter d. Absolutismus, dargestellt am Beispiel d. Markgraftums Brandenburg-Ansbach 1672–1791, 2 Bde., Frankfurt/Main u.a. 1988 (EHS.T 328).– ALFRED SCHELTER, Der prot. Kirchenbau d. 18. Jh. i. Franken, Kulmbach 1981 (Die Plassenburg 41).– Silber u. Zinn (B).– SIMON, Brendel (B).– WILHELM SPERL, Der prot. Kirchenbau d. XVIII. Jh. i. Fürstentum Brandenburg-Onolzbach, Nürnberg 1951 (EKGB 24).– WEX (B).

1. Kirchenbau

Nach dem Ende des Dreißigjährigen Krieges ließ die finanzielle Lage für rund ein halbes Jahrhundert nur Reparaturen an Kirchen (immer noch in nachgotischen Formen), Umbauten, um mehr Platz zu gewinnen,[1] und Ersatz für zerstörte Inneneinrichtungen zu.[2] Neubauten waren äußerst selten.[3] Ein Sonderfall war der Neubau der Heilig-Kreuzkirche in Augsburg 1652/53[4] anstelle des 1630 von den Katholiken abgerissenen Predigthauses. An den Kirchenraum schlossen sich Nebenräume an, unter anderem ein Arbeitszimmer für den Pfarrer. Dies ist angeregt durch den Ulmer Stadtbaumeister Joseph Furttenbach d.Ä., dessen Ideen für Kirchenbauten »mit geringen Unkosten« sein Sohn 1649 publiziert hatte.[5] Mit der Stellung der Kanzel in der Mitte der einen, der Empore an der gegenüberliegenden Längswand und dem Altar in einem Chor folgte man Furttenbach jedoch nicht, der Kanzel und Orgel über dem Altar vorschlug.

---

[1] Im Bayreuther Gebiet 32 Umbauten, vgl. MEISSNER, Kirchenbau i. 17. Jh. (B). Solche Umbauten können das »Niveau einer Raumschöpfung mit Modellcharakter« haben, vgl. HELMUTH MEISSNER, Die Umgestaltung d. gotischen Klosterkirche z. Himmelkron um 1700: KuK 47 (1969), 21ff.
[2] Z.B. Muggendorf, Altar 1662 und Taufstein 1668.
[3] Im Bayreuther Gebiet wurden zwischen 1650 und 1670 nur neun (kleine) Kirchen neugebaut, vgl. MEISSNER, Kirchenbau i. 17. Jh. (B), im Ansbacher Gebiet nur eine vor 1690, Mönchsondheim 1688/90, vgl. RASCHZOK (K) 219.
[4] Vgl. WEX (B) 26–73.
[5] Vgl. JOSEPH FURTTENBACH D.J., Kirchen Gebäw, Augsburg 1649 [Faksimileabdruck: GERHARD LANGMAACK, Ev. Kirchenbau i. 19. u. 20. Jh. Gesch., Dokumentation, Synopse, Kassel 1971, 187–215].

Am Ende des 17. Jahrhunderts, mit dem Beginn des Barocks in Franken (im Ansbacher Bereich erst vom italienisch-österreichischen Barock, dann vom französischen Klassizismus, im Bayreuther durch den an die niederländischen Architekten anschließenden preußischen Klassizismus beeinflußt)[6] setzt der Neubau von Kirchen ein, der das ganze 18. Jahrhundert über anhält.[7] Im Markgraftum Ansbach gab es einschließlich der Filial- und Friedhofskirchen 297 Kirchengebäude. Davon wurden 181 (rund 60%) verändert, nämlich 74 neu gebaut, 24 umgebaut, 55 erneuert und 28 repariert.[8] Für das Markgraftum Bayreuth sind die Zahlen ähnlich: Es gab 250 Kirchen, von denen ebenfalls rund 60% (158) verändert wurden. Neben 48 Neubauten stehen 29 Langhausneubauten, 26 umfangreiche Umbauten und in 35 Kirchen Erneuerungen.[9] Hinzu kommen die Reichsstädte mit 46 Bauten und die 39 Kirchenbauten der Ritterschaft.[10] Von den bestehenden Kirchen wurden nur wenige völlig barockisiert.[11] Obwohl es unterschiedliche Bauherren und Kirchen mit verschiedenen Funktionen gibt – Hof- oder Residenzkirche, Gemeindekirche, Filialkirche, Friedhofskirche, Sonderkirche (für Orden, Waisenhaus, Spital und Kaserne)[12] – lassen sich keine auf die jeweilige Funktion bezogene Sonderformen feststellen, mit Ausnahme der zwei Ordenskirchen.[13] Im äußeren Erscheinungsbild unterscheiden sich die Bayreuther Kirchen durch Verwendung des Sandsteins und der Bedachung mit Schiefer, während die Ansbacher verputzt und mit Dachziegel gedeckt sind. Der deutlichste Unterschied ist aber, daß die Kirchen im Markgraftum Bayreuth große, durchgehende Fenster aufweisen, welche die Innengliederung durch die Emporen im Unterschied zu den Ansbacher Kirchen nicht erkennen lassen. Die Bayreuther Kirchen sind durchweg längsgerichtete Säle,[14] während im Ansbacher

---

[6] Vgl. RASCHZOK (K) 535 gegen SCHELTER (K) 43–69. Von einem »Markgrafenstil« oder »Markgrafenkirchen« zu sprechen ist unsachgemäß, vgl. RASCHZOK (K) 579–587.

[7] Die Bauten im Markgraftum Ansbach wurden von den Hofarchitekten errichtet (Gabriel de Gabrieli 1694–1714, Johann Wilhelm und Karl Friedrich von Zocha 1715–1732, Leopold Retti und Johann David Steingruber ab 1750). Im Markgraftum Bayreuth wirkten neben den Hofarchitekten (Gottfried v. Gedeler 1702–1710, danach Johann David Räntz d.Ä., Johann Gottlieb und Carl Christian Riedel ab 1769) auch andere Baumeister (Johann Georg Weiß, Johann Georg Hoffmann), vgl. RASCHZOK (K) 535.

[8] Vgl. SPERL (K) 69.

[9] Diese bisher unveröffentlichten Zahlen, die den Gesamtbestand berücksichtigen und deshalb genauer sind als jene von Schelter (84 Neu- und Umbauten, vgl. SCHELTER [K] 126f) hat Helmuth Meißner erarbeitet.

[10] Vgl. SCHELTER (K) 191. 234f (aus den Tabellen geht nicht hervor, ob es sich um Neubauten oder größere Umbauten handelt).

[11] Z.B. Augsburg, St. Anna, 1747/48.

[12] Vgl. RASCHZOK (K) 123.

[13] Bayreuth-St. Georgen, Sophienkirche 1705/11, Kirche des Ordens de la sincérité (später Roter Adler Orden), Grundriß griechisches Kreuz, innen durch Emporen Querkirche mit dem ersten Kanzelaltar in einer vom Bayreuther Hof erbauten Kirche; Erlangen, Konkordienkirche 1708/10 für den Orden de la concorde, Grundriß zwei sich überschneidende Rechtecke, vgl. RASCHZOK (K) 538.

[14] J.G. Riedel, der in Thüringen bedeutende Zentralbauten errichtete (Kirschkau 1753, Lössau 1763) baute im Bayreuther Gebiet nur Längsbauten, vgl. RASCHZOK (K) 537.

Gebiet daneben einmalig die Kreuzform[15] und mehrmals Quersäle vorkommen.[16] Während im Ansbacher Markgraftum die Grundrisse schon früh normiert werden, tritt dies in Bayreuth erst ab 1769 auf, wobei aber die Innenausstattung und der Schmuck hier sehr viel reicher und individueller sind.[17] Allgemein üblich war es, zur Finanzierung Kollekten auf weiten Reisen zu sammeln, während für die Innenausstattung aus der Gemeinde gestiftet wurde.[18]

2. Reformierte Kirchen

Die Hugenotten, die sich im Markgrafentum Bayreuth in Erlangen und im Markgrafentum Ansbach in Schwabach ansiedeln durften, erhielten 1686 Kirchen. Die Erlanger Kirche (1686/93) war das erste Gebäude der Neustadt,[19] paßte sich in die Gesamtplanung ein und folgte in der Ablehnung der Kirchenbautradition (kein Chor, keine Ostung, bewußt profaner Schmuck, Bilderlosigkeit) hugenottischer Tradition.[20] Sie ist ein querrechteckiger Saal mit einer umlaufenden Empore als zwölfseitiges Polygon, das nur die Mitte der Westseite ausspart, wo die Kanzel und, vor ihr, der Abendmahlstisch stehen.[21] Die Schwabacher Kirche (1686/87) ist ein längsrechteckiger, auf die Kanzel ausgerichteter Saal mit kleiner Westempore. Obwohl beide Kirchen zu den frühesten gehören, die beim Wiederbeginnen der Kirchbautätigkeit nach dem Dreißigjährigen Krieg entstanden, hatten sie keinerlei Einfluß auf den lutherischen Kirchenbau. Die wenigen späteren reformierten Kirchen sind kleine Längsbauten mit dreiseitigen Emporen.[22]

3. Altäre, Kanzeln, Taufsteine

Die bedeutendste künstlerische Leistung des Luthertums ist der den Kirchenbau des 18. Jahrhunderts prägende Kanzelaltar.[23] Er vereinigt die beiden wichtigsten

---

[15] Windsbach 1728/30 K.F. v. Zocha, vgl. RASCHZOK (K) 264ff.
[16] K.F. v. Zocha baute mit Wald 1722 und Uffenheim 1726/31 (vgl. RASCHZOK [K] 257–264) die ersten Quersäle. Steingruber verwandte die Form vereinfacht für Dorfkirchen, z.B. Rudolzhofen 1744, Welbhausen 1746/47.
[17] Zu diesem Komplex vgl. RASCHZOK (K) 535ff.
[18] Vgl. RASCHZOK (K) 93–109.
[19] Der Architekt der Stadtplanung, Johann Moritz Richter, ist auch der Erbauer der Kirche.
[20] Vgl. GEORG GERMANN, Der prot. Kirchenbau i. d. Schweiz v. d. Reformation bis z. Romantik, Zürich 1963; Seeing beyond the Word. Visual Arts and the Calvinistic Tradition, ed. by PAUL CORBY FINNEY, Grand Rapids u.a. 1999; BERNARD REYMOND, L'architecture religieuse des protestants. Histoire, caractéristique, problèmes actuels, Genf 1996 (Pratiques 14).
[21] Zur Kanzelstellung in Hugenottenkirchen vgl. POSCHARSKY, Kanzel (B) 281f.
[22] Erlangen, deutsch-reformierte Kirche (heute lutherisches Gemeindehaus) 1728/34; Bayreuth 1743.
[23] POSCHARSKY, Kanzel (B) 214–250; MAI (K); MEISSNER, Kirchen (K).

Orte des Gottesdienstes und zieht in der Regel auch den Taufstein an sich und schafft eine neue Gestalt des Innenraumes. Zwei Emporen umziehen den Raum an drei Seiten und nehmen den Kanzelaltar in sich auf, machen auch den gestreckten Raum zum exzentrischen Zentralraum (vgl. Abb. 16). Die unterschiedliche Stellung des Liturgen am Altar und auf der Kanzel gibt zugleich Richtungen an: des Gebetes aus dem Ring der Gemeinde hinaus, des Wortes Gottes in die Gemeinde hinein. Diese Übereinstimmung von Raumform und Gottesdienstvorstellung war es, die den Kanzelaltar ohne Diskussionen im ganzen deutschen Luthertum zur üblichen Form werden ließ.[24] Im 18. Jahrhundert nimmt die Zahl der Kanzelaltäre stetig zu und die Zahl der freistehenden Altäre ab.[25] Die frühesten Kanzelaltäre im Bayreuther Bereich entstanden um 1700,[26] im Ansbachischen wurde der erste 1716 in Ketteldorf erbaut.[27]

Die frühere Anordnung der Prinzipalstücke – Kanzel am Chorbogen oder einer Längswand, Altar im Chor – hatte zur Folge, daß sich die Emporen an der der Kanzel gegenüberliegenden Wand und an der Westwand befanden. Dies war bis etwa 1720 allgemein üblich, hielt sich in den Reichsstädten, in denen kein Kanzelaltar vorkommt, und mit einem Anteil von mehr als 50% in den Kirchen der Ritterschaft im Unterschied zu den Markgraftümern Ansbach und Bayreuth. Unabhängig davon wurden aber auch dort die meisten der Kirchen weiterhin mit einem Chorraum erbaut, obwohl er im Inneren meist nicht zu sehen ist, da der Kanzelaltar im Schiff steht. Die Orgel hat ihren Platz auf der Westempore, es sei denn, dort befindet sich der Herrschaftsstand. Dann ist sie über dem Kanzelaltar angeordnet.[28] Der Beichtstuhl[29] befindet sich im Chorraum, oft in Verbindung mit dem Gestühl für die Standespersonen.[30] Die Anordnung des Gestühls für die Gemeinde – Frauen im Schiff, Männer auf der Empore – hat sich seit seiner Einführung nicht geändert und spiegelt die ständische Ordnung.[31]

4. Bilder

Die Bilder in den Kirchen – im Bayreuther Markgraftum sehr viel mehr als im Ansbacher[32] und allgemein ab der Mitte des 18. Jahrhunderts weniger werdend –

---

[24] Mit Ausnahme von Württemberg. Es ist deshalb falsch, den Kanzelaltar als »Markgräflerwand« zu bezeichnen und als Kennzeichen fränkischen Kirchenbaues anzusprechen.
[25] Im Markgraftum Bayreuth werden von 1712 bis 1810 89 Kanzelaltäre errichtet gegenüber 29 freistehenden Altären, vgl. MEISSNER, Kirchenbau i. 18. Jh. (K) 56. Im 17. Jahrhundert waren hier seit 1648 69 Altäre errichtet worden, vgl. MEISSNER, Kirchenbau i. 17. Jh. (B).
[26] Vgl. MEISSNER, Kirchen (K) 41.
[27] Vgl. RASCHZOK (K) 342.
[28] Z.B. Unterschwaningen (Hofkirche) 1738/43.
[29] Vgl. HILDE HEIDELMANN/HELMUTH MEISSNER, Ev. Beichtstühle i. Franken, Bad Windsheim 2001 (Schr. u. Kat. d. Fränk. Freilandmuseums 33).
[30] Z.B. für Vertreter des Stadtregiments in den Kirchen der Gebiete der Reichsstädte.
[31] Vgl. WEX (B).
[32] Im Ansbacher Gebiet kommen Bilder nur am oder beim Kanzelaltar vor, vgl. RASCHZOK (K).

sind in der Themenauswahl fast überall gleich, so daß man von einem lutherischen Bildprogramm sprechen kann.[33] Die Altäre zeigen im Hauptfeld des nunmehr eingeschossigen Retabels überwiegend die Kreuzigung[34] und in der Predella das erste Abendmahl.[35] Das heilsgeschichtliche Programm der früheren Zeit begegnet nicht mehr,[36] auch keine Typologien.[37] Den oberen Abschluß bildet häufig eine Darstellung der Trinität. In der Regel ist das Wappen des Landesherrn zu sehen. Die Altargitter und die Kniebänke an den beiden Schmalseiten des Altarpodestes wurden meist schon im 19. Jahrhundert entfernt. Bei den Kanzelaltären[38] merkt man im Bayreuther Gebiet bis in die späteste Zeit, daß die Kanzel in ein Retabel mit ausgeprägtem Bildprogramm eingebaut wurde[39] (vgl. Abb. 17), während im Ansbacher Gebiet auf Bilder ganz und Figuren bis auf gelegentliche Statuetten verzichtet wird.[40] Der hölzerne[41] Korpus der Kanzel ist überwiegend schmucklos. Biblische Szenen[42] kommen gar nicht mehr vor, es treten nur Einzelfiguren auf, in der Regel die vier Evangelisten mit Christus.[43] Inschriften sind selten.[44] Der Taufstein ist oft als Taufengel gestaltet.[45] Entweder hält ein Engel die Taufschale über seinem Kopf oder vor dem Leib, seltener hält er sie fliegend vor sich.[46] Der Deckel trägt eine plastische Darstellung der Taufe

---

[33] Vgl. PETER POSCHARSKY, Das luth. Bildprogramm: POSCHARSKY, Bilder (B) 21–39.
[34] Im Markgraftum Ansbach bei rund zwei Dritteln aller Retabel, vgl. RASCHZOK (K) 322. Gelegentlich treten andere Passionsszenen auf, z.B. die Gefangennahme Jesu in Hersbruck, Spitalkirche 1688, oder die Kreuzabnahme in Kulmbach, Petrikirche 1649/52. Im Unterschied zu anderen lutherischen Gebieten wird aber die beherrschende Kreuzigung nicht prinzipiell zugunsten affektiver Passionsszenen verdrängt.
[35] Hat das Retabel keine Predella, so wird das Abendmahl oft im Hauptfeld dargestellt, vgl. Issigau 1648.
[36] Eine Ausnahme ist Pilgramsreuth, 1710 von Elias Räntz mit Verkündigung und Geburt Christi in der Predella, dem Abendmahl im Hauptfeld, einer Kreuzigungsgruppe und dem triumphierenden Christus. Diese Präsentation des Zweiten Artikels war das Normalprogramm im 16. Jahrhundert, vgl. PETER POSCHARSKY, Altar IV. Reformations- u. Neuzeit: TRE 2, 321–324 [323].
[37] Im Unterschied zu den Emporenmalereien.
[38] Zum Bildprogramm der Kanzelaltäre vgl. POSCHARSKY, Kanzel (B) 226ff; MAI (K) 108–114.
[39] Z.B. Bindlach 1777: neben der Kanzel Petrus und Paulus, oben die Evangelisten und die Verklärungsgeschichte.
[40] Vgl. RASCHZOK (K) 319ff.
[41] Im Markgraftum Bayreuth entstand im 18. Jahrhundert nur eine einzige steinerne Kanzel (Mistelbach 1715).
[42] Diese bilden nach dem Zweiten Artikel das normale Programm der lutherischen Renaissancekanzel, vgl. POSCHARSKY, Kanzel (B) 102–213.
[43] Z.B. Pegnitz, um 1700. Die Evangelisten sind mindestens seit dem Jahre 1000 an der Predigtstätte dargestellt, vgl. POSCHARSKY, Kanzel (B) 38ff.
[44] Z.B. Isaar um 1759, vgl. MEISSNER, Kirchen (K) 187. Für das Markgraftum Ansbach vgl. RASCHZOK (K) 336f.
[45] Vgl. HELMUTH MEISSNER, Taufengel i. Oberfranken, Wirsberg u.a. 1996. Im Markgraftum Bayreuth stehen im 18. Jahrhundert 41 Taufengel 25 anderen Taufsteinen gegenüber, vgl. MEISSNER, Kirchenbau i. 18. Jh. (K); HELGA U. ERNST DE CUVELAND, Taufengel i. Schleswig-Holstein u. Hamburg, Hamburg 1974, 10 sehen in den Engeln einen Hinweis auf die Zusage Gottes in der Taufe als Gegenbild zum Engel vor der Paradiesestür.
[46] Fliegende Taufengel kommen nur im Sechsämterland um Wunsiedel und in der Grafschaft Castell vor.

Jesu durch Johannes.[47] Am Orgelprospekt begegnen gelegentlich König David und musizierende Engel.[48]

Die meisten Bilder in den Kirchen des 18. Jahrhunderts befinden sich an den Brüstungen der Emporen[49] (vgl. Abb. 14). Während aus dem 17. Jahrhundert nur wenige Zyklen erhalten sind, ist die Zahl im 18. Jahrhundert sehr groß.[50] Den Kern bildet ein Passionszyklus, dem die Erschaffung der Welt und der Menschen sowie der Sündenfall vorgeschaltet sein können, und auf den Bilder zum Gericht folgen können. Standen viele Felder zur Verfügung, so wurden Szenen aus der Jugendgeschichte und dem Wirken Jesu eingefügt. Befinden sich Bilder an zwei übereinander befindlichen Emporen, so trägt eine alttestamentliche Darstellungen. Diese sind nicht rein illustrativ ausgewählt, sondern in der Regel Typologien (vgl. Abb. 15). Das ist nicht auf den ersten Blick ersichtlich, da sie den entsprechenden neutestamentlichen Szenen nicht direkt zugeordnet[51] (etwa Himmelfahrt des Elia und Himmelfahrt Jesu) und über oder unter ihnen dargestellt, sondern bibelchronologisch geordnet sind. Die Vorlage für die häufig von unbekannten Malern[52] geschaffenen Bilder waren die Bilderbibeln[53] und die sogenannten Bilderalben.[54]

Finanziert wurden die Emporenmalereien durch Stiftungen. Oft sind unter den Bildern die Bibelstellen angegeben, teilweise auch Verse.[55] Nicht so verbreitet war die Bemalung der Decken, die es vor allem im Bayreuther Bereich und Augsburg[56] gibt. Hier war das häufigste Thema die Himmelfahrt Christi, es kommen jedoch gelegentlich auch Zyklen vor.[57]

---

[47] Z.B. Heiligenstadt, 1682 mit Stiftungsinschrift und Mk 16, 16 u. 10, 14.

[48] Z.B. Erlangen, Neustädter Kirche 1741.

[49] Vgl. KILIAN (K). Aus der Tatsache, daß Emporenmalereien in den Ansbacher Hofkirchen nicht vorkommen, kann man wohl schließen, daß sie auf die Initiative der Pfarrer und Gemeindeglieder zurückzuführen sind, vgl. RASCHZOK (K) 370.

[50] Im Markgraftum Bayreuth entstanden Emporenmalereien im Unterschied zum Ansbacher Raum auch noch nach der Mitte des 18. Jahrhunderts, vgl. RASCHZOK (K) 542.

[51] Ausnahme: Weiltingen, um 1695.

[52] Im Markgraftum Bayreuth wurden viele Bilder und Plastiken von Künstlern des Hofes geschaffen, die es in Ansbach nicht gab, vgl. RASCHZOK (K) 104ff.

[53] Vgl. dazu und zu den Bibelausgaben RÜDIGER SCHOLZ, Die Vorlagen d. fränk. Emporenmalerei: KILIAN (K) 53–85. Vor allem sind zu nennen die Bibeln des Endter-Verlages i. Nürnberg (sog. Dilherr-Bibel in zahlreichen Auflagen, mit mehr als 220 Holzschnitten von Michael Herr von 1656 bis 1706 und ab 1710 mit 143 Holzschnitten von Johann Jakob Sandrart; Christoph Weigel, Nürnberg, Biblia Ectypa 1695 mit 840 Kupferstichen).

[54] Z.B. Endter, Nürnberg um 1700 mit 211 Illustrationen; Melchior Küsel, Augsburg, Bilderalbum »Iconographia« 1670 und 1679 mit 241 Abbildungen; Weigel, Nürnberg, Bilderalbum 1708 mit 258 Abbildungen; Johann Ulrich Krauss, Augsburg, vier Bilderalben zwischen 1694 und 1706.

[55] Z.B. Küps, 1662 »Der HERR von Kypha gefragt weß lehr und leben / lehr vns des Glaubens Zoll ein runde Rechnung geben. Matth. 26«. Leuzenbronn, 1710 »Hier küßet Judas Jesu Mund / Doch ihn verräth der falsche Hund«.

[56] Z.B. Augsburg, St. Anna 1747/48 (Bergpredigt, Kreuzigung, Jüngstes Gericht); Augsburg, Barfüßerkirche 1724 (Altes Testament, Jüngstes Gericht, Neues Testament).

[57] Z.B. Erlangen, Neustädter Kirche, 1722-37, Maler Christian Leimberger, Programm nach dem Credo: Gottvater, Geburt Christi, Kreuzigung, Himmelfahrt, Pfingsten. In den Stichkappen die Evangelisten sowie die Zehn Gebote, das Kreuz, die Bibel, Taufe, Schlüssel (Beichte) sowie Kelch

Der Vermutung, daß es in der zweiten Hälfte des 18. Jahrhunderts deshalb weniger oder gar keine Bilder mehr gibt, weil sowohl die Aufklärung wie der Pietismus keine Bilder brauchten, widerspricht das Vorhandensein pietistischer Bildprogramme.[58] Eines der wenigen befindet sich in Thurnau (1701/02).[59] Pfarrer Georg Christoph Brendel ließ durch Gabriel Schreyer außer den üblichen Evangelistensymbolen und dem Dreieck als Trinitätszeichen in der Apsis in die Ecken der Decke die Geburt Christi, Gethsemane (nicht die Kreuzigung), Ostern und Himmelfahrt als Hinweis darauf malen, daß Christus in uns geboren werden muß, »damit wir mit ihm leiden und auferstehen«.[60] Der pietistische Erlanger Notar und Maler Johann Adam Raab malte zusätzlich siebzehn emblematische Bilder, die ohne biblischen Bezug ethisch ausgerichtet sind.[61]

5. Vasa Sacra

In der Barockzeit wurden zahlreiche neue Vasa sacra gestiftet,[62] die nicht nur in den Zentren der Goldschmiede, Nürnberg und vor allem Augsburg, gefertigt wurden.[63] Die Geräte spiegeln die stilistische Entwicklung (vgl. Abb. 18).[64] Oft wurden Abendmahlskannen und auch Taufschalen nur aus Zinn hergestellt. Zur Aufbewahrung der Hostien wurden teilweise Kästchen aus wertvollen Hölzern,[65] manchmal als Nachbildung der Bundeslade,[66] geschaffen. Bei der Spendung des Abendmahles wurden häufig Tücher untergehalten, um zu verhindern, daß etwas auf den Boden fiel.[67]

---

und Hostie als Hinweis auf die Aneignung des Glaubens. Ferner Glaube, Liebe, Hoffnung und Geduld. EG 196, 6 klingt wie ein Schlüssel zu diesem Programm, vgl. PETER POSCHARSKY, Neustädter (Universitäts-)Kirche i. Erlangen, Erlangen 1987, 20–32. Vgl. auch Obernsees, 1728/29 Wilhelm Ernst Wunder (Geburt, Kreuzigung, Auferstehung) oder Mistelbach, 1725 Johann Peter Langheinrich (zwölf alttestamentliche Bilder, vgl. POSCHARSKY, Kirchen [B] 288f).
[58] Vgl. SIMON, Brendel (B). Der noch unerklärte Rückgang und das Ende der Bilder ist eine an den Kirchen deutlich ablesbare Tatsache, die auch für pietistische Gemeinden gilt.
[59] Vgl. dazu auch IV.3.4.
[60] SIMON, Brendel (B) 18.
[61] Z.B. Musikinstrumente, dazu die Inschrift »Ohne Leben klingt es nicht« als Hinweis auf den Menschen, der nicht von Gottes Geist getrieben wird.
[62] vgl. RASCHZOK, Für Christus (B).
[63] Auch kleine Orte hatten Werkstätten, die bisher aber kaum erforscht sind, vgl. Silber u. Zinn (B).
[64] Abendmahlskanne für die ersten evangelischen Gottesdienste in München im Schloß Nymphenburg 1799 von Peter Streißel gefertigt, wohl ab 1835 in der Münchener Matthäuskirche.
[65] Vgl. Silber u. Zinn (B) 50ff.
[66] Vgl. »Gott z. Lob u. Ehren« (B) 64–78. Weitere Beispiele in Kempten, St. Mang von 1631, 1701/25, 1749, Kaufbeuren, Dreifaltigkeitskirche 1777.
[67] Vgl. GERHARD LENZ, Damit v. d. hl. Speise nichts verlorengeht: Sonntagsblatt, Ausgabe Kirchenkreis Nürnberg, Nr. 11, 1997, 16 und Abbildung von zwei Tüchern aus Marktbreit von 1743 mit den Spendeformeln für Brot beziehungsweise Wein und einer Darstellung des ersten Abendmahles beziehungsweise eines Engels, der mit dem Kelch das Blut aus der Seitenwunde des am Kreuz hängenden Jesus auffängt. Solche Tücher wurden in Marktbreit noch bis etwa 1935 verwendet.

6. Paramente

Die traditionellen liturgischen Gewänder wurden weiterhin getragen, auch neue gestiftet.[68] In Nürnberg wurde ein schwarzes, talarähnliches Gewand vom Pfarrer im Alltag getragen, das Chorhemd darüber bei der Predigt und die Kasel beim Abendmahl.[69]. Textile Behänge an Altar, Kanzel und Taufstein haben sich außer in Regensburg[70] nur selten erhalten. Hinsichtlich der Farben gab es offensichtlich keine festen Regeln.[71] Nach dem Übergang Frankens an Preußen wurden die Gewänder auf behördliche Anordnung abgeschafft,[72] zum Teil verkauft[73] und schließlich 1810 in ganz Bayern verboten.[74]

7. Funktionsbauten

Weitgehend unbeachtet sind bisher diakonische Funktionsbauten geblieben, Hospitäler, Waisenhäuser, Armenhäuser.[75] Auch die Pfarrhäuser wurden noch nicht behandelt,[76] genau so wenig wie die Ensemble Kirche – Schule – Pfarrhaus.[77]

8. Bestattung

Im Bereich der Sepulkralkultur sind im 18. Jahrhundert die Kindern und unverheiratet Gestorbenen bei der Beerdigung auf den Sarg gestellten Totenkronen[78] weithin noch in Gebrauch.

---

[68] Z.B. nach 1713 eine schwarze Kasel für Begräbnisse durch Gottlieb Tucher und Maria Jakobina Hardesheim, vgl. PIEPKORN (K) 61.
[69] Vgl. JOHANN KRAMER, Nürnbergische Kleider Arten, 1669 (vgl. PIEPKORN [K] 51).
[70] Die Regensburger Kirchen besitzen einen großen, bisher unbearbeiteten Bestand von gestifteten Paramenten.
[71] Neben roten und weißen Kaseln gab es in Nürnberg auch mehrfarbige, blaue und braune, vgl. HEROLD (K) 321.
[72] Die Gemeinde Ergersheim mußte am 12.6.1798 ihre drei Chorhemden beim Justiz-Amt abgeben, vgl. PIEPKORN (K) 79.
[73] Die Stadt Nürnberg erhielt durch den Verkauf der Perlen von liturgischen Gewändern 2.300 Gulden (vgl. HEROLD [K] 322), in den Jahren 1797 bis 1799 durch den Verkauf weiterer Gewänder 34.740 Gulden (vgl. PIEPKORN [K] 76).
[74] Vgl. HEROLD [K] 323.
[75] Diese Bauten wurden oft auch von den Kommunen errichtet, vgl. JOHANN SCHMUCK, Das Wohlfahrtswesen d. ev. Reichsstadt: 450 Jahre ev. Kirche (B) 333–348.
[76] Wenige Hinweise bei SPERL (K) 72. Zum Ansbacher Norm-Pfarrhaus von Steingruber vgl. RASCHZOK (K) 77. Vgl. ferner Johann David Steingruber 1702–1787. Leben u. Werk. Gedenkausstellung anlässlich d. 200. Todestages d. markgräflichen Hofbaumeisters i. Ansbach v. 29.10 bis 6.12.1987, bearb. v. JOSEF MAIER, Ansbach 1987, 26. 90–99 [mehrere Pläne für Pfarrhäuser].
[77] Z.B. Weidenbach. In Keidenzell befinden sich Kirche und Schule unter einem Dach.
[78] Vgl. GERTRUD VOLL, Metallene Totenkronen i. Mittelfranken. Ein Werkstattber.: KuK 61 (1983), 1–6; DAGMAR THORMANN, Kirchenschätze aus Gunzenhausen u. d. Fränk. Seenland, Gunzenhausen 1997, 47–52.

IV.6 KIRCHE UND MUSIK

Von Klaus-Jürgen Sachs

BLUME (B) 168–249.– GRAFF 1 u. 2 (B).– Hb. z. EKG, hg. v. CHRISTHARD MAHRENHOLZ u. OSKAR SÖHNGEN, Bd. 2/2, Göttingen 1957.– MOSER (B) 143–225.– RÖBBELEN (B).– E. SCHMIDT, Gesch. (B).– ZAHN 1–6 (B).

1. Zur kirchenmusikalischen Situation in der zweiten Hälfte des 17. Jahrhunderts

Das ›Neue‹ im Kirchenlied ungefähr seit Jahrhundertmitte, von dem oben die Rede war,[1] spiegelt frömmigkeitsgeschichtliche Wandlungen[2] und musikalische Stilentwicklungen wider. Für die reiche Neuproduktion von Liedtexten, aber auch für deren Tendenz, den Ausdruck persönlicher Frömmigkeit und Innerlichkeit zu betonen, können die Dichtungen des Sigmund von Birken, eines der prominentesten Mitglieder des Nürnberger Dichterkreises,[3] als Beispiel dienen. Nur zwei seiner zahlreichen Kirchenlieder sind noch gebräuchlich, beides Andachtslieder eines betenden »Ich«: *Jesu, deine Passion will ich jetzt bedenken* (1663; EG 88) ist ein rein individuelles Gebet, *Lasset uns mit Jesu ziehen* (1653; EG 384) ruft zwar pluralisch zur Nachfolge auf, lenkt aber jede Strophe zur individuellen Entscheidung des einzelnen Beters.[4]

Die Melodien aus jener Zeit sind, verglichen mit denen des 16. Jahrhunderts, taktrhythmisch geprägt, und metrische Korrespondenzen verdeutlichen den (nun oft komplizierteren) Strophenbau. Insgesamt ist die Geschichte der Melodien weit verwickelter als die der Texte: Die meisten Melodien sind anonym, ihre Ursprünge dunkel, die Umbildungen der melodischen Substanzen genetisch schwer faßbar,[5] so daß, fast wie beim Volkslied, nur in wenigen Fällen eine exakte Herkunftsbestimmung gelingt oder gar eine ›Originalgestalt‹ gebräuchlich geblieben ist. Andererseits bewirkte gerade solche Flexibilität, bei dennoch erkennbarer

---

[1] Vgl. III.5.4.
[2] Ausgiebig (für den Zeitraum von 1610 bis 1735) untersucht durch RÖBBELEN (B). Dort wird vor »in der Regel sehr einseitig festgelegten Begriffen wie ›Orthodoxie‹, ›Pietismus‹ und ›Rationalismus‹« gewarnt (11).
[3] Vgl. dazu ausführlich EDUARD EMIL KOCH, Gesch. d. Kirchenlieds u. Kirchengesangs d. christl., insbesondere d. deutschen ev. Kirche, Bd. 3, Hildesheim u.a. 1973, 465–554 [= Nachdr. d. Ausg. Stuttgart ³1867]; zum Nürnberger Dichterkreis vgl. auch IV.2.4.
[4] Eine stattliche Auswahl der Kirchenliedtexte Birkens ist abgedruckt bei FISCHER/TÜMPEL 5 (B) 60–103.
[5] Als immer noch nützliche Einführung in die melodiengeschichtlichen Probleme sei genannt WALTER BLANKENBURG, Gesch. d. Melodien d. EKG. Ein Abriß: Hb. z. EKG 2/2 (K) 45–120.

›Identität‹, daß viele Melodien die musikalischen Stilwandlungen überdauern konnten und in ihnen kompositorisch neu ›verwertbar‹ waren.

Im Blick auf mehrstimmige Musik lassen sich drei Tendenzen festhalten. (1) Der Typ des schlichten vierstimmigen Kirchenliedsatzes, wie er sich in den ›Kantionalien‹ zwischen 1586 (Lukas Osiander) und ca. 1630 eingeführt hatte,[6] bleibt maßgebend, wandelt sich aber in dreierlei Hinsicht: Er wird auf neue oder auch auf (vor allem taktrhythmisch) modifizierte ältere Melodien angewandt, er dient nicht mehr vorrangig dem Chor, sondern zunehmend auch der Orgel, nun zur Begleitung der Gemeinde, und er verbindet sich mit der Generalbaßpraxis (so daß zur Notation Melodie- und Baßstimme ausreichen, allenfalls Generalbaß-Bezifferung den Akkordaufbau präzisiert und damit den Mittelstimmen-Verlauf andeutet). (2) Die Motetten-Komposition bezieht verstärkt Instrumente ein (auch über die zum Generalbaß nötigen hinaus) und entfaltet sich durch reicheren Wechsel zwischen voll- und geringstimmigen (auch vokalsolistischen) Partien zu größeren Formen hin, die unter der Bezeichnung ›Geistliches Konzert‹ zu fassen sind und allmählich in die frühe ›Kantate‹ des ausgehenden 17. Jahrhunderts münden. (3) Die Orgelmusik erfährt Repertoire-Erweiterungen durch das vielfältigere ›Bearbeiten‹ von Kirchenliedern (in Variationen, Vorspielen, Fantasien) und durch zunehmend anspruchsvolle ›freie‹ Kompositionen (Toccaten, Fugen, Ciaconen u.a.), die allerdings auf dem Wege über außergottesdienstliche Darbietungen (regelmäßige Orgelvorträge in herausgehobenen holländischen und norddeutschen Kirchen) in die gottesdienstliche Praxis eingingen.

2. Probleme um Kirchenlied und Gesangbuch

Der oben erwähnte ›neue Ton‹ geistlicher Dichtung und die musikalisch-stilistischen Wandlungen, die sich auf die Melodiengestalt auswirkten, machten eine Problematik sichtbar, der die kirchenmusikalische Praxis in ihrer ganzen Breite spätestens seit dem ausgehenden 17. Jahrhundert nicht mehr zu entgehen vermag, nämlich: in Gemeindegesang und Kirchenlied-Repertoire zu vermitteln zwischen erforderlichen Aktualisierungen und der ebenso zwingenden Bewahrung des Überkommenen. Gerade dort, wo die Verlebendigung des Glaubens besonders ernstgenommen und eindringlich als individuelle Aufgabe gespürt wurde, entstand ein mächtiger Impuls zum Neuschaffen von Liedern, das zugleich seine Distanz zu Stil und Ausdruck im reformatorischen Kirchenlied betonte. Und es setzte eine Entwicklung ein, die man als jahrhundertelanges Ringen um gangbare Wege, freilich oft auch als vehementen ›Gesangbuchstreit‹ oder als Indiz für eine ›Auflösung‹[7] alter Formen betrachten kann.

---

[6] Vgl. dazu III.5.2.

[7] Primär unter diesem Aspekt und weniger mit dem Bemühen um ein Verständnis der jeweiligen historischen Epoche steht das auch für die Kirchenmusikgeschichte wertvolle Werk von GRAFF 1 u. 2 (B).

Obwohl sich die signifikantesten Auseinandersetzungen im mittel- und norddeutschen Raum abspielten, sind auch in den evangelischen Zentren Bayerns die Spuren deutlich. So war der Münchberger Superintendent Heinrich Arnold Stockfleth davon erfüllt, durch sein *Neuverbessertes Markgräflich Brandenburgisches Gesangbuch* (Münchberg 1690) die nötigen radikalen Verbesserungen unternommen zu haben,[8] die sich freilich nicht durchsetzten. Unabhängig davon, ob das Bemühen auf den verständlichen und zeitgerechten sprachlichen Ausdruck oder auf den theologischen Gehalt der Texte zielte, wiegt doch bleibend auch der Einwand gegen Abänderungen, den Matthias Claudius im Sinne schlichter Gemeindeglieder so ausdrückte: »Über kräftige Kirchenlieder geht nichts. Verändert traut man nicht mehr so, obs noch die alten Freunde sind«.[9] Andererseits hat auch die Position ihr Recht, die der Rothenburger Superintendent Wilhelm Heinrich Seyboth ostentativ am Anfang seiner Vorrede zu *Neueingerichtetes Gesangbuch* (Rothenburg ob d. Tauber 1792) formulierte: »Die Zeiten ändern sich, und zugleich mit ihnen die Sprachen, und die schriftlichen und mündlichen Vorträge der Religions-Lehren und Glaubens-Wahrheiten. Die Dichter, Verfasser und Sammler der alten Lieder handelten zwar rühmlich und vortrefflich, nach Recht und Freyheit, für ihre Zeitgenossen, aber nicht für ihre Nachkommen. Eben dieses Recht und Freyheit haben auch ihre Nachkommen, geistliche Gesänge und Lieder zu dichten, zu verfassen und zu sammeln, die ihren gegenwärtigen Zeitumständen angemessen, und zur Beförderung mehrerer Erbauung dienlich sind«.[10]

Daß eine Überzeugung wie diese weithin ausschlaggebend wurde, zeigt die – vor allem seit Ende des Dreißigjährigen Krieges einsetzende – Fülle des Neuschaffens von Kirchenliedern und die Flut von Gesangbuch-Drucken, wobei freilich das Überdauern eines reformatorischen ›Kernbestandes‹ von Liedern, und sei es auch in oft ›angepaßter‹ Gestalt, historisch ebenso wesentlich wurde wie die langfristig durchaus sensible Selektion, die der insgesamt riesige Fundus an Liedtexten[11] erfuhr. Dabei sorgte nun auch die Differenzierung nach Landschaft oder Lokalgemeinde, Zweckbestimmung und geistlicher Ausrichtung für unterschiedliche Typen regionaler, primär gottesdienstlicher oder häuslicher Gesang- und Andachtsbücher[12] lutherischer Gemeinden oder pietistischer Kreise, so daß der jeweils ›lebendige‹ Gesamtbestand an Lieddichtungen und -melodien schwerlich mehr im einzelnen Gesangbuch repräsentiert ist.

---

[8] GRAFF 1 (B) 251.
[9] Zit. nach GRAFF 2 (B) 195.
[10] Zit. nach E. SCHMIDT, Gesch. (B) 190.
[11] PAUL GABRIEL, Gesch. d. Kirchenliedes. Ein Abriß: Hb. z. EKG 2/2 (K) 5–44 [21], nennt Zahlen (ohne die Art ihrer Ermittlung zu erläutern), u.a. für 1654 rund 1.000 Lieder, für 1749 schon 33.712, für Ende des 18. Jahrhunderts gar 72.732.
[12] Eine Typologie der ›Gesangbücher‹ bei RÖBBELEN (B) 18–30.

3. Zur mehrstimmigen Kirchenmusik bis um 1710

Nimmt man das Schaffen musikhistorisch namhafter Komponisten[13] aus dem Kreise evangelischer Kirchenmusiker Bayerns als Beispiele, so lassen sich Pflege und Entwicklung der Mehrstimmigkeit sowohl grundsätzlich als auch gattungs- wie besetzungstypisch skizzieren.

Der Rothenburger Georg Falck [d.Ä.], seit 1655 Kantor an St. Jacob und Präzeptor am Gymnasium, wirkte in für dieses Doppelamt bezeichnender Weise. Obwohl zwei seiner Druck-Sammlungen verschollen sind, lassen seine über hundert vierstimmigen Kirchenliedsätze zum überarbeiteten, auf Erasmus Widmann zurückgehenden ›Gesangbuch‹ (*Andacht-erweckende Seelen-Cymbeln [...] in einem vierstimmigen Contrapunct gesetzt*, Rothenburg 1672),[14] ferner sein wertvoller Musiktraktat (*Idea boni Cantoris*, Nürnberg 1688) und die erhaltenen Kataloge der ihm zugänglichen Noten- und Instrumenten-Bestände[15] auf ein bemerkenswertes Niveau der Kirchenmusik schließen. Zu berücksichtigen ist, daß auch Vespergottesdienste mehrstimmig ausgestaltet werden konnten; das Nürnberger *Officium sacrum* für St. Lorenz (1664) sah dies für Sonn- und Festtage sogar als Regel vor.[16]

Der in Ulm gebürtige Sebastian Anton Scherer, seit 1653 in Ulmer Diensten, für die er sich als »Musicus Poeticus und organicus« beworben hatte, veröffentlichte schon vor Übernahme des Amtes als Münsterorganist zwei Sammlungen, die für die Kirchenmusik seiner Zeit bezeichnend sind: Sein op. 1 (*Musica sacra [...]*, Ulm 1657) umfaßt 2 Messen, 4 Psalmen und 3 Motetten zu drei bis fünf Stimmen mit Instrumenten und Generalbaß; op. 2 (*Operum musicorum secundum, distinctum in libros duos [...]*, Ulm 1664) bietet denkbar praxisgerechte Orgel- oder Cembalostücke, und zwar in einem ersten Teil insgesamt 32 Intonationen, also kurze Einleitungssätze zu liturgischen Gesängen, je vier für jeden der acht Kirchentöne, als zweiten Teil aber acht große Toccaten, wiederum nach den acht Modi geordnet.[17]

Ein Sonderzweig des kirchenmusikalischen Schaffens, der sich ab Mitte des 17. Jahrhunderts ausbildete, ist das geistliche Sololied mit Generalbaßbegleitung.[18] In ihm finden Ausläufer des Kantionalsatzes, Anregungen des (zunächst

---

[13] D.h. solcher, die in großen modernen Fach-Enzyklopädien (z.B. MGG[1+2]) berücksichtigt und gewürdigt werden.
[14] Übersicht und einige der Sätze bei E. SCHMIDT, Gesch. (B) 75–83; aaO, 89–94 auch Sätze des Sohnes und Amtsnachfolgers Johann Bernhard Falck aus dem *Anhang zu den Andacht-erweckenden Seelen-Cymbeln* von 1701.
[15] AaO, 270–274. 277f.
[16] ROCHUS V. LILIENCRON, Liturg.-musikalische Gesch. d. ev. Gottesdienste v. 1523 bis 1700, Hildesheim u.a. 1970, 26f [= Nachdr. d. Ausg. Schleswig 1893].
[17] Vgl. hierzu ausführlich KARL BLESSINGER, Stud. z. Ulmer Musikgesch. i. 17. Jh., insbesondere über Leben u. Werke Sebastian Anton Scherers, Ulm 1913, 39–68.
[18] Vgl. hierzu auch bes. WALTER BLANKENBURG, Der Einfluß d. Kirchenliedes d. 17. Jh. auf d. Gesch. d. ev. Gesangbuches u. d. Kirchenmusik: Das prot. Kirchenlied i. 16. u. 17. Jh. Text-, musik-

italienischen, oft als monodisch bezeichneten) ›neuen‹ Gesangsstiles und Bestrebungen, neben dem gottesdienstlichen Gemeindelied auch ein häusliches Andachtslied zu pflegen, eine eigene Form, die interessanterweise oft von Organisten (nicht Kantoren) gefördert wurde. So sind David Schedlich, Nürnberger Organist (zuletzt an St. Lorenz) und Schwiegersohn Johann Stadens, ebenso wie (sein mutmaßlicher Schüler) der Regensburger Organist Hieronymus Kradenthaller vor allem als Meister des ›Liedes‹ bekannt, das von seinem im weitesten Sinne ›geistlichen‹ Gehalt aus Brücken schlägt zum geselligen Lied. Aus den Titeln von Drucksammlungen, die Johann Löhner, einer der Amtsnachfolger Schedlichs, veröffentlichte, läßt sich diese Ausrichtung der Liedkunst ersehen: *Geistliche Sing-Stunde oder XXX Andacht Lieder* (Nürnberg 1670), *Geistliche Erquick-Stunden* (ebd. 1673), *Keusche Liebs- und Tugend-Gedancken* (ebd. 1680), *Auserlesene Kirch- und Tafel-Music* (ebd. 1682). Auch Johann Wolfgang Franck, dem als Ansbacher Hofkapellmeister die Leitung des fürstlichen Gottesdienstes oblag, ist, außer durch Kirchenkantaten (und etliche Opern), durch bedeutende Sammlungen Geistlicher Lieder bekanntgeworden, wenngleich diese erst nach seiner (1679 durch Mordverdacht ausgelösten) Flucht aus Ansbach in Hamburg veröffentlicht wurden (DDT 45). Andere aus Franken stammende (und in Nürnberg kirchenmusikalisch ausgebildete) Komponisten, die vor allem außerhalb ihrer Heimat erhebliche Bedeutung gewannen, sind die Nürnberger Brüder Johann Philipp Krieger (um 1670–73 am Bayreuther Hof, dann weit gereist, wichtig als Komponist von Kirchenkataten) und Johann Krieger sowie Wolfgang Carl Briegel aus Königsberg in Unterfranken, der als Gothaer und Darmstädter Hofkapellmeister auch ein umfangreiches kirchenmusikalisches Œuvre schuf.

Im Wirken und Werk des Nürnbergers Johann Pachelbel gipfeln die meisten kirchen-, aber auch allgemein-musikalischen Tendenzen der Ära. Sein Bildungsweg (über Altdorfer Universität und Regensburger Gymnasium poeticum), ergänzt durch Studien beim berühmten Organisten Johann Kaspar Kerll in Wien, bereitete auf die Stationen einer ausgreifenden Karriere (Eisenach, Erfurt, Stuttgart, Gotha) vor, die 1695 den weithin Bewunderten unter Sonderbedingungen ins Organistenamt an St. Sebald seiner Heimatstadt führte. Pachelbel war einer der maßgebenden Orgelkomponisten seiner Zeit, dessen Choralvorspiele (DTB 6), Magnificat-Fugen (DTÖ 17) und freie Orgelstücke (DTB 2) richtungweisend wurden; er schuf aber auch eine Fülle von geistlicher Vokalmusik (Motetten, Concerti, Magnificats, Messen) sowie Kammermusik (Suiten, Arien). Pachelbels Werk bietet eines der Vorbilder für den jungen Johann Sebastian Bach, vor allem in seiner Ohrdrufer Jugendzeit (1695–1700) im Hause seines Bruders Johann Christoph, der Pachelbel-Schüler war.

u. theologiegeschichtl. Probleme, hg. v. ALFRED DÜRR u. WALTHER KILLY, Wiesbaden 1986, 73–85 [bes. 77f] (Wolfenbütteler Forsch. 31).

4. Zur Kirchenmusik während des 18. Jahrhunderts

Kirchenmusikgeschichtlich wird das 18. Jahrhundert nicht selten als gespalten dargestellt: in der ersten Hälfte als Blütezeit, als Ära J.S. Bachs, in der zweiten Hälfte als Phase des Niedergangs bei gleichzeitigem Anbruch der musikalischen Klassik, personifiziert in Joseph Haydn und Wolfgang Amadeus Mozart. Diese Verkürzung auf im heutigen Musikleben große Namen verkennt die Kontinuität anspruchsvoller Kirchenmusikpraxis unabhängig von Stilwandlungen ebenso wie die seit dem Spätmittelalter permanenten Wechselbeziehungen zwischen ›sakraler‹ und ›profaner‹ Musik, die auch bei den genannten Komponisten eng sind. Was zum Bilde von »Verfall«[19] oder »Talsenke«[20] der Kirchenmusik beigetragen hat, sind, neben der rein quantitativen Reduktion der Gottesdienste,[21] primär Verlagerungen im Geistes- und Frömmigkeits-Geschichtlichen, die den Habitus geistlicher Texte und Lieder betrafen, sowie, zum Jahrhundert-Ende hin, Wandlungen in den »organisatorischen Grundlagen«[22] der kirchenmusikalischen Praxis, am wenigsten aber Wesenszüge der ›Musik selbst‹.

Auch wenn man für die evangelische Kirchenmusik in den bayerischen Zentren nun vergeblich nach so prominenten Komponisten-Namen sucht, wie sie sich zuvor anboten, ist doch an dem Weiterbestehen einer sehr beachtlichen Praxis nicht zu zweifeln. Gewiß bildete der thüringisch-sächsische Raum (weiterhin) das Kerngebiet auch der lutherischen Kirchenmusik, doch seine Ausstrahlungen sind greifbar.

Erst jüngst wurde deutlich, wie intensiv der Augsburger Philipp David Kräuter anderthalb Jahre lang 1712/13 als Stipendiat bei J.S. Bach in Weimar studierte, ehe er 1713 Kantor und Collaborator an St. Anna, 1720 Musikdirektor aller evangelischen Kirchen wurde, an denen er nachhaltig die Kirchenmusik seiner Zeit pflegte.[23] Möglicherweise war auch der Nürnberger Cornelius Heinrich Dretzel Bach-Schüler (bis 1969 hielt man J.S. Bach für den Komponisten eines Cembalostückes von Dretzel[24]). Er galt als einer der vorzüglichsten Organisten seiner Zeit und gab ein wichtiges, sehr umfangreiches Choralbuch (*Des Evangelischen Zions Musicalische Harmonie*, Nürnberg 1731) für die Markgrafschaften

---

[19] BLUME (B) 217f.
[20] MOSER (B) 199–247.
[21] WILLIAM NAGEL, Gesch. d. christl. Gottesdienstes, Berlin 1962, 107 (SG 1202/1202a), akzentuiert »die überraschende Gottesdienstfreudigkeit des Luthertums bis ins 17. Jahrhundert hinein, die sich in einer Fülle gottesdienstlicher Veranstaltungen im Laufe der Woche und erst recht am Sonntag zeigt«. HARRASSOWITZ (B) 164, weist auf die (relativ späte) Abschaffung von Frühmessen und Stundengebeten in Nürnberg 1783 und 1789 hin.
[22] Z.B. von der (Schüler-)Kantorei zum Gesangverein, von der kirchenmusikalischen Darbietung zum Konzert; vgl. BLUME (B) 219–221.
[23] FRANZ KRAUTWURST, Der Augsburger Bach-Schüler Philipp David Kräuter. Eine Nachlese: Augsburger Jb. f. Musikwissenschaft 7 (1990), 31–52.
[24] ISOLDE AHLGRIMM, Cornelius Heinrich Dretzel, der Autor d. J.S. Bach zugeschriebenen Klavierwerkes BWV 897: Bach-Jb. 55 (1969), 67–77.

Ansbach/Bayreuth sowie die Stadt Nürnberg und »deren Gebiete« heraus,[25] das er mit einer »historischen Vorrede, von Ursprung, Alterthum und sondern Merkwürdigkeiten des Chorals« überaus bemüht einleitete.

Doch auch in jener ›kritischen‹ zweiten Jahrhunderthälfte mangelt es nicht an Zeugnissen kirchenmusikalischer Aktivitäten, denen schwerlich gerecht wird, wer sie nur als Erscheinungen von »Verfall« und »Talsenke« in der Kirchenmusik wertet.

In Regensburg wirkte ab 1780 als Organist, dann als Kantor am Gymnasium poeticum Johann Kaspar Schubarth, dessen seinerzeit gerühmte Kirchenkantaten verschollen sind, der aber als Initiator von Konzerten und Oratorien-Aufführungen (darunter schon 1801 und 1803 Haydns *Schöpfung* und *Jahreszeiten*) bahnbrechend war und diese neuen Aktivitäten in seiner Schrift *Texte zu Kirchenmusiken für die evangelische Gemeinde zu Regensburg* (Regensburg 1791) unterstützte.[26]

Für die kompositorische Wendung zum frühklassisch-empfindsamen Stil ist das Schaffen des Rothenburger Organisten Franz Vollrath Buttstett exemplarisch. Wahrscheinlich Enkel des Erfurter Pachelbelschülers und -nachfolgers Johann Heinrich Buttstett, bemühte sich Franz Vollrath ab 1768 in Rothenburg um den Erhalt einer blühenden Kirchenmusik im stilistisch neuen Gewand, empfahl modifizierte Sätze für den (hier sogar vierstimmigen) Gemeindegesang, legte 1792 ein Choralbuch mit etlichen eigenen Sätzen vor und schuf eine Passionsmusik (1770) sowie einen Jahrgang Kirchenkantaten mit De-tempore-Charakter (1772–73).[27]

Solche (und andere) Beispiele erwecken den Eindruck, daß in evangelischen Zentren Bayerns die Kirchenmusik ungeachtet aller frömmigkeits- und musikgeschichtlichen Wandlungen kontinuierlich eine beachtliche, zu Zeiten auch sehr bedeutende Pflege erfuhr, der erst die Umbrüche und Neuordnungen im Gefolge der Ära Napoleons mit dem Entstehen des modernen Bayern eine schärfere Zäsur setzten.

---

[25] Vgl. ZAHN 6 (B) 311–314.
[26] DOMINICUS METTENLEITER, Musikgesch. d. Stadt Regensburg, Regensburg 1866, 227ff.
[27] Über F.V. Buttstett handelt ausführlich E. SCHMIDT, Gesch. (B) 141–204. 214–238 sowie Beilage 3 (Notenbeispiele).

FARBABBILDUNGEN

Regensburg, Dom, Blick in das Polygon des Hauptchors, Glasfenster von 1310/20

Landshut, St. Martin, erbaut ca. 1385–1500, Innenansicht, Blick von Westen

München, Hohe Domkirche Unserer Lieben Frau, erbaut 1468–1486,
die Turmkuppeln um 1530, Blick von Westen

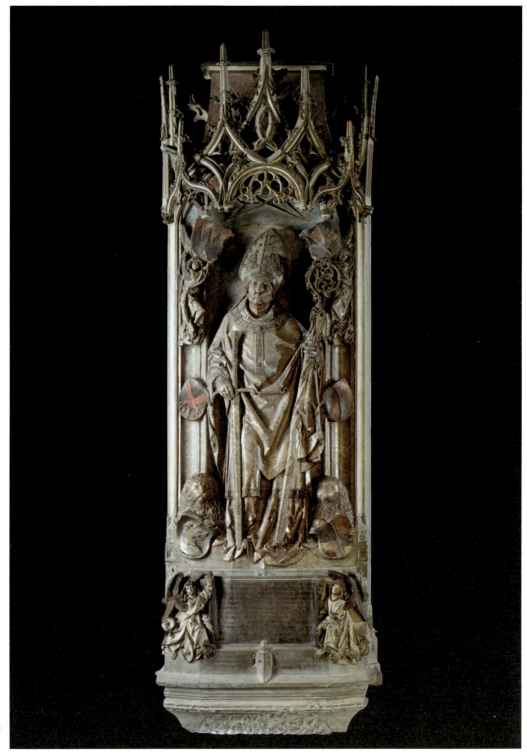

Würzburg, Dom, Grabdenkmal des Bischofs Rudolf von Scherenberg,
Marmor und Sandstein, von Tilman Riemenschneider, 1496/99

Allerheiligenbild, Altarretabel, von Albrecht Dürer, 1511, aus der Kapelle des Landauerschen Zwölfbrüderhauses in Nürnberg; Wien, Kunsthistorisches Museum

Augsburg, Fuggerkapelle bei St. Anna, 1509-1518, Innenansicht mit dem Fronleichnamsaltar von Hans Daucher und den Orgelflügeln von Jörg Breu d.Ä.

Nürnberg, St. Lorenz, Blick nach Osten mit Verkündigung an Maria (»Englischer Gruß«), Lindenholz, gefaßt, von Veit Stoß, 1517/18

Albrecht Dürer, Vier Apostel, 1526

Neuburg/Donau, Schlosskapelle, 1540, Deckenbild 1543 von Hans Bocksberger d.Ä.

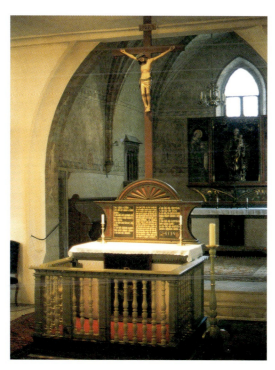

Dinkelsbühl, Spitalkirche, Altarretabel, 1537

Regensburg, Neupfarrkirche, Altarretabel von Michael Ostendorfer, 1554
(heute im Städtischen Museum)

Nördlingen, Epitaph für Sebastian Roettinger, 1608

13 Schweinfurt, St. Johannis, Konfessionsbild, 1590–1600

14 Obernsees, Emporenbild Eherne Schlange, Anfang 18. Jahrhundert

Buch am Forst, Lutherische Kirche, Emporenmalereien, um 1680. 66 Bildfelder an zwei Emporen (unten Neues Testament, oben Altes Testament, sowie Apostel) und 69 Bildfelder an der Decke (Engelsköpfe, Blumenmotive, einige Stifterwappen)

Bayreuth, Johanneskirche, 1745 von Johann David Räntz, Kanzelaltar von Johann Gabriel Räntz mit den vier Evangelisten und dem auferstandenen Christus

Bindlach, Kanzelaltar 1777, Entwurf Johann Gottlieb Riedel

18

Abendmahlskanne 1799 von Peter Streißel
für die ersten evangelischen Gottesdienste in München

Nachweis für die Farbabbildungen

Blauel/Gnamm – ARTOTHEK: Bild 8
Braun, Helmut, München: Bild 18
Erzbischöfliches Ordinariat München, Kunstreferat (Photograph Wolf von der Mülbe): Bild 3
Hubel, Achim, Bamberg: Bild 1
Kaeß, Friedrich, Neuburg/Donau: Bild 9
Keetz, Fotostudio, Schweinfurt: Bild 13
Kneise, Ulrich, Eisenach: Bild 4
König, Kunstverlag Edmund von, Dielheim: Bild 7
Kunsthistorisches Museum Wien: Bild 5
Lehrstuhl für Christliche Archäologie und Kunstgeschichte, Universität Erlangen-Nürnberg: Bilder 10, 14, 15
Museen der Stadt Landshut (Aufn. Harry Zdera / 2001): Bild 2
Museen der Stadt Regensburg: Bild 11
Oberfränkischer Ansichtskartenverlag Bouillon, Bayreuth: Bilder 16, 17
Raschzok, Klaus/Voges, Dietmar-H., »... dem Gott gnädig sei.« Totenschilde und Epitaphien in der St. Georgskirche in Nördlingen, Nördlingen 1998: Bild 12
St. Anna, Gemeinde, Augsburg: Bild 6

Nachweis für die Karten und Bilder

Abtei Frauenwörth: Bild S. 16
Bauerreiss, Romuald und Zorn, Wolfgang: Karte S. 13
Bayerische Staatsbibliothek München: Bilder S. 227, 319
Bayerische Staatsgemäldesammlungen München: Bild S. 317
Biblioteca Apostolica Vaticana: Bild S. 237 rechts
Bildarchiv Foto Marburg: Bild S. 161
Dannheimer, Tobias, Verlag, Kempten: Karte S. 3
Diözesanmuseum Bamberg (Uwe Gaasch): Bild S. 57
Diözesanmuseum St. Afra, Augsburg: Bild S. 49
Germanisches Nationalmuseum Nürnberg: Bilder S. 308, 371
Götz, Fotodesign Roman von, Regensburg: Bild S. 102
Hubensteiner, Benno, Ammann, Hektor und Zorn, Wolfgang: Karte S. 80
Institut für Theologie, Universität Bamberg: Bild S. 494
Kunstsammlungen der Veste Coburg: Bild S. 275
Lagois, Martin, Nürnberg: Bilder S. 220, 276
Landesbibliothek Coburg: Bild S. 417
Landeskirchliches Archiv Nürnberg: Bilder S. 337, 532, 537, 554, 567

Museen der Stadt Regensburg: Bild S. 411
Nationalmuseum Stockholm: Bild S. 237 links
Oberfränkischer Ansichtskartenverlag Bouillon, Bayreuth: Bild S. 106
Olm, Georg, Verlag, Hildesheim: Bild S. 448
Remmer, Joachim – ARTOTHEK: Bild S. 194
St. Anna, Gemeinde, Augsburg: Bild S. 479
Staatliche Bibliothek Ansbach (Schloßbibliothek): Bild S. 524
Staatliche Graphische Sammlung München: Bilder S. 201, 427
Staatliche Graphische Sammlung Nürnberg: Bilder S. 340, 468, 470
Stadtarchiv/Stadtbibliothek Bad Windsheim: Bild S. 517
Stadtarchiv Erlangen: Bild S. 448
Stadtarchiv Memmingen: Bild S. 285
Stadtarchiv Sulzbach-Rosenberg: Bild S. 409
Stadtmuseum München: Bild S. 26
Städtische Kunstsammlungen Augsburg: Bild S. 398
Süddeutscher Verlag: Karte S. 350
Universitätsarchiv Heidelberg: Bild S. 252

PERSONEN- UND ORTSREGISTER
SOWIE SACH- UND STICHWORTVERZEICHNIS

Geburts- und Sterbejahr der aufgeführten Personen sind in runden, Amts- bzw. Regierungszeiten in eckigen Klammern angegeben.

Aachen 56, 65
Abaelard, Peter (1079–1142) 198
Abel, Konrad († 1548) 238
Abendmahl/Eucharistie 64, 71f, 79, 92f, 119, 129, 174, 184, 218, 228, 238ff, 243, 245ff, 250f, 266, 268, 273f, 277, 280f, 283, 286ff, 290–293, 295ff, 299, 301ff, 306, 308, 311f, 314, 321f, 364, 373, 401, 429, 431ff, 440, 497, 570f
Aben(s)berg, Grafen von 47
Abensberg, Karmelitenkloster 118
Ablass 94, 183–186, 188ff, 199f, 202f, 207, 209f, 261
Abraham, Bischof von Freising [957–993] 35
Absolutismus 352, 453, 476–490, 493, 550, 572
Achahildis, Hl. 187, 190
Adalbero, Bischof von Würzburg [1045–1090] 41, 46, 48
Adalbert, Abt von Seeon [ca. 994–1001] 39
Adalbert, Bischof von Passau [946–970] 33
Adalram, Erzbischof von Salzburg [821–836] 25
Adalwin, Erzbischof von Salzburg [859–873] 23, 25
Adam, Abt von Ebrach [1127–1167] 59
Adel 5, 15, 17, 37, 59, 103, 106, 109, 111, 122f, 172, 255f, 314, 316, 404, 436, 509, 528, 550; vgl. auch Eigenkirchen; Ritterschaft
Adelmann von Adelmannsfelden, Bernhard (1457–1523) 135, 137f, 267
Adelmann von Adelmannsfelden, Konrad (1462–1547) 135
Adolf [I.] von Nassau, Erzbischof von Mainz (um 1346–1390) [1379–1390] 70
Aeschach 390

Afra, Hl. († ca. 304) 2, 8, 15, 187
Agilolfinger 3–10, 16f, 20
Agilus von Luxeuil († ca. 650) 4
Agrestius von Luxeuil (bezeugt vor 626) 4
Agricola Ambergiensis, Rektor [1556–1566] 423
Agricola (Kastenbauer), Stephan d. Ä. (ca. 1491–1547) 118, 282, 287
Aichinger, Carl Friedrich (1717–1782) 570
Aischgrund 74
Akkon 59f
Alamannien, Herzogtum 8, 10, 17
Alapold, Abt von Münsterschwarzach [1001–1012] 41
Albert von Toerring, Bischof von Regensburg [1614–1649] 413
Albert I., Bischof von Freising [1158–1184] 55
Alberti, Nikolaus 243
Albertus Magnus († 1280) 115, 137
Albrecht von Eyb (1420–1475) 127, 167f, 179
Albrecht III., Herzog von Oberbayern-München (1401–1460) [1438–1460] 104
Albrecht IV., Herzog von Bayern-München (1447–1508) [1465–1508] 103, 134
Albrecht V., Herzog von Bayern (1528–1579) [1550–1579] 312, 344f, 348
Albrecht Achilles, Markgraf von Ansbach, Kurfürst von Brandenburg (1414–1486) [1440–1486] [1470–1486] 98, 122
Albrecht Alcibiades, Markgraf von Kulmbach-Bayreuth (1522–1557) [1541–1557] 228ff, 250f
Albrecht V., Markgraf von Brandenburg-Ansbach (1620–1667) [1634–1667] 360

Albrecht von Brandenburg, Erzbischof und Kurfüst von Mainz, Kardinal (1490–1545) [1514–1545] [1518–1545] 157, 261, 269
Albrecht, Markgraf von Brandenburg-Ansbach, Hochmeister des Deutschen Ordens, Herzog in Preußen (1490–1568) 214, 222, 263
Albrecht III., Herzog von Sachsen-Coburg (1648–1699) [1681–1699] 525
Albrecht Ernst II., Fürst von Oettingen (1669–1731) 522
Albrecht Hofwart von Kirchheim († 1394) 70
Albrecht, Bernhard (1569–1636) 443
Aldersbach, Zisterzienserkloster 105, 134f
Alerheim 391
Alexander III. (Rolando Bandinelli), Papst (* 1100/05) [1159–1181] 55f
Allersberg 316, 319, 407
Allgäu 154, 157, 300, 393, 542, 549
– Oberallgäu 151
Alt, Georg 131
Altar/-äre 95, 141, 153–157, 329, 460f, 577f
Altdorf 445, 448, 455, 465, 467, 498, 501, 523, 526, 529f, 533, 547, 564, 571
– Akademie 370, 448f, 478, 502
– Universität 236, 381, 424f, 478, 481f, 495, 501, 519, 522f, 548, 551–558, 571f, 587
Altdorfer, Albrecht (um 1480–1538) 157, 185
Altenbanz 272
Altenburg, Religionsgespräch 1568/69 349
Altenerding 84
Altenhohenau, Dominikanerinnenkloster 121
Altenstadt (Oberbayern) 85
Altenstadt (Oberpfalz) 85
Alterlangen vgl. Erlangen
Althamer, Andreas (vor 1500–1538) 426
Althaus, Paul d. Ä. (1861–1925) 442f
Althofer, Christoph (1606–1660) 379, 501, 513
Altmann, Bischof von Passau (um 1015–1091) [1065–1091] 42f, 46f
Altmühlmünster
– Johanniterkommende 111
– Templerkommende 111
Altmühltal 74
Altötting
– Jesuitenkolleg 348
– Madonnenwallfahrt 188
Altomünster, Benediktinerinnenkloster 124
Altona 540

Amandus, Benediktiner (7. Jahrhundert) 4
Amberg 88, 128, 179, 313f, 340, 359, 399–403, 423, 432f, 439, 441f, 445, 454
– Franziskanerkloster 114, 315
– Jesuitenkolleg 404
– Paedagogium 401, 403, 423
– St. Martin, Kirche 143
– St. Martin, Lateinschule 423
Amerika 540
Amicus, Konrad 136
Ammon, Christoph Friedrich (von) (1766–1850) 562
Amorbach, Benediktinerkloster 25, 41f
Amsdorf, Nikolaus von (1483–1565) 139
Amsterdam 504, 506, 515
Anagni 160
Andechs 184, 188, 190, 203
– Benediktinerkloster 104
Andreae, Jakob (1528–1590) 251, 349, 367, 370, 373ff, 386, 392, 430, 433ff
Andreas von Regensburg († nach 1438) 109
Angelberg, Herrschaft 393
Angelsachsen 6, 9, 12
Angler, Gabriel (um 1410–1486) 155
Anhalt, Fürstentum 441
Anna, Hl., Mutter Mariens 187
Anna, Kurfürstin von Brandenburg († 1512) 187
Anna von Jülich-Kleve-Berg (1552–1632) 407f
Ansbach 127, 133, 187, 215, 235, 238f, 243, 340, 364f, 369f, 372ff, 379, 422, 424, 426, 429f, 434, 438f, 445, 447, 468f, 477f, 481, 513, 519, 523f, 526, 528, 538, 548, 564f, 568, 570, 575, 582, 587
– Auctarium 249f, 363f; vgl. auch Augsburger Interim
– Kirchenordnung 1565 246
– Konsistorium 227, 366ff, 370, 482
– Landtag 1524 215f
– Landtag 1526 217
– Markgrafschaft vgl. Brandenburg-Ansbach
– St. Johannis, Pfarrei 364, 447, 524
– St. Gumbertus, Chorherrenstift 109, 214, 364, 367, 429, 459, 524
– Waisenhaus 524
Ansorg, Johann Michael (1695–1760) 527
Antiochia (Antakya) 56
Apel, Johann (1485–1536) 132, 263

Apin, Johann Ludwig (1668–1703) 530
Apokatastasis (»Allversöhnung«) 529; vgl. auch Eschatologie
Appel, Thomas († um 1558) 237
Aquileja 23
Arbeo, Bischof von Freising [764–783] 5ff
Archidiakonat 77, 88, 90
Aresinger, Ulrich († 1485) 145
Aribonen 33
Aristoteles (384 v. Chr.–322 v. Chr.) 348, 421, 492
Armenwesen 235, 237, 263, 265, 280, 282, 292, 299, 372, 401, 478, 487, 521f, 543, 562, 582
Armutsstreit 66, 113f
Arn, Bischof/Erzbischof von Salzburg (nach 740–821) [785/798–821] 20f, 24
Arn, Bischof von Würzburg [855–892] 22
Arndt, Johann (1555–1621) 421, 446f, 450f, 453, 492, 495, 498ff, 506, 509, 512ff
Arnold von St. Emmeram (um 1000 – vor 1050) 39
Arnold, Gottfried (1666–1714) 446
Arnpeck, Veit († vermutlich 1495) 135
Arnulf von Kärnten, ostfränkischer König, Kaiser (um 850–899) 25, 27
Arnulf, Herzog v. Bayern († 937) [907–937] 27ff, 33–36
Arnulf, Pfalzgraf von Bayern († 954) 29
Arnulf von Mailand († nach 1077) 46
Arpontius, Jakob 238
Ars moriendi 166f, 173, 184
Aschaffenburg 123, 157, 261
Aschheim 5
- Synode 756/57 20
Astheim, Kartause Marienbrück 119
Attel, Benediktinerkloster 104
Attigny 14, 20
Au am Inn, Benediktinerkloster/Chorherrenstift 16, 43
Aufklärung 421, 481f, 492, 497, 528, 539, 541, 545–573; vgl. auch Illuminaten; Neologie
Augsburg 2, 4, 8, 16, 29, 35f, 40, 43, 47, 49, 60, 71, 75f, 94, 105, 115, 128ff, 135–139, 142, 145, 148, 150, 153f, 156, 168, 173, 175, 179, 184, 187, 194, 196, 199, 203, 207, 209, 221, 242, 244, 246, 252, 279–283, 286–290, 293–303, 311, 326f, 331, 334, 352, 356, 358–361, 384ff, 388ff, 392f, 396ff, 418, 423, 428, 431f, 435, 437, 439, 441ff, 445, 450, 455, 463, 466, 469, 471, 478f, 484, 493, 500, 507, 520f, 526f, 535, 538, 540, 542, 550, 554, 562, 568, 575, 580f, 588, 596
- Armenkinderhaus 521
- Augsburger Bekenntnis 1530 225, 244, 288, 290f, 293ff, 300, 302, 312, 321, 351, 384, 390, 430ff, 450
- Augsburger Interim 1548 228ff, 249ff, 301–304, 311f, 315, 320, 323, 346, 363f, 384ff, 391, 428
- Augsburger Religionsfriede 1555 231, 252, 256, 300, 303f, 312, 315, 321, 323, 333, 343–347, 351–355, 361, 364, 372f, 375, 380f, 383f, 386, 392, 401, 411ff, 420, 423, 425, 428, 430, 434, 476, 492
- Barfüßerkirche (Franziskanerkirche) 281f, 296, 327, 331, 386, 471, 580
- Bistum 8, 10, 14f, 17, 21, 27, 35f, 48, 55, 75, 77ff, 81, 83, 89, 119, 123, 167, 178, 188, 233, 280, 302, 305, 320
- Dom 49, 75, 144f, 281, 295f, 302, 316
- Dominikanerkirche 281
- Dominikanerkloster 114
- Franziskanerkloster 113, 301
- Heilig Kreuz, Augustiner-Chorherrenstift 109, 282
- Heilig Kreuz, Kirche (ev.) 575
- Heilig Kreuz, Predigthaus 301, 331, 387, 471
- Hochstift 279, 300, 358, 392
- Jesuitenkolleg 348, 389
- Kirchenordnung 1537 296f, 300
- Patriziat 108
- Reichstag 1518 118
- Reichstag 1530 225f, 243–247, 275f, 288, 290f, 293ff, 310f, 351
- Reichstag 1548 228, 311, 315
- Reichstag 1550/51 302
- Reichstag 1555 231, 312, 315
- Reichstag 1566 432
- St. Anna, Gymnasium 389, 423, 428
- St. Anna, Karmelitenkloster 118, 280, 301
- St. Anna, Kirche 60, 118, 144f, 148, 151, 157, 280, 282, 299, 326, 331, 386, 389, 396, 398, 471, 479, 526, 576, 580, 588, 596
- St. Georg, Augustiner-Chorherrenstift 109
- St. Georg, Predigthaus 301
- St. Jakob, Kirche 301, 386, 520
- St. Katharina, Dominikanerinnenkloster 121, 156, 188, 190, 198

- St. Moritz, Chorherrenstift 43
- St. Moritz, Kirche 296, 329
- St. Salvator, Jesuitengymnasium 423
- St. Ulrich, Kirche (ev.) 296, 301, 387
- St. Ulrich und Afra, Benediktinerkloster 40, 43, 105, 128, 135, 144, 147, 156, 174, 282, 295, 345
- St. Ulrich und Afra, Kirche 35, 152, 193, 296
- Spital 386

Augsburg-Pfersee 390

August, Kurfürst von Sachsen (1526–1586) [1553–1586] 350, 415, 429f, 432f

August d.J., Herzog von Braunschweig-Wolfenbüttel (1579–1666) [1635–1666] 508

August, Pfalzgraf von Pfalz-Sulzbach (1582–1632) [1614–1632] 407

Augustinerchorherren 107–110, 115, 155, 157, 172, 187, 282, 349

Augustinereremiten 115ff, 156, 162, 164, 170, 175f, 179, 197, 237, 262, 387

Augustinus, Aurelius, Hl. (354–430) 42, 115, 191f, 196f, 565

Auhausen, Benediktinerkloster 353

Aura an der Saale, Benediktinerkloster 59, 105

Avenarius vgl. Habermann, Johann

Aventin vgl. Turmair, Johann

Awaren 4, 22f

Avignon 66, 70, 82, 114, 163, 207

Ayndorffer, Kaspar († 1461) 168

Baader, Franz Xaver von (1765–1841) 570

Babenberger 37, 86

Bach, Johann Christoph (1671–1721) 587

Bach, Johann Sebastian (1685–1750) 444, 587f

Bad Reichenhall vgl. Reichenhall

Bad Windsheim vgl. Windsheim

Baden 394, 430, 487

Baden-Baden 437

Bader, Augustin († 1530) 289

Bächingen an der Brenz 393

Baier, Johann Wilhelm (1647–1695) 554

Baiersdorf 222, 486
- Landtag 1515 214

Bajuwaren 3

Baldingen 391

Balduin von Luxemburg, Erzbischof von Trier (1285/86–1354) [1308–1354] 67

Balduin, Friedrich (1575–1627) 499

Baldung, Hans, genannt Grien (1484/85–1545) 152

Bamberg 56, 58, 61f, 74f, 82, 109, 115, 131, 133, 142, 148, 153–156, 175, 180, 203, 235, 263–266, 269–272, 334, 352, 359f, 373, 436f, 468, 514, 549
- Bistum 37, 42, 46, 50, 66, 68ff, 75–79, 81, 83f, 86, 89ff, 105, 167, 242, 264, 316
- Diözesansynode 1491 93
- Dom 57, 75, 145, 150, 153
- Dominikanerinnenkloster 121, 264f
- Dominikanerkloster 115
- Domschatz 149
- Franziskanerkloster 113f
- Halsgerichtsordnung 1507 255, 264
- Hochstift 259f, 263–266, 270, 346, 350, 376, 380, 439, 530, 549
- Karmelitenkloster 118, 270
- Klarissenkloster 122, 270
- Marienkapelle 62, 185
- Michelsberg, Benediktinerabtei 42, 104f, 270
- Obere Pfarrkirche 143, 266
- St. Gangolf, Chorherrenstift (Bamberg-Theuerstadt) 265
- St. Jakob, Chorherrenstift 45
- St. Stephan, Chorherrenstift 131
- Universität 348, 549

Bamberger, Sebald († 1518) 133

Banz, Benediktinerkloster 103, 105, 270, 549

Barger, Johann Wilhelm (1640–1698) 501, 512, 516

Bartholomäi, Adam 318

Basel 127, 224, 386, 539ff
- Konzil 1431–1449 69, 71, 104, 126

Bauer, Michael 245

Bauernkrieg 117, 217, 219, 221, 236–239, 254, 262, 268–272, 284–288, 309

Baumburg, Chorherrenstift 43

Baumgarten, Siegmund Jakob (1706–1757) 552f

Baumgartner, Gabriel (1449–1507) 134

Baumgartner, Hieronymus (1498–1565) 245, 251

Bayerischer Wald 88

Bayern IXf, 2, 5, 7, 9f, 13f, 20–23, 32f, 35, 37f, 42, 46, 56, 59, 63, 69, 71ff, 81, 85, 90, 99, 105, 107, 113, 115, 119, 127, 129f, 134, 136f, 139, 142f, 150, 153, 160, 162, 164, 168, 170, 175, 180f, 183, 186f, 189, 196, 202ff, 302, 315, 321, 346, 350, 359, 361, 368, 403f, 407, 413f, 434,

436, 446, 451, 476, 480, 483, 512, 516, 520f, 527, 530, 533, 538, 542f, 548f, 551, 561f, 572, 582, 585f, 589
- Altbayern 413, 549
- Herzogtum 4–7, 9f, 12, 21, 27, 36, 64, 68, 81, 84ff, 88, 91, 94, 98, 102, 104f, 109ff, 118f, 123, 133, 296, 305–312, 339, 344ff, 350f, 358f, 395
- Königreich 542f
- Kurfürstentum 360, 380f, 423, 550
- Niederbayern 65, 133, 150, 154
- Oberbayern 133, 147, 150
- Reichskreis 353

Bayreuth 74, 86, 217f, 222, 230, 329, 334, 369, 379, 424, 445, 478, 481, 486f, 490, 519, 523, 527, 534, 538, 543, 551, 560, 564, 575, 577, 587, 604
- Christian-Ernst-Gymnasium 502
- Konsistorium 369, 482, 561
- Markgrafschaft vgl. Brandenburg(-Kulmbach)-Bayreuth
- Sophienkirche/Kirche des Ordens de la sincérité 478, 576
- Spitalkirche 459
- Stadtkirche 460f, 471
- Superintendentur 366

Beatrix, Nichte König Philipps von Schwaben († 1231) 58
Beginen 120, 122, 124, 167, 171f, 177, 205
Beham, Barthel (1502–1540) 317, 328
Beham, Sebald (1500–1550) 326, 328
Beheim, Hans d.Ä. (ca. 1455/60–1538) 144
Beheim, Lorenz (ca. 1457–1521) 131
Behem, Hans († 1476) 209
Benedikt, Hl. († ca. 547) 6, 38, 103, 105
Benedikt VIII. (Theophylakt), Papst [1012–1024] 37
Benedikt XII. (Jacques Fournier), Papst (* um 1285) [1334–1342] 200f
Benediktbeuern, Benediktinerkloster 17, 40, 105
Benediktiner/-innen 101–105, 110, 122ff, 128, 133, 142, 144, 147, 149ff, 153, 155f, 166–169, 175f, 187, 274, 282, 349, 353, 388, 549
Bengel, Johann Albrecht (1687–1752) 563
Beratzhausen 321
Berchtesgaden, Chorherrenstift/Fürstpropstei 43, 109, 345
Berengar I., Graf von Sulzbach († 1125) 43
Berge vgl. Klosterberge

Bergen (Landkreis Neuburg an der Donau), Kloster 35
Bergisches Buch 349ff, 434; vgl. auch Klosterberge
Bergner, Nikolaus (um 1550–1609/13) 416
Berleburg 533
Berlin 554, 565
Bern
- Berner Kunstbuch 298
- Universität 301

Bernhard, Herzog von Sachsen-Weimar (1604–1639) 414
Bernhard Graf von Waldkirch d. J. († 1523) 135
Bernhard von Clairvaux, Hl. (1090–1153) 59, 164, 166, 171, 187, 198, 509
Bernhard Freiherr von Stauf († 1542) 321
Bernhard von Waging (um 1400–1472) 105, 169–175, 205, 210
Bernhold, Johann Balthasar (1687–1769) 552
Bernried, Augustiner-Chorherrenstift 109
Bernstein am Wald 457
Bernward, Bischof von Würzburg [990–995] 41
Berthold, Pfalzgraf von Schwaben († 917) 28
Berthold, Herzog von Bayern († 947) [938–947] 28f, 35
Berthold von Moosburg, Erzbischof von Salzburg [1085–1106] 43, 47
Berthold von Regensburg (um 1210–1272) 72
Berwart, Blasius d. Ä. († 1589) 458
Besançon, Reichstag 1157 55
Besel, Gottfried (1767–nach 1821) 542
Besler, Michael (1512–1576) 434
Besold, Hieronymus (1522–1562) 371, 434
Besserer, Familie 393
Bettelorden 112–119; vgl. auch Augustinereremiten; Dominikaner; Franziskaner; Kapuziner; Kartäuser
Beuerberg, Augustiner-Chorherrenstift 109
Beuerlein, Hans vgl. Peurlin, Hans
Bey, Linhard († 1525) 271
Beyharting, Augustiner-Chorherrenstift 109
Bibelgesellschaft 541
Biberach 291, 398, 478
Biburg (Landkreis Kelheim), Benediktinerkloster 104
Biebelried, Johanniterkommende 111
Bild/-er 95, 325–328, 459–463, 533, 578–581
Bildersturm 219, 239, 287, 320, 327f

Biletrud († nach 976) 35
Billican(us) vgl. Gerlacher, Theobald
Bindlach 579, 605
Birgitta von Schweden, Hl. (um 1303–1373) 176
Birgitten 123f
Birken, Sigmund von (1626–1681) 495, 508f, 518, 583
Birkenfeld (Landkreis Neustadt an der Aisch), Zisterzienserinnenkloster 121
Birklingen, Augustiner-Chorherrenstift 109
Bischofsamt 74–77, 79, 93
Bissingen (Landkreis Dillingen an der Donau) 393
Bistumsgründungen 6f, 9–12, 14, 37
Blarer, Ambrosius (1492–1564) 287, 291
Blumenau, Laurentius (ca. 1415–1484) 128
Blumenthal, Deutschordenskommende 112
Bocksberger, Hans d. Ä. (um 1500/10 – vor 1569) 328, 599
Bodensee 17, 310
Bodenstein, Andreas (Karlstadt) (um 1480–1541) 136f, 139, 238ff, 339, 463
Böheimstein 74
Böhme, Jakob (1575–1624) 504, 515
Böhmen 22, 24, 34, 69, 73f, 109, 143, 155, 163, 354, 381, 403, 508
Böhmerwald 88
Böschenstein, Johannes (1472–1540) 164
Bogenhausen vgl. München-Bogenhausen
Bolland, Heinrich (1578–1653) 461
Bologna 162, 301
- Universität 207
Bonagratia von Bergamo (um 1265–1340) 66, 114
Bonaventura (Johannes Fidanza) (1211–1274) 181
Bonifatius, Hl. († 754) 1, 6f, 9ff, 15, 23
Bonifaz VIII. (Benedetto Caetani), Papst (*um 1235) [1294–1303] 160
Bonn 65
Bopfinger, Peter 263
Brandenburg, Kurfürstentum 354, 406f, 422, 479, 487
Brandenburg-Ansbach, Markgrafschaft 92, 214–221, 225–229, 240, 242, 245, 260, 345, 350f, 353, 357, 360, 363–367, 373f, 377, 391, 422, 424ff, 428f, 431f, 434, 437, 439, 441, 447, 476, 482ff, 487, 489, 513, 519, 523, 528, 538, 576–580, 588f; vgl. auch Ansbach

Brandenburg(-Kulmbach)-Bayreuth, Markgrafschaft 214, 216–219, 221, 225f, 228f, 260, 346, 350f, 357, 360, 364, 366f, 373, 422, 425, 428, 431f, 434, 439, 441, 457, 482f, 485–489, 501f, 513, 519, 523, 527f, 533f, 538, 576–580, 588f; vgl. auch Bayreuth; Kulmbach
Braunschweig-Lüneburg 487
- Lüneburger Agende 416
Braunschweig-Wolfenbüttel 434, 492
Brawe, Justus (1615–1665) 505f, 515
Brecheisen, Johann († 1554) 246
Breckling, Friedrich (1629–1711) 504, 506f, 515
Breitenfeld 357f
Breler, Melchior (1589–1627) 500
Brendel, Elias (um 1561–1649) 459
Brendel, Georg Christoph (1668–1722) 532, 581
Brenz, Johann(es) (1499–1570) 241f, 246f, 320, 426, 428f, 443
Breslau, Elisabethkirche 155
Bresnitzer, Alexander († 1581) 392
Breu, Jörg d. Ä. (1475/76–1537) 157, 596
Briegel, Wolfgang Carl (1626–1712) 587
Brixen
- Bistum 21
- Synode 1080 47, 50
Brogel, Friedrich 132
Brucker, Johann Jakob (1696–1770) 562
Brüssel 515
Brun, Kanzler, Erzbischof von Köln (925–965) [940–953] [953–965] 36
Brunn 523
Brun(o), Bischof von Augsburg [1006–1029] 40, 43
Bruno, Bischof von Toul [1027–1051] vgl. Leo IX., Papst
Bub, Jakob 268
Bucer, Martin (1491–1551) 290–293, 295ff, 463
Buch am Forst 603
Buchner, August (1591–1661) 508
Buchrucker, Christian Friedrich (1754–1824) 539
Buddeus, Johann Franz (1667–1729) 563
Büdingen, Grafschaft 530
Büraburg, Bistum 11
Bürgstadt, Martinspfarrei 86
Burchard, Bischof von Eichstätt [1149–1153] 55
Burchard I., Hl., Bischof von Würzburg [741–753] 12, 15, 19, 41

Burchard II., Bischof von Würzburg [932–941] 36
Burchardi, Ulrich († nach 1531) 264f
Burgau, Markgrafschaft 279, 390f, 393
Burghard vgl. Burchard I. von Würzburg
Burghardt, Gottlob Friedrich (1724–1802) 542
Burghausen (Landkreis Altötting) 98
- Rentamt 305
Burghausen, Hans von (um 1370–1432) 143
Burgkmair, Hans d. Ä. (1473–1531) 157, 188, 327
Burglengenfeld 316f
Burgund 51, 146, 155
Burkard von Erthal 268
Burkard von Horneck (um 1440–1522) 132
Bursfelde, Klosterreform 104f
Burtenbach 297, 392f
Busbach 461
Buslidius, Johann 349
Buße 172, 182, 184, 189
Buttstett, Franz Vollrath (1735–1814) 589
Buttstett, Johann Heinrich (1666–1725) 589
Buxheim
- Kartause 119f
- Säkularkanonikerstift 119
Byzanz 9, 24

Cadolzburg 365, 439
Cajetan (de Vio von Gaëta), Thomas, Kardinal (1469–1534) 118, 280
Calixt II. (Guido Graf von Burgund), Papst [1119–1124] 46, 50
Calov, Abraham (1612–1686) 499
Calvin, Johannes (1509–1564) 432, 440, 463
Calvinismus/Reformierte Kirche 351, 355, 392, 401, 420, 422, 426f, 432f, 435f, 440f, 449, 454, 476, 484–490, 492, 577; vgl. auch Hugenotten
Campanus, Johannes (1500–um 1575) 463
Campeggio, Lorenzo (1474–1539) 265, 308
Canisius, Petrus (1521–1597) 302, 312, 347, 430f
Canossa 44, 46, 48, 50
Capito, Wolfgang (1487–1541) 290
Carl Alexander, Markgraf von Brandenburg-Ansbach und Brandenburg-Bayreuth (1736–1806) [1757–1791] [1769–1791] 482
Carl, Hans (1587–1665) 458
Castell 536, 568
- Grafschaft 256, 350, 375, 432, 437, 534, 579

- Grafen zu 117, 373
Castell, Heinrich, Graf zu 375
Castell-Remlingen, Dorothea Renata, Gräfin zu, geb. Gräfin von Zinzendorf (1669–1734) 534
Castell-Remlingen, Ferdinande Adriane, Gräfin zu, geb. zu Stolberg-Wernigerode (1718–1787) 538
Castell-Remlingen, Ludwig Friedrich (Lutz), Graf zu (1707–1787) 480, 534, 536–538
Castulus, Hl. 187
Celtis, Konrad (1459–1508) 127, 129ff, 134–138
Chalkedon, Konzil 451 45
Cham 85, 313, 404
- Grafschaft 360
Chammünster
- Benediktinerkloster 16
- Klosterkirche 150
Chelidonius, Benedictus (Benedikt Schwalbe) († 1521) 176, 179
Chemnitz, Martin (1522–1586) 349, 434
Chiemsee 16
- Bistum 81, 305
- Frauenchiemsee, Kloster 123
- Frauenchiemsee, Klosterkirche 16
Chieregati, Francesco (1478–1539) 264
Chor
- baulich 143f, 150ff, 329, 457f, 533
- musikalisch 334, 341, 466, 469f, 584
- pietistisches Gliederungsprinzip 541
Chorgestühl 154
Chorherren, weltliche vgl. Säkularkanoniker
Christell, Johann Martin (1690–1755) 528
Christgarten, Kartause 119, 391
Christian VI., König von Dänemark (1699–1746) [1730–1746] 534
Christian Wilhelm, Markgraf von Brandenburg (1587–1665) [1589–1631] 453
Christian Ernst, Markgraf von Brandenburg-Bayreuth (1644–1712) [1655–1712] 485ff, 489, 520
Christian, Markgraf von Brandenburg-Kulmbach-Bayreuth (1581–1655) 354, 471, 501
Christian I., Fürst von Anhalt-Bernburg (1568–1630) [1603–1630] 354, 403, 441
Christian August, Pfalzgraf von Pfalz-Sulzbach (1622–1708) [1632–1708] 408ff, 504ff, 515, 568f
Christian I., Kurfürst von Sachsen (1560–1591) [1586–1591] 424, 441

Christian Philipp, Fürst zu Wertheim-Löwenstein (1719–1781) 563
Christian, Bischof von Passau [991–1013] 35
Christian, Kaspar 238
Christian-Erlang vgl. Erlangen
Christiane Eberhardine, Prinzessin von Brandenburg-Bayreuth (1671–1727) 520
Christianstadt vgl. Erlangen
Christina, Königin von Schweden (1626–1689) [1632–1654] 358
Christoph, Herzog von Württemberg (1515–1568) [1550–1568] 373, 430ff, 434
Christophorus, Hl. 186f
Chrodegang, Bischof von Metz (um 715–766) [742–766] 42
Chyträus, David (1531–1600) 349
Cicero (106 v. Chr.–43 v. Chr.) 131
Claudius, Matthias (1740–1815) 585
Clemens II. (Suidger), Papst [1046–1047] 37, 44
Clemens III. (Paolo Scolari), Papst [1187–1191] 50
Clemens III. (Wibert von Ravenna), (Gegen-)Papst (* um 1025) [1080–1100] 47
Clemens V. (Bertrand de Got), Papst (* um 1250) [1305–1314] 111
Clemens VI. (Pierre Roger), Papst (* 1290/91) [1342–1352] 62, 66, 68
Clemens VII. (Robert von Genf), (Gegen-)Papst (* 1342) [1378–1394] 70
Clemens VII. (Giulio de' Medici), Papst (* 1478) [1523–1534] 269
Clemens VIII. (Ippolito Aldobrandini), Papst (* 1536) [1592–1605] 438
Cluniazensische Klosterreform 38–43
Coburg 37, 121, 225, 251, 273–277, 334, 350, 417f, 433, 444f, 451f, 469, 473, 513f, 520, 525, 529
– Ehrenburg 274
– Franziskanerkloster 114, 274, 276
– Gymnasium Casimirianum Academicum 416, 422, 451f, 553
– Herzogtum 273–277, 415–418, 431, 433, 435, 451, 513, 525, 530
– Kirchenordnung 472
– Konsistorium 277
– Morizkirche 274, 416
– Pflege Coburg 273ff, 277
– Veste Coburg 273, 275f, 339, 525
Cochläus, Johannes (1479–1552) 131, 176, 179

Cocles, Janus vgl. Löffelholtz, Johann
Colmberg 439
Comenius, Johann Amos (1592–1670) 497, 528
Comitis, Gerhard (1. Hälfte 15. Jahrhundert) 175
Compostela 187
Confessio Tetrapolitana 1530 290f, 293; vgl. auch Oberdeutsche Reformation
Conrad von Zenn († 1460) 116, 176
Contzen, Adam (1571–1635) 349
Crailsheim 241, 365, 439
Crailsheim, Sophie Magdalena Freifrau von († 1711) 524
Craithal 221
Cranach, Lucas d. Ä. (1472–1553) 273, 275, 326
Creußen 61, 560
Cronegk, Johann Friedrich Freiherr von (1731–1758) 565
Cros, Joseph August du (um 1640–1728) 486
Cubach, Michael († 1687) 444
Culmann, Leonhard (1497–1562) 428
Cusanus, Nikolaus vgl. Nikolaus von Kues
Cuspinian, Johannes (1473–1529) 133, 136
Custos, Dominicus (um 1559/60–1615) 468
Cyrill vgl. Kyrill

Dachau 109
Dachser, Jakob (um 1487–1567) 288f, 296
Dänemark 479
Dagobert I., König der Franken [623–639] 8
Dalberg, Karl Theodor v., Kurfürst und Erzbischof von Mainz, Erzbischof von Regensburg (1744–1817) 413, 566
Damasus II., Papst [1048] 44
Danhauser, Petrus 131
Dannhauer, Johann Konrad (1603–1666) 495, 519
Darmstadt 587
Darstadt 87
Daser, Ludwig (um 1525–1589) 466
Daucher, Adolf (um 1460–1523) 145
Daucher, Hans (um 1485–1538) 145, 596
David von Augsburg († 1272) 72
David, Christian (1692–1751) 534
Dayg, Sebastian (1473/75–1553/54) 195
Degeler, Wilhelm Ludwig (1749–1826) 542
Degen, Johann (bezeugt 1628) 468
Deggendorf 187f

Deggingen 391
Denck, Hans (ca. 1500–1527) 221, 224, 288f
Deocarus, Hl. 187
Dettelbach, Madonnenwallfahrt 188
Dettwang 87
Deutsche Christentumsgesellschaft 539–542, 572
Deutscher Orden 60, 111f, 214, 234, 237, 247f, 251, 260, 268, 373, 379, 388, 480
Devotio moderna 180
Diemar, Johannes (2. Hälfte 15. Jahrhundert) 175
Diespeck 460, 519, 523
Dießen, Augustiner-Chorherrenstift 109
Diessen-Andechs, Grafen von 86
Dietelmaier, Johann Augustin (1717–1785) 552ff, 557
Dietenhofen 215
Dietramszell, Augustiner-Chorherrenstift 109
Dietrich von Plieningen (ca. 1453–1520) 134
Dietrich, Conrad (bezeugt 1624) 471
Dietrich, Veit (1506–1549) 245, 247, 250, 335, 338f, 364, 374f, 416, 442f, 557
Dilherr, Johann Michael (1604–1669) 425, 446, 451, 473, 494–499, 501, 503f, 507ff, 512, 518
Dillingen an der Donau 161f, 300, 302, 396, 549
- Jesuitenkolleg 348, 454
- Universität 348
Diller, Michael († 1570) 320
Dilliger, Johann (1593–1647) 416
Dillmann, Thomas (1557–1599) 385
Dingolfing
- Synode 770 20
- Synode 932 29
Dinkelsbühl 175, 233f, 238f, 241, 245f, 248f, 252, 262, 360, 375, 398, 435, 460, 462, 466, 478
- Karmelitenkloster 118
- St. Georg, Pfarrkirche 144, 238
- Spitalkirche 329, 599
Dobenecker, Pfarrer 462
Dober, Johann Leonhard (1706–1766) 536
Döderlein, Johann Christoph (1746–1792) 551, 554ff, 562, 572
Dötschmann, Johann Kaspar, Pfarrer in Rosenberg [1805–1821] 570
Dollnstein-Hirschberg, Grafen von 37
Dominikaner/-innen 72, 114ff, 121, 147, 149f, 156, 164, 167, 175f, 178, 182, 188, 198, 206, 281, 302

Domkapitel 67, 70, 75f, 78f, 81f, 108f
Donau (Fluß) 35, 110, 316, 384, 386, 398, 408
Donauufer, Synode 796 21
Donauwörth 143, 162, 224, 248, 279, 290, 299f, 345, 353, 360, 386, 388, 394f, 431f, 435
- Deutschordenskommende 388
- Haus der Fuggerschen Reichspflege 388
- Heiligkreuz, Benediktinerkloster 104, 388, 395
- Mariae Himmelfahrt, Stadtpfarrkirche 151
Doppelklöster 110, 123f
Dorothea, Markgräfin von Brandenburg (1471–1520) 122
Dorothea von Dänemark, Prinzessin (1520–1580) 314, 400ff
Drach, Johannes (1494–1566) 136, 261
Dracholf vgl. Drakolf von Freising
Draco/Draconites vgl. Drach, Johannes
Drakolf, Bischof von Freising († 926) [907–926] 27f, 35
Drau (Fluß) 23, 25
Dresden 471, 520, 562
Dretzel, Cornelius Heinrich (1697–1775) 588
Dreykorn, Johann (1745–1799) 540
Dürer, Albrecht (1471–1528) IV, 131, 144, 148, 152, 156, 177, 179, 235f, 325f, 328, 595, 598
Düring, Balthasar (ca. 1466–1529) 273
Düring, Johann 136
Dürr, Johann 463
Dupp, Christian 535
Dupp, Johann Jacob (1707–1793) 542

Eben-Ezer (Georgia/USA) 526
Eber, Paul (1511–1569) 424, 426, 429, 444, 465
Eberbach, Philipp († 1529) 274
Eberhard, Herzog von Bayern († nach 938) [937–938] 29, 33
Eberhard Ludwig, Herzog von Württemberg (1676–1733) 526
Eberhard I., Bischof von Bamberg [1007–1040] 37
Eberhard II., Bischof von Bamberg [1146–1170] 54
Eberhard I., Bischof von Eichstätt [1099–1112] 50
Eberhard I., Erzbischof von Salzburg (1090–1164) [1147–1164] 55
Eberhard von der Tann (1495–1574) 267

Eberhard, Johann August (1739–1809) 565
Eberlin von Günzburg, Johann (um 1470–1533) 239, 255
Ebermergen 391
Ebern 94
Ebersberg, Benediktinerkloster 40, 105
Ebersdorf (Vogtland), Brüdersiedlung 539, 542; vgl. auch Pietismus
Eberwin, Propst in Berchtesgaden [1102–1142] 43
Ebin, Anna († 1485) 176
Ebner, Christine (1277–1351) 162
Ebner, Margareta (um 1291–1351) 161f, 206
Ebrach 26
– Zisterzienserkloster 59, 106f, 162
Eck, Johann (1494–1554) 215, 229
Eck, Johann(es) (1486–1543) 134, 137ff, 164, 180, 184, 196f, 207, 262, 267, 305ff, 310f
Eck, Leonhard von (1480–1550) 306, 309, 311f
Eckartshausen, Karl von (1752–1803) 570
Eckhart, genannt Meister Eckhart (um 1260–vor 30.4.1328) 176
Edessa 59
Egenhausen 137
Egerland 69
Egidius, Hl. († möglicherweise um 720) 461
Egilbert, Bischof von Freising [1005–1039] 40
Egilolf, Bischof von Salzburg [935–939] 33
Ehinger, Johann (1488–1572) 320
Ehrenberg, Schloß 444, 455
Ehringen (bei Nördlingen) 391
Eichhorn, Johann Gottfried (1752–1827) 555, 557
Eichstätt 60, 74, 110, 128, 131, 133, 137, 142, 145, 170, 179, 266f, 271, 568
– Bistum 12, 14f, 19, 21, 35, 37, 50, 54, 70, 75–78, 81, 89, 91, 98, 104, 165ff, 242, 269, 280, 288, 305, 316, 320
– Dom 145, 152, 267
– Dominikanerkloster 114
– Heilig-Geist-Spital 97
– Hochstift 77, 259f, 266f, 270f, 346, 350, 376, 380, 439
– Kapuzinerkirche 60
– Kollegiatspfarrkirche ad Beatam Virginem 148
– St. Walburg, Benediktinerinnenkloster 123, 149, 267

Eigenkirchen 15f
Einsiedeln 38
Einzlinger, Johannes († 1497) 176
Eisenach 587
– Georgenkirche 463
Eisenburg, Herrschaft 390
Eisenmann, Wolff († 1616) 463
Eisfeld 277
Ekbert von Andechs, Bischof von Bamberg [1203–1237] 58, 75
Ekkebert, Abt von Münsterschwarzach († 1076/77?) [1046–1076/77?] 41f
Ekkehard, Abt von Aura [1108–1126] 59
Elbe (Fluß) 109
Elchingen, Benediktinerkloster 105
Eligius, Hl. (um 588–660) 148
Elisabeth, Kurfürstin von der Pfalz (1596–1662) 403
Elisabeth von Schönau, Hl. (um 1129–1164) 176
Ellenbog, Ulrich (um 1435–1499) 127
Ellenhard, Bischof von Freising [1052–1078] 50
Ellingen, Deutschordenskommende 268
Ellinger, Abt von Tegernsee († 1056) [1017–1026. 1032–1041] 40
Elsaß 157, 405
Elsner, Jakob (ca. 1486–1517) 147
Embriko, Bischof von Augsburg [1063–1077] 48
Emehard, (Gegen-)Bischof von Würzburg [1089–1105] 48
Emmenhausen 393
Emmeram, Hl. (7./8. Jahrhundert) 4ff, 14, 22
Emporen 331, 459, 580f
Emskirchen 486, 490
Endter, Wolfgang (1593–1659) 445, 498
Engelberg, Burkhart (um 1450–1512) 144
Engelhardt, Valentin († 1526) 137
Engelthal, Dominikanerinnenkonvent 162
Engerer, Johann Hellwig (1698–1741) 528
Engerer, Johann Veit (1665–1747) 528
England 59, 163, 299, 302, 550, 564
Enns (Fluß) 79
Ensdorf, Benediktinerkloster 104, 315
Epfach 27
Epitaphien 155, 459, 460f
Erbauungsbücher/-literatur 166, 173, 178, 421, 441–445, 452f, 482, 492, 495f, 502, 509, 513, 522, 540f, 553, 557, 561, 566, 568–572

Erchanbert, Abt von Niederaltaich [988–996] 40
Erchanger, Pfalzgraf von Schwaben († 917) 28
Erding 84f
Erdle, Conrad August (1751–1819) 540
Erembert, Bischof von Freising [739–747/748] 10
Erfurt 118, 180, 261, 267f, 587, 589
– Bistum 11f, 20
– Synode 932 36
– Universität 91, 181, 261, 452
Ergersheim 582
Erhard, Hl., Bischof in Regensburg († um 700) 5
Erhart, Gregor (ca. 1468–1540) 145, 154
Erintrud, Äbtissin in Nonnberg (Salzburg) 6
Erlangen 121, 221f, 484, 486–489, 523, 526, 529ff, 538, 550, 564f, 571, 577
– Alterlangen 241, 488ff
– Hugenottenkirche 577
– Konkordienkirche 576
– Neustadt 577
– Neustädter Kirche 580
– Predigerseminar 562
– Reformiertes Konsistorium 486
– Universität 481, 548, 558–562, 572
Erlinger, Georg (um 1485–1541) 266
Erlung, Bischof von Würzburg († 1121) [1105–1121] 48
Ermreuth 529
Ernst, Herzog von Braunschweig-Lüneburg (1497–1546) 462
Erweckungsbewegung 543, 549, 568, 571, 573
– Allgäuer katholische 542
Erythräus, Gotthard (um 1560–1617) 467f
Erythräus, Valentin († 1576) 385
Eschatologie 192f, 195, 197, 206, 209, 288f, 420, 439, 444, 506, 529
Eschenbach vgl. Wolframseschenbach
Eseler, Nikolaus d. Ä. (ca. 1400/10–1482) 143
Esslingen 224
Ettal
– Benediktinerkloster 105, 307
– Benediktinerstiftskirche 142
Eucharistie vgl. Abendmahl
Eugen III. (Petrus Bernhardus), Papst [1145–1153] 54
Eugen IV. (Gabriele Condolmieri), Papst (* 1383) [1431–1447] 71, 82

Eustasius von Luxeuil († 629) 4
Exulanten 359, 377, 408, 412, 437, 453, 483ff, 503; vgl. auch Hugenotten

Faber, Johann(es) (um 1470–1530) 115, 281
Fabri, Johannes (1504–1558) 302
Fabricius, Johann d.J. (1618–1676) 498
Fabricius, Johann Jakob (1618/20–1673) 504ff, 515
Fagana, Familie 17
Falck, Georg d.Ä. (um 1630–1689) 586
Falck, Johann Bernhard (bezeugt 1710) 586
Ferdinand I., Kaiser (1503–1564) [1556–1564] 230f, 245, 303, 308, 311f, 331, 398, 432
Ferdinand II., Kaiser (1578–1637) [1619–1637] 355–358, 360f, 396, 455, 483
Ferdinand III., Kaiser (1608–1657) [1637–1657] 356, 398
Ferrara 134
Feuchtwangen 361, 365, 370, 424, 538, 563
– Chorherrenstift 214
Feuerlein, Johann Konrad (1656–1718) 521
Fischbach (Landkreis Kronach) 330
Fischer, Friedrich d.Ä. († 1529) 263
Fischer, Johann (um 1636–1705) 506
Fischer, Johann Georg († 1669) 326
Flacius (Illyricus), Matthias (1520–1575) 385, 392, 412, 415, 430–433
Fleischmann, Albrecht († 1444) 176
Flessa, Johann Adam (1694–1774) 527
Flobrigis, Bischof in Salzburg (8. Jahrhundert) 6
Flötner, Peter (um 1485–1546) 326
Florian († um 304) 2
Florinus, Clamerus (1618–1696) 505f, 515
Floß 410
Flossenbürg 316, 405, 407
Flugschriften 280f, 284, 286, 289, 301, 306f, 326, 439
Flugshot 486
Förner, Friedrich, Weihbischof in Bamberg (1568–1630) 380
Fontainebleau, Edikt von, 1685 484f
Forchheim 46, 266
– Pfalzkapelle 150
Forster, Johann (1496–1556) 247, 322
Forster, Konrad († 1318) 96
Francisci, Adam (1540–1593) 367, 440

Francisci, Erasmus (1627–1694) 518
Franciscus de Marchia (um 1290–nach 1344) 66
Franck, Johann Wolfgang (1644–um 1710) 587
Franck, Melchior (um 1579–1639) 416, 469, 473
Franck, Michael (1609–1687) 418
Franck, Sebastian (um 1499–um 1542) 223f, 241
Francke, August Hermann (1663–1727) 521ff, 525ff, 534
Francke, Gotthilf August (1696–1769) 526
Franken, Reich 3–6, 8f, 12, 14, 20, 22, 28, 32
Franken IX, 21f, 59, 63, 69f, 72f, 85–92, 94, 97ff, 104, 109–113, 117f, 121, 127, 130, 133, 136f, 139, 142, 144, 153, 175, 234, 240f, 260f, 268f, 309, 331, 335, 337, 344, 346, 349, 355–361, 363–381, 421, 424, 431f, 439, 445, 447, 451, 459, 476f, 480, 482, 484, 486, 509, 513, 522, 526, 528–531, 533, 539, 542f, 548–551, 556, 559f, 562f, 570f, 576, 582, 587
– Deutschordensballei 111, 259f, 268
– Markgraftümer 213–231; vgl. auch Brandenburg-Ansbach; Brandenburg(-Kulmbach)-Bayreuth
– Herzogtum Ostfranken 56
– Kursächsisches Ortland (Pflege Coburg) 273f; vgl. auch Coburg
– Mittelfranken 150, 255, 538
– Oberfranken 148, 150, 154, 221, 459, 462
– Reichskreis 215, 233, 375, 408, 434, 436
– Reichsstädte 148, 233–252, 512, 516
– Unterfranken 154, 221, 257
Frankfurt am Main 65, 136, 397, 430, 443, 520, 531, 562
– Dominikanerkirche 156
– Frankfurter Anstand 1539 246
– Frankfurter Fürstentag 1558 431
– Frankfurter Rezeß 1558 430f
Frankfurt an der Oder 534
Frankreich 59, 78, 92, 155, 160, 484ff, 489, 534, 542, 564
Franz(iskus) von Assisi, Hl. (1181/82–1226) 72, 113, 187
Franz I., König von Frankreich (1494–1547) [1515–1547] 310
Franz, Herzog von Braunschweig-Lüneburg 462
Franz von Fusche († um 1450) 71
Franziskaner/-innen 66, 71f, 94, 99, 112–122, 130, 143, 146f, 149f, 152, 164, 175f, 178f, 196f, 274, 281f, 284, 287f, 291, 302, 349, 387

Frauenaurach 486
– Dominikanerinnenkloster 121
Frauengemeinschaften 99, 120–124; vgl. auch Beginen
Frauenzell, Benediktinerkloster 104
Freising 4, 6f, 14, 71, 110, 114, 135, 142, 145, 153, 157, 187
– Bistum 10, 15, 21, 27, 35, 50, 55, 76, 78, 81, 83, 88f, 91, 167, 305
– Dom 153
– Marienkirche 6
– St. Marien, Domkloster 15
– St. Stephan, Kloster 14
– Synode 799/800 21
– Synode 805 21
– Synode 806–811 21
Frickenhausen am Main 86, 191
Fridolin, Stephan († 1498) 176ff
Friedensfeste 361, 397f, 417, 476, 493, 508
Friedhof 463f, 487
Friedrich I. Barbarossa, Kaiser (1122–1190) [1152–1190] 8, 54ff, 59
Friedrich II., Kaiser (1194–1250) [1220–1250] 58
Friedrich III., Kaiser (1415–1493) [1452–1493] 129
Friedrich II., Kurfürst von Brandenburg (1413–1471) [1437–1471] 60
Friedrich Wilhelm, Kurfürst von Brandenburg-Preußen (1620–1688) [1640–1688] 485
Friedrich II. [der Große], König in/von Preußen (1712–1786) [1740–1786] 481, 528, 551
Friedrich Wilhelm II., König von Preußen (1744–1797) [1786–1797] 482
Friedrich, Markgraf von Brandenburg-Ansbach, Dompropst in Würzburg (1497–1536) 262
Friedrich IV., Markgraf von Brandenburg-Ansbach und Brandenburg-Kulmbach-Bayreuth (1460–1536) [1486–1515] [1495–1515] 133, 214
Friedrich, Markgraf von Brandenburg-Bayreuth (1711–1763) [1735–1763] 481, 528, 551
Friedrich II. [der Weise], Kurfürst von der Pfalz (1482–1556) [1544–1556] 248, 314f, 320, 399
Friedrich III. [der Fromme], Kurfürst von der Pfalz (1515–1576) [1559–1576] 400ff, 423, 431ff, 441
Friedrich IV., Kurfürst von der Pfalz (1574–1610) [1583–1610] 354, 402, 441

Friedrich V., Kurfürst von der Pfalz, König von Böhmen (1596–1632) [1610–1623] [1619–1621] 403
Friedrich, Pfalzgraf (1557–1597) [1569–1597] 405
Friedrich III. [der Weise], Kurfürst von Sachsen (1463–1525) [1486–1525] 273
Friedrich August II., Kurfürst von Sachsen = August III., König von Polen (1696–1763) [1733/35–1763] 537
Friedrich V., Herzog von Schwaben (1164–1191) [1170–1191] 57
Friedrich, Herzog von Württemberg [1593–1608] 395
Friedrich der Schöne, Herzog von Österreich und Steiermark, (Gegen-)König (1289–1330) 65
Friedrich V., Graf von Oettingen-Wallerstein (1516–1579) 392
Friedrich Graf von Oettingen, Bischof von Eichstätt [1383–1415] 70
Friedrich I., Erzbischof von Salzburg [958–991] 33, 39
Fries, Lorenz (um 1490–1550) 56
Friesland 10
Frisch, Johann Leonhard (1604–1673) 498
Fritzsche, Gottfried (1578–1638) 471
Froben, Johann (ca. 1460–1527) 136
Frobenius, Andreas 434
Frömmigkeitstheologie 163–168, 172, 178–182, 208
Frosch, Johann(es) (um 1480–1533) 118, 280ff, 286
Frueauf, Rueland d. Ä. (um 1440/45–1507) 157
Frueauf, Rueland d. J. (um 1470–nach 1545) 157
Fuchs von Wallburg, Jakob d. Ä. († 1539) 263
Fuchs von Wallburg, Jakob d. J. 263
Fuchs, Georg Gottfried (1660–1708) 525
Fürst, Paulus (um 1605–1666) 463
Fürstenfeld, Zisterzienserkloster 68, 106
Fürstenzell, Zisterzienserkloster 106
Fürth in Bayern 538f, 542
– Pfarrei 85f
Füssen 17, 27, 173, 179, 300
– St. Mang 104
Fugger, Familie 136–139, 145, 207, 281, 290, 466
Fugger, Jakob [II., der Reiche], Graf (1459–1525) 144, 207
Fugger, Ottheinrich, Graf (1592–1644) 393f

Fulda 268
– Fürststift 259f, 268, 270, 346, 350
Fultenbach, Benediktinerkloster 103
Funck, Abraham 533
Funck, Engelhard (Scintilla) († 1513) 132, 137
Furkel, Johann Georg (1755–1837) 542
Furtmeyr, Berthold (ca. 1435/40–nach 1501) 146
Furttenbach, Joseph d. Ä. (1591–1667) 575
Furttenbach, Joseph d. J. (1632–1655) 575

Gabler, Johann Philipp (1753–1826) 556ff, 572
Gabriel von Eyb, Bischof von Eichstätt (1455–1535) [1496–1535] 131, 238, 266f
Gabrieli, Andrea (um 1510–1586) 469
Gabrieli, Gabriel de (1671–1747) 576
Gabrieli, Giovanni (um 1555–1612) 469
Gack, Georg Christoph (1793–1867) 570
Gallien 7
Gallus, Nikolaus (1516–1570) 323, 330, 412, 433, 463
Gaming, Kartause 169
Gammelsdorf 65
Ganghofer, Jörg vgl. Halsbach, Jörg von
Garmisch, Kirche St. Valentin 151
Gars am Inn
– Benediktinerkloster 16, 43
– Chorherrenstift 43
Gaubald, Bischof von Regensburg († ca 761) 10, 14
Gebetbücher 147, 166, 442ff, 453, 455f, 513
Gebhard, Bischof von Eichstätt [1042–1057] vgl. Viktor II., Papst
Gebhard I., Bischof von Regensburg [995–1023] 39
Gebhard II., Bischof von Regensburg [1023–1036] 40
Gebhard IV., Bischof von Regensburg [1089–1105] 50
Gebhard, Erzbischof von Salzburg [1060–1088] 43, 46f
Gebhard von Henneberg, Bischof von Würzburg [1122–1126] 48
Gedeler, Gottfried von († um 1710) 576
Gefrees 463
Gegenreformation/Rekatholisierung 302, 346, 348, 351, 355, 368, 376–381, 383–398, 403, 407f, 412, 436, 454, 476f, 483, 500, 509

Geilana, Frau von Gozbert 11
Geiler von Kaysersberg, Johannes (1445–1510) 173, 179f, 191
Geiselwind 536
Geisenfeld, Benediktinerinnenabtei 123
Geißler (Flagellanten) 62ff
Geizkofler, Zacharias (1560–1617) 393
Geldersheim 137
Gellert, Christian Fürchtegott (1715–1769) 565
Gellmann, Georg († 1672) 503, 514
Gemeinschaftsbewegung 543f
Generalbaß 472f, 584, 586
Generalvikar 67, 77f
Genf 298
- Genfer Kirchenordnung 1561 400
- Genfer Psalter 467
Georg Wilhelm, Kurfürst von Brandenburg (1595–1640) [1619–1640] 357
Georg [der Reiche], Herzog von Bayern-Landshut (1455–1503) [1479–1503] 124, 316
Georg der Fromme, Markgraf von Brandenburg-Ansbach (1484–1543) [1527–1543] 214f, 217–220, 222f, 225f, 228, 242, 244, 335, 424, 462
Georg Friedrich, Markgraf von Brandenburg-Ansbach, Markgraf von Brandenburg-Kulmbach-Bayreuth (1539–1603) [1543–1603] [1557–1603] 228, 351, 364, 366, 369, 422, 424, 426, 429f, 434f, 438, 440
Georg Wilhelm, Markgraf von Brandenburg-Bayreuth (1678–1726) [1712–1726] 478
Georg Friedrich Karl, Markgraf von Brandenburg-Bayreuth (1688–1735) [1726–1735] 480, 527f, 535
Georg Friedrich, Markgraf von Baden-Durlach (1573–1638) 354
Georg II., Graf von Wertheim († 1530) [1482–1530] 255
Georg III. Schenk von Limpurg, Bischof von Bamberg [1505–1522] 263ff
Georgia (USA) 484, 526
Gerard von Vliederhoven († um 1402) 178, 180
Gerhaert von Leyden, Nicolaus (um 1420/30–1473[?]) 154
Gerhard, Bischof von Passau [um 931–946] 34
Gerhard, Abt von Seeon († 1028) 61
Gerhard, Abt von Weihenstephan [1021–1022] 39
Gerhard, Christoff 499

Gerhard, Johann (1582–1637) 416f, 449, 451ff, 477, 495, 513
Gerhoch von Reichersberg (1093–1169) 43
Gerichtsbarkeit, geistliche 46, 66f, 78f, 98, 254, 297, 302, 309, 368, 370, 400, 406, 497
Gerlacher, Theobald, genannt Billicanus (ca. 1490–1554) 282
Germantown (Nordamerika) 517
Gerson, Johannes (1363–1429) 165, 171, 174, 180f, 196, 204ff
Gesangbuch/-bücher vgl. Kirchenlied
Gesees 229, 461
Gesenius, Justus (1601–1673) 495
Gesner, Salomon (1559–1605) 454
Gestühl 330f, 459
Géza, Fürst von Ungarn (um 950–997) [972–997] 34
Gichtel, Johann Georg (1638–1710) 503f, 506, 514f, 519
Giech, Grafschaft 530, 532f
Giesing vgl. München-Giesing
Gießen 449
Gifftheil, Ludwig Friedrich (1595–1661) 506
Giltlinger, Gumpolt (ca. 1450–1522) 152
Glasberger, Nikolaus († 1508) 114
Glashütten 331, 457
Glasmalerei 141, 151ff
Glockendon, Familie 147
Gnadenberg, Birgittenkloster 123, 315
Gnesiolutheraner 386, 412, 435
Gochsheim, Reichsdorf 373f, 377
Godehard, Abt von Niederaltaich, Abt von Tegernsee (960/61–1038) [996–1022] 40f
Göllersdorfer Vereinbarungen 1632 358
Göttingen 562
Göttweig, Benediktinerabtei 43
Goldburghausen 391
Goldkronach (heute Stein bei Bad Berneck) 460, 463
Gorze, Klosterreform 38f, 41f
Goslar 46, 50
Gossembrot, Sigmund (1417–1493) 128
Gostenhof vgl. Nürnberg-Gostenhof
Gotha 451, 587
Gothardt-Nithardt, Matthis (um 1475/80–1528) 157
Gotteszell (Landkreis Viechtach), Zisterzienserkloster 106

Gottfried, Graf zu Oettingen (1554–1622) [1574–1622] 354, 392
Gottfried I. von Spitzenberg-Helfenstein, Bischof von Würzburg [1186–1190] 56
Gottsched, Johann Christoph (1700–1766) 570
Goudimel, Claude (um 1514–1572) 467
Gozbert, Herzog von Thüringen 11
Gozbert, Abt von Tegernsee (982–1002) 40
Grabdenkmäler 145f
Gräf, Johann (1629–1689) 498
Graisbach 316
Gramann, Johann vgl. Poliander, Johann
Gran (Esztergom) 34
Grasmann, Johann Christian (1745–1828) 542
Grasser, Erasmus (um 1445/50–1518) 145, 154
Grau, Johann 264
Graumann, Johann vgl. Poliander, Johann
Greding 271
Gregor I., der Große, Papst (* um 540) [590–604] 45
Gregor II., Papst (* 669) [715–731] 9f
Gregor III., Papst [731–741] 7, 9f
Gregor VII. (Hildebrand), Papst (* um 1020) [1073–1085] 45–48, 50
Gregor XIII. (Ugo Boncompagni), Papst (* 1502) [1572–1585] 352, 413
Gregor von Rimini († 1358) 162
Gregor von Valencia (1549–1602) 349
Gregorianischer Choral 334, 339
Greiffenberg, Catharina Regina von (1633–1694) 509
Greifswald 346, 555
Gretser, Jakob (1562–1625) 437f, 454
Greul, Johann (Menanus) 137
Grieninger, Heinrich 132f
Griesbach, Johann Jakob (1745–1812) 557
Grimmenthal, Madonnenwallfahrt 188
Grimoald, Bayerischer Herzog [vor 715 – um 725/728] 6f
Groe, Johann vgl. Grau, Johann
Grönenbach 393f
– Chorherrenstift 393
Grosch, Johannes († um 1537) 276
Groß, Christoph Adam (1649–1724) 523
Groß, Erhart († um 1450) 176f
Groß, Johann Daniel 525
Groß, Konrad (um 1280–1356) 96f
Großbirkach, Kirche 26

Großgründlach, Zisterzienserinnenkloster Himmelthron 121
Grotius, Hugo (1583–1645) 477
Grünau, Kartause 119f
Grünewald, Matthis vgl. Gothardt-Nithardt, Matthis
Grumbach, Argula von (ca. 1492–1554) 255, 307f
Grundler, Andreas 251
Günzburg 300
Gugel, Christoph 247f, 250
Gullmann, Johann Balthasar II. (1666–1732) 526
Gumpelzhaimer, Adam (1559–1625) 469f
Gundelfingen an der Donau 316, 408
Gunther, Bischof von Bamberg [1057–1065] 59
Gunther der Eremit († 1045) 41
Gunthild, Hl. 187
Gunzenhausen 353, 365, 568
Gustav II. Adolf, König von Schweden (1594–1632) [1611–1632] 357f, 378, 380, 396, 456
Gutenstetten 523, 530
Gutknecht, Jobst (Jodocus) 327

Haag in Oberbayern 116
– Grafschaft 350, 453
– Grafen von 344, 346
Habermann, Johann (Avenarius) (1516–1590) 443
Habsburger 65, 146, 218f, 279, 289, 311, 321, 323, 355f, 360, 390, 392, 412, 414, 453, 483, 540
Hadrian IV. (Nikolaus Breakspear), Papst (* 1110/20) [1154–1159] 55
Hafenreffer, Matthias (1561–1619) 449
Hagen, Ulrich 244
Hager, Konrad († nach 1342) 72
Haina (bei Römhild) 221
Halle/Saale 453, 471, 521, 523, 526f, 552ff, 563, 565
– Hallesche Anstalten 526; vgl. auch Pietismus
Hallstadt 266
Halsbach, Jörg von (ca. 1410/15–1488) 143
Hamburg 492, 518, 587
Hammelburg 136, 268, 271
Hannover 502
Hardenberg, Karl August Fürst von (1750–1822) 482f

Hardesheim, Maria Jakobina 582
Harsdörffer, Georg Philipp (1607–1658) 473, 495, 508
Harsdorf 462
Hartmann, Abt von Göttweig [1094–1114] 43
Hartmann, Heinrich (um 1580–1616) 416
Hartmann, Johann Ludwig (1640–1680) 499f, 512, 516f
Hartmanni, Hartmann [d. Ä.] (um 1495–1547) 314
Hartwig I. von Sponheim, Bischof von Regensburg [1105–1125] 39, 50f
Hartwig, Abt von Tegernsee [978–982] 40
Haß, Georg (2. Hälfte 15. Jahrhundert) 175
Haß, Heinrich 249
Hassel, Johann Heinrich (1640–1706) 519, 523, 525
Hassenthaler, Sigismund (†1578) 459
Haßfurt 221, 263
Hassler, Hans Leo (1564–1612) 466, 468f, 472f
Hassler, Kaspar (1562–1618) 472
Haunsheim 393, 457f
Haydn, Joseph (1732–1809) 588f
Heden, Herzog von Thüringen († um 717) 11, 15
Heideck, Amt 316, 319, 407
Heidelberg 130, 134, 251, 262, 313f, 433
- Disputation 1518 224
- Heidelberger Katechismus 1563 400, 420, 427, 432
- Universität 91
Heidenfeld, Augustiner-Chorherrenstift 109
Heidenheim (Landkreis Gunzenhausen) 439
Heider, Valentin (1605–1664) 397
Heider, Wolfgang (1558–1626) 422
Heilbronn 462
- Heilbronner Bund 358
Heilbrunner, Jakob (1548–1618) 406, 437, 454
Heilbrunner, Philipp (1546–1616) 437, 454
Heiligenstadt 580
Heiliges Römisches Reich Deutscher Nation vgl. Reich
Heilsbronn 340, 361, 367, 424, 440
- Fürstenschule 422, 424, 447
- Münster 106, 183, 187, 195, 219
- Zisterzienserkloster 105f, 133, 214, 249, 283
Heimburg, Gregor († 1472) 127
Heinrich I., König des ostfränkisch-deutschen Reiches (876–936) [919–936] 28, 34ff

Heinrich II. [= Heinrich IV., Herzog von Bayern], Kaiser, Hl. (973–1024) [1002–1024] 34, 37, 145
Heinrich III., Kaiser (1017–1056) [1039–1056] 44f
Heinrich IV., Kaiser (1050–1106) [1056–1106] 46ff, 50
Heinrich V., Kaiser (1086–1125) [1106–1125] 46ff, 50f
Heinrich VI., Kaiser (1165–1197) [1191–1197] 56ff
Heinrich VII., Kaiser (1274[75?]–1313) [1312–1313] 65
Heinrich IV., König von Frankreich (1553–1610) [1589–1610] 484
Heinrich I., Herzog von Bayern (919/922–955) [948–955] 29, 33ff
Heinrich II. [»der Zänker«], Herzog von Bayern (951–995) [955–976. 985–995] 33–36
Heinrich III., Herzog von Bayern, Herzog von Kärnten (nach 940–989) [983–985] [976–978. 985–989] 34
Heinrich IV., Herzog von Bayern vgl. Heinrich II., Kaiser
Heinrich der Löwe, Herzog von Sachsen, Herzog von Bayern (1129–1195) [1142–1180] [1156–1180] 56f, 84
Heinrich XVI. der Reiche, Herzog von Niederbayern-Landshut (1386–1450) [1393–1450] 70
Heinrich Raspe, (Gegen-)König (um 1204–1247) 58
Heinrich [I.], Bischof von Augsburg [973–982] 34, 36
Heinrich [V.] von Knöringen, Bischof von Augsburg (1570–1646) [1598–1646] 395f, 455
Heinrich von Tengling, Bischof von Freising [1098–1137] 50
Heinrich I. von Wolfratshausen, Bischof von Regensburg [1132–1155] 59
Heinrich I., Bischof von Würzburg [995/996–1018] 41
Heinrich Heinbuche von Langenstein († 1397) 181f, 204
Heinrich von Nördlingen († nach 1351) 206
Heinrich Totting von Oyta († 1397) 181
Heinrich von Schweinfurt († 1017) 37
Heinrich Vigilis von Weißenburg († 1499) 176
Heintz, Joseph (1564–1609) 458
Heinz, Deusdedit († 1588) 389

Heldburg 416, 451
Helfendorf 5
Heling, Moritz (1522–1595) 371, 428, 434
Helmbrechts 571
Helmont, Franciscus Mercurius van (1614–1698) 505, 515
Helmont, Johann Baptist van (1577–1644) 505
Hemau 316
Hemmel von Andlau, Peter (um 1420/25 – nach 1501) 152
Hempel, Johann Michael 525
Henneberg
- Grafschaft 350, 378, 431f, 435, 495
- Henneberg-Römhild, Grafen von 373
- Henneberg-Schleusingen, Grafschaft 256, 373
- Henneberg-Schmalkalden, Grafen von 373
Herbishofen-Theinselberg 393f
Hering, Loy (1484/85–nach 1554) 145
Herlin, Hans (ca. 1425/30–1500) 155
Herlin, Jesse (um 1500–1575) 460
Herman, Nikolaus (1500–1561) 445, 465
Hermann von Salm, (Gegen-)König († 1088) [1081–1088] 46
Hermann, Bischof von Augsburg [1096–1133] 48, 50f
Hermann I., Bischof von Bamberg [1065–1075] 45f, 50
Hermann, (Gegen-)Bischof von Freising [1090/91] 50
Hermann, (Gegen-)Bischof von Passau [1085–1087] 47
Hermann II. Hummel von Lichtenberg, Bischof von Würzburg [1333–1335] 67
Hermann, Abt von Niederaltaich (um 1200–1275) [1242–1273] 64
Hermann von Schildesche (um 1290–1357) 67, 79, 116
Herneisen, Andreas (1538–1610) 463
Herold, Erzbischof von Salzburg [938 958] 29, 33
Herold, Bischof von Würzburg [1165–1171] 56
Heroldingen 255
Heroldsberg 571
Herolt, Johannes († 1468) 175
Herp, Hendrik († 1477) 180
Herr, Michael (1591–1661) 463, 580
Herrieden 187

Herrnhuter Brüdergemeine 529, 533–539, 542f; vgl. auch Pietismus
Hersbruck 349, 444, 501
- Spitalkirche 579
Hertel, Johann Georg (1692–1752) 534, 536
Herwart, Georg 136
Herzogenaurach 272
Heshusius, Tilemann (1527–1588) 429, 433
Hessen 10, 430
- Landgrafschaft 225
- Hessen-Kassel 487
Heßler, Georg, Bischof von Passau, Kardinal (um 1427–1482) [1479–1482] [1477–1482] 108
Heßler, Johann 108
Heßler, Nikolaus († 1505) 108
Hetan vgl. Heden, Herzog von Thüringen
Heunisch, Caspar Martin (1620–1690) 500f, 512
Hexenverfolgungen 184, 416f, 439f, 452
Heyden, Sebald (1499–1561) 338
Heyderer, Georg 229
Hieber, Hans (um 1480–1521/22) 157
Hieronymus, Hl. (um 347–419/20) 115, 186
Hildegard von Bingen, Hl. (1098–1179) 103
Hildesheim 41, 59
Hiller, Lorenz 215
Hilpoltstein 316, 319, 405, 407f
Hiltner, Johann (1485–1567) 321, 323, 463
Himmelspforten, Zisterzienserinnenkloster 123
Hippo 42
Hirn, Afra († 1437/38) 151
Hirn, Konrad († 1426/27) 151
Hirsau, Benediktinerkloster 40
Hirsvogel, Veit d. Ä. (1461–1525) 153
Historiographie 127ff, 131ff, 135, 224, 546, 552ff
Hochmann von Hochenau, Ernst Christoph (1670–1721) 529
Höchstädt an der Donau 316, 407f
Hoglworth, Augustiner-Chorherrenstift 109
Hönn, Georg Paul (1662–1747) 525
Höppel, Albrecht Nikolaus (1697–1765) 524, 528
Hof 74, 118, 370, 379, 442, 445, 465, 486
- Franziskanerkirche 118
- Klarissenkloster 122
- »Ordo« 1592 466f
- St. Michael, Kirche 459, 462, 465

- Superintendentur 366
Hoffer, Paul vgl. Speratus, Paulus
Hoffmann, Johann Georg 576
Hofmann, Christian Andreas (1719–1782) 542
Hohenaltheim, Synode 916 28
Hohenberg, Herrschaft 393
Hohenlohe
- Grafschaft 255, 431f, 468
- Hohenlohe-Neuenstein, Grafen von 373
Hohenstein 393
Hohenwaldeck, Herrschaft 344, 346, 350
Hohenwart, Benediktinerinnenkloster 187
Hohenzollern 86f, 89, 106, 133, 214f, 260, 482f, 513, 523
Holbein, Hans d. Ä. (um 1465–1524) 148, 151f, 156, 188, 193f
Holbein, Hans d. J. (1497–1543) 326, 339
Holland 534, 564, 584; vgl. auch Niederlande
Hollenhagen, Jakob Friedrich (1677–1710) 523
Holstein 542
Holzen, Benediktinerinnenabtei 123
Holzheim (Landkreis Neu-Ulm) 390
Homburg 487
Homrighausen 533
Honold, Familie 393
Horb 284
Horb, Johann Heinrich (1645–1695) 517f
Hornbach 405, 454
Horneck (Burg), Deutschordenskommende 268
Hornung, Johann 247
Hospital vgl. Spitäler
Hrotsvitha von Gandersheim (um 935 – um 975) 129
Huber(inus), Kaspar (1500–1553) 293
Huber, Wolf (um 1480/85–1553) 157
Hubmaier, Balthasar (1485–1528) 184f, 238, 288
Hucbert, Bayerischer Herzog (8. Jahrhundert) 7f, 10
Hüttenheim, Deutschordenskommende 112
Hufnagel, Wilhelm Friedrich (1754–1830) 562
Hugenotten 484–490, 577; vgl. auch Calvinismus; Exulanten
Hugo, Bischof von Würzburg [983–990] 41
Hugolin von Orvieto († 1373) 162
Huizinga, Johan (1872–1945) 162
Humanismus 113, 126–139, 164, 167, 175–178, 186, 234, 236, 245, 263f, 267f, 280, 282, 423, 425, 436, 449ff, 505

Humbert von Silva Candida († 1061) 45
Hunger, Albert (1545–1604) 406, 437
Hunnius, Aegidius (1550–1603) 424, 438, 454
Huosi, Familie 17
Hurtl, Veit († 1558) 250
Hus, Jan (um 1369–1415) 73, 163, 371
Hussiten 72ff, 209
Hut, Hans (um 1490–1527) 221, 223, 240, 272, 274, 288f
Huth, Caspar Jacob (1711–1760) 559f
Hutter, Leonhard (1563–1616) 454
Hymnus 334, 337f

Ickelshamer (Ickelsamer), Valentin (um 1500– um 1547) 239
Ignatius von Loyola, Hl. (1491–1556) 347
Iller (Fluß) 8, 81, 280
Illuminaten 550f
Illyricum, Kirchenprovinz 24
Ilmbach, Kartause Mariengart 119
Ilmmünster, Benediktinerkloster 16f
Ilsung, Sebastian († 1525) 136
Imhoff, Jakob Wilhelm von (1651–1728) 522
Immina, Tochter von Heden 15
Indersdorf, Augustiner-Chorherrenstift 109
Indien, Ostindien 526
Ingelfingen 349
Ingolstadt 98, 131f, 145, 185, 196, 207, 302, 307, 310f, 349, 549f
- Franziskanerkloster 114
- Jesuitenkolleg 312, 348, 454
- Kirche Unserer Lieben Frau 98, 143, 152
- Marienkapelle 185
- Universität 91, 129, 134f, 164, 181, 184, 265, 305, 307, 312, 348, 406, 437, 549
Innichen, Benediktinerkloster 27
Innocenz III. (Lothar von Segni), Papst (* um 1160/61) [1198–1216] 57f, 82
Innocenz IV. (Sinibaldo Fieschi), Papst (* um 1180/90) [1243–1254] 75, 81, 121
Innocenz VIII. (Giovanni Battista Cibo), Papst (* 1432) [1484–1492] 202
Innsbruck 146
Interamnes (»Zwischen den Flüssen«), Archidiakonat von Passau 88
Investiturstreit 43–51
Iphofen 109, 187, 271
Ippesheim 566f

Ipsheim 463
Irland 2, 4, 11
Irsee, Benediktinerkloster 105
Isaac, Heinrich (um 1450–1517) 466
Isaar 579
Isar (Fluß) 84f
Isny 290f
Issigau 460, 579
Italien 37, 51, 64, 66f, 126ff, 130, 135, 155f, 167, 252, 299, 469
Iuvavum 6; vgl. auch Salzburg

Jacobi, Daniel Kaspar (* um 1650) 518
Jakobus d. Ä. [von Compostela] 187
Jena 447, 449, 451, 471, 492, 498, 501, 556f, 563
– Universität 422, 424f, 451, 453, 495
Jerusalem 59ff
Jesuiten 302, 312, 347ff, 389, 396, 404, 407, 423, 430, 437ff, 442, 454ff, 549f
Joachim II., Kurfürst von Brandenburg (1505–1571) [1535–1571] 228
Joachim Ernst, Fürst von Anhalt (1536–1586) [1561/70–1586] 435
Joachim Ernst, Markgraf von Brandenburg-Ansbach (1583–1625) [1603–1625] 354, 377
Joachim, Graf von Ortenburg (1530–1600) [1551–1600] 427, 433, 435, 441
Jörg Zorn von Bulach († 1567) 320
Johann II., Herzog von Bayern-München (ca. 1341–1397) [1375–1397] 71
Johann III. von Zollern, Burggraf von Nürnberg (1369–1420) [1398–1420] 118
Johann Sigismund, Kurfürst von Brandenburg (1572–1619) [1608–1619] 354, 406
Johann, Markgraf von Brandenburg (1493–1525) 214, 217
Johann Friedrich, Markgraf von Brandenburg-Ansbach (1654–1686) [1667–1686] 487
Johann Wilhelm, Herzog von Jülich, Kleve und Berg (1562–1609) [1592–1609] 406
Johann [der Beständige], Kurfürst von Sachsen (1468–1532) [1525–1532] 225, 273, 462
Johann Friedrich [der Großmütige], Kurfürst von Sachsen, Herzog von Sachsen-Weimar (1503–1554) [1532–1547] [1552–1554] 277, 301
Johann Friedrich II. [der Mittlere], Herzog von Sachsen (1529–1595) [1554–1567] 415f, 431f

Johann Ernst, Herzog von Sachsen (1521–1553) [1541–1553] 277
Johann Wilhelm, Herzog von Sachsen-Weimar (1530–1573) [1554–1573] 433
Johann Georg I., Kurfürst von Sachsen (1585–1656) [1611–1656] 357, 455
Johann Casimir, Herzog von Sachsen-Coburg (1564–1633) [1586/96–1633] 416, 418, 422, 451
Johann Ernst, Herzog von Sachsen-Saalfeld (1658–1729) [1680–1729] 525
Johann Casimir, Pfalzgraf, Regent der Kurpfalz (1543–1592) [1577–1592] [1583–1592] 402, 441f
Johann I., Pfalzgraf von Pfalz-Zweibrücken (1550–1604) [1569–1604] 405f
Johann II., Pfalzgraf von Pfalz-Zweibrücken (1584–1635) [1604–1635] 406
Johann Friedrich, Pfalzgraf (1587–1644) 407
Johann Friedrich, Herzog von Württemberg (1582–1628) [1608–1628] 354
Johann von Zürich, Bischof von Eichstätt [1305–1306], Bischof von Straßburg [1306–1328] 76
Johann III. von Eich, Bischof von Eichstätt (um 1404–1464) [1445–1464] 77, 105, 110, 129, 170, 179
Johann III. Grünwalder, Bischof von Freising [1443/48–1452] 71
Johann von Dalberg, Bischof von Worms [1482–1503] 130, 134
Johann I. von Egloffstein, Bischof von Würzburg [1400–1411] 91
Johann III. von Grumbach, Bischof von Würzburg [1455–1466] 94
Johann Euchar von Wolffurt, Fürstabt von Kempten [1616–1631] 455
Johann von Guttenberg (um 1460–1538) 262
Johann von Henneberg [1522–1541] 268
Johann von Segovia (um 1393–1458) 71
Johann von Steren († nach 1337) 96
Johannes IX., Papst [898–900] 25
Johannes XVIII. (Johannes Fasanus), Papst [1003–1009] 37
Johannes XXII. (Jacques Duèse), Papst (* um 1245) [1316–1334] 65f, 115, 160, 338
Johannes XXIII. (Baldassare Cossa), (Gegen-)Papst (um 1360–1419) [1410–1415] 70
Johannes, Bischof von Salzburg († 746/747) 10

Johannes Affligemensis [um 1100] 339
Johannes von Capestrano (1386–1456) 114, 122, 179f
Johannes von Freiburg (um 1250–1314) 182
Johannes von Indersdorf (1382–1470) 109
Johannes von Jandun († 1329) 160
Johannes von Kastl († nach 1418) 167ff
Johannes von Würzburg 59
Jonas, Justus d. Ä. (1493–1555) 276f, 323
Josquin Desprez (um 1440–1521) 466
Juden/Judentum 61ff, 184, 187ff, 191, 238, 321, 410, 506, 515, 519, 565
Judith, Herzogin von Bayern († nach 985) 29, 33, 35f, 39
Jülich-Kleve-Berg, Herzogtum 407, 438
Julius, Herzog von Braunschweig-Wolfenbüttel (1528–1589) [1568–1589] 434
Julius Echter von Mespelbrunn, Fürstbischof von Würzburg (1545–1617) [1573–1617] 376, 378, 436
Jung-Stilling, Johann Heinrich (1740–1817) 539, 566
Junge, Christian Gottfried (1748–1814) 482, 556f
Junkheim, Johann Zacharias Leonhard (1729–1790) 564ff

Kärnten 22, 37
Kairo 59
Kaiser, Leonhard (Käser, Lienhard) († 1527) 309f
Kaiserslautern 402
Kaisheim
– Klosterkirche 142
– Zisterzienserstift 106f, 134f, 156
Kallmünz 316
Kaltenneuses 486
Kammermeister, Hieronymus 265
Kantate 584, 587, 589
Kantionalsatz 467f, 584, 586
Kantz, Kaspar († 1544) 282, 336
Kanzel 94, 118, 144f, 329f, 461f
Kanzelaltar 577f
Kappel, Schlacht bei, 1531 293
Kapuziner 298, 349, 396, 437
Karantanen 22f
Karantanien, Herzogtum 23, 27
Karg, Georg (1512–1576) 255, 299, 301, 364–367, 369f, 372, 426–430, 434, 447

Karl (I.) der Große, König der Franken und Langobarden, Kaiser (747–814) [768/774/800–814] 20, 23ff, 27
Karl (III.) der Dicke, fränkischer König, Kaiser († 888) [876/881–887] 21, 27
Karl IV., Kaiser (1316–1378) [1347–1378] 64, 68f, 109, 142
Karl V., Kaiser, König von Spanien (1500–1558) [1519–1556] 185, 216, 221, 225, 228, 230, 245f, 248f, 252, 290, 293ff, 299–303, 306f, 310ff, 315, 318, 320, 355f, 462
Karl VI., Kaiser (1685–1740) [1711–1740] 563
Karl X. Gustav, König von Schweden (Pfalzgraf von Pfalz-Zweibrücken-Kleeburg) (1622–1660) [1654–1660] 358
Karl Wolfgang, Graf von Oettingen-Harburg (ca. 1474–1549) 299
Karl Martell, Fränkischer Hausmeier († 741) [714–741] 7, 10
Karlmann, ostfränkischer König (um 830–880) [876–880] 27
Karlstadt vgl. Bodenstein, Andreas
Karlstadt am Main 86, 136
Karmel (Berg) 117
Karmeliter/-innen 117f, 151, 153, 280, 282, 302, 387
Karolinger 5, 9, 12, 15f, 20, 22ff, 27f, 75, 81, 90, 146
Kartäuser/-innen 113, 119f, 175ff, 205
Kaschauer, Jakob (ca. 1400–1463) 153
Kasendorf 463
Kasimir, Markgraf von Kulmbach-Bayreuth und Brandenburg-Ansbach (1481–1527) [1515–1527] 214–217, 219, 222, 228, 239, 269, 317
Kassel 295
Kastenbauer, Stephan vgl. Agricola, Stephan d. Ä.
Kastenhuber, Michael 535
Kastl
– Benediktinerkloster 104f, 166
– Klosterkirche 150
– Klosterreform 104, 166, 175
Katechismus/Katechetische Schriften 166, 177, 243, 246, 296f, 300, 302f, 347, 372f, 380, 385, 400, 406, 420ff, 425–429, 432, 444, 449, 453f, 498ff, 518, 520, 527, 540, 561, 572
Katechismusunterricht/Katechese 164, 173, 181, 372, 422, 526

Katharer 72
Katzheimer, Wolfgang (ca. 1435 – nach 1508) 156
Kaufbeuren 148, 154, 279, 282f, 286, 289ff, 298f, 356, 385, 387–390, 393–396, 398, 431f, 435, 478, 528, 562
- Blasiuskapelle 151
- Dreifaltigkeitskirche 581
- Frauenkirche 387, 396
- St. Martin, Pfarrkirche 387, 389, 394, 396, 398
- St. Sebastian, Friedhofskapelle 387
Keck, Johannes (1400–1450) 169, 171ff
Kefermarkt 154
Keget, Augustin (1639–1712) 518
Keidenzell 582
Kelheim 118
- Franziskanerkloster 114
Keller, Stadtarzt 241
Keller, Jakob (1568–1631) 454
Keller, Michael (vor 1500–1548) 281f, 286, 293, 301, 327
Keller, Wolf 461
Kempach, Johann 268, 271
Kempten 17, 27, 279, 282, 284, 288, 290ff, 295f, 298, 303, 327, 339, 356, 385, 387f, 394, 396f, 428, 431f, 435, 439, 443, 453ff, 462, 571
- Benediktinerstift 17, 103, 279, 284, 287, 293, 345, 396f
- Keckkapelle 151
- St. Lorenz, Stiftspfarrei 387
- St. Mang, Stadtkirche 284, 287, 385, 387, 454, 581
Kenntner, Hans 241
Kerll, Johann Kaspar (1627–1693) 587
Keßler, Andreas (1595–1643) 416, 514
Keßler, Johannes (1502/03–1574) 284
Ketteldorf 578
Ketzel, Familie 60
Ketzel, Jörg d. Ä. († 1488) 60
Ketzel, Martin d. J. (vor 1456–nach 1507) 60
Ketzmann, Peter (1521–1570) 429
Kiel 492
Kießling, Johann Tobias (1742–1824) 540
Kilian, Hl. (um 640–um 689) 11f, 132, 137
Kilian von Bibra († 1494) 132
Kilian, Lucas (1579–1637) 469f
Kindermann, Johann Erasmus (1616–1655) 472f

Kindt, Nikolaus († 1549) 263
Kirchenbau 142ff, 157, 328, 348, 457f, 575ff
Kirchenlied 335–338, 341, 421, 442, 444f, 456, 465ff, 473, 481f, 488, 495, 500ff, 506, 509, 513ff, 522, 527, 536, 540, 557, 561, 565, 568–572, 583–586, 588f
- Melodien 338, 583ff
Kirchenmusik 333–341, 416, 465–473, 583f, 586–589
- einstimmige 334, 466; vgl. auch Kirchenlied
- mehrstimmige 334f, 338–341, 466–470, 472, 584, 586–589
Kirchenordnung/-en 217, 226f, 229f, 238, 242f, 246f, 250f, 256, 268, 283, 292, 296f, 299f, 303, 314, 318ff, 323, 351f, 364f, 367f, 370f, 373–376, 385f, 390ff, 399–402, 405f, 412, 415ff, 422, 425f, 428f, 432, 434, 437, 454, 465f, 472, 478, 482, 486ff
Kirchenorganisation 81–90, 98ff
Kirchenreform/-kritik 44, 209ff, 265, 306ff
Kirchenregiment, landesherrliches 85, 97–100, 226–231, 256f, 318, 365–369, 384, 400–403, 408, 476f
Kirchensittenbach 498
Kirchenzucht 291f, 297, 303, 421, 450, 454, 488, 493, 497, 500, 502
Kirchheim am Ries 520
- Zisterzienserinnenkloster 123
Kirchleus 462
Kirchmayer, Sebastian (1641–1700) 516
Kirchschlag, Johannes († 1494) 175
Kirchschlag, Peter († 1483) 175
Kirschkau 576
Kitzingen 94, 239, 263, 360, 365–368, 377, 424, 426, 429, 444, 465, 508
- Almosenordnung 263
- Bürgerspital 97
- Benediktinerinnenabtei 122
Klaj, Johann (1616–1656) 495, 508
Kleber, Eusebius 385
Kleinerdlingen, Johanniterkommende 111
Kleinhaslach 215
Kleinknecht, Conrad Daniel (1691–1753) 526
Kleinochsenfurt 87
Kleinweisach 539
Klesl (Khlesl), Melchior, Bischof von Wien, Kardinal (1553–1630) 355
Klosterberge (Magdeburg-Klosterberge) 347, 349; vgl. auch Bergisches Buch

Klosterreform 99f, 104f, 128, 155, 168; vgl. auch Bursfelde; Cluniazensische Klosterreform; Gorze; Kastl; Melk
Knorr von Rosenroth, Christian (1636–1689) 506, 515, 569
Koberer, Georg (um 1480–1534) 263
Koberger, Anton d. Ä. (um 1440/45–1513) 178
Köler, Georg 463
Köln 65, 137, 409
– Universität 132, 136–139
Königsberg/Franken 127, 221, 267, 273f, 361, 587
– Augustiner-Eremiten-Kloster 116
Königsberg/Ostpreußen 250, 458, 555
Königshofen im Grabfeld 263
Königshofen an der Tauber 271
Körber, Otto († 1552) 229
Körner, Christoph (1518–1594) 349
Kohl, Paul († nach 1543) 321
Kohlhans, Tobias Ludwig (1624–1705) 505
Kolumban, Hl. (um 530–615) 4
Konfessionalisierung 351f, 384
Konfirmation 481, 561, 570
Konkordienbuch 1580 350f, 367, 384, 392, 415, 420, 428, 434ff, 440
Konkordienformel/Formula concordiae 1577 349, 351f, 367, 369f, 373f, 384, 402, 405, 412, 415, 420, 425, 428, 434ff, 440, 454
Konkubinat 91
Konrad I., ostfränkischer König († 918) [911–918] 28, 33, 35f
Konrad, Deutscher König (1074–1101) 46
Konrad III., König (1093–1152) [1138–1152] 54f
Konrad von Hirscheck, Bischof von Augsburg, [1152–1167] 55
Konrad I. von Morsbach, Bischof von Eichstätt [1153–1171] 55
Konrad II. von Raitenbuch, Bischof von Regensburg [1167–1185] 56
Konrad I., Bischof von Salzburg [1106–1147] 42, 47
Konrad von Babenberg, Bischof von Passau, Erzbischof von Salzburg [1148–1164] [1164–1168] 55
Konrad von Wittelsbach, Erzbischof von Salzburg (um 1130–1200) [1177–1183] 56
Konrad von Querfurt, Bischof von Hildesheim [1195–1199], Bischof von Würzburg [1198–1202] 59

Konrad [II.] von Thüngen, Bischof von Würzburg [1519–1540] 238f, 262f, 269, 271
Konrad von Ebrach († 1399) 162
Konrad von Geisenfeld (um 1400–1460) 169, 175
Konrad Airimschmalz von Weilheim († 1492) 168
Konradiner 22, 28, 36
Konstantin vgl. Kyrill
Konstanz 287, 290ff, 295
– Bistum 8, 81, 280
– Konzil 1414–1418 69f, 73, 104, 126
Konventikel/Collegia pietatis 501, 516, 518ff, 522f, 525, 527, 530, 532f, 535, 539, 541, 543, 548
Konzil vgl. Basel; Chalkedon; Konstanz; Lyon; Pisa; Rom; Synoden; Tridentinum; Vienne
Konziliarismus 70f, 163
Korbinian (ca. 675–ca. 725) 6f, 14
Kozel, Fürst in Pannonien († um 875) 25
Kradenthaller, Hieronymus (1637–1700) 587
Kräuter, Philipp David (1690–1741) 588
Kraf(f)t, Adam (um 1455/60–1508/09) 60, 145
Kraf(f)t, Johann Peter (1683–1740) 522, 536
Krain (Slowenien) 385
Krakau, Marienkirche 153
Krauss, Johann Ulrich 580
Krell, Zacharias († 1525) 271
Kremsmünster, Benediktinerkloster 16, 23, 43
Kretz, Matthias (ca. 1480–1543) 281
Kreutzer, Jörg († 1547) 266
Kreuzweg 60
Kreuzzüge 47, 56, 58ff, 113, 117
Kriechbaum, Künstlerfamilie 154
Kriechbaum, Martin (1435/40–nach 1508) 154
Krieger, Johann (1652–1735) 587
Krieger, Johann Philipp (1649–1725) 587
Kronach 264
Krum(en)auer, Hans (um 1350/60–nach 1410) 143
Kühbach, Benediktinerinnenabtei 123
Künlin, David (1530–1592) 385
Künneth, Johann Theodor (1735–1800) 564
Kürnach (bei Würzburg), Zisterzienserinnenkloster 121
Küps 580
Küsel, Melchior (1626–1683) 580
Kufstein, Benediktinerkloster 16

Kulmbach 74, 87, 133, 214f, 229, 364, 369, 379, 424, 486, 501, 526
- Augustiner-Eremiten-Kloster 116
- Konsistorium 227, 369, 501
- Landtag 1548 230
- Markgrafschaft vgl. Brandenburg(-Kulmbach)-Bayreuth
- Petrikirche 459, 461, 463, 579
- Plassenburg 214, 458
- Plassenburg, Schloßkirche 457, 461
- St. Nikolai 457
- Superintendentur 366
Kulmbach, Hans Suess von (um 1480–1522) 187
Kultgeräte/Vasa sacra 141, 147f, 331, 461, 463, 581
Kunigunde, Hl., Kaiserin, Gemahlin Kaiser Heinrichs II. (um 980–1033/39) 145
Kydrer, Wolfgang (um 1420–1487) 169, 172f
Kyrill(os) (Konstantin), Hl. (um 826/827–869) 24

Laaber 316
Laelius, Laurentius (1572–1634) 367, 369, 379, 438, 447, 451
Laib, Konrad (um 1400/10–ca. 1465) 151
Laien 161, 170ff, 175, 177ff, 182f, 197, 203, 206–209, 235, 238, 242, 245, 290, 294, 296, 370
Lambach, Benediktinerabtei 42
Lambert von Brunn, Bischof von Bamberg [1374–1399] 109
Laminit, Anna (um 1480–1518) 199
Landau (Isar) 85
Landauer, Matthäus († 1515) 144
Landsberg am Lech 359
- Landsberger Bund 354
Landshut 84, 88f, 98, 123, 135, 145, 148, 152f, 157, 185, 549
- Dominikanerkloster 115
- Franziskanerkloster 114
- Rentamt 305
- St. Jodok, Pfarrkirche 89, 98, 150
- St. Martin, Pfarrkirche 89, 98, 143f, 150, 154, 592
- Spitalkirche Heilig-Geist 143
Landstände 134, 214, 256, 275, 313, 316, 319, 403, 478

Lang, Georg Heinrich (1740–1806) 570
Lang, Johann Michael (1664–1731) 523, 530
Lang, Matthäus, Erzbischof von Salzburg (1468–1540) [1519–1540] 76, 135, 282, 306
Lange, Johann Konrad (1707–1767) 538
Langenmantel, Eitelhans († 1528) 288
Langenzenn 439, 538
- Augustiner-Chorherrenstift 109
Langheim, Zisterzienserkloster 105, 270
Langheinrich, Johann Peter (1671–1733) 581
Langmann, Adelheid (1306–1375) 162
Langobardenreich 7
Lantbert, Bischof von Freising [937–957] 35
Lasso, Orlando di (1532–1594) 466f, 469, 473
Lauda an der Tauber 271
Lauingen an der Donau 316, 358, 405, 408, 443, 454
- Augustiner-Eremiten-Kloster 116f
- Zisterzienserinnenkloster 123
Lautensack, Familie 339
Lautensack, Paul [I.] (1478–1558) 266
Lauter (Fluß) 272
Lautern vgl. Kaiserslautern
Lavater, Johann Caspar (1741–1801) 539, 566, 570
Layritz, Paul Eugen (1707–1788) 528, 534
Lech (Fluß) 8, 358, 361
Lechfeld, Schlacht auf dem, 955 29
Lechner, Leonhard (um 1553–1606) 469
Lederer, Jörg (um 1470–1548/50) 154
Leeder 393
Lehmus, Gottlieb Albrecht (1777–1840) 568
Leib, Kilian (1471–1553) 131, 267
Leibnitz, Christoph (1579–1632) 450, 498
Leibnitz, Justus Jakob (1610–1683) 498, 516
Leimberger, Christian (1706–1770) 580
Leinberger, Hans (1480–nach 1530) 154
Leinkauf, Johann 269
Leipheim 526
- Schlacht von, 1525 285
Leipzig 130, 136, 357, 430, 443f, 492, 501
- Leipziger Disputation 1519 138, 305
- Universität 91, 136f, 139, 181, 424f, 495
Lentz, Salomon (1584–1647) 413, 451, 453
Lenzfried, Franziskanerkloster 284, 293
Leo III., Papst [795–816] 21, 24
Leo IX. (Bruno Graf von Egisheim und Dagsburg), Papst (* 1002) [1049–1054] 44f

Leo X. (Giovanni de' Medici), Papst (*1475) [1513–1521] 261

Leonhard, Hl. 187

Leonhard von Egloffstein (1450–1514) 131

Leopold III., Herzog von Österreich (1351–1386) [1365–1386] 70

Lerche, Johann Christian (1691–1768) 527, 534

Leß, Gottfried (1736–1797) 555

Lessing, Gotthold Ephraim (1729–1781) 555, 563

Lettner 144

Leubing, Heinrich († 1472) 127

Leuchtenberg, Grafschaft 350

Leupold, Georg Conrad (1766–1830) 542

Leupold, Hans († 1528) 289

Leutershausen 365, 439

Leuzenbronn 580

Lichtenthaler, Georg Abraham (1684–1736) 569

Limpurg 431f, 434
- Schenken von 373
- Limpurg-Gaildorf, Grafschaft 255
- Limpurg-Limpurg, Grafschaft 255
- Limpurg-Speckfeld, Grafschaft 350

Linck, Wenzeslaus (1483–1547) 117

Lindau 279, 290ff, 295f, 298, 327, 385, 388ff, 394, 396f, 428, 432f, 435, 445, 507
- Franziskanerkloster 113
- Kanonissenstift 123, 388
- St. Marien, Stiftskirche 388
- St. Peter, Kirche 151
- St. Stephan, Kirche 331, 388
- Stiftsspital 96

Lindemann, Johann (1493–1554) 246, 251

Lindner, Friedrich (um 1542–1597) 466f, 469

Liscovius, Johann Andreas 521

Lith, Heinrich von der (1648–1682) 513, 519

Lith, Johann Wilhelm von der (1678–1733) 524, 528

Liturgie 93, 108f, 146f; vgl. auch Kirchenordnung/-en

Liudolf, Herzog von Schwaben († 957) [949–953] 29, 33

Liupram (Liuphram), Erzbischof von Salzburg [836–859] 25

Locher, Jakob (Philomusus) (1471–1528) 134, 186

Lock, Johannes († 1494) 175

Löffelholtz, Johann (Janus Cocles) (1448–1509) 133

Löhner, Johann (1645–1705) 587

Löner, Caspar (1493–1546) 337f, 386, 465

Lössau 576

Löwenstein-Wertheim, Grafen von 477

Löwenstein-Wertheim-Virneburg, Grafen von 373

Lohr am Main 375

Loner, Kaspar vgl. Löner, Caspar

Lorch, Lorcher Fabel 34

Lorenz von Bibra, Bischof von Würzburg (um 1459–1519) [1495–1519] 132f, 145, 261f

Lothar I., fränkischer König, Kaiser (795–855) [817/840–855] 22

Lotzer, Sebastian (*um 1490) 284ff

Luder, Peter (um 1415–1472) 126, 132

Ludolf von Sachsen (um 1300–1377/78) 200

Ludmilla, Hl. (um 860–921) 69

Ludwig (I.), der Fromme, Kaiser (778–840) [813–840] 22

Ludwig (II.), der Deutsche, ostfränkischer König (um 805–876) [840–876] 22, 25, 27

Ludwig IV., das Kind, ostfränkischer König (893–911) [900–911] 28, 33, 86

Ludwig IV., der Bayer, Herzog von Bayern-Ingolstadt, Römisch-deutscher König, Kaiser (1287–1347) [1294–1347] [1314–1347] [1328–1347] 64–69, 105, 114f, 160

Ludwig XIV., König von Frankreich (1638–1715) [1643–1715] 484

Ludwig VII., der Gebartete, Herzog von Bayern-Ingolstadt († 1447) [1413–1443] 143

Ludwig X., Herzog von Bayern (1495–1545) [1516–1545] 305

Ludwig, Kurfürst von Brandenburg (1315–1361) [1323–1361] 68

Ludwig V., Kurfürst von der Pfalz (1478–1544) [1508–1544] 313f

Ludwig VI., Kurfürst von der Pfalz (1539–1583) [1576–1583] 401f, 423, 433, 435, 440f

Ludwig XV., Graf von Oettingen-Oettingen (1486–1557) 299, 301, 391

Ludwig XVI., Graf von Oettingen-Oettingen (1506–1569) [1557–1569] 301, 391f

Ludwig, Herzog von Württemberg (1554–1593) [1575/78–1593] 434

Lüdke, Friedrich Germanus (1730–1792) 555

Lütkemann, Joachim (1608–1655) 506, 509

Lützelburg 390
Lützen, Schlacht bei, 1632 357, 359
Luitpold, Markgraf von Bayern (†907) [895–907] 27
Luitpoldinger 27ff, 33, 36f
Lukian (um 120–nach 180) 131
Lupold von Bebenburg, Bischof von Bamberg (†1363) [1353–1363] 67f
Luther, Martin (1483–1546) 116ff, 138f, 156, 168, 173, 176, 191, 196, 215, 219, 224f, 236, 239, 243, 246f, 254f, 261–267, 273, 275f, 280, 282ff, 286ff, 293, 305f, 309f, 318, 321, 326, 330, 336–340, 345ff, 349, 371, 385f, 421, 424, 426–429, 437, 439, 455f, 462, 477, 496, 504, 518, 559
Luxemburger 65f, 68
Luxeuil, Benediktinerkloster 2, 4
Lynar, Heinrich Kasimir Gottlob, Graf zu (1748–1796) 540
Lyon, Konzil von, 1245 58

Mader, Johann 136
Mähren 24f, 69, 240, 535f
Mäleßkircher, Gabriel (ca. 1425–1495) 155
Magdalena von Bayern (1587–1628) 407
Magdeburg 349, 453
– Erzstift 453
Magnus von Füssen, Hl. (um 700–772?) 17, 27
Maidbronn 271
Maier, Hans, Wiedertäufer 221
Maier, Marx (†1531) 221
Maihingen, Birgittenkloster 124
Maillard, Olivier (†1502) 176
Main (Fluß) 65, 82, 86, 94, 112, 354, 375
Mainbernheim 439
Mainfranken 11, 91, 143, 150
Mainz 50, 65, 111, 127, 136, 138, 502, 566
– Erzbistum 70, 78f, 81, 260
– Fürstentag 1119 50
– »Hoftag Jesu Christi« 1180 59
– Kirchenprovinz 10, 14, 21f, 29, 34f, 37, 56, 69, 80f, 104
– Kurfürstentum 375
– Oberstift 86, 259ff, 270, 346, 350
– Synoden 829, 847, 852 21
– Synode 1085 47
– Universität 137, 261
Mair von Landshut (um 1450/60–nach 1504) 157

Mair, Martin (†1481) 127
Mais (bei Meran) 7
Major, Georg (1502–1574) 430f
Mallersdorf, Benediktinerkloster 104
Manegold von Lautenbach (†nach 1103) 43
Mantua 245
Marbach, Johannes (1521–1581) 385
Marburg, Religionsgespräch 1529 240
Margarethe Maultasch, Gräfin von Tirol (1318–1369) 68
Maria Medingen, Dominikanerinnenkonvent 162
Marienburg, Augustiner-Chorfrauenkloster 187
Marienfrömmigkeit 62f, 109f, 184ff, 188, 190f, 195, 198ff, 209, 229, 283, 307, 482; vgl. auch Altötting; Dettelbach; Grimmenthal; Regensburg; Volkach
Marius von Aldersbach, Wolfgang (1469–1544) 135
Marktbreit 531, 581
Marktleuthen 461
Markward von Randegg, Bischof von Augsburg (um 1300–1381) [1348–1365] 79
Marpeck, Pilgram (ca. 1495–1556) 298
Marperger, Bernhard Walter (1682–1746) 522
Marschalck, Haug, genannt Zoller (†1535) 281
Marsilius von Padua (um 1280/90–1342/43) 66, 160
Martin von Tours, Hl. (†397) 6
Martin V. (Oddo Colonna), Papst (*1368) [1417–1431] 99
Matthias von Neuenburg (†um 1365) 68
Maximilian I., Kaiser (1459–1519) [1486 (König)/1493 (Alleinregierung)/1508 (Kaiser)–1519] 135, 146, 179, 184, 214, 316, 356
Maximilian I., Herzog von Bayern, Kurfürst (1573–1651) [1597–1651] [1623–1651] 68, 326, 344f, 348f, 354–358, 360, 395f, 403, 406f, 413, 437
Maxlrain, Freiherren von 344
Mechenried 271
Mechthild von Hackeborn (1241/42–1299) 176
Meckart, Johann (1507–1559) 384f
Mecklenburg
– Agende 416
– Kirchenordnung 303, 320
Medler, Nikolaus (1502–1551) 465
Meeder 418

Meelführer, Johann Christoph (1644–1708) 513, 519
Meginhard II., (Gegen-)Bischof von Würzburg (†1088) [1085–1088] 48
Meginward, Bischof von Freising [1078–1098] 50
Meiland, Jakob (1542–1577) 469
Meinhard, Scholaster = Meginhard II. 48
Meiningen 221
Meisner, Balthasar (1587–1626) 453, 495
Meißen 508
Meisterlin, Sig(is)mund (um 1435 – nach 1497) 116, 128
Melanchthon, Philipp (1497–1560) 225, 236, 244f, 248, 276f, 295, 303, 307, 371, 385, 402, 420ff, 425, 428–431, 434f, 441, 496
Melk
 – Benediktinerkloster 71, 104, 168f, 174f
 – Melker Klosterreform 104f, 128, 147, 155, 168f, 175
Melkendorf 87
Mellrichstadt 136
Memmelsdorf 266
Memmingen 148, 154, 157, 175, 184, 188, 239, 279, 282ff, 286f, 289–292, 296, 298, 327, 329, 356, 385–388, 390, 393f, 396f, 428, 431ff, 435, 442, 507, 530, 533
 – Antonierhaus 387, 396
 – Augustiner-Eremiten-Kloster 116, 387
 – Bundesordnung 1525 239, 284f
 – Franziskanerinnenkloster 387
 – Frauenkirche 151, 387
 – St. Martin, Pfarrkirche 151, 283, 339, 387
 – Spital 97, 387
 – Zwölf Artikel 1525 239, 269, 284f
Memminger, Paul V. (1665–1736) 525
Menanus vgl. Greul, Johann
Mendikanten 118; vgl. auch Bettelorden
Mengot, Friedrich (†1370) 195
Mentzer, Balthasar (1565–1627) 449
Meran 7
Mergentheim 112
 – Deutschordenskommende 268
Merklin, Balthasar (um 1479–1531) 290
Merowinger 8
Merz, Aloys (1727–1792) 550
Messe/-feier 93, 334, 336, 469, 586f; vgl. auch Abendmahl

Method(ius), Hl. (um 815–885) 24f
Metten, Benediktinerkloster 104
Metternich, Wolf Freiherr von (†1731) 525
Metzger, Georg Michael 521
Mey, Johannes 136
Meyfart, Johann Matthäus (1590–1642) 416, 422, 444, 451f, 495f, 513
Michael von Cesena (†1342) 66, 114
Michel, Georg Adam (1708–1780) 529
Michelfeld, Benediktinerkloster 104
Miesbach 344
Miltenberg 86, 261
Mindelaltheim 297
Mindelheim, Augustiner-Eremiten-Kloster 116
Minderlein, Pfarrer 243
Mission
 – bayerische 22–25, 27
 – fränkische 4, 8
 – irische-angelsächsische 4, 9ff
 – neuzeitliche Mission/-sgesellschaften 481, 502ff, 514, 526, 535f
Mistelbach 459, 579, 581
Mistelgau 331, 457
Mittelfranken vgl. Franken
Mödingen, Dominikanerinnenkloster 121
Mönchröden, Benediktinerabtei 104f, 274
Mönchsondheim 575
Mönchsroth 536
 – Benediktinerkloster 246, 391
Möningerberg, Franziskanerkloster 114
Mörlin, Konrad (1452–1510) 135
Mörlin, Maximilian (1516–1584) 433
Mohr, Hans 274
Moimir (Mojmír) II., Herzog von Mähren [894 – um 905/906] 25
Moller, Daniel Wilhelm (1642–1712) 519
Monastische Theologie 165f, 169f, 177
Mondsee, Benediktinerkloster 16, 169
Monheim 316
Montfort, Grafen von 390
Montfort, Hugo Graf von (†1662) 396
Moosburg (Landkreis Freising)
 – Grafen von 7
 – St. Castuluskloster 17, 187
Morata, Olympia Fulvia (1526–1555) 251f
Moravia vgl. Mähren
Morimond, Zisterzienserabtei 106

Moritz, Herzog von Sachsen, Kurfürst (1521–1553) [1541–1553] [1547–1553] 228, 230
Moritz, Landgraf von Hessen-Kassel (1572–1632) [1592–1627] 354
Moritzbrunn, Templerkommende 111
Mosheim, Johann Lorenz (1693–1755) 552
Motette 334, 466, 469, 473, 584, 586f
Mozart, Wolfgang Amadeus (1756–1791) 570, 588
Mühlberg an der Elbe 301
Mühldorf am Inn 29, 65, 306f
Mühlviertel (Österreich) 154
Müller, Heinrich (1631–1675) 509
Müller, Johann 272
Müller, Johann Jacob (1712–1781) 538
Müller, Johannes (Regiomontanus) (1436–1476) 126f
Münch, Cuntz († 1475) 132
Münch, Kilian 132
Münchaurach 486f
- Benediktinerkloster 105
Münchberg 117, 513, 585
München 66, 71, 84, 88f, 98, 133, 145f, 148, 152–155, 160, 171, 175, 185, 188, 200, 203, 271, 288, 309, 326, 334, 339, 354f, 357, 359, 407, 454, 466f, 549, 570, 606
- Augustiner-Eremiten-Kloster 116f
- Franziskanerkloster 113f
- Georgskirche 84
- Heiliggeistspital 96
- Hohe Domkirche Unserer Lieben Frau 68, 84, 89, 98, 143, 152, 593
- Jesuitenkolleg 348f
- Matthäuskirche 581
- Münchener Vertrag 1619 360
- Rentamt 305
- Salvatorkirche 152
- St. Jakob, Klarissenkloster 122, 199
- St. Michael 348, 458
- St. Peter, Kirche 84, 89, 98, 145, 156
- Schloß Nymphenburg 581
München-Bogenhausen 84
München-Giesing 98
München-Obermenzing 98
München-Sendling 84
Münnerstadt
- Augustiner-Eremiten-Kloster 116f
- Deutschhauskirche 112

- Stadtpfarrkirche 154
Münster 222, 493; vgl. auch Westfälischer Friede
Münsterschwarzach, Abtei 41f, 105
Müntzer, Thomas (um 1490–1525) 240, 288, 336, 463
Münzer, Hieronymus (1437/47–1508) 128, 130
Muggendorf 575
Muleysen, Johannes (spätes 15. Jahrhundert) 175
Musculus, Andreas (1514–1581) 349
Musculus, Wolfgang (1497–1563) 293, 296, 298, 300f
Musikinstrumente 335, 466, 472, 584; vgl. auch Orgel
Mystik 165ff, 169–172, 175f, 204ff, 509, 515

Nabburg 85, 402
Nachtenhöfer, Caspar Friedrich (1624–1685) 416, 418
Nähermemmingen 391
Nantes, Edikt von, 1598 484
Napoleon I., Kaiser der Franzosen (1769–1821) [1804–1815] 542, 589
Naumann, Johann Tobias († 1847) 540
Naumburg
- Naumburger Fürstentag 1561 430ff
- Naumburger Kirchenordnung 1537 465
Necker, Georg 385
Neithardt von Thüngen, Fürstbischof Bamberg (1545–1598) [1591–1598] 436
Nemmersdorf 460
Neologie 482, 539, 554–557, 560, 562, 564f
Nerreter, David (1649–1726) 518ff
Nespitzer, Georg 221, 240
Neu-Schauerberg 487
Neubauer, Heinrich 526
Neubrunn, Deutschordenskommende 112
Neuburg, Bistum 8, 21
Neuburg an der Donau 35, 316, 408, 422; vgl. auch Pfalz-Neuburg
- Hofkirche 457f
- Konsistorium 406
- Neuburger Religionsmandat 1542 318
- Schloßkapelle 318, 328, 458, 599
Neuching, Synode 771 20
Neuhaus, Maria Barbara, geb. von Hund (1661–1732) 522f, 528
Neukirchen (bei Sulzbach-Rosenberg) 515

Neumarkt in der Oberpfalz 123, 313f, 400, 402, 404
- Hofkirche 314
Neunburg vorm Wald 313, 402
Neunkirchen am Brand 148
- Augustiner-Chorherrenstift 109
Neuötting 152
Neustadt an der Aisch 86, 114, 121, 269, 486f, 519, 523, 527, 532–535, 538
- Fürstenschule 527f
Neustadt bei Coburg 86, 560
Neustadt am Kulm, Karmelitenkloster 118
Neustadt am Main, Benediktinerkloster 25
Neustadt an der Saale 86, 263, 271
- Karmelitenkloster 118
Neustift, Prämonstratenserstift 110
Neutra 25
Neydecker, Paul (um 1480–1565) 265
Nicolai, Friedrich (1733–1811) 555
Nider, Johannes († 1438) 175
Niederaltaich, Benediktinerkloster 16f, 40f
Niederbayern vgl. Bayern
Niederlande 146, 149, 155, 170, 180, 504ff, 515; vgl. auch Holland
Niedermünster 5; vgl. auch Regensburg
Niederösterreich vgl. Österreich
Niederrhein vgl. Rhein
Niederschönenfeld, Zisterzienserinnenkloster 123
Niger vgl. Schwarz, Petrus
Niklas von Wyle († 1478) 127
Niklashausen 209
Nikolaus, Hl. 97
Nikolaus III. (Giovanni Gaetano Orsini), Papst (*1212/16) [1277–1280] 121
Nikolaus von Kues, Kardinal (1401–1464) 71, 104, 110, 169, 171, 175, 205
Nikolaus von Ybbs, Bischof von Regensburg [1313–1340] 76
Nikolaus von Dinkelsbühl (um 1360–1433) 181
Nitschmann, David (1696 [1695?]–1772) 536
Nördlingen 111, 128, 143f, 148, 153, 155f, 175, 249, 279, 282f, 290, 299, 334, 336, 386ff, 391, 397, 408, 426, 439, 465, 521, 526
- Franziskanerkloster 113, 387
- Karmelitenkloster 118, 282, 387
- »Ordnung der Ceremonien« 1555 465f
- Salvatorkirche 151, 387
- St. Georg, Pfarrkirche 144, 154, 282, 391, 459–462, 601
- Schlacht bei Nördlingen 1634 358, 397, 408
- Spitalkirche 460
Nominalismus 181, 196; vgl. auch Scholastik
Norbert von Xanten (1080/85–1134) 110
Nordgau 14, 22, 313, 316, 358, 408
Nordheim (Thüringen) 272
Noricum 2f
Nürnberg 60, 64, 73f, 82, 85f, 89, 94, 99, 119, 127–134, 136–139, 145–149, 152f, 155f, 162, 168, 170, 175–180, 185ff, 189f, 197, 203, 208, 214, 217, 219, 221f, 224ff, 233–251, 260, 262f, 265, 267, 273, 280, 283, 290, 294f, 308, 319, 325–329, 331, 334, 336–340, 349ff, 354, 356–359, 361, 363f, 367, 370–374, 379ff, 397, 400, 421f, 424ff, 428, 431–435, 437, 439, 441–446, 449ff, 462f, 466–469, 471ff, 478, 480–484, 490, 492–504, 507–510, 512ff, 516, 518–522, 526, 528–531, 533ff, 538, 540ff, 548, 551, 553, 555ff, 561, 565ff, 571f, 580ff, 586–589
- Allerheiligenkapelle 144
- Armenkinderschule 522
- Augustiner-Eremiten-Kloster 116f, 176
- Deutschhauskirche 112
- Deutschordenskommende 379, 480
- Dominikanerkloster 115f, 147
- Egidienkirche 328, 461
- Franziskanerkirche 450
- Franziskanerkloster 113f
- Frauenkirche 142, 144, 155, 434, 518, 540
- Friedenskirche 156
- Heiliggeistspital 96, 267, 371
- Heiliggrabkapelle 60
- Jakobskirche 379, 540, 571
- Karmelitenkloster 118, 153
- Kartäuserkirche 481
- Kartause 103, 119f
- Klarissenkloster 114, 121f, 130, 147, 149, 176, 236
- Landauersches Zwölfbrüderhaus 144, 156, 595
- Marienkapelle 62, 185
- Nürnberger Anstand 1532 244, 293, 311
- Nürnberger Exekutionstag 1649/50 358, 361
- Rat 82, 99, 156, 235, 240, 243ff, 370, 374, 449f, 481, 497, 571
- Reichstage 1522–1524 215, 235, 307

- Religionsgespräch 1525 235
- St. Egid, Benediktinerabtei (Schottenkirche) 104
- St. Egidien, Gymnasium 422, 425, 473, 495
- St. Egidien, Kirche 449, 461, 498, 522
- St. Elisabeth, Kapelle 379f
- St. Elisabeth, Spital 480
- St. Katharina, Dominikanerinnenkloster 121, 147, 167, 176, 178, 206, 266
- St. Lorenz, Stadtpfarrkirche 73, 82, 85f, 89, 131, 143ff, 147, 149, 152f, 176, 207, 247, 318, 328, 434, 449, 463, 473, 498, 540, 557, 586f, 597
- St. Marien, Kirche 449
- St. Sebald, Stadtpfarrkirche 73, 82, 85f, 89, 143ff, 148, 150ff, 176, 245, 328, 334, 371, 428, 434, 449f, 494f, 498, 518, 557, 587
- St. Veit, Augustiner-Eremiten-Kirche 117, 156

Nürnberg-Gostenhof 484
Nürnberg-Großgründlach 153
Nürnberg-Mögeldorf 266, 463
Nürnberg-Wöhrd 153, 484
Nützel, Wolfgang 263

Oberallgäu vgl. Allgäu
Oberbayern vgl. Bayern
Oberbürg 483
- Schloß 534
Oberdeutsche Reformation 291–300, 320, 385f; vgl. auch Confessio Tetrapolitana
Oberdeutschland 56f, 60, 66, 70, 72, 87, 92, 96, 106, 114f, 118, 162, 180, 290, 298, 478, 483f
Obereisenheim 375
Obereschenbach 268
Oberfranken vgl. Franken
Oberkotzau 526
Oberkrumbach 498
Oberküps 272
Oberlin, Friedrich (1740–1826) 539
Obermässing, Deutschordenskommende 112
Obermenzing vgl. München-Obermenzing
Obernsees 581, 602
Oberösterreich vgl. Österreich
Oberpfalz 104, 110, 116, 143, 150, 175, 313ff, 320, 345, 350, 354, 358f, 381, 399–404, 412f, 421ff, 427, 432f, 435, 440f
Oberrhein vgl. Rhein
Oberschönenfeld, Zisterzienserinnenkloster 123

Oberschwaben vgl. Schwaben
Oberstaufen, Kapelle St. Bartholomäus 151
Oberthür, Franz (1745–1831) 550
Oberzell, Prämonstratenserstift 110
Occo, Adolf d. Ä. (1447–1503) 128, 135f
Ochino, Bernardino (ca. 1487–1564/65) 298f
Ochsenfurt 62, 86f, 119, 131
Odalbert, Erzbischof von Salzburg [923–935] 28, 33
Odalfrid, Bischof von Eichstätt [912–933] 29, 35
Odilo, bayerischer Herzog (†748) [736–748] 8, 10, 12, 14, 16, 21, 23
Oeder, Georg Ludwig (1684–1760) 538, 563
Oekolampad(ius), Johannes (1482–1531) 267, 280, 291, 463
Oelhafen, Tobias 397
Oertel, Eucharius (1765–1850) 570
Österreich 37, 43, 65, 85, 88, 143, 168, 288, 311, 412f, 483f, 503, 541
- Niederösterreich 154, 509
- Oberösterreich 154, 157, 360, 381, 483
- Vorderösterreich 392
Oesterreicher, Georg (1563–1621) 445
Oestreich, Gerhard (1910–1978) 352, 493
Oetinger, Friedrich Christoph (1702–1782) 538
Oettingen 299, 392, 520f, 526, 540
- Grafen von 124
- St. Jakob 392
- St. Sebastian 392
- Waisenhaus 522
- Oettingen-Harburg, Grafschaft 255
- Oettingen-Oettingen, Grafschaft/Fürstentum 255, 279, 299, 301, 346, 350, 384, 391, 397, 431ff, 435, 507, 520, 528f, 536, 538
- Oettingen-Wallerstein, Grafschaft/Fürstentum 279, 346, 350
Ohrdruf 587
Oliva, Frieden von, 1660 479
Omeis, Magnus Daniel (1646–1708) 530
Oper 473, 587
Opitz, Josua (1543–1585) 433
Orgel 95
- Bau 334, 471
- Begleitung 468, 471f, 584
- Kompositionen 584, 586f
- Spiel 334, 339, 466, 471f, 584
Ornitoparchus, Andreas (* um 1490) 339

Ortenburg 110
- Grafschaft 344, 346, 348, 350, 427, 433, 435, 441, 453
Orthodoxie, lutherische 396, 415ff, 419–456, 491–510, 512–515, 549, 551–556, 560, 564, 570, 572
Osiander, Andreas (1496/98–1552) 117, 138, 235ff, 240, 242–247, 249, 250, 264, 318, 327f, 339, 426, 428, 430, 467
Osiander, Lukas (1534–1604) 467, 584
Osiander, Lukas d. J. (1571–1631) 449
Osnabrück vgl. Westfälischer Friede
Ostendorfer, Michael (um 1494–1559) 185, 323, 330, 600
Osterhofen, Prämonstratenserstift 110
Ostfranken vgl. Franken
Ostpreußen 484
Othmayr, Caspar (1515–1553) 340f
Otmar, Silvan (um 1481–1540) 327
Ott, Eucharius († um 1545) 270
Ottheinrich, Pfalzgraf, Kurfürst von der Pfalz (1502–1559) [1505–1559] [1556–1559] 247, 314–320, 328, 399f, 402, 405, 423, 432
Ottheinrich II., Pfalzgraf (1556–1604) [1569–1604] 405
Otto I., der Große, Kaiser (912–973) [936–973] 21, 29, 32–36
Otto II., Kaiser (955–983) [973–983] 33–36
Otto III., Kaiser (980–1002) [983–1002] 37, 41
Otto IV., Kaiser (um 1182–1218) [1208/09–1218] 57f
Otto VI., Herzog von Andechs-Meranien (1170/75–1234) [1204–1234] 58
Otto von Wittelsbach, Pfalzgraf von Bayern (vor 1180–1209) [1193–1209] 58
Otto I., Herzog von Bayern (ca. 1117–1183) [1180–1183] 56
Otto, Herzog von Schwaben (954–982) [973–982] 36
Otto Truchseß von Waldburg, Bischof von Augsburg (1514–1573) [1543–1573] 249, 302
Otto I., Hl., Bischof von Bamberg († 1139) [1102–1139] 50f
Otto, Bischof von Freising (um 1112–1158) [1138–1158] 54f, 59
Otto von Riedenburg, Bischof von Regensburg [1061–1089] 50
Otto II. von Wolfskeel, Bischof von Würzburg [1333–1345] 67, 87

Ottobeuren, Kloster 17, 105
Ottonen 13, 31, 35, 37, 75, 146
Oxford 73

Pachelbel, Johann (1653–1706) 472, 587
Pachelbel von Gehag, Wolfgang Gabriel (1649–1728) 523, 528
Paeonius (Thirnauer), Martin 230
Pahres 523, 530
Paminger (Pämminger), Leonhard (1495–1567) 339ff
Pankratius, Andreas (1531– nach 1584) 442
Pannonien 24f, 27
Pappenheim 385
- Augustiner-Eremiten-Kloster 116
- Herrschaft 256, 373, 393
Pappenheim, Marschall von, Alexander († 1612) 393
Pappenheim, Marschall von, Matthäus (1458–1541) 135
Pappenheim, Marschall von, Philipp (1542–1619) 393f
Pappenheim, Marschall von, Wolfgang II. (1535–1585) 393
Paramente 149f, 582
Paris 162, 166
- Universität 165
Parkstein-Weiden 316, 405, 407
Parler, Baumeisterfamilie 142f
Paschalis II. (Rainerius), Papst [1099–1118] 46
Paschalis III. (Guido von Crema), (Gegen-)Papst [1164–1168] 56
Passau 4, 7, 9, 34f, 43, 55, 66, 75, 114, 129, 142, 153f, 157, 187f, 230, 309, 339
- Bistum 10, 15, 21, 24f, 34, 47, 75, 79, 81, 83, 88, 154, 167, 188, 305, 309
- Marienkirche 8
- Passauer Vertrag 1552 231, 250, 303, 312, 315, 346, 355, 398
- St. Nikola, Chorherrenstift 42f
- St. Stephan, Dom 7, 15, 75, 143
Pastorius, Franz Daniel (1651–ca. 1720) 517
Pastorius, Melchior Adam (1624–1702) 517
Patristik 182
Patronat 72, 81f, 88f, 98, 234, 256, 283, 316
Patrozinien 96f
Paul III. (Alessandro Farnese), Papst (* 1468) [1534–1549] 347

Paumann, Conrad (um 1415–1473) 334
Pavia, Reichssynode 1160 55
Pegnesischer Hirten- und Blumenorden 473, 495, 502, 507ff, 518, 529
Pegnitz 328, 579
Pegnitz (Fluß) 85, 244, 351, 357, 508
Pencz, Georg (Jörg, Jorg) (um 1500–1550) 237, 326, 328
Peraldus, Wilhelm († 1271[?]) 182
Peraudi, Raimund (1435–1505) 184, 203
Pernau, Ferdinand Adam von (1660–1731) 525
Perschen 85
Pesler, Georg (um 1470–1536) 235
Pest, Große 162ff, 169f, 180, 184, 186, 192
Peter von Schaumberg, Bischof von Augsburg [1424–1469] 128
Petersen, Johann Wilhelm (1649–1727) 529
Petersen, Johanna Eleonora, geb. von Merlau (1644–1724) 529
Petrus Damiani (1006/1007–1072) 45
Pettendorfer, Johannes († nach 1533) 262
Peuntner, Thomas (um 1390–1439) 181
Peurlin, Hans (um 1450–1508) 145
Peutinger, Konrad (1465–1547) 135, 138, 180, 280, 283
Peypus, Friedrich (ca. 1485–1535) 191, 197
Pfaffenhofen an der Ilm 187
Pfalz 107, 487, 489
- Kurpfälzische Kirchenordnung 1563 400f
- Kurpfalz 313, 315, 319f, 380, 399ff, 403, 405f, 430, 432, 440f
- Pfalzgrafschaft vgl. Pfalz-Neuburg; Pfalz-Sulzbach; Pfalz-Zweibrücken
Pfalz-Neuburg, Herzogtum 107, 247, 300, 313, 316–320, 322, 346, 350f, 380, 384, 391, 393, 399, 404–410, 412f, 434, 438, 441, 453f, 505f; vgl. auch Neuburg an der Donau
- Bildersturm 320
- Kirchenordnung 1543 318ff
- Kirchenordnung 1554 320
Pfalz-Sulzbach 404, 407f, 410, 504f, 514f, 568ff; vgl. auch Sulzbach
Pfalz-Zweibrücken
- Fürstentum 405f, 454
- Kirchenordnung 385
Pfarreiorganisation IX, 77, 83–95, 103, 118f
Pfefferkorn, Johannes 138
Pfeil, Christoph Karl Ludwig Freiherr von (1712–1784) 536

Pfersee vgl. Augsburg-Pfersee
Pfeuffelmann, Familie 132
Pfeuffelmann, Johann 132
Pflaum, Ludwig (1774–1824) 571
Pflaumloch 391
Pfründenkumulation 108
Philipp von Schwaben, Deutscher König (1177–1208) [1198–1208] 56f, 59
Philipp IV. [der Schöne], König von Frankreich (1268–1314) [1285–1314] 160
Philipp II., König von Spanien (1527–1598) [1556–1598] 302
Philipp [I. der Großmütige], Landgraf zu Hessen (1504–1567) [1518–1567] 246ff, 290, 293, 462
Philipp, Pfalzgraf (1503–1548) [1505–1541] 316f, 319
Philipp Ludwig, Pfalzgraf von Pfalz-Neuburg (1547–1614) [1569–1614] 351, 354, 395, 405f, 434f, 437f, 454, 458
Philipp Wilhelm, Pfalzgraf von Pfalz-Neuburg, Kurfürst von der Pfalz (1615–1690) [1653–1690] [1685–1690] 410, 505
Philipp von Rathsamhausen, Bischof von Eichstätt [1306–1322] 166, 168
Philippisten 402, 420, 425, 428, 430, 440f, 449f
Philomusus vgl. Locher, Jakob
Piccolomini, Enea Silvio de' vgl. Pius II., Papst
Pierius, Urban (1546–1616) 441
Pietismus 421, 446, 480f, 492f, 497, 500f, 503f, 506, 510, 512–544, 547f, 551, 553, 560, 563f, 570ff
- Hallischer 504, 518, 521–529, 538f, 543, 572
- Herrnhuter 533–539, 572
Pilgramsreuth 579
Pilgrim, Bischof von Passau [971–991] 33f
Pilgrim I., Erzbischof von Salzburg [907–923] 33
Pilgrim II., Erzbischof von Salzburg (um 1330–1396) [1365–1396] 70
Pilitrud, Frau von Grimoald 6
Pilsting 85
Pinder, Ulrich († 1518) 177, 197
Pippin der Mittlere, Fränkischer Hausmeier (um 635–714) [ca. 688–697] 9
Pippin der Jüngere, Fränkischer König (714–768) [751–768] 12
Pippin I., König von Aquitanien († 838) [814–838] 22

Pirckheimer, Caritas (1467–1532) 122, 130, 176, 236
Pirckheimer, Hans (um 1415–1492) 177
Pirckheimer, Johannes (um 1440–1501) 131, 133, 177
Pirckheimer, Willibald (1470–1530) 130f, 138, 177, 234, 267
Pisa, Konzil 1409 70
Pius II. (Enea Silvio de' Piccolomini), Papst (*1405) [1458–1464] 105, 127, 129
Pius IV. (Giovanni Angelo [Gianangelo] Medici), Papst (*1499) [1559–1565] 432
Plankstetten, Kloster 104, 270
Plattensee 25
Pleydenwurff, Hans (um 1420–1472) 155
Plutarch (vor 50–nach 120) 131
Pömer, Hektor (1495–1541) 235
Pöschel, Johann (1711–1741) 536
Pohlheim, Margareta Susanna, Gräfin von, geb. Gräfin von Zinzendorf (1660–1722) 534
Polack, Jan (um 1450/60–1519) 155
Polen 479
Poliander, Johann (1486–1541) 262f
Pollich, Martin (1450–1513) 136f
Polling, Augustiner-Chorherrenstift 109, 134, 155
Pommern 50, 357
Popon, Petrus 136
Poppenreuth 85f
Poppo, Bischof von Brixen [1039–1048] vgl. Damasus II., Papst
Poppo I., Bischof von Würzburg [941–961] 36
Poppo II., Bischof von Würzburg [961–983] 36
Popponen 22, 36
Potsdamer Edikt 1685 485
Prädestination 196ff
Prämonstratenser 107, 110, 349
Praetorius, Michael (um 1571–1621) 467, 471
Prag 73, 142, 146, 162, 403
– (Erz-)Bistum 34, 69
– Kirchenprovinz 69
– Kompaktaten 1433 74
– Prager Frieden 1635 355f, 379f
– Universität 167, 181
Prechtel, Caspar 215
Predigt 92, 94, 114, 118, 174, 176, 179f, 235, 261ff, 265, 267–272, 281–284, 293, 314, 371, 386, 454ff, 559

Přemysliden 69
Preßburg 27, 33
Pretscher, Friedrich († 1528) 272
Preu, Georg Michael (1681–1745) 522, 529
Preußen 60, 112, 482f, 562, 582
– Deutschordensland 128
– Herzogtum 214
Priestertum, allgemeines 262, 266
Privina, Fürst in Pannonien († 860) 25
Probstzella 525
Provisionen, päpstliche 81ff, 108
Prückner, Johann († 1561) 229
Prüfening
– Benediktinerkloster 104
– Klosterkirche 150
Prüll
– Benediktinerkloster 39, 103, 119
– Kartause 119f
Psalm, Psalmodie 334f, 337, 473
Pustertal 27

Quenstedt, Johann Andreas (1617–1688) 499

Raab (Fluß) 25
Raab bei Schärding (Inn) 309
Raab, Johann Adam (1673–1727) 530–533, 581
Rabe, Johann Jakob (1710–1798) 565
Rabe, Ludwig (1524–1592) 442
Rabenden, Meister von 154
Rabus, Ludwig (1523–1592) 385
Radegundis von Wellenburg, Hl. (um 1300) 187
Räntz, Elias (1649–1732) 579
Räntz, Johann David d. Ä. (1690–1735) 576, 604
Räntz, Johann Gabriel (1697–1776) 604
Räte, Gelehrte 127f, 132
Räthel, Wolfgang Christoph (1633–1729) 523
Raetien 3
Rahewin († 1170/77) 55
Raimund von Capua (um 1330–1399) 121
Raimund von Peñaforte († 1275) 182
Rain 358
Raitenhaslach, Zisterzienserkloster 106
Rammer, Prädikant 271
Ramsau, Augustiner-Eremiten-Kloster 116f
Ramwold, Abt von St. Emmeram († 1000) [975–1000] 33, 38ff
Rangau 14
Raselius, Andreas (um 1563–1602) 467, 469

Rastizlav, Herzog von Mähren († 870) [846–870] 24

Rathar, Bischof von Regensburg (8. Jahrhundert) 5

Ratke, Wolfgang (1571–1635) 497

Rauch, Petrus (1495–1558) 115

Raudnitz an der Elbe, Augustiner-Chorherrenstift 109, 180

Rauner, Johann Thomas I. von (1659–1735) 521

Rautenstock, Bartholomäus 74

Ravensburg 248, 398, 478

Raw, Johann Pilipp (1743–1826) 540, 566

Rebdorf, Augustiner-Chorherrenstift 109f, 131, 172, 180, 267

Reformierte Kirche vgl. Calvinismus; Zwinglianismus

Regelein, Johann Friedrich 533

Regensburg 4–7, 20, 22, 28f, 33, 43, 62, 75, 88, 119, 142f, 146, 148f, 153f, 156f, 175, 179, 184f, 203, 247, 251, 265, 277, 307ff, 311, 315, 321ff, 352, 356, 358, 360, 399f, 406, 408, 410–414, 423, 426f, 430–435, 441, 445, 453, 458, 480, 483, 501–504, 514f, 525, 536, 549, 562, 570, 582, 587, 589
- Alumneum 412
- Augustiner-Eremiten-Kloster 116f
- Bistum 10, 14, 21, 24, 33f, 38f, 50, 55, 66, 69, 75–79, 81, 83, 88, 98, 115, 118, 123, 167, 188, 305, 314, 316, 320
- Dom 75, 142, 144, 151, 358, 591
- Dominikanerkloster 114
- Domspital 96
- Dreieinigkeitskirche 411, 457f, 461
- Franziskanerkloster 113
- Freihaus 321
- Georgskirche 5, 14
- Gymnasium Poeticum 412, 423, 587, 589
- Heilig Kreuz, Dominikanerinnenkloster 121
- Hochstift 77
- »Immerwährender Reichstag« vgl. Reichstag, Immerwährender
- Jesuitengymnasium 423
- Jesuitenkolleg 348
- Johanniterkommende 111
- Karmelitenkloster 118
- Klarissenkloster 121f
- Kurfürstentag 1630 356
- Neupfarrkirche 157, 322f, 410f, 460, 462, 536, 600
- Ober- und Niedermünster 5, 33f, 39, 123, 321
- Reichstag 1608 353f, 395
- Reichstag 1613 355
- Religionsgespräch 1541 255, 311, 318, 322
- Religionsgespräch 1546 315
- Religionsgespräch 1601 406, 436ff, 454
- St. Blasius, Dominikanerkirche 150, 322
- St. Emmeram, Benediktinerkloster 14, 33, 38–41, 104, 134, 148, 321
- St. Jakob, Kirche (Schottenkirche) 102
- St. Lazarus, Friedhof 463f
- St. Mang, Augustiner-Chorherrenstift 109
- St. Oswald, Kirche 461
- St. Rupert, Kirche 148, 322
- St. Salvator, Franziskanerkirche 150, 152
- Synode 792 20f
- Synode 806 21
- Synode 870 24
- Synode 932 28
- »Zur Schönen Maria«, Kirche 63, 157, 321f, 329
- »Zur Schönen Madonna«, Wallfahrt 63, 157, 184ff, 188, 190f, 198

Regenstauf 316

Reginbald, Abt von St. Ulrich und Afra in Augsburg [ca. 1012–1015] 40

Reginbert, Bischof von Passau [1138–1147] 59

Reginold, Bischof von Eichstätt [966–991] 35

Regiomontanus vgl. Müller, Johannes

Regnitz (Fluß) 94, 562

Rehau 331, 459, 462

Rehlinger, Familie 393

Rehweiler 481, 536f, 539

Reich, Heiliges Römisches Reich Deutscher Nation 160, 347, 353–357, 359f, 476

Reichardsroth, Johanniterkommende 111

Reichenau, Benediktinerkloster 25

Reichenbach (Landkreis Roding), Kloster 104

Reichenhall 33
- Augustiner-Chorherrenstift St. Zeno 109

Reichersberg, Chorherrenstift 43

Reichertshofen 316

Reicholzheim 86

Reichskirche, Ottonisch-Salische 32–37

Reichstag vgl. Augsburg; Besançon; Nürnberg; Regensburg; Speyer; Worms
- Immerwährender 413f, 478ff, 504, 514, 536

Reimarus, Hermann Samuel (1694–1768) 563
Reinecker, Paul 392
Reinhard von Laudenburg († 1503) 176
Reisbach, Synode 799/800 21
Rekatholisierung vgl. Gegenreformation/Rekatholisierung
Religionsgespräch vgl. Altenburg; Heidelberg; Leipzig; Marburg; Nürnberg; Regensburg; Worms; Zürich
Reliquien/Reliquienschreine 61, 147f, 199, 202f, 210
Rem, Bernhard 281
Renaissance 126, 145
Rende, Johann Christian (1676–1764) 521
Renner, Narziss (1501/02–1535/36) 147
Residenzpflicht 91
Restitutionsedikte 355ff, 359, 361, 379f, 396f
Retti, Leopold (1705–1751) 576
Reuchlin, Johannes (1455–1522) 138, 164
Reuter, Kilian 136f
Reutin 390
Reutlingen 462
Rhegius, Urbanus (1489–1541) 118, 280–283, 286f, 289f
Rhein (Fluß) 64, 354
– Niederrhein 155, 407
– Oberrhein 156
Rhein, Johann Adolf (1646–1709) 518, 520
Rhens, Kurverein 67, 69
Richard, Pfalzgraf von Simmern (1521–1598) [1569–1598] 401
Richard, Abt von Amorbach [1011–1039] 41
Richildis, Hl. 187
Richter, Georg (1582–1651) 450
Richter, Johann Moritz (1647–1705) 577
Riedel, Carl Christian (1764–1838) 576
Riedel, Johann Gottlieb (1722–1791) 576, 605
Riedemann, Peter (1506–1556) 240
Riederer, Johann Bartholomäus (1720–1771) 552f
Riedfeld, Franziskanerkloster 114
Riedheim, Konrad von († 1599) 393
Rieger, Georg Konrad (1687–1743) 538
Riemenschneider, Tilman (um 1460–1531) 60, 145, 154, 271, 594
Rieneck, Grafschaft 256, 350, 373, 375, 377
Ries 570
Rihni, Luitpoldingerin 28

Rinchnach, Zelle 41
Rinck, Melchior (1493–1551) 240
Rist, Johann (1607–1667) 508
Ritterorden 59f, 110ff
Ritterschaft 75f, 103, 214, 253–257, 272, 346, 353, 360, 378f, 384, 392ff, 482
Rochow, Friedrich Eberhard von (1734–1805) 566
Rochus, Hl. 186
Rock, Johann Friedrich (1678–1749) 530, 533
Rodach bei Coburg 274f
– Rodacher Abschied 1529 275
Römhild 136, 221
Rötenbeck, Georg Paul (1648–1710) 522, 530
Röttingen 62, 187
Roettinger, Sebastian (1537–1608) 459, 461, 601
Rötz 116
Roggenburg, Prämonstratenserstift 110
Rohr (Landkreis Rottingen an der Laaber), Augustiner-Chorherrenstift 109
Rom 6f, 9f, 12, 24, 34f, 44, 46, 61, 72, 82, 156f, 189f, 198, 305f, 438, 550
– Fastensynode 1075 45f, 48
– Fastensynode 1076 46, 50
– Fastensynode 1080 50
– IV. Laterankonzil 1215 79, 93
– Lateransynode 1059 42, 45
– Römisch-katholische Kirche 216ff, 221, 256, 268, 283, 302, 345ff, 355, 454
– Römische Hauptkirchen 78, 188
– Römische Kurie 81f, 99, 116, 120, 225, 261
– Römischer Ablaß 188
– Römischer Katechismus 1566 347
Romming, Johannes († 1516) 176, 179
Roritzer, Baumeisterfamilie 142
Roritzer, Konrad (vor 1419–1477/78) 142f
Rosenbach, Johann Georg (1679–1747) 530, 533
Rosenberg 506, 515, 570; vgl. auch Sulzbach
Rosenplüt, Hans, genannt Schnepperer († um 1460) 208f
Rosinus, Bartholomäus (um 1520–1585) 427
Rosler, Hermann Burkhard (* 1671) 532
Rosler, Johann Burkhard (1643–1708) 525
Roß, Markus 270
Rostislav vgl. Rastizlav
Rostock 492, 506, 509
– Universität 505

Rotenhan, Sebastian von (Rubigallus) (1478–1532) 132
Roth bei Nürnberg 187
Roth, Johann Ferdinand (1748–1814) 551
Rothenburg ob der Tauber 63, 87, 148, 155, 175, 185, 187, 191, 233f, 237ff, 241, 245–248, 250f, 260, 334, 351, 373f, 422, 426, 431–434, 439, 445, 468, 499ff, 512, 516f, 529, 568, 585f, 589
- Deutschhauskirche 112
- Deutschherrenhof 251
- Dominikanerinnenkloster 121
- Franziskanerkloster 114
- Johanniterkommende 111
- Marienkapelle 62
- St. Jakob, Kirche 152, 154, 247, 586
Rott am Inn, Kloster 105
Rottaler, Stefan (ca. 1480/85–1533[?]) 145
Rottenbuch, Chorherrenstift 43
Rubigallus vgl. Rotenhan, Sebastian von
Ruckteschel, Johann (1674–1722) 515
Ruckteschel, Rosina Dorothea (1670–1744) 515
Rudolf II., Kaiser (1552–1612) [1576–1612] 345, 354, 394
Rudolf von Rheinfelden, (Gegen-)König (1020/30–1080) [1077–1080] 43, 46ff
Rudolf, Bischof von Würzburg [892–908] 22
Rudolf von Scherenberg, Bischof von Würzburg (1402–1495) [1466–1495] 122, 132, 145, 594
Rudolzhofen 577
Rüdisbronn 461
Ruf, Hans 299
Rugendorf 328
Rugger, (Gegen-)Bischof von Würzburg († 1125) 48
Ruhpolding 151
Ruland, Oswald 248, 251
Rummel, Sixtus († 1529) 284
Rumpler, Angelus (1460/62–1513) 135
Runtzler, Melchior († 1578) 465
Rupert, Bischof von Bamberg [1075–1102] 46, 50
Rupert, Bischof von Salzburg († nach 716?) 5f, 14
Rupert, (Gegen-)Bischof von Würzburg [1105–1106] 48
Ruprecht von der Pfalz, König (1353–1410) [1400–1410] 70
Rurer, Johann († nach 1563) 215

Rußland 540
Rychsner, Utz 281

Saalfeld, Benediktinerabtei 274
Sachs, Hans (1494–1576) 235, 326, 337f
Sachsen 25, 28, 37, 238, 339, 406, 422, 451, 509, 548, 588
- Herzogtum 138, 415, 431f, 437
- Kurfürstentum 138, 225, 242, 244, 274, 290, 295, 354, 415, 432, 437, 440f, 531, 537
Sachsenhausen (bei Frankfurt am Main) 65
Säben 33
- Bistum 21, 29
Säkularisation/Säkularisierung 27, 35f, 154, 161, 231, 269f, 491
Säkularkanoniker/-stifte 107f; vgl. auch Augustinerchorherren; Prämonstratenser
Sailer, Johann Michael (1751–1832) 549, 570
Sakramentshaus 144f
Saladin, Sultan (1138–1193) 59
Saleph 56, 59
Salier 31, 75
Sallinger, Wolfgang (um 1500–1560) 250
Salminger, Sigmund (um 1500–1554) 288f, 296
Salmuth, Johann (1552–1622) 441
Salomon, Valentin 460
Salzburg 4–7, 23, 43, 56, 135, 146, 151, 155, 328, 549
- Erzbistum 10, 14, 20, 22–25, 28, 33, 39, 47, 55f, 66, 70, 75f, 78, 81, 98, 167, 305, 484
- Franziskanerkirche 143
- Kirchenprovinz 14, 32, 34, 55, 80f, 305f
- Nonnberg, Benediktinerinnenkloster 6
- Salzburger Exulanten 526
- Salzburger Land 309
- St. Peter, Kloster 5f, 14, 39
- Synode 799/800 21
- Synode 807 21
Salzmann, Christian Gotthilf (1744–1811) 566
Sandrart, Johann Jakob von (1655–1698) 494, 580
St. Blasien, Benediktinerkloster 43
St. Florian, Augustiner-Chorherrenstift 43, 157
St. Gallen 283f, 286
- Benediktinerkloster 17, 40
St. Pölten, Kloster 43
St. Salvator (Landkreis Griesbach im Rottal), Prämonstratenserstift 110

St. Thomas (Karibische Insel) 536
St. Veit (bei Neumarkt an der Rott), Benediktinerkloster 105
Sarazenen 117
Sarganeck, Georg (1702–1743) 527, 534
Saubert, Johann d.Ä. (1592–1646) 425, 446–451, 463, 494f, 497f, 503, 509, 512, 514
Schäftlarn
- Benediktinerkloster 17
- Prämonstratenserstift 110
- Schäftlarner Annalen 102
Schärding (Oberösterreich) 309
Schäufelein, Hans (ca. 1482–1539/40) 156
Schaffner, Martin (1478/79–1546/47/49) 186
Schalling, Martin (1532–1608) 427, 433, 441, 444
Schaltdorfer, Erasmus (wahrscheinlich 1440–1498/1536) 114
Schappeler, Christoph (1472–1551) 283–287
Scharfzandt, Wilhelm (nach 1496) 152
Scharnitz-Schlehdorf, Benediktinerklöster 17
Schatzgeyer, Kaspar (1463/64–1527) 306
Schauerheim 461
Schaumberg, Konrad von († 1499) 60
Schechner, Jörg (um 1500–1572) 241
Schedel, Hartmann (1440–1514) 128, 130
Schedel, Hermann (1410–1485) 128
Schedlich, David (1607–1687) 587
Scheidt, Samuel (1587–1654) 471
Schein, Johann Hermann (1586–1630) 467
Schelchius, Balthasar 251
Schenck, Simprecht (ca. 1485–1559) 287
Schenk, Johann 394
Scherer, Sebastian Anton (1631–1712) 586
Scherneck 272
Schertlin von Burtenbach, Sebastian (1496–1577) 297, 300, 392f
Scheurl, Christoph [II.] (1481–1542) 177, 179, 266f
Scheyern, Benediktinerkloster 105
Schikaneder, Emanuel (1751–1812) 570
Schilling, Burckhard, genannt Solidus († 1545) 299
Schilling, Johannes 281
Schisma 55f, 68–71, 82f, 163, 192
- Abendländisches 1378–1417 68–71, 82f, 163, 192
Schleching, Streichenkapelle 151

Schlehdorf vgl. auch Scharnitz-Schlehdorf
- Augustiner-Chorherrenstift 109
Schleifer, Balthasar 176
Schleis von Löwenfeld, Bernhard Joseph (1731–1800) 569
Schlesien 298, 422, 503, 506, 515
Schleupner, Christoph (1566–1635) 379, 461
Schleupner, Dominicus vgl. Sleupner, Dominicus
Schleusingen 495, 501
Schleusinger, Eberhard (um 1430–nach 1515) 127
Schlez, Johann Ferdinand (1759–1839) 566f
Schliersee, Benediktinerkloster 17
Schlitpacher, Johannes (1403–1482) 71, 175
Schmalkalden 245
- Schmalkaldische Artikel 431
- Schmalkaldischer Bund 225, 228, 240, 244, 246–249, 275, 291, 293ff, 299f, 311, 315
- Schmalkaldischer Krieg 228ff, 248f, 300ff, 304, 311, 320, 323, 363, 390f
Schmalzing, Georg (1491–1554) 217f
Schmerlenbach, Benediktinerinnenabtei 123
Schmidt, Georg (1709–1785) 535
Schmidt, Hans, Mönch 239
Schmidt, Hans († 1531) 223
Schmidt, Johann (1594–1654) 495
Schmidt, Johann Christian (1706–1763) 564
Schmidt, Johann Lorenz (1702–1749) 563
Schmidt, Michael Ignaz (1736–1794) 550
Schneid, Johannes 293
Schney 266
Schnitzkunst 153f
Schober, Johann Jakob (1666–1717) 523
Schönbrunn bei Wunsiedel 462
Schöner, Johann(es) (1477–1547) 127, 136, 266
Schöner, Johann Gottfried (1749–1818) 540f
Schönsperger, Hans d.J., Buchdrucker (1480–1543) 327
Schönthal, Augustiner-Eremiten-Kloster 116f
Scholastik (Albertismus, Nominalismus, Scotismus, Thomismus) 134, 137ff, 162, 164f, 167, 170, 181, 196, 198f, 348, 509, 550
Scholliner, Hermann (1722–1795) 549
Schongau 85
Schopper, Jakob (1545–1616) 427, 448f
Schottelius, Justus Georg (1612–1676) 508
Schramm, Dominikus (1723–1797) 549

Schreiber, Christoph 261
Schreyer, Gabriel (1666–1730) 581
Schreyer, Sebald (1446–1520) 130
Schröder, Joachim (1613–1677) 495
Schröder, Johann (1572–1621) 449
Schubarth, Johann Kaspar (1756–1810) 589
Schütz, Heinrich (1585–1672) 467, 469, 471
Schul- und Bildungswesen 92, 131f, 136, 276, 292, 297, 348f, 365, 389, 391, 403, 405, 412, 416, 421–425, 481f, 495, 497, 522ff, 526ff, 543
Schuler, Gervasius (ca. 1495–1563) 296
Schultheis, Friedrich 132
Schurer, Johann Friedrich (1709–1771) 538
Schwab, Michael 137
Schwabach 132, 153, 242, 361, 365, 426, 439, 460, 489f, 513, 519
- »Französische Kolonie« 487
- Hugenottenkirche 577
- Stadtkirche 329
Schwaben IX, 28, 63f, 71f, 85, 88f, 94, 97, 99, 104, 109f, 113, 115, 117, 123, 127, 130, 136f, 139, 142, 144, 148, 151, 153, 175, 186, 233, 268, 279–304, 335, 339, 344, 346, 355f, 358–361, 383–398, 421, 423, 431f, 437, 445, 484, 507, 521, 526, 528ff, 533, 535, 539, 542f, 549
- Herzogtum 35f
- Landvogtei Oberschwaben 390
- Oberschwaben 269, 284f
- Reichskreis 279, 345, 353
- Schwäbischer Bund 238ff, 242, 244ff, 271, 285ff, 290f, 294
Schwäbisch Gmünd, Heilig-Kreuz-Kirche 142
Schwäbisch Hall 87, 132, 241
Schwäbisch Wörth 345; vgl. Donauwörth
Schwalb, Friedrich 266
Schwalbe, Benedikt vgl. Chelidonius, Benedictus
Schwandorf 316, 426
Schwanhauser, Johann († 1528) 265f, 270
Schwarz, Hans (1492–nach 1532) 308
Schwarz, Petrus (Niger) 164
Schwarz, Ulrich 193f
Schwarzenbach am Wald 457
Schwarzenberg
- Grafschaft 350, 377, 380, 434, 476f
- Grafen von 255, 373, 377
Schwarzenberg, Barbara von 264
Schwarzenberg, Johann von (1463–1528) 131, 218, 235, 237, 255, 264

Schweden 357ff, 377–380, 395ff, 408, 414, 455f, 476f, 479
Schweiglein, Jeremias, Diakon [1556–1580] 443
Schweindorf 391
Schweinfurt 129, 133, 136, 175, 233f, 239ff, 246ff, 250f, 254, 351, 361, 373–377, 431f, 434, 437, 463, 499ff, 512, 516, 563
- Deutschordenshaus 112
- Karmelitenkloster 118, 246
- »Ordnung« 1576 466
- Reichsvogtei 137
- Rittertag 1523 254
- St. Johannis 462, 602
- Spital 97
Schweiz 310, 339, 394, 485f
Schwenckfeld von Ossig, Caspar (1489–1561) 241, 298f, 451, 463
Schwindel, Georg Jakob (1684–1752) 528, 535
Scintilla vgl. Funck, Engelhard
Sebald, Hl. († vor 1072) 99, 145, 187
Sebastian, Hl. 186
Sechsämterland 579
Seehofer, Arsacius (zwischen 1495/1505–1542/45) 307
Seemannshausen, Augustiner-Eremiten-Kloster 116f
Seeon
- Benediktinerkloster 39, 153
- Klosterkirche 150
Seidel, Gotthold Emmanuel Friedrich (1774–1838) 566
Seidel, Johann Esaias (von) (1758–1827) 566, 569
Seiler, Georg Friedrich (1733–1807) 553, 559–562, 564ff, 572
Seitz, Burkhard 133
Selb 463
Seld, Jörg (1454–1527) 148, 156
Seligenpforten, Zisterzienserinnenkloster 315
Seligenthal, Zisterzienserinnenkloster 123
Selnecker, Nikolaus (1528–1592) 349, 434, 444
Semler, Johann Salomo (1725–1791) 547, 553ff, 563f
Sendling vgl. München-Sendling
Seneca (um 1 v. Chr.–65 n. Chr.) 129
Senfl, Ludwig (um 1486–1542[?]) 339, 341
Sengelaub, Peter (um 1558–1622) 416
Sennfeld, Reichsdorf 361, 373f, 377
Serpilius, Georg (1666–1723) 525

Sesselschreiber, Gilg (um 1460/65 – nach 1520) 146
Seuse, Heinrich († 1366) 162, 176
Severin († 482) 2
Seyboth, Wilhelm Heinrich (bezeugt 1792) 585
Sickingen-Fehde 254
Sieder, Johann 132
Siegfried II., Bischof von Augsburg († 1096) [1077–1096] 48
Siegfried I., Erzbischof von Mainz († 1084) [1060–1084] 46
Siegfried von Truhendingen, Bischof von Würzburg [1146–1150] 62
Sighardinger 33
Sigmund, Kaiser (1368–1437) [1433–1437] 73
Silchmüller, Johann Christoph (1694–1771) 527, 534
Simpert (Sintpert), Hl., Bischof von Augsburg (vor 750–807) [778–807] 21, 187
Simon, Matthias (1893–1972) 370, 381, 445, 571
Simonie 44ff
Simultaneum 377, 387, 389, 393f, 409ff, 476f, 487, 505
Sinn (Fluß) 375
Sixtus IV. (Francesco della Rovere), Papst (*1414) [1471–1484] 82
Skulptur 144ff, 153f
Slawen 22f, 25, 27
Sleupner (Schleupner), Dominicus († 1547) 235, 426
Slowakei 412
Slowenien 303, 385
Smissen, Jakob Gysbert van der (1746–1832) 540
Solms, Heinrich Wilhelm Graf von (1583–1632) 476
Soner, Ernst (1573–1612) 449
Sonnefeld, Zisterzienserinnenkloster 121, 274
Sophie Christiane, Prinzessin von Brandenburg-Bayreuth, geb. von Wolfstein (1667–1737) 534
Sophie Luise, Markgräfin von Brandenburg-Bayreuth, geb. Prinzessin von Württemberg (1642–1702) 520
Sorg 483
Soto, Pedro de (ca. 1495–1563) 302
Sozinianer 449, 502f
Spalatin, Georg (1484–1545) 246, 262, 336
Spalding, Johann Joachim (1714–1804) 553
Spalt 271

Sparneck
- Herren von 117
- Karmelitenkloster 117
Spee, Friedrich von (1591–1635) 452
Speinshart, Prämonstratenserkloster 110
Spener, Philipp Jakob (1635–1705) 444, 446, 492f, 496, 499ff, 503, 516–521, 548, 553
Spengler, Lazarus (1479–1534) 177, 179, 235, 237, 240, 242, 244f, 267, 275, 283, 338
Speratus, Paul(us) (1484–1551) 262f, 336ff
Spessart 119
Speyer 70, 216, 502, 514
- Protestation 1529 243, 290, 321
- Reichstag 1526 217ff, 241, 243, 287, 322
- Reichstag 1529 219, 221, 225f, 244, 246, 274, 279, 290, 310
- Reichstag 1544 248
Spiesheimer, Georg 133
Spiritualismus 223f, 241, 298, 385, 451, 492, 502–507, 514f, 531f
Spitäler 95ff, 111f
Spitalorden (Antoniter, Heilig Geist, Johanniter) 60, 96, 110f, 373
Spizel, Gottlieb (1639–1691) 500, 520
Sponheim, Benediktinerkloster 133
Sprenger, Marquard († 1474) 175
Sprenger, Placidius (1735–1806) 549
Stabius, Johannes († 1522) 134
Staden, Johann (um 1581–1634) 445, 471ff, 587
Staden, Sigmund Theophil (1607–1655) 472f, 509
Staffelsee 8
- Benediktinerkloster (Neuburg im Staffelsee) 17
Staffelstein 272
Staindl, Johannes († 1518) 129
Stammbach 463
Starchand, Bischof von Eichstätt [933–966] 35
Stathmion, Christopherus (um 1508–1585) 277
Stattler, Benedikt (1728–1797) 549
Staudacher, Sigismund († 1546) 248
Staufer 54–58, 75
Staupitz, Johann(es) von (1465–1524) 116f, 170, 176, 179f, 189, 197f
Steiermark 483
Steigerwald 119, 375, 433, 536
Stein (bei Bad Berneck) vgl. Goldkronach
Steingaden, Prämonstratenserstift 110
Steingruber, Johann David (1702–1787) 576f, 582

Steinhöwel, Heinrich (1411/12–1479) 127
Steinhofer, Johann Jakob (1640–1692) 519
Steinmetz, Johann Adam (1689–1762) 527, 534
Stellwag, Johann Georg (1621–1691) 517
Stenglin, Zacharias 397
Stephan, König von Ungarn, Hl. (um 970–1038) [997–1038] 34
Stephan von Landskron († 1477) 181
Stephani, Joachim (1544–1623) 346
Stephani, Karl Heinrich (1761–1850) 567f
Sternberg 188
Stethaimer, Hans (ca. 1400–1459/60) 143
Stetten, Johannes von (1658–1738) 521
Stettin 542
Steudlin, Jakob 386
Steyr 483
Stiborius, Andreas († 1515) 134
Stieber, Sebastian († um 1563) 250
Stilla von Abenberg († 1. Hälfte 12. Jahrhundert) 187
Stockfleth, Heinrich Arnold (1647–1708) 502, 513, 585
Stöckel, Blasius († 1556) 248
Stolberg-Wernigerode, Christian Ernst Graf zu (1691–1771) [1710–1771] 538
Stoß, Andreas (um 1477–1540) 118, 270
Stoß, Veit (um 1447/48–um 1533) 145, 153f, 270, 597
Stralsund 455
- St. Nikolai 455
Straßburg 99, 114, 152, 173, 179, 224, 242f, 290–293, 336, 370, 385f, 428, 430, 439, 455, 492, 502f, 514, 519
- Universität 425
Straubing 98
- Karmelitenkloster 118
- Rentamt 305
- St. Jakob, Kirche 143, 150, 156
Strauch, Georg (1613–1675) 494
Streißel, Peter († 1813) 581, 606
Streitberg 462
Strigel, Familie 154
Strigel, Bernhard (1460/61–1528) 157
Stromer, Friedrich (spätes 15. Jahrhundert) 176
Studium vgl. Universität
Stumpf, Johann (1587–1632) 445
Sturm, Leonhard Christoph (1669–1719) 458
Stuttgart 289, 439, 469, 526, 587
- Schloßkirche 457f

Styrzel, Johann Georg (1591–1668) 500
Sualafaldgau 14
Succov (Suckow), Simon Gabriel (1721–1786) 560
Südafrika 535
Suffersheim 187
Suhl, Johann Daniel (1759–1838) 542
Suidger vom Nordgau 12
Suidger, Bischof von Bamberg († 1047) [1040–1046] vgl. Clemens II., Papst
Sulzbach (Sulzbach-Rosenberg) 316, 405, 407f, 460, 504ff, 513, 515, 569f; vgl. auch Pfalz-Sulzbach; Rosenberg
- Judengemeinde 410
- Mariae Himmelfahrt, Kirche 409f
Sulzfeld am Main 271
Superville, Daniel von (1696–1773) 558
Surinam 504
Susanna, Prinzessin von Bayern (1502–1543) 317
Sutel, Johann (1504–1575) 247f
Sutri, Synode 1046 44
Swatopluk (Svatopluk), Herzog von Mähren († 894) [870–894] 24f
Synoden 19ff, 24, 28f, 35, 42, 46f, 55, 70f, 79, 93, 95, 124, 126, 163, 235, 239, 245, 262, 296, 372, 379; vgl. auch Aschheim; Brixen; Dingolfing; Donauufer; Erfurt; Freising; Hohenaltheim; Mainz; Neuching; Pavia; Regensburg; Reisbach; Rom; Salzburg; Sutri; Tegernsee; Würzburg

Tabernakel 95
Taboriten 74
Tacitus (um 56–um 120) 129
Täufer/Wiedertäufer 221–224, 240f, 271f, 274, 288f, 291, 298f, 310, 317, 385, 390
Tafelmalerei 155ff
Tassilo III., bayerischer Herzog († nach 794) [748–788] 16, 20, 22f, 27
Tauber (Fluß) 86, 94, 112
Tauberbischofsheim 261
Taubertal 209
Taufstein 144, 330, 462, 578
Tauler, Johannes († 1361) 162, 176
Taurellus, Nikolaus (1547–1606) 425
Tegernsee
- Benediktinerkloster 17, 40, 104f, 128, 134, 147, 155, 168–175, 177, 179f, 189, 204f
- Synode 804 21

Templer 59f, 111
Tennhardt, Johann (1661–1720) 531, 533
Terenz [Publius Terentius Afer] (um 190–159 v. Chr.) 276
Tesenpacher, Christian († 1502) 169
Tettelbach, Johann (1517–1598) 426, 443
Tettelbach, Wilhelm, Stiftskanonikus Ansbach [seit 1557] 429
Teufel, Rüdiger († nach 1340) 97
Teufel, Wolfelin († 1341) 97
Teuschlein, Johannes (1480/85–1525) 191, 238
Thanner, Adam (1572–1632) 406, 437
Themar 495
Theodelinde, Königin († 628) 4
Theodo, Bayerischer Herzog († 717/718) 4–7, 9
Theodor, Missionar 17, 27
Theotmar, Erzbischof von Salzburg († 907) [874–907] 23, 25, 27, 33
Theotpert, Bayerischer Herzog (8. Jahrhundert) 6
Thiemo, (Gegen-)Bischof von Passau [1087–um 1105] 47
Thiemo, Bischof von Salzburg († 1101) [1090–1101] 47
Thierhaupten, Benediktinerkloster 40, 105
Thiersheim 462
Thioto, Bischof von Würzburg [908–931] 36
Thomas von Aquin, Hl. (1225–1274) 137, 181, 198, 348
Thomas von Kempen (1379/80–1471) 180
Thomas Fuchs von Schneeberg († 1526) 321
Thomasius, Christian (1655–1728) 524
Thomasius, Gottfried (1660–1746) 522
Thomasius, Gottfried (1802–1875) 568, 571
Thüngen, Grafen von 375, 378
Thüringen 10, 12, 269, 274, 309, 451, 509, 576, 588
Thulba, Benediktinerinnenkloster 270
Thurnau 532, 581
Tillotson, John (1630–1694) 522
Tilly, Johann Tserclaes Graf von (1559–1632) 355, 357f
Tirol 127, 133, 154f, 444, 455
– Grafschaft 68
Tirschenreuth 402
Tito, Abt von St. Peter zu Salzburg [987–1025] 39
Toleranz 298, 413, 481

Tolhopf, Johannes († 1503) 134
Torgisches Buch 349, 434
Tretsch, Alberlin 458
Treu, Johann Georg (1604–1669) 498f
Tribur, Versammlung 1076 47, 50
Tridentinum 229, 301f, 347, 351, 420, 436, 438, 467
Triefenstein, Augustiner-Chorherrenstift 109
Trier 67
– Benediktinerabtei St. Maximin 38, 40
Trithemius, Johannes (1462–1516) 103, 133, 180
Trochtelfingen 391
Trockau 523
Trostberg (Oberbayern) 469
Truber, Primus (1508–1586) 303, 385
Truchseß von Waldburg, Otto vgl. Otto Truchseß von Waldburg, Bischof von Augsburg
Truchseß von Wetzhausen, Erhard († 1519) 267
Tucher, Gottlieb 582
Tucher, Katharina († 1448) 176
Tucher von Simmelsdorf, Sixtus (1459–1507) 131, 134, 176, 179, 207
Tuchtfeld, Victor Christoph († nach 1752) 535
Tübingen 386, 443, 449, 454
– Universität 424f, 455
Tückelhausen
– Kartause 119
– Prämonstratenserstift 110
Türken 59, 311
Turmair, Johann (Aventin) (1477–1534) 135, 164
Tuto, Bischof von Regensburg († 930) [894–930] 33
Tyroff, Martin (1705–1758) 535

Udo, Bischof von Freising († 907) [906–907] 27
Uetzing 272
Uffenheim 365, 429, 577
Ulm 145, 154, 186, 224, 244, 290ff, 294, 298, 334, 385f, 390, 393ff, 408, 428, 432, 435, 439, 442, 471, 500, 575, 586
– Münster 339, 586
Ulrich, Herzog von Württemberg (1487–1550) [1498–1519. 1534–1550] 294
Ulrich von Landau († 1505) 169
Ulrich von Pottenstein († 1416/17) 181
Ulrich (Udalrich), Hl., Bischof von Augsburg (890–973) [923–973] 35f, 187

Ulrich (Udalrich), Bischof von Eichstätt [1075–1099] 50
Ulrich, Bischof von Passau [1092–1121] 43, 47
Ulsenius, Dietrich (um 1460–1508) 131
Ungarn 412
Ungarn (Volk) 25, 27, 29, 34, 36
Ungerhausen 393
Universität 91f, 108f, 381, 386, 423ff; vgl. auch Altdorf; Bamberg; Bern; Bologna; Dillingen an der Donau; Erfurt; Erlangen; Heidelberg; Ingolstadt; Jena; Köln, Leipzig, Mainz; Paris; Prag; Rostock; Straßburg; Tübingen; Wien; Wittenberg; Würzburg
Unmüssig, Elias (bezeugt 1619) 471
Untererthal 268
Unterfranken vgl. Franken
Unterrohr 393
Unterschwaningen 578
Uodalfrid vgl. Odalfrid von Eichstätt
Urban II. (Odo von Châtillon), Papst (*um 1035) [1088–1099] 42, 46, 59
Urban VI. (Bartolomeo Prignano), Papst (*um 1318) [1378–1389] 68
Urlsperger, Johann August (1728–1806) 540f
Urlsperger, Samuel (1685–1772) 526, 540
Ursberg, Prämonstratenserstift 110
Urschalling, Kirche St. Jakob 150
Ursinus, Johann Heinrich (1608–1667) 502, 504
Ursula, Hl. 187
Usedom 357
Uto vgl. Udo von Freising
Uttenreuth 221, 223
Utz, Georg 240
Uz, Johann Peter (1720–1796) 565

Valdes (Waldes), [Petrus] (um 1140–vor 1218) 72; vgl. auch Waldenser
Vasnacht, Linhard 271
Veiel, Elias (1635–1706) 500
Veillodter, Valentin Karl (1759–1828) 566
Veitshöchheim 58
Velburg 316
Venatorius, Thomas (um 1488–1551) 247f, 267
Venedig 469, 472
– Frieden von, 1177 56
Veronika, Hl. 199
Vervaux, Johann (1586–1661) 349
Veßra (Thüringen), Prämonstratenserkloster 110

Vetter (Vötter), Conrad (1548–1622) 437
Viadana, Lodovico (um 1560–1627) 472
Victoria, Tomás Luis de (1548–1611) 466
Vienne, Konzil 111
Viktor II. (Gebhard), Papst (*um 1020) [1055–1057] 37, 44
Viktor III. (Dauferius), Papst (*um 1027) [1086–1087] 46
Viktor IV. (Octaviano de Montecello), (Gegen-)Papst [1159–1164] 55
Villach 483
Vilshofen 110
Vintschgau 35, 154
Vinzenz von Aggsbach (um 1389–1464) 175, 205
Virnsberg, Deutschordenskommende 112, 268
Vischer, Peter d. Ä. (um 1460–1529) 145
Visitationen 99, 105, 219, 221, 242f, 271, 274, 306, 347, 364ff, 368, 371f, 374, 379f, 391f, 399–403, 405f, 415, 417, 422, 433, 437, 450, 496ff, 500
Vitalis, Bischof von Salzburg [715–730] 6
Vivilo, Bischof von Passau (†747) 7–10
Vöhlin, Familie 393
Vogel, Georg Ludwig 563
Vogel, Johann (1589–1663) 445
Vogel, Matthäus (1519–1591) 443
Vogelsburg, Karmelitenkloster 117
Vogler, Georg (1486–1550) 215, 217f, 223, 235, 239, 244f
Vogtland 539, 542
Vohenstrauß 85, 405, 407
Volckamer, Peter (1431–1493) 152
Volk, Georg (1496–1528) 221
Volkach 117, 119
– Madonnenwallfahrt 188; vgl. auch Marienfrömmigkeit
Voltaire (François Marie Arouet) (1694–1778) 528
Vorderösterreich vgl. Österreich
Vornbach, Benediktinerkloster 105, 134f

Wäckler, Johann Jacob Martin (1711–1782) 538
Wagenseil, Johann Christoph (1633–1705) 519, 523, 530
Wagner, Konrad (†1496) 147
Wagner, Leonhard (1454–1522) 147
Waisenhäuser 521f, 524–527, 534, 536, 543, 582

Waizenbach in Unterfranken 525
Walbrun, Dompropst Eichstätt 60
Walburga, Hl. (um 710–779) 166
Wald (Landkreis Gunzenhausen) 577
Waldenser 72ff, 209
Walderbach, Zisterzienserkloster 106
Waldmünchen 116f
Waldsassen 444
– Stiftsland 401
– Zisterzienserkloster 106f
Wallenstein, Albrecht Eusebius Wenzel Herzog von (1583–1634) 356, 358, 397
Wallfahrtswesen 109, 157, 164, 183–190, 198f, 203, 210
Walter, Bischof von Augsburg [1133–1152] 55
Walter, Johann (1496–1570) 339, 341
Walther von der Vogelweide (um 1170–um 1230) 82
Wanderbischof 5
Wandmalerei 150f
Wasserburg am Inn 104, 282, 309
– St. Jakob, Kirche 143, 151, 199
Wassertrüdingen 365
– Kirchenordnung 1545 246
Wattewille, Friedrich von (1700–1777) 535
Wegelin, Josua (1604–1640) 443, 445
Wehinger, Hieronymus (um 1550–1613) 460
Wehrkirchen 94f
Weibel, Matthias († 1525) 284
Weiden in der Oberpfalz 313, 316
Weidenbach 582
Weigand von Redwitz, Bischof von Bamberg (1476–1556) [1522–1556] 218, 264ff, 270f
Weigandt, Friedrich 261
Weigel, Christoph (1654–1725) 580
Weigel, Valentin (1533–1588) 451, 503
Weihbischof 77f
Weihenstephan 6
– Benediktinerkloster 39, 104f
Weiltingen 580
Weimar 265, 588
– Weimarer Confutationsbuch 431
Weingarten, Benediktinerkloster 156
Weishaupt, Adam (1748–1830) 550
Weiß, Adam († 1534) 241, 246
Weiß, Johann Georg (1709–1747) 576
Weiß, Jonas Paulus (1695–1779) 535

Weißenburg in Bayern 103, 187, 219, 233–236, 238, 241, 243ff, 248, 250, 351, 373ff, 408, 431, 434f, 462, 538
– Andreaskirche 244, 463
– Karmelitenkloster 118
– Marienkapelle 62
Weißenohe, Benediktinerkloster 104
Welbhausen 577
Welf IV., Herzog von Bayern († 1101) 48, 50
Welfen 43, 57
Weller, Jakob (1602–1664) 495
Wellheim 271
Wels 2
Welser, Familie 135, 290
Weltenburg, Benediktinerkloster 4, 16, 39, 43, 104
Welz, Justinian von (1621–1668) 502ff, 514
Wendelstein bei Nürnberg 187, 190
Wenzel, König (1361–1419) [1376–1400] 63, 70
Wenzel, Hl. (um 907–929/35) 69
Werner, Adeliger 43
Werner, Adam Balthasar (1670–1740) 530
Werner, Johannes (1468–1522) 131
Werra (Fluß) 94
Wertheim 86, 239, 563
– Grafschaft 255, 350, 375, 377f, 434, 476f
– Marienkapelle 62
Wertinger, Hans (ca. 1466–1533) 152, 157
Wessex 9
Wessobrunn, Benediktinerkloster 16, 105
Westenrieder, Lorenz (1748–1829) 549
Westernach, Herren von 393
Westfälischer Friede (von Münster und Osnabrück) 1648 343ff, 358–361, 377f, 380f, 384, 394–397, 404, 410, 423, 475f, 478, 491, 493, 504f
Westheim bei Gunzenhausen 459
Wetterau 530
Weygand, Conrad 132
Wibert von Ravenna vgl. Clemens III., (Gegen-)Papst
Wiching, Bischof von Neutra [880–893?], von Passau [899] 25
Wickner, Abdias (1560–1608) 438
Widmann, Enoch (1551–1615) 465
Widmann, Erasmus (1572–1634) 468, 586
Wiebelsheim 243
Wielandt, Johann Friedrich (*1648) 507

Wien 129, 133f, 137, 142, 146, 153ff, 162, 168, 206, 262, 355, 357, 360, 587, 595
- Maria am Gestade, Kirche 79
- Universität 91, 128, 131, 168f, 180f
- Wiener Konkordat 1448 76, 108

Wigolt, (Gegen-)Bischof von Augsburg († 1088) [1077–1088] 48

Wikterp (Wicterp), Bischof von Augsburg († 771/772) [um 738–771/772] 5, 8, 17, 27

Wild, Johannes Christoph (1670–1743) 525

Wilhelm IV., Herzog von Bayern (1493–1550) [1508–1550] 305, 311f

Wilhelm V., Herzog von Bayern (1548–1626) [1579–1597] 317, 344, 348

Wilhelm IV., Graf zu Henneberg († 1559) 247

Wilhelm IV. [der Weise], Landgraf von Hessen-Kassel (1532–1592) [1567–1592] 435

Wilhelm, Graf von Wertheim 270

Wilhelm von Hirsau (um 1030–1091) 40

Wilhelmine, Markgräfin von Brandenburg-Bayreuth, geb. Prinzessin von Preußen (1709–1758) 481, 528, 558

Wilhelmsdorf 486f, 489f

Will, Georg Andreas (1727–1798) 556

William von Ockham (um 1286–1349) 66, 114, 160

Willibald, Hl., Bischof von Eichstätt [741–786] 10, 12, 14, 19, 145, 166

Willibrord, Hl., Bischof von Utrecht [696–739] 11

Winckelmann, Johannes (1551–1626) 449

Windberg, Prämonstratenserstift 110

Windesheim, Chorherrenstift 109f

Windsbach 439, 577

Windsheim 219, 233–237, 240f, 243ff, 248, 250f, 351, 373f, 422, 431, 434f, 459, 462f, 517f, 543, 554
- Augustiner-Eremiten-Kloster 116, 237
- Kreistag 1524 215
- Spital 96

Winfried vgl. Bonifatius

Winkler, Gottfried (1693–nach 1721) 518, 528

Winkler, Tobias (1648–1720) 518, 520, 528

Winzler, Johannes (1478–1555) 284

Wipfeld 129

Wirth, Ambrosius (1656–1723) 518, 522

Witger (Witgar), Bischof von Augsburg [um 861–887] 21

Witschel, Johann Heinrich Wilhelm (1769–1847) 566

Wittelsbacher 76, 84, 134, 143, 316, 360

Wittenberg 225, 240, 242, 245, 247, 264, 267f, 276f, 280, 282, 287, 290, 295f, 299, 307, 309, 314, 339, 346, 385f, 395, 424f, 429, 443, 447, 454, 471, 492, 499, 501, 508, 552
- Augustiner-Eremiten-Kloster 117
- Universität 92, 136f, 139, 181, 191, 370, 424f, 428ff, 451, 453f, 495
- Wittenberger Konkordie 1536 240, 295f

Wittgenstein, Grafschaft 530, 533

Wittich, Ivo († 1507) 136

Wittwer, Wilhelm (1449–1512) 152

Wöhrd vgl. Nürnberg-Wöhrd

Wohlsbach, Grafen von 86

Wolf, Hieronymus, Rektor St. Anna-Gymnasium Augsburg [1557–1580] 423

Wolfenbüttel 171, 508, 563
- Wolfenbütteler Fragmente 555, 564

Wolff, Christian (1679–1754) 549, 563

Wolfgang, Fürst von Anhalt (1492–1566) 462

Wolfgang d. Ä., Pfalzgraf (1494–1558) 400

Wolfgang, Pfalzgraf von Pfalz-Zweibrücken und Pfalz-Neuburg (1526–1569) [1532–1569] [1557–1569] 320, 400, 405, 431f

Wolfgang Wilhelm, Pfalzgraf von Pfalz-Neuburg (1578–1653) [1614–1653] 346, 354, 406ff, 438, 454, 458

Wolfgang, Hl., Bischof von Regensburg (um 924–994) [972–994] 33, 38f

Wolfhart, Bonifatius (ca. 1485/90–1543) 293, 296ff, 301

Wolfram, Bischof von Freising [926–937] 35

Wolframseschenbach, Deutschhauskirche 112

Wolfsfeld 483

Wolfstein, Grafschaft 350

Wolgemut, Michael (1434/37–1519) 152, 156

Worms 5, 48, 130, 245, 430
- Reichstag 1521 255, 261, 267, 305f
- Reichsversammlung 1076 46, 50
- Religionsgespräch 1540/41 245, 311
- Religionsgespräch 1557 430f
- Wormser Edikt 1521 216, 219, 241, 306, 318, 355
- Wormser Konkordat 1122 46, 51, 54

Wucher/Zins 48, 138, 206ff

Wülfer, Daniel (1617–1685) 498

Wülzburg
- Benediktinerkloster/Chorherrenstift 103
- Amtsbezirk 365
- Festung 360
- Pflegamt 374

Württemberg 134, 244, 246, 365, 386, 391f, 394, 406, 430, 437, 487, 536, 538, 578
- Herzogtum 294, 441, 526
- Kirchenordnung 1536/1553 303, 320, 374f, 385f, 392, 428

Würzburg 22, 42, 58f, 62, 71f, 74, 82, 96, 105, 107, 111, 115, 121, 127, 131ff, 139, 142, 145, 148, 150, 153, 175, 179, 185, 203, 209, 238, 250, 262, 269, 271, 360f, 373, 379, 436
- Augustiner-Eremiten-Kloster 116f
- Bistum 11f, 14f, 19, 21, 25, 27, 36f, 41, 48, 56, 63, 67, 70, 75, 77ff, 81ff, 86, 89, 105, 109f, 118f, 121, 123, 167, 187, 214, 242, 246, 261, 264, 268, 273, 368, 374
- Bürgerspital 97
- Chorherrenstift Haug 133, 247, 262f
- Chorherrenstift Neumünster 132, 263
- Deutschhauskirche 112
- Diözesansynode 1298 93, 95
- Diözesansynode 1407 93
- Dom 71, 145, 338, 379, 594
- Dominikanerkloster 114
- Domschule 136
- Festung Marienberg 262, 271
- Franziskanerkirche 71
- Franziskanerkloster 113
- Herzogtum 56
- Hochstift 77, 259–263, 269ff, 346, 350, 357, 376ff, 380f, 436, 439, 549f
- Jesuitenkolleg 348
- Johanniterkommende 111
- Karmelitenkloster 118, 247
- Kartause Engelgarten 119, 263
- Marienkapelle 60, 62, 143ff, 185
- Marienbergkirche 12
- Nationalkonzil 1287 82
- St. Afra, Benediktinerinnenabtei 123
- St. Agnes, Klarissenkloster 121f
- St. Andreas, Benediktinerkloster (später St. Burkard) 12, 15, 41
- St. Burkard, Chorherrenstift 41, 103
- St. Jakob, Benediktinerkloster (Schottenkloster) 103, 105, 133
- St. Marx, Dominikanerinnenkloster 121
- St. Stephan, Benediktinerkloster 42, 105
- Stiftsland 86
- Universität 70, 91, 348, 424, 549f

Wunder, Wilhelm Ernst (1713–1787) 581
Wunsiedel 329, 442, 461, 463, 579
- Superintendentur 366

Wurzach, Schlacht von, 1525 285
Wurzelmann, Bernhard 246, 249
Wyclif, John (um 1330–1384) 73, 163

Xanten, Vertrag von, 1614 407

Zacharias, Papst [741–752] 11f
Zacharias, Bischof von Säben (†907) [892–907] 27
Zeämann, Christoph 454
Zeämann, Georg (1580–1638) 396, 443ff, 453–456
Zeil am Main 266
Zell am See, Benediktinerkloster 16
Zell am Main, Pfarrei 247
Zell bei Ruhpolding 150
Zerbolt von Zutphen, Gerhard (1367–1398) 180
Zertlein, Konrad 265
Zeuner, Martin (1554–1619) 468
Zimmer, Benedikt (1752–1820) 549
Zimmern (Landkreis Nördlingen), Kloster 391
Zinzendorf, Georg Ludwig, Graf von (1662–1700) 534
Zinzendorf, Nikolaus Ludwig, Graf von (1700–1760) 480, 533–538
Zirndorf 358
Zisterzienser/-innen 105ff, 110, 120–123, 134f, 142f, 156, 166, 183, 274, 349
Zocha, Johann Wilhelm von (1630–1718) 576
Zocha, Karl Friedrich von (1683–1749) 576f
Zölibat 262
Zollern vgl. Hohenzollern
Zollner, Erasmus (1503–1560) 322
Zürich 287, 292, 385, 554
- Disputation 1523 283

Zwickau 336
Zwingli, Huldrych (1484–1531) 240, 274, 282, 284, 286, 288, 293, 329, 331, 463
Zwinglianismus (Helvetische Konfession)/Reformierte Kirche 274, 283f, 286, 293, 355, 386, 393f, 420
Zwolle 504, 506

VERZEICHNIS DER MITARBEITER

Pfarrer Rainer Axmann, Weitramsdorf
Prof. em. Dr. Rudolf Endres, Buckenhof
Prof. Dr. Berndt Hamm, Erlangen
Prof. Dr. Rolf Kießling, Augsburg
Museumsdirektor i. R. Dr. Kurt Löcher, Köln
Archivdirektor i. R. Prof. Dr. Franz Machilek, Bamberg
PD Dr. Johannes Merz, München
Prof. Dr. Helmut Neuhaus, Erlangen
Prof. em. Dr. Peter Poscharsky, Erlangen
Prof. Dr. Kurt Reindel, München
Prof. i. R. Dr. Klaus-Jürgen Sachs, Igensdorf
Prof. em. Dr. Reinhard Schwarz, München
Prof. Dr. Gottfried Seebaß, Heidelberg
Prof. Dr. Wolfgang Sommer, Neuendettelsau
Prof. em. Dr. Wilhelm Volkert, München
Prof. Dr. Horst Weigelt, Bamberg
Dekan Dr. Hans-Martin Weiss, München
Prof. em. Dr. Alfred Wendehorst, Erlangen

Corrigendum

Wie die Vorlesungsverzeichnisse der Universität Erlangen belegen, wurde während des gesamten Zweiten Weltkriegs eine »Einführung in die hebräische Grammatik« angeboten. Auch nachdem Friedrich Baumgärtel seinen Vorgänger Otto Procksch im Fach Altes Testament abgelöst hatte, wurde das ›Reizwort‹ »hebräisch« weiterhin verwendet. Die Formulierung in HGEKB 2, 263: »Sein Nachfolger Baumgärtel verzichtete auf den anstößigen Seminartitel« ist deswegen zu korrigieren.